国家出版基金项目
NATIONAL PUBLICATION FOUNDATION

# 宋會要輯稿

10

劉琳 刁忠民 舒大剛 尹波等校點

上海古籍出版社

# 宋會要輯稿　選舉一八

## 武舉 二

【宋續會要】

1 淳熙元年二月二十三日，兵部言：「武舉依逐舉例，係八月初二日或初三日先試比弓馬。今舉係奏舉二名，比前舉增添數多，恐舉人皆七月終到闕，不唯於比試弓馬日逼，又恐内有詐冒，稽考違礙不及。乞依條於六月終以前到闕，如限内不到，並不收試。其被舉人，往往於比試前一兩日投下奏狀，使有司倉卒難以辨驗。乞自今須管於六月終前投下，如在七月一日已後，並不許收換〔一〕。今舉奏舉增倍數多，若依例於八月初二日或初三日比試弓馬，竊恐是日值雨泥濘，於引試程文日分相逼。乞從本部於七月下旬擇日比試弓馬。」從之。

八月一日，臣僚言：「武舉進士試期已近，而無保舉者尚多。乞令兵部關報，應合舉官未曾保奏武舉人者，各令依數保奏。其無保官者，令入狀互保，依前舉例放行比試，試中即赴解試。俟解試中，仍召陞朝保官一員，赴省試。(試依)候試畢，令勑令所別行立法。」先是，進士諸葛文明等言：「今舉已奏人數方及二百餘人，在外已得奏狀未投者凡五十餘人，而未得保官者五倍，乞展限收接奏狀。」詔展半月。至是臣僚以爲遠方士子赴舉，欲求剡奏，誠未易得，故有是請。

二年正月二十四日，詔：「今次武舉緣有免省九人，令通取三十九人。」五年正月二十八日有免省十一人，詔通取四十一人。

三月十八日，上御集英殿策試武舉進士。每舉同。

二十三日，上御幄殿閲試武舉弓馬。每舉同。

2 同日，尚書省言：「擬到武舉進士正奏名蔣介以下四十一人推恩：第一名補秉義郎，第二、第三名補保義郎，策入優等七名，平等三十一人，内三十人與承節郎，有官人郭光轉一官。特奏名二人，與進義校尉。各展減磨勘有差。」從之。

二十四日，詔：「武舉正奏名殿試，策入優等一名，補秉義郎，堂除三衙并諸軍計議官；第二、第三名補保義郎，注授諸路安撫司準備將領，一任回，與轉忠翊郎，不隔磨勘；第四、第五名補承節郎，注授諸州兵馬監押，一任回，與轉保義郎，不隔磨勘；餘人並依逐舉例補官及舊法注擬差遣。已上如曾經省試上三名武學上舍生，與注諸路安撫司準備將領。舊指揮武舉絶倫人并三平等人，殿試程文俱入優等，即絶倫人合陞在優等人之上。若平等人已係第一名，即絶倫人不陞，止與第一名恩例。如絶倫人(保)〔係〕優等第一名，除推恩外，臨時聽旨。」先是，上宣諭令武舉人比類進士及第第一人以下所授官品并合注差遣，校量輕重，作旁通進呈。舊制，武舉第

〔一〕收換：似當作「收接」。

一人補保義郎，堂除三衙或諸軍主管機宜文字。上曰：「可補秉義郎，令與進士第一人承事郎相等。所差機宜，元不得預軍州事，須創置一官，令在機宜之上，使得裨贊主帥，庶見所長，以備擢用。自第二人以下，並以進士賜第人恩例爲準，取旨裁定。」又令吏部自今省試前一年刷闕，依黃甲注授。若第一名係絶倫，合得第一名恩數外，其第二名亦係絶倫，止依今來立定第二名格推恩。如又係省試第一名，即與第一名恩例。餘絶倫人候一回任，各更轉一官，並不隔磨勘。内第二人如已該第一名恩例，更不加轉。吏部自今省試，將見牓諸路安撫司準備將領二十四闕，依黃甲例留充前項武舉人集注。

四月三日，詔：「自今武舉特奏名進士唱名日，各特賜紫羅窄衫一領、一[3]十兩數金鍍銀五子荔枝腰帶一條〔一〕。」

五日，詔武舉特奏名樊仁邁、許惟能並策入平等，馬步射一事應格，授進義校尉，減三年磨勘。

十三日，詔武舉朝集增給錢三百貫。自此每舉如之。

五月二日，宰執進呈忠訓郎張世奕狀，元係武舉出身，授殿前司主管機宜文字，闕遠，願從軍，乞差殿前司正副將。上曰：「若自外從軍便爲正副將，恐妨軍中陞轉。令別踏外路諸軍差遣陳乞。」

七月二十五日，詔：「今次武舉比試，量增一十人，通取一百一十人爲額。」

五年四月十一日，尚書省言：「擬到武舉進士正奏名陳説以下四十四人推恩：第一名補秉義郎，第二、第三名補保義郎，策入優〔第〕〔等〕十人、平等三十一人與補承節郎。成鏞轉兩官，候一任回，更轉一官。各展減磨勘有差。」從之。

八月二十七日〔二〕，臣僚言：「武舉登科人，須於軍中任，不隔磨勘，通及七年，無遺闕，願離軍者，差充三衙并江上諸軍書寫機宜文字或幹辦公事，任滿，入諸路副將。第四名、第五名并省試第一名堪充兵將官願從軍人，依舊法補官，差充三衙并江上諸軍同準備將，依正額人支破請給。到軍及七年，無遺闕，願離軍者，差充三衙并江上諸軍準備差遣，任滿，入諸路安撫司準備將領。第六名以下堪充兵將官願從軍人，依舊法補官，差充三衙并江上諸軍準備差遣，任滿，入諸州兵馬監押。已上若後來立到軍功，或人材出衆，特旨擢用，[4]不拘此限。其堪充兵將官願從軍人，令樞密院銓量。如不願從軍，或雖願從軍，人材不應選人，並依乾道八年已前舊法：第一名補保義郎，注沿江巡檢、駐泊、捉賊、押隊；不入等，承節郎、沿邊親民巡檢、縣尉、準備差使、緝捕盜賊。第二名以下補承節郎；不入等，承信郎，注沿邊親民巡檢、縣尉、準備差使、緝捕盜賊。」上曰：「武舉本欲取將帥之才，今前名皆令從軍，以七年爲限〔三〕，則久在軍中，諳練軍政，將來因軍功擢爲將帥，庶幾得人。」

〔一〕數：似當作「鏤」。
〔二〕按，本條末引孝宗之語，《中興兩朝聖政》卷五八記於淳熙七年三月四日丙辰，《宋史全文》卷二六下同；《文獻通考》卷三四、《宋史》卷一五七《選舉志》三亦記於七年。而此條繫於五年八月，未知是否有誤。
〔三〕限：原脱，據《文獻通考》卷三四補。

十九日，詔：「武舉解試、省試只依舊額，其保官自今許文臣陞朝官、武臣正使以上各保奏二人。」乾道二年三月，有詔監司、帥臣、管軍、侍從、諸使習熟武藝，講論兵機，諳識調發，委以事任，則凡絶倫抱藝者得以効其長。望令有司詳議，就軍中別立優異窠闕，如準備之類，使經歷兩任，然後擢之朝列。他時將帥之儲，取用於此。詔令兵部相度。本部相度：「武舉出身人有立定注授差遣條法，乞從朝廷指揮，參酌立定窠闕任使施行。」從之。

七年三月三日，兵部尚書王希呂言：「淳熙元年及四年兩舉，承指揮將武舉無保奏人放行比試。今舉恐士人臨時復引前例陳乞，如循例放行，不唯衝改成法，兼無以機察姦弊。乞明示舉人，依條召保奏舉，如無保官，不許收試。」從之。

四日，宰執進呈兵部措置武舉貢舉補官差注格法，並從之。武舉貢舉格：絶倫，弓兩石兼馬射九斗力。策入優等，三平等，並依舊法，第一等弓一石一斗力兼馬射七斗，第二等弓一石力兼馬射七斗，第三等弓九斗力兼馬射七斗。已上殿試合用馬射，令就大教場內引試，宰執按閱。其補官差注格法，第一名堪充兵將官願從軍人，補秉義郎，差充三衙并江上諸軍同正將，依正額人支破請給。到軍及五年，無遺闕，願離軍者，除諸軍計議官，任滿，入諸路正將；第二、第三名堪充兵將官願從軍[5]人，補保義郎，差充三衙并江上諸軍同副將，依正額人支破請給。到軍及五年，無遺闕，與轉忠翊郎。州軍監守臣薦舉武舉人，七年八月又詔自今內外各許奏舉二名。至是，閤門舍人林宗臣言，乞詔有司寬保官之法，增其人數。上曰：「來之欲廣，擇之欲精。」故有是詔。

淳熙七年七月十一日，兵部言：「前舉奏到武舉止有二百餘人，今舉緣文武臣許保奏二名，已奏到約有七百餘人。若不申明分場引試，竊恐連夜試驗，弓馬不精，別生姦弊。乞將絶倫弓并三平等人步射先作一日呈試，將合格人照元給呈試弓馬關子，於次日絶早赴教場門首，令馬軍司差有心力、識字使臣三五員照驗，放令入赴馬射。如代名呈試，並依貢舉條法科罪。」詔分三日引試，餘依。

八年三月二十四日，尚書省言：「擬到武舉進士正奏名江伯虎以下四十四人，第一名江伯虎補秉義郎，第二名黃萬石補保義郎，餘皆平等，補承節郎。特奏名四人，一人補進武校尉，三人補進義校尉。各展減磨勘有差。」從之。江伯虎等十八人願從軍。

閏三月九日，宰執進呈武舉特奏名依文舉當殿給敕牒，擬稱賜武舉特奏名補官。上曰：「其間恐有下班副尉之類，未合稱官。」乃改作武舉推恩。

同日，宰執進呈蜀中武舉進士薛九齡以疾趁今歲殿試武藝不及，次日却曾赴策試，兵部欲比作一事不中之人唱名補官。詔令承旨司就大教場按試。

四月五日，詔：「武舉進士從軍人，欲令習知軍務，以俟器使。如因職事已見委係利便，許赴主帥陳述〔一〕。遇有過犯合加罪責，申樞密院[6]取旨施行。」

五月十一日，武舉進士及第江伯虎等乞先次參部，出給料錢文曆，却行從軍差遣。其料錢文曆，乞依不願從軍

〔一〕主帥：原作「主師」，據文意改。

之人一例幫行，及比附不願從軍人歷巡尉、知寨差遣。從軍及六考，並許理作關陞資序。從之。

十四日，詔：「武舉進士出身人，已有淳熙七年三月四日指揮，其淳熙二年、五年武舉不願從軍人，並合依乾道八年指揮施行。內已歷過差遣人，與依舊差注。」

九年五月七日，詔：「訪聞武舉從軍之人，往往自高，不親戎旅。如自今職事勤恪，從主帥具名保奏陞差。其或懈惰不虔，亦許按劾以聞，當行黜責。」

十一年正月八日，詔刑部侍郎、兼權兵部侍郎曾逮監試武舉弓馬。

四月十一日，尚書省擬到武舉正奏名進士林嶸以下四十三人推恩：第一名、第二名補保義郎，策入優等；餘皆平等，補承節郎，內陶天麟係以絕倫首解省試第一名，特補保義郎，更減二年磨勘。特奏名一名，補進武副尉。各展減磨勘有差。從之。

五月九日，詔殿試武舉第一名林嶸與堂除計議官，第二名林可久與準備將領。

十三年四月八日，詔：「武學生年七十以上柯箕特與補承信郎。免省上舍生潘子震、周應迪、蔡紘依太學免省上舍生釋褐恩例，並特與補承節郎，內願赴淳熙十四年殿試者聽。守年免省上舍生鄭覺與徑赴淳熙十四年殿試。永免解內舍生陳昌齡等並候將來過省赴殿試唱 7 名日，各與減二年磨勘。內永免〔解〕外舍生沈仲剛等各與減一年磨勘。」以兵部檢會慶壽赦恩來上，故有是命。

二十九日，兵部言：「今歲係武舉比試發解年分，乞令武舉人已有保官合該收試之人，並於六月終以前到闕。其奏狀並是展限至閏七月半以前投下，已後更不收接。如出違今來立定日限，並不許收試。其無保官及不該收試之人，即不許臨期引例陳乞。若許從本部所申，候指揮下日，遍牒諸路曉示。」從之。

七月十三日，馬軍司狀：「今來武舉科場年分，依已降指揮，合於八月內引試發解兩場弓馬事藝。乞下內軍器庫，依例關借絕倫兩石弓一百張，發赴本司，打硾封記應副，至日使用，候引試畢發還。今後如遇闕少，依此（闕）〔關〕借。」詔今後準此。

十四年二月八日，詔添省額三人，權以三十三人取放一次。武舉進士金湯楫等狀：「竊見武舉省試，自來除上舍免省外，以三十名爲額。隆興元年，武學生該遇覃恩免解者五十餘人，發解者一十三人，當舉省試得添省額五名。今來在學生員該慶恩免解一百二十餘人，在外發解者復取三十名，又年免者一十餘人，較之隆興元年到省人數，委是兩倍。欲乞將隆興元年與今來免解發到省之人，特與敷奏。」故有是詔。

五月十四日，尚書省言：「擬到正奏名進士黃裒然以下四十七人推恩〔一〕：第一名補秉義郎，第二名補保義郎，餘皆平等，補承節郎，各展減磨勘有差。」從之。以上《孝宗會要》。

〔一〕裒：《淳熙三山志》卷三〇、《夢粱録》卷一七作「褒」。

淳熙十六年十月二十三日，詔自今武舉人不許試換文資。以宰執進呈知歸州林穎秀言：「武舉一科，均隸右選，悉謀鏁換，以爲捷徑，然則是科殆可廢也！乞明賜戒諭，或議條約。其間誠有學業優長，才兼文武者，乞令在内清望官、外臺監司帥臣考察，如委堪保舉，[8]方得繳奏所業引試。庶幾其人一意戎事，稍重武科。」上曰：「此説可從。既以武進，又却換文，甚非專設武科取人之意。」故有是命。

十二月十二日，詔：「武舉從軍人，今後年限已滿，願留軍中者，仰主帥保奏，與依諸軍體例格法陞差。不願從軍者，照應淳熙八年閏三月十一日已降指揮施行。」以臣僚言：「近得旨，武舉人不得試換文資，恐捨其故習而失其所長，可謂當矣。既絶其文資之望，亦宜爲開陞進之路。雖有指揮，武舉從軍人職事勤恪，即從主帥具名保奏陞差，累年未見引用是條陞差一人，豈其果無堪用者乎？乞詔樞臣明立陞差格法，如武舉出身人從軍年滿，有智勇、藝能精熟者，令主帥述其所長，保奏來上，(人)[又]命樞庭加審察焉，自同準備將以上，可以節次差補。」故有是命。

同日，詔：「今後武舉比試弓馬，移於城東大教場，可差兵部長貳、郎官及殿步帥、統制等官監試，作一日引試。」從武舉比試弓馬所請也。

紹熙元年四月十五日，兵部言：「武舉進士該龍飛恩例，比附進士正奏名體例，第一名特更與轉一官，第二、第三名依第一名恩例。所有今來武舉第一、第二、第三名願從軍不願從軍人，並依本部見行條格補官差注施行。」從之。以乾道二年三月十七日指揮故也。

十七日，上御幄殿閲試武舉弓馬。

十八日，詔：「省試第一名、武學上舍生不願從軍人，照應乾道八年格法施行，候一任回，與陞一等差遣。」以兵部言：「武舉殿試第一至第六名、省試第一名，已有格法補官差注，即無該載上舍合得恩數。竊緣太學上舍登第，例與省試上十名並注教官，而武舉上舍不應全無優恩。」故有是命。

二十五日，上御集英殿策試武舉進士。策題見「親試」門。

二年八月十日，臣僚言：「乞詔兵部長貳措置將來解試弓馬人，各先次當廳親書家狀一本，然後拍試，將合格人家狀畫時逐[9]紙印押類聚，牒送發解所爲照。候引試義策考校了畢，於拆號之次，將真卷比驗兵部所發家狀，如字畫異同，雖已中選，亦行究實。如果有僞冒，即交駁放，並照科舉條制施行。」既而本部言：「比試弓馬已有措置外，若從今降指揮，拍試之前先令書寫過家狀，不唯叢雜交互，恐於射弓之際，難以識認正身，不能革弊。今措置，欲下馬軍司約度今來合赴解試人數，預期印押白紙，排立《千字文》號，於引試日，將試中鑒箭人當官親書家狀，候馬射應格，類聚牒送試院，遵從今降指揮施行。」從之。

四年二月十四日，殿前司言：「已降指揮，武舉從軍人今後年限已滿，願留軍中者，仰主帥保奏，與諸軍體例格法陞差；不願從軍者，照應淳熙八年閏三月十一日已降指揮施行。本司契勘諸軍入額管事兵將官陞差格法，如準備將及二年陞副將，又二年陞正將，正將三年陞統領，統領三年陞統制。雖有立定年限，係有窠闕，本司先以究心職事、管幹廉懃，弓馬精熟，衆所推服之人，然後再選擇履歷月日深淺，保明申乞差填闕額。今來武舉從軍將佐，係是差充同將官，在入額將官數人，即不填闕。若從諸軍格法年限陞

差，不十年間便可致身統領、統制官。本司今欲將武舉將官自今後年限已及、能弓馬、管事廉懃之人，照年限次第陞差至正將止。後遇諸軍入額正將有闕，從本司於内選擇有武藝、廉勤、爲衆所推服之人，保明申朝廷撥填入額，依例放行供給。若有過犯，即從本司責罰，却乞除落節次所降有犯申取朝廷指揮。如不願撥填入額，照應淳熙八年[10]閏三月十一日指揮，與離軍注授差遣。」從之。

四月二十日，上御幄殿閲試武舉弓馬。

五月四日，上御集英殿策試武舉進士。策題見「親試」門。

以上《光宗會要》。

紹熙五年十月十一日，臣僚言：「武科許試换文資，蓋不止責以兵畧騎射，誠欲益其學問而大其成就耳。比年以來，不許試换，雖曰使之從軍，以備將帥之選，而陞差之法，止於同正將。既塞其試换之門，又艱其仕進之路，使士以才氣自負者將有不屑就之意。乞今後依舊許令武舉人試换文資。」從之。

閏十月二十三日，臣僚言：「方今取才之道，不爲不盡，獨武舉人尚有可言。向來紹興、乾道間，願從軍人填闕之後，入額管幹軍馬，若職事修舉，則必隨例陞差至統制、都統。自淳熙以來，止令同副將之類，不復填闕管幹，自此絶陞差之望。乞將武舉從軍人先充同準備將或同正副將二年，待其諳曉軍務，即令本軍保明，主帥備申，許令撥填正額。如委是職事修舉，許其陞差統領、統制官，庶幾人材得以展布。」詔依，仍照應節次指揮施行。



慶元元年八月一日，兵部言：「四川四路武舉解額，共取二十一人，其省試以三人五分取一名，共取六名爲省額，零分不及三人五分，更不取放。緣今年係類試年分，内有自淳熙元年、四年得解到省之人，至今及二十八年，并有四舉到省人，合與理年、理舉免解赴今次省試者，竊恐比逐舉人數過多，所有取放省額，[11]欲取放正解六名外，有免解實到省終場人，如及五人以上，權取一名，通計七名爲額一次，仍同正解人混同考校；如不及五人，更不取放。候試畢日，具終場人數，申明朝廷，以憑參照後舉取放省額施行。」從之。

二十一日，兵部言：「國子監武舉取放解額，照得今舉解試武學生，係該七月七日覃恩免解外，有赴試終場絶倫三十人，平等四十七人，共七十七人。比之淳熙十六年，絶倫人數爲多，難以比擬七人取三名，平等三人三分有零取一名。若照淳熙十三年體例，二人九分六釐有零取一名，則係合取二十六人。若照十六年三人取一名，則係二十五人，尚剩二人零分。今參酌，欲依淳熙十三年指揮，權以二十六人爲額取放一次。内絶倫以十分爲率取四分，合取十人，尚剩四分；平等取一十五人，尚剩六分。以二項通剩分數計之，則合更取一名。但今舉絶倫比之逐舉人數稍多，更侵取一名，湊及二十六人之數。」從之。

十二月二十七日，兵部言：「武舉省試、殿試引見唱名

及過省，并還試特奏名，係與文士一體。今來更不臨軒策試，乞參照紹興三十二年故例施行。」從之。黃牒令本部給散。一、紹興三十二年〔一〕，武舉人補官推恩，係將貢院別院參考到合格過省人，牒會御藥院例格申取指揮推恩。淳熙八年，正奏名只宣名，賜進士及第、出身。特奏名亦宣名，並給黃牒。其補官差遣，展減磨勘，合照前後指揮推恩。今欲依故例施行。一、免省人例合赴御試弓馬、程文，今不臨軒策試，合依紹興三十二年故例，弓馬隨省試赴軍頭司呈試，程文隨赴省試進士後接連引試，別立考校，參入省榜優、平二[12]等高下，即不侵省額人數。如有過省不曾赴殿試人，合行還試弓馬、程文，乞照免省人一體施行。照得紹興三十二年即無特奏名合就試人，今舉如有該試之人，乞照故例引試施行。《文獻通考》：寧宗初，復武科鎖換令。

慶元二年正月二十九日，兵部尚書張叔椿、兵部侍郎楊大瀍、著作郎兼兵部郎官王亶言：「武舉省試係絶倫、平等各立字號考校，先次將程文分優、平二等，混同放牓，然後却以弓馬參攷，各隨武藝等第，其絶倫人盡數處在平等人之上。殿試用武藝參考，專以程文立優、平等考校。若絶倫、平等俱入優等，當取第一，從淳熙二年指揮，絶倫人止與第一名恩例，不許陞在平等之上。今來已降指揮更不臨軒策試，合將省牓作殿牓推恩，即是省元合推殿元恩例，事體甚重。近承批下武學生周振等係平等人，乞於省試不用參考，依殿試例，止以程文排定高下。及絶倫人諸葛武等經部陳乞依法參考武藝，及照紹興三十二年故例取放。本部開具指揮，乞朝廷詳酌處分，累承批送本部，分明指定。叔椿等竊詳絶倫及平等人所乞，互有得失。若用省試法參考武藝，絶倫人程文不以優劣，盡數必在前列，失於太優。若以殿試指揮排定高下，其所取文理優長之人必多是平等，未免於省試常法稍有不同。況紹興三十二年故例，當時絶倫人雖參考在前，緣止有孫顯祖等二人，第三人以下皆是平等之人。今舉絶倫應取放者不啻十五六人，自不可循守故常。今欲將今舉絶倫、平等且與[13]混同，以程文精粗分優、平二等取放。若絶倫、平等俱中優等，須平等人程文高出絶倫人分數，方取第一名。若文理與絶倫人不甚相遠，即以絶倫居首選。其餘高下如之，不惟兩無偏勝，庶幾所取足以厭服人望。今指定如或可采，乞下試院精加考校，所有後舉省、殿試，遵用條法指揮。」從之。

二年二月二十五日，兵部言：「四川今舉省試合格共取六名。行在武舉過省人已從紹興三十二年故例，候省試院申到人數，照應淳熙六年立定補官格法擬申外，其四川武舉創自乾道八年，即無紹興三十二年故例可以擬定。照得當年止有四川省試進士一百二十七人推恩體例，第一等第一名趙雄於第一甲第五名安排，依行在第三名推恩，第二名游桂於第六名安排，餘並三人中參入一人。禮部已從故例擬定推恩畢。今來武舉止有六名，若將上件故例比擬，緣人數多寡不同，兼不曾分優、平二等。今指定，欲將第一名於省牓第五名安排，第二名以下於第六名，以次每

〔一〕三十二年：原作「二十二年」，據前後文改。

九名参入一名，照策入平等格法補官。」詔第一名於省牓第五名安排，仍比類行在三平等策入優等推恩補官，餘從之。

四月二十九日，詔：「武舉特奏名第一名余端義，與依格補官減年外，所有特權減二年磨勘指揮更不施行。」以臣僚言：「伏覩武舉推恩，特奏名第一名策入平等，馬步射二事並應格，補進武校尉，減一年磨勘，此格法也。端義乃前宰相端禮之親兄，驟中魁選，公論極喧，輒令數内陳光朝等陳乞陞等補 14 官，迂回下部。端禮懇禱同列遷就勘當，必欲遂其私意，乃暗優端義，餘皆不預。照得進武校尉三年磨勘便可轉承信郎，今端義已補校尉，減一年磨勘矣，而又權減二年，則是正該承信郎。乞將權減二年磨勘指揮，特賜寢罷。」故有是命。

五年四月十八日，上御集英殿策試武舉進士。策題見「親試」門。

六月二十日，詔敕賜武舉絶倫進士及第胡應時與第一名恩例。以應時係絶倫，又策入優等故也。

十九日，上御幄殿閲武舉射射。

八月二十八日，臣僚言：「兩淮荆襄皆楚地也，山川之勝，風土至厚，鍾爲人物，往往豪氣磊落，有足觀者。漸磨之以學問，勸誘之以爵禄，莫不奮起，出爲時用。臣觀武舉通牓，所謂兩淮荆襄之人絶不見有中是選者，夫豈無材可取？特未有招來誘進之方耳。乞將京西一路六州軍、湖北沿邊信陽軍并江陵、德安府、復州、荆門軍及兩淮沿邊廬、光、濠、楚、滁州、盱眙、安豐軍土著士人，照兵部及四川試武舉法，許令就試。」詔：「兵部檢坐條法，行下逐州軍，如委係土著士人，召文武官保奏，須要選擇人材，精於武藝，於解試年分二月内，聽於本路安撫司拍張弓馬合格，不限人數，並行取放。仍就本司差官比試程文，將文理稍通人並赴行在解試，别立字號，令項考校，取撥十名爲解額。仍於省試見取放人内撥五名爲省額，如解發人數稀少，臨時取旨。其冒貫不實，許人陳告，定行真決，不以廕論，保官降三官資，同保人殿五舉，餘照見行條法。」既而兵部言：「淮西安撫司申審保官一節，係是創行之初，若候奏狀到部，出給告示，令逐路收試，竊恐往返留滯。欲照四川武舉體例，將合該奏舉 15 武舉，如無違礙，先次收試，續行繳奏，降付本部照會。」從之。

嘉泰二年正月二十七日，兵部言：「武學内舍生賴嘉言、繆南明、程君舉、李叔瀛、陳天驥狀〔一〕：『竊見兩學學生程有徽、王飛英等陳乞兩該覃恩免解事，已蒙朝廷下部監指定，緣嘉言等尚有五人未曾陳乞，〔乞〕下部監一就施行。』」批送兵部、國子監指定。據本監申：「一、兩經覃恩上舍生，見赴嘉泰二年省試人何大明；一、兩經覃恩，係有公試及私試中選内舍生，住學十五年人龔澤、朱之奇、李秀實、葉崇；一、兩經覃恩，係有公試及私試中選外舍生，住學十五年人劉思、顧可、沈燾、朱次韓、陳天驥、周致遠、程君舉、李叔瀛、王飛英、陳浩、吴槩計一十一人，乞比附太學生已得今降免解一次指揮施行。乞將今該免解之人，或因事故今舉不赴省試之人，後舉更不收使。」本部契勘：「數内何大明係武學下等上舍生，從條已係免解，見赴今年省試之人，並賴嘉言、繆南明，據國子監稱逐人即不曾該過淳熙十六年覃免，是以不合開具。今指定上件事理，乞施行。」詔依兵部、國子監指定到人數，權特令赴今來省試一次。内上舍生何大明亦止許赴今來省試一次，日後不許作恩例收使。從之。

---

〔一〕狀：原作「伏」，據文意改。

開禧元年四月二十六日，上御集英殿策試武舉進士。策題見「親試」門。

二十七日，上御幄殿閱武舉射射。

二年十月二十五日，臣僚言：「武舉設科，政將以搜羅方畧之士，爲異時儲用將材之地。恭惟孝宗皇帝淳熙八年特降勑旨，今後武舉及第、出身人，許令從軍，願與不願者聽。自第一名以至第二十四名之人，各依名次高下，分撥殿步司、馬軍行司及沿江諸都統司軍分，每司止許三人指占闕額管幹職事，其餘不在從軍之數者，乃許注授在外巡尉差遣。嗣更兩朝，率循舊章，凡登武舉進士第者，莫不各隨其資次，或授殿司同正副將，或授馬步司與諸都統司16同準備將。既從銓審，各供乃職，服勞戎事，悉閑教閱。近年倖門一開，諸武舉及第人元不預從軍數者，夤緣朝旨而復許入軍；合在江上都統司軍分者，申乞改換而復撥入殿步司。躐等躁進，不安職業，適爲武舉之累。乞今後每遇臨軒策士之歲，先令三省、樞密院類定廷唱名次先後與從軍次第，別爲一籍，合撥三衙及諸都統司軍分者，不得驀越，別乞改撥。如名次不在從軍人數，須令差注外任巡尉差遣，毋使計囑，再與入軍。又考限未滿，不該離軍者，亦不得妄亂陳乞廟堂陶鑄。」從之。

嘉定元年五月六日，上御集英殿策試武舉進士。策題見「親試」門。

七日，上御幄殿閱武舉射射。

四年五月八日，上御集英殿策試武舉進士。策題見「親試」門。

九日，上御幄殿閱武舉射射。

五年二月一日，臣僚言：「武臣之至郡守，素不閑於民事，一旦驟用，徒謀富溢，滋病於民。蓋先朝舊制，文武臣皆以磨勘遷轉。文臣自選人至京朝官，止以考第，所以考察者詳且密矣。仁宗皇帝以改官猥衆，始立舉員之制，不足者不改也。武臣則仍其舊。時武臣登用者少，而入仕之途未多。今之爲郡，視爲常典，而廉汙能否，莫之保任，可不斟酌其法而損益乎！今武臣從軍，或爲計議，不省民事，乃遽爲郡，安有高材異能，不待嘗試，如彼其易哉？往年知邕州陳良彪爲武舉第一進士，其政乖繆，有勘杖一百而杖之如數，財賦悉以營私，官17無俸，兵無糧，冬衣不支，軍士劫掠，幾至大變。乞自今武舉初官，須歷巡尉，次歷諸州都監，更任知縣，無過犯，有舉主，方可與郡，庶使習熟民事，宅生重寄，皆得循良諳練之士。」從之。

七年五月四日，上御集英殿策試武舉進士。策題見「親試」門。

十年四月二十二日，上御集英殿策試武舉進士。策題見「親試」門。

二十七日，上御幄殿閱武舉射射。

十二月十二日，兵部侍郎趙汝述言：「文武並用，長久

之術，有天下者不可偏廢。近世武舉進士，甫得賜第，多棄所學，必欲鏁試换文，回視兵書戎器，往往恥談而羞道之。夫科目之設，不惟士子以此自致其身，國家亦將各賴其用。今既由武藝入官，又復慕爲文臣，是右科徒爲士子假塗之資，而非爲國家儲材之地，此科遂成無用矣。比年以來，韜（鈐）〔鈐〕之士無聞，將帥之材常乏，邊塵有警，所（籍）〔藉〕以禦侮者類不勝任。使得右科智勇之人而用之，宜其必有可觀者。乞自今武舉出身不許再應文舉，仍令考校之官精選其藝業，廟堂之上稍優其除授，俾之練習謀畧，趨事赴功。自偏裨制領而上，主帥三衙，繇此其選，庶幾右科增重，不爲虛設。」上曰：「祖宗設右科，正欲選將帥。若令换文，則分明是闕將帥一科。」汝述奏云：「誠如聖訓。」

十二年八月八日，兵部言：「武學生邵剛克等狀：『國家自更化以來，場屋情弊革去殆盡。惟武舉解試，積弊顯然。每舉用八【18】月十四日揭比試榜，十五日試弓馬，十六日試程文《七書》義，恰與太學第二場論試同日。一篇之論，片時可辦，各以餘力助其武舉朋舊，賄賂公行，倖中者半。今乞就八月十三日揭比試牓，十四日試弓馬，十五日同太學頭場試《七書》義。庶幾寸晷各自爲謀，無暇他及，則材能自見，不負設科取士之意。』」送兵部同國子監勘當。既而本監據武學博士劉孟虎言：「所陳十六日引試《七書》義，正值太學試論之日，恐有餘力可爲武舉士人之助。此弊不可謂無之，但每舉用十五日試弓馬者，所以防武舉赴兩試也。今就十四日試弓馬，則試弓馬不合格之人，可於十五日赴漕試，此風不可長。若不區處，無以革文人爲武舉代筆之弊；若展退一日，就十六日試弓馬，十七日試《七書》義，如此則可以防其赴兩試之弊。其日正是太學士人第三場，必無餘力可及《七書》義矣。」從之。

十三年五月二十七日，上御集英殿策試武舉進士。策題見「親試」門。

六月一日，上御幄殿閱武舉射射。

九月四日，右正言張次賢言：「竊惟國家取士，由武舉策第，許换試文資，此網羅全才之意。紹熙畧行沮格，未幾仍就放行，比者臣僚復沮格之。且入貲、門蔭之流猶許换試，而武舉進者獨可沮抑其所能乎？至如文士擢第，猶必程其武藝，而慣於兵機者，可不容其通習文事乎？此武舉試换不可不復也。夫武舉歷任，作邑既滿，或可得郡，此固優假右選，然把麾一方，民社攸重，苟使官卑資淺之人幸而得之，何以重蕃宣之寄哉？且文臣三考作邑，兩任作倅，方許典郡。今武舉作邑，雖用舉員，其視文臣五削脱選，難易不侔。或試邑甫畢，即便得郡，寧不太驟？此武舉【19】典郡不可不革也。或慮其得武復换以文，則是假途而進，適以輕武。然能中兩科者，不過挺特翹楚之輩，豈能一一捨武就文乎？又慮作邑之後，未許作郡，非所以爲誘掖戎行之意。然歷任以來，或以功績顯著，廟堂自應加之賞遇〔一〕，豈一例拘以格法乎？乞應武舉出身照舊例聽其换試，其已作邑人，受郡闕及已赴上者，且循舊格外，自今

〔一〕加：原作「如」，據文意改。

合體左選格法，須歷計議，路分差遣，比當兩任通判，而後與郡。庶幾文武兼通之才可致，而郡國作牧之寄不輕矣。」從之。

十四年四月二十四日，兵部言：「四川武舉正奏名李炎卯言：『西蜀賤士，濫叨奏名。自去歲正月，萬里束裝，趁赴廷對。實以船小，偶遭風浪，遂被沮留，以致愆期，趕試不前。已引用文舉體例，附牓推恩。兵部不照文舉舊例，不蒙施行。照得紹興十八年指揮，四川類省試合格人趕廷試不及，第一等賜進士出身，餘賜同進士出身。優待蜀士，恩寵甚渥，即不分文舉許附牓、武舉不許附牓。況今舉左選正奏亦有三五人趕試不及，皆蒙注授西歸。獨炎卯未蒙放行，頓失進望，無復歸鄉之計。』」詔李炎卯特與放行推恩。既而本部言：「文舉與武舉等甲，事體不同。在法，舉人已奏名而有故，許次舉就試。本部即未曾準四川武舉正奏名赴御試不及推恩條例，乞指揮施行。」詔李炎卯特補進武校尉。

十五年九月十四日，臣僚言：「竊惟開設科目，羅致英俊，貴而三事，亦由此進，可謂重矣。至如武舉，素多代名之弊。如今次比試，有試卷與引試弓馬 20 日書簿字跡絶不類者，年甲不同者，已申省部，不令就解試訖。今後更加關防，兵部引試弓馬之際，欲令五姓五名，先當試廳親書情願結保，如有一名僞冒，保内同罰，然後引試弓馬。將來武舉省試，亦合一體施行。乞下禮、兵部常切遵用，毋爲具文，少戢吏姦，誠爲士子之幸。」從之。

十六年四月十九日，上御集英殿策試武舉進士。策題見「親試」門。

二十三日，上御幄殿閲武舉射射。

十七年五月二十五日，詔：「保義郎、差充侍衛馬軍行司同準備將陳宗臣特降一官；擬承節郎、差充侍衛步軍司同準備將陳甡追毀冒受付身〔一〕，特殿三舉。」以臨安府言：「陳甡、陳宗臣招，互不相識，各習武舉。嘉定九年，宗臣作本貫臨安府取中比試，赴解試下，不願次年赴補，寫比試三代户貫，令陳文偉賣與陳甡，得錢二十二貫文。嘉定十年，陳甡隱下本貫温州及三代，妄作陳宗臣姓名、户貫、三代，赴補中格，撥入中吉齋。嘉定十二年科舉，宗臣爲前舉比試賣與陳甡，今赴補恐致重疊，以此作曾祖不記名，赴比試并解試並中。嘉定十三年過省赴殿試，賜武舉出身，授前件職，見在任。陳甡在學累試，進補内舍優等，校定該玉寶赦免解，嘉定十六年過省赴殿試，賜武舉出身，擬前件職。被繆伯恭得知因依，經都省陳訴，劄府追勘，實招情犯。」故有是命。　以上《寧宗會要》。（以上《永樂大典》卷一〇六七四）

## 宗室應舉

【宋會要】

21 紹興三十二年六月十三日，壽皇聖帝登極赦書：「宗室曾經鎖試兩次得解人，許赴將來殿試；曾經鎖應人，許赴將來省試一次。」

同日，登極赦書：「宗室實請文解之人，並與推恩。宗

〔一〕受：原作「授」，據文意改。

室無官人，依建炎元年五月一日赦，與量試推恩。」

八月十三日，禮部言：「宗子無官人該登寶位赦量試推恩，看詳並依國子監公試附試例，別場引試。願試經義，量試本經義二道，試詩賦各一首，試論人論一首，作一場引，餘並依建炎二年二月之制。合格人從本院具姓名申朝廷推恩。」從之。

二十六日，禮部言：「無官宗子依赦量試推恩之人，若不立定年甲，例皆陳乞，竊恐太濫。欲自今降赦文以前，凡無官宗子見年二十五歲以上，方與量試。其行在無官宗子經大宗正司，在外經宗正司，即去宗正司遠，經所在州軍陳乞，各勘會年甲無違礙，給據赴部，下大宗正司勘會取試。」從之。

十一月十九日，禮部言：「宗子量試止一場，難以比附取應條格補官，將合格第一人補承節郎[一]，餘合格人並 22 補承信郎。如不合格，自不在推恩之限。取應宗子到省試下，若年及二十五歲，欲乞比附宗子實請文解之人，免量試，並補承信郎。其合陳乞，今已立定期日，或以赴不及爲辭，並不在推恩之數，所貴不致冒濫。」從之。

十二月二十九日，大宗正司言：「無官宗子，依赦量試推恩，在外宗子並召見任文武臣宗室委保。緣在外宗子亦有未曾召保，先結文據，已赴行在之人，引試日逼，若候取會，慮使徒費往返。相度如年果及，於引試前齎所居州軍赴量試公據，乞看詳先次引試，以俟審無增年詐冒，即與放行推恩。即有虛僞，自依所獲旨治罪。」從之。

壽皇聖帝隆興元年正月十三日，詔宗子進士趙不忮等五人並補將仕郎。登極覃恩，無官宗室曾請兩舉，並免省赴廷試。不忮等止一請解，先有旨并取應得解人並補承信郎。不忮等訴乞比附兩舉人推恩，故有是命。

二月十一日，禮部貢院言：「宗子量試終場七百餘人，約三分文理稍通，餘程文皆不答所問，或全寫他文者。若止取文理稍通并答元題爲合格，僅可取三分以上。雖文理稍通，偶爾雜犯，亦多有之。」詔取放文理合格人，合格雜犯於榜後仍展二年出官。

三月十七日，詔：「量試不中宗子，年四十以上，特補承信郎，展三年出官。（餘）餘人許將來省試年再量試一次。」

四月十三日，上御射殿引見宗子彥瑗，特賜同進士出身。以取應省試第 23 一人推恩也。第二、第三人補保義郎，餘四十人承節郎，七人承信郎。舊制取應第一人許赴廷試[二]，以是舉不臨軒策士，故彥瑗有是命。

乾道二年正月五日，大宗正司言：「有旨量試不中宗子年不及四十之人，許將來省試年再試。昨偶服制或疾病赴不及，亦並令前期陳乞。如在遠州軍未曾召保，先給據到行在之人，難以伺候取會，欲倣舊旨施行。」從之。



[一] 一：原作「之」，參後乾道五年「三月七日」條改。
[二] 取應：原作「取舉」，據上文改。

二月十七日，禮部貢院言：「量試不中宗子，許今來再試。考校合格彥椿等二百十有六人〔一〕，合格雜犯彥逘等五人。」詔趙彥椿補承節郎，餘並補承信郎，趙彥逘等五人展二年出官。宰臣洪适等奏：「前舉試者七百餘人，榜首補承節郎。（令）〔今〕試人數不多，然爲榜首者乃前舉丁憂，今方就試，即非已黜再試之人。」上曰：「前舉未試，可依例補官。」适等又言：「前舉黜落人，續降指揮，年四十亦推恩承信郎，仍展二年到部。今舉取聖裁。」上曰：「前此一時指揮，今豈得援例？」

四月二十五日，上御集英殿唱名，取應宗子師份以下三人，特補保義郎，汝舟以下三十六人，特補承節郎。

十一月二十六日，禮部言：「無官宗子趙巖夫、南夫、善欽，於紹興三十二年請成都府路轉運司取應文解，未曾到省，乞依赦文推恩。年皆十六以下，慮赴試假名傳義，冒濫不實。今措置無官宗子赦前取應合格未曾到省之人，依已赴省試下赦前委年及二十五歲，方與補官。」從之。

五年 24 正月十二日，量試宗子彥輔、致夫、彥京等言：「昨該覃恩，量試不中，准指揮許再一試，以憂制未赴。竊見五州該恩士人，今已還試，乞許還赴量試施行。」禮部勘會，更許附今舉一試。後舉再有倣此之人，下諸州軍無得保明申發，本部亦不受詞。從之。

二十六日，禮部貢院言：「引試有官鎖應宗子七十三人，一名《春秋》，一名《詩》。無官應舉宗子五十五人，一名《周禮》，一名《禮記》，一名《易》。各係孤經，欲依公精考。如文優合格，前期具真草卷繳尚書省取裁；即不合格，徑從本院黜落。後更有無官取應孤經之人，乞依此施行。」從之。

三月七日，禮部言：「量試宗子經隔兩舉止有八人，即無黜落，第一名難依前旨補承節郎。欲將今舉合格公俁、伯逵、伯康、陞之、彥輔、致夫、師邈、彥楫八人，並補承信郎。」從之。

二十一日，上御集英殿唱名，取應宗子善寬以下三人特補保義郎，彥侃以下三十五人並特補承節郎。

七年正月二十五日，勅賜進士出身、成忠郎趙師愷言：「登極赦書，宗室曾經鎖試兩得解，許赴殿試。臣幸預兩請文解，附木待問榜，準勅賜進士出身。伏見祖宗以來格法，應宗室武臣因應舉換授，並於元官上先轉兩官，然後改換文資〔二〕。於去年陳乞改換，吏部謂臣已用恩例免省，不許又行轉官。竊詳同榜免省宗子趙善洙等二十餘人，與臣事體實同，已皆用恩赦轉官換授。伏望與臣於見官上轉兩官換授 25 施行。」詔特與轉官上換授文資。

八年四月二日，上御集英殿唱名，取應宗子知夫以下三人特補保義郎，公茂以下三十八人特補承節郎。

五月六日，權尚書吏部侍郎韓元吉言：「應舉宗子趙師烜乾道八年四月黃定榜勅賜進士及第第一甲十六名，依

〔一〕椿：原作「樁」，據下文改。
〔二〕資：原作「質」，據下文改。

條合注教授。昨經吏部自言，緣有紹興三十二年七月之制不許。竊詳殿試第一甲，依格合注教官，即與其他宗室有出身事體合稍優別。乞以宗室及第一甲應格之人，許集注教官差遣，餘不許除注。」從之。紹興三十二年七月初二日不行〔一〕。以上《乾道會要》。前三書無此門。

## 效士

光堯皇帝紹興二年六月二日，詔：「進士陳獻邊事利便，內有可採，及有自河北、京東遠赴行在之人，理宜優恤，並收充效士。每月各支錢一十貫、米一石，令樞密院檢詳官置籍總轄，以便差使。」

六年十二月十八日，詔：「應今行在所及行宮樞密院、都督府效士，並令附來年春選人類試所就試時務策一道，分優、平兩等考校，具合格姓名申尚書省。其試中優等人，再令學士院召試，以時務、文理優異者取旨推恩。」

七年五月二十三日，行宮吏部言：「類試所考校到效士合格人陳壽昌等，在優、平等計一十人，不合格人計四十三人。」詔：「試中優等人，依已降指揮。平等人與免將來文解一次，如已係免解人，與永免文解；已係永免人，即此比附優等推恩。不預等人，令吏部 26 支賜束帛，各從其便。」

十年七月二十九日，詔前東京留守司效士夏穎達、孫定、張漢、呂彌文、李光朝並與免文解一次，差充諸州效士〔二〕。」自東京脱身來歸故也。

八月十一日，(紹)〔詔〕前東京留守司效士林雲與免文解一次，差充江州效士〔三〕。自東京脱身來歸故也。以上《中興會要》。餘無此門。

## 百篇

27 國朝不設此科，求應者即命試〔四〕。太宗太平興國五年四月八日，應百篇趙國昌始自陳求試。帝御便殿，親出五言四句詩爲題云：「松風雪月天，花竹雲鶴煙。詩酒春池雨，山僧道柳泉。」凡二十字，字爲五篇〔五〕，篇率四韻。國昌至晚僅成數十首，皆無可取。帝欲激勸後學，故特賜及第。仍詔今後應此科者，約此題爲式。呂原明《雜記》：自唐來有應百篇舉者，每詩一篇二韻，但日力能辦，即中選。太宗時，總爲二題以試之，曰：「夫子七十二賢，賢賢何德；光武二十八將，將將何功。」皆不能措辭，遂廢此科。

真宗景德三年八月十七日，召應百篇太子右贊善大夫張化基赴中書試百題，至日晡僅成六十五篇，罷之。以上《國

〔一〕「初二日」下疑脱「指揮」二字。
〔二〕充：原作「克」，據文意改。
〔三〕充：原作「克」，據文意改。
〔四〕求：原作「來」，據《文獻通考》卷三〇改。
〔五〕字：原脱，據《補編》頁二八九補。

朝會要》。後三書無此門。（以上《永樂大典》卷一〇六五四）

## 童子試

### 四歲

【續宋會要】〔一〕 28 林公洽，四歲。誦六經、《語》、《孟》、《孝經》、御製史贊詩賦碑銘等凡十種。

林公潤，四歲。誦《易》、《書》、《詩》、三《禮》篇名、《論語》、《孝經》、《春秋》、御製贊記詩賦、《孫子》、歷代名賢傳及雜文，排諸葛武侯方圖陣，凡二十一種，能開弓發箭。

### 六歲

【續宋會要】

林公滋，六歲。誦《詩》、《書》、《易》、《周禮》《禮記》篇名、《春秋》隱桓莊閔僖文六公、《論語》、《孝經》、御製贊跋詩賦及雜文，講《書》、《禮記》、《論》、《孟》、《孝經》大義，畫卦，切韻，凡三十五種。

### 七歲

【續宋會要】

何致遠，七歲。誦六經、《語》、《孟》、《孝經》、《孫子》、《吳子》、御製詩論，畫卦《太（元）〔玄〕》潛虛圖，揲《大衍》、《太（元）〔玄〕》潛虛數，排八陣圖，推河圖（落）〔洛〕書數，能寫大字，開弓發箭，凡四十九種。

黃樞，七歲。誦六經、《語》、《孟》，凡八種。

杜元定，七歲。背誦六經、《語》、《孟》、《孝經》。

### 九歲〔二〕

【續宋會要】

林公汪，九歲。誦《尚書》、《毛詩》、《周易》、《周禮》、《禮記》、《春秋》、《語》、《孟》、《孝經》，凡九種。

鄭台孫，九歲。誦《尚書》、《周易》、《毛詩》、《周禮》、《禮記》、《春秋》、《語》、《孟》凡八種。

詹應韶，九歲。全誦九經。

### 十一歲

【續宋會要】

畢應孫，十一歲。背誦六經、《語》、《孟》。

---

〔一〕按，此《續宋會要》指李心傳《續總類國朝會要》。

〔二〕九歲：原標「八歲九歲十歲」，而正文僅及九歲之人，八歲、十歲者見後，因刪。

五歲

【續宋會要】

趙斌，五歲。誦《易》、《書》、《詩》、《周禮》、《語》、《孟》、《孝經》、《禮記》篇名、御製贊序、諸家雜文，凡二十二種。

羅鈞，五歲。誦六經、《語》、《孟》、《孝經》、御製詩賦、畫卦，切韻，書字，凡二十種。

林公澤，五歲。誦《詩》、《書》、《易》、《周禮》、子書篇名、《春秋左傳序》、《孟子》、《孝經》、御製贊跋記詩賦及雜文，又通《孝經》大義，畫卦，書字，切韻，凡四十一種。

八歲

【續宋會要】

張粲，八歲。背誦六經、《語》、《孟》、《孝經》，及講說《語》、《孟》、《尚書》大義。

葉行之，八歲。誦《周易》、《尚書》、《毛詩》、《周禮》、《禮記》、《春秋》、《語》、《孟》、《孝經》，凡九種。

林岊，八歲。誦六經、《語》、《孟》、《孝經》、御製詩贊，能解《毛詩》全義，及開弓發箭，凡二十種。

十歲

【續宋會要】

29 盧端夫，十歲。全誦六經、《語》、《孟》，及講說《春秋》、《論語》、《孟子》、《孝經》。

林梅，十歲。試《春秋》義三道，終場合格。挑試九經，講說《春秋》。

胡仲龍，十歲。（皆）〔背〕誦六經。

郭本誠，（本）〔十〕歲。背誦九經及講說《尚書》大義。

卞旪，十歲。誦《毛詩》、《尚書》、《周易》、《周禮》、《禮記》、《春秋》、《論》、《孟》凡八種。

包時習，十歲。背誦九經，講說《論語》、《孟子·梁惠王》上下篇〔一〕。

---

〔一〕此門原缺《永樂大典》卷次，標目爲「童子試」，或是在《大典》卷一三二五二「試」字韻「事韻」目。

# 宋會要輯稿　選舉一九

## 試官一

1 太宗太平興國元年十二月一日，命太子中允直舍人院張洎、右補闕石熙載考試諸州所貢進士，户部郎中侯陟、贊善大夫侯陶、太子中舍陳鄂考試諸科舉人。

三年八月八日，命兵部員外郎劉兼、太子中允直舍人院張洎、左贊善大夫郭贄考試諸州特解送舉人。

雍熙二年正月十八日，以翰林學士賈黄中等權知貢舉，水部員外郎閻象〔一〕、《春秋》博士袁逢吉、《毛詩》博士解損、秘書丞張雍、著作郎杜新、殿中丞趙化、右贊善大夫 2 吴淑、著作郎杜鎬、大理寺丞王炳、國子監丞楊文舉等試諸科舉人。

二月二十五日，詔左諫議大夫滕中正、兵部郎中楊徽之、屯田郎中孔承恭同試知貢舉官親戚。賈黄中等同知貢舉，各以子弟甥姪籍名求别試。時蘇易簡妻兄進士崔範，故職方員外郎憲之子也。憲死，易簡以外服請告。範服未闋，易簡隱而不奏，薦名在高等。又有王千里者，故水部員外郎孚之子也。孚在蜀爲(爲)〔官〕，翰林學士，易簡父協即孚之門生，易簡以故薦千里。太宗聞之甚怒，範及千里並加罪。仍令御史臺劾易簡還私第，乃罷知制誥。

端拱元年五月二十七日，命直史館王世則、國子博士李覺、秘閣校理杜鎬重考試進士、諸科舉人。

淳化三年正月六日，以翰林學士承旨蘇易簡等權知貢舉。易簡等以貢舉重柄，義在無私，受詔之日，五人便赴尚書省鏁宿，更不歸私第，以杜絶請託，物論嘉之。

二月一日，命直昭文館趙化成、張秉、右贊善大夫畢道昇同考試知貢舉官親戚舉人。

至道三年九月二十一日，命直集賢院李建中、直史館盛(元)〔玄〕、太常丞陳堯佐考試開封府舉人，直史館路振、殿中丞杜壽隆考試國子監舉人。

真宗咸平元年正月十九日，以翰林學士、給事中楊礪等權知貢舉。對於崇政殿，升殿賜座，帝諭之曰：「貢舉重任，當務選擢寒俊，精求藝業，以副朕心。」礪等拜謝而退。

六月三日，密州發解官鞠 3 傳坐薦送非其人〔二〕，准法罰銅九斤，特詔停見任〔三〕，仍令進奏院傳報諸路，以戒官吏。

九月十六日，淄州鄒平縣令正可象坐考試舉人受錢三萬〔四〕，法當絞，詔貸死，決杖配少府監役，知州、通判各停官。帝曰：「官吏如此，何以柬拔寒俊？」令刑部别定條制以聞。

二十五日，以三司度支判官馮拯、直史館孫冕、史館檢

〔一〕員外郎：原作「員外部」，徑改。
〔二〕坐：原作「則」，據《長編》卷四三、《宋史全文》卷五改。
〔三〕特詔：原倒，據《長編》卷四三、《文獻通考》卷三〇乙。
〔四〕正可象：「正」字疑誤。

討杜鎬、太常丞歐陽隨同考試開封府舉人，直史館曾致堯考試國子監舉人。

二十八日，詔遣官試開封府、國子監發解官親戚舉人。故事，二司交互考試，帝慮涉情弊，故事命官焉。

二年正月十日，以禮部尚書温仲舒等知貢舉，刑部員外郎董龜正、太常博士王陟同試舉人及封印卷首，仍當日入院。

二月二日，命殿中侍御史譚堯叟、鹽鐵判官度支員外郎鮑中和，於太常寺試知貢舉官親戚舉人。

四月二十六日，命直史館劉蒙叟、曾致堯、直昭文館尹少連、祕閣校理刁衎〔一〕，於武成王廟考試河北及青、齊等州舉人。

九月二十七日，命直祕閣黄夷簡、直史館劉蒙叟、直集賢院劉隲考試開封府舉人，直祕閣潘慎修、直史館孫何考試國子監舉人，所要小試官，各令舉奏。

四年九月二十六日，命直集賢院田錫、梅詢、直史館孫冕考試開封府舉人，直史館劉蒙叟、直集賢院李建中考試國子監舉人。蒙叟兄亡，以直史館陳堯佐代。

〔景德四年〕十二月二十二日〔二〕，以翰林學士晁迥等權知貢舉。既4受命，帝召對，諭以取士之意，務在至公，擢寒俊有藝者。仍別命官封印卷首，令考定合格者進入，當遣人覆考。帝又曰：「外言薦囑舉人者，先以姓名達兩制詞臣。卿等受得，當速還之。入院後，如有簡(扎)〔札〕請求者，並即時以聞。」

二十三日，命監察御史嚴穎、張士遜監貢院門，知制誥周起、祠部員外郎滕元晏封印卷首，殿中丞李道監封印院，直集賢院任隨、著作佐郎陳覃點檢進士程文，大理寺丞馬龜符、江瑩、張有則，光禄寺丞田航、開封府法曹參軍韓允、左軍巡判官郝擢考試諸科程試。

景德二年正月二十八日，命侍御史鞠仲謀、直史館陳彭年於國子監考試知舉官親戚舉人。

四月一日，命直史館張復、何亮考試知舉官親戚、河北舉人。

四年九月十三日，命殿中侍御史王好古、太常丞王(曉)〔曙〕、直史館李迪考試開封府舉人，直集賢院劉隲、任隨考試國子監舉人。

(太)〔大〕中祥符元年三月十九日，詔給事中張秉、直史館陳知微、王隨、三司户部判官殿中丞滕涉、校勘圖經官秦唐佐、李垂、王夷簡、劉爽鏁宿於御書院，覆考禮部不合格特奏名進士、諸科舉人試卷，遣中使監視。

八月，命殿中侍御史王好古、直集賢院劉隲、太常丞判三司催欠憑由司王(曉)〔曙〕、直史館李迪同考試開封府、國

〔一〕刁衎：原作「刁衍」，據《宋史》卷四四一《刁衎傳》改。
〔二〕景德四年：原脱，據本書選舉一之八、《長編》卷六七補。下條亦同時事。此二條當移後。

子監舉人。好古等解送舉人有初場十否者，准法當停官，會赦第降諸州監當。自是諸州軍率以爲例。

二年【5】四月二十一日，命直史館高紳與國子監同考試解送經明行修、服勤詞業舉人。

五月十五日，命工部侍郎張秉、知制誥周起於武成王廟試開封府、國子監、(充)〔兖〕、鄆、澶、濮州解送服勤詞學、經明行修舉人。

六月十一日，命工部侍郎馮起、給事中薛英、龍圖閣待制戚綸、陳彭年於祕閣鏁宿，覆考試院所進試卷。

四年十月七日，命直史館盛(元)〔玄〕、劉鍇、直集賢院初韓同考試開封舉人，直集賢院錢易、祕閣校理王昱同考試國子監舉人。易、昱後坐誤送諸科十否者，降諸州監當。

十三日，命右諫議大夫謝(佖)〔泌〕、知制誥王曾考試服勤詞學、經明行修舉人。

十一月十二日，詔：「自今知貢舉及發解官並令門辭，遣官伴送入院鏁宿，不得更求上殿及進呈題目。」

五年正月四日，以翰林學士晁迥等權知貢舉，知制誥朱巽〔一〕、屯田郎中判三司開拆司尚賓同知封印院，直史館劉鍇、太常博士孫沖監貢院門，右司諫陳絳監給試卷，職方員外郎徐泌、直史館楊嵎覆考試卷，比部員外郎梁吉、崇文院檢討韓允、國子監直講王昭明、夏侯戩、王世昌、馮元考試諸科，又遣内侍二員承受奏報。帝作七言詩賜迥等。

九月，《毛詩》學究王元慶自陳所試一通一粗〔二〕，有司定作十否，當殿三舉。有詔案驗，如所陳，考試官前寧州司法參軍、國學説書王世昌特勒停，知舉官翰林學士晁迥等特罰銅三十斤。

七年七月五日，【6】命直集賢院楊侃、崇文院檢討馮元考試開封府服勤詞學舉人，集賢校理宋程考試國子監服勤詞學舉人。

八月十七日，命翰林學士王曾、知制誥錢惟演於武成王廟試經明行修、服勤詞業舉人。

二十三日，詔：「今後所差考試發解并知舉官等，宜令閤門候敕出召到，晝時令閤門(祇)〔祗〕候引伴指定去處鏁宿，更不得與臣僚相見言話。如違，仰引伴使或閤門彈奏，並當重行朝典。如候鞍馬未至，即閤門立便於左騏驥院權時供借。」先是，王曾等授勅知貢舉，與李維偶語於長春殿閤子，至審刑院伺候鞍馬，遲留久之。押伴閤門(祇)〔祗〕候曹儀慮其請囑，因以上言，即令曾、惟演分析，與李維詞同，特放曾等，乃有是詔。

七年九月二十五日，命金部郎中李虚己、直史館麻温舒、集賢校理宋程考試開封府舉人，直集賢院張象中、祕閣校理慎鏞考試國子監舉人。

八年二月六日，詔：「禮部貢院官暴得疾者，委監門使臣舉無干礙官視其所苦，速令歸第。」

天禧二年九月十二日，命屯田員外郎判度支勾院任

〔一〕巽：原作「選」，據《長編》卷七〇、卷八一改。
〔二〕一粗：原脱「一」字，據《長編》卷七八補。

布、直集賢院徐奭、麻温其考試開封府舉人，直集賢院楊侃、丁度考試國子監舉人，直史館張復〔於〕太常寺别試親戚舉人。布等後以解送不當，遞降諸州監當，復罰銅三十斤。

三年正月九日，以翰林學士錢惟演等權知貢舉，命國子監直講馬龜符、刑部詳覆官王名與御名音同〔一〕、大理寺丞張嶠、大理7寺詳斷官趙繼武、國子監説書盧自明、馮誠爲考試官，户部員外郎兼太子右諭德魯宗道、直龍圖閣馮元封印卷首，祕閣校理李垂、國子監丞王準點檢試卷，集賢校理陳寬、館閣校勘晁宗慤覆考諸科試卷，直史館陳從易、國子博士李成務考試知舉官親戚舉人。

二月十四日，禮部下第舉人陳損詣登聞鼓院訴貢舉不公。詔龍圖閣學士陳堯咨、左諫議大夫朱巽、起居舍人呂夷簡等於尚書都省召損等，令具析所陳事理及索視文卷，看詳考校定奪以聞。繼而進士黄異等復訟武成王廟考試官陳從易不公，詔堯咨等如前詔詳定。堯咨等言：「禮部所送進士内五人文理稍次，武成王廟進士内二人文理荒繆，損等所訟，亦有虚妄。」詔損、異等決杖配隸，連狀人並殿兩舉，惟演等遞降一官。

四年四月七日，命直集賢院石中立、蔡齊同考試開封府經御試舉人。

七月四日，命直集賢院石中立、錢易考試諸州續解到舉人。

九月六日，命翰林學士劉筠、直龍圖閣馮元於武成王廟考試諸州續解舉人，又命知制誥祖士衡覆考。

仁宗天聖元年閏九月十二日，命侍御史高弁、職方員外郎判三司開拆司吳濟、直集賢院胥偃考試開封府舉人，監察御史王軫封彌卷首，殿中侍御史王碩、直史館張觀考試國子監舉人，直史館章得象太常寺考試親戚舉人，監察御史張億封印卷首。弁等後8坐拆舉人策卷及莽鹵解策詞，同進士疑誤，弁降兩官，濟、偃、軫各降一官，諸州監當。

二年正月二十一日〔二〕，以御史中丞劉筠等權知貢舉，龍圖閣待制滕涉、判三司户部勾院刑部郎中李若谷封印卷首。筠等言：「乞差覆考官及别令近上臣僚詳定。」帝曰：「朝廷文柄，比是委選近臣。若别令覆考，乃是過有規避。」但令筠等依公考試。又請差校理陸軫、聶冠卿、李宥校勘，彭乘充點檢試卷官，及下審官院差巡鋪官六員。從之。

二十三日，命三司户部判官祠部郎中杜詹、祕閣校理李垂、太子中允趙固考試知舉官親戚舉人。

四年八月十四日，命直集賢院鄭向、直史館張觀、監察御史王沿考試開封府舉人，祕閣校理王準、監察御史張須考試國子監舉人，殿中侍御史張億封彌卷首。宰臣王曾等言：

〔一〕按，疑是王旭，「旭」與神宗名「頊」同音。本門神宗以前部分出於神宗時所修《國朝會要》（見後注），故避神宗御名。王旭，王旦弟，事迹略見《長編》卷六三、《明一統志》卷二四等。

〔二〕二十一日：本書選舉一之九作「十四日」。

「自有唐以來，慎選儒臣，授以文柄，可否進退，委自攸司〔一〕。或陞黜之間，不副公議，即覆行考試，嚴加懲責。比來條目繁密，關防周至，善則善矣，然於推心責成、柬賢拔俊之理，恐未允愜。今言事者必曰，此皆先朝舊規，不可輕議改革，殊不知先帝孜孜選士，務要盡公，思皇之念，本不如此。蓋當時近臣不悉淵衷，罔知大體，有此擘畫。更乞聖慈漸次體當事理，此後別加詳定〔二〕。」

五年正月十二日，以樞密直學士劉筠等權知貢舉，殿中丞劉革、大理寺丞王宗道、賈昌朝、公孫覺、衛尉寺丞王康、國子監直講郭稹充考試[9]官，集賢校理王舉正、李宥、錢仙芝、李昭遘、館閣校勘彭乘點檢試卷，工部侍郎趙稹、監察御史鞠詠充封印卷首，集賢校理陳寬、祕閣校理謝絳爲封印院覆考官；御史知雜王鬷、太常博士蕭貫武成王廟考試知舉親戚舉人，太常博士孫昱、集賢校理劉立禮充武成王廟覆考官。

七年八月十一日，命殿中侍御史張逸、直史館高餗、宋祁考試開封府舉人，殿中侍御史陳琰封彌卷首；殿中侍御史張逸、祕閣校理吳遵路考試國子監舉人，屯田員外郎司馬池封彌卷首；集賢校理錢仙芝、祕閣校理范仲淹考試親戚舉人，屯田員外郎王渙封彌卷首。

八年正月十四日〔三〕，以資政殿學士晏殊等權知貢舉，殿中侍御史張存、屯田員外郎張旨監門，集賢校理李宥、館閣校理王琪、國子監直講宋祁、大理寺丞凌景陽充點檢試卷，審刑院詳議官馬尋、崇文院檢討王宗道、國子監直講王奎、大理寺詳斷官劉隨、楊安期、國子監直講楊中和充諸科考試官，集賢校理葛昂、王湜充封印覆考官，右司監范諷、監察御史崔暨封印卷首，集賢校理陸軫、開封府推官張夏、殿中丞趙固武成王廟考試知舉官親戚舉人。

明道二年八月十二日，命三司鹽鐵判官楊日華、直史館鄭戩、開封府推官明鎬考試開封府舉人，侍御史郭勸封印卷首；度支員外郎邊調、直集賢院劉沆考試國子監舉人，集賢校理趙良[10]規封印卷首。

景祐元年正月十六日，以翰林學士章得象等權知貢舉，侍御史蔣堂、右正言滕宗諒封印卷首，直史館張子皋、集賢校理陳商充覆考官；侍御史楊偕、直集賢院王舉正、崇文院檢討王宗道考試知舉官親戚舉人，直集賢院韓琦充覆考官。

四年八月十三日，命殿中侍御史蕭定基、直集〔賢〕院韓琦、吳育、王拱辰考試開封府舉人，侍御史程戡、集賢校理李宥、直史館蘇紳考試國子監舉人，直集賢院修起居注聶冠卿、集賢校理楊偉、張宗古武成王廟考試親戚舉人。

五年正月十八日〔四〕，以翰林學士丁度等權知貢舉，三司度支副使姚仲孫〔五〕、殿中侍御史裹行方偕貢院彌封卷首。

〔一〕攸：原作「牧」，據《長編》卷一〇四改。
〔二〕此：原作「他」，據《長編》卷一〇四改。
〔三〕十四日：本書選舉一之一〇作「十二日」。
〔四〕十八日：本書選舉一之一〇作「十三日」。
〔五〕仲：原作「沖」，據《宋史》卷三〇〇《姚仲孫傳》改。

二十三日，命集賢校理郭稹、直史館同修起居注葉清臣考試親戚舉人。

慶曆元年八月八日，命侍御史魚周詢、工部郎中馬絳、集賢校理楊偉、司封員外郎齊廓、太常博士于房、國子監直講趙師民考試開封府舉人，侍御史掌禹錫、集賢校理李宥、嵇穎考試國子監舉人，集賢校理同修起居注梁適、屯田員外郎曾公亮、祕書丞周沆考試親戚舉人。

二年正月十二日，以翰林學士聶冠卿等權知貢舉，龍圖閣學士孫祖德、直集賢院田況封彌卷首，天章閣侍講楊中和、集賢校理陳經、國子監直講范鎮、李嶠、孫錫、太子中舍盧士宗、大理寺丞甯軻、張宗言、鄒定、吳奎、趙僅、大理評事葛閎充考試官。

11 十八日，以直集賢院知諫院張方平、集賢校理歐陽修考試知舉官親戚舉人。

五年八月三日，命監察御史包拯、集賢校理張郯、何中立考試開封府舉人，監察御史孫抗、集賢校理彭乘、天章閣侍講趙師民、館閣校勘范鎮考試國子監舉人，殿中侍御史梅摯、集賢校理楊儀考試鏁廳舉人。

六年正月十四日，以翰林學士孫抃等權知貢舉，侍御史仲簡、三司度支判官周陵封印卷首，王疇、葛閎、邵必、曾公定、王安石、王淑、蔡振、沈康充點檢試卷官，韋堯輔、孟開、張師顏、許遵、甯軻充諸科考試官。

二十二日，命祠部員外郎錢象先、祕閣校理李惇裕考試知舉官親戚舉人。

七年八月十一日，命集賢校理掌禹錫、直集賢院修起居注李絢、直集賢院韓絳、集賢校理吳充同考試開封府舉人，殿中侍御史何郯、尚書屯田員外郎王疇、祕閣校理石揚休〔一〕、直集賢院王珪同考試國子監舉人〔二〕，集賢校理孫錫、祕閣校理李大臨同考試鏁廳舉人。錫、大臨坐奏名舉人詩有落韻者，降諸州監當。

皇祐元年正月十二日，以翰林學士趙概等權知貢舉，侍御史李兑、直史館張旨封印卷首，范鎮、司馬光、解賓王、蔡抗〔三〕、江中孚、陳洙、張芻充點檢試卷官，陳中立、畢田、侯僅、黄從政、趙如昌、任顯忠、王維熙、江援充諸科考試官。

二十三日，命集賢校理李昭遘、監察御史陳升之考試知貢舉官親戚舉人。

四年八月〔五〕12 五日，命監察御史吳祕、集賢校理馮浩、曾公定、館閣校勘邵亢考試開封府舉人，監察御史梁蒨〔四〕、集賢校理趙宗古、賈黯、謝仲弓考試國子監舉人，集

〔一〕石揚休：原作「楊石休」，據《名臣碑傳琬琰集》中卷一六《石工部揚休墓誌》改。
〔二〕直：原脱，據《宋史》卷三一二《王珪傳》補。
〔三〕蔡抗：原作「蔡杭」。按蔡杭爲南宋人，此當作「抗」。蔡抗，仁宗、英宗間名臣，事迹詳見張方平《樂全集》卷四〇《蔡公墓誌銘》。
〔四〕蒨：原作「舊」，據《長編》卷一七二改。

賢校理司馬光、范鎮、江休復考〔試〕鏁廳舉人。

五年正月十二日，以翰林學士王拱辰等權知貢舉，起居舍人知諫院韓贄，直龍圖閣薛紳封印卷首，太常博士黄洎、祕書丞宋敏修、大理評事韓維、國子監直講裴煜、編修唐書官呂夏卿充點檢試卷官，天章閣侍講盧世宗、屯田員外郎王元亨、太常博士王維熙、國子博士王九思、大理寺丞傅亶充諸科（義）考試官。

二十三日，命直史館唐詢、集賢校理孫錫考試知舉官親戚舉人。

嘉祐元年七月十三日，命侍御史范師道、直祕閣王疇、集賢校理胡俛、韓宗彦、王權、宋敏求考試開封府舉人，右司諫馬遵、集賢校理沈遘、祕閣校理李綖、史館檢討韓維考試國子監舉人，集賢校理陸詵、群牧判官太常博士王安石考試鏁廳舉人。

二年正月五日，以翰林學士歐陽修等權知貢舉，天章閣侍講盧士宗、集賢校理張師中封印卷首，館閣校勘張洞、王獵充覆考官，梅堯臣、張子諒、張唐民、董儀、吳秉、鮮于侁充點檢試卷，張師顔、劉坦、李昌言、孫固、崔台符充諸科考試官。

十五日，命直集賢院祖無擇、集賢校理錢公輔考試知貢舉官親戚舉人。

三年八月十二日，命侍御史朱處約、太常博士祕閣校理陳襄、13集賢校理錢公輔、史館檢討韓維考試開封府舉人，集賢校理江休復、沈遘、邵亢、祕閣校理李綖考試國子監舉人，祕閣校理吳及、集賢校理滕甫考試鏁廳舉人。

四年正月十一日，以翰林學士胡宿等權知貢舉，國子監直講吳申、牟景先、祕書丞齊惲、大理寺丞王廣淵充點檢試卷官，集賢校理司馬光、鄭獬考試知舉官親戚舉人。

五年八月六日，命右司諫趙抃、直集賢院王安石、鄭獬、集賢校理滕甫考試開封府舉人，殿中侍御史陳洙、直祕閣司馬光、祕閣校理李大臨、集賢校理楊繪考試國子監舉人，左正言王陶、祕閣校理裴煜考試鏁廳舉人。

六年正月八日，以翰林學士王珪等權知貢舉，殿中侍御史呂誨、太常博士齊惲封印卷首。

十四日，命祕閣校理陳襄、集賢校理蘇頌考試知舉官親戚舉人。

七年正月八日，命侍御史韓縝、直集賢院同修起居注鄭獬、集賢校理邵亢、楊繪、陸經考試開封府舉人，侍御史陳經、祕閣校理李綖、雍子方、館閣校勘鄭穆、孫洙考試國子監舉人，左正言王陶、集賢校理同修起居注錢公輔考試鏁廳舉人。

八年正月七日，以翰林學士范鎮等權知貢舉，權三司鹽鐵判官楚建中、監察御史傅堯俞貢院封印卷首。

二十一日，命集賢校理王權、陳繹考試知舉官親戚舉人。

英宗治平元年七月十七日，命殿中侍御史趙鼎、集賢

校理王權、李綖、張【14】洞、館閣校勘孫洙考試開封府舉人，直集賢院韓維、祕閣校理文同、錢藻、編校史館書籍孫覺考試國子監舉人，監察御史林大年、祕閣校理陳襄考試鎖廳舉人。

二年正月九日，以翰林學士馮京等權知貢舉，龔鼎臣封印卷首，劉攽、顧臨、黃履、王存、王覿充點檢試卷官，張師顔、傅卞、蔡冠卿、孫固、朱公綽、王廣廉充諸科考試官，集賢校理宋敏求、滕甫考試知舉官親戚舉人。

三年八月七日，命監察御史蔣之奇、祕閣校理陳襄、竇卞、曾鞏、國子監直講劉攽考試開封府舉人，修起居注滕甫、直集賢院章衡、集賢校理鄭穆考試國子監舉人，殿中侍御史吳申、集賢校理孫覺考試鎖廳舉人。以上《國朝會要》。

治平四年正月二十五日，神宗即位未改元。以龍圖閣直學士司馬光等權知貢舉，都官郎中郭灝、屯田郎中趙衆監貢院門，屯田郎中范道卿、監察御史裏行劉庠封彌，永興軍掌書記呂惠卿、三司檢法官李常、編校昭文館書籍沈括、編校祕閣書籍顧臨、高密、廣平西院小學教授黃履點檢試卷，權發遣大理少卿大理寺詳斷官孟開、審刑院詳議官呂孝廉諸科出義，大理寺檢法官陳確、大理寺詳斷官李逵、刑部詳覆官胡援、開封府法曹參軍靳綬、司農寺主簿姚舜諧考試，國子監直講黎錞、楚王宮教授張參、韓王宮教授李實覆考，集賢校理孫洙、陳繹考試知舉官親戚舉人。

熙寧二年【15】八月十四日，以祕閣校理同修起居注陳襄、集賢校理王權、祕閣校理王介、安燾、李常、館閣校勘劉攽考試開封府舉人，虞部郎中陳偁監門；監察御史裏行張戩、直史館蘇軾、集賢校理王汾、胡宗愈、館閣校勘顧臨考試國子監舉人，比部郎中張吉監門；集賢校理王益柔、祕閣校理錢藻考試鎖廳舉人，都官員外郎許懋監門。

三年正月九日，以翰林學士承旨王珪等權知貢舉，虞部郎中盧盛、職方員外郎徐九思監貢院門，監察御史裏行張戩、御史臺推直官張景真封彌，祕書郎李清臣、著作佐郎鄧潤甫〔一〕、館閣編校林希〔二〕、西京留守推官蘇轍、國子監直講王汝翼、張巨、崇文院校書邢恕、館閣校勘蒲宗孟點檢試卷，審刑院詳議官王彭、朱太簡、韓晉卿、刑部詳覆官胡援諸科出義，刑部檢法官王圭、大理寺詳斷官邵奎、孟璋、刑部詳覆官陳端、前鄆州中都縣主簿傅宏、殿中丞袁廷之、祥符縣丞田盛考試，刑部詳覆官朱温其、御史臺主簿錢長卿、吳王宮睦親廣親小學教授張元輿、宋璋覆考，天章閣侍講吳申、監察御史裏行程顥考試知舉官親戚舉人。

四月二十五日，以兵部郎中集賢校理王益柔、著作佐郎館閣校勘王存考試武舉進士，駕部員外郎陳叔夏監門，職方郎中李芬封彌，著作佐郎李大昕、許宗舉謄録對讀。

十二月十四日，編修(閣)〔閤〕門儀制册所奏：「諸發

〔一〕鄧潤甫：原作「鄧閏甫」，據《宋史》卷三四三《鄧潤甫傳》改。
〔二〕林希：原作「林布」，據《長編》卷二一一改。

解、考試、對讀官等，並16門辭入見，殿試官更不見，只隨班起居。今參詳除知舉官門辭入見外，其封彌、發解、考試、對讀等官，只門賜勅，不門辭，只門見；殿試官更不見，只隨班起居。欲乞修入儀制。」從之。

五年八月，以監察御史裏行張商英、祕閣校理錢藻、館閣校理蒲宗孟、太常丞鄧潤甫〔一〕、崇文院校書張謂考試開封府舉人，命集賢校理兼直舍人院同修起居注張琥、集賢校理李定、國子監直講龔原、沈季長、王沇之、曾肇考試國子監、鏁廳舉人。

十二月九日，詔：「應發解、省試，於鏁院一月前，不許官員乞假出外，差官畢仍舊。」

六年正月，以翰林學士曾布等權知貢舉，虞部郎中胡淮、職方員外郎穆珣監貢院門，權三司户部判官張諷、監察御史裏行盛陶、館閣校勘梁燾封彌，司農寺丞丁執禮、流内銓主簿張瑾、大理評事葉祖洽、崇文院校書黎侁、張謂、國子監直講周諶、龔原、王沇之、孫諤、陸佃、審官西院主簿舒亶、北京留守推官上官均、試將作監主簿陳彦弼、新南京國子監教授莫京、前南京宋城縣尉孫鼇抃、新蔡州汝陽縣主簿趙彦點檢試卷，祕書丞胡援、屯田員外郎元凱、國子博士傅亶、屯田員外郎虞肇、大理寺法直官劉賡諸科出義，著作（左）〔佐〕郎董唐臣、太子中舍徐育、邵奎、大理寺詳斷官周孝恭、刑部詳覆官湯希言、翟君陳考試，魯王宮（太）〔大〕學教授胡宗堯、睦親等北宅講書張詳、國子博士霍大備、著作佐郎17周定辭覆考，館閣校勘蒲宗孟、黄履考試知舉官親戚舉人。

八年八月，以監察御史裏行蔡承禧、集賢校理李定、館閣校勘徐禧、國子監直講周諶、龔原考試開封府、國子監舉人，崇文院校書練亨甫、權檢正中書刑房公事王震、國子監直講彭汝礪考試鏁廳舉人。

九年正月，以翰林學士鄧綰權知貢舉，集賢校理同管勾國子監黄履、國子監直講龔原、彭汝礪、祕書丞周諶參詳，職方郎（中）鞏彦輔、屯田郎中王克存監貢院門，御史臺推直官許儀、祕閣校理陳睦、館閣校勘虞太熙封彌，國子監直講周常、上官均、葉濤、葉唐懿、曹確、都提舉市易司勾當公事歐陽成、祕書丞葉誼、審官東院主簿陸佃、武學教授文渙、國子監丞王白、睦州清溪縣令李如曛、前杭州司法許彦、太學正趙叡、前安州安睦縣主簿王迪、殿中丞張須、（穎）〔潁〕川郡王院（太）〔大〕學教授王汝翼點檢試卷，祠部員外郎胡援、屯田員外郎李山甫、監國子監書庫常諤臣、光禄寺丞劉賡諸科出義，屯田郎中虞肇、刑部詳覆官（陽）〔湯〕希言、刑部詳議官周孝恭、大理寺詳斷官蓋士安、著作佐郎陳龍輔、三司檢法官王振考試，都官郎中萬公儀、祕書丞安宗爽、度支主簿王彭年、太常寺主簿楊傑覆考試。

〔一〕鄧潤甫：原作「鄧閏甫」，據本書選舉三三之一三「十月十八日」條及《長編》卷二四四、《宋史》卷三四三《鄧潤甫傳》改。

十二日，以太子中允崇政殿説書沈季長、著作佐郎余中考試知舉官親戚舉人。

元豐元年七月二十五日，御史黄廉言：「國子監生員著述論議 18 盡得講官緒餘，將來逐官例差考試，切恐去取之際或未能判然無疑。雖未必私徇以亂名實〔一〕，其如參校所長，多就己見，此蓋人情所不能免。如此，則外方疏遠之人偶不相合，遂致黜落，甚非朝廷兼收博采之意。臣愚欲乞將來止選近歲科人爲試官，或差近郡教授。」詔候差官取旨。

八月十一日，詔自今科場考試刑法，並中書差官。

九月三日，詔自今科場奏策問〔二〕，並具撰人職位、姓名。先是，別頭試官撰策問，辭意有不當，而不著氏名。上以問中書，莫知其誰撰，故有是詔。

二年六月十五日，知制誥張璪、光禄寺丞陸佃赴祕閣考試宗室〔三〕。

五年正月十二日，詔自今毋以大理寺官爲試官。

六年二月二十七日，三省言：「國子監公試所策問：『諸司之務，寺監有所不究；寺監之職，六曹有所不察；六曹之政，都省有所不悉。任其責者，殆未足以盡小大相維、上下相制之道。豈制而用之者法未足與守？推而行之者人未足與明？』乃起居郎蔡京撰。」詔京具所問事理當如何救正，其所取諸生如何者爲上等。既而京言：「策之於諸生，而諸生皆未能有至當之論，其等上者多以經義爲主。至於對問之言，或取其文詞而已。」

八年正月九日，以尚書户部侍郎李定權知貢舉，給事中兼侍講蔡卞、起居舍人朱服同權知貢舉，國子司業翟思、監察御史邵材爲別試所考試官。

三月二十七日，以兵部侍郎許將、19 給事中兼侍講陸佃、祕書少監孫覺並權知貢舉〔四〕，右司諫蹇序辰、太學博士黄裳充別試所考試官。以遺火再試也。

哲宗元祐三年六月一日，翰林學士蘇軾等言：「將來科場既復詩賦，今來禮部新立條，將來經義一員、詩賦兩員者，各差一員。欲乞今後差試官〔五〕，不拘曾應經義、詩賦舉者〔六〕，專務選擇有詞學人充，更不指定員數。」從之。

六年十月二十二日，詔今後省試罷差參詳官，差知舉官四員。從翰林學士范百禄請也〔七〕。

八年六月五日，禮部言：「檢準元祐五年二月十六日勑，科場新兼詩賦，慮諸路闕詩賦試官，其通判内有可差之人，亦許差充。」

---

〔一〕亂：原作「辭」，據《長編》卷二九〇改。
〔二〕詔：原脱，據《長編》卷二九二補。
〔三〕祕閣：原作「祕書閣」，據《玉海》卷一一七刪。
〔四〕孫覺：原作「孫寬」，據本書選舉一之一二、《長編》卷三五三改。
〔五〕欲乞今後：原作「今欲乞後」，據《長編》卷四一一乙。
〔六〕「應」下原衍「差」字，「詩賦」原脱，據《東坡全集》卷五四刪補。
〔七〕禄：原作「録」，據《長編》卷四六七改。

十二月二十四日，翰林學士范祖禹言：「伏見祖宗時差知貢舉官，常以晝日入省。近歲每宣召知舉官至閤門，須等候其餘官，作一番押入。或已昏晚，則受勑於宮城門外，往往夜深方入試院。元豐八年，孫覺同知貢舉，臣爲點檢官，親見覺宿於東華門外衛士榻上。天將曉，方隔門受勑而去。切惟朝廷差侍從近臣、兩省以上官知貢舉及同知貢舉，委以進退天下多士，其體不輕。而近世陵遲至此，恐非所以觀示四方，爲國光華也。臣欲乞自今宣知貢舉官到閤門三人已上〔一〕，令便受勑，先次差内臣一人押入。乞下禮部施行。」從之。

紹聖元年正月十八日，禮部言：「諸州軍就試進士及千人已上，差點檢試卷官二員，每增五百人添一員。人數雖多，不得過六員。」從[20]之。

十九日，詔：「今後禮部貢院以點檢試卷官二十人分屬知舉官，使之相通考校。」從翰林學士范祖禹請也。祖禹言：「切見禮部貢舉，差點檢試卷官二十人。自來久例，點檢官先考校書鑿等第〔二〕，送知舉官，然後知舉官再考定去留高下。點檢官自入試院，未謄録到卷子以前，及將卷子送知舉官以後〔三〕，別無職事，止是中間考校，及候知舉考畢，然後分定合格卷子，點校雜犯，故前後空閑之日常多，考試點檢之日常少。而知舉官以夜繼晝，力猶不給。臣愚欲乞將點檢官二十人分屬知舉官，每員各得屬官五員，使之相通考校，去留高下，可以共議。如此，則不獨任一人之見，又得稍均勞逸，必更精審。」

二十五日，右通直郎蔡安持言：「《貢舉勑》：五百人以上差點檢官一員。既與考官分校，然以應黜試卷爲中程，止坐點檢官，而考官不坐，考官將無肯協心考校者。欲於《貢舉勑》内改『點檢』爲『考試官』字，庶幾條約均一，士無遺濫。」從之。

二年二月二日，國子司業龔原等言：「太學公試，除依元豐舊制差長貳監試，輪差博士五員入院外，乞朝廷差官五員，同共考試。」從之。

元符二年十月二十三日，起居舍人周常言：「將來春試，更增知舉官一員、參詳官二員，使之分力考校。」從之。

三年二月十四日，徽宗即位未改元。以尚書吏部侍郎徐鐸權知貢舉，給事中趙挺之、寶文閣待制何執中、起居郎吳伯舉同知[21]（責）〔貢〕舉，尚書司封員外郎朱京、太常丞吳絪爲別試所考試官。

徽宗崇寧元年十二月六日，試給事中王能甫言：「陛下明年臨軒親策進士，號爲龍飛，而預試于庭者，皆南省合格之士。南省合與不合，皆繫於考校官之手。謹按，省試點檢試卷官，名爲點檢，實預考校，除朝旨選差外，並主司奏辟。夫主司苟不能盡公〔四〕，而或因親戚，或緣故舊，不觀其學術，不審其趣向，偶有出身，遂具聞奏。朝廷因是差焉，而一失其人，則安在其爲取士以稱陛下龍飛之時哉！

---

〔一〕三人：原脱，據《范太史集》卷二六補。
〔二〕鑿：原作「鑒」，據《范太史集》卷二六改。
〔三〕「子」下原有「以」字，據《范太史集》卷二六刪。
〔四〕不：原無，據文意補。

欲將來點檢官除朝旨選差外，令主司於曾充太學上舍、內舍并學諭以上職事人，及於殿試第一甲、省試府監發解十人內舉辟。如上件人數不足，即以近離科場，久有聲稱人。所貴考校至精，無負多士進身之望。」從之。

五年正月五日，以兵部尚書朱諤知貢舉，御史中丞侯蒙、吏部侍郎白時中、大司成薛昂同知貢舉，起居郎侯綬、起居舍人李圖南考試官，宗正少卿姚堯仁、祕書少監羅畸、辟廱司業余深、何昌言、禮部員外郎李夔、祠部員外郎畢漸、太常博士葉唐稽、著作郎王孝迪、祕書省校書郎翟汝文參詳官，辟廱博士謝孚、俞㮚、趙資道、太學博士劉安上、路瓘、閻旦、曾楙點檢試卷官。

大觀（元）〔二〕年正月二十三日〔一〕，以吏部尚書余深知貢舉，給事中蔡薿、中書舍人霍端友同知貢舉，刑部郎中朱維、監察御史楊動、大理正王密、辟廱司業路瓘、校書22郎宇文粹中爲別試所考試官。

五月二十九日，禮部言：「宗子博士毛若沖劄子：『州郡通判合差監試，並依差試官條，不得輒有規避。如前期在假，委監司審察。於試院事更加嚴密，應副不到，責在郡守。』看詳監試官已有不得差出及在假等條，將來科舉發解所差監試官，如前期在假，更委監司審察。其試院關防事件，並已有《貢舉條制》及應干州郡合應副事，自當責在郡守施行。」從之。

八月十四日，發解所差監試官殿中侍御史劉安上，考試官辟廱司業陸藴、國子司業潘兊、起居舍人（余）〔俞〕㮚、符寶郎鄭南。

政和三年正月十九日，以朝散郎、試兵部尚書俞㮚知貢舉，朝請郎、給事中宇文粹中，奉議郎、試中書舍人張漴，並同知貢舉。朝奉郎、宗（政）〔正〕少卿耿南仲，朝奉郎、殿中侍御史郭沔，奉議郎、祕書少監柯棐，奉議郎、尚書禮部員外郎黃齊，朝散郎、祕書丞李邦彥，朝散郎、監察御史許尚志，承議郎、祕書省正字王俁，承事郎、議禮局檢討官莫儔，並充參詳官；將仕郎、太學正康執權，宣德郎、辟雍博士盧天驥、李隲、周因，宣德郎、太學博士張悆、施坰，文林郎、太學録林徽之，將仕郎、辟廱録張穆，從事郎、國子正顧文，並充點檢試卷官；朝請大夫、尚書刑部郎中錢歸善，宣德郎、尚書司封員外郎方聞，通直郎、大理寺丞聶宇，奉議郎、祕書省著作佐郎黃穎，並充別試所考試官；宣德郎、辟廱録李才伯，文林郎、23國子録黃哲，文林郎、辟廱正王禮，承直郎、大理評事高得仁，從事郎、國子正辛炳，並充別試所點檢試卷官。

八月十九日，臣僚言：「竊見以謂凡試院之事〔二〕，雖盡在主司，至於關防周悉，全（籍）〔藉〕封彌官謹密詳察。號既已定，豈容復有差互？臣今月十四日，差赴考試吏部參

〔一〕二年：原作「元年」，據本書選舉一之一三改。
〔二〕見：似爲衍文。

選出官人，考試所拆號，開拆到京選人試出官一封，『而』字號是假將仕郎施壎，『寘』字號是假將仕郎宋皋。續拆到『判』字號，又是假將仕郎施壎，『惓』字號、『瘀』字號又是假將仕郎宋皋。顯見封彌所並不子細點檢，對二人卷子重疊用號，所失甚大，伏望重行黜責。」詔管號官朝請郎周勁特降兩官，依衝替人例施行，係公罪事理稍重。

五年八月十八日，臣僚言：「河北東路學事司奏，河間府考試官引試上舍，出《書》義題『無輕民事，惟艱』，作『爲難』字，陛下赦其過失，止從薄罰。而合格學生張修等四人，學事司以其引題用字與本不同，悉已駁放。今看詳於經意別無違戾，欲望定奪其罪。」詔元出題官特衝替，係公罪事理稍重；張修等免駁放。

七年六月一日，新差權發遣提舉河北西路學事丁權言：「乞今後差考試官，教授兩員以上者常留一員，獨員者勿差，則不惟訓迪無闕，章程不紊，亦所以絶姦弊之端。」從之。繼而臣僚上言：「諸路州縣有出身官，雖比年以來盡出學校，然既爲州縣有出身官，雖文吏則惟簿書期會、獄訟錢穀是急，回視平日24所學，遂成陳迹。使當考校之任，與平時專以教導爲職，而朝夕於其間者，其爲工拙，誠不相侔也。〔乞〕將元奏請『諸路差考試官，教授兩員以上者常留一員，獨員者勿差』指揮改正。」從之。

八年二月十八日，權發遣提舉荆湖南路學事李侗言：「今後校定官免差入上舍貢院，庶使專一管勾。」從之。

四月二十六日，梓州學事司言：「瀘州公試上舍題目內，有差漏并錯引事迹，及試經義題目失先後之序。除已重別差官前去，別行引試學生外，所有考試官資州龍水縣尉王行、合州司録錢挺顯不子細，出題致有差錯違誤。」詔行、挺並放罷。

二十八日，詔：「瀘州今春引試上舍，考試官出策義題錯誤，致學生尤沔等率衆論訴，顯屬失職，可並先次衝替。仰本路提點刑獄司疾速根勘，具案聞奏。其提舉學事官差官不當，可案後收坐，取旨施行。」

十一月一日，禮部言：「保慶軍申，欲今後監試官入院後果有疾病，依法同職官先行審實，申知、通，限當日差醫官看候是實，別差官承替，許出院。如被差官委託疾病，并同職通情保明，及醫官看候不實，並乞一等科杖一百私罪。」

重和二年正月二十五日，詔縣令今後不許差充試官。從聶山請也。（以上《永樂大典》卷一〇六五〇）〔一〕

---

〔一〕此卷及下卷原缺《大典》卷次。但下卷選舉二〇之八於「宋會要」下批有「舉士十七」，查《永樂大典目録》，此爲《大典》卷一〇六五一「舉」字韻之標目。據此可推知，《輯稿》「試官」門之二卷原在《大典》卷一〇六五〇、一〇六五一「舉士十六」、「舉士十七」。因補。

# 宋會要輯稿　選舉二〇

## 試官　二〔一〕

1宣和元年正月二十一日，以御史中丞陸德先知貢舉，給事中趙野、起居郎李綱同知貢舉。參詳官：國子司業梅執禮，辟廱司業程振，吏部員外郎周固，祠部員外郎劉彦2適，司勳員外郎倪濤，膳部員外郎權邦彦，祕書省校書郎胡松年。參詳兼點檢試卷官：大理寺丞張璞，大理寺正高述。牒避親官：大理司直任林。點檢試卷官：校書郎曹大同，《九域志》編修官翁彦約，國子正傅崧卿，太學博士臧瑀、曾幾，辟（癰）〔廱〕博士鄭庭芬、鄧純亦，辟廱録夏承，太學録何大圭，祕書正字李本，國子小學博士申迎，文林郎林閌、樊澥，新廣親宅宗子學録李唐俊，新湖南學勾（謄）〔滕〕葵，太學録劉國瑞。太醫局考試點官：太醫學司業李康，太醫學同上舍出身林充，太醫録李則，翰林醫官梁曄，保痊大夫張公恕，保安郎李保仁，太醫學博士鄭續，翰林醫診孫琳。

三年四〔月〕五日，詔：「御史中丞陳（楊）〔揚〕庭近充殿試覆考官，考校精密，特賜詔書奬諭。」

五年七月五日，詔縣丞并常平主管官並特許差充考試等官。

六年正月二十三日，以翰林學士承旨、宣奉大夫、知制誥、兼侍講、修國史宇文粹中知貢舉，朝議大夫、尚書吏部侍郎、同修國史王時雍，朝奉大夫、試中書舍人沈思，降授承議郎、試中書舍人、兼資善堂直講王綯，朝奉郎、左司諫高伯振，並同〔知〕貢舉。承議郎、尚書水部員外郎龔端，承議郎、尚書職方員外郎陳磷，朝奉郎、尚書禮部員外郎孫傅，朝奉郎、尚書職方員外郎胡交修，宣教郎、尚書都官員外郎孫覿，朝奉郎、尚書都官員外郎胡秀實，朝奉郎、祕書省著作郎樊察，奉議郎、尚書禮部員外郎3潘果〔二〕，通直郎、祕書省校書郎潘良貴，承議郎、尚書屯田員外郎張綱，奉議郎、開封少尹鄭滋，朝奉郎、符寶郎周離亨，承議郎、大晟府典樂、兼國史編修官劉國瑞，奉議郎、尚書吏部員外郎王俊乂，朝奉郎、祕書省著作郎康執權，朝奉大夫、國子司業黃哲，並充貢舉參詳官。朝奉郎、祕書省校書郎劉棐，朝奉郎、諸王府贊讀尤深，承事郎、太學博士祖秀實，奉議郎、祕書省校書郎郭孝友，朝奉郎、諸王府直講黎確，從事郎、祕書省正字何大圭，並充貢舉點檢試卷官。以上《續國朝會要》。

〔一〕徐松原輯稿此下正文緊接上卷，是本非於此分卷；今分卷，乃屠寄所爲。試官二：原作「試官下」，今統一改作數碼。又，題下原注：「徐輯《大典》無卷數。」爲屠寄所批。

〔二〕潘果：相關典籍未見此人，而宣和、靖康間有名潘杲者，見《靖康要録》卷五、程俱《北山集》卷二，疑「果」乃「杲」之誤。

光堯皇帝建炎四年九月十一日，詔利州試官宋愈、陳協，各特罰銅十斤。臣僚言：「駐蹕會稽，是爲首善之地。愈出策題，諛宰相爲得王佐，夏旱秋霖，而協以爲雨暘時若。導諛如此，何以求切直言？」故有是罰。

紹興三年十月二十七日，臣僚言：「科舉之設，實用人材之根本。而省試最爲重事，必於六曹尚書、翰林學士中擇知貢舉，諸行侍郎、給事中擇同知貢舉，卿、監、郎官爲參詳官，館職、學官爲點檢官，又以御史監察其中，故能至公至當，厭服士心。間因軍興，遂以此權付之諸路漕司，所差試官不過數人。其選皆出於漕臣，姦弊百端。乞今後省試並就行在遴選近臣，付以茲事。」詔檢坐累降指揮施行。

四年六月二十五日，詔：「禮部貢院更添差參詳官一員，點檢試卷官二員；別試所更添差參詳官一員，點檢試卷官二員。」

二[4]十七日，詔：「今歲科舉，權免差知縣、縣令充諸郡考試官。」以知婺州李擢言「今歲應辦大禮錢帛，若知縣、縣令差出考試，不免付之權官，首尾斷絶，難以辦集」故也。

五年六月二十五日，以翰林學士孫近知貢舉，給事中廖剛、中書舍人劉大中同知貢舉。中書門下省檢正諸房公事呂祉、殿中侍御史張絢、吏部員外郎董弅、禮部員外郎許搏、都官員外郎董將、工部員外郎程克俊並充參詳官；祕書省正字李彌正、高閌、胡珵、張嵲、祕書省校書郎李公懋、御史臺主簿間丘昕、御史臺檢法官方庭實、大理寺丞黃邦俊、主管官告院宋棐、司農寺丞金安節、諸王宮大小學教授劉長源、錢觀復、監尚書六部門孫蓋、太常寺丞王普、莊必彊、將作監丞張宇、知大宗正丞沈禹卿〔一〕、國子監丞張戒、樞密院編修官王鉌、李誼、樞密院計議官方雲翼、李宷並充點檢試卷官。太常少卿陳桷充別試所考試官〔二〕，司勳員外郎林季仲、吏部員外郎范同、樞密院編修官孫汝翼、勅令刪定官左時並充點檢試卷官。

七月八日，禮部貢院言，參詳官張絢爲祖母疾，依條先次出院，合行補差。詔差監察御史周葵〔三〕。

九月四日，廣南東路漕臣特降兩官。以差無出身人陳渙充封州考試官故也。

七年五月十三日，殿中侍御史石公揆言：「乞諸州發解，令轉運司取詞賦、經義兩等，各差考試官，以投試人多少定其數，不得鹵莽偏異。先期選[5]合差之人，密行樁定，免致臨時無官可差，却將昏老庸謬之人充數，并不許輒有規避及請求免差。」詔令禮部行下諸路轉運司照會。

八年四月二十七日，以翰林學士朱震知貢舉，給事中張致遠、起居舍人勾龍如淵同知貢舉。右司員外郎程克俊、吏部員外郎莊必彊、户部員外郎錢觀復、宋瀚、祠部員外郎高閌、工部員外郎李良臣、監察御史施庭臣、黃緩並充

〔一〕丞：原脱，據《建炎要録》卷九〇補。
〔二〕太常少卿陳桷：原作「大尚少卿陳桶」，據《建炎要録》卷九〇改。
〔三〕葵：原作「蔡」，據《建炎要録》卷九一改。

參詳官〔一〕；左朝散大夫李䩄、諸王宮大小學教授施鉅、樞密院計議官陳沃、監登聞檢院詹肇、樞密院編修官胡銓、祕書省校書郎許忻、祕書省正字常明、黄衡、凌景夏、孫道夫、主管官告院徐注、幹辦諸司糧料院石嗣慶、左宣教郎蔡安强、樞密院計議官李琳、左宣教郎馬竑、左宣義郎周執羔、黄豐、勑令所删定官方疇、臨安府府學教授周孚先、左從政郎石延慶並充點檢試卷官。尚書司封員外郎王鉌充別試所考試官，倉部員外郎高儼、宗正丞陳確、著作佐郎朱松、勑令所删定官周林並充點檢試卷官。

二十八日，中書門下奏：「禮部、國子監言，程克俊、黄豐並曾充紹興七年國子監發解試官，不合更考省試。」詔考功員外郎鄭剛中差充參詳官，太常博士孫邦差充點檢試卷官，替程克俊、黄豐出院。

五月十二日，詔：「樓璋爲貢院對讀官，規避妻黨牒試，託故出院，特降一官。」

十年十一月二十二日，詔：「諸州遇科場年分，封彌謄録 6 (録)之類，先從本州取會見任官有無親戚赴試。如別無應避之人，方許差。若本州皆有應避親數少人充〔二〕，被差官不得託故辭免。」

十一年八月十五日，禮部言：「臣僚乞科詔下日令逐路漕司先次取會本路知、通户貫，並不許差本任官充本貫試官及監試官。本路兩有户貫，亦令預申運司，不得臨期申請。若轉運司故違法禁，或本路隱匿户貫，不預申供，從朝廷依貢舉已得降指揮斷罪〔三〕。欲依所乞。」從之。

十二年正月二十四日，以給事中程克俊知貢舉，中書舍人王鉌、右諫議大夫羅汝楫同知貢舉。軍器監劉才邵、吏部員外郎江少齊、梅克實、户部員外郎吴傅、刑部員外郎周林、比部郎中林保、監察御史施鉅、祕書丞孫汝翼並差充參詳官；太常丞吴棫、祕書省祕書郎周執羔、張漢彦、祕書省著作佐郎王揚英、祕書省校書郎程敦厚、陳之淵、祕書省正字張闡、范雩、太常博士吴秉信、諸王宮大小學教授石延慶、陳惇持、大理司直錢周材、大理寺主簿周楙、詳定一司勑令所删定官周之翰、潘良能、吴芾、凌哲、監登聞鼓院孫傅、左朝奉郎勾龍庭實、臨安府府學教授許叔微並差充點檢試卷官。刑部郎中晏孝純差新科明法出題參詳官，大理評事袁相差充新科明法點檢試卷官。太常少卿施坰充別試所考試官，宗正寺丞江邈〔四〕、國子監丞何許、太常博士王言恭、御史臺檢法官聞人穎並充點 7 檢試卷官。

十三年三月六日，國子司業高閌言：「舊法，補試係正、録初考，博士覆考。今學官共置五員，若就試人多，闕官分考，欲乞遇就〔試〕及千人以上，許差丞、簿同考。其封彌職事，許本監申吏部差在任有出身官。」從之。

〔一〕緩：《建炎要録》卷一二二作「鍰」。
〔二〕此句疑有脱誤。
〔三〕已得降：「得」、「降」二字當衍其一。
〔四〕宗正寺：原作「宗正等」，徑改。

四月七日，詔：「吳鏞考試刑法官，出題失當，特降一官。」從殿中侍御史李文會所劾也。

閏四月十三日，國子司業高閌言：「春秋銓試，雖分場考校經義、刑法，其在院事務，自合專歸主司。貢舉通用法稱主司者，謂監、考試官；考試官同，以官最高者。近來銓試院既分場考校，其合行事務，亦分爲二。乞今後類試所除依見行貢舉條法外，其條所不載者，雖有舊例，並從主司裁決。」從之。

十四年四月二十八日，詔：「諸路選差試官如不足，或無經術精通之人，即許於見任宮祠中通選。」從臣僚請也。

八月，以右正言何若充國子監發解監試官，祕書少監游操，吏部員外郎嚴抑，户部員外郎邊知白充考試官，詳定一司勑令所删定官駱庭芝、賈庭佐，祕書省校書郎陳誠之、祕書省正字沈介、太學博士楊邦彦、太學正關注充點檢試卷官。刑部員外郎吳㮚充小院考試官，駕部員外郎葉庭珪、將作監主簿施德脩充點檢試卷官。（以上《永樂大典》卷一〇六五〇）〔一〕

【宋會要】〔二〕

8 紹興十五年正月二十四日，以右諫議大夫何若知貢舉，權吏部侍郎陳康伯、祕書少監游操同知貢舉。右司員外郎錢時敏、吏部郎中王言恭、司封郎中李澗、吏部員外郎周執羔、司勳員外郎胡涓、監察御史黄應南、李橝、巫伋並差充參詳官；刑部員外郎許太英、太常丞王湛、大宗正丞陳惇時、大理正李穎士、大理寺丞周楙、樞密院編脩官王墨卿、魏元若，詳定一司勑令所删定官陳瀰、鄧文饒、國子監丞文浩、諸王宮大小學教授陳孝恭、馬雲夫、御史臺主簿陳夔、宗正寺主簿詹棫、監進奏院余堯弼、幹辦諸司糧料院沈虚中、監登聞鼓院范彦輝、國子（直）〔監〕主簿陳彦脩、太學録王之望、國子正馮謂、浙西安撫司准備差使鮑同並差充點檢試卷官。駕部員外郎孫傅充別試所考試（卷）官，大理寺丞周贊、祕書省正字黄公庭、臨安府府學教授錢密、國子監書庫官孫仲鼇並充點檢試卷官。

十七年八月，以監察御史宋敦朴充國子監發解監試官，司封員外郎湯思退、司勳員外郎沈介、祠部員外郎陳誠之、刑部員外郎吳㮚充考試官，樞密院編修官唐稷、詳定一司勑令所删定官喻彦先、曹筠、國子監丞陳孝恭、祕書省正字孫仲鼇、太學博士王之望、國子正馮謂、國子録吳武陵充點檢試卷官。諸王宮大小學教授林大鼐充國子監小院發解 9 官。時以附銓試院，小院止差一員。

十八年二月十二日，以吏部侍郎邊知白知貢舉，權禮部侍郎周執羔、右正言巫伋同知貢舉。左朝奉大夫鄭鬲、

〔一〕原無《大典》卷次。按，本卷至此以上文字，徐松原稿本與上卷緊接，則知原亦在《大典》卷一〇六五〇。參卷首校記。

〔二〕原稿此下批「舉士十七」，說見前卷末校記。

司農寺丞周莊仲、國子監丞沈虚中、左朝散郎周林、祕書省正字葛立方、御史臺主簿陳夔、太常寺主簿林大鼐、宗正寺主簿王葆並差充參詳官〔一〕；監尚書六部門張頡、監登聞檢院余仔、太常博士蔡宰、詳定一司勑令所删定官丁婁明、國子監丞李琳、諸王宮大小學教授葉絣、皇太后宅教授秦從周、大理評事蔡塤、太府寺主簿余賓興、幹辦諸司審計司湯允恭、左承議郎郭彦參、黄汝能、主管官告院章夏、左宣教郎祝閔、錢密、元益、王悦、臨安府府學教授何溥、知臨安府仁和縣方升之、左迪功郎孫良輔並充點檢試卷官。殿中侍御史余堯弼充别試所考試官，樞密院編修官林機、幹辦諸司糧料院謝邦彦、監行在左藏東庫鍾世明、監行在雜賣場鮑同並充點檢試卷官。

二十年八月，以監察御史湯允恭充國子監發解監試官，祕書少監湯思退、中書門下省檢正諸房公事陳夔、吏部員外郎沈虚中充考試官，宗正寺丞王葆、國子監丞李琳、祕書省校書郎葛立方、孫仲鼇、太學博士吳武陵、太學録周麟之充點檢試卷官。監察御史林大鼐充小院考試官，祕書省著作郎林機、詳定一司勑令所删定官魏師遜充點檢試卷官。

10 二十一年三月七日，以權禮部侍郎陳誠之知貢舉，殿中侍御史湯允恭、右正言章夏同知貢舉。左朝議大夫劉將、吏部郎中沈虚中、左朝奉大夫洪興祖、禮部員外郎林機、左朝請郎丘𥗳、左朝散郎王揚英、太常博士丁婁明、祕書省校書郎孫仲鼇並差充參詳官；左朝散大夫吳㮣、浙西安撫司主管機宜文字余時乂、大理寺丞謝邦彦、詳定一司勑令所删定官魏師遜、將作監主簿施彦輝、監尚書六部門鍾世明、幹辦諸司審計司史祺孫、左朝奉郎黄輅、國子監主簿史才、太學博士吳武陵、新通判廣州羅長民、權知臨安府錢塘縣事魏憲、左承議郎富元衡、左奉議郎林仲熊、左宣教郎朱三思、太學録周麟之、監行在文思院下界門王復、監行在贍軍激賞西酒庫林安國、左文林郎季南壽、臨安府府學教授何溥並差充點檢試卷官。左朝議大夫余應求充别試所考試官，左朝請郎劉無極、新通判婺州王鞏、左承議郎葉義問、臨安府府學教授王綸充點檢試卷官。

二十三年八月，以監察御史胡襄充國子監發解監試官，吏部郎中沈虚中、祕書省校書郎董德元、祕書省校書郎王佐充考試官，諸王宮大小學教授王義朝、司農寺丞鍾世明、諸王宮大小學教授王綸、大理寺正謝邦彦、左承議郎王之望、宋似孫充點檢試卷官。太府寺丞史祺孫充小院考試官，國子監主簿鄭仲熊、左文林郎鮑 11 彪充點檢試卷官。

二十四年正月(十)九日〔二〕，以御史中丞魏師遜知貢舉，權禮部侍郎湯思退、右正言鄭仲熊同知貢舉。吏部郎

〔一〕正：原作「政」，據《紹興十八年同年小録》改。
〔二〕九日：原作「十九日」，據本書選舉一之一六删。此後多年，差知舉官皆在正月九日。

中沈虛中、祕書省著作郎丁婁明、祕書省校書郎董德元、太學博士王義朝、宗正寺主簿張士襄、諸王宮大小學教授劉珙、左朝請大夫孫藎、左朝請郎陳孝則、左宣教郎張扶並充參詳官；左承議郎林邁、臨安府府學教授王復、左奉議郎元益、左宣教郎石邁、余翔、鞏湘、左儒林郎黄士龍、左從事郎李綺、左從政郎周之翰、商言詩、戴覺、左迪功郎王常、袁觀、曹明之、何泳、周直清、王執中、張之岡、包府並差充點檢試卷官。左朝請大夫木楹充別試所考試官，左朝奉郎范津、左宣教郎魯詧、兩浙西路安撫司準備差使張允恭、臨安府鹽官縣主簿周因並充點檢試卷官。

二十六年正月九日，殿中侍御史湯鵬舉言：「近年試官容私，公道不行，故孤寒遠方士子不得預高甲，而富貴之家子弟常竊巍科。將期預差試官〔一〕，以通私計，而知舉、考試官皆登貴顯，天下士子歸怨國家。伏乞申嚴，革去容私之弊。挾書、代筆、繼燭，必欲盡禁；封彌、立號、謄録，必欲依條；考校定去留，分高下，必欲至公。如知舉、參詳、考試官，臨期御筆點差，以復祖宗至公之法。」從之。

三月十五日，詔：「諸路轉運司所差發解試官，務在盡公，精加選擇。如所差徇私及庸繆不當，令提刑司按劾，御史臺、禮部覺察聞奏。」

12 八月，以殿中侍御史周方崇充國子監發解監試官，祕書少監楊椿、國子司業王大寶、吏部員外郎沈介(元)〔充〕考試官，祕書省著作郎（沈介元考試官祕書省著作郎）周麟之、國子博士王晞亮、祕書省校書郎王（綱）〔剛〕中、祕書省正字張孝祥、太學博士何俌、國子正陳天麟充點檢試卷官。監察御史樊光遠充小院考試官，太府寺丞方師尹、國子録周操充點檢試卷官。

閏十月九日，詔：「鄂州通判任賢臣監試不職，容縱舉人假手傳義，特降一官。進士王昌言論試官庸繆不實，有害士風，特送鄰州編管。」

二十七年正月九日，以御史中丞湯鵬舉知貢舉，中書舍人王綸、起居郎趙逵同知貢舉。樞密院檢詳諸房文字劉章、尚書倉部郎中黄祖舜、尚書吏部員外郎張涣、尚書刑部員外郎邵大授、監察御史何溥、監察御史王珪、祕書省校書郎唐文若、祕書（省）著作佐郎黄中並差充參詳官；樞密院編修官潘莘、太常博士張庭實、諸王宮大小學教授婁瑋、陳常、祕書省校書郎季南壽、祕書省正字汪徹、胡沂、葉謙亨、御史臺檢法官褚籍、宗正寺主簿祝閌、國子監主簿方淑、皇太后宅教授左璠、皇后宅教授林同、太學正胡靖、史浩、國子録汪賁、太學録范成象、主管尚書吏部架閣文字王淮、新明州教授郟次雲並充點檢試卷官。右正言凌哲充別試所考試官，大宗正丞喻樗、祕書省正字林之奇、太常寺主簿任文薦、太常博士鮑彪並充點檢 13 試卷官。

二十九年三月一日，詔：「今後四川類省試用九月十

〔一〕將期：《建炎要録》卷一七一作「又況時相」，當是。

五日鏁院，朝廷於帥臣、監司內選差監試、考試官各一員，於鏁院二十日前，用金字牌遣降。在院官吏如有挾私違戾，令監試官徑行劾奏。餘官制置司精加選差。」以吏部侍郎周綰言四川類試之弊，乞選差行在清望官充監試。以路遠不可差，故有是詔。

十九日，禮部侍郎孫道夫言：「四川類省試別試所，亦乞自朝廷選差監試、考試官各一員。」從之。

七月四日，詔：「四川類省試院監試官差成都府轉運副使王之柔，考試官差知嘉州何逢原；別試所監試官差知邛州費行之，考試官差知榮州李燁。令王剛中將逐官差劄，酌度鎖院日分給付，候指揮到日，起發入院供職。監試官依監學條法，取摘試卷詳定。如監試官有故，即所差考試官兼監試職事。」

二十七日，〔詔〕：「諸路運司今後遇考試闕官，合差縣丞，須先期申畫指揮，備坐移牒。如無許差指揮，聽縣丞遵依專法，繳納差牒不行。」在法，縣丞不許差考試。先是間有闕試官處，漕司嘗申乞差一次。自後每舉沿襲，吏部以爲違法差出，破壞考第。臣僚申明，故有是詔。

八月，以侍御史朱倬充國子監發解監試官，祕書省少監任古、吏部員外郎胡沂、祠部員外郎張洙充考試官，國子監博士陳豐、祕書省校書郎陳之茂、祕書省正字查籥、太學博士李蕙、詳定一司勑令所删定官李浩、太學正林[14]栗充點檢試卷官。考功員外郎陳棠充小院考試官，樞密院編修官劉藻、主管官告院王瀹充點檢試卷官。

三十年正月九日，以御史中丞朱倬知貢舉，右諫議大夫何溥、起居郎黃中同知貢舉。大理少卿張運、吏部郎中楊朴、工部郎中張庭實、吏部員外郎虞允文、吏部員外郎洪邁、司勳員外郎陳俊卿、比部員外郎沈樞、監察御史沈濬並差充參詳官；太府寺丞馬騏、太常博士杜莘老、樞密院編修官陳良祐、諸王宮大小學教授王必中、祕書丞劉珙〔一〕、祕書省校書郎王淮、祕書省正字劉度、馮方、御史臺檢法官張闡、司農寺主簿陳棐、太學博士謝笙、武學博士朱熙載、太學正程大昌、國子正張恢、勑令所删定官唐閱、主管官告院嚴致明、主管禮兵部架閣文字王東里、主管刑工部架閣文字程千里、提轄雜買務雜賣場左友德、點檢酒庫所主管文字錢豫並差充點檢試卷官。監察御史任文薦充別試所考試官，知大宗正丞祝公達、國子監丞余時言、太學博士鄭聞、國子録鄒樗充點檢試卷官。

二月七日，詔監察御史任文薦與外任。先是，文薦爲禮部貢院別試所考試官。時福州進士劉侯度、吳漸傳義〔二〕，文薦與同本貫，不即依條扶出，止令移往簾前，仍舊收試故也。

同日，四川安撫制置使王剛中言：「類省試已從朝廷選差監試、考試官，所有特奏名進士，試（院）〔官〕亦合從朝

〔一〕丞：原脱，據《建炎要録》卷一八五補。

〔二〕劉侯度：原脱「侯」字，據《建炎要録》卷一八四、《淳熙三山志》卷二九補。傳義：原脱「義」字，按《建炎要録》云：「有告舉人劉侯度、吳漸傳義者。」據補。

廷選差。」詔監試官差利州路轉15運判官蘇欽，考試官差知簡州房與之，監試官取摘試卷同共詳定。以上《中興會要》。

紹興三十二年八月五日，壽皇聖帝已即位，未改元。國子監發解命監察御史周操監〔試〕，宗正少卿劉度、國子司業陳棠考試，太府寺丞魏杞、太學録鄭升之點檢試卷。

是歲，四川類省試，詔成都府路轉運判官何逢原監試，知邛州房與之考試，權知眉州范仲愷別試所考試兼監試。

壽皇聖帝隆興元年正月九日，命翰林學士承旨、知制誥洪遵知貢舉，試兵部侍郎周葵、試中書舍人張震同知貢舉。祕書少監胡銓、吏部郎中楊民望、司勳郎中宋似孫、都官郎中錢豫、吏部員外郎吳龜年、工部員外郎魏杞、監察御史陳良翰、芮燁參詳官；祕書丞唐閱、太府寺丞陳天麟、樞密院編修官尹穡、著作佐郎龔茂良、國子監丞王悦、諸王宮大小學教授吳祇若、大理司直惠迪、將作監丞鄒樗、軍器監丞張之剛、祕書省正字王東里、方翥、張宋卿、御史臺檢法官鄭丙、司農寺主簿陶去秦、武學博士劉敦義、國子録高適、臨安府府學教授陳禾、監登聞檢院單時、監太平惠民和劑局范成大、權行〔朝〕〔在〕榷貨務都茶場潘慈明、主管吏部架閣文字俞曄、主管刑部架閣文字劉大辯、臨安府府學教授莫冲點檢試卷。

同日，右正言周操言：「天下之事，當權輕重而爲之，不可執一。國家三歲省闈取士，近年以來，多以臺諫長官爲知舉，16蓋重之也。此日處置邊事〔一〕，務各機宜〔二〕，蓋當以邊事重於禮闈可也。所有知舉官，欲望朝廷於翰苑、六部、兩省官内選差，乞存留臺諫官在外，相與參酌事宜。樞密院官屬不可暫闕，仍乞不令入院。兼今歲緣免舉赴省人數至多，與常歲不同，其所差官，欲望量加添增，所貴依時開院，不致滯留。」從之，添參詳官二員，點檢試卷官四員，別試所點檢試卷官添二員。

二年三月十三日，銓試、公試、類試，命監察御史閻安中監〔視〕〔試〕，吏部郎中楊民望、兵部郎中吳龜年、大理正俞長吉考試〔三〕，大理丞章譚、太常博士何俌、大理評事張綬、鞏衍、祕書省正字莫冲、張宋卿、武學博士劉敦義、國子監主簿單時、國子正程宏考試、點檢試卷。

七月二十四日，右正言晁公武言：「今歲四川銓試，就潼川府鏁院，懷安軍教授馬知退監試，潼川府銅山縣主簿樂純考試，潼川府司户高昱監門。知退私其鄉人，樂純私其同官之子，皆中高選。高昱則傳送假筆程文，又以所轉程文交互販賣，事狀顯露，凡十餘人，人用賕三百緡，皆監試官、監門分取之。及揭榜，衆論沸〔謄〕〔騰〕，各付於理，然猶未竟。望以見事各免所居官，趣結案以聞。」從之。

乾道元年三月二十五日，銓試、公試、類試，命監察御

---

〔一〕此：似當作「比」。
〔二〕各：似當作「合」。
〔三〕「正」原作「寺」，「俞」原作「喻」，據本書職官五二之一五、選舉三四之一六改。

史程叔達監試，國子司業閻安中、吏部員外郎梁克家、大理丞蔡洸考試，太府寺丞鄒樗、祕書丞劉貢、武學博士劉敦義、大理評事徐子寅、吳子康、燕 17 世良、祕書省正字施師點、國子監主簿昌永、太學正胡元質考試、點檢試卷。

七月七日，廣南西路轉運司言：「本路二十五州軍府先申明朝廷，將比近州併置試院外，静江府等處及本司共置試院十四。緣地里僻遠，少有出身文官。舊例每試院差考試〔官〕二員，合差二十八員。本路出身官，今止二十四員，闕少四員，無官可差。今欲差特奏名文學出身人添同考試，又緣有礙見行貢舉條法，深慮差那不行。（狀）〔伏〕乞詳酌指揮。」禮部看詳，欲將特奏名文學權差試官一次。從之。

八月五日，國子監解發，命監察御史張知剛監試，國子司業汪涓、吏部員外郎魯訔、將作監丞苗昌言考試，知大宗正丞芮（輝）〔煇〕、祕書郎鄭升之、正字胡元質、太學博士吳蘊古、國子監主簿昌永、行國子正黄鈞點檢試卷。祕書丞劉貢別院考試，國子録闢耆孫、太學録范端臣點檢試卷。

是歲，四川類省試，詔權潼川府路轉運副使何逢原監試，直敷文閣、知遂寧府馬騏考試〔一〕；權知漢州張行成別試所監試，權知眉州晁公遡別試所考試。

二年正月九日，命中書舍人、直學士院蔣芾知貢舉，權户部侍郎林安宅、起居舍人梁克家同知貢舉。宗正少卿胡沂、祕書少監陳巖肖、吏部員外郎汪大猷、户部員外郎王伯庠、監察御史張敦實、單時、司農寺丞沈洵、著作佐郎黄石參詳；太常博士徐良能、樞密院編修官李遠、國子監丞丘鐸、國子博 18 士李彦穎、祕書省正字梁介、王衜、施師點、宗正寺主簿劉大辯、武學博士李簡能、國子正龔滂、臨安府府學教授蔣繼周、嚴焕、左承議郎林信厚、新江州通判郟升卿、監行在榷貨務都茶場潘慈明、左承務郎曾元、監潭州南嶽廟吳湯輔、吏部架閣文字萬鍾、户部架閣文字葉份、監行在文思院上界鄭昺點檢試卷。

四月二十七日，銓試，命考功員外郎程大昌、大理正吳交如考試，大理評事徐子寅、單夔、張綬、祕書省正字王衜考校、點檢試卷。

三年三月二十六日，銓試、類試，命監察御史張敦實監試〔二〕，國子司業程大昌、考功員外郎沈复、刑部郎中王彦洪考試，知大宗正丞唐孚、大理丞徐子寅、著作佐郎黄鈞、大理評事單夔、梁總、祕書省正字李遠、武學博士楊興忠、國子監主簿汪若思、國子録馮仲夷考校、點檢試卷。

十月十二日，太學博士吳飛英言：「諸州考試官以進士有出身者充，意者止謂見任人。近乃有差寄居，不差見任之弊，止欲應副食闕之人。轉運司每遇大比，括責所部

〔一〕考試：原無，則正試僅有監試而無考試官，別試反而有兩監試、一考試官，顯誤。今參前紹興三十二年、後乾道四年四川類試條補。

〔二〕張：原脱，據《玉海》卷一一〇補。

可充試官鄉貫及有産業親戚去處，誠恐所差之地或有妨嫌。近乃有指地求差之弊，甚者一道十州供具，八州有嫌。若是二弊，士論切齒，爲日已久。欲乞自今諸道考試官，並止於所部見任中選差。如或不足舊例所差之數，不過少展考試程限，不必拘一月開院之例，則事無不辦。而考官所供避嫌州數，大率三分[19]及二分以上者，即不必差。其有托辭指地求差者，許漕臣按劾，寘之典憲。」從之。

四年三月二十一日，銓試、公試、類試，命監察御史李簡能監試，國子司業程大昌、吏部員外郎李浩、刑部郎中王彥洪考試，大理正賈選、太常丞劉(李)〔季〕裴、知大宗正丞唐孚、國子博士陳損、大理評事燕世良、周階、祕書省校書郎范端臣、太學正陳騤、武學諭章謙考校，點檢試卷。

四月三日，淮南路轉運司言：「本路赴試舉人，(楊)〔揚〕、真、通、泰、楚州、〔高〕郵軍六郡置試院，計合差考試官十二員。本路有出身知縣、幕〔職〕官，於鏁院前見任止計五員，委分差考試不足。」禮部看詳：「(於)〔欲〕許淮南於江浙近便州軍選差，淮東即差常州、鎮江府，淮西即差太平、池州官。仍先具合差官數，牒逐路令留，關報淮南。」從之。

五月二十八日，淮南路轉運司言：「今歲科(與)〔舉〕，淮南合差試官十五員。所管八州軍，見任有出身官止五員，分差不足。具申朝廷，許於江浙近便州軍選差，淮東差鎮江府、常州官，淮西差池州、太平州官。切慮逐路所定州府有出身官員數有限，雖本司臨期詳擇，又恐本路士人巧生弊倖，預有囑托，致艱於關防。欲望詳酌，將東西兩路所差考試官，前期互行關會，各據實用員數，許於鎮江府、常州、太平州、池州官内通融選差，庶幾員數稍寛，不致闕事，兼可關防士子僥倖請託之弊。」從之。

是歲，四川類省試，詔權成都府路轉運判官鄭丙[20]監試，權利州路轉運判官梁介考試；權成都府路提點刑獄公事張行成别試所監〔試〕，權發遣簡州關耆孫别試所考試。

八月五日，國子監發解，命監察御史李簡能監試，國子司業程大昌、吏部員外(李)〔郎〕李浩、鄭伯熊考試，祕書郎李木、國子博士陳損、國子正潘叔憲、太學正陳騤、幹辦行在諸軍審計司徐宅、主管官告院徐大忠點檢試卷；考功郎中張敦實别院考試，國子録鄭汝諧、太學録沈清臣點檢試卷。

五年正月九日，命吏部尚書、兼侍讀、兼權翰林學士汪應辰知貢舉，給事中兼直學士院梁克家、右諫議大夫兼侍講陳良祐同知貢舉。祕書少監汪大猷、司農少卿胡襄、禮部員外郎李燾、兵部員外郎晁公遡、都官郎中陶去泰、金部員外郎芮煇、國子監丞陳禾、著作佐郎劉季裴參詳；樞密院編修官施元之、祕書省校書郎楊興宗、劉惇、國子監主簿盧傅霖、太學正錢俣、國子正薛鳳、監左藏南庫劉國瑞、臨安府府學教授周祐、〔監〕行在権貨務都茶場陳從古、左從政郎鄭昺、太學正樓鍔、左通直郎施知彰、新潼川府府學教

授朱璩、左迪功郎陳善、御史臺主簿宋敦書、諸王宮大小學教授胡鎬、左從政郎張駒、左從事郎袁樞、監潭州南嶽廟程宏圖點檢試卷。

六年二月二十五日，銓試、公試、類試，命監察御史羅鞏監試，國子司業芮煇、禮部員外郎鄭昺、刑部郎中王次山考試，祕書省著作佐郎 21 詹亢宗、正字趙汝愚、林光朝、武學博士劉敦義、國子監主簿盧傅霖、太學正薛元鼎考校、點檢試卷(官)。

十月六日，國子司業芮煇言：「本監補試已拆號放榜，所取試卷，寧國府汪琚於第七韻落韻，正係煇分考試卷内所取人數。欲望將汪琚駁放，仍將煇罷黜。」中書門下省檢準《紹興御試貢舉令》，點檢試卷官專點檢雜犯不考。詔汪琚駁放，點檢試卷官薛元鼎特降一資。《文獻通考》：乾道六年，詔自今諸道試官皆隔一郡選差，後又令歷三郡合符乃聽入院，防私弊也。

七年二月二十五日，銓試、公試、類試，命監察御史劉季裴監試，國子祭酒芮煇、司農寺丞留正、大理正胡仰考試，祕書郎許克昌、太常博士邱崈、國子博士楊萬里、大理評事陳溓、俞子陵、吳宗旦、祕書省正字丁時發、唐仲友、武學博士孫顯祖考校、點檢試卷。

七月十七日，兩浙路轉運司言：「《紹興重修貢舉令》，試院以本州通判監試，若無或闕，(若)〔差〕以次官。今臨安府府學罷通判〔一〕，未審合差何官充監試。」詔差推官。

八月五日，國子監發解，命監察御史陳舉善監試，國子司業劉焞、將作少監蕭燧、太府寺丞錢俁考試，諸王宮大小學教授陳居仁、太常寺主簿趙粹中、國子正葉翥、武學諭呂昌、太學録袁樞、梁汝永點檢試卷；知大宗正丞劉敦義別院考試，太學正沈揆、主管户部架閣文字賈偉點檢試卷。

十一月二十八日，詔：「四川類省試 22 院進題目，考試官何耆仲所撰第三場第三道策題，用事差錯，特降一官放罷，今後不差充試官。」

是歲，四川類省試，詔直祕閣、權知瀘州梁介監試，潼川府路轉運判官何熙志考試；直敷文閣、知潼川府馬騏別試所監試，權潼川府路提點刑獄公事楊祖職別試所考試。

八年正月九日，命翰林學士、知制誥、兼侍讀王曮知貢舉，中書舍人趙雄、侍御史李衡同知貢舉〔二〕。太常少卿黃鈞、將作監劉季裴、監察御史顏度、太常丞趙思、司農寺丞留正、著作郎林光朝、楊興宗、著作佐郎趙汝愚參詳；祕書丞尤袤、祕書郎蕭國梁、樞密編修官崔淵、勑令所删定官楊恂、王質、王公衮、國子博士木待問、祕書省校書郎丁時發、正字呂祖謙、唐仲友、蔡戡、御史臺主簿柴衛、宗正寺主簿王卿月、國子監主簿邵説、太學博士姚宗之、太學正陳自修、國子録沈瀛、主管吏部架閣文字曾植、主管禮部架閣文

〔一〕府學罷通判：「府學」二字似衍。
〔二〕李衡：原作「葉衡」，據本書選舉一之一七、《宋史》卷三九〇《李衡傳》改。

字俞光凝〔一〕、監軍器所門李嘉言點檢試卷。大理寺丞吴淵主管牒試避親。

六月六日，銓試命將作少監蕭燧、大理丞晏綬考試，大理評事俞子陵、王嘉謨、陳倚、司農寺主簿蔣繼周考校、點檢試卷。

九年二月二十五日，銓試、公試、類試，命監察御史陳舉善監試，國子司業林光朝、祕書郎蕭國梁、大理丞晏綬考試，知大宗正丞劉敦義、宗正寺丞錢俣、著作佐郎木待問、國子博士黄鈞、大理評事呂公進、沈公孫、俞澂〔二〕、23 祕書省正字陳自修、武學諭蓋經考校、點檢試卷。以上《乾道會要》。

（以上《永樂大典》卷一〇六五一）〔三〕

〔一〕凝：原作「疑」，據《紹興十八年同年小録》改。

〔二〕俞澂：原作「俞徵」，據本書選舉二一之三、又二二之五改。按此人典籍中亦或作「俞徵」，然據《齊東野語》卷一〇載：「澂字子清」。澂，清也，故字子清，則知作「徵」者誤也。

〔三〕《大典》卷次原缺，今補，説見上卷末校記。

# 宋會要輯稿　選舉二一

## 監試〔一〕

【宋會要】

1 孝宗淳熙元年六月二十二日，四川類試，詔成都府路轉運判官趙不悳監試，權發遣成都府路提刑李蘩考試；知嘉州何耕別試所監試，知利州崔淵別試所考試。

八月五日，國子監發解，命監察御史陳升卿監試，國子司業兼權禮部侍郎戴幾先、户部員外郎周灊、將作少監兼權禮部郎官姚宗之考試，刑部郎中徐宅、太常博士許蒼舒、祕書省著作佐郎鄭僑、太學博士章謙、國子正袁説友、權監左藏東庫錢宇並點檢試卷；宗正少卿顔度別試所考試，太府寺丞元伯源、太學録樓鍔並〔點〕檢試卷。

淳熙三年二月二十五日，銓試、公試、類試，命監察御史齊慶胄監試，吏部員外郎王逨、禮部員外郎范端臣、軍器少監俞子陵考試，大理寺丞商份、樞密院編修官袁説友、太學博士劉甄夫、大理評事王尚之、周珌、國子監主簿柯宋英、祕書省正字何澹、諸王宮大小學教授宋宜之考校、點檢試卷。

四年二月二十五日，銓試、公試、類試，命監察御史傅琪監試，國子司業鄭伯熊、大理少卿吳交如、著作郎何萬考試，知大宗正丞劉溥、太常博士章謙、大理正燕世良、大理丞梁總、陳倚、太學博士蘇總龜、祕書省校書郎黃定、大理司直徐存考校、點檢試卷。

是歲，四川類試，命潼川府路提點刑獄公事何耕監試，知漢州杜民表考試；知利州黃鉤別試所 2 監試〔二〕，知嘉州王亢考試。

八月五日，國子監發解，命監察御史徐詡監試，尚書考功員外郎施師點、尚書禮部員外郎范端臣、太常丞黃洽考試，詳定一司敕令所删定官樓鑰、諸王宮大小學教授喻良能、祕書省校書郎石起宗、何澹、國子監主簿王維之、國子正高文虎點檢試卷。別院，尚書户部員外郎丘崈考試，樞密院編脩官葛邲、太常寺主簿李巘、主管户部架閣文字田渭並點檢試卷。

淳熙六年二月二十五日，銓試、公試、類試，命監察御史余端禮監試，將作監潘緯、尚書户部郎官何耕、刑部郎官潘景珪考試，將作監丞吳天驥、大理正王尚之、大理寺丞張維、大理評事錢蔤、祕書省校書郎詹騤、祕書省正字趙彦

〔一〕監試：原作「選試」。按本門之文抄自《大典》卷一三二五〇，查《永樂大典目録》，此卷爲「試」字韻，内有「選試」、「監試」二目。審本門内容實爲「監試」，與「選試」無關，《大典》原文應在「監試」目下，蓋徐輯稿誤標。今改。

〔二〕黃鉤：查諸書，宋代未見有此人，疑是「黃鈞」之誤。黃鈞，字仲秉，綿竹人，乾道末官太常少卿、兵部侍郎，見《南宋館閣續録》。本書中亦屢見其事迹。

中、籍田令葉子强、迪功郎向楫考校、點檢試卷。

七年二月二十五日，銓試、公試、類試，命監察御史京鏜監試，户部郎官陳居仁、刑部郎中潘景珪、將作少監王信考試，樞密院編脩官汪義端、大理正時佐、大理寺丞杜載、祕書省校書郎趙彦中、太常博士宋之瑞、太常寺主簿宋若水、大理評事宋作賓、主管刑工部架閣文字樊抑考校、點檢試卷。

八月五日，國子發解，命監察御史余端禮監試，軍器監王信、户部郎中陳居仁、祕書丞袁樞考試，祕書省祕書郎何澹、太常博士宋之瑞、軍器監丞葉子强、將作監主簿王謙、幹辦行在諸司審計司李舜臣、幹辦行在諸軍審計司張伯垓3點檢試卷；祕書省祕書郎范仲藝别院考試，大宗正丞蔣繼周、主管户部架閣文字李祥點檢試卷〔一〕。

九年〔十〕二月二十五日〔二〕，銓試、公試、類試，命監察御史顔師魯監試，將作少監朱時敏、左司郎官王信、刑部郎官吴宗旦考試，宗正丞樓鑰、祕書丞蔣繼周、大宗正丞郎明復〔三〕、大理寺丞杜載、大理評事莫柄、王資之、勅令所删定官徐珣、大理司直趙焯考校、點檢試卷。

十年二月二十五日，銓試、公試、類試，命監察御史陳賈監試，將作少監蔣繼周、軍器少監陳倚、考功郎官章森考試，宗正丞張叔椿、祕書省祕書郎劉光祖、大理正俞澂、大理寺丞錢薔、大理評事沈樞、祕書省正字羅點、太學博士黄艾、太學正章穎考校、點檢試卷。

八月五日，國子監發解，命監察御史陳賈監試，祕書少監沈揆、大理少卿章森、司農少卿施温舒考試，太學丞劉穎、宗正丞張叔椿、祕書丞宋若水、著作郎李巘、司農寺丞方有開、國子録趙焯點檢試卷；將作監蔣繼周别院考試，祕書郎何澹、太府寺丞勾昌泰、樞密院編脩官李嘉言並點檢試卷。

十一年二月二十七日，四川類試，命夔州路提刑楊槩監試，知榮州錢盈考試。

六月十一日，銓試，命吏部郎官尤袤、刑部郎官陳倚並考試〔四〕，祕書省校書郎羅點、大理評事范澄、錢宇、王訢並考校、點檢試卷。

十二年二月二十五日，銓試、公試、類試，命監察御史謝（鍔）〔諤〕監試，右司郎中周頡、4刑部郎官陳倚、吏部員外郎楊萬里並考試，祕書省校書郎莫叔光、倪思、大理寺丞沈樞，國子博士喻良能、勅令所删定官黄渙、太學録張體仁、大理評事許岱、陳杞並考校、點檢試卷。

〔一〕户部：原脱，據《宋史》卷四〇〇《李祥傳》補。

〔二〕二月：原作「十二月」。按，據前後文，自乾道六年以後，各年銓試、公試、類試均是在二月二十五日，此處「十」字應是衍文，因删。

〔三〕郎明復：未見。乾淳間有名「郭明復」者，嘗爲宗丞，見《石湖詩集》卷二二、《宋詩紀事》卷五三等，與本文所述時代、官銜甚合，疑「郎」乃「郭」之誤。

〔四〕按，據前後文例，此句之前當脱命某官監試。

十三年二月二十五日，銓試、公試、類試，命監察御史冷世光監試，太府少卿胡晉臣、考功員外郎鄭汝諧、刑部郎中陳倚並考試，祕書省著作郎兼權金部郎官黄倫、著作佐郎兼權兵部郎官梁汝永、大理寺丞謝深甫、祕書省校書郎鄧馹、國子監主簿黄黼、大理評事錢宇、李洪、李直柔並考校、點檢試卷。

七月十八日，四川類試，命直徽猷閣、知遂寧府徐詡監試，權發遣利州路提刑張縯考試。

八月(十)五日〔一〕，國子監發解，命監察御史吳博古監試，宗正少卿張叔椿、試將作監京鏜並考試，祕書省著作郎兼權金部郎官黄倫、祕書郎倪思、莫叔光、詳定一司敕令所删定官劉崇之、太常寺主簿林湜並點檢試卷。

十四日〔二〕，詔：「國子監發解所監試官措置，將合避親試卷盡送無親嫌官，盡公考校。其有避親嫌之官，亦不許干與出題。仍委監試官專一覺察，于考校日不得往來。」因臣僚奏請，得旨行下。

十五年二月二十五日，銓試、公試、類試，命監察御史黄謙監試，右司郎中范仲藝、大理少卿陳倚、户部員外郎羅點並考試，太府寺丞范處義、大理寺丞周珌、將作監丞鄭湜、祕書省正字衛涇、大理寺主簿邵驥、敕令所 5 删定官陳謙、大理評事龍準、陳榛並考校、點檢試卷。

十六年二月二十五日，銓試、公試、類試，命監察御史黄謙監試，軍器監劉立義、刑部員外郎俞澂、祕書省著作佐郎莫叔光考試，大理寺丞李洪、太府寺丞范處義、樞密院編修官馮震武、國子監丞沈清臣、祕書省正字李寅仲、黄由、太常寺主簿林湜、大理評事宋思遠、李珏、武學博士蔡鎬考校。

是年七月十日，兵部言：「今來武舉，係是比試發解年分，從條先于侍衛馬軍司呈試弓馬。其程文係附國子監發解試院，合差本部長貳同馬軍司監試武舉人比試發解弓馬兩場。」詔差本部侍郎胡晉臣。紹熙三年〔三〕，差工部侍郎謝深甫。

八月五日，國子監發解，命監察御史計衡監試，宗正少卿耿秉、吏部員外郎趙鞏考試，司農寺丞孫逢吉、樞密院編修官李沐、祕書省祕書郎黄由、宗正寺主簿鄭公顯、祕書省正字吳鎰點檢試卷。

紹熙二年二月二十五日，銓試、公試、類試，命監察御史郭德麟監試，吏部員外郎彭椿年、大理正李洪、祕書省著作佐郎衛涇考試，大理寺丞陳榛、太府寺丞鄭公顯、大理評事宋思遠、王補之、祕書省正字王容、李(璧)〔壁〕、太常寺主簿黄灝、宗正寺主簿陳損之、司農寺主簿鄭若容、武學諭李興時考校。

---

〔一〕五日：原作「十五日」。按，據上卷與本卷所載，自孝宗以來，各年國子監發解，命監試、考試等官皆在八月五日，「十」字當爲衍文，今删。下條爲「十四日」，亦可證本條不當作「十五日」。

〔二〕天頭原批：「『十四日』條移『十五日』前。」按，不當移，見上條校記。

〔三〕紹熙：原作「紹興」，據《宋史》卷三九四《謝深甫傳》改。

三年二月二十五日，銓試、公試、類試，命右正言胡瑑監試，吏部員外郎陳傅良、大理寺丞李直柔、祕書郎李唐卿考試，閤門舍人 6 蔣介、太常博士章穎、大理評事李珏、陳杞、沈宗淵、祕書省正字王奭、蔡幼學、宗正寺主簿俞豐、大理寺主簿呂棐、太府寺主簿彭寅考校。

八月五日，國子監發解，命監察御史何異監試，樞密院檢詳諸房文字李祥、吏部員外郎徐誼、度支員外郎王厚之考試，司農寺丞曾炎、太常博士陳棅、太常寺主簿許介、將作監主簿李大異、提轄文思院林復、主管吏部架閣文字陳希點檢試卷。

五年二月二十五日，銓試、公試、類試，命監察御史曾三復監試，太常少卿詹體仁、祕書少監孫逢吉、刑部員外郎沈作賓考試，閤門舍人林嘌、大理寺丞周祕、太府寺丞劉崇之、樞密院編脩官楊方、大理評事榮籍、奚士遜、將作監丞高文虎、祕書省正字顏棫、太常寺主簿張貴謨、太學博士田澹考校。

慶元元年二月五日，宰執進呈：「國子監發解所監試官合差監察御史，今有二員。」上曰：「當以供職在先者爲之。」于是差王恬。

（十月）二十五日〔一〕，銓試、公試、類試，命監察御史劉德秀監試，司農卿林湜、度支郎官石宗昭、刑部郎中周珌考試，著作郎兼侍左郎官王容、太府寺丞兼左曹郎官王寧、祕書丞邵康、大理寺丞陳景俊、祕書省正字陳邕、宗正寺主簿徐木、太常博士劉誠之、大理評事蔣藺、邵衮、閤門舍人黄褒能考校。

八月五日，國子監發解，命監察御史王恬監試〔二〕，軍器少監高文虎、祕書郎兼司封郎官顏棫 7 考試，著作佐郎李（璧）〔壁〕、祕書省校書郎余復、國子監丞孟浩、祕書省正字陳峴、司農寺主簿胡紘點檢試卷。

三年二月二十五日，銓試、公試、類試，命監察御史張伯垓監試，大理卿周珌、右司郎中張釜、樞密院檢詳諸房文字黄唐考試，秘書丞曾喚、大理寺丞奚士遜、秘書郎費士寅、太常博士汪義和、大理評事邵衮、蔣藺、秘書省正字易祓、宗正寺主簿楊寅、太學博士王炎、武學諭厲仲詳考校。

是日，銓試、公試、類試，命監察御史林行可監試，著作郎兼考功郎官張嗣古、著作郎莫子純、大理正郗師成考試，閤門舍人林伯成、太府寺丞葉宗魯、秘書郎楊炳、周夢祥、樞密院編脩官楊璹、秘書省校書郎曾從龍、太常寺主簿葉時、大理評事葉正綱、費埏、沈繹考校。

八月五日，國子監發解，命監察御史程松監試，右司郎中張伯垓、軍器監丁逢、著作佐郎曾漸考試，秘書郎王炎、太常博士孟必先、秘書省正字李臯、主管官告院徐似道、幹

〔一〕句首原有「十月」二字，按此條亦應在二月二十五日，説見選舉二一之三校記，因删。

〔二〕恬：原作「祜」，據前「慶元元年二月五日」條改。

辦諸軍糧料院許巽點檢試卷；避親別試太府寺丞陳讜考試，主管官告院程準、主管吏部架閣文字張嗣古、主管户部架閣文字陳晦點檢試卷。

四年二月二十五日，銓試、公試、類試，命監察御史張巖監試，吏部郎中汪義和、户部郎中曾炎、刑部郎中許岱考試，大宗正丞王執中、大理正宋思遠、閤門舍人金湯楫、大理寺丞黄培、司農寺丞陳希點、秘書郎王炎、曾漸、樞密院

8 編脩官李景和、商飛卿、大理評事薛極考校。

是日，銓試、公試、類試，命監察御史林行可監試〔一〕，秘書監俞烈、尚右郎官毛憲、大理正史彰祖考試，閤門舍人周虎、大理寺丞葉挺、秘書郎黄中、軍器監丞（鐘）〔鍾〕將之、秘書（郎）〔省〕校書郎徐邦憲、大理評事沈繹、葉子高、鮑澣之、軍器監主簿留駿、監尚書六部門方䁬考校。

八月五日，國子監發解，命監察御史婁機監試，左司郎官雷孝友、樞密院檢詳諸房文字毛憲、秘書丞兼考功郎官黄景説考試，太常博士葉時、著作佐郎鄒應龍、曾從龍、秘書省校書郎朱質、秘書省正字蘇大璋、太常寺主簿鄭肇之、軍器監主簿范子長點檢試卷。　避親別試，禮部員外郎鍾必萬考試，太府寺丞王庭芝、司農寺主簿莫若沖、主管吏部架閣文字章良肱點檢試卷。

六年二月二十五日，銓試、公試、類試，命監察御史林采監試，太常少卿虞儔、刑部員外郎王資之、著作佐郎易祓考試，閤門舍人林可大、樞密院編脩官章良能、王煇、大理評事翁潾、向公擇、秘書省正字鄒應龍、張嗣古、大理寺主簿李揆、大理評事沈紡、主管刑工部架閣文字周夢祥考校。

嘉泰元年二月二十五日，銓試、公試、類試，命監察御史施康年監試，太常少卿曾煥、大宗正丞李直柔、秘書丞鍾必萬考試，太常丞胡恭、司農寺丞聶有、太常博士陸峻、秘書省校書郎鄒應龍、太常寺主簿王柟、司農寺主簿譙令 9
憲、武學博士林管、大理評事李曼卿、鮑華、連文瑜考校。

八月五日，國子監發解，命監察御史鄧友龍監試，軍器監林桷、吏部郎中李景和、度支郎中宇文紹節考試，秘書丞鍾必萬、大理寺丞胡元衡、太府寺丞王煇、趙夢極、秘書省校書郎莫子純、大理寺主簿張（訴）〔訢〕點檢試卷。　避親別試，秘書省校書郎張嗣古考試，主管吏部架閣文字顧杞、主管户部架閣文字黄纁、國子監書庫官高文善點檢試卷。

三年十一月二十七日，吏部侍郎曾晚言：「本選小試官，每歲仲春赴馬軍司呈試。立法非不詳密，玩習既久，詐冒居多。伏見文臣銓闈，既差考官，復以御試監試拆號，豈謂考官爲皆不足信，蓋欲重其事。今之呈試，軍帥之外，止就委本選郎官，視之既輕，毋怪乎爲弊之易。乞略倣銓闈之法，自來春始，更選委（請）〔精〕强官一員以臨之，前期三日而差，使與郎官共議所以革弊之宜，嚴爲周防，以叶于公。」從之。

〔一〕行可：原倒，據前三年二月「是日」條乙。

開禧二年二月二十五日，銓試、公試、類試，命監察御史毛憲監試，太常少卿兼中書舍人衛涇、刑部郎中奚士遜、著作郎兼兵部郎官曾漸考試，宗正丞兼司封郎官留駿、閤門舍人潘持美、太府寺丞胡槩、秘書郎胡有開、王介、國子監丞林孔昭、秘書省正字傅行簡、大理評事史淵、葉子高、林大章考校。

三年二月二十五日，銓試、公試、類試，命監察御史葉時監試，司封郎中王公邁、工部員外郎史彰祖、【10】宗正丞兼侍右郎官喬夢符考試，大宗正丞兼刑部郎官周震、閤門舍人陳良彪、太府寺丞章升之、秘書郎莊夏、國子監丞曹莊、秘書省正字陳模、大理司直王益之、大理評事翁潾、趙時適、沈寔考校。

八月五日，國子監發解，命監察御史黃疇若監試，秘書丞兼司封郎官林岊、著作郎兼考功郎官王居安、秘書郎莊夏考試，秘書省正字陳模、太常寺主簿任希夷、監登聞鼓院梁文恭、監都進奏院黃棨、主管官告院劉允濟、范之柔、將作監主簿方析點檢試卷。避親別試，樞密院編修官何㶇考試，主管吏部架閣文字林瑑、主管户部架閣文字李琪、監榷貨務都茶場丁端祖點檢試卷。

嘉定元年正月二十五日，命吏部尚書、兼翰林院學士樓鑰知貢舉，兵部尚書倪思、中書舍人蔡幼學、右諫議大夫葉時同知貢舉。左司員外郎曾從龍、吏部郎中王柟、度支郎中商許、禮部員外郎陳晦、太常丞曹莊、秘書郎章良肱、樞密院編脩官劉庶、何㶇、著作佐郎莊夏參詳；秘書省正字陳模、林至、主管官告院劉允濟、章徠、幹辦諸司糧料院耿羽、太學博士潘涓、真德秀、武學博士滕強恕、武學諭陳剛、主管吏部架閣文字林瑑、主管户部架閣文字李琪、主管刑工部架閣文字黄以寧、國子監書庫官孫衿、監三省樞密院激賞酒庫蔣惟曉、浙西安撫司幹辦公事喬行簡、廣西轉運司幹辦公事柴中行、監贍軍酒庫所【11】羅場門樓昉〔一〕、臨安府府學教授胡林卿、前紹興府觀察推官孔煒、前福建安撫司幹辦公事李誠之、前潭州州學教授林復之、前泰州海陵縣丞許文蔚點檢試卷。避親別試，監察御史章燮監試，侍左郎官王介考試，秘書省校書郎陸峻、秘書省正字陳舜申、太學博士王益之、監贍軍激賞酒庫史彌謹點檢試卷。

二年二月二十五日，銓試、公試、類試，命監察御史范之柔監試，太常丞兼考功郎官袁燮、樞密院編脩官兼禮部郎官陳武、刑部郎中邵袞考試，閤門舍人熊武、秘書郎陳舜申、秘書省校書郎林至、傅行簡、真德秀、諸王宮大小學教授秦榛、宗正寺主簿陳振、大理評事孫涇、樓澄、陳有容考校。

三年二月二十五日，銓試、公試、類試，命監察御史徐宏監試，著作郎兼户部郎官何㶇、著作佐郎兼考功郎官滕強恕、大理寺丞沈繹考試，閤門舍人方公輔、太府寺丞鄭

〔一〕監：原脱，據《攻媿集》卷三一補。

昉、秘書郎傅行簡、諸王宮大小學教授林琭、秘書省正字陳貴(兼)〔謙〕、司農寺主簿林復之、大理評事王洪之、許震、謝逵、主管禮兵部架閣文字姚師皐考校。

八月五日，國子監發解，命監察御史鄭昭先監試，吏部員外郎錢文子、著作郎兼户部郎官何泂，秘書郎真德秀考試，太常博士李道傳、諸王宮大小學教授林琭，秘書省校書郎楊汝明、秘書省正字喬行簡，司農寺主簿林復之、監都進奏院徐自明、幹辦諸軍糧料院周之瑞點[12]檢試卷。避親別試，軍器少監、兼禮部郎官陳武考試，監尚書六部門楊宜中、太社令陳貴誼、主管户部架閣文字蔡闢點檢試卷。

四年正月二十四日，命吏部侍郎汪逵知貢舉，吏部侍郎劉榘、禮部侍郎曾從龍、左司諫范之柔同知貢舉。倉部郎中張斗南、秘書丞兼尚(佐)〔左〕郎官丁端祖、大理寺丞程卓、司農寺丞趙汝讜[一]、太府寺丞林復之、秘書郎薛紱、太常博士李道傳、著作佐郎趙崇憲參詳；太常寺主簿陳璧、監登聞檢院陳卓、監都進奏院程遇孫、幹辦諸司糧料院應武、石宗萬、武學博士金式、太社令劉靖之、國子監主簿俞建、國子正張方、武學諭陳貴誼、太學録丁熇、提轄榷貨務都茶場朱端常、主管禮兵部架閣文字黄伯劑、國子監書庫官葉蓁、監雜買務雜賣場門羅仲舒、前蘄州通判應元衮、前無爲軍學教授陳殊、兩浙轉運司幹辦公事許儀、前太平州州學教授王同、前潭州善化縣令謝伯常點檢試卷。避親別試，監察御(試)〔史〕徐宏監試，軍器少監陳武考試，秘書省正字喬行簡、監登聞鼓院董居誼、幹辦諸司審計司商逸卿、太學博士林坰點檢試卷。

五年二月二十五日，銓試、公試、類試，命監察御史金式監試，軍器監余嶸，工部郎中徐應龍、大理寺丞趙時適考試，閤門舍人潘持美、秘書郎陳貴謙、太常博士劉靖之、秘書省校書郎林坰、宣繒、大理評事林大章、江模、任永年、幹辦諸司審(詳)〔計〕司[13]康仲穎、主管吏部架閣文字薛舜俞考校。

六年二月二十五日，銓試、公試、類試，命監察御史黄序監試，將作少監任希夷、著作郎兼考功郎官李道傳、大理寺丞林大章考試，閤門舍人周師鋭、將作監丞陳貴誼、諸王宮大小學教授林士衡、大理評事徐瑄、王洪之、趙善璙、太常寺主簿葉蓁、主管吏部架閣文字陳伯震、主管户部架閣文字張虙、主管禮兵部架閣文字陳殊考校。

八月五日，國子監發解，命監察御史倪千里監試，宗正少卿滕强恕、秘書少監李臯、秘書丞兼右司聶子述考試，大理寺丞應元衮、樞密院編脩官葛洪、太常寺主簿葉蓁、武學諭危稹[二]、主管吏部架閣文字陳伯震、主管户部架閣文字張虙、主管刑工部架閣文字林椅點檢試卷。避親別試，太常博士林士衡考試，太學録孫德輿、主管禮兵部架閣文字

[一] 讜：原作「譡」，據《宋史》卷四一三《趙汝讜傳》改。
[二] 危稹：原作「危積」，據《宋史》卷四一五《危稹傳》改。

陳殊、國子監書庫官方灼點檢試卷。

七年正月二十四日，命刑部尚書曾從龍知貢舉，禮部侍郎范之柔、左諫議大夫鄭昭先〔一〕、刑部侍郎劉（掄）〔爚〕同知貢舉。吏部郎中黃宜、軍器少監劉靖之、宗正丞兼工部郎官林夢英、著作郎兼侍左郎官楊汝明、司農寺丞吳格、國子監丞蔡闢、國子博士曾焕、太常寺主簿袁韶參詳；宗正寺主簿周槩、監登聞皷院任一鶚、主管官告院吳囦、監都進奏院楊迪、幹辦諸司審計司盛章、李楠、幹辦諸軍糧料院馮令圖、鄭之悌、太學博士陳黼、孔熚、14太社令方秉哲、籍田令趙崇龢、國子正張己之、提轄文思院佘鑄、通判臨安府孔元忠、主管户部架閣文字楊宏中、監左藏西庫王仁、前知建寧府崇安縣傅雍、臨安府學教授陳公益、前房州州學教授王瀹點檢試卷。避親别試，監察御史黃序監試，著作佐郎兼考功郎官康仲穎考試，將作監丞陳貴誼、秘書省校書郎鄭自誠、幹辦諸司審計司丁黼、（西）〔兩〕浙轉運司幹辦公事何心點檢試卷。

八年二月二十五日，銓試、公試、類試，命監察御史李楠監試，將作監黃宜、著作佐郎曾焕、大理寺丞趙愳夫考試，閤門舍人郁秦、諸王宫大小學教授危稹、秘書省校書郎趙建大、秘書省正字葉澄、太常寺主簿孔元忠、大理司直臧格、大理評事安伯恕、趙善璙、俞杲、主管户部架閣文字周勉考校。

九年二月二十五日，銓試、公試、類試，命監察御史李楠監試，著作佐郎兼尚右郎官鄭自誠、大理寺丞沈寔、秘書省校書郎趙建大考試，閤門舍人潘伯恭、軍器監丞陳伯震、太常寺主簿盛章、太府寺主簿丁黼、大理評事孫涇、朱憲、孫叔謹、秘書省正字葉澄、幹辦諸司審計司黃涇、主管户部架閣文字桂萬榮考校。

八月五日，國子監發解，命監察御史劉棠監試，將作監何剡、考功郎中丁端祖、兵部員外郎林坰考試，大宗正丞施累、秘書省校書郎孫德輿、趙建大、太常博士盛章、太府寺主簿王仁、籍田令方灼、國子15監書庫官黃克仁點檢試卷。避親别試，都官郎中杜孝嚴考試，國子監丞張虙、諸王宫大小學教授危稹、國子博士張己之、主管吏部架閣文字徐鳳點檢試卷。

十年正月二十四日，命兵部尚書黃疇若知貢舉，工部尚書任希夷、右諫議大夫黃序、禮部侍郎袁燮同知貢舉。軍器監楊汝明、屯田郎官林岊、軍器少監丁焴、太常丞兼兵部郎官孔熚、宗正丞兼刑部郎官趙愳夫、大宗正丞兼度支郎官施累、著作郎兼司封郎官李鳴鳳、大理正范擇能參詳；太府寺丞孔元忠、秘書郎張虙、張己之、監都進奏院徐澄、主管官告院趙元儒、幹辦諸軍審計司王夢龍、幹辦諸司糧料院蕭舜咨、趙希齊、太學博士陳德豫、何應龍、方秉哲、大理評事朱憲、國子正王珪、武學諭樓昉、主管吏部架閣文

〔一〕先：原作「光」，據《宋宰輔編年録》卷二〇改。

字徐鳳、主管户部架閣文字許應龍、主管刑工部架閣文字陳公益、浙西安撫司幹辦公事葛從龍、臨安府府學教授黄灝點檢試卷。避親別試，監察御史盛章監試，吏部員外郎林坰考試，太學正桂萬榮、監左藏西庫洪彦華、主管禮兵部架閣文字劉孟虎、提領户部犒賞酒庫幹辦公事陳無損點檢試卷。

十一年二月二十五日，(監)〔銓〕試、公試、類試，命監察御史盛章監試，吏部郎中康仲穎、著作郎張虡、大理寺丞鄭定考試，秘書省校書郎黄桂、宗正寺主簿黄涇、提轄文思院牛斗南、太社令陳畏、大理評事趙善璙、朱憲、16 葉岌、主管三省樞密院架閣文字凌次英、主管刑工部架閣文字盧祖皋考校〔一〕。

十二年二月二十五日，銓試、公試、類試，命監察御史蔡闢(考)〔監〕試，考功郎官樓觀、度支郎中朱著、刑部郎中費埏考試，閤門舍人陳元龍、秘書省校書郎袁甫、吳晞甫、監都進奏院王藻、籍田令許應龍、大理評事蔣誼、史改之、郭正己、主管三省樞密院架閣文字林萬考(試)〔校〕。

八月(十)五日〔二〕，國子監發解，命監察御史徐龜年監試，侍右郎中林岊、考功郎中樓觀、著作郎危稹考試，太府寺丞方灼、秘書省正字兼翰林權直徐鳳、秘書省正字盧祖皋、籍田令黄灝、太社令王夢龍、主管吏部架閣文字楊璘、主管禮兵部架閣文字陶崇、監左藏庫中門皇甫曄點檢試卷。避親別試，秘書郎蕭舜咨考試，主管户部架閣文字葛從龍、朝奉郎應鏞、監贍軍南外酒庫胡剛中點檢試卷。

十三年正月二十五日，命禮部侍郎宣繒知貢舉，右諫議大夫俞應符監試，禮部侍郎楊汝明、起居舍人李安行同知貢舉。國子司業王棐、吏部郎中林岊、太常丞兼〔度〕支郎官臧格、著作郎兼尚左郎官陳德豫、司農寺丞馮多福、樞密院編脩官兼右司方猷、著作佐郎何應龍、秘書省校書郎兼翰林權直徐鳳参詳；國子博士王藻、將作監丞李鼎、軍器監丞李畏、秘書省正字盧祖皋、宗正寺主簿何剡、大理寺主簿牛斗南、太府寺主簿趙汝伋、幹辦諸軍審計司 17 應鏞、太學博士許應龍、周端朝〔三〕、陳公益、太社令宋倚、軍器監主簿曾噩、武學諭陳無損、主管户部架閣文字徐範、國子監書庫官皇甫曄、浙西安撫司幹辦公事林棐、兩浙轉運司幹辦公事謝興甫、臨安府府學教授楊邁、從事郎潛敷點檢試卷。主管禮兵部架閣文字陶崇、主管刑工部架閣文字范鍾點檢、考校宗子試卷。避親別試，監察御史張次賢監試，吏部員外郎鄭自誠考試，武學博士劉孟虎、太學録葛從龍、主管吏部架閣文字楊璘、臨安府府學教授周直方點檢試卷。

十四年二月二十五日，銓試、公試、類試，命監察御史

〔一〕考校：原作「考試」，據前後同類文例改。下條末「考校」同。
〔二〕五日：原作「十五日」。按，「十」字亦爲衍文，見前選舉二一之四校記。
〔三〕周端朝：原作「周瑞朝」，據本書職官七三之五五、吳泳《鶴林集》卷三四《周侍郎墓誌銘》改。

羅相監試，禮部郎中曾唤、刑部郎中趙愍夫、太常丞兼尚左郎官諸葛安節考試，太府寺丞曾噩、太府寺主簿盧子章、太常寺主簿應鏞、國子監主簿李伯（監）〔堅〕、閤門舍人林汝浹、大理寺丞趙立夫、大理評事趙崇暉、劉槐、主管三省樞密院架閣文字高熙績、臨安府府學教授楊邁考校。

十五年四月十七日，銓試、公試、類試，命監察御史李伯堅監試，秘書少監鄭伯誠、倉部員外郎黄桂、刑部郎中沈寔、樞密院編脩官兼侍右郎官盧子章考試，秘書省校書郎劉致一、太社令胡剛中、籍田令方淙、閤門舍人陳大紀、大理評事江模、趙崇暉、劉槐、主管禮兵部架閣文字葉武子、臨安府府學教授潛敷、監左藏庫都門富皞、監車輅院田克悉考校。

八月五日，國子監發解，命監察御18史李伯堅監試，工部郎中秦季櫄〔一〕、國子監丞鍾震考試，監左藏東庫李知新、主管户部架閣文字陳登、主管禮兵部架閣文字葉武子、主管刑工部架閣文字富皞、國子監書庫官鄭清之點檢試卷。

十六年正月二十五日，命權吏部侍郎程珌知貢舉，權刑部侍郎朱著、起居舍人鄭自誠同知貢舉，左司諫李伯堅監試。宗正少卿方猷、大理少卿曾焕、直焕章閣樞密副都承旨吴格、司封郎官魏了翁、工部郎中秦季櫄、將作少監權直學士院盧祖皐、太府寺丞王克恭、秘書郎鍾震、宗學博士陳公益、國子博士葛從龍參詳；將作監丞丘㮮、秘書省校書郎陶崇、楊邁、秘書省正字方淙、太常主簿趙至道、宗正寺主簿馮特卿、主管官告院李大有、陳觀、監都進奏院李勳、幹辦諸軍審計司李知新、太學博士楊璘、國子監主簿王與權、國子正高熙績、太學正李宗勉、宗學諭周直方、主管户部架閣文字陳登、主管禮兵部架閣文字葉武子、主管刑工部架閣文字富皞、兩浙轉運司幹辦公事林良顯、李劉、臨安府府學教授潛敷、監車輅院田克悉、監草料場門戴栩，從事郎照署點檢試卷〔二〕。避親別試，監察御史康夢庚監試，吏部員外郎黄桂考校，諸王宮大小學教授范楷、監左藏庫中門衛洙、文林郎宋恭、繆師皋點檢試卷。

十七年二月二十五日，公試、銓試、類試，命監察御史康夢庚監試，著作佐郎鍾震考試，19主管户部架閣文字王伯大、主管刑工部架閣文字何萬齡、臨安府府學教授周儒行、監左藏封樁下庫葉麟之考校。（以上《永樂大典》卷一三二五〇）

〔一〕季：原作「李」，據下條及《南宋館閣續録》卷七改。
〔二〕照署：疑有誤。

# 宋會要輯稿　選舉二二

## 考試〔一〕

【宋會要】

1 淳熙元年四月二十八日，詔：「乾道七年十月二十三日指揮，自今考試官並不許差知縣，合于舊法內注文改『縣丞不得差充考試官』爲『知縣不得差充考試官』。」

五月九日，臣僚言：「諸路漕司今秋考試官除知縣不許差外，其餘並止於見任官選差。如或不及舊來所差之數，則聽那展考校程限，不必拘一月開院之例。如或其間寔有闕少員數過多去處，即欲令轉運司申取指揮。」從之。

六月九日，詔：「考試刑法官一員，于郎官卿監內差；點檢試卷官三員，于在京職事官內差。依紹興二年七月指揮施行。」知開州吳宗旦奏：「試大法官常附銓試，故事差大理少卿或刑部郎官一員充考試，正、丞、評事共三員充考校。比年以來，止差丞一員充考試，評事三員充考校。所出題目，語言太繁，使人迷惑，鋪引錯謬。乞自今依舊差少卿或郎官一員充考試，正、丞、評事共三員充考校。但曾任左斷刑官，雖在别部他寺監，亦乞通差。所出題目，限以千字，直問法意，毋事詭譎。」故有是命。

十二月二十六日，詔：「省試近在旬浹，比年試官不以三場通融取人，至有一言一對偶同其私意，遂以爲合格。自今有司須參考三場，以較優劣。」從臣僚請也。

（三年二月）〔二年正月〕九日〔二〕，命翰林學士、知制誥、兼太子詹事、兼侍讀王淮知貢舉，試給事中胡元質、試侍御史范仲芑同知貢 2 舉。尚書右司員外郎王晐、吏部郎官王希呂、司封員外郎鞏湘、倉部員外郎江溥、軍器少監薛元鼎、太常丞傅伯壽、秘書郎王公衮並參詳；秘書郎吳飛英、司農寺丞何萬、太府寺丞沈揆、删定官曾植、國子博士葛邲、太府寺丞朱繹之、太學博士劉溥、劉甄夫、删定官石起宗、蓋經、樂備、國子監主簿彭椿年、國子正胡一之、武學諭何澹、國子録胡南逢、（大）〔太〕學録王維之、知江陰軍蔣雝、宣教郎張駉、臨安府府學教授周碩、陳易、迪功郎鄭鍔並點檢試卷。

六月十一日，銓試，命將作監徐子寅、少監吳飛英考試，大理丞燕世良、商份〔三〕、大理評事劉敏文考校點檢試卷。

---

〔一〕天頭原批：「『宋考課』與職官全同，存目不録。」按此蓋屠寄所批，意謂徐輯稿選舉類亦有「宋考課」一門，其文與職官類「考課」門全同，故剔除不録。其所剔除者今見於《補編》頁三八一至四〇九，其文出《大典》卷一一五五七。

〔二〕二年正月：原作「三年二月」，據本書選舉一之一八改。

〔三〕商份：原作「商汾」，據本書選舉二一之一改。《淳熙三山志》卷二九載，商份字元晉，福清人，紹興三十年進士。

六月十五日，詔：「自今差充貢院簾内試官，並不得出簾外，干預簾外職事。如違，令本院長官覺察，具名聞奏，重作施行。」從國子監請也。

七月十一日，詔：「自今國子生解試、補試，其合避親並别院收試。其或避親嫌官，不得差充别院試官。」

四年三月二十日，詔四川類省試(今)〔令〕就安撫制置使司置院類試。時已罷宣撫司故也。

六月七日，江南西路轉運司言：「本路諸州軍合差試官，舊例係五十員，計闕一十六員，乞于本路寄居、待闕官内，曾經試中宏詞及教官，或進士殿試第一甲，省試前十名，曾經陞補上舍人内，選差一次。」從之。

二十五日，詔：「今歲科舉，淮東、西兩路所差試官，許于太平州、池州管内通融選差。如所差不足，即依淳熙元年五[3]月九日已降指揮，那展考校程限，不必拘一月開院之例。」

五年正月九日，命禮部尚書范成大知貢舉，尚書刑部侍郎兼侍講兼給事中程大昌、右諫議大夫蕭燧同知貢舉。太常少卿兼崇政殿説書齊慶胄、司農少卿戴幾先、太府少卿傅淇、尚書吏部員外郎兼太子侍讀閻蒼舒、尚書兵部員外郎何伯謹、監察御史潘緯、徐詡並參詳；宗正丞沈揆、大宗正丞劉溥、秘書丞袁説友、大理正林元奮、太常博士章謙、樞密院編脩官宇文(作)〔价〕、詳定一司敕令所删定官吳天驥、秘書省著作佐郎鄭鑑、諸王宮大小學教授何鹿、秘書省校書郎胡晉臣、葉山、宗正寺主簿胡南逢、大理寺主簿陳資深、監登聞檢院黄閎、幹辦行在諸軍審計司吳博古、提轄文思院萬鍾、提轄行在雜買務雜賣場張商卿、監行在草料場周文擢、臨安府學教授高㮚、監行在編估打套局門陳義並點檢試卷。

六月十一日，銓試，命秘書少監鄭丙、金部郎官梁總考試，秘書省秘書郎葛邲、大理正元徽之、大理評事張維、吳師尹考校、點檢試卷。

七年二月二十五日，武學公試，詔蔡必勝充武學公試考校官。宰臣趙雄言必勝係武舉魁首故也。

七年四月二十四日，江西轉運司言：「今歲科舉，本路諸州軍見任出身官共四十六員，内一十員係六月以前任滿，計闕一十九員。若用淳熙四年體例，差寄居、待闕内試中教官、宏詞、省試[4]上十名、殿試第一甲人，緣本路昨來所差寄居、待闕，今已赴官事，故别無應格之人。乞權于本路寄居、待闕官選差文學優長曾充試官者一次。」從之。

八年正月七日，命試吏部尚書、兼脩玉牒官、兼脩國史王希呂知貢舉，試禮部侍郎鄭丙、侍御史黄洽同知貢舉。左司郎中杜民表、吏部員外郎沈揆、刑部員外郎吳宗旦、監察御史余端禮、顔師魯、著作郎朱時敏、袁樞、秘書郎范仲藝並參詳；太常丞汪義端、宗正丞王藺、樞密院編脩官李嘉謀、徐誼、删定官郭明復、奚商衡、著作郎詹騤、李巘、校書郎趙彦中、熊克、楊輔、尚書六部監門趙大猷、秘書省正

字劉光祖、將作監主簿王謙、主管吏部架閣文字吳天驥、主管工部架閣文字樊抑、監行在豐儲西(食)〔倉〕門周震來、監行在惠民南局徐玠、提領户部犒賞酒庫所幹辦公事劉德秀、監行在太平惠民北局方有開點檢試卷。

十一日，詔：「自今省試封彌官，依祖宗典故，差郎官、卿、監以上，在院供給並依參詳官例。」臣僚言：「封彌、謄録、巡捕官，多是差刑部及釐務官，既不諳事體，又官卑人微，不敢誰何，弊倖多在封彌所，至有塗抹試卷，漏泄字號，折換印縫，能文者反被其害。景祐五年，翰林學士丁度知舉，其封彌官則三司副使姚仲孫、殿中侍御史方偕也；慶曆二年，翰林學士聶冠卿知舉，其封彌官則龍圖閣直學士孫祖德、直集賢院田況也；慶曆六年，翰林學士 5 孫抃知舉〔一〕，其封彌官則侍御史仲簡、三司判官周陵也。封彌所差官多清望之官，故姦弊亦消于未然。近時差官既輕，吏輩益無忌憚，其弊有不可勝言。」故有是命。

六月十一日，銓試，命吏部郎官詹儀之、刑部郎中吳宗旦考試，秘書省校書郎姚穎、大理寺丞俞澂、大理評事陳榛、郗師成考校、點檢試卷。

九年二月十八日，太常少卿(俞)〔余〕端禮言：「試院全(籍)〔藉〕門禁嚴密，以防姦弊。緣監門多差監當及在部小官，皆得慢易。乞自今監門官並差六院官及臨安府通判。」從之。

十年三月十九日，兩浙漕臣言：「本路合差試官八十二員，其間有任滿事故疾病替移之人，不及所差員數。昨淳熙四年，江西轉運司已蒙朝廷許權于本路寄居、待闕官内，將曾經試中宏詞及教官，或進士殿試第一甲、省試前十名并陞補上舍人内選差一次。本司今乞于前項寄居、待闕官内權行選差。」從之。

十一年正月九日，命户部尚書王佐知貢舉，中書舍人兼侍講王藺、右正言蔣繼周同知貢舉〔二〕。監察御史朱安國、太常少卿王信、宗正少卿史彌大、秘書少監沈揆、尚書右司郎中朱時敏、宗正寺丞張叔椿、秘書省著作郎何澹、著作佐郎范仲藝並參詳官；太常丞李嘉言、秘書丞黃倫、大理寺丞趙善譽、趙大猷、司農寺丞方有開、太府寺丞趙鞏、敕令所删定官張濤、王三恕、程宏圖、國子監丞彭仲剛、諸王宮大小學教授梁汝 6 永、國子博士莫叔光、太學博士章穎、太常主簿謝修、軍器監丞胡長卿、司農寺主簿張遜、監都進奏院王厚之、張伯垓、主管官告院計衡、監左藏南庫郭象並點檢試卷；監登聞檢院趙善堅、大理評事錢宇並差監大門，提轄榷貨務都茶場孫逢辰差監中門。大理評事王訢差主管牒試避親官，監察御史陳賈充別試所考試官，大理司直鄭湜，校書郎奚商衡、太常博士倪思、太學博士王叔簡並點檢試卷。

〔一〕學士：原脱，據《長編》卷一五八補。
〔二〕蔣繼周：原脱「周」字，據本書選舉一之一九補。

十三年七月十三日，臣僚言：「切見近年諸路州軍科舉，轉運司所差考校官，以見任官不足，聽于待闕合格者選差。又考校官習詩賦者未必熟于大義，習經學者未必熟于聲律，苟不參酌于其間，所取未必盡應程度，故所差不可不均。乞令諸路轉運司，凡待闕被差者，止令考校，不與出題。其有學生就試者，試官自陳迴避；如或隱而不言，後因事發覺，重寘典憲。」從之。

二十一日，福建路轉運副使趙彦操、轉運判官王師愈言：「竊見福州每歲就試之士不下萬四五千人，而考試官止差十員，建寧府亦不下萬餘人，而考試官止差八員。且以建寧府計之，通三場則三萬三千卷，分之八房，每房皆四千八百餘卷。在法，不滿三百人，試官二員，每添五百人，添官一員。乞于福州添試官三員，建寧府添試官二員。庶幾稍分其勞，不至以繁冗失士。」從之。

八月五日，臣僚言：「向來解試不差學官，豈不以月書季考，習熟其文，去取 7 高下之間，雖未必容私，〔然〕是非衆多之口（然），易以興謗。與其決去防閑，欲使人各自盡其公心，孰若防閑具存，能使人不得議其私意？目今科場差官在即，乞依舊例免差學官，非特釋舉子之疑，亦足弭學者之謗。」從之。

十二日，臣僚言：「乞自今監、學省試差官，以至諸路州軍科舉，並須酌量經義、詩賦兩科就試人數，均差治經人專考經義，習詩賦人專考詩賦。若文卷多寡不等，即以論、策通融參酌。仍乞令兩淮及其餘遠小州郡，若士人稀少去處，亦須至本月末方許開院。人數稍多，即量與展日。庶幾差擇精詳，鑒裁加審，不失國家設科務在得人之本意。」從之。

十四年正月二十日，命翰林學士、知制誥、兼侍講、兼脩國史洪邁知貢舉，權刑部尚書兼侍講兼太子詹事葛邲、右諫議大夫陳賈同知貢舉。監察御史吴博古、秘書監兼太子左諭德國史院編修官沈揆、太常少卿朱時敏、左司郎中兼太子侍讀楊萬年、樞密院檢詳諸房文字兼國史院編脩官范仲藝、吏部員外郎石起宗、尚書考功員外郎鄭汝諧、秘書省著作郎兼權金部郎官黄倫、著作佐郎兼權兵部郎官梁汝永、知大宗正丞兼權刑部郎官李祥並參詳官〔一〕；宗正寺丞宋之瑞、秘書丞謝修、太府寺丞劉崇之、大理寺丞謝深甫、秘書郎倪思、太常博士黄黼、樞密院編修官張濤、詳定一司敕令所删定官鄭湜、馮震武、沈清臣、王齊輿、秘書省 8 著作佐郎兼魏惠憲王府教授黄唐、諸王宮大小學教授（載）〔戴〕履、大理評事陳杞、秘書省校書郎鄧馹、將作監丞王厚之、太社令趙伯成、主管官告院曾三復、提轄行在雜買（場）〔務〕雜賣場霍篪、幹辦行在諸司審計司周曄、孫逢吉、提轄行在左藏庫李知己、主管尚書禮兵部架閣文字毛崈、主管尚書刑工部架閣文字沈有開並點檢試卷。中書門下

〔一〕「正」字原脱，「李祥」原作「李詳」，據《宋史》卷四〇〇《李祥傳》補改。

省檢正諸房公事、兼國史院編修官、兼太子侍講尤袤差別試所考試，太常寺主簿林大中、宗正寺簿許及之、監行在左藏西上庫段世昌、監行在草料場陳來儀並差點檢試卷。

六月一日，銓試、公試，命吏部郎中石起宗、刑部郎官呂公進並考試，太常博士黃黼、大理評事錢宇、陳杞、高諏之並點檢試卷。

十一月二十五日，右正言黃掄言：「國家以文章取士，莫盛于進士之一科，名公鉅卿，項背相望。比年以來，文風不振，士氣卑冗，爲學者不根乎經籍，從政者罕議乎教化，故文章委靡，詐僞日滋，選用之際，常患才難，豈非積習使然耶？唐室中葉，文尚偶儷，破碎大道。韓愈以六經之文，爲諸儒倡，然後一變而爲純粹。本朝嘉祐中，劉幾倡爲怪僻之文，士子翕然傚之。歐陽修適知貢舉，痛加排斥，然後文體復歸于正。厥今韋布之士數千萬輩，求售有司，莫不以文藝相高，取其中的者以爲程式。彼司文柄者，縱未得人人如韓愈、歐陽修，亦宜妙極一時之選。近年往 [9] 往推擇不精，所取之士不厭人意，有司不明，誠或有之。臣嘗推原其弊，其一起于朝廷以考校之官應副人情，其一起于朝廷以親戚就試，而海行開具，以聽御筆點差。應副人情則不問其能否，而惟視其厚薄；（每）〔海〕行開具則莫知其底裏，而惟付之于幸不幸。此有司所以多不得人也。今來省試在近，加以覃恩免解而來者甚多，尤非常年之比。乞預詔大臣，精加選擇，勿以人情之故而爲場屋之害。其或不免于開具，亦不多其數，而具其所可具者，以備採擇。如或老或病，雖登科，碌碌無聞，勿以充數。」從之。

紹熙元年正月二十四日，命權吏部尚書鄭僑知貢舉，右諫議大夫何澹、權吏部侍郎陳騤同知貢舉。太常少卿丘崈、户部郎官謝源明、謝深甫、將作少監兼直學士院倪思、宗正丞張濤、大宗正丞邵驥、秘書丞黃艾、秘書省著作郎鄧駉、著作佐郎衛涇、黃由參詳；司農寺丞孫逢吉、太府寺丞曾三復、秘書郎李寅仲、樞密院編脩官陳士楚、校書郎王叔簡、國子監丞虞儔、秘書省正（書）〔字〕石宗昭、太常寺主簿徐楙、宗正寺主簿鄭公顯、國子監主簿閭丘泳、監登聞檢院黃灝、監都進奏院李謙、主管官告院孟浩、幹辦諸司審計司何異、幹辦諸軍審計司俞言、幹辦諸軍審計司祝禹圭、主管吏部架閣文字呂宗孟、主管刑工部架閣文字李大異、國子監書庫官方廷堅、朝奉郎王源、奉議郎彭龜年、彭寅、宣教 [10]（教）郎陳棅點檢試卷。別試所，監察御史林大中考試，考功郎中樓鑰、太常博士汪逵、樞密院編修官李沐、司農寺主簿李唐卿點檢試卷。

六月十日，銓試，命大理少卿呂公進、考功郎中樓鑰考試，大理寺丞許岱、大理評事高諏之、沈宗淵、太學博士沈有開、太學正田澹考校。

十三日，詔幹辦諸軍審計院俞豐差充類試封彌官兼監謄録官。其先差姜堯章，却令出院。以臣僚言：「太學補試，周賦魁争訟事，送有司勘鞫，聞者怪駭。此弊起于封彌

謄録之不謹，乞于六院、四轄及在京局務官内選差有風力之人，免滋吏姦。」故有是命。

三年六月十八日，詔：「諸路轉運司考試官，並須依公選差，毋得聽受請託，容其有所避就。及諸州試院封彌官，專差幕職官一員，其對讀官亦差粗識文理者爲之。」以臣僚言：「州郡待試官之禮，厚薄不同。嗜利之人計囑漕臣，乞差優厚去處，知彼州所得之薄，則妄申有親戚就試以避之。漕臣迫于請託，未免曲從。封彌官不得其人，則吏因緣爲姦，取受(情)〔請〕囑，毁匿有名士人文卷。對讀官全不曉文理，則程文之詳贍者，或爲謄録人節略首尾，以至見黜。正緣州郡所差官不過丞簿監當，素不經歷，又無事權，不能檢束吏姦，遂使士人優長之文暗遭毁棄。」故有是命。

八月三日，禮部侍郎倪思言：「太學解試，考官選自朝廷，無事關防。惟是外處考官，所差未必一一得人，其怠惰[11]者厭文卷之多，其輕率者有忽畧之意，至有謾取數卷應數，其餘或不加點抹，或妄批一兩字于卷首，而初未嘗過目者。士子程文或不幸而遭之，雖是優長，不免黜落。又有考官入院之後，偶爾病患，雖欲考校，力所不及。而同時考官不肯爲之分考，則分一房之卷，亦將平沉。至于去取之際，執私占吝，不相通融。或一房之中，合格者多，不容兼取；或全無文字，堅欲取之。則是士子程文，去取不係工拙，特出于幸不幸耳。凡此等弊，皆不可不革者也。乞下諸處試院，命考官精加考校，雖是落卷，必須批抹所以落之之由。其試官入院，萬一果有病患，考校力所不及，則令監試隨宜分與衆考官均考。至于所取合格卷子，亦令公心商議，務相通融，不得徇私。如此，則前弊庶乎其可革矣。」從之。

四年正月十日，監察御史曾三復言：「太學解試，不差學官，蓋員數不多，易爲融那。若省試乃合諸路進士，考試官不下四五十員，若不差學官，安所遴選？且學官無非朝廷擢用之人，其選素精。倘于考校之際，不務爲國掄材，而尚徇私情，則豈但不可爲省試考官而已。況前此固有逼省試之期方遷爲學官而不差者，又有數日之間偶移他職而被差者，何其乍公乍私之異也！乞明詔大臣，畧去嫌疑，不必拘泥不差學官之説。如差點檢試卷官，則乞多選去科場未甚久者，庶得省記近時舉子之文，可以革廣場蹈襲[12]之弊。」從之。

二十四日，命吏部尚書趙汝愚知貢舉，給事中黄裳、左司諫胡瑑同知貢舉。度支員外郎王厚之、將作少監黄艾、監察御史汪義端、太常丞李謙、宗正丞鄭公顯、秘書省著作佐郎沈有開、司農寺丞彭龜年、秘書省著作佐郎李唐卿參詳；大理寺丞彭演、秘書省秘書郎范仲黼、太常博士陳棅、諸王宫大小學教授楊大法、秘書省正字蔡幼學、宗正寺主簿李景和、監登聞檢院楊大全、幹辦行在諸軍審計司范蓀、太學博士邵康、曾秘、太社令陳峴、國子監主簿王源、將作監主簿李大異、國子正田澹、太學正顏棫、國子録陳邕、太

學録雷孝友、奉議郎吳獵、主管尚書户部架閣文字孫元卿、從事郎蘇大任點檢試卷。別試所，秘書省著作郎黄由考試，太府寺丞程九萬、秘書省校書郎王奭、太常寺主簿張貴謨、軍器〔監〕主簿曾三聘點檢試卷。

六月初十日，銓試，命吏部郎中林湜、度支郎中沈樞考試，秘書省著作佐郎王容、大理評事錢搴、黄培、陳景俊、大理寺主簿王寧考校。

(慶元)〔嘉泰〕二年正月二十四日〔一〕，命禮部侍郎木待問知貢舉，起居郎王容、右正言施康年同知貢舉。樞密院檢詳諸房文字宇文紹節、倉部郎中孟綸、監察御史鄧友龍、宗正丞兼金部郎官張布、著作郎兼考功郎官蕭逵、大理寺丞汪文振、胡元衡、秘書郎陸峻參詳；司農寺丞盛庶、太府寺丞趙夢極、國子監丞朱欽則、秘書省校 13 書郎周夢祥〔二〕、太常寺主簿葉宗魯、大理寺主簿張(訴)〔訢〕、監登聞檢院鍾將之、監都進奏院曾槐、主管官告院黄景説、幹辦諸司審計司陳鑄、幹辦諸軍審計司林行可、幹辦諸〔司〕糧料院葉時、武學博士朱質、國子監主簿談鑰、大理評事李曼卿〔三〕、提轄文思院黄謙、主管吏部架閣文字顧杞、主管户部架閣文字黄櫄、主管禮兵部架閣文字王庭之、監榷貨務都茶場尚朴點檢試卷。避親別試，禮部員外郎顔棫考試，司農寺丞余崇龜、提轄榷貨務都茶(房)〔場〕鞏嶸、國子監書庫官高文善點檢試卷。

〔慶元二年正月〕二十五日〔四〕，命吏部尚書葉翥知貢舉，吏部侍郎倪思、右諫議大夫劉德秀同知貢舉。左司郎中張濤、國子司業高文虎、吏部郎中鄭公顯、吏部郎官張貴謨、吏部員外郎衛涇〔五〕、監察御史胡紘、姚愈、著作郎王奭、著作郎兼司封郎官顔棫、著作佐郎兼刑部郎官李(璧)〔壁〕參詳；大宗正丞范蓀、大理正羅克開、大理寺丞陳樸、宋思遠、司農寺丞楊大全、秘書郎費士寅、太常博士劉誠之、樞密院編修官陳廣壽、秘書省校書郎余復、陳峴、太常寺主簿張經、大理寺主簿陳希點、主管官告院黄聞、幹辦諸司審計司商飛卿、幹辦諸司糧料院周苹、太學博士沈繼祖、國子正曾漸、武學諭楊寅、國子録潘友端、太學録陳晅、主管户部架閣文字吳仁傑、主管禮兵部架閣文字王申、主管刑工部架閣文字鍾必萬、監左藏封樁下庫葉挺點 14 檢試卷。避親別試，宗正丞兼倉部郎官雷孝友考試，太府寺丞

---

〔一〕嘉泰：原作「慶元」。按，若據原稿，此條與下條僅相差一日，而任命兩批知舉官，決無是理。查本書選舉一之二五，命木待問知貢舉乃嘉泰二年事。《咸淳臨安志》卷一二録寧宗賜知貢舉木待問御札，亦標明「嘉泰二年」。是「慶元」乃「嘉泰」之誤。蓋此條脱去年號，《大典》編者遂妄作慶元編入。此條應移後。

〔二〕祥：原作「詳」，據《南宋館閣續録》卷八改。

〔三〕李曼卿：原作「李蔓卿」，據本書職官七三之四三、雍正《福建通志》卷三四改。

〔四〕慶元二年正月：原無，據本書選舉一之二五、《咸淳臨安志》卷一二補。《會要》原文當有此六字，《大典》編者既誤以上條插入，遂妄將此條年月删去。

〔五〕「郎」下原有「官」字，徑删。

傳伯成、國子博士陳宗召、宗正寺主簿楊克忠、太學正易祓點檢試卷。

六月十日，銓試，命樞密院檢詳諸房文字張貴謨、刑部員外郎朱翺考試，大理寺丞宋思遠、李珏、樞密院編修官陳廣壽、大理評事奚士遜、太學博士俞烈考校。

同日，銓試，命禮部員外郎顏棫、刑部郎官陳景俊考試，大理正宋思遠、司農寺丞盛庶、大理寺丞邵袞、大理寺主簿陳鑄、大理評事史淵考校。

慶元四年三月二十五日，臣僚言：「國家三歲大比，賓興賢能，異時公卿大夫皆繇此塗出。苟不正其始，于有司文衡者泛焉無擇[一]，使得以異端邪説鼓倡于其間，一旦入仕，其愚有不可勝言。比年以來，僞學相師，敗亂風俗，所賴聖明力挽狂瀾，一歸于正。學校文詞之體，官吏薦舉之式，關防曲盡，然士風已正，而異端邪説之弗戒，則足以害至治。科場主文之官，寔司進退予奪之柄。倘或不知所擇，使僞學之徒復得肆其險詖之説，則利禄所在，人誰不從，必至疑誤學者。乞頒詔旨，將來科場，諸路運司須管精擇議論正平、委非僞學之人，充諸州軍考試官。仍開名銜，照應舉格式，如涉僞學，甘寘典憲，申尚書省、御史臺照會。此去科場不遠，乞下諸路漕臣，預先體訪所屬合差試官之人，究見是與不是僞學的寔，庶幾臨期差撥，不至牴牾。」從之。

五年正月十九日，臣[15]僚言：「諸郡與漕闈考官，必



差一員爲點檢主文，凡命題與所取程文，皆經點檢，以防謬誤。比年以來，徒爲具文，一時考官，各騁己意，異論紛然，甲可乙否，以致題目多成乖謬。去歲秋舉，諸州所申義題，或失之牽强，文理間斷而不相續；或失之鹵莽，文理齟齬而不相類。賦題論題，或失之破碎，文理扞格而不相貫，以至策問專肆臆説，援引失當。皆由點檢官不擇才望之士，考官中有矜能挾氣者，不同心商（確）〔榷〕，故有題目出于一人之見，其他官旁睨，不欲指其疵纇。及有摘發其失，出題之官獨被譴責，而無點檢之名。乞今後漕臣若非由科第，即別委本路提刑、提舉、總領有出身者，每舉從朝廷專委一司選差試官，須擇其素有文聲名望、士論所推者充點檢官，專以文柄責之。諸考官先供上題目，點檢官斟酌審訂，擇其當理而不悖古訓、兼通時務者，然後用之。及考官所取合格試卷，點檢官仍加詳校，公定去留。禮部俟其申到題目及程文，再行點檢。如有乖謬，將點檢官重行黜責。」從之。

正月二十五日，命權禮部尚書黃由知貢舉，吏部侍郎胡紘、侍御史劉三傑同知貢舉。太府卿楊王休、大理少卿趙介、禮部員外郎陳讜、監察御史程松、太常丞李景和、宗正丞孟必先、大理正奚士遜、秘書郎易祓參詳；太常博士鍾必萬、諸王宮大小學教授許開、秘書省校書郎李臯、宗正

[一]「有」字似爲衍文。

寺主簿王焯、監登聞鼓院[16]趙夢極、主管官告院徐似道、汪文振、幹辦諸司審計司余崇龜、太學博士蕭逵、武學博士高似孫、國子監主簿楊濟、軍器監主簿俞亨宗、朝奉大夫林采、國子正王巳、太學正陳晦、國子録胡元衡、主管禮兵部架閣文字王克勤、文林郎馬惟和、監文思院朱慶弼、監左藏西庫朱茂良點檢試卷。避親別試，樞密院檢詳諸房文字汪義和考試，秘書郎毛憲、國子監丞王聞、幹辦諸司糧料院朱欽則、主管户部架閣文字留駿點檢試卷。

六月十日，銓試，命刑部郎官王補之、禮部員外郎陳讜考試，大理寺丞蔣藺、太府寺丞楊潛、大理評事史彰祖、翁瀞、主管吏部架閣文字張嗣古考校。

嘉泰元年二月二十二日，知滁州許巽言：「三歲科舉，至重事也。乃者諸路所差考官，或非其人，命題乖張，考文紕繆。或章句之不相屬，或援引之非所宜，經義至失本旨，詩賦至失音韻，朝廷固嘗小懲之矣。今科詔既頒，而差考官一節，其可不申嚴乎？夫經義、詩賦各從其習，故習經義者聲律之不知，猶習詩賦者不明經旨也。今而强之使參考，幾何其不失士耶？乞敕諸路漕司，今歲所差考試官，一則審覈其人之真僞，擇端正而不墮浮靡者，以充考校。次則稽考逐官脚色，量逐州合差官之數，其詩賦多而經義少，則以三分爲率，一分治經義官，二分詩賦官，俾專攷之。若經義多而詩賦少，所差亦然。庶幾各效所長，取[17]予精當。」從之。

三月二十九日，臣僚言：「士子程文，不過三場，而其定去留者，多在經義、詩賦。然此二者，罕能兼通。今之學官即向時之生員，今之考官即向時之舉子，未有以經義登科之後復習詩賦，未有以詩賦進身之後復習經義。昨來太學補試，有取魁賦而重疊用韻及落官韻者，此攷官不習詩賦之病。前舉諸州解試，有出經題而本文不相連屬者，有不應作題目而出爲題者，此試官不習經義之病。且以今日學官言之，監學官十餘員，而習詩賦者纔一二人。又諸路鄉舉，多是提舉學事司臨時差官應數，奚暇選擇。乞今後差國子監太學官，宜照各人先來所習，爲之均差。自今歲始，所差上舍試及發解試官，並參照所習，分令均平。並下諸路漕司、制置司，依此參照均差，仍開具試官所習申省部照會。」從之。

十二月四日，臣僚言：「竊惟國家設貢舉之科，重考官之選，以求真才寔能，法至密也。士群試于有司，經義、詩賦，各分所長，而考官之通于詩賦者，未必通于經；專于一經者，于他經或不能以通習。今使之兼任考校，而欲其精于去取，不亦難乎！曩者議臣嘗欲均差經義、詩賦之人，其説固已施行矣。使登第者衆，固可選擇；若其稍闕，則均差之説，將何所施？大郡考官員多，或可通融；若小郡員少，則均差之説，亦將安取？臣竊謂均差既非通論，兼習又難其人，莫若分遣諸郡教官，或可任責。[18]蓋爲教官者，非殿、省試之前列，即學校之上游，其他或以履歷得之，

亦皆當世之名彦。況郡有月試，經義、詩賦，考校既熟，鑒裁必精。乞敕諸路漕臣，自來歲大比爲始，郡無大小，必差教官一人專主文衡，而他官則參預考校。」令禮部看詳。本部言：「國子監集學官聚議，科舉選差考官，合以經義、詩賦兼通之人專主文衡，欲每處必差教授一人，委是允當。但照得諸路漕司選差考官，多以本司場屋爲重。若以教官盡分諸郡，則漕司必致闕人。今欲于諸路幹官及諸州職官内，有前名登第或試中教官之人，與諸州教授通融選擇。仍于差帖内帶『兼檢點試卷』，則場屋之人，事體歸一。」從之。

四年三月二十八日，兩浙轉運司言：「向來科舉年分，本司未建試院之時，旋于餘杭門外擗截香積、化度寺權充試院。後來本司慮恐騷擾寺院，科差人匠，借索什物，遂踏逐江漲橋之北空閒地段，建成試院，備辦但干什物動使等，逐舉引試，委是利便，絶無毫髮科擾。近本司奏請，乞將礙格不礙格人，令主文三場各自命題，可革假手之弊。又因臣僚奏請，乞將礙格不礙格人倣太學私試分廊之法。國子監勘當，却將礙格不礙格人，于（此）〔比〕近去處，分作兩院，同日引試。竊詳試院之側，皆居民屋宇，別無空閑去處可分兩院。縱分兩院，必須增差監試、簾裏外一行官吏，添置合用什物等，種種非便，所費竹木蘆蓆不止些少。[19] 況近日府城居民遺火延燒官舍，本司見行分頭蓋造，尚自闕少，豈有餘力可以隔截試院。今欲將礙格不礙格人且與分廊，各自出題引試。」詔令本司將試院措置擗截作（兩）處引試，毋致交互。仍各出題目，更不增置試官。

開禧元年正月十九日，臣僚言：「進士一科，寔爲至公之選。比年以來，士大夫盡公者鮮，科舉之弊日滋。或先與試題，或私爲暗號。殊不知科第前列與中選之人，異時朝廷往往擢用，乃以計較得，此何理哉！臣頃歲再叨學官，比者充員後省，備見本末，敢以一二弊陳之。其一如公試、上舍試、銓試之類，皆循舊例，不置別試所。間有合避親試卷，止是避房，往往並在收取之列。其初不顧嫌疑，繼之遂成私曲。臣謂莫若于公試、銓試、上舍試，仍置主管避親官，不置別試所，俾之牒試，以示至公。如是省試年分，即分別試所。有孤經，令改經就試。數内上舍試人數不多，或恐多是孤經，而試官員數亦少，若于百執事内，選其無親戚在内舍者，委以考校，于理勢尤便。其二則省試，近例有諸房旁通考校圖，分與諸試官，每遇卷子入院，分散諸房考校。謂如第一場在某房，第二、第三場在某房，披圖可見。以此試官之挾私者，便于尋索，公然較計，取其私黨。莫若于省試卷子在簾裏之日，委自知舉分俵諸房考校，然後來上。所有旁通考校圖，但置知舉房中，以俟穿卷奏號，更不付之諸房。如此，則[20] 試官挾私者不知卷子在是何房分，又不可明言尋索，則姦弊自然銷弭。其三則太學私試，以每月試中分數理爲校定，將來可以免省，事體非輕。然自長貳、博士、正、録、丞、簿，下暨吏人，皆與諸生相接。

曩者以公存心，自得其平；比歲私取之謗，動輒騰沸。臣謂太學内舍校定，當以公試、上舍試爲上，而以私試次之。凡公試、上舍試不中選者，雖是私試中選，亦不得預校定之數，更不拘較到本年分數若干。自開禧元年爲始，每歲止校定内舍優等一名，但以諸生公試或上舍試已中，而私試又中分數最多者，置在優選。仍以公試或上舍試合理三分者壓私試四分比較，餘照見行條法施行。如此，則歲終校定，皆得公試、上舍試中選之人，寔爲公當，而私試(公)〔分〕數，止可湊數收使，于禮爲順。」詔令禮部契勘聞奏。既而本部言：「據國子博士趙大全等看詳累舉體例，省試、四川類試、太學、諸路解試，並皆置別試院，所以杜絶親故私取之弊，法意已詳。獨銓試、公試、上舍試，凡有親戚，止是避房，不令別試。雖以他卷，謂之裹送，其間豈無私嫌？今令別試避親，寔可以痛革其弊。其省試人多，使就別院。其上舍試，緣赴試少，差無親嫌官考校，委得允當。但公試一節，如遇省試年分，係差試官及簾外等官共四十餘員，避親人數稍多，即令別院收試，臨時照人數多少，申朝廷分等取放。如不係省試年分，公試鎖院，試官[21]止有八人，避親人數必少，竊恐取放不行，難爲分等。乞于無省試年分，公試、上舍試差官體例，取索在朝官與太學在籍生員無親嫌官考校，方充試官。其省試年分，却令避親人就試別院，庶得公當。宗室省試人數不多，其避親一節，欲照紹熙四年省試及逐舉解試體例，並發過別院收試，庶于別院差考官數少，免避親嫌疑。大全等照對三場取士，正欲士人各盡所長，自當三場分考，以見優劣。知舉按圖穿卷，以定去取。若今諸房各有旁通圖，恐有計會互批之弊。臣僚所請，委是允當。大全等照對臣僚奏請太學内舍校定分數，及内舍生如遇上舍試、公試年分，私試分數止可以湊數收使，委可施行。但每歲内舍校定分優、平二等，共校十人，以當年公試、私試或上舍試分數同湊。今來既只用上舍試、公試分數，緣從來公試，内舍、外舍生通同混試，往往内舍取人不多。謂如慶元六年公試，止有内舍生六人合格；嘉泰元年公試〔一〕，止有内舍生四人合格。今若依舊混試，竊恐當來校定，必不及十名之數。今乞將内舍生另項考校，以十分爲率，所取不得過二分半。仍定取二名入第二等，取四、五名入第三等，餘合格人並入第四等，衮同參入公試大榜取放外，有當年新陞補人，既無公試分數，難以一年不令就試，趁赴校定。乞令赴私試如有分數，從臣僚所請，内舍公試三分壓私試四分，其新補[22]人有四分，却在公試三分之下。如遇已十分校定，次年仍舊以公試式校定。」從之。

二十五日，臣僚言：「知舉雖參以諫官，當付之以糾察之任，不必與議論去取于其間，庶幾權尊而勢一，人亦無得

〔一〕嘉泰：原作「嘉定」，誤。蓋本奏乃開禧元年上，三年後方改元嘉定。又上文提及慶元六年，而慶元、開禧間僅有嘉泰一號，因改。

而議。」詔更差同知貢舉一員。

是日，命禮部尚書蕭逵知貢舉，中書舍人陸峻、右諫議大夫李大異、禮部侍郎兼直學士院李（璧）〔壁〕同知貢舉。太常少卿陳樸、秘書少監陳峴、左司郎中雷孝友、吏部郎中汪文振、趙夢極、著作郎鄒應龍、秘書郎葉時、著作佐郎朱質參詳；太府寺丞陳嘉猷、太常博士蘇士能、樞密院編修官卓洵、商許、國子監丞留駿、將作監丞莫若沖、秘書省校書郎張從祖、許奕、秘書省正字蘇大璋、太常寺主簿高文善、宗正寺主簿常褚、太府寺主簿黄疇若、主管官告院晁伯談、幹辦諸司審計司喬夢符、幹辦諸軍糧料院程卓、耤田令余嶸、國子監主簿范子長、主管禮兵部架閣文字唐吉先、主管刑工部架閣文字陳振點檢試卷。避親别試，監察御史徐柟監試，右司員外郎陳希點考試，秘書丞兼考功郎官黄景説、秘書郎陳晦、監登聞檢院魯玕、幹辦諸司糧料院莊夏點檢試卷。

六月十日，銓試，命禮部員外郎徐似道、大理正薛極考試，著作郎曾從龍、國子監丞范子長、大理評事史復祖、林大璋、蔣誼考校。

三年六月二十九日，臣僚言科舉之弊，如漕司差考試官，不可不革。詔令禮部同 23 國子監看詳：「照得漕司差考官，懼其泄而容私也，乃不明示以某州，特給付字號，俾于所經由州郡對同其字號，則躬書填，以防吏姦，似可革弊。而州郡例于前期差監門官，以漕司所給字號畀之，俟其對同。彼監門率小官下吏，寡以廉恥自將，所給字號，又爲高貲者得之，前途伺候，以行私囑，又不容革矣。臣謂欲革私託之弊，莫若以漕司所給字號付之監試，監試非通、守則漕屬官，其官稍高，則自愛稍切。對同字號之法，庶不至漏泄，而其弊去矣。今看詳委是利便。但所買字號之弊，不獨在逐州監門，其原在于發號之時，關防不密，致吏輩漏泄作弊。乞下諸路轉運司，遇差試官發號之日，漕臣同屬官躬親差排分數，不得令吏人干預。仍立隔眼，疾速牒本州守臣收管，亦不得入吏輩之手，庶可稍革買解之弊。乞行下遵守施行。」從之。

嘉定元年六月十日，銓試，命禮部員外郎陳晦、刑部員外郎薛極考試，秘書省校書郎陸峻、秘書省正字陳模、大理評事李（蔓）〔曼〕卿、趙懇夫、留晉考校。

三年四月二十四日，臣僚言：「三歲大比，弊端不一。漕司所差考試，多是寄居、待闕官，而見任有出身人或無勢援，返處以簾外職事。以至寄居、待闕被差者，本貫相去不遠，率多私囑之弊。每一揭榜，不能免人之議。州縣創添寄居考官一員，則有一員人從、批券及應（辨）〔辦〕諸費，而寄居、待闕挾勢求差者，諸郡考官員數有 24 限，豈能徧及？乞下諸路轉運司，所差諸郡考試官，刷其見任内有出身官，盡數從公差委。如或欠少一二員〔一〕，許量展揭榜日

〔一〕欠：原作「久」，據文意、字形改。

子，令盡心考校，亦不至闕誤外，有寄居、待闕，並不許差充試官，庶可以得寔才。其有違戾者，令臺諫覺察，重寘于罰。」從之。

四年正月十九日，權禮部尚書章穎言：「比年以來，每遇出勅宣差省試官，自早至暮，至者不齊，以致宮殿門閉，不可入殿受勅，乃望拜于皇城門之外，遇雨則拜于漏舍之前，甚非所以重貢舉、尊王命也。蓋由宣押之際，賓客及門，不容排遣，遂至日晚，秉燭入院。人從喧雜，夜半乃定，尤費關防。乞凡當差官，自正月二十一日以後，並不許出謁受謁。至鎖院日，宣喚及門，即時上馬，前赴殿門，以候班齊而入。仍乞内侍省是日早發差官姓名并勅牒，戒諭快行，所至催督，不令稽緩，庶幾不至昏暮紛擾之患。」從之。

六月十日，銓試，命著作郎兼都官郎官任希夷、大理寺丞鮑澣之考試，太學正宣繒、大理評事趙時適、江模、任永年、幹辦諸軍審計司楊宜中考校。

五年六月二十八日，銓試，命兵部員外郎何郯、大理寺丞費埏考試，秘書省正字孫德輿、主管户部架閣文字楊宏中、大理評事趙愳夫、安伯恕、趙立夫考校。

六年十月二十六日，禮部侍郎范之柔言：「臣今歲科舉〔一〕，輔郡試官有昏耄不能視閱卷子，至令書吏讀而卧聽。竊詳銓法，年六十，不許注縣與尉，25 蓋恐精力不逮。況于校文去取，豈容昏耄備數？自今年六十以上，不許差充試官。如所差不及累舉之數，則以卷子多寡紐算，展日放牓，却以空員供給均補考官。經義、詞賦，不同其習，節次臣僚申嚴分經考校之令，可謂允合人情。今歲科場，考官仍有混考經義、詩賦者，則是不遵指揮。乞下諸路轉運司，今後試官須將經義、詩賦人分經考校。或有違背，將監試并本房試官從漕臣聞奏鐫責。如漕臣不覺察，許御史臺彈劾。」從之。

九年六月二十四日，右諫議大夫應武言：「臣竊聞四川類省試有考官徇私納賄，去取不公，預選之人不協輿論，固當奏罷矣。近年所聞，或謂徇私之弊已久，朝廷不能盡知。蓋監試一員、考試一員，係朝廷勅差外，自餘考試、點檢試卷官，並令制置司自行選差。近有有勢力者，于差官之前，先事請託，或立暗號，或求題目，或私付文字，于考官、點檢官内多所請囑，雖封彌謄録，而寔知其姓名，雖文理疎謬，而曲爲之拔拭。方其未揭牓之前，某人爲某人所厚，某人爲某人所主，士子相與指目，逮至揭牓，悉如所言。又聞勅差考官與制置司所差考官（各）〔名〕稱、職事既同，勢不相統。監試官雖許抽摘試卷詳定，然一人之力，不能遍周，既不足以禁考官之私；且考試官或係本路知州，而本路監司乃爲監試，則考官限于職守之相臨，又不足以止監司之私。由是蜀士抑鬱無訴。乞將考試官 26 員數盡從朝廷選差，或將所差考官一員別立名稱，同監試遍閱諸房卷

〔一〕「臣」下似有脱字，如「竊聞」、「竊見」之類。

子。或差東南人充監試，或（監）〔差〕不係監試官所部知州充考官。其被差者，不必專取文詞之人，惟以公心取士爲主，嚴行戒飭。」從之。

十年六月二十五日，銓試，命秘書丞樓觀、大理寺丞沈繹考試，太學録徐鳳、主管三省樞密院架閣文字何郯、大理評事蔣誼、鄭定、史改之考校。

十一年十月四日，臣僚言：「竊見昨來朝廷凡遇差官考校，頗費選擇。乞詔二三大臣，博求科第碩望，學問器識，僉論推重，布列班著，以備考官之選。」從之。

十二年十二月九日，臣僚言：「歲當大比，試于春官，知舉主文衡，參詳審當否。至于考校之初，去取之責，寔由點檢試卷官，每舉例選二十員，考卷一月，甫能竣事，脱有病者，又難分考。莫若就點檢官内添一二員，俾我能勝文，文不我窘。」都省照得，近來宗子到省人數倍于常舉，其點檢試卷官若仍舊止差二十員，竊慮考校不精。詔更添置點檢試卷官二員，專一考校宗子試卷。

十三年七月二十五日，銓試，命金部郎官龔蓋卿〔一〕、大理寺丞趙善璙考試，太常寺主簿黄灝、耤田令鍾震、大理評事史浞、邢近、趙汝捍點檢試卷。

十五年十一月二十九日，臣僚言：「證得宗子省試添差點檢試卷官二員，專一考校，務欲精切。竊詳宗子係二月九日引試，十一日方得考校，至二十七日攢號，計得十七日。且以27應舉鎖廳取應言之，共計一千二百七十四人，合經、賦、論、策計之，則有三千四百九十四卷，内取應三百二十八人。兩場試官二員，品搭分房，各當一千七百四十七卷。若賦、論日考百卷，尚可僅了所分之數。若經義并策，窮日之力，可考五十來卷，十七日内不過八百五十卷，則尚有未考九百餘卷。推原其故，自二十五日入院，半月方引宗子試。前既空閑，自然擁併在後。欲將宗子考官二員添入省試官内，證太、武學公試例〔二〕，同共考校。既多二員，決不匆卒。又前來宗子就試别院，元差五員。今過大院〔三〕，似可減省一員。况别院終場，以今年論之，有一百六十四人，若只四員，儘可從容。却以所減撥過大院，添作三員，數無增損，而考校勞逸却有通融。乞賜詳酌。」〔小貼子〕「若欲宗子專員考校，不撥别院試官，擬將宗子引試趲向初十日以前，庶得寬展，無先逸後勞之患。」劄付禮部，候將來省試年分檢舉施行。「本部連送國子監指定，據國子博士葛從龍等申：『證得省試凡半月方引宗子，雖專差二員考校，至十一日方有卷考，拆號既迫，擁併在後。一欲别院減一員撥入大院，同共考校；一欲宗子引試趲向初一日以前；一欲宗子試官二員添入省試内，證太、武學試例，同共考校。竊見三説皆是通融，但别院試官四員，主文一

〔一〕龔：原作「襲」，據《南宋館閣續録》卷七改。
〔二〕公試：原作「宮試」，據文意并參後文改。
〔三〕大院：原作「太院」，徑改。下同。

員，却有避親并武舉、省試、宗子及太學避親公試，題目既多，拆號有限，恐難減入大28院。欲就初一日以前引試，緣正月二十五日鎖院，收領卷子，排比座圖，恐難趲試。內將宗子試官二員添入省試官內，證太學公試例，同共考校，委寔可行。』今欲從所陳，將考宗子試官同共考省試，却于考省試後，令諸考省試官同共考宗子，試卷亦無擁併，彼此通融，勞逸皆等，可精考校。今來寔散免舉既多〔一〕，乞檢慶元二年體例增添試官，乞指揮施行。」詔內參詳官添一員，點檢試卷官添二員，對讀官添六員。

十六年六月二十五日，銓試，命司封郎官陳貴誼、大理寺丞江模考試，秘書郎高似孫、國子監主簿姚子材考（試）〔校〕。（以上《永樂大典》卷一三二五一）〔二〕

〔一〕散免舉：似當作「放免舉」，謂放行免舉、直赴省試也。

〔二〕《大典》卷次，原稿版心標作「一萬三千二百五十」，然查《永樂大典目録》，「考試」目在《大典》卷一三二五一，今據改。此蓋徐輯稿書吏之誤。

# 宋會要輯稿　選舉二三

## 銓選一

### 吏部　詳見「職官」。

### 審官東院　與「職官」同，存目不録。

1《兩朝國史志》：吏部，判部事二人，以帶職京朝官或無職事朝官充。凡文吏班秩品命令一出於中書，而小選院不復置〔一〕，本曹但掌京朝官叙服章、申請、攝官、祠祭及幕(府)〔職〕、州縣官格式、闕簿〔二〕、辭謝、拔萃舉人，兼南曹、甲庫之事。南曹掌考驗選人殿最成狀而送流内銓〔三〕，關試〔四〕、勾黄、給曆之事。令史九人，驅使官一人。甲庫掌受制敕黄〔五〕、關給籤符優牒、選人改名廢置之事〔六〕。令史三人，驅使官一人。

元豐官制：吏部左右選各置尚書侍郎、郎中、員外郎，分掌其事。以上《續國朝會要》。

《神宗正史・職官志》：尚書吏部掌文武官選授、勳封、考課之政令。凡分選有四：文臣寄禄官自朝議大夫〔七〕、職事官自大理正以下，非中書省敕授者，歸尚書左選；武臣升朝官自皇城使〔八〕、職事官自金吾街仗司以下，非樞密院宣授者，歸尚書右選；自初仕至州縣、幕職官，歸侍郎左選；自借差、監當至供奉官、軍使，歸侍郎右選。凡分職有三：封爵、贈官之事，則司封主之；賜勳、定賞之事，則司勳主之；官資、課最、名謚之事，則考功主之。凡應注擬、升移、叙復、蔭補及酬賞、封贈者，隨所分隸勘驗法例，團甲以上尚書省，即法例可否不決應取裁者亦如之。若中散大夫、閤門使以上，則列其選叙之狀上中書省〔九〕、樞密院。得畫給告身，則通書尚書、侍郎及所隸郎官。

#### 尚書左選　上

2《神宗正史・職官志》：審官東院，舊止名審官院，及置西院掌武選，乃以爲東院。官制行，歸吏部尚書左選。

神宗熙寧二年五月十八日，審官院言職方郎中張子膺當升知州軍差遣，以子膺再犯私罪停降，取旨。上令且與通判。因宣諭曰：「主判官司須得人。凡如此事，若非主判申請，則朝廷或不得知。」

〔一〕「選」下原衍一「選」字，據《宋史》卷一六三《職官志》三删。
〔二〕簿：原作「薄」，據《宋史》卷一六三《職官志》三改。
〔三〕成：原作「式」，據《宋史》卷一六三《職官志》三改。
〔四〕關：原脱，據《宋史》卷一六三《職官志》三補。
〔五〕甲：原脱，據《宋史》卷一六三《職官志》三補。
〔六〕廢：原脱，據《宋史》卷一六三《職官志》三補。
〔七〕寄：原作「之」，據《文獻通考》卷五二改。
〔八〕升：原作「外」，據《文獻通考》卷五二改。
〔九〕列：原作「例」，據《文獻通考》卷五二改。

三年五月，詔以審官院爲審官東院，置主簿。時置審官西院，乃降是詔。

六月九日，詔審官東、西院之印各六字爲文，令少府監鑄造，送禮部給付。

九月，審官東院言：「看詳川、廣、福建皆屬遠官，欲乞今後到院合入福建京朝官，如有骨肉在川、廣守任者，依入川、廣人例，權免入遠，與近地一任。只是於本院編敕内『入川廣』字下，添入『福建』二字，『差遣官員見有同居大功已上親』字下，以『在彼』二字改爲『川廣』二字外，即別不衝改前後條貫。」從之。

四年二月十七日，詔：「審官院定差知州、軍、監人，並當日具姓名申中書，次日赴中書審察堪任差委，即引見取旨。其應申奏磨勘到京朝官外任者，便於歷任前貼出轉官月日取進止〔一〕，盡與轉官或展年。除中書入熟狀取旨，在京者依此進畫，更不引見。應有將轉官或減二年已上磨勘酬奬，願換堂除差遣，並聽施行。如曾任陞擢差遣因罪降黜者，並送審官院，與合入差遣。」從中書編修條例所定也。

十一月，詔：「應知州、知軍、通判，令審官東院自今具名赴中書門下審察人材。」

3 五年五月四日，詔：「增中書、審官東西、三班院、吏部流内銓〔二〕、南曹、開封府吏祿，其受賕者以倉法論。」

元豐元年正月十八日，審官東院言：「廣南兩路員闕願就之人少，欲乞水上惡弱處爲一等，繁難處爲一等，其餘並爲一等，令轉運司保明聞奏〔三〕。」從之。

十二月二十四日，詔：「審官東院、三班院、流内銓各減主簿一員。」

二年十一月十二日，知審官東院陳襄乞委本院官重定本院敕令式。從之。

三年正月五日，御史舒亶言：「銓院事無正條，止憑吏人檢到例，因緣或致姦弊，乞委官以例删定爲例策。」詔銓院合施行事，並編入敕令格式。

七月六日，上批：「早進呈審官東西、三班院爲本係尚書省職事，只令用公牒往還。緣司農寺、群牧等司亦皆六曹職事，今乃獨許三處不用近降旨揮，若非朝廷特委，隨見今主判爲廢已行之命，則取此捨彼，殊失均直之道，未知所以。」先是有旨，審官、三班院於吏部皆用申狀〔四〕。中書以爲不當申，秖當用牒。後再進呈，審官東西、三班院、司農寺、群牧司等皆用申狀。

四年二月十三日，詔：「審官東院所請重詳定令敕，並歸官制所。」

八月一日，詔：「中書自今堂選，並歸有司。」

十一月二十五日，寶文閣待制何正臣言：「伏見朝廷

〔一〕取進止：原作「以進旨」，據文意改。
〔二〕吏：原作「東」，據《長編》卷二三三改。
〔三〕轉：原脱，據《長編》卷二八七補。
〔四〕三班：原作「東」，據《長編》卷三〇六改。

比以遠官迎送之勞，特於八路立法差注。計之八路，蜀爲最遠，仕於其鄉者，比他路爲最衆。今自郡守而下，皆得就差，而一郡之中，士人居其大半，僚屬既同鄉里，吏民又其所親，難於徇公，易以合黨。乞收守令員闕歸於朝廷，而他官可以兼用(士)〔土〕人者，亦宜量限分數，庶幾經久不爲弊法。兼聞本路差注往往未至盡公，蓋緣地遠，朝廷不能徧察，而審官、吏部所見，不過文具而已。仍乞八路凡有員闕及遇指射，皆使提點刑獄司通知，如有情弊，亦許取索點檢聞奏。」詔八路差官，自今委提點刑獄司逐季取索點檢，如有違法，具以聞。仍令中書本房立法。

二十六日，詔：「自今堂選堂占悉罷，以勞得堂除者減磨勘一年，選人不依名次路分占射差遣〔一〕。」

五年二月一日，詔：「吏部擬注官過門下省，並侍中、侍郎引驗訖，奏候降送尚書省。若老疾不任事及於法有違者，退送改注。仍於奏鈔内貼事因進入。」

五月，改審官東院爲吏部尚書左選。

九月十六日，詔：「應尚書吏部陳乞留臺宮觀、國子監人，年六十以上兼用執政官恩例者，通不得過三任。」

六年五月十二日，詔：「臣寮恩例陳乞差遣，承務郎以上與減磨勘一年，大小使臣減一年一季磨勘，選人免試，執政官依五年五月内旨揮。」五年五月旨揮，《實録》不載。

六月十八日，詔：「尚書吏部四選，應犯人合入遠小處監當差遣人，並不許叙祖父母、父母老疾，指射家便差遣。」

閏六月七日，尚書吏部言：「二廣承務郎以上任煙瘴處 4 差遣，除知州係朝廷差外，餘過滿一年，乞放罷。」從之。

八月九日，上批：「吏部尚書李清臣，依先面諭，編集本部見隷籍承務郎以上鄉貫、出身、歷任及所歷差遣功過目，爲備選具員，凡十册，於朝廷官使人材，實亦有助。宜令依本録上中書省照用。」

二十八日，尚書刑部言：「乞應吏部補授大理寺左斷刑官，先與刑部、大理寺長貳雜議可否，然後注擬。仍取經試得循資以上人充〔二〕，正闕以丞補，丞闕以評事補。」詔刑部、吏部同著爲令。其後(着)〔著〕令：「司直、評事闕選尚書及侍郎左選人，丞闕止選尚書左選人，仍經任司直或評事，係親民資任者。以上二件，其初改官應入知縣人亦選。正闕，選丞或司直、評事見係通判以上資序。以上所選，仍不限見任，授訖未赴。即曾失入徒以上罪以決，或死罪若私罪情重及贓罪，或停替後未成任，各毋得入選。」

七年正月十三日，吏部言：「准詔定奪繪像臣僚之家食禄人法。看詳致仕停俸年七十以上，受官事故勒停無叙法，殘疾不堪入仕，不理選限之官，欲並不爲食禄人。」從之。

〔一〕遣：原脱，據《長編》卷三二〇補。
〔二〕試：原作「議」，據《長編》卷三二〇改。

哲宗元祐元年閏二月八日，資政殿學士曾孝寬言：「乞下吏部取官制以前舉官名數，委官司裁定。有可以仍舊者，著爲令。」詔可。

二十八日，詔：「八路知州、通判、簽判、監司屬官、承務郎以上知縣、大小使臣員(闕)(闕)，並歸吏部差注。內接送人合支顧錢者，並合只差兵士。內有專條并奏差，及一時旨揮，及其餘闕，并水土惡弱及自來差攝官處，並依舊。」

六月一日，詔新復郡縣知州軍並堂選，餘吏部選差。

十四日，詔吏部重修簡要選法以聞。

十月四日，詔：「內地及川、廣知州、通判，除堂除人外，並以三十箇月爲任。」

二年八月十六日，三省言：「應曾歷省府推判官、臺諫、寺監長貳、郎官、監司人並合堂除，而知州軍闕少，每於吏部取差，有妨本部擬授。」詔以前後條參酌，使兩不相妨，立法以聞。於是以知州軍闕一百四十上朝廷，以九十八分吏部。

三年十一月四日，三省言：「在京堂除差遣累有增改，而吏部闕少官多。今裁定：寺監主簿、太常寺太祝、奉禮，光禄寺太官令、元豐庫、牛羊司，京東排岸司，諸宮院教授，太康、東明、考城、長垣知縣，並吏部差，俸錢依在京分數。」從之。

四年八月二十六日，吏部言：「比詔內外官司舉官悉罷，令本部立定合舉官處(一)。今請尚書左選除榷貨務等仍舊舉官外(二)，左右厢店宅務、文思院、太常寺協律郎、內酒坊、法酒庫、作坊、八作司、通利軍使(三)、准備勾當、市舶司、經撫庫務等；尚書右選除都大巡河及御厨等仍舊舉官外，法酒庫、內酒坊、街道司、作坊、八作司、便錢博易務、排岸司、都監、巡檢、軍使、知縣(四)、監修營房等；侍郎左選職官、令録、判司簿尉并鳳翔司竹監、獨員縣令、城寨主簿、監當、縣尉等；5 侍郎右選武學學諭、巡檢、寨主、催綱、押綱、文思院、作坊、八作司等，城寨軍使、知縣、縣尉、巡檢、監押、巡防、勾當公事、指使、准備差使、部役、押隊、退背河埽、催綱、監當等：並從本部注擬。」從之。

五年正月十八日，中丞梁燾言：「尚書左選有本等人不就，知州、通判、知縣員闕數多，雖許權宜發遣，須俟過滿起請，致常有積壓。乞許以次等人指射差注。」詔吏部相度以聞。

四月十一日，吏部言：「大理寺并太學正、録等官，及編修敕令式之類，應不用舉主轉官者，乞差承務郎以上。」詔除秘書省正字、太學博士、大理寺官外，從之。

八月二十二日，吏部言：「官員犯私罪若老疾差替者，依近敕便令罷任外，其公罪差替並候替人，願罷者聽。」

(一) 部：原作「路」，據《長編》卷四三三改。
(二) 左：原作「在」，據《長編》卷四三三改。
(三) 利：原作「判」，據《長編》卷四三三改。
(四) 「知」下原有「監」字，據《長編》卷四三三刪。

從之。

六年五月十八日，吏部言：「按條：『官員不因罪犯體量離任，注謂舉辟及對移、就移、避親、丁憂、罷任之類〔一〕。別授差遣，各願補滿前任月日者聽。所補不及二年，願再滿一任者亦聽。』看詳條元無對移之文，亦無添入意義，所有『對移』二字殆爲虛文，今欲於注文內除去。」從之。

六月十八日，御史中丞趙君錫言：「近論臣僚堂除差遣，今歸吏部者既衆，其闕至注擬不足。欲除清緊繁劇由朝廷除授外，餘闕並送吏部。」詔：「見今堂除闕內，單、利、耀、温州知州，霸、府、石州、順安軍通判，並送吏部差注。」

十二月二十二日，御史中丞鄭雍言：「伏見吏部員多闕少，堂除遷徙太數，遲速不齊，非常行之法。乞今後吏部所差知州、通判人，並依舊以二年半爲任；六曹郎官除非次遷進外，並實以三年爲任。如以員多闕少，即乞量減年月；或以差除難定，即令少延歲時。每有闕員，隨材進補，不必遞遷。如任滿，朝廷考察顯有才效，雖不次褒擢〔二〕，亦足以風勸在位。其堂除知州及監司，如非朝廷須合遷召，並不以無名除改。」詔：「應內地知州、通判除堂除人外，並依元祐元年十月四日法差注。」

紹聖元年四月二十一日，殿中侍御史來之邵言：「先帝嘗詔有司撰選格，以堂除辟差遣悉歸正吏部選授，當時士論號爲至公。元祐初始罷選格，愈益苛繆。請按元豐法，參以祖宗舊制，庶幾開至公之路。」監察御史郭知章言：「願詔大臣，少革堂除猥濫之弊，爲之節限。應舊屬吏部闕者，皆復還吏部。」又言：「願令吏部循用元豐選格，推而行之，則堂除之弊可以少去。」詔給事中、中書舍人裁定。

五月八日，監察御史郭知章言：「先朝有八路官員指射差遣之法，最爲利便。元祐隳廢，今請復行。然止於選人可也，若京朝官以上，職任稍（憂）〔優〕，必使歸於吏部。」詔吏部立法以聞。

九日，吏部侍郎彭汝礪言：「乞稍責吏部薦拔才能，上于朝廷。應尚書左選待差遣官，有才能事效可陞擢者，委尚書與郎官同共銓量，具名以聞，每歲毋得過三人。三省等第 6 考察，上等取旨引對，中等隨才試用，下等退送本部。其人材事狀不可入本等差遣者，亦具名聞奏，取旨送部，與降等差遣，毋得過三人。如有銓量不當，依貢舉非其人律。」從之。

十五日，門下中書後省言：「奉詔按元豐選格，參以舊制，裁定堂除。今請沂、博、唐、□〔三〕、濮、懷、衛、洺、通、泰、滁、和、舒、漢、解州、淮陽軍知州軍，荆南、應天、河南、大名、成都府、鄆、杭州、成德、永興軍通判，左藏南北庫、元豐庫，係元祐後來收入中書省差人，欲復歸吏部差注。」詔

〔一〕「注謂」以下原作大字，據文意改爲小字。
〔二〕擢：原作「耀」，據《長編》卷四六八改。
〔三〕所缺字當是「棣」，本書此字多避明成祖諱缺。

左藏南北庫、元豐庫并解州知州，仍舊中書省差人，餘並從之。其吏部選格，令本部看詳，具未盡未便事理申尚書省。

七月六日，吏部言：「本部選闕，舊法不限名次，並校量功過分數優劣定差。後來改立選法，只用名次，致有功人或在無功人之下，有過人或在無過人之上。欲更下有司，以前後條制參酌修立。」詔令吏部四選同看詳門下中書後省所修分數選格有無窒礙，具合增損申尚書省。

三年十月五日，吏部員外郎何友直言：「伏見諸案文書多有舛訛，朝省既憑用行遣，尋復覺舉追改，不惟費煩，頗於士人身計有妨。而元行之人，但用赦降首原，滋長姦弊，無以懲艾。今將舊條參合修立，應差注、升改、牽復違戾，若賞罰升降不當，謂已行訖者，吏人斷罪有差，仍不以赦降首原。若未行而於賞罰無僭差者，自從原減。仍並量輕重，理過名上簿，事理重者申尚書省。」從之。

四年四月三日，三省言：「元豐差官，職位高下稱事，立爲畫一，革去臨時旋有申請、輕重不倫之弊。元祐中罷去，今欲並依元豐條施行。」從之。

元符元年二月十五日，吏部言：「林希乞八路員闕用熙寧、元豐舊條，并紹聖新制，一處參酌，修完成書。詔令吏部四選同共編修。今乞將川峽〔一〕、福建、湖南路季闕並去替一年使闕。」從之。

二年四月四日，朝奉郎檀宗旦言：「熙寧八年差官條，見任官去替一年內，許在任指射差遣。乞依熙寧舊制。」吏部看詳：「除廣東西、夔州路已令在任指射外，請將五路合使員闕去替半年，依舊制許在任指射。」從之。

六月四日，吏部言：「八路合使員闕，除二廣已仍舊在任射闕外，四選勘當，欲將本路合使員闕悉依熙寧、元豐舊法并見行條約施行。其已修夔州路差官條，仍乞重行改定。」從之。

徽宗崇寧元年十一月二十八日，臣僚上言：「臣欲乞聖斷，嚴立條式，每歲終委省寺監之長攷其屬官之成，六曹尚書考其郎官之成，尚書都省視六尚書之成者陟之，不成者黜之，如《周官》大計群吏之治而誅賞之法，庶幾官師相規，亹亹夙夜，率職趨事，以上副陛下董正治官之意。」詔令吏部修立每三歲黜陟之法聞奏。

三年六月十一日，講議司奏：「臣等竊以本朝承平日久，民事滋多，而所置員額未增，7 或一員通攝數職，難以責其治辦。又入仕之路(寢)〔寖〕廣，吏部常患員多闕少，注擬不行。今參酌諸州軍合增置通判、簽判、職事曹官共三册，如可施行，乞下尚書吏部注擬。」從之。

五年九月二十二日，詔夔州知州令吏部依格選三人，申三省審差。

大觀三年五月十六日，新差提舉永興軍等路常平韓蹈奏：「臣伏讀八寶赦書，應行重法州縣並特與免重法地分，

〔一〕今：原無，據《長編》卷四九四補。

天下莫不知陛下仁民愛物，無此疆爾界之異，元元鼓舞，孰不還善遠罪，歡仰聖澤。然臣竊見吏部曉示闕榜，尚仍舊有重法地分之文，依格注官。今陛下已免重法之刑矣，而有司選注猶循重法之格。臣愚願詔有司釐正，仰稱陛下一視同仁之意。」詔吏部去「重法」二字，仍改立選格，申尚書省。

六月十五日，詔：「知州、通判、知縣闕，緣臣僚陳請收作堂除去處，今後並歸吏部差注。帥府望郡職官，今後並選差資序應入人，聽超一等，如曾犯贓私罪及停替後未經任者不差。」以言者論堂除差遣侵吏部員闕甚多也。

八月二十一日，朝散郎、新差權福建路轉運判官柳庭俊奏：「臣聞用人有二，資、望而已。以資用人，則拘牽常格，其弊至於賢愚同滯；以望用人，則驟開要津，其弊至於奔競成風。蓋前世之所以誡，而今日所當稽者。欲望明降睿旨，申敕有司，使循守資格，以待積勞早進之士；時用望實，以擢卓立特起之才。二者相爲用，而不滯於一偏，品式不廢，足以弭消僥倖苟得之風。」詔令吏部看詳見行格内有不合元豐法者，條具將上，取旨施行。

九月二十日，吏部言進納出身人不許奏辟。從之。

政和元年正月二十日，朝請郎、試吏部尚書，兼詳定一（人）〔司〕敕令王襄奏：「契勘吏部尚書左選，都管朝議大夫以下至承務郎四千餘員，都管知州至監當闕共二千餘處，一人在任，一人待闕，方得均遍。目今在本部官共四百餘員，兼日逐不住官員到部，近奉旨揮刻刷一年三季闕，秖得七十餘處，顯是差注未行。臣竊見諸路轉運、提舉鹽香礬事、陝西解鹽、河北糴便等同奏舉官闕共六十處〔一〕，例各優厚，去替不遠，虚有拘占，未見辟人。銓總之職，散於四方，實滋奔競請託之風，有害元豐設官之旨。欲望聖慈加惠寒俊，特許上件六十處闕，於本部榜示，依條差注一次。及乞於一年一季外，更借兩季闕次。庶幾可以發遣二百餘人，庶免留滯小官。」從之。

三月十六日，臣僚上言：「昨論尚書左選差注壅滯，蒙降付吏部，令措置條畫聞奏。本部拘勒人吏，督其稽滯，凡數月不能與奪者，不出旬日，盡行注擬。雖已條畫得旨施行，尚有未盡者。吏部舊法，每集注通已射非次經使，共許就三處，不得其上，必得其次。今每集注止許就一處，一處不可得，須俟來月，則滯留之源，又將肇 8 於此。如舊法通就三處，宜不可廢。吏部越外修立此項，惟胥吏便於定擬，以應一時之急，而待次之官，舉爲非便。臣欲乞特降睿旨，更令吏部詳度，條具以聞。」詔集注權許就三處，仍作一時旨揮。

二年六月三十日，手詔：「朕紹休考烈，獲承丕緒。地日以闢，民日以庶，事日以繁，而建官之數，循仍祖宗之舊，逮至于今，員多闕少。世知以官爲冗，而不知多士以寧之

〔一〕便：原作「使」，徑改。按，北宋於河北置糴便司，長官稱提舉，無使名。

美，患事不舉，而不知官少力不任之弊。乃者有司不深究其本，又減員額，削禄廩，欲省官裕國，實無所益。而士之仕者，仰不足以事，俯不足以育，朕甚憫之。在熙寧中，先帝董正治官，嘗詔宮觀置員，縣置丞屬，實在乎是。所有宮觀、縣丞闕，依大觀三年四月以前旨揮。其餘減罷官，可令尚書省具合存廢以聞。」

三年三月十八日，吏部奏：「奉議郎、新差袁州司録事曾定國狀：今任司録職事，正管糾察刑曹，合與不合理爲實歷？本部勘會，承議郎以上，須要一任實歷親民或刑獄差遣，方許關陞。今來曾定國未敢許理作實歷。」詔諸州司録許理實歷親民，并六曹官係第二任知縣資序人依此。

閏四月二十五日，宣德郎呂頤浩奏：「祖宗時，内外差遣并付審官院、流内銓，堂除窠闕不多(一)，士大夫自有調官之路(二)，故請謁奔競之風息。近世以來，堂除闕多，侵占注擬，士人失職，若不改更，爲患滋甚。欲望聖慈下吏部，考祖宗朝故事，除監司、知州軍及舊格堂除通判外，如監司屬官、鹽場、坑冶、錢監等窠闕，一切撥還吏部。自監察御史、省郎以上及秘書省官、書局計議編修官堂除外，如寺監丞、法寺官、外路學官，亦依祖宗及熙豐間故事，令吏部依格法注擬。如此，則數十年以來奔競之風必衰，士人既有入仕之路，則自知廉耻矣。」詔依，内武臣依樞密院條格，并準備將領、正副將以上依舊樞密院差注外，餘弓手、部將、縣尉、州指使已下，並撥歸吏部注擬。

十二月二十八日，詔守臣令吏部今後依格選擬，申三省審擇。

五年四月二十九日，詔二廣、四川沿邊處不注授宗室女夫，令尚書省立法。

六年三月二十九日，吏部侍郎劉焕等奏：「伏見諸路州縣官有任滿酬賞，如廣南新邊及其他路分因事立賞之類，非得替罷任，須所屬次第保明，方行推賞。然諸處保明多不依條式，不免再行會問，往復報應，動經歲月。蓋爲自來未有行遣日限，欲乞今後合保明推賞去處，並依任滿得替文書到日，本路州軍應所屬去處並立限次第申奏。如出違日限，或不依條式，致推賞不行者，其合干人並科罪施行，庶使職事修舉者早霑恩賞。乞下有司立法施行。」詔依，令詳定一司敕令所立法(由)〔申〕尚書省。

五月七日，吏部言：「乞今後初改官人須入知縣，其權入近地人限注見闕，六十 9 日不就，依次直注一次，即無衝改舊文。」從之。

八月六日，詔今後合轉官礙止法人，回授與本色本宗有官有服親。

十一月二十三日，吏部奏：「勘會假將仕郎係本部出給補帖，假承務郎、承奉郎、承事郎係朝廷出給黄牒，其自

(一) 多：原作「少」，據本書職官五六之四〇改。
(二) 自：原作「自今」，據本書職官五六之四〇刪。

將仕、登仕、通仕郎並係出給官告。今承御筆旨揮，假將仕郎除去『假』字，可爲將仕郎，假承務郎可爲通仕郎，致本部未敢依舊出給付身、黄牒、補牒，亦未敢並依階官出給官告。所有今日已前見帶階官之人，亦乞依崇寧二年九月三十日旨揮，並隨本資帶階官，更不出給告身，從本部行下本州本司本處，一面改正帶行。」勘會見帶階官合改官名人，已降旨揮，令吏部出給公據外，詔並出黄牒。以上《續國朝會要》。

## 尚書左選 下

政和七年三月二十四日，詔：「成都府、利州路州軍縣鎮文武等官，多闕正官，内成都府路見闕一百三十餘員，利州路見闕六十九員。或已擬差，避怕川遠，故意遷延一年已上，更不赴任。或久闕正官，時下差官權攝，一切職事悉皆苟簡，課入虧失，良民受弊。仰吏部將前後川任之官條格，參酌立爲永法，限半月上尚書省，取旨施行。」

六月二十八日，新知陝州李延熙奏：「竊以川陝四蜀〔一〕，是爲地遠，而蜀道之難，利路尤劇，山峻路險，棧閣崎危，羊腸九折，上摩蒼穹，故仕宦者畏而不敢來。長途遠涉，般挈尤難，俸入微薄，所得不償其費，故東西之人知而不敢受〔二〕。以此本路闕官，一郡之間，或止有一人，總而計之，一路十州，闕官無慮數十員，則隳廢職事，從可知也。近者陛下詔有司立法，減舉官員數，以勸仕宦之人。臣仰惟立法之初，四方遠宦未有知者。臣切見吏部待次之人甚多，而川路待次之人極少。方今川路闕官之際，宜在從權。欲望將四川轉運司見使員闕，不以遠近，權取歸部，以注在部之人。仍將減舉官法揭于吏部之門，其事故之人合添舉官、展考任者，並特與免。候及一二年，逐路不至闕官，却依舊差注。庶幾東南遠宦之人皆願入川，四路州縣必不患闕員矣。」詔吏部合使員闕，令本部限十日差注。

十月二十三日，臣僚上言：「承平日久，士日益衆，入流日益多，盡天下員闕，不足以充選。每三人守一闕，一名在官，一名被替，一名待次，凡五七年纔成一任。其有取急一時，或憑藉勢援，又請宫觀嶽廟以去。今任宫觀人已及千員，京師寓居，僧舍賃寄，邸店盈滿，所在不可勝數。其間蓋有嘗爲監司、郡守、郎官、寺監者，旅寓雜揉，動一二年。朝廷既無闕以除授，吏部又不敢收係。欲乞付三省討論，議永久之法，以幸多士。」三省契勘：「欲堂除人得越一等，謂初任知縣不許除授通判之類，并未經任及見係衝差替、放罷，若歷任有贓罪，並不得堂除，未經堂除人不許 10
陳乞。諸州軍資庫，並專置文武監官一員〔三〕，令吏部於承務郎以上及選人大小使臣内通注。諸路州軍應置六曹

〔一〕陝：疑當作「峽」，「川峽四蜀」亦即川峽四路；若陝西，不可謂之「地遠」。
〔二〕受：原作「授」，據文意改。
〔三〕置：原作「罷」，據文意改。

去處，並隨曹置官，更不得互相兼領。其差注等法，並依見行條令施行。內有掾官去處，並依舊。應未應出官人及選人、小使臣，并大使臣武功郎以下，並不得陳乞宮觀。諸路州軍甲仗備城庫未置監官去處，並專置監官一員，令吏部通注大小使臣。其差注賞罰等，並依見行條法施行。諸路監司各添置准備差使、指使各二員，帥郡准備差使二員、指使三員，節鎮准備差使一員、指使二員，列郡准備差使、指使各一員。內准備差使許保義郎以上指射，指使許承節郎以下指射，令吏部各依本資序差注。諸路知縣、縣丞員闕，許令尚書侍郎左選不以資序，並許通行差注。諸縣萬户以上及素多盜賊去處，並添置小使臣縣尉一員，令與見任官同共主管職事。諸州軍應未置通判、司録去處，並許添置通判、司録一員。鎮市人户繁多處，置監官一員。人吏諸色人並不得用減年或恩例陳乞改官，并爲陳乞人並科罪。」詔依擬定，違者並以違御筆論。人吏陳乞，詳具「職掌」門。

八年五月三日，臣僚上言：「京東路諸州縣令多有闕官，雖本州或監司差權，然移易不常，職事廢弛，民受其弊。伏覩河東路闕官處，近已措置差注。諸路視河東雖旁邊繁劇不同，而百里之寄，則事體均一。欲乞令諸路具久闕縣令去處，下吏部申嚴差注之法，或促赴官之期，庶後不闕正官，職事廢弛，民無所訴。」詔仰尚書吏部詳臣僚所言，檢會諸路久闕縣令正官之處，依條疾速差注。或有違礙，相度措置，作一時指揮，申尚書省取旨施行。已差下人，並限三日催促赴任。其推避不赴者，依尋醫、侍養人例施行，以戒憻吏。

九月二十九日，吏部奏：「奉御筆：『因事設官，咸有定額。日近州郡官額外添差至多，不唯冗濫，騷擾州縣，實滋交結營私之弊，侵紊官制，莫甚於此。自今諸路監司官屬、諸州掌兵及曹掾官，非奉御筆，不許添差；雖係御筆，而已添差一員者，執奏不行。其添差人已到任，且令候成資罷任，其未到任人更不前去。違者以違御筆論，仰御史臺常切糾察。』本部勘會，宗室依條不注見闕，唯內地州軍許添差一員不釐務，通州縣不得過四員。及歸明、蠻猺人亦係添差，並任滿不注替人。今承前項御筆指揮，本部即未審宗室及歸明、蠻猺大小使臣各有立定添差員數條法，依今來指揮，許與不許添差？」又奏：「三路都總管司教押軍隊，緣自來止是添差，即無正額，並滿日不注替人。」詔：「宗室并歸明、蠻猺人許依舊條添差，並不釐務。總管司教押軍隊依舊添差。」

宣和二年八月九日，吏部奏：「檢准政和五年六月十一日敕，勘會還堂闕，自11來雖有吏部已差下替人，若未及半年便行衝罷，顯屬非幸。得旨，今後合還堂闕，如有已差下替人未及一季，朝廷使闕差人。勘會已差下人，雖未及一季，亦係衝罷。」詔：「今後應還堂闕，未還堂以前已差下替人，許令赴任，後來却還堂一次。」

十九日，中書省、尚書省言：「送到吏部供到下項：

一、元豐年選人，曾任下項窠闕：太學博士、正、録，律學博士、正、録，國子監博士、正、録，武學博士、正、録，大理寺司直、評事，秘書省正字，(刺)〔敕〕令所删定官，國子監書庫官。一、見今選人任在京窠闕下項：秘書省正字，辟雍博士、正、録、直學，太學博士、正、録，國子博士、正、録，武學博士、正、録，律學博士、正、録，大理寺司直、評事，敕令所删定官，國子監書庫官，吏部架閣文字及户、禮、兵、刑、(二)〔工〕部架閣文字，編估局剗刷折抄官，打套新法香藥，開封府學博士，河南、河北諸石炭場，京西軟炭場，抽買石炭場，豐濟石炭場，城東新置炭場，醫藥中惠民局，管勾禮部貢院，平貨東場(平貨東場)交易官，在京都茶庫，大觀東庫，大觀東庫門，大觀西庫，大觀西庫門，封樁竹木務東場，封樁竹木務東第二場，封樁竹木務西場，皇后宅小學博士，睦親宅宗子學正、録，睦親北宅宗子學正、録，睦親西宅宗子博士，周王宮宗子學正，廣親北宅學正，廣親南宅學正，尚書吏部官告院善利門，管勾專一入明鹽事，作坊料物庫門，作坊料物庫，東作坊庫，西作坊門，金耀門，文書庫，開封府架閣文字，西南北抵當所，東退材場，管勾監轄炒造丹粉所，在京裁造院，東永豐倉門，在京木炭場，京東箔場，京東抽税，竹木、箔場、皮角四場庫，管勾外排岸司，麥料下第八界，軍器監準備差使，粳米上第八界，粳米下第八界，文繡局，天駟監倉草場，麥料上第二界，安肅門，廣利門。」〔詔〕：「籍田令、搉貨務、軍器什物庫、太社局令、城西炭場、大理寺習學公事選元豐選人窠闕并學官，並依元豐法差。管勾六曹架閣文字並罷，令本部末曹郎官兼領。打套新法香藥併歸(權)〔搉〕貨務，官吏更不差。編估局剗刷折抄官物，併爲一局，差文武陞朝官各一員。餘并抄鈔吏額，令尚書省措置存廢，内合存留官，止差京朝官、大小使臣。

三年閏五月十日，中書省、尚書省言：「勘會文武官用恩例陳乞親屬差遣，非奉特旨，依格止合作減年免試收使。」詔令吏部申明行下。

九月十六日，吏部尚書宇文粹中奏：「乞令逐路州軍委通判、司録或曹官一員，專置文簿，驅催應見任新差官職位、姓名、到任年月日，若有諸般事故違年之類，並限當日申本部，照會使闕差注等。看詳已有條法，并不須立文。今擬修下條：諸命官到罷事故元官限滿不赴，同。已申尚書吏部者，限三日再申，仍委通判或曹官專一置簿銷注，轉運司每季取索點檢。」從[12]之。

六年閏三月六日，臣僚言：「唐太宗省内外官，定制爲七百三十員，曰：『吾以待天下賢材，足矣。』今四選無慮一萬六千餘闕，而(當)〔常〕有員多闕少之患者，其害有二，有委法弗守，鬻法弗懲，公擥、陰奪之害。諸奏辟官不許權陞職任，并銜移已差注替人及半年者，此法也。自今乞應辟官並遵守成法，不許銜移已差注及半年人。違法奏差，許吏部執奏不行，則公擥之害除矣。諸州員闕並以三狀，一廉訪所，一吏部，一御史臺，使吏無所隱，則陰奪之害除

矣。」從之。

七年五月八日，吏部奏，奉御筆：「吏部取索應已授被改、欲赴被罷及待次累年考者，並具以聞，當隨材録用。」又據吏部申，宣和七年二月以前，已授被改、欲赴被罷并待次三年以上文武臣，共二百四員等。奉聖旨，令吏部四選將已授被改、欲赴被罷并待次三年以上官員數，及採刷見牓闕。下項：尚書左選吉陽知軍等闕五百三十一處〔一〕；尚書右選三十七員，陝府潼關都監等闕五十八處；侍郎右選五十九員，勾當廣親宅門等闕共計四百處；侍郎左選七十二員，解州户曹等闕共計二百四十七處。詔：「已授被改、欲赴被罷及待次三年以上官，據今來吏部刷到窠闕，令逐官指占合入闕次，内堂除人與理作堂除。」

欽宗靖康元年四月五日，詔：「今吏員猥多，注授闕少，皆有留滯之歎。有旨依熙豐法，監司守貳並替成資闕，其權茶司、提舉茶鹽、坑冶、鑄錢、輦運、撥發、糴便、市舶、諸州司録及太學博士、正、録、寺監丞、簿、删定，京朝官并開封府官準此。内係監當資序人，即替年滿闕。」

十三日〔二〕，監察御史胡舜陟言〔三〕：「天下姦惡如織，蕪穢郡縣。吏部充塞，無闕以擬注；版曹空匱，不給於禄廪。願詔吏部稽考庶官，凡由楊戩、李彦之公田，王黼、朱勔之應奉，童貫、譚稹等西北之師，孟昌齡父子河防之役，與夫夔蜀、湖南之開疆〔四〕，關陝、河東之改幣〔五〕，吳越、山東陂田〔六〕，宮觀、池苑營繕之功，後苑書藝、文字庫等之賞，淫朋比德，各從其類。又如近習所引，獻頌可採，効用宣力，應奉有勞，特赴殿試之流〔七〕，此皆殃民蠹國，敗俗妨賢，姦兇取位，賕賄買官，所叨恩數，不限高卑，一切褫奪，還其本秩〔八〕。若非此族而横竊名器，如節度横行之貴仕，祕殿延閣之華資，或以童稚奴僕而濫廁，或以商賈胥徒而貨取，人人論列，簡牘徒繁。願令吏部略具閥閲，關諸臺諫，分使看詳，上之朝廷，次第裁抑。其坐公田等事，如鮮于可等非理譴逐，宜自元斷月日〔九〕，復其資秩恩數，量才旌擢，以勸忠諒。然後位著可清，賢能可進，生民可安，國用可節。昔唐去斜封墨敕之官，一日停數千員〔一〇〕，不以爲疑，則今亦何難之有〔一一〕？」從之。

七月二十八日，詔吏部四選將逐曹條例編集成（删）〔册〕，鏤板印賣。從尚書莫儔之請也。

八月四日，臣僚13言：「諸路監司多於屬部妄以公使

〔一〕「尚書左選」下疑脱「三十六員」，方合「二百四員」之數。
〔二〕十三日：《靖康要録》卷四作「十五日」。
〔三〕按，《歷代名臣奏議》卷一四一載爲許翰上言，蓋臣僚聯名奏上。
〔四〕疆：原作「彊」，據《靖康要録》卷四改。
〔五〕幣：原作「弊」，據《靖康要録》卷四改。
〔六〕此句《歷代名臣奏議》卷一四一引作「吳越山東茶鹽陂田之利」。
〔七〕特：原作「時」，據《靖康要録》卷四改。
〔八〕秩：原作「秋」，據《靖康要録》卷四改。
〔九〕元斷：原作「六巳」，據《靖康要録》卷四改。
〔一〇〕千：原作「十」，據《靖康要録》卷四改。
〔一一〕今：原作「令」，據《靖康要録》卷四改。

爲名，轉託買物。州縣之吏掊斂於民，稛載以獻。或狀稱請錢，而實不支給；或雖給價直，而十無一二。及其敗露，率蒙寬假，寅緣請託，更得美官。雖告戒丁寧，而犯者益衆，誠以防禁之法未周也。乞令諸路監司互相察舉，擇其甚者置之重典。仍令吏部籍記姓名，應有除授，先具有無贓罪，彼貫盈者自當終身廢棄，所犯雖輕，勿使遷擢，庶幾爲贓吏者知有戒懼。」從之。

十六日，臣僚言：「祖宗時未有宗室參部之法，神祖廣惇叙之恩，時時選擇差注一二，用以勸勵，不爲常制。至崇寧初，大啓僥倖，混亂選舉，遂使宗室任意出官。又優爲立法，今日參選，即在一部名次之上，雖有年月深遠、勞効顯著之人，悉爲所壓；名州大縣并差遣優便、廩入豐厚之處，悉爲所占。以天支之貴，其間秀茂，文字政事不爲無人，而膏（梁）〔粱〕之習，貪淫縱恣，出爲民害者不少。議者頗欲懲革，不注郡守、縣令，罷百十人之私恩，爲億萬人之公利。以臣觀之，誠爲至當。然臣竊慮聖慈以親愛未忍施行，今來只乞與在部人通理名次，亦可以明德意，示至公，稍塞僥濫之門。」從之。以上《續國朝會要》。

高宗建炎三年六月二十日，詔：「京朝官願替先差下人、將來成資闕選人願替將來任滿闕者聽，並申部別給付身。其有願別注授者，即依條理元參部名次，不拘路分，在外指射合入窠闕。」

四年十一月二十一日，吏部言：「左選見榜窠闕數多，在部應格人少，乞權行措置破格差注一次。」從之。

紹興元年五月四日，吏部言：「本選見曉示縣丞并朝廷送下監當闕百餘處，並係合注第二任知縣、監當等人。其合入之人，往往不肯指射。乞限滿一月，無合格人願就，許令初任監當無舉主人并新改官未經任人衮同差注。」從之。

二年四月三十日，臣寮言：「自（夾）〔來〕吏部闕，並以三年爲一任。今員多闕少，乞應在部知州軍、通判、簽判及京朝官知縣、監當闕，並令權以二年爲一任，庶可撥遣淹滯。」從之。

五月七日，吏部尚書權邦彥言：「勘會舊來齊州諸鎮並不用選法差注。今來尚書左選案牘，昨緣兵火散失，遂於建炎三年五月內申請到差注畫一，內監鎮兼煙火公事，差知縣資序次第二任監當人，更不較量功分，見行遵用。今承朝廷送下湖州新市鎮闕，令吏部依舊用選法差京朝官。本部若將官員功分較量，竊慮將舊來恩例陳乞，無案牘憑驗。乞比附舊日齊州諸鎮例，止依建炎三年指揮差注。」從之。

二十八日，詔：「主管西南外敦宗院、大宗正司宗室財用，榷貨務都茶場並依舊堂除，御史臺檢法官依舊本臺（與）〔舉〕辟，鹽場官依舊本路提舉官舉辟，寺監丞、主簿，登聞鼓檢院、官告、進奏院、左藏庫、糧審院官，外路節鎮簽判、兼鹽知縣、[14]市舶、排岸司監官，並令吏部按格法差注。」

先是呂頤浩等乞當闕自監司屬官〔一〕、鹽場、坑冶、錢監等一切撥還吏部，寺監丞、法寺官、外路學官，亦依祖宗及熙豐故事，令吏部按格差注。緣有合堂除及專法奏舉去處，吏部以爲言，故有是詔。

七月二日，吏部侍郎綦崇禮言：「尚書左選昨將縣丞窠闕，如限滿一月，無合入人願就，許差破格承務郎以上第二任監當無舉主，并初任監當及新改官未經任合入監當人。欲乞將見在部官，并已後到部官，并已後到部人，限至今年終，許破格差注一次。」從之。

二年十一月二十二日，吏部言：「近承指揮，如寺監丞、法寺官等並撥還部，按格注擬。除已措置其餘闕外，有該載未盡，如官告、檢鼓院並係熙豐後來堂除，今撥歸部，未立定差法。欲比附糧審院元豐法注知州，次通判，次知縣人。」從之。

三年正月十九日，詔：「今後應用舉主初改官人，許依法注見闕外，亦許通注吏部見榜示知縣、縣丞待闕差遣。」從吏部請也。繼而侍御史辛炳言：「訪聞見今吏部稱係一時申請，無今後依此之文，顯有妨阻。欲乞應有非次并季闕知縣、縣丞待次窠闕，並許通注。」從之。

四月十三日，吏部言：「本選所掌承務郎以上至特進遷轉、除授、奏薦、致仕、遺表、特恩等文字，近因遺火燒毀案牘。其間有整會特旨諸被恩賞轉官人，已繳干照或元降許行收使指揮文字在部。或取會諸處及元保明官司未到，并見申朝廷，候指揮間，緣火燒毀，並作無干照告示，難絶詞訟。乞將前項似此之人，如所屬見有當時干照及曾有本部取索符帖等，或但有官印押文字一件可以照驗，召本色官二員委保，本部勘驗，依條施行。」從之。

五月四日，詔：「二廣、荆湖南北應承務郎以上官并大使臣窠闕任滿，已差下替人一員去處，雖未曾申到任，亦從本部行下進奏院取會，剗刷出闕。」以出闕須候州軍報到任月日，往往違滯，尚書洪擬言，故有是詔。

六月十三日，吏部言：「諸路縣丞曉示已滿一月，無人願就者，破格差注初任（洲）〔酬〕奬改官、未經任、依條合入監當人，并第二任及初任監當無舉主人，所貴在部合入監當不致留滯。」從之。

二十九日，吏部言：「前監瓜洲鎮朱公彦，在任遭金人劫虜，毀棄出身以來文字，得旨（時）〔特〕許用王岡曾保舉印紙作干照。公彦係在通直郎被舉陞陟，即未有奉議郎以後干照。」詔公彦召當時在任陞朝官二員委保（諸）〔詣〕實，依條施行。

六年五月十四日，吏部言：「勘會尚書左選官員責降，或緣罪犯到部合入遠小差遣之人，依法以去京千里爲遠，州以二萬户、縣以五千户爲小。今駐蹕兩浙，其合入遠小差遣人，乞依侍右申請到比附紹興令，權以在行在處千里

〔一〕當闕：似當作「堂闕」。

爲遠，州以軍事州、縣以下縣爲 15 (水)〔小〕，候還闕，及戶部取到户口帳籍，並依舊。」從之。

十二月十八日，詔：「知州、通判，除依舊格堂除并量留外，餘闕并寺監正、丞、博士、登聞檢鼓[一]、進奏、官告、文思、諸司、諸軍糧審院、倉場、庫務局所、法寺官、外路學官，並令吏部按法差注。」先是檢會紹興二年閏四月呂頤浩、秦檜劄子奏：「近來堂除闕多，及占注擬，乞在外除監司、郡守及舊格堂除通判，在内除監察御史、省郎以上及祕書省計議編修官，盡發還吏部。」又檢會紹興二年閏四月吏部侍郎鄭滋劄子：「本部承指揮，堂除無通判窠闕，可差在部人無知州注授。」今措置知州軍堂除共八十九處，本部使闕共二十七處；通判堂除六十二處，本部使闕二十三處。内吏部使闕知州軍二十七處，如兩月無本等人差注，即取朝廷指揮。勘會知、通等闕，近往往取作堂除，致吏部員多闕少，差注不行，故有是詔。後復有釐革。

七年正月二十四日，吏部措置到堂除知州軍共一百九處，吏部六十一處，堂除通判八十處，吏部六十一處。内通判雙員，依舊一員堂除，一員吏部使闕。從之。

四月七日，右司諫王縉言：「近詔吏部注擬知州、通判、知縣，並長貳精加選擇，而差注之日，例出文引，差人追請，又令醫者診視。小人無知，因緣邀乞，士大夫實耻之。乞只告示應差注人，召赴部以俟選擇，與免醫人看驗，以示禮重士夫之意。」從之。

五月八日，行宮吏部言：「契勘梅州已改爲程鄉縣，仍帶程江軍使兼知縣事，令本路帥司辟差願就人。其第二政即合吏部使闕，欲送尚書左選差京朝官。」從之。

七月十九日，臣僚言：「朝廷立銓量之法，付之吏部，所以盡公無私也。近陳正同除提舉茶事，考其資歷纔爲監當，而正同乃引曾除郎官，欲免銓量。契勘正同得旨除郎，資淺言罷，實未嘗經任也。況今銓量士大夫，正謹於資序，若或放行，則舉例者衆，乞下吏部依法施行。」從之。

十月十四日，臣僚言：「頃朝廷欲革内重外輕之弊，郎官、館職三年並除外任，以至堂除部闕，稍加更易，故寺監丞至釐務官、教授送部者百闕，而取知縣隸堂除者四十處。未幾郎官、館職應去而請者紛然，既不克行，止令别聽指揮，但堂闕送部，部闕隸堂，尚仍近制。欲乞兩還其舊。」詔堂除、部闕並依紹興六年十二月十八日指揮以前舊制施行。

閏十月四日，尚書省言：「分撥歸吏部知、通窠闕，内知州軍榜示兩月，無本等人授，申取朝廷指揮。」詔將吏部通判闕依知州軍例施行。

八年三月二十三日，中書門下省言：「已降指揮，吏部注擬知州軍、通判、知縣、縣令員闕，並令長貳將應格人精加選擇，非癃老疾病及不曾犯贓，及不緣民事被罪者。内繁簡不同縣分，即審度合入人材力，方許具鈔，仍申門下省審察，旬具注擬 16 過人脚色，關送御史臺。如注擬非人，許彈奏。勘會吏部注擬知州、通判、知縣、縣令，自有成法。

[一] 鼓：原作「舉」，據《建炎要録》卷一〇七改。

兼舊制知州軍人定日過門引驗，其通判已下即無審察之文。」詔今後守、倅、知縣、縣令，除内曾被罪及疾病者，仰吏部申取朝廷指揮，餘並依舊制。

四月十八日，御史中丞常同言：「吏部守、倅、知縣、縣令員闕，先降指揮令長貳精擇非疾病、犯贓及不緣民事被罪者，方（詳）〔許〕注擬。後來朝廷察見逐項情節係在格法之外，今年三月二十三日再降指揮，除内有曾緣民事被罪及疾病者，仰吏部申取朝旨，餘並遵守舊制。切詳民事一項，初無立定名色，失之泛濫，遂使人吏因此得以沮抑在部之人。欲乞自縣令以上，非自犯民事得罪而因人連累者，止令依格法注擬，更不申取朝廷指揮。」從之。

九年十月十七日，吏部言：「見使通判、知縣等窠闕，若曉示半年以上無人願就，作破格差注。新復州軍窠闕滿一季，亦准此。所有兼兵其餘知縣闕，乞並依已立定廣南、淮東西、湖北知縣窠闕破格差注施行。」從之。

十一月八日，臣僚言近年士大夫奔競僥求之弊：「初改官人唯注知縣，謂之實歷，蓋欲其改官之後，更練民事，以成其才；雖不拘常制，不得奏差。此祖宗之法，紹興所重修也〔一〕。比年以來，纔得改官，求堂除差遣，内則欲爲寺監丞貳等官，外則欲爲倅貳，自知縣以下，皆不欲也。宛轉干求〔二〕，必欲得之，寧涉歲月，不願參部，遂使實歷之法幾廢。尚左之員常少，而奔走於執政之門者，止之復來也。願降睿旨，初改官人未經實歷，選人未經州縣，並令赴部，依法注授，不得輒至朝廷干求差遣。有違戾者，懸懲一二，以示必行。至於諸路辟置屬官，員數猥多，與夫臣僚泛乞添差不已，亦緣僥求所至，致耗費廩禄，頗喧物論。若量事減員，及杜其陳乞，在士大夫未爲失職，而撙節國用，實非小補。」詔令吏部措置申尚書省。宰執進呈右正言巫伋奏：「比來調官行朝者，纔自改秩，無意作縣，不肯參部，干求堂除差遣者比比。吏部亦不遵用祖宗條法，依限注授。欲望持降睿旨，申嚴約束，行下吏部，依祖宗格法，初改官人並與知縣差遣。」上曰：「銓曹注授，自有祖宗成法，可令吏部常切遵守。」

十一年八月十日，吏部言：「本部通判闕，見依紹興七年指揮，使三年闕。簽判依紹興四年指揮，使四年闕。即（自）〔目〕通判、簽判闕不多，欲乞將通判使五年闕一次，庶易於發遣。」從之。

十三日，吏部侍郎魏良臣言：「本部所行官員整會、陞改、磨勘、酬奬、差注等事，繳到真本付身、告勑、宣劄、帖牒之類，並追篆文官辨驗，往往因致留滯。紹興五年八月二十六日指揮，並從本部長貳集驗，不用篆文官，見行遵用。續承八年七月二十七日勑，四川换給便宜付身，復追篆文官辨驗。17 竊詳川、陝止是大使司出給付身，本部長貳郎

〔一〕所：原作「新」，據《建炎要録》卷一三三改。

〔二〕轉：原作「然」，據《建炎要録》卷一三三改。

官自可參審。欲乞遵依五年八月已降指揮，所貴杜絶姦弊。」從之。

十二年六月七日，吏部檢准十一年十二月十五日詔，監當資序初除郡守，其已除未到，具姓名罷之。內曾任監察御史以上職事，則不拘此令。勘會新知秀州劉皐民係監當資序，曾任待制落職。今來復除祕閣修撰，職名係在監察御史之上。詔許之任。

二十二年七月十四日，吏部郎官沈虛中言：「已降指揮，知、通、縣令委吏部長貳銓量，而知州又定日過門下省審察。今在部官止遵在外指射之文，及銓量過門，經時不至。乞比附四選銓量過門，六十日不到，許以次人攙注。」從之。

十一月十八日，赦：「應承務郎以上及小使臣，不因贓罪降充監當，並與牽復差遣。或乞新資監當人，願理元資序者聽。」

二十六年三月一日，詔：「二廣容、貴、新、柳、南恩州、吉陽、萬安軍見闕守臣，令吏部權行差注一次。如一季無人就，即破格差初任通判人。」先是正月二十八日，通判肇慶府黃公度召對，上(司)〔問〕嶺外弊事，公度奏言：「二廣數小郡，如貴州、新州之類，有至十年不除守臣者。蓋緣其闕在堂，要者不與，與者不要。」上曰：「若撥歸部，當無此弊。」續因臣僚上言，故有是詔。

二十八年八月十三日，詔：「尚書左選見榜監當闕滿一月，無京官就，許右選通差。滿一季者，破格差注。」從吏部侍郎周綰請也。以上《中興會要》。

孝宗紹興三十二年已即位，未改元。七月十二日，吏部言：「該登極赦，應文臣承務郎、武臣承信郎以上，并內臣及致仕官，並與轉官。今措置，乞將在外并臨安府承務郎以上未經磨勘之人，令召保官一員，委保無詐冒違礙。其已經磨勘之人，并行在見任官隨侍子弟，雖未經磨勘，並免召保。」從之。

隆興元年五月二十七日，吏部言：「廣南路係僻遠之地，轉運司使闕差注，少有京官願就。措置欲將高、化、昭州簽判員闕，依象、潯等州已降指揮，本司依見行條法破格差注。如大藩節鎮注第二任知縣，次初任合入知縣資序人；餘州注初任知縣，次第二任監當資序人。如榜諭滿一季，又無京朝官願就，即許差職官人。昭州簽判候今定差，仍舊本部使闕。」從之。

八月五日，吏部狀：「依指揮併省吏額。尚書左選見管主事一名，令史二名，守當官二十六人，貼司、楷書共二十人。今於權守當官內減罷四人，止充貼司祗應，於權貼司內減罷五人，並從下裁減〔一〕。其減罷權貼司，候將來有闕日，却依元名次，從上撥填。」詔見在人且令依舊，如將來遇闕，更不還補。

〔一〕從：原作「徙」，據文意改。

十一月五日，權吏部侍郎余時言劄子：「契勘左朝奉郎崔延祖乞換給付身，本部照得本人係從政郎上循儒林郎兩資，不合收使。今乞將本人前件不該收使兩[18]資，比附三選條法指揮，除豁挨排，將該遇建炎覃恩循承直郎一資收使，於真命從政郎上循文林郎，却於文林郎上乞依格改轉左宣教郎告命。其元給左奉議郎告并承直郎劄子，却從本部案後拘收毀抹。所有磨勘轉承議郎，并未曾換給朝奉郎兩官，令尚書左選於宣教郎上依條施行。」從之。

二年六月五日，廣南東路提舉常平茶事石敦義言：「英州知州見闕正官之久，乞將上件窠闕下本路轉運司，許破格差注通判資序人一次。委轉運使躬親銓量，保明申省，出給差敕，仍令就權。」吏部勘當：「欲令本路轉運司照應本部破格條法差注第二任通判，次初任通判。如同日却有本等人願就，先差本等人。仍許先次就權施行，候本司差人一次訖，日後却從本部使闕。」從之。

乾道元年二月六日，權尚書吏部侍郎葉顒言：「京朝官合使窠闕，除知州軍、通判、知縣依指揮係四年以下闕，其餘簽判、縣丞、監當、教授、安撫司幹辦公事並使三年以下闕。內檢法官到任使闕，竊緣京朝官在部員多，年限太窄，乞依知、通已得指揮，使四年以下闕。」從之。

二年六月二十七日，吏部侍郎陳之茂等集議：「承前改官人理知縣資序，兩任內一任實歷知縣，方許(開)〔關〕陞通判。自後循襲，將堂除差遣理此實歷，遂致士大夫往往不歷民事，越次(開)〔關〕陞。欲乞將初改官所歷兩任內，須實歷知縣一任外，一任如係內外堂除及到部或舉辟注授，並與揍理爲任(闕)〔關〕陞。宮觀嶽廟非。奏補承務郎以上(闕)〔關〕陞知縣，及宗室換授理親民人，準此。」詔吏部看詳。已而吏部言：「切詳既不得越次(闕)〔關〕陞，其初任知縣人亦難以注授通判。欲自今合理第二任知縣資序，須自理知縣後，曾實歷知縣一任，方許注授通判及別差遣。如不曾實歷知縣一任，止注知縣。雖作縣未滿二考，或尋醫、侍養，並不理任。理第三任以上知縣資序人準此。」從之。其後臣僚復言：「乾道二年集議條旨，非不嚴盡，近年自承務郎合關陞知縣資序人，徑干通判、幹官差遣，履歷寖久，即除知軍州。如此，則初理知縣資序，必欲實歷知縣，止行於磨勘改官人，而不及關陞知縣資序之人。伏望下吏部，自今以往，凡初授承務郎關陞知縣資序，必備申朝廷，并須實歷知縣一任。」詔復下其言。吏部因備列見行條令以聞，詔常切遵守。

六年五月四日，吏部狀：「尚書左選見管主事一名，令(吏)〔史〕二人，書令史九人，守當官一十一人，正貼司一十六人，內二人係元額，權手分私名二人，楷書三人，法司一名。今欲將正額書令史、守當官內各行減罷一人，正貼司內減罷四人及法司一名，其法司令書令史兼管。」詔依擬定，各從下裁減，將來見闕日，依名次撥填。其減下人願依條比換名目者聽。

八年五月二十[19]八日，臣僚言：「已降指揮，臨安知、通等已復置簽判、推官，令堂除使闕一次，日後吏部差注。臣以謂凡在吏部待選者，無非孤寒寡援之人，幸而有此三四見闕，又堂除一次，則有夤緣之人常得見祿，而孤寒在部之人永無所望，非所謂大公至正之道。」詔臨安府簽判、推判官闕，並令吏部依格法差注。

八月二十九日，權吏部尚書張津言：「宗室使臣因應舉登科，改授承務郎以上官者，注縣丞或監當，理親民資序一任回，有陞陟舉主二員，注知縣。切詳上條，意謂宗室任使臣，未曾履歷民事，於試換後須注縣丞、監當一任回，有舉主，方注知縣。切詳緣其間使臣任內有累曾實歷親民釐務及有舉主二員，試換登科，若拘上條，一槩差注，即是反因登科試換，再入監當，宜陞而降，輕重不均。今欲措置登科宗室於使臣任內，不曾實歷親民差遣，自依條制；如先任使臣，自監當關陞親民資序後，曾實歷親民釐務及有舉主二員，許通注知縣、縣丞。」詔從之。

九年三月二十五日，門下省言：「勘會四川到行在初改官人，乞四川定差闕。吏部供到四川不該定差窠闕，方許注授四川因事到部人。今來四川定差窠闕，照得昨曾堂(堂)除過一十員。目今除成都府郫縣外，並無定差到人。」詔令吏部將眉州青神縣等闕，許注授四川初改官人。以上《乾道會要》。（以上《永樂大典》卷一六七八五）

# 宋會要輯稿　選舉二四

## 銓選二

### 審官西院 與「職官」全同，存目不録。

### 尚書右選

【宋會要】

1《神宗正史・職官志》：審官西院，2熙寧三年五月二十八日置。詔曰：「國家以西樞内輔，贊翊本兵，任爲重矣，而狃於舊制，自右職陞朝以上，必兼擇而除授之，是以三公府而親有司之爲，非所以遇朕股肱之意也。今使臣增員至衆，非張官置吏以總其事，則不足以一文武之法而礪中外之才。宜以審官院爲東院，别置審官西院，置知院二，領閤門祗候以上至諸司使磨勘及常程差遣事。俾銓叙有常經，黜陟有常守，官修而紀律振，任專而攷察精，庶熙治綱，以副朕志。」乃以天章(閣)〔閣〕待制齊恢爲知院，兵部郎中韓縝同知，以舊太常禮院爲治所。始，上論大使臣磨勘及常格注授，欲歸有司，樞密使文彦博等不欲，曰：「因注差遣，累與使臣相見，尚猶患不知其人，若付之審官，則愈不可知，緩急難爲選擢矣。」上曰：「欲知之，不在數見使臣，常程差遣何足與？」王安石曰：「省細務，乃可論大體。」韓縝曰：「此事於樞密吏人不便。」彦博曰：「果合如此，亦不論吏便與否。」安石曰：「密院亦止是五代始置。」曾公亮曰：「欲分宰相權爾。」上曰：「前代亂，豈緣不分樞密院乎？」安石曰：「綱紀修，視聽不蔽，則人主權自然歸一。不然，則樞密亦能專權，如史弘肇之徒是也〔一〕。五代用武，故政出樞密，宰相備位而已，非治法也。」於是降詔卒置之，仍省樞密院六十有二事歸之。官制行，歸吏部尚書右選。

神宗元豐二年八月二十三日，審官西院言：「磨勘供備庫副使劉希奭，歷任兩以邊功遷官，在格當異常調。」詔希奭與轉七資，仍詔自今身經戰鬬，酬獎遷官方理爲戰功，著爲令。

三年正月五日，御史舒亶言：「銓院事無正條，止憑吏人檢到例，因緣或致姦弊。乞委官以例删定爲例策。」詔銓院合施行事，並編録入敕令格式。

五年五月，改審官西院爲吏部尚書右選。

哲宗元祐二年五月四日，詔：「大使臣如曾任將副，不因罪犯替罷，見今合入親民差遣，年五十七以下，並許依條選具脚色，仍於引驗狀内别立項開排，申樞密院。」

三年四月十三日，詔吏部授兼管買馬官，並赴樞密院引驗。

---

〔一〕弘：原作「洪」，據《長編》卷二一一改。

徽宗崇寧元年五月十四日，吏部言：「勘會小使臣年七十以上，在選長官體量堪釐務，注監當止一任，便令致仕。歷任有軍功捕盜，曾經轉官者，加一任。唯大使臣年七十以上，應入監當人，致有年八十以上，尚赴部承授差遣，顯見難任職事，别無止法。本部相度，乞將大使臣今後依小使臣法施行。如允所請，見在部授差遣之人，亦乞依此施行。」從之。

二年二月二十九日，吏部侍郎劉拯等劄子：「臣等切詳舊法，主兵使臣内地以三十箇月，陝西、河東城寨以三年滿替，所以重邊任也。監當以三年，水土惡弱處以二年滿替，所以優恤瘴癘之地也。元祐七年，因右侍禁陳師式乘朝廷欲變亂法度之隙，徼倖速理 3 資任，奏乞但以三年爲任者，並以二年或三十箇月爲任，於是差遣不以親民，監當事務不以緩急，水土不以善惡，但理正親民資序者，一例以三十箇月爲任，甚無謂也。臣等欲乞衝改不行。」詔依舊法。

大觀二年十月三十日，詔吏部逐月合引驗將副，依格選識字人子細審擇。

四年正月二十七日，臣僚上言：「竊謂官吏能否，未易遽知，故薦舉之法，必俟成考，功緒可稽，然後公舉其能，以備任使。豈有未經正任，而可預薦論者？臣伏見吏部右選大小使臣未曾經任，尚充吏職，如手分、楷書之類，因緣干請，例薦陞陟。京師局務，多是從官提領，而省府寺監咸有歲薦常員，承例奏舉一員，累至十數。銓部、密院凡有差使，校定等差，每以舉主多寡爲優劣。他日出職，無與争其優者。臣愚欲乞使臣充吏職人，更不許薦陞陟。其舊充吏職日所得舉狀，仍不得收使。」從之。

政和四年八月二十六日，詔：「應自今雜流入仕，因功賞推恩，謂吏人、公人、作匠、技術之類，至武功大夫止，不遷横行遥郡。雖奉特旨，許執奏。」

六年十一月二日，詔：「武臣自今應雜流入仕遷至横行者，其恩數、請給、奏薦等，並依武功大夫法，著爲令。」

七年二月十二日，吏部尚書張克公奏：「伏覩修立到《吏部四選通用令》，諸路沿邊不得注授宗室女夫。竊詳立法之意，蓋爲不欲宗女遠涉煙瘴之地，而其夫或怯懦，有誤任使，遂行禁止。然其間實有武畧，練習兵機，曾立戰功，及累經邊任之人，因娶宗女，遂屈之内地，誠爲可惜。欲乞宗室女夫曾立戰功及曾沿邊兩任無遺闕，除二廣、四川外，應三路沿邊，並許注授，使實有材武之人，得以自效。」詔依所乞，仍於元條内添入「有戰功非」。

十一月六日，詔吏部：「大小使臣員額盈溢，差注不行。訪聞多緣吏職混淆，未經區別。勘會吏人叨冒一命，寅緣請託，規求罷去，徑歸銓選注授差遣，冗猥之由，實自此出。自今内外諸司閤位，應緣人吏補副校尉〔一〕、承信郎

〔一〕副校：似當作「校副」。

者，依格支破請給，不罷吏職，不得參部，都官、吏部未得注籍；候轉至大夫日，赴部參選，呈試依法。若武功郎以下，應因減放罷職，不得奏辟，止許差充他處吏職祗應。如有該載未盡事件，尚書省取索勘當，條具將上，取旨申明行下。今日以前，特免追改。或日後續降處分，並許執奏不行。如有違犯，並以違御筆論，委御史臺彈劾。御史臺失彈，三省互糾以聞。務在百執恪意遵守，著爲永法，無或衝革。」

宣和二年七月七日，臣僚上言：「比者詔令數下，有所釐正，率由舊章，至訓敕在位，衝改元豐法制，以大不恭論，甚盛德也。然有司奉成法，雖知其或戾，不敢輒請。臣請粗陳一二。謹按，吏部右選知州闕，元豐格率注知州人，雖有曾歷或實(立)〔歷〕兩任與一任之文，要之，知州人❹見知州闕，即得射也。至資序之深淺，功過之多寡，下狀雖衆，差注自有本法。崇寧改格，唯四十五處遠小依舊，又多朝廷取闕爲謫降之地，其餘並注曾實歷知州資序人。夫必待曾實歷人，設偶無之，則榜闕雖久，初任合入知州者終不得指射。又其尤遠小煙瘴處，元豐格内取通判、知縣人者方許注知州人。既非本等人願就，而以次人，亦須俟經三集兩集乃注，滯闕可知也。通判闕，元豐格雖有注曾任一任知州及第二任通判之文，然間曾歷一任知州及鈐轄、大藩通判者，青州一處爾；但注知州人者，成都府一處爾；注知州兩經集注第二任通判者，十處爾。其佗則本等人見闕皆可射也。崇寧改格，除青州略同外，但注知州人者二十四處，注知州三經集方許注第二任通判人者一百二十三處，注知州及第二任通判人者兩經集方許注初任人者四十三處，注本等人者纔三十二處爾，又皆遠小煙瘴，非本等人所願就也。夫榜闕而本等人睥睨不得射，縱其得射，又三兩月而後可。若權住刷闕，則又展月矣，至有百餘日而不注者，臣懼夫賢愚同滯也。二者之利害較然。方今減罷創局，裁省冗員，鐫損宮觀差遣，吏之集于銓部者不可勝數。如此等弊，政爲急務。兼契勘諸路知縣闕，因崇寧格差注不行。政和七年十月敕，許不以資序通行差注，文雖小異，實元豐法也。獨知州、通判格尚未仍舊，安有事同而法異乎？」詔依元豐法。

六年閏三月二十二日，臣僚上言：「竊謂武臣橫階，高爵也，蓋非親勳弗居。觀察使而上，則禄秩恩數，又非他官可擬。今胥吏雜流入仕者，類多得之。雖法有不許轉行之文，而寅緣請寄，希求恩旨，丐易出身，則非常法所得限也。臣願申敕條禁，凡以胥吏雜流入仕者，嚴其止法，仍不許妄有干請。謂如實非蔭補之類，不得求假蔭補之名。脱有成勞，宜在褒賞，願(如)〔加〕賜金帛而已。」詔令檢會見行條法，申嚴行下，常切遵守。

十二月二十九日，吏部奏：「勘會宗室先承御筆指揮，依熙寧法常許占射，不拘遠近差注，仍並替成資。今承御筆指揮，内外官並三年爲任。今來所擬宗室替闕，未審合

依專法替成資，(唯)〔爲〕復亦合依今降御筆指揮，替三年滿闕？」尚書省勘會合替成資，詔申明行下。

欽宗靖康元年七月二十四日，詔：「今後河北、河東、陝西路州縣兵官，每處止許差宗室一員，見任人候任滿日罷。」

十一月十一日，詔：「吏部將到部人内，應合入路分都監、將副并係將副已上替罷滿闕，及武舉出身、有戰功、曾歷邊任之人，並行籍記，不許差借短使，專候朝廷選任。」以上《續國朝會要》。

高宗建炎元年七月十日，詔吏部：「大小使臣不許移名次歸(入)〔八〕路，候邊事寧日依舊法。」先是，在部使臣多規5避差使，乞歸八路，尚書路允迪以爲言，故有是詔。

二年三月八日，詔：「今後初除城寨及主兵官、巡檢、武臣縣尉，非邊功材武不許差注。」

十一月二十二日，赦：「應使臣未得差遣及短使者，並仰於所屬投狀，依例施行。應小使臣參部違限，合罰重難綱運，限一月許令參部免罰。應命官因出戰及捕盜中傷者，仰經所在自陳保奏，大使臣以上議加優卹，小使臣差嶽廟令一次。」

紹興二年五月二十九日，詔：「大小使臣、校尉緣軍功補授，而於軍中解罷者，到部日驗發遣詣實，送殿前司，依第三等法呈試事藝。馬射弓六斗力，直背射三箭，各把以裹右爲合格。如合格，本司給據，許參選。若未經呈試，或呈試未中，各不在參選及堂除辟差之限。兩試不中，及不赴試，不理軍功材武，滿五年，許參部。諸下班祗應緣軍功補授，依大小使臣參選法，著爲令。自靖康元年軍興以來，應緣軍功補授之人，如已到部以前有差遣，雖已到任得替，候再到部日，亦依今來指揮施行。」先是，臣僚言：「軍興以來，竄名兵籍之中，濫被恩命，而實無武藝，往往纔得補正官資，遂便宛轉干求堂除舉辟。欲乞應授差遣之人，並先經殿前司呈試，馬射中選，出給公據，方得放行。」故有是詔。

十月十八日，吏部尚書沈與求言：「檢准建炎三年指揮，今後應堂除并已後堂除，並權替二年爲任。目今在部大使臣員多，諸路申到闕次稀少，乞將應大使臣已注授未赴任人并今後注授差遣，比倣堂除人，權替二年成資闕。」從之。

三年二月二十八日，樞密院言：「近准指揮，堂除闕並撥歸吏部。契勘下項闕未有立定差法，乞今御厨、翰林司、儀鸞司、牛羊司依元豐令，先注親民，次監當人；權幹辦金吾街仗司，先注武功至武翼大夫親民資序人，次注大使臣經兩任親民人；行在諸司監門，欲依立定行在倉場庫務監門已得指揮，先注親民，次監當人。」從之。

五月七日，吏部尚書洪擬言：「本部大使臣守城隨軍，被賞轉官減年，依元豐格，並作材武人注授差遣。近大使臣到部，有隨軍被賞補官者，亦乞指射材武窠闕。緣舊法

未有此條，欲乞應隨軍被賞補官者，並與比倣隨軍被賞減年磨勘材武條格。」從之，仍照會紹興二年十一月一日已降指揮。先是，紹興二年十一月一日，吏部尚書沈與求言：「近武經郎王壽元隨軍差使，充掌管降賜庫物帛，乞指射宣州兵馬都監。切詳法意，隨軍被賞，謂出戍經戰之人。若使收支官物、抄轉簿籍者一例將作材武，委是太優。欲乞告示王壽指射非材武窠闕，仍今後似此等人，准此施行。」從之。

六月二十三日，吏部言：「近詔淮南西路見闕，吏部未差人去處，特令胡舜陟奏差一次。緣大使臣在部者衆，若本路奏差，恐注擬 6 不行。乞將淮西路見闕依舊出闕注授，若未擬差人去處，却有本路奏到人，即乞元差奏差人，庶不相妨。今開具到駐泊兵馬都監等親民闕二十一處，真州拆船場監當闕八處，除犯贓人不注外，召官指射，其到任、任滿酬賞，並依舊法。」從之。

十月十九日，詔吏部尚書右選添置郎官一員。以臣僚言文案積壓故也。

十二月十二日，吏部言：「武經郎、閤門宣贊舍人宋源乞改換武翼郎兼閤門宣贊舍人告。勘會本官所繳告命，係靖康元年三月二十日下，即無年號，係僞楚所給。緣該遇今上皇帝覃恩，已改轉武經郎，其乞改換，合取朝廷指揮。」詔別給付身，其前項告身，令吏部拘收毀抹。

四年正月十八日，吏部尚書鄭滋言：「建炎四年五月二十日指揮，大使臣窠闕到任使闕差人，及近降指揮，每遇季月首，許將應赴任人闕剗刷使闕，尚慮無闕差注。近頒紹興新法載，諸闕並去替一年，使臣員多闕少，深慮積壓。乞權依前項指揮，候闕多日，即依新書條限。」從之。

二月十三日，吏部尚書胡松年言〔一〕：「大使臣用舉主，自來遇有諸處奏狀到部，係依專法置籍抄轉。昨緣二年十二月遺火，去失不存。自今年正月一日以前，本部已用照牒作舉主收使，判成了當。緣降到紹興新法，不許用照牒。本部除已遵依外，乞許因火去失奏狀人，權用照牒施行。」從之。

五年三月七日，詔：「縣鎮酒稅窠闕，見差大使臣去處，除四年正月指揮外，改差小使臣。其小使臣見差去處，却及三萬貫以上，許差大使臣。」先是，侍郎鄭滋言：「縣鎮州稅，諸路會到，往往課額多不及三萬貫，例皆侍右使闕差人。其尚左止有合使闕三十餘處，而大使臣見在部者凡五十餘員，難以發遣。」故有是詔。

四月二十三日，吏部尚書晏敦復言：「尚右舉行功賞，其常程文字，每致積壓。乞依尚左已得指揮，將奏薦司改爲賞功司，兼行奏薦文字。」從之。

五月九日，詔：「兩浙、江南、福建、四川、二廣、淮南等路創置闕，係合差大使臣者，榜闕非次限滿，作經使闕，立

〔一〕年：原脱，據《建炎要録》卷七三補。

限一月，召大使臣指射。如無人願就，即送侍郎右選通差小使臣。」從吏部請也。

八月十六日，吏部尚書晏敦復言：「尚書右選差注係選窠闕，依元豐舊法，合通較官員出身、歷任功過、負犯，以優者定差。緣渡江之後，爲官員去失印紙，遂權宜申請，只用前一任定差。昨元豐舊法已脩爲紹興令，其勑令所又將許只用一任指揮修爲永法，顯見與通行較量條法相妨，乞删去。」從之。

二十一年閏四月十一日，詔：「成都府石泉軍，比倣吏部親民差注正使以上親民資序、曾經堂除知州軍以上差遣、有舉主、無贓私罪、應材武人。」先是，成都府轉運司言，四川守臣依舊堂除外，其通判、知軍監悉付漕司。緣石泉軍別無差注[7]格(去)〔法〕，故有是詔。

二十九年閏六月九日，詔今後武臣不得以綱賞轉至武翼大夫以上。以上《中興會要》。

孝宗隆興元年八月五日，吏部言：「依指揮并省吏額。尚書右選見管主事至守當官，並乞存留。正貼司權守當官正額三人，并遞權三人，共六人，今乞裁減一名。充正貼司法司一名承信郎趙竦，係有官人，別具申外，正貼司一十三人，見闕二人，今乞減見闕二人，更不試補私名。權貼司一十人，并遞權五人，今欲減罷五人。」詔見在人且令依舊，如將來遇闕，更不遷補。

十一月十三日，吏部言：「永州防禦使、充鄂州駐劄御前諸軍都統制趙撙申，鄂州駐劄御前諸軍統制、統領、將佐、大小使臣、校副尉、下班祗應印紙、功過曆，合批考第、轉官因依，乞候將來班師回軍日，一併批書施行。」從之。

二年二月五日，詔吏部：「如遇有給降祠部等專差，大使臣方許差撥，仍與依小使臣格法推賞。」

十八日，臣僚言：「大使臣正、副使注授差遣，大禮奏補，並合用年甲參照。緣諸處出給付身，並無年甲、鄉貫、三代，竊慮其間有減落歲數，改易鄉貫、三代，冒行蔭補，承襲詭名，無以稽考。今後如遇出給付身，除功賞及命詞給告，不及聲説，係已曾該載外，其餘出身初補及應(于)〔干〕磨勘告内並行寫上年甲、鄉貫、三代，免致日後減落改易、承襲詭名之弊。」從之。

九月六日，吏部言：「尚書右選，契勘修武郎以上，親民都監、巡檢并監當場務，釐務准備差使、指使等窠闕，乞依侍郎右選小使臣例，並通作去替四年使闕差注一次。」從之。

乾道二年七月二十六日，吏部狀：「乞將尚書左選、侍郎左選立定員額，見差歸正文臣窠闕内分撥一半差注，帥府欲撥三員，節鎮并軍州事各二員，候今降指揮下部日，與尚右通行使闕差注。」從之。

三年九月十五日，詔：「訪聞赴部注授，或求望差除，在旅日久之人尚多，仰三省、樞密院疾速照應，依格差除。仍令吏部措置注擬，毋得留滯。」繼而吏部措置，欲將准備

差使不釐務窠闕，依嶽廟窠闕應赴使闕，召見在部應脩武郎以上官指射，以先親民、次監當、恩例名次高下差注一次。并見榜諸州軍横行嶽廟二十八闕，即目别無横行以上官在部，委是無人願就。乞將上件見榜横行嶽廟窠闕借差應修武郎以上官，以先親民、次監當、恩例名次高下差注一次。如同日却有本等横行人指射，即先差本等人。日後並依舊使闕差注施行。故有是命。

五年正月七日，詔：「宗室大小使臣依舊每州添差親民兵馬監押一員釐務，日後更不差注外官。」詳見「侍右」門。

六年二月，詔：「行在搉貨務、左藏庫監官，通差武臣大使臣以上第二任親民資序人。」

五日，樞密院言：「今後武臣横行如願赴部注授之人，照應大使臣參8部格法差注施行。」從之。

四月十日，吏部狀：「准乾道六年三月十九日勑，將應離軍注授添差指使、巡檢下使臣、嶽廟之人，並令具鈔，候畫聞下部日，吏部出給差帖，當官給付。本部勘會前項指揮，照得止爲小使臣、校尉。緣本部尚書右選大使臣離軍注授添差准備差使、巡檢下使臣，聽候使喚不釐務，并到部注授諸軍及監司、帥司添置准備差使，并注授嶽廟之人，即未有指揮該載明文，竊慮亦合一體，伏乞朝廷指揮。」詔依侍郎右選已得指揮施行。

五月四日，吏部言：「依指揮併省吏額，尚書右選額管主事一名、令史二人、書令史九人、守當官一十三人、正貼司一十一人，内二人元額權手分〔一〕。法司一名、私名貼司一十人。今欲減罷書令史一名、守當官二人、正貼司三人。其法司職事，於書令史内差人兼管。」詔依擬定，各從下裁減。將來見闕日，依名次撥填。其減下人願依條比換名目者聽。

七年五月六日，權吏部侍郎王之奇言：「殿前馬步軍司揀汰大使臣，添差兩浙東西、福建路州軍差遣，見闕員數並足。今又揀汰殿前步軍司大使臣一百餘員，委無見闕。若增員注授，又慮州軍闕乏〔二〕，無以供給；若令待闕，則闕食狼狽，有失朝廷優恤之意。措置欲令先次赴部注授待闕差遣，仍下户部别出曆，給半俸居所隸軍，免執役，闕到之任。」從之。

八年六月一日，吏部言：「見待次修武郎以上官百餘員，員多闕少。見使横行嶽廟闕，罕有本等人指射。欲乞將見榜横行嶽廟員闕借差一次，如同日有本等横行人指射，即先差本等人。」從之。

十一月十五日，吏部尚書張津言：「勘會侍郎右選昨申明諸州軍及監司下差置准備差使不釐務及嶽廟差遣，内遠地二廣、荆湖南北路、京西路見榜數闕，多緣在部人憚於地遠，不肯指射前去。而已在遠地任滿寄居人，復無力前

〔一〕此句原作大字，據文意改爲小字。
〔二〕闕乏：原作「闕之」，據文意改。

來赴部注授虛榜闕次。已降指揮，令經州軍繳連録白出身以來文字，委官對讀真本，并具立功次數、資序高下，召保官一員委保正身，不拘州軍，陳乞指揮五闕，本州保明詣實申部，從上擬差。如同日有在部人指射，先差在部人。其指揮内即無該載大使臣明文，今來不住據遠地州軍依已降指揮申到陳乞，本部即未敢便行比類小使臣已降指揮施行。」詔依侍郎右選已得指揮施行。詳見「侍右」門。

九年四月二十三日，詔：「今後離軍橫行使，令樞密院審察，與差將副。若年六十以上，精力未衰，有戰功，依已降指揮，與差宮觀，餘差嶽廟。」以上《乾道會要》。（以上《永樂大典》卷一六七八五）

## 銓選 三[一]

### 流内銓[二]

**9** 太祖建隆三年八月，詔：「吏部流内銓選人並試判三道，只於正律及疏内出判題，定爲上、中、下三等。其超降準元敕指揮，仍限敕出後一年，依此施行。流外出身不在此限。」

十月，詔銓司與門下省官考定舊格及前後制敕，要當條約堪久行者，餘皆（册）〔删〕去。有司言：參定《循資格》一卷、《長定格》一卷，并入格及删去外，見行敕條共二十二道，編爲一卷。詔選人三十以下，依舊不得入令、録，餘並依，仍付所言[三]。

乾（道）〔德〕六年八月，詔曰：「三載考績，有虞之典也；四時職選，巨唐之制也。朕參酌古道，條制銓衡，貴無滯於選人，（伴）〔俾〕隨時而赴調。如聞近日，動致淹留。自今南曹、銓司、門下省三處磨勘注擬并點檢、謝辭等，共給限一月日，並須行遣了畢。南曹應有納解投狀選人等，自初下納文書及批判諸司引驗磨勘，直至判成送銓，都給限八日。銓司應有南曹判成選人，自初到銓引納家狀告示，逐旋磨勘，便令試判并覆闕注擬，寫省曆及進黄并引對，謝辭等，都給限一十五日。門下省應有銓司諸色注官人等，點檢告身文字，及移牒諸司勘會事節，追黄甲、寫奏狀并引准黄甲等，都給限七日畢。所有約定過堂，更不別給日限。其已上諸司，更有合行催促事件，各委本司施行。選人中若更別論課績，或負過尤，須至諸處勘尋者，即仰行遣，具狀以聞。或是無關注擬及次序不相當者，並不在此限。」

開寶六年七月，詔翰林學士盧多遜、知制（詔）〔誥〕扈蒙、張澹等重詳定吏部流内銓《循資格》。從澹之請也。

太宗太平興國二年十二月，詔曰：「流内銓常選人所

[一] 原批標目亦作「銓選三」，乃《永樂大典》卷一六七八六原目。
[二] 流内銓：原標「侍郎左選」。按，宋初有流内銓，元豐改制後始併入侍郎左選，此下内容既爲宋初流内銓，且後文別有「侍郎左選」一目，因改。
[三] 所言：似當作「所司」。

試判，自來不較臧否並判下者。自今選人所試判三道，定爲四等：二道全通，一道稍次，而文翰俱優者，爲上等；一道全通，二道稍次，或二道通，一道全不通，而文翰稍精者〔一〕，爲中等；一道通及稍次，二道全不通，或三道全次，而文翰無取者〔二〕，爲中下等；三道全不通，而文翰紕繆者〔三〕，爲下等。判上者，即與超一資注擬〔四〕，如入職事官即不超資，與加一階〔五〕。判中者，即依資注擬。判中下者，注同類官，黄衣人即降一資〔六〕。如初入令、録，止於令、録資内降一資注擬〔七〕，至下州下縣不降。判下及全不對者，落下殿一年，候殿滿日赴集。凡兩經試判皆中下者，擬同類官。」

淳化元年十一月，詔：「吏部南曹選人自今赴調所投牒，並須於京朝官内求一人爲識，官 10 書姓名，用府縣、諸寺監印。違者有司弗受。」

四年二月，以磨勘幕職州縣官院爲考課院。

五月，以考課院歸流内銓，俾翰林學士承旨蘇易簡、知制誥王旦同領之。先是，州縣課績並於此院考較功過，與銓司職分無異。會併歸銓司，從判銓蘇易簡之請，省吏部員而併司局，議者咸以爲當。

真宗咸平元年三月四日，詔銓司所擬官告身，勿書其過犯。

（二）〔三〕年十二月〔八〕，詔選判司簿尉二員充吏部流内銓、南曹主事。

景德元年八月，詔流内銓，凡引選人，齎所試書判，以備親覽。真宗因言選人書到有紕繆者，寇準曰：「其中亦有書字不成者，請自今令銓司引對日齎所試，以備奏御。」從之。

二年二月，帝閲前深州饒陽主簿張上達判詞荒繆，書字不成，令宰相問狀。判銓呂祐之言：「先準敕，銓司選人試判三道〔九〕，定爲四等。昨考較張上達判三道，第一道稍次，第三道不通，第二道雖判詞不應題目，然論刑名即是，故書稍次。伏以放選以來，赴調者擁併，難於獨力，嘗乘間面陳，亦曾奏請矣。今蒙制問，甘伏其罪。」帝特釋之。

二年九月，詔流内銓依審官院例，前一日具選人歷任進内，次日引對。舊制，每選人赴調，即檢勘歷任功過并出身以來事迹，至便殿引對日進呈，帝親閲而甄擢之。至是，特令預先進入，且欲詳觀其能否。

二十八日，詔選司：「常選人有疾者，已經引對，即依

---

〔一〕而：原在「稍」字上，據《職官分紀》卷九乙。
〔二〕者：原作「省」，據《職官分紀》卷九改。
〔三〕繆：原作「者」，據《職官分紀》卷九改。
〔四〕資：原作「次」，據《職官分紀》卷九改。
〔五〕加：原作「如」，據《職官分紀》卷九改。
〔六〕降：原作「除」，據《職官分紀》卷九改。
〔七〕「止於令録資」五字原脱，據《職官分紀》卷九補。
〔八〕三年：原作「二年」，據《長編》卷四七、《燕翼詒謀録》卷一改。
〔九〕三道：原作「二道」，據前「太平興國二年十二月」條改。

合入資序注擬；未引對者，留合入員闕，俟痊損施行。」

三年三月，詔流内銓：「自今幕職官判上者超一資〔一〕，内判中合循資者，具歷任并所試〔二〕，引見取裁。」

大中祥符元年十〔月〕，詔選人籤符并破官物書寫給付。舊例納官錢，並特免。

二年正月，命户部尚書温仲舒、右丞向敏中同流内銓注擬選人。舊制，引對官吏，三班差遣不過十人，奏課不過三人，銓司不過十人。近以官吏稍衆，三班增引奏課至五人，銓司至十五人。至是，三班所引使臣已少，銓司頗有稽滯，故令仲舒等同領其事以督之。時陳堯叟奏往有鏁銓之制，帝曰：「今員多闕少，四時許選，猶慮壅塞，鏁銓無乃不可乎？」堯叟又請復舊省員缺〔三〕，宰臣王旦曰：「今選集待缺者二千餘人，縱增二三百員，無益也。」

天禧四年正月十七日，命翰林學士盛度、樞密直學士王（曉）〔曙〕、右諫議大夫王隨與吏部流内銓試準敕無過犯幕職、令録。

仁宗天聖元年九月，流内銓言：「準太平興國二年十二月敕，并景德三年三月指揮，看詳上件條貫，所定刑名通與稍次及不通三等體式未明，致考較之時，難於區別。今欲乞以每道刑名全合者爲通，刑名及七分者爲粗，不及三分者爲不。仍於逐卷頭定詞理書札優、稍優、次、低次、紕繆，爲五等：以二通一粗而詞理書札俱優者爲上等；一通二粗或二通一不，而詞理書 11 劄並稍優者爲中等；三粗及二粗一不、二不一粗，而詞理書劄俱次或低次、紕繆者爲中下等；三不而詞理書劄俱紕繆者爲下等。其全無詞理者，縱刑名通、書劄優，亦只入中下等。其上件四等，超資、加階、循資、降資、殿年並依舊例外，更取判中下内二不一粗及詞理書劄俱低次、紕繆者，並注久缺官處，所冀稍申旌別，以合舊規。」從之。

十月，門下省言：「吏部銓所注選人，欲依故事過堂（柙）〔押〕定。」詔今後磨勘選人歷任，引對前一日於中書門下審驗，先經改更合關報門下省事，依舊例施行。

七年三月，詔：「流内銓每季支厨料公用錢，并三銓過院紙筆錢，共四十三千，並折支茶貨賣現錢一十九千供用。自今令三司於見折支茶更特與添支九十五斤，充在銓公用。」

十二月，流内銓言：「銓司自來有逐季請到公用折支茶二百六十餘斤，鬻錢貨支使外，别無公用帳設物，乞指揮三司支借。」從之。

八年七月，（詔）銓司言：「與南曹、門下省、官告院、甲庫等詳定，欲自今銓司每有移注改注、對換對移、就移就注選人，候移改定後，限一日關帖過院。過院限三日，修寫黃

〔一〕資：原作「次」，據《職官分紀》卷九改。
〔二〕具：原作「其」，據《職官分紀》卷九改。
〔三〕又：原作「久」，據《長編》卷七一改。

甲送南曹勾勘〔一〕，限一日却送銓，當日牒送門下省，本省限五日印書進入。候降出中書，即依元限一日却付門下省，限次日却付都省。承敕人限次日送入甲庫〔二〕，限兩日。如及十人已上〔三〕，甲庫出給簽符，及關南曹格式司、官告院。限七日，南曹出給曆子；限七日，官告院出給官告。其官告、簽符、曆子，如是人數稍多，依限脩寫不及，即逐處旋具因依申銓，相度文字多少，量展日限出給。所定日限，並除休務假外計日。」從之。甲庫舊制，流内銓注官後帖過院，逐甲牒送門下省押定後，却送銓司。銓帖送南曹司勾勘印書，納送銓牒門下省進納入内。候内中降到中書日，却付門下省給付都省，承敕人送入甲庫，出給簽符，及關送南曹格式司、官告院。其南曹出給曆子，官告院出給官告。以其元限日數頗多，稽滯選人，今並約之。

九年十一月九日，吏部銓請自今應丁憂服闋及以（願）〔有〕勞績授近便者，如入遠，不計有無職田，從便注擬。詔除有勞績者不行，餘悉從之。

十年五月十九日，吏部銓上言：「福建、江浙、荆湖等處官，據選人合入及情願乞注者，除本貫不注外，餘請不限地里許注。」從之。

明道二年十一月二十八日，詔令銓司：「今後分見選人及（奉）〔奏〕舉人歷任劄子，仰簡經修寫，不得漏落過犯，仍只別節掠貼黄於劄子前，粘連進呈。」

景祐三年六月七日，流内銓言：「選人資考合注西川遠官者，或稱親屬在彼，乞免遠官，權移近地，候親屬得替，却注合入遠官。又父母未及七十，便稱年老無人侍養，乞折資注近官，法亦聽許。自今應合入川遠處選人與注近官者，親屬 12 得替，便行移注。乞折資注近官者，須是父母實年七十已上方得。」從之。

十月十三日，龍圖（國）〔閣〕直學士李紘言：「幕職、州縣官前任有臣僚奏舉、該磨勘引見、未改官者，今任並開説某人奏舉、已經磨勘説〔四〕，別作一貼黄取旨。」從之。

慶曆四年正月，詔：「流内銓如批降指揮後有合奏請事，令主判官別取旨。」從判銓王質之請也。事見「三班院」。

二月，命天章閣侍講曾公亮删定流内銓條貫。

英宗治平元年二月，權判銓錢公輔奏請選人祖父母年老得家便官者，免硬注。從之。

三年五月，吏部流内銓進《銓曹格敕》十四卷，詔行之。

以上《國朝會要》。

〔一〕勾：原作「勿」，據《職官分紀》卷九改。

〔二〕《職官分紀》卷九無「限次日」三字，疑承上句衍。

〔三〕上：原作「下」，據《職官分紀》卷九改。

〔四〕説：似當作「訖」。

## 侍郎左選[一]

《神宗正史・職官志》：吏部流内銓，國初張昭爲尚書，猶掌京官七品以下選。及昭致仕，以他官領之，始但掌幕職官以下選事。知制誥蘇頌，熙寧二年，神宗(常)〔嘗〕問「比改官者多」，對曰：「真宗以前引見選人，或與改官，或止循資。」上曰：「若此，則有幸不幸者。今入仕之路多，科場之取士衆，既多取之，而扼其進用，使人窮困，亦不爲有理，須別議其法。」舊制，五日一引當改官選人對便殿，不過二人。其後待次者(寢)〔寖〕多，至有滯留逾二年者。上閔其坐困，四年，乃詔每甲引四人，以救其弊，士人便之。元豐三年，將改官制，先詔流内銓稱尚書吏部。官制行，歸吏部侍郎左選。

神宗熙寧二年三月一日，命翰林學士呂公著、知制誥蘇頌與判流内銓官試驗選人身言書判。初議差公著等，上問試判故事，因曰：「此何足以見人材？」輔臣或對：「先朝有與京官者，或以爲京官可惜。」上以爲然。

三年，置主簿。二月七日，以著作佐郎楊完爲主簿，編條例等任使，從吏部流内銓所請也。時判銓陳襄請置屬官，又取銓曹所用例，去其不可行者，編爲策。

五年閏七月，詔吏部南曹併入流内銓。初，吏部別有判官二，兼判南曹，掌考驗選人殿最成狀而送銓，及關試、勾黄、給曆之事。於是判銓許將等請省南曹入流内銓，故有是詔。

元豐元年六月(二)十九日[二]，詔：「滄州清池，莫州任丘，霸州文安、大城，秦州成紀、隴城、清水，延州膚施、延長、延川，慶州安化、合水，全州清湘、灌陽，邵州邵陽，武岡，澧州石門，慈利十八縣，其舊係監當闕，送流内銓差注。」

九月二十八日，詔：「京朝官、選人并使臣换文資，所試上等第一宜賜進士出身，中等稍優與堂除差遣，中等與不依名次注官，下等與注官。内未出官與出官，已出官與免短使[三]，無短 13 使者升半年名次。」

二年八月二十四日，新賜進士第二人及第王涣之特許注官。涣之年十九，礙銓故也。

十二月二十四日，御史舒亶言：「流内銓選人舊無籍記，其間妄冒僞濫之弊，官司莫得而知，乞置簿以備檢用[四]。」從之。

三年正月五月，御史舒亶言：「銓院事無正條，止憑吏人檢到例，因緣或致姦弊，乞委官以例删定爲例策。」詔銓

[一]「侍郎左選」下原連書「流内銓」，按其下主要爲元豐改制後内容，時流内銓已併入侍郎左選，因删。
[二]十九：原作「二十九」，據本書選舉二五之一〇及《長編》卷二九〇删「二」字。
[三]使：原作「人」，據《長編》卷二九二改。
[四]用：原作「人」，據《長編》卷三〇一改。

院合施行事，並編入敕令格式。亶又言，天下選人名在吏部者且萬人，索其家牒，以式注籍。

八月十四日，詔吏部流内銓自今稱尚書省吏部〔一〕。

五年二月一日，詔：「吏部擬注官過門下省並侍中、侍郎引驗訖，奏候降送尚書省。若老疾不任事，及於法有違者，退送改注。仍於奏鈔内貼事因進入。」

七月十四日，詔：「諸改官於官名應避者，擬以次官〔二〕，資品恩數並依合改官法。」

六年閏六月七日，尚書吏部言：「二廣承務郎以上，任煙瘴處差遣〔三〕，除知州係朝廷差外，餘過滿一年，乞放罷。」從之。

八年二月二十三日，門下省言：「中書録黄，前淮南節度推官呂公憲等狀，各磨勘當改官，乞下吏部先引驗。吏部已引驗四人，奏已降出，正月庚子當引見。及未引驗八人，見磨勘十九人。」詔轉官人依舊例除官，餘候會問無違礙，依前先次引驗訖，聽其皆引見。後舉主有事故〔四〕，並不礙引見。候御殿日依舊。

哲宗元祐元年四月四日，三省言：「吏部曾經堂除選人，除曾歷省府推判官、臺諫、寺監長貳、郎官、監司，並歸吏部差注。内不因罪犯替罷者，合入遠，與近；合入近，與先次指射差遣。其朝廷特差者，不在此限。」從之。

同日，詔：「應合試選人年五十以上、歷兩任，六十以上、一任，無贓罪及私罪情重，并今任非停替者，並與免試。」

十八日，詔：「八路選人員缺，除有專條并奏差及一時指揮，并水土惡弱及自來差攝官處，並依舊外，餘歸吏部。」又詔八路選人員缺歸吏部者，接送（顧）〔雇〕錢，並依詳定役法所奏〔五〕。

二年二月十六日，詔吏部選人改官，每歲以百人爲額。從侍郎孫覺請也。

三年三月十八日，詔：「奏舉改官職官、縣令人，過犯輕重或刑名特旨不同，令吏部斟酌事理，看詳比附取旨。」

五年十一月十二日，三省言：「元祐五年秋季入流一百二十八人，四年秋季入流一百三人，五年比四年多二十五人。今以前次科場、大禮奏薦轉員換授人數，以三年分爲十二季約筭〔六〕，内一季約一百五十四人有畸。并元祐五年秋季入流（百）〔一〕百二十八人，合爲二百八十二人。復以身亡、致仕、刺配、放歸田里、勒停、丁憂、尋醫、侍養、假滿、落籍、分司，及叙用、服闋、尋醫等參部人比折外，其

〔一〕銓：原作「選」，據《長編》卷三〇七改。
〔二〕次：原作「資」，據《長編》卷三二八改。
〔三〕遣：原脱，據《長編》卷三三六補。
〔四〕「會問」至「後」凡十八字，原脱，據《長編》卷三五一補。
〔五〕役：原作「設」，據《長編》卷三七五改。
〔六〕十二：原作「十一」，據下條改。

事故多二十一人〔一〕。」

六年五月二日，三省、樞密院言：「元祐六年春季入流九十六人，五年春季入流一百四十七人，六年比五年少五十一人。又將前次科場、大禮奏薦轉員換授 14 人數，以三年分爲十二（等）〔季〕，以一季約一百五十四人，并元祐六年春季入流，共二百五十人，除身亡、致仕、勒停、丁憂、尋醫、侍養、假滿、落籍，及叙用、服闋、尋醫、年滿比折外，其入流多十七人。」

紹聖元年閏四月七日，右司諫朱勃言：「元祐變法，選人改官，歲限百人，而有司奏請作三甲引見，以三人爲一甲。積累至今，待次者亡慮二百八十餘人，率二年三季始得引見。請以元豐令詳酌增損。」詔：「引見磨勘改官人，權依元豐令五日引一甲，每甲引三人，每年不得（過）一百四十人。俟待次不及百人，取旨。」

七月二十一日，吏部言：「元祐三年進士内特奏名經明行修人賜同五經出身王鄰臣等，候郊禮畢，特與免試，注經使缺。賜文學郝閔之等，候大禮畢，與免（否）〔召〕保一員，依條差注。今來科場，乞依元祐三年指揮。」詔並依特奏名例。

二年（年）正月二十五日，中書省言：「制敕庫修例到得替若蔭補、進納及應舉出身、假官京府助教，并得替合注官者，每春秋試時議三道，或《刑統》大義五道，或斷案二道。斷案七分以上，時議、《刑統》、經義辭理俱優，（馬）〔爲〕優等；斷案六分以上，時議兩通一粗，《刑統》、經義各四通，爲中等；斷案三分以上，時議兩通，《刑統》、經義各三通，爲下等。即歷任有舉主五人、攝官初到選、散官權官歸司年滿、新及第者並免試。每百人就試，取優等一人試卷，申納中書省，取旨推恩。上等二人，第一人循一資，餘人占射差遣。承務郎以上減一年磨勘。中等五人，並不依名次注官。承務郎以上與近地，陞一年名次。餘並下等，注合入官。」從之。

三年六月四日，考功員外郎何友直言：「在部已待次人，請每（中）〔甲〕權添引三兩人，拘半年可以引盡。自今下到文字人，別置部籍。候引盡舊人，却用見行條敕，每一甲止引三人，仍於引驗日截會。」詔每甲權添二人引見，候引盡見在人數日罷。

七月四日，吏部言：「准敕，引見改官人權依元豐令，五日引一甲，每甲引三人，不得過一百四十人。今准敕每甲權添二人。本部看詳，既依今降指揮，五日引見五人，其至歲終，難以限定人數。所有前降指揮每年不得過一百四十人，合行衝罷。」從之。

四年四月二十三日，御史蔡蹈言：「吏部差注新進士〔二〕、諸科及第官，用元豐二年指揮，司法闕先注新科明

〔一〕事故：下條作「入流」，當是。
〔二〕注：原作「法」，據《長編》卷四八六改。

法，次注明法人。切詳先朝既廢罷明經學究科，特設新科明法，以變革舊業，故優爲恩例，使趣新習。賜第之後，率先進士並注司法，蓋變法之初，所以示勸。今經二十年，舊人爲新科者十消八九，恩例之優宜亦少損〔一〕。欲乞司法與其餘判司闕，衮同從上差。」從之。

十二月二十三日，成都府路轉運司言：「乞逐路將用舉主升資選人，先具舉主、考第、到司公參月日申吏部，候符下方理名次射闕。」從之。

元符元年正15月二十二日，三省言：吏部侍郎左選諸縣簿尉相兼處，請不注流外人。又言：成都府轉運使陳察乞監司歲舉明謹端恕善治獄者〔二〕，充録事參軍。詔令吏部立選法聞奏。

二十七日，左司諫陳次升言：「改官人除緣邊有急難外，餘乞（下）〔不〕得奏辟。」從之，其已差李積中，令吏部改正。

徽宗崇寧二年五月二十三日，吏部侍郎劉拯等奏：「今後不經部注授差遣，不顯存亡及十年者，並移入別籍根究施行。并吏部供到《長定格》：諸色選人除本選數及隱憂停集外〔三〕，過格十年已上者，於吏部南曹投狀，准格敕磨勘，依舊例召清資朝官保明，委無僞濫違礙，即與送銓，降兩資注擬；如無資可降，（江）〔注〕邊遠同類官。其過格二十年已上者，銓曹不在施行之限。」詔依《長定格》施行。如十年不到部，與降一官；十年已上，別置籍拘管（限）〔根〕究施行；二十年已上，並落。

二年七月八日，吏部奏請今後選人納（却）〔脚〕色外，更令依熙寧式樣，別供家狀册子。從之。

五年十一月三日，吏部尚書虞策奏：「檢准節文，願補滿前任者，到任三十日内申。又准詔令節文，乞用恩賞注闕而別選缺者，聽留後任收使，授告敕五日内自陳。緣外官多不知吏部合用條令，偶出違上件日限，吏部便將合得恩賞又補滿前任指揮更不施行。欲自今後出違上件日限，並只降名次，違十日，降一月，違一月已上，降一季。其補滿前任及曾用恩賞改任收使指揮，自依舊。」詔：「願補前任者，到任限半年；用賞注闕而別就選闕者，聽留後任收使，授告敕限一月内（中）〔申〕陳。」

（致）〔政〕和二年七月二十九日，詔：「訪聞有官人以員多缺少，至累年不調，多致匱困，朕甚憫之。應合出官人，待次半年以上無缺注擬，及停廢替黜已經一期，可各隨本資序注擬一次，每州不得過三人，登科人並添差。」

三年正月二十七日，吏部侍郎劉焕奏：「檢會本選令，恩賞循資者任滿賞，非幕職官奏舉縣令及別領職任人，與

〔一〕宜亦：原脱，據《長編》卷四八六補。
〔二〕使：原作「司」，據《長編》卷四九四改。
〔三〕隱：原作「頗」。按，《五代會要》卷二〇《選事》門引銓司奏，請「依舊格，不問隱憂停集，本數過格十年外，不再赴選之限」。又引《長定格》：「選人中有隱憂者殿五選。」「隱憂」謂隱瞞丁憂。是「頗」當作「隱」，因改。

就任改正資序，餘取射缺狀移注。今來曹掾官若有該恩賞循資，雖未有就任改正之文，緣上件員闕皆許從事郎以上及令、録、判、司通注。今相度，欲將在任曹掾官該恩賞循資之人，並令就改正資序。」從之。

十月十八日，吏部侍郎劉焕奏：「本選近承朝旨編類選人名籍，已分姓編排逐人鄉貫、三代、（年）甲、出身、循資、歷任、舉官、功過，立定草沓，修成四百册。本選郎官劉絳日（豕）〔逐〕自早至（幕）〔暮〕，雖休務，切督人吏，編成案沓，録寫净册了畢。本官委日宣力，伏望優與推恩。」詔劉絳依鄭絳例轉一官。鄭絳事見「侍右」。

五年十二月五日，吏部侍郎劉焕等奏：「承吏部左選令，諸非本部注擬之官，而被旨送部與合入差遣，或因體量負犯到部，其資序遠近，並依本部條法。本部契勘，選人非本部注擬，如被旨送16部與合入差遣之人，即未有明文。今欲乞依左選法，並依本部條法施行。」從之。

七年五月二十五日，吏部侍郎劉焕等奏：「契勘選人恩賞循資，各隨見任官考第遷轉。内修職郎循一資，擬從事郎。若該改官有出身人，改宣義郎。其修職郎無恩賞，一任回該磨勘，許關陞從政郎，改宣教郎。即是從事郎恩賞循資，比之不該恩賞之人，却降一等改官，顯屬未均。從來未有申請。今相度，欲乞應修職郎因賞循入從事郎，該改官如考，依令入從事郎並從政郎法改，所貴各霑恩賞。」從之。

八年六月二十八日，吏部奏：「據福建路提舉學事司申，保明到李弼昨任從政郎、充福州教授，任内政和七年分教養學生六百人以上，合該循一資，仍減舉主一員改官，申部乞推賞。檢承敕，臣僚上言：『吏員增多，本因入流之冗。嘗考吏部磨勘除依舊法外，有以任諸局減考而改者，有以任川遠減舉官而改者，有因酬賞比類而改者〔一〕，有因大臣特舉而改者，有託因事到（關）〔闕〕而改者，有雖刑寺違礙先次而改者。積之歲時，殆將復倍。伏望並行措置。』詔除川、廣水土惡弱去處減舉官外，餘並依元豐法。勘會元豐法内即無福建路教授減舉官賞格，既承上件指揮，無減舉官酬賞，緣未有逐等推賞條格，合行申明。」詔李弼與減二年磨勘，其選應減舉官一員改官酬賞者，與占射（者）差遣一次。

宣和三年四月二十七日，中書省言：「吏部狀：宣和二年十二月二十日敕，政和八年三月二十日尚書省劄子，檢會諸路買納鹽場官并般押鹽袋官，自來合本路提舉鹽香司舉辟去處，并榷貨務管押號簿使臣，及昨來新置鹽倉鹽官，其間闕並改作堂除。今後且令逐處依元降朝旨辟官施行。（二）〔三〕月二十六日，詔聽具名申尚書省差。又劄子，奉御筆：今後遵依元豐四年七月二十八日詔書，内外舉官悉罷，令尚書省依倣元豐舊制，措置聞奏。恭依御筆，體倣

〔一〕因：原作「恩」，據本書職官一一之二八改。

元豐舊制，措置到欲依下項。數内一項：元豐四年後來創置奏舉窠缺，今措置除事（於）〔干〕陵寢欲特存留依舊奏舉外，餘並罷歸吏部。內緣新法差官窠缺，仍具名申差等，並堂除。檢會宣和元年五月十二日敕，勘會諸路罷舉内事干新法，合朝廷差人窠缺，如朝廷未差人間已入使闕條限，詔令吏部別立選法出牓，限五日召人指射，具應選最高人擬定，申尚書省。又敕，勘會上件窠闕，既指射之人應選別無違礙，若更申尚書省聽候指揮差注，顯屬往復留滯。詔令吏部四選將應選擇最高之人便行差注。除依已得指揮，十二月十七日詔應事干新法，朝廷差人窠闕已入使闕條限，依宣和元年十月十六日指揮施行。如滿一月無人願就，申尚書省。今其温州永嘉、雙穗買納鹽場、策密過滿闕等三闕〔一〕，17勘會上件闕已是限滿，依上件指揮，合申朝廷候指揮。」詔：「應事干新法合朝廷差人窠闕，已係過滿見闕及已入使闕條限，如經一季，別無關報到朝并吏部已差人指揮，令元辟官司踏逐，除犯贓私罪人外，餘並（時）〔特〕許具名奏差。候到，仰吏部限五日擬差。其差鈔鹽路分，自來私鹽多處，巡尉令鹽御司同提刑司踏逐有武勇人〔二〕，依此奏差。餘依已降指揮。」

七年七月十三日，吏部尚書李松等奏：「勘會本部差注並依名次及功賞高下。昨緣蔡靖奏請，因延見便殿，親加識擢，有自選調而改合入官者，伏望立法，在諸有舉主改官人上，若選缺，當在首選。後來敕令所立法，諸奉御筆特改官人，在應改官人之上，選闕仍聽先選，本部見遵依施行。再契勘元初起請，（上）〔止〕謂親加識擢，自選調改官人。今來其間有因臣僚陳乞，因功賞開具，奉御筆特改官人，即未審合與不合與親擢人一例在應改官人上〔三〕，選闕仍聽先選。」尚書省勘會蔡靖元奏請，係謂引對親加識擢，御筆特改官人。詔（中）〔申〕明行下。以上《續國朝會要》。

高宗建炎元年五月一日，赦：「應恩澤補授文學〔四〕，並許依法召保，注權入官。」

十二月十一日，吏部員外郎林玘言：「吏部差注，常患員多闕少，而遠方僻郡有久缺正官。蓋其弊在於權官利於所得，計囑運司人吏，匿缺不申。及僻遠繁難窠缺，人所不就，至經年無人注擬。吏部既不差注，州縣不復再申。昨雖限以月日，令轉運司具缺申部，今成虛文。欲乞缺官所在，令本州徑申吏部，仍許監司互申，則求囑之弊可革。及令本部條具僻遠繁難縣分，揭示於闕榜，則自有願授之人。」從之。

二年正月十六日，吏部侍郎劉珏言：「選人覃恩轉官，緣流品冗雜，吏多舞文。欲乞如不係殘破州軍，並免保明。其選人在職，如尋醫、丁憂、逃遁等，在五月一日赦後者，即

〔一〕策密：似有誤字。
〔二〕鹽御司：宋代無此官署，似當作「鹽香司」。
〔三〕上：原作「已」，據上文文意改。
〔四〕補：原作「捕」，據文意改。

許循轉。五月一日赦前者，不許陳乞。仍諸州保明狀内開具任滿停替事故，及權攝之類，候應使日給告。」從之。

十月十一日，吏部言：「諸路闕官，已擬注承直郎以下官，其合赴人，近多遷延不赴，欲乞從本部剗刷。今日以前，應違年在之官程限外不赴官者，許本部不候報到，一面使闕，别行差人，符下（木）〔本〕處照會。若新差官欲赴，而元差下官先以到任，（郎）〔即〕將新差官令赴部别行注擬。」從之。

四年四月二十五日，詔：「選人投下改官文字日，以姓名及到部月日關御史臺，置簿籍定，依限勘會起鈔。雖小節未圓，案牘不在，而舉官别無事故，奏檢具存，可以照驗，並聽先次施行。」

同日，詔：「選人改官引驗訖，不限成甲，並許關報軍頭司，不候有公事，權令引見。候駐（畢）〔蹕〕定日，依舊。」

同日，詔：「兩浙、江東西路各差使臣一員，前去轉運司，令即（特）〔時〕行下逐州，專差通判根括文武官見闕及到
18 任未差替人去處，嚴立近限，逐旋申發赴部。仍將見刷到缺，一面先作非次注擬。所差使臣，除程限五日發回。」先是，選人改官，多因違限不爲結絶，以致損折舉主。又兩浙等路自經兵火，闕（兵）〔官〕去處，往往權攝，或宣撫司便宜差遣，多非其人。侍御史沈與求有請，故有是詔。

八月三日，吏部侍郎綦崇禮言：「朝廷出給選人劄子，並於所降劄子内稱説，係該是何酬賞，或何人奏舉，或考任關陞，所貴日後有以照據。」從之。

九月八日，詔：「今後逐路官到任并任滿推恩指揮，並不施行。」先是，京畿、京東西、陝西、淮南路曾經殘破州縣，例皆闕官，到任人與轉一官，選人循兩資，候半年給告，任滿更轉一官，選人改合入官。係無人願就，故例此恩例〔一〕。後臣僚言：「今陝西路係宣撫司差注，其餘路分亦鎮撫使一面辟置，多是便鄉及利於私計之人，與前來事體不同，乞賜寢罷。」故有是詔。

紹興元年六月十日，吏部言：「文林郎嚴抑昨集注授平江察推，後緣重叠，改除洪州州學教授，以親老路遠乞再歸部，用元名次指射差遣。」從之。

十三日，詔：「八路窠闕，除四川外，已行借使差注者，令吏部更借闕差注一次。」

七月十三日，吏部侍郎李正民言：「見待缺選人約二百餘員，雖有見使員闕一百五十餘處，又多不應格。今欲權宜措置，並不以拘礙，止以恩例名次高下差注一次。内職官許令録人，令録許判司簿尉人，縣丞許常調，從事郎以上人奏舉；從事郎以上知縣、縣令，許修職、迪功郎人通注；并就殘零闕人，須候有免試人注使不盡，當日依此差注。内任滿應賞者，更不推賞。」從之。

十二月二十七日，吏部言：「攝官出身人到部，擬迪功

〔一〕例此：「例」字疑誤，或當作「用」字。

郎。如遇破格闕，即不擬差注。今有破格集注不盡窠闕，許行差注攝官一次。候任滿，更不推賞。」從之。

二年四月二十五日，吏部侍郎黎確等言：「廷試日近，依自來體例，前半年内將本部應干窠闕權暫停季住刷。勘會職官、令録、監當等，近降指揮，將到任一季之人並使，尚差注不行，若更住剗刷，則在部人實難發遣。欲乞候將來唱名日，將到任人便行使闕應副。」詔自四月一日以後，判司簿尉缺權停，候敷足黄甲人數目，依舊。

二十八日，吏部侍郎綦崇禮言：「今次新及第人，自四甲以上，並合依條集注。恐臨時發遣不盡，乞將司理并判司簿尉，如係見今闕滿及過滿見闕已差下人、未曾申到任者，並許作黄甲闕差注，合替已差下人將來到任年滿缺。候集注了日，依舊。」詔司理特許權注一次，餘從之。

五月三日，吏部言：「第五甲合參選者，與在部人衮理名次。欲乞將黄甲不盡缺，以恩例名次高下衮同差注。」從之。

六日，詔令吏部將黄甲集注不盡二百餘缺，作夏季集注一次。

十日，吏部言：「將19仕郎朱元飛祖待制紱係元祐黨籍人，欲乞送部，先次注擬合入差遣。」從之。後三年六月十日，將仕郎李昉陳乞先父深係在黨籍人，將仕郎曾悎陳乞先祖肇係在黨籍人，並欲依例先次注授。從之。

十月二十三日，吏部侍郎席益言：「本部尚書左選見今官員才到便行使缺。侍郎左選昨申明，須候一季以上。見今在部選人約四百餘人，無闕差注，乞依尚左例施行。」從之。

四年四月十六日〔一〕，吏部侍郎劉岑言：「《紹興新書》，應用舉官奏狀到部，方許收使。承指揮，自今年二月七日奉行。本部未降《新書》以前升改外，餘用舉主入選，較量分數。從事郎有舉主三人，從政、修職郎有四人，通注縣令、知縣，並止繳照牒或奏檢。其用舉主免試，亦（正）〔止〕繳奏檢。似此收理名次，判成行闕，人數頗多。若一一須要奏狀，深慮留滯。欲乞且依舊制，其發奏在今年二月七日以後，自合遵依《新書》施行。」從之。

同日，吏部言：「左選係行選人酬奬、升改、參選、注授之類，並合會問有無過犯，欲從本部取索批書印紙照驗。如無批上，勒令自供結罪文狀，就本部裁定施行。候會到刑部、大理寺所報已斷刑名有礙，即改正，庶免留滯。」從之。

五月三日，吏部侍郎劉岑言：「選人丁憂、服闋，舊來但曾到任，本部作歷任人，與免試恩例。今《紹興新書》乃稱歷任爲二年以上，尋取會係用元豐本選人修定。緣舊法止是京朝官，難與選人一例混同。欲乞將歷任爲二年一

〔一〕天頭原批：「後頁『三年閏二月』四條，移此『四年』上。」按後文「三年」乃「五年」之誤，編次不誤，參下校記。

節，依元豐舊制，釐爲尚書左選令。所有選人歷任，亦乞依舊法，以但曾到任人，即與前項恩例。」從之。

二十六日，詔：「文學參選，依條注見缺，如願權注待闕差遣者聽。」先是，文學權官注簿尉，無見闕差注，即臨時申請。吏部侍郎劉岑乞專降指揮，故有是命。

六月二十二日，三省樞密院賞功房言：「川陝等路宣撫司申，張演元係太學生，用蔡攸門客恩例，補登仕郎。緣今來防護綱運有勞，乞理選限。本司已便宜出給照劄，乞給降付身。」從之。

二十九日，詔：「選人待次未赴，因朝廷差授或辟差之人，如不曾到任，却已退闕，與收理元在部未差以前名次，朔行射闕〔一〕。」從吏部侍郎劉岑請也。

〔三〕〔五〕年閏二月八日〔二〕，吏部侍郎鄭滋言：「待左先緣員多缺少，遂申請將選人應赴任去處，每月剗刷去闕。其已注人，已是待缺三年。又將福建、湖南、廣東闕借使，尚慮發遣不盡。近來逐路運使又保明到見任官依八路差官法，乞行展考，即又加一年，其待闕官無緣早得赴任。乞自今如福建、湖南、廣東西路有文字到部，乞權不許展考，候將來本路使闕日從舊。」從之。

三月六日，吏部侍郎鄭滋言：「春秋銓試出官及試刑法教官〔三〕，并應文武官舉升，有官應舉試中之人，爲去失初補付身，赴部陳乞，或乞收使已前試中恩例，20 雖有許召保收使及別給條令，終難考驗。欲令所屬官司將前項人具録元榜試中名次〔四〕，保明給據，候應使日繳連陳乞訖，仍批鑿公據給還。」從之。

二十三日，都省言：「選人因賞循資，應改升資序，依條合行罷任。其任殘破州縣差遣，該到任賞人，事體不同，自合依舊在任。」從之。

七月二十四日，中書門下省言：「已降指揮，諸路監司屬官差令録以上資序人。緣内有未經任人，理難一概擬差。」詔今後並差令録以上資序、曾經任人。

六年正月二十七日，權吏部侍郎晏敦復言：「勘會初出官人，雖試中刑法，合在歷任二考之下差注。今乞將初出官試中刑法得免試以上人，與經任二考人作一等，依名次差注。」從之。

五月十四日，吏部侍郎晏敦復言：「前懷集縣主簿黄庭瑞等狀：『判司簿尉資序人在部待次，有二百餘員積壓，差注不行〔五〕，情願乞待兩任缺，一併破格與集注。』今乞盡行剗刷應四年以下窠闕，差注一次。」從之。

〔一〕朔行：似當作「放行」。
〔二〕五年：原作「三年」。又天頭原批：「『三年閏二月』以下四條，移前『四年』上。」今考紹興三年無閏二月，而五年恰閏二月，是「三年」爲「五年」之誤，因改。下條亦五年事，見《建炎要録》卷八七。
〔三〕出官：原無，據《建炎要録》卷八七補。
〔四〕屬：原稿爲「官」字，抄録者抹去，天頭批「屬」。按《建炎要録》卷八七正作「屬」，今據改。
〔五〕不：原作「一人」，據文意改。蓋「不」字缺一豎筆，遂分爲「一人」二字。

八月二十一日，吏部言：「登仕郎葉標昨因駕幸外祖府第推恩，於政和二年准赦授假承務郎。照元補官敕，係是崇、觀後來該載不盡，非依格法補授之人。」詔降爲文學。

九月二十七日，吏部侍郎晏敦復言：「檢會八月二十二日指揮，小使臣校尉任諸州寨關，并諸路屬官到任、任滿應有酬賞，自來係監司保奏，以兵火之後，往往州軍一面保明申部。若更取會，決致迂滯，可與審實，依條推賞。今侍左選人到任〔推〕賞，未有該載，乞依侍右指揮施行。」從之。

八年九月三十日，吏部侍郎晏敦復等言：「諸州録參、司理並係獄官，内司理已許注經任或歷任二考以上人。今有録參兼司户處，依紹興令（玄）〔差〕注初入官人，委是輕重不倫。今欲將應諸州兼録參、司户去處，差注經任或歷任成二考以上，不緣犯罪罷任之人，一等衮理名次差注。」從之。

九年四月二十三日，江淮荆浙等路經制使司言〔一〕：「契勘鹽場買納官，吏部格法係通四選差注。今看（許）〔詳〕淮東提舉茶鹽場胡紡狀稱，近來多差監當小使臣或初任人，慮致敗事，欲乞選差經任、有舉官、無過犯文臣。本司欲依本官所乞，從朝廷選差施行。」從之。

七月十五日，〔詔〕：「流外出身見差吏職，今後並不許用占射恩例授四年三季以上員缺，使臣依此。」先是，吏部言：「流外人緣現任吏部有不妨注授差遣指揮，又多酬奬占射，既許占未使闕，欲擇優厚有職田去處，不問五六年，乞行榜示，情願注授。緣見充吏職，自有請給，久待不妨，遂致優厚闕次多爲流外人所占。契勘簿、尉、司户見使四年一季選闕，其餘闕見使四年。乞今後四年三季闕占射恩例人，止許占簿、尉、司户未使餘闕，許占四年三季，如目即合使寨闕，並展半年，其餘並不許指射。」從之。

十一月八日，臣[21]僚上言：「選人才出身則有黄甲注擬，無出身則參部射缺，此亦祖宗之條令具存也。比年以來，選人才出身則多欲求爲行在正字之職，無出身者又求爲敕局、樞屬之官。未有一日（老）〔考〕第，未常一見吏民，自此改秩，大則爲監司、郡守，其次猶爲倅貳，於法令慢不知，於人情未知察，傳笑於人者多矣。非人才有不能，未更歷故也。倘使經歷州縣一兩任，從而寘之朝廷，異時出入中外，必有可觀，是乃所以養成之也。此選人之奔競，不可不抑也。」詔令吏部措置，申尚書省。

十年三月二十日，詔：「河南諸州并（識）〔職〕官及縣令見闕去處，如本部出缺已滿一月，無人願就，即行下本路，許守臣選辟一次，具名申取朝廷指揮。」

四月七日，詔：「諸路檢法官如遇破格，即許差曾任親民人。」

十二年八月二十六日，詔：「選人有占射恩例願占未

〔一〕制：原脱，據當時官制改。如《建炎要録》卷一三一載，此年梁汝嘉爲「江淮荆浙閩廣等路經制使」，是也。

使闕者，止許占已差下一政替人未使窠闕。」

十三年二月二十八日，吏部言：「有官人充吏職，不妨注授，即係在任待次，往往占佳闕。洎至闕到，又行陳乞降指揮，令以次人赴任，其以授下人，却復改替，顯是有妨本部差注。今欲乞將應有官充吏職之人，並不許理資任，及不許理名次注授差遣及在職待缺，庶幾杜絕僥倖。」從之。

五月十一日，詔流外出身人並許注破格司理。

十四年三月二十三日，吏部言：「紹興十一(月)〔年〕九月敕，選人歷任四考、五考，赴部注授日，如願成資罷任者聽。本部勘會上件人，其射闕日少得舉主應格，皆是於後任揍足，兼有堂除、舉辟、定差及嶽廟之類，並未該載許令成資罷任之文，今乞依上件指揮施行。」從之。

二十九年六月八日，詔：「諸路司法，除廣南已有紹興十年許行破格差注初官指揮外，其餘司法并諸路鹽場窠缺，並依前項指揮施行。」又詔：「應諸處重疊奏斷罪敕條，鏤板諸路，常切遵守。」先是〔一〕，吏部侍郎葉義問言：「選人到部，利害有二。一曰破格差注。緣在部人七百餘員，而榜示止及三百，昨降指揮録參、縣丞、司理並許不依資序破格差注，獨司法未有許破格之文。更有鹽場窠缺，非係親民，多無應格，亦乞破格差注。二曰重疊奏舉。昨來《紹興增修薦舉法》，應虛發照牒及重疊奏舉，並以違制論。法令具在，而近者士人投狀乞升改，其所發奏狀，乃多違法重疊保奏。欲乞嚴降指揮，如諸路有重疊奏舉者，從本部檢舉，一依敕令施行。」故有是詔。

三十一年六月十四日，詔：「侍郎左選合使縣令窠缺，如久榜無人願就，許更行破格差注一次。」從吏部侍郎凌景夏請也。

九月二日，赦：「應承直郎以下，所任差遣有因事廢罷，元置司去處不及批書之人，許在外召保官二員，委保批書。候到部，令吏部照驗出身文字，實審放行。」以上《中興會要》。

孝宗紹興三十22二年已即位，未改元。九月十三日，吏部言：「該登極赦，應承直郎以下在職任并嶽廟人〔二〕，與循一資，亦合命詞給告〔三〕。其詞語定本，乞備坐具鈔，候畫聞下部日，付官告院，依敕書寫出給。」從之。

十一月二十一日，吏部言：「選人該覃恩循資，依條就任改正資序，通理年月滿替外，其餘合行移注所得循資，內有資序不同，合行破考。竊詳普恩即與自陳循轉之人破考事體不同，本部指定止依前本身舊資序請給，許令終滿今任。其循正資序之後，所歷過考第月日，許揍以前月日，作

〔一〕按，《建炎要録》卷一八四「五月壬午」條原注：「義問申請在六月辛卯」，即八日。
〔二〕并：原作「年」，據本書職官一一之四〇、又一一之七四改。
〔三〕命詞給告：原作「入詞始告」。按《補編》頁五二八引此赦之上文云：「太中大夫以上，合申省命詞給告。」據此可知，此條之「入詞始告」乃「命詞給告」之誤，謂承直郎以下亦應給與官告。蓋「命」字缺下部而訛爲「入」，「給」字以形近而訛作「始」。

實考收使，更不移注。」從之。其後吏部復言：「選人依條因恩賞循資應試者，仍免試。昨因在任該遇覃恩所得循資移注之人，並收使循資帶免試移注。自承前降指揮之後，覃恩循資之人更不移注。近累有選人罷任後，陳乞在任該遇覃恩循資，合帶免試參選。緣有前降許免移注指揮，即未改作應試人收使循資帶免試。措置欲將選人在任該遇覃恩合行循資之人，並許帶行免試。」從之。

孝宗隆興元年正月二十二日，淩景夏言：「乞將選人若有過犯停替、降資斷在三十二年六月十三日覃恩赦前之人，許依大禮赦書減降，收使酬賞。如元犯係是私罪，若(以)〔已〕經刑部除落，依得無過犯人例，亦許放行差遣注授〔一〕，收使酬賞。并考功令議定，欲乞將命官如有似此因過犯展年之人，即與比附大禮赦恩，免展施行。」從之。

四月五日，詔：「今後選人改官，每歲以八十員爲額。內將十員充歷任及十二考減舉主改官人數，如不足，並聽缺，仍自今年爲始。」

十三日，吏部言：「左迪功郎、衢州司法參軍林思紹用前任三考舉主關陞從政郎。緣本人任內該遇覃恩，循文(郎)林郎，係判司簿尉，各合就任移注差遣。本人不願關陞，止乞用覃恩循從政郎，終滿今任。」從之。

八月五日，吏部言：「依指揮省併吏額。侍郎左選見管主事二人、令史四人、守當官三十六人、貼司、楷書共三十人。今於守當官內減罷三人，止充貼司祗應，并於貼司減罷六人，却充私名祗應，楷書減罷五人。以上減罷人數，並係依名次從下裁減。其所減罷人，候將來有闕，却依元名次從上撥填。」詔見在人且令依舊，如將來遇缺，更不遷補。

二年三月二日，吏部侍郎葉顒條具弊事：「選人改官，承直郎至修職郎用六考，迪功郎七考，舉主應格，方許磨勘。自今並不許用迪功郎一色月日作六考，并用減年作實考及權攝月日放行磨勘。」從之。

四月二十二日，臣僚言：「選人任曹幕官、縣丞、監當者皆有三考，在任一年而薦章及格，即該關陞，許外移。既注新任，自可去官，而輒匿命不罷，苟延歲月，無由察見其弊。乞自今選人關陞外移者，限一月離任，於給降外移文字日，徑自使(關)〔闕〕行下本處，便 23 令罷任，仍報後官赴上。」從之。

乾道二年三月十七日，宰執進呈吏部長貳措置到選人改官引見，令立班移近軒(陞)〔陛〕，逐一宣名。其間聖意或有所疑之人，即乞指名宣諭吏部侍郎，令同到都堂審驗；如不中選，即取旨別作施行。上曰：「如此施行，全在卿等盡公，方得其實。」洪适等奏曰：「陛下既指定姓名，雖臣等子姪，亦豈得容私。如果非才，即與改次等，或更一任回改官。仍重行謬舉之罰，庶冒濫改官者鮮矣。」先是，議者乞

〔一〕放：原作「方」，據本書職官七六之五三改。

將初改官人，特出聖意，擇一二臨軒引問。吏部侍郎陳之茂以爲不可，乞下部措置，從之。吏部既言，故有是命。

十八日，吏部言：「今據係推龍飛恩例，即與尋常科舉年分不同。本部若止以見停留闕，將來集注，委是應副不行。今措置將職官權展一年使闕，司户、簿、尉更展半年使闕。內四川每次（上）〔止〕刷職官六闕，今來欲乞刷職官三十闕，司户、簿、尉一百五十餘闕應副。」從之。

六月二十二日，詔轉運判官補發前官使、副舉狀，許作職司收使。從吏部申請也。

三年正月二十八日，吏部狀：「近承乾道二年八月四日勑節文，今後應奏補出身，更不許用補授及三年、年三十免試參選，仍自今降指揮日爲始。見行遵守外，竊詳未降指揮之前，本部有初出官選人，用上件恩例已參選判成，見待次，及已注授差遣未上鈔之人，乞許酌指揮施行。」詔令吏部放行。

五月二日，吏部左右選狀：「勘會選人年六十、小使臣年七十以上及尋醫年滿人，并文學到部參選，每日翰林院主醫官一員赴部診視，委係文具。今措置，如遇有似此等人到部參選，從長貳當官體量，精力不衰，別無疾病，許依條注授。」從之。

七月四日，宰執進呈選人用舉主改官太濫，乞歲立爲定額。上曰：「如此，不至太咈人情否？」葉顒奏曰：「只是遲得半年。」上曰：「獲賊功賞改官人，却不可立額。」於是詔從吏部所擬，每歲用薦舉改官以一百人，鹽賞三人，四川換給改官以二十人，立爲定額。歲終不足，聽闕。仍逐色各置簿。其引見改官人，以進卷下日，其行在職事官及外路就任改官，獲私鹽及盜賊、四川換給等改官人，並以取會圓備上鈔日爲先後次第之序。至年終，如各有溢額員數〔一〕，許於次年施行，仍理爲次年之額。

十月〔十〕七日〔二〕，臣僚上言：「乃者吏部有請，引見并行在職事官及外路就任改官人一百員爲額，四川換給改官人以二十人爲額，已降指揮施行。臣契勘四川見管六十一郡，每歲止得二十人，東南共管一百二十九郡，每歲却得百人。除管職事官〔三〕、外路教授磨勘十餘員外，以郡計之，東南約三郡則改官者二人，四川約六郡則改官者二人。其多寡不均，灼然可見。緣此東南至今纔及七十餘員，而四川七月內已滿二十員之額。其餘文字圓 24 備，坐待來年員額者，不啻十有餘人，豈無滯留之歎？臣照得元祐中從吏部侍郎孫覺之請，磨勘歲限其數，而四川係在數內。隆興元年，用臣僚之言，立定員額，亦未嘗摘出四川別爲一項。今來創立防限，特將四川置之額外，未見其可。乞將引見并行在職事官、外路就任、四川換給人，通以一百二十

〔一〕溢額：原作「濫額」，據《建炎雜記》乙集卷一六改。
〔二〕十七日：原作「七日」。按《建炎雜記》乙集卷一六載此條事，注云「十月辛亥降旨」。十月辛亥即十月十七日，則此處當脱「十」字，因補。
〔三〕職事官：原作「職學宮」，據《建炎雜記》乙集卷一六改。

人爲額〔一〕，並以取會圓備上鈔日爲先後之序，庶幾遠近均一。」從之。

十一月二日，大禮赦：「舊法，初官補授及三年，并年三十到部，與免試。自近降指揮，並須銓試，方得參部。其間有年及五十以上之人，令吏部權與放就殘零闕參部一次。」

同日，大禮赦：「承直郎以下赴部注授差遣，除犯贓私罪外，其犯公罪狀，(以)以會到刑寺，見有公案未結絶，合取旨之人，且與放行參選注授。後有特旨，即依改正。」

四年二月二十三日，權尚書吏部侍郎薛良朋言：「勘會選人祖父母、父母年七十或篤疾，各無男丁兼侍，若年八十，並前一年内召保官三員，申尚書吏部應授差遣者，聽指射家便。續承乾道元年四月十八日指揮，將陳乞家便恩例人，若非本貫臨安府，並合依條就本貫，或流寓人於寄居州軍召保陳乞。竊(許)〔詳〕上件指揮，係革官員經本府召保陳乞之弊，其間却有官員於本任州軍召保陳乞，本部却作合經本貫或流寓人於寄居州軍陳乞行下，委是行遣迂回。今乞將除見任選人有祖父母、父母年七十以上，許經本任州軍召保陳乞外，其土(着)〔著〕人經本貫州〔軍〕，或流寓人於寄居州軍，召保陳乞，申發到部之人，自各遵依乾道元年四月十八日已降指揮施行。」從之。

十月二十一日，中書門下省言：「歸正右文林郎孫子倫乞添差平江府支鹽倉〔二〕，替趙彬年滿闕。續准吏部告示，稱本部即無替闕條法。」批送吏部勘當，申：「本部勘當，侍郎左選即無歸正文臣添差許替闕指揮，依批送今狀下部，告示本人知委。」詔依孫子倫所乞，今後如有似此願就替闕之人，依此。

十一月九日，臣僚劄子奏：「乞明詔吏部，立爲定格，今後選人任嶽廟者，悉不理考第，庶幾革偷情僥倖之弊。」從之。

十二月二十六日，詔除隆興元年恩科人所授嶽廟已得指揮許理權官外，餘並依乾道四年十一月九日指揮施行。

五年十月四日，試尚書吏部侍郎薛良朋劄子：「本部侍郎左選初官并歷任待次選人，計五百餘員，其見榜諸州教授、屬官、職官、録參、司理、司法、縣令、縣丞、簿、尉、監當共三百四十餘缺。緣所榜闕並是遠惡去處，多不願就。本部欲除屬官、職官、録參、縣令、縣丞不注進納〔三〕、流外等人外，乞將應見榜窠闕，如已係破格去處，許不以資序、考第，舉主、路分、年甲，專法差注初官無過犯人一次。」從之。

(十)〔六〕年二月二十八日〔四〕，詔：「四川選人陞改所

〔一〕一百二十：原作「一百一十」，據《建炎雜記》乙集卷一六改。
〔二〕倉：原作「食」，據文意改。
〔三〕「進」下原有「獻」字，據文意删。本書選舉一二之一一：「應命官不以有無出身，除歸明、流外、進納人，並許應詔。」可資參照。
〔四〕六年：原作「十年」，據前後文年分次序改。

用舉25主，令宣撫司覈實，如無違礙，即行放散，出給公據，保明申奏，令吏部與免會問，理作舉主收使。」先是，吏部侍郎陳良祐言：「竊見選人到部改官，惟是川蜀遠道，往返萬里，小有參差，經隔年歲，所以立法，先令經制司放散，蓋欲優恤遠人，不使濡滯。然到部會問得舉主有事故、違礙，在未放散日前，即又不該奏舉。謂如蜀中已行放散，而其人或經論列，或以致仕在蜀中，未散之前，即行下制置司告示本官，及致本官再求舉狀，經制置司乞行放散，而本司又行告示，即無再放散條法。至申部陳乞，吏部又不爲貼用舉主，以致往返迂回，動經歲月。補章未辯而前狀已折，放散不再而補舉不行，栖栖道塗，實可憐憫。乞令四川選人貼用舉主，與理元放散月日放行陞改。」故有是詔。

五月四日，吏部言：「侍郎左選見管吏額：主事二人、令史四人、書令史一十六人、守當官一十五人、正貼司一十七人、私名三人、楷書五人，共六十二人爲額，内三人私名，元無請給。今欲減罷書令史二人、守當官二人、正貼司二人、楷書一人，以五十五人爲額。」詔依擬定，各從下裁減，將來見闕日，依名次撥填。減下人願依條比換名目者聽。

七年正月二十三日，詔今後選人功分每高一任，與當十分。以吏部言選人差注，格高一任，理當十分。或高兩任三任者，緣格内未有理當功分明文，故有是詔。

九月二十八日，中書門下省言：「舊法稱職司者，謂轉運(司)〔使〕副、提點刑獄及朝廷專差宣撫、安撫、察訪，餘同知州。承直郎以下改官應有舉主者。若轉運判官二員處，均舉使副人數，與理爲職司。近年以來，在法本非職司，一時申請，將所舉官特降指揮，理作職司收使〔一〕，有失祖宗舊法。」詔應節次降許理作職司指揮更不施行，今後並遵依舊法，仍自來年正月一日爲始。

十月三日，中書門下省言：「改官員數，每年通以一百二十員爲額。今年員數已定，有溢額三十餘人，等候來年引見班次。」詔令吏部將已放散舉主人，依條施行。其見待班次人，具奏引見，放行改官，今後更不限定年額。

(八)八年七月一日，吏部員外郎錢佃言：「遇有應入遠小處窠闕，循見行格法，川、廣、福建爲遠地，其小處窠缺，依本選舊法，諸州二萬户、縣五千户以下並爲小處。本選遇有應注小處窠闕之人，(闕)〔關〕會户部，往往皆一萬户以上，兼逐縣言亡數目，皆稱帳狀未到，致差注不行。伏覩尚書左右選、侍郎右選續修參附令，諸差注應入遠小者，去闕下千里外爲遠，州以軍事、縣以下縣爲小。欲乞比附三選條法差注施行。」從之。

九年八月三日，吏部言：「勘會承直郎以下官，除無展磨勘條法外，有放罷依差替人例到部，合降兩月名次。」從之。

九月四日，權尚書吏部侍郎韓元26(古)〔吉〕言：「選

〔一〕職司：原倒，據上下文乙。

人指射縣令、尉、録參、司理，在外即下所在州軍知、通銓量，限六十日。昨緣報應稽緩，申請除程止限半月。緣立限太狹，報應不前。今欲將在外合銓量人，比舊法六十日減半，除程及假故外，限一月不到，許注以次人。若到部選人願就縣令、尉、録參、司理，而欲下歸鄉狀，亦聽陳狀，先就本部銓量，在外指射，即免更下所在州軍。其已銓量，而在一年外射闕者，依舊下州軍銓量。四川、二廣收使舉主，通注令、丞，并用舉主免試之人，止欲照用入闕即非陞改文。比令申發文字到部，動經歲月，其間亦有舉主在申發後事故者。今欲將四川、二廣定差應用舉主入差遣或免試人，並依四川文學收使舉主條制，仍以三司判成日爲始，庶幾川、廣注授，事體一同。」從之。

同日，吏部言：「依法有占射差遣之人，許占本部已差下〔西〕〔兩〕政官未使員闕。續承弊事指揮，並不許指占未使員缺。緣在部選人員多缺少，其間待缺之人有丁憂、事故，往往所在州軍不即時申聞，或進奏院同行〔應〕〔隱〕匿，不因占射恩例之人指畫，本部無緣得知，必致虚閑闕次。今乞令選人有占射恩例，許依舊法，并已差下兩政未使員缺，從本部會問到，備所占闕因依，榜示五日，在部人通知。如上名不就，方許差注占缺之人。仍委諸路監司按月行下所部去處，若有待缺人丁憂、事故，即時入遞，依程限申都省及吏部。仍令進〔奏〕院畫時分時注籍，以防隱匿之弊。」從之。以上《乾道會要》。（以上《永樂大典》卷一六七八六）〔一〕

〔一〕《大典》卷次原缺。按原稿選舉二四之九「侍郎左選」目（本書今已改爲「流内銓」）前、「宋會要」之下原批有「銓選三」，乃《永樂大典》原目，查《永樂大典目録》，此目在《大典》卷一六八七六，據補。

# 宋會要輯稿　選舉二五

## 銓選 四

### 三班院〔一〕

【宋會要】

1 （真宗咸平二年十一月）〔太宗淳化三年十月〕〔二〕，左贊善大夫魏廷式同勾當三班。時初校使臣殿最，命廷式與樞密都承旨趙鎔、李著同主其事。

〔真宗咸平〕三年十一月〔三〕，詔三班院公事不少，不許接見賓客。

四年五月，詔：「三班院應差使臣知縣，選差有行止者，不得以衙前及富饒商賈授班行者充，仍令樞密院更切揀選。」

六月，詔：「三班院使臣應經磨勘已轉班行者，改轉後七周年再與磨勘。其供奉官、侍禁、殿直、奉職若補班行及四年以上，借職三年以上者，並依例與磨勘。所有曾經磨勘轉不得者，候任程一次迴，起自磨勘日後及三年以上，再與磨勘。後亦依例七周年，更與磨勘。所有已經磨勘不轉者，及得指揮更一次差遣者，並三年後更與磨勘。若更不轉者，即候三年後更與磨勘。所有元得指揮依例差遣者，即七年後更與磨勘。」

閏十二月，三班院言：「所磨勘使臣功過内，監押、巡檢、監當物務者，除係收趁課利場務一一牒省會問增錢數外，其餘捉殺賊盜及巡捉私茶鹽并場務收到出剩物色功過等，本院自來只以使臣執到逐處批書印紙解由爲憑，照證磨勘。先降宣命，令逐處依印紙抄上勞績過犯，別録實封狀一本，先具聞奏，送三班院磨勘。其間亦有會問諸處文字齊足，只是未有奏狀者，却下本州軍勘會，每有住滯。況所奏文狀，亦與批書印紙一般，乞自今只以使臣執到印紙解由照證磨勘。」從之。

五年正月，詔：「自今都巡檢差供奉官，或遇少供奉官時，即差歷事有武勇侍禁。内地州府兵馬監押、巡檢、同巡

〔一〕原稿於「三班院」前標有「侍郎右選」四字。按，三班院至元豐五年始歸侍郎右選，而本卷後文另有「侍郎右選」標目，故此處删去。

〔二〕按此條年代，原作「真宗咸平二年十一月」，而《長編》卷三三明確記載於太宗淳化三年十月二十二日壬午，《元豐類稿》卷四九、《群書考索》後集卷一五、《九朝編年備要》卷四、《玉海》卷一六八及《宋史》卷三〇七《魏廷式傳》並同《長編》，或泛言「淳化中」。考《宋史》本傳，廷式自淳化二年或三年遷太子左贊善大夫後，歷職中外。真宗即位，歷刑部郎中、知審官院、知審刑院，出知涇州。咸平二年卒。而《輯稿》此條所標年分正爲廷式之卒年，顯誤。今據《長編》改。又按，徐松原稿此條之前尚有太平興國六年二月、雍熙三年十二月、四年七月三條，被廣雅書局或嘉業堂整理者剪去，今在《補編》頁五三五。

〔三〕以下五條爲真宗咸平事，以閏十二月在咸平四年知之。因上條年號已改，今補「真宗咸平」四字。

檢，差殿直已上。遠地小處州軍監押、巡檢、同巡檢并廣南小郡知州，差奉職以上。緣邊小可城寨監押，如有曾立邊功借職亦差。餘依本院舊例施行。其內地小可縣鎮及漳、泉、福、建、荊湖、江南、兩浙遠地州軍，元不係屯駐禁軍去處，即揀選奉職內有人材勇〔一〕，或經歷勾當得事，堪任監押、巡檢差遣者，品量定差。」

景德元年三月，詔：「三班使臣年七十以上視聽未衰者，且與家便監臨。其有不願，及年七十五以上，或雖未及七十五而老昧不任釐務者，即依先降指揮，除曾犯贓罪令逐便外，其借職與除近便支郡上佐官，許於本州居住，如本貫是支郡，即以授之；奉職 2 、殿直與除近便節鎮上佐官，不願者即放歸鄉里。」先是，有司言：「使臣年七十已上，頗有壯健可以涖事者。其老昧不任差役者，欲除贓罪放逐便外，借職與近便宣補教練使，奉職、殿直與長史〔二〕、司馬〔三〕、別駕、侍禁、供奉官以上與致仕官〔四〕。餘並依前詔。」真宗曰：「使臣無過，致之牙校，甚不可也。」因有是詔。

二年九月，詔：「應三班使臣等多是朝廷選掄，或承門閥補應。其間有屢當差使，久在班行，智勇出群，績效殊衆者。朕雖博詢輿議，旁察參修，申命有司，精加考擇，苟聞材幹，必與甄陞。至於知武備者，委董兵戎；或懷吏術者，俾釐事任。每於銓品，思在審詳。猶意沈遺，尚多淹卹，特行曉諭，用示搜羅。自今使臣得替及差使迴京者，並許坐此宣命，具狀陳述出身以來歷職次第、勾當去處、差使度數，并勞績、過犯、月日因依，一一開說〔五〕，及自敘平生所學、在身所能之事，乞朝廷如何任使，實封詣閤門通進。其狀不必繁文，並須直述。內有不識字者，亦許令人依此條貫書寫進呈。朕當親省奏章〔六〕，躬較事迹，如顯可選擢，必別有指揮。即不得誑妄敷陳，如經諸處覆問，稍有異同，當重行貶配。其借職所進文狀，即仰三班院收接，重封以奏。其已進文狀，未有指揮之人，有合該磨勘差遣者，仍且依例施行，不得因此住滯。」

三年正月，詔：「應三班院使臣已各立定磨勘年限，內有應差遣引見，及非次已特與改轉、後來未及元立限，三班院爲是不因應磨〔勘〕改轉，皆便依例再磨勘引見。自今後如有似此已經改轉者，並須依磨勘已改轉例，候年限滿日，方再與磨勘。其應選宣榜進狀并論叙功勞，有指揮令磨勘，及特奉指揮磨勘引見者，即不拘此。」

六月，詔：「三班院磨勘使臣，以七年爲限。其間有贓(迂)〔汚〕致罪至徒已上者，可令自今經赦後再與理年限磨

〔一〕人材勇：似當作「材勇人」。
〔二〕史：原脱，據《長編》卷五六補。
〔三〕司：原脱，據《長編》卷五六補。
〔四〕以上：原無，據《長編》卷五六補。
〔五〕說：原作「設」，據文意改。
〔六〕當親：原倒，據文意乙。

勘引對。」

四年閏五月，詔：「諸路轉運司，仰體量應部中使臣內委實有所能事件者，仰（其）〔具〕姓名、勾當、所能之事分析，同罪奏舉。仰樞密院候（泰）〔奏〕到，逐旋送三班院，令置簿記名，及於脚色下子細抄上，候差遣時，將此照證，品量差遣。所有曾犯入已（職）〔贓〕使臣，如經七年，顯有勞績，仰具事狀以聞，當議却與依例磨勘差遣。若是經十年，雖無勞績，別無贓私罪犯者，亦與磨勘引見。」

八月，詔三班院：「自今後磨勘不得過三人，差遣不得過十人。如非次特令磨勘引見，并急速差遣，不拘此限。其引見磨勘差遣劄子，仍進納兩本。」

大中祥符元年三月，詔三班院、閤門：「自今每有差遣使臣，將自來合係條貫、誡勵事件盡録出，更黏連白紙用印。候辭，仰當面令本人子細看詳訖，只於白紙上各令書職位、名姓、差使、勾當去處，及具知委，如有違犯，甘當故違之罪，親書著字。即不得更委使臣供應寫知委誡勵文狀。仍令于辭榜子 3 內開設所有誡勵事件，已蒙曉示知委、書字訖。數內抽兵士使臣，仰常切鈐轄兵士依隊伍行李，不得或前或後，取便行座，經過州府縣鎮、鄉村道店，信任兵士搔擾人户，攘竊物色，及收受軍都羊酒情儀，及抽兵士當直隨行，將擎物色，騎馬落路，令軍人趕趁。并鈐轄兵士，不得踐食人户田苗及收刈喂馬，不得歛掠錢物。如有違犯，當行決配；若錢稍多，并行處斬。及每到州府，令指揮使等先具軍分人數、有無衣甲、器械申報州府，自己不得抛離兵士，隔城寨止宿。并經過關津口鋪，依例供付軍都甲名，不得容縱喫酒至醉，有所妨。馬軍須鈐轄依時飲飼，擡舉鞍馬，不得信任走驟，及非外稍搭物色。仍於押兵內差定員僚、節級、十將充攔前收後，及指揮先牌。每至下程處，即不得不依軍次，致有争競及相毆打，亦不得蹉程行李。」

二年五月，詔：「應收補到臣僚弟、姪、兒、孫充班行者，內有年未及二十，雖年二十以上未任差使者，並未得與差遣。令本院常切體量，候堪任勾當，即依例差使，無令出外勾當不前。」

十月，樞密院言：「三班使臣在外有過衝替及降任者〔二〕，皆候替人，動踰歲月，所釐事務益復墮紊。請自今詔命到日，即令離任，擇官權蒞其事。」從之。

三年十二月十一日，詔：「三班使臣有素負材能、久沈下位者，聽其自陳。」

五年六月，詔三班院：「應使臣內有七人已上同罪奏舉者，並令磨勘引見。」

七月十六日，上封者言：「奏舉使臣皆無期限，雖至七人，有止一月內連有五人奏舉者。當令樞密院於引對文字上具言奏舉年月。」從之。

〔二〕在：原脱，據《長編》卷七二補。

二十一日，詔三班院：「自今磨勘或非次引見使臣，內有與改轉者，並於申樞密院狀內，坐舉主職位、姓名，兼具舉奏年月。」

六年五月，詔三班院：「自今引見差遣使臣，內有疾患者，並附脚色，開説進呈。」先是，選使臣任使，引對日有盲跛者〔一〕，故有是詔。

是歲，詔三班院：「據合該磨勘人數，將奏據事件，取問本人有何所能，試驗可否，及開坐舉狀，一處磨勘。」因閤門祇候劉承渥上言也。

七年四月，詔：「三班使臣自今有乞試弓箭者，其令本院官員與帶御器械臣僚同共試驗，具等第以聞。」

九月，詔：「三班使臣到京，除勾當急速公事外，餘並與限七日內朝參，便赴本院祇候差遣。或非次急要使臣闕人，即憑入門榜子定名差遣。如故有規避者，送宣徽院劾聞。」

十一月，詔：「三班使臣當入遠地差使求邊郡者，令三班院試驗武藝，擇任職者授之。」

八年七月，詔下三班院：「自今廣南住程使臣年滿得替到京者，特免短使，依例便與住程差遣。」

天禧元年三月，詔：「三班使臣受住程差遣，須替人年滿，即得赴任，不得預往新任處守闕。見今已辭發者，逐路轉運司曉諭知委。」

三年二月，詔三班院：「自 4 今抽到開封府正名前行充勾押官〔二〕，候及五年，若守闕前行充勾押官，即候及七年，並奏取指揮。其本院遞遷前行，候及三年，從上轉補一名，充押司官。所有轉上前行闕額，更不補填。其官押司候及三年，如有勾押官員闕，即與遞遷。充勾押官候及七年，奏取指揮。仍自今後依舊只以十一人爲額，補置勾押、押司官各一人、前行二人、後行七人，即更不於別處抽人充勾押官。如是非次有押司官、勾押官員缺，須候及定年限，即得改轉。」

三月，三班院言：「年小使臣三百餘人，自來曾到班〔三〕，不知所在，望立勾赴院，供通脚色文狀。」從之。

十一月，三班院言：「先準詔，應使臣差遣去處、職位、姓名，自今每歲於四季月一日進納一本者，自後院司遵行。昨該汾陰改轉後，至今例該磨勘，日逐行遣，文字甚煩。欲乞依流內銓州縣官季帳例，每半年一度，具狀進納一本。」

十二月，詔：「應見勾當事殿直已上至供奉官帶閤門祇候，自今及五周年未轉遷者，不以在京及差遣出外，並令樞密院磨勘逐人歷任功過，進呈取旨。若赦前已及五周年，并赦書降後其計赦前年限及五周年者，並依赦書磨勘。見在外任勾當者，令都進奏院移文告示。」

〔一〕盲跛：原作「育跛」，據《長編》卷八〇改。
〔二〕「勾」下原有「當」字，據下文刪。
〔三〕曾：似當作「未曾」或「不曾」。

四年四月七日，三班院言：「乞曉示使臣，自今應授住程差遣，才候授宣五日内，須管赴院呈宣，上曆拘管。内有係川峽路不許般家㈠、合將帶人馬公憑赴任者，限十日内據合係將帶數目，分明具狀開坐，以憑申奏。若授宣後有違前項日限，即申奏，乞行朝典。」從之。

十七日，詔三班院：「自來寄班祗候未曾立定年限磨勘遷轉，令下本院，并許依使臣年限例與磨勘。或有新授寄班祗候人，亦仰看詳。如是年甲合格，曾歷外任，或在京住(城)程勾當一任合該磨勘者，即得依例磨勘。餘並依三班使臣條例施行。」

七月，詔：「昨緣舉人補三班差使殿侍者，聽就外舍居止。」

五年四月，詔三班院：「自今合入住程差遣使臣數多，差填季闕已盡，即將次季及後來一季缺次供申樞密院勘會，候降下，即仰依季分次第定差，不得隔驀差使。」

乾興元年仁宗即位未改元。五月，詔：「訪聞三班院吏胥邀滯使臣，乞取財物，及妄申改轉，棄失文簿等。自今再犯，當嚴加譴責。仍榜示使臣。」

仁宗天聖元年六月，詔：「自今初任監當使臣得替到闕㈡，委本員取索印紙勘會㈢，若在任別無贓私過犯不了，即候短使足日，與監押、巡檢。如或内有巡轄馬遞舖一界，孳生馬駒數少，拋死及二十疋已上，并監場務所收課利虧少三分已上，及諸雜勾當使臣若因公事但係私罪斷遣㈣，不拘曾與不曾責罰，候短使足日，與合入遠處監當㈤。如再任依前不了，亦依此施行。」

十月，三班院言：「自來差定執銀毬仗使臣三十人，祇候引駕。近5日多稱年已及二十已上，乞免執毬仗，依例短使差遣。欲自今應執毬仗使臣祇應及三年，并年及二十已上乞替者，即與免執，依例短使。」從之。

三年十月，詔三班院：「使臣到班合短使者，除川陝、廣南、福建、荆湖遠處抽押兵士與兩次差遣外，其餘須將輕重遠近品量差遣三兩次，候及半年以上，即依資次與住程差遣。其使臣到班有假故者，須是除出假故月日外，及得半年，仍經三兩次輕重差遣者，即依資次與住程。如得替及新補到班，未經短使，便有假故及諸般爲事者，不得更叙初到月日，並以後來到院公參月(月)〔日〕理爲資次。若在京勾當得替，須候諸處牒送歸班，以公文到院月日理爲資次，仍與在京及近處州軍短使各一次，足日方與住程差遣。」

---

㈠川峽：原作「川陝」。按，北宋時内地官員至沿邊、川、廣、福建等邊遠路分赴任，不許挈帶家眷，稱爲「不般家地分」（見《補編》頁二七〇）。陝西除沿邊外則非不般家地分，「陝」當爲「峽」之誤，因改。

㈡闕：原作「缺」，據文意改。

㈢索：原作「素」，據文意改。

㈣遣：原作「遺」，據文意改。

㈤遠處：原作「遠近」，據文意改。

四年二月，詔：「自今使臣如有已經兩任近地差遣，情願降等，更乞近地監當，許依舊例支與小添支或驛料去處差注。如已三任近地者，即更不得陳乞，候將來親民員缺稍多，却依舊施行。」

六月，詔：「三班院供奉官已下至借職差出及在京監當去處，依職位、名銜、〔資〕次〈資〉，每半年一度，寫成策子進納。」

五年六月，詔三班院：「閤門祇候下到磨勘文字，內有曾過犯衝替及與監當差遣，并爲年老與監當者，仰具歷任畫一開坐，奏取指揮。」

八月，三班院言：「自今有疾病年老昏昧使臣，因逐處體量申奏衝替到闕，令當院體量差遣者，乞且與小處監當。若在任別無體量，成資一任得替，即却與合入差遣。或再被體量衝替，即更不差注住程。仰三班院具歷任脚色、衝替因依申樞密院，再行審驗，如無贓罪，即依年老人例除致仕官名目。」詔自今應有上件年老昏昧、疾患不堪差使勾當使臣，仰逐旋具本人歷任、年幾、有無病患贓罪，奏取指揮。

六年正月，詔：「三班使臣近年已來，例皆一任監當便入監押、巡檢差遣，自今並須兩任監當方得差充。如有殊常勞績及奏舉人數多者，令三班院奏取指揮。」

七年二月三日，詔：「使臣諸處勾當得替，內該與家便差遣者，自來合係樞密院點差，自今並劄與三班院，令先次與差。」

四日，詔：「殿直至供奉官充閤門祇候乞磨勘者，須勾當及祇候除出假故月日實及五周年者，方得依例磨勘。並內有年限雖足，曾有贓私過犯及因事差替并年老病患者，未得磨勘，並奏取裁。」

閏二月，詔：「文武臣僚家奏乞三班使臣，請官中俸料，留在門前管勾家事，自今宜行絶止。如違，許御史臺彈奏。」

五月，詔：「自來諸處勾當事三班使臣內，有轉運使司及本州并總管、鈐轄等奏稱，在任爲理弛慢，不諳邊事，或爲性懦弱不得力者，亦有便舉使臣，乞行衝替。朝廷以逐司皆是委任，又慮彼處別致闕事，皆依奏差替到闕，後三班院依條與降等差【6】遣及隔住磨勘。日逐不住有使臣進狀伸雪，却稱在任別無罪犯及弛慢縱由，亦無不了事件，或是轉運司等別欲薦舉人，狥私協情，不明言所犯的實情罪申奏，致日近披訴者多，須議特行〔指〕揮〈指〉。自今諸路體量得轄下州軍勾當事使臣，在任爲理〈也〉〔弛〕慢的實事件，及不得力緣〈申〉〔由〕，并不諳邊事〈思〉〔因〕依，須分明指定事件事狀，方得以聞。或乞選差人充替，務在責實公當，即不得更似日前鹵莽申奏，無致衝替使臣到闕別有訴詢。」

七月，詔三班院：「磨勘外任使臣文字，自來本班遇雙日先進入內，乞降付樞密院。自今更不先進，便仰入封送樞密院。」

九月，詔三班院：「自今應歸明使臣差遣，如本人元是

外界人歸明補充班行，即依例與樞密院定差遣。若歸明人子孫及先因隔過蕃界、後却思鄉過來，即並令三班院依例差遣。」

八年三月，三班院言：「乞自今依舊將使臣得替到班公參月日挨排資次，置簿拘管。令逐人預先陳乞兩路以下去處，即不得指定差遣名目，仍於簿上鑿定路分。遇有員缺到院，即依應降下差遣。檢詳條貫，依資次從頭揀選合入之人應副定差，如内使臣別有事故及情願乞未就差遣且乞待闕者，欲只許容於下次一季内依元指射路分定差，即不得更乞於以次季分守待員闕。所有廣南、西川（陝）〔峽〕路、荊湖澧鼎上下及諸偏僻處，並不肯承就，蓋緣自來許容待缺，是致積滯下員缺，差遣不行。欲自今如有上件遠近路分偏僻員闕無人陳乞者，相度内有過滿及見闕催促差人去處，除使臣曾有聖旨及該條貫與家便差遣者許容待缺外，其無指揮人，即將脚色勘會歷任（申）〔中〕不曾差往本路住程勾當者，並以到班月日合入資（依）〔次〕，依員缺次第，從頭定差。如在班別無見闕過滿次及未至急要差人去處，即一依前項定奪事理，許容下次季分差注。」從之。

十月，三班院言：「準宣，三班使臣監當迴，合入監押、巡檢，自今後一任監當迴，別無遺缺，並依舊條，却與監押、巡檢差遣。所有天聖六年正月勑更不施行。」

景祐三年五月十六日，三班院李淑言：「本院起請事件：一、准宣，臣僚所舉使臣充閤門祇候，其舉主須是見任知州、知軍、通判、鈐轄、都監、員外郎、諸司使已上及總管、轉運使副〔一〕、提點刑獄、朝官使臣方得奏舉。如及七人以上，仍須内有轉運使副或提點刑獄，方得依條例磨勘聞奏。其舉主須是見在任勾當。如有事故，不得理作七人之數。自來勘會舉主如外任已得替，便作不在任。切見流内銓磨勘選人舉主，若外任得替，並理作見任，惟是降着差遣〔二〕，即不理人數。今來本院磨勘舉主，如元係知州、通判，後授三司、開封府判官升陟差遣，却承例作不在任數。欲乞今後凡是舉主，除有事故及降差 7 遣不該舉主者即不理爲人數，自餘並許理爲舉主。一、准宣，應初入班行，借職三年，奉職至供奉官四年，方許磨勘准差使。殿侍五年，方轉借職，後便依使臣曾經磨勘例，別理五年，方與磨勘。勘會殿侍不帶差使者〔三〕及三司大將、諸處司屬，或因管綱運諸般勾當酬獎直補借職者，又却並理初例已上磨勘。以此比方，未得均一。今來差使、殿侍、〔鈐〕轄充借職，亦合只理初入班行人例。欲乞自今後應殿侍係本院差使轉補借職者，並依使臣初任年限磨勘施行。一、本院每差住程使臣往諸處勾當，其逐州軍申奏到任月日文狀，並不降付本院，元替月分剗替，是致多有差誤。有授差遣近延一年有

〔一〕使副：原倒，據文意乙。
〔二〕「着」字疑衍，下文云「降差遣」，並無「着」字。
〔三〕勘會：「勘」字原脱，據文意補。

餘〔一〕，未見到任。凡是得替使臣，亦有不便赴闕，或妄託事故，蓋緣未有拘轄。欲乞今後應住程使臣到職，委（罪）〔逐〕州軍具到月日申奏外，別具狀報本院，專差人吏於具員缺（薄）〔簿〕内分明書鑿，候刻闕文時，將此勘會。其得替使臣，亦委逐州軍具交割起離月日，先府遞實封報院〔二〕。如經隔時月不到者，候到，委本院取館券勘會，如涉稽延規避重難差使，即具名聞奏，乞行朝典。一、先准宣，應得替巡檢捉賊使臣到闕〔三〕，據已獲未獲賊數比較，如十分中捉獲七分已上，特與磨勘升獎；五分六分，依例差遣；不及五分，即與監當；若三分已下，勘罪取旨。當院勘會天禧已前，並依上下條貫〔四〕，逐度引見改官〔五〕。乾興後來，爲該覃恩改轉稍頻，遂不引見，只令依例比較。仍准宣，別具本人親捉殺分釐聞奏。自來捉賊十分以上，親捉一分以上，只免短使，家便差遣；不及一分，只免短使；如無親捉人數，只是依例差遣。其責降條例，即依舊施行。以此本院每差巡檢使臣，多是規免，難爲定差。看詳巡警寇盜，尤藉謹力之人。今來有責無奬，恐非激勸之道。欲望自今後凡得替者，令具一界賊盜印紙比較。如五百人已下，捉及八分以上，親自捉獲七釐以上；如五百人以上，捉及七分以上，親自捉獲五釐以上者，許依先降宣命磨勘引見，特與酬奬。若只捉及七分、八分以上，無親捉者，或有親捉卻不及八分、七分者，並不引見，只免短使差遣。又舊條須巡檢、縣尉各自捕獲，方理爲本官人數，以此多有責罰。欲望自今如火之内，内弓手捕獲即理爲縣尉人數，軍士捕獲即理爲巡檢人數，如會合捉殺到者，即聽分理人數。如此，則巡邏之司，賞罰並舉，既易差擇，亦勸盡心。一、本院使臣任川峽差遣〔六〕，亦見連併願就遐遠之人，頗聞視爲販鬻〔七〕，或在彼密營居止，蓋緣未有條貫，無以拒止。欲乞自今後應有求川峽差遣之人，委本院先取脚色照會，如歷任内無贓惡過犯，經隔一任以上者，聽與差注，只不得連併在彼。又川峽使臣准先降條貫，如並無人依倚，許召官三人委保，般家 8 赴任。每見召到保官亦有三人，並是合入遐遠之人，雖已退卻，終是未有條貫。欲望自今凡召保官，並須是近地差使之人，庶防姦詐，頗爲穩便。一、本院應承受宣敕條貫，凡是趁請（壁）〔擘〕劃事件，除一司編敕外，合有旨用者，自來雖曾編録，不得齊整，亦慮或有遺落，妨誤檢會。無勾當官交易不定〔八〕，亦恐不曾盡見。欲乞委本院勾當官將前後條貫文字逐一看詳，係見今行用者，別置（薄）〔簿〕

〔一〕近延：似當作「遷延」。
〔二〕府遞：似當作「附遞」。
〔三〕闕：原作「缺」，據文意改。
〔四〕上下：似當作「上件」。
〔五〕引：原存左旁，據文意補。
〔六〕川峽：原作「川陝」，據下文乃「遐遠」之地，又特許「般家赴任」，則是僅指川峽四路，而不含陝西，因改。下文同。
〔七〕視：似當作「親」。
〔八〕無：似當作「兼」。

册，分明盡底抄上，專差手分主管，庶免散失，得以遵守。一、本院應管使臣脚色，人爲一本，功過旋次抄上，歲月既久，不無散失。亦有外任就轉，不曾添上脚色。欲乞委本院取應係使臣殿侍舊納脚色，別選使差職員等將舊條取索，或關報到文字（字），逐一點對，重新添整謄寫，類成文册印書。有不完備處，即因磨勘或差遣到院之際，照會改正。仍自今後，凡使臣住程到京者，並依審官院例，逐人先投納家狀一本，具言出身、歷任，如有隱落功過，一事虛誑，甘伏除名之罪。候到，更委到班，將家狀與脚色參會使用，庶得不漏功過，易爲檢證。仍下三司，量給紙墨抄録。一、應使臣自來有請長假或侍養者，本班別無簿籍拘轄，又無所住州縣去處。直至本人參假，方始勘會差使。今欲乞委本院將長假或侍養使臣別置文籍，差人管勾抄上。如内有却出參假者，逐時勾銷。其現係長假，自來不知所住（去）處者，委自本院移牒根究，上（薄）〔簿〕拘管。」並從之。

康定元年九月，詔三班院、殿前馬步軍司曉示，使臣、諸班、諸軍有武藝謀畧者，並許自陳，當試而擢用之。

慶曆四年正月，詔審官院、三班院、流内銓，如批降指揮後，有合奏請事，令主判官別取旨。從權同判吏部流内銓王質之奏也。質言：「先朝磨勘，並臨時取旨。天聖垂簾，皆前一日入文字，内中批定。雖有功過，有司不敢復有所陳。今請如故事，不預進文字，並於引見日面取旨。」

五年三月，三班院言：「自今持服使臣服除者，望比京朝官例，特免短使升半年，與家便差遣。」從之。

六月，三班院言：「舊制，臣僚同罪奏舉使臣差遣，雖不行，而他時或別預選擢，其舉狀却復用。請於所授宣勅具載舉主姓名，後或得罪，亦當連坐。」從之。

是月，詔三班院：「自今使臣參班，止令讀律，寫家狀。」

六年六月，詔樞密院：「凡臣僚應詔勅奏舉使臣，其三班院籍記姓名，候歲終録一本進。」

至和元年五月，詔：「自今三班使臣合入遠地，而父母高年者，聽依文臣例召保官，與近地。」

十一月，三班院請下諸路轉運司，具部内使臣歲所收職田之數，第爲上中下三等。凡差遣，不許連入上等。從之。

嘉祐二年五月，詔三班院：「今後更不許自投文字磨勘，其任西川、廣南官歲滿前三月，餘路前兩月，令本院預舉行之。」

三年二月，以太[9]常博士韓縝、楊開詳定三班院編勑。開先從本院奏同編修條貫。

四年二月，詔減諸路指使、使臣。皇祐元年敕十人者，今留七人；不及十人，留四人；四人留三人；三人以下如舊。

七年四月，詔：「三班使臣待闕而願出外者聽，仍限一年者，更不問所欲，直注差遣。」

八年正月，詔徙三班院于文思院之西院。舊在宣徽院，蓋内客省使廳，以所差使臣出入禁中非便，故徙之〔一〕。

英宗治平元年五月七日，詔三班院：「使臣無私罪，有課績及薦舉，仍差使十年已上者，許經本院叙過，或吏幹可以理繁劇，武略可以擒姦盜，並須一一各言所能，委主判官先驗材器可否。如願就試邊事時務策者，量試一道，的有可（最）〔取〕，即送密院再加考覆取旨，漸與試用。仍每年不得過十人。」

閏五月一日，樞密院言：「欲應臣僚隨行指使自轉借職後，河北等路（路）前兩府充安撫使并都總管，四年理爲一任，諸路前兩府充知州及學士以下，至正任充四路安撫使并都總管，五年理爲一任。其餘路分知州、總管、鈐轄、安撫、都巡檢之路〔二〕，六年理爲一任。」從之。

二年九月，翰林學士承旨張方平言：「嘉祐五年，諫官陳升之言，三班供奉官以下八千八百餘人，乞裁冗濫，立條制。于時定議，事頗酌中。升之始言八千八百餘員，及此又已五年，數當增倍，其濫如此，而不云救，何以立憲度，建治功？乞下兩府，檢會前所奏議，早爲裁定頒行，亦振舉頹敝之一端。」詔以付樞密院，而計三班使臣六千五百三十四人而已，遂無所更議。

十二月，詔三班院：磨勘使臣權免引見。

神宗熙寧二年六月六日，三班院言：「先於三月中準朝旨，應諸州軍、沿河知州軍縣并諸般場務勾當任滿得替，依條合該酬奬，盡仰逐處保明，直申樞密院、流内銓、三司、都水監等處，並已施行。内有元無條項，合特乞指揮者，仰本司聞奏。即未審在京諸般庫務等任滿，合有酬奬去處，許與不許本班一面勘會。」詔令依今年三月條貫施行。

三年十二月，三班院言：「殿直雷珦乞試《六韜》、《孫》、《吳》三家兵書義理十道，仍乞射弓。尋試驗到義理十道，内二粗二否六通，及試驗到弓馬，并條貫本人脚色。」詔免短使，權邊寨監押、巡檢，理監當資序及驛料，一任迴，依武舉人例，差注三班使臣。乞試兵書，自珦始也。

四年六月七日，左侍禁劉玠言：「先任岢嵐軍監押得替，熙寧二年十一月二十六日到班，與供奉官鄭餘嘏同押茶赴廣信軍。餘嘏熙寧二年閏十一月九日到班，在臣之下，今差季闕在臣之上。緣餘嘏與臣同押茶綱迴，同是升一年，本班却用不理閏月條置臣在下。」詔以劉玠在鄭餘嘏名次之上。今後到院使臣在閏月者，並依此。所有磨勘，即依舊條。

七年九月二十八日，詔三班院〔三〕：「本 10 班應管勾内外使臣，如有能射親弓力及八斗以上，并熟於使馬及輪弄器械者，在班人并許經本班投狀乞試。候及十人，即關赴

〔一〕徙：原作「從」，據文意改。
〔二〕路：似當作「類」。
〔三〕詔：原作「到」，據《長編》卷二五六改。

軍頭引見司考驗〔一〕。如所陳不妄，當議引見。在外使臣仰經本州軍投狀，委知州、通判、兵官同共試驗〔二〕，如中格，未得發遣，先以聞〔三〕。」〔已〕〔以〕上《國朝會〔典〕〔要〕》。

## 侍郎右選 上

舊係三班院，元豐五年改今名。其五年以前，仍具載于此。

《兩朝國史志》：三班院，勾當院官無常員。文臣以兩制以上、武臣諸司使以上充，常置籍以總使臣之名，均其出使釐務，定其任使遠近之等級，及考其殿最而上於朝。凡借職以上至供奉皆隸焉。勾押官一人，前行三人，押司官一人，後行十一人。以上《續國朝會要》。

侍郎一人，郎中一人，掌校副尉以上較試、擬官、行賞、換官，考其殿最。案十五，曰從義、曰忠訓、曰成忠〔四〕、曰承節、曰承信、曰進武、曰差注、曰生事上下、曰掌闕、曰資次、曰知雜、曰催驅、曰甲庫、曰法司、曰架閣。吏額：主事一人，令史四人，書令史〔十〕〔一〕十五人，守當官一十八人，正貼司二十五人，私名七人，楷書一十人，法司一人。以上《中興會要》。

《神宗正史·職官志》：三班院舊例置局禁中，嘉祐八年出之。熙寧三年置主〔薄〕〔簿〕二員，元豐初又詔與審官東院、流内銓各省主簿一。官制行，歸吏部侍郎右選。

熙寧五年八月十七日，樞密都承旨曾孝寬言：「前定武臣試格，應大小使臣恩澤奏授得官、年及合格出官者，並於三等試條，各隨所習事藝呈試。上等、中等内七事，下等内八事，有試中一事以上，皆爲合格，等第擢用。每年二月八日以前，具所應事藝，供家狀開〔生〕〔坐〕，於審官西院、三班院投狀。候次月，具乞試人數申奏，差官同主判臣僚引試。内武藝即送武學試外，所試兵書大義、策略、筭計，並依春秋試文臣條貫訖，具等第及封試卷〔五〕，申樞密院看詳。如累試不中，或不能就試者，於出官合格歲數外，更增五年。若授官日年已過合格，須授官及五年，方得依舊條，寫家狀、讀律訖，與出官。初任仍且與雙員處監當。如有舉主，方得陞入親民；無舉主，即更展一任監當。如諸般勞績陞入親民者，即依舊條。熙寧五年以前授官，見年十五以上，不能就試者，候年合格〔入〕〔日〕，且依舊條施行。」從之。

七年十月二十三日，樞密院言：「檢會熙寧五年八月曾孝寬詳定大小使臣出官三等試格，内一項：應已歷任及諸色出身不該就試人願試者，候得替，亦許投狀，除不計等

〔一〕關：原作「闕」，據《長編》卷二五六改。
〔二〕兵：原作「丘」，據《長編》卷二五六改。
〔三〕以：原作「已」，據《長編》卷二五六改。
〔四〕成：原作「誠」，據《宋史》卷一六九《職官志》九改。
〔五〕具：原作「其」，據《長編》卷二三七改。

錢穀并元係軍班及武藝出職人不更試武藝弓馬外〔一〕，餘並許乞試。今後武舉使臣，更不試策。其乞試弓馬人，仍於元試中上添得斗力，方許依條收試。」

元豐元年六月十九日，詔：「滄州清池，莫州任丘，霸州文安、大城，秦州成紀、隴城、清水，延州膚施、延長、延川，慶州安11化、合水，全州清湘、灌陽，邵州邵陽、武岡，澧州石門、慈利十八縣，自今委三班院選差使臣爲尉。其舊係監當闕，送流内銓差注。」

十二月二十三日，中書言：「立大小使臣呈試弓馬藝業出官試格：第一等，步射一石，發兩矢，射親十中三，馬射七斗，發三矢，馬上五種武藝，問《孫》、《吳》大義十通七，時務、邊防策五道成，文理優長，律令大義十通七。如中五事以上，與免短使，減一任監當；三事以上，免短使，陞半年名次；兩事，陞半年；一事，陞一季。第二等，步射八斗，射親十中二，馬射六斗，馬上三種武藝，《孫》、《吳》義十通五，策三道成文理，律令義十通五。如中五事以上，與免短使，陞半年；三事以上，陞半年；兩事，陞一季；一事，與出官。第三等，步射六斗，射親十中一，馬射五斗，馬上兩種武藝，《孫》、《吳》義十通三，策三道成文理，律令義十通三，計筭錢穀文書五通三。如中五事以上，陞半年；三事以上，陞一季；兩事，與出官。已上步射並發兩矢，馬射三矢。」從之。

三年閏九月十二日，詔：「宗室三班使臣，如犯罪殿罰，並令大宗正司關牒三班院照會。」

五年五月十一日，改三班院爲吏部侍郎右選。

七月二十四日，尚書吏部言：「立到選官格，各隨所任職事，以入仕功狀立格〔二〕。如選巡檢、捕盜之官，則以武舉策試武學生，或因臣僚以武略論薦，或自陳兵略得出身之人。他格倣此。」從之。

七年五月一日，涇原路經略司言：「自今沿邊將官、城寨使臣坐事衝替者，乞再下本司審察。軍前得力人，量事大小，於酬奬折除，或展年降官，依舊在任。」從之，令尚書吏部立法。

哲宗元祐元年十月四日，吏部請：「本貫川人，聽三班内一任歸川。其因酬奬得家便優使，及不拘路分者，亦不注川闕。」從之。

三年閏十二月十四日，詔：「陝西、河東蕃官蕃兵，三路、廣西、川峽〔三〕、荆湖民兵及敢勇効用之屬，並隸樞密院，兵部依舊主行。其餘路民兵，令兵部依舊上尚書省。應小使臣初補及改轉，並吏部擬抄畫聞訖〔四〕，送樞密院降宣。」

四年五月二十四日，吏部言：「沿邊使臣差遣有見闕

〔一〕計等：似當作「計筭」。
〔二〕仕：原作「任」，據《長編》卷三二八改。
〔三〕峽：原作「陝」，據《長編》卷四一九改。
〔四〕吏部：《長編》卷四一九作「隸兵部」，當誤。

處，欲以遠近添立日限。無故違限者，論如之官不赴律。滿一年，沿邊主兵官滿半年，不以有無事故，本處三十日内報所屬別差官，係奏舉者報元奏舉處，並不得放上。未申報間到任者，聽上，候到吏部，並降一等差遣。無等可降者，降一年名次，俱於遠小處。」從之。

紹聖元年九月二十八日，詔吏部右選類姓置籍，視左選拘轄功過。從侍郎葉祖(洛)〔洽〕請也。

元符(三)〔二〕年閏九月二十三日〔一〕，(詔)兵部侍郎、兼權吏部侍郎黄裳等言：「乞巡檢除三路依材武格外，控扼重兵去處〔二〕，五日排次〔三〕，限滿更限五日，無應格人，即取守城隨軍被賞免短使，及呈試中武藝〔四〕、陞半年名次以上，並曾歷巡檢、監押、任滿無遺缺人，庶幾差[12]注稍通。」從之。

徽宗崇寧元年十二月二十日，東頭供奉官薛仲孚等狀：「竊見侍郎右選守待差遣使臣，見有數百員，蓋爲凡有闕出，十中八九須用材武。伏覩元豐格内一項，保舉沿邊重難任使之人〔五〕，材武格自有，元祐間删去，自此阻節差注。乞賜取會元豐格看詳，特將舊格改正，及乞將自來曾經保舉(法)〔沿〕邊重難任使之人，并合後被舉使臣，並許依舊作材武格差注。」詔保舉沿邊重難任使依元豐格作材武(注)〔差〕注。

二年四月七日，吏部言：「所總小使臣一萬餘員，若止以勞績、舉主、過犯考任，一概選取，難於銓總。今用元豐舊法，酌以時宜，將窠闕職務隨時增損，修立選格。其有事干邊防、黄河埽岸或職務要劇，并隨官置缺之類，請並從舊法。」從之。

二十六日，吏部員外郎張康伯劄子：「勘會侍郎右選所管小使臣約及二萬人，有經數十年未常到部者，幾三千人。伏乞朝廷指揮，將上件姓名隨鄉貫分下諸路，令根括逐人不赴部因依，委逐路長吏結罪保明供申。候到，令吏部點對開鑿，籍爲實數。仍委逐州半年一次具轄下使臣到任、罷任、寄居、土著、事故、亡殁，逐一開鄉貫、姓名、三代申吏部。如有稽違，並乞從本部奏劾施行。」從之。

三年二月十二日，詔吏部：「應注材武格内保舉沿邊重難任使一項删去，并崇寧元年十二月二十日保舉沿邊重難任使作材武差注指揮，更不施行。」

四年五月十八日，上謂輔臣曰：「武臣入流頗濫，有右班殿直在后閣中掌牋奏，乃後苑玉工出身，須立法革其弊。或試弓馬，或試刑法，方許出官，即流品自清。可令三省措置。」

大觀元年八月十日，尚書吏部員外郎張搏劄子：「契

〔一〕二年：原作「三年」，據《長編》卷五一六改。
〔二〕兵：原作「法」，據《長編》卷五一六改。
〔三〕排：原作「非」，據《長編》卷五一六改。
〔四〕中：原無，據《長編》卷五一六補。
〔五〕任使之人：原作「使亦人」，據下文補改。

勘侍郎右選差使臣等三萬二千餘員，自來改轉官告入遞，多爲鋪兵盜取綾錦，官司雖依條行遣，經歷歲時，不能拜命。大觀元年正月，鄜延路安撫司狀稱，沿路去失官員改轉官告二十七軸。一路如此，佗路可知。搏欲乞請州軍專委通判職官點檢進奏院引目，有四選告勑、宣劄、帖牒之類被盜失者，限一日保明，入馬遞申尚書吏部勘當，先給公據，降付與轉元官，或使赴任，合干官司一面依自來條例勘會施行。所貴天澤下逮，物莫能間，亦使限年躐級之吏咸知所勘〔一〕。」從之。

二年十一月二十八日，中書省言：「尚書吏部侍郎慕容彥逢等奏：奉詔將本部具員名數，依倣舊制，考正差悮，編爲籍。凡差注、舉選及應用條格等，並隨缺注入。今注勘員缺七十餘處，已編修成書。」詔各特與轉一官。

三年三月十七日，樞密院言：「殿前司呈試吏部出官使臣，其射法依元豐格，而事藝多不應法。皆係有官人，止爲呈試出官，不復責以技能，而材武之士無以旌別。欲依元豐法，如願試材武者，校以五事，若應格，與 13 免一任(濫)〔監〕當，注授三路沿邊差遣；其次免短使，陞名。若挽彊不如法，許習學再試。」從之。

八月二十六日，中書省奏：「臣僚上言，乞應有官兼吏職人，並不許理任及帶前任新注請給。如與元豐條例不同者，可依減罷。如係吏人出身，今後轉官，自合遵依止法，雖被受特旨許令放行，亦乞三省止具奏(如)〔知〕不行。如已轉官行人，今後更不得改轉，仍令御史臺彈奏。」從之，今後合具奏知不行事，仍具劄子繳進。

十二月十四日，吏部侍郎范致虛奏：「奉詔裁損冗員，按元豐間小使臣八千餘員，今至二萬三千餘員，入流之路太濫。乞詔中外官司，應有入流或因事推恩，並依元豐舊制，毋得輒增，無者以他司元豐舊制比類施行。」從之。

政和元年十月七日，樞密院言：「檢會大觀元年春頒選試令，諸使臣元係呈試武藝出身，或軍班呈試事藝換授而乞試者，須比元試弓加一碩、弩加兩石，方許乞解發。」詔大觀元年春頒選試令內「使臣元係呈試武藝出身及軍班呈試事藝換授人，許奏乞解發」條更不施行。

二年五月二十九日，吏部奏：「勘會自來使臣鏁應及第，并因試換文資，雖通任使臣資考，若已關陞親民，如資考、舉官等不應條法，止合理作監當資序。緣使臣所歷差遣，與文資考任輕重不同。今有宗室任使臣與監當一任滿，有舉官保明陞親民，後理過一兩任親民，試充文資後來，尚書左選據使臣日已經關陞換官，後便隨歷過任數，理爲知縣資序，更不經由考功。依條，官後重別關考功，只依尚書左選據使臣任內歷過親民差遣，理當知縣資序，關陞通判。緣熙寧、元豐武臣試換關陞條內，並不分別宗室免再勘會關陞之文。況止因本部相承體例行遣，終是有礙舊

〔一〕勘：似當作「勸」。

制。今相度，除已前用過使臣歷任理當親民闕陞之人，乞免追改外，今後並遵從熙寧條法施行。」詔依。

三年二月四日，吏部侍郎姚祐等劄子：「勘會小使臣下磨勘文字內，有充巡檢、縣尉及駐泊、捉賊得替，自來並會問資任案比較盜賊〔一〕，該與不該降監當，照會添展磨勘。（并）并有巡轄馬遞鋪得替，亦會問馬數，該與不該展年磨勘。動經數日，勘會四報。及稱已經比較，關右選乞其脚色。內取到無文可以照據，却須再行取會，顯有往復住滯之累。欲乞應使臣充巡檢、駐泊、捉賊并巡轄馬遞（補）〔鋪〕得替參部，納到印紙，陳乞比較賊盜、馬數了當，且合該賞罰，面依批上印紙照會，免致臨時會問住滯。兼於見行條法别無衝改。如允所請，即乞行下。其八路得替在外指差人依此，所貴減省行遣。」詔依。

二十六日，吏部侍郎姚祐奏：「侍郎右選小使臣進武、進義校尉改換武選漢官、蕃官，已給告了絶，都計二萬七千七百三人。取到吏部狀，修武郎以上改换武選漢〔14〕官、蕃官，都計五千二百六十四員。」詔姚祐與復元降兩官，兩選郎官各支賜銀絹五十匹兩，職級各十匹兩，吏人各六匹兩，告身案人吏依此。姚祐可復正議大夫。

五月二十八日，吏部奏：「小使臣具員重行編立爲闕籍成書，計七千一百二十三員闕。」詔侍郎姚祐、員外鄭絳轉一官，內姚祐回授有服親，職級減三年磨勘。

七月十三日，吏部侍郎潘兑奏：「本選自大觀二年承朝旨編名籍，累年不曾編造。近已成書了當，計六百五十八策，已具劄子呈納訖。契勘爲籍以載一選小使臣等鄉貫、三代、出身、年甲、功過、舉主、轉官、歷任，實爲選事根本，差注磨勘，曉然可見。胥吏不得高下其手，正所謂扼其咽喉。前此入而不編者，非獨功力浩大，且胥吏之所不欲也。昨因本選郎官鄭絳到任〔二〕，措置申畫，於數月之間，遂先成書，以振條綱，委見本官精彊馭（史）〔吏〕，悉心任職，伏望朝廷特賜優與推恩。」詔鄭絳轉補一官。

四年正月五日，户部尚書王甫奏：「措置到侍郎右選自來任（言）〔宫〕觀差遣、任便居住之人，任滿即不係吏部使闕差人填替，見任人往往不申官司批書罷任，及不依條限赴部公參。吏部執以無法，更不催促歸選。遇有應干取會事，緩急無處根逐虛繁名姓。四選除已依去年十一月二十三日都省劄子置籍，逐選元闕揭貼，緣到罷事故未有所在州縣申吏部條法，竊慮逐選無憑檢照。今措置，乞行下諸路，應任宫觀嶽廟人每遇到任、罷任、事故，並令限一月具到罷年月日申所在州縣，報吏部銷注揭貼。」從之。

六日，吏部侍郎霍端友奏：「勘會諸路押隊使臣在任職事修舉，依條去替半年前，許本將保明申帥司審察，奏舉再任；無可再任，申部差注。其見任人內有已入條限，未

〔一〕問：原脱，據下文補。
〔二〕郎官：原作「侍郎官」，參上條删。

見保奏申發到部。自來移文取會，動經累月，即報應有妨本部使缺差注。今相度，欲乞將見任人如在任職事修舉，令所屬遵依上條，於去替半年前審察，保奏再任。內近地又滿一季，遠地至任滿日，無保奏再任文狀到部，即行使闕。若已注官後方奏到，更不施行。所貴減省行移，使闕不至留滯。」從之。

五年十二月十九日，吏部奏：「右選侍郎韓粹彦面奉聖旨，侍郎右選使臣增多，人吏闕少，文字積滯，委本選措置取旨。契勘本選所掌從義郎至校尉脚色、家狀、功過等，逐一重行編排。乞降指揮，除在户部小使臣校尉本選取會外，在京未到人委開封府，在外委諸州軍監，各選差彊幹官一員取索脚色，仍各齎真本，經所差官點對，限一月保明申部。所差官依限申發，及點對無脱漏，量行推賞；違限、脱漏科罪，不以去官、赦降原減。並促本選保明申奏。」又奏：「吏部郎中右選從義郎至校尉脚色、家狀、功過等重行編排，修完名籍，合用脚色。本部今[15]立到小使臣等脚色狀等式，除下開封府、諸州軍監委官外，見在部人，即勒逐官依式供具，同書鋪繫書繳納，并齎應干付身文字赴部點對。所供應漏不實官員，並科除名之罪，在外官同。書鋪科杖一百，不許用蔭，仍並乞不以赦降、首失原減。」詔並從之。

二十二日，吏部侍郎韓粹彦奏：「陳州申：『差朝散郎、司録向子褒取索到從義郎楊直中等四十五員脚色家狀，依限無脱漏，仍各録白逐官應干宣告等真本全文，申部參照，尤爲詳備。』欲望依元降指揮，先次量行推賞。」詔向子褒與減二年磨勘。從之〔一〕。

六年七月六日，吏部侍郎韓粹彦等奏：「本選見管使臣，比之元豐增多數(備)〔倍〕，案牘叢冗，事務繁重，視六曹及諸選爲最。昨緣人吏缺少，文字積滯，選事廢弛，仰煩睿訓，別令措置。臣等欽承德意，將關防約束應干合行事件，逐一條上，並已得旨施行。今選事就緒，弊源(寢)〔寖〕革，官吏所當一意奉行，以圖經久。尚慮日後姦吏(紐)〔狃〕習，憚於繩檢，營私自便，將已經措置條件妄意陳述，規圖更改，依前作弊，深爲不便。欲乞特降睿旨，應緣今來措置已得指揮施行事件，不得輒有申請更改。違者，乞從聖斷，嚴立法禁。所貴選事永遠修舉，仰副陛下訓迪治官之意。」詔依所奏，如違，徒二年。《粹彦傳》云〔二〕：「侍郎右選至爲雜冗，承積弊之後，釐正簿書，遣決滯務〔三〕，增損廢置五萬四千一百餘事。奏請增置郎官一員。因取當注之闕，附以格令，大書而揭之門。」

十月十八日，開封尹王革奏：「檢承本府令，每歲冬月，吏部差小使臣，於都城裏外救濟寒凍倒卧，并拘收無衣赤露乞丐人，送居養院收養。契勘都下諸廂地分闊遠，其

〔一〕「從之」二字似爲衍文。

〔二〕按，以下注文原作大字，且另分條，今據文意改作上文之注。《翰苑新書》前集卷一五引《韓粹彦傳》與此同，當是《大典》據該書添。

〔三〕遣：原作「遺」，據《古今合璧事類備要》後集卷二七改。

所差使臣，於三冬寒月，晝（衣）〔夜〕往來救濟，事務繁重。取會到吏部所差使臣，係合當短使人，即無酬奬。欲乞今後應救濟無遺缺，除省部依短使酬賞外，管勾四月以上，特減二年磨勘。不及四月者，以管勾過月日比附省部短使，減年酬賞。」詔依。

七年四月十九日，吏部侍郎韓粹彦奏：「從義郎至校尉脚色、家狀、功過，近承朝旨重行編排。除已供到編排外，訪聞使臣多有推避，不肯供申。欲乞特降朝旨下諸路州軍、開封府、宗正司，再限一月取索。如因參部點檢，却有漏供之人，元保明去處官吏，各科杖一百，不以首失、赦降、去官原減。所有不供使臣校尉，與落班簿，候及五年，方許參部，仍罰重難綱運一次，了日注授差遣。未出官，不候年及格日，亦依此施行。」從之。

八年九月四日，尚書省催驅吏、禮部，取索點檢到吏部侍郎右選忠訓案、堂缺案等行遣違滯，并取會各有迂枉住滯、添改文案月日，顯是避見取索點檢，違（淚）〔戾〕條法，伏乞詳酌，重賜施行。詔郎官降一官，當行人吏降一資。

重和元年十一月十六日，吏部侍郎陳彦16脩等奏：「契勘初出官使臣并校副尉改轉之人，後來别無立定赴部日限，并使臣得替等，亦不依條限參部，蓋緣未有立定日限約束責罰。今相度，欲乞將初補使臣、校尉，殿前司呈試中該出官人，限三日申部。以申到該出官日使臣、校尉、不該呈試之人，亦乞自授告或補牒日并已呈試出官人，各限五日赴部公參。其得替并短使綱運回使臣，並不許（言）〔諸〕處指差權局，除晝到御筆差人許行發遣外，雖有許差人指揮，亦不許發遣。并乞假之人，並仰開封府即時申部，從本部依條下内侍省差人看〔一〕。如初（出）出官人出違今來立定日限，并得替、患安使臣不依條限參部，並罰重難綱運一次，更不推賞。」從之。

宣和元年十月二十日，吏部侍郎李森等奏：「契勘使臣取押竹木并軍器綱運等應干短使，並係本部以見在部人差撥應副。近年以來，使臣到部數少，綱運短使應副不前。緣使臣多是希求奏辟或指差踏逐差遣，更不參部，以避免短使，致有累任不到部者。而寒進之人，别無所圖，不免到部。」詔未曾參部、未經短使人，今後並不得奏辟。

二年六月四日，吏部侍郎王鼎奏：「竊以吏部侍郎右選使臣、校尉人數最多，〔事〕務繁重，視四選爲劇。除所總三部注擬、磨勘、酬賞外，比之他選，又兼諸處闕差綱運短使等事，凡目浩瀚，吏緣爲姦，積弊非一。近奉得聖旨，令臣措置聞奏，未敢縷數，姑舉一二大者。本選所隸小使臣、校尉，共二萬三千餘員，然每有短使，常患乏人。員數充溢，而不濟任使，其弊最大。蓋緣無人參部，差撥不行。使臣、校尉所以不敢參部，正因畏懼借差押栰重難，類皆潛避，别求辟舉，以幸苟免。又苦於裹費不給，忸於賞罰未重

〔一〕看：似當作「替」。

之類。若不措置，必致稽誤，謹條畫，具如左方。」詔王鼎措置右選十事，內第一項，押栰使臣。訪（問）〔聞〕諸路買木官司，務欲已稱（辯）〔辦〕足，多係前期申奏差官取押。比到本處，往往端閒，未有栰（本）〔木〕。管押使臣，右選措置改撥。第五項，批給驛券、支給鍬、裹角物色違滯〔一〕，第六項交割綱栰，非理邀阻，官吏並徒二年，許使臣越（許）〔訴〕。支給鍬、裹角物色，及出給發遣文字。仍限三日看驗酬賞，經由官司限一日。第十項，立限一月，陳首原罪，依條差借綱運短使一次。違限不參，以違制論，仍罰竹木樁栰重難綱運一次，更不推賞。諸門置簿，見在陝西等使臣、校尉，許赴所在投狀等事，依所乞。第二項，乞將本選見榜小使臣、校尉親民、監當經使住程窠闕，並聽（頗）〔破〕格差注一次。第三項，乞將左部使臣借差押栰人回日，別無少欠，除合得減年占射外，更特與減四年磨勘。其餘綱運管押人，及二千里以上，與減二年磨勘，占射差遣一次；千里以上，減三年磨勘；不及千里，依再差法。其借差短使，並依押罪人格推賞。內17經再差人，每次更與減磨勘半年。如及五次，更不推賞，止與先次占射已未差員缺一次。其任滿得替，若短使綱運使畢，或初（捕）〔補〕出身，參部違限，及不依程限赴闕之人，除依本法外，並計日倍展磨勘年月；元押綱人，罰重難綱運一次。第四項，乞將以前應違程限參部，合罰重難綱運，若限滿依前不參，除所罰外，更計月倍展磨勘。第七項，乞將本選使臣得替之後，規避綱運，久不參部之人，依元豐舊法，限九十日，今後依此。第八項，乞應今後小使臣、校尉短使綱運人，並從本部印給行程，事畢，如程赴闕，依限朝見參部。如不經所屬出給行程到部，罰綱運短使一次。第九項，乞今後應初補小使臣、校尉，除係人吏非泛出職人外，有授宣告補牒日限一年呈試參選，年幼人候及二十歲，并今日已前已補授人，自指揮到日理限。第二、第三、第四、第五、第六、第七、第八、第九項並依奏〔二〕。

二十七日，吏部侍郎王鼎奏：「契〔勘〕本部小使臣員額素號猥衆，然諸路官闕輒久不補，至於上煩宸翰程督差注。蓋到官罷任及事故替移，州郡稽慢，不即申部，致或過滿不即得去，及久已替去，差人權攝，如此等類，了不及知。外方但見闕官，而本部無憑用闕，積弊至久，有失措置。臣近將吏籍稽考，諸處未申到任使臣、校尉，無慮八百餘缺，雖檢舉施行外，緣未有明降約束。臣愚欲乞今後小使臣、校尉到官罷任，或非次替移，所屬州軍限當日飛申本部，仍月具見任官到罷月日，及見闕正官窠名，類聚供申。候到進奏院一月，赴部投下。本部檢照員闕，依條限差注。所貴事無曠官，吏得從祿，實爲公私之利。」詔依奏。內月具

---

〔一〕「支給鍬」原作「支鍬給」，「物」原作「初」，據下文改。

〔二〕按，此句應是徽宗之批覆，但缺第一、第十項如何處置。上文第一項內「管押使臣右選措置改撥」一句及第十項整條似是皇帝批語，但第十項無王鼎措置之文。總之，本條文字似有脫誤。

到罷月日等，令所屬半年一次供申。以上《續國朝會要》。（以上《永樂大典》卷一六七八七）〔一〕

## 流外銓

【宋會要】

18景德二年十二月，上封者言：「京百司每年十月二十五日已前，於吏部納文字足，本司申奏差19官考試〔二〕，比驗書（扎）〔札〕、人材、刑名，引見揀中，與補正名，叙理勞考。竊聞多是吏部手分預前商量，傳本抄寫，轉送入試，亦有懷挾律策，以此對義。僥倖紕繆，薦託而得，叙勞常調，深可痛惜。欲望自今後只令就尚書省考試。至日鏁閉中門，權住六房行事一日。及先引保，各納坐席，上書司分姓名。試日，於都堂前，每三步一人，稀行排坐。其刑部、大理寺即坐階上。或遇風雨，只移就兩廊。前一日，旋牒開封府抽散從官二人把門，選差京朝官三人，一人監門搜檢，二人分兩面提舉。才候放人就坐，下關鏁門，令吏部手分二人分依卷子。試官出問題三道，堂上堂下各（立）義牌，抄訖即時歸坐次對義，不得遞相指教，遥口傳授。考試官每廳只留一二人當直，此外不得別放入人。其供飲食者，只在後廳。試人先寫了卷，旋納押出。所納卷子，止於試官前垛堆，未得看讀。直候齊了，實封印，在司收掌。次日入省，交互考較。內人材、書札、對義優者，與定名近上；若人材低次，書（扎）〔札〕、對義稍通者，爲次；或無此合格人，其間人材、對義、書（扎）〔札〕一事稍通，亦與相度品量揀選。若雖人材，對義、書（扎）〔札〕不通，或人材不中、對義紕繆，縱有書（扎）〔札〕，並不在試中之限。」從之。

三年二月五日，詔中書及諸司人吏犯贓，叙理在諸司者，永不與外官。

十八日，詔京百司人有不經考試補正名者，只令在司祇應〔三〕，不得叙理勞考。

大中（詳）〔祥〕符三年四月，流外20銓言：「諸司寺監依例叙理勞考該附奏人，自來合給優牒。準《長定格》，每年六月一日至二十日已前收狀檢勘，至八月三十日已前奏畢。今檢會二年敕甲，除已給優牒外，有附奏挾名人司天監禮生孔若愚等四人，累行曉示，未來請給。兼舊有至選滿且併給挾名落書字優牒，不惟年歲深遠，難爲照據，竊慮別作欺詐。按編敕，諸司人每覃恩授勑留官，限兩月請官告，如不請，更不在給限。其孔若愚等，欲更限一月。今後應該附奏挾名落書字內，除丁憂、事故人，候敕甲下，立便曉示赴省，出給優牒。兩月不來，與殿一年勞考。過一季，更不出給。」從之。

天禧三年三月，翰林學士盛度等言：「奉（試）〔詔〕試京

〔一〕《大典》卷次原缺。按，原稿本卷卷首所批標目爲「銓選四」，此乃《大典》原目，查《永樂大典目録》，此目在《大典》卷一六七八七，據補。
〔二〕考：原作「官」，據《職官分紀》卷九改。
〔三〕在司：原作「左司」，據文意改。此事與左司無關。

百司人，舊準景德二年條詔，刑部、大理寺〔人〕於都堂上別貼問題，其餘諸司人於堂下別立義牌。每年就試不下百五七十人，除刑部、大理寺外，人數尚多。若只作一牌，即聚處傳授，難爲止約。今欲約人數多少，寫問目十本已上，分散抄寫，稍涉口授，具名報覆。又先寫了卷，旋納押出。所納卷子，止於試官前垜堆，未得看讀。直候齊封印，在司收掌，次日入省，交互考校者。今欲令試人旋寫了卷子，對提舉官納下，封印卷首，旋送考校。如當日未了，一時鏁宿，奏訖方出。其考校義通否，定名訖，拆封，令念過。更選人材得中者，方爲合格。」從之。

仁宗天聖元年五月，翰林學士晏殊等言：「定奪殿中侍御史李若奏請，21 百司年滿授官人，得替之後，乞依格却勒歸司祗應。其正名爲公事勒停，後遇赦叙理，却送諸司降充承闕，須候再試中，方得理選。如限滿日，只注判司。」仁宗令京百司已出外官更不歸司，今後並依《長定格》施行。近年百司人吏頻經慶恩，多減放選限，出官甚速。至是得替之後，依《長定格》歸司祗應。

至和三年四月五日，詔：「百司入流，今後並依吏部格敕及逐司條例，依年限出〔戰〕〔職〕外，不許別叙勞績乞充班行及減年限出官。其臣僚抽帶差使者，更不得陳乞出官減年恩澤。」皇祐二年正月二十二日，御史中丞張觀等詳定，今復申明。

神宗熙寧六年七月十七日，詔定兩府臣僚初除、轉官、轉廳〔一〕、解罷陳乞使臣公人，並衮同推恩，只令中書施行。宰臣、樞密、使相七人〔二〕，樞密使、知樞密院事五人，樞密副使、同知樞密院四人。（以上《永樂大典》卷五〇五九）

## 侍郎右選下〔三〕

22 宣和四年四月二十七日，尚書省言：「昨臣〔臣〕僚言雜流校官之路〔大〕〔太〕廣，有旨措置。今後使臣雜流授官，已有指揮。又都官所供曾配充軍人，雖磨勘不許入流，并〔方〕〔坊〕場庫務選取到剩員廂軍、刺配工匠、手分不許出職，合與吏部通行遵守。」從之。

五年四月二十日，中書省言：「勘會使臣因恩例得減監當任數，既〔闕〕〔關〕陞親民資序，即係無可收使。近來往往陳乞比換減年，顯屬僥倖。」詔應使臣今後不許用〔監〕監當任數比換減年。

七年三月六日，吏部侍郎右選奏：「勘會使臣、校尉任滿得替，短使綱運事畢，并初補人，已有立定參部日限，及不依程限赴闕之人，計日倍展磨勘，並罰重難綱運。緣使臣、校尉内有違之人，避怕責罰，多不敢參部。本部今相

〔一〕轉：原脱，據《職官分紀》卷九補。

〔二〕樞密使相七人：《長編》卷二四六、《職官分紀》卷九皆無此六字。

〔三〕原稿此下又標有「流外銓」三字，按元豐改制，流外銓已併入侍郎右選，今不取。又按，徐輯稿以下文字本與前選舉二五之一七「侍郎右選上」之文相連，後來之整理者於中間插入《大典》卷五〇五九「流外銓」之文。

度，欲乞將已前應違程限合罰重難綱運之人，並許限一月參部陳首，與免展磨勘，并合罰重難綱運短使在外，及差出短使指差勾當者，與除程。仍乞自降指揮日爲始，如限滿不參部，自合依元法。23今來所乞，別無衝改，(已)〔乞〕賜詳酌施行。」從之。

六月十六日，臣僚上言：「契勘吏部右選小使臣猥冗衆多，無若今日之甚。在昔元豐中，止八(十)〔千〕餘員，大觀中增至二萬三千員，今則三萬一千八十二員，視元豐幾四倍之數。舉天下内外窠闕，凡七千八十六處，空闕員數，疑若不勝其多。今在部者不過九百餘員，除宗室軍班已入住程，并恩例免差使及請假人外，可備急切綱運短使者不過一二百人。故借差有至於再，至於三四，又不足也，遂借及大使臣。每一差使，訟訴紛拏，争欲求免，怨嗟之聲，所〔不〕忍聞。而又本部無闕可擬，動經二三年，方有所授。故在部使臣，羈旅凋弊，窮愁日甚，而在外者愈不肯至。究其所自，其弊有二焉，臣請言之。在外使臣，以賄賂(色直)〔苞苴〕交結權貴、帥臣、監司，干求辟舉，有連三任自承節郎至大使臣，足未嘗履吏部門者，此不到部之弊一也。使臣進仕，類多雜流，無復功名之望，惟得不絶廩禄，不礙磨勘足矣，故不授差遣，但圖權局，以苟歲月，此不到部之弊二也。不惟在外者日享安佚，無重難差使之憂，在部者愈加窮悴，誠爲可憫。比肩事主，同爲王臣，何勞逸不均之若是也！臣愚欲乞今後使臣凡出官，須先到部注授，一任滿替，方許舉辟一次，復歸吏部，注擬如初，若是則注擬與舉辟均矣。若未應辟而輒辟，其從辟與辟之者並加罪責，則一弊可除也。大小使臣任滿得替，未授差遣及未曾參部之人，不許在外干求權攝。若不應權而輒差權，其差者與權者亦重加罪責，如是則二弊可除也。二者之弊既除，則在部不患無可擬之缺，在外不患無不到之人。到部之人既多，則急切重難，必無頻併借差之患矣。願詔有司，嚴立法禁，杜絶弊源。其累任在外從辟之人，僥倖已多，亦當少加裁抑。乞令吏部根刷見今在外連經三次辟舉之人，不以曾未赴任，並罷歸部，榜示其闕，許在部人依條注擬。如是則役使稍均，無獨勞之歎。孤寒使臣，不勝幸甚。」詔令措置立法，申尚書省。以上《續國朝會要》。

高宗建炎元年九月二十日，詔：「今後小使臣自初出官給印紙，至爲大使臣及遥郡横行，終身不許移易。」從侍郎錢伯言請也。

二年三月十四日，詔：「使臣、副尉到行在者，各以隨身照驗文字，(徑)〔經〕部自陳，經尚書省參驗訖，一面參部收理名次，仍申尚書省量才録用。」

十一月二十二日，赦：「應命官下班祗應副尉，因罪特旨及依法令該展月或展年磨勘、降資、殿降名次、展年參選、罰短使之類者，並特與放免。」

三年正月二十七日，詔保義郎、差監法酒庫門田宗義，依已降討論指揮追其官。先是宗義係後苑作藝學，宣和間

應奉有勞，特授承信郎出身。吏部言合行審量，追所冒官。上曰：「討論人甚多，若宗義免24追，則何以行法？宗義善造頭巾，朕當用錢役使之，豈可與官？」黄潛善曰：「陛下以至公之道，守已行之法，天下孰不信服？」

紹興元年六月二十八日，吏部侍郎高衛等言(一)：「侍郎右選待次員多，欲將監當并課利場務窠闕，到任半年使闕。其八路窠闕，除四川外，依昨降指揮，更借使一次。」從之。

十二月十二日，詔：「今後吏部右選注擬出闕，並依侍郎左選體例施行。有合會問宗室、進納人員數、年紀，並限兩日。如違，人吏從杖一百科罪。」先是，臣僚言：「銓選之法，其實通用，而右選行事，略不相侔。如非次闕出，左選則日逐別爲一榜，開具闕若干數，無則言無，指定第六日召人指射差遣。今右選但連以長紙，有闕或書上，或不書上，更不逐日聲説。究其所以，蓋欲存留闇闕出賣，候人注擬，則旋次書上。(人)〔又〕如注擬差遣，左選則截日類聚合射闕人，出爲一榜曉示，某人用某年月名次或恩例，内某人名次或恩例且上，合注某人。今右選更不言某人用某年月日名次或恩例，合注某人，却只言某人陳乞，見已施行，亦不明言合注某人。究其所以，蓋欲誅求合得之人，又從而洗垢索(搬)〔瘢〕，期於厚賂而後已。又如左選初一日出四闕，初五日限滿，投狀指射，已注下兩闕，即時作經使闕曉示，召(入)〔人〕注擬。今右選則不然，其已注兩闕，既不即時開具某人已注，其合作經使闕，又不即時曉示，召人注擬。遂使已注非次之人懷狐疑囑託之心，未注經使之人起爭先暗買之倖。此三事，乃侍右人吏與書鋪通同作弊，不可不革。」故有是詔。

二年五月十日，詔：「吏部小使臣闕，權差大使臣，隨官使闕，依法差注。候大使臣員闕稍寬，即仍舊法。」先是，吏部員外〔郎〕陸長民言：「武臣准備將領以上，今已依舊法，密院差注外，弓手部將、縣尉、州指使以上，雖已撥歸吏部，緣舊來使闕去處，如縣尉、州指使有朝廷特差大使臣者，依條本合差小使臣。今以大使臣員多缺少，乞權隨官使闕。」故有是詔。

八月十一日，吏部侍郎張誼言：「侍郎右選應監當、指使、准備差使、緝捕盜賊窠闕，依條諸處申到到任，方行使闕。緣州軍占吝窠闕，要差權官，不依限供申。欲乞並將見任人已滿，差下應赴任人未有申到到任文字，從本部先次剗刷使闕差注，庶使在部待次者不致留滯。」從之。

十二月十六日，吏部侍郎韓肖胄言(二)：「本選掌行小使臣、校尉差注、酬奬、轉官、陞復資序等事，自來惟據憑名籍簿參照行遣。近以遺火，文字散毀，欲乞將在部小使臣、

(一) 高衛：原作「高尉」，據《建炎要録》卷四六改。
(二) 肖：原作「省」，據《建炎要録》卷六〇改。

校尉，限十日具家狀一本，賚出身以來文字〔一〕，赴部點對編類。在外委通判，限一月取索見任并寄居、待闕官，各具出身文字并脚色，具狀申部，以憑照使。」從之。

三年六月二十八日，司諫唐煇言〔二〕：「吏部侍郎右選主事，舊制[25]滿一年三季，通入仕三十年者，補承信郎。今乃有滿年乞降等補將仕郎，它部皆（授）〔援〕以爲例，隳廢成法。欲乞並行改正，已補者與免追改，今後不許妄請。」詔考功依舊法補將仕郎〔三〕，餘從之。

四年正月十二日，詔：「諸縣鎮酒税有不及三萬貫場務者，見有大使臣去處，並差小使臣。」先是，縣鎮酒税多隨闕注擬，以大使臣通差。其歲入有不能（友辨）〔支辦〕監官俸給者，又有添差官，更須别行措置。郎中朱異爲言，送部勘當，故有是詔。

四月二十九日，詔：「應呈試中材武五事之人，並依舊法，除與免短使臣陞三季名次外〔四〕，作材武行使，仍在任獲惡被賞陞名之上〔五〕，呈試武藝得減年之下。」先是，小使臣、校尉呈試材武五事中，及隨軍被賞之人，一例酬獎，無以甄别。試中材武孫慤、劉克勤乞依舊來材武格推賞，侍郎鄭滋以爲言，故有是詔。

同日，詔：「應差下大使臣替小使臣，其小使臣並依舊法滿三年爲任。」先是，尚書胡松年言：「本部小使臣除堂除、辟舉滿二年爲任外，其注擬人合依舊法。」故有是詔。

五月一日，詔：「諸小使臣繳到去失及無干照或補注文字，並不許作材武注授。」先是，諸監押、巡檢、校尉、堡寨駐泊等缺，依條差材武人，而小使臣繳到去失付身，給到文字并隨軍守城名色補轉者，並陳乞作（載）〔戰〕功等材武收使。吏部言，便作戰功告示，即恩例太優於常調，故有是詔。

六月十六日，吏部侍郎鄭滋言：「本部待次親民六人，監當五百人，乞將應親民窠闕若今後合使條限，雖在部親民人少，而監當應入人多，並行依限剗刷，出榜召人指射。」從之。

九月十五日，赦：「應小使臣參部違限，合罰重難綱運人，限一月許參，特與免罰。應使臣且與短使及未得差遣者，並仰於所屬投狀，與收入住程及合得差遣。」

五年三月一日，詔侍郎右選依舊差郎官二員。先是，以減員例併，侍郎晏敦復以爲言，故有是詔。

四月二十七日，詔：「小使臣所歷資序人，二年爲任，並去替一年使闕。」從侍郎晏敦復請也。

十年九月二十一日，臣僚言：「頃者獻議之臣立審量

〔一〕賚：原作「賞」，據文意改。
〔二〕煇：原作「輝」，據《建炎要録》卷六六、《吴郡志》卷二八改。
〔三〕將仕郎：據前文所述，似當作「承信郎」。
〔四〕臣：似爲衍文，或當改作「並」。
〔五〕「在」下似當補一「在」字。「獲」下原有一「獲」字殘畫，今删。又「獲惡」似當作「獲盜」。

之說，在建炎則有十八項，在紹興則有二十四項，其後又有九項，書之史册，遂彰先朝過舉。頃罷審量，士大夫莫不歡呼，然有司猶執靖康元年十一月指揮，應泛濫補官，若句身祇應應奉有勞〔一〕，或待詔減年出職等，如合參部之人，並在武舉等人名次之下，不得通比分數，仍先注遠地差遣；若用諸般恩例，亦不許入近地。又紹興八年三月指揮，小使臣因應泛濫補授名目之人，雖已經關陞，不許注授親民等官。竊詳兩項，與前日審量名異而實同。今既罷審量，而吏部執此，使待次之士留滯滋久，乞已經關陞者許注親民及收使分數恩例。」從之。

十八年八月六日，【26】詔：「今後小使臣、校副尉身亡，即於所寄居或見任州縣即時申官取索付身，分明批上身故月日，於付身告敕等文字背後用印訖，給還本家，仍申吏、刑部、殿前司、諸監司照會。」先是，使臣赴任遠方，有其家衰而暗賣付身，詭名承代者，有不幸身故，明（聚）〔娶〕其室而冒名影帶者，或有付身頭尾，或存印紙後截，改易姓名，撰造初補，其弊百出。肇慶府通判王次張以爲言，故有是詔。

二十七年十月二日，詔：「從軍該奏薦有任校尉、吏部已給差帖人，可自轉承信郎以上日理年限放行。」

二十八年，權吏部侍郎劉章言：「小使臣、校尉差遣，目今見使去替四年闕，除逐旋剗刷注擬外，見有待次八百餘員，所榜親民、監當止二百一十九缺，乞將見使闕條限更行探使半年刷闕差使。所有宗室添差釐務及岳廟使闕條限，亦乞探使半年。」從之。

二十九年六月七日，吏部侍郎沈介言：「小使臣、校尉蓋當非次闕，依條牓及五日，限滿無人指射，即作經使闕。又無應格人，榜及半年，方（詳）〔許〕破格差人。見今在部官常不下千（貫）〔員〕，其破格半年，委是虛占月日。乞今後止榜一季。」從之。以上《中興會要》。

紹興三十二年八月十八日，孝宗皇帝已即位，未改元。臣僚言：「竊見吏部出官格法，左選則有銓試，右選則有呈試，其制一也。今左選銓試約束甚嚴，考校甚密。至於使臣、校尉呈試，則因循弊倖，遂成空文，惟務請託，例以應格申部，或免短使，或陞名次〔二〕，便得注授差遣。至於五事中格者，仍作材武，徑注親民主兵窠闕，更不經歷監當、指使之類。乞詔有司，嚴立法禁，務絕請託之源。不惟以正銓法，而右武之世，使人人閑習弓馬而後從仕，誠今日之先務。」詔今後呈試出官，令吏部郎中一員同共監試。

十一月二十一日，吏部言：「小使臣、校尉繳到官告綾紙，後無背紙，竊慮隱匿背批過犯〔三〕。今乞召本等保官二員，委保別無隱匿罪犯，放行參部施行。」從之。

---

〔一〕句身：疑誤。
〔二〕陞：原作「申」，參上文選舉二五之二五「四月二十九日」條改。
〔三〕匿：原作「慝」，據下文改。

孝宗隆興元年三月十日，吏部侍郎徐林言：「檢會紹興三十一年六月十三日赦文内一項，武臣承信郎以上並與轉一官。今來小使臣陳乞轉官，内有二十年不到部之人，依紹興令，合行落籍，致本部未敢便與依赦轉行。竊詳立法之意，不到部日久之人，恐其僞冒，故去其籍，而其官初未嘗追奪，蓋與有罪而停廢之人異矣。今也有罪停廢之人猶與之甄叙，而久不到部之人乃不霑霈澤，似非施恩之意。欲乞凡二十年不到部之人，並令召陞朝官二員結罪委保，經本州保明申部，依赦施行。」從之。

五月七日，詔將堂除窠闕撥付吏部，可依格法盡行差注一次。以吏部侍郎徐林言：「契勘侍郎右選，近承指揮發下堂除窠闕，令本部差注在部人，先已條具使闕條限、差注格法申省。今承指[27]揮，内一項，將曾經堂除并宫觀嶽廟人先次注授。勘會左選參附令，曾經堂除人，若兩任以上，與先次注授；一任，與占射差遣。即堂除不終任，許陞壓同等名次人。緣侍郎右選小使臣，即無曾經堂除得替許行指占差遣條法指揮，若不申明，無以遵執。又緣小使臣、校尉所得堂除差遣，即非薦舉選除陞擢，謂如監官資序人差贍軍酒庫及指使之類。難以與左選一等行使恩例〔一〕。本部今相度，欲乞將小使臣比附侍郎左選格法，曾經堂除兩任、滿替到部之人，與占射差遣一次；選缺即較量功分，一任人同。一任滿替人，與陞壓同等名次一次；其不終任及不曾到任并曾經任嶽廟之人，不理堂除，與常調人衮理名次差注。」從之，仍照應隆興元年五月七日已降指揮施行，故有是詔。

七月二十二日，司農少卿楊倓言：「竊見吏部四選各以名籍稽吏員之實，防舛冒之姦。自渡江以來，文籍散逸。今三選已備，惟侍郎右選吏員猥衆，遇有取會，無從稽考。議者固嘗有請，或以取會諸軍爲擾，或以散漫州縣，報應不時。比因覃恩，自一命以上，皆以姓名來請。臣適備員本選，謂非此時，無以盡得其數，遂行督責，隨時拘籍，將已及二萬員。所有未到員數，懼復因循，欲乞命侍郎右選嚴加檢察，接續抄注。仍令按月具轉官員數報左右司，從左右司點對，以防漏落。庶幾侍右之籍，自此全備，天下吏員可以盡見，不爲小補。」從之。

八月五日，吏部狀：「依指揮併省吏額。侍郎右選見管主事二人，令史四人，書令史十五人，守當官二十八人，貼司二十五人，私名七人，楷書十人，法司一名。今乞減楷書七人，私名七人，貼司四人。」詔見在人依舊，如將來遇闕，更不還補。

乾道元年正月一日，大禮赦：「昨降指揮，諸軍揀汰大小使臣、校副尉、下班祇應内付身不圓之人，權許添差一次。竊慮無力釐會，却致失禄，可令吏部更與添差一次，餘依已降指揮。諸軍揀汰離軍，已經添差一任〔四〕〔回〕到部，許注授諸州准備差使及嶽廟差遣。其間有實緣殘廢，不能

〔一〕以：原作「已」，據文意改。

親身赴部之人，令召本色官一員結罪委保正身，許賫狀赴部陳乞差注，以示優恤。」

六月十日，試吏部侍郎陳俊卿言：「勘會在部待次小使臣、校尉，(日)〔目〕今見有一千餘員，每日接續參部，不下十數員。雖逐季剗刷季闕，親民、監當校尉共不(進)〔過〕百餘闕，委是員多闕少，發遣不行。今措置，欲乞比附兩選已展借使闕指揮，於見今使闕年限上展使一季，候今降指揮下部日，先次定日集注。已後亦乞依此使闕差注，所貴在部使臣不至旅中留滯。」從之。

二年正月二十四日，權吏部侍郎陳天麟言：「小使臣、校尉曾經從軍、添差任滿到部之人，乞將添差指使〔一〕、聽候使喚，並依嶽廟一等，作二年使闕差注施28行。」從之。

同日，天麟言：「四川從軍小使臣、校尉，已降紹興元年正月三十日指揮，許理資任。所有合給理任差帖印紙，今相度，乞將應差赴行在賫到干照并真本付身，經部陳乞出給之人，先次出給。後經制置司依指揮審實，保明批上印紙，照會訖，方許行使。」從之。

同日，天麟言：「小使臣、校尉，前任批書不圓，或不依式，其合批考第及滿罷月日，若在隆興二年閏十一月五日詔書之前，自合照應詔書免降。如偶緣州府批書在詔書後之人，乞指照本官成考滿罷月日施行。」從之。

同日，天麟言：「照得選人係三年爲任，使臣以二年成任。使臣任内偶因被對移或衝差替、放罷之類，今乞比附選人條法，止破犯時一考施行〔二〕，庶幾文武臣陞改，事體均一。」從之。

十月二十九日，吏部言：「臨安府龍山、浙江、紹興府漁浦、西興監渡官缺，緣係創置窠闕，本部未有立定條法。今相度並注經任無贓私罪，及不注老疾就監當人，并不注進納及補事若招出人。仍各隸本府，乞從本部榜闕差注。」從之。

三年五月二日，吏部左右選狀：「選人年六十、小使臣年七十以上，及尋醫年滿人，到部參選，從長貳當官體量精力不衰，別無疾病，許依條注授。」從之。詳見(持)〔侍〕左門。

十一月二日，大禮赦：「應命官下班祗應、副尉，因罪特旨及依法合該展期或展年磨勘、降資、殿降名次、展年參選、罰短使之類，並特與放免。」

四年三月九日，吏部狀：「准乾道三年十二月二十五日都省劄子，侍郎左選申請到指揮，乞將選人參部待次官注擬(短)〔知〕縣、縣令，並赴都堂審察外，所有在外指射并移注人，四川、二廣定差諸處奏辟知縣、縣令，欲依舊法，止令本處知、通精加銓量，保明申部，差注施行。其尚書左選未有申到指揮，理合一體。勘會本部侍郎右選小使臣知縣窠闕，見依格注保義郎以上經親民人，仍當官試書劄百字

〔一〕添差：原作「添置」，據下頁四年「七月十二日」條改。
〔二〕破：原作「頗」，據文意改。

以上，試中許差。今准尚書左選關到前項指揮，緣小使臣亦有到部注授及四川、二廣差注到官，即未有許依侍郎左選已申請事理〔一〕，乞詳酌指揮施行。」詔依侍郎左選已得指揮。

七月十二日，尚書吏部員外郎林栗言〔二〕：「本選小使臣、校尉，曾經從軍立功，循累降勑旨，注諸州軍添差指使、聽候使喚不釐務及嶽廟差遣〔三〕。任回，願就前任州軍員缺，有司礙以格法，不許差注。緣揀汰離軍，類多貧乏，攜家之任，曾未安居，遽以滿罷，則又般挈，坐困逆旅。欲乞將離軍添差指(吏)〔使〕、嶽廟，(此)〔比〕附宗室嶽廟不釐務差注，不礙前任州軍，則任滿之日，可免般挈道路之勞，仰稱優恤之意。」從之。其後吏部復言：「前旨止爲小使臣本選離軍添差，大使臣未有該載明文，亦合一體差注。」從之。

八月二十三日，詔：「小使臣、校尉在福建、湖南路替回參選之人，並依內地 29 差撥短使滿一季住程，特與減作兩個月收入住程。」

十二月十九日，吏部言：「昨將武臣親民、監當更逆使半年，並四年闕；監嶽廟及准備差使不釐務更逆使半年，並二年半闕。即目在部待次武臣四百餘，員多缺少〔四〕，差注不行，欲乞朝廷將親民、監當并嶽廟、准備差使不釐務窠缺各借半年使闕差注。」從之。

五年正月七日，吏部言：「大小使臣宗室依條每□添差親民兵馬監押一員，係釐務。昨緣一例作不釐務，致鎮江府請乞差外官。續承指揮，宗室添差兵官，依舊釐務，欲日後更不差注外官。」從之。

七月十五日，試尚書吏部侍郎陳彌作言：「本部小使臣、校尉軍功補授合注授添(置)〔差〕不釐務指使，并聽候使喚及嶽廟三色差遣，見用應赴任三年缺。近軍功補授人積壓在部，員數頗多，欲將不釐務指使、聽候使喚、嶽廟窠缺，更逆使半年，今後用二年半闕。」從之。

八月二十三日，陳彌作言：「小使臣、校尉參選，合著籍定重難并常程短使。本部除前任請大添支合著籍定重難短使之人，員數不多，合見行條法指揮，理兩個月收入住程外，所有應副常程短使人，近來每月不下七十員，收附入籍。其所差短使，每月不過五七人，委是虛將在部人拘占月日。今相度，欲乞止理一箇月收入住程，庶幾待次之人不致久淹逆旅。」從之。

十月六日，湖北提舉常平謝師稷言：「竊見辰、沅、靖州地邊溪洞，見任官月俸每至積下，無以支給。欲望自今免添差及養老使臣。」詔辰、沅、靖州合添差使臣并養老軍兵，自今各減半差，見任已差下使臣并養老軍兵正依舊〔五〕。

〔一〕即：原作「郎」，據文意改。
〔二〕栗：原作「粟」，據《宋史》卷三九四《林栗傳》改。
〔三〕候：原作「侯」，據文意改。
〔四〕少：原抄作「所」，又加涂抹，却未改正，今據文意改。
〔五〕正：似當作「並」。

六年二月二十三日，陳彌作言：「所掌小使臣、校尉在部待次一千六百餘人，以闕籍剗刷諸路不釐務指使、聽候使喚、嶽廟及指使、監當、親民計四百六十缺，並未申到任違年事因。其中九十二缺，皆乾道二年以前應赴任人，雖取會未至，本部理筭，自擬差月日至今，各已係違年。相度欲從本部刷具，先次依條用闕。仍下逐路提刑司，究官吏淹慢之罪，庶在部人不致積壓留滯。」從之。

三月十九日，陳彌作言：「宗室小使臣添差親民，差注經任初任人外，蓋次常一百餘人。今在部軍功補授人員多缺少，差注不行。欲乞借宗室監當見闕，權改作嶽廟稱呼差注一任，任滿，復撥還宗室使缺，庶可以時暫發遣在部軍功補授之人。」詔從之，仍先注曾立戰功人。

四月十日，吏部言：「軍功補授離軍之人，類皆貧乏，不能自給，久在旅(底)〔邸〕，守候注闕。詔應離軍注授添差指使〔一〕、巡檢下使臣、嶽廟之人，並令具鈔，候畫聞下部，吏部給差帖，當官給付。大使臣離軍注授添差准備差使、巡檢下使臣、聽候使喚不釐務，並到部注授諸州軍及監司、帥司添置准備差使，并注授嶽廟之人，一30體施行。」從之。

五月四日，吏部言：「侍郎右選見管吏額主事二人，令史四人，法司一名，書令史一十五人，守當官二十八人，正貼司二十一人，楷書三人，即自通吏額七十七人〔二〕。今欲減罷書令史一人，守當官三人，正貼司五人。并權守當官八人、權正貼司一十二人更不幫勘承權請給。」詔依擬定，各從下裁減，將來見闕日，依名次撥填。其減下人，願依條比換名目者聽。

二十七日，詔進義校尉已上資級令依舊吏部掌行。

十月二十八日，權吏部侍郎張津言〔三〕：「小使臣、校尉目今在部一千三百餘員，到部日久，無缺發遣。乞將不釐務指使并聽候使喚窠缺，許注不係軍功之人一次，以資序、恩例、名次高下差注。如同日有軍功人指射，即依見行條法，先注軍功人，庶得可以發遣在部歲久待次之人。」從之。

七年二月八日，册皇太子赦書：「勘會諸軍將校緣功賞合轉承信郎，偶不曾繳到付身及綾紙錢、(未)〔朱〕鈔，及差漏三代名諱，致妨給告，止出轉官公據。後來因覃恩或他賞，已轉承信郎以上，方行陳乞。吏部却引用入資法，比折減三年磨勘，甚失當時立法之意。如有似此之人，仰吏部特與作一官資轉行。」

四月三日，張津言：「本部待次小使臣、校尉共一千二百餘員，兼每日接續參部不下十數員，委是員多缺少。竊

〔一〕「詔」字上疑脱「乞」字。
〔二〕即自：似當作「即目」。
〔三〕「吏部」下原有「尚書」二字，據本書職官八之三三删。考本書職官一〇之九、選舉二三之一九，張津乾道八年八月五日尚爲吏部侍郎，至八月二十九日始權吏部尚書。

見侍郎左選缺期見使六年，本選乞於見今使闕年限上展使一年差注。其後依此使闕差注〔一〕，庶幾不致積壓留滯。」從之。

六月九日，張津言：「吏部侍郎右選見管諸路州軍及監司下差置（措）〔指〕使、聽候使喚及嶽廟差遣，專注從軍立功揀汰之人。每日除地近州軍不住據在部官指射外〔二〕，內有遠地，如二廣路見榜一（有）〔百〕五十七闕，荊湖南北路、京西路見榜一百九十一缺，日久無人指射。蓋緣從軍立功見在部人，憚於地遠，而已在遠地任滿寄居人，復無力前來赴部注授。不惟食闕之久，兼亦本部虛榜闕次。今相度將二廣及荊湖、京西路截日終見闕員數，行下本路州軍，並許任滿寄居、曾經從軍立功揀汰使臣經州（邀）〔繳〕連録白出身以來文字，委官對讀真本，并具立功次數、資序高下，委保官一員委保正身，不拘州軍，陳乞指射五闕，本州保明詣實申部，從上擬差。如同日有在部人指射，先准在部人，庶幾遠地均濟。」從之。

十月十四日，中書門下省勘會：「使臣出官，昨遇季孟月呈試，近旨以半年。今在部官趙遵等自陳候久，乞放行十月呈試。」詔吏部放行一次。新制自來年正月爲始。

十六日，詔：「饒州、南康軍、隆興府、江、筠州、興國、臨江軍、潭州、江（陸）〔陵〕府令差揀汰離軍及歸正添差員闕，慮逐州境內亢旱，無以贍給，令吏部權免差注，候秋成取旨。」

九年閏正月二十四日，詔：「應從軍小使臣今後在職丁憂，與31免試假。」

五月八日，試太常寺少卿王淮劄子，欲將揀汰離軍到部人除授釐務差遣。又有前任請大添支一年以上，依條合差短使外，其願就添差不釐務嶽廟差遣之人，年六十已上，並免短使，庶幾從軍戰士獲霑厚恩。從之。以上《乾道會要》。

嘉定八年九月十五日，明堂赦文：「應從軍曾經立功大小使臣、校副尉、下班祗應，已經揀汰離軍添差一任回，合注正缺，間有實緣殘疾不能親身赴部注授之人，理宜優恤，許召本色官一員結罪委保正身，令家屬賫狀赴部，陳乞差注諸州准備差使或嶽廟一次。」十一年明堂赦亦如之。

同日，赦：「州府合依條保明到小使臣、校尉陳乞祖父母、父母老疾，合得家便恩例參選，及在外指射差遣之人，其間有不曾連到保明正身并勘驗公據，致礙參選注授具鈔，并小使臣、校尉召到保官，內有不是本等，見擬注闕，可令吏部特與放行一次。」十一年明堂赦亦如之。

同日，赦：「小使臣、校尉參選年七十以上，從條合注五十貫以下場務窠闕。緣無五十貫以下場務，是致年及七十以上之人，並無闕可入，竊慮失禄，可與注軍功嶽廟一

〔一〕「後」字上原尚有一殘字，左半爲「彳」，右半缺，恐亦是「後」字未寫完而被棄者。

〔二〕不住：原作「下住」，據文意改。

次。其四川州軍元無軍功嶽廟窠闕去處，許注軍功指使、聽候使喚不釐務差遣一次。」十一年、十四年明堂赦亦如之。

同日，赦：「宗室於在外州軍及經部陳乞嶽廟，各合召保官二員，除初官參部、已召保官及已參部判成〔一〕、合注授差遣之人，若注嶽廟，自合就用其經任小使臣。已再參部，見理在部名次之人，如欲指射嶽廟窠闕，亦與免再召保官。」十一年、十四年明堂赦亦如之。

九年三月九日，吏部郎中程覃言：「臣備員郎曹，職司侍右，本選一命以上，皆有簿籍。先遵關到指揮，詳批到罷月日，獨有諸司抽差吏職，殊無稽考。比因〔宮〕〔官〕賞僞冒之後，遂編類頒降諸百官司，令差吏職員數行下本部遵守。臣自供職以來，但見逐處陳乞三年供奉無失，乞行推賞。取索案籍，稽考月日，扣問當來有無朝廷劄下，悉無有焉。惟止取會刑部都官，都官保明詣實，本部便與放行。臣以諸司既有公文保明，都官又行勘當，度其無弊。但右選無所稽考，乞自今以始，凡諸司差撥吏職充應供奉，令各司先申朝廷批下都官，都官〔闕〕〔關〕報右選，兩部置籍，一如注闕，分明抄上到罷月日。仍令赴部，出給功過印曆，逐考經所屬批有〔無〕過犯。候滿日陳乞推賞，須要繳付身，赴部辨驗，照條格施行。庶幾命令出自朝廷，有司可以遵守。」從之。

十一年九月十二日，明堂赦文：「宗室小使臣依條須實歷釐務一任，通不釐務四考，方許關陞。緣從來宗室並作四年出闕，是致艱得釐務窠闕可入，多有在部守待，動經年歲。竊慮淹留旅邸，可將宗室釐務監當窠缺權展作四年半，刷具〔使〕[32]使闕，出榜許令指射一次。」十四年明堂赦亦如之。

同日，赦：「小使臣、校尉陳乞戚里添差，初任合召陞朝官二員委保，所供〔宋〕〔宗〕枝圖本即無節略隱漏，關送禮部，行下太常寺，定奪服紀，畫降指揮下部，與注授添差差遣。內有任滿再陳乞添差人，又令召保，委是重疊。可將似此添差經任已曾召保之人，照前任已承指揮，與免再召保，放行添差。」十四年明堂赦亦如之。

同日，赦：「小使臣、校尉任滿到部，合繳印紙，陳乞覆校。其間或有已成考任，批書替罷，本官任內別無不了事件，及無諸般過犯，止緣州府吏人一時不依條式批書，在法合召保官及降名次。可將上項人與免召保、名次，放行參部注授一次。」十四年明堂赦亦如之。

十四年九月十日，明堂赦文：「小使臣、校尉親民、監當、指使等正闕，見用五年兩季爲限出闕。今來尚有在部待次之人，員數頗多，竊慮淹留旅邸，委實可憐。仰將逐項正任窠闕除見榜外，權展作五年三季，刷具使闕，出榜召官指射一處。」

---

〔一〕參：原脱，據文意補。杜範《清獻集》卷一〇《吏部侍郎已見第二劄》：「參部判成，候滯闕於逆旅。」

同日，赦：「四川、二廣州軍申到使臣、校尉陳乞酬賞定差，自合照應見行條式保明。其間有州府案例一時漏行聲説脩葺器甲堅利并法官點對因依與『保明』二字，及有定差遣，合行當官銓量，讀律、試寫書劄百字以上，方許差注。近來間有定狀畫一項內，雖該説已親身赴司，當官讀律、試寫書劄因依，其後項保明內，却止稱已體量或審量事因，不曾分明聲説已當官『銓量訖』三字。若使行下取會，動經歲月，竊慮（近）〔迂〕迴留滯。仰將上項人自今赦到日，如見得別無違礙，令吏部特與放行一次。」

同日，赦：「宗室嶽廟及添差不釐務窠闕，依條並係二年成資，滿罷，不候替人，截日離任，並以四年爲限出缺。近來往往諸州軍並不依時申到逐闕到罷，是致本部使闕不行，有妨在部人指射。可自今赦到日，將逐項窠缺照應應赴月日，見係四年以下缺次，即令刷具，盡行使闕，出榜召官指射。」

同日，赦：「使臣、校尉每年陳乞呈試，自合經本貫或見寄居州軍陳乞，保明給據，並申部照會，放行牒試。其間有已曾保明、給據、申部了當，偶因呈試不中，若次年陳乞再試，內有地里遥遠，貧乏無力歸鄉，陳乞保明再試，以致淹留在旅，狼狽失所，情實可憐。仰將上項人與照已經保明，勒元書鋪委保正身，放行再試一次。內有及三年以上不到部之人，自依見行條法，保明給據施行。」

十六年五月二日，臣僚奏：「州縣之吏，於職則卑，於民爲親者，令是也。爲親民之官，百里戚休所繫，詎可以爲卑而忽之？小使臣注授縣令窠闕，自有成法。近〔年〕以來，武臣不拘經任或初官人，與任子同試文銓中選，許注縣尉。候將來資格當入兩淮縣令，即與差注。竊詳近制之行，蓋謂親民之官，儻以稍通 33 文墨者充之，施于有政，當亦可觀，初意未常不善。然冠鶡業儒，功名自許，固不乏人，而挾資並緣，傳義假手，弊亦不少。僥倖一中，則由尉而令，如取如攜。以若人而寄百里之命，立見曠闕，況兩淮要害之地哉！諸銓試中，仍須簾試中注官，此侍左通用令也。左選猶爾，況右選乎！乞下臣此章，今後使臣、校尉文銓試中選人，參用左選銓中體例，定日簾引，仍索真卷，比對字迹一同，方許從準嘉定五年以後節次指揮參注。非惟可革代筆之弊，亦足以重字人之選。」從之。以上《寧宗會要》。 （以上《永樂大典》卷一六七八八）〔一〕

〔一〕《大典》卷次原缺。按，「侍郎右選上」在《大典》卷一六七八七，其末注「以上《續國朝會要》」，説明「侍郎右選下」分爲另一卷，即卷一六七八八（「選」字韻「宋銓選五」），因補（《大典》雖分卷，但徐輯稿仍連抄）。參本卷選舉二五之一七、又二五之二二校記。

# 宋會要輯稿　選舉二六

## 銓試　右選呈試附

❶紹興三十二年八月十八日，壽皇聖帝已即位，未改元。臣僚言：「吏部出官格法，左選則有銓試，右選則有呈試，其制一也。今左選銓試約束甚嚴，至於使臣、校尉呈試，則因循弊倖，遂成空文。往往惟務請託，例以應格申部。欲望明詔有司，嚴立法禁，務絶請託之源。不惟稍謹入仕之路，況右武之世，使人人閑習弓馬而後從仕，誠今日之先務。」從之。仍自（令）〔今〕呈試出官，令吏部郎官一員同監試。

壽皇聖帝隆興元年二月五日，臣僚言：「今日官冗之弊極矣，欲清入仕之源，莫若減任子之法。三歲大比，所取進士不過數百人。三歲一部，以父兄任官者乃至數千人。積累既久，無怪乎員日益多，闕日益少，國用日益不足也。」詔：「臣僚任子，見遵祖宗法令，理難遽改，可令吏部嚴銓試之法。自今初官不許用恩例免銓試、呈試，並候一任回，方許收使。雖宰執亦不許用恩例陳乞回授初官免試。在今旨前，不曾銓試、呈試，見在部并已出官人，差注並在曾經試中本等人之下，如願試者聽。仍參照格法，條具取旨。」其❷後吏部條具，依所獲旨施行外，不經銓試已出官人，有曾歷累任或（巳）〔已〕關陞知縣、通判，慮一概無別，欲止將不曾銓試、見在選并出仕未歷兩任差注之人〔一〕，在已中銓試之下。使臣、校尉在外就補諸軍揀罷使臣等，並呈試。即試不中或不願試，並依軍功補授到部呈試不中人，著令聽滿五年參選。詔從之。其使臣、校尉等，並依舊法免試。

二年三月二日，臣僚言：「近多有初官年二十五以上，不曾銓試，止用父祖西北户貫陳乞，有礙臣僚奏請初官須銓試之制。措置應官年二十以上，（離）〔雖〕父祖西北户貫，如未曾銓試中，並不許陳乞應格嶽廟。」從之。

乾道元年五月二十七日，臣僚言：「蔭補初出官人，法當銓試。承前堂除輒許免試，已有禁約。近覩將仕郎魏好信等特差嶽廟，乃蔭補未銓試之人，無法免試，正殿近制〔二〕。臣恐自此源源而來，復啓僥倖，不止免試而已。欲望應蔭補及初出官人，除因許乞特旨與差遣外，餘合赴銓試人，無恩例及違格法而冒干堂除，得差遣免試之人，並追寢成命，庶杜僥求。」詔：「自今應初出官人未經銓試，並不許陳乞堂除。條入勑令，爲定法。」

二年正月七日，都省言：「今年廷試第五甲進士，并特奏名第一、第二等人，並不該減。所有今年吏部秋試出官人，欲權附春試。」從之。

五月二十六日，中書門下省言：「自來文臣銓試，每年春秋兩試，以（下）十分爲率，取七分爲合格。近者每年❸止一試，十分以半爲合格。武臣初出官，呈試弓馬或《七

〔一〕出仕：原脱「仕」字，據《補編》頁四五二補（按《補編》此句無「未」字則非）。
〔二〕殿：疑誤。

書》義，未有去取格式及取人分數，欲令吏部、兵部比類施行。」從之。

七月十四日，詔：「都謙亨嶽廟差遣罷之，自今執政常遵近制，仍戒諭後省官毋更忽慢。」臣僚言：「方申嚴銓試之法，謙亨初未嘗試，忽吏竊爲文，而執政受其欺，乞賜施行。仍自今初出官陳乞差遣，先令吏部供具已未銓試。」從之。

二年二月六日，四川安撫制置使汪應辰言：「被旨措置四川銓試，舊例成都、潼川兩府，兩路轉運司輪年併試，元無立鎖院引試日辰。今措置，試院定用三月二十一日鎖院，二十五日引試。如類省試四川舉人，即將當年銓試附別試所，接續收試。承前轉運司銓試，止差本司屬官監試，所差之官以預知，則僥倖之流未免妄意請託。措置欲於諸州見任京朝官内，選差有出身、文字兼全之人充監試、考試官〔一〕，并於見任京朝官及選人、大小使臣内選差監門、封彌、謄録、對讀、巡鋪官。若赴試不及百人，即令封彌兼巡鋪，謄録兼對讀。承前四川銓試議〔二〕，往往試官以意出題，未必皆有來歷。今欲令出題令於經史子集，須該涉時務，庶幾有所考據。舊例轉運司銓試，皆試院一面拆號放榜。今欲於開院前一日，具等號狀，實封申制置使司，長官躬親詣試院拆放。所有假名代筆之弊，蓋緣門禁不嚴，得以傳送，又多見燭，以至達旦，就試人得以餘力爲人代筆。欲選差 **4** 監門官、巡鋪官，嚴切督責，仍不許見燭。」詔封彌、謄録、監門官依吏部差有出身官，餘並從之。

十五日，前權（通）通判融州唐孝穎言：「竊謂銓試許廣南漕司，蓋緣有本窠闕，試中即就定擬，此祖宗八路之法，以去朝廷稍遠，故優之也。近年吏部銓試之法一嚴，則有自別路移籍廣南漕司銓試者；暨試中，却有移籍赴吏部注差者。原立法之意，豈如是哉？欲乞詳酌，行下二廣漕司，每遇銓試，止許本路土著官；并委係西北流寓人、在路寄居及七年以上，各召保官二員，次第經州縣結罪保明，方許收試〔三〕。仍試中人不得更移籍赴吏部注差。」從之。

十月十一日，吏部侍郎薛良朋乞將初受官年滿五十之人〔四〕，特免銓試，許令參部受殘零闕一次。從之。上謂輔臣曰：「近言銓試之法甚良，若不能銓試，何以治民？然而遇年五十，恐不復能習程試之文，可與放行。」蔣芾曰：「若受殘零闕，動五六年，及其到官，且老矣，不過易得一階官。」上曰善。

十一月二日，南郊赦書：「勘會舊法，初官補授及三十年，并年三十〔五〕，到部與免試。自近降指揮，並須銓試，方得參部。其間有年及五十以上之人，令吏部權與放行，就殘零闕參部一次。」

四年正月二十六日，國子司業程大昌言：「使臣出官，

〔一〕試：原脱，據《補編》頁四五三補。
〔二〕「議」字疑衍。
〔三〕收：原作「牧」，據《補編》頁四五四改。
〔四〕朋：原作「用」，據汪應辰《文定集》卷八改。
〔五〕三十：疑當作「五十」。

内有不能拍試弓馬人，令附武學私試，即與見今文臣銓試一同。緣上件人附試武學，正與習《七書》義士人同場，雖不住嚴密關防，其附試使臣 5 往往妄有生疑。緣每年春季常有銓試，欲乞朝廷附吏部銓試，庶幾杜絶疑議爲便。」從之。

二月六日，臣僚言：「銓試代筆之弊，欲令就試三人以上止五人，結爲一保，並須知識願同者，書鋪不許輒與名字射入。遇吏部引保，當官引問，別取審實正身、朝典文狀。仍每保卷子別爲一束，發下銓試所，遇引試日，試官於簾内次第逐保再問正身，然後分保試卷。蓋在外引保，雖正身至試場，則代筆人冒入，苟不於簾前引問同保，欲察無由。其代筆並令人代筆，自有貢舉條制，但（問）〔同〕保人未有明法，欲將同保人降兩月名次定罪。如就試日於試場指識非正身，經簾前陳告，特與免罪。」從之。

十七日，持服楊倓乞添差姪右宣義郎、直秘閣文昺差遣，詔以爲添差簽書寧海軍節度判官廳公事，不釐務。中書後省不書行録黄，其命遂寢。先是，宰執進呈楊倓劄子，上曰：「此合得否？」蔣芾曰：「未曾銓試。然前此未有直祕閣而銓試者。」上問當如何，芾曰：「若特旨與之，則出陛下聖意。」上曰：「勳臣子孫〔一〕，可特與添差。」於是上批：「楊文昺爲勳臣子孫，特與添差。」

五年三月十三日，詔：「正奏名進士該赴乾道二年殿試，因事故不曾（試）赴殿試人，今還試，唱名如在第五甲，與免銓試。」

四月十五日，新潮州潮陽縣主簿傅伯益言〔二〕：「竊見諸路州軍發解鏁院，皆有定日，而銓試今獨不然。名爲春銓，以二月二十五日鏁院，而臨期申展，或 6 以半月，或以旬日。遠方之人滯留伺候，實不易支，多有失職之難。欲望每年定以二月二十五日鏁院，如遇省試年分，則展至五月，不許再展移。」吏部勘會：「自來春銓試爲始，每年定以二月二十五日鏁院，如遇省試年分，展至五月十五日，更不申展。」從之。

六年二月二十四日，成都府轉運司言：「乞將四川銓試中中等第一名與不依名次，餘人止許出官。」從之，仍自降旨日爲始。

四月一日，詔令四川銓試人並就宣撫司收試，餘依見行條旨施行。

五月二十五日，臣僚言：「朝廷嚴銓試之法，近却因緣作八路就廣中銓試。臣謂二廣銓試，可以併罷。或已試中而願就外差注者，聽就部射闕。」詔吏部將廣東、西路銓〔試〕自乾道八年爲始並罷。

十一月六日，南郊赦書：「舊法，初（宮）〔官〕並須銓試，方得參部。其間有年及五十以上之人，并因功賞特旨補文

〔一〕孫：原作「何」，據下文改。
〔二〕潮州：原作「湖州」，據《補編》頁四五四改。

學，已經注權官一員回〔一〕、年及五十以上人，並令吏部權與放行，就殘零闕參部一次。」九年十一月九日南郊赦書並同此制。

同日，南效赦書：「二廣州軍依條合差攝官去處，依舊制施行。若補京官選人，如兩經銓試不中，願就二廣州縣合入京差遣者，許赴吏部投狀，權行注授一次。任滿，依條施行。」九年十一月九日並同此制。

七年九月二十四日，詔：「今後武臣每半年一呈試，呈試不中、年三十，文臣銓試不中、年四十，選出官。仍令勑令所參酌舊法修立。」

十月【7】二十八日，詔：「諸軍揀汰未經添差，或曾經添差未赴任，及雖赴任不曾終滿之人，今後到部，並免呈試。」

八年五月六日，詔：「未經銓試，不許堂除，令三省院常行遵守〔二〕。」

二十八日，左文林郎陳師正言：「古者敦宗睦族之道，不患於無恩，而患於無教。我宋之興，恩之教之，可謂兩盡。然有未盡者，惟宗室恩任子弟而已。欲令宗室恩任子弟於出官日量試銓曹〔三〕，如士大夫子弟銓試之法，但多立其額而優爲之制可也。」吏部勘會：「欲將宗室除依舊法曾經應舉得解、給到千照之人，依條許行參選外，(銓)〔餘〕並量行銓試，依見行條法，比之外官，特優其選。別行考試，三人取二人外，餘數如文理可採，亦聽盡取。其三試終場不中之人，亦許不拘年限參選，即差注在餘試中宗室名次之下，庶得宗子有所激勸。」從之。以上《乾道會要》。《國朝會要》、《續國朝會要》、《中興會要》無此門。（以上《永樂大典》卷一〇六五〇）〔四〕

【8】淳熙元年二月十二日，吏部侍郎趙粹中言銓試弊倖：「今將書鋪五人結爲一保，如爲赴試人尋討代筆、冒名傳義及自外傳入文字，犯人每名追賞錢三百貫，徒二年斷罪，永不得充書。同保人一例施行。如保内人告首，與免罪支賞。赴銓試人對面親書結保，如非正身，許人告首，亦依冒名罪賞。試大法人別廊，不得放令與銓試人交互相見。赴試人擅移案卓，並行扶出。其巡捕守分等人失覺察〔五〕，重行斷罪。祗應公人等多是遞年作過之人，計囑承替名字，或有士子承替入院代筆。自今所差封彌、謄録、對讀、巡鋪、監門所人吏，及應干祗應人，并兵級元差官司去處，先次責狀保明委是正身。如有代名人赴門頭點名，仰諸色人指出，每名追賞錢二百貫，重行斷罷。簾裏外祗應兵級等，並不得差曾經入院之人。【9】從外傳入文字，如把門等人捉獲，比類支賞錢二百貫，吏人更與本處陞名。監

〔一〕一員：似當作「一任」。
〔二〕三省院：似當作「三省密院」。
〔三〕令：原缺，據《補編》頁四五五補。
〔四〕《大典》卷次原缺。按徐松原稿此門以上文字與本書選舉一四「新科明法」門之文緊接，由版式、字迹、頁碼可知。陳智超《解開宋會要之謎》蓋據此定爲《大典》卷一〇六五〇，是也，因補。可參選舉一四之七校記。
〔五〕巡捕守分：似當作「巡鋪手分」。

門官捉獲，取旨推賞。並許人告首。所有立定賞錢，乞令臨安府先次官錢代支，後犯人名下追理。」從之。

三年二月十一日，臣僚言：「文臣初出官，有銓試之科；武臣初出官，有呈試之法。其試中者，始得放行參選。比來指揮，則有銓試不中者、年四十，呈試不中者、年三十，亦許參部注授之法。銓試詩賦各一首，或經義五道，則有與有司所問之題略無一語相關涉者；呈試至有弓不能張、矢不能挾者。雖不中選，而年已及格，何害於參部？乞自今不與理爲已試不中，雖已年及，亦不與放行，須候再試。」從之。

三月二十七日，太學録黄維之言：「銓試無出身人以經義、詩賦、時議者，欲使之知經史而諳世務也；以律義、斷案者，欲使之習法律而通文義也。程文兩場，而試一場者亦聽，律義、斷案亦如之。今任子之不學者，悉試斷案。引法斷罪，要歸於同，同則均爲合格。場屋間以次傳授，不害其爲皆得也。律義必欲能文，則不習焉；彼所恃者，斷案一場可以傳授。甚者身不至場屋，賂買他人，冒名入試，而又門禁不密，有自外傳藁而入者。乞明詔有司，銓試無出身人程文以經義、詩賦、時議爲去留，刑法以律義爲去留，斷案次之。斷案一場雖有分數，而經義、詩賦、時議、律(議)〔義〕三場俱不中程度及分數最少，並行黜落。其合格者，參選日召保識 10 官二員批書印紙〔一〕，令吏部覆試，依太學簾試諸生法，則可以革去冒名代筆之弊。」從之。

四年七月十二日，馬軍司言：「吏部侍郎司馬伋奏，第二場呈試人不以斗力多寡，通以本等弓射射，取其中的、中帖、中垛，以箭之分數多寡爲應格。本司照得武臣授官，依法呈試，爲其有斗力高下名次相壓。今乞並令射親，仍於本等弓斗力内立定分數。昨來呈試，到垛便爲應格。今來既中的、中帖、中垛箭分數多者爲應格，其射不到垛箭，作不應法黜落一項，合行除去。所有射親箭數，欲依法以一中的比二中帖、一中帖比二中垛、四中垛比一中帖。材武并第一等呈試人共取二分半，第二等呈試人共取一分半。如分數不及，與材武并第一等呈試人通取四分，第三等呈試人取一分。」從之。

五年二月六日，侍御史謝廓然言：「小使臣初官呈試，宜與銓試一體。今乃不然，凡曰出(彊)〔疆〕，曰接伴，曰館伴，曰使相、宰執奏辟使臣，一或占此，不三數月，或旬日間，便可作經任人，暗免呈試參選。孤寒無力，乃始就試，往往試人絶少。乞自今如前四色，許遵依元降指揮，依舊辟差外，内未經呈試人，將來到部，亦候呈試預選，方得注授。」從之。

八月二十七日，詔：「出官人銓試、呈試，雖已各立定格目，深慮講明未盡，尚有遺材，合再添場數。内銓試雜文字一場，如宏詞六件文字内聽習一件，有司明其出處命

〔一〕識：原作「職」，據《南澗甲乙稿》卷一〇改。

題，書判一場，同唐[11]人格。呈試添斷案一場，書判一場，各聽以所長求是〔一〕。如有數場並試、文藝優長之人，有司臨時具奏，當議陞擢，以旌其能。令吏部參酌，考校等第并分場格目，條具以聞。」

六年正月九日，詔：「近已降指揮，令武臣呈試材武或三等弓力事藝，或《七書》義三色，依舊法外，内呈試第二等、第三等弓力人，並令添試斷案一場，仍止試一道問目，少立條件，比文臣銓試題一半。」

三月一日，臣僚言：「文官每歲止銓試一次，其使臣出官，却於春秋仲月兩次呈試。乞自今依文（武）〔官〕銓試例，每歲止於春季收試一次。」從之。

五月七日，詔：「右選呈試，除武學及軍班出身、曾經打試及身（力）〔立〕戰功人，或揀汰年及五十人，并陣亡人親子孫，許與免試外，其他不以名色出身及何恩例，並須呈試中方得出官。如經試不中，須文臣年及四十已上，方得參選注。」從吏部尚書程大昌請也。

七年二月十二日，臣僚言：「國家嚴銓試之法，爲主文者固亦不可不重其事。比年斷案命題，乃輒加以戲謔之詞，取花果藥物以爲人名。乞自今合用人姓名，一遵舊例，只以姓之偏傍或甲乙丙丁設爲問目。」詔自今只用人姓名爲題。

二月二十四日，臣僚言：「武臣呈試出官，係是材武及三等弓力，以十分爲率取五分。昨來措置將材武與第一等人共取二分半，第二等取一分半，第三等取一分。緣當時不立定合格箭數，故第一等有數箭中[12]垛，而本等分數已足，致取不到，其第三等却只一箭中垛取中者，因有詞訴。後來更不分等，馬軍司止從上叫及五分乃爲足，餘人未嘗得試，便當黜落。兼照得近降指揮，第二等、第三等呈試弓力人，添試斷案一場。目今陳乞試此二等弓力人數少。今參酌措置：三等人所試，如射親箭數同，以等第爲次；若等第同，以元牒字號先後爲次。」馬軍司看詳：「除材武人依舊法取放，將三等人不拘等第，以親射四箭以上人爲合格，通材武共取五分之數。如取及五分，餘雖合格，並令次年再試。如取不及五分，亦欲以次三箭已下，依等第從箭數多者取之。」吏部看詳：「自今呈試第一等、第二等事藝，並令於每歲二月上旬爲始，赴部投納試卷，往類試所收試，就銓試官出題考校，分優、平二等，不拘分數取放。内文理全不通者，即行黜落。從本部牒馬軍司，於牒到本月内選者，依馬軍司已措置事理，將材武并三等人盡行呈試，以箭數多寡比較，十分取五分合格之數。内第二等、第三等添試斷案，文理優通之人，即與陞一等比較。其通平者，止依本等。若呈試不中，或箭數少不及之人，理爲已試中斷案，令次年止呈試本等事藝。」從之。

八年八月二十五日，詔自今恩澤降等文學出身並須銓

〔一〕求是：似當作「求試」。

試。以潼川府路轉運判官虞似良言：「銓試之法，實作成人材之要術，而恩澤降等補授文學，乃獨免銓試，赴部注擬。蓋 13 謂恩澤降等文學初任權入，不理爲任，所以免試，殊不知當官臨民則一也。若權入一任得舉主，次又可免試，則終身不試矣。今宰相子弟第五甲出身尚且銓試，何獨於降等文學而可僥倖？」故有是命。

九年正月十九日，詔：「二廣土著人，權令就本路呈試，許定差外，其諸路户貫之人，自來年爲始，更不許赴二廣呈試。如違，從《貢舉條制》施行。」以吏部侍郎蕭燧言：「頃年因臣僚言，有請乞罷二廣銓試，以革僥倖之弊。乾道七年三月，詔吏部將廣東西路銓試自乾道八年爲始並行住罷。惟是武臣呈試弓馬或《七書》義，二廣仍舊，其試中人定差一次，却移籍參部。亦有本部試中，未經定差，徑來參部者，事體未均。」故也。

六月十八日，詔除恩科人外，自今文學銓試中，並許出官。以吉州文學方若水狀：「近觀指揮，除恩科外，今後應文學並銓試出官。若水近赴銓試中，給到公據，乞參選。準告示，遇赦方許出官。」吏部指揮定，文學既令銓試，若試中人，自合依已降指揮出官，難以更令待郊祀。故也。

八月四日，詔：「右選呈試打硾、弓弩、鑒箭、喝法〔一〕，令殿前司、馬步軍司將校等監視，依元差撥外，差識字諳曉弓馬大小使臣二員充監視打硾、弓弩官，及掌俵散弓弩；一員充監視鑒箭、喝法官，及掌試材武射親。從樞密院於呈試日，臨期於三衙將副內差撥。令吏部、馬軍司各置帳籍，遇揀到中箭，呈過馬軍主帥及 14 本部監試官，兩處當官，各行注籍。」

十年三月二十八日，詔銓試添試雜文指揮更不施行。以工部尚書王佐言：「添試雜文所試一制，纔二百餘字。格式有定，儻能默誦一二十篇，便可參錯迭用。非若詩賦，拘以聲律，限以押韻之難。」故也。

十一年二月二十一日，宰執進呈郭鈞奏：「乞今後呈試，四箭已上垛，取不到之人，理作次年合格之數。」上曰：「且已。雖姑息目前，若積聚得人數多，却不可行，不如只依舊法。」

六月十一日，臣僚言：「仰惟治朝百度振舉，尤嚴銓試之法，姦弊至多，革去殆盡。惟傳題、代筆之弊，今猶存也。臣嘗深究其端，蓋緣試院所差兵士等人，多非正身，往往臨時顧眷〔二〕，致令老姦宿猾，熟於試院者得以詭名執役。因而在外先與代筆人私議賄賂，俟引試日，内外通同，巧爲假手之地，試題程文，旦出暮入。有司防閑愈備，而小人姦計愈生。雖嚴爲法禁以曉之，然惟利是圖，曾不顧也。乞自今試院合差兵士等，並須合干人委保正身，不得以曾被差人充。如有違戾，必寘于法。庶幾姦弊盡革，以示取人之

〔一〕喝法：似當作「喝放」。參下十二年「十一月二十七日」條。
〔二〕眷：似當作「募」。

公，不爲小補。」從之。

七月二十九日，詔今後四川銓試《刑統》義，添作三道。從臣僚請也。

十二年六月十八日，詔：「今後小使臣呈試出官，如遇有擬定差遣、合試騐弓馬人，依舊用春秋仲月兩次引試。」從吏部侍郎余端禮請也。

十一月二十七日，詔：「今後呈試材武，令吏部、馬軍司嚴行約15束合干軍校等人，須管依法打碰、喝放，毋縱仍前作弊。」從臣僚請也。

十二月二十一日，臣僚言：「竊見銓試之法，近至於權貴，遠至於寒畯，其子弟以門蔭補官者，非中銓試，不許出官，此近世之至良法。然臣竊惟有以國戚而與宮觀差遣者，如張似續；有以勳臣之後而特差帥司幹官差遣者，如楊文昌；有特令吏部差充憲司差遣者，如劉球。此三人者，問其嘗中銓試乎，則曰未也。臣聞古之行法者，必自貴近始，捨貴近而行於疏遠，則天下不服，而法廢矣。今有未嘗中銓試之人而得出官，是銓試之法爲虛器也。乞明詔執事，自今以始，有出於一時之除授而未察其嘗中試與否者，令吏部勘當，申中書省及給舍臺諫。如係未經中銓試之人，許給舍得以繳駁，臺諫得以彈罷，雖嶽廟宮觀、帶貼職者，亦在所不與。蓋貼職者天子之優恩也，非可假此而免試也；嶽廟宮觀者雖非臨民也，然已經出官臨民之漸也。非中銓試，不以貼職而出官，不以嶽廟宮觀而臨民，則倖門塞矣。然後銓試之良法，可以經久而不壞，出官臨民，可以得人而不濫。」從之。

十三年二月二日，詔今後呈試材武人並令依格射弓踏弩。從吏部侍郎余端禮請也。

十五年六月三日，宰執進呈給事中鄭僑繳奏王良輔免呈試放令參部。上問：「從軍人如何出官，免得呈試？」周必大等奏：「舊法，呈試中方得出官。淳熙十年，放行曾經從軍免試一兩16人，遂以爲例。」上曰：「鄭僑繳章說，既曾從軍，自合習熟武藝，何憚呈試；如赴呈試不得，前此從軍，所習何事？此說甚當，可依舊法施行。」於是詔依，已後準此。僑奏：「仰惟陛下創法立制，犂然當於人心，可以萬世通行而無弊者，文臣出官銓試，武臣出官呈試是也。歷歲以來，有司謹守奉行，不敢加毫末私意於其間，可謂嚴矣。偶緣淳熙十年有進義副尉何大亨者，以蔭補出官，自陳元係充効用人，乞免呈試參部。有司巧爲申明，遂蒙特旨與免呈試。此弊一開，後來之人遽於攀緣，遂使一時特旨，直作永遠成例。故十一年則有保義郎項致明、承節郎裴守、承信郎杜可大，十三年則有承節郎劉珣、承信郎王簡，十四年則有承信郎陳斌、承節郎湯信，皆是用例陳乞，並特降指揮免試參部。今來王良輔又安得不引此而求免呈試乎？此例已行，臣恐數年以後，呈試之法遂爲虛設矣。契勘在法，諸蔭補人應赴選者，依三等格，送馬軍司呈試，此意甚明白也。其間亦有免呈試者，謂江海船立功補

官之人，則法許免呈試；諸軍揀汰離軍之人，則法許免呈試。即未嘗有初投効用，後因蔭補出官，與免呈試參部之法也。惟淳熙元年指揮，軍中奏補有官子弟不願從軍之人，特免審驗，放令參部。夫審驗者謂察其身年，呈試者謂校其藝，此法又不相關矣。若曰彼嘗從軍，何必呈試，此則法之所在，又不容以幸免也。【17】使彼果精於武藝，則一試之頃，又何畏而求免乎？今若聽其展轉相承，用例廢法，則他日徼幸之徒，必有竄名冒籍於軍伍之中，以爲免試張本者，弊未已也。臣竊謂淳熙十年以來，至于今日，其免呈試者幸未至泛濫，尚可革而絶之，以防他日之弊。伏望申嚴此法，自王良輔始，特將今來免試參部指揮更不施行。仍（照）〔詔〕有司，恪守成法。自今雖曾從軍人，後用蔭補出官離軍，必須呈試中選，方許參部。庶幾杜絶冒濫，循法而行，知所勸（免）〔勉〕矣。」

淳熙十六年十一月二十三日，詔：「宗子今來見行陳乞覃恩補官人，並候銓試出官。其已參選人，候一任回，銓試中，方許到部。不許用舉主免試等恩例。」從吏部所請也。

紹熙元年六月十一日，吏部侍郎余端禮言：「竊見年來試闈姦弊百出，因吏部掌行銓試，（察）〔密〕加考究，見得六曹寺監等處差到人吏，下至翰林帳設司等人，例皆竊帶游手入院，以爲肘腋，通同作過。萬一事敗，令代罪名，主謀受賄，畧不相及。今銓試鏁院日逼，深恐未易頓革。乞今後似此等人，並不許私輒帶入試院。如果是局分事繁，令本局人吏踏逐保明素有行止人，申乞係籍，或有作過，與同罪。庶幾少破姦謀，以戢弊源。」從之。

八月九日，國子司業許衡言：「乞下吏部，今後將銓試中選之人，令長貳郎官遵倣中書覆試太學簾引之法，量試小經義一首，或小賦一韻，或省題詩一首。試中然後參【18】部出官，注授差遣，否則再候銓試。如此，則膏粱之子皆知向學，而假手、傳義、代名之弊可以盡革，雖有高貲者，亦無所施其巧矣。」從之。

二年四月二日，吏部條具下項：一、簾試去處，合就本部長貳廳前排設座次引試。一、京官選人簾試，各隨本選長貳、郎官出題引試。如有避親，請不干礙官出題考校。一、引試日，官員各合冠帶入試，令書鋪户責狀識認正身。一、合令試人投納試卷前連家狀并草紙，仍聲説所習名件。一、照得臣僚申請所降指揮内，係令試小經義一道，却緣銓試人只試經義五篇，不試小經義。今合令試本經義冒頭一首，或小經義一道，或賦一韻，或省題詩一首。一、候指揮下部日出榜，令銓試中人投納試卷，不拘日分人數引試。一、合下國子監關借《韻畧》一百本，并合用出題經書及試案一百隻。一、所有宗子係是量試中出官，更不簾試。一、所有銓試不中、終場之人，引用年及四十陳乞出官之人，自有見行條法，更不簾試。一、所有同進士出身并恩科人銓試，止試《刑統》或斷案。若試中之人，不須更令簾試。一、四川

安撫制置使司銓試，乞候今來本部簾試了日，行下本司照會，一體施行。

七日，國子監供具太學簾試節次如右：一、引試日，請長貳判，請博士、正、録各一員同共垂簾出題引試。一、士人試畢，親於簾前納卷，先呈博士、正、録，考畢，呈長貳定高19下資次，揭榜曉示。所有考校，例不糊名，更不謄録。若文理通，並無黜落。一、照得淳熙十一年顔師魯任内，有補中學生沈良傑係簾試文理紕繆，尋勒再試，亦紕繆，已行駁放。以後別無文理不通紕繆之人。

二年二月十四日(一)，詔：「自三年以後，任子不試律義者，無得獨試斷案。如已試律義，而後欲試斷案者聽，惟不得以斷案輒當律義之數。」從禮部尚書李巘請也。

四月二十七日，宰執進呈黄由奏：「銓試已添律義，不須更用簾試。」上曰：「簾試正以革代筆之弊，正當加嚴，豈可廢也。」

十一月二十七日，南郊赦：「初官不曾銓試，其間有年及五十以上，并因功賞特旨補文學，已經注權官一任回、年及五十以上，並令吏部權與放行參部，注殘零闕一次。初官依條年四十、銓試不中，注殘零闕之人，如一任回，應有恩賞恩例，許收使一次。」

同日，赦：「應材武格法，年六十以上人，可令吏部長貳銓量人材精力未衰、堪充兵官者，與免呈試，許指射。」

三年八月二十四日，權工部侍郎、兼權吏部侍郎謝深甫言：「銓試不中，年及四十人，許注殘零闕。夫既云銓試不中，則其於文義未必通，法理未必曉，豈應遽然授以職任？乞將銓試不中人到部日，令本選郎官就長貳廳寫律一條以授之，俾之解釋律意，不問文采，止直説數語，如定奪公事之辭。或願試省題詩、小賦、小經義者，亦聽。但義理稍通，使與參注。如或不通，20許再到部。如此，則不致以懵然不通曉之人而使之從仕也。」從之。

紹熙五年九月十四日，明堂赦：「勘會初官不曾銓試，其間有年及五十以上，并因功賞特補文學、已經注權官一任回、年及五十以上，並令吏部長貳銓量，權與放行參部，注殘零闕一次。」自後郊祀、明堂大禮赦亦如之。

同日，赦：「勘會初官依條年四十、銓試不中、注殘零闕之人，如一任回，應有恩賞恩例，許收使一次。」自後郊祀、明堂大禮赦亦如之。

慶元元年三月二十五日，臣僚言：「臣近者差充類試監試官，因見有關防(未)盡、他日合行措置事件：一、訪聞代名就試之人，自入都門，已代其身，書鋪、保官皆不知也。既中之後，簾試、注擬，亦是代身。及他時之官，始是正身。至罷官到部，別移書鋪，則其迹泯矣。今欲乞令書鋪具見在鋪銓試中人姓名，申部照證。如後來移鋪，則令前來書鋪識認。如有差異，即與從條坐罪，庶息代身之弊。一、尋

(一) 此條與上二條月分失次。

常銓試，第一場係在簾前，逐保令書鋪識認。至第二場，則不復至簾前，止將試卷縛在試案上。緣就試人多是移案，坐次難尋。乞今後逐場令保頭赴簾前請領卷子，分給同保之人，并申嚴搬移之法，庶息此弊。一、謄録人係於臨安府、轉運司差撥貼司，其人多是避免入院，雇募頑猾曾經作過之人抵替，兼恐損壞試卷，通同裏外作弊。乞今後須要正身，仍封臂書其姓名，差手分一名管押入院。如有[21]改換差誤，即將手分并代名人重作行遣。一、謄録官多差在部選人，而監中門則是臨安府通判，是致謄録吏輩全無忌憚。乞今後通判專監謄録，却差職官充監中門，庶幾輕重得宜，可以無弊。」從之。

十月五日，臣僚言：「竊謂官冗之弊，莫甚於今日，而初官爲尤甚。凡一闕而三四人共之，需次至八九年之久。良由入仕之源不清，僞濫者衆，故賢愚有同滯之歎。國家每歲春銓，任子率二人而取一，選至優也。使所取皆得其人，則位無虛授，何患官冗。比年以來，世禄子弟不務力學，但以貨取，假手傳義，冒名入試，至有全不識字而僥冒中選者。異時使之臨政，不能書判，則委之吏手，必爲民害。竊見特奏名進士殿試，元係二人取一名。頃因議者謂入仕冗濫，請增爲三。孝宗慨然從之，由是所取頗精。欲乞自今任子自來年爲始，銓試亦以三人取一。姑以三年爲率，俟其藝業稍精，則復舊制。庶幾任子皆知勉學，而無貨取之私。異時從政，且有得人之効，官冗之弊，可以少革。」從之。

二年二月二十七日，吏部言：「每年銓試，於二月二十五日鎖院。如遇省試年分，依指揮展至五月二十五日，更不申展。竊見國子監申，混補用四月十五日鎖院。照得乾道八年大學混補，係於六月内附銓試一處鎖院。所有今來銓試出官，緣今年係諒闇牓，恐有合就試之人，委是相妨。乞照逐舉省試年分，依紹熙四年用[22]六月十日鎖院。」從之。

六月十三日，詔：「進士第五甲并恩科人銓試，照舊法兩人取放一名，餘並照近降指揮施行。」先是勅賜同進士出身李大有等陳乞：「竊見臣僚奏請以任子藝業未精，權將銓試三人取一人，於有出身人難以雷例施行。」都司擬到進士第五甲係曾過省及特奏名老於場屋之人，即與其他宗室推恩并任子不同，故有是命。

九月二日，宰執進呈京鏜等奏：「内批太皇太后姪孫、通直郎吳銓，用其兄鈞例，添差轉運司屬官差遣。以通直郎而得屬官，不爲過當。但此人未經銓試，昨來吳鈞乃在未嚴銓試之前，今來吳(鈞)〔銓〕乃在指揮之後，恐於銓法有礙。」上曰：「既礙銓法，不若已之。」

三年十月六日，宰執進呈内批婕妤楊氏親姪、承節郎楊谷等差充閤門看班(祗)〔祇〕候。京鏜等奏：「兩人未曾呈試，莫若候來春試中而後與，庶不礙法。」上曰：「未呈試，於法有礙。」遂已。

四年二月三日，吏部侍郎謝源明言：「乞遵用孝宗隆

興之詔，銓試十人而取五〔一〕，誠爲中制。若代筆、傳義、挾書，照累降指揮禁止。所有宗室銓試，亦依此施行。」詔依，自慶元四年爲始。

六年閏二月三日，臣僚言：「吏部每歲一銓，蔭補子弟各召保官二員，然後收試。其中選者，即時簾引，再引再中，然後參部注授。若使人人務學，下筆能文，銓試之名，是其自取，則學優而仕，馴致通顯。今則不然，每遇就試，即擁高貲而來，經營書鋪等人[23]代身代筆，安然中選。前後約束非不嚴切，犯者或至失官。此風既久，漸不可革。竊見所在士人應鄉貢、漕司、進士舉及就鋪到省人，並是本貫節次勘會保明，申州、申漕、申監、申部，其間亦有召保官者。蓋緣就試之人，惟本貫知之最詳。今蔭補子弟受父祖世賞，居鄉亦久，賢否優劣，人所共知。及其就銓，不責以本貫保明，反就此間書鋪求保。及其引試，却闕（集）〔書〕鋪，使之識認正身，是何切切於士子，而闊畧於命士？乞今後應赴銓試人，須經本貫州縣先次勘會，保明指實，并召本等官兩員委保正身，堪赴銓試，結罪保明申部，方許收試。其隨侍在京任人，亦仰於隨侍去處，如前召保施行。兼慮州縣保員不多，拘於五次作保之限，乞特許七次，庶幾保員稍寬，免有沮格。」從之。

嘉泰元年正月二十日，臣僚言：「臣嘗具奏，欲將日後就銓試人各經本貫保明，併從本貫就取試人親書家狀連申，以憑將來比對字跡，免有代筆之患。去年明堂，臣僚合該奏補，其諸州保明文字到部，或有先後。兼大禮以後，假故頗多，奏鈔亦有遲緩。尚有合該奏補人，親身在部，伺候至今，未得綾紙者；亦有隨侍遠方，或居在遠郡，伺候綾紙未到，一面起離前來待試者。似此之類，各未有綾紙可照。若聽其迂回保明，則其間遠郡必有赴試不及之人。今取試期尚有四十餘日，乞將慶元六年該遇明堂大禮奏補，合赴今年銓試之人，[24]續得綾紙，未能經本貫保明者，且許就所在州軍陳乞辯驗，如委是去本貫稍遠，仰即時批書保官印紙，就取親書家狀，保明連申一次。其當年大禮以前應係補官就試，或已經試下再來就試人，並照已降指揮及親書家狀連申一節事理施行。仍令吏部疾速遍牒合屬去處，及出文牒曉示。」詔今後如遇大禮年分，合赴次年銓試之人，吏部前期檢舉，行下所在州軍，照此施行。

開禧元年正月十九日，臣僚言：「皇朝用人，以進士一科爲最重。比年以來，盡公者鮮，挾私者衆，科舉之弊日滋。或先與試題，或私爲暗號，往往得志。如公試、上舍試、銓試之類，皆循舊例，不置別試所。間有合避親試卷，止是避房，往往並在收取之例。其初不顧嫌疑，繼之遂成私曲。臣以謂莫若於公試、銓試、上舍試之類，並仍置主管避親官，不置別試所，俾之牒試，以示至公。如是省試年

〔一〕十人：原作「十八」，按本卷選舉二六之二乾道「二年五月二十六日」條云「近者每年止一試，十分以半爲合格」，即十人取五，據此意改。

分，即分別試所，有孤經者令改經就試。」詔令禮部契勘。既而本部言：「國子監看詳累舉體例，省試、四川類試、太學諸路解試，並皆置別試院，所以杜絶親故私取之弊，法意已詳。獨銓試、公試、上舍試，凡有親戚，止是避房，不令別試。雜以他卷，謂之裹送，其間豈無私嫌？今令別試避親，寔可以痛革其弊。其銓試人多，使就別院。」從之。

二年二月二十五日，臣僚言：「銓試之設，政欲取能文曉法之人出仕。近年以來，弊端百出，至有把頭兜攬者，交結25合干吏卒，計會題目，在外撰述，所謂試人但塊坐，守待傳入，謄寫上卷。又有詭名入場者，謂如甲有官，却不就試，止將名字厚價賣與乙，代名入院，爲人假手。或有官之人，公然受財代筆。甚者至於（折）〔拆〕換真卷，移易姓名。洎至揭榜，往往多是懵不曉事之人預選，是致真才碩能枉被黜落。欲令監試多方措置，重立罪賞，嚴行禁戢，務要盡革宿弊，使孤寒才學之人得遂寸進。」詔令日下措置關防，出榜曉示，具已措置事件申尚書省。仍仰臨安府選差有心力總轄使臣，於貢院四圍及毗近寺觀、邸店、舟船去處，廣行緝捕。如失覺察，重作施行。

九月十八日，臣僚言：「應科場試中卷子，乞與比並筆迹，以革代筆之弊。且如銓試，雖有吏部簾引，亦不過關防文理不通之人，其換卷代筆，元不可革。今乞將試中卷子文理優通之人，更與比並筆迹，則代筆之弊，自不容於不革。及簾試卷前草紙書寫文藁，並須存留，不許塗抹。」從之。

嘉定四年六月二十八日，臣僚言：「臣聞《周官》之訓有曰：『學古入官，議事以制，政乃不迷。』蓋非斷制則不能議事，非學古者不能斷制。今銓試之法，有詩賦、經義以考其平昔之所習，有《刑統》大義以驗其律令之所長，而又立爲時議一場，采取前史施行之迹，俾得詳論而熟訂之。因古之事而可達於今日之用，揆今之宜而不失於古之意，斯亦《周官》之遺訓，觀人之要法也。然自立法以26來，其習時議與不習者，從其所願，因此銓闈專以本經、律義爲定其一日之長，僥倖以得者固多，而預剽旁竊，乞靈借助，亦已猥衆，反或（籍）〔藉〕此羅取前（例）〔列〕。而真才寔學之士，或拘於一篇之聲律，或困於一辭之屬比，至於遺逸而不收。事體倒植，誠爲非便。夫銓試雖曰聚華腴之子弟，而名門俊秀種積充富，俛首於其間者亦非一人，誠得以時議展布其所學，則雖不待於科舉之遍試，廷陛之射策，而有用之才，大畧可見。今已鎖試，乞戒考官，於時議一場精加考校，以時議被采擇者，俾居前列。庶幾公卿子弟翕然興起，博覽史籍，以副選掄，其於國家儲養才用，非爲小補。且使假手僞冒之輩不得僥占前（例）〔列〕，（之）〔知〕所懲戒，是亦革弊之一端也。」（貼黄）「照得銓試之弊，多是白身士人假借不赴試或已亡任子綾紙影帶入場，有一人而代四五人者，有買囑合干人，自外傳入者，有多帶懷挾，公然抄寫者。占名之後，雖有簾試，姦弊尤甚。乞行下試院，申明見行條令，務在必行，毋爲具文。」從之。（以上《永樂大典》卷一三二四九）

# 宋會要輯稿　選舉二七

## 舉官一

【宋會要】

**1** 太祖建隆三年二月，詔：「翰林學士、文班常參官曾任幕職、州縣者，各舉堪爲幕職、令、録一人。如有近親，亦聽内舉。即於舉狀内，具言除官之日，仍列舉主姓名。或在官貪濁不公，畏懦不理，職務廢闕，處斷乖違，量輕重連坐。」八月，左拾遺、知制誥高錫言：「近詔朝臣各舉所知，慮有納賄得薦者，請許人訐告。所告不實者，罪之。如得實，告事人若白身授以官，有官請優與獎擢；如是奴婢、房鄰、親戚相告，非仕宦者即給錢五十萬充賞。」從之。

四年〔一〕，詔：「自前藩鎮多奏初官人爲掌書記，頗越資序。自今歷兩任有文學者，方得奏舉。」〔乾德四年七月〕又〔語〕〔詔〕〔二〕：「自今諸州吏民不得即詣京師，舉留節度、觀察、防禦、團練等使，刺史、知州、通判、幕職、州縣等官，若實以治行尤異，固欲借留，或請立碑頌德者，許於本處陳述以俟報。」真宗咸平時復詔禁之〔三〕。

乾德二年七月，詔翰林學士承旨陶穀等四十五人，「於現任、前任京官、幕職、州縣官中各舉堪爲藩郡通判官一人。除官之日，仍列舉主姓名。如敢徇情，致其人不職，並量事狀輕重連坐。」《文獻通考》：乾德二年，詔翰林學士等四十二人各舉才堪通判者各一人。又詔吏部南曹以人才可副升擢者，送中書門下引驗以聞。上慮銓衡止憑資歷，或英才沉於下僚故也。

五年三月，詔曰：「進賢受賞，爲官擇人，古之道也。朕憂勤政理，寤寐求賢，思得周才，寘之著位。凡百執事，各舉所知。宜令翰林學士及文班升朝官以上，各於見任、前任藩郡賓幕、京官〔四〕、州縣正員官中，舉堪爲升朝官一人。除授之日，仍列舉主姓名。如或臨事乖方，罪狀顯著，並量輕重連坐。」

是月，又詔曰：「咨於列嶽，**2** 唐堯舊章；責在諸侯，姬周故事。近詔有位，各舉所知，將廣敷求，宜詢牧伯。其令諸道於部内官吏中，有才識優長、德行尤異者，節度使、留後、觀察使各舉二人，防禦、團練使、刺史各舉一人赴京。朕當躬自諮詢，以觀器業。勉思進善，用副朕懷。」

開寶三年四月，詔：「翰林學士及文班升朝官等，各於見任、前任藩郡幕職、京官、州縣官中舉堪爲升朝官一人。除官之日，仍列舉主姓名，後或抵罪，並當連坐。」《文獻通考》：開寶四年，詔：「自今諸州不得以攝官視事。其闕員處，即時以聞，當委有司除注。」十一月，又詔：「近以諸道攝官，悉令罷去。及慮若更民政，欲

---

〔一〕按，此條正文及注疑是抄自《文獻通考》卷三八（兩者僅有數字之異），而非《會要》之文，故此句有年無月，與前後文不同。

〔二〕乾德四年七月：原無。按，據《長編》卷七，以下所引詔乃乾德四年七月乙丑詔，而非建隆四年詔，今爲補入年月。《文獻通考》卷三八亦無此年月，由此亦可見此條乃是抄自《通考》而承其誤。

〔三〕《文獻通考》卷三八亦有此句，然考《長編》卷五六載有真宗景德元年六月丙辰禁民詣闕舉留官吏詔。此稱「咸平」，似亦誤。

〔四〕京官：原作「京朝官」，據《長編》卷八删「朝」字。

著吏能，雷同遐棄，良可惜也。宜委有司按其歷任，經三攝無曠敗，即以名聞。任僞署者〔一〕，不在此限。」五年，先時令諸州印發春季選人文解，自千里至五千里外，分定日限爲五等，各發離本處；及京百司文解，並以正月十五日前到省。餘季准此。若州府違限，及解狀内少欠事件，不依程式，本判官、録事參軍、本曹官罰直，殿選。諸州員闕並仰申闕解條樣〔二〕，以木夾重封題號，逐季入遞。合格日四時奏，年滿俟勑下，準格取本司文解赴集流内銓〔三〕，據狀申奏，依四時取解參選。至是國家取荆、益、交、廣，闢土既廣，吏員多闕，是以歲常放選。選人南曹投狀，判成送銓，銓司依次注授。其後選部闕官，即特詔免解，非時赴集，謂之放選，習以爲常。取解季集之制，有名而無實矣。

六年十一月，詔：「應文班常參官進士及第者，各舉有文學一人，具名以聞。」《文獻通考》：太宗太平興國元年，先是選人試判三道，考爲三等，二道全通、一道稍次而文翰俱優爲上，一道全通、二道稍次而文稍堪爲中，三道全次而文翰紕繆爲下。判上者，職事官加一階，州縣官超一資；判中，依資；判下，入同類，黄衣人降一資。至是詔增爲四等，以三道全次、文翰無取者爲中下，依舊格判下之制；以三道全不通而文翰紕繆者爲下，殿一選。

太宗太平興國六年正月六日，詔曰：「令佐之任，最是親民，而所司掄材，未能允當。況今封疆盡闢，縣邑繁多，動皆缺員，歷年未補。銓衡則拘資叙而不擬，州 3 郡則緣下吏以爲奸。朕思其所長，別立規制，與其循資而授任，不若校實以取材。宜令諸路轉運司下管内州軍長吏，於見任判司簿尉内有清廉明幹者，仰具奏舉〔四〕，當召赴闕引見，選充知縣。候三年滿無遺闕，當與酬獎。如有勞績，別議升陟。」

二十八日，詔：「諸州知州、通判及監筦事務常參官等，如有履行著聞、政術尤異及文學優贍者，委逐路轉運使各舉二人以聞，即當量材甄奬。」

八月〔五〕，詔翰林學士承旨、工部尚書李昉等十一人，於常參官内保舉堪任三司判官及轉運使各一人。

七年六月，詔曰：「古者設進善之旌，下求材之詔，並命有位，各舉所知，蓋慮有被褐懷玉而不聞、拔茅連茹之靡及也。然而冒進者或出於僥倖，舉能者或因於請託。一言必召，若爲其所窺；百里之賢，亦恐乎難致。爰舉舊典，式建新規〔六〕。昔士伯之受田，不避於賞；何忌之辭酒，恐任其罰。故事彰灼，可舉而行。自今文武常參官所保舉人有罪連坐者，犯私罪無輕重減一等論，公罰即減二等論，仍著爲令。」

八月十九日，詔翰林學士承旨李昉等十一人，於常參官内保舉堪任三司判官及轉運使各一人。《文獻通考》：八年，詔自今應臨軒所選官吏，並送中書門下考其履歷，審取進止。時上選用庶僚，不專委有司，皆引對觀其敷納，有可采者悉與超擢。復慮因緣矯飾，徼幸冒

〔一〕僞：原作「爲」，據《文獻通考》卷三八改。
〔二〕條樣：原作「除」，據《長編》卷五改補。
〔三〕内：原作「外」，據《長編》卷五改。
〔四〕仰：原脱，據《宋大詔令集》卷一六五補。
〔五〕此條與下七年「八月十九日」條重複，且此事亦非太平興國六年事，《長編》卷二三亦繫於七年八月十九日戊寅，蓋此條乃《大典》編者誤添誤編，實應删去。
〔六〕建：原脱，據《宋大詔令集》卷二〇〇補。

進，乃有是詔。

雍熙二年正月，詔：「翰林學士、兩省、御史臺、尚書省官保舉京官、幕職、州縣官可升朝者各一人。所舉人若强明清白，當旌舉主；如犯贓4賄及疲弱不理，亦當連坐。」

四年八月，詔曰：「進賢推士，當務至公；行爵出禄，固無虚授。苟畢得其材實，亦何悋於寵章。近日諸處奏薦，多是親黨，既傷公道，徒啓倖門。用塞津蹊，宜行條約。自今諸路轉運使副及州郡長吏並不得擅舉人充部下官，如有闕員，當以狀聞。違者科違制之罪。」

端拱二年八月，詔：「諸道轉運使、知州軍、通判、監當、京朝官、使臣不得舉奏幕職、州縣官，乞行陞陟及有改移，如敢故違，科違制之罪。其闕官處，速具聞奏，當議注填。若幕職、州縣官全闕，即轉運司於員多處權差；如無，即於縣令、主簿全員處抽差，即不得差前任及丁憂官。」《文獻通考》：端拱二年〔一〕，令宰相以下至御史中丞各舉朝官一人爲轉運使。是日，詔曰：「國家詳求幹事之吏，外分主計之司，雖曰轉輸，得兼按察，總覽郡國〔二〕，職任尤重。物情舒慘，靡不由之。尚慮徼功，固當責實，交相繩檢，於理攸宜。自今轉運使凡釐革庶務，平反獄訟，漕運金穀，成績居最，及有建置之事，果利於民者，令諸州歲終件析以聞，非殊異者，不得條奏。」又詔〔三〕：「三司、三館職事官已升擢者，不在論薦。其有懷才外任、未爲朝廷所知者，方得奏舉。」四年，令内外官所保舉人有變節踰濫者，舉主自首，原其罪。上勵精求治，聽政之暇，因索兩省、兩制清望官名籍，擇朝士有德望者〔四〕，悉令舉官。仍令自今中外官所舉之人〔五〕，並須析其爵里及歷任殿最以聞，不得有隱。所舉責實無驗者罪之，如舉狀者有賞典。

淳化元年四月，詔：「知制誥已上，每兩人共於常參官内保舉一人堪充轉運使副者；員外郎已上，每兩人共於京朝官内保舉一人堪充知州、通判者。限兩月内以名聞，仍令御史臺催督。」

二年九月，詔：「起居舍人、司諫、正言、三院御史、郎中、員外郎等，各於前任、見任判司簿尉内保舉堪任河北令、録者5各一人，在外任者附傳以聞。」

三年正月，詔：「陞朝官於京官内各舉奏一人堪充陞朝官者，若有勞績事件，並仰條陳。如覆問不同，當罪舉主。諸司使、副使及三班供奉官已下，今後爲人所舉者，亦准此，具諸實勞績事件〔六〕。所舉官將來任使後有犯私罪者，舉主連坐。」

二月三日，詔：「宰相、參知政事、樞密副使〔七〕、翰林學士、尚書丞郎、兩省官給諫已上、御史中丞，各於朝官内舉堪任轉運使者一人，京官内有才用强明者亦許稱舉。其

---

〔一〕二年：《文獻通考》卷三八作「三年」。但端拱僅二年，並無三年、四年，《大典》蓋因此改爲「二年」。然作「端拱二年」亦非，應作「淳化三年」。以下所列舉轉運使事、「又詔」事及「四年」事，本書下文及《長編》卷三三皆記於淳化三年、四年（《宋史》卷一六〇《選舉志》六記於淳化元年，亦誤）。

〔二〕國：原作「廚」，據《文獻通考》卷三八改。

〔三〕又：原脱，據《宋史》卷一六〇《選舉志》六補。

〔四〕擇：原作「問」，據《宋史》卷一六〇《選舉志》六改。

〔五〕官：原脱，據《文獻通考》卷三八補。

〔六〕諸實：似當作「詣實」。

〔七〕副使：似當作「使副」。

見任轉運使副并三司、王府、審刑院職任，不在舉限。」

四月，詔曰：「比令薦舉京官，將議選擢陞朝，慮於下位，尚有遺才。其或已知姓名，見當任使，且非沉滯，何假薦揚？所舉京官除見在三司、三館并朝廷知名，已擢用外，宜令御史臺曉告，於見任、前任京官中，有堪任擢用、未爲朝廷所知者，方得奏舉。」

四年五月一日，詔曰：「向者并命有位〔一〕，各舉所知。其有外寬内深，先廉後黷。脩飾邊幅，初刻意以取容；污染脂膏，或中道而改節。既革面之可畏，信知人之爲難。敗政聿彰，從坐斯及。有位之士〔二〕，在責實以宜然；中庸之材，亦求備而非允。特申明詔，用示至公。自今内外官所保舉内有改節爲非者，並許舉主陳首，免其罪。」

七月，詔：「諸道轉運使、副使、知州、通判、知軍監等，各於部内見任幕職、州縣官舉通明吏道及精修儒行者各一人。」

八月，詔：「宰相、參知政事、樞密使〔三〕、副使、翰林、樞密直 6 學士、尚書丞郎、兩省給舍已上及三司判勾，各於京朝官内舉廉勤强幹、明於錢穀、堪任三司判官者一人。其見任轉運使、副使及年齒衰邁者，不在舉限。」

九月，詔翰林學士承旨蘇易簡、給事中陳恕、左諫議大夫魏庠、寇準、右諫議大夫趙昌言、起居舍人知制誥呂祐之等於幕職、州縣官内舉堪任京朝官者各二人〔四〕；左司諫呂文仲等九十七人，於幕職、州縣官内舉堪充五千户已上縣令者各二人。先是，太宗盡索兩省、御史臺班簿，親擇給舍已下，令舉官。祐之新坐舉妻族東野、日宣貶秩，至是牽復。帝閲之，宰臣言前舉無狀，帝曰：「此正可令贖過。」故首取焉。

閏十月二日，詔：「今後文武臣僚、轉運使、副使、知州、通判等准敕舉官，及京朝官、使臣因使採訪到京朝官、使臣、幕職、州縣官在官廉幹，及及踰違弛慢者〔五〕，並須具逐人歷任勞績、過犯，件析以聞。如經磨勘覆問不同，當罪舉主及所言之人。如將來任使，有犯入己贓者，亦當連坐。」

四日，詔曰：「爲國之道，不過稱其善人；立身之方，亦在伸於知己。向者並令慰薦，思振滯淹。而乃蔑視憲章，公行請託。盤辟雅拜，昔者猶坐於左遷；朋黨比周，今兹不畏於輿誦。宜别申於約束，庶漸致於澄清。自今中外官所有論薦，并須列所舉官爵鄉里及履歷殿最，件析以聞，不得有隱。」

五年十一月，詔宰相呂蒙正、參知政事蘇易簡、呂端、寇準、知樞密院事劉昌言、向敏中至兩省給諫、知制誥已上，各舉有器業可任以事者一人。初，帝因言：「多士滿朝，求一材

---

〔一〕并命有位：原作「上命有無」，據《宋大詔令集》卷一六五改。
〔二〕士：原作「事」，據《宋大詔令集》卷一六五改。
〔三〕使：原脱，據《長編》卷三四補。
〔四〕京朝官：《長編》卷三四無「朝」字，似是。
〔五〕天頭原批：「第二『及』字，疑『後』字或『久』字。」按，第二『及』字當是衍文。

中轉運使、三司判官者了不可得，蓋人不易知爾。求人之要，莫若責舉主〔一〕。」因詔蒙正已下各舉所知。蒙正曰：「臣備位宰相，可以進退百官。今獨舉一二人〔二〕，是示天 7 下隘也。」帝曰：「宰相舉官，前代當有故事。」詔史館檢討，史館具故實上之。帝謂蒙正：「虞丘子舉孫叔敖，崔祐甫舉吏八百員，狄仁傑自薦其男光嗣，何謂無也？」因書優孟對楚莊王録孫叔敖之嗣故事爲一幅，以賜蒙正等。故各以名聞。

至道二年閏七月，三司言諸州闕監當、京朝官共五十餘員。詔左丞李至等八十四人，各於州縣、幕職中保舉廉恪有吏幹，可任以事者一人。

真宗咸平元年六月四日，詔：「三司使、尚書丞郎、給諫、知制誥、知雜御史等，各於朝官内舉廉慎强幹、堪轉運使副者，不限人數。如任使後犯贓罪，並當連坐。曾任轉運使、副使及三司職官者，不在舉限。」

八日，詔：「諸路知州軍、通判，自（令）〔今〕舉管内京朝、幕職、州縣官，各具勞績及委實公廉幹事。如經擢任，有違犯，並當連坐。」

十二月，詔見任三司判官、主判官王渭等各舉常參官堪知州者一人。如有贓污不治，即坐之。

二十三日，詔：「今後應諸路轉運使副奏舉官，並須坐保明以聞。」

二年正月，詔：「尚書、丞郎、給諫、知制誥各舉升朝官一人，詳明吏道，可守大郡者，限一月内以名聞。俟更三任，有政績，當議奬其善舉；有贓私罪，亦連坐之。」

六月，詔：「如聞州縣闕員甚多，可選朝官有清望者，不限員數，令各舉所知，以補員闕。」

九月，詔宰相張齊賢已下各舉曉錢穀朝官一員。如不稱職，連坐舉主。《文獻通考》：真宗咸平二年，秘書郎陳彭年請復舉官自代之制。詔樞密直學士馮拯〔三〕、陳堯叟參詳之。拯等上言：「竊詳往制，常參官及節度、觀察、防禦使、刺史、少尹、畿赤令并七品以上清望官，授訖三日内，於四方館上表讓一人以自代，其表付中書門下。每官闕，則以見舉多者量而授之。今緣官品制度沿革不同，伏請令 8 兩省、御史臺官，尚書省六品以上，諸司四品以上，授訖，具表讓一人自代，於閤門投下，方得入謝。在外者，授訖三日内，具表附驛以聞。」詔可。

三年二月，詔：「翰林學士、給諫、知制誥、尚書、丞郎、郎中、御史中丞、知雜、三館、祕閣、三司官舉員外郎已下京朝官有材武堪邊任者，知雜而上各二人，郎中而下各一人，限五日以聞。後不如所舉，並當譴責。」

四年三月四日，詔史館修撰韓援等各舉御史臺推勘官。

十一日，膳部郎中、兼侍御史知雜范正辭言：「牧宰之官，最爲急務。今舉屯田員外郎吳蒨等五人堪知大郡，令蒨等於前資見任京官、令、録、判、司、司理參軍、簿、尉内各舉知縣，縣令三人。」從之。

六月，詔：「諸路轉運使、副使自今薦舉官屬，當具歷

〔一〕主：原脱，據《長編》卷三六補。
〔二〕舉：原脱，據《長編》卷三六補。
〔三〕樞密：原作「秘書」，據《玉海》卷一一六改。

任無贓私罪及條其績効以聞。異時擢用，不如所舉，連坐之。」

五年四月，詔兩省五品已上保舉御史臺推直推勘官、大理寺詳斷官。時言事者請勿令本司長官奏薦〔一〕，防朋比也。

景德元年七月，詔：「四川、河東等三路見闕幕職官七十八員，宜令諸路轉運司〔於〕所部州縣内保舉以充，仍具歷任功過，連坐以聞。」

八月，詔常參官二人共舉州縣官一員充幕職。如犯贓私罪，並連坐。時流内銓言：「天下幕職官多歲滿者，常選中少正人資序人注擬。」因有是詔。

九月九日，詔翰林學士承旨宋白已下七十二人，於京朝官及諸司使以下、閤門祇候以上，舉歷任無贓罪、堪充大藩及邊郡知州各一人，具歷任功過以聞。如任用後犯贓及不如所舉，並連坐之。

二十八日，詔：「内【9】外文武臣僚自來所舉官，其有中道變節，致悮公舉。若或不令陳首，必慮連累滋多。宜令御史臺告報，今後舉官，如因奏任用後，其人改節踰違，不如舉狀，並許舉主陳首，特免連坐。其被舉者，當申懲責。」

二年十一月十八日，詔：「河北、河東、陝西路緣邊知州軍不得舉官爲通判、幕職、巡檢。」從河北轉運使劉綜之請，以既爲所舉，則在職依違，不能協正公務也。

十二月，詔翰林侍講學士兼國子祭酒邢昺、尚書户部侍郎權知開封府張雍、龍圖閣待制杜鎬、諸王府侍講孫奭，同於京朝官及幕職、州縣官中，保舉儒學該博、德行端良、堪充學官十人。

三年五月，以寧州推官田航爲光禄寺丞，充國子監直講。翰林侍講邢昺等承詔舉學官，言航好學有操行，可副此選。因召至京，令學士院洎中書試講三《傳》、《書》，皆如其言，故有是命。

四年六月，詔：「三班使臣中頗有負材能者，朝廷雖切旌擢，恐未周悉。宜令吏部尚書張齊賢已下三十人，各保舉供奉官至殿直謀略武勇、知邊事者二人〔二〕，具名以聞，當議優加進用〔三〕。」

七月，詔：「文武官連坐奏舉京朝官、使臣、幕職、州縣官，自今須顯有邊功及自立規畫、特著勞績者，乃以名聞。如考課改官，與元奏不同，當行朝典；或改官後犯贓，舉主更不連坐。如循常課績，歷任奏舉者改官犯罪，並依條連坐。其止舉差遣，本人在所舉任内犯贓，即用連坐之制；其改他任，縱犯【10】贓罪，亦不須問。」

十月，詔翰林學士晁迥等各舉常參官堪充大藩知州者

〔一〕天頭原批：「『時言事者』十七字，似應雙行小字。」今仍其舊。
〔二〕者：原無，據《長編》卷六五補。
〔三〕加：原作「嘉」，據《長編》卷六五改。

二人，具歷任功過以聞。如任使後不如所舉，並當連坐。真宗親閱班簿，擇朝臣有公望者，得迴等五十人，令保任焉。

大中祥符二年四月二日，詔：「群臣保舉幕職、州縣官，不得舉纔經一任及無勞績者。」

十八日，詔：「自今諸路轉運、發運使、副使、提點刑獄官保舉京朝、幕職、州縣官、使臣，如改官後一任或兩任及五年無遺闕，有勞績幹事者，其本官及舉主並特酬奬；除私罪外，雖有遺闕，係杖以下公罪者，亦別取進止。若歷任內犯入己贓，並同其罪。」《文獻通考》：大中祥符二年，詔幕職、州縣官初任者或未熟吏道，群官勿得薦舉。

三年正月，詔：「內外官所舉幕職、州縣官，並須經三任六考。」

四月，詔曰：「朕以六合之大，萬務之繁，思獲時才，共興邦治。欲庶官之咸允，在慎簡以爲宜。顧惟綱條，未甚振舉。廣薦揚之路，則奔競滋多；絶保任之文，則俊英易失。爰議酌中之制，用成可久之規，冀協僉謀，以防過聽。自今每年終，翰林學士已下常參官，同舉外任京朝官、三班使臣、幕職、州縣官各一人，明言治行，堪何任使，或已自諳委，或衆共推稱。至時，令閤門、御史臺計會催促。如年終無舉官狀，即具奏聞，當行責罰。如十二月內差出，亦須舉官後方得入辭。諸司使至內殿崇班，曾任河北、河東、陝西及川、廣鈐轄、親民者，亦同此例。諸路轉運使副、提點刑獄官、知州軍、通判，結罪奏舉部內官屬，不限人數，明言在

11 任勞績。如無人可舉及顯有踰濫者，亦須指述，不得顧避。以次年二月二十五日已前到京，如有違限，委都進奏院具名以聞，當依不申考帳例科罪。三司使、副使，即結罪奏舉在京掌事京朝官、使臣，並令中書置籍，先列被舉人名銜，次列歷任功過及舉主姓名，薦舉度數，一本留中書，一本常以五月一日進內。次年籍內，仍計向來功過及薦舉度數〔一〕。使臣即樞密院置籍。兩省、尚書省、御史臺官，凡出使迴，並須採訪所至及經歷鄰近群官治迹善惡以聞。轉運使、副使、提點刑獄官、知州、通判到闕，各具前任部內官治迹能否，如鄰近及經由州縣訪聞羣官善惡，亦許同奏，先于閤門投進後方得入見。或朝廷要人任使及有不治州縣、難了公事〔二〕，並於上件籍內選擇過犯數少，舉任課績數多，并資歷相當者差委，仍于宣敕內盡列舉主姓名。或能一任幹集，即特與遷轉；苟不集事，本犯雖不去官，亦移閑慢僻遠處。內外群臣併舉及三人幹事者，仰中書、樞密院具名取旨，當與酬奬；如併舉三人不集事，坐罪不至去官，亦仰奏裁，當行責降；或得失相參，亦與折當。諸路轉運司、諸州軍管內，有未中倫理及繁難事務，須朝廷選官臨涖者，三司、審刑院有累經會問，舉駁未了錢穀刑獄公事，委是州縣不能結絶，須自朝廷遣官者，亦於籍內選差。幕職、

〔一〕「仍」原作「係」，「及」原作「又」，據《宋大詔令集》卷一六五改。
〔二〕了：原作「于」，據《宋大詔令集》卷一六五改。

州縣官三任七考已上，使臣在班十年以上，歷任無私罪，實有課績，無 12 人奏舉者，亦許經所由司自叙〔一〕，即令主判官驗問材地可否〔二〕。選人試刑名、時務各三道，使臣願試邊事及刑名、時務者亦聽。如實有可取，即送中書、樞密院再加考覈取裁〔三〕。如流内銓、三班院體量得選人、使臣别無殿累，顯有勞績，書判材識實堪任使者〔四〕，亦許先送中書、樞密院參詳，别與引見。每年各不過十人，不得將勢家子弟充數。近臣除郊祀、承天節及委寄差遣舊有恩例外，更不得非次爲親戚陳乞恩澤。」

祥符四年七月，詔刑部：「自今每有審官院牒問舉主負犯，並疾速結絶供報。」

十一月，法寺言：「自今連坐保舉京朝官、使臣、幕職、州縣官，欲乞所保舉犯私罪入己贓罪至死者，舉主減死一等斷遣。餘依前後條貫施行。」從之。

五年二月，詔：「翰林學士已下准詔所舉京朝官百七十一人，具舉主及本官歷任簿進入。已曾進入者，止具舉主及本官新授見任以進。」

六月，詔曰：「朕向虞下位，尚有遺材，務廣搜揚，俾從保任，盈庭之士，削牘繼臻。苟或久處外官，未能自達，共形封奏，諒協至公。其有來赴闕庭，方參選調。軒墀引對，備著於常規；課最陟明，何煩於(外)〔升〕奬。兹爲昧進，非可久行。自今在京常參官二員〔五〕，共舉幕職、州縣官一員充京官者，聽舉見任在外官。其已得替赴闕參選者，不在舉限。」

七月，上封者言：「奏舉使臣，皆無期限。雖元限七人，有一月中連舉五人者〔六〕。」詔樞密院自今引對，具奏舉年月日 13 以聞。

八月二十二日，詔：「應保舉官有誤犯私罪，非故違者，自今勿連坐舉主。」

六年四月，詔：「今後臣僚舉奏三班使臣，並須件析本人履歷勾當及有何才術、廉幹，候至三班院磨勘日，更令問驗引見。」

七年正月〔七〕，詔樞密院王欽若、陳堯叟，御史中丞馮拯，吏部侍郎林特：「各於見任供奉官、侍禁、殿直内舉一人，素謹行藏，兼資武勇，或勵精民政，或練習軍機，勤幹可以剸煩，智能足以馭衆〔八〕，並須無贓濫及習識文字，明具所長，堪何任使，限一月内以聞。如擢用後犯入己贓，悉當同罪。自餘贓私及不如舉狀，亦當連坐。其閤門祗候、諸

〔一〕亦：原無，據《宋大詔令集》卷一六五補。
〔二〕即：原無，據《宋大詔令集》卷一六五補。
〔三〕覈：原作「覆」，據《宋大詔令集》卷一六五改。
〔四〕識：原作「職」，據《宋大詔令集》卷一六五改。
〔五〕在：原脱，據《宋大詔令集》卷一六五補。
〔六〕舉五人：原作「五人舉」，據《長編》卷七八乙。
〔七〕七年正月：《宋大詔令集》卷一六五、《長編》卷八四載此詔均繫於大中祥符八年正月庚戌（二十九日），疑此誤。
〔八〕馭：原作「取」，據《宋大詔令集》卷一六五改。

路走馬承受公事者，不在舉限。」

四月，中書門下言：「文武臣僚年終舉到幕職、州縣官，今欲定五人以上同罪保舉者，替日令吏部流内銓磨勘引對。」從之。

十二月，詔王欽若、陳堯叟、馮拯、趙安仁、林特：「各於見任京朝幕職、州縣官内舉兩人〔一〕，或博知民政，或更練刑章，或可莅繁劇之司，或可守邊防之寄。並須自來無贓濫，及幕職、州縣官考限合得元勑者〔二〕，各具所長、堪何任使。如任用後犯入己贓，並當同罪。其餘贓私罪及不如所舉狀，亦當連坐。仍限十日内具名以聞。」

八年正月八日，中書進呈御史中丞馮拯應詔舉太常博士知桂州王專、大理寺丞河南府軍巡判官趙喻。帝曰：「此所舉官，當與常異，並令轉官，專與轉運使、副使，喻與通判差遣。」宰臣王旦曰：「王專前後十[14]六人保舉，轉官亦已三年，誠如聖旨處分。趙喻近得京官，欲止升差遣。今後舉官，欲并以考第歷任進呈。」帝然之。

二十三日，中書以准敕舉官姓名進呈，請以歷任及爲人所舉多者，入大藩知州，提點刑獄爲一等，大藩通判、小郡知州爲一等，幕職、州縣官年限及元敕、歷任無大過者〔三〕，令銓司注替磨勘引見。從之。

閏六月，詔：「内外文武臣僚，一年内或准詔，或使迴，或年終，許就一次舉官，並須同罪。轉運使、副使自依元敕。」

十月，詔馮拯已下〔四〕，「於見任京朝官内，自來無贓濫者，各舉一人，充川峽知州、知軍、通判。如任使後犯入己贓，或酷刑枉法及生事者，並當同罪。不如舉狀，亦當連坐。如顯有勞効〔五〕，候得替日，當議別與升陟。繼續兩任差使，別無不了，其舉主亦加酬奬。」先是，上封事者言：「朝廷擇幕職、州縣官，衆所保舉者授京官，如川峽縣邑，多得良吏。而川峽知州、通判，審官院以資例差往，頗有老病不理者。」故有是命。

九年三月十八日，詔曰：「國家屢詔有位，各舉所知，俾獲幹材，用委事任，而多乖精擇，深誤束求。雖濫薦以當辜，亦徇私之難恕。尚敦戒諭，庶叶至公。應有同罪保舉官員，其所舉官或犯入己并枉法贓等罪，勘到舉主公案内有不至追官停任及該赦恩原免并減降者，仰審刑院具情理取旨，當議量輕重降官秩或差遣。如日前所舉官却聞有貪濁，亦許陳首。今後即常切慎擇廉能，方形公舉〔六〕，更不在陳首之限。」

二十一日，詔樞密院：「自今臣僚奏舉三班使臣，内有[15]在外舉奏同官者，勘會以聞。其朝官、諸司使副未歷外任差遣而舉官者，不得行用。」是歲河陽陳堯叟、永興寇準、許州石普

〔一〕「内」下原有「共」字，據《宋大詔令集》卷一六五删。
〔二〕合得：《宋大詔令集》卷一六五無「得」字，似是。
〔三〕大：原脱，據《長編》卷八四補。
〔四〕已：原作「日」，據《宋大詔令集》卷一六五改。
〔五〕有：原脱，據《宋大詔令集》卷一六五補。
〔六〕方：《宋大詔令集》卷一六六、《長編》卷八六作「乃」。

各奏舉本任內使臣，悉罷之。

八月二十五日，上封事者言：「近日所舉三班使臣，多非素諳才器，但受請託。到闕之後，章薦交上，頗失國家擇才之旨。乞自今見任知州、通判、本路鈐轄、都監、諸司使副以上〔一〕，乃得發奏。所舉之人，須經兩任監押、巡檢無遺闕者〔二〕，其舉主見在任，即許行用。內有事故者，不得理爲舉人之數〔三〕。」從之。

二十七日，詔〔四〕：「今後臣僚等或覩在京及外處官員〔五〕，政治有聞，公忠可舉，意不掩善，欲達朝廷，及貪黷徇私，踰違昏昧，志思嫉惡，欲以盡規，並仰明獻封章，當行覆驗。虛實之際，賞罰攸存。不得更因上殿，口有陳奏。」

又上封者言〔六〕：「乞自今文武臣僚舉官，須是在知州、知軍、通判、鈐轄、都監係升朝官及諸司使、副使已上，并制置發運司及轉運使、副使、提點刑獄，方得舉官。其所舉之人，須是曾經監押、巡檢兩任無遺闕者。并乞令三班院合磨勘使臣，其舉主須是見在任勾當者。如有事故，不得一例理作七分之數，庶無濫舉，以副詢求。」

十月十一日，詔户部尚書馮拯、尚書右丞趙安仁、吏部侍郎林特已下四十八人〔七〕，「於見勾當事供奉官、侍禁、殿直內舉一人，素守廉勤，兼資公器，精通民政，詳練武經，咸以名聞。仍須曾任監押、巡檢，自來無贓濫及識字者，明具所長，堪何任使。其幼小未歷事務，年老不 16 任委用者，不在保舉。如朝廷擢用後，犯入己贓，並當同罪。其餘贓私罪及不如舉狀，亦當連坐。仍限一月內，具姓名實封聞奏。所舉之人內有權要骨肉及親戚者，並於狀內開說。其閤門祗候、寄班、諸路承受公事使臣，並不在保舉之限。」

二十八日，詔秦州曹瑋於內殿承制已上至諸司使內，舉兩人堪充鎮戎軍知軍者，密以名聞。見任要衝者，不在舉限。

十二月，詔：「臣僚准詔舉三班使臣，內曾經兩次監押或巡檢，每次各及二年半已上者，方得理兩任。」

天禧元年四月五日，詔三班院：「今後臣僚準詔保舉使臣，別無違礙者，依例施行。內歷任曾犯私罪者，奏取進止。」

二十五日，向敏中等言：「近日朝臣舉官，有一歲之中舉十餘人者，又部內監當朝官舉本處幕職官者，或傷於泛濫，或涉於嫌疑。欲釐革其弊。」帝曰：「可檢詳舊制，別加

〔一〕使：原作「校」，據《長編》卷八七改。
〔二〕者：原作「考」，據《長編》卷八七改。
〔三〕舉：原作「七」，據《長編》卷八七改。
〔四〕按，此詔與本書帝系九之五至九之六所載真宗咸平四年五月（《長編》作景德四年五月）詔中之一段文字全同，未知何故。
〔五〕覩：原作「罷」，據本書帝系九之六改。
〔六〕按，此處「上封者言」與前一條所載顯爲同一事，但文字不同。又此「上封者言」與上文之詔文意不貫，疑是《宋會要》另一門類之文，《大典》編者不察，誤插於此，而添一「又」字。
〔七〕四十八人：《長編》卷八八作「五十人」。

條約。」

五月，御史知雜、權同判吏部流内銓呂夷簡言：「今後轉運使、副使、提點刑獄、朝臣使臣并知州、通判，只得保舉本部内幕職、州縣官，應監當物務、知縣京朝官并在京常參官，並不得輒有奏舉。」詔：「因罪降充監當者，不得舉官，并知縣朝臣不得舉所統攝處幕職曹官，其餘並仍舊。所舉到幕職、州縣官，歷任及四考已上，並與勘會施行。」

六月，上封者言：「邊鄙雖寧，武備難闕，望令群臣各舉將帥之才。如邊上未有員闕，即且於内地州軍差遣，緩急足副推擇。」乃詔[17]宰臣王旦等各舉所知三兩人，具名以進。

二十八日，樞密院言：「(又)請令宰臣以下，各於京朝官、幕職等官及閤門祗候已上，舉堪任將帥者各三兩人。」向敏中等曰：「執政之地，日奉僉諧，苟有見聞，便可論薦。若更特降詔旨，明述封章，不惟結於私恩，亦恐别興輿議。」帝然之。

二年二月二十三日，詔：「應准詔舉到京朝官，候得替，令審官院勘會，知縣與通判差遣，通判與知州，并合入知州、通判者，更升藩鎮差遣。所有縣令候得替，令銓司磨勘奏裁。」

是月(一)，三班院言：「保舉使臣，有歷三四任及八九年者，以每任不及二年半爲礙。詳觀詔意，蓋欲更事歲久，即爲甄叙。望自今但兩任已上，不因公事移替，計五年者，悉許施行。」從之。

四月，詔：「自今命官使臣犯贓，不以輕重，並劾舉主，私罪杖已下不問。」

閏四月，詔户部尚書馮拯已下，并諸路轉運使、副使、提點刑獄、朝臣，並令於幕職、令、録、知縣内同罪保舉一人，充京官監當。

十月，樞密直學士王(曉)〔曙〕言：「今後轉運使、副使、提點刑獄、朝臣舉官，望不許預先移牒報知，免立私恩，庶臻公道。」詔令别行條約。

三年十月，中書言：「群臣舉幕職、州縣官充京朝官者，欲俟舉主及五人，即以名聞，庶懲濫進。」從之。《文獻通考》：天(僖)〔禧〕三年，吏部銓言：「本司令録稍多，員闕甚少，請權借審官院京朝官知縣闕注擬一任。」詔審官院以五千户以下縣借之。

四年四月，詔：「自今臣僚奏舉幕職、州縣官充京朝官，合磨勘者，其所舉官更不候得替，令[18]銓司磨勘歷任功過，申中書，依例取旨。許引見者，候本人參選，勘會今任過犯，除贓罪踰濫及私罪徒已上，及因公罪非次替罷，即别候指揮。自餘速申中書，差官考試，不須候三兩人，逐旋試判，磨勘引見。」

九月，詔翰林侍讀學士張知白等一十二人，玉清昭應宮副使林特、三司使李士衡、龍圖閣學士陳堯咨、樞密直學士薛映、李及、馬元方、

(一)按，《長編》卷九一繫於二月八日壬申。

張士遜、兵部侍郎馬亮、給事中李應機、王隨、右諫議大夫段曄。於朝官内各舉堪充錢穀、刑獄任使二人；工部尚書晁迥等九人，翰林學士楊億、劉筠、晏殊、龍圖閣直學士呂夷簡、户部侍郎李維、知制誥李諮、宋綬、張師德。於朝官内各舉文學優長、履行清素二人；給事中樂黄目、孫奭等七人〔一〕，右諫議大夫趙稹、龍圖閣（侍）〔待〕制李虚己、李行簡、少府監薛顔、太常少卿趙湘。於朝官内各舉堪充大藩郡知州各二人；轉運使、副使、勸農使於前任見任幕職、州縣官内，各舉堪充京官知縣二人；知制誥祖士衡、錢易等五人，知雜御史劉燁、直龍圖閣魯宗道、馮元。於太常博士已上各舉材堪御史者一人〔二〕。所舉須素無贓濫，如遷擢後犯贓，並當同罪；不如所舉，亦從連坐。限十日内具名以聞。

五年五月，同判流内銓劉燁言：「自經奏舉，已經磨勘引見，不轉京官選人，雖在假告者，望令銓司依合入遠近資叙，注擬曉告，候公参日，習儀入謝。再有人奏舉，率因請託專務僥求者，乞不與施行。」詔：「應轉運、制置、發運、提點刑獄、勸農使、副使等，自今在任并得替到闕，並許依常例奏舉本路轄下幕職、州縣官外，若是非次特勑令舉官，須是本任轄下無官可舉，[19]仍於奏狀内開説，方得舉别路官員，并内外升朝親民官等保舉到官員，亦仰勘會在任日曾有人同罪保舉，并不是選人得替後一併奏舉，非涉前項請託者，及應得元條貫人數，即與依例施行。若是曾經磨勘引見，未與改轉，并得指揮候更有人舉者，並逐旋行下銓司，依劉燁所請，速與注官。如再有人舉，更候此任迴日，方得施行。」

乾興元年六月，仁宗即位未改元。詔：「御史臺遍牒諸路轉運、制置、發運、提點刑獄、勸農使、副使并合該舉官臣僚，自今依應御劄詔勑所舉人充京官者，須是出身歷任勞考，無贓私過犯，方得同罪保舉聞奏，付銓司取索委實，即申中書取旨。」

十月，詔：「近降舉官約束，或慮選人因小私過，致有滯淹。自今選人歷任有私罪杖已下，許轉運或提刑二人同罪保舉，即依舊施行。如轉運或提點刑獄一員，即更候朝臣二人；如無轉運、提點刑獄，即許朝臣七人，方與磨勘。」

仁宗天聖元年八月，中書門下言：「准詔，升朝官每年准御劄舉官不得過三人，如已及三人，餘並不行。」從之。

十一月十三日，兩浙轉運使任皋准御劄同罪保舉知秀州崇德縣向昱堪充京官親民任使，以舉主少罷之。仍令今後似此者，更候兩人奏舉，即施行。

十四日，樞密院言：「臣僚准御劄及劉承渥起請，同罪奏舉使臣堪充閤門祇候，除依條者即送三班院外，不應條者除轉運、提點刑獄，朝臣舉狀内[20]少畫一事件或才術者，付迴本處，令依條舉奏。其少任數并見在任、該舉官臣僚，並令樞密院别置簿拘管。所貴今後舉到使臣，備見履

〔一〕七人：原作「八人」。按文中所述，僅有七人，《長編》卷九六亦同，據改。
〔二〕一人：《長編》卷九六作「二人」。

歷次第，以備緩急差遣。」從之。

二年六月，監察御史李紘言：「近年臣僚奏舉幕職、州縣官，例及五人已上，及所舉之人四考以上者，並得磨勘引見。其間有在任止是一兩人奏舉〔一〕，替後遷延，告囑外任官員論薦，或請託初得外處差遣臣僚發章奏。欲望自今轉運、制置、發運、提點刑獄、勸農使、副使、知軍州、通判、鈐轄、都監、崇班已上，並令奏舉本部内幕職、州縣官。在京大兩省已上，並許舉官。其常參官及館閣曾任知州、通判升朝官，許依條舉奏。餘升朝官未經知州軍、通判已上差遣者，不在舉官之限。所舉之人，須是見在任所，舉主但有轉運、制置、發運、提點刑獄、勸農使、副使兩人，便與依例施行；如是一名舉到，無本處知州軍、通判，即更候常參官二人保舉，並乞與磨勘。仍自今有犯罪至徒者，唯贓私踰濫、挾情故違不得奏舉外〔二〕，餘因公致私罪至徒，事理不重，亦許奏舉。」從之。

八月，福建路提點刑獄王耿等言：「群臣准詔舉官，保舉之後，雖見本人貪濁，爲不許陳首，坐受追削。兼被舉者，緣此多務因循，罔修廉耻。況同罪舉官，法亦稍重。恐今後臣僚懼罪，難於舉薦，翻致下位多有遺才，望別定條制。」詔審刑院、刑部、大理寺參詳以聞。既而定議：「請自今因保舉轉官[21]後，却有改節貪濁，並許元舉官具實狀陳首。據所陳體量得實，即依法斷遣，舉主免同罪；所陳虛妄，亦當勘罪。」從之。三年，光祿卿、知汝州王(曉)〔曙〕等同罪保舉本州團練判官詹庠，吏部銓磨勘引對，詔授庠太子中允。既而(曉)〔曙〕陳首庠在任踰越者事〔三〕，詔有司勘劾得實，遂止送銓小處官。

三年九月，詔：「自今但係提點刑獄勾當，不以官資，並許舉官。」

四年六月，詔禮部尚書晁迥、四方館使高繼志等五十五人〔四〕，保舉諸司使已下至閤門祗候堪充邊上差使者各一人；趙稹已下保舉三班使臣有膽勇、諳會武藝、堪充巡檢捉賊差使者各一人。

九月，詔翰林侍講學士孫奭、龍圖閣直學士兼侍講馮元，於外任京朝官内同奏舉深明經義、長於講説、歷任無入已贓罪者三五人。

十一月，詔：「今後臣僚所舉，並須依元敕，於狀内具言所舉人有無親戚骨肉見任在朝文武職官。」

五年六月，詔：「今後兩省五品已上官，每年許依御劄同罪保舉幕職、州縣〔官〕五人。」

七月，詔令樞密直學士李及、薛田、趙稹、龍圖閣直學士劉燁、右諫議大夫姜遵，於曾任知州、通判、太常博士以上，同罪保舉堪充錢穀、刑獄繁難任使者各兩人。

〔一〕止：原作「已」，據《長編》卷一〇二改。
〔二〕故：原作「固」，據《長編》卷一〇二改。
〔三〕者：似當作「諸」。
〔四〕高繼志：似當作「高繼忠」。繼志未見記載，而繼忠於天聖中多任沿邊知州及兵官，與此甚合。

九月，詔：「開封府曹官并兩赤縣丞、簿、尉，並依奏舉到外任幕職、州縣官體例，磨勘施行。」先是，侍御史李紘言條約舉(言)〔官〕，止言諸路，不及開封府。至是，祥符縣主簿周成言請許比附施行，故降是詔。

六年八月，詔錢惟演、曹瑋、李迪、晏殊，及令御史臺告報宋綬等五十五人，「限一月內各同罪保舉人材機略，諳歷邊事，或精熟武[22]藝，殿直已上、不曾犯贓罪使臣一人，曾經監押、巡檢或知縣、寨主一任者，並許奏薦，當議相度任用。其所舉人，明言是與不是親戚故舊，及有無親戚見任中外文武職事。即不得舉兩府臣僚親戚并走馬承受、閤門祇候已上。」

十二月，詔：「今後應臣僚准御劄并年終詔勅，同罪奏舉到幕職、州縣官充京朝官者，若已有准御劄舉到人數得足，合該劄下磨勘者，更不得帶下年終舉狀。如準年終詔勅，舉主人數得足，更不得帶下御劄舉狀一處行遣。」《文獻通考》：天聖六年，詔審刑院舉常參官在京刑法司者爲詳議官，大理寺詳斷、刑部詳覆法直官，皆舉幕職、州縣曉法令者爲之。自請試律者，須五考有舉者，乃聽試律三道、疏二道，又斷中小獄案二道，通者爲中格。時舉官擢人，不常其制。國子監闕講官，嘗詔諸路轉運使舉經義通明者；或欲不次用人，又嘗詔近臣舉常參官歷通判無贓罪而才任繁劇者，己之親及執政近屬毋得舉；欲官諸邊要，亦嘗詔節度使至閤門使、知州軍、鈐轄、諸司使舉殿直以上材勇使邊任者，或令三司使下至天章閣待制舉奏之；邊有警，又或詔諸轉運使、提點刑獄、升朝官舉所部官才任將帥者，三路知州、通判、縣令，皆詔近臣舉廉幹吏選任之，毋拘資格。至於文行之士，錢穀之才，刑名之學，各因時所求而薦焉。而守選者更郊赦減與赴調〔一〕。後立法，所舉未遷而罪贓暴露者，免劾。自天聖後，進者頗多，物議患其冗，始戒近臣非受詔毋輒舉官。又下詔風厲，毋以薦舉爲阿私。其任用已至部使者，毋得復薦。失舉而已擢用，聽自言不實，弗爲負。又詔磨勘遷京官者，增四考爲六考，增舉者四人爲五人，犯私罪又加一考。舉者雖多，無本道使者，亦爲不應格。議者以身言書判爲無益，乃罷之。而試判者亦名文具，因循無所去取。御史王端以爲：「法用舉者兩人得爲令，爲令無過譴，遷職事官、知縣，又無過譴，遂得改京官，乃是用舉者兩人保其三任也。朝廷初無參伍考察之法，偶幸無過，輒信而遷之。是以碌碌之人，皆得自進，因仍弗革，其弊將深。」乃定令被薦爲令，任內復有舉者，始得遷，否則如常選，無輒升補。時增設禁限，常參官已授外任，毋得奏舉京官，現任知州、通判、升朝官兵馬都監、諸司副使以上，及在京員[23]外郎嘗任知州、通判，諸司副使嘗任兵馬都監者，乃聽。明年，流內銓復裁內外臣僚歲舉數，文臣待制至侍御史，武臣自觀察使至諸司副使，舉吏各有等數，毋得輒過。而被舉者，須有本部監司、長吏、按察官，乃得磨勘。睦州團練推官柳三變到官未踰月，而知州呂蔚薦之。侍御史知雜郭勸言蔚未覩善狀而薦之，蓋私之也，乃限到官一考方得薦。又詔選人六考改官而嘗犯私罪者加一考，知雜御史、觀察使以上歲舉京官不得過二人，其常參官毋得復舉，自是舉官之數省矣。又命監司以所部州多少、劇易之差爲舉令數，非本部無輒舉。其後又增舉主至三員。蓋官冗之弊浸極，故保薦之法大抵初略而後詳也。仁宗朝，尤以選人遷京官爲重難。有司引對，法當與，帝亦省察其當否，乃可之。蘇軾《策別》曰：「國家取人，有制策，有進士，有明經，有諸科，有任子，有府史雜流。凡此者，雖衆無害也。其終身進退之決，在乎召見改官之日，此尤不可以不愛惜慎重者也。今之議不過曰多其資考，而責之以舉官之數。且彼有勉强而已，資考既足，而舉官之數亦以及格，則將執文墨以取必於我，雖千百爲輩，莫敢不盡與。臣切以爲今之患，正在於任文太過〔二〕。是以爲一定之

〔一〕減：似當作「咸」。
〔二〕任文：蘇軾《經進東坡文集事略》（四部叢刊本）卷一六作「任法」，較勝。

制，使天下可以歲月必得，甚可惜也。方今之便，莫若使吏六考以上，皆得以名聞于吏部。吏部以其資考之遠近，舉官之衆寡，而次第其名。然後使一二大臣雜治之，參之以其材器之優劣而定其等，歲終而奏之，以詔天子廢置。度天下之吏，每歲以物故、罪免者幾人，而增損其數〔一〕，以所奏之等補之，及數而止。使其予奪亦雜出于賢不肖之間，而無有一定之制，則天下之吏不敢有必得之心，將自奮厲磨淬，以求聞于時，而向之所謂用人之大弊者，將不勞而自去。然而議者必曰：法不一定，而以才之優劣爲差，則是好惡之私有以啓之也。臣以爲不然。夫法者，本以存其大綱，而其出入變化，固將付之於人。昔者唐有天下，舉進士者，群至於有司之門。唐之制，惟有司之信也，是故有司得以搜羅天下之賢俊，而習知其爲人，至於一日之試，則固已不取也。唐之得人，於斯爲盛。今以名聞於吏部者，每歲不過數十百人，使一二大臣得以訪問參考其才，雖有失者，蓋已寡矣。如必曰任法而不任人，天下之人必不可信，則夫一定之制，臣亦未知其果不可以爲姦也。」又曰：「夫天下之吏不可以人人而知也，故使長吏舉之。又恐其舉之以私而不得其人也，故使長吏任之。他日有敗事，則以連坐，其過惡重者其罰均。且夫人之難知，自堯舜病之矣。今日爲善，而明日爲惡，猶不可保，況十數年之後，其幼者已壯，其壯者已老，而猶執其一時之言，使同被其罪，不已過乎！天下之人，仕而未得志也，莫不勉強爲善以求舉。惟其既以改官而無憂，24 是故蕩然無所不至。方其在州縣之中，長吏親見其廉謹勤幹之節，則其勢不可以不舉，彼又安知其終身之所爲哉？故曰今之法責人以其所不能者，謂此也。一縣之長，察一縣之屬；一郡之長，察一郡之屬；職司者，察其屬郡者也。此三者，其屬無幾耳，其貪其廉，其寬猛，其能與不能，不可謂不知也。今且有人牧牛羊者，而不知其肥瘠，是可復以爲牧人歟？夫爲長而屬之不知，則此固可以罷免而無足惜者。今其屬官有罪，而其長不即以聞，他日有以告者，則其長不過爲失察，而去官者又以不坐。夫失察，天下之微罪也。職司察其屬郡，郡縣各察其屬，此非人之所不能，而罰之甚輕，亦可怪也。今之世所以重發贓吏者，何也？夫吏之貪者，其始必詐廉以求舉，舉者皆王公貴人，其下者亦卿大夫之列，以身任之。居官莫不愛其同類等夷之人，故其樹根牢固而不可動。連坐者常六七人，甚者至十餘人，此如盜賊質劫良民以求苟免耳。爲法之弊，至於如此，亦可變矣。如臣之策，以職司守令之罪罪舉官，以舉官之罪罪職司守令。今使舉官與所舉之罪均，縱又加之，舉官亦無如之何，終不能逆知終身之廉者而後舉〔二〕，特推之於幸不幸而已。苟以其罪罪職司守令，彼其勢誠有以督察之，臣知貪吏小人無容足之地，又何必以舉官爲難之？」石林葉氏曰：「祖宗時，監司郡守薦部吏，初無定員，有其人則薦之，故人皆謹重，不肯輕舉，改官人每歲遂至數倍。事有欲革弊而反以爲弊，固不得不謹其初。治平中，賈直儒爲中司，嘗以爲言，朝廷終莫能處。蓋人情沿習既久，雖使復舊，亦不可爲也。」

七年九月，詔兵部侍郎李迪已下至知雜御史，「於一任通判已上朝官内歷任無贓濫者，各同罪保舉一員堪充選擢繁難任使。不得舉執政臣僚及自己親屬。」

十月，詔：「諸路轉運及知州軍監朝臣并内殿崇班已上，於見任判、司、簿、尉中，不以任數，有出身三考已上、無出身四考已上〔三〕，廉勤幹濟、無贓私罪、堪充縣令者，除轉運使不拘人數外，其知州軍監各同罪保舉一人。如未有人可舉，亦許審細察訪，續次並以聞。即不得保舉親屬。其得替常參官，不在舉限。有兩人奏舉，即送銓司，於縣令員闕處就近移注。如在任無贓罪，25 其公私罪情理稍輕，及能區決刑獄不至枉濫，催理稅賦不致追擾，本州府軍監具

〔一〕損：原脱，據《東坡全集》卷四七補。
〔二〕者：原作「官」，據《東坡全集》卷四七改。
〔三〕三考已上無出身：原脱，據《宋大詔令集》卷一六六補。

詣實理迹聞奏〔一〕，得替日與職事官，再令知縣。如考滿依前無贓罪，雖有公私罪，情理不至重，及有上件理迹，候到闕引見，特與京官。」

十二月，中書門下言：「文武臣僚准御劄奏舉到幕職、州縣官充京朝官。檢會天禧元年五月敕，兩省五品已上，每年許舉五人，其升朝官舉三人，即與依例施行。欲令諸道州府軍監應合該舉官文武臣僚，除轉運、發運使、副使依舊不限人數外，餘並依前項勑旨，仍合具狀以聞。不得一狀内開坐兩人或三人。如一年内舉人數足，即更不得聞奏。」從之。

八年十月二十八日，御史中丞、權判吏部流内銓王隨言：「在京文武臣僚奏舉幕職、州縣官充京官，奏狀多無印記，難辨真僞。欲乞今後應舉官並用舊條，奏狀須印。如勾當處無印，即於不係刑獄、錢穀司牒借使印，及於奏狀年月邊貼黄，明言使某處印。其貼黄亦須用印訖，方許於閤門投進。所貴久遠有憑。」從之。

九年二月二十三日，詔：「大兩省官出外知郡，不得奏辟同判職官。其諸處知州，亦不得保舉見任同判。」

十月二十一日，詔：「應在京升朝官及崇班已上已授外任差遣者，不得依御劄奏舉幕職、州縣官充京官。」

景祐元年五月一日，詔：「今後所差知州、轉運使副、提點刑獄未到任，不得預先奏舉官員於轄下勾當。」

二年 26 十月十八日，詔：「諸路轉運司令部内知州、知軍、通判、鈐轄、都監、員外郎、諸司使已上，及總管、轉運使副、提點刑獄、朝臣使臣，今後如準御劄奏舉使臣，除依條外，更須明言本人好人材、曾歷邊任、諳會弓馬，件析以聞。三班院如奏舉到使臣，依條七人已上，及今來指揮，方得聞奏。仍委審量(乞)〔訖〕，差官呈試弓馬，如得中，即取旨。」

寶元三年二月二十一日，三司户部判官郭稹言：「乞令諸路轉運使及提點刑獄之官保舉所部諳邊事臣僚。」詔依所請，仍許并舉有武勇者，所奏並須同罪。

康定元年十二月二十三日，詔：「諸路轉運使、提點刑獄及知州府軍監朝官、武臣，今後舉縣令，其舉主兩員内，但一員現任本部，一員現任別路州軍，許令保舉。其舉狀送銓量簿〔二〕，舉主數足，依奏舉人例申中書，候降下，就近移注。餘依天聖七年條制。」

二年六月二十九日，詔：「應内外臣僚所舉幕職、州縣官，每年文臣待制已上三人，知雜御史已上二人，侍御史已下一人，武臣觀察使已上三人，閤門使已上二人，諸司使已下一人，諸路轉運使、副使、提點刑獄臣僚依舊不限數。每人只作一名舉主。今後文臣知州軍、通判升朝官已上，武臣知州軍内殿崇班已上，每年並許舉三人。其開封知府、

〔一〕詣：原作「請」，據《宋大詔令集》卷一六六改。
〔二〕量：似當作「置」。

推判官，依知州、通判例，每年各舉本部内官三人。在京文臣除知雜御史已上，武臣觀察使已上，每年許舉二人外，其餘常參官 27 更不許舉官。其舉狀已到中書者，且與施行。」

是月，又詔：「河北、陝西、河東三路，方用兵之際，而知州、通判、縣令，有司銓授，頗拘資格。其令翰林學士承旨丁度已下，各同罪舉廉幹吏。」

慶曆三年五月二十二日，詔：「臣僚舉幕職、州縣官充京朝官，判司簿尉充縣令，流外出身州縣官（允）〔充〕令録班行，其奏狀式樣，須令遵用施行。」

四年四月二十六日，詔：「三司丞郎給諫已上、兩省待制已上、御史中丞、正卿監，歲得舉正郎已下朝官不得過三人；起居郎、舍人、三司副使、知雜御史、少卿監，歲得舉員外郎已下朝官不得過二人；左右司郎中、司諫、正言、三院御史并館職、知諫院、天章閣侍講、三司判官、開封府推判官并員外郎已上及正郎見任知州，有出身無贓罪者，並歲得舉太常博士已下朝官不得過二人。安撫、制置、發運使、轉運使副、提點刑獄朝臣，於本部内得舉正郎已下朝官；提點刑獄使臣、發運、轉運判官，得舉本部内員外郎已下朝官，并不限人數。仍於狀内開説其人堪充何任使，同罪以聞。」

七月二十九日，詔：「諸路轉運、按察使副、提點刑獄朝臣、使臣，於常法舉官外，仍於轄下知州軍、知縣令中，選清白勤恪，政在愛民，不專委刑，人自悦服者，具的實治迹以聞，當議特行旌奬。令御史臺遍牒催促，如所舉謬妄，即時彈奏。雖舉未行，亦坐上書不實之罪。」

五年二月，詔曰：「比者京朝官須因人保 28 任而始得遷官，朕念廉士或不能以自進也，其罷之。」時監察御史劉元瑜言：「近年考課之法，自朝臣轉員外郎，員外郎轉郎〔中〕，郎中轉少卿、監，合須清望官五人保任，方許磨勘。浮薄之人，日趍權門，非所以養士之廉恥也。望酌祖宗舊規，別立黜陟之法，庶幾可行。」故降是詔。

八月二十三日，詔：「廣南西路轉運、鈐轄司體量邕、欽、廉邊海三州，宜、融、柳近溪洞三部，知州、監押、寨主、巡檢使臣内（無）〔有〕心力武幹者，並許舉官以聞。仍常令修完城壘。」

十月十三日，詔：「今後臣僚下到舉閤門祇候狀，須依祥符六年中劉承渥起請事件，方許投進。」

六年十月二十二日，詔以三司近奏舉幕職、州縣官監京師新城門，比舊三班使臣仍添食直錢，所舉之官或規避遠適，或涉干禱，悉令放罷，却差歷外任使臣。凡二年理爲一任，食錢仍依新例。熙寧中復差幕職、州縣官。

（八月六日）〔八年六月〕〔一〕，詔近臣舉文武官才堪將帥者，以名聞。

皇祐三年五月，宰臣文彦博等薦工部郎中直史館張

〔一〕八年六月：原作「八月六日」。查《長編》卷一六四載此詔於慶曆八年六月一日戊辰，據改。

瓌、殿中丞王安石、大理評事韓維，皆以恬退，乞賜甄擢。詔賜張瓌三品服，召王安石、韓維試于學士院。

六（年）〔月〕〔一〕，詔：「威、茂、黎、集、壁等知州及戎、瀘州通判，自今轉運司舉本路京朝官知縣前任成資、今任一年，或前任一年、今任二年者爲之〔二〕，候滿三年，理初任通判。」

十月，詔十路都總管、安撫使舉諸司副使、閤門祗候材堪將帥者一人。

四年八月，詔文臣御史知雜已上、武臣觀察使已上，舉諸司副使至閤門祗候堪提點刑獄任使者各一人。

是月，詔：「待制、觀察使已[29]上舉文武官任邊要者各一人，其已在邊及歷路分都監者勿舉。」

五年七月十三日，詔：「御史臺察訪中外臣僚奏薦，如有所舉非其人者，立須彈奏，必行之罰，宜自近始。其已係提點刑獄已上差遣者，並不得薦舉。」嘉祐六年正月，御史臺乞申明此詔。有旨，本臺每於歲首舉行頒布。

十月七日，詔今後臣僚許令指射差遣者，不得乞係舉官之處。革僥倖也。

至和二年二月十五日，侍御史毋湜言：「乞今後新除經略安撫使及沿邊總管、知州等，未到任間，不得奏辟武臣及班行充本路差遣。如到任後，果有怯懦昏昧、年老疾病之人，即具以聞，從朝廷審察其實，即許辟人衝替。所冀權臣之門稍息奔競，邊隅差遣不至豪奪。」從之。

十一月，詔吏部流内銓、南曹：「自今合舉官，文臣知雜御史、少卿監、武臣閤門使以上，并江淮發運、諸路轉運使、副使、提點刑獄朝臣、使臣、開封府推判官、府界提點，更不限贓私罪，餘犯私罪杖已上並不理爲舉主。若私罪笞者聽之。」

嘉祐元年二月，吏部流内銓言：「請入令録選人，舉主不犯贓濫及非致仕、分司者，聽許收用。」從之。

二年五月，詔：「凡舉官已施行者，後雖有改節，不許陳首。及被舉之人，毋得納舉主。」至七月，復詔：「近制，舉官不許陳首，其在部内守官而改節者，許發摘，同自首法。」

九月，樞密院言：「自今舉使臣，須本路安撫、轉運使、提點刑獄、知州、通判方理爲舉主。其在京文臣非知雜御史、武臣[30]非觀察使已上，所舉毋得施行。」從之。

十二月，詔：「大臣所舉館職，自今令中書籍記姓名，選文行爲衆所推者與試。其考校毋得假借等第。」

四年六月十一日，詔：「天下才行之士，慮有遺滯。宜令諸路經略、安撫、轉運使、提點刑獄，各於所部舉見任、前任文資行實素著，官政尤異，可備升擢任使者，同罪保舉三

〔一〕六月：原作「六年」，據《長編》卷一七〇載此詔於皇祐三年六月丙戌，據改。下條亦皇祐三年事，見《長編》卷一七一。

〔二〕二年：原作「一年」，據《長編》卷一七〇改。

人。前兩府臣僚許通舉内外官，並限一月聞奏。其已帶職及見任兩府與自己親戚，毋得舉。」

八月二日，天章閣待制、知諫院唐介言：「近制令諸路監司各舉官三員，以備擢任。切觀嚮者進用之人，巧於趍時，靡然成俗，宜稍澄清。乞應舉到官，委中書門下先擇材行惇樸忠厚、孝友聞於衆者任用；其輕躁干進之士，雖名幹集，亦乞稍賜裁抑。」從之。

五年八月，吏部流内銓言：「諸州幕職官常闕八九十員，無合入資序人。請下知雜御史、三司副使、待制以上，各舉令、録、判、司、主簿、尉二人，有出身四考，無出身五考，無贓私罪，有京官舉主三人者爲之。」從之。

六年八月，詔：「自今諸路知州軍監、知縣、縣令有清白不擾而實惠及民者，其令本路安撫、轉運使副、判官、提點刑獄官同罪保舉再任，委中書門下別加訪察。如其政迹尤異，當議更與推恩。」

八年十月，詔：「自今陝西四路極邊城寨主、都監、監押、巡檢，令帥臣舉官。」（以上《永樂大典》卷一〇六六四）

# 宋會要輯稿　選舉二八

## 舉官 二

1 英宗治平元年二月，樞密院言：「請自今使臣衝替及降監當者，歷任曾經親民，實有 2 武勇，堪捕賊者，元犯情輕，許舉充權巡檢，理監當資序。其入親民差遣，曾犯贓私罪，實武勇者，亦聽舉沿邊任使。」從之。

九月二十三日，詔：「文臣自待制已上及三司副使、御史知雜、三院御史、諫官，外任安撫、鈐轄、轉運使副、提點刑獄，武臣自正任已上及右職横行使副、諸路路分鈐轄、沿邊安撫，並許奏舉諸司使已下至三班使臣堪充將領及行陣任使。內知雜已上及正任横行使并權路分總管，並許奏舉二人，餘並一名。除已係將領任使并曾犯入己贓徒已上及親屬不舉，所舉之人，只是將領及行陣戰鬬。不如所舉，即坐舉主之罪外，有他犯不坐。」

十月四日，詔：「前任兩府及三司使已下至知雜御史，外任待制以上，保舉文資官二員。諸路經略、安撫、轉運使、提點刑獄保舉轄下見任、前任文資官二員，行實素著，官政尤異，可備升擢任使者以聞。」

二年三月二十四日，權御史中丞賈黯上言：「近日官冗之弊，數倍往時，蓋由舉官者衆，人有定員，以應所舉之格。乞申戒中外舉官臣僚，以革其弊。」至四月十二日，乃詔曰：「天下之治，在於得人；人之賢愚，繫乎所舉。舉而失當，猥濫至多。今吏部磨勘選人待次者二百五十餘人，須二年方克引對，留滯之弊，乃至於斯。且歲限定員，本防其濫，而舉者不問能否，一切取足以聞。徒有塞詔之名，且非薦賢之體。以至奔競得售，而實才者見遺；請託得行，而恬 3 守者被棄。蓋其毀譽之是徇，殊非淑慝之能明。章交公車，充數而已。以是濟治，其可得乎！宜令中外臣僚合舉選人者，務在得人，不必滿所限之數。所貴材品辨別，仕路澄清。惟爾輔臣，深體朕意。」《文獻通考》：英宗時，御史中丞賈黯又言：「今京朝官至卿、監，凡二千八百餘員，可謂多矣，而吏部奏舉磨勘選人未引見者至二百五十餘人。臣不敢遠引前載，且以先朝事較之。方天聖中，法尚簡，選人以四考改官，而諸路使者薦部吏數未有限，而在京臺閣及常參官嘗任知州、通判者，雖非部吏皆得薦，時磨勘改官者，歲才數十人(一)。後資考頗增，而知州薦吏，視屬邑多少裁定其數，又常參官不許薦士，其條約比天聖漸繁，而改官者固已衆矣。然磨勘應格者猶不越旬日即引對，未有待次者也。皇祐中，始限監司奏舉之數，其法益密，而磨勘待次者已不減六七十人。皇祐及今纔十年耳，而猥多至于三倍。向也法疏而其數省，今也法密而其數增，此何故哉？正在薦吏者歲限定員，務充數而已。如一郡之守，歲許薦五人，而歲終不滿其數，則人人以爲遺己，當舉者避謗畏譏，欲止不敢。此薦者所以多，而真才實廉未免溷於無能也。謂宜明詔天下，使有人則薦，不必滿所限之數。」天子納其言，下詔申勑焉。

---

(一) 才：原抄作「在」，又加塗抹，未曾補正，今據《文獻通考》卷三八改。

三年四月，詔流内銓：「磨勘選人願入職官者〔一〕，與循資注官。今任還，無贓罪及私罪杖已下情輕〔二〕，有舊舉主三人或新舉主二人〔三〕，與磨勘引見。歲舉選人充京官者，自今以三分之一舉令、録、判、司、簿、尉充職官。舉主滿三人，歷任無贓罪或私罪杖已下情輕者，判、司、簿、尉有出身三考，無出身四考，皆與注合入職官。應舉官充縣令，須到任一考乃得舉。」《文獻通考》：治平三年，命宰執舉館職各五人。先是，上謂中書曰：「水潦爲災，言事者云咎在不能進賢，何也？」歐陽修曰：「近年進賢路狹，往時入館有三路，今塞其二矣。進士高科，一路也；大臣薦舉，一路也；因差遣例除，一路也。往年進士五人以上皆得試，第一人及第，有不十年即至輔相者。今第一人兩任方得試，而第二人以下不復試，是高科路塞矣。往時大臣薦舉即召試，今只令上簿候缺人乃試，是薦舉路塞矣。惟有因差遣例除者，4 半是年勞老病之人，此臣所謂薦舉路狹也。」上納之，故有是命。韓琦、曾公亮、趙槩等舉蔡延慶以下凡二十人，皆令召試。宰臣以人多難之，上曰：「既委公等舉之，苟賢，豈患多也。」先召試蔡延慶等十人，餘須後時。　石林葉氏曰：「國朝以史館、昭文館、集賢院爲三館，皆寓崇文院，其實無别舍，但各以庫藏書列於廊廡間爾。直館、直院謂之館職，以他官兼者謂之貼職。凡狀元、制科一任還，即試詩賦各一，而入否則用大臣薦而試，謂之入館。官制行，廢崇文院爲秘書監，建秘閣於中。自監、少至正字，列爲職事官，罷直閣、直院之名，而書庫仍在。獨以直秘閣爲貼職之首，皆不試而除，蓋特以爲恩數而已〔四〕。　治平四年，陳汝羲試學士院中等，除集賢校理。御史吴(中)〔申〕言：「比擇十人，先試館職，而汝羲亦預，漸至冗濫。兼詩賦非所以經國治民，請用兩制薦舉，仍罷試詩賦，代之以策。」詔兩制詳議。其年試胡宗愈輩，仍用詩賦。熙寧元年罷試詩賦，而更以策、論。二年，王介等五人始以策、論試于學士院，皆除館職。後比年有試者，蘇税〔五〕、陳睦、李清臣、劉摯、王欽臣等皆以試除。四年，太常丞許將以所業獻，召試爲集賢校理。五年，呂公弼薦王安禮材堪大用，召對稱旨，欲峻用之。其兄安石辭，乃以爲崇文院校書。曾布常舉鄧潤甫可備經筵館職，詔取潤甫應制科進卷視之，擢爲集賢校理。　舊制，凡設試以待命士而入之銓注者，自蔭補銓試之外，有進士律義、武臣呈試、材武及刑法等官〔六〕，而銓試所受爲特廣。蔭補初赴選，皆試律暨詩。已仕而無勞績、舉薦及無免試恩，皆試判。熙寧更制以後，槩試律義、斷案議，後又增試經義，中選者皆得隨銓擬注，是銓試之凡也。　馬端臨曰：按，是時進士選人之守選者，亦皆試而後放，然特詳於蔭補云。

(四年十一月)〔五月十一日〕〔七〕，同判吏部流内銓蔡抗言：「奏舉人二百五十餘人，度二年乃引絶〔八〕。檢會每歲舉狀約千九百員，被舉者既多，則磨勘者愈衆。欲乞權罷在朝知雜御史、觀察使已上歲舉京官。」從之。以上《國朝會要》。《文獻通考》：是年，詔中外臣僚歲得舉京官者，視元數以三分率之，減一分舉職官〔九〕。有舉者三人，任滿選如法。所以分減舉者數，省京官也。是歲判吏部流内銓蔡抗言：「奏舉京官人尚多，度二年引對乃可畢。計每歲所舉，無慮千九百員。被舉者既多，則磨勘者愈衆。且今天下員多闕少，率三

---

〔一〕職：原作「贓」，據《長編》卷二〇八、《職官分紀》卷九改。
〔二〕杖：原脱，據《長編》卷二〇八補。
〔三〕二人：原作「三人」，據《長編》卷二〇八改。
〔四〕特：原作「時」，據《宋史》卷一六二《職官志》二改。
〔五〕蘇税：史書中多作「蘇棁」。棁爲蘇頌弟，《蘇魏公文集》卷三七亦作「棁」，疑以「棁」爲是。
〔六〕法：原作「爲」，據《文獻通考》卷三八改。
〔七〕五月十一日：原作「四年十一月」。按本書職官一一之一八有蔡抗此詔全文，時間作治平三年五月十一日，《長編》卷二〇八亦同，今據改。
〔八〕天頭原批：「『絶』字疑誤。」按「絶」字不誤，本書職官一一之一八、《長編》卷二〇八、《職官分紀》卷九等均作「絶」。「絶」者，畢也。
〔九〕減：原脱，據《文獻通考》卷三八補。

人而待一闕，若不稍改，後將除吏愈艱。臣愚以爲可罷知雜御史、觀察使以上歲得舉官法。」從之。自是舉官之數彌省矣。

治平四年十一月三日，神宗即位未改元。詔：「御 5 史臺告報翰林承旨以下至知雜御史以上，各於內外文官歷一任通判以上人內，同罪保舉一員堪充刑獄、錢穀繁難任使。皆須節行素著，才幹有實，仍於舉狀內明言本官才器所長、堪何任使，限一月內聞奏。內在京者當令引對，在外者候替回引對。即不得舉已係帶職及兩府或自己親戚。」

十二日，詔曰：「故事，二府初入，各舉所知者三人，蓋欲以觀大臣之能也。比年以來，請謁干譽之說勝，而薦者或不以公。既已任職之後，多以虛名相尚，而實効蔑然，甚非『上臣事君以人』之道。其今來中書、樞密院準例各舉官三人，各言其人才業所長、堪任何事，以副朕爲官擇人之意，速以名聞。仍候逐奏上，令中書取旨，當議量才試任。」

二十一日，手詔：「孔子曰：『脩廢官，舉逸民，則四方之政行焉。』朕以天之靈，獲守大器，永惟興治之本，必待賢而後成。方今中外群才，輻湊並進，不爲不多矣。尚慮藏器抱道之士，沉於下僚〔一〕，鬱而未伸，宜令內外兩府、兩制、文臣三司副使、武臣正任已上，下至臺諫官并逐路提刑、轉運使，於京朝官、使臣、幕職、州縣官、選人內，各舉所知者二人，見任兩府三人。或恥於自媒，久淹下位，或偶因微累，遂廢周行者，咸以名聞，以佐吾顯側陋、振淹滯之意。仍各明言其人臨事已彰實狀，堪何任使，朕將量才而用之。其所舉須實負才業淹廢之人，即不得舉懷姦養譽、闊於事情、陰趨進用 6 者及權要族屬，可共昭至公之道焉。」

神宗熙寧元年二月十一日，詔：「翰林承旨以下、知雜御史以上，各於內外文官歷一任通判以上人內，同罪保舉一員，堪充刑獄、錢穀繁難任使。」翰林承旨王珪等奏舉虞部員外郎張諷等二十員，詔見在京及得替到闕者，並令上殿。

十八日，詔：「近復諸路武臣同提點刑獄。勘會舊制，提點刑獄奏舉選人充京朝官，須連狀共舉，頗聞不便。今後奏舉選人充京官、職官，並據逐路元條合舉人數，各舉一半，更不連狀。」

三月七日，命諸路經略、安撫使、轉運使副、提點刑獄朝臣、使臣、路分副都總管〔二〕，各同罪保舉本部內大使臣堪充主兵官二員，堪充知州軍二員，疾速具姓名以聞。以選任乏人故也。

六月十四日，詔：「在京并外任兩制及知雜御史以上，各同罪保舉大使臣堪充主兵官二員。」

十九日，詔：「（請）〔諸〕道州府軍監所有長吏奏舉選人更不裁減外，通判奏舉選人，並令權罷。」

〔一〕僚：原作「潦」。天頭原批：「『潦』，疑『僚』。」《宋大詔令集》卷一六六作「僚」，據改。

〔二〕副都：似當作「都副」。

是月，詔：「今後諸路轉運判官奏舉選人充京官數，比提刑朝臣並特減二人。」

七月七日，詔：「諸路安撫、轉運、提刑、總管及內外兩制、知雜御史以上，各保舉有武勇謀略三班使臣二人。」

十一月一日，樞密院言：「河南、河北監牧使，欲令每年各許同罪奏舉有牧地縣分選人知縣、縣令、主簿充京官、職官共五人，送流內銓，理爲舉主。」從之。

二年七月十七日，詔：「兩府臣僚初入，準例舉官 7 三員，今後更不施行。」先是，知樞密院陳升之薦侯叔獻等，上閱其奏，曰：「輔臣薦士，不考材實，即陞一任，此何理也？」然而久例行之，至是降詔。

閏十一月十八日，詔：「應文武官今後因罪犯降差遣經赦合該牽復者，如元犯情理輕，責降後有所轄官一員同罪奏舉，元犯情理重者有所轄一員、監司一員同罪奏舉，即與依赦牽復。如係在京無監司處，即只用所轄官爲舉主。內有元係職司及路分差遣，仍更委二府體量理歷才行取旨。所有兩省內臣並準此。若在京勾當，無所轄管勾，即許本省都知、押班依此奏舉。」上初令中書議法進呈，且以爲責降官在京有無監司處，乃改定降詔。《文獻通考》：熙寧二年，御史乞罷堂選知州，曾公亮執不可。帝曰：「精擇判審官人付之，何爲不可？」王安石曰：「中書所總已多，通判亦有該堂選者，徒留滯，不能精擇，歸之有司宜也。」馬端臨曰〔一〕：課試儒生，有司之事也，今以禮部考校爲未當，而必俟乎親策；進退百官，宰相之事也，今以中書選擇爲留滯，而一付之審官，輕重失倫矣。況司牧之任，千里休戚所係，非佗官比。而廟堂一不之問，則所謂中書所總已多者，其事豈有重於進賢退不肖者乎？

三年二月四日，詔：「今後諸路知州軍不該舉京官、職官處，如通判別無違礙，許依編勑人數舉官。」

六月，詔中書門下：「薛向等所總東南諸路財利，創事之始，實藉所諳官吏遠近應接，方可集辦。近雖累曾指揮，如向等奏辟官吏，並與應副，尚恐有合入遠官，朝廷引條不行，可今後如有礙條之人，特與差。任滿如無勞績勾當過事件，即復注遠官。」

七月二十四日，詔：「東西審官、三班院、流內銓，今後所舉主簿，並須舉不該入川、廣京朝官。」先是，權判吏部流內銓陳襄等薦著作佐郎楊完爲主簿。完係硬差，特依所舉，而降是詔。

是月〔二〕，詔今後應在 8 京及外任舉官去處，並許於見任官年滿前三季內奏舉。

十六日〔三〕，御史知雜謝景溫言：「欲乞應受詔勑特舉官者，發奏日並具所舉官姓名，關報本臺。」從之。

八月，編修中書條例所看詳：「應中外官司合舉辟官員狀到中書，即下諸司，取人吏文狀契勘奏差。欲乞取索諸房舉辟名件可歸有司者，畫一頒下審官東西院、流內銓、三班院。今後只批送逐處，令檢詳前後條貫及本官資序、

---

〔一〕按，以下爲馬端臨之按語，依本書引《文獻通考》之通例補「馬端臨曰」四字。

〔二〕按，此條《長編》卷二一三繫於七月九日丁酉。

〔三〕按，此條《長編》卷二一三亦繫於七月九日丁酉，與上條同日。此作十六日，日分失次。

所入路分遠近，令中書點檢施行。其不合得，即仰逐司一面回牒本官，別行奏舉。若曲有問難，即亦仰本官具因依聞奏。所有前來已送歸有司者，亦乞准此。」從之。

十月七日，詔發運司、諸路轉運司：本司管勾文字及諸路掌機宜官，今後並許舉合入川、廣之人。

十一月八日，詔諸處奏舉使臣差遣等，並送樞密院勘會施行。

四年二月十二日，詔：「自今在京官司各舉官，並先關牒所屬，勘會歷任於條無礙，方許奏舉。」

十七日，中書編修條例所乞諸路知州軍、通判，若轉運、提刑連銜奏舉者，許再任。知縣、縣令，有安撫、轉運使副、判官、提刑、知州、通判奏舉再任，須通及五人；內有職司二人者，亦聽再任。從之。

四月二十七日，詔權發遣江淮等路發運副使皮公弼，如薛向在任例舉官。

八月二十四日，詔發運司：「自今犯贓及見衝替合當硬差，若奏舉縣令、職官、知縣及起請員闕人，毋得奏舉。」

十月一日，詔：「江淮發[9]運使每歲舉官，毋得過本路轉運使、副所舉之數。」

十一月七日，詔：「諸路提舉常平倉朝臣，歲中通舉京官或職官、縣令共三人。」

十二月八日，中書門下言：「提點廣東刑獄周之純言，新制提點刑獄並除『同』字，所有舊條分同、正，舉官多少不同。今欲自京東、京西、河東、淮南路京官七人、職官三人、縣令五人，兩浙路京官六人、職官三人、縣令四人，成都府、梓州、江南東西路京官五人、職官三人、縣令四人，福建、利州、荆湖南北、廣南東西路京官四人、職〔官〕三人、縣令二人，夔州路京官三人、職官二人、縣令二人。」從之。

五年閏七月二十八日，樞密院言：「檢會先降宣命，委官保舉大使臣堪充知州軍或主兵任使，本縣籍記姓名〔一〕，遇有要人去處，於此更加采擇。歲月既久，選用略偏，或已在委寄，或嘗試無取，或事故凋喪。乞依故事，差委文武近上臣僚，各舉大使臣堪充知州軍或主兵任使者各兩人。」從之。

八月十五日〔二〕，詔：「諸路安撫及文臣帶路分鈐轄舉知州軍、主兵各一員，轉運使、提刑只舉知州軍一員，武臣總管、鈐轄、安撫只舉主兵一員。」《文獻通考》：五年，詔堂選堂占悉罷。吏部始立定選官格，其法各隨所任職事，以人任功狀立格，以待擬注。權開封府推官蘇軾上言：「大抵名器爵祿，人所奔趨，必使積勞而後遷，以明持久而難得，則人各安其分，不敢躁求。今若多開驟進之門，使有意外之得，公卿侍從，跬步可圖，其得者既不肯以僥倖自名，則其不得者必皆以沉淪爲歎。使天下常調，舉生妄心，恥不若人，何所不至，欲望風俗之厚，豈可得哉？選人之改京官，常須十年以上。荐更險阻，計析毫釐。其間一事聱牙，

〔一〕本縣：疑當作「本院」。

〔二〕八月十五日：按，《長編》卷二三六以此詔與上條同載於閏七月二十八日乙亥，此詔即因樞密院上言而降。

常至終身淪棄。今乃以一人之薦，舉而與之，猶恐未稱，10章服隨至，使積勞久次而得者，何以厭服哉？夫常調之人，非守則令，員多闕少，久已患之，不可復開多門以待巧者〔一〕。若巧者侵奪已甚，則拙者迫隘無聊，利害相須，不得不察。故近歲樸拙之人愈少，巧進之士益多，惟陛下重之惜之，哀之救之。如近日三司獻言，使天下郡選一人催驅三司文字，許之先次指射〔二〕，以酬其勞，則數年之後〔三〕，審官、吏部又有三百餘人得先占闕，常調待次，不其愈難？此外勾當發運均輸，按行農田水利，已振監司之體，各懷進用之心。轉對者望以稱旨而驟遷，奏課者求爲優等而速化，相勝以力，相高以言，而名實亂矣。惟陛下以簡易爲法，以清浄爲心，使姦無所緣，而民德歸厚。臣之所願厚風俗者，此之謂也。」馬端臨曰：按，罷諸司之薦舉，付銓選於吏部，此熙寧所立之法，蓋所以示至公而絶倖門也。今東坡公所言乃如此，豈此法特所以待守常安分之人，而阿諛時指，附會新法，如所謂六七少年、使者四十餘輩，則初不在此限乎？

六年五月三日，詔諸路察訪官〔四〕：「河東、京東、兩浙路許奏舉選人充京官、職官、縣令共十二人，餘路十人。若舉陞陟，並不限員數。」

七年十月四日，都官郎中、新差知夔州鄭惟幾言：「諸奉特敕奏舉邊臣者，若任用後不如所舉，與同罪，至死者減一等。如致城寨不守，其舉主雖會赦不得原減。竊以戰守之職，所繫甚重，失舉者既責同罪，而得功者未聞推恩。晉胥臣舉冀缺爲軍大夫，及箕之役，有功者被其賞，賞罰並行，人用勸沮。乞立新制，應特降宣勑舉官，被舉者如擢用後因戰守得功，事迹尤異，轉三官以上者，其舉主亦乞等第量行旌賞。」詔今後邊臣功狀顯著者，勘會舉主取旨。

十四日，詔都提舉市易司歲舉京官五員。

九年正月十三日，詔令新知廣州劉瑾不依常制，舉將官、文臣、使臣共十人。以瑾乞於江西及本路散行召募射生獵户及勇力亡命者軍前効用，支與上軍請受，量遠近與起發盤纏。所經州軍内，有彊勇可使者，亦許選帶11前去。詔送安南招討司，因有是旨。

八月十二日，中書門下言：「南平軍係新創，别無縣分。近將涪州隆化縣割屬本軍，其合奏舉選人員數，欲令依信安軍例，許知軍奏舉一員。」從之。

十年正月十二日，詔：「自今在京諸寺監丞有闕，並從朝廷選差，更不舉官。」

六月四日，中書門下言：「吏房刪定到選人舉充職官已移注者，不得别奏舉差遣。其舉充縣令、職官、知縣，雖不依常例，亦不許舉辟。如願依常調資序舉辟者聽。」從之。

八月二十四日，監察御史裏行黄廉言：「申飭兩制、近臣、諸路監司，求其才行優異者，各舉一人。」詔：「内外待制以上及臺諫官、發運、轉運使、提點刑獄、轉運判官，各於文臣内舉才行堪任陞擢官一員。令中書審察，如所舉不謬，取旨隨材試用。仍限一月内聞奏。即不得舉已係帶職及兩府、自己親戚。」

---

〔一〕多：原作「名」，據《東坡全集》卷五一改。
〔二〕先次：原作「先以」，據《文獻通考》卷三八改。
〔三〕後：原脱，據《文獻通考》卷三八補。
〔四〕路：原脱，據《長編》卷二四五補。

十月二日，中書門下言：「同知審官西院竇卞乞應係不拘常制奏舉官，並行寢罷。今看詳閑慢去處，若令依舊，誠恐罪累違礙之人得以干求。欲令後除事干要切，且令依舊外，餘並令依常制舉辟。」從之。

元豐元年閏正月初九日，詔：「刑部、大理寺自今後奏舉習學公事，並舉曾試刑法、得循兩資以上人。」

十九日，詔提舉官，其當舉官於開封府界提點、諸路轉運使副、判官、提點刑獄見舉官數內均減，立法〔一〕。詳見「提舉常平」門。

二月二十五日，三司言：「在京倉庫支納浩瀚，自御厨至店宅務，其監官乞奏舉。」從之。

【12】五月二十一日，提舉茶場李稷言：「三路三十六場大小使臣殆及百員，乞不限員數，舉三班使臣。」從之。內歲許舉官十員，候三年茶法成序取裁。

六月七日，京東路體量安撫黃廉言：「本路被水之初，乞委監司察災傷縣令不得力者，聽於不經水災若事簡縣對移。如闕人，即於得替待闕人不依常制奏舉。」從之。詳見「水利」門。

十一日，提舉成都府等路茶場蒲宗閔言，乞依李稷舉劾官吏。詔宗閔與理轉運判官資序，所舉京官、縣令及使臣陞陟，比李稷所舉人三分之一。其州縣官吏於茶場司職務有違，亦許按劾。

二十一日，詔：「應內外臣僚昨舉才行堪陞擢官，令中書察人才取旨。」

七月一日，詔：「御史臺推直官虞肇、馮如晦年齒衰遲〔二〕，資性疲懦，不足稱辦職事，可並送審官東院，令本臺舉官以聞。」

十月十三日，詔：「三司、司農寺各同罪舉陞朝官五人，充諸路提舉官，限十日以名聞。」

二年五月十三日，詔右贊善大夫、同提舉成都府等路茶場范純粹薦舉官，分李稷之半，聽稷、純粹同轉運司舉官知洋州。並從稷請也。

十一月二十八日，詔：「豐州許依威、茂州，舉選人爲京、職官、縣令。」

三年五月一日，詔：「御史臺復六察案〔三〕，立法之始，職事甚劇，無容久闕正官，以稽功緒。其見闕御史二人，令李定限十日以名聞。」

二十一日，以御史何正臣言：「近日舉官，鮮以寒士爲意，利祿所厚，多在貴遊之家，而市易爲【13】甚。望詔中書取索在京應舉差或權差已到未上官，有無本族外姻在朝食祿，取旨去留，以示公議。乞自今舉官並依舉京官、縣令式，具親屬。」詔劄與都提舉市易王居卿，仍令中書立法。

---

〔一〕「立法」上疑脱「仍」字。《長編》卷二八七載此詔，於「均減之」之下注云：「後立法」云云，即遵此詔。

〔二〕晦：原作「海」，據《長編》卷二九〇改。

〔三〕案：原作「按」，據《長編》卷三〇四改。

六月十六日，詔：「朝廷及省寺遣官至諸路，安撫、監司不得奏舉。」以中書言「所差官事干三四路者，乘勢干請，得舉主不少，恐不能無徇情苟簡之弊，請立法」故也〔一〕。

十二月十一日，知都水監主簿公事李士良言：「黄河見管大小使臣一百六十餘員，並委監丞已上奏舉。其所舉往往有因緣，未必習知水事。欲乞今後河（掃）〔埽〕罷舉官之制，並委審官西院、三班院選差。其都大提舉官，即乞且如舊。」從之。仍詔内外官司，自來舉官汎濫數多處，中書準此立法以聞。

四年三月八日，詔在京官不得舉辟執政官有服親。以御史知雜舒亶言「近論蒲宗孟不當薦舉同知樞密院韓縝姪宗弼，乞立奏舉法」故也。

七月三日，詔：「陝西緣邊見聚兵馬，其經營轉輸，全賴諸郡守、倅同力幹辦，其間多審官用格差注，必恐不任今日職事，宜令轉運司體量舉差聞奏。要地令佐準此。」

二十八日，詔：「内外官司舉官悉罷。令大理卿崔台符同尚書吏部、審官東西、三班院議選格。」

五年正月二十六日，詔：「誠州置兵馬監押、職官、司户參軍各一員，並令知沅州〔二〕、主管沅誠州緣邊安撫公事謝麟舉官一次。誠州官任滿，依沅州酬奬。」

二十九日，鄜延路經略使沈括等言：「所奏舉文武官，應 14 有違礙，並乞追差，諸處不得占留。」詔本路使臣直追取，仍以聞，其餘並稟朝旨。

二月十五日，詔：「提舉熙河等路弓箭手、營田、蕃部共爲一司，隸涇原路制置司，許奏舉幹當公事一員〔三〕，準備差使、使臣三員。」

〔六年〕十一月八日〔四〕，都大提舉成都府、永興軍等路榷茶公事陸師閔言：「每年舉選人改官，今依舊條通計，當舉九人，欲乞特添三人外〔五〕，有縣令、小使臣陞陟數，止依舊條併舉。」從之。

十二月十三日，提舉茶場陸師閔言：「乞川路買茶起（網）〔綱〕場監官十員，並許不依常制指名奏差。」從之。

六年六月一日，詔京東路轉運副使吴居厚：「具所知通判以上，及別路監司〔六〕、提舉官可充本路轉運司官，協力推行鹽法者，及本路行鹽法當選委知州、通判處以聞。」

七月十七日，知鎮戎軍張世矩言：「嘗舉知麟州郭忠紹爲路分鈐轄。今得知麟州訾虎書〔七〕，稱近嘗出師，忠紹

---

〔一〕天頭原批：「『以中書』下似宜雙行小字。」今不取。
〔二〕沅州：原作「沆州」，據《長編》卷三二二改，下同（宋代無沆州，諸史間有作「沆」者，亦爲「沅」之誤）。
〔三〕一員：原脱，據《長編》卷三二三補。
〔四〕六年：原無。按《長編》卷三四一載此事於元豐六年十一月八日己酉，則此非五年事，據補。下條亦爲六年事，見《長編》同卷。此二條當移後。
〔五〕「乞」字原在上文「今依舊」句「今」字下，據《長編》卷三四一移。
〔六〕監司：原作「監使」，據本書職官五九之九、食貨二四之二三改。
〔七〕「訾虎」下原有「巨」字，蓋因下文而衍，今據《長編》卷三三七刪。訾虎屢見於史。

怒朝廷指揮照應虎。臣詳忠紹懷怒君父，固非忠孝，乞不用前狀。」詔世矩挾情論忠紹，及繳私書，特釋罪。

七年六月十五日，詔：「都大經制熙河蘭會路邊防財用李憲乞選差蘭州守城小使臣五人，赴安疆〔一〕、米脂、塞門、浮圖、義合寨計度守備。委劉昌祚以名聞，李憲毋得占留。」

八年八月四日，詔按察司，所至官有才能顯著者，保明以聞。

哲宗元祐元年二月八日，詔：「應内外待制、太中大夫以上，限詔到一月，各舉曾歷一任知州以上，聰明公正，所至[15]有名，堪充監司者二人，委中書籍記，遇轉運使副、提點刑獄有闕選差。若到官之後，才識昏愚，職業墮廢，薦才按罪喜怒任情，即各依本罪大小，并舉者加懲責。」

閏二月二日，詔：「歲舉官陞陟者，承務郎以上並依合舉改官及充幕職官、縣令之數，大使臣準小使臣法，通判許舉承務郎以上，依知州舉充幕職官之數。」

八日，資政殿學士、新知潁昌府曾孝寬言：「官制以前舉官名數，乞委官裁定，取可仍舊者著爲令。」從之。

二十六日，詔尚書侍郎、學士、待制及兩省、御史臺監察御史以上、國子司業，限一月内，舉經明行修堪充内外學官者二員。

四月一日，左司諫王巖叟言：「廢罷諸路提舉常平司等，減削逐歲舉官狀數不少，竊恐寒素之士愈艱於進。乞復通判舉官條。」詔諸州軍通判每年許舉選人一名，幕職州縣官改官、判司簿尉充縣令仍相間舉。

十一日，詔：「内外待制、太中大夫以上舉第二任通判資序曾歷親民差遣、堪充轉運判官者各二員。餘依今年二月二日舉監司指揮。」

同日，詔：「應沿邊州軍城寨巡檢、都監、監押、寨主、巡防〔二〕、諸路捕盜官及課利係三萬貫以上場務，舊係舉官員闕處，許依舊奏舉。如數内今來事務稀少，不消奏舉〔三〕，及事務煩劇，合舉官去處，具因依窠名，限一月聞奏。」

十四日，詔：「三路知州帶安撫使者，許奏辟本州官二員；餘路知州帶安撫使或太中大夫以上帶[16]一路鈐轄，及知河南府、應天府，不以官序知雄州，各許奏辟本州官一員；使相及曾任執政官添舉一員，雖不係合辟官處，亦許奏辟本州官一員。仍各同罪保舉聞奏。」

五月六日，三省言：「尚書、侍郎、内外學士、待制、兩省、臺官、左右司郎中、諸路監司，限一月舉公明廉幹、才堪治劇，仍係合入知縣或縣令一員，令吏部不依名次差重法地分知縣、縣令，次差賊盜多處、萬户以上縣。」從之。

六月十三日，有司言：「新制，諸州軍通判每年許舉選

〔一〕安疆：原作「安彊」，據蘇轍《欒城集》卷三九《論蘭州等地狀》改。
〔二〕巡防：原作「防巡」，據《長編》卷三七五乙。
〔三〕消：原作「銷」，據《長編》卷三七五改。

人一名，幕職州縣官改官、判司簿尉充縣令問舉。然郡府有大小，不可無等殺。請分州軍爲三等：十邑以上，歲舉三人，改官、職官、令各一；五邑以上，二人，令一，改官、職官互舉一人；五邑以下如新制，無邑者不舉。」從之。內兩員通判者分舉。

七月一日，尚書省言：「舊制，中外學官並試補，近詔尚書、侍郎、左右司郎中、學士、待制、兩省、御史臺官、國子司業各舉二員，宜罷試法。」從之。

六日，宰臣司馬光言：「臣切惟爲政之要，莫若得人。百官稱職，則萬務咸治。然人材各有所能，或優於德而嗇於才，或長於此而短於彼。雖臯、夔、稷、契，止能各守一官，況於中人，安可求備？是故孔門以四科論士，漢室以數路得人。若指瑕掩善，則朝無可用之人；苟隨器授任，則世無可棄之士。臣誤蒙甄擢，備位宰相，謹選百官，乃其職業，而智識淺短，見聞褊狹。知人之難，聖賢所重。寰宇至廣，俊彥[17]如林，或以恬退滯淹，或以孤寒遺逸，被褐懷玉，豈能周知？若專引知識，則嫌於挾私〔一〕，難服衆心；若止循資序，則官非其人，何以致治？莫若使在位達官人舉所知，然後克協至公，野無遺賢矣。臣不勝狂愚，欲乞朝廷設十科舉士：一曰行義純固，可爲師表科；有官無官人皆可舉。二曰節操方正，可備獻納科；舉有官人。三曰智勇過人，可備將帥科；舉文武有官人。四曰公正聰明，可備監司科；舉知州以上資序。五曰經術精通，可備講讀科；有官無官人皆可舉。六曰學問該博，可備顧問科；同上。七曰文章典麗、可備著述科；同上。八曰善聽獄訟，盡公得實科；舉有官人。九曰善治財賦，公私俱便科；舉有官人。十曰練習法令，能斷獄讞科。同上。應職事官自尚書至給舍、諫議，寄祿官自開府儀同三司至(大)〔太〕中大夫，職自觀文殿大學士至待制，每歲須得於十科中舉三人。非謂每科舉三人，各隨所知，於十科內一歲共舉三人。其狀云：『臣切見某人有何行能，並須指陳實事，不得徒飾虛辭。位在上者得舉下，下不得舉上。臣今保舉堪充某科。如蒙朝廷擢用後不如所舉，謂舉行義純固而違犯名教之類。及犯正入己贓，臣甘伏朝典不辭〔二〕。』候奏狀到日，付中書省置簿抄録舉主及所舉官姓名。別置合舉官臣僚簿，歲終不舉，及人數不足，按劾施行。或遇在京及外方有事，須合差官，體量相度，點檢磨勘，剗刷催促，推勘定奪，則委執政親檢逐簿，各隨所舉之科選差，令試管勾上件事務〔三〕。若能辦集，即別置簿記其勞績。遇本科職任有闕，謂若經筵或學官有闕，即[18]用行義純固、經術精通等科；臺諫有闕，即用節操方正科之類。則委執政親檢逐簿，選名實相稱，或舉主多、或有勞績之人補充。仍於本人除官敕告前，盡開坐舉主姓名於後。或不如所舉，其舉主從貢舉非其人律科罪。犯正入己贓，舉主減三等科罪。若因受賄徇私而舉之，罪名重者，自從重法；

〔一〕挾：原作「狹」，據《長編》卷三八二改。
〔二〕辭：原作「詞」，據《傳家集》卷五四《乞以十科舉士劄子》改。
〔三〕令：原作「合」，據《長編》卷三八二改。

期在必行〔一〕，不可寬宥。雖見爲執政官，朝廷所不可輟者，亦須降官示罰。所貴人人重謹，所舉得人。」從之。

八月一日，御史中丞劉摯言：「舊例，舉官皆有定員，唯京朝官、大使臣陞陟，每歲不限其數。請應在京臣僚依外路比類限定員數。」詔吏部立法以聞。

六日，太皇太后諭輔臣曰：「臺諫官言近日除授多有不當。」司馬光言：「朝廷近詔臣僚舉可任監司者，既令各舉所知，必且試用，待其不職，然後罷黜，亦可并坐舉者。」呂公著曰：「舉官雖是委人，亦須執政審察人材，擇可用者試之。」光曰：「自來執政只於舉到人中，取其所善者用之，餘悉棄去，何嘗曾審擇？」韓維曰：「光所言非是。朝廷極士大夫之選，擇執政七八人，豈可謂掄選無益，而直信舉者之言？且刑罰但可施於已然之後，今不先審察，待其不職而後罰之，甚失義理。」李清臣曰：「若待其不職，然後罷黜，人必有受其弊者。」

十一月二日，詔：「吏部選在部大使臣年五十五以下，曾經親民兩任、內邊任一任成資以上，不曾犯贓私罪情重，有本路帥臣、監司、總管三人以上同罪奏舉者，具歷任申 19 密院審察人材上簿，候有闕，與在院人衮同取旨定差〔二〕。」

四日，中書省言：「臣僚上言，比詔大臣薦館職，又設十科舉異材，請並依《元豐薦舉令》，關報御史臺。非獨內外之臣各謹所舉，庶使言者聞知，得以先事論列，不誤選任。」從之。

二十二日，吏部言：「準勑，尚書、侍郎、內外學士、待制、兩省、臺官、左右司郎官、諸路監司，各舉公明廉幹、材堪治劇，仍係合入知縣或縣令一員，令吏部不依名次差充重法地分知縣、縣令，次差賊盜多處萬户以上縣〔三〕。任滿，委監司保明治狀，作三等推賞。有任滿酬獎者，聽從重。仍令吏部考較等第以聞。今詳立到考較等第，其舊有任滿酬獎者，聽累賞。」從之。《文獻通考》：哲宗元祐時，司諫蘇轍言：「祖宗舊法，凡任子年及二十五，方許出官。自餘進士、諸科初命及已任而應守選者，非逢恩不得放選。先朝患官吏不習律令，欲誘之讀法，乃減任子出官年數，除去守選之法，槩令試法，通者隨得注官。自是天下爭誦律令，於事不爲無補。然人人習法，則試無不中，故蔭補者例減五年，而選人無復選限。吏部員多闕少，聞今已用元祐四年夏秋闕。官冗至此，亦極矣。宜追復祖宗守選舊法，而選滿之日，兼行先朝試法之科，此亦今日之便也。」蔭補入學，肄業一年，不犯上三等罰，方許就銓試。御史上官均言：「定差不便有七，諸路赴選中試，乃差八路，隨意即射，不均一也；諸路吏選有待試，有需次，率及七年，方成一任，略計八路就注，若及七年，已更三任矣，不均二也；八路雖坐愆停罷，隨許射注，而吏選無愆犯人既須試法，又待次大率四年，方再得禄，況八路待次又許權攝，禄無虛日，不均四也；八路士人得特奏名者，免試就注家便，年高力憊，不復望進，往往營私廢職，其弊五也；仕八路久，知識既多，士人就射本路，不無親故請囑，其弊六也；八路監司地遠而專，便使漫滅功過名次，人亦不敢爭校，故有力者多得優便，而孤寒滯却，其弊七也。今定差本意止因省迓送顧費，然事極弊生。八路闕常有餘，吏部闕常不足。

〔一〕期：原作「則」，據《長編》卷三八二改。

〔二〕天頭原批：「『衮』字有誤。」按「衮」字不誤。

〔三〕次：原作「令」，據《長編》卷三九一改。

立法互季迭用，而運司定差猶占其半，是半均半不均也。如聞迓送顧直，歲計不甚[20]多，用坊場河渡錢已可給用。請併八路定差，盡歸吏部，殊爲均便。」光又言〔一〕：「朝廷執政只八九人，若非交舊，無以知其行能。不惟涉徇私之嫌，兼所取至狹，豈足以盡天下之賢才？若採訪毀譽，則愛憎毀譽，情僞萬端。與其聽遊談之言，曷若使之結罪保舉？故臣奏設十科以舉士，其中一科公正聰明、可備監司。誠知請屬挾私所不能無〔二〕，但有不如所舉者，嚴加譴責，無所寬宥，則今後自然謹擇，不敢妄舉矣。」詔皆從之。詔大臣奏舉館職，並如制召試除授。其朝廷特除，不用此令。《宋史·選舉志》：元祐元年，復制科。奏上而次年試論六首、御試策一道，召試、除官、推恩，略如舊制。凡廷試前一年，舉奏官具所舉者策、論五十首。右正言劉安世建言：「祖宗之待館職也，儲之英傑之地，以飭其名節，觀以古今之書，而開益其聰明，稍復其廪，不責以吏事，所以滋長德器，養成名卿賢相也。近歲其選寖輕，或緣世賞，或以軍功，或酬聚斂之能，或徇權貴之薦。未嘗較試，遂獲貼職，多開倖門，恐非祖宗德意。望明詔執政，詳求文學行誼，審其果可長育，然後召試，非試毋得輒命，庶名器重而賢能進。」元祐三年，乃詔大臣奏舉館職，並如舊召試、除授，惟朝廷特除，不用此令。安世復奏曰：「祖宗時入館，鮮不由試。惟其望實素著，治狀顯白，或累持使節，或移鎮大藩，欲示優恩，方令貼職。今既過聽臣言，追復舊制，又謂『朝廷特除，不在此限』，則是人材高下，資歷深淺，但奏舉皆可直除，名爲更張弊源。而臣願倣故事，資序及轉運使方可以特命除授，庶塞僥倖，以重館職之選。」

二年三月六日，詔：「左右廂店宅務、諸司諸軍審計司〔三〕、糧料院、香藥庫、北抵當所、粳米上中下、麥料上下諸界，舊隸三司舉官，其令户部奏辟，著爲令。」

十六日，詔：「内外待制、太中大夫以上，歲舉第二任通判資序人堪知州者一人，送吏部籍記，遇三路四縣以上知州軍闕，先差本等，次差歲舉通判資序人。如資序、舉主同，即兼用本部格差注。其見任知州王子文、霍唐臣、張堯士、趙衮不可爲郡，令逐路轉運司體量治狀以聞。」先是，殿中侍御史呂陶言四人者治郡無狀，請命從官以上薦，故有是詔。《文獻通考》：二年，殿中侍御史呂陶言：「郡守提封千里，生聚萬衆，所係休戚，而不察能否，一以資格用之，凡再爲半刺，有薦者三人則得之矣。[21]不公不明，十郡而居三四，是天下之民半失其養。請令内外從臣歲舉可爲守臣者各三人，略資序而採公言，庶其可以擇才庇民也。」詔内外待制、太中大夫以上歲舉再歷通判資序、堪任知州者一人，籍于吏部，遇三路及一州而四縣者，其守臣有闕〔四〕，先差本資序人，次案籍以及所薦者。八月〔五〕，殿中侍御史韓川言：「近委太中大夫以上歲舉守臣，而薦所不及，雖課入優等，皆未預選，此倚薦以爲信也。然太中大夫以上，率在京師，唯馳騖請求，因緣宛轉者常多得之。迹遠地寒，雖歷郡久，治狀著，課入上考，偶以無薦，則反在通判下，不許入三路及四縣州。且州以縣之多少而分簡劇，亦爲未盡。蓋繁簡在事不在縣，固有縣多事不繁，亦有縣少事不簡者。願參以考績之實，著爲通令，仍不以縣之多少而爲簡劇。」詔吏部立法以聞。已而歲舉積多，吏部無闕以授，四年，遂罷太中大夫以上歲舉法，唯奉詔乃舉焉〔六〕。

四月二十一日，詔：「在京職事官歲合舉官陞陟者，文臣六曹尚書以上各六人，待制以下各四人，左右司郎官以上各三人，軍器少監以上各二人，武臣觀察使以上各二人，

---

〔一〕按，以下一段言十科舉士事，不當置此，應附前司馬光十科舉士之奏後。

〔二〕知：原作「如」，據《文獻通考》卷三八改。

〔三〕審：原作「專」，據《長編》卷三九六改。

〔四〕「守」上原有「序」字，據《文獻通考》卷三八删。

〔五〕此條原爲大字，按此乃《文獻通考》卷三八文，今改爲小字。又韓川此奏，下文正文中有，此處實可不録《通考》文。

〔六〕舉：原作「奉」，據《文獻通考》卷三八改。

著爲令。」

二十六日，詔：「臣僚所舉十科堪充將帥武臣，令樞密院別置簿録記姓名。内未經擢用人，雖不應路分將官選法，遇有闕，委執政體量精力材實，取旨特差。」

五月二十六日，詔：「闕臺官，令學士院舉官二員，兩省諫議大夫以上同舉四員，御史中丞、侍御史同舉二員以聞。」

八月十六日，殿中侍御史韓川言：「朝廷之於人材，常欲推至公以博采，及其立法[22]，則幾於利權勢而抑孤寒；常欲取勤績以赴用，而要其終，則莫不取虚名而廢實效。近委太中大夫以上，歲於知州、通判人内舉充知州，遇三路及諸路四縣以上處闕，先差本等，次通判，皆謂被舉者。餘雖考課上等，亦不得預。朝廷之意，固欲得人，而所薦未必公也。今太中大夫以上率在京師，唯馳騖請求，因緣宛轉者得之爲多，迹遠地寒者固鮮。夫寒士雖久歷爲郡，及治狀已著，考課入上等，偶無近法之薦，則反在通判下，不許入三路，又不許入四縣處。彼獲一章，即陞躐等級，超壓老舊，何其幸耶！又以州四縣以上爲事劇，三縣以下爲事簡，事之繁簡在民户衆寡，不繫邑之少多。臣請以薦舉之意，績効之實，相參修正此條，庶幾無弊。其所差知州軍，更不限縣數。」詔吏部立法以聞。

三年九月十六日，詔：「諸路帥臣、監司、文臣知州帶一路鈐轄，歲終各察所部諸司使以下大使臣可備選擇之人，不限軍班雜流出身，並明具材行事實，宜充是何任使，不拘員數，實封保明聞奏。委樞密院置簿，參覈其人，以備隨材擢用。若所奏不當，論如貢舉非其人法。」從僉書樞密院事趙瞻所請也。

十一月十二日，詔：「自今臣僚特有薦舉[一]，毋得列銜聞奏。」

閏十二月十二日，詔：「文臣監司、武臣路分都監以上，不許奏舉充十科。」

二十二日，詔諸路監司勿薦侍從官以上及帥臣。從左司諫韓川請也。

四年二月二[23]日，御史中丞李常等言：「朝奉郎何宗元學問通浹，乞隨才録用。」翰林學士許將言：「太學博士陳祥道尤深於禮，嘗增廣舊圖及考先儒異同之説，著《禮書》一百卷，望試以禮官，取所爲書付之有司。」詔以何宗元爲國子監丞，陳祥道爲太常博士。

五日，吏部言：「元豐中立定薦舉文臣承務郎、武臣崇班以上陞陟員數，自後薦舉官司以所舉數足，又汎爲考察之薦，於法不應收使。」詔今後文臣係知州軍資序及武臣路分都監、知州軍以上，方許奏乞考察。

五月二十五日，三省言：「太中大夫以上每歲奏舉到知州，見在部人數甚多，致差注不行。及經明行修人，係每

---

[一] 特有：原作「有特」，據《長編》卷四一七乙。

遇科場奏舉。」詔今後並遇降詔，方許奏舉。

六月六日，中書省言：「尚書、侍郎、學士、待制及兩省官、御史臺監察御史以上、左右司郎官、國子司業，各限一月舉内外學官二員。今後有（關）〔闕〕日，亦合依此。」從之。

七月八日，詔亳州司户參軍、充徐州教授陳師道，候太學博士有闕差。從左諫議大夫梁燾薦也。

二十三日，吏部言：「選人任知縣、縣令，事務繁重，舊法令監司、知州、通判每歲限定人數舉充，已是暗陞一資。若到任有改官舉主二人，又得循資，及比常調復減舉主一人改官。近有不由縣道，仍帶奏舉資序，如諸州教授之類，顯屬僥倖。欲今後教授并特許奏辟差遣，如係奏舉職官、知縣，縣令資序，候得替，合該磨勘，並依常調本資考第、舉24主陞改官資。如願罷，只就奏舉知縣，縣令者，聽。其吏部選注奏舉職官、知縣、縣令人，所充差遣條更不施行。」詔：「除縣丞及開、祥兩縣尉係縣官外，其帳司官及江寧府等處八十九員録事參軍，非元舉職事，並依格注常調令録。其應差奏舉職官、知縣、縣令條貫並罷。」

二十四日，詔：「監司、帥守今後薦舉官，並於狀内具在任事迹及素來行業，方與上簿記録。或有任用，更加詳察。」從太師文彦博請也。

五年二月二日，詔罷諸州軍通判奏舉改官。從殿中侍御史孫升之請也。

五月八日，詔：「三路帥臣、監司於本轄見任及前任武臣、諸司副使以上，係軍班出身内，精加選擇才略聲迹爲衆所推之人一兩員，堪充路分以上主兵任使者，限一月，密具職位姓名，實封保明以聞。如已係路分以上及將領，亦聽選舉。仍令樞密院籍記姓名，取旨陞擢。」

六年二月二十七日，大理寺言：「因舉官緣坐已經恩者，如罪人不該原減，聽減一等；若再會恩，從原減法。罪人該特旨及於法不以赦降原減者，舉主自依赦降。」從之。

閏八月二十六日，詔：「今後左右廂諸監使臣，並依舊河南北監牧司勑，令提點官奏舉。」

十月八日，詔：「軍帥劉昌祚、姚麟與河東、陝西逐路安撫使、總管，秦鳳路鈐轄，蘭、岷、河、環知州，鎮戎、德順知軍，河東、麟府路鈐轄，各奏舉大使臣有材武謀略或曾立戰功，勇於臨敵，可以統衆出入之人二員25至五員以聞。」

紹聖元年四月二十三日，右司諫朱勃言：「應選人歷任未及三考，止許奏舉職官〔一〕、縣令，通及三考以上及見係幕職、令録資序，方許奏舉改官，庶稍抑權勢請託之弊，均及寒畯効職之人。」從之。《文獻通考》：紹聖元年，吏部侍郎彭汝礪乞稍責吏部甄別能否，凡京朝官才能事効苟有可録，尚書暨郎官銓擇而以名聞，三省分三年考察之，高則引對，次即試用，下者還之本選。若資歷、舉薦應入高，而才行不副，許奏而降其等。凡皆略許出法而加陞絀，歲各毋過三人。

閏四月二日，詔罷十科舉士法。從殿中侍御史井亮采

〔一〕止：原作「上」，據文意改。

請也。

五月十三日，三省言：「尚書、侍郎、學士、待制及兩省官、御史臺監察御史以上、國子祭酒、司業，每歲許奏舉堪充諸路學官一員，須進士或制科出身、年三十以上、無私罪重及非衝替人。其奏舉到學官，除元係制科及進士及第上五人、省試上三人、國子監、開封府、廣文館發解第一人或太學上舍生該出官免省試人更不試外，餘並召赴闕，附吏部春秋參選人試。凡試兩經大義各一道，以通曉經術、文理優長爲合格。其舉試到學官，中書省籍記姓名，遇有闕，三省同選差。」從之。

六月十九日，給事中王震言：「中書省修立舉試諸路學官畫一，其法至嚴。元祐中，嘗裁減恩例，如選人充教授添舉主，轉降等官之類即是。師儒之任，不得比縣令，蓋緣當時曲有沮抑，恐合改正。」詔元祐令「諸州教授磨勘改官，加舉主一員」，更不施行。

七月十三日，吏部言：「添立到尚書、侍郎、學士、待制等每歲許奏舉諸路[26]學官一員，於奏狀內聲説所舉官依條該免試或係召試人字。」從之。

九月二十六日，詔：「提舉常平官舉官人數，依元豐舊條。所有通判昨緣罷提舉常平官，許舉官人數並罷。」

二年四月七日，殿中侍御史郭知章、監察御史董敦逸言：「乞循先帝之法，令內外兩制及臺諫官等各舉才行一人。」詔許將、蔡京、黃履、蔡卞、錢勰、林希、王震不拘資序，各舉堪備任使二員以聞。

五月二日，樞密院言：「諸路沿邊使臣奏舉差遣已經銓量人，即本院選注，令吏部擬差。本部每月具已入季限未舉到官，或已舉到人不應條格員闕者，申本院。」從之。

七月四日，詔吏部：「應河東、陝西奏舉到沿邊部隊將，並上樞密院銓量。」

八月十八日，詔：「三路帥臣、監司、路分總管、都鈐轄及管軍，各舉大使臣材勇謀略爲衆所服、可以備邊防要地守將之任及統衆出入之人三兩員，具名以聞。即擢用後不如所舉，其舉主取旨。」從陝西轉運使張舜民請也。

三年二月二十五日，左司郎中呂温卿言：「京東路勾當公事及三萬貫以上場務，乞並依元豐舊法員數舉官。」從之。

四年閏二月四日，新河東提刑徐君平言：「吏部關陞之法，自知縣進通判，自通判進知州，皆用舉者二人。比年以來，任知州、通判待次者極多，此不擇而進之之弊。乞薦舉承務郎以上陞陟，復用元豐令，以重守、倅之選。」從之。

元符元年五月二[27]十二日，權禮部尚書蹇序辰言：「按元豐四年三月詔，自今在京官司合舉辟去處，不得舉辟執政官有服親。欲望申明前詔，以昭至公之道。」詔在京官司自今遵守，仍令御史臺覺察彈奏。其已舉過人，契勘取旨。

八月十二日，詔：「在京侍從官、職事官中書舍人以

上，各舉所知二人，權侍郎以上一人，並指言所堪職任聞奏。」從御史中丞安惇請也。

二十六日，翰林學士蔣之奇言，應詔薦國子監主簿耿南仲堪臺閣清要，知開封府陽武縣陳亨伯堪不次煩難任使。權户部尚書吴居厚薦太學博士薛昂任館閣，知汜水縣韓蹈任監司。户部侍郎吕嘉問薦宣德郎鄒浩堪太學教導、臺閣顧問，知常州無錫縣李積中堪言事官或監司。兵部侍郎黄裳舉監京東排税竹木箈場周彦質、知開封府襄邑縣張巨並堪臺閣、監司。寶文閣待制、權知開封府路昌衡舉周彦質堪刑獄、館閣。詔薛昂、鄒浩、周彦質並令閤門引見上殿。

十月十八日，吏部言：「以職任應舉官而被旨召赴闕者，候還任方許奏舉〔一〕。」從之。

二年二月一日，朝奉郎檀宗旦言：「近令侍從官舉所知，臣恐尚有遺才，請下諸路監司，於所部公共奏舉學行優異、才能顯著者一人，以備選擢。」詔每路監司同舉二員以聞。其後八月十一日，福建路轉運、提刑、提舉司奏舉鮑祇、江公望，江東路舉吕枧、耿樞，夔州路舉劉襄、李公彦堪備選擢，詔並乘傳[28]入對。

八月三日，朝請大夫賈青言：「請立法，將合舉官臣僚，每歲分上下半年奏舉。」從之。

三年，徽宗即位未改元。三月一日，詔宰臣、執政、侍從舉臺諫官各三五人。尋詔宰臣、執政官勿預。

四月十八日，以同進士出身徐積爲楚州教授。以臣僚薦積「事親居鄉以孝廉聞，東南之人服其道義。素有瞶疾，不可以仕，以經術教導三十年」，故有是命。

九月十六日，臣僚上言：「竊見應合舉陞陟員數，減改官之半，所限員數甚狹，往往遺材，不無滯淹之歎。欲乞合舉陞陟並依改官員數施行。諸舉朝請大夫以下陞陟者，並依合舉改官、幕職官之數，通判減知州所舉之半，有零數者聽舉一人。」從之。

十九日，吏部言：「準都省批送下開封府界提舉常平司狀，乞開封府界提點司管勾文字并管勾帳司官、提舉司管勾官，許兩司互相薦舉。所有知開封府，亦乞依經略安撫法。本部今相度，安撫、發運、轉運、提點刑獄、提舉常平司屬官，許本路逐司互相薦舉外，有開封府府界提點、提舉常平兩司屬官，欲亦許互相薦舉。及府界提舉常平司屬官，亦乞許依府界提點刑獄司檢法官、提點司帳司官，許知開封府歲舉。」從之。

徽宗崇寧元年三月二十八日，吏部言：「檢准薦舉令，諸知州、縣令有治績可再任者，知州須監司，縣令須按察官五員連書，去替前一年，具實狀保奏。年七十者，不在保奏之限。又準《吏部尚書左選[29]令》，知州到任一季使闕，知縣去替一年半使闕。契勘自來監司、按察官依海行令保奏

〔一〕奏：原作「奉」，據《長編》卷五〇三改。

知州、縣令治績再任，緣吏部法知州到任一季、知縣去替一年半使闕，洎奏狀到部，往往已注替人，承例符下不行，即是使闕與保奏條限相妨，則保奏再任之法誠爲虚文。今相度，乞將保奏到承務郎以上知州、知縣該再任者，以元發奏日，如差下替人，知州未及一年半，知縣未及一年，並許衝罷，令依條別授差遣。如所差下人年月不該衝罷，其保奏再任之人，候到部，與陞一年名次。」詔今後知州、縣令委有顯著治績，方許依條具實狀保奏再任[一]。每歲逐路知州不得過一員，縣令不得過兩員。仍令尚書吏部申三省審察，取旨施行。

閏六月十一日，詔：「其因奏舉擢用之人，仍於曆子前批所舉官名銜。」

同日，詔：「諸路於知州或通判、改官知縣人内薦舉善最有聞、治狀異等、能惠養蒸庶、勸課農桑者，帥臣許薦一人，監司共薦一人。並中書省記録姓名，遇有差除，參考擢用。如所舉得人，當加旌賞；若非其人，重行黜責[二]。」

三十日，詔曰：「朕聞天下雖安，而武備不可忽，故謀任將帥，尤在博求而精選之。其令諸路帥臣、監司於本路小使臣以上親民資序人内，選智謀宏遠、紀律嚴明，可備將帥者，或守邊肅静、敵不敢侵，可以委任鎮防者，鷙猛果毅、虓勇罕倫，可以率勵士衆、破堅拔敵者。帥臣許薦一人，監司共薦一人。[30]限一月具實狀以聞。令樞密院籍記姓名，度材擢用。舉能勝任，量事褒陞。稱匪其人，薦者隨坐。惟宜審擇，以副朕意。」

十一月十一日，尚書右僕射、兼中書侍郎蔡京等言：「伏奉手詔，以宗室蕃衍而無官者衆，欲乞今後應宗室非祖免以上親，量試出外官者，如有本轄長貳或監司二人保奏堪任釐務，方得供職。未釐務者添支驛券，供給人從，並減半支破。」從之。

二年二月二十六日，吏部言：「詔内外舉官員闕，可令吏部講求元豐所修格。尚書左選今來將内外舉官員闕講求，内有緣近蠻夷知州及諸路、諸司屬官，并在京課利浩大場務及係干刑獄，并事務繁難去處，及協律郎理須奏舉通曉音律之人，難以議罷。内威、茂、黎、瓊州知州，平準務、户部勾當公事、麴院、権貨務、開封府諸曹官、左右軍巡使、判官，新舊城裏左右廂公事、御史臺主簿、檢法官、太常寺協律郎、諸路諸司勾當公事、管勾文字并機宜、府界常平管勾官、水磨、買賣茶場、雅州名山知縣、將作監勾當公事、左右廂店宅務、黄汴河都大、諸州軍茶税場，欲乞依舊舉官。」從之。

三月二日，臣僚言：「爵位相先，儒生之常也。侍從官初除，三日内舉自代者，恐英俊沉於下僚耳。若名已聞於朝廷，位將逼於侍從，何以薦爲？乞詔薦自代者，勿以左

[一] 實：原作「寶」，據文意改。
[二] 黜：原作「點」，據《宋大詔令集》卷一六六改。

右史、國子祭酒、大卿監已上人。」從之。

同日，吏部言：「準崇寧元年閏六月八日勅，内外舉官員闕，可 31 令吏部講求元豐所修格，酌以時宜，删成經久可行彝格，申三省裁議聞奏。侍郎左選除西安州、會州職官、録參、司理、司法，會州會川城、新泉寨、懷戎堡主簿，河州安鄉關、來羌城、懷羌城主簿，蘭州金城關、京玉關〔一〕、西關堡主簿，西安州臨羌寨、征逋堡主簿，通峽寨〔二〕、盪羌寨主簿，定戎寨兼管天都寨主簿，平夏城、靈平寨主簿，並係緣邊及新置城寨，并沅州黔陽、麻陽縣令亦係正接蠻界緣邊縣分，并經略、安撫、都總管司掌管機宜文字及河北路轉運司勾當公事官，職事繁難。今相度，欲並依舊奏舉外，餘闕並依元豐四年七月二十八日朝旨罷舉施行。内端州節推、資州内江縣令止係一時舉官一次，元非選闕，自合依常法差注。雅州名山縣産茶浩瀚去處，合依舊舉官外，罷舉縣令。茶場監官并諸勾當公事、茶事司催發茶鹽綱運官，全要得人，合依舊舉官。帳司官舊法選差舉職官、縣令人，今來罷舉，依奏舉法，却合選差常調職官，次令録人充。」從之。

四月三十日，詔令兩制侍從官各舉所知二人。

五月八日，臣僚言：「詔侍從官舉所知，其所舉之人，或經召對，已被聖知，或蒙選擢，已預任使，則陛下德音遂爲虚設。欲乞明詔有司，其已嘗召對及擢任省郎、館閣、監司之類，更不許薦舉。」從之。

六月十七日，臣僚言：「乞應今後曾經朝廷削奪差遣及見在責降之人，雖係官司踏逐，不拘常制，亦不許奏辟。」32 從之。

九月二十一日，臣僚言：「竊惟諸路監司薦揚，歲有定格，比歲復於常格之外，廣有薦論。或稱宜寘侍從，或稱可任臺省，不循分守，無補於實。」詔令尚書省立法〔三〕。諸舉官不得薦充侍從、臺省，謂職未比侍從而薦充侍從，任未比臺省而薦充臺省之（數）〔類〕。其停廢或責降差遣，内侍官、散官或經朝廷削奪者同。並不得奏舉差遣。停替未滿一任，不拘常制，仍不得舉辟。諸舉官而薦充侍從、臺省，即停廢或責降差遣而奏舉差遣者，各杖一百，仍委御史臺糾察。從之。

三年三月十六日，禮部尚書徐鐸言：「知縣闕陞通判，通判闕陞知州，合用陞陟舉狀，内各要正監司一員。今來侍從臣薦京師在職官，已許當監司官員數，如薦外州官，即未有許當監司明文。欲乞應侍從臣所薦外州在任官陞陟，並許當正監司員數，闕陞收使。」從之。

八月四日，詔：「諸路帥臣、監司限一月於本路大使臣以上或小使臣，擇材武、歷邊任、有戰功者以名聞，樞密院置籍，以備選任。」

〔一〕京：原脱，據《宋史》卷八七《地理志》三補。
〔二〕寨：原無，據《宋史》卷八七《地理志》三補。
〔三〕此下似有脱文，或當補「其後尚書省言」。

四年二月七日，江淮荊浙福建廣南路提點坑冶鑄錢司言：「勘會管下諸路銅場，惟韶、潭、信州三大銅場最爲出産浩瀚去處，全藉練事諳曉山坑之人監轄勾當。今來罷舉監官，從吏部差注，見今各是闕官。今相度，欲乞韶、潭、信州三大銅場監官并興發去處場冶，許（令）〔令〕提點鑄錢司踏逐文武官，不限資序，大小使臣、京朝官、選人及奏舉縣令、職官并初改官人監轄管勾。如能幹辦敷額，內韶 33 州岑水、潭州瀏陽兩場，並乞依紹聖四年十月十九日孫杞申請賞格。欲望特賜詳酌施行。」從之。

五月十八日，詔令待制已上侍從官各舉莅事敏明、操修平允、公私兼濟、利澤生民者官各二人，具行實以聞奏。令中書省注籍，每季一次考舉。被舉多者，具職位、姓名及合入資序取旨。（以上《永樂大典》卷一〇六六四）

# 宋會要輯稿　選舉二九

## 舉官 三

【宋會要】

1 大觀元年二月二十日，詔：「比常降詔，令從官各薦人材，逮今未聞薦上。可申命之，限一月聞奏。俟到，仰三省具名取旨。」

二年三月一日，詔曰：「天下無全材，作而新之，不可勝用，因而任之，無所不宜。今求材之路甚廣，而所得未富，殆任非所長也。自今可博訪人材，文學之士處之於文館，幹敏之士處之於寺監丞簿，求心計之才於漕計之屬，養智勇之士于將帥之幕。審而用之，庶不失人。」

三年正月三十日，詔：「比令尚書、待制以上各舉所知二員，可申嚴日限，須管于十日内奏舉數足，無致遷延。」

四月二日，詔：「侍從所舉官赴三省審察，在外人乘驛赴闕。」

六月二十六日，詔：「内外官司奏（闢）〔辟〕員闕差遣并勾當公事等，本以公舉練歷廉謹之官，分委職務，豈爲辟舉權要子弟，及易舉親戚陞養資任，濫授恩賞？雖有違犯條禁，上下觀望隱蔽，因而職事瘝惰，即非元乞任能責成之意〔一〕。如選舉不當，其元奏辟官可令刑部立法施行。在京令御史臺，在外委監司、走馬承受按劾。仍自今應奏辟官，于奏狀前用貼黄具所辟官出身、年甲、三代、成任差遣并功過事件，及在朝親屬職位、姓名。」

七月二日，詔：「侍從官舉所知孫穆等十七人，並與陞等差遣；朱袞等三十六人，令中書省籍記姓名，以備選掄。」

政和元年三月一日，吏部侍郎姚祐言：「契勘小使臣
2 差使、借差總二萬三千餘員，凡舉辟差遣，皆用年甲、識字與不識字、鄉貫、出身、歷任、三代名諱、功過、舉主、資序照使。其間若有外補授及連任就注，久不到部，未經供通之人，旋行取會。近降朝旨，應奏舉差遣，並于狀前貼黄聲説年甲〔二〕、三代、差遣、功過事件，以備照用。其舉辟官多是節畧事宜，不免開具違礙因依銓量，令取會具鈔擬差。洎至移文，往往經隔年月，使見任之人不得應期交替，見闕處久無正官，被舉之人亦不能差注。似此窒礙，乞下有司立式頒行，于舉狀前貼黄聲説，所貴有補。」從之，令吏部立式。

二年八月二十九日，吏部尚書張克公言：「竊見吏部選格，惟才武爲上。檢會《元豐材武格》内一項，保舉沿邊重難任使，從來未曾立定所舉員數。應内外臣僚薦舉大小

〔一〕天頭原批：「『乞』字恐誤。」
〔二〕聲：原脱，據下文補。

使臣，往往作沿邊重難任使，而應材武者不可勝計，遂與曾立戰功、捕獲強惡及武舉出身等人同爲一格，顯屬太濫。乞斷自聖裁，限以員數。謂如合舉大小使臣陞陟幾員，内幾員許舉沿邊重難任使，庶幾增重材武之格，紹隆神考獎勵人材之意。」詔于合舉陞陟員數内，聽舉沿邊重難任使，不得過五分。

三年二月五日，詔令吏部將諸路州軍新添曹掾、縣丞員數，參照舊額，契勘監司、守臣合增舉官之數，逐一開具，申尚書省，仍限三日。尚書省勘會：「自來諸路監司、守臣，其舉官員數不一，若計數一槩增添，顯屬多寡不均。3 (令)〔今〕擬下項：京東路轉運司欲添及十人，舉改官一人，及十五人，舉縣令一人；提點刑獄司欲添及二十人，舉改官一人，及三十人，舉縣令一人；提舉司欲添及三十人，舉改官一人。京西路轉運司欲添及二十人，舉改官一人，及三十人，舉縣令一人；提點刑獄司欲添及三十人，舉改官一人，及五十人，舉縣令一人；提舉司欲添及五十人，舉改官一人。河北轉運司欲添及二十人，舉改官一人，及三十人，舉縣令一人；提點刑獄司欲添及三十人，舉改官一人，及四十人，舉縣令一人；保甲司欲添及三十人，舉改官一人，及四十人，舉縣令一人；提舉司欲添及四十人，舉改官一人，及五十人，舉縣令一人。河東路轉運司欲添及二十人，舉改官一人，及三十人，舉縣令一人；提點刑獄司欲添及三十人，舉改官一人，及四十人，舉縣令一人；保甲司欲添及三十人，舉改官一人，及四十人，舉縣令一人；提舉司欲添及四十人，舉改官一人，及五十人，舉縣令一人。陝西路轉運司欲添及二十人，舉改官一人，及三十人，舉縣令一人；提點刑獄司欲添及二十人，舉改官一人，及四十人，舉縣令一人；提舉司欲添及三十人，舉改官一人；保甲司欲添及四十人，舉改官一人。淮南路轉運司欲添及十人，舉改官一人，及十五人，舉縣令一人；提點刑獄司欲添及十二人，舉改官一人，及二十人，舉縣令一人；提舉司欲添及二十人，4 舉改官一人，及三十人，舉縣令一人。兩浙路轉運司欲添及七人，舉改官一人，及十五人，舉縣令一人；提點刑獄司欲添及十二人，舉改官一人，及二十人，舉縣令一人；提舉司欲添及二十人，舉改官一人，及三十人，舉縣令一人。福建路轉運司欲添及六人，舉改官一人，及十人，舉縣令一人；提點刑獄司欲添及六人，舉改官一人，及十二人，舉縣令一人；提舉司欲添及十人，舉改官一人，及十五人，舉縣令一人。江東路轉運司欲添及六人，舉改官一人，及十人，舉縣令一人；提點刑獄司欲添及六人，舉改官一人，及十三人，舉縣令一人；提舉司欲添及十人，舉改官一人，及十四人，舉縣令一人。江西路轉運司欲添及五人，舉改官一人，及十四人，舉縣令一人；提點刑獄司欲添及五人，舉改官一人，及十一人，舉縣令一人；提舉司欲添及十人，舉改官一人，及十四人，舉縣令一人。荆湖南路轉運司欲添及十人，舉改官一人，及十五人，舉縣令一人；提點

刑獄司欲添及八人，舉改官一人，及二十人，舉縣令一人；提舉司欲添及十人，舉改官一人，及二十人，舉縣令一人。荆湖北路轉運司欲添及十人，舉改官一人，及二十人，舉縣令一人；提點刑獄司欲添及十二人，舉改官一人，及三十人，舉縣令一人；提舉司欲添及十五人，舉改官一人，及四十人，舉縣令一人。成都府路轉運司欲添及六人，舉改官一人，及5十人，舉縣令一人；提點刑獄司欲添及七人，舉改官一人，及十五人，舉縣令一人；提舉司欲添及十五人，舉改官一人，及二十人，舉縣令一人。利州路轉運司欲添及八人，舉改官一人，及十人，舉縣令一人；提點刑獄司欲添及八人，舉改官一人，及十五人，舉縣令一人；提舉司〔欲〕添及十五人，舉改官一人，及二十人，舉縣令一人。梓州路轉運司欲添及八人，舉改官一人，及十人，舉縣令一人；提點刑獄司欲添及八人，舉改官一人，及十五人，舉縣令一人；提舉司欲添及十五人，舉改官一人，及二十人，舉縣令一人。夔州路轉運司欲添及八人，舉改官一人，及十人，舉縣令一人；提點刑獄司欲添及八人，舉改官一人，及十五人，舉縣令一人；提舉司欲添及十五人，舉改官一人，及二十人，舉縣令一人。廣東路轉運司欲添及五人，舉改官一人，及八人，舉縣令一人；提點刑獄司欲添及八人，舉改官一人，及十人，舉縣令一人；提舉司欲添及八人，舉改官一人，及十人，舉縣令一人。廣西路轉運司欲添及十人，舉改官一人，及十五人，舉縣令一人；提點刑獄司欲添及十人，舉改官一人，及二十人，舉縣令一人；提舉司欲添及十五人，舉改官一人，及二十人，舉縣令一人。知州自來以所管縣分依格奏舉，人數多寡不等。欲京東、京西、河北、河東、陝西添及十人，舉改官一人；淮南、兩浙、福建、江南、荆湖、川、廣及五人，舉改6官一人。其縣令並不曾增添。發運司自來所管員數，係總領淮南、兩浙、福建、江南東西、荆湖南北、廣南東西九路通行奏舉改官、縣令，今來欲共添改官二人、縣令一人。添舉員數，並依舊舉官條例施行。承務郎以上官舉陞陟狀，合依條減幕職、州縣官改官之半，提舉學事司已有教授及十人處許添舉改官三人指揮，今來更不添舉。提刑、提舉、保甲司内有分兩路者，如本路所添不及今來員數，許每路各舉一人。」從之。謂如京東路提點刑獄司添及二十人，舉改官一人，本路提點刑獄司係分東西兩路，今來共新添三十八人，即是逐路各添不及二十人，許各舉一人之類。

八月十二日，詔「舉主」字改作「舉官」。

五年七月十四日，中書舍人徐敷言：「侍從官舉官自代，行之已久，未見得人而拔用，繆舉而加罰者。乞召至都堂審察，量加陞擢；或非其人，則坐舉者。」從之。

九月二十五日，太尉、武信軍節度使、充中太一宮使、奉承御前處分邊防童貫言：「勘會西寧、湟、廓、積石四州軍最處極邊，郡事繁重，兼邊防司近管認逐州軍歲計，合行事務不少。緣知州軍皆係武臣，須藉有才幹通判協力倚辦。伏望聖慈詳酌，特許邊防司奏舉上四州軍通判一次，

並替見任人任滿闕。所貴遠邊得人幹當。」詔依先降指揮奏舉一次，仍申尚書省差。

十月十三日，詔：「大名府等處都作坊院監官，可依元豐法，並令軍[7]器監與本路提刑司輪舉。」

六年二月七日，吏部侍郎韓粹彥等言：「檢會政和三年五月勅，奏舉窠闕，如見任官過滿三月，其創添并非次見闕，及三季各奏狀不到者，更不候本處申到無官可舉，並從本部使闕差人。本部勘會上件窠闕，當時爲員多闕少，自明到前項指揮，即無今後依此施行明文。竊緣奏舉窠闕內，有河防、捕盜及三路沿邊掌兵并鹽事官，係被舉官司依專法奏舉使臣。若今後亦合依上件施行，即乞將前項似此奏舉去後，須候所舉官司申到無官可舉，本部依條使闕差人外，餘奏舉并接續申明到奏舉一次去處，依前項已得朝旨施行[一]。」從之。

四月三日，吏部言：「御筆特改官人，偶無薦舉，凡選闕校量，在有薦舉官人之下。有司因循，失于建明。伏望明詔立法，許在有舉官之上。」詔令詳定一司勅令所立法。

五月十九日，臣僚言：「近降御前劄子，川峽路通判、司録、曹掾、兵官、令佐闕，並差川峽人，仍州不得過三員，縣鎮寨不得過一員。臣訪聞東西兩川并利州路州縣久闕正官甚多，蓋爲內地人入川，遠涉數千里，少有願就。伏望特降睿旨，應選人往成都府、梓州、利州路指射差遣，如任滿不犯贓私罪，候考第足日，與減改官舉狀二紙磨勘，合入通仕郎以上者減舉狀一紙關陞。本任別有酬奬，自依元法施行。大小使臣乞比附立法。候三二年，事就緒日依舊。」（照）〔詔〕依所奏立[8]法。

七月十五日，吏部言：「承勅，諸路應鈔鹽路分巡檢、縣尉，令鹽香司奏舉有膽勇人。內淮南路鹽香茶礬事司承政和五年八月三日朝旨，依産鹽場監官已得旨揮，除贓罪外，不以有無違礙，踏逐奏舉。其諸路鹽香茶礬事司奏舉，乞依淮南鹽香茶礬事司已得旨揮。」從之。

八月六日，吏部言：「勘會諸路兼教保甲地分巡檢、縣尉，依條委提舉司踏逐奏差。承政和五年八月八日朝旨，應鈔鹽路分巡檢、縣尉，有地分闊遠，自來私鹽多處，令鹽香司奏舉有膽勇人。緣鹽香司合奏舉巡尉官內，有係教保甲地分，合保甲司舉官去處。今來鹽香司合舉係保甲地分巡檢，雖承朝旨今後依奏舉法差注，亦未審合與不合兼用政和保甲舉法，試驗事藝差注。及係教保甲巡尉差遣，並合申樞密院降宣，其鹽香司舉到官，申樞密院，惟復申取都省指揮？」詔：「巡檢依縣尉已得指揮。鹽香司合舉係保甲地頭巡檢，兼用政和保甲舉法。其鹽香司舉到官，止申尚書省。」《文獻通考》：徽宗政和六年，臣僚言，知縣、縣令凡百七十餘闕，無願注者，命吏部措置。已而吏部取在選應入者，隨其資序，自上而下，不以願否，徑自差注，如硬差法，遂有貫户福建而强注四川者。明年，上知其遠難

[一] 已得：原作「已依得」，據文意删。

赴，特許便鄉差注。路雖遠，毋過三十驛，已注者聽改。　重和元年〔一〕，臣僚言：「八路定差，歲久弊多，嘗究其原，在付非其人而又舉職不專也。9且四選之在吏部，尚書、侍郎專總其事。而八路則委之轉運，既以軍儲、吏祿、供饋、支移爲己責，而差注視爲末務，乃付之主管文字官〔二〕。其人又以稽考簿書、檢勘行移爲先，而不復究心差注，乃付之士案，率吏胥擬定，而僉廳特視成書判而已，幾何而不廢法哉。比年以來，賄賂公行，隨其厚薄爲注闕之高下。甚者曰：某闕供給厚，遺我一季之得，則可差矣；某地圭租優，歸我一料之資，則以汝往矣。苟賤不廉之士，亦增賕以市，而取償于至官之後。間有剛正而無賂者，則定差之牘，脫漏言詞，隱落節目。暨其上部，必致退却。待其參會重上，已半歲所矣。士大夫以身在八路，勢須畏忌，若必投訴，是訴所莅監司也。以是闕多而不調者衆。宜督察典領之官，歲終取吏部退難有無多寡爲之課而賞罰之，可以公擬注而絕吏賕。」從之，仍立爲法〔三〕。　陞改薦任之法，選人用以進資改秩，京朝官用以陞任，舊悉有制。自熙寧後，又從而損益之，故舉皆限員，而歲又分舉，制益詳矣。　先時選人應改官，必對便殿。舊制五日一引，不過二人。其後待次者多，至有踰二年乃得引。帝閔其留滯，至元豐四年，乃詔每甲引四人以便之。　二年〔四〕，定十六路提點刑獄歲舉京官〔五〕、縣令額：京東西、河東路京官七人，職官三人，縣令四人；成都府、梓州、江南東〔西〕路京官五人，職官三人，縣令四人；〔福〕建、利州、荆湖南北、廣南東西路京官四人，職官三10人，縣令二人；夔州路京官三人，職官二人，縣令二人。　六年，詔察訪官舉京官、職官、縣令者，河東、兩浙十二人，餘路十人，陞陟不限數。　選人任中都官者，舊未有薦舉法。至是，詔其屬有選人六員者，歲得貢三員。　又定提舉市易司歲舉京官五員。　元祐元年，歲舉陞陟始立額，如舉改官及職，令之數。　復通判舉法，詔歲舉京官、縣令各一員，仍間迭而舉。　用孫覺言，吏部選人改官，歲以百人爲額。　紹聖元年，右司諫朱勃言：「選人初受任，雖有能者，法未得舉爲京官。而有挾權善請求者，職官、縣令舉員既足，又併改官舉員求之。」詔歷任通及三考，而資序已入幕職、令錄，方許舉之改官。　又言：「選人改官，歲限百人，而元祐變法，三人爲甲，月三引見，積累至今，待次者亡慮二百八十餘人。以數而計，歷二年三季，始得畢見。請酌元豐令增損之。」詔依元豐，五日而引一甲，甲以三人，歲毋過一百四十人。俟待次不及百人，別奏定。　大觀四年，裁減國學長貳歲舉改官而立之數，大司成十五員，祭酒、司業各八員。　政和三年，尚書省脩立改官格：承直郎至登仕郎六考，將仕郎七考，有改官舉主而職司居其一，即與磨勘。如因坐公私愆犯，各隨輕重加考或舉官有差。從之。　七年，臣僚言：「官冗吏員增多，本因入流日衆。熙寧郊禮，文武奏補總六百一十一員。元豐六年，選人磨勘改京朝官，總一百三十11有五員。近考之吏部，政和六年，郊恩奏補約一千四百六十有畸，選人改官約三百七十有畸。其來既廣，吏員益衆。欲節其來，惟嚴守磨勘舊法，不可苟循妄予而已。且今之磨勘，有局務減考第者，有川遠減舉官者，有用酬賞比類者，有因大人特舉者，有託因事到闕而不用滿任者，有約法違礙，許先次而改者，凡皆棄法用例。法不能束，而例日益繁，苟不裁之，將又倍蓰于今而未可計也。請詔三省若吏部，舊有正法，自當如故，餘皆毋得用例。」詔惟川、廣水土惡弱之地許減舉如制，餘悉用元豐法從事，其崇寧四年之制勿行。　高宗建炎初，詔即駐蹕所置吏部。時四選散亡，名籍莫考，始下諸道州府軍監，條具屬吏寓官之爵里、年甲、出身、歷任、功過、舉主，到罷月日，編而籍之。　詔：「京畿、京東西、河北、河東士夫在部注授，雖銓未中而年及者，皆聽注官。」　二年，詔：「京官赴行在者，令吏部審量，非政和以後進書頌及直赴殿試之人，乃聽參選。在部知州軍、通判、簽判及京朝官

---

〔一〕天頭原批：「徽宗獨缺重和，此小注元年、二年、六年三段，不知可提作大字單行補缺否。」按，以下仍爲《文獻通考》之文，豈可改爲《會要》正文。且下文「二年」、「六年」乃指熙寧二年、六年，此批大誤。

〔二〕付：原作「赴」，據《文獻通考》卷三八改。

〔三〕天頭原批：「『爲法』二字，似宜添在『從之』下。」按，原稿不誤。

〔四〕二年：按《文獻通考》未言年號，據下文「六年」條見於《長編》卷二四五，乃熙寧六年，則此二年乃熙寧二年。

〔五〕十六路：《宋史》卷一六〇《選舉志》六同，但以下僅列十四路，疑有脫文。

知縣、監當舊以三年爲任者，今權以二年爲任，兵休仍舊。」以赴調者萃東南，選法留滯故也。四年，言者論：「銓衡之官守法不立，自京、黼用事，有詣堂及吏部闕者，判一『取』字，雖已注人，亦奪予之。甚至部有佳闕，密獻以自効，爲寒遠患，踰二十年。望明戒吏部長貳，自今堂中或取部闕，並須執守，毋得供報。」從之。

七年六月二十一日，[12]詔：「可令諸路帥臣各舉有材勇智謀、諳練軍政、緩急可以倚仗大使臣二員，仍開具逐人曾於甚處立功、勞効顯著聞奏，樞密院置籍編録，以備選用。如任用後功績優異，其保舉官即行旌賞；若不如所舉，有誤任使，其保舉官亦當量事黜責。」

七月二十九日，吏部言：「勘會崇寧看詳考功條，脩武郎以上初該磨勘并武功大夫磨勘，緣元符、政和舉官奏狀式内即無『同罪』二字。再詳所須同罪保舉，方與施行，緣所舉官只是依式發奏，自來雖已參用元符、政和舉官式磨勘，終是未有明文執守。伏乞詳酌施行。今擬添舉朝請大夫以下充陞陟任使等狀式，添入『如蒙朝廷擢用後犯入己贓，臣甘當同罪』。」從之。

八年五月二十九日，臣僚言：「邇來任刺舉者，往往虚發照牒，妄爲美詞，并稱已具奏聞，而寔未嘗發，此其罪豈止自欺而已哉！今士人到部，乞用照牒磨勘了當。暨至會問，元未申發，却行追改，而虚發照牒之人，殊不加罪。乞下有司，明立條禁，以正虚發照牒、不申歲帳之罪。凡遇舉官，即具奏檢申吏部，仍備坐連照牒，付所舉官收執照用，庶幾息絶弊源，寒素有賴。」詔舉官如敢妄發照牒及不申歲帳者，並以違制論。

七月七日，臣僚言：「伏見任諒奏乞辟置東南通判，内有元被旨差除及堂除人，諒一例奏辟衝罷，臣寔未喻。欲望特降睿旨，除見任及差下人係吏部注授者，權許諒奏辟衝罷[13]一次外，應特旨差除及堂除人，並不許奏辟衝罷者，並依舊，仍不得爲例。」詔除已係御筆差除外，堂除闕具姓名申朝廷選差，餘從之。

宣和元年正月二十六日，尚書省言：「奉御筆，今後遵依元豐四年七月二十八日詔旨，内外舉官悉罷，令尚書省依倣元豐舊例措畫聞奏。今恭依御筆，逐旋據吏部具到舉官員闕，體倣元豐舊制措畫，并具到旁通體制下項：一、元豐年不曾罷舉窠闕，今欲並依元豐舊制罷舉。一、依元豐舊制合罷窠闕，今措置，内事干新法緣新法事務具名申差者同。及帥府屬官，欲並歸堂除；其諸路管勾機宜文字，並許具名申朝廷差；其罷舉窠闕並歸吏部；一、元豐四年後來創置奏舉窠闕，今係事干陵寢，欲特存留依舊奏舉外，餘並罷歸吏部，内緣新法差窠闕及具名申差者。並堂除。一、應奏舉係屬樞密院管認窠闕，今欲並令樞密院施行。一、應自來奏舉及踏逐具名申差窠闕，今措置，如後奉承御筆及特旨，或供奉應奉御前事務，並應副急切委責才幹窠闕，欲各依元降指揮施行。一、應已得旨揮許令奏舉一次窠闕，内未曾經奏舉者，欲並罷。一、應罷舉等窠闕，欲除合屬樞密院闕外，令吏部一依今來措置及旁通體制施行。内有合參立

選格者，即逐旋修立，申尚書省。一、應罷舉歸吏部選差窠闕，欲令本部候入使闕，限每月一日刷具窠名，腳鑿選格，先申朝廷，限五14日使闕。如過限朝廷不曾差人，即從吏部，不候報，一面依格差注。一、自今降措置指揮日前已係奏舉在任之人，欲令終滿今任；其已授付身赴任之人，亦許赴上。候入合使闕限，即依今來措置使闕差人。一、應罷舉窠闕，如未立到差格間已入使闕條限，欲令吏部權依倣元舉法差注。一、應該載未盡事件，欲令吏部比倣條具申請施行。」並從之。

三月六日，京畿轉運使王本言：「有旨徧詣所部，察縣令能否以聞。伏見密縣朱定國、鄢陵劉湜豈弟臨民，一境稱治；考城吳亢宗、長垣馬向吏事詳明，庶務畢舉。乞召赴都堂審察。」從之。

二年三月十九日，詔：「陝西、河東、河北路應合樞密院銓量奏舉窠闕，未曾參部、未經短使人，並特許奏辟。餘依見行條格施行。」

十二月二十七日，吏部言：「勘會涪州通判昨奉御筆，委王蕃奏舉清彊幹敏官，具名聞奏。所准夔州運判王蕃奏舉朝奉大夫常彥堪充上件差遣。其常彥于格應入，緣本官見年六十以上，不任選闕。」詔特差。

三年二月六日，江浙淮南等路宣撫使童貫言：「勘會兩浙提舉常平俞賙已准朝旨勒停，緣今兇賊作過之際，全藉監司撫存彈遏。伏覩朝奉大夫、新知均州章綡委有才幹，荐更任使，兼本官係蘇州人，備諳江浙民情，可以倚仗。臣已（遂）〔逐〕急差本官權兩浙路提舉常平，先次管勾職事，伏望特賜睿旨差注施行。」從之。

三月二十七日，詔：「應15（闗）〔闕〕官去處，仰吏部剗刷，限三日速行差注。如無本等應格人，即破格差注一次。自餘州縣虧欠場務及邊遠闕官半年以上，除知、通、司錄、兵馬都監、監押外，並特許帥臣、漕司，不以拘礙踏逐奏差一次。勘會帥臣、漕司依已降詔舉官，自合隨兩司所隸奏舉。如巡檢闕合帥司、場務闕官合漕司奏舉之類。若事干兩司，自合同銜奏舉，令吏部申明行下。」

閏五月二十三日，吏部言：「陝西都轉運司奏舉將仕郎景材充秦州司刑曹事。本部勘會初出官條，年二十五以上，許到部注授殘零闕。緣逐人係未合到部之人，近來官司却以年未及格并犯贓私罪等人一例舉奏，理當申明。合除曾犯贓及私罪勒停并進納不應入人、年未及格未應出官人外，並遵依御筆旨揮，不以拘礙奏差。」從之，仍申明行下。

六月十一日，臣僚言：「昨詔通判不許帥臣奏辟，著在令甲。近帥臣復有奏辟程若藻通判冀州、安勉通判（之）青州、石資通判雄州，陛下亦既俯從，搢紳疑之。尋有詔除石資特差外，餘勿行。緣所辟三人，石資尤無聞望，徒以豪貲交結，今獨得辟，是使姦罔之徒公違詔令而成詭私也。乞併賜寢罷。」從之。

九月十八日，詔：「應內外官歲舉外，其增添員數，更不施行。內京東輦運、蔡河撥發、河東京西江淮鑄錢、陝西香礬、河北京東鹽香司、辰沅靖澧州刀弩手司、提舉陝西平貨務，各許歲舉二員。河北糴便司依[16]本路提刑、陝西河東提舉弓箭手依本路提舉常平見舉員數，並減半。」

十一月十五日，詔：「今後不應奏舉改官人，不許奏舉改官。如有，三省執奏不行。仍于今年九月十八日措置歲舉選人改官指揮內，自宣和四年爲始。」

四年九月十九日，詔：「提舉成都府路茶事兼提舉陝西買馬監牧公事張有極奏辟奉議郎王肇知興州、洋州，爲礙資序，並不行。元豐六年四月令茶馬司奏辟知州指揮，係一時旨揮，今後不合奏辟。」

五年三月十九日，吏部侍郎盧法原等言[一]：「竊見選人到部關陞磨勘，中間嘗許先用照牒奏檢，至有已陞朝改官資後，因會問不寔，復行追奪者，其弊寔大。今復遵依元豐成法，須奏狀到部，方許收使，不復容有僞濫及誤行關陞改官，誠良法也。近年以來，多有奏狀遺滯，如川、廣、福建，道路遼遠，若俟取會，往復之間，動經歲月。方當選舉人材之時，未免留滯之患，乞行立法。」詔：「應薦舉承直郎以下磨勘關陞，于照牒前録白元奏狀檢，仍聲說于某年月日某字號遞發訖。如違及不寔者，並依虛發照牒律科罪。」

六月二十日，臣僚言，邊帥屬官今皆帥臣辟置，未盡得人。詔應奏辟者許辟員數之半，餘朝廷選差。



同日，臣僚言：「帥司屬官，正儲養帥才之地。今皆帥臣辟置，不惟牽于請求，未盡得人，又隨府移罷，去來不常，其能究心一路之事哉？欲乞朝廷擇選才術有志之士，分置諸路帥[17]幕，使講求一路邊機之任，高其資序，假以歲月。仍于諸路更試以職，有績効者就加陞擢，或分符邊郡，或將漕本路，異日謀帥，皆可取而用也。伏望特降睿旨施行。」（照）〔詔〕依所奏。應奏辟者，據合辟員數，許辟置一半，並依舊制，餘並朝廷選差。應選差者，並與通判資序，三年爲任。

六年十二月四日，詔：「內外侍從官以上，各舉所知堪充文武任使者二人，中書省籍記姓名，召赴都堂審察。其才術優異、可備奬擢者，仍取旨引對。不如所舉，當以重罪論之。」

七年五月十六日，臣僚言：「願詔帥臣保舉將佐下逮軍校有才略者，監司保舉郡守以至縣令有政績者，每歲逐路以三數人上之，朝廷籍記姓名，歲終類聚，取旨擢用。當則有賞，否則有罰。」詔令吏部申明，行下諸路監司遵守施行。其帥臣保舉將佐軍校等，録送樞密院條畫取旨。

六月十日，詔：「陝西、河北、河東并諸路帥司于本路大使臣內，選曾經邊防戰守、可以倚仗五七人，具名以聞。」

欽宗靖康元年四月二十八日，詔令在京監察御史、在

---

[一] 原：原作「源」，按諸史皆作「原」字，因改。

外監司、郡守及諸路分鈐轄以上，限三日于大小使臣内選擇曾經邊任或有武勇，可以統衆出戰之人，各舉二員。

四月二十九日，詔令三衙并諸路帥司各舉諳練邊事、智勇過人并豪俊奇傑、衆所推服、堪充統制將領者各五人。

六月三日，詔：「宰執、侍從、省臺寺監、監司、郡守、將帥之臣，並舉文武官才堪將[18]帥，不限人數以聞。其人有已試之効，即具疏其迹。未經試用，即言其才能所長，密院籍其姓名。」從監察御史胡舜陟之請也。

八月十六日，詔：「昨降旨揮，令中外臣僚舉有武勇可以統衆之人，至今尚未有曾舉到者。令刑部催督，限十日奏舉。其已舉到使臣劉鈞等十七人，令乘遞馬發赴樞密院審察。」

九月二十四日，臣僚言：「竊見臣僚集議，置四道都、副總管，内副總管用武臣。緣上件委任所責非輕，惟人才寔可濟今日急難者用之，不必如平時，問其元初薦引及日前瑕疵以爲礙，庶幾可以得人。若使集侍從、臺（薦）〔諫〕同一處薦舉，又恐人數不多，難于推擇。欲乞令六曹尚書、侍郎、開封尹同集一處，翰林學士、兩省待制同集一處，臺官在本臺，各薦文臣可充都總管者四人。内有議論不同，許別爲一狀薦舉，以充其數外，武臣副總管四員，乞令三衙都指揮使、樞密承旨同集一處，公共薦舉，必可得人。」從之，仍並限一日。以上《續國朝會要》。

高宗建炎元年六月十三日，赦：「應諸路有材勇謀略、衆所推服之人，或曾經戰陣有功，可以倚仗，委本州具職位、姓名，保明解發赴行在御營使司，當議量材録用。每州三人。」

十二月六日，尚書省言：「檢會登極赦文，内自禁從，外自監司、郡守，各舉所知一名。」詔文武官並召赴都堂審察，中書省置籍書職位、姓名進呈，除合待報人外，餘告示發回本處。白身人送[19]中書省，各試策一道，取旨。

二年四月三日，臣僚言：「乞文臣自從官至牧守，各薦所知可備陞擢任使者二人；武臣自管軍至遥郡，各薦所知可備主兵任使者二人。置爲一籍，留之禁中，其副本降付三省、樞密院。每遇文臣監司、帥守及武臣將官、總管、鈐轄等有闕，除舊資序合入及已試有効并宰執薦引人外，其餘並乞于（令）〔今〕舉官籍内點差。如擢用之後，職事曠廢，或犯贓私罪，並坐舉者。其舉官不當降官及降差遣者，未滿三年，雖遇赦恩不得牽復。如此，則人皆向公，所舉無非寔才。近日士大夫凡所奏請，大抵多引罪廢及法不當得之人，以人主爵賞市己私恩，願加禁約。」詔今後除朝廷并緣軍期所差官外，其餘舉辟，並遵依薦舉條令。如違，令御史臺覺察彈奏。

十一月二十二日，赦：「近降旨揮，令行在侍從官于廢放黜謫之中，舉才幹强敏之士一名。緣所舉不多，慮有遺材，可更聽別舉一名。」

三年二月十六日，詔：「兵火之後，闕員甚多。許侍從

及寺監長貳、郎官以上，限兩日舉有才術士大夫二人。」故事，惟侍從官以上薦士，不及郎官，上特令薦之。

三月十一日，臣僚言：「承平日久，再有夷狄之患，忠義之士延頸企踵，咸欲効忠戮力，然而異能之士，未聞爲時而出。宜下諸將，旁求于外，一藝以上，悉皆上聞，量材錄用。」詔自遥郡刺史以上，許舉一名。

四月十三日，尚書右僕射呂頤浩、知樞密院[20]事張浚言：「方今天下多事，乞明詔庶僚，各舉内外官及布衣隱士材堪大用之人，擢爲輔弼，庶幾協濟大功。」詔令行在職事官以上，限三日開具所知聞奏。

二十三日，詔：「天下帥臣、監司、守令，可多方採訪所轄州縣見任、寄居、待闕應文武官有智謀及武官武藝精熟者，開具聞奏。仍籍定姓名，當議採擇，量材錄用。」

四年三月十三日，詔：「提舉福建路茶事司歲舉官，並依京東等路提舉鹽事官例，舉承直郎以下改官二員，從事郎以上三員，迪功郎充縣令三員，承務郎以上陞陟七員，大小使臣陞陟七員。」

十五日，詔内外侍從以上，各保舉可充監司者一二人。

四月二十三日，詔監察御史林之平差往閩、廣，措置防托海舡，許依提點刑獄官薦舉，仍不拘上下半年。

五月二十日[一]，詔：「依三年已降指揮，令臺諫及左右司郎官以上各薦二人，令所在州軍差人給券，限三日發赴行在。仍令執政大臣同共採擇在外侍從，雖在謫籍，别無大過，而政事才學寔可用者，廣行召用。」以臣僚言：「諸路帥守闕人，行在除臺諫外，止有綦崇禮、汪藻兩人，省曹百司多差外官權攝，緩急大事，何所諮訪？」故有是命。

七月十四日，知樞密院事、宣撫處置使張浚言：「總領四川財賦所屬五十餘州，乞依陝西路轉運使例舉官。」從之。

九月二十三日，富直柔乞留蘇遲爲都司[二]。范宗尹曰：「都司，宰屬，如大府帥臣猶得自辟[21]置屬官，蓋資贊畫之益。如蘇遲雖名德之後，然不可任都司。」上曰：「臺諫以規過拾遺爲職，不當薦某人爲某官。」趙鼎曰：「惟可論薦臺屬[三]。」

紹興元年正月十四日，詔：「應今後京朝官知縣闕，並令三省選擇差除。仍令内外侍從官各舉堪充縣令京朝官二員，中書門下省籍記姓名，以次除授。俟有善政，任滿陞擢差遣；或犯贓罪，連坐舉官，依保舉法。」

二十四日，詔内外侍從官更許于京朝官法薦舉選人二員[四]，特差京朝官知縣窠闕。

二月六日，詔：「内外侍從官所薦充縣令選人，並係令

[一] 五月二十日：《建炎要録》卷三三繫於五月十二日癸丑，疑「二十」爲「十二」之誤（此詔乃因趙鼎之奏而降，趙鼎奏在十一日，見《忠正德文集》卷一，亦可證作十二日是）。

[二] 蘇遲：原作「蘇遟」，據《建炎要録》卷三七改。下同。

[三] 可：原作「不」，據《建炎要録》卷三七改。

[四] 于：似當作「依」。

録以上資序，經任寔及三考，方許薦舉，仍于奏狀内分明開説。其已奏未應格人，並令改奏。」

七月三日，詔：「越州錢清鎮并蕭山縣文武尉闕，並令安撫、提點刑獄司共保舉有材武人差一次。如到任後有怯懦不職之人，元保奏官取旨責罰。」錢清有監鎮官及兩尉，以失職免，故特命保舉。

十一月五日，兩浙路提點刑獄施坰言：「昨乞依江南東西等路減罷武臣提點刑獄例，許令通舉兩員。所舉改官數，已得旨許通舉，以十員爲額。按舊格，本司每歲舉改官九員，依政和法以三分之一舉充從事郎以上，未審合于從事郎數外添舉〔一〕。」詔舉從事郎以上三員外，許舉改官，以十員爲額。

十九日，詔：「百辟卿士，各舉所知，應内外侍從須舉三人以上。在外令三省行下諸監司、郡守，限五日具名同罪保舉，繳連以聞。舉得其[22]人，受上賞；其或不當，坐謬舉之罰。仍無以先得罪于朝廷及蔡京、王黼門人爲嫌。」以時方艱難，須才故也。

二十二日，詔：「已降旨揮，令侍從官各薦舉三人以上。其起居郎、起居舍人依中書舍人薦舉。」《文獻通考》：紹興元年，詔館職選人到任及一年，通理四考，並自陳改官。選人改官，舊無定數，紹興後多不過九十人，少或至五十人。紹興二十年八十八人，二十五年六十八人，三十年七十四人，三十一年五十人。捕盜及職事官，皆不在數。三十二年，遂至一百十三人。孝宗患之，隆興元年四月，詔以百員爲額。乾道三年七月，又通四川爲百二十員。七年十月，有司請不限員，奏可，時虞丞相當國也。淳熙初，上以官冗，稍嚴陞改之令，於是六年，引見改官不及七十員，而捕盜在焉。周洪道爲吏部尚書，七年二月，因請以七十員爲額。是年四月，又增八十員，職事官并引見改官六十五人，四川換給一十五人，特旨改官不與。十三年三月，又詔職事官、改官在八十員歲額之外。自是歲改京官者僅百員，今遂爲永制。奏舉京官，祖宗時無定數，有其人則舉之。太平興國後，諸州通判亦得舉京官。熙寧中，取以爲提舉常平官員數。元祐中嘗暫復之，至紹聖又罷。淳熙六年九月，上以歲舉京官數濫，命給舍、臺諫議之。王仲行希呂時兼給事中，乃請六曹、寺監户部右曹郎官同。歲減舉員三之一，諸路[23]監司減四之一，禮部、國子監長貳減三之二，前執政歲減二員，諸州無縣者歲止一員，歲終不除運副而判官補發者，不理爲職司。奏可。慶元元年十一月，復詔判官補發副奏理爲職司，又詔職司狀不得用二紙，用姚察院愈奏也。在京選人，舊無外路監司薦舉。渡江後，詔以六部長貳作職司，乾道七年九月罷之。惟館學官通理四考，不用舉主改官，蓋累聖優賢之意。

二年三月七日，淮南東路宣諭使傅崧卿言：「臣到淮東，已察見本路諸州官吏能否，乞不限員數，保舉陞陟任使。」詔許保舉十五員。

五月五日，詔：「觀察使以上各薦大小使臣有謀略精深、武藝超卓，可備將帥之選者二人，令樞密院置籍。」

六月二十四日，福建、兩浙、淮南東路沿海制置使仇悆言：「昨得旨，令依轉運副使舉官法。緣逐路舉官員數不等，欲乞依兩浙轉運使合舉員數。」從之。

十月三日，詔：「監司舉官員數，若比嘉祐之數合行〔遵〕〔增〕添，可遵依元豐舉官員數。又昨罷諸路提舉常平，

〔一〕本句疑有脱文。「合」，或應作「合與不合」。

其舉官員數以三分爲率，將二分(爲)〔與〕轉運司，一分與提刑司。」《文獻通考》：二年，呂頤浩言：「近世堂除，多侵部注，士人失職。宜倣祖宗故事，外自監司、郡守及舊格堂除通判，內自察官，省郎以上，館職、書局編修官外餘闕，并寺監丞、法寺官、六院等，武臣自準備將領、正副將已上，其部將、巡尉、指使以下〔一〕，並歸部注。」從之。

三年正月十七日，詔：「宇文師瑗添 24 差福建路轉運判官，其薦舉員數，與依正任轉運判官合舉員數減半奏舉。」

二月五日，宣撫處置使張浚言：「本司隨軍轉運使副下屬官內，有係選人員闕，在法合用舉主陞改。乞依發運司屬官體例，許帥臣、監司互舉。」從之。

四月六日，詔：「外宗正司屬官，許依本路轉運等司屬官條法，令諸司薦舉。」從主管南外敦宗院李詠請也。

五月一日，詔：「諸路宣諭官所薦人材，各以推賞。仍各候任滿日，發赴行在引見，朕當不次陞擢，以勸能吏。」先是，諸路宣諭時有薦舉以應詔，若江南東西路劉大中所舉知信州鉛山縣陳洙、建昌軍軍學教授李彌正、信州玉山縣丞張絢，兩浙東路朱異所舉簽書紹興府判官廳公事張九成、婺州義烏縣令閭丘昕、知處州龍泉縣汪汝則、知溫州瑞安縣熊彥詩、紹興府嵊縣令姜仲開、建州觀察推官林安宅、知泉州安溪縣江伯淮、知建州松溪縣林敏元，兩浙西路胡蒙所舉知常州俞俟、知平江府崑山縣俞彥、知臨安府於潛縣樓璹，荊湖南路薛徽言所舉通判衡州事趙伯牛、通判永州事劉延年、祁陽縣令張登〔二〕，皆賜秩一等，選人比類推恩。一日，上獨問曰：「劉延年如何人？」宰相呂頤浩等對曰：「不識。」上曰：「人固未易知，雖聖人猶難之。大臣既不識，何由信其賢否？須召對以觀其才。若實可用，即用之，通判非如縣令之不可數易也。」遂命召之。

十八日，吏部言：「左迪功 25 郎張嘉賓關陞，考第、舉主雖已應法，內舉主李承造緣應副趙立米稽違，見行分析未報。」詔許先次放行關陞，如將來有違礙，即行改正。

六月二十三日，詔內外侍從官各舉宗室一員。從知大宗正丞謝伋請也。

九月五日，中書舍人黃龜年言：「元祐間，司馬光建議乞設十科以網羅天下之士。若施之今日，切於事實者，惟知勇過人，可備將帥，公正聰明，可備監司，善聽獄訟，盡公得實，善治財賦，公私俱便，練習法令，能斷議讞五科，願詔有司檢舉施行。」詔送兩省官同共講究，限十日聞奏。續據三省、樞密院檢會到元祐元年司馬光申請十科舉士劄子，乞依舊例施行。從之。紹興五年閏二月二十八日〔三〕，中書門下省言：「檢會龍圖閣直學士汪藻、資政殿學士葉夢得薦右承奉郎徐度，顯謨閣待制葛勝仲薦左迪功郎胡(理)〔珵〕，給事中胡交修薦左承議郎張宦，堪充文章典麗，可備著述科。汪藻又薦左承議郎王棠，葉夢得、胡交修薦左朝奉大夫新差權發遣袁州汪愷，堪充善治財賦，公私俱便科。葛勝仲又薦王棠堪充善聽獄訟，盡公得理科。龍圖閣學士沈與求薦左朝奉郎錢棐堪充節操方正，可備獻納科。」詔徐度令中書舍人試策一道，胡珵、錢棐、張宦召試館職，王棠、汪愷與陞擢差遣。

十二月二十七日，詔：「選人用舉主磨勘有賸數者，吏

〔一〕下：原無，據《文獻通考》卷三八補。
〔二〕張登：原作「張督」，據薛季宣《浪語集》卷三三《先大夫行狀》及《建炎要録》卷六五、《中興小紀》卷一四改。
〔三〕五年：原作「元年」，據《建炎要録》卷八六改。紹興元年無閏二月。

部牒所舉官，許令再舉。」從吏部侍郎陳(興)〔與〕義請也。《文獻 26 通考》：三年，右僕射朱勝非等上《吏部七司勑令格式》一百八十八卷。自渡江後，文籍散佚，會廣東轉運司以所録元豐、元祐吏部法來上，乃以省記舊法及續降旨揮詳定而成此書。

四年四月十八日，詔：「今後選(入)〔人〕考第、舉主已足，合該磨勘，其舉主内職司舉狀却有前宰執舉狀，與理當職司舉狀放行磨勘。」五年十月三日，因臣僚陳請，吏部勘當自來宰執舉狀無當職司之文，有旨，四年四月十八日所降旨揮更不施行。

七月二十七日，户部侍郎梁汝嘉言：「邵相、曾悟心術通疏，吏道敏彊，欲望各與陞擢内外財計差遣。」詔邵相與轉運判官，曾悟與措置茶鹽。

五年三月四日，侍御史張致遠言：「近降詔銓量郡守、監司，又採臣僚言遴選縣令，甚大惠也。夫欲定毁譽、厭人心，不稽乎衆，曷爲而可？乞除言事官外，自監察御史至侍從并館職正字以上，各舉所知，不限員數，不拘官品，某人可爲監司、郡守，某人可爲縣令。舉詞並載事實，無用虛文，實封投進，降三省編類籍記，參考除授。」詔依奏，在外侍從官以上監司、郡守、帥臣依此，仍限半月，具名聞奏。

四月九日，右司諫趙霈言：「致遠之請，失於太泛。又舉監司、郡守而責之館職，輕重不倫。在祖宗時，未有此例。乞自監察御史至侍從通舉監司、守令，館職正字以上專主縣令。」從之。

七月六日，知湖州李光言：「諸路武士多有人材少壯，弓馬趫捷，武藝絶倫者。27 朝廷既未嘗録用，往往散在諸軍，無以自拔，或委身盜賊，不能自新，乞令諸路州軍廣行招收。其間雖無武藝而通曉兵機，能料敵制勝，或造作攻守之具，各爲一科，令監司、帥守按試保明，發赴樞密院，量材擢用，庶幾韓、彭之流，或爲時而出。」詔諸路監司、帥臣按試保明，具職位、姓名，申樞密院。

八月六日，臣僚論列趙繼之、趙不愚犯贓。趙鼎以嘗薦此二人，乞解機務。上顧鼎曰：「事有輕重，卿薦士之失甚輕，而朕之罷相甚重。」不從。《文獻通考》：五年，詔自今注擬，並選擇非老疾及不曾犯贓與不緣民事被罪之人。時建議者云：「州縣親民，莫如縣令。今率限以資格，雖貪懦之人，一或應格，則大官大職，得以自擇。請詔監司、郡守條上劇邑，遴選清平廉察之人，如前日預十科之目者爲之。」

六年三月十二日，殿中侍御史周秘言：「自今侍從以下，凡欲薦士者，乞令明具事狀，如傳記所載昔人舉官疏之類，公薦于朝，無得口陳私禱，以誤朝廷除授。」從之。

四月二十八日，工部言，乞依熙寧法舉選人充京官。從之。

紹興七年七月八日，起居郎樓炤言：「比覩詔書，嚴縣令之選，除自授於朝廷〔一〕，保任責之侍從，甚大惠也。然監司、郡守，所繫尤重。乞詔行在侍從官各舉通判資序或曾任監察御史以上，可以任監司、郡守者一二人，皆列已試

〔一〕除自：似當作「除目」。

之狀(一)，保任以聞。朝廷籍録姓名，遇闕除授。後有不如所舉，明正謬舉之罪。28庶幾監司、郡守之選益精，而四方萬里皆蒙實惠。」詔依，仍令中書門下省置籍。

閏十月十一日，上謂輔臣曰：「朕思今日安民之要，無若擇監司、郡守。可令侍從官不限員數舉可以爲監司、郡守者，中書省置籍，遇有闕，卿等共議差填。朕亦當書之屏風，置諸左右，以時揭貼。其不任職事而無他過者，與自陳宫觀。」又曰：「謬吏之害民，甚於贓吏。贓吏，一身取錢爾。謬吏爲州則一州之胥吏皆取錢，爲縣則一縣之胥吏皆取錢，其害民豈不甚於贓吏？卿等可諭諸從官，須妙選實可爲監司、郡守者，使實惠及民。若苟求中材以應詔，則所得不過常人爾。他日若所舉稱職，朕當賞其知人。」續詔兩省官亦許依侍從官薦舉。

十二月六日，上謂輔臣曰：「今後監司、郡守有闕，或已差人不足任，當用薦人填闕。」

八年三月二十七日，詔知紹興府餘姚縣陳時舉特轉一官，候任滿日，赴都堂審察。以兩浙路諸司列其治最，乞加旌擢，故有是命。

九年七月七日，户部言：「户部長貳每年合舉本屬選人充京官，紹興九年二月二十九日旨揮，止令長貳薦舉四員。緣本部所轄庫務極多，見今係選人二十四員，比之刑寺，事體不同，若止依上項員數薦舉，顯是數少。又緣近歲以來，差除長貳多是獨員，一歲止可薦舉四員，郎官及兩寺長貳別無許舉薦明文。欲乞今後如遇長貳獨員，將合舉選人員數，許通行薦舉，不29得過八員，庶幾不致遺滯人材。」詔户部長貳每年合選舉選人改官員數，至歲終如係獨員，權令通舉。

十月四日，詔行在侍從官各舉所知二人。續詔兩省官亦許各舉二人，令三省量材任使。内未經上殿人，令閤門引見上殿。

十年四月十九日，臣僚言：「乞詔部使者一歲同舉廉吏一人，上其事狀。朝廷審實，稍加擢用，以寵綏之。苟得其人，則賜進賢之賞，不如舉者坐之。」詔依。

閏六月四日，臣僚言：「乞詔三衙管軍及武臣觀察使以上，各舉智畧勇猛、才堪將帥者二人。」從之。

十一年正月十九日，詔令轄司屬官許依諸司例互舉。

六月十五日，臣僚言：「國家薦舉之制，著在令甲，可謂嚴矣。而比年以來，請託之私未殄，謬濫之弊日滋，凡由薦舉升改，繼以貪墨聞者，未嘗無之。逮有司之獄已具，乃始以狀自列，則又置而不問。夫罰太重則法難於必行，罪可逃則人期於幸免。今使舉主與犯贓者同罪，是罰太重也；又聽以首得免，是罪爲可逃也。上無必行之法，下有幸免之路，亦何怪人之多私哉。乞詔有司，取舊法而損益之，稍輕舉者之罪，除去自首之文，示以必行，俾之知懼。」

(一) 列：原作「例」，據文意改。

詔令吏部看詳，申尚書省取旨。

九月三十日，吏部言：「將作、軍器監乞依大理、司農、太府寺長貳例，每年薦舉本屬官一員充京官。內選人三員以上舉二員，六員以上舉三員。」從之。

十月三日，寶文閣直學士、左承議郎、30樞密都承旨、充川陝宣諭使鄭剛中言：「已得旨，所過川、陝州縣，許按察官吏，除治行顯著、罪犯明白之人合行聞奏外，乞許薦舉改官親民任使七員、堪充從事郎縣令任使十員，庶幾有以獎進人材。」從之。

十一月六日，保慶軍承宣使、同知大宗正事士夽等言：「知（太）〔大〕宗正丞段拂才識宏遠，操守端方；諸王宮大小學教授吳元美文學純雅，不事榮進。到任以來，備宣心力，糾率教導，寬猛得宜，欲望朝廷特賜甄擢。」詔段拂、吳元美並與陞等差遣。

十二年五月一日，詔：「已降指揮，户部長貳許舉本屬選人改官，每歲四員。近又將諸路户部贍軍酒庫許行薦舉，員數稍多，每歲欲添舉一員。」

十二月三十日，詔：「陝西舊係六路五十州軍，內除沙苑監係馬監、司竹監係管竹木、太平監係鑄錢監，不係州軍外，其轉運使副、判官三員合舉改官十七員、縣令二十七員，（令）〔今〕除割屬佗路外，止有階、成、岷、鳳四州通舉改官縣令等員數，可以九員爲額，仍自紹興十三年爲始。」從吏部請也。（以上《永樂大典》卷一〇六六五）

# 宋會要輯稿　選舉三〇

## 舉官 四 附自代

❶紹興〔十〕三年六月十九日〔一〕，詔全州文學師維藩差權國子録。以國子司業高閌薦其博古通今〔二〕，士夫推服，建學之始，宜得老成如維藩者，以誘掖後進，故有是詔。

九月二十八日，太府少卿、總領淮東軍馬錢糧吳彦璋言：「鎮江府屯駐軍馬，係本司拘催兩浙西〔路〕錢糧應副。近多愆期不到，緣本司所得薦舉文字，止發淮東官吏，無以激勸❷故也。乞今後遇浙西見任官有職事相干，許通行薦舉。」從之。

十五年九月六日，詔：「淮南路轉運司歲舉選人改官，可依舊法。」初，紹興七年，權作東西兩路分舉，至是復併爲一，從本司請也。

十六年六月五日，詔：「監户部總領所酒庫官，今後許令本路總領官并户部長貳，將合舉官員數通融薦舉。」

八月二十八日，詔諸路常平司今後許與諸司互舉官屬。從吏部請也。

十九年九月二十五日，詔廣〔東南〕〔南東〕路市舶司屬官今後許〔依〕〔與〕福建路市舶司屬官互舉。從吏部請也。

十月二十九日，提舉江南東路常平茶鹽、兼權提點刑獄張昌言：「江東一路，久未差正任提點刑獄。今臣暫時兼權，不合薦舉，致使選人改官，獨無職司文字。」詔許薦舉。

二十二年七月九日，右諫議大夫林大鼐言：「中興之初，恩或非泛，人得僥倖，有以從軍而改秩者，有以捕盜而改秩者，有以登對而改秩者。方今朝廷清明，吝惜名器，士夫改秩，祇有薦舉一路，舍此則老死選調而無脱者。故考第溢格之士，至有不安職業，過爲巧佞，不顧義分，肆爲攘敚。貪躁者速化，廉静者陸沉，法誠祖宗之法，不知入流寖廣，數倍加於祖宗之時也。今欲取考第、員數，增減以便之。增一任者減一員，九考者用四員，十二考者用三員，十五考者用二員。若二員則保舉之古法，不可減也。如減舉法行，中須實歷縣令，不得仍請嶽祠。其或負犯殿選，❸自如常坐。士有應此格者，行無玷缺，年亦蹉跎，無非孤寒老練安義分之人，取奬老成，不爲濫恩。乞付有司看詳條上，以弭奔競。」從之。《文獻通考》：議者以進士登科，門蔭子弟纔沾一命，不復參部，多干堂除，有紊銓法。詔禁之。

二十五年十一月二十六日，右正言張修言：「乞降詔旨，誥誡臣僚，今後薦舉人才，必三人以上同銜列薦，庶無私于親黨之弊。」從之。

---

〔一〕十三：原脱「十」字，據《建炎要録》卷一四九補。

〔二〕「閌」原作「閎」，「今」原作「經」，並據《建炎要録》卷一四九改。

十二月二日，詔：「行在百司闕官甚多，可令侍從共舉一二十人，務選真材實能，不得輒徇私意。倘不如所舉，必罰無赦。」

二十六年二月十五日，詔：「諸路監司多闕官，可令侍從、臺（鍊）〔諫〕各舉曾任知、通，治狀顯著〔一〕，堪充監司者二員聞奏。仍保任終身，有犯贓及不職者，與同罪。」

三月二十三日，詔：「續除侍從、兩省官，並令依已降指揮，各舉所知，以名聞。」

四月二十四日，侍御史湯鵬舉條具薦舉六科：一曰文章典雅，可備制誥；二曰節操公正，可備臺（鍊）〔諫〕；三曰法理該通，可備刑讞；四曰節用愛民，可備理財；五曰剛方愷悌，勞績著聞，可備監司、郡守；六曰知幾識變，智勇絶倫，可備將帥。以此六科，俾薦者隨才而舉，録用之後有改節者，仍坐以謬舉之罰。從之。

九月（二）十九日〔二〕，詔：「薦舉之法，未嘗不嚴。邇年類皆徇私，薦非其人。至有鬻舉者，及至敗露，方行陳首。自今仰吏部將舉主改官及關陞人置籍，具所舉官職位、姓名，如被舉人犯贓罪，具所舉官取旨[4]施行。如已被人論訴，及他司按發，臺諫論列，即不許旋行（陳）首。舉官須以歲額薦舉，所舉不如額者，吏部具名以聞。」

二十四日，左正言凌哲言〔三〕：「乞飭中外，繼自今無得以舉官之詞干求差遣。倘猶不悛，必寘典憲。」從之。

十月七日，詔：「四川去朝廷遥遠，守臣尤須得人。可令逐路監司、帥臣各舉京朝官知縣資序以上人，堪充郡守者二人，内制置、總領、都大茶馬各舉三人奏聞。如被舉後犯贓罪及不職，與同罪。仍令尚書省籍記。」

十一月二十三日，成都府路提點刑獄張杓等薦權知嘉州朱昌裔，夔州路提點刑獄楊朴等薦權發遣萬州李莘民、權知大寧監費行之文行治狀，乞賜甄擢。詔各轉一官。

二十七年正月二十一日，詔侍從各薦宗室兩人，隨材擢用。從刑部侍郎張杓請也。

三月十一日，詔兩省官依侍從薦所知。

二十六日，詔：「侍從官所薦新改官人，並與堂除知縣差遣一次，任滿日取旨陞擢。」

五月四日，荊湖南路轉運司等保奏：「知潭州長沙縣常禋，名臣之後，修潔自持，束吏愛民，衆所稱譽，望賜擢用。」詔常禋特轉一官，候任滿日，與陞擢差遣。

八月九日，詔：「今後總領司互舉改官之人，皆依憲、漕等司舉官磨勘施行。所有逐旋申明朝廷一節特免。」以左司諫凌哲言：「總領司曩年創立之初，未有一定之法。今雖比諸司互舉，而尚有逐旋申明朝廷之文，遂致陞改濡滯。」故有是命。

[5]十一月二十四日，右正言朱倬言：「凡監司、郡守

〔一〕著：原作「者」，據文意改。
〔二〕十九日：原作「二十九日」，據《建炎要録》卷一七四删。
〔三〕哲：原作「晳」，據《建炎要録》卷一七四改。又「左正言」，《建炎要録》卷一七四、《宋史》卷二〇一均作「右正言」。

所薦邑宰，必須廉勤之吏，區別刑獄毋冤濫，催理賦稅不追擾，悉具寔狀條件來上。大臣審當，預給省劄，許以推賞，必候任滿，不改其度，然後給告，不然則否。」從之。

十二月三日，詔：「諸路帥臣、監司，于本路武臣大使臣以上見任或寄居官內，選歷任有勞効之人，每歲各舉二員。明具所長，保明聞奏。仍令樞密院籍〔寄〕〔記〕姓名，以備任使。」

二十八年正月二十三日，詔：「臺諫、〔待〕〔侍〕從三人以上，公共推薦監司，具列治績聞奏。三省考察，取旨陞擢。」

三月十六日，詔：「今後侍從以上薦引人才，並須文行相副，治績昭著。仍指定事寔，逐件聞奏，務得寔才，以副招延之意。」

十月二十一日，吏部言：「兩浙轉運使、副，依元豐法歲舉改官一十二員。紹興元年十一月，以副使徐康國奏請，特令每歲權依嘉祐條格，添舉改官三員，通一十五員，即無各舉一十五員之文。紹興十年，副使黄敦書又奏乞增兩浙轉運使、副舉官各五七人，以示巡幸之寵，得旨每歲權添舉改官各五員，候將來車駕還都日依舊。今兩浙使、副兩廳，每歲共舉四十員，寔爲過數，乞止限二十員，令使、副均舉。」從之。

十一月十七日，詔：「大司成、祭酒、司業奏舉諸州教授改官，依大觀元年八月十二日指揮，許作職司收使。」

二十九年三月二十二日，詔：「侍從、臺諫、諸路帥臣、監司各歲薦大小使臣二員，開 6 具才畧所長，曾立功効聞奏。三省、樞密院籍記姓名，無人聽闕。」從校書郎汪澈請也。

五月十六日，尚書左僕射沈該等言：「乞倣元祐間宰臣司馬光陳請舉按官吏八條，令監司、郡守按察所部官。其舉薦四條：一曰仁惠，謂安民利物，衆所畏愛，非疲軟不立，曲取人情者。二曰公直，謂心無適莫，事不吐茹，非内私外公，寔佞詐直者。三曰明敏，謂深察情理，應幾辨事，非飾詐掠美，利口矜功者。四曰廉謹。謂安貧守分，動遵法度，非詐清釣名，偷安避事者。按察四條：一曰苛酷，謂用刑繁苛，殘虐踰法者。二曰狡佞，謂傾險巧詐，危人自安者。三曰昏懦，謂不曉物情，依阿無守者。四曰貪縱。謂饕餮無厭，任情不法者。凡監司、州軍于所部之内，皆得以此八條舉按官吏。其薦舉者，可舉則舉，無有定數。州舉之監司，監司置簿記姓名〔一〕；監司舉之朝廷，中書置簿記姓名。各隨所舉行能，任使以試之，果有寔効，則漸加旌異。如身兼數善，衆所共知者，取旨不次擢用。若受權貴請託，或監司親故轉相貿易，致朝廷臺諫檢彈，及蒙朝廷録用之後，所舉失寔，並取旨重行竄責。其按察者，監司專按察知州軍、通判、路分都監以上；知州軍、通判按察在州兵曹、職官以上及諸縣

〔一〕監司：原脱，據《傳家集》卷五七補。

令〔一〕、丞，以申監司，監司體量申奏。若有失覺察，別致因事彰露，其監司降知州軍，知州軍降通判，通判降一資。其餘所部官吏，監司、知州軍、通判皆得按察，俱不[7]坐失覺察之罪。即挾情按察，不以公者，候勘鞫見寔，自依常法。」從之。《文獻通考》：二十九年，勑令所刪定官聞人滋請凡在官者，歷任及十考以上，無公私過犯，雖舉削不及格，許降等升改。或疑其太濫，則取吏部累年改官酌中人數，立爲限隔，舉狀、年勞參酌並用。于是天子以其議下近臣，而中書舍人洪遵、給事中王希亮等上議曰：「自一命以上，仕于州縣之間，雖有真賢寔廉，勢不能自達于上，故爲之立薦舉之法。必使之歷任六考，所以遲其歲月而責其赴功；必使之舉官五員，所以多其保任而必其可用。若舉之而非其人，有才而不薦舉，是則監司、郡守之罪，而非法之不善也。今如議臣所請，則有力者惟圖見次，無才者苟冀終更，率不過出官十餘年，可以坐待京秩，此不可一也。今欲酌每歲改官之員，減其分數，以待無舉削者，則當被舉之人必有失職淹滯之歎，此不可二也。京官易得，馴至郎位，任子之恩，愈不可減，非所以救末流之弊，此不可三也。夫祖宗之法，非有大害，未易輕議。今一旦取二百年成法而易之，此不可四也。臣以爲如故便。」滋議遂寢。三十一年，詔：「初官有出身三考，無出身四考，方聽受監司、郡守京削之薦。」

三十年正月十四日，詔：「諸州守臣間有闕官，可令六曹尚書、侍郎，翰林學士，兩省、臺諫官正言以上，各舉曾任通判及通判資序，公勤廉慎，治狀顯著，可充郡守者二[8]員聞奏，以備銓擇。仍保任終身，犯贓及不職，與同罪。其曾任郡守，雖有公累而才寔可用者，亦許薦舉。」

二十六日，中書門下省言：「已降指揮，令三省、樞密院遇有薦到武臣，關互置籍，記録姓名，召赴都堂審察，取旨陞擢。內見任人，候任滿日審察，如材藝超卓，衆所列薦者，別具取旨。然有在軍中職次已高人，未有陞擢員闕，兼見在軍，難以候任滿審察。」詔：「今後侍從、臺諫右正言以上、帥臣、前兩府及待制以上，于所部舉薦武臣，其薦到統制、統領官，與轉一官，正任防禦使以上及礙止法人，三省、樞密院籍記，候有內外近上兵官闕，取旨陞擢。將官以下，令赴三省、樞密院審察取旨。若在遠不願赴審察人，令本軍與陞一等差遣，遇闕先次陞差。三省、樞密院籍記，以備擢用。餘人所薦，并籍記，三省、樞密院審訪材能以聞。」

三月五日，刑部言：「大理評事闕官，左文林郎、新差紹興府嵊縣丞吳交如已經試中刑法，別無贓私過犯，乞以充選。」從之。

二十二日，詔今後如有重疊奏舉，令吏部具名劾奏。以臣僚言：「在法，薦舉重疊，以違制論。而近日四方奏牘不循格法，如徇請求，致受薦人互相（穰）〔攘〕奪，有害士風。」故有是命。

五月六日，臣僚言：「乞將四十大縣堂除，令兩省、臺諫、卿監、郎官各舉所知一二員爲令。」

十七日，吏部侍郎洪遵言：「薦舉之制，祖宗所以均齊天下之至權，行之百年，講若畫一。比年以來，監[9]司、郡守不能體國。有同時一章而巧爲兩牘並至而不疑者；有歲薦五人，而發奏削至以十數而不止者；有當發職言，而詐爲京狀者；有止係常調，而詭稱職司者；有轉運雙員，

〔一〕兵曹職官：原作「兵職曹官」，據《建炎要録》卷一八二乙。

交承各異，而南廳、北廳妄行攙(捕)〔補〕者；有上下半年，而月日有限，而先時後時，了無忌憚者；有被舉之人見存，而假稱事故，奪而之佗者；有經隔數年而冒作交代，即行補發者。若此之類，不可槩舉。乞降睿旨，今後奏舉，輒有冒僞不寔，如前所陳，許本部具姓名事由劾奏，取旨懲責，奏(奏)〔舉〕之吏亦各隨所犯，斷罪勒罷。」從之。

七月六日，詔：「户部長貳歲舉轄下選人改官五員，内一員舉贍軍酒庫官。今贍軍酒庫已專委官點檢措置，其舉官一員仍還户部。」

八月五日，淮西提舉茶鹽公事張祁言：「本路係産茶地分，多有興販私茶之人，侵奪官課，全(籍)〔藉〕當職官協力措置。乞依兩浙、江東西、淮東、福建、湖北路提舉茶鹽司已得旨揮，于歲舉從事郎任使三員内，將一員撥充改官。」從之。

九月〔一〕，詔：「今後舉到守令，並令中書門下省籍記姓名，遇見闕，依次選除。如有已授差遣，闕期在半年内應赴之人，且令赴任，候滿日取旨。」從右正言王淮請也。

三十一年二月十八日，詔侍從、臺諫、監察御史薦舉人才二員，帥臣、監司薦舉人才一員。從臣僚請也。

七月七日，臣僚言：「乞内委臺諫督察，外責監司刺舉。應官吏有罷軟昏謬、蓄縮非材者，並令 10 以祠(録)〔禄〕自請。」從之。

三十二年三月二十一日，臣僚言：「乞倣漢武故事，詔侍從、臺諫各舉内外之臣可備使命者，不限官之文武，位之高下，以名聞。察其可用，即加奬擢，以須緩急之用。」詔令侍從、臺諫各舉一員。

二十八日，詔：「尚書、兩省諫議大夫以上、御史中丞、學士、待制各舉賢良方正能直言極諫一人，仍具詞業繳進。」以上《中興會要》。

《文獻通考》：三十二年，吏部侍郎凌景夏言：「國家設銓選以聽群吏之治，其掌于七司，著在令甲，則所守者法也。今陞降于胥吏之手，有所謂例焉。長貳有遷改，郎曹有替移，來者不可以復知，去者不能以盡告。索例而不獲，雖有强明健敏之才，不復致議；引例而不當，雖有至公盡理之事，不復可伸。貨賄公行，姦弊滋甚。嘗覩漢之公府，則有辭訟比，以類相從，使不良吏不得生因緣；尚書則有決事比，以省請讞之弊。比之爲言，猶今之例。臣謂今吏部七司亦宜許置例册〔二〕，凡换給之期限，戰功之定處，去失之保任，書填之審寔，奏薦之限隔，酬賞之用否，凡經申請，或白堂，或取旨者，每一事已，命郎官以次擬定，而長貳書之于册，永以爲例。每半歲則上于尚書省，仍關御史臺而詳焉。如是則巧吏無所施，而銓叙平允矣。」先是，劉珙爲吏部員外郎，有才智，善摘檢姦弊。一日命汛中庭〔三〕，張幕設案，置令式其中，使選集者得出入繙閱。與吏辯，吏愕眙不能對，時議翕然稱之。

11 紹興三十二年七月十七日，孝宗即位未改元。新除江淮東西路宣撫使張浚奏：「臣被譴十五年，不獲推薦一士。蒙聖慈特與罷政恩數，逐年舉改官并陞陟文字，不敢盡行陳乞。今欲舉薦自二十九年至三十二年員數。」特從之。

〔一〕九月：疑作「九日」。本門自元豐以後每條均記至日分。
〔二〕許：原作「詳」，據《文獻通考》卷三八改。
〔三〕汛：原作「汎」，據文意改。汛，灑水掃地。

八月十三日，吏部狀：「准付下權司農少卿史浩奏舉右迪功郎、監行在省倉中界趙伯忱充改官親民任使，係紹興三十一年分權司農少卿第一員之數。本部會到司農寺狀，本寺少卿即無立定額數，元有正官都潔、朱夏卿、杜莘老三員同任，内杜莘老已改除通權官。史浩發奏日，係三員在任。本部今指定，欲將似此權寺監長貳舉官員數收使。」從之。

十月三日，詔令侍從、兩省臺諫、卿監各舉可任監司、郡守之人，以資序分爲二等，一見今可任，一將來可任，限一月聞奏。仍保任終身。限滿不舉，必寘于罰。所舉人令三省注籍，仍作圖進呈。朕詳加廉察才行治效，果如所舉，增秩賜金，舉主同之；不如所舉，罰亦同之。見任監司、郡守才與不才者，亦令侍從、兩省、臺諫限一月具臧否品目聞奏。

九日，吏部狀：「准内降劄子，自來選人改官，用前執政及在内所隸長貳，在外監司、守臣薦舉。比來習俗奔競，舉官之法大壞。目今除長貳外〔一〕，應在外合舉改官者，每歲以一半舉已關陞或宦歷三考以上人，一半舉歷任以來通及六考以上人。如違，仰吏部覺察舉官與被舉之人，並[12]行罷黜，去官勿原。本部契勘，誠爲允當，乞自來年正月一日爲始。如有補發，依此。」從之。

十一月一日，殿中侍御史張震言：「恭惟陛下念四海之未治，思得賢部刺史、良二千石，使之察吏牧民，特命侍從、臺諫、卿監各舉所知。天下之士如此其衆，而在廷二三耳目之臣，豈能盡知之？臣願明詔諸路監司，舉部内守倅之賢者，薦之于上。又命郡守舉屬吏之賢者，薦之監司，類聚以聞。仍立限一月，使不容請託，則不敢妄舉矣。」從之。

孝宗隆興元年正月一日，三省、樞密院奏：「奉詔：『朕嗣位以來，收召四方賢士大夫，布列中外，將集治功。顧武舉之衆，豈無其人？而拔擢之路未廣，非朕忘也〔二〕。其令觀察使以上各舉所知三人，三省、樞密院詳議立格以聞。』今立定薦舉格式下項：一、謀略沉雄，可任大計；寬猛適宜，可使御衆；臨陣驍勇，可鼓士氣；威信有聞，可守邊郡；思智精巧，可治器械：已上五等，令曾立軍功觀察使以上指陳實迹薦舉。通習典章，可掌朝儀；練達民事，可任郡寄；諳曉財計，可裕民力；持身廉潔，可律貪鄙；詞辯不屈，可備奉使：以上五等，令非軍功觀察使以上指陳寔迹，不許别撰舉詞。」詔依：「候逐官舉到，並于樞密院置籍録用。如誠立功效，其舉官取旨推賞；如或敗事，亦加責罰。不許舉宰執、管軍并内侍官親戚，如違，令御史臺覺察以聞。」

三月四日，吏部侍郎凌景夏言：「承去年十月九日勅，應在[13]外合舉改官者，以每歲合舉員數，將一半舉已關陞

〔一〕目今：似當作「自今」。
〔二〕忘：原作「志」，抄録者抹改爲「忘」。疑作「志」是。

或寔歷三考以上人，餘一半舉歷任及六考以上人。景夏契勘，若令寔及六考方得薦舉，竊恐合在六考改官之人，無緣在前被舉。今欲改六考作五考，庶無妨礙。」從之。

十八日，權吏部尚書凌景夏等奏：「准尚書省劄子，臣僚奏：『薦舉選改之法，歷時既久，不能無弊。今若立限員之制，命有司檢會紹興以來每歲所改若干，取一歲酌中之數，立爲定額。凡在選者，較其年勞，以次選改。歲終考核，不得過所定之數。關陞者亦如之。所有薦章，權行寢罷。』得旨令侍從、臺諫詳議。景夏等今看詳，欲將選人歷十二考以上、無贓罪，與減舉主一員，其餘並依祖宗見行條法。」詔依，仍令吏部開具三年舉過員數，措置立額，申尚書省取旨。

五月四日，中書門下省檢正諸房公事余時言奏：「自今以薦舉上書登對者，陛下察見其真才寔能，則無吝褒擢，以來賢士。其餘僅可備用者，姑令籍記姓名，以俟選擢。無狀者罷之，或坐其謬舉，庶幾息僥倖而賢能輩出。」從之。

八月二十六日，吏部狀：「臣僚言：『照得吏部放行改官，參照三年之數，初年七十員，次年五十員，至紹興三十二年頓添至一百一十三員。多是不依舊制，用後來補發文字，前後相乘，更無限隔，合行裁減。』詔令吏部裁定，申尚書省。本部看詳下項：一、臣僚言：『薦舉法，諸舉官有員數，而被舉之官身亡或因[14]罪停廢，不該收使者，聽別舉官。若前官舉狀不該用，或前一年有未舉之數，並聽次年再舉。切詳法意，非是不曾立定年限，既有前一年未舉聽次年再舉之文，則是不許以後年更舉。今欲聽次年舉前一年未用合補之數，若一年內偶有兩政，或一政已補而事故者，聽後政再補，仍不得出一年限。』本部今看詳，欲依所乞外，有日前補發并已到部，用考功收附之人，候到部日，許行收使。其四川已放散舉主者奏狀，自來年正月一日爲始，并舉主與被舉之官乞不用者，聽依此補發。一、臣僚言：『在京如户、禮、工部長貳、國子祭酒、司業、司農、太府卿少皆有許薦舉改官之法，而不以一年之間除授幾人，雖供職一日，便各依員數薦舉，並無損減。今欲將諸部長貳及卿少等合舉員數，分上下半年薦舉。』本部今看詳，欲將諸部長貳及户部左右曹郎官并寺監卿少等應在内有合舉官去處，每歲依條分上下半年薦舉。數若不等者，聽上半年從多。如未至半，下半年因差除等罷去，即不許薦下半年之數。舉主與被舉之官，或有身亡事故，許令補發。一、所乞選人改官員額，除七十員外，欲乞量添二十員。」從之。

九月十五日，吏部狀：「准批下知明州、兼沿海制置使趙子潚申〔一〕，乞依兩浙轉運使例，每歲減半舉官，仍乞將本司官屬，許本路監司互舉。侍郎左選勘會，依格，兩浙轉運使副歲舉改官二十員，縣令[15]六員。又條，諸舉承直郎

〔一〕天頭原批：「與後二篇子潚係是一人，恐有誤。」按，據《宋史》卷二四七本傳，作「子濤」爲是。

以下改官者，三分之二充從事郎。(乞)〔又〕條，諸歲舉所部官二員以上者，分上下半年。今勘當，欲依本官所乞。」從之。《文獻通考》：孝宗隆興元年，詔選人歷十二考以上，無贓私罪，與減舉主一員。用聞人滋之言也。舊舉主須員足，乃以其牘上。若舉主物故或罷免，則不計，故有得薦牘十餘而不克磨勘者。淳熙中，始有逐旋放散之令，人皆便之。

二年二月十七日，詔知大宗正事令詪、知明州子潚于宗室文臣正郎、武臣遥郡以上，各保舉堪任宗官者二人以聞。

六月四日，吏部狀：「准批下階文龍州經畧使、兼知階州、權知成州吴拱申〔一〕：『本司係朝廷剏置，每歲合薦舉員數，檢照條格，别無該載。竊見諸路安撫使每歲許舉承直郎以下親民改官三員，大小使臣、校副尉陞陟二十人。今來本司未審歲依是何格例薦舉？兼知階州、權知成州，所有知州合薦舉員數，未審作成州薦舉，只作階州薦舉？』本部勘會，本官見知階州，自合依條薦舉本州州縣官外，所有乞依安撫司舉官，緣階文龍州經畧使止管三州，即無舉官條格。」詔吴拱所帶三州經畧，特與依安撫司所舉員數減半。

十九日，臣僚上言：「昨具奏用人之弊，其事有四。其一，本無舉官，假以朝旨，時暫差權，數日之間，舉官數足而得改官者是也。准吏部牒，右文林郎朱希説陳乞磨勘，本部稱本官昨權户部激賞酒庫，係奉聖旨16差權，因舉主楊倓牽復差遣，依條許磨勘，即在朝旨，又在今降旨揮之前得旨放行磨勘。臣按朱希説所用舉主，皆係時暫權差，又權省倉中界，只及一十四日。所乞楊倓舉狀，正是省倉中界舉官，以此相湊，方得數足，即與臣前奏更無少異。都省信其舞文，更不照應，遂具奏聞，放行磨勘。」詔放行旨揮更不施行。

八月二十八日，吏部狀：「准批下右文林郎、監平江府吴江縣平望犒賞酒庫張淀劄子，乞依諸州贍軍激賞酒庫，用户部長貳及本路監司、帥司、守臣薦舉陞陟，關陞改官。本部勘會到户部及兩浙轉運司稱，兩浙犒賞酒庫所趁課息，應副大軍支遣，係屬户部拘催，與本部職司相干。所有本路監司、本州守臣，即無統攝，難以薦舉外，所有用户部長貳薦舉，欲依所乞。」從之。

乾道元年三月二十八日，權中書舍人蔣芾奏：「乞定歲舉武臣之制，内而侍從、臺諫，外而諸軍統制官并觀察使以上，各舉武臣知兵法、有勇畧、可爲將者，歲若干人，悉以上聞。令三省、樞密院籍記姓名，將校有闕，以次遷補，或以爲諸路總管、鈐轄、都監、正副將。所舉漸多，則内外兵官皆薦舉之人，一旦用之，皆良將也。」從之。

五月一日，中書門下省奏：「知明州、兼沿海制置使趙伯圭狀，前制置趙子(瀟)〔潚〕任内獲旨，每歲減半舉官，仍

〔一〕吴拱：原作「吴排」，據《盤洲文集》卷一六改。

將本司官屬許本路監司互舉。緣所降旨揮未有明文，竊慮將來互舉之人，到部阻難，乞依〖17〗逐路安撫使例互舉。」從之。

十月十九日，通判臨安府趙子湝言：「向者光堯壽聖太上皇帝嘗詔侍從，各薦宗室文臣京朝官以上二人，以備召用。乞降旨令（待）〔侍〕從于宗室中各舉所知一二人，具以名聞。陛下俯賜延見，量其才而器使之，不惟宗姓自此得以所長見于時，亦足以廣公朝得人之路。」從之。

十二月十六日，尚書右僕射洪适奏：「乞令侍從、臺諫，兩省官舉風力堪爲監司、吏能堪爲郡守者各一人，三衙、知閤舉材武可守邊者一人。舉而不寔，甘坐其罪。俟舉牘既集，臣與同列采其名寔相稱者一二除授。或未有窠闕，則籍記以待有闕。仍録所舉官姓名，他時有治行著聞，則推進賢之賞；否則隨其罪之大小，取旨必罰。」從之。

二年二月二日，詔：「侍從、臺諫、兩省官舉監司、郡守，可依薦舉舊法，如犯入己贓當同罪，餘皆署之。」從宰臣請也。

六月五日，吏部狀：「准都省批下白劄子，勘會諸路轉運係二員，分東西廳舉官；止有一員去處，自合照應填日近是何廳分改除或替罷員闕。近來多是不稱所填廳分，却將久闕官廳分便行補發以前年分薦舉。及至吏部會問，本司臨時稱某官係東廳或西廳，是致難以稽考。本部看詳，即無專一立定差除轉運填替東西廳條外，其本司止有一員到（仕）〔任〕，雖無填替闕脚，自合將日後改除替罷之外，許後官次年内依條補發。如違一年條限，自不合補舉。所〖18〗有冒行補發之官，許本部按劾。」從之。

十九日，吏部狀：「據右儒林郎路櫄乞磨勘，照會本官舉主五員，數内莫濛係任淮南運判日，補發前官轉運副使王秬不該收使員數。緣條内別無該載補發使副舉狀許作職司明文，本部未敢收使。」詔許作職司收使，今後有似此之人，依此。

九月二十二日，中書門下省言：「勘會累降旨揮，令監司、守臣保明知縣、縣令治狀顯著者，具姓名聞奏。未見有一申到。」詔令諸路監司于部内各舉三兩人，不許連銜。守臣于屬邑各舉一二人，具姓名保明申，令中書門下省籍記，取旨甄擢。如無，聽闕。

二十五日，吏部狀：「准批下監行在文思院下署門陳序〔一〕、御前軍器所幹辦公事蔡憲等狀：『契勘文思院、軍器所並隸工部，許長貳薦舉。據格法稱，六曹長貳歲舉本屬選人一員充京官，三員以上舉二人，六員以上舉三人。今來工部止將文思院、軍器所選人理作員數。續見紹興三十二年四月五日已降指揮，坑冶鑄錢司屬官并嚴州神泉監監官，并許用工部長貳薦舉。其坑冶司屬官、錢監官既與文思院、軍器所官並用工部文字，自合通作本屬選人員數，

〔一〕下署：似當作「下界」。

用工部長貳薦舉。』送部勘當，本部欲依逐官所乞。」從之。

《文獻通考》：乾道二年，令科舉前一歲量留司户、簿、尉、職官、教官窠闕，以待黄甲進士。又詔〔一〕：「見任在京監當、六部架閣等，如係京朝官以上，須寔歷知縣一任，始聽19關陞通判資序。初改秩者如之。」是時多以堂除理寔歷，越次關陞，故有斯詔。先是，有出身人許注教官，理爲作縣。是歲詔：「自今有出身、曾任縣令、初改官許注教官，餘並先注知縣。」自是，改秩者無不製邑矣。

三年二月十四日，執政進呈禮部尚書周執羔等奏：「武節大夫、忠州團練使潘才卿留心學問，孤立不群，拘于武弁，莫効其長。若授文資，必有可採。臣等保舉，伏望睿斷，與試換文資。」上曰：「亦何必換文，只以環衛官處之，亦可令内殿引見。」

五月十一日，辛執進呈吏部侍郎薛良朋申：「有選人鍾確，以薦者及格，當改合入官，却曾因言章論其贓罪放罷，而未經勘正。近有指揮，不經勘鞫伏辯之人，並與放行。有司不敢予決。」上曰：「有司舉職甚善，但未曾經勘，又于法無礙，可與改次等官。」

六月十五日，吏部狀：「准付下武學諭章謙劄子，乞依太學正、録例，用長貳及禮部尚書、侍郎爲舉主。本部照得武學諭雖無申請到許依太學正、録條制循轉陞改，緣武學諭雜壓係太學録之上，與正、録事體一同，仍隸國子監及禮部。今勘當欲依所乞，用禮部、國子監長貳每歲合舉員數内通行薦舉，及依太學正、録條格，在職一年，通歷任滿三考，循一資，五考，有舉主一員，改合入官。」從之。

九月八日，中書門下省奏：「幹辦行在車輅院强修年等言：竊見行在局務官吏屬諸部者，即許本部長貳薦舉。數内車輅院20監官，見差選人，正係兵部所轄，欲乞舉行本部長貳薦舉之法。」詔許薦舉。

十一月十七日，參知政事蔣芾奏：「竊惟當今急務，莫先人材，願明詔侍從、兩省、臺諫、卿監、郎官、寺監丞、監司、郡守者十人，各疏其所長，附于姓名之下。雖資歷未至，而其才他日可任者，亦許論薦。限五日具名申奏，降付中書門下省籍記。仍不許出所舉官照牒并爲所舉官求差遣。每遇闕官，臣等披籍檢照，取舉官最多者，較量人材高下，資序深淺，選擇取旨擢用，庶幾得人。」從之。

五年四月十四日，吏部侍郎薛良朋劄子：「先據進奏院申：『廣南東西路轉運司舊係二員爲額，昨承隆興二年八月五日指揮，各減罷一員，後來逐司各有投下過歲終不差使副薦舉員數。切慮省部不知上件因依，已爲收使，今隨狀舉覺。』本部勘會，緣本選從來不知上件省員指揮，已前却有收使過歲終不差使副舉狀，改官共七員，尋下大理寺根究，已將當行人斷遣。將未曾收使員數，已關報改正。」詔令吏部，已改官七員，與免改正。

十一月十八日，詔令侍從、臺諫、兩省官「各舉京朝官

〔一〕又：原脱，據《文獻通考》卷三八補。

以上，才堪監司、郡守三人，保任終身。仍具歷任寔跡，限五日聞奏。其見任郎官以上，不在薦舉之數。」

六年閏五月四日，中書門下省檢會乾道五年三月二十七日已降旨揮，令監司、帥臣、管軍、侍從以上，將武舉及第人有武藝絶倫、可爲將佐[21]者薦舉，量材擢用，或令注授屯駐諸軍機幕、幹辦、參贊、軍謀。詔：「諸路監司、帥臣、管軍、侍從以上，遵依旨揮薦舉，每歲具有無文狀以聞。諸州軍監守臣依此。」

十九日，詔會子庫監官令户部長貳通舉。

六月十七日，淮西總領沈夏具到，并淮東總領所畫一内，乞將淮東總領所合舉改官員數依舊存留，通舉三路官。尚書左選勘會，欲依本官所請。從之。

七月十五日，吏部狀：「承批下兩浙轉運司申：『婺州蘭溪買撲酒坊，轉運司正行辟官二員，理爲資任。所有合用陞改文字，乞許依諸州監贍軍酒庫例。』本部勘當，候將來正差到選人日，依本路諸州贍軍酒庫官，許將逐處見舉員數依條薦舉。」詔令用監司、帥守薦舉。

十月四日，詔諸路武臣提點刑獄舉官與文臣員數分半。

七年正月十五日，吏部尚書汪大猷言：「據前監襄陽府户部大軍庫王總狀陳，襄陽府大軍倉庫監官，自隆興元年置，亦係湖廣總領所給納大軍錢米，與江州、鄂州、荆南事體一同。乞依荆南、江州大軍倉庫監官，許令所轄六路監司薦舉。」從之。

二月九日，鄂州駐劄御前諸軍都統制趙撙申：「本司屬官，往來幹集軍務，與湖廣總領所官屬催發大軍錢糧事體頗同。乞許依本司主管機宜文字、幹辦公事，用湖廣總領所、湖北、京西兩路諸司薦舉改官。」詔許互舉。

十九日，吏部狀：「准批下權廣南西路轉運判官姚孝資劄子：『[22]本路吏員之額倍于他路，比因朝旨減省漕臣一員，并罷歲終不除使副文字。而轉運司每歲止舉四員，何以爲馭吏激勸之術？乞依舊存留歲終不差使副併舉員之數，或止依判官一員合得均舉及輪舉員數。』本部契勘，廣西路若差使副，合舉改官九員；止差判官，合舉改官四員。今勘當如歲終不差使副，欲依京西路獨員轉運已得指揮，分舉改官三員，充使副員數，共七員，三分之一舉從事郎。」從之。

四月二十五日，詔侍從、臺諫、兩省官，限半月薦舉堪充刑獄、錢穀及有智畧吏能各三人。

五月四日，詔：「淮東總領所既已復置，其所舉官即合照應未省併以前員數奏舉。」

八月三日，中書門下省奏：「在法奏舉武舉人，各止許一名，委是人數太窄，理宜增添。」詔今後内外各許奏舉二名。

九月二十八日，宰執進呈：「六部長貳等歲舉改官人，皆是後來許依職司收使。今合依舊法。」上曰：「甚好。」梁

克家奏曰：「在京選人，無外路監司薦舉。若六部長貳又不許作職司，必不得改官。」上曰：「舊法既然，當使人從法，不可以法從人。」虞允文奏曰：「舊法，承務郎以上謂之京官，則京局不以選人爲之，故六部長貳不作職司，亦可令皆用選人。後來磨勘不行，必重申陳，却須更改。」上曰：「此事續議施行。」

同日，詔：「舊法稱職司者，謂轉運使副、提點刑獄及朝廷專差宣撫、安撫、察訪，應節次降理作職司指揮更不施行，23並遵舊法。」

十月九日，詔：「興化府駐劄御前諸軍都統制司屬官，許依二月九日指揮鄂州都統制司屬官，許令諸司互舉。餘路都統制司准此。」

十一月八日，詔臨安少尹、寧國府長史、司馬許依守臣薦舉。

十二月二十三日，中書門下省奏：「白劄子言：『竊見監司薦舉，以逐路官員多寡定員數。如兩浙既爲行畿，張官置吏，頗異于舊，轉運司薦舉亦已增員。淮南兩路，户口未復，州縣官吏省併處多，而薦舉尚用承平舊數，則宜少減。又監司有兼司去處，所舉官亦當減于專司。欲乞諸路監司見行兼司所舉員數，如係所舉二員已上，各合減半。淮南轉運使副權減三分之一，候州縣復舊日，取旨送部，子細開具所舉員數。』本部尋取到進奏院供到狀，開具諸路監司銜內帶『兼』字并不帶『兼』字去處。內帶『兼』字應如舉員數，如係二員已上，依已降指揮各合減半外，其銜內不帶『兼』字，如提舉常平茶鹽係合舉兩員數，如係二員已上，亦各合減半薦舉。吏部供到狀：一、諸路兼司共舉七十二員，一員處不合減，三員處止合減一員。合減改官十九員、從事郎四員、縣令五員，共合減二十八員。除減外合舉四十四員。一、兩淮、京西兼司共舉十三員，一員處不合減，三員處止合減一員。合減四員，除減外合舉九員。並係改官。一、諸路不帶『兼』字去處，共舉一百四十八員，係依舊法。若依兼司舉官處二員以上減半，合24減改官九員、從事郎九員、縣令八員，共減二十六員。三項通減計五十八員。」從之。

同日，詔：「六曹、寺監長貳以下，並檢點酒庫等處所舉官，各分上下半年，前後官通舉。」

二十一日〔一〕，詔：「都統制歲舉所知二人，統制歲舉一人。以智勇俱全爲上，以善撫士卒爲次，以專有膽勇又爲次。將校士卒，惟其所舉。」從臣僚之請也。

八年正月十三日，吏部狀：「淮批下廣東運司申：『契勘轉運判官每歲依條合舉改官四員，如是獨員，至歲終不差使副，方得分舉改官三員，共舉七員，三分之一舉從事郎。照得元降旨揮，係罷二廣不除使副所舉員數。今來廣西運司已准放行歲終不除使副分舉員數，所有本路與廣西事體一同，乞依廣西運司體例放行。』本部勘會廣東州郡比

〔一〕此條日分失次，疑有誤。

之廣西數少，理宜量行增添。」詔與增兩員，通六員薦舉。

二月八日，吏部狀：「准都督批下起居舍人李彥穎劄子〔一〕，每歲選人改官，雖有立定一百二十員之數。來者漸衆，常有溢額。本部今相度，欲將到部改官人，以放散舉主日爲資次，不到部改官人，謂四川换給外路就注。以文字到部已圓判鈔日爲資次，各置籍排録。每月通放改官，以十員爲率，以三員與到部人上鈔，以七員充到部人進卷引見。如不到部人不及三員，聽增放引見人，仍待引見畢日并鈔。自乾道八年正月爲始。委本部長貳躬親照籍，從上點放。所貴每歲改官常不過[25]一百二十員之數。其餘功賞改官及行在職事官等，並依常法外，有補發舉狀一項，欲將應合次年補發奏狀，除常程，六十里爲一程。限一月到進奏院，出限，不許收使。欲自今降指揮到日爲始。其日補發文字，且依見行條法旨揮施行。仍限今年歲終盡到進奏院，如出限，並不許收使。四川、二廣准此。」從之。

二十日，吏部狀：「准批下主管淮南東路盱眙軍榷場吳邦老狀，榷場正隸户部，欲乞將選人主管官，令户部長貳、淮東路監司、帥守通行薦舉改官。本部下逐司會問，據淮南路轉運司并淮南東路提刑司申稱，盱眙軍榷場係是極邊去處，日逐津發客旅過淮博易。若有透漏，許監司覺察按劾。有此職事相干，本部今指定，欲依兩司申到事理，許令互舉。」從之。

七月二十八日，詔：「利州路提舉鑄錢司措置檢踏坑冶官，許用本路監司薦舉。」

九月二十八日，詔：「瓊管安撫、都監雖無合舉官員數，既瓊州知州兼領，許將本州合舉員數，通行薦舉瓊管司官屬。」

十一月二十七日，提舉廣南路鹽事、廣東常平茶事廖顒劄子，乞令本司依元降指揮薦舉，特免裁減。批送吏部勘當。「本部照得廣南路鹽事係提舉廣南東、西兩路州縣官，與其他諸路常平茶鹽司不同。兼諸路常平茶鹽司未降兼司減半指揮之前，內茶鹽司每歲合舉改官二員，從事郎、縣令三員，內將從事郎一員換易作改官薦舉。今[26]參酌，乞將廣南路鹽事司見今每歲合舉改官二員、從事郎三員、縣令三員之數，比附諸路昨降茶鹽司指揮，將從事郎三員內一員換易，作改官薦舉，庶得諸路事體一同。」從之。

九年三月四日，詔吏部：「今後舉狀已經收附，而輒稱考第、舉主未足，別行舉官者，更不收使。如所舉之人有改節事狀，即許申部，依條將舉狀不用，理爲舉過員數。唯死亡、罪廢及舉主溢格退下〔二〕，方得再舉。」

四月二十七日，權起居舍人趙粹中言：「乞詔宰執、侍從歲舉可充將帥才者各一人。其被舉者，令赴都堂審察。如委可任，籍定姓名聞奏，差充邊方帥司及都統司屬官或倅貳以儲才。候任滿日，或陞機幕謀議，或爲監司邊郡，俾

〔一〕都督：似當作「都省」。
〔二〕溢格：原作「濫格」，據文意改。

之習熟邊圉利害，山川險阻。邊帥有闕，即于數內選擢。折衝禦侮，必有可觀。」上曰：「帥才自是難得，卿此論甚好。若然，則不待十年，得人多矣。」

六月二十二日，詔：「今後應薦舉官，並須指陳事寔，不得徒飾虛詞。如或違例，令吏部不得放行。仍委御史臺覺察奏劾。」

七月九日，總領淮西江東軍馬錢糧單夔奏：「竊見淮西總領所歲舉改官四員，近馬司移屯于此，事務至繁，調賦七路官吏被差往來，比之他處，事體尤難。照得湖廣總領所歲舉改官至一十人，内三分之一舉充從事郎以上。欲望聖慈將淮西改官之數，特增置二員，異時馬司回日依舊。庶幾官吏知所激勸。」從之。

八月三日，詔：「内外[27]諸軍主帥，各限一月，薦舉所部智勇才能堪任兵官三兩人，具職次、姓名申樞密院審察，取旨上殿，籍記以備陞擢。」

九月四日，權尚書吏部侍郎韓元吉言：「契勘依條前官已舉官，而因事降黜，舉狀不經用，聽後官于次年補發。若前官復應舉官差遣在後官發奏日前者，其元舉狀許收使；若在後官發奏日後者，聽用後官狀。今來却有干求，旋作前官未牽復之前月日發奏，爭訟不一。今措置，將前官已舉過員數不該收使、後官補舉到人，其奏狀在未牽復之前到部，許行收使。若奏狀在牽復之後，雖發奏在牽復之前，亦不許收使。」從之。

十一月十一日，詔六部長貳歲舉選人改官狀許作職司。

十二月十七日，臣僚劄子：「伏覩淮東西提刑司舊額薦員，歲各九員，因省罷提刑，令漕司兼領。後續得旨，兼司止許三分舉一，歲減六員，止得薦改官三員，内從事郎一員。乾道八年六月十六日指揮，將淮南兩路并京西未復州去處監司及兼司合舉員數各減半，薦舉一員處不減，三員處止減一員。今來兩路提刑司遵依上條，分上下半年，各薦改官一員。其吏部止令薦舉改官一員，從事郎一員。契勘兩路在任選人，每路不下百餘人，若舉改官二員，已是兩經裁損七員之數。今又被吏部沮抑，歲止得改官一員，寔妨選人陞改。伏望詳酌，送吏部遵依上條施行。」從之。《文獻通考》：淳熙元年，參知政事[28]龔茂良言：「官人之道，在朝廷則當量人才，在銓部則宜守成法。夫法本無弊，而例寔敗之。法者公天下而爲之者也，例者因人而立，以壞天下之公者也。昔者之患在于用例破法，比年之患在于因例立法，故謂吏部者例部也。今七司法自晏敦復裁定，不無疎畧，然已十得八九，有司守之以從事，可以無弊。而徇情廢法，相師成風，蓋用例破法其害小，因例立法其〔害〕大。法常靳，例常寬，今至于法令繁多，官曹冗濫，蓋繇此也。望詔有司裒集參附法及乾道續降申明，重行考定，非大有牴牾者不去，凡涉寬縱者悉刊正之，庶幾國家成法簡易明白，賕謝之姦絶，冒濫之門塞矣。」于是詔從脩焉。既而吏部尚書蔡洸以改官奏薦、磨勘差注等條法分門編類，冠以《吏部條法總類》爲名。十一月，參知政事龔茂良進《吏部七司勅令格式申明》三百卷，詔頒行焉。三年，吏部言六十不得入選，今文臣、武臣皆有隱減年甲之弊。詔禁之。時州郡上闕狀稽違，多畀人私攝，乃詔下諸道轉運司，州委通判，縣委縣丞，監司委屬官，以時申發，稽違隱漏者罪之。光宗紹熙二年，

吏部侍郎羅點言：「銓量之法，得以察其人物，覈其功過而進退之，而有司奉行，寖成文具，群趍而進，一揖而退，是非賢否，一不暇問。甚者循習舊例，纔注差遣，更不銓量。伏乞自今令長貳從容接談，稍問以事，除癃疾已有定法，如絶不通曉及有過29尤者，别與注擬。」從之。　寧宗慶元中，制初改官人必作令，謂之須入。中興以來，數申嚴其令。今除殿試上三名、南省元外，並令作邑。自後雖宰相子、甲科人，無不宰邑者矣。（以上《永樂大典》卷一〇六六五）

自代　與「職官」同，存目不録。

# 宋會要輯稿　選舉三一

## 辟舉

【宋會要】

1 高宗建炎元年十一月六日，詔應巡檢、縣尉、刑獄官闕，許令提刑司具名奏辟一次。《文獻通考》：高宗建炎初，兵革方殷，詔河北招撫使、河東經制使及安撫等使，皆得辟置將佐官屬，行在五軍并御營司將領，亦辟大小使臣。於是負才略武勇者，或以簪笏從戎，或以布衣授官入幕，不可勝數，而諸道郡縣，自戎馬侵軼、盜賊殘擾之餘，官吏解散，諸司誘人填闕，皆先領職而後奏給付身。於是江浙州郡守將皆假軍興之名，換易官屬，占使窠闕。又有罪籍未該叙復、守選未合參部者競趍焉。朝論患之，乃下吏部，盡令改正，使歸部依格注擬。除陝西五路、兩河、兩淮、京東等路經略安撫司屬官聽舉辟，餘路皆罷，諸道巡檢、縣尉、刑獄官闕，許提刑司具名奏辟〔一〕。

十二月十五日，中書省言：「昨降赦文，許諸路監司、郡守辟官。今辟過員數已多，有妨吏部差注。」詔除陝西、河東路帥臣許依元得指揮及依條令舉辟外，諸路監司、郡守依赦辟官並罷。其諸路合使窠闕，除四川外，權歸吏部。

二年八月二十八日，詔：「內外官司合差辟人幹辦事務者，止得於閑居待次官內選差。其見任官被諸處官司差辟，不依常制，輒承受而離任者，科以棄城逃違或擅去官守之罪。」

三年六月一日，詔今後如係吏部窠闕及非奏辟去處，並不許奏辟。以臣僚言：「監司、州縣將吏部窠闕指名奏辟，見在任者則以不可倚仗罪去，從請求者則以委有材幹爲稱，滋長奔競，沮抑寒素。乞悉改正歸部，依格注擬。」故有是詔。

四年五月十五日，權知信州陳機言：「魔賊嘯聚上饒等縣，巡檢劉昌、鬭口巡檢羅圻奮不顧身，戮力戰死，兩寨土軍闕官部轄〔二〕。劉昌有親姪承信郎義，羅圻有子承節郎鎮，各 2 未有差遣，已依便宜差權兩寨巡檢，今乞差填正任。」從之。

二十二日，詔：「京畿、湖北、淮南、京東、京西州軍並分爲鎮，應管內外州縣官，並許辟置。內知、通令帥臣具名辟奏，朝廷審量除授。」《文獻通考》：四年，臣僚上言：「南渡以來，土宇未復，宦游之所睥睨者，江、浙、閩、廣數路而已〔三〕。朝廷既侵用吏部闕員，而提領、安撫司又奏辟其親舊，貴游子弟稍有黨援，則足不至銓部，輒得便地，占善闕，凌邁超越，無復資格，長奔競之風，塞寒俊之路。臣謂大郡守、倅及軍旅之事，或須擇人任使者，自從朝廷除授。其餘員闕與諸司辟舉，一皆付之銓曹，使有司以法授之。如郡縣嘗經兵燬，吏部榜闕無願就者，即許權行辟舉。」從之。起居郎朱震言：「方今經營荆楚，控制上流，遠方之民，理宜綏撫。如聞峽州四縣多用軍功或胥吏補知縣，攔吏補監務，民被其害。願取各州官闕，委安撫奏辟。」從之。

紹興元年五月十六日，臣僚言：「淮南新經殘破，州縣

〔一〕提：原作「復」，據《文獻通考》卷三九改。
〔二〕寨：原作「塞」，據下文改。
〔三〕數：原作「婁」，據《文獻通考》卷三九改。

官多不願赴。而中原南渡士大夫僅脱兵火者，流寓江、浙、湖、廣間，今歲米價增貴，饑而殍者十八九。乞令自一命以上願注淮南差遣者，許於逐路宣撫司自陳，量材受職，先次赴官，具名申給付身。」從之。

七月三日，詔：「應授堂除及辟差人赴任日，令本州取索脚色勘驗，如礙本貫，不得放上。」

十二月二十日，詔：「江南東路殘破州縣鎮酒税務多是權官，類皆苟簡，可從轉運司奏辟監官一次。」

二年四月二十三日，詔：「諸路官司近將不理選限官作應出官人，蒙昧朝廷，舉辟差遣，或一面差攝職任。令吏部行下諸路並罷。如有應奏辟官，並仰取索出身以來文字照驗，詣實保明。違者，三省取旨，重行黜責。」

六月二十八日，福建、兩浙、淮東沿海制置使仇(愈)〔悆〕乞差官屬。詔於見任 3 得替待闕已未參部文武官内辟差，與理資任月日。將來結局，許還任赴官。《文獻通考》：

紹興二年，吕頤浩以左僕射都督諸軍，請辟參謀官以下文武七十七人，户部尚書李彌大、秘書少監傅崧卿預焉。而李彌大言於上曰：「東晉王導、謝安爲都督，未嘗離朝廷。今邊圉幸無他，頤浩不宜輕動。且臣爲天子侍從，非頤浩可辟。請於諸軍悉置軍正，如漢朝故事〔一〕，以察官、郎官爲之〔二〕。陛下必欲遣臣，請與崧卿别爲一司，專伺其過失以聞。」彌大遂改命。吕頤浩又言：「督府屬官不限員數，徒以開請謁，縻禄廪，請以準備差遣辟文資，以準備差使辟武資。臣各以十五人爲限。」詔可。七月，議者言：「比年帥守、監司辟官，攙奪部注，朝廷不能奪，銓曹不能違，又多畀以添差不釐務之闕，上自監司、(倅)〔倅〕貳〔三〕，下至掾屬給使，一郡之中兵官八九員，一務之中監當六七員，較祖宗朝殆三四倍。存無事之官，食至重之禄，生民安得不重困乎？請勑有司，裁省其闕，不得已則以宫廟之禄畀之。」奏可。自今已就辟差理資任者，毋得據舊闕，以妨下次。

三年正月二十五日，詔：「諸路安撫大使、鎮撫使、安撫司舉辟官屬，令逐司就便取索所辟官出身以來文字、歷任等，照驗詣實，一面審量(乞)〔訖〕，於狀内開説已審量文字名(伴)〔件〕，結罪保明奏辟。」先是，官爵濫冒，朝廷曾降審量指揮，或者慮其迂迴，故有是命。

二月六日，詔：「饒州去江至近，及所臨鄱陽湖爲要津，特許差辟幹辦公事、准備差使各一員幹辦防守。」

六月十七日，詔：「昨降指揮，浙西安撫大使司許將準備差遣、差使不限文武，通融奏辟。其江西安撫大使司并江東、浙西安撫司準備差遣、差使，並依此。」

十月十一日，中書門下省言：「四川帥臣、監司、知州軍及武臣知州、通判，自來並係堂除。其餘窠闕，各係逐路轉運司擬注，及安撫、茶馬等司奏辟。近緣宣撫處置使司盡以便宜辟差，有違舊制，致使寒士久不得禄。」詔帥臣、監司每遇有闕， 4 令宣撫處置使司每一闕具奏兩三人，聽旨除授。其餘堂除及安撫、茶馬等司奏辟窠闕，依已降指揮選差。其元係逐路轉運司擬注窠闕，仰轉運司依舊法施

---

〔一〕事：原脱，據《建炎要録》卷五三補。
〔二〕官：原脱，據《建炎要録》卷五三補。
〔三〕「貳」下原有「以」字，據《宋史》卷一六〇《選舉志》六删。

行。如遇軍興緩急，州縣官有不堪倚仗之人，仍許宣撫處置使司差官對移，各不理遺闕。

十一月六日，吏部侍郎陳與義言：「諸路監司、郡守，昨緣州縣闕官數多，各申請許行辟官指揮，吏部即不曉闕差注。若經隔歲月，奏辟不到，則虚占窠闕。兼本部待次選人數多，理宜措置。今欲將荆湖兩路見闕及過滿去處，并已差人違限不赴窠闕，便從本部依條差注。其餘應申請指揮許行辟官去處，已過往來程限外，更限兩月，如仍前奏辟不到或雖曾奏辟而不應格法，亦從本部差注。內帥司及專降旨揮統兵置司差辟屬官，或準備差遣、主管書寫機宜文字之類并鎮撫使辟官，並不在此限。其限內辟到官，令進奏院即時具所辟窠名，申本部照會，更不使闕。若出限，並不許奏辟，庶(畿)〔幾〕不留滯待次選人。」從之。《文獻通考》：三年，勑：「不曾經吏部注授參選，及雖有請受曆之類，而別無省部手照文字人，明勑諸路監司、郡守，並不許奏辟差遣。」

四年三月二日，詔：「諸路帥臣、監司、郡守，今後奏辟官屬，並令所舉官録白付身印紙，各委本州通判取真本覆實，結罪保明，繳連申奏。如應參部之人，方行給降付身，以絶僞濫之弊。」

四月十三日，知澧州孫世顯言：「本州累遭殘破，州縣闕官，乞許辟差一次，以二年爲任。任滿無遺闕，與轉一官。選人比類施行。在任官如有應辟，5 乞與通理權過月日，庶幾有人願就，可以選使。」從之。

五年二月十六日，詔：「諸帥所辟屬官，如才行顯著，能協力裨贊，仰三省、樞密院具職位、姓名，取旨陞擢。」

三月八日，中書門下省言：「川、陝諸路監司、守貳以下除授差遣，昨緣道路阻梗，並聽宣撫司差辟。今道路稍通，理合悉循舊制。」詔川陝監司、知、通去替一年，令轉運司具狀申尚書省，餘並依八路舊法差注。

六月十日，起居郎朱震言：「方今經營荆楚，控制上流，遠方之民，理宜綏撫。如峽州四縣夷陵、遠安、宜都、長陽，兵火之後，多用軍功或胥吏攝知縣，攔頭補監税，剥膚椎髓，民無告訴。乞取峽州、江陵府〔一〕、荆門軍、公安軍州縣官闕，令吏部破格差注，或委安撫司奏辟一次。庶幾荆湖之人，得免塗炭。」吏部措置：「峽州、江陵府、荆門、公安軍州縣窠闕，除知、通依先降指揮，令帥臣具名奏辟，朝廷審量除授外，其餘窠闕，乞令本路安撫司舉辟一次。其曾充胥吏、攔頭等人，雖已補官，不得舉辟及權攝差遣。如違，各科以違制之罪。」從之。

六年六月二十九日，江南西路安撫制置大使李綱言：「江西一路，去歲旱暵，及虔、吉州盜賊連年作過，全賴州縣官撫摩討捕。其州縣官有事故闕員去處，乞許差辟一次。其老疾疲懦不職之人，乞許就本路擇能吏兩易其任，各通理前任月日。其虔、吉州知縣，乞依省罷法，許別行奏辟。」

〔一〕江：原作「荆」，據下文改。

從之。

三月七日〔一〕，詔：「新授吉州軍6事判官、權虔州龍南縣事唐稷治事有方，於民無擾，可與正差。」從知州事韓昭請也。《文獻通考》：六年，詔：「諸道宣撫司屬官，許本司奏辟。内京官以二年爲任，願留再任者取旨。」自兵興，所辟官有更十年不退者，故條約焉。

七年二月十三日，詔：「今後應諸處辟官差遣，並令中書門下省籍記所辟人姓名，如任内犯入己贓徒以上罪，其奏辟官取旨行遣。」

九年四月四日，詔：「廣南西路提舉買馬司準備差遣一十二員，元係差大小使臣，内特許辟差文臣四員。」從本司請也。

六月四日，太尉、武勝定國軍節度使、湖北京西路安撫使岳飛言：「湖北、京西路先爲累經殘破，其州縣官無人願就，蒙朝廷許臣辟差。今已復河南，其兩路並係内地，自復差官〔二〕，欲乞從朝廷差注。」從之。

十二年五月四日，權工部尚書莫將等言：「監六部門，依已降指揮，六部長貳奏辟。切見左朝請大夫程元允委有材幹，可以倚仗，乞充上件差遣。」從之。

六月一日，成都府路安撫使張燾言：「成都僻在一隅，去行在萬里，所辟官屬，少有願就之人。乞依四川都轉運使李迨例，各與轉一官，仍與支賜。」從之。

十三年四月五日，詔：「應非合舉辟窠闕，而輒行舉辟，或已行舉辟而不即具奏者，以違制論。其被舉之官，不候得報而輒行赴上者，請給回納。」從吏部請也。

十八年十二月二日，詔：「應四川命官，如未經換給付身，并不許奏辟并令權攝差遣。」初詔宣撫司便宜補轉，未經換給之人不許定差。至是往往干請奏辟，或一時權攝，自戾前旨。都大提舉茶馬韓球乞加禁約，故有是命。

7二十六年閏十月二十六日，詔見任及已注下知縣、縣令人，今後不許諸處奏辟。

十二月十二日，大理卿張杓言：「乞將四川見奏辟縣令去處，盡歸銓選，按格法差注。」從之。

二十七年九月二十五日，夔州路安撫使周執羔言：「夔州路城堡屯駐兵馬，控制諸蠻，並無正官。已降指揮，令逐路帥臣依條選辟，少有應格之人。乞從本司不論資序，選年未六十，付身圓備，(曹)〔曾〕歷邊任，或經依條權攝一年以上替罷，別無透漏，及應材(或)〔武〕無過犯、曉諳夷情大小使臣，具名奏辟。」詔依，仍不得奏舉出職吏人并初任人。

二十九年閏六月七日，吏部侍郎沈介言：「諸路帥、監司及諸州縣應合辟差小使臣、校尉去處，往往將付身不圓及有過犯、不合參部之人權攝，虚占窠闕。今欲除沿邊主兵官許依舊外，(具)〔其〕餘取到窠闕共四十員，乞依見行條

〔一〕天頭原批：「『三月』條，移『六月』條上。」今仍其舊。亦或此二條月日有誤。

〔二〕自復：似當作「自後」。

法差人。其見任并已差下人，曾正授朝廷付身，許終滿今任。如有違礙，即行改正。」從之。

十一月二十九日，知金州王彥言：「管下六縣，係是極邊。其縣令並係選人，往往憚於遠涉，無人願就，乞不限文武官選擇辟差一次。」從之。

三十年五月二十七日，吏部尚書周麟之言：「依條，八路定差權注見闕，而勘當應差者所權月日聽理爲任，舉主仍許收使。係奏舉官，雖不應注，而各已成資者，亦許理爲資任。續承紹興二十七年六月十日旨揮，係都大提舉茶馬司奏辟員闕及【8】本司一時就權之人，在任雖成資，亦不許理爲資任。其間却有轉運司同茶馬司奏辟去處，若在任成資，如係轉運司合使員闕，乞許理爲資任。」從之。

十一月七日，江淮荆浙福建廣南路提點坑冶鑄錢司言，乞辟置韶州岑水場幹辦公事一員。從之。

三十(一)〔二〕年五月十五日〔一〕，詔建康府特許添辟通判一員。從判府事張浚之請也。

〔三十一年〕七月四日〔二〕，知化州廖顒言：「二廣諸縣，多是尉兼主簿。間有闕正官處，多是差攝官權。切詳簿、尉各有專職，闕一不可。今乞將二廣諸縣無主簿處，添置主簿一員，却於本州(咸)〔減〕指使一員。內雷、化、高、容、廉等州有盜賊去處，其縣尉窠闕，乞差有材武使臣。或無正官，令帥、憲司同選使臣差權，即不得差攝官。又化州管內有零淥、茂暉兩場，各係産鹽地分，一歲鹽額凡八百餘萬斤。兩場自來無正監官，止令廣西轉運司同提舉鹽事司辟差，或差官權攝，但苟利祿，不肯留意職事。今乞將化州零淥、茂暉兩場監官〔三〕，令吏部差注使臣。如出闕兩季，無人願就，即送下廣西轉運司，依格定差。」詔令吏部看詳，申尚書省。

八月六日，詔四川宣撫司添置主管機宜文字一員，從本司選差，候事簡日罷。舊主管機宜文字，宣撫司四員，制置司二員。自李璆爲使日減罷。至是，宣撫使王剛中以文字繁夥，乞復置一員，故有是命。

紹興三十二年七月十七日，孝宗已即位，未改元。張浚言：「兩淮兵火之後，闕官處多，欲望許令宣司辟奏一次。」從之。

隆興【9】元年三月十六日，中書門下省言：「行在户部贍軍諸酒庫監官，欲令點檢贍軍酒庫所依舊辟差。總領四川財賦軍馬錢糧所、四川安撫制置司、利州東西路安撫司、金房開達州安撫司官屬，欲令逐司辟差。應內外諸處有專

〔一〕三十二：原作「三十一」。按，據《建炎要録》卷一九四、《宋史》卷三二《高宗紀》九，紹興三十一年十一月四日壬申，以張浚判建康府。朱熹《張忠獻公行狀》亦記此事於三十一年十月之後。是則三十一年五月張浚尚未判建康府，此「三十一」當是「三十二」之誤。因改。

〔二〕三十一年：原無。按，下二條應仍是三十一年事，因孝宗於三十二年六月即位，若是三十二年，則此條應注云「孝宗已即位」。因上條誤插入，今仍補「三十一年」四字。

〔三〕監官：原作「鹽官」，據上文改。

法指揮辟闕，欲令依舊。」從之。

二年十二月十六日，德音赦：「楚、滁、濠〔一〕、廬、光州、盱眙、光化軍管内并（楊）〔揚〕、成、西和州、襄陽、德安府、信陽、高郵軍，勘會逐州軍因被檄及移治離任官吏，已降指揮，限五日還任。今來人馬已退，民户漸次歸業，全（籍）〔藉〕官吏招集撫存。尚慮稽違，可令本路監司催促回任。有不職之人，令守臣銓量，〔踏〕逐公廉能吏，不以有無拘礙，許辟差一次。」

乾道元年正月一日，南郊赦：「應四川、二廣奏辟定差通判以下差遣，先次就權之人，任内開破過應在官物，及趁辦經總制無額上供酒税茶息錢，已及賞格，如不該差注，更不推賞。緣已用心趁辦，切慮無以激勸，因而失陷官物，可並與依正減半推賞。」

二年三月十三日，詔：「今後二廣縣令闕正官一年去處，許本路諸司奏辟，不得差官權攝。」

九月十三日，四川安撫制置使司言：「嘉州峨眉、犍爲兩縣，今後於本路都（銓）〔鈐〕轄司同提刑司選辟諳練邊事、合入資序人充知縣。」吏部勘會嘉州峨眉、犍爲知縣，雖是本路運司定差窠闕，緣並係邊縣，欲許令本路諸司選辟。從之。

三年八月八日，詔令四川逐路帥臣、監司審實繁難縣10分，保明申尚書省，於本路目今應有見闕知縣，令公共辟差經任無過犯人一次，申朝廷給降付身。從臣僚之請也。

四年六月二十四日，新權發遣容州楊堯弼言：「乞將廣西闕正官州縣，特破格差注一任。仍許本路三司公議奏辟，惟不辟贓私罪犯。若三司辟書到吏部已差注，即將奏辟圓備之人代省部已差下人。」從之。

六年七月十六日，工、吏部狀：「准批下許子中申，勘會舒州同安監鼓鑄鐵錢，所用鐵炭浩瀚，乞置官屬兩員，專一往來尋踏苗脉、興發及點檢起置事件。今勘當欲依所乞，差置一員，從本所踏逐文武官内辟差。」從之。

八年正月九日，樞密使、四川宣撫使王炎言：「欲將夔、利兩路合注京朝官知縣兩季無人願注窠闕，依元旨破格差注令（緑）〔録〕資序以上，及經任有舉主、無過犯人。如再經一季以上無人注，即許逐路帥司公選經任無過犯人辟差，庶川遠縣邑得人濟辦。」從之。

三月三日，詔復置滁州司法、泰州海陵縣主簿、真州揚子六合縣主簿、通州金沙餘慶鹽場巡檢，並令逐州申監司保明辟差一次。

九月二日，紹興府言：「近申明，諸暨縣楓橋鎮改立爲義安縣。乞辟差縣令、丞、主簿兼縣尉，却將本府監都酒、比較務雙員各減一員，并減贍軍酒庫監官一員，主簿兼縣尉許辟差選人一任外，知縣、丞乞於見任待闕京朝官、選人，不以有無資格拘礙，辟差一任，日後從吏部使11闕。」

〔一〕濠：原闕，據本書職官五九之二二補。

從之。

九年正月二十八日，知(楊)〔揚〕州、淮南路安撫使王之奇言：「淮西帥司省罷官屬，乞依葉衡知荆南已得指揮，許別行辟差。」從之。

八月二十六日，權發遣蘄州提領鑄錢韓喚言：「奉旨令分舒州同安監，歲鑄鐵錢一十萬貫。申乞差知監官一員，准旨揮就差蘄春知縣兼管。契勘所置監係在蘄口鎮，自州城往來，即須三日，蘄春知縣難以兼領。伏望詳酌，許令選差一員奏辟。」從之。

十一月十九日，詔：「自今諸路官非有著令及有原降指揮者，不得創行辟差。其合辟差者，並須悉應條法，方許放行。間有見闕，須是委無差下替人，方得舉填。即不得將已差下人替所辟人闕。其妄有申請者，委御史臺察舉，重加懲治。」（以上《永樂大典》卷一〇六七二）

## 召試 一〔一〕

【宋會要】

12 太祖乾德二年正月十日，祕書郎、直史館張去華上章訴居官久次，且言祠部郎中、知制誥張澹及祠部員外郎、知制誥盧多遜、殿中侍御史師頏等文學膚淺，願與校其優劣。帝臨軒策試，命翰林院學士承旨陶穀、學士竇儀、吏部尚書張昭、知制誥趙逢、高錫考其程試。以澹所對不應策問，責授左司員外郎，擢去華爲右補闕，賜襲衣、銀帶、鞍馬。

開寶三年五月二十一日，前揚州高郵縣主簿郟穎獻所業文，召試學士院，授右贊善大夫。

七年五月七日，布衣齊得一以密州上言「能講五經，喜教授鄉里，士大夫子弟皆就而肄業，布衣蔬食，不樂仕進」，召試舍人院，策入等，命爲齊州章丘縣主簿。

太宗太平興國七年正月十四日，元帥府長史元象宗上章求試，詔學士院召試内外制數篇，命爲衛尉少卿。象宗，錢俶之婿。

淳化元年七月二日，殿中丞尹畋上表獻所著詩賦雜文五十軸，令學士院召試《用何道使民知禮節論》，命爲太常博士。

二年九月二十七日，著作佐郎李建中，令學士院試詩、賦，命爲殿中丞。

真宗咸平三年五月十五日，右神武大將軍錢惟演獻所著文及《咸平聖政録》，召試學士院，命爲太僕少卿。

七月六日，祕書郎陳彭年，學士院試論，詞理中上等，命爲祕書丞。

六年正月十六日，河陽節度判官張知白上疏言事，召
13 試舍人院，命爲右正言。

〔一〕原無此序號，今加。

景德元年二月六日，同進士出身柳察獻所著擬白居易策問七十五篇，目爲《贊聖策林》，并續《丹扆箴》五篇，召試策、論凡三千字，授楚州團練推官。察前以獻文得試學士院，賜出身，至是再有所獻，故以命之。

八月十五日，饒州浮梁縣主簿李慶孫上書自陳日能爲十賦，命中書召試之，雖至晡成文，而荒淺無取，帝猶奬其敏，以爲南康軍判官。

景德二年十月二十四日，太常寺太祝宋綬、奉禮郎邵焕並召試中書，命爲大理寺評事。綬年十五，焕年十八。前一日内出姓名，付中書，帝嘉其敏贍，並命遷秩，仍令綬讀書于祕閣。

二十六日，童子出身重軻獻所業，召(見)〔試〕詩、賦，命爲祕書省正字。

三年八月十七日，前隰州温泉縣尉楊操上書求試，命中書省召試詩、賦各一首，稍有可采，特免選升兩資〔一〕。

四年八月十六日，神勇指揮使李綰男習進士玠獻所業文賦，帝覽其文理頗有(其)可采者，送樞密院考試以聞。翌日，以所進呈粗合程式，帝曰：「將校之子，當補殿侍。觀其修學，若勤而不止，必有所成，可諭之，令依例赴舉。」

大中祥符元年五月七日，殿侍、三班使臣侯魯進《大中祥符頌》，詔樞密院試，補三班借職。魯累上封章，以誕妄擯於外郡。帝以其辯而知書，録爲殿侍。至是復進文字，頗亦近理，詔樞密院試以時務而命之。

四年十一月二十日，京兆府草澤李遂良以本 14 路上言存心文學，不求聞達，召試中書，命爲試祕書省校書郎、復州軍事推官。

五年正月十三日，舒州録事參軍劉滋獻文求試，召試于中書，命爲著作佐郎。

五月四日，以前彰武軍節度推官解旦爲著作佐郎，均(軍)〔州〕參軍許洞爲和州烏江縣主簿，越州餘姚縣主簿李孜爲臨江軍判官。祀汾陰歲，邀車駕獻文者甚衆，命近臣考第之。以旦等詞學可採，詔試中書，而有是命。

天禧元年九月十一日，屯田員外郎杜詹召試學士院，賦平，詩稍優；祕書丞黄總賦、詩俱平。詔詹爲都官員外郎，并總並升陟差遣。

十一月二十二日，前江州瑞昌縣主簿劉若冲進所業，命試舍人院，以策、論稍優，特升兩資。先是，若冲建言自今召試者，並請試策。至是，用其議而命之。

四年六月十三日，進士姚嗣復獻其父舒州團練副使鉉所纂《文粹》百卷，召試舍人院，命爲亳州永城縣主簿。

天聖元年七月二十八日，大理寺丞李溥召試學士院，策、頌並平，命爲殿中丞。

五年二月二日，衛尉寺丞李安石召試學士院，策、頌並平，詔依舊充館閣校勘。

---

〔一〕資：原作「貲」，據文意改。

七月十二日，前泰州軍事推官滕宗諒召試學士院，策稍堪，論稍優，詔爲大理寺丞，依前知太平州當塗縣。

九月十二日，太常博士李昭述召試學士院，策稍優、論稍堪，命爲屯田員外郎。

七年五月二十二日，大理寺丞王素[15]召試學士院，賦、詩平；太常寺奉禮郎錢彦遠賦平，詩落韻。詔素升陟差遣。

八年八月六日，祕書丞張逵召試學士院，賦、詩平，詔升陟差遣。

十年六月二十六日，祕書丞、監左藏庫鄭驤獻文，召試學士院，賦平、詩稍堪，命爲太常博士。

明道二年六月五日，鄂州進士李宗孟年十二，上書自言，詔舍人院試所能。帝嘉其幼且才，命爲試祕書省校書郎。

景祐元年八月十五日，太常博士施昌言召試學士院，賦三下、詩四上，命爲屯田員外郎。

二年七月三日，屯田員外郎王素以判許州張士遜薦有文藝，命學士院召試，賦三下、詩三上，詔與優便差遣，仍賜緋。

十二月二十七日，權常州團練判官閔從周召試舍人院，詩、賦並四上，詔循二資。

寶元二年十月五日，大理評事徐師閔獻所業，命學士院召試，賦三下、詩四下，詔特與親民差遣。

康定元年四月九日，大理寺丞譚嘉震召試舍人院，策四上，詔換内殿崇班。

十五日，草澤盧覬召試學士院，策三下，詔爲坊州軍事推官〔一〕，權寧州判官。

九月四日，翰林學士晁宗慤等言，大理評事蘇舜賓敏學有文，集歷代諫諍奏議之事，成《獻納大典》一百卷上之。詔學〔士〕院召試，未有召試而卒。

二年二月四日，學士院試郊社齋郎丘良孫，策三下；應茂材異等科邵亢，策三上；舍人院試永興軍布衣宋昭，策三下。詔良孫、亢並陝西初等職官，昭陝西簿尉。

七月九日，學士院試茂材異等科龔懋、進士華直温，策三上，進士[16]張問，策三下。詔懋、直温陝西初等職官，問試將作監主簿。

八月七日，殿中丞苗振召試學士院，賦四下、詩五上，詔升知軍差遣。

慶曆二年二月六日，光禄寺丞錢曈召試學士院，賦四上、詩三下，詔與親民差遣。

九月二日，泰州司户參軍李肩白召試舍人院，策三上，詔與初等職官。

三年五月六日，屯田員外郎凌景陽召試學士院，賦、詩

〔一〕坊州：原作「防州」。按宋代坊州，偶亦見作「防」者，但當以「坊」爲正，據《元和郡縣志》卷四，坊州「取馬坊爲名」。因改。

四下，詔知和州。

十一月七日，舍人院試草澤黄通，策三下，張定方策四上，姚光弼、張紘策四下。詔通試大理評事，定方試秘書省正字，光弼、紘試將作監主簿。

四年九月二十七日，舍人院試進士趙仁修、蔡若拙，策四上。詔若拙爲司士參軍，仁修三班借職。

十一月五日，太常博士尹源召試學士院，論七首，四上三下，詔與堂除知州。

五年六月九日，澤州進士劉羲叟召試舍人院，策入等，命爲試大理評事。

六年六月二十四日，權知威勝軍沁源縣薛昶召試舍人院，策三下，詔除節度掌書記。

七年六月十一日，布衣劉絳以翰林學士張方平等薦，仍上所著《皇極論》，召試舍人院，策中等，命爲試祕書省校書郎。

皇祐五年四月十三日，學士院試供備庫副使李評，賦、詩、論並四上，殿中丞宋敏修賦、詩三上，將作監主簿楊慥賦、詩四下，論四上。詔評换殿中丞，敏修太常博士，不隔磨勘，慥太常寺太祝。評以魏國大長公主遺恩，敏修以兩制上所著《春秋 17 列國類纂》，慥以上父偕家集，並命試。

嘉祐二年九月十六日，霸州防禦推官劉純以宰臣文彦博薦召試舍人院，賦四上，詩、論四下，詔與循一資。

五年八月十七日，祕書丞田洸召試學士院，賦三下、詩四下，詔轉太常博士，不隔磨勘，優與堂除在京差遣。

六年十一月二十一日，大理寺丞羅愷召試學士院，賦落韻犯不考式，詔與知軍差遣，更候一年轉官。

英宗治平四年十月十一日，神宗已即位，未改元。進士黄君俞召試舍人院，策、論入等，詔爲撫州司户參軍，充國子監直講。翰林學士王珪等薦君俞「博通經藝，爲諸生景仰，累被開封府優薦，老於場屋。兼據新及第進士許安世等百五十人狀，及知舉官司馬光三人累有論薦，欲望依李覯例，除一太學或國子四門助教，令就蓋説書〔一〕，庶幾激勸學者」，遂召試而命之。

十二月三日，布衣鄧子喬召試舍人院，方畧中等，詔補三班奉職。

神宗熙寧元年七月七日，詔布衣王安國賜進士及第，仍注初等職官。先是手詔：「安國，翰林學士安石之弟，久聞其行義、學術爲士人推尚。近閲所著《序言》十卷，文辭優贍，理道該明，可令舍人院召試。」試入第三等下，故命之也。

八月二十六日〔二〕，詔自今試館職，並試策、論，罷詩、賦。

〔一〕「蓋」字疑誤。

〔二〕天頭原批：「『八月二十六日』以下十九字重文。」按今《輯稿》選舉三一之七有内容相同之條，但文字不同，並非重文。

熙寧二年十一月一日，尚書刑部郎中、兼侍御史知雜事陳襄言：「近蒙授侍御史知雜事，仍候知制誥有闕 18 與試，乞罷與試指揮。」從之。

三年七月五日，賜大理寺丞王欽臣進士及第，祕書省正字唐坰進士出身。欽臣以文彦博薦，坰上書言事，召對，並試學士院，而有是命。

十月二十五日，詔（穎）〔潁〕州進士常立試於舍人院。以侍御史知雜事謝景温言立「行義修潔，昨預敦遣，以疾不及試」故也。

八年閏四月十三日，雄州進士焦渥召試舍人院，策入等，詔與試銜判司簿尉。察訪使曾（好）〔孝〕寬言渥陳邊議可采，召試中等，特有是命。

十月十三日，詔武學上舍生員曹安國依得解人例，赴祕閣再試。以武學言安國材畧可用故也。

九年六月九日，賜布衣馮正符同進士出身，與試銜大郡判司或縣主簿、尉。以御史中丞鄧綰奏舉，於舍人院試中等也。

二十八日，詔進士權武學傳授楊仍爲越州山陰縣尉。以仍獻《兵説》可采，令權傳授，候一年與試。至是舍人院試策，復中等故也。

哲宗紹聖元年五月十三日，左司諫翟思言：「熙寧初，除諸路學官，與更置太學博士、正、録。雖有朝廷特除，然類令國子監長貳薦舉，索所業攷第高下，以次除授。復立試法，以覈材實。其進士發解、省試、廷試在十五人内，太學上舍、内舍職事者，並令召試，不在此例。許投所業，國子監攷覆，方預召命。雖取之甚難，然一時所得，皆公義之所與。元祐以來，罷去試法，特行除授。請自今除學官依舊法召試，更不令自投所業，在内許國子監 19 長貳、臺諫官，外則監司，皆得薦舉，上副陛下教養之意。」三省言：「尚書、侍郎、學士、待制及兩省官、御史臺諫官監察御史以上、國子祭酒、司業，每歲許奏舉堪充諸路學官一員。須進士或制科出身、年三十以上、無私罪重及非衝替人。其奏舉到學官，除元係制科及進士及第上五人、省試上三人，國子監、開封府、廣文館發解第一人，或太學上舍生該出官〔一〕、免省試人，更不試外，餘並召赴闕，附吏部春秋參選人試。凡試兩經大義各一道，以通曉經術、文理優長爲合格。其舉試到學官，中書省籍記姓名，遇有闕，三省同選差。」從之。

徽宗大觀四年六月十三日，詔江州進士王易簡召赴中書省，試策一道。

高宗建炎二年二月十三日，詔中書省召試布衣。先是，赦書許臣僚薦舉草茅材德之士，至是令試策一道。潭州進士胡昭係第三等中，與補登仕郎；何烈係第四等下，江州進士王彦係第五等上，撫州進士詹呈係第五等下，並補將仕郎。内何

〔一〕上舍：原作「生舍」，據文意改。

烈策有數處稱「臣」，緣係疎遠寒士，不知體式，特與一體推恩。續因臣僚言，改補下州文學。

四年九月四日，詔御史臺主簿韓璜，令中書後省召試策一道。

紹興元年五月二十五日，翰林學士汪藻言：「准尚書省劄子，召試館職。其本院條令案牘，昨因渡江燒燬殆盡，今省記到合行事件：一、試時務策一道；一、試人合避祖宗廟諱，預行告示；一、試前一日，進所試題，[20]試官鎖宿；一、試前五日，關內侍省差內臣一員，至日監門搜檢；一、告示赴試官，預行納家狀、試卷草紙；一、關儀鸞司預行排辦帳設；一、試訖，實封諮報，送尚書省施行；一、合依例差點檢、録事、手分共四人行遣；一、有省記未盡，乞比附中書門下後省見行召試等條例施行。」從之。

七月三日，詔成忠郎楊球，令中書門下後省召試策一道，與換文資。九月九日，侍御史沈與求言：「伏見陛下追復祖宗故事，間詔四方賢儁之士，令中書省策以當世之務，觀其所長。或用之臺省，或儲之館閣，皆極一時之選〔一〕。若球者係蔡京使臣楊哲之子，今爲勑令所檢閱文字，蓋吏職也。考之衆論，初不聞其有才。夫以使臣而爲吏職，乃得〔與〕四方賢儁之士並試於中書，他日或有異能之士，陛下即欲召之，其肯至哉？乞罷球歸於右選，自此以後，精加審擇。」從之。

二年閏四月二十九日，詔樞密院編修官舒清國、御史臺檢法官晏敦復並召試館職。五月十二日，敦復言去場屋逾二十年，加以年齒寖衰，舊學荒廢，乞罷召試。詔別與差遣。

十一月八日，詔虞澐除校書郎，沈長卿、李綱已辟差遣，(令)〔令〕赴任；石公揆別與差遣。是日，上謂輔臣呂頤浩曰：「試館職人，當取寔有文學議論。若召試備禮，非祖宗取人之意。近日三人試卷，朕嘗親覽，如沈長卿策，尚懷朋附，又不指陳寔事，朕不欲令供析。」頤浩曰：「沈長卿於題外別叙四事，[21]皆是自外準備。石公揆文詞荒謬，惟虞澐答所問，欲除校書郎，其餘不可與選。」上然之。

五年閏二月二十八日，詔右承奉郎徐度，令中書舍人試策一道。以汪藻等應詔薦舉故也。

六年三月十二日，中書門下省言：「祕書省見闕校書郎一員，而勾龍如淵係紹興五年正月二十四日降指揮召試館職，今已試訖。」詔除祕書省校書郎。

十二月十八日，中書門下省言：「樞密院、都督府効士累陳利害，備著忠勤，占籍日久，理宜旌別。」詔：「應見今行在所及行宮樞密院、都督府効士，並令附來年春選人類試所試時務策一道〔二〕，分優、平兩等考校，具合格姓名申

〔一〕選：原作「達」，據《中興小紀》卷一一改。
〔二〕「春」下原有「試」字，據《建炎要録》卷一〇七刪。

尚書省。其試中優等人，再令學士院召試〔一〕，訪以時務，文理優異者，取旨推恩。」

七年七月二十九日，詔：「進士鄧酢上書陳獻利害，文理可采，令中書後省召試時務策一道。」

八月二十四日，詔：「進士閻夏所進六論，議論優長；及召試中書後省，文辭可採。特與補右迪功郎，令閤門引見上殿。」

八年十一月四日，中書門下省言建州進士劉勉之已赴都堂審察訖，詔令中書後省召試策一道。

十二年七月十七日，詔吳璘子援，令川陝宣撫司召試策一道，保明取旨，與換文資。

紹興二十六年九月十七日，詔左宣教郎、新差充無爲軍教授任質言改差充諸王宮大小學教授〔二〕。質言先被旨召試館職，引疾辭免，故有是命。

三十年三月二日，詔：「22今後除館職並召試，學官依格選除，更不召試。」先是，臣僚言：「比來館職選用頗輕，士有僥覬之心，乞行召試。」令禮部討論典故，故有是詔。

七月十七日，詔左(軍)〔宣〕教郎太學博士朱熙載、左宣教郎諸王宮大小學教授劉(鳳儀)〔儀鳳〕召試館職。熙載、儀鳳各以久去場屋，乞免召試。從之。

孝宗紹興三十二年未改元。九月四日，詔左迪功郎方翥召試館職。

七日，詔右從政郎曾熹，令中書後省召試時務策一道。

十一日，詔左從政郎、(大)〔太〕學(政)〔正〕戴先達，左迪功郎、新國子正張宋卿，左儒林郎、太學博士何俌，並召試館職。

隆興元年二月十一日，詔左文林郎劉夙、左從政郎鄭伯熊、左修職郎莫沖並召試館職。

九月十四日，中書門下省奏：「左承議郎莫濟以中詞科第一名，諸王宮大小(教學)〔學教〕授省罷。」詔候館職有闕日召試。

十月三日，詔左文林郎王衎召試館職。

十二月十二日，詔左從事郎唐仲友召試館職。

二年閏十一月十三日，太學博士鄭升之劄子：「伏准尚書省劄子，祕書省正字欲望朝廷依例召試。」樞密院編修官范成大劄子：「先准指揮，候館職有闕詔試。今忽被除目，未敢安職。乞檢會召試指揮，容成大就試待命。」詔鄭升之、范成大並令引試。

乾道元年正月二十四日，詔左迪功郎施師點召試館職。

二月十七日，詔左宣教郎張恪召試館職。

五月二十四日，詔左從事郎胡元質召試館職。

〔一〕召試：原作「召院」，據《建炎要録》卷一〇七改。
〔二〕無爲軍：「無」字原脱，據《建炎要録》卷一七四補。

八月23二十二日，中書門下省奏：「左宣教郎、新除祕書省正字梁介狀：除授館職，例先召試，乞敷奏，許令先次就試。」詔依。

二年二月一日，詔左文林郎施元之召試館職。

三月十九日，詔左通直郎黄鈞召試館職。

九月十二日，詔左從事郎李遠召試館職。

十一月四日，詔左從事郎闞耆孫、左宣教郎范端臣並召試館職。

三年六月五日，寄理左迪功郎員興宗、左從事郎詹亢宗、左宣議郎劉焞並召試館職。

四年十一月八日，詔左修職郎陳騤、楊興宗並召試館職。

十二月四日，詔左宣議郎蕭國梁、趙汝愚並召試館職。

五年六月十九日，詔左承事郎林光朝召試館職。

六年二月二十四日，詔左文林郎馮田召試館職。

閏五月二十二日，詔左宣教郎丁時發召試館職。

八月二十六日，詔左修職郎王希呂召試館職。

七年七月十九日，詔右宣教郎呂祖謙、左宣教郎蔡戡並召試館職。

十二月四日，詔左宣教郎史彌大召試館職。

八年十一月七日，詔左迪功郎陳自修、左奉議郎蔣繼周並(詔)〔召〕試館職。

十一月十三日，詔左文林郎崔敦詩召試館職。

九年閏正月五日，詔左宣教郎林枅召試館職。

七年二月七日〔一〕，詔左承議郎張纘召試館職。（以上《永樂大典》卷一三二四八）

## 召試除職

【宋會要】

24太宗端拱元年正月八日，中書召試大理評事羅處約、王禹偁。帝自命題，云《詔直館更和所進賀雪詩稱賞序》一首、《履春冰》一首〔二〕。帝覽其文，詔禹偁爲右拾遺，處約爲著作佐郎〔三〕，並直史館，賜緋魚袋。

六月二十日，中書召試殿中丞夏侯嘉正《辨官論》，詔爲右正言、直史館兼直祕閣，賜緋魚袋。

二年四月十六日，學士院試秘書省校書郎李宗諤詩、頌，詔充集賢校理。以獻所業，故命試。

淳化元年三月十九日，學士院試監察御史尹黄裳頌，詔爲左正言、直史館。以獻詩賦雜文，故命試。

二年十月二日，學士院試殿中丞郭延澤〔四〕、贊善大夫董元亨《唐書》、《漢書》問目十道，各通七，詔並充史館檢討。

〔一〕天頭原批：「『七年二月七日』條，移前『七年七月十九日』條上。」今仍其舊。

〔二〕冰：原作「水」，據《補編》頁四四五改。

〔三〕佐：原無，據《長編》卷二九補。

〔四〕士：原作「院」，據《補編》頁四四五改。

真宗咸平元年九月七日，舍人院試祕書丞孫冕雜文，詔直史館。冕監三白渠，上書言事，召入，賜緋魚袋，且令知制誥王禹偁試文，命之。

二年七月四日，學士院試都官郎中劉蒙叟《作樂崇德頌》，詔直史館〔一〕。先是，蒙叟上言曰：「陛下已周諒闇，方勤萬務，伏望愈崇儉德，謹守前規，無自矜能，無作奢縱。厚三軍之賜，輕萬姓之徭，使化育被於生靈，聲教加於夷夏。且萬國已觀其始，惟陛下謹守其終。思鮮克之言，戒性習之漸，日謹一日，雖休勿休，則天下幸甚。」帝嘉納之，召試而有是命。

十七日，舍人院試比部員外郎洪湛《皇帝孝德頌》、祕書丞劉隲《審樂知政25頌》，詔湛直史館，隲直集賢院。湛前直館，言事落職，至是求牽復；隲補潭州從事，遇帝領本州節制，因得謁見，贄文被嘉賞，至是復獻編著，故并試而命之。

九月三日，舍人院試祕書丞劉鍇，詔直史館。鍇，右諫議大夫蟠之子，以門資授官，舉進士登第。至是，帝中夜觀書，因得鍇所獻《幸太學頌》，嘉賞之，且歎其幼孤能自立，因出所獻文示輔臣，召試而有是命。

六年二月三日〔二〕，命吏部侍郎陳恕、左司諫知制誥楊億試流內銓，選中崇文院校御書官、前秀州軍事推官馮翊等一十五人。內大名府主簿劉筠等六人〔三〕，詞學稍優，並於崇文院校勘，依前官給月俸，其職錢及太官供膳，依直館例。先是，命三館祕閣取四庫書正本繕寫入內，僅數萬卷。館閣官校勘不逮，乃命銓管選進士及第、無贓污者具以聞，仍試可方預此選，士人榮之。餘不合格者，並送銓依常調。

大中祥符二年四月六日，學士院試光祿寺丞晏殊，賦稍優、詩平，詔充集賢校理。以獻所業命試。

四年六月二十五日，學士院試祕書丞夏竦，賦優、詩稍優，詔直集賢院。先是，詔令兩制試，而有是命。

七月四日，中書試著作佐郎李垂、前泗州軍事判官秦唐佐、前河中府龍門縣令王夷簡、前許州郾城縣尉劉爽、前泰州興化縣主簿韓義論各一首〔四〕，詔垂守本官，唐佐爲著作郎，餘並爲大理評事，仍並充祕閣校理。垂等先奉詔重修《天下圖經》，既26成，命試而有是命。

五年正月十三日，中書試主客員外郎丘雍，詔直集賢院。以獻文命試。

八年四月二十五日，中書試監察御史李仲容，詔爲左司諫、直史館。仲容條對御題稱旨，召試中書，而有是命。

天禧元年九月十一日，學士院試光祿寺丞王舉正，賦

〔一〕直：原作「真」，據《補編》頁四四五改。
〔二〕按，《長編》卷五三、《玉海》卷四三、卷五二載此事皆繫於咸平五年十二月二十三日甲申，疑《輯稿》誤。
〔三〕按，《長編》卷五三、《宋史》卷三〇五《劉筠傳》及本書崇儒四之二皆云劉筠爲大名府館陶尉，此作「主簿」，當誤。
〔四〕泰州：原作「秦州」，據《元豐九域志》卷五改。

稍優，詩平，大理評事丁度賦、詩稍優，詔舉正館閣校勘，度太子中允、直集賢院。以獻所業命試。

四年三月十三日，學士院試秘書省校書郎李淑，賦、詩優，詔爲守校書郎、館閣校勘。以獻文命試。

五年正月九日，學士院試職方員外郎章得象、秘書丞程琳，詔得象直史館，琳直集賢院。前詔兩制舉詞學清素之士，翰林學士劉筠等以得象、琳名聞，故召試而命焉。

二月十七日，以光禄寺丞謝絳爲秘閣校理，大理寺丞王質、大理評事石居簡、李丕諒、大常寺奉禮郎石昭遘並充館閣校勘〔一〕。初，兩制列狀薦絳等四人，丕諒即三司使士衡之子〔二〕。士衡上言願預讎校之職，遂命諫議大夫李行簡、知制誥宋綬試于國子監〔三〕，而有是命。

十月四日，以屯田員外郎潘洞充集賢校理，殿中丞潘汝士爲太常博士、直集賢院，殿中丞洪鼎、大理評事蕭貫爲太子中允，並直史館。洞、貫獻文求試，汝士、鼎從文學清素之舉。

仁宗天聖元年二月五日，學士院試太常丞張觀，策、頌稍優，秘書郎王整策稍優，頌平，大理寺丞柳植策平，頌稍優，大理評事薛紳策稍優，頌 27 平。詔觀右正言、直史館，整太常丞，植著作郎，並直集賢院，紳館閣校勘。並以獻所業命試。

七月二十八日，學士院試大理寺丞向傳式，策平，頌稍優，詔充館閣校勘。以獻所業命試。

十二月四日，學士院試前鳳州團練推官彭乘，策、頌並稍優，詔充館閣校勘。以獻所業命試。

三年正月三日，學士院試殿中丞吳遵路，策、論並稍優，詔充秘閣校理。遵路僉書江寧府判官，以宰臣王欽若自江寧入相，薦才命試。

九月十六日，學士院試屯田員外郎鄭向，策稍堪，論稍優，詔直集賢院。以獻《五代開皇紀》命試。

十一月六日，學士院試太常博士王皥，策稍優、論優，前揚州江都縣主簿王琪策優，論稍優。詔皥直集賢院，琪爲大理評事、館閣校勘。先是，琪上言時務十餘事，曰復制科、禁錦綺珠貝〔四〕、置營田、立義倉、罷榷酤和糴、行鄉飲籍田之禮、公卿子弟入國學、天下州郡設郡學以貢士、罷鬻爵、令進士專習經籍及置五經博士〔五〕、減度僧尼、行閱武之法。帝嘉之，召試而有是命。

五年七月十二日，學士院試大理評事宋郊，策稍優、頌優，詔爲太子中允、直史館。

六年二月六日，學士院試太常博士高餗，策稍優，詔直史館。以上所業命試。

---

〔一〕禮：原作「理」，據《補編》頁四四六改。
〔二〕士：原作「七」，據《補編》頁四四六改。
〔三〕綬：原作「緩」，據《補編》頁四四六改。
〔四〕貝：原作「具」，據《補編》頁四四六改。
〔五〕置：原作「直」，據《補編》頁四四七改。

七月十六日，學士院試奉禮郎葉清臣、鄭戩，策、頌稍優，並詔爲光禄寺丞，充集賢校理。以上所業命試。

十二月四日，學士院試大理寺丞范仲淹，策稍堪、論優，詔充秘閣校【28】理。以御史中丞晏殊薦命試。

七年閏二月七日，學士院試將作監丞、館閣讀書張友直，詩、賦稍優，詔充秘閣校理。刑部尚書、知江寧府士遜之子。士遜前奏入館閣讀書，至是表求兼職侍行，召試命之。

八年十月二十二日，學士院試將作監丞王堯臣，詩、賦並稍優，趙槩賦稍堪、詩平，詔堯臣爲著作佐郎、直集賢院，槩爲著作郎、集賢校理。以上所業命試。

十年二月十九日，學士院試大理寺丞、館閣對讀書籍呂公綽，賦稍優、詩稍堪，光禄寺丞、館閣對讀書籍張子思賦堪、詩低次。詔公綽充集賢校理，子思充秘閣校理。公綽、子思皆以在館二年，特詔命試。

七月二十八日，學士院試著作佐郎趙良規，賦、詩稍優，詔充集賢校理。以資政殿學士王(曉)〔曙〕薦命試。

明道元年十二月十八日，學士院試殿中丞宋祁，賦優、詩稍堪，太子中允韓琦詩、賦稍優，太常博士楊偉、郭稹並試賦稍堪、詩稍優，大理評事石延年賦平、詩稍堪，趙宗道賦稍堪、詩平，江寧府上元縣主簿吳嗣復、廬州合肥縣主簿胡宿並賦稍堪〔一〕、詩平。詔祁本官直史館，琦太常丞、直集賢院，偉、稹本官充集賢校理，延年、宗道、嗣復、宿館閣校勘。琦獻所業，宗道以父諫議大夫、知永興軍賀陳乞，祁等特旨命試。

二年八月三日，學士院試太常丞劉沆〔二〕、著作佐郎孫抃，各賦稍優、詩平，詔並直集賢院，抃仍轉太常丞。以獻所業命試。

十一月三日，舍【29】人院試校書郎、知崇州靜海縣張宗古，賦稍優、詩稍堪，詔爲大理寺丞、館閣校(堪)〔勘〕。以參知政事王隨薦命試。

景祐元年閏六月二十八日，舍人院試前西京留守推官歐陽修，賦優、詩稍堪，詔爲鎮南軍節度掌書記，充館閣校勘。以樞密使王(曉)〔曙〕薦命試。

九月十九日，舍人院試山南東道節度掌書記尹洙，賦三上、詩三下，詔充館閣校勘。以樞密使王(曉)〔曙〕薦命試。

二年二月五日，舍人院試都官員外郎、充崇政殿説書賈昌朝，賦三上、詩三下，詔直集賢院。以上《春秋要論》命試。

六月七日，學士院試祕書丞盛申甫，賦三上、詩三下，詔充集賢校理。申甫先在館閣校勘書籍，有詔候及三年，至是歲滿，命試。

〔一〕並：原作「普」，據《補編》頁四四七改。
〔二〕常：原脱，據《長編》卷一一三、《宋史》卷二八五《劉沆傳》補。

八月五日，學士院試太常博士范宗傑，賦三上、詩三下，詔充秘閣校理。以父户部侍郎、知永興軍雍陳乞，故命試。

九月二十七日，學士院試將作監丞王拱辰，賦、詩並三上，詔爲著作郎、直集賢院。以獻所業命試。

三年四月十三日，學士院試太子中允嵇（潁）〔穎〕，賦、詩並三上，詔充集賢校理。以知應天府夏竦、御史中丞杜衍薦命試。

十月三日，學士院試秘書丞、館閣對讀書籍張充，賦三上、詩三下，詔充集賢校理。充，宰相李迪壻，自陳對讀書籍已二年，詔更候一年，至是歲滿，命試。

十二月九日，舍人院試鎮安軍節度掌書記楊儀，賦三上、詩三下，詔充館閣校勘。

四年二月二十九日，學士院試將作 30 監丞楊察，賦、詩並三上，詔爲著作郎、直集賢院。以獻所業命試。

閏四月十五日，學士院試大理寺丞王繹，賦三上、詩四上，詔充秘閣校理。以獻《集賢殿秋宴百僚頌》命試。

五月二十三日，學士院試祠部員外郎蘇紳〔一〕，策、論並三上，將作監丞富弼策三上、論三下，詔紳爲刑部員外郎、直史館，弼爲太子中允〔二〕、直集賢院。紳上《時政書》五卷，弼獻所業，命試。

寶元二年五月十一日，學士院試大理寺丞刁約，賦三下、詩三上，詔充館閣校勘。以判天雄軍呂夷簡薦命試。

康定元年九月五日，學士院試著作佐郎蔡襄，賦三下、詩四上，大理評事陳經賦、詩各三上，詔並充館閣校勘。經以宰臣張士遜，襄以禮部尚書、知河南府宋綬薦，命試。

二（年）〔十〕七日〔三〕，學士院試大理評事陳博古，賦三上、詩三下，詔充館閣校勘。

二年二月四日，學士院試殿中丞何中立，賦、詩並三上，詔充集賢校理。以知陳州晏殊薦，有詔候再任替回命試。

三月二十二日，舍人院試殿中丞韓綜，賦、詩並三上，詔充集賢校理。以宰臣呂夷簡薦命試。

五月十一日，學士院試太常博士李惇裕，賦、詩並三下，詔以惇裕是李至姪男，曾應拔萃入等，特除祕閣校理。以獻所業命試。

八月七日，學士院試屯田員外郎曾公亮，賦、詩三上〔四〕，詔充集賢校理。公亮獻所業，有詔候及一年，至是歲滿，命試。

十月二十七日，學士院試將作監丞呂溱〔五〕，賦、詩 31 三上，詔爲著作郎、直集賢院。以獻所業命試。

〔一〕郎：原作「蘇」，據《補編》頁四四八改。
〔二〕允：原作「充」，據《補編》頁四四八改。
〔三〕十：原作「年」，據《補編》頁四四八改。
〔四〕賦：原作「試」，據《補編》頁四四八改。
〔五〕溱：原作「湊」，據《補編》頁四四八改。

慶曆二年二月六日，學士院試大理評事李絢，賦、詩三上，詔爲太子中允、直集賢院。以獻所業命試。

九月一日，學士院試太常博士孫甫、秘書丞楊孜，並賦三上、詩三下，詔並充秘閣校理。甫以樞密副使杜衍、孜以宰臣呂夷簡薦命試。

三年九月二日，學士院試著作佐郎、國子監直講朱寀，賦、詩三上，詔充集賢校理。以樞密副使王堯臣薦命試。

四年二月八日，學士院試秘書丞孫錫、大理評事蘇舜欽，賦、詩並三上，詔充集賢校理。以參知政事范仲淹薦命試。

三月十一日，學士院試兵部員外郎掌禹錫〔一〕、祕書丞張掞，賦、詩並三上，詔充集賢校理。禹錫以樞密副使杜衍〔二〕、掞以宣徽南院使夏竦薦命試。

五月一日，學士院試殿中丞王益柔，論三上，詔充集賢校理。以參知政事范仲淹薦命試。

八月六日，學士院試太常丞章岷，論三上，殿中丞晁仲衍，賦、詩三下，詔岷充集賢校理，仲衍充秘閣校理。岷以參知政事范仲淹薦，仲衍獻所業〔三〕，並命試。

五年五月七日，學士院試大理寺丞、充國子監直講范鎮，賦三上、詩三下，詔充館閣校勘。以資政殿學士王舉正薦命試。

十一月二十五日，學士院試大理寺丞、國子監直講邵必、大理寺丞李中師，賦、詩各三上，詔並充集賢校理。必以刑部尚書晏殊、中師以宰相陳執中薦命試。

六年十月七日，學士[32]院試大理評事王珪，賦、詩三上，詔爲太子中允、直集賢院。以獻所業命試。

七年二月十四日，學士院試太常博士林槩，賦、詩三上，詔充集賢校理。翰林承旨丁度等上槩著《史論》〔四〕、《辨國語》，命試。

二十七日，學士院試屯田員外郎陸廣、秘書丞田諒，詩三下、賦二上，詔充集賢校理。廣以參知政事丁度、諒以判大名府夏竦薦命試。

七月二十二日，學士院試大理評事賈章，賦、詩三上，詔充館閣校勘。

八月二十五日，學士院試太子中允韓綘，賦、詩三上，詔爲太常丞、直集賢院。以獻所業命試。

八年三月二日，學士院試大理寺丞、國子監直講吳充，賦、詩三上，詔充集賢校理。以獻《政本書》十卷命試。

七月七日，學士院試殿中丞王起、將作監主簿鞠真卿，賦、詩並四上，詔充館閣校勘。以宰臣文彥博薦恩州城下勤勞命試。

十四日，舍人院試殿中丞李大臨，賦三下、詩三上，大

〔一〕士：原抄作「院」字而不全，據《補編》頁四四八改。
〔二〕杜：原作「任」，據《補編》頁四四八改。
〔三〕衍：原作「淹」，據《補編》頁四四八改。
〔四〕承：原作「丞」，據《補編》頁四四九改。

理寺丞沈康賦三上、詩三上，詔並充秘閣校勘。大臨以宰臣文彦博、康以判大名府賈昌朝薦，並命試。

九月二十一日，學士院試光禄寺丞丁諷〔一〕，賦、詩三下，詔充館閣校勘。以父度罷參知政事恩陳乞，故命試。

十一月十七日，學士院試大理寺丞、國子監直講司馬光，賦、詩三下，詔充館閣校勘，候二年，除校理。以參知政事龐籍薦命試〔二〕。

皇祐二年正月二十七日，學士院試太常博士馮浩，賦、詩三上，詔充集賢校理。以宰臣文彦博 33 薦命試。

四月十二日，學士院試屯田員外郎柳瀣，賦、詩三上，詔充集賢校理、通判鄭州。以判鄭州賈昌朝薦命試。

八月十三日，學士院試將作監丞賈黯、大理評事謝仲弓，賦、詩並三上，詔黯爲著作郎，仲弓爲太子中允，並直集賢院。以獻所業命試。

三年三月二十七日，學士院試職方員外郎王疇，賦、詩三上，詔充集賢校理。以宰相宋庠薦命試〔三〕。

四月二十六日，學士院試大理評事劉敞，賦、詩三上，詔爲太子中允、直集賢院。以上所業召試。

九月二十一日，學士院試屯田員外郎張師中、太子中允陸詵，賦、詩三上，詔師中充祕閣校理，詵充集賢校理。師中以某人薦，詵以判大名府賈昌朝薦命試。

四年四月二十五日，學士院試太常博士胡俛，賦、詩三上，詔充集賢校理。以參知政事高若訥薦命試。

五年八月七日，學士院試秘書郎馮京〔四〕，賦三上、詩三下，著作佐郎沈遘賦、詩三上，詔並爲太常丞，京直集賢院，遘充集賢校理。以上所業命試。

十月二十一日，學士院試著作佐郎錢公輔，賦三上、詩三下，詔爲太常丞、充集賢校理。以上所業命試。

至和元年五月二十七日，學士院試屯田員外郎韓宗彦，賦三上、詩三下，詔充集賢校理。以宰臣陳執中薦命試。

七月八日，學士院試大理寺丞蘇頌，賦、詩三上〔五〕，詔充館閣校勘。翰林學士楊偉等上頌父紳家集，命試。

二年正月二十一日，學士院試職 34 方員外郎李及之、北京留守判官周豫，賦三上、詩四下，詔及之充集賢校理，豫充館閣校勘。及之獻《君臣龜鑑》，豫以宰臣陳執中薦命試。

三月二十六日，學士院試太常博士王權〔六〕，賦、詩三上，詔充集賢校理。以宰臣陳執中薦命試〔七〕。

---

〔一〕丞：原脱，據《補編》頁四四九補。
〔二〕參：原作「知」，據《補編》頁四四九改。
〔三〕相：原脱，據《補編》頁四四九補。
〔四〕試：原脱，據《補編》頁四四九補。
〔五〕三：原脱，據《補編》頁四四九補。
〔六〕博：原脱，據《補編》頁四四九補。
〔七〕陳：原脱，據《補編》頁四四九補。

五月二十九日，學士院試太常博士王哲，賦、詩三上，詔充集賢校理。以上《春秋通義異義解》、《皇綱論》、《談論》四十九卷命試。

三年五月六日，學士院試殿中丞李綖，賦、詩三下，詔充秘閣校理。以宰臣文彦博薦命試。

嘉祐元年十二月二十四日，學士院試殿中丞張洞，賦、詩三下，詔充秘閣校理。以觀文殿大學士晏殊薦命試。

二年七月二十四日，學士院試職方員外郎林億、光禄寺丞劉瑾，賦、詩三下，詔億充秘閣校理，瑾充館閣校勘。億，樞密使高若訥壻，以罷政府恩陳乞；瑾，宰臣沆之子。先是，沆監護温成皇后園陵畢，固辭恩賚，而爲瑾陳乞，有詔候二年，至是並命試。

十月七日，學士院試秘書丞陳襄，賦、詩三下，詔充秘閣校理。以宰臣富弼薦命試。

十一月十四日，舍人院試前西京留守推官陳繹，賦三上、詩三下，詔充館閣校勘。以樞密副（史）〔使〕梁適薦命試。

十二月二十三日，學士院試太常博士吳及，詩、賦三下，詔充秘閣校理。以觀文殿大學士劉沆薦命試。

三年五月十五日，學士院試大理評事滕甫，賦、詩三下，詔爲太子中允、集賢校理。以獻所業命試。

十一月二日，35學士院試將作監丞鄭獬，賦、詩三上，太常博士蔡抗賦、詩三下，〔詔〕獬爲著作郎、直集賢院，抗本官充秘閣校理。獬獻所業，抗以樞密副使孫沔薦命試〔一〕。

閏十二月二十六日，學士院試大理評事楊繪，賦三下、詩三上，詔爲太子中允、集賢校理。以獻《書意》、《詩旨》、《春秋辨要》十卷命試。

四年五月十七日，學士院試太常丞文同、祕書丞陳薦，賦三下、詩四上，詔並充秘閣校理。同獻所業，薦以樞密使韓琦薦命試。

九月三日，學士院試屯田員外郎徐綬，賦三下、詩四上，詔充集賢校理。以翰林學士承旨孫抃等薦命試。

八日，舍人院試太常博士裴煜，賦三下、詩三上，詔充秘閣校理。以觀文殿大學士劉沆薦命試。

五年二月一日，學士院試太常博士張瑗，賦四上、詩三下，詔充秘閣校理。以獻所業命試。

三月十八日，學士院試都官員外郎王异，賦、詩四上，詔充秘閣校理。以獻所業命試。

八月十七日，學士院試殿中丞孫坦，賦三下、詩四上，詔充秘閣校理。以獻《周易析藴》十卷命試。

六年四月八日，學士院試大理寺丞竇卞，賦三上、詩三下，詔爲太子中允、充集賢校理。以獻所業命試。

十一月二十一日，學士院試祕書郎章衡，賦三上、詩三

〔一〕沔：原作「汚」，據《補編》頁四五〇改。

下，詔爲太常丞、直集賢院。以獻所業命試。

八年正月二十二日，學士院試祕書丞李育，賦、詩三下，詔充秘閣校理。以獻所業命試。

英宗治平三年二月四日，學士院試殿中丞蘇軾，策優，詔直史館。以制科特旨命試。

九月十三日，學士院試太常 36 博士鄭雍，賦、詩三下，詔充祕閣校理。以獻所業命試。

十一月六日，召權提點陝西刑獄、尚書度支員外郎蔡延慶等十人就試館職。初，帝謂輔臣曰：「館閣所以育雋才，比欲選數人出使，無可者。公等爲朕各舉才行兼善者數人，雖親戚世家勿避，朕當親閱可否。」於是韓琦、曾公亮、歐陽脩、趙槩所舉二十人，皆令召試。宰臣以爲人多難之，帝曰：「既委公等舉，苟賢，豈患多也！」時被薦者蔡延慶、夏倚、王汾、葉均、劉攽、章惇、胡宗愈、王存、李常、張公裕、王介、蘇梲、安燾、(莆)〔蒲〕宗孟、陳侗、陳睦〔一〕、李清臣、朱初平、黃履、劉摯二十人，令先召延慶等十人，餘須後試。以上《國朝會要》。

治平四年三月二十五日，神宗已即位，未改元。學士院試祠部郎中陳汝羲，詩、賦中等，詔充集賢校理。

閏三月十一日，御史吳申言：「竊見先召十人試館職，而陳汝羲亦預，漸至冗濫。兼所試止於詩、賦，非經國治民之急。欲乞兼兩制薦舉，仍罷詩、賦，試策三道，問經、史、時務，每道問十事以上，通否定高下去留。其先召試人，亦乞用新法考試。」詔兩制詳定以聞。其後翰林學士承旨王珪等言「宜罷詩、賦，如申言」，於是詔自今館職試論一首、策一道。

二十八日，學士院試著作佐郎胡宗愈、太常丞張公裕、殿中丞李常、屯田員外郎劉攽、著作郎王存，詩、賦入等，詔宗愈充集賢校理，公裕、常並充館閣校理，攽、存並充館閣校勘。宗愈等皆以先朝得旨召試故也。

九月 37 六日，學士院試屯田員外郎王汾，賦、詩中等，詔充秘閣校理。汾以先朝得旨召試故也。

十一月二日，學士院試秘書丞韓忠彥，賦、詩入等，詔充秘閣校理。忠彥以父琦罷相恩命試。

神宗熙寧元年八月二十六日〔二〕，詔：「今後試館職，只試策、論，更不試詩、賦。」

二年六月二十八日，學士院試職方員外郎王介、太常博士安(壽)〔燾〕，策、論稍優，著作郎蒲宗孟、陳侗、光禄寺丞朱初平策、論稍堪，介、燾充秘閣校理，餘充館閣校勘。介等皆先朝得旨召試故也。

三年四月二十三日，學士院試虞部員外郎蘇梲、秘書丞陳睦、秘書郎李清臣、江寧府推官劉摯，策、論優，詔梲、

〔一〕睦：原作「侗」，抹去，據《補編》頁四五一、《長編》卷二〇八及下文補。

〔二〕天頭原批：「『神宗熙寧元年』以下廿七字，複文。」按，本卷前文選舉三一之一七有内容相同之條，但文字不同，且在不同門目，並非複文。

睦、清臣並充集賢校理，摯充秘閣校勘。棁等皆先朝得旨召試故也。

四年四月二日，學士院試太常丞許將，策、論入等，詔充集賢校理。以獻所業命試。

五年十月八日，學士院試光禄寺丞黄履，策、論入等，詔充秘閣校勘。履以先朝得旨召試，丁憂，服闋，始命試之。

哲宗元祐元年十月十四日，詔：「應試中館職者，内選人除正字改官請俸，並依太學博士法。」

十二月六日，朝奉郎畢仲游、趙挺之並爲集賢校理；承議郎、行軍器監丞孫朴，承議郎、行太學博士梅灝，奉議郎張舜民，奉議郎、禮部編修貢籍趙叡，並爲祕閣校理；宣德郎、詳定役法所管勾文字李籲，承議郎盛次仲，並爲秘書省校書郎；試太學録張耒，試太學正晁補之，河南府左軍巡判官、38禮部編修貢籍劉安世，和州防禦推官、知常州晉陵縣丞李昭玘，宣德郎陳察，並爲秘書省正字。仍今後除校理已上職，並出告。以學士院召試充選也。

二年二月八日，朝奉郎孔平仲爲集賢校理，奉議郎劉唐老爲祕閣校理。以召試學士院，皆中格也。

三年七月十八日，詔：「應大臣（奉）〔奏〕舉館職，並依條召試除授。其朝廷特除，不用此令。」以上《續國朝會要》。

（以上《永樂大典》卷二〇四八〇）

# 宋會要輯稿　選舉三二

## 召試二[一]

### 宗室召試

【1】仁宗皇祐元年六月三日，右清道率府率叔韶試于學士院中格[二]，特賜進士及第，遷右領軍衛將軍，後特遣領文州刺史。先【2】是，叔韶上所業十卷，并獻父克己《饒陽集》，命試，賜第進官。後又自陳以試，入高等，特進遥郡。

三年六月二十三日，右屯衛大將軍克悚召試于學士院中格，授右龍武軍大將軍。

九月四日，右領軍衛大將軍宗厚[三]、右監門衛大將軍宗惠[四]、右領軍衛大將軍宗秀、宗辯進所業，召試學士院中格，遷宗厚、宗惠右屯衛大將軍，宗秀、宗辯右武衛大將軍。

五年二月二十四日，詔大宗正司：宗室有能習詩、賦文詞者，以聞。

五月二十六日，詔：「宗室進著述文字及乞就試或轉官者，慮競習詞藻，不專心典籍，今後如有諸經書内通得一經者，差官試驗。」

六月十一日，詔右龍武軍大將軍克悚候二年再與試[五]，特只試兩題。先是，克悚上擬試發解詩、賦，詔學士院試三題。及是就試，轉右衛大將軍。克悚表辭新命，乞依李評例再試，故許之。

至和二年九月二日，右龍武軍大將軍克悚再試學士院中格，命爲左千牛衛大將軍。

十二月二十一日，賜右屯衛大將軍克敦錢三十萬。以召試學士院罷推恩也。先是，克敦進所業求試，既而請以二日程試詩、賦、論，許之，詔即更不推恩。及試中格，故有是賜。

嘉祐六年九月五日，右監門衛大將軍、文州刺史叔韶進所業，召試學士院中格[六]，遷領辰州團練使。

英宗治平三年五月二十三日，右武衛大將軍、文州刺史叔哀進所業[七]，召試學士院中格，遷領果州防禦使[八]。

初【3】制，宗室入學年十五已上[九]、通兩經者，大宗正以聞，

[一]原無此題，據《大典》卷一三三四八事目補並添序號。
[二]韶：原作「詔」，據《長編》卷一六六改。
[三]宗厚：原作「宗原」，據《長編》卷一七一改。下同。
[四]惠：原作「憲」，據《長編》卷一七一改。
[五]試：原作「府」，據《長編》卷一七四改。
[六]「試學」二字原倒，據《長編》卷一九五乙。
[七]文州刺史：《長編》卷二〇八作「果州刺史」。叔哀：《長編》作「叔褒」，但《宋史》卷二三四《宗室表》亦作「哀」字。
[八]果州防禦使：《長編》卷二〇八作「文州團練使」。
[九]入學：原作「太學士」，據《長編》卷二〇八改。

命官試論及大義，中者度高下賜出身或遷官。至是叔袁獻其所著《春秋大義》二十道、論五首，乃命召試。

九月八日，右驍衛大將軍、衛州刺史克孝進所業，召試學士院中格，遷領高州團練使。

神宗熙寧三年十月十二日，右武衛大將軍、昭州團練使克頠進所業，召試學士院中格，遷領解州防禦使。

五年五月八日，右監門衛大將軍仲奚進所業，召試學士院中格，遷領文州刺史。

九月十七日，右武衛大將軍、連州刺史叔敖、右監門衛大將軍叔彖進所業〔一〕，召試學士院中格，叔敖遷領文州團練使，叔彖遷領雅州刺史，仍特不隔理年取旨。

六年七月六日〔二〕，右羽林軍大將軍、巴州團練使仲碩進所業，召試學士院中格，遷領沂州防禦使。

七年五月十五日，中書門下言：「仲縮等令學士院召試，（令）〔今〕親伯宗彥卒，未審朞周尊長服內，許與不許就試？」詔許就試。

八月九日〔三〕，右監門衛大將軍仲真、右武衛大將軍雅州刺史仲縮、右武衛大將軍彭州刺史仲瑝進所業，召試學士院中格，仲真遷領文州刺史，仲縮遷領開州團練使，仲瑝遷領榮州團練使。

十一月二十五日〔四〕，右羽林軍大將軍開州團練使仲淹、右千牛衛將軍仲戡、右千牛衛將軍仲緎、右羽林軍大將軍池州團練使世本進所業，召試學士院中格，仲淹遷領文州防禦使，仲戡、仲【4】緎並遷右監門衛大將軍，世本遷領秀州防禦使。

（八）〔九〕年正月十八日〔五〕，右千牛衛將軍令扁、令志進所業，召試學士院中格，並遷右監門衛大將軍。

〔八年〕十月六日〔六〕，右武衛大將軍資州刺史仲滂、右武衛大將軍瀛州刺史仲當、右千牛（户）〔衛〕將軍仲遲進所業，召試學士院中格，仲滂遷領榮州團練使，仲當遷領德州團練使，仲遲遷右監門衛大將軍。

九年七月十三日，中書門下言：「學士院諮報，檢會宗室試換，未曾有試一中經體例。今令始狀：自來習説《毛詩》，未委于《詩》中如何次第指説篇段，合説多少字數。今欲令學士院，于本經内臨時簽貼二百字以上，當面講説，以不悖義理爲通。」從之。

九月二十五日，右監門率府率令始學士院説經中格，爲太子中（充）〔允〕，堂除監當差遣。

元豐二年正月十七日，詔：「宗室大將軍以下願試者，

---

〔一〕彖：原作「篆」，據《長編》卷二三八改。
〔二〕六日：《長編》卷二四六繫於十八日己未，疑此處「六」字乃「十八」二字誤合。
〔三〕九日：《長編》卷二五五記於五日庚午。
〔四〕二十五日：《長編》卷二五八記於七日辛丑。
〔五〕九年：原作「八年」，據《長編》卷二七二改。
〔六〕此條仍爲八年事，見《長編》卷二六九。

試本經及《論語》、《孟子》大義共六道〔一〕、論一首，大義以五通，論以辭理通爲合格。」

四月十四日，知制誥張璪、光禄寺丞陸佃赴祕閣攷試宗室。

七月三日，右監門衛大將軍仲芮、右千牛衛將軍叔盎、令攝、令優、令貫各遷一官，叔盎賜進士出身。並以祕閣考試中等也。

四年七月八日，右監門衛大將軍汎之領嘉州刺史，右千牛衛將軍仲萬、撫之、令閑爲右監門衛大將軍，右監門率府率叔瑁、令每、百之爲右千牛衛將軍。汎之等並以祕閣試文論中等也。

六年閏六月二十 5 八日，右監門衛大將軍報之領文州刺史，與之領雅州刺史，士獲領茂州刺史，右千牛衛將軍致之、叔褧並爲右監門衛大將軍，臨之、道之、子滳各遷一官。試文論中等也。

十月十三日，右監門衛大將軍令綿爲朝請郎，賜緋章服，與親民差遣。以祕書省試經義應格也。

七年八月五日，右監門率府率子滳换通直郎。祕書省試應格也。

八年十二月十四日，詔右内率府副率士宇爲承事郎，士琢爲内殿崇班。士宇試祕書省，士琢試律，皆應格也。

徽宗崇寧元年十一月十二日，詔：「應宗室非袒免年二十五以上，許於禮部試經義或律義二道，取文理稍通者分兩等，附進士牓，優異者取旨。其不能試，或試不中者，讀律于禮部，別爲奏名。止推一時之恩，勿著於令。」

高宗紹興八年三月二十一日，中書門下省言：「武節郎趙令芹累經朝廷陳獻文字，皆有可采。昨任潮州兵馬都監，本路監司韓璜等四員列銜保奏，乞與换文資。兼本人係已預貢，合還赴省試。」詔趙令芹令中書後省召試時務策一道，换授文資。

九年正月二十六日，詔忠訓郎趙子嶷，令中書後省試策一道，依格與换文資。

十年正月二十九日，修武郎趙士穀言：「昨取到福建路轉運司文解兩次，以家難未曾赴試。欲望特依宗室令芹、子嶷例，换授文資。」詔令中書後省召試時務策一道，特補右宣義郎。（以上《永樂大典》卷一三二四八）

## 召試雜録

真宗景德二年三 6 月十四日〔二〕，詔諸王、公主、近臣無得以子弟親族賓客求賜科名。時宰臣畢士安、寇準以所親爲請，帝不得已而從之，因有是詔。

天禧元年九月十九日，詔：「承前召試命官舉人，止詩賦命題。自今並問時務策一道，仍别試賦、論或雜文

〔一〕「共」下原有「于」字，據《長編》卷二九六删。

〔二〕真宗：原作「太宗」，徑改，「景德」乃真宗年號。

一首。」

二十一日，前守江州瑞昌縣主簿劉若沖進詩賦十軸。詔若沖試時務策一道，仍于賦或雜文或論中，就本人所願，更試一首。應今後與試文字人等，並依此例。

三年九月六日，學士院言：「準詔，大理(平)〔評〕事胥偃與試。偃是盛度婿，又錢惟演親戚，欲乞下別處試。」詔送舍人院試。是後，有親嫌者並如例。

仁宗天聖四年六月二十一日，詔：「自今臣僚南郊、聖節奏薦親族，只與合授官資，不得乞試進士出身。」

七年三月二十二日，詔今後兩制試人令依舊試賦。

八年十月十九日，翰林學士盛度言：「將作監丞王堯臣、趙槩送本院與試。內堯臣是臣親家，乞令宋綬等一面考試。」從之。

十年四月十八日，上封者言：「近歲以來，獻文求試者，多已經召試，再請校試。又近臣有不因特詔，非次舉官乞試，望申條約。」詔：「自今除宦有文學未曾試及不因陳乞，特旨與試外，其已經試者，無得再獻文求試。臣僚非次奏舉乞試者勿聽。」

明道二年正月二十日，光禄寺丞盛申甫、馬直方並自陳館閣讀書積年，乞從帖職。詔特給日食，須三年試充校勘，自今不置館閣讀書員。

景祐元年四 7 月十二日，詔：「今後獻文字及恩例與試者，只與出身、同出身。」

七月四日，翰林學士承旨盛度等詳定到學士、舍人院試人等第：文理俱高者爲第一等；文理俱通者爲第二等；文通理粗或文粗理通爲第三等，仍分上下；文理俱粗者爲第(四)等，亦分上下；不及格者爲第五等。今後兩制試人，依此等第施行。先是，試人等有優、稍優、堪、稍堪、平、稍低、次低、下次七等〔一〕，至是，度等改爲五等云。

四年四月五日，詔將作監丞富弼學士院試策、論。今後制策登科人並爲例。

康定元年四月十日，上封者言：「投進文字人所獻方畧，事涉邊機，并所試策多傳本于外，望令有司緘藏。」詔諭學士、舍人院：「今後試人，並須嚴密，無令漏泄。自餘敕詞、制誥、章表，不得傳寫于外。」

二年八月十四日，知諫院張方平上言：「請自今臣僚不得(恩)緣恩澤陳乞子弟就試，及兩制不得連狀舉官。鏁廳應舉人，望量加分數解送。」詔付兩制詳定以聞。

二十八日，光禄寺丞錢曈上其父惟演《掖垣集》，送學士院召試。詔自今後臣僚子孫所藏家集，已經進獻外，餘人不得再進。

慶曆三年六月四日，帝謂輔臣曰：「自陝西用兵以來，策試授官人多矣。其中甚有夤緣奏薦，以希爵禄者，及以

〔一〕下次：《長編》卷一一五無此二字，似是。七等：原作「七第」，據《長編》改。

任州縣之職，多無幹効，亦有以賂獲罪，如李元振是也。宜令今後進獻文字及臣僚(奉)〔奏〕舉之人，委逐處看詳，定奪可否奏聞。其與試人，亦仰精加考較，務在盡8公。」

十一月二十六日，詔：「今後見任、前任兩府及大兩省以上官，不得陳乞子弟親戚入館閣職事并讀書之類。其進士及第三人以上，一任迴日無過犯者，許進獻該述經旨、時務文字十卷，下兩制看詳，文理優通者，進呈取旨。內召試入優等者，方補館閣職事。如遇館閣少(少)〔人〕供職，即取曾有兩地臣僚二人或大兩省以上三人同罪保舉、文學德行堪充館閣職事者，令進所著該述經旨、時務文字十卷，依前項下兩制看詳等第，進呈取旨。」

四年正月二十三日，詔：「自今臣僚毋得以奏蔭恩澤及所授命爲親族乞賜科名，及轉官升陟入通判以上差遣。其親族嘗降官、降差遣，亦毋得乞以恩澤牽復。若因累而爲別更名奏蔭者，重坐之。」

四月六日，諫官上言：「館職闕人，即乞朝廷先擇舉主，方許薦人。」詔：「自後館閣闕官，即據合舉人數，降敕委學士院與在京龍圖閣直學士以上，或舍人院與在京待制，同共保舉有文學、德行官員，具姓名并所著該述經旨、時務文字十卷以聞。」

七月二十五日，學士院言：「殿中丞馬仲浦進所業，令本院候今任得替迴與試。勘會仲浦鑠廳已賜同進士出身。」詔更不試，令審官院與免遠官。

八年九月二十四日，殿中侍御史何郯言：「近年大臣罷兩府任使，陳乞子弟召試，充館職或出身，用爲恩例。望自今後，館閣不許臣僚陳乞子弟外，其陳乞及奏舉召試出身，候有科9場，與免取解。及南省試，令赴御前，與舉人同試，以塞私倖。」詔：「今後臣僚言兒孫弟姪等乞出身及館職，如有該合恩例者，類聚一處，候及三五人，送學士院試詩、賦、論三題，仍封彌謄録考試。其試官令中書具學士姓名，進呈點定，仰精加考試。候試到等第，臨時取旨。」

皇祐元年六月二十六日，監察御史陳升之言：「切以三館職事，文儒之高選，近時無復典故，用人益輕〔一〕，遂爲貴遊進取之津要。慶曆中，嘗有詔旨，今後見任、前任兩府及大兩省以上官，不得陳乞子弟親戚入館閣職事。然撓于横恩〔二〕，復寖不用。美官清秩，爲國者所以礪世磨鈍之具，今悉以私權貴之家，天下寒俊何所勉進，朝廷賢才何所教育？望申明前勑，嚴爲科禁，澄汰濫進，必清其選，使在位者皆得文行充寔之人，然後舉行故事，時因閒燕，延備訪問，則于治體不爲無益。」詔今後近上臣僚援例奏乞子孫得試者，如試中，只與轉官或出身，更不與館閣。

四年六月十三日，詔：「今後學士院試人，據所試文字，依公考定，不得假借優等。」

〔一〕益：原作「蓋」，據《長編》卷一六六改。
〔二〕然：原作「熏」，據《長編》卷一六六改。

至和二年九月六日，詔今後未有科名人許試者，並依舊條試三題。

嘉祐元年八月一日，詔大臣自今毋得乞子弟及親戚召試出身。

二年十二月十一日，知諫院陳升之言：「比來館閣選任益輕，不足以備天子顧問而堪公卿之事。近制：舉人進用不得專守舊比，進士高科者且循常調〔一〕，試其才 10 可，然後升擢。欲望朝廷約令館閣在職人數，限爲定員，其因任使特授者，不以充數。應二府及近臣每有論薦，並令中書門下籍其名。若員有缺，即取其間文學行義傑然爲衆所推者，方得召試。仍不許大臣緣恩例試補親屬，庶幾清途無濫者。」詔：「今後大臣舉官充館職，令中書且與籍記舉狀〔二〕。候在館員數稍少〔三〕，即于數内選寔有文行、爲衆所稱者，取旨與試。仍令學士院精加考較，公定優劣，不得假借等第〔四〕。」

神宗熙寧元年八月二十六日，詔：「今後試館職只試策、論，更不試詩、賦。」（以上《永樂大典》卷一三二四八）

## 憫恤舊族

【宋會要】 11 真宗咸平元年二月十一日，賜故諫大夫劉保勳孫祕書省正字世長錢十萬。保勳太平興國中死王事，至是其妻卒，故優恤之。

三年七月二十九日，康州刺史楊允恭卒。詔昇州賜錢二十萬、絹百匹，又以錢二十萬〔五〕、帛五十匹給其家，命揚州造第一區賜之。王均之亂，命（九）〔允〕恭爲荆浙江湖都巡檢使，卒于昇州，故優恤之。

大中祥符三年三月十九日，賜故鄧州觀察使錢若水母漢陽郡（大）〔太〕夫人盧緡帛羊酒，弟前孟州河陽令若冲帛三十匹，副以藥餌。若冲以僕人張和酗酒笞之，退有怨誹，又笞之百數。和夜竊長刀，潛室中，伺而害之，斷其臂。若冲叫呼，姪維周洎僕梁遠至，皆爲所害。遠父信及門人賈休復繼至，皆被傷。和將徑入堂室，值門閉，燭至就擒。詔礫和於若冲之門。若水母年八十餘，一子延年方數歲，帝憫之，特遣使存恤焉。

四月二十九日，出内府錢五百萬贖太子少保呂端第，賜其子藩〔六〕。先是，藩以居（弟）〔第〕質錢，而三弟尚幼，不與之同居。帝聞而憫之，故爲贖還，俾兄弟同處，且令歲

〔一〕「科」下原有「議」字，據《長編》卷一八六刪。
〔二〕舉狀：《長編》卷一八六作「姓名」。
〔三〕少：原作「多」，據《長編》卷一八六改。
〔四〕借：原作「惜」，據《長編》卷一八六改。
〔五〕二十萬：《長編》卷四七作「五萬」，當是。
〔六〕以上二句原作小字，據文意改作正文大字。其中「贖」字原脱，「第」原作「弟」，據《宋史》卷二八一《呂端傳》補改。

(藉)〔籍〕其家用度之數，送入內侍(者)〔省〕。

九月八日，詔襄州賜故盧多遜子察錢三十萬〔一〕，令葬其父母。

四年十一月，詔選使臣一人，管勾故太師趙普家事。時普妻和卒，其家上言請遣使管勾家事故也。

五[12]年四月二十日，賜故翰林侍讀學士〔二〕、兵部侍郎楊徽之家錢十萬、帛五十匹，副以羊酒。時徽之妻王卒，帝以藩邸舊僚，故優卹之。將葬，又賜錢十萬。

七月十七日，賜西頭供奉官李正言絹百匹、錢二百萬。正言，故左千牛衛上將軍煜之孫也〔三〕。時正言女將出嫁，故命給之。李氏有田在常州，官爲檢校。帝聞其宗族有不濟者，詔鬻其田之半，令各置資產以供贍之。

八年六月，遣內侍藍繼宗定奪潘美家貲產，務令均濟。先是，美子惟正卒，詔劉承規等掌其家財，令贍給諸房，凡吉凶慶吊，悉令條列。十餘年中，亦有餘羨。其後盡以物產給付其家，仍不許貨鬻。至是，美孫衛尉寺丞宗上言，請以京中邸舍田園之利均給，故復遣繼宗往焉。

八月二十四日，賜故相呂端子國子博士藩等錢三百二十萬、銀三百兩、金一十兩，又賜藩弟衛尉寺丞蔚聘財三十萬。大理寺丞荀除西京添支差遣，將家赴任，仍命留守寇準常切照管，無使失所。如藩出京，即房課委店宅務官爲收掠，籍數付其家支外，餘錢置籍收係，如合支用，即申樞(蜜)〔密〕院。先是，藩等貧窘至甚，帝聞而憫之。會藩等進納居(弟)〔第〕，願賜錢以償逋債。帝遣內侍計其所負息錢及金銀，悉如其數賜之。

天禧二年二月二十五日，虞部員外郎畢世長丁母憂，給俸終喪，仍賜繒帛緡錢。世長，故相士安之子，以藩府之舊，故優卹焉。

四月〔四〕，詔：「訪聞命官使[13]臣有任滿及移任之後身亡，其家屬寓于任所或別處州縣居住，幼累無託，不能還鄉里者，委所在官司差人護送還鄉，無令失所。」

四年八月二十七日，詔：「故相向敏中家產日費，令內侍省命使檢校之。」

十二月二十七日，賜故左諫議大夫、參知政事李穆家錢十萬。時穆子祕書丞致仕惟簡卒，其妻魏表言家貧不能具葬事故也。

仁宗天聖元年十一月十四日，詔故衡州司馬寇準許歸葬西京。準妻陳乞故也。

四年閏五月二日，內殿承制趙從約言：「本家教授、知潭州湘鄉縣事李延，乞與轉官便鄉差遣。」中書門下言：「從約即趙普之子，先帝以本家兒男幼小，闕人照管，特許延守本官，在彼教授。今從約長立，有此陳乞。」(照)〔詔〕延

---

〔一〕盧多遜：原作盧多孫，據《宋史》卷七《真宗紀》二改。
〔二〕讀：原脫，據《宋史》卷二九六《楊徽之傳》補。
〔三〕煜：原作「昱」，據《長編》卷七八改。按煜即南唐後主也。
〔四〕《長編》卷九一記於四月十九日壬午。

與職事官。

九年十月四日，故崇信軍行軍司馬曹利用妻李上言：「夫没之後，家族無庇，四子先各降兩官，望賜牽復。」詔長子沔特與近便差遣，餘罷之。

明道(三)〔二〕年十一月六日〔一〕，詔令河南府勘會寇準本房兒孫見有幾人，食禄未食禄，具官名以聞。七日，詔以準少親兒男〔二〕，其壻屯田員外郎張子皐特復直史館，令齎官告焚黄，往河南府給付本家，仍破係官料致祭。

景祐二年四月十七日，詔：「故曹利用兒男久從降絀，並替赴闕朝參。如年小願在彼，亦聽。」

九月二十三日，福建路轉運使龐籍言：「昨知臨江軍，竊見故兵部員外郎、直史館蕭貫是新喻縣人，本家産業多爲人力 14 欺隱，子孫尚幼，乞下軍縣覺察。其税物亦望今後特(勉)〔免〕折變，只納本色。」詔與免五年折變，仍仰軍縣常切照管。

三年七月二十一日，懷州言，準詔分析盧多遜墳(塋)〔塋〕、莊田、舍屋。詔並給與盧察。

四年閏四月十五日，編排録用所言：贈太傅、中書令寇準孫乞録用，未敢依例。詔特與守將作監主簿。

九月二十七日，詔丁謂孫僑爲將作監主簿，蘇州側近監當差遣。

皇祐二年正月二十五日，詔：「故宣徽使鄭戩家，令常州借係官空廨舍居住，仍量修整。」

六月十一日，詔：「故天章閣待制杜杞第二女許服内成親，令江寧府借官舍三十間，本家居止。」

至和元年十一月，詔：「故資政殿學士范仲淹家許州所居官舍，服闋，許令權居。」從其子光禄寺丞純仁所乞也。

嘉祐元年十一月二十二日，復内殿崇班周永清爲閤門祗候。永清因養子凶悍，欲訴其家事，自首其祖美嘗作子奏之，奪閤門祗候。至是，知并州龐籍言美有戰功，身後唯一孫，特復之。

七年五月，詔：「故侍講學士楊安國家所居濟州官舍，候服闋，許再居三年。」從宰相曾公亮所請也。

神宗治平四年已即位，未改元。八月二十一日，遣内侍馮德誠往護故知秦州、樞密直學士蔡抗靈柩，家屬歸南京。

熙寧元年五月十五日，手詔：「樞密直學士、給事中呂溱立朝最孤，知事君之節，絶跡權貴，故中廢十數年，無人肯爲達之者。朕近擢領要務，頗著 15 風績。今忽淪亡，甚可嗟悼。又溱素家貧，一子幼騃，遭此大禍，必至狼狽。可令有司，比本官常(膊)〔賻〕之外，量與優給。及一行葬事，官爲辦集。庶示將來，以勵臣節。仍令屯田郎中、新知秀州張次立管勾葬事。令揚州借官舍居住，候服闋依舊。」

九月十九日，詔：「訪聞資政殿大學士吳奎葬事及本

〔一〕二年：原作「三年」，據《長編》卷一一三改。明道無三年。
〔二〕少親兒男：據《宋史》卷二八一《寇準傳》，準無子，「少」疑當作「無」。

家闕人照管，慮孤遺失所，令京東轉運使陳汝義就照管。」既而汝義權知青州，委轉運孫琳幹辦其事。

二年五月一日，詔遣內臣一員，乘驛往三泉縣，護新知成都府邵必喪，及照管本家骨肉。

三年九月二十二日，詔遣使護新知成都陸詵喪如例。

七月二十七日，詔遣內臣一員，乘驛往環慶路，護安撫使王舉元喪，仍令河南府借官舍，不得過四十間，至其服闋。

十月十九日，詔遣使護知定州孫長卿喪〔一〕，揚州借官舍如例。

(四)〔五〕年三月十九日〔二〕，詔：「勳臣之後，雖有致仕官，依無人食禄推恩。」先是，明堂赦：「曾任兩府及節度使之家，明有勳德而後嗣無人食禄者，其子孫量材録用。」既而有司以致仕官爲食禄，故有是詔。

閏七月，詔：「故侍讀學士鄭獬家，令安州借官舍居住，不得過四十間，候服闋依舊。」從權淮南轉運副使劉瑾所請也。

十二月，詔：「故知制誥錢公輔家，令常州借官舍三十間居住，候服闋依舊。」

六年十一月二十五日，詔：「西上閤門使、知桂州蕭注昔嘗有功〔三〕，今卒，賜本家絹三百匹。」

九年三月十六日，改三班差 16 使郭開三班借職。開，贈節度使進之孫，叙進從宋朝尅復河東之功，乞換文資，故有是命。

元豐元年五月十四日，詔以開封府界户絶田二十頃賜曹利用家，自今毋得更有陳乞。以其孫內殿崇班宗奭言〔四〕：「仁宗察知利用非罪，嘗還其已没財産。尚有在京屋租，河陰、滎澤等縣田〔五〕，爲西太一宫、洪福、奉先、慈孝等寺常住〔六〕，及入左藏庫金銀雜物〔七〕，乞盡給還。」故也。

十九日，詔內殿承制符守臣先借拱聖營官舍，更許居十年。以守臣叙懿德皇后家故也。

八年四月十四日，以左侍禁、權融州王口寨監押杜臨，左班殿直、權誠州渠陽縣尉杜震之弟遘爲三班借職。先是，臨、震乞以招安及戰功轉官減年回授遘官，而朝廷委本路轉運司審問，乃知遘，昭憲皇后親弟審進之後，故有是命。

哲宗元祐元年八月二十二日，擢趙普曾孫西京左藏庫使思明爲西上閤門副使。從劉摯等薦也。

六年四月二日，三省言：「吏部奏，供備庫副使趙思復

〔一〕知：原無，據《宋史》卷三三一《孫長卿傳》補。
〔二〕五年：原作「四年」，據《長編》卷二三一改。下二條鄭獬、錢公輔卒亦均在五年，見《長編》。
〔三〕「桂」原作「林」，「注」原作「註」，「嘗」原作「常」，據《長編》卷二四八改。
〔四〕其孫：原無，據《長編》卷二八九補。
〔五〕滎：原作「榮」，據《長編》卷二八九改。
〔六〕寺：原脱，據《長編》卷二八九補。
〔七〕金：原脱，據《長編》卷二八九補。

乞以磨勘轉西京左藏庫副使一官，回授男三班差使希元轉借職。」詔思復爲是趙普之後，(持)〔特〕回授，餘毋得引例。

徽宗元符三年，已即位，未改元。三月二十三日，詔以趙普社稷殊勳，其後嗣職任未甚清顯，或孤遺未食禄者，特與官其一子。文思副使趙思恭爲西上閤門使，閤門通事舍人趙希魯爲西上閤門副使，左藏庫副使趙思忠爲閤門通事舍人。

四月九日，相州觀【17】察使、真定府路副都總管曹評奏：「恭惟慈聖光獻皇后於仁宗倦勤之際，方皇儲未建之時，決策禁中，輔翊英宗皇帝，傳萬世之洪業。英宗皇帝特於先臣佾每加恩禮。逮至神考，恩數日益加隆，人臣莫比。不幸身薨之後，止依例得骨肉恩澤。自元祐以迄紹聖，不敢自陳。若先臣得薨于熙寧、元豐間，必有殊常恩禮，流及於臣。今幸遇陛下誕膺駿命，伏望特降睿旨，推行先臣佾身薨日合得恩命。尚覬寖衰家世，再蒙雨露之恩。」詔曹佾諸子每名特與白身恩澤一名。

十一月八日，詔賜太傅王安石妻越國夫人吳氏江寧府官屋六十間。以安石舊京師賜宅一區，已納朝廷，故有是命。

政和三年六月十七日，故通奉大夫、知陳州宋喬年，(令)〔今〕所屬應副薨事，借官舍不得過十間，候服闋日拘收。以喬年祖庠嘗相仁宗，又以奉行新法首先就緒故也。

宣和二年正月(三)〔二〕十三日〔一〕，詔：「蔡確可封郡王，賜第一區百間。長子懋除延康殿學士、提舉醴泉觀，莊除侍郎，女與淑人，婿三人各轉一官，與堂除升等差遣。確弟碩與落罪籍，贈徽猷閣待制。長、次子改合入官，並堂除升等差遣。次子未有官，與迪功郎。女已有封號，遷二等；未有封號，並與封號。婿白身者與初品官，已有官，轉一官。燕達、向宗回、李嗣徽、閻守懃皆佐建立謀議，亦可嘉録，特與本宗有服親初品官一名。」以確等輔立哲宗，元祐間被謗竄斥，故有是【18】命。詳見「再贈官」門。

六年八月十八日，以收復燕雲，大赦天下：「應曾任宰臣、執政官及節度之家，明有勳德，載在史册者，見今後嗣無人食禄，如有子孫，許於本貫州府投狀，委長吏以下勘會詣實，保明聞奏，當議量行録用。若係宋朝以來勳臣，即雖不曾任前件官，亦依此施行。」

高宗建炎元年五月二十二日，簽書樞密院事曹輔妻永嘉夫人張氏言：「夫欲扶護歸南劍州沙縣營葬，本家別無食禄，止有親戚何昌辰，乞本路一差遣，應副葬事。」詔通直郎何昌辰差通判南劍州。

三年三月十六日，詔轉運使范冲見患〔二〕，以司馬光家屬在冲家，可特給寬假將治。三月六日〔三〕，又詔：「范冲

---

〔一〕二十三：原作「三十三」，據《宋史》卷二二《徽宗紀》四改。

〔二〕「見患」下疑脱「疾」字。又按范冲時爲兩浙轉運副使，此文交代不明，可參《建炎要録》卷二〇。

〔三〕三月六日：上文已云「三月十六日」，此處月日有誤。

見存養司馬光親屬，令具每月合用錢米，申尚書省，取旨特給。如有長成子弟，亦具名聞奏，當議量才録用。」

八月十七日，宰執進呈，上曰：「如今奉使，要如王雲者，豈易得？丙午冬，朕與雲同奉使時，親見雲通夕不寐，理會明日合行事。朕乘馬日馳二百里，唯雲未嘗不追逐，堪耐勞苦，文臣中猶罕得，念之可惜。聞有一弟。」呂頤浩曰：「其弟見在東京，係職方郎官。」上曰：「令召來，當以一差遣與之。」

四年三月二十三日，詔：「温州所借故尚書右丞許景衡妻胡氏居没官屋十五間，可特賜其家。」先是，進呈温州言其家所借屋，以服闋合拘收，上曰：「自朕即位以來，執政中張慤第一忠直至誠，遇事敢言，無所回隱。其次則景衡，若郭三[19]益則善人而已。」參知政事王綯曰：「張慤嘗語臣，景衡持論平直，獨異他人，且愛其孤忠莫助。臣以是知景衡趣向與慤略同。首言渡江，被章論列，罷政身没，而言始驗，誠如聖諭。」故特有是詔也。

八月二十二日，詔：「故端明殿學士、簽書樞密院事鄭穀，特依先降指揮，賜田一十頃，屋五十間。」先是，有詔賜田一十頃并屋五十間，臣僚上言，以謂「國家故事，執政大臣非有勳勞於社稷，不輕賜田宅」，所降指揮不行。至是，其男璵再有陳請故也。

十月二十二日，詔：「故中書侍郎張慤忠實剛毅，乃心王室。淪没之後，念之不忘。而其子瑜久已服除，尚此家食。夫相子負薪，優臣致誚，袁安之善，慶鍾累葉。三省可與差遣。」

紹興元年十月二十九日，詔：「特令吏部差將仕郎程易充洪州分寧縣令，填見闕，限三日前去赴任。合帶階官，依條施行。」以中書門下省言易係元祐黨人程頤之孫，及父端中昨守六安軍，有功身亡。其端中三子，易等功效尤著，朝廷已與推恩外，如有成材者，具名以聞，當器使之。洪州分寧縣係殘（被）〔破〕去處，知縣久闕正官，未曾差人，特有是命。

十一月三日，詔：「觀文殿大學士、通議大夫何㮚嘗任尚書右僕射，初除、罷政恩例，並與給還其男令問、姪令崇，令張浚存恤。」以吏部言何㮚初、罷政恩例未曾收使故也。

二年四月十七日，詔：「自建炎以來，執政近輔，張慤最鯁直。本家流寓閩中失所，其子[20]瑜新差通判韶州，待闕已久，可特改添差通判台州，任滿更不差人。」

三年正月十九日，詔：「故慶遠軍節度使邢煥本家於湖州，選地安葬，無人主管（辨）〔辦〕集。親弟武德郎、閤門宣贊舍人、主管（毫）〔亳〕州明道宮邢蓋臣，特改添差兩浙西路兵馬副鈐轄、湖州駐劄，候任滿，更不差人。令湖州量行應副葬事。」

二十六日，詔：「故右金吾衛上將軍朱孝孫，令轉運司應副葬事。」從其女朱氏請也。

三月二十七日，詔：「歐陽興世係仁宗皇帝朝參知政

事歐陽脩之孫，召赴都堂審察。」

四月八日，詔：「責授昭信軍節度副使、惠州居住徐秉哲，許令歸葬。」其弟國學進士秉慶言秉哲在路身死也。

十三日，詔：「故起居舍人、直龍圖閣尹（誅）〔洙〕曾孫將仕郎尹錫，特令吏部擬帶階官，差監潭州南嶽廟，任（使）〔便〕居住。」以錫母言流寓浙西，衣食不繼故也。

六月十六日，故資政殿學士、左太中大夫吳敏祖母韓氏狀：「有孫叙係儒林郎，於宣和八年蒙除南京敦宗院教授，未赴任間，捨俗爲僧。今來韓氏年老，别無人侍養，囊橐一空，流寓異鄉，不能自活。欲望乞令叙歸家侍養，給還舊官，陶鑄一嶽廟差遣。」詔特依所乞，吳叙與給還舊官，（具）〔其〕嶽廟令本家（其）〔具〕恩例陳乞。

十七日，詔：「右通直郎蘇石老係第二任知州資序，係舜欽之孫，令吏部先次與近見闕通判差遣一次。」

二十一日，詔：「參考國史，應祖宗朝開國功臣勳德卓越者，求其世家，訪其子孫，量材録[21]用。如有上件勳臣之家，不能自存，子孫仰齎干照文字，經所屬自陳，仍令本處看驗詣實，保明聞奏。」

四年三月八日，詔：「將仕郎梁環特差監潭州南嶽廟，任便居住，合帶階官，令吏部依條施行。」先是，故尚書左丞梁燾女言「先父在元祐間執政，後與司馬光同時責降，竄逐嶺表，死於貶所。蒙朝廷給還先父（在）〔左〕丞合得恩澤，奏補男環將仕郎，未得差遣」故也。

五月二十六日，詔登仕郎錢伯牛依例令吏部先次與合入差遣。以伯牛言：「父勰元豐七年蒙神宗皇帝擢爲中書舍人，紹聖元年哲宗皇帝擢爲翰林學士，兩使絶域，四尹天府。後在元祐，刻石黨籍，責守池州，在任身亡〔一〕。迎侍老母，徙居江浙，貧窮失所，日不聊生。乞依元祐黨籍人子孫例，除授差遣。」故也。

五年閏二月十一日，詔武經大夫狄琥特主管江州太平觀。以狄青之孫應詔陳乞，從其請也。

四月四日，詔王恬特令吏部先次與（註）〔注〕授合入差遣。以其祖覿係元祐黨人故也。

二十七日，詔：「川陝宣撫副使盧法原近已身故，其家屬見在閬州，竊慮别致失所。令川陝宣撫使司取會本家願往去處，量差人兵，支給路費，委有心力使臣照管津發前去。」

七月二十五日，詔：「贈韓王趙普五世孫承節（即）〔郎〕趙珪（時）〔特〕賜兩官，除閤門祇候，令額外供職，餘人不得授例。」先是，有詔：「趙普佐命之勳，猶漢蕭何，（今）〔令〕子孫流落，所宜憫卹。令諸州郡博加尋訪，如法（律）〔津〕遣[22]赴行在，量才録用。」至是珪在鬱林州，本州津遣到，齎普書

〔一〕按此四句叙事頗失條理。據史，紹聖四年十一月錢勰卒於知池州任（《長編》卷四九三），崇寧元年列入元祐黨籍（《長編紀事本末》卷一二一）。似當云：「責守池州，在任身亡。後在崇寧，刻石黨籍。」疑傳抄有誤。

像并所上幽州奏議、録白道君皇帝批答及皇宋龍飛故事共三道投進故也。

十月十五日，詔右迪功郎陳淵差充樞密院編修官。以給事中廖剛、中書舍人胡寅、户部侍郎張致遠、中書舍人朱震言：「淵，故贈諫議大夫瓘之諸孫，有學有文，曉達世務。自瓘在時，器重特甚。垂老流落，(因)〔困〕於飢寒，負材未試，善類嘆惜。乞特賜收召，少加任使。」故也。

七年八月二十四日，詔：「兵部尚書呂祉，叛將所執，迫使渡淮，堅守忠節，駡賊而死。贈官與恩澤外，特添差親屬差遣一員，令本家陳乞。仍於所在州軍，依條借官屋四十間居住。」

八年七月十六日，詔張綸特添差兩浙東路安撫司準備差遣，仍釐務，任滿更不差人。以奉使金國迎奉梓宮使王倫言：「比司馬朴在軍前，守節不屈，虜人欽重，談不容口，非但以其文正温公之後，乞加優卹。其婿張綸，久困小官，難於禄食，乞特賜收録，以示撫存，庶爲忠義之勸。」故也。

九年七月二十一日，詔：「保平静難軍節度使、開府儀同三司、四川宣撫使吳玠薨〔一〕，借官屋五十間，令本家居住。宣借人許依格存留，仍許陳乞親屬差遣二人。令本路漕司應副葬事。」

十年五月十二日，詔觀文殿學士、左金紫光禄大夫、提舉臨安府洞霄宮李綱葬事，令所在州軍量行應副。

十一年九月七日，詔將仕郎姚小彭特添差福建[23]路安撫大使司準備差遣，仍釐務。以故資政殿學士、左中大夫顏岐妻孫氏言〔二〕：「亡夫歷事三朝，頃自北道副總管擢任大元帥府參議官，俾預機政。自後寓居福州，不幸身亡，流落異鄉，葬事未辦。亡夫親外孫將仕郎姚小彭，伏乞添差一差遣，管幹葬事。」故也。

十八年二月二十二日，詔：「責授清遠軍節度副使趙鼎卒于吉陽軍，許令歸葬。」

二十五年十月十六日，詔：「左朝散大夫洪興祖，昨(綠)〔緣〕罪犯，編管昭州，卒，許歸葬。」從其子葴請也。

三十日，詔秦檜葬事令江東轉運司應副。以其子熺言歸葬建康府，故有是命。

二十六年正月二十一日，詔責授散官、南安軍安置解潛卒，特許歸葬。以前權通判衡州王義朝言「潛係建寧軍承宣使，歷事四朝，十任方面，緣與大臣不合致罪。其子先以物故，諸孤零丁遠鄉」，故有是命。

二十七年十一月五日，詔故中書舍人趙逵歸葬蜀中〔三〕，令沿路轉運司量行應副津遣。

二十九年五月十二日，詔右迪功郎、大理司直劉(芮)〔芮〕與改右宣義郎，差主管台州崇道觀。以宰執言，芮係

〔一〕吳玠：原作「吳玠」，據《宋史》卷三六六《吳玠傳》改。
〔二〕顏岐：原作「顏政」，據《建炎要録》卷四、卷一四一改。
〔三〕趙逵：原作「趙遠」，據《建炎要録》卷一七八改。

元祐宰臣劉摯之孫，恬静有守，廉於進取，以疾辭職，乞岳廟差遣一故也。

八月二十三日，詔：「故太師、京兆郡王杜審進孫信見依白身〔一〕，與依杜子善等體例，支給孤遺錢米。」從中書門下省請也。

三十一年八月三十日，詔〔二〕：故檢校少傅、保信軍節度使、開府儀同三司致仕、贈少師汪伯彦孫德範狀 24 ：「父召錫前任右通直郎、直祕閣，被罪編管容州，已經五年，兩（過）〔遇〕恩赦。今已身亡，乞許令歸葬。」從之。

十一月十二日，詔：「端明殿學士、左中奉大夫致仕折彦質卒，見就潭州營葬，合破宣借兵士候葬事了日解罷，潭州依舊支破請給。」

孝宗乾道四年五月二十三日，臺諫奏言：「故太師、定國公潘承祐曾孫宗超，邀駕陳訴承祐敕葬並賜醮田，及本家買到義莊，并祖撥到功德咸平院田，爲江仰冒佃等事，得旨審問。今按國史，潘慎修父承祐，先仕僞閩，後歸江南，仕至刑部尚書，或稱潘太師，必其子孫累贈至此。慎修開寶末歸朝，事太祖爲太子右贊善大夫，事太宗爲同修起居（註）〔注〕，事真宗爲右諫議大夫、翰林侍讀學士。世系歷官可考。今咸平院敕額，係勑賜咸平報慈院，即是慎修所請其父功德院名額。又有《捨田疏》及《賜田勑黄》并左右史牒，則是慎修任修（註）〔注〕日文字。其敕黄已經齎詣本路提刑司驗訖付還，緣僧清惠路死去失，如此則《賜田勑黄》不可謂無。建炎之初，范汝爲作過，如僧徒與之交通，即合追治僧徒，别召名僧主之。而其子孫零替，無人陳理，官司毁拆屋宇，盡取田畝山地，召人承買，更不分出潘氏賜田及慎修撥到功德院田，與宗超家買到義莊田，例皆拘籍。江仰以錢二千貫，止作四百餘畝承佃爲業。後御史臺委户部郎官看定佃買不當，告示江仰不得再有陳（訢）〔訴〕。而仰依舊詣朝省 25 陳論，送大理寺定斷，却行給還。（令）〔今〕乞將元給賜田二百畝并買到義莊田四百餘畝，見有印押、録白、契書照驗者，並給還潘宗超。所有撥到咸平功德院田百畝，已捨贍僧，僧既犯罪拘籍，召人承佃，不許論取。令於祖墳内畫出禁界，無致侵犯。如此，則祖宗舊臣撥賜田畝，不至侵奪，亦足以收恤貧弱子孫。」從之。

六年八月二十六日，吏部言：「故右朝請郎富㦄、司馬備皆以致仕恩澤蔭補其子。緣㦄初因宣和中進神考御劄，備因建炎中録司馬光之後，各特補官，並是先朝元老之家，兼非泛七色之數，而拘於近降集議指揮，未許奏薦。」詔令吏部依條施行。

〔一〕依：似當作「係」。
〔二〕「詔」字疑衍。

淳熙五年閏六月五日，廣東經略安撫使周自强言〔一〕：「昨江西提刑芮煇奏：『入廣官員歿於（宫）〔官〕所，孤遺扶櫬以歸〔二〕，所至州縣略不加恤。本司移文南安軍，就本司錢內，計口支錢接濟。仍令船場造船般載出贛，俾不至狼狽。欲使二廣有願歸鄉，無力起發者，支錢津發至南安軍，却行接濟。乞下二廣帥司，推廣而行之。』本司緣無合支窠名錢，今買到番禺縣田畝，人户請佃，令紐價納錢，得五百餘貫，於廣州置接濟庫，委官兼監。如有貧乏之家，下接濟庫支錢顧船，送至南雄州。願請錢人聽，仍量人口支錢，助雇夫却般挈出嶺〔三〕。」從之。七年十二月二日，臣僚言：「二廣士大夫孤遺欲歸者，乞令江西、湖南漕司於出嶺之地，措置舟船及錢物，計口接濟。二廣帥 26 臣措置錢米給之，津發其行。」從之。

七月二十五日，詔：「故太尉、威武軍節度使李顯忠家，每歲賜米三千石，更給三年。」從其妻請也。

七年五月六日，詔王康成令吏部與添差差遣一次。宰臣奏成忠郎王康成，國初勳臣審琦之孫，又係戚里，乞甄録。故有是命。

八年七月二十七日，詔：「故勳臣、司徒、侍中、魯國公、贈尚書令兼中書令范質，後嗣無人食禄，八代孫庠補將仕郎。」以吏部奏質後嗣無人，乞依明堂赦録用，故有是命。

十年正月二十九日，詔趙普六世嫡孫武節郎滋差成都府路兵馬都監。滋兩任路鈐，引赦陳請，故有是命。

十一年十二月十三日，宋翊除删定官。上謂輔臣曰：「昨日已與宋翊循資添差，不知傳淇等所爲，更説甚事？」王淮等奏：「淇等言其協贊職事，又是宋庠之孫，往往念其故家，故有論薦。」上曰：「中朝人在此亦少，宋翊可其職事官〔四〕，如删定之類。」故有是除。

淳熙十六年閏五月二十九日，詔從義郎郭抃、秉義郎郭揄並除（閣）〔閤〕門宣贊舍人。以安穆皇后親姪，故有是命。

紹熙二年八月十六日，詔承直郎賀承祖特添差兩浙路轉運司臨安府造船場，仍釐務。以承祖奏家世係藝祖皇帝潛邸后族直下子孫，叨冒恩例，累朝不絶故也。

十月十四日，詔武節大夫、閤門宣贊舍人潘師禹特添差幹辦儀鸞司。以皇太后親妹之子，故有是命。（以上《永樂大典》卷一九六五一）

---

〔一〕廣東：原作「廣西」。按，據韓元吉《南澗甲乙稿》卷二二《周公（自强）墓誌銘》，淳熙二年至七年，周自强知廣州，充廣南東路經略安撫使。則此處「廣西」乃「廣東」之誤。下文言買田番禺縣，於廣州置接濟庫，亦非廣西帥臣所能。因改。

〔二〕櫬：原作「襯」，據文意改。

〔三〕夫却：似當作「夫脚」。

〔四〕其：似當作「與」。

# 宋會要輯稿　選舉三三

## 特恩除職一

【宋會要】 **1** 太宗雍熙三年正月十九日，祕書省著作佐郎、史館編修樂史上表：「自授京秩，集纂文書，前後計一百四十五卷，乞改編修之名，爲史館之職。」詔爲著作郎、直史館。

七月十六日，(准)〔淮〕南轉運副使向敏中直史館，依舊充副使。

四年九月五日，右拾遺趙昂上表獻修習翰林制誥、册書、赦文、御札、批答及編《諫藪嘉言》並外制詞，乞賜職名。詔直史館。

淳化元年八月二十三日，太子中允和嶙上表獻《皇宋御前七牓及第進士姓名記》及編注父凝所撰《孝悌記詠》十編，詔直集賢院。

十一月十二日，右司諫梁周翰上表，乞於館殿之間，俾豫鉛槧。翰林學士宋白等言：「周翰雄文奥學，才敵數人。昭文、集賢，未有學士，若以處之，雅符公議。」詔充史館修撰。

二年七月二十四日，吏部侍郎、兼祕書監李至言，闕官讎校，倉部員外郎潘慎修欲乞俾直祕閣。詔直祕閣。

四年閏十月二十四日，右諫議大夫張佖上表獻《聖翰讚》，及以所學行、草、篆書寫御製詩，乞預祕閣讎校。詔充史館修撰。

十一月八日，禮部員外郎宋湜、左正言王禹偁各直昭文館。

五年七月二十日，將作監丞孫何直史館，仍賜緋魚袋。

至道三年七月二日，知制誥梁周翰等言，虞部員外郎、前史館檢討董元亨，乞賜還職。詔充史館檢討。

八月二十三日，光禄寺丞楊嵎直史館。

**2** 九月八日，太常博士盛玄直史館。

十月三日，都官郎中黄夷簡上表自陳，故吴越王僚佐，嘗勸王入朝，詞甚懇激。詔直祕閣。

十二月十六日，右正言晁迥直史館。

真宗咸平元年二月二十五日，前舒州望江縣主簿葉圭爲大理評事、祕閣校理。從祕書監楊徽之舉。

四月十三日，光禄寺丞張廉凝直史館。

二年三月一日，(着)〔著〕作佐郎戚綸充祕閣校理。從祕書監楊徽之舉。

六月十二日，祕書省正字邵焕於祕閣讀書。從焕自請也。

三年二月二日，太常丞宋臯直集賢院。

五月十八日，著作佐郎任隨直集賢院。

六月二十七日，太常博士李維直集賢院。

七月二十一日，殿中丞石中立直集賢院。

四年二月二日，西川轉運使、兵部員外郎馬亮直史館，領使如故。

五日，太僕少卿錢惟演上表獻《東京賦》，詔直祕閣。

八月十三日，太常丞陳堯佐直史館。

五年二月三十日，將作監丞陳堯咨爲著作郎、直史館，賜緋。

三月七日，將作監丞周起爲著作郎、直史館，賜緋。

五月二十七日，祕書郎李夷庚爲太常丞、直史館。

六月六日，將作監丞朱巽爲著作郎、直史館。

十一月二十二日，職方員外（郎）、分司西京樂史以郊祀畢，奉留司表入賀。帝召見之，以其年七十餘，（筯）〔筋〕力不衰，篤學好著書，詔復直史館。

景德元年正月二十九日，祕書丞陳彭年直史館，充崇文院檢討。

八月二十六日，太[3]子中允崔遵度爲太常丞、直史館。

二年三月二十三日，將作監丞王曾爲著作郎、直史館，賜緋。

十月十九日，將作監丞陳知微、王隨並爲著作郎、直史館，賜緋。

大中祥符元年九月十三日，龍圖閣直學士杜鎬等言，大理寺丞韓允堪充檢討。詔充崇文院檢討。

天禧四年二月二十三日，翰林學士錢惟演言：「男光禄寺丞曖先蒙召試，進士及第，乞與改館閣名目。」詔特與館閣校勘，餘人不得援例。

八月四日，翰林學士楊億等言：「準詔於京朝官内同奏舉博學有行止、無過犯三兩人聞奏。今舉著作佐郎陳詁、大理評事王宗道。」詔並充崇文院檢討。

乾興元年仁宗已即位，未改元。　三月三十日，權刑部詳覆官、光禄寺丞馬季良言：「幸遇陛下明離出震，繼體承乾，乞校理之内，得預末員。」詔充祕閣校理。

天聖三年十二月十九日，贈太師、中書令王欽若妻李氏言：「婿大理評事張瓌進士登科，伏望特與校理職名。」御（扎）〔札〕批：「爲欽若無子，張瓌與充祕閣校理。」

四年五月十六日，樞密副使張士遜言男大理評事友直，乞於館閣讀書。詔從之，仍據見員外，今後更得添置[一]。

六年二月二十六日，定王府記室參軍、刑部郎中康孝基上言：「前後宮僚，例帶館職。望稽典故，俾登深嚴。」詔直史館。

十一月十六日，太常少卿、知滑州李若谷充集賢殿脩撰[二]，仍舊。

[一] 更得：似當作「更不得」。
[二] 李若谷：原作「李若穀」，據《宋史》卷二九一《李若谷傳》改。

七年二月二十七日，太常少卿、知永興軍府胡則直昭4文館〔一〕，仍舊。

十一月二日，兵部郎中孫中直史館、知河中府。

八年正月十八日，太常少卿、知廣州狄棐直昭文館，仍舊。

九年正月二十三日，翰林學士盛度子奉禮郎申甫獻文求試，詔許於館閣讀書。

九月八日，右正言陳執中直集賢院。

十年三月五日，詔祠部郎中任布直史館〔二〕、知荆南府。

二十五日，宰臣張士遜言：西京轉運副使蘇耆，望賜文館職名。詔直集賢院。

七月二十八日，河北轉運使、屯田郎中李繹爲刑部郎中、直史館、知延州。

明道元年十二月八日，職方員外郎陸參充崇文院檢討。

二年六月五日，祠部員外郎李溥自陳進士第三人及第，乞帶（官）〔館〕職。詔令直集賢院。溥性昏狂，不甚曉事，朝廷不以文翰任之〔三〕。至是久次，執政爲之地，乃始帖職，議者不以爲宜。

二十一日，宰臣李迪言：婿著作佐郎張充，乞於館閣讀書。詔特許之，不得爲例。

景祐元年正月十三日，刑部員外郎、河北轉運使王沿上表獻《春秋集傳》十五卷。帝嘉其好學，降勅書獎諭，仍令直昭文館。

二十四日，兵部員外郎黄總爲工部郎中、直史館、知延州。

二月十三日，兵部員外郎、知鳳翔府司馬池直史館，依舊。

三月二十四日，開封府判官、度支郎中任中師直史館、知澶州。

四月四日，開封府判官、殿中侍御史段少連爲刑部員外郎、直集賢院。

六月二十七日，中書門下省言：「太常博士李柬之先於學士5院試，賜同進士出身，館閣校勘。」詔直集賢院、知邢州。柬之，宰相迪子。天禧末，迪罷相斥逐，柬之落職。迪復相，柬之自陳於政府，奏乞檢會，乃除直院，公議非之。

二年正月二十七日，京東轉運使、刑部郎中楊日嚴直史館，充益州路轉運使。

四月二十一日，荆王府記室參軍、工部郎中、判司農寺任子輿言：「臣年七十有餘，衰暮，乞京東知州一任。」詔特

〔一〕軍：原脱，據《宋史》卷二九九《胡則傳》補。
〔二〕布：原作「希」，據《宋史》卷二八八《任布傳》改。
〔三〕朝廷：原作「朝議」，據《長編》卷一一二改。

與直史館。

八月二十五日，兵部員外郎陸若冲直史館、知蘇州。

三年正月二十九日，職方員外郎鮑亞之直史館、判王府記室參軍。

四月二十三日，右諫議大夫俞獻卿爲集賢院學士、知杭州。

五月二十五日，開封府判官、侍御史韓瀆爲刑部員外郎、直史館、知澶州。

七月十一日，權開封府判官、工部郎中王軫上表獻《五朝春秋》，詔直祕閣。

十九日，左司諫高若訥直史館，仍舊供職。

四年十月十九日，兵部郎中劉賽爲太常少卿〔一〕、直昭文館、知廣州。

五年二月六日，淮南轉運使、刑部郎中李昭述直史館，仍舊。

六月十八日，刑部郎中、判鹽鐵勾院張億直史館、知蘇州；兵部郎中、判户部勾院李應言直史館、知荆南府。

康定元年六月十七日，著作佐郎趙師民充史館檢討。

六月二十五日，知潭州、度支郎中賈昌齡爲太常少卿、直昭文館、知廣州。

十一月四日，太常丞田況直集賢院、簽書陝西經署安撫判官公事，仍賜緋。

二十五日，知湖【6】州、祠部員外郎滕宗諒爲刑部員外郎〔二〕、直集賢院、知涇州。

十二月十六日，太子中允、簽書〔陝西〕經署安撫判官公事尹洙充集賢校理，仍舊。

二年三月二十三日，刑部員外郎、知制誥蘇紳言：「著作佐郎張方平兩登制科，乞與召試。」詔方平不須試，可直集賢院。

四月七日，屯田員外郎劉涣爲刑部員外郎、直昭文館、秦〔龍〕〔隴〕路招撫蕃落使，仍特賜紫。

八月二十七日，淮南轉運使、兵部員外郎劉夔直史館、知陝州。

慶曆二年正月六日，兩浙轉運使、兵部員外郎李定直史館，充益州路轉運使。

三月二日，工部郎中張沔直史館、知陝州。

三年三月二十二日，御史中丞賈昌朝言：「國子博士孫瑜公廉勤幹，堪充館閣檢討。」詔充崇文院檢討。

十一月二十六日，兵部員外郎徐的爲工部郎中、直昭文館，依前江淮制置發運使。

四年三月七日，金部員外郎楊安國直龍圖閣、兼天章閣侍講，賜紫；祕書丞、充史館檢討趙師民天章閣侍講，賜緋。帝曰：「安國、師民，醇儒也，乃昔時崔遵度之比。」久

〔一〕劉賽：原作「劉賡」，據宋庠《元憲集》卷二二所載制詞改。

〔二〕諒：原脱，據《宋史》卷三〇三《滕宗諒傳》補。

侍經筵，各宜進職。」又以安國母服除，貧，賜之以銀百兩。

（十二月）二十一日㈠，樞密副使韓琦言：國子監直講、太子中允石介，乞召試館職。詔直集賢院，兼國子監直講。

四月四日㈡，京西轉運使、虞部員外郎杜杞爲刑部員外郎、直集賢院，充廣南西路轉運使，兼本路安撫使。先是，宜州言本管環州蠻賊歐希範僭稱桂王，歐正【7】辭僭稱桂牧，攻（瞏）〔環〕州，殺官吏，故命杞充使。

五年四月三日，河東轉運使、司封員外郎夏安期直史館，充河北轉運使。

五月二十九日，右正言錢明逸直集賢院。

十月二十五日，工部郎中鄭驤直史館、河北轉運使。

六年二月五日，三司户部副使、兵部員外郎趙及爲刑部郎中、直昭文館、知衛州。

五月十九日，知鳳翔府、工部郎中張旨直史館、知梓州。

八月二十八日，監察御史唐詢爲工部員外郎、直史館。

七年正月二十一日，三司度支判官、侍御史、陝西提舉計置使余仲簡爲兵部員外郎、直史館、知陝州。

二月二十七日，宰臣陳執中言：「屯田員外郎解賓王寒苦登科，勤瘁舉職，欲望試其所長。」詔充崇文院檢討。

同日，刑部員外郎、知諫院王贄爲起居舍人、直史館，同判司農寺，依舊知諫院。

皇祐元年三月十九日，三司户部副使、刑部郎中向傳式爲太常少卿、直昭文館、知亳州，東染院使楊畋爲屯田員外郎、直史館。

五月六日，前益州路提刑、度支員外郎高惟幾直史館、知梓州。

六月十七日，右司諫錢彦遠爲起居舍人、直集賢院、知諫院。

二十三日，河東轉運使任顓直史館，賜金紫，仍舊。

十一月二十四日，判大名府程琳言：殿中丞、國子監直講王純臣，乞備經筵顧問之職。詔充崇文院檢討。

二年二月十一日，兵部員外郎呂公弼直史館，充河北轉運使。

七月十六日，【8】太常少卿皇甫泌直昭文館、知鄭州。

三年四月二十二日，京西轉運使、兵部員外郎田京直史館、知滄州。

四年正月七日，淮南路體量安撫、起居舍人、同知諫院陳升之直史館，依舊知諫院。起居舍人吳奎直集賢院，依舊知密州。

二十三日，兵部郎中齊廓直史館、知荆南府。

二十六日，翰林學士趙槩等言：「刑部郎中、江東路轉

㈠ 句首原有「十二月」三字，據《長編》卷一四七所記，乃慶曆四年三月二十日壬午事，前條已標「三月」，故此删「十二月」三字。

㈡ 天頭原批：「『四月』條，移『十二月』前。」按，上條「十二月」爲衍文，已删，故此條不必移。

運使張沔早居臺省，頗聞清慎。」詔直史館，仍舊。

三月六日，太常少卿張子憲直史館、知汝州。

六月十五日，淮南轉運使、工部郎中王逵直昭文館〔一〕、知越州。

七月八日，荊湖北路提刑、太常博士祖無擇直集賢院，充廣東轉運使。

十一日，京東轉運使、工部郎中宋禧直史館、知梓州。

五年八月十六日，翰林侍讀學士呂公綽言：「弟都官員外郎、知單州公著，頃因先臣致仕恩例乞試，蒙俟得替取旨。後經三任十年，未嘗有所干述。」詔公著充崇文院檢討。

十一月二十一日，殿中侍御史唐介爲工部員外郎、直集賢院。

至和元年十一月二十四日，京西轉運使、刑部郎中陳宗古直史館，再任。

二年三月二十一日，翰林學士、群牧使楊偉等言：「判官、殿中丞王安石文行推高，乞除職名供職。」中書門下檢會王安石累有旨召試，本人不願。詔特充集賢校理，安石固辭不拜。

八月十四日，翰林學士承旨孫抃等言：大理評事韓維，欲望差充檢討。詔充史館檢討。

十[9]二月二十二日，侍御史梁蒨爲刑部員外郎、直史館、知襄州。



嘉祐二年四月二十八日，光祿卿呂居簡爲右諫議大夫、集賢院學士、知梓州。

三年九月十五日，起居舍人毋湜直史館，充兩浙轉運使。

四年五月十九日，中書門下言：三司度支判官、祠部員外郎王安石，累除館職，並辭未受，（未）今取旨。詔與直集賢院。

六月七日，太常博士陳洙、太子中允王陶、大理評事趙彥若、杭州於潛縣令孫洙並充館閣編校書籍。編校自是始置。須供職二年，即奏取旨後，皆充館閣校勘。

七月九日，屯田員外郎、知渠州龔鼎臣編校史館書籍〔二〕。

八月十八日，國子博士傅卞編校集賢院書籍，仍候天章閣侍講有闕差充。

八年五月十五日，都官郎中、編校昭文館書籍孟恂，秘書丞、編校祕閣書籍孫思恭，並充祕閣校理；大理評事、編校昭文館書籍趙彥若，杭州於潛縣令、編校祕閣書籍孫洙，並充館閣校勘。

九月十八日，殿中丞、編校集賢院書籍錢藻充祕閣校理，太平州司法參軍、編校史館書籍曾鞏充館〔閣〕校勘，太

---

〔一〕逵：原作「達」，據《長編》卷一七二改。

〔二〕龔鼎臣：原作「襲鼎臣」，據《宋史》卷三四七《龔鼎臣傳》改。

常博士、知越州諸暨縣丁寶臣編校秘閣書籍。治平三年五月，寶臣充祕閣校理。

英宗治平元年九月二十二日，屯田員外郎周孟陽直祕閣、同知太常禮院。

二年正月九日，編排中書諸房文字、屯田員外郎王廣淵直集賢院。

二十四日，皇子位翊善邵亢直史館，兼判司農寺。

二[10]月二十八日，侍御史知雜龔鼎臣充集賢殿修撰、知應天府。

五月十一日，右諫議大夫孫長卿兼集賢院學士，充河東轉運使。

九月二十五日，宣州涇縣主簿林希編校集賢院書籍，(楊)〔揚〕州司理參軍沈括編校昭文館書籍。括熙寧元年八月，希三年五月，並充館閣校勘。

十二月十五日，陝西轉運副使、司封員外郎蔡挺爲工部郎中、直龍圖閣、權知慶州。

三年五月二十七日，太常少卿齊恢直昭文館，充(穎)〔潁〕王府翊善。

八月十三日，秘書少監王綽爲殿中監、直龍圖閣。

十月五日，河北轉運使沈立充集賢殿修撰、知滄州。

十一月三日，知徐州、光禄卿李士先直昭文館，知荆南府。以上《國朝會要》。

治平四年四月五日，神宗已即位，(末)〔未〕改元。度支郎中、知兖州李師中直史館、知鳳翔府。

七月十九日，著作佐郎、充三司檢法官呂惠卿編校集賢院書籍，試祕書省校書郎、知睦州壽昌縣梁燾編校祕閣書籍。燾熙寧二年二月充館閣校勘。

神宗熙寧元年四月二十三日，度支郎中、知桂州張田爲太常少卿、直龍圖閣、知廣州。

五月二十五日，江南西路轉運使、光禄卿程師孟直昭文館、知福州。

六月二十五日，權河北轉運使、兵部員外郎張問直史館〔一〕、知澶州。

九月二十九日，大理寺丞、編校祕閣書籍顧臨充館閣校勘。

十一月二十五日，廣南東路轉運使、司勳郎中王靖爲太常少卿、直[11]昭文館、知廣州，皇城使、端州刺史、知冀州潘夙改司封郎中、直昭文館、知桂州。

二年正月二十三日，知滄州、工部郎中李壽朋直史館。翰林學士司馬光河北相度河事迴，薦壽朋經地震完葺有勞，故有是命。

四月八日，兵部員外郎、兼起居舍人范純仁直集賢院、同修起居注。

七月十四日，成都府路轉運使、工部郎中李復圭直龍

〔一〕張問：原作「張間」，據《宋史》卷三三一《張問傳》改。

圖閣，權知慶州。

九月十一日，御史中丞呂公著言：「伏見祕書省著作佐郎張載，爲學得修身事君之大要，久在陝西，一方士人以爲師表。前河南府永安縣主簿邢恕剛毅不撓，勇於爲善，學術操守，實賈誼、馬周之流。伏望特賜裁擇，或召對以觀其才，或置之館閣，以待任使。」詔令(閣)〔閤〕門引對。既對，並特命爲崇文院校書。校書自是始置，有詔須供職二年，奏取旨。是後非以故罷黜者，皆充館閣校勘。

十一月一日，著作佐郎呂惠卿爲太子中允、崇政殿説書，尋充集賢校理。

三年五月十七日，兵部郎中張師顔充集賢殿修撰、河北轉運使。

二十四日，工部郎中沈起直舍人院。

六月十七日，兵部郎中、同知審官西院韓縝直舍人院。

二十一日，兵部郎中、同知審官西院韓縝充集賢殿修撰。縝辭直院，故復有是命。

七月十一日，三司鹽鐵使、工部郎中沈起爲集賢殿修撰、權陝西都轉運使。

二十五日，前陝州陝縣令范育爲光禄寺丞、崇文院校書。以育嘗召對[12]言事及看詳轉運文字稱旨故也。

九月四日，禮部郎中、權三司副使張(間)〔問〕充集賢殿修撰、河東轉運使。

六日，著作佐郎曾布賜對，命爲太子中允、崇政殿説書。布固辭，改充集賢校理。

二十七日，比部員外郎曾孝寬以父公亮罷相恩，命充祕閣校理。

十月六日，職方員外郎、通判寧州鄧綰上書陳利便，賜對，命充集賢校理，檢正中書孔目房公事。

十一月二十五日，著作佐郎、編修中書條例張琥充集〔賢〕校理。

十二月二十三日，太子中允李定賜對，命爲崇政殿説書。定固辭，改充集賢校理，檢正中書吏房公事。

四年正月九日，工部郎中、兼侍御史知雜事謝景温直史館，兼侍讀。景温固辭兼侍讀，出知鄧州。

二十五日，著作佐郎朱明之賜對，命爲崇政殿説書。明之固辭，改充崇文院校書、删定令式。六年二月，充館閣校勘。

四月十九日，試將作監主簿常秩賜對，命爲右正言、直集賢院，管勾國子監公事。秩，(穎)〔潁〕上人，經明行修，恬退自守。嘉祐中，近臣數論薦之。後召見亦不至，至是上特起之。

七月八日，權夔州路轉運使、尚書屯田郎中孫構爲司封郎中、直昭文館、夔州路轉運使，落「權」字。權夔州路轉運判官、尚書屯田郎中張詵爲司封郎中、直集賢院、權夔州路轉運副使。

十五日，秘書丞、檢正中書户房公事、兼編修條例章惇

賜對，命充集賢校理。
八月三日，著作佐郎、同提舉秦州西路[13]蕃部及市易等公事王韶爲太子中允、祕閣校理。
六日，光禄寺丞、知開封府陽武縣崔公度上《熙寧稽古一法百利論》，賜對，命爲崇文院校書，編修三司令式删定官。六年九月，充館閣校勘。
十月二十一日，武昌軍節度推官王安國以翰林學士韓維等薦，詔充崇文院校書。六年十一月，爲著作佐郎，充祕閣校理。
五年二月十一日，著作佐郎王安禮賜對，命充崇文院校書。
九月八日，光禄寺丞黄履爲館閣校勘。
十月十八日，太常丞鄧潤甫充集賢校理，直舍人院、同知審官東院。
七年二月六日，祕書丞、崇文院校書王安禮爲館閣校勘。
三月十六日，知虔州、都官員外郎劉彝直史館、知桂州。
十七日，太子中允、檢詳樞密院兵房文字黎侁充館閣校勘。
五月八日，河州通判、祕書丞鮮于師中以河州平〔一〕，命爲祠部員外郎，充集賢校理。
十一日，湖北轉運使孫構爲太常少卿，充集賢殿修撰。
十二日，太子中允、監察御史裏行蔡確直集賢院、權發遣提點開封府界諸縣鎮公事。
二十八日，大理寺丞、國子監直講沈季長爲太子中允，充崇政殿説書。太子中允、館閣校勘呂升卿充崇政殿説書。
六月二十一日，睦州軍事推官、禮房習學公事葉適爲光禄寺丞、館閣校勘、權檢正中書禮房公事。
二十八日，太子中允、權監察御史裏行丁執禮充館閣校勘。
七月三日，權發遣淮南[14]東路轉運副使、太子中允俞充充集賢校理。
六日，大理寺丞韓宗古賜對，命爲館閣校勘。
十月二十八日，太常博士、魏王宫教授虞太熙賜對，命充崇文院校書。九年十一月，充館閣校勘。
八年正月二十四日，鎮南軍節度推官、中書户房習學公事徐禧賜對，命爲太子中允、館閣校勘、權監察御史裏行。
四月二十五日，皇城使、忠州刺史、廣西鈐轄石鑒自陳乞復文資，詔换衛尉少卿、直昭文館。
閏四月十二日，横海軍節度推官練亨甫、太原府法曹參軍范鏜賜對，並命充崇文院校書、習學公事，亨甫户房，

〔一〕鮮于師中：原作「鮮于中師」，據《長編》卷二五二乙。

鐙刑房。九年十月，亨甫罷黜。十年四月，鐙充館閣校勘。

八月十四日，詔韓琦子忠彦，候服闋，除直龍圖閣。

二十三日，太子中允、檢正中書户房公事張諤直舍人院，檢正五房公事。

十月(六)〔十九日〕〔一〕，(穎)〔潁〕州進士常立爲天平軍節度推官，充崇文院校書。

十二日，右諫議大夫賈昌衡充集賢殿修撰，知河南府。

十一月二十九日，著作佐郎王仲脩賜對，命充崇文院校書，同知太常禮院。

九年五月二十三日，祕書監高賦充集賢院學士。

十年四月三日，撫州司户參軍、太常寺主簿、兼禮院檢詳文字黄君俞充崇文院校書。以樞密直學士陳襄等薦也。

五月十九日，太子中允、監察御史裏行蔡承禧充集賢校理，權發遣提點開封府界諸縣鎮公事。

六月二十五日，太子中允、樞密【15】院檢詳户房文字趙君錫充祕閣校理，知大宗正丞事。

八月一日，舒州團練推官蔡京賜對，命爲崇文院校書、中書禮房習學公事。

十月二十六日，金部員外郎呂嘉問爲司封員外郎、直昭文館，知江寧府。

元豐元年閏正月一日，權發遣三司户部使、尚書兵部郎中陳安石爲集賢殿修撰。

六日，太常博士、集賢校理劉奉世直史館，爲國史院編修官。

四月二十三日，〔三〕司鹽鐵副使、尚書工部郎中李復圭爲集賢殿修撰，知滄州。

二十八日，祕書丞、崇文院校書范育直集賢院。以上批：「育數受命案事，能以直道自持，不爲黨勢回屈，而擿發姦慝，多得隱伏情狀。且今士人方以養私庇姦罔上爲俗，如育者賞豈宜緩？」故有是命。

五月九日，大理寺丞、館閣校勘曾肇爲集賢校理。

六月四日，同知太常禮院、太常丞、館閣校勘劉摯爲集賢校理。

九月十一日，大理寺丞、館閣校勘韓宗古爲集賢校理。

二年正月二十一日，大理評事元耆寧爲崇文院校書、同知太常禮院。以上批「參知政事元絳子耆寧，訪於士人，多其孝謹。觀所爲文，頗亦典贍」故也。

三月一日，權監察御史裏行舒亶爲集賢校理。以上批「亶優於辭學，詳於吏治，自丞屬憲府，能以先後左右朝廷政事爲己職責」故也。

四月二十三日，真州軍事推官、崇文殿校書黄君俞爲館閣校勘。

〔一〕十月十九日：原作「十月六」，按《長編》卷二六九記此事於十月十九日丁未，據改。此條當移後。

六月十六日，光禄寺丞陸佃爲集賢校理。上16批「(伸)〔佃〕資性敏明，學術贍博」，故擢之。

八月五日，大理評事、崇文院校書、權檢正中書户房公事蔡京爲太子中允、館閣校勘。

二十一日，權江淮等路發運副使、尚書刑部員外郎盧秉加集賢殿修撰。

二十七日，修定《説文》、兼知太常禮院、太子中允王子韶爲集賢校理。

十月四日，詳定郊廟禮文朝會儀注所檢討文字、祕書省著作佐郎何洵直爲祕閣校理。上批「洵直資性超敏，彊記多聞」，故擢之。

十一月十八日，河東路轉運判官、通直郎蔡燁直龍圖閣、知秦州。

三年二月十一日，祕書丞、崇文院校書王仲脩爲館閣校勘。

二十五日，太子中允張商英爲館閣校勘、權發遣司農寺丞。

八月五日，太子中允、檢正中書禮房公事王震爲館閣校勘。

九月十一日，太子中允、館閣校勘、權監察御史裏行何正臣直集賢院、兼侍御史知雜事。

十一月十八日，權發遣開封府判官、尚書屯田員外郎、館閣校勘虞太熙爲集賢校理。

四年七月七日，崇文院校書元耆寧爲館閣校勘、勾當杭州洞霄宫，令隨侍父絳致仕。耆寧校書未二年，特恩也。

八日，通直郎、館閣校勘、權監察御史裏行滿中行直集賢院、兼侍御史知雜事。

同日，通直郎、監察御史裏行朱服爲館閣校勘。

八月十三日，知秀州華亭縣〔一〕、館閣校勘邢恕爲史館檢討。

十一月九日，朝奉大夫、直史館蹇周輔爲集賢殿修撰、河北都轉運17使，兼措置糴(使)〔便〕。

五年正月二十四日，通直郎、館閣校勘范鏜爲集賢校理。

六年七月二十一日，朝散郎、守尚書左司郎中吳雍直龍圖閣、河北轉運使。

七年二月三日，奉議郎、陝西路轉運使范純粹直龍圖閣、知慶州。

六月五日，權發遣河東路轉運使、朝散郎苗時中直龍圖閣、知桂州。

二十四日，朝請大夫劉忱直龍圖閣、知潭州。

七月二十四日，權發遣江淮等路發運副使蔣之奇直龍圖閣〔二〕。

---

〔一〕華亭：原作「華南」，據《元豐九域志》卷五改。

〔二〕蔣之奇：原作「蔣之琦」，據《宋史》卷三四三《蔣之奇傳》改。

八年五月十八日，奉議郎、吏部員外郎文及直龍圖閣〔一〕、知同州。及，彦博子，以彦博乞免兩鎮節度使，故有是命。

哲宗元祐元年三月十四日，草澤程頤言：「蒙恩授宣德郎、祕書省校書郎。臣昨蒙恩授西京國子監教授，方再辭免，未獲進見，遽有除命，不敢祗受。伏望令臣入見。」從之。

五月二十二日，判大名府韓絳乞寢子宗師直祕閣之命。從之。

二年三月二十六日，左諫議大夫鮮于侁除集賢殿修撰、知陳州。中書舍人曾肇言：「檢詳條制，自侍郎至諫議大夫除外官者，並與換待制，即朝廷擢用及責降者不用此例。今來鮮于侁以疾乞郡，累章得請，即非責降。所除集賢殿修撰，慮違定制。」詔侁一年取旨。

〔元年〕三月二十八日〔二〕，詔職事官許帶職。紹聖二年四月二日罷。

〔二〕〔三〕年五月十二日〔三〕，朝奉郎、考功員外郎歐陽棐爲集賢校理、權判登聞鼓院。先是，除棐實録院檢討官，言者論棐之失，故有是命。

十18六日，新知荆南府唐義問除集賢校理。

四年二月十二日，左中散大夫、太常少卿、直祕閣王汾爲直龍圖閣、知明州。

同日，朝奉郎、權知曹州韓宗古爲集賢校理、知潞州。

三月十四日，朝散郎、江淮等路制置發運副使路昌衡爲直祕閣、權知廣州。二十八日，改知潭州。

二十八日，朝議大夫、直祕閣、知潭州謝麟爲直龍圖閣、知廣州。

七月十二日，中散大夫、充集賢校理、蔡河撥發王哲爲直祕閣、提舉西京嵩山崇福宮。

八月十日，權河東路都轉運使、直龍圖閣范子奇爲集賢殿修撰，充河北路都轉運使，兼外都水使者。

五年八月二十四日，祕書省著作佐郎、兼侍講司馬康直集賢院、管勾西京嵩山崇福宮。以疾請也。

十月六日，知梓州周尹爲直祕閣。

六年正月十九日，左朝奉郎、集賢校理、荆湖北路轉運使唐義問爲直龍圖閣、知荆南府。

五月十二日，祕書省校書郎黃裳供職及二年，爲集賢校理。

七年正月十一日，左朝散郎、祕書省正字宋匪躬爲祕閣校理。

二月十四日，權陝府西路轉運使李南公除直祕閣。

六月十四日，徐王府記室參軍龔原帶祕閣校理。

〔一〕吏部：原脱，據《長編》卷三五六補。
〔二〕元年：原無，據《長編》卷三七三補。此條當移前。
〔三〕三年：原作「二年」，據《長編》卷四一〇改。下條亦爲三年五月事，見《長編》卷四一一。

九月二十二日，河北路轉運使韓正彦直祕閣、知滄州。

十月十六日，陝西轉運使李南公直龍圖閣、知延安府。

十八日，左宣德郎、祕書省正字陳祥道爲館閣校勘。

同日，工部員外郎游師雄爲集賢校理。

19 二十二日，秘書省著作佐郎徐鐸爲集賢校理。

十二月一日，集賢殿修撰、知襄州楊佊，集賢殿修撰、知河陽章衡，並除集賢院學士。

八年二月四日，左朝奉郎、直龍圖閣、知荆南府唐義問爲集賢殿修撰、知廣州。

十九日，左朝議大夫、權尚書户部侍郎范子奇爲集賢殿修撰、知慶州。

十一月二十九日，左朝散郎、太府卿高遵惠爲集賢殿修撰、知河中府。

紹聖元年三月二日，給事中呂陶除集賢院學士、知陳州。

閏四月十九日，權發遣河北西路常平等事陸師閔爲直祕閣。

六月二十二日，左朝請郎、權刑部侍郎杜紘爲集賢殿修撰，充江淮等路發運使。

八月二日，陝府西路計度轉運使、直祕閣穆衍爲直龍圖閣、知慶州。

六日，陝府西路計度轉運使胡宗回爲直龍圖閣、權知桂州。

八日，祕書少監、充祕閣校理張舜民爲直祕閣、權發遣陝西路計度轉運使。

九月十一日，太常少卿宇文昌齡爲直祕閣。

二年正月十二日，直龍圖閣章楶爲集賢殿修撰、權知廣州。

十四日，冀王府翊善、左朝請大夫李華除祕閣校理。從王請也。

四月三日，詔：「職事官罷帶職，非職事官仍舊許帶。集賢院學士爲集賢殿修撰，直集賢院爲直祕閣，集賢校理爲祕閣校理〔一〕，見帶職人並改正。」

七月十四日，祕書少監、左朝議大夫晁端彦爲直祕閣、知峽州。

八月十六日，詔朝奉郎、冀王府侍講李潛爲祕閣校理。20 王以例請也。其諸王府翊善、侍講、記室參軍，今後仍舊只除已帶職人。

十月七日，權兵部侍郎王古爲集賢殿修撰、充江淮荆湖等路發運使。

八日，右司郎中毛漸爲祕閣校理。

十二月二十二日，朝奉郎、充祕閣校理、權知河中府游師雄爲直龍圖閣、知秦州。

三年四月四日，兵部郎中韓宗古爲祕閣校理、諸王府

〔一〕爲秘閣校理：原脱，據本書職官一八之七八補。

翊善。

十月三日，祕書監王子韶爲集賢殿修撰、知明州。

十八日，權發遣江淮荆浙等路發運使呂温卿加祕閣校理。以户部言其職事修舉也。

四年七月十九日，光禄卿程嗣恭爲直祕閣、知揚州。

二十一日，鴻臚卿呂温卿爲直祕閣、權發遣江淮等路發運使。

元符元年正月三日，朝奉郎、新除權發遣河北路計度轉運副使呂升卿加直祕閣。

十七日，承議郎、直龍圖閣、熙河蘭岷路計經略安撫判官鍾傳特除集賢殿修撰〔一〕，賜金紫。

三月十三日，朝散郎、直祕閣、知潭州張舜民爲直龍圖閣、知青州。

同日，朝散大夫、權廣南西路計度轉運副使程節爲祕閣校理、知潭州。

七月二十二日，江淮荆浙等路發運副使呂升甫爲直祕閣。

十二月三日，太常少卿張商英爲集賢殿修撰、江淮荆浙等路發運使〔二〕。

二年正月二十二日，朝請郎、知海州陸佃爲集賢殿修撰、知蔡州。

五月二十八日，奉議郎、權陝府西路轉運判官李諶加祕閣校理。

三年二月十二日，降授承議郎 21 楊畏爲集賢殿修撰、知襄州。

同日，朝奉郎文及甫直龍圖閣、知陝州。

三月十五日，降授承務郎、添差郴州茶鹽酒税周常爲宣義郎、直祕閣、知滁州。

十七日，朝奉大夫、知潭州温益，朝請大夫、新判南京國子監岑象求，並直龍圖閣。

同日，承議郎、新除尚書司封員外郎傅楫〔三〕，朝請郎朱紱，並直祕閣，乘驛赴闕。皆潛邸舊僚也。

二十五日，朝請郎、知袁州王古爲集賢殿修撰、知潤州。

四月三日，朝請郎董敦逸爲朝奉大夫、直龍圖閣、知荆南府。

二十一日，朝請郎、知兖州王欽臣爲集賢殿修撰、知(穎)〔潁〕昌府。

二十三日，朝散郎、知滁州朱服爲集賢殿修撰、知廬州。

六月十九日，朝散大夫、太府少卿賈種民直龍圖閣、陝西路都轉運使。

---

〔一〕「計」字疑衍，《長編》卷四九三載紹聖四年十二月鍾傳官銜爲「熙河蘭岷路經略安撫判官」，可證。

〔二〕浙、路：原脱，據《長編》卷四九三補。

〔三〕楫：原作「揖」，據《宋史》卷三四八《傅楫傳》改。

七月十九日，朝奉郎、提舉南京鴻慶宫唐義問爲集賢殿修撰、知(穎)〔潁〕昌府。朝請大夫、知鄧州邵龥直龍圖閣〔一〕、知秦州。

十一月一日，朝請郎、提舉江州太平觀韓川爲集賢殿修撰、知青州。

同日，復濮州團練副使劉安世爲承議郎、集賢殿修撰、知鄆州。

徽宗建中靖國元年三月十九日，朝奉郎、新除祕書少監張耒直龍圖閣、知揚州。

四月二十一日，左朝議大夫、太僕卿盛次(中)〔仲〕直龍圖閣、知鄧州。

六月二十八日，左中奉大夫、知鄭州趙令鑠直龍圖閣、知河陽。

二十九日，左朝議大夫、直龍圖閣、淮南江浙荆湖等路發運使胡宗回爲集賢殿修撰、知青州。

22 八月一日，朝奉(郡)〔郎〕、知壽州朱紱爲集賢殿修撰。

九月二十八日，朝奉大夫、太僕卿黄寔直龍圖閣、知秦州。

十二月一日，朝奉大夫、知湖州徐鐸爲集賢殿修撰、知河中府。

十一日，權尚書户部侍郎吕仲甫爲集賢殿修撰、知應天府。權尚書刑部侍郎周鼎直龍圖閣、知齊州。

十五日，朝奉大夫、知滁州范鏜爲集賢殿修撰、知澶州。權尚書工部侍郎楊康國爲集賢殿修撰、知陜州。

二十三日，復朝請郎、知濠州鄧極爲(極)〔集〕賢殿修撰、知潭州。

崇寧元年正月七日，朝請郎、尚書都官員外郎劉朴直祕閣、提點河北西路刑獄。

二十日，朝奉大夫、陜西路轉運使吴憲直龍圖閣、知秦州。

八月十四日，復左朝議大夫、知應天府吕仲甫爲集賢殿修撰。

十五日，以光禄卿向紃直龍圖〔閣〕、知(穎)〔潁〕州。

十七日，朝散郎、提舉亳州明道宫文及甫爲集賢殿修撰、知(穎)〔潁〕昌府。復朝奉郎致仕鍾傳直龍圖閣、知河中府。

十二月十日，左中散大夫、新知廬州林顔直祕閣、知鄧州。

二年三月八日，朝請郎、淮南江浙荆湖發運使曾孝序爲集賢殿修撰、知慶州。

九日，朝散郎、太府卿鄭僅直龍圖閣、陜西路轉運副使。

四月七日，朝請郎、尚書左司員外郎董必直龍圖閣、知

---

〔一〕邵龥：原作「邵虒龠」，據《長編》卷五〇九改。蓋一字誤分爲二字。

荆南府。

五月十五日，知宣州何琬奉行茶事，率先就緒，可除直龍圖閣。

八月十五日，詔：「權通判蘭州王端究心邊事，招納有勞，特除直祕閣，23差充西路運判，免簽書，專切管勾措置招納。」

九月十五日，朝請大夫、直龍圖閣、提舉成都府利州陝西等路茶事、兼陝西買馬監牧程文邵爲集賢殿修撰、熙河路都轉運使、兼川陝茶馬。

十月二十六日，光禄卿曾孝序爲集賢殿修撰、知慶州。

二十八日，朝散大夫張恕直祕閣、知齊州。

三年正月二十三日，朝請大夫吴安憲直龍圖閣、知鄧州。

二月十九日，左朝議大夫、宗正少卿鄧祐甫直祕閣、知應天府。

四月二日，光禄少卿蔡渭直祕閣、知真州。

十五日，朝奉大夫、直龍圖閣、河北路都轉運使梁子美爲集賢殿修撰。

二十八日，起復朝請郎、直龍圖閣、陝西路都轉運使鄭僅爲集賢殿修撰。

同日，朝奉郎、河北路（指）〔措〕置糴便康位直龍圖閣。

五月三日，朝請大夫、知福州王祖道直龍圖閣、知桂州。

五日，奉議郎、新熙河路轉運副使吴擇仁朝奉郎〔一〕、直祕閣。

六月十七日，詔：「元絳被遇神考，延登近輔，以其子朝奉大夫、提點東太一宫耆寧直祕閣、提點醴泉觀。」

十月十六日，以朝奉郎、直祕閣、熙河路轉運副使吴擇仁直龍圖閣。

二十三日，權發遣淮南江浙荆湖制置發運使胡師文計置年額上供，前期足辦，甚見才敏，可特除集賢殿修撰。

十二月十六日，朝奉大夫、祕書監鄧棐爲集賢殿修撰、知（穎）〔潁〕昌府。朝奉郎、知陳州石豫爲集賢殿修撰、知鄧州。

四年二月二十八日，祕書省24祕書郎黄符直祕閣、提舉訓釋經義局檢討官。

五月三日，光禄卿林邵爲集賢殿修撰、知（穎）〔潁〕昌府。

十日，朝奉大夫、荆湖北路轉運判官陳舉直祕閣、知荆南府。

八月十五日，詔：「宋喬年昨委察訪熙河，付以體究一路利害。今條析來上，精微該博，文理優贍。可特賜進士出身，仍除集賢殿修撰、京畿轉運使。」

十九日，奉議郎、宗正少卿馮澥直龍圖閣、知鳳翔府。

---

〔一〕郎：原脱，據後「十月十六日」條補。

九月五日，朝奉大夫、知鄆州徐彦孚爲集賢殿修撰。

五年正月十三日，朝奉大夫李譓直祕閣、知信陽軍。

二月二十六日，衛尉卿趙存誠爲集賢殿修撰、提舉醴泉觀。以其父挺之拜相有請故也〔一〕。

十二月二日，淮南江浙荆湖等路發運副使劉何爲集賢殿修撰。

大觀元年二月十八日，復左中散大夫王端爲集賢殿修撰、知廣州。

三月十五日，朝請大夫、直龍圖閣、河北路轉運使王博聞爲集賢殿修撰、知成德軍。

十七日，左中散大夫、都水使者梁子野爲集賢殿修撰、河北都轉運使。

五月一日，降授朝奉郎、新陝西路轉運使席震直龍〔圖〕閣、知荆南府。

十一日，祕書少監方會爲集賢殿修撰、知河中府。

二十五日，朝散郎、京西路轉運使李譓直龍圖閣、淮南江浙荆湖等路發運使。

六月六日，司農少卿程伯孫直龍圖閣、知陝州。

九月十五日，朝請郎、司農卿宋聖寵直龍圖閣、知應天府。

閏十月七日，朝奉郎、右正言張茂直祕閣、25知鄧州。

十二月八日，朝奉郎、知秀州錢遹爲集賢殿修撰、知越州。

二年二月二十八日，降授朝奉大夫、知虢州李孝壽爲集賢殿修撰、知兗州。

三月十二日，承議郎、提點荆湖南路刑獄席貢直秘閣、知荆南府。

四月七日，朝奉郎羅畸爲集賢殿修撰、知廬州。

二十日，左中散大夫、光禄少卿董正封直龍圖閣、知濟州。

七月二十九日，承議郎張罿直祕閣、河北路轉運副使，尚書户部郎中張諤直祕閣、河北路轉運使。

八月三日，朝請大夫、成都府路轉運使何常爲集賢殿修撰。

十月二日，朝請大夫、直祕閣、陝西路轉運副使王覺直龍圖閣、知荆南府。

三年七月五日，中大夫、新知越州吴執中知揚州，中奉大夫、提舉杭州洞霄宫周鼎知應天府，朝散大夫、提舉南京鴻慶宫郭知章知汝州，朝奉郎、提舉杭州洞霄宫吴拭知陳州，並除集賢殿修撰。

十二月三日，朝議大夫、直祕閣、夔州路轉運副使龐恭孫直龍圖閣，朝奉大夫、太府少卿張爲直龍圖閣、知蔡州。

四年正月二十六日，中奉大夫、太常少卿李夔爲集賢

〔一〕父：原脱，按《建炎要録》卷四五云「存誠，挺之子」，據補。趙存誠當爲趙明誠之兄。

殿修撰、知鄧州。

六月九日，朝請大夫、太府卿王韶爲集賢殿修撰、知蘇州。

七月三十日，復朝請郎、知汝州慕容彦逢，朝散郎、知滁州席旦，通直郎、新知温州郭敦實，並爲集賢殿修撰。

政和元年正月二日，詔：「京東路轉運副使韓嚮具到，自到任後來，申請擘（書）〔畫〕措置振 26 舉過事件，并均節本路財用事目，共二十五册。乙夜觀覽，頗見用心。提振綱維，皆有條理。不擾民而調度足，匪峻刑而姦弊消。可特除直祕閣，差遣依舊，以爲守法奉公能吏之勸。」

三月十四日，詔：「朝散大夫、權發遣湖北提刑陳仲宣所言十五事，其間糾劾貪贓，搜求民隱，敷陳利害，頗見用心。朝奉郎、權發遣兩浙路轉運判官賈偉節所言十事，頗似可采。並除直祕閣。」

五月十二日，朝散郎、前荆湖北路轉運副使周紳直祕閣、知荆南府。

二十六日，復中大夫、知蘄州馬防爲集賢殿修撰、知蘇州。

六月二十六日，朝奉大夫、開封少尹錢蓋直龍圖閣、知開德府。

八月九日，復朝議大夫、提舉亳州明道宮胡師文爲〔集〕賢殿修撰。

九月二日，朝請大夫、直祕閣、河東路轉運使蔡安持〔直〕龍圖閣、江淮荆浙等路發運副使。

六日，朝奉郎、直龍圖閣、京畿轉運副使盛章爲集賢殿修撰、知蘇州。尚書左司員外郎陳遘直祕閣、河北路轉運使。朝散郎、福建路轉運判官柳度俊直祕閣，陞副使。

二十三日，朝奉大夫、陝西路轉運副使陳敦復直龍圖閣，陞轉運使。

十月六日，朝散郎、知睦州李圖南爲集賢殿修撰、知復州。

二十七日，朝請大夫、太府卿張勵爲集賢殿修撰、知福州。奉直大夫、宗正少卿周邦彦直龍圖閣、知河中府。

二年四月二日，詔今後貼職，非特旨不除。以臣僚言：「竊聞端拱元年建祕閣，有夏侯嘉正者見稱於縉紳，太宗雅知其名，欲加簡（技）〔拔〕。27 一日，召試禁中，奏篇稱旨，始命爲直祕閣。熙寧中，王韶（紹）緣洮河戎事有功，神考議以直昭文館寵之。王安石言韶功大不辭，乃命爲直集賢殿。居數日，以内批再議韶職，僉言洮河事皆韶本謀，功賞終未稱，乞進除直龍圖閣。神考以爲薄，始命爲修撰。由此觀之，則祖宗於貼職華選，尤所加重也。臣竊惟頃歲以來，朝廷稍以職名旌勸庶官，而因緣附麗請（記）〔託〕，頗多冗濫。臣愚深恐清塗漸塞，而礪世磨鈍之具，亦將無以示勸矣。臣聞昔衛賞于奚以邑，辭；請曲縣〔一〕、繁纓以

〔一〕縣：原作「樂」，據《左傳》成公二年改。

朝，許之。仲尼聞之，曰：『惜也！不如多與之邑。惟器與名，不可以假人。』伏望〔聖〕慈特敷詔旨，自今以勞任事當加旌賞者，止以遷職任、進官資爲恩典。惟殊績異能之士及親加（職）〔識〕擢者，方許除貼職，庶幾名器增重，清塗日闢，更加奮勉，以興事功，上副陛下釐百工、熙庶績之意。」故有是詔。

五月二十七日，朝散郎、司農卿王革爲集賢殿修撰、河東路都轉運使。繼而又改除直龍圖閣。

六月二十七日，朝奉郎、直祕閣、提舉成都府陝西等路茶馬張翬直龍圖閣。

八月十八日，朝請大夫、直龍圖閣、知河中府何述爲集賢殿修撰。

二十九日，朝奉大夫、直祕閣、梓州路轉運判官趙遹直龍圖閣，陞副使。

三年正月十八日，詔：「提舉淮南路茶鹽事黃敦信措置鹽本備足，客販流通，職事修舉，除直祕閣。」

二月二日，降授朝請郎、直祕閣、陝西路轉運副 28 使侯臨直龍圖閣〔一〕、知慶州。

四月三日，朝奉大夫、直龍圖閣、梓州路轉運副使趙遹爲集賢殿修撰，陞轉運使。

八日，復朝散大夫、直龍圖閣、提舉杭州洞霄宮周秩爲集賢殿修撰、知鄂州。

十五日，中散大夫、直龍圖閣、提舉江寧府崇禧觀崔子堅爲集賢殿修撰。

閏四月十三日，奉議郎、直祕閣、知荆南府程鄰爲集賢殿修撰、知桂州。

五月二日，降授朝請郎、直祕閣、陝西路轉運使陳亨伯直龍圖閣、知慶州。

七月二十八日，朝請郎、司農卿都隨直祕閣、知滁州。

九月二十日，朝散大夫、直祕閣、京西路轉運使王燾爲集賢殿修撰、知平江府。

十月十五日，通直郎、祕書省著作郎李謌直祕閣、提舉江南東路學事。

十一月一日，復唐州團練副使、隨州安置穆京爲朝議大夫、直龍圖閣、陝西路轉運使。

四年二月三日，承議郎、直〔龍〕圖閣、新知虢州任熙明爲集賢殿修撰、知河陽。

三月二十一日，朝奉大夫、直祕閣、兩浙路轉運使李偃直龍圖閣。

四月十三日，京畿轉運副使趙霆直祕閣。

六月十二日，復朝散大夫、提舉洪州玉隆觀曾孝蘊爲集賢殿修撰。

十月二十二日，朝議大夫、鴻臚卿陳覺民爲集賢殿修撰、知廣州。

〔一〕侯臨：原作「候臨」，據翟汝文《忠惠集》卷二改。

五年九月六日，中大夫、直龍圖閣、權陝西路轉運使吳亮陳乞宮祠。詔：「亮宣力陝右，職事修舉，歲計足辦。以疾有陳，誠可惻憫。宜依所請，可除集賢殿修撰、提舉兗州（大）〔太〕極[29]觀。」

十二日，朝議大夫張謂直龍圖閣、知潭州。

十二月十二日，直祕閣、江浙等路發運副使徐鑄直龍圖閣，朝奉大夫、知真州詹度直祕閣。

六年正月十三日，朝請郎、大理卿侍其傳直祕閣、知懷州，朝散大夫、太僕卿田登直祕閣、知拱州。

二十四日，承議郎、直祕閣鄭修年直龍圖閣，宣義郎鄭億年直祕閣。

二十八日，朝散大夫、直龍圖閣、成都府路轉運副使孫義叟爲右文殿修撰、知瀘州。

閏正月二日，祕書丞李良嗣直龍圖閣、提點萬壽觀。

二十七日，朝散郎、梓州路轉運副使王良弼，朝請大夫、提舉梓州路常平楊彥章，並直龍圖閣。

三月二日，宗正少卿李邦彥直祕閣，與外任。

二十八日，陝西路轉運副使孫竢直龍圖閣、知秦州。

四月五日，符寶郎葉著直龍圖閣、提點醴泉觀。

八日，朝奉郎、祕書少監方天若爲右文殿修撰、知泉州。

十日，詔祕書省殿以右文殿爲名，見任集賢殿修撰並改作右文殿修撰。

二十一日，尚書右司員外郎聶山直龍圖閣、荆湖南路轉運副使。

二十四日，尚書左司員外郎胡直孺直龍圖閣、淮南路轉運副使。

六月九日，朝奉大夫、祕書監蘇煒爲右文殿修撰、知泉州，朝奉大夫、司農少卿劉敦夫直龍圖閣、知潭州，朝奉大夫張閎直祕閣、陝西路轉運使。

十二日，降授朝散大夫、提點荆湖北路刑獄毛衍直龍圖閣、知荆南府。

九月六日，中大夫、直祕閣、河北路轉運（司）〔使〕沈純誠直龍圖閣。

十七日，詔：「天下人才富盛，[30]趍事赴功者日衆。舊貼職唯直祕閣、直龍圖閣（直龍圖閣）、右文殿修撰，不足以待多士。可增置直徽猷閣、直顯謨閣、直寶文閣、直天章閣、祕閣修撰、集賢殿修撰，并舊爲九等。」

十月十八日，承議郎、提舉杭州洞霄宮陳邦光爲（修）〔右〕文殿修撰。

十九日，朝議大夫、直龍圖閣張謂爲右文殿修撰、知桂州。

十一月六日，朝散大夫、直祕閣、陝西路轉運副使任諒直龍圖閣。

十二月十日，承議郎、直龍圖閣鄭脩年爲右文殿修撰。

十五日，詔：「文彥博被遇四朝，定儲首議，形於先訓。

雖經黜責，悉已牽叙。子維申可除直祕閣，與郡。」

十九日，詔祕書省正字張穆除直祕閣，與小郡。臣僚言：「穆資序至淺，績用未聞，徒以親年自丐鄉便，乃從正字，遽爾超躐。契勘館職召對稱旨，往往僅擢郎官，久次或遷少列。由元豐以來，未有無故而得職名。」詔張穆與小郡，其除直祕閣指揮更不施行。

七年三月十五日，主管川陝茶事程唐應副陝西運司年額有勞，可特除右文殿修撰。

五月二十三日，中散大夫唐懋除直祕閣、知和州。

六月二日，以國子祭酒路瓘除祕閣修撰，與郡。

八年三月一日，朝奉郎、尚書考功員外郎李邁直祕閣、知蔡州。

十四日，詔朝奉郎、提舉河北東路常平呂頤浩直祕閣，再任。

十八日，光禄卿王鼎爲右文殿修撰、提點萬壽觀。

四月三日，祕書省著作佐郎馮躬厚直祕閣、知秀州。

五月 31 二十三日，朝奉大夫、提點醴泉觀、諸王府贊讀張勸，朝議大夫、提舉中太一宮、諸王府直講葛次仲，朝奉郎、提點萬壽觀、兼太子舍人魏憲，並直龍圖閣。

六月四日，朝奉郎、右文殿修撰、提舉醴泉觀葉著爲集英殿修撰，中奉大夫、祕閣修撰、京畿路轉運副使趙嶸爲右文殿修撰。

七月四日，詔：「中書省參照《官制格目》成書，所有白時中今緣邊事進官，可轉兩官，並回授內一官與男彥暉，除直祕閣。」

七日，詔：「朝議大夫、直龍圖閣、權發遣兩浙路轉運副使詹度職事修舉，應奉有勞，特遷一職，充祕閣修撰，仍落『副』字。」

二十五日，朝奉郎、提舉兩浙路常平蔣彝直祕閣、本路轉運副使。

二十七日，朝散大夫李友聞直祕閣、知利州。

八月五日，承奉郎、直祕閣蔡術直龍圖閣。

二十日，朝散郎、提舉淮南西路常平蔡佃直祕閣、提點兩浙路刑獄。

閏九月三日，朝議大夫、尚書吏部郎中尚瑜直祕閣、知襄州。中散大夫莫磻直祕閣、知泗州。

二十日，尚書户部員外郎何天衢直祕閣、知常州。

二十三日，詔泉州市舶官綱應奉有勞，提舉福建市舶蔡栢可除直祕閣。

十月二十七日，中奉大夫孫漸直祕閣、知梓州。

三十日，提舉兩浙路常平趙霖直祕閣，仍再任。

重和元年十二月十四日，符(實)〔寶〕郎、國史院編修官鄧雍直龍圖閣、崇政殿説書。

(十五日，朝奉郎、權發遣夔州路提點刑獄公事許京措 32 閣崇政殿説書)

十五日，朝奉郎、權發遣夔州路提點刑獄公事許京措

置溱、（播）〔播〕勝兵有方，特除直祕閣。

三十日，宣教郎、發運司主管公事鄭可簡職事修舉，可特除直祕閣，差遣依舊。

二年正月六日，朝奉郎、尚書吏部員外郎王琮直祕閣、提點秦鳳路刑獄。

二十一日，朝請郎、充祕閣修撰、知開德府傅誼夫奏：「（淮）〔準〕詔改僧爲德士，寺爲宮觀。臣布宣聖意，人人感悦，爭先披戴。」詔（詣）〔誼〕夫奉行詔旨爲諸郡之最，可特遷集英殿修撰。

二十七日，延康殿學士、中大夫、充醴泉觀使、兼侍讀徐處仁〔奏〕：「奉詔差知揚州，臣長男宣義郎庾見任祕書省校書郎，伏望改授庾一淮浙差遣。」詔徐庾除直祕閣、提點杭州洞霄宮。

宣和元年二月九日，詔：「知明州樓异職事修舉，應奉有勞，可特除祕閣修撰，令再任。」

二月二十三日，中奉大夫、司農少卿張璩直龍圖閣、提舉陽德觀。

二十四日，朝散郎、祕書省著作佐郎李敦義爲右文殿修撰，提舉陽德觀。

三月十一日，朝奉郎、直龍圖閣、知壽春府侯益爲祕閣修撰。

十八日，以明堂頒事蔡佃爲集英殿修撰〔一〕、提舉萬壽觀。

四月四日，中大夫、直徽猷閣、河東路轉運副使王似職事修舉，遷直龍圖閣。

五月四日，中奉大夫、祕閣修撰、河北路轉運使沈積中爲右文殿修撰。

同日，朝散大夫、權成都府路轉運判官李良佐奏：「重和二年正月十四日，奉聖旨，僧已降詔爲 33 德士。自二月二十六日至四月九日終，其批鑿改易四千九百一十名，內德士四千四百七十四名，女德四百三十六名，別無違戾。」奉聖旨，朝散大夫、權成都府路轉運判官李良佐除直祕閣。

十三日，朝請大夫、直顯謨閣、淮南路轉運使李祉直寶文閣，朝請大夫、淮南路轉運判官孫默直祕閣。

六月二十日，中大夫、直龍圖閣、河東路轉運使（使）王似爲祕閣修撰。

二十三日，中大夫、直寶文閣、管勾成都府蘭樂秦鳳等路茶事，兼提舉陝西等路買馬監牧郭思直龍圖閣。

七月二十三日，太常少卿許德之直顯謨閣、知婺州。

---

〔一〕蔡佃：疑當作「蔡伷」。《會稽續志》卷二載兩浙提刑官：「蔡佃，政和八年十一月十七日以朝請郎、直秘閣到任，宣和元年八月十三日罷任。」是宣和元年三月蔡佃尚在兩浙提刑任上，不可能任明堂頒事官。且據後文，直至宣和二年二月，蔡佃階名、職名仍爲「朝請郎、直祕閣」，與此條職名「集英殿修撰」不同。要之，此條作「蔡佃」非是。以字形推之，似當爲蔡佃之兄蔡伷。據趙希弁《郡齋讀書附志·紹述熙豐政事》條載，政和八年冬蔡伷官爲「宣教郎、試明堂頒事」，與此條時間僅隔一年，有可能至宣和元年仍爲明堂頒事。

八月七日，廣東廣西路運副燕瑛奏〔一〕：「近各已改正寺觀牌額，管下德士等，不候限滿，並已披戴。」詔瑛特除直祕閣。

九月十六日，奉直大夫、衛尉少卿李孝昌直祕閣。

十八日，朝請大夫、直顯謨閣、陝西路轉運副使李友聞直龍圖閣，陞轉運使。

二十七日，朝散大夫、廣南西路轉運判官蔡懌直祕閣，陞副使。

二十八日，賜中散大夫、知襲慶府錢伯言進士出身、直祕閣。

十二月二十四日，朝請大夫曾孝蘊爲右文殿修撰、提舉西京嵩山崇福宮。中奉大夫、提舉南京鴻慶宮李偃，朝散大夫、提舉亳州明道宮張漴，並爲右文殿修撰。

二十八日，詔蔡確子尚書户部郎中承爲祕閣修撰、提點醴泉觀。

二年二月二十六日，朝散大夫、尚書左司郎中趙億直龍圖閣、江34淮荆浙等路發運副使。

同日，朝請郎、直祕閣、知秦州蔡佃直龍圖閣、知亳州。

二十七日，中大夫、開封少尹張徽言爲右文殿修撰、知睦州。

三月六日，中奉大夫、直龍〔圖〕閣、知荆南府劉亞夫爲右文殿修撰、知瀘州。

八日，朝請大夫、直龍圖閣、京畿路轉運使賈讜爲右文殿修撰。

八月四日，朝奉大夫、管勾南京鴻慶宮吳敏爲右文殿修撰。

九月十二日，詔河北上書人蘇壽吉特與朝議大夫、直祕閣。乃契丹鹽鐵使，收燕雲所獲之人也。

二十二日，中奉大夫、直祕閣、知襲慶府錢伯言直龍圖閣。

二十八日，朝請大夫、太府少卿呂頤浩直龍圖閣、河北路轉〔運〕副使。

十月五日，復朝奉郎馮澥直祕閣，承議郎、太府卿方孟卿直祕閣、知秦州。

十一月二日，朝散郎、直寶文閣、提舉秦鳳路常平湯東野，中大夫、直龍〔圖〕閣、河東路轉運副使魏伯文，並爲祕閣修撰。

二十六日，朝請大夫、直祕閣宇文常直龍圖閣。

十二月二十八日，朝散大夫、直龍圖閣、江淮荆浙等路發運副使趙億爲右文殿修撰。朝奉郎、新太常少卿魏憲直龍圖閣、知常州。

三年正月二十日，承議郎、直祕閣、京東路轉運副使王子獻直龍圖閣。

〔一〕廣東廣西路：似當作「廣南東路」，下文宣和三年閏五月「六日」條云燕瑛爲「廣南東路轉運使」，則是由副使升正使也。

三月二十八日，中大夫、祕閣修撰、淮南路轉運使王似爲右文殿修撰。

四月一日，詔：「朝奉郎、提舉措置河北路糴便公事程邁措置糴買就緒，與除直祕閣。」

四日，降授朝議大夫、尚書吏部 35 郎中黃叔敖直祕閣。

九日，詔：「中奉大夫、直徽猷閣、京東運副李恭昌職事修舉，特除直龍圖閣。」

十四日，朝奉郎、通判信州王舜舉直祕閣，宣教郎、監信州鉛山鑄錢院、權縣事高至臨直龍圖閣、知衢州。並以捍賊有勞，故賞之。

五月十三日，詔朝散大夫、京畿轉運副使呂淙除直祕閣。

十六日，詔：「朝奉大夫、司農少卿錢德輿除直祕閣、添差兩浙路轉運副使，朝請大夫、淮西路提點刑獄公事徐閎中除直祕閣。」

二十一日，詔朝奉大夫、江南東路轉運副使李侗爲朝散大夫、直祕閣。

閏五月二日，詔：「朝請大夫、直祕閣、江南轉運副使林箎，累年漕計，率先足辦，職事修舉，除直徽猷閣、發運副使。」

六日，詔：「朝請郎、直祕閣、廣南東路轉運使燕瑛職事修舉，應奉有勞，特除直龍圖閣，令再任。 朝奉大夫、直徽猷閣、權發遣京西轉運副使時道陳職事修舉，特除直龍圖閣。」

十三日，詔朝奉郎、權發遣楚州曾紆可直祕閣。

七月八日，詔朝奉郎、知磁州韓景直祕閣。 以治郡有績，故寵之。

八月十九日，詔榷貨務：「鹽法大增，魏伯芻宣力頗多，特與轉行階官一等。」勘會魏伯芻係中大夫、直徽猷閣、提舉在京榷貨務，奉聖旨特授依前中大夫、直龍圖閣。

九月五日，詔：「京東西路常平梁(楊)〔揚〕祖權攝刑司，數覽奏報，頗見用心職事，擒捕盜賊，措置有方。 落『權』字，仍除直祕閣。」

二十二日，詔朝奉大夫、知台州李景 36 淵直祕閣。

十月六日，淮浙江東宣撫使、領樞密院事童貫奏：「臣近遵聖書〔一〕，平蕩東南群寇事畢。 內協力應副大軍錢糧等事，別無闕悮官降授承議郎、知泗州汪希旦，乞特賜優異。」詔汪希旦除直祕閣。

二十一日，詔朝請郎、直祕閣、管勾江州太平觀林虡直龍(圖)閣。 以所獻文集可采，故有是命。

二十八日，起復朝請大夫、直祕閣、提舉陝西河東木栰趙子湞直龍圖閣。

十一月四日，朝奉郎姜仲謙直祕閣、知濟南府。

---

〔一〕聖書：似當作「聖畫」。

十二月三日，詔：「宣義郎孔端友襲封衍聖公，遷通直郎、直祕閣，以奉先聖祠事。」

二十七日，朝請大夫、知嚴州周格直祕閣。

四年正月二十四日，詔：「張商英，先帝簡擢，嘗位宰府，已贈太保，依格外，特與遺表恩澤二人，子茂爲直龍圖閣。」

二月二十二日，朝奉大夫、直祕閣、提舉陝西都平貨務李勵直龍圖閣。以復置平貨務，歲息增羨故也。

三月六日，詔：「幸祕書省，提舉官蔡攸合推恩，特許回授男衎、術，並除右文殿修撰。」

十日，朝奉大夫、提舉成都府等路茶馬何漸直祕閣。

二十四日，以朝散大夫、司農卿李文仲直祕閣、知徐州。

四月十六日，朝請大夫、直祕閣、河東路轉運使陳知質直龍圖閣，朝請大夫、直龍圖閣、陝西路轉運副使錢蓋爲右文殿修撰，宣教郎、提舉福建路市舶張佑直祕閣。

六月二日，詔直祕閣、提點京東西路刑獄梁（楊）〔揚〕祖直徽猷閣。以修簡軍器有勞故也。

37 六日，提舉辰沅靖澧弓弩手司唐慤爲直龍圖閣、知鼎州。

二十五日，朝奉郎、太常少卿江緯直祕閣、知洺州。

二十六日，中奉大夫、直祕閣、知鄧州王師（伏）〔服〕爲右文殿修撰、提舉西京嵩山崇福宮。

九月二十三日，復朝奉大夫、新知萊州趙億直祕閣、知明州。

二十九日，中奉大夫、直祕閣、河北轉運副使黃叔敖直顯謨閣。

十月三日，朝請大夫、提舉福建路常平趙彥臣直祕閣。

五年正月十七日，承議郎王辟（彊）〔疆〕、承務郎王辟光並直祕閣。

二月九日，朝奉大夫、提點京東東路刑獄高棪直祕閣。

三月二十五日，故資政殿學士、通議大夫馮熙載妻文安郡夫人徐氏奏：「欲乞將熙載遺表恩澤一名，換授男正己一貼職。」詔與除直祕閣。

六月七日，詔朝散大夫、直龍圖閣、河北燕山府路轉運副使黃翼爲祕閣修撰，朝奉大夫、轉運判官郭琰直祕閣，中大夫、直龍圖閣、提點河北東路刑獄李孝（楊）〔揚〕爲祕閣修撰，朝奉郎、提舉河北東路常平周審言直祕閣。並以燕山應辦有勞故也。

十二日，朝散大夫、直龍圖閣、知隆德府張友極，朝散大夫、直龍圖閣、提舉成都府等路茶事何漸，中大夫、直龍圖閣、知夔州宇文常，爲祕閣修撰〔一〕。

七月三日，朝請大夫張慤直龍圖閣、河北燕山路轉運副使。

〔一〕爲：似當作「並爲」。

十四日，中大夫、直祕閣李西美直徽猷閣。

八月四日，復承議郎、提舉建州武夷山冲佑觀程振爲祕閣38修撰。

六日，降授朝奉大夫、祕書監翁彦深爲集英殿修撰、知濟南府。

二十一日，朝請大夫、司農少卿郭奉世直顯謨閣、知密州。

十月七日，復朝奉郎、知滁州梅執禮爲集英殿修撰。

十一月六日，朝奉大夫、直龍圖閣、河北燕山府路宣撫司參謀官章綡，朝散大夫、祕閣修撰、河北燕山府路轉運副使黄翼，並爲右文殿修撰。

六年四月一日，中奉大夫、直龍圖閣、京東路轉運副使李孝昌爲右文殿修撰。

三日，中大夫、直龍圖閣、燕山府路宣撫司參謀官韓璧爲右文殿修撰。

十日，降授朝請大夫、直徽猷閣、管勾建隆觀馮躬厚爲右文殿修撰。

五月七日，詔：「自今除貼職，如未係止法官及無出身人，並取旨。應除職者，依格次遷，不得超授。」以言者論比歲除授多濫故也。

九月十八日，中奉大夫、直龍圖閣、知懷州李罕爲祕閣修撰。

十月二十四日，詔：「朝散郎、充高陽關路安撫都總管司勾當公事陳起宗久任幕下，首尾宣勞，特除直祕閣。」

十一月二十四日，朝奉郎、尚書虞部員外郎宇文時中直祕閣、管勾萬壽觀。避粹中親嫌也。

七年正月二十二日，朝奉大夫、江南東路轉運判官陸寘直祕閣。

二月八日，朝奉大夫、直徽猷閣、新差通判鄧州王枋奏：「伏覩御筆，王安石輔相神考，建立法度。弟安國、安禮、安上亦曾被遇先帝。今其家聞頗零替，可特與推恩三房見居長人，與除初等39職名。姪樸、棁各係除職名人，續奉聖旨，樸改合入官，棁止依餘人轉一官。伏望特與推恩。」詔王樸、王棁並除直祕閣。

三月七日，詔：「福州通判黄琚措置御前校正《道藏》經版，雕造有方，大典告成，首尾管勾有勞，可特除直祕閣。」

四月二日，奉議郎、尚書駕部員外郎閻孝忠直祕閣。

二十五日，奉議郎、直祕閣高堯民直龍圖閣，承務郎高堯咨直祕閣。

二十六日，降授宣教郎韓總直顯謨閣，河東路轉運副使，降授朝散大夫、京東路轉運副使黄潛厚直祕閣。

二十七日，朝議大夫、提舉南京鴻慶宮朱琳直祕閣、知濟南府。

五月二十八日，詔：「劉焘嘗任(朋)〔明〕堂頒政，可依

蔡佃等例〔一〕，與除祕閣修撰。」

二十九日，詔符寶郎蔡緒直龍圖閣、管勾萬壽觀。

八月一日，朝奉大夫、軍器少監呂源除直祕閣，充兩浙路轉運副使。

十二月二日，詔：「朝散郎、權發遣淄州趙明誠職事修舉，可特除直祕閣。」

二十二日，詔起復朝散郎、燕山府路轉運副使李與權可除直祕閣。（以上《永樂大典》卷二〇四八〇）

〔一〕蔡佃：疑亦當作「蔡佃」，見本卷前文校記。

# 宋會要輯稿　選舉三四

## 特恩除職 二

■1 欽宗靖康元年二月六日，詔：「太學生雷觀、進士張炳上書論事可嘉，並與同進士出身，除館職。」

三月二十日，通判澤州時敎除直祕閣。以城守有功也。

四月十五日，詔宗正少卿陳玽直祕閣、知廬州。

十六日，知應天府杜充爲集賢殿修撰、知隆興府。

二十二日，詔中大夫、提舉亳州明道宮錢歸善爲集英殿修撰。

二十九日，詔中大夫、提■2點京畿刑獄林積仁直祕閣、知平陽府。

五月二日，詔祕書少監孫近爲祕閣修撰[一]、知婺州。

三日，詔大理寺丞唐璟直祕閣、管勾南京鴻慶宮。其後璟父中書侍郎恪三辭恩命，從之。

十四日，朝散大夫、直祕閣、京東路轉運副使黃潛厚直顯謨閣。

六月一日，尚書右司員外郎解習直龍圖閣、知河陽。以上《續國朝會要》。

高宗建炎二年二月十三日，詔權發〔遣〕濮州楊粹中除直祕閣。以粹中率官吏軍兵守城禦賊，閱月解圍，故有是賞。

八月十九日，發運使梁(楊)〔揚〕祖措置茶鹽就緒，詔特授徽猷閣直學士。

三年五月十一日，祕閣修撰、知廬州胡舜陟禦盜有勞，詔陞集英殿修撰。

二十日，詔曾紆除直祕閣。時言者以紆故相曾布之子，寄居湖州。苗傅作亂，諸路勤王檄至，守倅猶預不決，紆首明大義，理宜褒録，故有是命。

四年正月十五日，詔直徽猷閣宋輝除直龍圖閣。時御舟駐章安，輝自秀州金山村運米八萬餘石、絹十餘萬匹、錢十餘萬貫到行在。上諭宰執曰：「朕一行人甚有所賴，可除待制。」呂頤浩以爲太峻，故有是命。

三月二十日，詔知福州程邁應副行在錢物有勞，除徽猷閣待制。

五月一日，臣僚言：「祖宗時特重職名，未嘗妄予，有貼以祕職者，亦未必皆馴致從班也。略舉一二，如馬亮官至尚書，乃今光禄大夫，而職止於集賢院學士；程師孟官至給事中，乃今通議大夫，而職止於集■3賢殿修撰。自餘或以列卿直昭文館，或以丞郎直史館，皆終其身爲之，豈敢妄獻功狀，人人必欲得待制而後意滿哉？邁知福州，不能

---

[一] 孫近：原作「係近」，據雍正《浙江通志》卷一一五改。

體陛下播告勤恤之意，哀斂貢獻，民不堪命，當治其罪，而賞以次對之職。臣恐内外侍從有（職）〔識〕之士，見邁本文俗之吏，斂陛下之財以售陛下，從官必皆羞與之爲列矣。欲望將邁所加之職，亟賜改正，以清次對之選，以謝長樂之民。仍乞詔執政大臣、監司、帥守，應辦軍期有勞者，依祖宗舊制，止進階官，俟有大功顯効，間加職名。庶幾名器增重，艱難之際，人益知勸。」詔前降除待制指揮更不施行，餘令三省遵守。

七月十一日，詔：「承議郎范正輿在劉光世軍中累年，頗著勤績，特除直祕閣。」

九月十一日，詔知興元府張上行直龍圖閣。以知樞密院事、宣撫處置等使張浚言：「上行知夔州二年，當湖南盜賊充斥，能增修關隘，保全一路，爲永久之利。乞除修撰、知興元府。」故有是命。

十一月一日，詔朝請郎王宰，朝奉郎、通判邠州孫恂，並除直祕閣、陝府西路轉運判官。從知樞密院事、宣撫處置等使張浚之請也。

十一月五日，詔：「福建路轉運判官魯詹造甲、募船、糴米，備見宣力，可特除直祕閣。」

十二月十六日，詔直祕閣、權知越州陳汝錫職事修舉，除直顯謨閣。

紹興元年五月十六日，詔知夔州韓迪除直徽猷閣。以宣撫處置使張浚言「桑仲侵犯歸州，迪（桿）〔捍〕禦無虞，功 4 績顯著」故也。

九月二十一日，詔直顯謨閣、江南東路轉運副使曾紆直寶文閣。以紆自言：「崇寧初，蔡京用事，父布首被貶責，父子同入黨籍，紆送永州編管。乞優贈父，以（辦）〔辨〕是非之實。」紆於是進職。

二十三日，詔知太平州郭偉特除職再任。以郡民列狀舉留故也。

同日，詔權發遣兩浙路計度轉運副使劉寧止特授直龍〔圖〕閣。以應（辨）〔辦〕軍須有勞故也。

十月十四日，詔：「（實）〔寶〕文閣待制、知廣州林遹當苗傅、劉正彦之時，首致仕不出，可除龍圖閣直學士，以寵（圖閣直學士以寵）其節。」

十七日，詔江淮路招討使司幹辦官、通判常州事郄漸隨軍幹辦，備宣忠力，可除直祕閣。從招討使張俊請也。續臣僚言從軍微勞，不足進職，遂寢前命。

二年六月二日，詔宰臣呂頤浩男抗、摭並除直祕閣。旌其功而録其嗣也。

九日，徽猷閣直學士、成都府路安撫使王似除顯謨閣直學士，仍再任。以知樞密院事、宣撫處置使張浚言似「選練軍馬，創置將分，應辦軍須，整備器械有勞，乞優進職名」，故有是命。

七月十三日，詔：「湖南提點刑獄呂祉檄韓京、吳錫擊破胡元奭，知郴州趙不群城守有功，賊衆不能殘破，理宜褒

賞。呂祉可除直祕閣，趙不(郡)〔群〕可進直寶文閣。」

九月二十九日〔一〕，詔承事(節)〔郎〕、通判鳳翔府、兼權陝西路轉運判官董詵除直祕閣。先是，宣撫處置使張浚以金賊犯和尚原，詵協力致糧，克成大功，便宜 5 黜陟，超轉詵奉議郎，乞除直祕閣。詔從之。既而言者以爲賞典過厚，尋寢轉官之命，而貼職如故云。

十三日〔二〕，詔：「江西轉運副使韓球竭力職事，不避嫌怨，可除直祕閣。」從宣撫使孟庾請也。

三年二月七日，詔楊揆特除直祕閣、知楚州。先是，楚州數罹寇亂，遂成邊隅，久不置守。樞密院言揆才，故以爲楚州守，而寵以貼職。

三月十五日，詔：「右承事郎、監潭州南嶽廟陳正彙乃瓘之子，可特除直祕閣、主管亳州明道宮。」正彙大觀中嘗告蔡京罪狀，流竄者十餘年。至是召對，以疾丐歸，故有是命。

九月十五日，詔左朝請郎、權鳳翔路經略司主管機宜文字陳遠猷特轉兩官，除直祕閣。以宣撫處置使張浚言元年和尚原之役，遠猷措畫有勞，以便宜轉授，遂從之。

十月十八日，詔尚書左司員外郎王岡除直祕閣、主管臨安府洞霄宮。岡任宰屬，以疲老自言，故有是命。

五年正月四日，詔福建路安撫使張守、知泉州連南夫：「比朕親總六師，前臨大敵，供億調度，曾不愆期，宜有褒寵。張守除資政殿大學士，連南夫除寶文閣直學士。」

二月二日，詔：「江西漕臣、直祕閣張澄隨岳飛軍應副錢糧無闕，與進職一等。」

閏二月三日，樞密院言：「賊馬侵犯淮甸，廬州禦敵有功，秦州措置得宜，理宜旌賞。」詔廬州(師)〔帥〕仇悆除待制，知秦州趙康直除直祕閣。

七月十五日，詔直寶文閣、知宣州趙不群可除直龍圖 6 閣，再任。旌其治郡之功也。

八月十九日，詔知衢州常同除徽猷閣待制、提舉江州太平觀。同丐祠禄，故有是命。

六年九月十六日，詔福建提點刑獄呂聰問招捕賊鄭廣等有功，除直祕閣。

十月十八日，兩浙東路提點刑獄張九成辭免直徽猷閣，言：「國家故事，著作外補曾此例〔三〕，豈可因臣上紊朝綱。所有告命，未敢祗受。」詔改除直祕閣，仍降詔奬諭。

七年四月二十一日，詔：「江東轉運副使俞俟嘗繕行宮畢役，及應副張俊一軍錢糧無闕，特除直祕閣，更與轉一官，依條回授。」

十月十一日，詔知楚州胡紡措置有方，特除直祕閣。

八年三月八日，詔左宣義郎許忻兩經登對，特除祕書

〔一〕二十九日：《建炎要録》卷五八記於二十五日壬午。
〔二〕此條與上條日次顛倒，疑有誤，或是「十月三日」。
〔三〕曾此例：似當作「曾無此例」。

省校書郎。

六月二十七日，詔：「川陝宣撫副使吳玠所遣直祕閣、主管機宜文(學)〔字〕高士瑰遠赴行在奏事，特轉一官，仍陞職一等。」

十一月十八日，詔：「江西路計度轉運副使逢汝霖蒞事詳明，恪勤不怠，靖而不擾，人咸安之，特除直祕閣。」從本路宣諭李寀請也。

二十五日，詔：「龍圖閣直學士汪藻編次宣和二年至七年詔旨等文字，共二百三十冊，可特除顯謨閣學士。」

九年十月十九日，詔：「朱芾昨知建昌軍日，措置石坡盜賊有勞，特與轉行一官，除右文殿修撰。」

十一月十一日，詔：「莫將奉使宣力，特除徽猷閣待制，京畿都轉運使，兼主管奉迎梓宮一行事務。」

十一年二月十一日，詔：「徽猷閣直學士、江南西 7 路安撫使梁(楊)〔揚〕祖措置擒捕虔、吉州盜賊有功，可除顯謨(閣)學士。」

四月二十日，詔右承事郎張子顏、右承務郎張子正並除直祕閣，仍賜章服。子顏、子正，大將俊之子也。

五月二十九日，詔：「王暎昨知單州，應副元帥府錢糧，合轉官。緣礙止法，可除直龍圖閣。」

十月二日，詔：「寶文閣直學士、樞密都承旨鄭剛中除寶文閣學士，令戶部支賜銀絹各二百匹兩。」以使蜀故也。

七日，詔：「知溫州程邁職事修舉，可特與轉一官，除顯謨(閣)〔直〕學士。」

十九日，詔：「秀州打造戈船先辦，守臣方滋可特除直祕閣。」

十二年五月十三日，詔軍器監主簿沈該除直祕閣、(旴眙)〔盱眙〕軍措置(摧)〔榷〕場。

十月十一日，詔：「劉光世男右承事郎、監潭州南嶽廟堯佐，右承奉郎、監潭州南嶽廟堯仁，孫右承事郎、監潭州南嶽廟正平，並特除直祕閣，改差主管台州崇道觀。」

十七日，資政殿學士、提舉醴泉觀，兼侍讀鄭億年奏乞外任宮祠，詔除資政殿大學士、提舉臨安府洞霄宮，恩數並依執政。

十一月四日，永固陵攢宮總護使孟忠厚言：「兩浙路轉運副使、直敷文閣張匯，兩浙東路提點刑獄公事呂用中，并本司隨行漕臣；直祕閣、權發遣兩浙西路提點刑獄公事張叔獻，提舉兩浙東路茶鹽公事王鈇，應辦一行錢糧及脩奉事務無闕。乞推恩。」詔張匯、張叔獻各進職一等，呂用中、王鈇除直祕閣。

十三年九月十八日，詔：「權發遣嘉州 8 楊軝上書言和戎事，文理優長，援據精切。雖居外服，志在納忠，排斥姦言，辨明國是。智識高遠，卓然過人。觀其所陳，有補治道。可除直祕閣。」

十九日，尚書右司郎中梁弁以病陳乞宮觀，上謂輔臣曰：「以病乞去，宜優與職名。士大夫有操守，安分而以疾

丐去者少。朕嘗觀《國朝寶訓》，見太宗朝士人有奔競躁進者，未嘗不痛抑之。抑奔競則廉耻之道興，弁可除直龍圖閣、主管洪州玉隆觀。」

十五年十一月十五日，詔：「知平江府王暎應辦國信館舍宴設，爲一路之最，可除寶文閣學士。」

十六年四月三日，詔：「知潭州劉昉措置傜人楊再興有功，進直寶文閣。」

十八年六月十二日，詔太師、尚書左僕射、同中書門下平章事秦(榛)〔檜〕孫堪、坦並除直敷文閣。以檜辭免加恩，故有是命。

七月十六日，詔太傅、鎮南武安寧國軍節度使、充醴泉觀使、咸安郡王韓世忠男彦古特除直祕閣。

十九年二月二十五日，詔左中奉大夫王賞除祕閣修撰，提舉江州太平興國宮。以其無力赴闕，陳乞宮觀差遣故也。

二十年二月十一日，上曰：「昨詔監司、郡守任滿，並以民事奏陳。前廣西提刑路彬上殿，奏乞減免都督府增添静江府昭州折帛錢，可除職名，與見闕監司差遣，以示激勸。」

五月十七日，詔：「玉牒進書，提舉官秦檜可轉兩官，許回授，孫塤、堪各進職兩等。」

二十一年三月十九日，詔右承議郎、直寶文閣、主管台
9 州崇道觀秦塤，右宣教郎、直顯謨閣秦堪各進職二等，除在京宮觀。以扶掖秦檜入朝推恩。

二十二年七月二十九日，太師、尚書左僕射、同中書門下平章事、益國公秦檜孫塤、堪各進職一等，右承議郎、充祕閣修撰、提點佑神觀塤進右文殿修撰，右奉議郎、直龍圖閣、提點佑神觀堪進祕閣修撰。以檜辭免加恩，故有是命。

十二月〔二〕十二日〔一〕，詔少傅、寧遠軍節度使、兼領殿前都指揮使職事楊存中男偰除直祕閣，與在京〔宮〕觀。以存中與陳乞宮祠，故有是命。

二十三年八月十一日，詔：「右承奉郎、籍田令楊倓除直祕閣、主管佑神觀，免奉朝請。」倓，存中子也。

閏十二月十五日，詔右承事郎楊偰除直祕閣、主管佑神觀。偰亦存中子也。

二十四年二月二十三日，詔：「田公弼轉兩官，除直祕閣，賜紫章服。」公弼，大將師中子也〔二〕。

二十五年十月二日，右朝請郎張永年進父閣文集，詔以閣身後恩數，除直祕閣。

二十三日，詔：「秦檜孫試尚書禮部侍郎、兼寔録院修撰塤，敷文閣待制、提舉佑神觀堪，並除提舉在外宮觀。内塤除敷文閣直學士。」檜薨故也。

二十六年五月二日，知婺州辛次膺召赴行在。至國

〔一〕二十二日：原作「十二日」，據《建炎要録》卷一六三補。
〔二〕師中子：原作「師子中」，據《建炎要録》卷一六六乙。

門，上深欲用之，而以脚膝艱於拜跪，未能朝見，復乞外任。詔與進職，依舊還任。

十月五日，詔知隨州田孝孫除直祕閣。以本路諸司上其治最，故有是命。

二十八日，詔：「楊抗曾任元帥府僚屬〔一〕，和議之初，10上書可採。兼累經任使，可除直祕閣。」

二十(九)〔七〕年五月二日〔二〕，詔：「蕭振在蜀，已及一年，職事修舉，可陞一等職名。」

二十八年八月十六日，詔劉堯仁除祕閣修撰，在京宮觀。堯仁以父光世薨，車駕臨奠，援張俊男子正例，陳乞推恩故也。

九月十六日，詔：「汪若海元係大元帥府補官，繳到所與曹輔書，除直祕閣，改差知江州。」

二十九年五月十六日，詔：「直祕閣、權發遣成都府路計度轉運副使王之望除直顯謨閣，權發遣潼川府路提點刑獄公事續觱、權知閬州王濯並除直敷文閣〔三〕。」以臺諫朱倬等用紹興二十八年正月二十三日詔，薦其治狀顯著，故有是命。

六月十六日，詔：「右承奉郎田公輔特添差荆湖北路安撫司幹辦公事，仍轉兩官，除直祕閣，賜紫章服。」公輔，師中子也。

閏六月十五日，詔：「新差荆湖南路提點刑獄公事万俟止除直祕閣，在外宮祠。」以弟卨入執政避免〔四〕，故有是命。

七月四日，詔：「功臣張俊協濟艱難，勳高諸將，事上恭順，終始一心，朕甚嘉之。今一二大將子弟皆已除遷至文武侍從，而俊之子猶在庶僚，非朕褒有禮、奬元功之意也。且賦之以爵秩而不使任職，亦漢光武待遇功臣之制，固無咈於公議。俊男子正、子顔可除敷文閣待制，子仁除集英殿修撰，並久任在京宮觀。」

十二月十一日，詔知蔣州龔濤措置盜賊有方，轉一官，除直祕閣。

(二)〔三〕十一年二月六日〔五〕，詔知贛11州陳輝除直祕閣，再任。右正言王淮列其治最〔六〕，故有是命。以上《中興

---

〔一〕楊抗：原作「楊杭」，據《建炎要録》卷一七五改。雍正《江西通志》卷八五：「楊抗，字抑之，上饒人。」「抑」與「抗」相對，可證作「杭」誤。

〔二〕二十七年：原作「二十九年」，據《建炎要録》卷一七六改。又天頭原批：「『五月二日』條，移下『五月十六日』條上。」此乃失於考證之説也。

〔三〕「閬」原作「聞」，「王」原作「三」，據《建炎要録》卷一八二改。

〔四〕弟：原作「父」。按《建炎要録》卷一七二，万俟卨自陳，万俟止乃其兄，據改。然此尚有疑問。万俟卨以紹興二十六年三月除參知政事，五月升右相，二十七年三月卒（見《宋宰輔編年録》卷一六）。而此處乃云二十九年閏六月万俟止「以卨入執政避免」（因迴避而免任），背於史實，殊不可解，疑有誤。

〔五〕三十一年：原作「二十一年」。天頭葉渭清批云：「清按，『二十一年』當是『三十一年』之誤。」今按，此條見《建炎要録》卷一八八，正是紹興三十一年事，據改。

〔六〕王淮：原作「汪淮」，據《建炎要録》卷一八八、《宋史》卷三九六《王淮傳》改。

會要》。

紹興三十二年六月二十四日，孝宗已即位，未改元。詔權尚書户部侍郎吴芾除集英殿修撰、知婺州。

七月六日，詔權尚書户部侍郎汪應辰除集英殿修撰、知福州。

十三日，詔權尚書工部侍郎許尹除集英殿修撰、知宣州。

十五日，詔：「恭奉光堯壽聖（大）〔太〕上皇帝聖旨，添差權通判明州趙伯圭除集英殿修撰、知台州。」

二十八日，詔：「權發遣湖州陳之茂職事修舉，特除直祕閣。」

九月十七日，詔權發遣温州袁孚特除直祕閣。

十月二十七日，詔：「權發遣江南東路提點刑獄公事葉謙亨按刺有方，職事修舉，可特除直顯謨閣。」

十一月十四日，詔權尚書吏部侍郎徐度除右文殿修撰、提舉江州太平興國宮。 從所乞也。

同日，詔權尚書禮部侍郎呂廣問除集英殿修撰、知池州。

十六日，詔敷文閣待制、知平江府沈介除敷文閣直學士、四川安撫制置使、知成都府。

十八日，詔左朝散大夫、提舉江州太平興國宮劉岑改除敷文閣待制、依舊提舉江州太平興國宮。岑初除敷文閣直學士、知潭州，以殿中侍御史張震章疏，故有是命。

同日，詔充集英殿修撰、知潭州董苹除敷文閣待制、提舉江州太平興國宮。

二十三日，詔利州路轉運判官張德遠除直祕閣、四川宣撫使司參議軍事，依舊兼利州路轉運判官；12 權知江州林珦除直祕閣、參知政事行府參議軍事；江淮東西路宣撫使司主管機宜文字查籥除直祕閣、江淮東西路宣撫使司參議軍事。

十二月四日，詔江淮東西路宣撫使司主管書寫機宜文字張栻除直祕閣。栻，浚之子也。

十五日，詔左朝散大夫錢周（林）〔材〕除敷文閣待制、提舉萬壽觀。

孝宗隆興元年正月九日，詔權尚書工部侍郎、兼權太常少卿王普除右文殿修撰、知漳州。以臣僚章疏論罷，故有是命。

十八日，詔尚書左司郎中林安宅除直顯謨閣、知臨安府。

二十八日，詔集英殿修撰、知太平州張運除敷文閣學士、知太平州。

三月二十三日，奉議郎張震奏：「准旨除臣敷文閣（侍）〔待〕制、知紹興府，臣已兩具辭免。伏望聖慈許臣辭職，臣方敢受命，前去之任。」詔：「張震除職，已有成命。累上辭免，可與外祠，從其本意，宜差提舉江州太平興國宮。」

四月十五日，詔新除權户部侍郎、充川陝宣諭使王之

望除集英殿修撰、提舉江州太平興國宮。以之望（爲）〔謂〕川陝宣撫使吳璘已回司，以疾丐祠，故有是命。

二十三日，詔直顯謨閣、知揚州向子固特除直寶文閣，直祕閣、知廬州韓璡特除直敷文閣。以江淮都督張浚奏子固等招集流移，應副軍須，故有是命。

二十四日，詔直祕閣、權平江府陳之茂改除直徽猷閣、知建康府。先是除直顯謨閣，避高祖諱，陳乞改焉。

五月二十二日，詔尚書[13]户部侍郎趙子潚除敷文閣直學士、知明州，兼沿海制置使。從其請也。

七月一日，詔集英殿修撰、知福州汪應辰除敷文閣待制。

四日，詔直寶文閣、權知揚州向子固特除直龍圖閣。以張浚再奏招降到蒲察徒穆一行〔一〕，兵屯揚州，子固彈壓撫循，各有條理，故有是命。

七日，詔權發遣贛州任盡言除直祕閣、知鎮江府。

八月一日，詔試尚書兵部侍郎王大寶（除）敷文閣直學士，在外宮觀。從其請也。

九月七日，詔權發遣兩浙路轉運判（官）陳漢除直祕閣。

十月三日，詔：「知吉州王佐，曾任起居郎，治郡有聲，可除直寶文閣。」

同日，中書門下省檢正諸房公事費行之除直寶文閣、知潼（州）〔川〕府，左奉議郎王淮除直敷文閣、福建路轉運副使。

二十三日，詔：「左中奉大夫劉章舊係潛邸學官，與除祕閣修撰、提舉江州太平興國宮。」

二十六日，詔：「直祕閣、權知（旴眙）〔盱眙〕軍周淙職事修舉，與除直徽猷閣。」

十一月一日，詔新除權尚書吏部侍郎王時升除集賢殿修撰、知婺州。

同日，詔左朝請郎陳之淵除祕閣修撰。

七日，詔利州路轉運判官趙不愚除直祕閣，令再任。

十二月二十五日，詔權發遣福建路提點刑獄公事何佾除直祕閣、知靜江府。

二年正月二十日，詔：「判信州陳康伯已除醴泉觀使，權知信州陳扃可除直祕閣，令再任。」

二十三日，詔權尚書吏部侍郎余時言除集英殿修撰、提舉江州太[14]平興國宮。從其請也。

二十六日，詔權尚書刑部侍郎路彬除集英殿修撰、提舉江州太平興國宮。從其請也。

二月十四日，詔直祕閣、兩浙路轉運判官陳漢除直敷文閣。

二十二日，詔：「廣南西路轉運判官鄭安恭特除直祕閣，候收捕盜賊靜日，更與陞擢差遣。」

〔一〕蒲：原作「莆」，據《宋史》卷三三《孝宗紀》一改。

三月一日，詔：「中書舍人、兼直學士院、知建康府張孝祥罷參贊軍事，除敷文閣待制，依舊知建康府。」

二十六日，詔直龍圖閣向子固除右文殿修撰，在外宮觀。

四月七日，詔左司諫陳良翰除直敷文閣、知建寧府。

十八日，詔起居舍人馬騏除直敷文閣、知遂寧府。

五月一日，詔敷文閣待制汪應辰除敷文閣直學士、四川安撫（置）制〔置〕使、兼知成都府。

同日，詔將作監李端民依所乞除直敷文閣、主管建寧府武夷山沖佑觀。

六月二日，詔：「淩景夏除敷文閣待制、提舉江州太平興國宮。丁婁明元係潛邸學官，可除祕閣修撰，依舊宮觀。」

八日，詔知揚州周淙除直顯謨閣[一]。從淮東宣諭使錢端禮薦舉故也。

七月三日，詔權尚書吏部侍郎周操除祕閣修撰、知太平州。

四日，詔試兵部尚書、兼湖北京西路制置使虞允文除顯謨閣學士、知平江府。五日，詔直敷文閣、提舉台州崇道觀。

十一日，詔：「直顯謨閣續觱累更外任，職事修舉，除祕閣修撰。」

八月二日，詔：「右承議郎韋璞、右通直（即）〔郎〕韋瓙係顯仁皇后親姪孫，特各與除直15祕閣。」

九月六日，詔知廬州韓璡除直顯謨閣，令再任。

十五日，詔：「權發遣（旴眙）〔盱眙〕軍郭淑究心職事，可除直祕閣。」

十月十三日，詔左奉議郎龔茂良除直祕閣、知建寧府。初除太常少卿，茂良以嘗言官[二]，力辭除命，故與外任。

二十六日，詔直祕閣、充湖北京西路制置司參謀官呂擢除直徽猷閣、知建康府。

十一月十二日，詔尚書考功郎中沈度除直祕閣、知平江府。

閏十一月一日，詔中書門下省檢正諸房公事、兼權户部侍郎王佐除直寶文閣，差知宣州。

九日，詔：「集英殿修撰呂廣問除敷文閣待制、兼侍講，其請給、人從，並依權侍郎例支給。」

二十六日，詔尚書左司員外郎薛良（明）〔朋〕除直顯謨閣、兩浙路轉運副使。

十二月六日，詔右通直郎楊由義除直祕閣，差權發遣滁州。

十一日，詔右通直郎胡昉除直祕閣，差知（旴眙）〔盱

[一] 周淙：原作「周源」，據《宋史》卷三九〇《周淙傳》改。

[二] 「嘗」下疑脱「爲」字。《宋史》卷三八五《龔茂良傳》：茂良爲右正言，直言極諫，「疏入不報，即家居待罪。章再上，除太常少卿，五辭不拜。除直祕閣、知建寧府。」

眙)軍。

乾道元年正月七日，詔户部尚書、兼湖北京西路制置使韓仲通除敷文閣直學士、提舉江州太平興國宮。從其請也。

九日，詔尚書户部侍郎晁公武除集英殿修撰、知瀘州。

十九日，詔：「權發遣襄陽府張松久任邊郡，備見宣力，可除直祕閣。」

二十三日，詔尚書度支郎中吳瓛除直祕閣、知静江府。

同日，詔：「四川馬政不修，續觱可放罷。兩浙路轉運判官陳彌作除直祕閣、都大提舉四川茶馬。」

二月十七日，詔大理少卿李若樸依所乞除直祕閣、福建路提16點刑獄公事。

二十九日，中書門下省奏：「勘會昨降指揮，陳康伯男偉節除直祕閣，安節賜同進士出身。續因辭免，將付身於三省激賞庫寄收。」詔給付本家，令祇受。

三月三日，詔集英殿修撰、知衢州劉珙除敷文閣待制、知潭州。

同日，詔權尚書工部侍郎何俌除集英殿修撰、知衢州。

四日，詔太府少卿李植依所乞除直寶文閣、江南西路提點刑獄公事。

同日，詔尚書左司郎中楊民望除直祕閣、知綿州。

同日，詔大理正俞長吉除直祕閣、知盱(眙)〔眙〕軍。

四月十二日，吏部奏：「已降指揮，路彬差知襄陽府，疾速起發赴行在，奏之任〔一〕。契勘本官昨任權侍郎二年，除集英殿修撰至今通及二年以上，差知襄陽府。」詔路彬除敷文閣待制。

十九日，詔權通判臨安府胡堅常除直祕閣、知(盱眙)〔盱眙〕軍。

五月二日，詔：「右承奉郎吳抦特轉右奉議郎〔二〕，除直祕閣，賜紫章服。」

十八日，詔祕閣修撰、添差四川安撫制置司參議官吳擴除集英殿修撰。

二十四日，詔祕閣修撰吳摠特與除集英殿修撰、主管佑神觀。

二十八日，詔左通議大夫、知福州趙子潚依所乞除龍圖閣學士、提舉江州太平興國宮。

六月五日，詔樞密院檢詳諸房文字吳龜年除直祕閣、提舉福建路常平茶事。

十五日，敷文閣待制、知明州、兼沿海制置使趙伯圭除敷文閣直學士。以伯圭言「温、台、明州海道有賊出没，已捕獲賊徒，自今17海道肅静」，故有是命。仍令開具立功官兵，保明申尚書省。

---

〔一〕奏之任：疑有脱文，或當作「奏事之任」。

〔二〕抦：原作「柄」，據王曮《吳武王璘安民保蜀定功同德之碑》（《名臣碑傳琬琰集》上卷一四）改。按吳璘十二子，其名均從「扌」。

十九日，詔尚書禮部侍郎吳芾除敷文閣直學〔士〕、提舉江州太平興國宫。

七月二日，詔太府少卿張宗元除祕閣修撰、主管佑神觀。

同日，詔大理少卿謝如圭除直祕閣、荆湖北路提點刑獄公事。

四日，詔：「直顯謨閣、權發遣臨安府薛良朋警戢盜賊，究心職事，除直龍圖閣。」

十八日，詔集英殿修撰權發遣饒州王十朋除敷文閣待制、知夔州。

同日，詔：「兩浙轉〔運〕判官姜詵職事修舉，除直祕閣。」

十九日，詔尚書吏部侍郎，兼侍讀陳俊卿除寶文閣直學士、知漳州。既而改知建寧府。

九月八日，詔敷文閣待制、提舉佑神觀、兼侍講呂廣問依所乞除龍圖閣待制、提舉江州太平興國宫。

十一月十九日，詔左朝奉大夫任慥除直祕閣、潼川府路轉運判官。

十二月二日，詔尚書工部郎中富元衡除直祕閣，在外宫觀。以元衡引年乞致仕故也。

二十一日，詔：「權知秀州孫大雅發摘姦伏，職事修舉，除直祕閣。」

二年二月十二日，詔：「左司諫汪涓乞在外差遣，可除直敷文閣、江南西路計度轉運副使。」

十三日，御筆：「陳天麟除集英殿修撰、知饒州。」天麟權尚書吏部侍郎，請祠也。

三月二十九日，詔：「湖南、廣〔東〕帥、漕、憲臣措置收捕李金等賊徒，並應付錢糧有勞。敷文閣待制、知潭州劉珙除敷文閣直學士，直祕閣、荆南路轉運副使鄭安恭除祕
18 閣修撰，荆南路提點刑獄公事王彥洪、廣東路提點刑獄石敦義並除直祕閣。」

四月十九日，詔權發遣廣南西路提點刑獄公事張維除直祕閣、知静江府。

五月九日，詔權發遣兩浙路計度轉運副使王炎除直敷文閣、知臨安府。

同日，詔直顯謨閣、權發遣(楊)〔揚〕州周淙除直龍圖閣，令再任。五年二月四日，以淙知臨安府，職〔事〕修舉，詔除祕閣修撰。

六月四日，詔：「尚書兵部郎中張行成以疾丐外，兼進《易》書可採，除直徽猷閣、知潼川府。」

六日，詔潼川府路提刑王趯除直祕閣、知廣州，填見闕。

九日，詔直祕閣、權利州路提點刑獄公事張德遠除直敷文閣、都大主管成都府利州等路茶事、兼提舉四川等路買馬監牧公事。

十二日，詔給事中錢周材辭召命，乞休致，故有此除也〔一〕。

十三日，詔尚書右司員外郎韓元吉除直祕閣、江南東路轉運判官。從其請也。

七月一日，詔試吏部侍郎陳之茂除徽猷閣直學士、知建康府。

同日，詔國子祭酒邵知柔除直寶文閣、江南東路轉運副使。

同日，知隆興府朱商卿乞宮觀，上覽劄子，見自叙發納上供等錢並無拖欠，陳乞宮祠，上見銜內不帶職名，曰：「帥臣豈可無職名，與直祕閣，宮祠事不必行也。」

十三日，詔太府少卿、總領四川財賦軍馬錢糧趙沂依所乞除直顯謨閣、主管成都府玉局觀。

八月十六日，詔趙知柔依所乞除直龍圖閣、主管建 19 寧府武夷山沖佑觀，仍賜銀絹。

十月一日，詔右中大夫方滋除敷文閣待制、知建康府。

十四日，權尚書刑部侍郎章燾以疾乞宮觀，詔依所乞，除右文殿修撰、提舉江州太平興國宮。

二十二日，中書門下省檢正諸房公事沈度以疾乞補外，詔依所乞，除直寶文閣、福建路轉運使。

十一月二十八日，詔：「直敷文閣、權發遣臨安府王炎職事修舉，可除祕閣修撰。」

同日，詔：「直徽猷閣、權知鎮江府呂擢除直龍圖閣，候今任滿日，令再任。」以邦人舉留，從本路帥漕保奏也。

十二月十日，詔新廣東提刑林孝澤依所乞除直祕閣、主管建寧府武夷山沖佑觀。

三年正月一日，詔：「知台州李浩彈壓揀中禁軍〔二〕，治政有方，可除直祕閣。」

同日，詔右朝議大夫、直祕閣、兩浙路計度轉運副使姜詵除直徽猷閣。

二月六日，詔直祕閣、權發遣(旴眙)〔盱眙〕軍胡堅常除直敷文閣、知滁州。

三月一日，詔尚書左司郎中丘鐸除直祕閣、知漳州。

十八日，詔：「直徽猷閣、權兩浙路轉運副使姜詵職事修舉，可除直龍圖閣。」

四月十二日，詔：「恭奉太上皇帝聖旨，趙師夔除直祕閣、添差台州通判，仍釐務。」

五月四日，權兵部侍〔郎〕陳(嵩蕭)〔巖肖〕乞補外，詔除集英殿修撰、知台州。

同日，詔兩浙東路提點刑獄公事、兼權知明州、權主管沿海制置使張津除直祕閣。

---

〔一〕此條當有脱文。《景定建康志》卷四九《錢周材傳》：「遷給事中、兼直學士院。母憂服闋，屢詔不赴，以龍圖閣直學士奉祠告老。」據此，此文似當作：「詔給事中錢周材除龍圖閣直學士，奉祠。以周材母憂服闋，屢辭召命，乞休致，故有此除也。」

〔二〕揀：原作「楝」，據《宋史》卷三八八《李浩傳》改。

九日，詔權發遣兩浙西路提點刑獄公事姚憲除直祕閣、知平江府。

20二十四日，詔敷文閣直學士、左朝議大夫、成都潼（州）〔川〕府夔州利州路安撫制置使汪應辰除寶文閣學士。

二十五日，詔祕閣修撰、權發〔遣〕臨安府王炎除敷文閣待制、知荆南府。

六月七日，詔集英殿修撰、都大提舉成都府利州等路茶事晁公武除敷文閣待制、知興元府、充利州東路安撫使。

十八日，詔尚書户部郎中莫濛除直徽猷閣、知（楊）〔揚〕州。

七月二十五日，詔太常少卿任文薦除直寶文閣、福建路轉運副使。

閏七月二十七日，詔給事中、兼直學士院、兼侍講王（臟）〔曮〕除敷文閣待制，依所乞在外宮觀。

八月十三日，詔尚書吏部侍郎李益謙除集英殿修撰、知衢州。

二十三日，詔尚書吏部侍郎史正志除集英殿修撰、知建康府。

九月二十七日，詔右司員外郎趙彦端除直顯謨閣、江南東路轉運副使。

十一月九日，詔尚書吏部侍郎方滋除敷文閣直學士。

十六日，詔右通直郎、權知（肝臟）〔盱眙〕軍呂企中除〔直〕祕閣。

二十七日，詔左朝請大夫張允蹈除直祕閣，與知州軍差遣。

同日，詔楊存中諸孫並除直祕閣，賜緋章服，弟姪女夫各轉一官。内姝師中（興）〔與〕除直祕閣，選人比類施行。以存中之子倓奏乞依張俊例推恩，故有是命。

四年正月二十六日，詔左朝請郎程叔達除直敷文閣、知池州。

二十七日，詔左朝散郎、集英殿修撰、知襄陽府陳天麟除敷文閣待制。

二月二十二日，詔司21農少卿、總領浙西江東財賦、淮東軍馬錢糧韓彦直除直龍圖閣、江南西路轉運副使。

三月九日，詔右奉議郎、權利州路轉運判官、兼四川宣撫使司參議官王之奇除直祕閣、知興元府、兼利州路安撫使。

五月二十一日，詔直祕閣、江南東路轉運判官韓元吉除直敷文閣、權知建寧府。

二十四日，詔知果州梁介除直祕閣、利州路轉運判官。以四川宣撫使虞允文奏介前知彭州日，增廣水利，均濟民田，故有是命。

六月八日，詔中書舍人洪遵除集英殿修撰、提舉江州太平興國宮。

十二日，詔左承議郎王之綱除直敷文閣、知袁州。

十三日，詔右朝請郎、直祕閣、權發遣静江府張維除直

徽猷閣。

十八日，中書門下省勘會廣西提刑滕膺措置捕賊有勞，詔除直祕閣。

七月十九日，詔大理少卿周自强除直祕閣、江南西路提點刑獄公事。

八月五日，詔：「提舉福建路市舶程佑之職事修舉，可除直祕閣、權廣南東路提點刑獄公事。」

八日，詔起居舍人、兼權給事中黄鈞依所乞除直敷文閣、權發遣荆湖南路計度轉運副使。

二十八日，詔中書門下省檢正諸房公事王秬除直寶文閣、權發遣江南東路計度轉運副使。

五年正月六日，詔太常少卿王淪除直敷文閣、荆湖北路提點刑獄公事。

二月二日，詔：「尚書户部侍郎陳良弼可除敷文閣待制，提舉江州太平興國宫，22任便居住。」

三月三十日，詔：「直祕閣、提舉四川茶馬張松可除直徽猷閣，令再任。」

四月九日，詔敷文閣直學士、知太平州吴芾除徽猷閣直學士，差知隆興府；尚書吏部侍郎周操除徽猷閣直學士，差知太平州。

五月一日，詔：「兩浙路轉運判官劉敏士職事修舉，可除直祕閣，陞充副使。」

六月五日，詔：「直祕閣、權發遣淮南路計度轉運副使沈复職事修舉，可除直徽猷閣。」集英殿修撰、知建康府史正志除敷文閣待制。

七月四日，詔：「祕閣修撰、權知臨安府周淙，以職事修舉，除右文殿修撰，令再任。」

十一日，詔中書舍人汪涓除敷文閣待制，依所乞差提舉江州太平興國宫。

八月六日，詔國子司業、兼權禮部侍郎程大昌除直龍圖閣、江南東〔路〕轉運副使。

十三日，詔權知閬州王伯庠除直祕閣〔一〕，改知夔州。

九月六日，詔大理卿沈度除直龍圖閣、知建寧府。

十六日，詔大理少卿王彦洪除直敷文閣、江南東路提點刑獄公事。從其請也。

十九日，詔趙不倨特與除直祕閣。以父檢校少保、安慶節度使士籛遺表來上，從其請也。

二十四日，詔權知金州韓曉除直祕閣、提舉四川茶馬。

十月五日，詔尚書吏部侍郎薛良朋除敷文閣直學士、知福州。從其請也。

十一月一日，詔：「直徽猷閣、權知揚州莫〈蒙〉〔濛〕職事修舉，可除直寶文閣。」

二日，詔：「新福建路提點刑獄公事趙子英除直敷文閣，改福建23路計度轉〔運〕副使。新發遣廣州吴南老、新

---

〔一〕閬州：原作「閬州」，據《攻媿集》卷九〇《王公(伯庠)行狀》改。

發遣婺州李衡並除直祕閣，差遣如故。」

四日，詔左奉議郎胡銓除集英殿修撰、知漳州。

二十一日，詔：「敷文閣(侍)〔待〕制、成都潼川府夔州利州路安撫使、兼知成都府晁公武，敷文閣待制、知泉州王十朋，並除敷文閣直學士。」

六年二月二十九日，詔：「尚書金部員外郎呂企中除直敷文閣、淮南轉運判官、兼淮西提刑、提點常平茶鹽兼措置屯田，填見闕。」

三月九日，詔：「尚書户部侍郎楊倓依所乞除龍圖閣待制，提(舉)佑神觀，仍奉朝請。」

十二日，詔直祕閣、兩浙路轉運判官姚憲除直敷文閣、知臨安府。

四月一日，詔尚書度支員外郎蔡洸除直祕閣、差權知鎮江府。

十六日，詔：「敷文閣待制、知平江府徐嘉除徽猷閣直學士、提舉江州太平興國宮，任便居住。」從其請也。

二十二日，詔集英殿修撰閻安中除敷文閣待制、知遂寧府。

二十九日，詔尚書工部侍郎姜詵依所乞除徽猷閣待制、知寧國府。

同日，詔尚書度支員外郎張松除直顯謨閣、江南東路計度轉運副使。

五月十五日，詔直祕閣龔茂良除直顯謨閣、權發遣江南西路計度轉運副使。

閏五月三日，詔尚書工部侍〔郎〕周淙除集英殿修撰、提舉江州太平興國宮。

七日，詔降授右朝奉大夫、尚書户部員外郎劉敏士除直顯謨閣、知温州。

同日，詔大理卿、兼皇子恭王府直講李浩除直寶文閣、**24** 權發遣靜江府。

六月四日，詔宗正少卿胡襄除直徽猷閣、權發遣江南東路提點刑獄公事，太府少卿朱商卿除直敷文閣、荆湖北路提點刑獄公事。

六日，詔太常少卿趙彦端直寶文(殿)〔閣〕、知建寧府。

十四日，詔新權發遣揚州王佐除直寶文閣。

二十七日，詔中書門下省檢正諸房公事沈樞除直寶文閣、權福建路計度轉運副使。

八月二日，詔淮南路轉運判官、兼淮南東路提點刑獄公事俞召虎除直祕閣。

四日，詔左朝散郎、新知漳州劉度除祕閣修撰。

七日，詔：「直敷文閣、知臨安府、主管兩浙西路安撫司公事姚憲，招收闕額禁軍，措置有方，除直顯謨閣。」

十九日，詔户部尚書曾懷除龍圖閣學士、知婺州。從其請也。

九月十三日，詔尚書吏部侍郎、兼權吏部尚書胡沂除徽猷閣待〔制〕、知處州。以沂請祠，故有是命。

十七日，詔兩浙路轉運判官呂正己除直祕閣。以按獄視田，職事修舉，故有是命。

二十一日，詔：「左朝散大夫陳良翰除敷文閣待制、提舉江州太平興國宮，任便居住。」

十月六日，詔大理少卿周自强除直敷文閣、福建路提舉常平茶事。

十二日，詔知泰州、兼權提舉淮南東路常平茶鹽公事徐子寅除直祕閣。以職事修舉，故有是命。

十四日，詔權發遣(旴眙)〔盱眙〕軍、兼沿邊巡檢使、措置(権)〔榷〕場龔鋈除直祕閣。

十五日，詔敷文閣直學士、知明州、兼沿海制置使趙伯圭除敷25文閣學士。以職事修舉，故有是命。

十七日，詔集英殿修撰、提舉江州太平興國宮周淙除敷文閣待制。以昨任京邑，績効可觀，故有是命。

十二月二十日，詔：「權兵部尚書、兼侍讀黄中特除顯謨閣學士、提舉江州太平興國宮，任便居住。」以中乞依舊致仕，故有(仕)是命。

七年正月二十五日，詔權知荆門軍馮忠嘉除直祕閣。以任勸諭户馬、同義勇教閲及製軍器有勞，故有是命。

二月二十四日，詔直龍圖閣、江南東路轉運副使沈度除祕閣修撰、寧國府長史，福建路常平茶事鄭伯熊除直敷文閣、寧國府司馬。

二十八日，詔權知安豐軍張士元除直祕閣。以久歷邊任，職事修舉，故有是命。

三月三日，詔直敷文閣、充江東(宣)撫使司參議官韋璞除直顯謨閣。

四月四日，詔：「葉衡起復帥淮西，可改除敷文閣待制、樞密都承旨。」

同日，詔直寶文閣、權知秀州沈复(除)直龍圖閣、兩浙轉運副使，直祕閣、兩浙西路計度轉運副使呂正己除直敷文閣、知(楊)〔揚〕州。

二十一日，詔廬州趙善俊除直祕閣。以善俊爲帥臣，未有職名，故有是命。

二十五日，詔：「國子祭酒(茜)〔芮〕煇除右文殿修撰、主管台州崇道觀，任便居住。」以煇請祠，故有是命。

二十九日，詔江南西路提點刑獄公事陶定除直祕閣。以定按察所部，職事修舉，故有是命。

五月十三日，詔都大提舉川秦茶事買馬趙彦博除直祕閣。以職事修舉，從四26川宣撫使王炎奏乞旌擢故也。

六月五日，詔：「給事中徐良能除龍圖閣待制、提舉江州太平興國宮，任便居住。」以良能丐祠，從其請也。

二十六日，詔直寶文閣、兩浙西路提點刑獄公事任文薦除祕閣修撰、知建寧府。

二十九日，詔寶文閣待制、提舉佑神觀胡銓除敷文閣直學士、提舉江州太平興國宮。以銓丐祠，故有是命。

八月五日，詔中書舍人、兼侍講、同修國史、兼實録院

同修撰范成大除集英殿修撰、知静江府。

十九日，詔知全州支邦榮除〔直〕祕閣。

九月十九日，詔虞光亮除直祕閣。

二十三日，詔直祕閣、知湖州向汮除直徽猷閣，知温州曾逮除直祕閣。各以措置賑濟有方，故有是命。

二十六日，權禮部尚書、兼侍讀劉章除顯謨閣學士、提舉江州太平興國宮。以章丐祠，從其請也。

十月三日，詔權尚書刑部侍郎、兼詳定一司敕令王秬除集英殿修撰、知饒州。以秬丐外，故有是命。

十一月二十一日，詔尚書户部郎中、總領湖廣江西京西財賦、湖北京西軍馬錢糧、專一報發御前軍馬文字呂游問除直顯謨閣、知襄陽府。

同日，詔：「直祕閣、權發遣(旴眙)〔盱眙〕軍龔鋈除直徽猷閣，差遣如故。」以鋈職事修舉，故有是命。

八年二月一日，詔權發遣秀州丘崈除直祕閣。以本路運使奏崈本州和糴，不擾而辦，故有是命。

五日，詔：「知明州、兼沿海制置使趙伯圭除顯謨閣學士，再任。」以本27州士庶葉武等乞伯圭再任，故有是命。

三月二十三日，詔尚書右司員外郎、兼權刑部侍郎韓彦古除祕閣修撰、知台州。

同日，詔：「直顯謨閣、權發遣隆興府龔茂良除右文殿修撰，仍再任。」以茂良捄荒有勞，故有是命。

四月五日，詔：「利州路轉運判官郭儀除直祕閣，令再任。」

十一日，詔左承議郎、殿中侍御史蕭之敏除直祕閣、權發遣江南東路提點刑獄公事。

二十二日，詔集英殿修撰、知饒州王秬除敷文閣待制。以秬賑濟有勞，故有是命。

二十三日，詔陳彌作除敷文閣直學士，胡仰除直祕閣。並以捄荒有勞，故有是命。仍令彌作開具湖南州縣協力濟辦官屬姓名聞奏。

二十六日，詔太常少卿、兼國史院編修官、兼實録院檢討官黄鈞除祕閣修撰、知瀘州。以鈞丐外，從所請也。

二十七日，詔敷文閣直學士、知荆南府姜詵除寶文閣直學士。以救荒有勞故也。

五月十四日，詔尚書吏部郎中姚時行除直祕閣、荆湖北路提點刑獄公事。以時行丐外，從其請也。

二十五日，詔尚書兵部員外郎高禹除直祕閣、淮南路轉運判官、兼淮南東路提點刑獄公事。

六月十二日，詔：「恭奉太上皇帝聖旨，直祕閣、知徽州趙師夔特除直徽猷閣。」

七月十二日，詔：「權發遣舒州、兼措置淮西鐵錢許子中除直祕閣，令再任。」以子中創行措置皷鑄錢三十萬敷額，故有是命。

二十一日，詔：「知廬州趙彦28俊除直徽猷閣，候任滿日，特令再任。」

二十五日，詔權發遣兩浙路計度轉運副使公事胡堅常除直祕閣、權發遣(楊)〔揚〕州、兼主管本路安撫司公事、提領(權)〔措〕置屯田。

二十七日，詔：「直祕閣、都大主管成都府利州等路茶事趙彦博除直顯謨閣，仍再任。」以職事修舉，故有是命。

八月三日，詔：「太子詹事周操除敷文閣學士，在外宫觀。」從其請也。

五日，詔中書門下省檢正諸房公事司馬伋除祕閣修撰、權發遣廣州、兼主管本路經略安撫司公事。

二十六日，詔權發遣衢州施元之除直祕閣、權發遣兩浙西路提點刑獄公事。

二十七日，詔(真)〔直〕徽猷閣、權發遣江南東路計度轉運副使公事張維特除祕閣修撰。以職事修舉，故有是命。

十月十四日，詔：「宗正少卿趙子英除祕閣修撰、主管隆興府玉隆觀，任便居住。」

二十四日，詔權知瀘州李燾除直寶文閣〔一〕。

十一月七日，詔權吏部尚書張津除敷文閣直學士、提舉江州太平興國宫。

十七日，詔寧國府司馬陳損除直祕閣、寧國府長史。

九年閏正月三日，權樞密院檢詳諸房文字楊由義除直敷文閣、福建路(轉)運判官。以由義丐外，從其請也。

六日，詔尚書吏部郎中傅自得除直祕閣、福建路轉運判官。以自得求外，從其請也。

二月一日，詔知隆興府龔茂良除敷文閣待制。

二十四日，詔提舉福建路市舶張堅除直祕閣。以堅職事修舉，故29有是命。

三月八日，詔直敷文閣、福建路提點刑獄公事呂企中除直寶文閣。以企中兼權帥司揀發本路弓弩手有勞，故有是命。

四月八日，詔司農少卿馮摶除直徽猷閣、成都府路提點刑獄公事，尚書户部郎中王全福除直祕閣、權荆湖北路計度轉運副使公事，國子司業林光朝除直顯謨〔閣〕、廣南西路提點刑獄公事。並以自陳補外，從其請也。

五月十八日，詔尚書户部員外郎趙磻老除直祕閣、知廬州、主管淮南西路安撫司公事、馬步軍都總管、兼提領措置屯田。

二十七日，詔：「右朝請郎、權成都府路轉運判官張揀除直祕閣，朝辭訖，不候受告之任。」

七月八日，詔：「大理少卿馬希言除直敷文閣、知平江府，填見闕。」初除祕閣修撰，以臣僚論列，(興)〔與〕依尋常少卿補外例除職名，故有是命。

十七日，詔：「敷文閣待制、知泉州汪大猷除敷文閣直學士，令再任。」

八月一日，詔：「秀王孫添差權通判婺州師龍、添差權

〔一〕李燾：原作「李壽」，據《宋史》卷三八八《李燾傳》改。

通判平江府師垂並除直祕閣，差遣如故。」

十四日，詔：「敷文閣待制、知太平州胡元質除龍圖閣待制，令再任。」

十六日，詔樞密都承旨葉衡除敷文閣學士〔一〕、知成都府，尚書户部員外郎、總領浙西江東〔財〕賦、淮東路軍馬錢糧曾逮除直顯謨閣、知荆南府。

九月十七日，詔直祕閣、利州路轉運判官郭儀除直敷文閣、利州路轉運副使。

二十三日，詔：「顯謨閣學士、知明州、兼沿海制置使30趙伯圭除龍圖閣學士，令再任。」以士庶陳南一等言伯圭到任以來，聽訟詳明，持心忠厚，乞再任，故有是命。

十月四日，詔權兩浙路轉運判官呂搢除直祕閣。以搢勳臣之後，克紹家聲，故有〔是〕命。

十六日，詔中書門下省檢正諸房公事、兼權工部侍郎傅自修除直寶文閣、江南西路計度轉運副使。

二十六日，詔新知建寧府陳天麟除集英殿修撰、知婺州。

十一月四日，詔祕閣修撰、兩浙路轉運副使張宗元除敷文閣待制、提舉佑神觀。

二十六日，詔殿中侍御史陳舉善除直寶文閣、知衢州。

同日，詔左朝奉郎、試給事中、兼侍講蘇嶠除顯謨閣待制、知太平州。以嶠丐外，從其請。

二十九日，詔：「禮部尚書、兼太子詹事胡沂除龍圖閣學士、提舉江州太平興國宮，任便居住。」以沂丐外，故有是命。

十二月三日，詔户部尚書楊倓除徽猷閣學士、提舉佑神觀，尚書吏部侍郎韓元吉除敷文閣待制、知婺州。

八日，詔中書門下省檢正諸房公事韓元龍除直寶文閣、權江南東路計度轉運副使。以元龍丐外，故有是命。以上《乾道會要》。（以上《永樂大典》卷二〇四八〇）

## 舉遺逸〔二〕

【宋會要】31太祖開寶三年三月十日，以處士王昭素爲國子博士致仕。昭素，開封府酸棗人。少篤學不仕，有志行，爲鄉里所稱。常聚徒教授以自給，博通九經，《老》、《莊》，著《易論》三十三篇，李穆常師事之。至是，穆薦於朝，召至，見於便殿，時年八十餘，精爽不衰。賜座，令講《易·乾》卦。因訪以民間事，所言誠實無隱，帝嘉之。尋辭以衰老，求歸鄉里，故有是命。仍賜茶藥錢二十萬，留月餘遣之。後卒於家。

〔太宗淳化〕五年正月十一日〔三〕，以布衣萬適爲〔廬〕州慎縣主簿。32適，宛丘人。少好學問，工詩，其警策多在人口。與高錫兄弟及韓丕齊名。丕任翰林學士，因召對，帝問曰：「卿早在嵩陽，當

〔一〕敷：原脱，據周必大《文忠集》卷一〇六補。
〔二〕原稿「宋會要」下又標有「舉士十九」，此乃《大典》卷一〇六五三之事目及序號，今刪。
〔三〕太宗淳化：原脱，據《長編》卷三五補。

時輩流頗有遺逸否？」丕以適及楊璞、田誥爲對〔一〕，帝悉令召至闕下。詔書下而誥卒。璞既至，對於便殿，不願仕進，上賜以束帛〔二〕，與一子出身〔三〕，遣還故郡。適最後至，公車拒之不得見，寓居京師半年，僅至寒餒。丕又罷翰林，因上言其事，故有是命。適素康(疆)〔彊〕無疾，館於太醫趙自化家。詔下，太醫怪其色變，因而切脉曰：「君將死矣。」適已病，猶勉(疆)〔彊〕赴朝謝，舉止山野，人皆笑之。後數(目)〔日〕而卒。璞，景德四年又遣官賜以茶絹，令吏部銓注其子從政近官，以便侍養。

真宗咸平五年九月十六日，以終南山處士种放爲左司諫、直昭文館。放字明逸，河南洛陽人。性沈默好學，幼能爲文。不喜干進，與母偕隱終南山之豹林谷。淳化三年，陝西轉運使宋維幹言其才行，詔使召之，辭疾不起，令京兆府賜錢三萬，不奪其志。咸平四年，又詔本府就賜緡錢五萬，以禮敦遣赴闕，復以疾辭。至是，使齎詔書，賜絹百疋、錢十萬，就山趣召。及至，對于便殿，帝親撫勞命座，與語久之，館於都亭驛。既命官職，復賜以巾笏袍帶。踰年，表求歸山，命爲起居舍人。景德元年，復來朝。明年，擢爲右諫議大夫。三年，以兄喪，請歸終南山營葬。十月，復至。大中祥符初，命判集賢院。從封泰山〔四〕，拜給事中。從祠汾陰，拜工部侍郎。自是屢至闕下，俄[33]復還山者數四。晚節頗飾輿服，廣置田産，門人宗族依倚恣横。王嗣宗守京兆(京)，放常乘醉慢罵。嗣宗屢責放不法，於是表請徙居嵩山天封觀側，遣内侍就興唐觀基起第賜之。八年卒，訃聞，帝親製文，遣内侍致祭。歸葬終南山，贈工部尚書。

大中祥符四年二月二十日，以河中府草澤劉選爲大理評事致仕，賜緑袍、鞾笏、銀帶、束帛。先是，帝將(幸巡)〔巡幸〕，令州郡搜訪遺逸。本府以李瀆及選名聞，並命召對。瀆不求聞達，以文行著稱鄉里，乃以疾辭。有詔本府存問之。選年七十餘，以經傳講授，躬耕自給。及召見，命官，帝又作七言詩賜之。時又有陝州草澤魏野，亦以疾辭，不應召命。瀆、野天禧四年並詔贈著作郎。

七月二十八〔日〕，以宣州布衣陳寬爲本州助教。本州言寬經明不仕故也。

十一月十五日，以京兆府草澤李遂良爲秘書省校書郎、復州軍事推官。時有言其苦心文學，不求聞達，故召試中書而命焉。

五年正月十五日，以懷安軍鹿鳴山人黄敏爲本軍助教〔五〕。敏明經學，著《九經餘義》四百九十篇。益州路轉運使滕涉以其書上，詔下兩制，晁迥等言有可採故也。

四月十六日，以邵武軍進士陳度爲本軍助教。度有文行，爲鄉里所推，以福建轉運使以聞故也。

六月二十九日，以湖州進士許既濟爲本州助教。既濟詞學爲州人所推重，兩浙轉運使得其所著《四民論》上之，故有是奬。

十一月十[34]五日，以永康軍進士李畋爲試祕書省校書郎。畋明經，聚徒教授，益州以聞，故召而命之。

六年七月十三日，以台州草澤蔣至爲本州助教。至有素行，聚徒教授。其母年八十，常躬寫經典，以助其子。至〔是〕仍賜其母束帛、米五石。

十一月十七日，以梓州草澤東方自牧爲本州助教。(目)〔自〕牧表上所著《易論》，故有是奬。

---

〔一〕誥：原作「詰」，據《長編》卷三五、《宋史》卷四五七《萬適傳》改。下同。

〔二〕上：原作「止」，據《長編》卷三五、《宋史》卷四五七《萬適傳》改。

〔三〕與一子：原作「以此無」，據《長編》卷三五、《宋史》卷四五七《萬適傳》改。

〔四〕從：原無，據《宋史》卷四五七《种放傳》補。

〔五〕黄敏：《宋史》卷二〇二《藝文志》一有「黄敏求《九經餘義》一百卷」，《玉海》卷四二引《中興書目》同。黄敏、黄敏求，未知孰是，王應麟亦兩引存疑。

天禧四年二月十二日，以（蜜）〔密〕州莒縣馬蓍山明九經楊光輔爲國子四門助教[一]，加賜束帛，詔長吏常存問之。光輔聚徒三十年，知州王博文上言，因有是命。

七月十八日，以漢州綿竹縣助教楊曮爲試國子監主簿。西（州）〔川〕安撫呂夷簡言曮有名節故也。

仁宗天聖元年十月二十八日，以榮州進士楊褒、和州進士鮮于播並試國子四門助教。益州路轉運司言「有進士文學，乞依赦文收録」故也。

十一月十八日，以眉州進士孫褒試國子四門助教。本州言褒有學行故也。

二年八月初九日，以蜀州新津縣處士王潤爲試國子四門助教，眉州草澤劉沂爲試廣文館助教。本州各言有孝行故也。

九月十三日，以資州進士宋太和爲試國子四門助教。本州言太和「久在育材山講説，經術有聞」故也。

三年三月十四日，以益州處士張文蔚、王處約並爲國子四門助教。本州各言「高年不仕，德行可稱」故也。

十六日，以處州處士周啓明爲試太學助教。本州言啓明「年踰七十，深隱山谷，懷抱才器，鄉里推尊」故也。六年，再命祕書郎。

八年三月初二日，以岳麓山書院進士孫冑爲潭州助教。35 本州言冑「年七十餘，曾應二舉，後以養親家貧，退居鄉里，聚生徒講説經書」故也。

九年四月二日，以簡州進士藺融試國子四門助教。益州路轉運司言融「以講説訓里中，年且六十，嘗再舉進士，有鄉里之譽」故也。

十年五月十六日，以福州進士王洵武爲試國子四門助教。福建轉運司言洵武「服勤詞藝，篤志典墳」故也。

明道二年十二月五日，以眉州草澤孫康爲試國子四門助教。益州轉運司言康「研精墳典，養素丘園」故也。

景祐元年閏六月十三日，以西京國學講〔書〕、進士衛景山爲試國子監主簿，依舊講書。留守言景山文行著稱故也。

九月二十九日，以濮州州學講書、進士邊智周爲試將作監主簿，講書依舊。本州言智周服勤講學故也。

三年四月五日，以揚州布衣朱仙民爲試國子四門助教。淮南轉運司言仙民「年六十，行不踰矩，耽翫墳史，窮覽無遺」故也。

五月三日，以果州進士范陶試國子四門助教。梓州路轉運司言陶「修詞居敏，履行尤高」故也。

十五日，以濰州進士范沭爲試國子四門助教。京西轉運司言沭「年六十六，學古爲儒，居貧樂道，前後四舉，文行兼優」故也。

六月十七日，以永興軍講授、進士高安爲試國子四門助教。陝西轉運司言安「講學甚精，實有文行」故也。

十月十九日，以資州進士謝震爲試國子四門助教。梓州路轉運司言震「素習經典，實有文行」故也。

十二月十三日，以天雄軍府學教授王誥、興化軍進士

---

[一] 馬蓍山：《長編》卷九五、《宋史》卷二九四《楊安國傳》均作「馬耆山」，元于欽撰《齊乘》、《明一統志》卷二四作「馬鬐山」，云「以形似名」。按馬鬐即馬鬃，則當以「鬐」爲是，此作「蓍」疑誤。

茅知至可並試國子四門助教〔一〕。本州各言經行醇深故也。

康定元年十一月一日〔二〕，以草澤雷子元試祕書省校書郎。子元進封事故也。

二年四月二十八【36】日，以草澤郭京爲大理評事、陝西都總管司參謀軍事。知涇州滕宗諒薦京「久游江南，任(陝)〔俠〕，好言兵」故也。

八月十九日，以祕書省校書郎井淵爲鳳州推官，益州草澤張俞試國子四門助教。翰林學士王拱辰言淵、俞皆「西南之選，實林壑之美，望垂禮聘」故也。後拱辰再上言，俞乞改一職官，詔爲試校書郎。俞又乞回授其父顯忠，詔可。

十一月初五日，以雄州進士劉詠爲雄州司士參軍。本州言詠有行實故也。

慶曆二年正月八日，以京兆府草澤雷簡夫爲試祕書省校書郎、陝西差遣。陝西轉運司言簡夫有材故也。

十一月十二日，以益州草澤周式爲試國子四門助教。成都府路轉運司言式「通講五經，善誘後學」故也。

十三日〔三〕，以兗州草澤孫復爲祕書省校書郎、國子監直講。資政殿學士富弼等言復經行醇深故也。

三年二月，以鄆州進士李雍爲試將作監主簿。樞密直學士范仲淹言雍「夙懷儒學，嘗所師問」故也。

四年三月五日，以進士劉淳爲試將作監主簿。樞密副使韓琦言淳屢陳邊事故也。

六年二月四日，以益州進士李用章爲試將作監主簿。本州言用章有孝行故也。

七年七月二十二日，以蜀州草澤任時爲國子監主簿致仕。參知政事文彦博言時「博通墳典，鄉黨推重」故也。

八月六日，以汝州處士孔旼爲祕書省校書郎致仕〔四〕。旼字寧極，居龍興之龍山下讀書，孝行著聞【37】鄉里。近臣列薦，故有是命。嘉祐中，召爲國子直講，又起知龍興縣。(疾)辭〔疾〕不至，乃以光禄寺丞致仕。五年卒，贈太常丞。

皇祐三年十二月二十七日，以益州進士房庶爲試校書郎。時修製大樂，兩制議未決，三司使田況言庶通音律，驛召進見，所言尺律與衆論不合，賜袍笏裝錢遣之。

四年五月二日，以太常丞致仕代淵爲祠部員外郎。淵字仲顔〔五〕，永康人。天聖三年舉進士甲科，授秦州清水縣主簿，不赴，退居青城山，以著書爲樂。慶曆初，知制誥王拱辰安撫兩川，遺書欲起之，託疾不往見。累遷太常丞。至是，前知益州田況復表所著《周易指要》二十卷，朝廷優加兩官，然終不樂仕。

嘉祐元年十月二十三日，以草澤宋堂爲國子四門助教。堂，成都雙流人。性跌蕩，不事生業，嘗擬陳子昂作《感遇》詩以諷上建儲事。著《蒙書》數十篇、《春秋新意》、《七蠹》、《西北民言》。頗究時務，數爲近臣所薦。至是，翰林學士趙槩又上其所著書，特録之。

十一月十五日，以建州草澤黄晞爲太學助教致仕。晞

---

〔一〕茅知至：原作「茅知魏」，據《萬姓統譜》卷三二、《宋史》卷二〇二《藝文志》一改。

〔二〕十一月一日：《長編》卷一二九記於十月二十二日甲辰。

〔三〕十三日：《長編》卷一三八繫於十五日甲申。

〔四〕旼：原作「皎」，據《宋史》卷四五七《孔旼傳》改。注文同。

〔五〕仲顔：《宋史》卷四五八《代淵傳》作「蘊之」。

字景微，建安人。少通經，尤深《易》學。德性淳朴，服用質儉。寓居京師，學者多從之。聚書萬餘卷，討論讎校，寢食不輟。所著有《聱隅子》、《楊庭論》。門弟子號曰聱隅先生。慶曆中，石介在（大）〔太〕學，遣諸生以禮聘召之，不至。前後薦者，自宰臣韓琦而下三十餘人。至是，端明殿學士李淑上言晞「贍學敏文，識亦優博。晦名安道，篤行有守。恬 38 約弗耀，見稱時流。甚齒淹卹，宜被甄奬。有臣寮論薦，欲望檢會，召補學官，庶令訓導諸生，敦勸浮俗」，乃有是命。明年以疾而卒。

三年正月九日，以福州進士陳烈爲安州司户參軍。烈字辛甫〔一〕，學行淳古，頗通禮書。近臣論薦，故有是命。召爲國子監説書，辭疾不至。

五月二十三日，以青州草澤麻仲英爲試國子四門助教。知青州龐籍言仲英年高，守道不仕也。

七月（二十三）〔五〕日〔二〕，以福州進士周希孟爲國子四門助教、州學教授〔三〕。知福州蔡襄言其文行爲鄉里所推也。

四年七月二十三日，以揚州處士孫侔爲試祕書省校書郎，充州學教授。知揚州劉敞、右正言吳及並薦其材行，故有是命。治平初，以知制誥沈遘、王陶言，再命爲忠武軍節度推官〔四〕、知滁州來安縣。熙寧初，又（以）翰林學士韓維言，爲常州團練推官，辭疾不赴。

十一月初八日，以河南府處士邵雍爲試將作監主簿。雍字堯夫，衛州共城人，徙居河南。勤力讀書，著書名曰《皇極經世》。好爲詩什，有《擊壤集》。至是，本府以遺逸聞，乃有是命。後再命爲（穎）〔潁〕州團練推官〔五〕，皆辭疾不赴。熙寧十年卒，贈著作佐郎，賻加賜粟帛。

十二月二十一日，以應茂材異等科曾平爲試太學助教。以（知）鄆州趙槩薦其材故也。

五年五月十二日，以（穎）〔潁〕州進士常秩爲試將作監主簿、州學教授。翰林學士胡宿等言其文行稱于鄉里，故有是命。治平初，以知制誥沈遘、王陶言，又命爲 39 忠武軍節度推官、知許州長社縣，以疾辭。熙寧初，詔（穎）〔潁〕州以禮申諭朝旨，敦遣赴闕。既至，召對，命爲右正言、直集賢院、管勾國子監、知諫院，爲天章閣待制。十年卒，贈右諫議大夫。

（九）〔八〕月八日〔六〕，以眉州進士蘇洵爲秘書省校書郎。成都府路轉運使趙抃言洵學行推于鄉里，故有是命。明年，命爲霸州文安縣主簿，修《太常因革禮》。治平三年卒，賜其家銀絹百匹兩。子軾、轍辭所賜，求贈官，乃特贈光禄寺丞。

六年八月十八日，以桂州進士唐子正爲試將作監主簿。知桂州吳及言其「素通邊畧，孝行著于鄉里」故也。

十月初五日，以河中府進士南宗魯爲試將作監主簿。陝西都轉運使彭思永言其文行推于鄉里也。

英宗治平二年七月二十三日，以三班差使、殿侍崔公度爲和州防禦推官、國子監直講。先是，宰臣韓琦言公度「博學多聞守道，其所爲文章雄奇贍逸，當求比於古人，而時人未易得也。向緣父奏，得此名目，遂恬晦不仕，爲鄉里諸生講説經義，一方師表」，故有是命。公度辭以母老，不赴。熙寧二年閏十一月，淮南轉運司言公度母喪，服除，復命爲彰德軍節度推官、權（穎）〔潁〕州團練推官，再以疾辭。三年，召爲國子監直講，令本郡敦遣。明年始就職。

---

〔一〕辛甫：《宋史》卷四五八《陳烈傳》作「季慈」。
〔二〕五日：原作「二十三日」，當是承上下條而誤，今據《長編》卷一八七改。
〔三〕州學教授：此四字原入注文，據文意改。
〔四〕忠武：原倒，據《宋史》卷四五八《孫侔傳》乙。
〔五〕後再命：原脱，據《長編》卷一九〇補。
〔六〕八月：原作「九月」，據《長編》卷一九二改。

十月十八日，以成都府進士汪通夫爲試祕書省校書郎，陳汝玉除陝西判司簿尉。端明殿學士韓絳言有士行故也。 以上《國朝會要》。

治平四年【40】七月十四日，以草澤李逵爲試祕書省校書郎。龍圖閣直學士趙抃言逵「行有鄉譽，學通聖經」故也。

十月九日，以進士黄君俞爲撫州司户參軍、國子監直講。以王珪、司馬光等薦君俞「博通經藝，爲諸生宗師」，又新及進士第許安世等百餘人列狀稱薦，遂召試舍人院中等故也。

神宗元豐八年十一月二十七日，草澤程頤爲汝州團練推官、西京國子監教授。以韓絳、呂公著、司馬光薦也。

哲宗元祐元年十月四日，詔以進士吳師仁爲越州司法參軍、充杭州州學教授，尹材爲虢州司户參軍，田述古爲襄州司法參軍，蘇邴爲邠州司户參軍，並除教授。從近臣薦也。

二年四月十九日，以徐州布衣陳師道爲(毫)〔亳〕州司户參軍，充徐州教授。從翰林學士蘇軾等薦也。

紹聖三年九月四日，詔興化軍葆光處士張弼爲福州司户參軍，充本州州學教授。用權禮部侍郎黄裳等薦也。

四年五月二十一日，詔以眉州進士家素爲綿州司户參軍，充眉州州學教授。用翰林學士承旨蔡京薦也。

元符三年六月二十七日，徽宗即位未改元。 以和州防禦推官、知壽春縣事、充楚州州學教授徐積特授宣德郎，差遣依舊。以同知樞密院事蔣之奇言：「積詞學登科，久不仕宦，退居山陽，以清節篤行爲鄉里所高。頃奉朝命，俾就充州學教授。博聞强識，士論歸服。以今歲滿罷任，嘗乞致仕，不報。前後從官薦舉【41】自代者不少，欲望朝廷特與改官再任。不惟東南士人有所矜式，且以崇獎名節，勸勵風俗。」吏部侍郎張舜民奏：「積孝節通於神明，至誠動於金石。自少至老，風雨不渝，雖古之曾、閔不是過也。朝廷知其賢，累任楚州教授。士大夫知其賢，薦名於朝者，前後數十上。其間或欲與積改官，或欲召對，皆未蒙施行。按積今年七十四歲，雖有美官豐禄，必不能從事，所以然者，特爲朝廷士風爾。欲望聖慈特賜指揮，檢會前後臣僚所舉，爲積轉通直郎，差遣依舊，庶使朝廷有右賢尚德之風，陛下有尊德樂道之實。」中書舍人曾鞏奏：「積躬行古道，尤以孝著。博覽載(藉)〔籍〕，兼通世務。但以耳疾，不任仕宦，儻召寘太學，使在師儒之位，學者觀其言行，自當從化。不然，命爲本州學官，亦足使鄉里及鄰士人有所矜式。」故有是命。

徽宗建中靖國元年十二月二十三日，以睦州進士王昇特授壽州司户參軍、充湖州州學教授。以尚書左丞陸佃言：「昇義高行美，行年五十，讀書未娶，訪求師友，徒涉千里。衆經羣史，諸子雜家，無所不讀，雖佛經道藏，亦皆博釋。事親孝，奉兄悌。乞依陳師道、家素等例，除昇一命，處之學校，以勸多士。」故也。

崇寧二年十二月五日，詔撫州布衣饒子儀爲假承務郎，不理選限。以江西路監司列薦子儀「養素鄉閭，博究羣史，自秦漢而下，皆著編年之書。今年幾八十，志學不衰」，故録之。

四年閏二【42】月五日，以杭州進士蔡宻、泉州進士呂珪並授從事郎。至三月三十日，呂珪爲通直郎、祕書省著作佐郎、崇政殿説書。制曰：「朕特起修潔自重之士，待以不次之舉，庶幾激高風而矯奔競之俗〔一〕。以爾世族之緒，志守不凡，超然自拔于塵垢之外。

---

〔一〕競：原作「兢」，據文意改。

比因賜對，奏議開爽〔一〕，有足嘉者。肆予命汝，通(藉)〔籍〕朝著，莅職文館，仍侍經帷之邃，俾知儒術之道。汝其尊爾所聞，而惟道徇思，稱予所以褒擢之意。」蔡絛《國史後補》云：崇政殿說書，祖宗時有之。崇寧中，初除二人，皆以隱逸起〔二〕。蔡密者以嫡子能遜其官與庶兄而不出，用其學行修飭召〔三〕；呂珪者亦以高節文學有盛名，隱居弗仕，數召不至。始起，仍遂其性，乃詔以方士服隨班朝謁入侍焉，亦國朝之盛舉也。蔡密除崇政殿說書月日，檢未獲。

六日，常州進士孫逵、河南府進士李暉並特授將仕郎。

宣和元年四月二十七日，詔饒州樂平縣免舉進士夏非霆與上州文學。以江東路轉運使等奏(北)〔非〕霆「見年七十七，熙寧二年發舉，不赴省試，合該特進名推恩，亦不曾受。鄉人稱其孝行，委是隱逸，不求聞達」，保明故也。

欽宗靖康元年四月九日，詔布衣江端友爲承務郎，賜出身。以少宰吳敏言：「端友隱居京城東郊，素有高行，士大夫多稱道之。臣頃見吳幵，詳言其養母之孝。端友躬耕蔬食，守節自重。聞頃講議司欲招之，端友不肯就。自陛下即位，求直言，端友當圍城時上43書論事甚衆，而終不肯一至公卿之門。近者陛下招延草茅鄒柄、任申先、尹焞、鄧肅之流，偶未及端友，望特加官使，以風四方。」故有是詔。以上《續國朝會要》。

光堯皇帝紹興二年三月八日，詔布衣王大智特授迪功郎、添差樞密院計議官。以大智習兵法，故命之。

三年五月七日，詔迪功郎王忠民特改宣教郎。以商虢陝州鎮撫使翟琮言忠民「智通今古，識達事機。自靖康以來，屢陳軍國邊機利害，三召不至」，故有是命。

九月十八日，詔以布衣朱敦儒爲迪功郎。以廣南東西路宣諭明槖言「面奉聖諭，訪求山林不仕賢者。敦儒深達治體，有經世之才，靜退無競，安於貧賤，嘗三召不赴」，故有是命。

四年三月二十五日，詔撫州草〔澤〕鄧名世令閤門引見上殿。以吏部尚書胡松年看詳到名世所著《春秋四譜》六卷、《辨論譜說》十篇、《古今姓氏書辨證》一十四卷，學有淵源，辭亦簡古，考訂明切，多所按據，故有是命。後賜進士出身，充史館校勘。

十一月二十五日〔四〕，詔以布衣王蘋爲右迪功郎。以權發遣平江府孫佑言蘋「有憂國愛君之心，開物成務之學，素行高潔」，上既召見，而有是命。再命賜出身，爲祕書省正字。

五年十一月六日，詔和靖處士尹焞授左宣教郎、充崇政殿說書。左僕射張浚言焞「頃緣叛臣劉豫迫以僞命，經涉大河，投身山谷，自長安徒步趣蜀，乞食問路〔五〕，僅獲生全」；徽猷(閤)〔閣〕待制、史館修撰44范沖言焞行義淳固，故有是命。其後引對，除秘書郎、崇政殿說書。

九年二月八日，右諫議大夫李誼言：「伏見河南諸路境土初復，差遣使軺，布宣德音。雖拊循將士，存問耆老，固在所先，然而(綱)〔網〕羅幽隱，振拔淹滯，亦不可後。蓋自中原淪陷，久隔照臨，豈無出衆之材、潔身之士？或陸沉州縣，與夫高蹈於山林者，當此恢復，所宜褒采。」詔令周聿等蒐訪，具名以聞。是後陝西路宣諭使周聿言：「尋訪到前通判原州致仕米璞、前知隴州劉化源、敦武郎秦州定西寨兵馬都監鄭涓三人，於兵火中各操守忠義。」詔米璞、劉化源召赴行在，内鄭涓與監嶽廟，賜銀絹各一百

〔一〕開：原作「聞」，據文意改。
〔二〕以：原脫，據《鐵圍山叢談》卷二補。
〔三〕飭：原作「飾」，據《鐵圍山叢談》卷二改。
〔四〕按，《建炎要録》卷八三記於十二月五日。
〔五〕問：原作「門」，據《建炎要録》卷一一一改。

匹兩。

十年二月十七日，臣僚言：「恢復土宇，必以得人材爲重。兩年以來，銜命之使，旌聘甚多，固已得於州縣官僚之間及衆所共知者。其有中國淪陷，越在草野，伏而不見，實爲滯淹。況山西出將，風聲氣俗，亦豈易泯，必有英偉〔毫〕〔豪〕傑之材。今日誠得而用之，彼於中原休戚利害既皆深知，非特裨贊經理之謀，而人望所歸，斯民視之以爲嚮慕，則愛戴之心愈見其不可解。所有新復州軍，專責使者，恐隱遯幽遠之間，尚有埋光鏟采，不求聞達之士，更加蒐舉而大用之，是乃中興無窮之計。」從之。

二十八年二月七日，詔以布衣鄭樵爲右迪功郎。經筵官薦樵「耽嗜墳籍，杜門著書，嘗獻之朝廷」，故有是命。

十一月二十三日，赦：「應天下士人有節行 45 才識之懿，文學術業爲鄉里所推重，不求聞達者，委監司、帥臣同加搜訪，每路一二人。仍與本處長吏具從來所爲事實，所通學術，連銜結罪保明聞奏，即不得以常材備數。三省再加詢察，如非妄舉，當議召試擢用。」三十一年九月二日明堂赦同此制。以上《中興會要》。

壽皇聖帝隆興元年三月十四日，詔曰：「朕惟明俊德所以和萬邦之治，舉逸名所以致天下之歸。方古先盛時，弓旌之招，束帛之賁，安車蒲輪之召，使阿澗無考槃之人，而臺萊詠得賢之樂[一]，朕心慕焉。故嗣位之初，驛召旁午，凡縉紳之老，儒林之秀，莫不明揚顯擢，布列中外。尚念山林之際，漁釣之間，豈無荷蓧濯纓之倫，飯牛版築之士？或自晦於卜祝，或沈痼於煙霞，未膺好爵之縻，徒劇冥鴻之慕。部刺史二千石，其爲朕博訪巖藪，搜羅逸遺。其有懷瑾握瑜，埋光鏟采，迹其行實，咸以名聞。朕將厚禮特招，虛懷延納，庶幾得人之盛，無媿於前古，而致治之美，增光於祖宗，不其韙歟！咨爾多方，其體朕意。」

乾道四年七月七日，詔遂寧府布衣雍山賜進士出身，添差遂寧府府學教授。山志行修潔，好學，多所通究，尤邃於《易》。守臣杜莘老以名聞，詔召不起。至是，守臣張震、漕臣馬騏乞就褒擢，乃有是命。

九月二十七日，詔興化軍仙遊縣布衣林彖賜進士出身，添差興化軍軍學教授。知泉州周葵言：「彖行義修潔，凡六經百氏之書，無所 46 不讀。杜門自守，不謀婚娶，不應科舉。所居之鄉，鄙惡之民，往往化爲良善。頃加君命，固辭不起。乞檢會故事，賜以先生處士之號。」同知樞密院事劉珙奏：「祖宗自有典故，太上皇時，曾召臣鄉人胡憲。兩召不至，賜同進士出身，差本州教授。今若召之不來，故事可用也。」再召不起，遂有是命。

五年三月二十六日，詔郭雍賜號冲晦處士。以湖北帥臣張孝祥等言雍「名臣之後，父忠孝師伊川程頤，盡得其學。雍推原本意，著《易》、《中庸》之書十餘萬言。隱於峽州長陽山下，安貧樂道，行義高潔，乞賜褒擢」，故有是命。以上《乾道會要》。（以上《永樂大典》卷一〇六五三）

---

[一] 萊：原作「菜」，按此典出《詩·南山有臺》「南山有臺，北山有萊」，因改。

## 禮遺 (一)

仁宗嘉祐四年十月十三日，祫饗赦書：「學術行能，見推鄉里，困於草野，是謂遺賢。屬我治朝，所宜搜採。應天下士人，素敦節行，兼通學術，又爲鄉里所推者，委轉運使、提點刑獄臣僚同加搜訪，每路各三兩人。仍與本處長吏具從來所爲事實及所通學術，連書結罪保舉聞奏。委中書門下再行詢察，如非妄舉，當議特加試用。」

五年十月十四日，詔：「諸路奏舉有行義文學之士濮州進士李植等二十三人，令本州長吏敦遣赴闕，送舍人院試策、論各一道。仍於明年三月終已前到闕。在路給與奉職驛券，候到，館於太學。」

六年五月七日(二)，舍人院試諸州敦遣進士：徐州顔復、48 成都府章禩、潤州焦千之、開封府韓盈、荆南府樂京、許州辛廱、大名府李抃策、論第三等下，賜進士出身。相州劉安道、安州趙疇、邵武軍王景、潭州陸湘策、論第四等上，賜同進士出身。渝州牟載、趙州左用策、論第四等下，通州隨翊、潭州廖倚、太原府崔遠策五等，並爲試祕書省校書郎。先是，諸路應敕舉者二十三人，而濮州李植道卒，岳州顧立有(基)〔期〕服，梓州章衮、蜀州張中理、處州吳戩、廣安軍蒲伯明、越州吴孜辭不就試。至是，衮等五人並爲試將作監主簿。

七月十六日，詔：「諸路轉運使、提點刑獄司比用祫饗赦書，搜採天下有節行學術之人。如聞沽飾名譽，徼進者多，非所以厚風俗也。其罷之。」以上《國朝會要》。

神宗熙寧元年正月二十一日(三)，詔(穎)〔潁〕州敦遣試將作監主簿常秩赴闕，毋得受秩辭避章表。初，歐陽修等言秩「好學不倦，尤精《春秋》。退處窮年，事親盡禮，不肯碌碌苟合衆人。經明行修，可助教化。宜召至闕下，試觀其能，苟有可采，特降一官」(四)。而秩累召不至，故有是命。

十一月〔十〕八日(五)，南郊赦書：「應天下士人，有節行才識之懿，濟以學術，素爲鄉里所推重者，委轉運、提點刑獄臣僚同加搜訪，每路三兩人。仍與本處長吏具從來所爲事實、所通學術，連銜結罪保明聞奏，即不得以常材備數。委中書門下再加詢察，如非(忘)〔妄〕舉，當議召試擢用。」

三年五月十三日，詔：「諸路長吏准敕保明敦遣行 49 義之士二十九人，令九月赴闕，仍給驛券料。至則館於太學，送舍人院試策、論各並一道。」

---

(一) 題下原注：「本書敦遣」，意即《宋會要》原書題作「敦遣」。
(二) 七日：《長編》卷一九三繫於四日丙戌。
(三) 熙寧元年：按《宋史》卷三二九《常秩傳》及《長編》卷二二二原注引林希《野史》載此事均在熙寧三年，疑此誤。
(四) 降：似當作「除」。
(五) 十八日：原作「八日」，按《宋史》卷一四《神宗紀》一，此年南郊在十八日丁亥，據補「十」字。

十月二十一日〔一〕，舍人院試諸州敦遣人：濱州劉蒙、處州管師常、閬州賈蘊、雍之奇、嘉州李逵、衢州周穎、齊州胡鄒論、策並第三等下，賜進士出身；太原府李抗、忠州譚立之〔二〕、眉州孫潛、太原田籍、張由、劍州陳舜岳、（太）〔大〕名府尚景淳、漢陽軍竇恂論〔三〕、策並第四等上〔四〕，賜同進士出身；眉州任通夫、邢州國採、荆南伊琢論、策並第四等下，並爲試銜知縣、判司簿尉。時蒙號處士，師常等皆進士，逵、通夫試祕書省校書郎，不理選限。

徽宗崇寧三年六月二十九日，詔江寧府進士侍其墀、常州進士鞏寔並令乘驛赴闕。以江東、兩浙監司薦墀、寔經行爲鄉閭所推故也。

七月四日，常州言：「搜訪得進士潘民質，博學通經，行義淳正，抱道自處，見重鄉閭，乞賜量才擢用。」逐司令採察得潘民質實有學行，所養恬静，議論操持皆可稱述。詔民質發遣赴闕，仍支破遞馬、大將驛券。

政和三年三月八日，淮南轉運等司言：「壽州壽春縣東山隱士李璞〔五〕，孝悌之行，鄉里所推；度數之學，士人所服。幼小以來，無意婚宦，惡衣糲食，人所難堪，而璞安之，不以爲戚。自其父喪，居廬東山，三十餘年，迄今野處。雖樂道忌勢，有外方之志，然和光同塵，無行怪之迹。崇寧五年，本州欲以遺逸應詔，避之不就。（太）〔大〕觀三年，又欲以八行應制，亦辭之不受。若蒙朝廷 50 （原）〔厚〕禮旌奬，則可以激厲貪競，雅厚風俗，上助聖化。」契（堪）〔勘〕上件李璞，逐司審驗保明，委是詣實。詔令本州長貳赴闕〔六〕，仍許乘遞馬，沿路依《貢士令》與進武副尉驛券。候到，令辟廱審驗訖，召赴都堂審察。

九月十三日，詔：「濮州隱逸王老志〔七〕，令王亶以禮敦遣赴闕，與依第二等奉使格支破人從券馬，人吏親隨等依第三等支賜。老志賜給從義郎遞馬驛券，仍許差擔擎兵士三十人，許乘轎，給盤纏錢五百貫與本家。先具起發月日，申尚書省，取旨賜安泊處。所有合帶人，多少從便。如要水路，即仰本州差撥人舡，並仰如法津遣。」

六年二月十九日，詔：「棣州士人劉棣蔬食葆神〔八〕，虛心契道，人之隱奧，洞然照知，處方書符〔九〕，每有應驗。可令敦遣赴尚書省審驗外，於上清寶籙宮安下，仍給路費、驛券〔一〇〕、遞馬，無令失所。」

〔一〕按，《長編》卷二一七、《宋史》卷一五《神宗紀》二皆繫於十一月二日己丑。

〔二〕譚立之：原作「潭邱之」，據《長編》卷二一七改。

〔三〕漢陽軍：原作「岳陽軍」，據《長編》卷二一七改。按宣和元年始賜岳州軍額，稱岳陽軍，但亦只用於節度使官銜，行政區劃仍稱岳州。

〔四〕策並：原作「並策」，據下文文例改。

〔五〕壽春：原作「壽鄉」。按宋代壽州只有壽春縣而無壽鄉縣。《老學庵筆記》卷三云「處士李璞居壽春山」，是璞乃壽春人，因改。

〔六〕「赴闕」上疑脱「敦遣」或「發遣」等字。

〔七〕老志：原作「志老」，據《宋史》卷四六二《王老志傳》乙。下同。

〔八〕棣：原闕，據《長編紀事本末》卷一二七補。

〔九〕處：原脱，據《長編紀事本末》卷一二七補。

〔一〇〕驛：原作「驗」，據《長編紀事本末》卷一二七改。

宣和元年十二月二十一日，知江州劉絳言：「張頤碧自號海峯閑人，近遊行至本州，見在開元觀安下。得廣成修身之要，傳混元抱一之訣。伏望特賜(詔)〔召〕聘。」〔詔〕劉絳敦遣赴闕。

欽宗靖康元年十一月十一日，詔涪陵人譙定赴闕。以殿中侍御史胡舜陟言定「究極《易》數，逆知人事，洞曉諸葛亮八陣法」故也。以上《續國朝會要》。

光堯皇帝建炎元年五月一日，赦：「應中外有文武才略出倫，或淹布衣，或沉下僚，内自禁從，外至監司、郡守，廣行搜訪，各舉所知一名。舉得其人，並行旌擢。仍以所舉人移文州縣，以禮 51 敦遣赴行在。」

七月十二日，尚書省言錢伯言召赴行〔在〕，至滄州，遷延未至。詔：「艱難之際，人臣義當體國，豈可徇私自便。應召赴行在并除授職任人，並令吏部三日一次舉催。仍令郎官常切檢舉，如尚敢遷延，重行黜責。錢伯言令鎮江府、揚州疾速津遣。」

八月十五日，詔蜀人譙定、長蘆隱士張自牧〔一〕，令守臣以禮遣赴行在。定知兵法，曉八陣圖。靖康間，嘗命以通直郎、崇政殿説書。自牧沈毅有謀，亦知兵。宣和末，召至京師，不用。至是，提舉南京鴻慶宮許翰奏聞，故有是命。

四年五月十四日，三省言：「已詔盧法原除吏部尚書〔二〕，謝克家除禮部尚書，胡直孺除刑部尚書，李擢除給事中，席益、胡交修並除中書舍人，辛炳除起居舍人，宜加優禮敦遣。方時艱難，欲速赴行在，共濟國事。仰所在州軍協力應副，以稱優禮之意。」

八月二十六日，知建昌軍仇(愈)〔悆〕奉詔敦遣成忠郎、閤門祗候、前權主管建昌軍事蔡延世前來，赴都堂審察。

十一月十四日，知福州程邁言：「奉詔親詣新除起居舍人辛炳所居，以禮敦遣，限三日發赴行在。本官累稱病廢日久，供職不得，乞備申朝廷。」詔辛炳依舊宮觀。

紹興二年正月二十四日，詔：「徐俯文學行義有聞於時，可特除右諫議大夫。令所在州軍疾速敦遣赴行在。」

十二月十五日，詔：「辛炳、常同、唐恕、張杲在遠之人，恐不能趣赴朝命，可令所在州軍各給辦裝錢三百貫，52 以趣其行。」上謂輔臣曰「士人廉則貧，恐不能治行」故也。

三年三月七日，詔：「布衣蘇庠，令鎮江府以禮敦遣赴行在。候到，令閤門引見上殿。」先是，召庠赴都堂審察，庠辭以疾，故有是詔。

五月十日，詔特補迪功郎王忠民特改宣教郎，令董先候路稍通日，津遣赴行在。其詳見「舉遺逸」門。

五年十一月六日，詔和靖處士尹焞除崇政殿説書，四川宣撫司加禮敦遣赴行在所。其詳見「舉遺逸」門。

九年五月二十四日，詔前知開封府尉氏縣姚邦基，令東京留守司津遣赴行在所。以二京、淮北宣諭方庭實言邦基「頃自解

---

〔一〕蘆：原作「盧」，據《建炎要録》卷八改。

〔二〕除：原作「降」，據文意改。按盧法原除吏部尚書在十一日壬子，見《建炎要録》卷二三。

官，遂匿村落，聚徒敎學，廉靖守節，不求禄仕」，故有是命。

六月八日，詔華州鄭縣主簿趙汧、河南府登封縣令雙虔、(穎)〔潁〕昌府進士范墀，並令西京留守司津遣赴行在。以二京、淮北宣諭方庭寔言「准詔許臣採訪文武才能可備國家之用者。汧性剛直，通曉吏事；虔爲縣豈弟；墀名臣之後」，故有是命。

十三日，詔左承奉郎高穎，令東京留守司津遣赴行在所。以簽書樞密院事樓炤言穎「宣和六年進士及第，隱於民間」，故有是命。以上《中興會要》。

壽皇聖帝隆興元年三月二十七日，興化軍守臣及本路監司、帥臣列奏仙遊縣布衣林彖經行，詔召不起。其秋，丞相陳康伯、同知樞密院事黄祖舜賢其所爲，再取(止)〔旨〕，令監司、郡守備禮敦請就道。本軍守丞親具羔鴈詣其廬〔一〕，諭以朝廷搜訪53之意甚厚，而彖外遠名利，復引疾固辭。天下士大夫聞而高之。

乾道元年正月一日，南郊赦書：「應天下士人有節行才識之懿，濟以學術，素爲鄉里推重，不求聞達者，委監司、帥臣同加搜訪，每路一二人。仍與本處長吏具從來所爲事實，所通學術，連銜結罪保明聞奏，即不得以常材備數。委三省再加詢察，如所舉不妄，當議擢用。」三年十一月二日、六年十一月六日、九年十一月九日南郊赦書，並同此制。

八月十二日，册皇太子赦書：「應州軍有隱逸之士，不求聞達者，仰長吏採訪，具名以聞。」七年二月八日册皇太子赦書同此制。

五年三月二十六日，湖北諸司言：「峽州長陽寄居河南人郭雍〔二〕，行業深美，召赴行在，州郡以禮敦請，至於再三，力辭不就。」詔賜號沖晦處士。以上《乾道會要》。（以上《永樂大典》卷一〇六五二）

〔一〕守丞：似當作「守臣」。
〔二〕峽州：原作「陝州」，據《宋史》卷四五九《郭雍傳》改。

# 宋會要輯稿　食貨一

## 檢田雜録〔一〕

【宋會要】

❶太祖建隆二年四月〔二〕，大名府上言：「館陶縣民郭贇訴去冬所檢田，各有隱漏田畝。」詔本縣令程迪杖脊除名，配沙門島；元檢官給事中常準奪兩任官。

三年七月，詔以魏、鄆、貝、冀、滑、衛、磁、相、邢、洺等州自夏少雨，慮秋稼不登，命給事中劉載等十人分檢見苗。

乾德二年四月，詔曰：「自春徂夏，時雨常愆，深念黎元，失於播殖，所宜優恤，俾獲昭蘇。應諸道所催今年夏租〔三〕，委在處長吏檢視民田無見苗者上聞，並與除放。」

太宗太平興國八年九月，詔：「自來水旱災傷，晝時差官檢括，救其艱苦，惟恐後時。頗聞差出使臣遲留不進，州縣之吏日行鞭朴。懼收賦之違限，罹有司之殿罰，且令耕者改種失期，甚無謂也。自今應差檢田使臣，宜令中書量地里遠近及公事大小，責與往來日限，違者科罪。」

九年正月，詔曰：「朕每恤蒸民，務均輿賦，或有災沴，即與蠲除。蓋欲惠貧下之民，豈復以多少爲限？自今諸州民訴水旱二十畝以下者，仍令檢勘。」先是，澶州言，民訴水旱二十畝已下，請不在檢視之限也。太宗以貧民當恤之，故有是詔。

淳化四年十月二十七日，詔：「開封府管内人户，近爲雨水害及田苗，已分遣朝臣、使臣與令佐體量通檢。慮人户未得盡知，及有遲滯，宜令差去京朝官、使臣及令佐等詳前降敕命，疾速通檢，具分數以聞，當議特與❷除放。」

五年正月，知鄭州何昌齡上言：「諸州逃民，非實流亡，皆規免租税，與鄰里相囊橐爲姦爾，願一切檢責之。」詔從其請，仍令先按鄭、懷及磁、相等數郡。昌齡所至，凡民十家爲保，一室逃，即均其税於九家；二室、三室逃，亦均其税。鄉里不得訴，州縣不得蠲其租。民被其害〔四〕，皆逃去，無敢言者。既畢，昌齡又請按他部。時當中春，帝以農事方興，重爲勞擾，罷之，遣昌齡還理所〔五〕。

九月，命大理寺丞許洞等八人分詣宋、亳、陳、（穎）〔潁〕、泗、壽、鄧、蔡等州按行民田，有被水潦爲害及種蒔不及處，並蠲其租。

至道元年九月，遣殿中丞王用和等十四人，分詣開封府諸縣檢勘逃户田土〔六〕。

---

〔一〕題下原批：「案，田制以建置先後爲次。」
〔二〕正文前原又有「檢田」二字，當是《永樂大典》原有標目。爲免重複，今刪。
〔三〕催：《宋大詔令集》卷一八五作「徵」，義長。
〔四〕害：原作「災」，據本書食貨六一之七一改。
〔五〕理：原作「里」，據本書食貨六一之七一改。
〔六〕諸：原脱，據本書食貨六一之七一補。

二年四月，開封府諸縣民訴旱，命開封府判官、給事中楊徽之等三人，刑部郎中、直昭文館韓授等五人，分路體量。

六月，帝謂宰相曰：「自今開封府諸路檢田，當選京朝官幹事者，勿復差本府官屬。」

真宗天禧二年十月，詔：「自今差官檢勘逃户并災傷民田，令三司寫造奏帳式二本，一付檢校田官，一送諸道州、府、軍、監。」

四年八月，詔：「京東、西、河北諸州軍經水田苗蠲減税賦，更不覆檢。」

乾興元年二月，開封府言：「開封等十六縣逃移人户甚多，近得雨澤，日望耕種，欲於鄰近縣分差令佐吏（牙）〔互〕覆檢。」詔特免覆檢，今後不得爲例。

仁宗景祐二年十月十三日，中書門下言：「《編敕》：人户披訴災傷田段，各留苗色根楂，未經檢覆，不得耕犁改 3 種。慮妨人户及時耕種，今後人户訴災傷，只於逐段田頭留三兩步苗色根楂準備檢覆，任便改種。故作弊倖，州縣檢覆官嚴切覺察，不在檢放之限。」先是，訴災者未得改耕，待官檢定，方聽耕耨。民苦種蒔失時，重以失所，故詔革之。

至和三年六月，詔：「京東、西、荆湖等路被水災處，速差官體量，減放税賦或倚閣，更不覆檢。」以上《國朝會要》。

神宗熙寧二年六月十二日，詔定：「諸請買荒廢地土已經開墾并增修池塘、堤岸之類〔一〕，却有諸般詞訟但合斷歸後人者，並官爲檢計用過功價，酬還前人。其增蓋舍屋、（裁）〔栽〕種竹木之類，亦償其直；願拆伐者聽。」

三年三月，同管勾秦鳳路經畧司機宜文字王韶言，渭城下至秦州，緣河有良田萬頃，乞錢興治。言者謂其不實，奪韶一官。既而委本路按驗，言有四千餘頃，乃還其官，而並從其所請。

五月二十八日，詔：「訪聞恩、冀、莫、雄、滄州、永静〔二〕、信安、保定、乾寧軍自夏災傷，其令本路轉運副使王廣廉、勾當公事孔嗣宗分行體量，檢放田税，仍多方賑濟饑民，無令失所。」

六年七月十九日，樞密都承旨曾孝寬言：「乞下河北監牧司差官點定牧地佃户被水菑者田，蠲其租。」詔令轉運、監牧司各選官一員〔三〕，同依公檢放。

十年十一月，新差知蔡州高賦言：「體問得本州有係官并人户包占無税荒閑田土不少，兼有水利可興。欲望（詳）〔許〕臣到任後，依唐州例，曉諭人户，漸行檢括。」從之。

元豐元 4 年八月六日，詔：「河北轉運司體量被水户災傷，及七分，蠲其税；不及七分者，並檢覆。」

〔一〕堤：原作「提」，據本書食貨六一之七二改。
〔二〕「静」下原有「軍」字，據《長編》卷二二三删。
〔三〕牧：原無，據《長編》卷二四六、本書食貨六一之七二補。

四年七月七日，前河北轉運判官呂大忠言：「天下二税，有司檢放災傷，執守謬例，每歲僥倖而免者無慮三二百萬，其餘水旱蠲、閣，類多失實。民披訴災傷狀〔一〕，多不依公式，諸縣不點檢，所差官不依編敕起離月日程限，託故辭避。乞詳定立法。」中書户房言：「《熙寧編敕》約束詳盡，欲申明行下。」從之。

哲宗元祐元年四月四日，三省言：「開封府、諸路災傷，轉運、提點刑獄官並據本路災傷州縣，分定親詣檢校。」從之。

六年七月二十二日，詔：「兩浙路鈐轄、轉運、提刑及蘇、湖等五州，令各具逐州水災所及與高田無水、及水退可耕之地各幾何，具實以聞。」從殿中侍御史楊畏請也。

紹聖二年十月十九日，侍御史翟思言：「酸棗、封丘兩縣民詣臺陳訴，户下田旱，詣縣乞行檢放，縣不爲受理，反決妄訴。請下府界選官，同本縣官長周行檢視，如民田實荒，即當蠲放。」詔府界提點司選差官體量以聞。

徽宗大觀三年九月六日，詔：「東南路比聞例有災傷，斛㪷踴貴。可下諸路監司，仰依實檢放秋苗分數，仍依條賑濟。」

政和元年十二月二十七日，前權提舉河北西路常平王靚奏〔二〕：「河北郡縣地形傾注，諸水所經如滹沱、漳塘〔三〕，類皆湍猛，不減黄河，流勢轉易不常。民田因緣受害，或沙積而淤昧，或波嚙而昏墊，昔有者今無，昔肥者 5 今瘠。官司利於租賦，莫肯蠲除；人户苦於催科，不無差誤。欲委官悉心體究，凡如上件有帳籍而别無土田，及雖有土田而弗堪耕種者，其夏、秋二税依條法開閣破放施行。」詔户部坐條申明行下。

八年二月十七日，臣僚言：「民田披訴河灤積水災傷，雖十分收成，亦妄有破放；并遇非泛旱勞，亦多夾帶豐熟地段在内。縣不體究其實，一槩受狀申州。州（下）〔不〕依條委通判、司録同縣令檢覆，而差曹（椽）〔掾〕、簿尉前去。所委官亦不依條躬親檢視，止在寺院勾集人户，縱公吏不以有無災傷或不曾布種田段，一槩依倣年例，約度分數除破。虧損財計，最爲大害。欲令轉運司下所屬繪逐縣諸村地形高下圖，遇非時旱澇，專委縣令子細體度，具被災月日、傷稼穡去處，次第申上，以備檢察。檢覆官先委通判、司録同縣令，如實有故，即依差試官法，不支當月請給。不親至其處，亦重立斷罪告賞條法。」詔户、刑部立法處分。

宣和元年三月二十六日，權京西路轉運判官李祐奏〔四〕：「奉詔體量災傷，賑濟闕食人民。房州去年七月八

〔一〕披：《長編》卷三一四作「投」，疑誤。
〔二〕常：原作「長」，據本書食貨六一之七三改。
〔三〕漳塘：按河北無此水，「塘」疑當作「唐」。「漳」即漳水，「唐」即「唐河」。唐河發源於恒山，經山西靈丘、河北唐、定、蠡等縣，至保州（今保定）東入南易水（今大清河），今仍名唐河，爲河北較大水系之一。
〔四〕祐：本書食貨六一之七三作「佑」，下同。

日有百姓陳訴災傷者數百人，知州李悝將狀首劉均等科斷，差公人監勒劉均等高聲自言：『今後不敢訴災傷。』遍詣城市號令。兼劉均年七十三歲，因斷得病身死。緣此阻遏，放稅不及一釐。」詔李悝先次除名勒停，簽書官合干人並勒停，提刑司根勘以聞。

四月二日，京西路轉運判官李祐言：「尚書右丞范致虛奏：京西水災，州縣並不依災傷檢 6 放，勒令民户依舊納稅，致民力愈困。體量得汝州諸縣艱於賑濟，致有流移饑殍；唐、鄧州〔諸〕縣已依法檢放稅租及賑濟；均、房州諸縣放稅不盡，致自冬及春以來，往往聚爲盜賊。」詔均、房州知通、逐縣知縣並衝替〔一〕，唐、鄧州知通各轉一官。

三年二月七日，臣僚言：「水旱災傷去處，州縣已依條差官檢踏，減放苗賦分數訖〔二〕，而漕臣又令州縣再行增收分數。如宣和元年，蕪湖一縣已經減放分數，而漕司再行增收八千九百石。」詔令本路提刑司體究以聞。

四年五月二日，詔：「江南東、西路有逃絶，及江水壞田，多是虛招稅租，監司不問，督責州縣，民力不堪。令轉運司并州縣當職官體究根括，置籍拘管。仍勸誘歸業，及召人租佃承買。其認納稅租，令於額内除閣。」

六年三月二十四日，詔：「諸路州縣災傷多是官司檢放不實，使人户虛認稅額，無所從出，必致流移，不能歸業。今後人户經所屬訴災傷，而檢放不實，州郡、監司不爲伸理，許赴本路廉訪所及尚書省、御史臺越訴。」以上《續國朝會要》。

高宗紹興二年十一月十二日，江浙荆湖廣南福建路都轉運使張公濟言：「人户田苗實有災傷，自合檢視分數蠲放。若本縣界或鄰近縣分小有水旱，人户實無災傷，未敢披訴，多是被本縣書手、貼司先將稅簿出外，雇人將逐户頃畝一面寫災傷狀，依限隨衆赴縣陳（過）〔述〕。其檢災官又不曾親行檢視，一例將省稅蠲減，却於人户處 7 斂掠錢物不貲。其鄉書手等代人户陳訴災傷，乞行立法。」户部檢坐到《紹興敕》：「諸攬狀爲人赴官訴事，及知訴事不實若不應陳述而爲書寫者，各杖一百；因而受財贓重，坐贓論加一等。」詔依〔三〕。告獲，每名支賞錢五十貫。

四年九月十五日，赦：「契勘水旱災傷，檢放官不能遍詣田所，吏緣爲姦，受賕囑託，或以少爲多，或以有爲無，或觀望漕司，吝於檢放〔四〕，致貧民艱於輸納，有流離凍餒之患。今後並委提刑司檢察，如有不實，按劾以聞，當議重責。」

十一月二十六日，兩浙運副李謨言：「被旨催納湖、秀州，平江府上供米斛。據平江府具到今年苗米三十萬餘碩，内逃田開閣四萬三千餘碩，災傷檢放八萬二千餘碩。

---

〔一〕替：原作「晉」，據本書食貨六一之七三改。
〔二〕「放」原作「於」，「賦」原作「數」，據本書食貨六一之七三改。
〔三〕詔：原作「照」，據本書食貨六一之七四改。
〔四〕檢：原作「減」，據本書食貨六一之七四改。

契勘本府鄉村田畝，比之他處，最係肥田，竊慮暗有椿占，及不親臨檢視。乞下浙西提刑司專委官覆實，將不職官吏送所司根勘，重賜行遣。如所委官輒敢隱蔽不實，許監司互察，依此根勘。」從之。

同日，中書舍人王居正言〔一〕：「竊見屢下詔旨、赦文，倚閣逃絶、檢放災傷，四方守令奉行不虔，猶恐實惠未必及人。今州縣一有開閣逃田及檢放災傷去處，則監司便指官吏作弊，欲寘於法。臣已取會常州、鎮江府所放災傷，與平江府分數一同，其開閣逃田，亦係已經去年開閣數目。其轉運司已依近降指揮，將鎮江府等處檢放數目牒提刑司，委官檢察去訖。今平江府獨從朝廷行下，恐提刑司及所委8官心懷觀望，保明不實，使逃户及被災傷之人抑勒敷納，爲害不細，乞賜追寢今降指揮。」從之。

五年八月十一日，中書門下省言：「江東、西、浙東路昨緣雨澤愆期，有傷苗稼。」詔令逐路轉運司委官前去體度，如實被災傷去處，依條檢視施行。

二十四日，內降德音：「訪聞廣南東路多緣颶風、亢旱，損傷禾稼，在法自有合放分數〔二〕。仰本路轉運司委官前去體度，如實被災傷去處，依條檢視施行。」

六年二月八日，中書門下省言：「勘會民田曾經水發衝壞，不堪開修耕作〔三〕，依條州縣檢視，及轉運司覆實，方委開閣、減免税租。竊慮其間因民户陳訴，州縣行移稽留，致有虛納税租者，理宜措置。」詔令諸路轉運司行下州縣，如有文案可照、曾行檢踏者，疾速依條覈實以聞。

十三年三月二十三日，廣南西路轉運司言：「静江府自紹興七年差官根括逃田，雖已根括了絶，目今不住却據逐縣申明、人户陳訴，有逃絶户數至多，蓋緣所差官並不躬行阡陌，親自檢踏。今欲將日後根括之官，經及三年不至民户詞訟，别無不盡田土，方許所屬次第保明。應餘路有根括逃田去處，亦乞依此施行，仍下諸路轉運司遵守施行。」從之。

十五年六月二十一日，詳定一司敕令所删定官錢龐言：「欲望申戒州縣，或遇水旱檢放民田，致民冤訴，差官覈實，果有不當，必重寘典刑，庶幾民被實惠。」從之。

十六年二月二十五日，權9知衡州竇深言：「衡州管下頻年豐稔〔四〕，不減平時，然而尚有抛荒之土未盡耕墾，良田檢放不實〔五〕，田主未敢歸業。欲望檢照前後累降指揮，委自監司，重行檢放，召令歸業。其孤老困乏力不能辦者〔六〕，官與支借種糧、牛具，責限隨帶二税送納。則不一二年間，田畝可以盡耕，逃民可以盡歸，省税可以盡復。」

〔一〕正：原作「止」，據本書食貨六一之七四改。
〔二〕分：原脱，據本書食貨六一之七四補。
〔三〕修：原作「條」，據本書食貨六一之七四改。
〔四〕管：原作「官」，據本書食貨六一之七五改。
〔五〕良田：似當作「良由」。
〔六〕辦：原作「辯」，據本書食貨六一之七五改。

從之。

十七年十一月二日，上諭輔臣曰：「州縣災傷，宜令官司留意檢放，不得苟取一時税租，却致人户逃移，難以復業。」

十八年十月二十八日，臣僚言：「今年夏秋之交，天時亢旱，災傷去處，農民艱食，欲望嚴戒所部監司、守令，常切存恤災傷農民，無致失所。」上曰：「如委實災傷，可令所屬依條檢放税租。或有違戾，監司覺察，按劾以聞。」

十一月二十七日，户部言：「訪聞江、浙、淮南災傷，依法以元狀差通判或職官同令佐詣田所躬親檢視，申州，具放税租色額、分數牓示，及申所屬監司檢察。即有不當，監司選差鄰州官覆檢。失檢察者，提點刑獄司覺察取勘，具案以聞。今欲下江、浙、淮南路州軍據災傷縣分，遵依今(限)〔降〕指揮〔一〕，依實檢放。分明大字出牓鄉村，曉諭民户通知。并下逐路轉運司、常平司，子細檢察所差官與令佐各曾與不曾躬詣田所檢視，有無不實不盡，將違戾去處依法按劾施行。」從之。

十二月二十二日，上諭輔臣曰：「災傷去處，已降指揮檢放税苗。可申嚴行下逐路當職官，須管依實檢放，如 10 有不盡，許人户經尚書省越訴〔二〕。」

二十三年六月三日，上諭輔臣曰：「聞諸處民田有被水害者，可令户部行下州縣差官檢視。不可救護去處，依條放苗。」

二十四年十月三日，三省言：「諸路州軍豐熟，間有高田旱傷去處。」上曰：「可令依條檢放。公私欠負，仍住催理。其係官年歲深遠者，委户部開具，取旨除放。仍令常平司措置，通融糶糴，務令兼濟，毋致失所。」

二十五年十一月十九日，赦：「勘會兩浙、江東、淮南路間有因風水傷損田苗去處〔三〕，除節次已降指揮存恤賑糶外，委逐路漕司行下州縣，不體至意，檢放失實，或漕司不爲除豁，致人户虚受苗税，如有似此違戾去處，仰提刑司覺察按劾，仍許人户越訴。」

二十六年二月五日，詳定一司敕令所删定官柳綸言：「臣竊見民間歲納秋苗，間有旱澇，自合減放分數。近來州縣多是利於所入，畧不加恤。及檢視之際，雖曰差官檢實，往往觀望，徒爲虚文，是致貧民下户監繫無時，至有終身不能償者。乞下有司嚴立約束，許民户越訴。」從之。

二十七年十月六日，詔：「秋雨過多，深慮下田有被損去處，仰州縣依條檢放，務在實惠及民，不得鹵莽失實。仍令監司檢察。」

十一月四日，殿中侍御史葉義問言：「昨將漕江東，目覩檢放之弊。且以江東一路言之，歲認上供額八十五萬

〔一〕依：原作「以」，據本書食貨六一之七五改。
〔二〕訴：原作「許」，據本書食貨六一之七五改。
〔三〕淮南：「南」字原無，本書食貨六一之七五同條「淮」下亦空一字，據文意補。

碩，皆責辦州縣及時輸納〔一〕。然其間或因災傷檢放，致令有承認不足數目，朝廷燭見難11以催理〔二〕，曾降指揮除放至紹興二十二年訖；自二十三年以後，實因災傷檢放米數，依舊催理。臣嘗具此聞奏，蒙行下户部勘當，至今未與除豁。欲望特降指揮，將紹興二十三年以後，州縣實因災傷檢放米數，已行申奏未准户部銷豁者，特與除放。仍令監司申戒州縣官司，自後或遇災傷，須管及時躬詣田所，依條從實檢放，並具結罪保明狀申奏。如檢放不實，監司按劾；如監司容縱，令御史臺彈糾。」從之。

二十八年八月二日，詔令逐路轉運司疾速行下州縣，開〔具〕實被災傷頃畝數目及合檢放分數以聞。

三十年十月四日，臣僚言：「欲望令逐路監司嚴察州縣，委有災傷去處，並令從實放税。其有奉行不虔之吏，按劾聞奏〔三〕。」詔令依條檢放。以上《中興會要》。

孝宗隆興元年八月二十日，臣僚言：「州縣檢放災傷，奉行不虔，守令未嘗加意，十分災傷之處，檢放不及二三分。乞自今年八月三十日以後，再展限一月，州縣多出文牓曉示。應今年經水旱、蝗螟災傷去處，許人户從實經縣陳理，不拘早晚收接。委縣令躬親同所差州官前去地頭檢視着實分數，依條檢放。仍委知州專一覺察諸縣，監司覺察諸州，如有奉行違戾，並委監司、郡守將所委官按劾，人吏編配施行。如監司、郡守不行覺察，並許人户越訴，御史臺彈劾以聞。」從之。

乾道三年八月十六日，起居舍人黄鈞言：「竊聞四川亢旱異常，自春及夏，民情嗷12嗷。比至六月下旬，乃始得雨，揆之農時，似不及事。得雨之後，但植晚豆，就令豐熟〔四〕，所得無幾。其他郡邑，又有螟螣害稼去處。竊緣四川阻遠，自來循例，不申災傷，不行檢放。欲望行下四路帥臣、監司，從實體量，稍加存恤。」從之。

九月十三日，臣僚言：「檢視災傷，雖有條法，官司玩習，未嘗遵依。每差州官到縣，隨行征求追取，皆有定例。然後擇村疃中近年瘠薄不熟之田〔五〕，先往視之，多爲蠲放，名曰『應破』；又擇今歲偶然稍熟之處，再往視之，責以妄訴，名曰『伏熟』，重爲民困。望詔守臣，選差練曉清彊之官公心考覈。申敕監司，嚴爲按舉，凡所差官汙廉勤惰、公正與夫誣罔之狀，悉以上聞。」從之。

四年七月二十五日，詔：「諸路轉運司行下所屬州縣，將災傷去處，各選委清彊官遍詣地頭，盡實檢放。或不實不盡，有虧公私，被差官并所差不當官司，並重作行遣。其被水至甚去處，令監司、守臣條具合措置存恤事件聞奏。」以三省言荆南、建寧、衢、饒、信等州災傷故也。

---

〔一〕辦：原作「辯」，據本書食貨六一之七六改。
〔二〕廷：原作「建」，據本書食貨六一之七六改。
〔三〕聞奏：原作「奏聞」，據本書食貨六一之七六乙。
〔四〕豐：原作「農」，據本書食貨六一之七六改。
〔五〕疃：原作「曈」，據本書食貨六一之七七改。

六年六月二十七日，户部尚書曾懷言：「乞委諸路漕臣，應災傷去處，仰民户依條式於限内陳狀，仍録白本户砧基、田産數目、四至，投連狀前，委自縣官將砧基點對坐落鄉村、四至畝步，差官覈實檢放。如輒敢妄移豐熟鄉分在災傷地分僥倖減免，許人陳告，依條斷罪，仍將妄訴田畝並拘没入官，以一半給告人充賞。或有豐熟去處，收割禾稻了當，13却開撅圍岸〔一〕，放水入田。瞞昧官司之人，亦乞依此施行。若州縣奉行滅裂，從漕臣按治，重寘典憲。」詔依，諸路遇有災傷，令監司守令依此施行。

八月二十八日，詔：「今歲夏秋之間〔二〕，水旱交作，繼之螟蟲，害稼滋多。其間江東、西最甚，二浙次之，福建、湖南、北又次之。可令諸路監司早行覈實，檢放税租。」

七年八月七日，江南西路轉運司言：「本路今年春夏以來，久闕雨澤，江州尤甚。欲將本州諸縣乾道七年所催夏税紬絹錢物，内第四等以下人户，除形勢户外，並與減免三分；第五等減免五分。」詔令所委漕臣，將災傷去處第四等、五等人户秋税覆實所有輕重，一面依條檢放，具已檢過分數以聞。

十一月十四日，詳定一司敕令所修立下條：「諸災傷路分，安撫司體量、措置，轉運司檢放、展閣，軍糧闕乏，聽以省計通融應副。常平司糶給、借貸，提刑司覺察妄濫。如或違戾，許互相按舉，仍各具已行事件申尚書省。諸災傷路分帥臣、監司申到已行措置檢放、糶給、覺察事件，並歲終考察修廢以聞。」從之。

九年八月九日，詔：「浙東州軍間有闕雨去處，不無損傷田畝。可令兩浙路轉運司委官躬親檢視，如有所損分數，即仰覈實，依條減放，仍具已施行去處申尚書省。」

九月二十六日，臣僚言：「伏見今夏以來，雨不及期，浙東諸郡旱者甚衆，至於江西，間有荒歉，田野之間，以艱食爲慮。竊恐今來州郡不知仰體陛下軫念元元之意，遂14使荒政不舉，實惠不孚，重爲民害。欲乞申嚴行下：凡有旱傷去處，必須重實檢放，不得亂有沮抑，致奸和氣。仍乞令逐路常平提舉官躬親巡歷〔三〕，同帥、漕之臣覺察，按劾以聞。」從之。

十二月十四日，詔：「嚴州守臣選差諳練職官一員，將已行檢視之數下諸縣審實，如委被渰没去處，即與倚閣二税，候至將來開復，却行起催。」臣僚言「嚴州溪流暴漲，並溪之田皆爲渰没，縣佐檢視，未爲得實」故也。以上《乾道會要》。

（以上《永樂大典》卷四七五〇）

〔一〕撅：原作「撅」，據文意改。「撅」同「掘」。「撅」字不見於字書。
〔二〕今：原作「令」，據本書食貨六一之七七改。歲：原作「後」，據文意改。
〔三〕令：原作「今」，據本書食貨六一之七七改。

# 農田雜録

## 農田 一〔一〕

[15]太祖建隆三年正月，賜諸州詔曰：「生民在勤，所資惟穀〔二〕，先王之明訓也。永念農桑之業，是爲衣食之源。今者陽和在辰〔三〕，播種資始，慮[16]彼鄉閭之内，或多游惰之民。苟春作之不勤，則歲功之何望？卿任居守土〔四〕，職在頒條。宜勸諭耕耘，收功穮蓘。勉思共理，別俟陟明。」

九月，詔：「如聞百姓有伐桑棗爲薪者，其令州縣禁止之。」

乾德二年正月，詔諭諸州長吏曰：「朕以農爲政本，食乃民天，必務穡以勸分，庶家給而人足。今土膏將起，陽氣方升，苟播種失時，則豐登何有？卿任隆分土，化洽編氓，所宜課東作之勤，副西成之望，使地無遺利，歲有餘糧。勉行敦勸之方，體我憂勤之意。」

四年閏八月，詔：「所在長吏告諭百姓，有能廣植桑棗、開墾荒田者，並只納舊租，永不通檢。令佐能招復逋逃，勸課栽植，舊減一選者〔五〕，更加一階〔六〕。」

太宗太平興國七年二月，詔曰：「東畿近年已來，蝗旱相繼，流民甚衆，曠土頗多，蓋爲吏者失于撫綏，使至于是。天災所及，隱匿而不以聞；歲調既興，循常而不得免。編户遂成于轉徙，大田乃至于汙萊。深用疚懷，不遑寧處。俾伸惻隱，別示招攜。宜令本府設法招誘，並令復業。只計每歲所墾田畝，桑棗輸税，至五年復舊。舊所逋欠，悉從除免。限詔到百日，許令歸復；違者，桑土許他人承佃爲永業，歲輸税調，亦如復業之制。仍于要害處粉壁，揭詔書而示之。」

五月，詔：「開封府管内膏澤沾足，宜令民及時種藝禾黍。道路泥甚，輸租者當俟晴霽，吏無得督責。」

閏十二月，詔：「諸路州府民户或有能勤稼穡而乏子種與土田者〔七〕，或有土田而少丁男與牛力者，許衆户推一人諳會種植者，州縣給帖，補爲農師，除二税外，並免諸雜差徭。凡穀、麥、麻、豆、桑、棗、果實、蔬菜之類，但堪濟人、可以轉教衆多者，令農師與本鄉里正、村耆相度，具述土地

〔一〕原稿正文前有「農田雜農田一録」七字，據本卷後文「農田雜録・農田二」觀之，此當作「農田雜録・農田一」，「録」字誤移於「一」字下。按此乃《大典》原有標目，蓋《農田雜録》一門篇幅較大，故分爲一、二，北宋爲一，南宋爲二。今據以移作小標題。

〔二〕資：本書食貨六三之一六一複文及《宋大詔令集》卷一八二作「寶」。

〔三〕者：原無，據《宋大詔令集》卷一八二補。

〔四〕卿：原作「鄉」，據本書食貨六三之一六一改。

〔五〕舊：原作「歲」，據《宋大詔令集》卷一八二改。

〔六〕更：原無，據《宋大詔令集》卷一八二補。

〔七〕府：原脱，據《宋大詔令集》卷一八二補。

所宜，及某家見有種子〔一〕，某户見有闕丁，某人見有剩牛，然後分給曠土，召集餘夫，明立要契，舉借糧種，及時種蒔。俟收成，依契約分，無致爭訟。官司每歲較量所課種植功績，如農師有不能勤力者，代之。惰農務爲飲博者，里胥與農師謹察教誨之；不率教者，州縣依法科罰。」九年〔二〕，以其煩擾，罷之。

淳化元年九月，詔：「江、浙等路李〔昱〕〔煜〕、錢俶〔曰〕〔日〕，民多流亡，棄其地，遂爲曠土。宜令諸州籍其隴畝之數，均其租，每歲十分減其三，以爲定制，仍給復五年。召游民，勸其耕種，厚慰撫之，以稱務農敦本之意。」

四年二月，詔：「嶺南諸縣，令勸民種四種豆及黍、粟、大麥、蕎麥，以備水旱。官給種與之，仍免其税。内乏種者，以官倉新貯粟、麥、黍、豆貸與之。」

五年三月，以宋、亳、陳、〔穎〕〔潁〕州民無牛畜者自挽犂而耕，因令逐處人户團甲，每一牛，官借錢三千，令自于江浙市之。又命直史館陳堯叟先齎踏犂數千具往宋州，委本處鑄造，以賜人户。先是，太子中允武允成〔常〕〔嘗〕進踏犂，至是令搜訪，其制猶存，因命鑄造賜焉。堯叟還奏：踏犂之用，可代牛耕之功半，比17钁耕之功則倍。

至道元年六月，詔曰：「近年已來，天災相繼，民多轉徙，田卒汙萊，雖招誘甚勤，而逋逃未復。宜伸勸課之旨，更示蠲復之恩。應諸州管内曠土，並許民請佃，便爲永業。仍免三年租調，三年外，輸税十之三。應州縣官吏勸課居民墾田多少，並書印紙，以示旌賞。」

十二月，詔：「勸農種藝，素有定規。如聞近來多不舉職〔三〕，非所以副宰字之寄，厚衣食之源。宜令諸路州府各據本縣所管人户，分爲等第，依元定桑、棗株數，依時栽種。如欲廣謀栽種者，亦聽。其無田土，及孤老殘疾、女户無男丁力者，不在此限。如將來增添桑土，所納税課並依元額，更不增加。每春初曉示。令佐能設法勸課，得替日，批曆爲課。」

三年七月，詔：「應天下荒田，許人户經官請射開耕〔四〕，不計歲年，未議科税，直俟人户開耕，事力勝任起税，即于十分之内定二分，永遠爲額。」

真宗咸平二年二月，詔曰：「前許民户請佃荒田，未定税賦，如聞抛棄本業，一向請射荒田。宜令兩京、諸路榜壁曉示：應從來無田税者，方許請射係官荒土及遠年落業荒田〔五〕。候及五年，官中依前敕于十分内定税二分，永遠爲額。如見在莊田土窄，願于側近請射，及舊有莊産，後來逃

〔一〕某：原作「其」，據《宋大詔令集》卷一八二改。
〔二〕天頭原批：「案太平興國無九年。」此説誤，太平興國有九年，其年十一月始改元雍熙。又按，本書食貨類原稿之批校，以字迹觀之，多是屠寄所批，其中食貨四「青苗」門則有徐松校語。
〔三〕來：《宋大詔令集》卷一八二作「年」。
〔四〕官：原作「管」，據本書食貨六三之一六三改。
〔五〕業：本書食貨六三之一六三作「額」，然《文獻通考》卷四亦作「業」。

移，已被別人請佃，礙敕無路歸業者，亦許請射。州縣纔有請射狀，疾速給付，別置籍抄上，逐季聞奏。其官中放（收）〔牧〕要用土地，及係帳逃户莊園、有主荒田，不得悮有給付。長吏常切安撫，廣務耕種，隨土所宜，趁時栽種，不得輒有攪擾。長吏批上印曆，理爲勞績。如拋本業，抱稅東西，改易姓名，妄求請射，此色之人，即押歸本貫勘斷。」

三年六月，著作佐郎胡則言〔一〕，請課河北州縣種榆柳，以備材用。從之。

十一月，以刑部員外郎、直史館陳靖爲京畿均田使，令自擇京朝官分下諸縣。

六年三月，大理寺丞黃宗旦上言：「（穎）〔潁〕州陂塘荒地凡千五百頃，可募民耕植。」即遣宗旦馳往經度。部民應召者三百餘户，詔令未出租賦，免其徭役。又命宗旦通判（穎）〔潁〕州，使終其事。

景德二年正月，内出踏犂式付河北轉運，令詢于民間，如可用，則官造給之。時以河朔戎寇之後，耕具頗闕，牛多疫死，淮、楚間民用踏犂〔二〕，凡四五人力可比牛一具，故有是命。

大中祥符二年八月，詔澶州，自今民以耕牛過河北者勿禁。時河北牛疫，河南民以牛往貿易者甚衆，而澶州浮梁主吏輒邀留之，故詔諭焉。

五年五月，遣使福建取占城稻三萬斛〔三〕，分給江淮、兩浙三路轉運使，并出種法，令擇民田之高仰者分給種之〔四〕。其法曰：南方地暖，二月中下旬至三月上旬，用好竹籠，周以稻稈，置此稻于中外〔五〕，及五斗以上，又以稻稈覆之。入池浸三日，出置宇下。伺其微熟如甲拆狀〔六〕，則布于净地。俟其萌與穀等，即用寬竹器貯之。于耕了平細 **18** 田停水深二寸許，布之。經三日，決其水。至五日，視苗長二寸許，即復引水浸之一日，乃可種蒔。如淮南地稍寒，則酌其節候下種。至八月熟。是稻即旱稻也。真宗以三路微旱，則稻悉不登，故以爲賜，仍揭榜示民。

六年六月，監察御史張廓上言：「天下曠土甚多，望依唐宇文融條約，差官檢估〔七〕。」帝曰：「此事未可遽行。然人言天下稅賦不均，豪富、形勢者田多而稅少，貧弱地薄而稅重，由是富者益富，貧者益貧。」王旦曰：「田賦不均，誠如聖旨〔八〕，但須漸謀改定。或命近臣專司之，委其擇人，且自一州一縣條約之，則民不擾，其事集矣。」

七月，詔自今農器並免收稅。先是，知濱州呂夷簡奏，乞免河北諸州收稅農器。帝曰：「務穡勸農，古之道也，豈

---

〔一〕佐郎：原作「郎佐」，據本書食貨六三之一六四乙。
〔二〕用：原脱，據《長編》卷五九補。
〔三〕「福建」下原有「州」字，「占城」原作「占成」，據《長編》卷七七刪改。
〔四〕令：原作「今」，據本書食貨六三之一六四改。
〔五〕「外」字疑衍。
〔六〕拆：原作「拆」，據本書食貨六三之一六四改。
〔七〕檢估：《長編》卷八〇作「檢括」。
〔八〕聖：原作「進」，據《長編》卷八〇改。

止河北耶？」故有是詔。

七年三月，詔：「自今典賣田宅，其鄰至內如有已將田業正典人者，只問見典人，更不會問元業主。若元業主除已典外，更有田業鄰至，即依鄰至次第施行。」先是，京兆奏，民有訟田，以典到地爲鄰至者，法無明文，故條約。

六月，詔：「諸州典業與人而户絶沒官者〔一〕，並納官，檢估詣寔，明立簿籍，許典限外半年以本錢收贖。如經三十年無文契，及雖有文契，難辨真僞者，不在收贖之限。」初，三司以舊無條制，請頒定式狀下法寺，故命條約焉。

八月，詔以諸道牛疫，民有買賣耕牛者免税。

九年八月，詔曰：「藪牧之畜，農耕所資。盜殺之禁素嚴〔二〕，阜蕃之期是望。或罹宰割，深可憫傷。自今屠耕牛及盜殺牛罪不至死者，並繫獄以聞，當從重杖。」時中使自洛迴，言道逢鬻牛肉者甚衆，慮不逞輩因緣屠宰，故戒之。明年，江南范應辰、杭州薛顔、越州楊侃並上言：「江浙之間，犯禁者衆，悉以上聞，即刑獄淹繫。」遂罷此詔，止如舊敕施行。

天禧元年八月，詔：「諸州賣買耕牛税錢更放一年，三司不須比較。」

十月，萊州上言：「州民願以舊麥一斗，易官倉新麥爲田種。」從之，仍令京東轉運徧諭諸州〔三〕，許依此制。

二年二月，梓州黄昭益、遂州滕世寧言：「川界多爭論追贖遠年典賣莊土，及至勘詰〔四〕，皆于業主生前以錢典市，及業主户絶，本人不經官自陳〔五〕，便爲己業，直至鄰里爭訟，方始承伏，出錢估買〔六〕。望自今每户絶，如有曾典得物業人，並須具事白官。或隱匿詿誤，事發，即決罰訖，勿許復買。」詔法寺參議，且請「自今應以田宅典人上而業主户絶者，與限一年，許見佃人具事白官估直，召人收市。限滿不告，論如法，莊宅納官」。從之。

六月，詔：「民有訴理田土，非是相侵奪者，並依舊制，俟務開日理決。」先是，河北提點刑獄上言：「民有詣闕訴田者，詔令本州依理施行。官司被詔，雖在農務，即追理之，頗妨農業。」故命條約。

三年七月，詔：「户絶莊田，自今纔有申報，即差官詣地檢視，其沃壤、園林、水磑，止令官司召人租佃，及明設疆界、數[19]目，附籍收係。其磽瘠田産，即聽估直出市。」時有言官司以户絶田肥沃者市于人，而以瘠土租課，故有是詔。

十月，詔：「廣南自天禧元年正月一日已前，民有私鬻有分田産，券契分明，爲有分骨肉論理者，即以所鬻價值均

〔一〕業：原作「買」，據本書食貨六三之一六五改。
〔二〕殺：原作「賊」，據本書食貨六三之一六五改。
〔三〕諭：原作「輸」，據本書食貨六三之一六六改。
〔四〕詰：原作「詣」，據本書食貨六三之一六六改。
〔五〕官：原作「管」，據本書食貨六三之一六六改。
〔六〕買：原作「價」，據本書食貨六三之一六六改。

分之，田産付見佃。」

四年四月，福建路轉運使方仲荀上言：「福州官莊千二百十五頃，自來給與人户主佃，每年只納税米。乞差官估價，令見佃人收買，與限二年送納。」事下三司，請如所請。詔：「福州官莊更不出賣，差屯田員外郎張希顔與轉運使同共依漳、泉州例，均定租課聞奏。」八月二十二日，詔：「國家每念蒸黎，常輕賦斂，豈令遠俗，重此均輸！宜特示于推恩，俾並從于舊貫。其福州佃官莊户依舊佃蒔，更不均定租課。」天聖三年，希顔又奏：「先往福建均定官莊租課，已定租米六萬五千碩。相度福建八州皆有官莊，七州各納租課，惟福州只依私産納税，復免差徭，顯是倖民。乞相均米數，依州價折納見錢，銅鐵中半。」從之。

是(日)〔月〕〔一〕，利州路轉運使李防上言〔二〕：「近覩敕命，就差提點刑獄官充勸農使，以見國家務農之道。臣三紀外任，每見州縣之民，多不諳會播種，覽《四時纂要》、《齊民要術》，並是古書，備陳耕耨栽植之法。又覩先降《農田敕》，條貫甚精。蓋止約于刑禁，顯諸程式；復置常平倉，亦慮其乏絶。今請取此二書雕印，頒付諸路勸農司，委轉運、勸農使副每遇巡歷州縣，常加提舉勸農。」詔令館閣校勘雕印，賜與諸處。

是月，兩浙勸農使言：「人户自括田均税已後，多耘耕官荒田，今成熟土。歲月已久，今不即首露者，慮鄰人爭奪。望聽元佃人首罪收税，復給佃者。」從之。

五年四月，詔曰：「朕茂紹慶靈，撫寧區宇，方勵勤于稼穡，思洽詠于倉箱。今以膏澤應時，大田興役，冀臻上瑞，寔荷高穹。猶慮罄(寓)〔寓〕之間，力農之室〔三〕，覩資儲之盈羨，忘播殖之艱難，或縱棄捐〔四〕，怠于收斂。俾行戒諭，用示軫懷。宜令州縣告諭人户，不得枉有費用，棄擲食物。違者，量罪科責。」

六月，司勳員外郎趙賀言：「川界户絶田土，昨(淮)〔准〕敕，除二税外，悉定租課，召人請佃。竊慮租賦稍重，望且許依舊估直貨鬻。」從之。

十月，詔：「河北民有請佃落北蕃户莊土、園林而輒典質者，止勒典質本主佃蒔。俟本主自北界至，即時給付，其元質緡錢勿復理納。」先是，景德二年勑：「落北界人莊田、園林請佃輒有毁鬻者，許人陳訴，依法科罪。」至是，知趙州高志寧言：「部民投牒訴者五百八十餘户，蓋始以蝗旱不濟，因貿易其園，今方歲稔，即互有論告。若受而理之，恐

〔一〕是月：原作「是日」。按，據《長編》卷九五，上條首段事在天禧四年四月十六日丁酉，而此條事則在四月二十二癸卯，並非同日。且言「是日」，上無所承，不知何日，可見「是日」應是「是月」之誤，因改（《玉海》卷一七八記此條事在八月二十六日，恐誤）。

〔二〕李防：原作「李昉」，據《長編》卷九五、《宋史》卷三〇三《李防傳》改（《職官分紀》卷四六、《古今事文類聚》外集卷八、《玉海》卷一七八亦皆訛作「李昉」）。

〔三〕「室」字前原衍一「時」字，據本書食貨六三之一六八删。

〔四〕捐：原作「損」，據本書食貨六三之一六八改。

成滋蔓，望賜條約。」故有是詔。

乾興元年十二月，仁宗已即位，未改元。上封者言：「自開國以來，天下承平六十餘載，然而民間無積蓄，倉廩未陳腐，稍或飢（慊）〔歉〕，立致流移。蓋差役、賦斂之未均，形勢、豪强所侵擾也。20又若山海之利，歲月所增，莫不籠盡。提封萬里，商旅往來，邊食常難。物價騰湧，匹帛金銀，比舊價倍，斛食糧草，所在增貴。復有榷酤，尤爲糜潰。不立禁約，只務創添，爲害滋深，取利何極！至如川遠，所産雖富，般運寔多，收買折科，織造染練，其費不一。所有四害，今當縷陳。伏見勸課農桑，曲盡條目，然鄉閭之弊，無由得知。朝廷惠澤雖優，豪勢侵陵罔暇，遂使單貧小户，力役靡供。仍歲豐登，稍能自給；或時水旱，流轉無從。户籍雖有增添，農民日自減少。以臣愚見，且以三千户之邑五等分算，中等以上可任差遣者約千户；官員、形勢、衙前將吏不啻一二百户，並免差遣；州縣鄉村諸色役人又不啻一二百户。如此，則二三年内，已總遍差，纔得歸農，即復應役，直至破盡家業，方得閑休。所以人户懼見，稍有田産[一]，典賣與形勢之家，以避徭役，因爲浮浪，或恣惰游。更有諸般惡倖，影占門户，田土稍多，便作佃户名目。若不禁止，則天下田疇，半爲形勢所占。（復）〔伏〕請應自今見任食禄人、同居骨肉，及衙前、將吏各免户役者，除見莊業外，不得更典買田土[二]。如違，許人陳告，典（賣）〔買〕田土没官。自然減農田之弊，均差遣之勞，免致私役不禁[三]，因循失業。其罷倖、罷任前資官元無田者，許置五頃爲限。乞差近上明幹吏檢會茶鹽體例條制，出自宸斷，（栽）〔裁〕擇施行。」詔三司委衆官限五日内定奪。三司言：「准《農田敕》：『應鄉村有莊田物力者，多苟免差徭，虚報逃移，與形勢户同情啓倖，却于名下作客，影庇差徭，全種自己田産。今與一月自首放罪，限滿不首，許人告論，依法斷遣支賞。』又准天禧四年敕：『應以田産虚立契，典賣于形勢、豪强户下隱庇差役者，與限百日，經官首罪，改正户名。限滿不首，許人陳告，命官、使臣除名，公人、百姓決配。』今準臣僚奏請，衆官定奪，欲應臣僚不以見任罷任[四]，所置莊田，定三十頃爲限；衙前將吏合免户役者，定十五頃爲限。所典買田，只得于一州之内。典買數目，如有祖父遷葬，若令隨莊卜葬，必恐别無塋地選擇方所[五]，今除前所定頃數，許更置墳地，五頃爲限。如經條貫後輒敢違犯，許人陳告，命官、使臣科違制罪，公人永不收充職役，田産給告事人。若地有崖嶺，不通步量，刀耕火種之處[六]，所定頃畝委逐路

[一] 見稍：原作「稍見」，據本書食貨六三之一六九乙。
[二] 典買：原作「典賣」，據文意改。按，此謂免役之家占田無限，故請不許再買田，下文云限田亦是此意。作「典賣」則不可通。
[三] 私：原作「力」，據《文獻通考》卷一二改。
[四] 見任：原作「見在任」，據本書食貨六三之一七〇删。
[五] 必：原作「心」，據本書食貨六三之一七〇改。
[六] 刀：原作「力」，據本書食貨六三之一七〇改。

轉運使別爲條制，具詣寔申奏。又按《農田敕》：『買置及析居，歸業佃逃户未併入本户者，各共户帖供輸〔一〕。』今臣僚所請，並須割入一户下。今欲申明舊敕〔二〕，令于逐縣門榜壁曉示人户，與限百日，許令陳首改正，限滿不首，及今後更敢違犯〔三〕，許人陳告。如公然作弊，顯是影占他人差役，所犯人嚴斷，仍據欺弊田三分給一與告事人充賞。」並從之。

仁宗天聖元年六月，江西勸農使朱正辭上言：「昨知饒州，據鄱陽縣佃户吴智等經 21 縣請射崇德鄉逃户田産〔四〕，今主人有狀，經縣不許請射逃田，遂送法司。大中祥（苻）〔符〕六年敕：江南逃田如有人請射，先勘會本家舊業（下）〔不〕得過三分之一。其吴智等無田抵當，更不給付。以臣愚見，若舊業田有三分方給一分，則是貧民常無田業請射，唯物力户方有抵當。欲乞特降敕命，應管逃田不問有無田業，欲並許請射。」事下法寺與三司定奪。三司言：「江南逃田，若須令有田之户以舊業三分請射一分，則無土貧民無由請佃，荒閑益多〔五〕，又有田業人挑段請射。今欲應管逃田，許不問户下有無田業，並令全户除墳塋外請射，充屯田佃種，依例納夏、秋租課，永不起税。若一户無力全佃，許衆户同狀分請，一户逃移，勒同請人均輸。」並從之。

七月，殿中丞齊嵩上言：「檢會大中祥（苻）〔符〕八年敕：户絶田並不均與近親，賣錢入官，肥沃者不賣，除二税外，召人承佃，出納租課。變易舊條，無所稽據，深成煩擾。欲請自今後如不依《户令》均與近親，即立限許無産業及中等已下户，不以肥瘠，全户請射。如須没納入官，即乞許全户不分肥瘠，召人承佃。」又國子博士張顒上言：「累有百姓陳狀稱：爲自來官中定年深户絶租課，積累物數已多，送納不前。蓋是元差到官務欲數多，望成勞績，定租重大，累蒙校科，攤配在鄰人户下，送納不（辯）〔辦〕，遂至逃移，官中更均攤在以次逃户鄰人名下，起惹詞訟。國家富有萬方，三司是聚斂之臣，必慮不能蠲免〔六〕。乞下三司定奪。」事下三司與法寺議定聞奏。今參詳，應户絶户合納官田，設或兑下瘠田已遠，無人請買，荒廢，虧失税額。欲乞勘會户絶田，勒令佐打量地步、什物，估計錢數申州。州選幕職官再行覆檢，印榜示見佃户，依估納錢，買充永業，不得更將肥田請佃，兑下瘠簿。若見佃户無力收買，即問地鄰，地鄰不要〔七〕，方許中等以下户全户收買。其錢限一年内送納。如一户承買不盡，許衆户共狀收買。如同情欺倖，小估虧官，許知次第人論告，並當嚴斷，仍以元買田價十分給

〔一〕各共户帖供輸：原作「各出户帖共輸」，據《文獻通考》卷一二改。
〔二〕欲：原作「秋」，據本書食貨六三之一七〇改。
〔三〕及：原作「即」，據本書食貨六三之一七〇改。
〔四〕「陽」原作「楊」，「智」原作「知」，據本書食貨六三之一七一改。
〔五〕益：原作「蓋」，據本書食貨六三之一七一改。
〔六〕不：原脱，據本書食貨六三之一七二補。
〔七〕「地鄰」前原衍一「鄰」字，據本書食貨六三之一七二删。

三分賞告事人。從之。

二年正月，開封府提點縣鎮李識言：「請下開封府，委令佐勸誘人户栽植桑、棗、榆、柳，如栽種萬數倍多，委提點司保明聞奏，各與陞差使。」從之。

三年五月，深州董希顏上言：「準景德二年正月勑：『河北没蕃户莊田林木，本主未歸，無人佃者，委逐縣官遍往點檢寔數，置籍管係，常切撿校，不得毀斫，候本主歸給付。如本主未到，許房親請佃。如無房親，即召主户佃蒔。』其年七月，詔：『河北全家没蕃户莊田，須親房召鄰保五七人，方得請佃；如無，許主户請佃。據一物已上，縣立帳給付，州縣拘轄，不得斫伐破賣。候主歸，依數還之。』至天禧五年赦，用知趙州高志寧言，據已破賣没蕃人户主田〔一〕，且勒典質主佃蒔，候歸 22 給付；已經勘斷者，更不爲理。臣詳元勑，爲未和好以前没蕃之人，朝廷矜憫，慮有廢土，伐木〔折〕〔拆〕屋〔二〕，致本主歸無所投，遂降勑不得斫伐破賣。今緣和好已久，自雍熙後至景德前能歸復者盡已歸復。至今年未歸之人，多是從初殺戮，或在北已亡，縱在蕃中，其存者亦少〔三〕。其莊田舊已準勑給與房鄰佃蒔，或已有請佃户，又多尊長亡没，目下子孫相承佃蒔〔四〕，已成營葺。屋宇損壞，不敢修換；桑棗枯朽，不敢剪除。見今園林多是後來栽植。河朔之地，少近山谷，每官中科木，或制農具，或不採斫園林，即木無所出。偶然修換，或採取一株，便爲游墮之民陳告，即奪給告者，却使元佃户全家趁出。不唯惠彼姦民，寔亦有傷和氣。近又頻准轉運司差官推勘，多是陳告此類公事。竊慮不逞之人競起訟端，編民不遂安居，刑獄無由清簡。今請應河北人户請佃没蕃莊田者，除將莊田典賣、毀伐桑棗，即依舊條，所有屋舍、家事、園林、果木，任便修採，更不坐罪。不許陳告，亦不給田充賞。」從之。

九月，户部郎中、知制誥夏竦上言：「諸州例多曠土，臣曾詢問鄉耆，皆稱舊日逃田許民挑段請佃，候耕鑿稍熟，牛具有力，即于〔彊〕〔疆〕畔接續添請。是以人户甚便，官中又得税賦。自有條貫須全户請射，後來例無大段事力之人一起請佃。今若許挑段，請領之時亦不乞減放料次，情願更添税賦，其餘荒田漸次接連請射〔五〕。欲乞今日已前，應係田及係官荒田經三年已上者，許挑段請射〔六〕，于所請田元額税加十分之二，更于次年起税〔交〕納。仍先許中等以下户請射〔七〕，如有餘者，方許豪勢請佃，即不得轉將典賣。州縣別作簿書，主簿逐年具數申奏。又恐議者以爲百姓揀

〔一〕「主」字下原衍「佃」字，據本書食貨六三之一七三刪。
〔二〕伐：原作「代」，據本書食貨六三之一七三改。
〔三〕其存：原作「存其」，據本書食貨六三之一七三乙。
〔四〕目：原作「自」，據本書食貨六三之一七三改。
〔五〕連：原作「運」，據本書食貨六三之一七四改。
〔六〕挑：原作「桃」，據本書食貨六三之一七四改。
〔七〕「中」字下原衍「户」字，據本書食貨六三之一七四刪。

却沃土，久遠拋下官中瘠田，不肯夾帶請佃。且即令逃田二三十年荒廢，肥瘠之地空長草萊，上無一粒黍稷入官，下無一粒菽麥濟民，未知空守舊章，畢有何益〔一〕？利害之際，黑白甚明。又慮議者以爲民擇得美田，即棄見佃瘠土。且國家養民，惟恐不富，若令百姓盡得良田，供得賦稅，衣食稍足，此合帝王愛民之心，利害相萬，較然可知。」從之。

十月，提點開封府界縣鎮張君平言：「州縣户絶没官莊田，官司雖檢估，召人承買蒔佃，其有經隔歲月，無人承當。蓋檢估之時，當職官吏準防已後詞訟，多高起估錢，以致年深倒塌荒蕪〔二〕，陷失租稅〔三〕。望降敕選官重估寔價，召人承買。自今須子細看估，不得高起估錢，虚係帳籍。」事下三司相度，三司言：「按天聖元年七月敕：『户絶田，令佐畫時打量地段，估計屋舍，動使申州，委同判、幕職再行覆檢，出榜曉示見佃户納錢，竭産收買。只依元額納稅，不納租課，不得挑段請佃。或見佃户無力，即問地鄰；地鄰不要，方許中等以下户收買。價錢限一年納官。』又九[23]月勑：『三司言：舊假欠官物〔四〕，估價納抵當産業入官。除已標充職田（收）〔牧〕地不許收贖外，如十五年内本主或子孫親的骨肉却要元納莊，許依元估價錢收贖。如十五年外，見有人住佃者，不令收贖。今詳年限稍遠，欲乞限十年内，許本主或親的子孫骨肉收贖。限滿不贖，郭下廊店物業、外鄉村莊田、舍屋、水磑，委令佐打量估計，結罪申州，州差同判或幕職再行檢估，出榜許人收買。如小估虧官，許知次第人論告，並科違制之罪，公人決配，其元價没官。奏可。』今看詳張君平所請，已有上件敕命，今欲舉明前敕施行。」從之。

十一月，淮南制置發運使方仲荀言：「福州官莊與人户私産田，一例止納二稅，中田畝錢四文、米八升，下田畝錢三文七分、米七升四勺。若只依例別定租課，增起升㪷，經久輸納不易。兼從初給帖明言，官中却要，不得占吝。臣欲乞以本處最下田價賣與見佃户。今准詔，爲知福州胡則乞放免官莊租課，令臣分析利害〔五〕。伏緣事理明白，望早施行。」詔屯田員外郎辛惟慶乘遞馬往彼，與本州出賣，不得虧損官司。

四年六月，辛惟慶還，言：「臣與本州體量，閩、侯官十二縣〔六〕，共管官莊一百四，熟田千三百七十五頃八十四畝，佃户一萬二千三百人，于太平興國五年准勑，差朝臣均定二稅，給帖收執。内七縣田中、下相半，五縣田色低下。尋牒州估價，及具單貧人數。按見耕種熟田千三百七十五

〔一〕畢：原作「卑」，據本書食貨六三之一七四改。
〔二〕塌：原作「榻」，據本書食貨六三之一七四改。
〔三〕陷：原作「隱」，據本書食貨六三之一七四改。
〔四〕假：原作「價」，據本書食貨六三之一七四改。
〔五〕臣：原作「以」，據本書食貨六三之一七五改。
〔六〕侯官：原作「候管」，據《宋史》卷八九《地理志》五改。又「官」下似應有「等」字。

頃，共估錢三十五萬貫，已牒福州出賣，送納見錢，或金銀依價折納。其元管荒田園有後來請墾佃者五十四頃九畝，見今未有人佃，已牒福州估價，召人請佃。臣尚慮狡猾之輩别啓情倖，于名下田園揀選肥濃税輕者請買，却退瘠地，别致虧官。已牒福州並須全業收買，依勑限三年納錢，不收牙税。如佃户不買，却告示鄰人；鄰人不買，即召諸色人。仍令令佐將帳簿根究數目，如日前曾將肥土輕税田與豪富人，今止瘠地，即指揮見佃户全業收買，割過户籍。若佃户不買，即將元卸肥田一處出賣。又按佃户名亦有僧户，元條僧人不得買田，已牒州出榜告示，許本主收買〔一〕。或僧人元有官田已卸别户承佃者〔二〕，敢爭執妄生詞説，即嚴加勘斷。」事下三司詳定，三司言：「若依惟慶估定價錢三十五萬餘貫，(令)〔令〕作三年送納，恐見佃户除二税外，更納田價錢數多。欲乞特與減放分數，却添年限，許隨税將見錢并但堪供軍金銀、紬絹，依市價折納。如願一併納足價錢，亦聽從便。仍令州縣置籍拘管，紐定逐年合拘納錢數，隨税追催，封樁收附。候及數目，計綱上京，不得别將支破。候納錢足，給户帖與買田人執爲永業〔三〕，應副差徭。」勑三司，據估到錢三分減一分，限三年納足。其合應副差徭，亦候三年外。監察御史朱諫上言：「福州屯田耕
24 (田)〔佃〕歲久，雖有屯田之名，父子相承，以爲己業。伏乞量定租課，罷行估賣。」詔：如見佃户内單貧户承買者，令别立寬限。惟慶言：「所紐田錢，内單貧户欲更展限一年。」從之。

五年六月，三司言：「準陝西轉運使杜詹言：『緣邊屯田軍馬支費甚多，所入課利全然不足。伏見没納欠折、户絶莊田不少，自來州縣形勢、鄉村有力、食禄之家，假名占佃，量出租課。臣體量上件鄉村莊田，人願收買耕佃，如有見佃人户，多豪倖之輩。只計轄下州軍，約得二十八萬貫已來。若將重減，却虚擡數，必是并有承買。欲望許選清幹官估計寔直價例，召人承買〔四〕。』已可其三司奏〔五〕。欲乞上件條貫徧下逐路，將天聖四年已前户絶莊田，依陝西例估計寔價，召人承買。」從之。

十一月，詔：「江、淮、兩浙、荆湖、福建、廣南州軍，舊條，私下分田客非時不得起移。如主人發遣，給與憑由，方許别住。多被主人折勒，不放起移。自今後客户起移，更不取主人憑由，須每田收田畢日，商量去住，各取穩便，即不得非時衷私起移。如是主人非理攔占，許經縣論詳〔六〕。」

六年九月，河北轉運使楊嶠言：「真定民杜簡等狀稱，近年水旱蝗災，被豪富之家將生利斛斗倚質桑土。」事下法

〔一〕許：原作「詳」，據本書食貨六三之一七六改。
〔二〕「佃」下原有「户」字，據本書食貨六三之一七六删。
〔三〕買：原作「罪」，據本書食貨六三之一七六改。
〔四〕買：原作「罪」，據本書食貨六三之一七七改。
〔五〕「三司」二字疑衍。
〔六〕詳：疑當作「訴」。

寺，請應委寔災傷倚質者，令放，債主立便交撥桑土與業主佃蒔。其所取錢斛，候豐熟日交還。如拖欠不還本錢，官中催理，利息任自私斷。自今後更不得準前因舉取倚質桑土，貴抑兼并，永絶詞訟。從之。

七年三月，詔：「如聞比來饑民有在沿邊別無親屬莊産可依，仰轉運使體量救恤，不令失所。或發遣往唐、鄧、襄、汝，撥與係官田土、牛、種安泊。」仁宗曰：「比日北邊荒歉〔一〕，流民過來，沿邊飢饉至甚。雖境外之人，然溥天率土，皆朕赤子也，當與多方賑濟。」

五月，龍圖閣學士、知密州蔡齊言：「三司牒：『户絶莊田錢未足，合納租課者，勒令送納，直候納足價錢開破。若未有人買者〔二〕，官定租課，令請射户供輸。』本州自大中祥（苻）〔符〕八年後，户絶莊（田）七十七户，只有六户未户絶已前出課撲佃，自後依舊納課，餘皆荒閑。準天聖四年七月五日敕，令召人請射，只納二税，更不紐課。未及一年，準天聖五年六月十五日敕，差官估計，召人承買；若未有承買，且令見佃人出税。後來本州估賣，有四十八户承買，尚有二十九户未有承買。三司累牒，催納價錢未足，且納租課。伏緣人户請射之初，田各荒廢，纔入佃蒔。未及一年，續許承買，催納價錢，並是賣牛破産，竭力送納。未足，又更勒納租課。一年之内，催納三重，臣未敢緊行理納。兼慮諸處承買莊田錢未足更納租課者，亦乞遍下諸處。」事下三司相度。三司言：「諸處所管户絶莊田不少，今若不候錢足，便除租課，竊慮承買户故爲拖滯，不納價錢。欲乞自今據未納足錢并未有人承買，一[25]依估價，召人承買〔三〕，限一年内錢足。仍將估價及見納租紐作十分，如納錢一分，即除落一分租課，直候納足，方與全免。」從之。

十一月，詔：「州縣逃田經十年已上，無人歸業，見今荒閑者，令出榜曉示，限百日令本主歸業。限滿不來，許人請射耕佃。其歸業並請射人户，並未得立定税額，及令應副差徭。候及五年，于舊額税賦上特減八分，永爲定額。」其月，中書門下言：「竊慮上件逃田荒閑年深，見有人户侵耕冒佃，將來有人歸請，别致爭訟。及見有税産人爲見寬恩，抛棄己田，却求請佃逃田。欲令三司告示，如有侵耕者，與限百日陳首，更不問罪。據陳首後耕到熟田頃畝，于元税額上令納五分。如本主限内歸認，給付本户，依此納税。若輒棄己田，妄作逃移，請射逃田，許諸色人論告，科違制罪，押歸舊貫。鄉耆不切覺察，致有違犯，並從違制斷遣。」

八年八月七日，審刑院言：「河北天聖八年四月已前值災傷逐急典賣與人，其四鄰逐熟在外不曾會問者，如見執文契印税分明，其鄰人不曾著字，却有論認者，官司不得

〔一〕比：原作「此」，據本書食貨六三之一七八改。
〔二〕買：原作「罪」，據本書食貨六三之一七八改。
〔三〕買：原作「罪」，據本書食貨六三之一七八改。

爲理，並依元契爲主。」從之。

十二月，知坊州楊及言：「民馬固狀〔一〕：典得馬延順田，計錢六千，後添栽木三百，元契每根贖日理三十錢。臣詳，顯是有力百姓將此栽木厄塞貧民，佔據地土。豈可元典六千，贖田之日却理錢十千！從祖作倖，邀勒貧苦永不收贖。如不止絶，恐豪猾人户轉侵孤弱，競生詞訟。自今後如元典地栽木，年滿收贖之時，兩家商量，要即交還價直，不要取便斫伐，業主不得占吝。」

慶曆四年正月二十八日，詔：「自今在官有能興水利，課農桑，闢田疇，增户口，凡有利于農者，當議量功績大小，比附優劣，與改轉，或升陟差遣，或循資家便，等第酬奬。即須設法勸課，不得却致擾民。其或陂池不修，桑棗不植，户口流亡之處，亦當檢察，別行降黜。仍令轉運使、提點刑獄常切糾舉，無自曠慢。至于省徭役，寬賦歛，使百姓樂于務農，亦所以廣勸民之道也。仍令逐處臣僚，今後舉奏見任知州、通判、知縣、令佐者，並先言有何勸課勞績，方與依條理爲舉主施行。其提點刑獄朝臣并轉運判官，今後并帶兼本路勸農。一、興水利。謂陂塘、汙田之類，及逐處堤堰河渠可備水患者，或能創置開決，或久來廢壞堙塞，復能興修，或前人已興功未成，後來能接續了畢者，仰逐處勘會功績大小、所利廣狹聞奏。一、植桑棗。令文勸課栽植，自有等第數目，如土地有所不宜，則不必桑棗，但榆柳之類，隨地所宜，可爲民利。如官員能自相度民力，設法勸課，不須執守令文内數目，並令逐處具本官任内栽種詣寔數聞奏。一、增户口。部内有逃户，却能招誘復業，或有天荒田能招人開耕，創立户貫，皆爲勞績。即不得差人追捕歸業，亦 26 不得强抑人户開耕，以爲己功〔二〕。令逐處勘會增添到户數及開耕到地土頃畝聞奏。已上勸課功績，並于得替日出給解由，仍令本屬保明以聞外〔三〕，并給與公據，自齎赴闕。」

八月，命參知政事賈昌朝領天下農田，有利害，其悉條上之。初，參知政事范仲淹援唐故事，請以輔臣分總其務。雖（常）〔嘗〕降勑，然其後亦弗果行。

皇祐元年四月二十六日，右司諫錢彦遠言：「農桑者，生民大事，國家急務，所以順天養財，御水旱，制蠻夷之原本也。本朝自祖宗以來，留意尤切，故諸路轉運使、提點刑獄臣僚、知州、通判皆帶勸農職名，授勑結銜〔四〕，政在督課。而近歲徒有虚文，初無勸導之寔，汙（菜）〔萊〕不闢〔五〕，事失因循。今欲乞應天下諸州軍于長吏廳各置勸農司，以知州爲長官，判官爲佐官，舉部内幕職、州縣清彊官一員兼充判官，量抽吏人。先將部内諸縣今日已前見管墾田頃

〔一〕狀：原作「壯」，據本書食貨六三之一七九改。
〔二〕「己」下原有「耕」字，據本書食貨六三之一八〇删。
〔三〕本：原作「木」，據本書食貨六三之一八〇改。
〔四〕結：原作「諾」，據本書食貨六三之一八一改。
〔五〕汙：原作「汗」，據本書食貨六三之一八一改。

畝、户口數目、陂塘山澤、桑棗溝洫都大之數，著爲帳籍。仍開析見有多少逃移人户賦税、荒廢田畝、古之水利後來殘毀者〔一〕。委自勸農官司多方設法勸課招誘，安其生業，去其大害，興其大利。候至年終農隙，轉運司遍行比較，委是增得墾田〔二〕、户口數目，或流人自占，或逃移復業，陂塘灌溉有利，桑棗廣植，溝洫開闢，增多賦税，丁口蕃息，明著版籍，不至煩擾者，保明舉奏，特與就賜章服，增其秩禄。如一任終始悉有顯效，令轉運司批上曆子〔三〕，到闕，委所司磨勘，超擢任使。其判官亦特與磨勘引見。其轉運使等每巡歷州軍〔四〕，先須點檢勸農司訖，方得點檢諸事。如長吏已下因循違慢，職業無聞，人户逃移至多，墾田之數日削，並乞除授散官監當，判官亦同降黜。所貴天下本農，生民富給，爲萬世之基。望詔三司檢舉舊貫，賞罰施行。」

二年九月，詔三司：「唐、鄧、汝州多曠土，其令寬立税限，募人墾種之。」

至和元年三月，詔：「京西民飢，其荒田如人占耕及七年，起税二分；逃田及五年，減舊税三分。因災傷逃移而復業者，免支移折變二年；非因災傷者，免一年。」

二年十一月三日，詔：「荆湖、廣南路溪洞人户争論田土，雖在務月，須理斷了當。」以上《國朝會要》。

治平四年九月二日，神宗已即位，未改元。江南東路轉運司言：「三司奏：『池州多逃産，年深，元額税重，人户不敢請射。欲乞其逃田如三十年以上，于元税額上減放四分，四十年以上減放七分。如此，候十年，其田已成次第，即依《編勑》，十分内減三分，立爲永額。其三年以下、十年以上者，自依《編勑》。』令三司依此施行。本司看詳：本路及天下似此逃田不少，乞施行諸路，令人請佃。」詔並從之，仍候請佃及十年，並令納五分税；及二十年，即依《編勑》納七分税，永爲定額。

十一月，三司請出賣京東等路户絶没納莊田，詔：「内有租佃户 27 及五十年者，如自收買，與于十分價錢内減放三分，仍限二年納足。餘依所請。」

熙寧元年六月十五日，京西提刑徐億言：「知唐州、光禄卿高賦招兩河流民及本州客户開墾荒田，招到外州軍及本州人户請過逃田，又興修過陂堰，望加恩奬。」有詔褒諭。

十二月四日，權京西轉運使謝景温言：「本管汝州户口至少，田土多荒，龍興、魯山、梁、葉四縣最爲凋弊〔五〕。自來請田人户雖有條貫，五年内免諸般科役，而客户尚不免諸色役。既請田不過一二年，便爲舊户糾決，須至充役。雖有條制，諸縣不能遵守，民亦不以爲信，以此逃竄者多，占田者少。今欲乞置墾田務，舉官一員專領，籍四縣荒田，

〔一〕來：原作「米」，據本書食貨六三之一八一改。
〔二〕是：原作「隄」，據本書食貨六三之一八一改。
〔三〕上：原作「土」，據本書食貨六三之一八一改。
〔四〕巡：原作「循」，據本書食貨六三之一八一改。
〔五〕葉：原作「華」，據《元豐九域志》卷一改。

召人請射。其請田人須勘會係汝州界不走移者，方得收管，更不隸諸縣版籍。逐縣既不能統攝，則無由差科。候五年滿日，據地界撥還逐縣，應副科役。其所舉官如招及千户以上，乞優與酬奬，仍許再任，其廨宇只就龍興縣安置。如此，則爲利甚博，所費者寡，人户漸可招誘，田畝足以墾闢。」詔不置務，餘依所請。

二年八月十九日，中書言：「黄河北流今已淤斷〔一〕，所有恩、冀以下州軍黄河退背田土頃畝不少，深慮權豪之家與民爭占，及有元舊地主因水荒出外，未知歸請。」詔河北轉運司：「應今來北流閉斷後黄河退背田土，並未得容人請射，及識認指占。聽候朝廷專差朝臣往彼，與本處當職官同行標定訖，收接請狀，紐定租税，均行給受。」

十一月十三日，制置三司條例司言：「乞降農田利害條約付諸路，應官吏、諸色人有能知土地所宜，種植之法，及可以完復陂湖河港；或不可興復，只可召人耕佃；或元無陂塘、圩埠、堤堰、溝洫，而即今可以創修；或水利可及衆，而爲之占擅；或田土去衆用河港不遠，爲人地界所隔，可以相度均濟疏通者：但〔于〕〔干〕農田水利事件，並許經管勾官或所屬州縣陳述。管勾官與本路提刑或轉運商量，或委官按視，如是利便，即付州縣施行；有礙條貫，及計工浩大，或事關數州，即奏取旨。其言事人並籍定姓名、事件，候施行訖，隨功利大小酬奬；其興利至大者，當議量材録用。內有意在利賞人不希恩澤者，聽從其便。應逐縣各令具本管内有若干荒廢田土〔二〕，仍須體問荒廢所因，約度逐段頃畝數目，指説著望去處，仍具今來合如何擘畫立法，可以糾合興修，召募墾闢，各述所見，具爲圖籍，申送本州。本州看詳，如有不盡事理〔三〕，即别委官覆檢，各具利害開説，牒送管勾官。應逐縣並令具管内大川溝瀆行流所歸，有無淺塞合要濬導，及所管陂塘堰埭之類可以取水灌溉者，有無廢壞合要興修，及有無可以增廣創興之處。如有，即計度所用工料多少，合如何出辦。或係衆户，即官中作何條約與糾率；衆户不足，28即如何擘畫假貸，助其闕乏。所有大川流水阻節去處，接連别州縣地界，即如何節次尋究施行。各述所見，具爲圖籍，申送本州。本州看詳，如有不盡事理，即别委官覆檢，各具利害牒送主管官。應逐縣田土邊迫大川，數經水害。或地勢汙下，所積聚雨潦，須合修築圩埠堤防之類〔四〕，以障水患；或開導溝洫，歸之大川，通泄積水。並計度闊狹、高厚、深淺各若干工料，立定期限，令逐年官爲提舉，人户量力修築開濬，上下相接。已上亦先具圖籍申送本州，本州看詳，如有不盡事，即别委官覆檢，各具利害牒送管勾官。所有州縣攢寫都大圖籍合用書筆，或添雇人書，許于不係省頭子錢内支給。諸色公

〔一〕淤：原作「于」，據本書食貨六三之一八三改。
〔二〕應：原作「令」，據本書食貨六三之一八四改。
〔三〕盡：原作「以」，據本書食貨六三之一八四改。
〔四〕類：原作「數」，據本書食貨六三之一八四改。

人如敢緣此起動人户，乞覓錢物，並從違制科罪；其贓重者，自從重法。應據州縣具到圖籍并所陳事狀，並委管勾官與提刑或轉運商量，差官覆檢。若事體稍大，即管勾官躬親相度。如委寔便民，仍相度其知縣、縣令寔有才能，可使辦集，即付與施行。若一縣不能獨了，即委本州差官，或别選往彼協力了當。若計工浩大，或事關數州，即奏取旨。其有合興水利及墾廢田用工至多縣分〔一〕，若知縣、縣令不能施行，即許申奏對换，或别舉官，或替下官，仍别與合入差遣。若本縣事務煩劇，兼所興功利浩大，合添丞佐去處，即依今年二月中所降添員指揮别具聞奏。應有開墾廢田、興修水利，建立堤防，修貼圩垾之類，工役浩大，民力不能給者，許受利人户于常平、廣惠倉係官錢斛内連狀借貸支用，仍依青苗錢例作兩限或三限送納。如是係官錢斛支借不足，亦許州縣勸諭物力人出錢借貸，依例出息，官爲置簿及催理。諸色人能出財力糾率衆户，創修興復農田水利，經久便民，當議隨功利多少酬奬。其出財頗多，興利至大者，即量才録用。應逐縣計度管下合開溝洫工料及興修陂塘、圩垾、堤堰、斗門之類，事關衆户，却有人户不依元限開修及出備名下人工物料，有違約束者，並官爲催理外，仍許量事理大小，科罰錢斛。其錢斛，官爲置簿拘管，收充本鄉衆户工役支用。所有科罰等第，令管勾官與逐路提刑司以逐處衆户見行科罰條約同共參酌，奏請施行。應知縣、縣令能用新法興修本縣農田水利，已見次第，令管勾官及提刑或轉運使、本州長吏保明聞奏，乞朝廷量功績大小，與轉官或升任、減年磨勘、循資，或賜金帛，令再任，或選差知自來陂塘圩垾、堤堰溝洫、田土堙廢最多縣分，或充知州、通判，令提舉部内興修農田水利。資淺者，且令權入。其非本縣令佐，爲本路監司、管勾官差委擘畫興修〔二〕，如能了當，亦量功利大小比類酬奬。」詔並從之。

三年二月，管勾秦鳳路經畧司機〔宜〕文字王韶言：「渭源城下至秦州〔三〕，沿河五 29 六百里，良田不耕者何啻萬頃，但自來無錢作本，故不能致利。欲每歲常于秦州和糴場預借錢三五萬貫作本〔四〕。擇田之膏腴者，量地一頃約用錢三十千，歲收不下三百碩。千頃之田三萬貫，收三十萬碩，以十萬爲人、牛糧用外，歲尚完二十萬碩〔五〕。」詔秦鳳路經畧司借支封樁錢三萬貫，委王韶募人耕種。仍預行標撥荒閑地土，不得侵擾蕃部。如封樁錢已係轉運司支借收糴斛斗，亦仰先次撥還。

四年六月二十四日，詔：「應已行新法縣分所根究到

〔一〕興：原作「與」，據本書食貨六三之一八五改。
〔二〕擘：原作「闢」，據本書食貨六三之一八六改。
〔三〕秦州：原作「秦川」，據《九朝編年備要》卷一九改。
〔四〕借：原作「價」，據本書食貨六三之一八六改。
〔五〕二十萬：原作「二十一萬」，據計算删。

荒廢田土約若干頃畝〔一〕，大川大港計若干道〔二〕，陂塘圩埒堤堰之類計若干所，先料開濬修築都計若干工。每令佐得替(月)〔日〕，并令具任内擘畫召募墾闢、催督開修過若干數目，牒與替官，令取圖籍抽摘交點得寔，方得保明申州，出給解由。如有僞妄增加、隱落事狀，並從違制分故失科罪，不在去官及赦原之限。其知州、通判〔三〕，令提刑、轉運常切體究，量任内能與不能用心勸督，候得替日，具的寔事件申奏，常議量功罪賞罰〔四〕。内有能擘畫興修，功利大者〔五〕，如乞朝廷優與升擢。其管勾官、提刑、轉運及本州長吏等，如明見管内官吏百姓所陳農田利害可以興除，妄有沮廢，及妄冒保明功績，朝廷差官察訪得寔，並重行降黜，亦不在去官及赦原之限。」

十月，提舉京東常平倉王子淵言：「臣職事之中，在農田尤爲先務。如本路濟州有南李堰、濮州有馬陵泊等處，久爲積水所占，昨已疏治，修復良田約四千二百餘頃。昨來夏秋民間耕種，所取菽、麥約三二百萬餘碩，此乃于常歲之外所獲之物，散在公私，以備飢歲。又修導過曹、單等九州一十三處溝洫河道，疏決畿内以來諸處逐年夏秋積潦東入清河等處，遂入于海，無横流之虞。欲乞下諸路提舉司，宜以農田水利爲首務。」送司農寺。寺司勘會：「近令遍牒諸路相度檢計，應係農田水利溝洫河道、堤岸斗門之類，如係人户自備功力，趁農隙日合行興修去處，依時檢計催督興修。若合差人夫，並依元料夫工，合聽朝旨差撥春夫者，具事狀以聞。仍各具將來合興修著望緊慢去處〔六〕，并的確利害事狀、圖籍申寺，纔候下手日，逐一供報赴寺〔七〕。」從之。

五年，重修定《方田法》。

八年二月二十八日，中書門下言：「諸畸零不成片段田土難已召給役人者，依出賣户絶田産法召人承買。」

元豐元年四月十九日，詔：「開廢田、興水利、建立隄坊、修貼圩埒之類，民力不能給役者，聽受利民户具應用之數〔八〕，貸常平等錢穀〔九〕，限二年兩料輸足〔一〇〕，歲出息一分。」

三年五月七日，詔止蔡州客户請射田，追收已給關子。以權提點京西北路刑獄張復禮奏「根括民契外地，及奪下户閑田，募客户自占，境内搔擾」也。

---

〔一〕所：疑當作「仰」。

〔二〕干：原作「于」，據本書食貨六三之一八六改。

〔三〕通：原作「同」，據本書食貨六三之一八七改。

〔四〕常議：「常」原作「當」，「議」原作「識」，據本書食貨六三之一八七改。

〔五〕功利：原作「功利功利」，據本書食貨六三之一八七删。

〔六〕著望：原作「着望」，據本書食貨六三之一八八改。「著望」意爲位置，宋人語。

〔七〕供：原作「共」，據本書食貨六三之一八八改。

〔八〕數：原作「類」，據文意改。本書中二字常互訛。《長編》卷二八九此句云「具合費用數目」，與此言「具應用之數」意同。

〔九〕等：原無，據《長編》卷二八九補。

〔一〇〕二年：《長編》卷二八九作「三年」。

五年十一月九日，都水使者范子淵言：「自大名抵 30 乾寧，跨十五州，河徙地凡七千頃〔一〕，乞募人耕租。」從之。

十二月二日，詔前察訪荊湖路常平等事司幹當公事段詢減磨勘三年。賞根括水陸田四千一百餘頃也。

六年九月十一日，知瓊州劉威信言：「朱崖軍土脉肥沃，欲乞委本軍除舊係黎人地不許請射外，招誘客户，請係官曠土住家耕作，仍立賞格激勸。」從之。

八年十月二十五日，詔罷方田。

哲宗元祐三年三月一日，詔：「諸路經畧司講求護耕之策，勿令賊計得行，致失春事。」後命鄜延路經畧使趙卨等審量賊計〔二〕，按寔以聞。以夏賊屯集境上，陝西、河東並邊居民往往不敢耕種，有妨春事故也。

四年二月十三日，詔：「自今應瀕河州縣積水占田處，在任官能爲民經畫溝畎疏導，退出良田一百頃已上者，並委所屬保明以聞，到部日，與升半年名次。每增一百頃，各遞升半年名次；及一千頃已上者，比類取旨酬賞；功利大者，仍取特旨。」從刑部侍郎范百禄請也。

六年九月二十五日，詔河東路提刑司，將麟、府、豐州曾經西賊劫掠耕牛人户，特許于常平錢内借錢買牛〔三〕，其所借錢漸次催納〔四〕。

紹聖二年三月三日，工部言：「諸黄河棄堤退灘地土堪耕種者，召人户歸業，限滿不來，立定租税，召土居五等人户結保，通家業遞相委保承佃。每户不得過二頃。論如盜耕退復田法〔五〕，追理欺隱税租外，其地並給告人，仍給賞。」從之。

七月二十八日，提點京西北路刑獄徐君平言：「提點官與監司舊帶勸農者，乞據所部分巡州縣，括其地之不墾闢，周知頃畝，縣爲圖籍，詢究其弊之所在，爲救之之術。」從之。

同日，知鄭州李湜言：「興修農田水利，乞送詳定重修敕令所看詳編修。」從之。

徽宗崇寧三年十一月三日，詔新差權發遣廣南東路轉運判官公事王覺遷一官。以墾闢農田幾及萬頃故也。

四年二月十六日，復頒《方田法》。詳見「方田」門。

大觀三年二月十二日，提舉廣南西路常平等事洪彦昇言：「廣西郡縣地廣人稀，原隰沃壤，甚有可耕之處。加之蠻夷附順，（彊）〔疆〕土斥遠，倉廩儲偫，尤資經畫，以致充羡。欲乞募民，給地使耕。係官若私舉行（價）〔借〕貸，應副開墾，俟其就緒，三年而後，量起税租，漸償宿貸。彼將安土樂業，可使地無遺利，亦募民寔邊之意。」從之。

四年三月二十八日，詔：「宣州、太平州圩田并近年所

〔一〕徙：原作「徒」，據《長編》卷三三一、本書食貨六三之一八八改。
〔二〕後：本書食貨六三之一八八作「復」。
〔三〕「借」原作「價」，「買」原作「罪」，據本書食貨六三之一八九改。
〔四〕借：原作「價」，據本書食貨六三之一八九改。
〔五〕「論」上當有脱文，或脱「違者」二字。

作，多是上等及官户借力，假人名籍請射修圍，今已成田，認納租税，多爲姦猾告訐，因而成訟。可令本路提舉司下所屬州縣，將應有假名人並許自陳，特與改正，充本户永業，其租税等並依額送納。」

四月二十七日，詔：「自春以來，併得膏澤，方今孟夏，天氣晴和，田蠶穀麥，衆務方興，農民竭力田疇，一歲之功，併在此時。深慮州縣之吏，拘以微文，案其細罪，追呼證辯〔一〕，株連 31 枝蔓，或興不急工作，或趣未償欠負〔二〕，拘縶監錮，致妨一時耕作，而失終歲之功。宜遍委諸監司明加申敕州縣官，各仰省事息民，無奪其時，以稱愛民厚農之意。如違，監司、走馬舉劾以聞。」

政和元年三月七日，詔：「監司勸率守令督責編户植桑柘，廣蠶利，以豐織紝。基本任滿〔三〕，比較賞罰。」

四月四日，臣僚言：「近歲諸路監司、列郡守臣每于中夏農事方興，纔見雨澤應時，則未足言足，未種言種，便指爲禾稼豐穰，秋成可望。願立法禁，詔諸路州郡守臣各務勸農之寔，不得預言豐登之欺。」從之。

五日，詔：「士大夫與民争利，多占膏腴之地，已有令文，令監司常切檢舉。」

二十四日，臣僚言：「郡守、通判、轉運使、副、提點刑獄繫銜必帶『勸農事』，近制又並縣令亦以『管勾勸農公事』爲銜，考課之法復有農桑墾植之最。而官吏不能上體愛民之意，其所急者特在于催科税入、簿書獄訟而已。欲責守令職事，以勸農爲先務。春則耕桑，視風土氣候之早晚以督課之。中下之民，種食不足，即依常平放税七分之法借貸以補之。秋則視歲入之豐儉，審其播植，貸助亦如上法。轉運使、副、提點刑獄即巡歷所至，察守令勸農之勤惰，歲取三數人最優劣以聞，重行升黜。如此，則莫敢苟簡，以副陛下封植基本之意。」詔：可詳據所陳，精密立法，以責寔効。

五月二十二日，詔：「耕桑乃衣食之源，斫伐桑柘，未有法禁，宜立約束施行。」

二十七日，臣僚言：「天下係官田産，在常平司有出賣法，如折納、抵當、户絶之類是也；在轉運司有請佃法，天荒、逃田、省莊之類是也。自餘閑田，名類非一，往往荒廢不耕。雖間有出賣、請佃之人，又爲豪右之侵冒，輸官租賦，十無一二，欺弊百出，理難齊一。其請佃人户又以經係官田，不加墾闢。遂使民無永業，官失主户，公私利害，所繫非輕。乞命官總領條畫以聞。」詔范坦總領措置。

六月六日，户部侍郎范坦奏：「奉詔總領措置出賣係官田産，欲差提舉常平或提刑官專切提舉管勾出賣。凡應副河坊、沿邊招募弓箭手或屯田之類，並存留。凡市易、抵

〔一〕辯：原作「辦」，據本書食貨六三之一八九改。
〔二〕償：原作「嘗」，據本書食貨六三之一九〇改。
〔三〕基：疑當作「其」。

當、折納、籍沒，常平户絶、天荒、省莊，廢官職田，江漲沙田，棄堤退灘，瀕江河湖海自生蘆葦荻場，圩埠湖田之類，並出賣。」從之。

七月二十日，臣寮言：「私荒田，法聽典賣與觀寺，多以膏腴田土指作荒廢，官司不察；而民田水旱，歲一不登，人力不繼，即至荒廢。觀寺得之，無復更入民間，爲農者受其弊。欲除官荒田許觀寺請佃外，餘并不許典賣。」從之。

九月十二日，户部言：「欲自今應命官或諸色人陳述農田水利，令本州日下開具申部，從本部置籍。如可興修，令所屬依紹聖條法，一面興修。提舉官因巡歷所至，詢訪講究施行，所貴地無遺利。」從之。

十四日，總領措置官田 32 所奏：「檢會熙寧二年拾一月二十四日朝旨，制置三司條例司奏：『出賣廣惠倉田土，其所委逐項提舉官催趣出賣。如一年内賣及三萬貫，減一年；七萬貫，減二年；十萬貫，減三年磨勘。』欲比類熙寧年指揮，所委監司官一路州縣合賣田舍價錢數目，如于一年内賣及七分，與轉一官；六分，減三年磨勘；五分，減二年磨勘。其出賣不及五分之處，亦依已降指揮，從本所奏劾〔一〕。庶幾有以激勸。」詔：「諸路係官田舍，平日多爲豪右侵冒，有虧邦計。今來出賣頃畝，間椽萬數不少，所委官吏若不明勸賞，則無以激勸，使能吏悉力幹辦。可並依所奏施行。」

十月二十日，總領措置官田所言：「提舉河北西路常平王靚奏：『相州見估賣官田，内有元係白地，因人户承佃後來栽種到桑棗果木之類地段〔二〕，並合酬佃人功力，估價出賣。』看詳，欲人户見承佃合賣官田，如内有種植材木，並令估官體究詣寔，別作一項估價，與所賣田土一處依法召人承買。候出賣了當〔三〕，將來木價錢給還元栽人户〔四〕。若係見佃人承買，即止納買地價錢。」從之。

二十二日，總領措置官田所言：「元奏請存留屯田，爲河北、陝西、河東事干邊防利害去處，不可出賣〔五〕。若自餘路分，雖有屯田之名，從來止是令人户出租佃蒔，顯與其他名色官田事體一般，即非事干邊防，亦合出賣。」從之。

十二月六日，手詔：「應京畿諸路按察官于所部、守臣于倚廓、縣令于境内，歲終耕斂，並須親詣田疇，勸沮勤惰，以爲力耕之倡。其土地闢、賦入登、民無流移者，爲考課之最。仍令尚書省檢校，具祖宗故事頒降。」

二年四月十七日，詔曰：「祖宗以來，田之在公者，爲屯田，爲官莊，養民兵，居熟户，于以佽助經費，藩衛邊鄙。神考置常平之官，修水土之政，方天下之田，以正經界，庶幾乎復古矣。續而成之，以紹先烈，寔在今日。迺者有司

〔一〕「奏」字前原衍「劾」字，據本書食貨六三之一九二刪。
〔二〕木：原作「本」，據本書食貨六三之一九二改。
〔三〕賣：原作「買」，據本書食貨六三之一九三改。
〔四〕來木：疑當作「果木」。
〔五〕出：原作「去」，據本書食貨六三之一九三改。

建言，係官田宅，一切賣鬻，苟目前之利，廢長久之策。厚賞滋姦，民以煩擾；豪强兼并，佃户失業。東南闕于上供，瘠薄棄而不售。以義理財，豈謂是歟！昨范坦所上賣官田宅畫一，可更不施行，總領措置官吏並罷。已賣田宅，並給還元納價直，其田宅却拘收入官，元佃賃人户願依舊佃賃者聽。餘並遵依元豐令施行。」

二十二日，臣僚言：「伏聞已降指揮：罷賣係官田宅。若不事爲之制，却恐重有侵漁。其間如已交業之家，見已布種，或已修蓋舍屋，理當逐一措置行下。」詔：「舍屋已經改更，但課利虧祖額者〔一〕，俱免，仍舊修蓋。官田已作墓地安葬，保耆驗寔申官，許令據合用步畝收買，與免遷徙。」

政和六年五月二十九日，尚書省言：「新授鄧州司户曹事畢昂奏：『竊見自來諸處圩岸，多是所屬尋常不切照管，到水漲之時，常有決溢，公私被害不細。縣官任滿，別無疏虞，雖許免試 33 一次，緣賞典尚輕，及未有決溢斷罪之法〔二〕，欲望重立賞罰。仍于逐縣令佐銜内添入「專切管幹圩岸」字。其鄰圩去處，亦乞並禁樵採，以固隄坊。』詔令尚書省立法。今擬立下條：管幹圩岸、圍岸官任内修葺牢固，不致隳損堙塞者〔三〕，三年任滿，承務郎以上減磨勘一年，承直郎以下占射差遣一次。二年以上移替者，承務郎以上與家便差遣，承直〔郎〕以下陞一年名次。」從之。

八年四月五日〔四〕，權淮南江浙荆湖制置發運使任諒奏：「逃田不耕，除閣税賦，情弊多端。其間有人户冒佃而不納税租者，有雖供税而冒佃不出租者，亦有逃户雖已歸業而尚不供輸者〔五〕，亦有荒薄無人耕種者〔六〕。高郵軍計有逃田四百四十六頃，楚州有九百七十四頃，泰州有五百二十七頃，平江府有四百九十七頃。以六路計之，何可勝數！欲諸縣專選官一員按籍根括，限一季許首，並與免罪，收入帳簿，依舊輸納税租；限滿不首，即許人告，賞錢一百貫，以犯事家財充。其荒薄無人耕佃者，即多方招誘逃户歸業，及依條召人請蒔，檢量頃畝，立定四至給付。仍取鄰田中等税數減半爲額，與免十料催科〔七〕，所貴逃田無不耕種。」詔：逃田可專委縣丞，無縣丞處委他官，餘並從之。

宣和元年八月二十四日，農田所奏：「應浙西州縣因今來積水減退〔八〕，露出田土，乞每縣選委水利司諳曉農田文武官，同與知佐分詣鄉村檢視標記。除出人户已業外，其餘遠年逃田、天荒田、草葑茭蕩及湖濼退灘、沙塗等地，

〔一〕祖：原作「租」，據本書食貨六三之一九三改。
〔二〕未：原作「水」，據本書食貨六三之一九四改。
〔三〕隳：原作「隨」，據本書食貨六三之一九四改。
〔四〕天頭原批：「政和無八年。」按，此説誤。政和八年十一月一日改爲重和元年，是年四月仍爲政和八年。
〔五〕已：原作「有」，據本書食貨六三之一九四改。
〔六〕薄：原作「簿」，據本書食貨六三之一九四改。下同。
〔七〕十：本書食貨六三之一九五作「一」，疑是。
〔八〕水：原脱，據本書食貨六三之一九五補。

並打量步畝，立四至坐落、著望鄉村，每圍以《千字文》爲號，置簿拘籍。以田鄰見納租課比撲，量減分數，出榜限一百日，召人寔封投狀，添租請佃。限滿拆封〔一〕，給租多之人。每户給户帖一紙，開具所佃田色、步畝、四至、著望、應納租課。如將來典賣，聽依係籍田法請買印契書填交易。」從之。

二年二月二十六日，臣僚言：「太平日久，民有惰心，爲監司、守、令者，雖有勸農之名，而不考其寔；爲提舉常平、縣丞者，雖有農田水利之職，而不舉其事，以未嘗覈其寔而已。覈其寔之道，在于四證。所謂四證者，按田萊荒治之跡〔二〕，較户産登降之籍，驗米穀貴賤之價，考租賦盈虧之數，以覈勸課與不勸課之寔。制詔天下，縣以農時分輪令、丞行田野，有荒而不治者，罰及鄰保；郡以農時分輪守、貳行縣，有荒而不治者，罰及令、丞；監司以農時因巡歷行郡，有荒而不治者，罰及守、貳，以覈田萊荒治之寔。又詔監司，每歲終，取州縣户産登降、米穀貴(淺)〔賤〕、租賦盈虧之數同具奏聞。内參酌最優劣兩處，具守、貳、令、丞，乞加賞罰。尚書省類天下奏，較最優劣兩路取旨，以爲監司賞罰，以覈三者之寔。」詔中書省勘當取旨。

三年二月一日，詔：「越州鑑湖、明州廣德湖自措置爲田，下流堙塞，有妨灌溉，致失陷 34 常賦。又請佃人多是親舊權勢之家，廣占頃畝，公肆請求，兩州被害民户例多流徙。仰陳亨伯體究詣寔，如所納租税過重，即相度減免，立爲中制。應妨下流灌溉處，並當施以予民。令條畫圖上取旨，毋得觀望滅裂。」

閏五月十三日，詔：「盜起二浙，延及江東，内被焚劫民户租佃私田，如係于掌業人處借貸種糧、牛具之類者，止合量減二分，疾速申明行下。」

十月二日，詔：「江東新置圩田〔三〕，如上流興築，閉塞水源，致向下民田無以灌溉，或壅遏發泄，使鄰近者反被水患，令所屬監司按視改正。」

十二日，河北轉運副使呂頤浩言：「近奉詔，學事司應管州縣田土及房廊，並委臣拘催租賦課利，每年共收錢斛等約二十餘萬貫石匹。未佃田土，一路共二千一十一頃，除不住催督召人承佃外，若非逐縣令佐協力幹辦，則上件地土空閑，虧失租課。契勘濱州招安縣見今空閑八百六十五畝〔四〕，東鹿縣空閑四百九十二頃。尋奏請，乞特降睿旨處分，將招安、東鹿縣令佐許臣踏逐有心力人奏差一次，内京朝官替見任人成資闕，選人替年滿闕。」從之。

十二月二十四日，詔罷方田。

七年八月七日，前兩浙路提點刑獄胡遼奏：「二浙向緣草寇驚劫，温、台、處、婺等州各有逃絶户抛下田土，賊平

〔一〕拆：原作「折」，據本書食貨六三之一九五改。
〔二〕萊：原作「菜」，據本書食貨六三之一九五改。
〔三〕新：原作「親」，據本書食貨六三之一九六改。
〔四〕畝：本書食貨六三之一九六作「頃」，疑是。

之後，皆爲有力之家請射。欲乞令百姓寔封投狀請射，限一月開拆，給與租課最多之人，于公寔利便。」從之。以上《續國朝會要》。（以上《永樂大典》卷一七五三七）〔一〕

## 農田 二

【宋會要】〔二〕 35 高宗建炎元年五月一日，赦：「人户置買耕牛，權免稅錢一年。」

二年三月二十六日，臣僚言：「伏讀國史，竊見太宗朝宋、亳等州耕牛闕乏，太子中允武允成獻踏犁式〔三〕，用四五人可以耕稼。至真宗景德中〔四〕，因河北耕牛不足，又降此式，付轉運司頒行。緣不曾盡載制度，止云自尚方造樣，宋州冶鑄給散。今來州縣正闕耕牛，乞下諸路轉運司詢訪，講求舊制施行。」詔令諸路轉運取索以聞。

紹興元年九月十八日，赦：「民間耕牛累年以來，屢遭兵火，宰殺殆盡。應曾經殘破州縣人户典買耕牛，特與免納稅錢一年；其客旅興販，經由去處依此。」二年九月四日、四年九月十五日赦同此制。

二年三月二十二日，詔：「昨招誘淮東八郡人户佃田，並免二年稅租。將來合行催納之歲，可止據當年已種頃畝計數征納。其後逐歲添展，墾闢到田畝，亦據實數添納。庶得人户曉然，易以安業。如或州縣過數催納，並科違制之罪，仍許人户越訴。」

四月十日，秘書少監傅崧卿言：「昨承指揮，於榷貨務支降見錢五萬貫，充淮東人户借貸收買牛具。緣本路牛畜價高，欲分遣官前去兩浙路收買。」從之。

五月二十六日，臣僚言：「浙西水災，乞戒飭被水州縣長吏以勸農爲急。（令）〔令〕及時車戽積水，扶植稻苗；或貧富相資，再行布種。」詔差刑部郎官張宗臣前去措置。

六月十八日，江南東路安撫大使李光言：「廣德縣見管逃田八百餘頃，方措置勸誘人户分户佃種，緣常賦比他處已爲差重，若便依建炎四年十月七日佃户法，候秋成日，除納官拘收外，止給五分，委實爲便於民〔五〕，深慮無人請佃，轉見荒閑。欲將應承佃閑田及歸業之人，將見納租稅先免本年秋料一料，自次年爲始，依請佃法，別免一料催科，只理正稅。庶寬民力，有人承佃。」從之。

七月十七日，樞密院計議官薛徽言〔言〕：「被旨體問得明州廣德湖田，元分三等，計管五百七十五頃九十九畝，

---

〔一〕《大典》卷次原缺。按「農田雜録·農田一」與下文「農田二」在《大典》中爲前後相鄰之二卷，「農田二」在《大典》卷一七五三八，則知「農田一」在卷一七五三七（參見下條校記），因補。

〔二〕原稿於下行標「食貨二十三」，正文前又有「農田雜録農田二」數字，此爲《大典》卷一七五三八之事目、細目及序號。

〔三〕武允成：原脱「允」字，據本書食貨一之一六、食貨六三之一六三及《長編》卷三五補。

〔四〕真：原作「貞」，據本書食貨六三之一九七改。

〔五〕爲便：據文意，似當作「未便」。

每畝納租米三斗二升，通計一萬八千四百三十一石六斗八升。緣開墾之初，不問肥瘠、高仰、深葑，一等出租，其上、中二等皆權勢之家請佃，下等多是不曾耕種，所得不足輸官，往往抑勒貧民承認分種，歲久爲害。除中等租課更不增損外，内上等别無二税、和買，委是太優，今欲每畝量增八升。其下等合納租，欲令豁退所增上等田米。其餘乞委官相視，内低田即廢爲湖濼，依舊積水灌溉；其邊湖深葑可以植茭，即爲茭地，量立租錢。其間尚有堪種田畝，却立爲下等，將豁退不盡米四百六十四石六斗四升拘收，補足元數。乞施行。」尚書省 36 劄送知明州陳戬〔一〕，與本路提刑司同共子細措置。戬等言：「相度到逐項事理，委是經久利便。」從之。

十二月二十一日，權發遣太平州許端夫言：「招誘人户歸業，趁時布種，收到苗米九萬四千餘石。」詔轉運司覈實，取旨推賞。

三年二月二十八日，詔：「應有官圩田州縣，通判於銜位帶『兼提舉圩田』，知縣帶『兼主管圩田』，每歲不得使有荒閑。委監司以舊額立定租稻石斗，盡收以充軍儲。」

四月二十二日，工部侍郎李擢言〔二〕：「今東北之民流徙者衆，東南棄田疇者多〔三〕，平江有湖浸相連，塍岸久廢，近或十年，遠或二十年，未嘗有人疏導者；有地力素薄，廢爲草萊，漲潦之餘，常若沮洳〔四〕，未嘗有人耕墾者，悉號逃田。委通判與縣令同往相視，召問父老，爲水所居可以疏導若干，卑薄之地可以耕墾若干。各開具某處及頃畝多寡，揭榜以招誘東北流徙之民入狀請射。縣給種本，與免三歲之租，仍别立租額以寬之。仍委監司覆按，除其舊額。」從之。

十月七日，江南東西路宣諭劉大中言：「欲將江東西路應干閑田立三等課租，上等每畝令納米一斗五升，中等一斗，下等七升。更不須臨時增減，但令州縣開具已（藉）〔籍〕定田色，召人請佃，據佃頃畝等第出給公據。如係未經籍定田土，限當日勘給承佃，免兩料催科外，自起催日令納租課，更不别納二税。」詔下户部。本部欲下轉運司參酌所立租課，比較夏秋兩料税額别無虧損，即依逐等所定數目，召人承佃；若于税額却有減損，即依舊來税額輸納。從之。

十一月九日，吏部員外郎劉大中言：「所乞將江南兩路應干閑田立三等租課，令民承佃，已蒙下本路轉運司參酌比較，若于税額却有減損，即依舊來税額輸納。逃絶閑田，在法自合立租召人請佃，緣江南累經兵火，田多荒閑，有人户元因税重，或曾經典賣田産，虚抱推割未盡税苗，輸納不前，遂至抛棄田業，逃移在外。今若令依舊來税額輸

〔一〕劄：原作「扎」，據本書食貨六三之一九九改。
〔二〕擢：原作「櫂」，據本書食貨六三之一九九、《建炎要録》卷六三、六四改。
〔三〕棄：原作「乘」，據本書食貨六三之一九九改。
〔四〕洳：原作「汝」，據本書食貨六三之一九九改。

納，全不減損，委是無人願佃，愈見失陷財賦。」詔：「令江南東、西路轉運司，自今降指揮到日〔一〕，將應未佃閑田依劉大中立定三等租課，召人請佃。候滿三年，即依元税額送納。所有閑田元地主積欠租税，即不得于佃人名下催理。其日後逃閑田土，依今年十月七日指揮，照應税額輸納。」

四年二月十三日，通判建康府吴若言：「本府管下永豐圩，舊管田九百五十餘頃。以前之事，不可悉數，且以紹興二年客户熟田計之，有二百九十七頃，而去年却止有二百六十餘頃。去年合增而反減者，蓋緣此圩舊例止是令客户納穀在倉，官自糶賣變轉。自去年都督府差官，須要民户(春)〔舂〕變苗米，又勒客户甲頭等起發，故客户有逃田者，所以墾田減少。此圩四至相去皆五六十里，今止有兩員使臣監管。如 37 得更差文臣兩員湊作四人，分爲四管，遞相鈐束，立爲比較，則歲所增入，自當有餘。望以此圩專付本府，依舊例措置。」都省勘會：「紹興三年七月九日已降指揮：『永豐圩田並撥隸建康府，聽一面措置，每年止以米三萬石爲額。仍自來年爲始，認起熟田米二萬石，内生荒田係創行開耕，與免一年，自紹興五年依額起發。』」詔永豐圩田客户納穀，官自糶賣變轉，仰依舊例施行，餘並依所乞。是歲四月三十日，詔：「永豐圩撥隸本路提刑司監官，從朝廷于京朝官内選差。」

二十五日，權知泗州徐宗誠言：「淮南兩路兵火之後，蒙恩寬卹，如民户置耕牛，並限一年免納税錢。近來復業之民，方能輟那錢物往江南收買〔二〕，而限已滿，乞下諸路更與免納税錢一年。」從之。

三月六日，詔：淮南租税，與量度理納年限。户部言：「淮南佃田人户，依紹興二年二月十五日指揮，每畝逐年出納課子五升，仍自承佃後免納二年。並歸業自佃己田之人，依紹興二年二月十七日指揮，亦與免納税租二年。今欲下本路轉運司，將人户税租更與免納一年。」從之。

六月二日，新差權發遣廬州仇悆言〔三〕：「乞支降錢，專充買牛，借與歸業人户，責限還本，庶幾接濟貧民，以廣耕殖。」詔借支錢一萬貫。

六年十二月一日，德音：「壽春府及濠州定遠縣一帶，曾經賊馬蹂踐，民間耕牛多被殺虜，已降指揮，令營田司廣行支撥，委自守、令借給人民耕種，免納租課，候收成日，分作五年還納價錢。竊慮州縣散給邀阻，不及貧下人户，或巧作名目，別有掊斂，仰本路營田使嚴行覺察，如有違犯，按劾聞奏。」

七年正月七日，詔：「淮甸復業民户，並令守、令安輯撫養，躬勸農桑，不得輒有科敷搔擾。如違，仰帥臣并提點

---

〔一〕今：原作「令」，據本書食貨六三之二〇〇改。
〔二〕那：原作「納」，據本書食貨六三之二〇一改。
〔三〕悆：原作「念」，據《建炎要録》卷八三改。

淮南兩路公事官按劾聞奏。」

十年二月十七日，臣寮言：「淮甸諸州累經兵火，賊馬屯泊，良田爲曠土，桑柘爲薪櫵。比歲民稍歸業，漸復耕墾，惟是桑柘全未栽植，緣無賞罰，守、令視爲餘事。願詔守、令勸誘農民栽種桑柘，仍乞示賞罰，以勸懲之。」詔依，仍仰本路監司每歲具最多最少去處，取旨賞罰。

十一年三月七日，詔：「壽春府、廬州、濠、滁、和、舒州、無爲軍曾經賊馬，民間耕牛多被殺虜，可委江浙常平司支撥常平等錢收買耕牛，交付淮南常平司給與州縣，借給人户耕種，免納租課。候及三年外，分限還納價錢。内貧乏之户不能自存者，依常平法賑給一季。其闕乏種糧之家，亦與借貸，分寬限還納。其合用種糧，就近於江浙常平司支撥應副，具數以聞。」

十二年九月十三日，赦：「累降指揮，禁殺耕牛，州縣或不奉行〔一〕，縱令宰殺，或擅捋到官審驗，因緣搔擾。仰今後只依舊法，勸耆保驗寔申官，不得追呼，致妨農務〔二〕。又今歲緣牛疫，民間少闕耕牛，應人户典賣耕牛，特與 38 免納税租一年。客旅興販處准此。廣西、湖南、福建、江浙起發耕牛，偶因暑月疫病致死，可令所屬勘驗，如有官司干照，見得別無欺弊者，保明特與除放。」

十五年閏十一月十三日，司農寺主簿宋敦樸言：「州縣守令，民之師帥，雖有勸農之名，而因循曠廢。望令州守令以來春耕〔籍〕〔藉〕之後，親出郊外，召近郊父老，勞以飲酒，諭以天子親耕勸率之誠，俾四方萬里之外，曉然知陛下之德意〔三〕。仍乞申戒每歲之春，常修舉勸農職事。如或奉承弗虔，因而搔擾，仰監司按劾，以示懲誡焉。」上宣諭曰：「農者，天下之本，守令有勸農之名，而無勸農之寔，徒爲文具，何益于事！可依所奏，以風四方。」

十六年八月十八日，利州觀察使、知成州王彦言：「本州自兵火之後，荒田多是召人請射耕墾，其佃户于所給頃畝之外，往往侵耕。無賴之徒經官告訴，將所侵給與告人充賞，仍追理累年冒佃之數，致使効力之人因而失所。欲望將人户侵占，立限經所屬自陳，差官審寔，添租改正，仍免追理冒佃租課。如限滿不首，許人告。」從之。

十九年七月二十四日，權知漢陽軍趙達之言：「湖北荒田，令逐州軍召人租佃，貧者借種糧，許依人户復業之制寬免税役，候料次足日，取旨量行輸納。仍乞嚴禁官吏，不得擅有差役搔擾，庶安俗樂業，有勸耕之漸。」詔令户部行下本路帥臣、監司同共措置。

二十六年三月二十八日，户部言：「京西、淮南係官閑田，多係膏腴之地。蓋爲人户初年開墾費用浩大，又放免課子年限不遠，是致少人請佃。今欲轉運司行下所部州

〔一〕奉：原作「奏」，據本書食貨六三之二〇二改。
〔二〕致：原作「至」，據本書食貨六三之二〇二改。
〔三〕「知」下原有「惟」字，據本書食貨六三之二〇三删。

縣，多出文榜招誘，不以有無拘礙之人，並許踏逐指射請佃，不限頃畝，給先投狀之人。其租課依紹興七年十一月指揮送納。自承佃後，沿邊州縣與免租課十年，近裏次邊州縣與放免五年。仍依已降指揮，候承佃及三年，與充已業，許行典賣。及令州縣將本府官錢買牛具、種糧，應副佃人，三年之外，每年還納價直二分入官。又四川州縣地狹人稠，欲令制置司行下逐路轉運司，多出文榜曉諭，如願往京西請佃開墾官田，即時給據津發前去。其放免租課等，並準此施行。」上曰：「如此甚善，但窮民下户，乍來請佃荒田，如何便得牛具并種糧？若不從官中借貸，恐未免爲虚文，終是開墾稀少。今後便令官中假貸，可行下諸處相度，於合支錢内支破。」沈該曰：「陛下卹民〔一〕，無所不用其至。臣等敢不遵依行下。」

四月十七日，祕書少監楊椿言：「乞詔湖北一路，凡字民之官，以招誘户口、開墾田疇立爲課最。歲終，州保明申監司，監司保明申省部，取其能者賞之，其不職者罰之。」上曰：「已令勸誘四川農民至湖外耕鑿〔二〕，官給牛具，若賞罰自不可廢。」椿對曰：「誠如聖諭。」

二十七年五月十一日，中書門下省言：「軍中揀退人或有死亡，州軍不支請給，其妻其子遂爲窮民。已許指射荒閑田耕種，支與一年請給，令買牛種，免租税丁役，使爲永業。今欲淮東、淮西、江東、江西、湖北、京西下逐州，委知、通、知縣及逐路委常平提舉官，括責形勢户及民户、見任官占據没官、逃移等田已未耕墾各若干頃畝，限半月開具申尚書省。遇有指射荒田請佃人，州縣日下標撥，并合支請給，于常平錢内併支，令州縣量度資給，即農具亦仰借助。仍官爲修蓋草席屋應副居止，以便耕種。其見任差遣者，除所支一年請給外，其未滿日月，令與接續批勘。已任滿人，布種之後如闕食用，令州縣於常平米内量度借支，候收成日，分限還納。若將來耕種就緒，願增添請射者聽。若所委官及州縣措置有方，請佃數多去處，取旨升擢。」從之。

七月十四日，中書省言：「淮東等處有揀汰軍人願請佃荒田開耕人數，各已標撥及支破請給畢。」詔令諸路遇有請佃人，依淮東事理施行，優加存卹。

十二月三日，户部言：「揀汰離軍人許指射荒田，恐係初離軍人遽罷請給，所以存卹。其累經任人，不合一例借支。欲下諸州軍照會，將小使臣以下初離軍人指揮借支請給，修武郎以上及經任人止聽許指射，更不借支請給。其請給今後並於係省錢米内支撥，不得借支常平錢米。兼元
39 降指揮止許射荒田，即不得將已佃熟田一例指射。」從之。

〔一〕「陛下」前原有「此」字，據本書食貨六三之二〇四删。

〔二〕自此句「至湖外」至下文「十二月三日」條「及經」凡四百二十八字，原錯簡在下文紹興二十八年「五月十一日」條「揚州民」之後，據本書食貨六三之二〇四及此處天頭原批移正。

同日，權發遣兩浙路轉運副使趙子潚言：「被旨措置鎮江府沙田。乞選委官檢踏打量，取見的寔頃畝數目措置，各隨田地肥瘠高下輕立租課，就令見租火客耕種，專委知縣拘收樁管。如形勢之家尚敢占吝，不即交割，即具名聞奏，取旨施行。所有以前違法占種人户收過租課，合盡行追納入官。」詔依，内人户冒佃，積年收過租課特免追納，其田疾速拘收，措置施行。

二十八年正月二十二日，時上謂輔臣曰：「江淮沙田爲人冒占，所失官課至多。然議者謂拘收入官，固有目前之利，數年之後，恐更費力，不若令見占人且行管佃，淨認租課爲便。又沿江蘆場遺利亦不少，從來官司有失檢察，宜于行在差官同逐路漕臣措置施行。」于是詔差户部郎中莫濛同逐路漕臣檢踏，申尚書省取旨。

二月二十二日，詔：「已差莫濛同三路漕臣措置沙田、蘆場，止爲形勢之家詭名冒占，其第三等以下人户即不合一例根括。如内有元無契要及侵佔之數，合要逐州縣官取見著寔，候收成了日，運司别行差官打量，審覆施行。」

五月十一日，詔：「打量到沙田、蘆場，内淮東路人户檢尋契要未備，可令轉運司行下通、(太)〔泰〕、真、(楊)〔揚〕州民，限半年齎契要公據赴縣點對，開具保明申州，州申轉運司覆寔，具申尚書省，當與除豁。其租税且令 40 依舊額送納[一]，候覆寔畢，取旨立額。如限内不齎契要公據到官，不在除豁之數。」

十八日，詔：「淮東路沙田、蘆場已降指揮，立半年限照契覆寔，竊慮本路人户安業未久，可特與放免，並令依舊。」

六月二十六日，詔：「三路沙田、蘆場盡係官地，已降指揮打量，量立租課。内淮東路人户爲恐復業未久，已行放免。朝廷措置之意，本以寬民，浙西、江東民户亦宜一體優卹。其官户、形勢之家違法占田，頃畝過多者，即難以一概放免。可將三路官户自一千畝以下、民户自二千畝以下，並特與放免，餘並依元降指揮添納租課。内淮南路自來年秋料起催。」

九月二十四日，知鼎州周揆言：「諸軍揀罷離軍使臣許請佃官田，借支一年請受收買耕牛、農具，又招置客户等，已是優卹，自當以時耕種。如聞多將所請錢别作他用，恐失歲計，更致狼狽。」詔依，令户部行下諸路監司、守令勸諭約束，仍常切覺察。如日後更不耕種，即將元請佃官田拘收，并追索借過錢入官。其逃竄人立賞告捉，以所請過官錢計贓斷罪施行。

十月七日，直敷文閣、知臨安府張偁言：「江浙之間，耕植既廣，畎畝相連，高下不一，必積陂塘以備灌溉，導溝洫以防壅浸。此衆共之利，而豪勢之家侵奪占據，奄爲己有。欲望申飭州縣，凡有似此之類，官爲檢察，有防灌溉疏

[一] 且：原作「具」，據本書食貨六三之二〇六改。

導處，悉行禁約。」從之。

二十九年十一月二十三日，領御前諸軍都統制職事[一]、充利州西路安撫使、判興州吴璘，總領四川財賦軍馬錢糧許尹言：「階州高山不堪耕種田土增起租斛，欲乞除免，却將續拘收到係官空閑田土召人立租請佃，拘催租課入官，可以補填。」從之。

十二月二十六日，知潭州魏良臣言：「本州人户昨因兵火歸業，將本户產業供作荒田，今二十餘年，私下耕熟，不納官課。今措置，令十餘家結爲一甲，從寔供具已耕田畝，輸納二税，自紹興三十年爲始。所有日前隱匿熟田漏納苗税，並免追納。如所供不寔，即令諸色人告首，以所告田充賞外，仍每畝支賞錢五貫文，至一百貫文止，於犯人名下追理，仍追理遞年所隱苗税。如本户寔有荒田無力耕種，即曉示人户，令寔封投狀承買，給與價高之人。湖北、江西等路亦合依此。」于是户部言：「田產既係人户已業，緣非冒占官產，即無條法許行出賣。若依已降指揮遞增税賦，年限已滿，自合據本户寔管田畝起理税賦。乞將已耕田土，結甲從寔供具，起納二税。欲令本州立限百日，許人户自首；如限滿不首，或首不盡，許人陳告，依匿税法施行。」從之。

三十年二月二十七日，權知廬州、兼主管淮南西路安撫司公事劉綱言：「被旨與逐路帥、漕同共講究兩淮、荆襄，使無曠土以聞。近日淮西運判張祁遷民于近江和州、無爲軍，修補圩[41]岸，濬治港瀆，起蓋屋宇，置辦牛具，分田給種，使之就耕。見招募遊手之人，欲立地分，相繼開墾，若行之經久，必有成效。兼淮東運副魏安行所乞募民種田，修立賞格，與張祁措置事體相類[二]，亦與前後力田等及州縣召人請佃之法俱不相妨。欲望將魏安行等措置事理與見行召人請佃及力田等舊法通同參酌[三]，各從民欲施行。其本路州縣鄉村日後應有歸復本業及請佃田土之人[四]，每至歲終，即行根括，便于本地分總首團甲下收附姓名。」詔依。令同張祁參酌措置，季具勸誘增廣數目申尚書省。

二十八日，户部言：「欲乞下淮南、京西、荆湖北路轉運司，除土著逃亡歸業人户自合依條等第，年限放免税賦外，其請佃官荒閑田，如有逃亡于他處別行請佃之人，令本縣籍記姓名，只許一次歸業外，餘并依再逃亡不許歸業條法施行。如限滿，依前冒濫及通同作弊，立賞許人陳告，犯人重行斷遣，仍將免過税租並行追理入官。」詔令逐路帥、漕司曉諭。

三月四日，權發遣淮南路計度轉運副使魏安行言：「被旨招誘人户開耕淮東係官閑田。緣令來勸耕之初，荒

[一] 諸：原脱，據本書食貨六三之二〇七補。
[二] 張祁：原作「現行」，據本書食貨六三之二〇八改。
[三] 望將魏安行等：原作「從民欲施行其」，據本書食貨六三之二〇八改。
[四] 及：原作「者」，據本書食貨六三之二〇八改。

田數目浩瀚，欲依鄉原體例創開水陸田，每縣支撥一萬貫文。本路七州軍二十縣，欲望將本路合起發上供、經總制等錢内應副。」詔於淮東茶鹽司樁管錢内支撥一十萬應副。

十二月二十二日，上謂輔臣曰：「朕比屢諭卿等，屯田事須是先立規摹〔一〕，如一夫合受田多少，以諸路括到荒閑田充佃〔二〕，耕牛若干，于何地招置中賣〔三〕，下至農具、糧種、廬舍之類，當令悉有條理。規摹既定，方可行下。茲大事也，經始勿亟〔四〕，庶毋後來更改之弊。不可以一夫獻言，便遽行出〔五〕，要當博采物議。作事謀始，尤宜審詳。」陳康伯奏曰：「臣等當遵聖訓，候諸路申到頃畝數目，别條具奏陳。」上曰：「甚善。」

三十一年正月五日，臣寮言：「軍中揀汰使臣、軍員，最爲冗濫，州軍應副請給，動以萬計，若歸吏部等待闕次〔六〕，亦是人衆。今欲行下諸州，契勘本處揀汰使臣、軍員各若干人數，計請給若干，將本州賣不盡應干官田約計請給多寡，撥田畝付逐人爲業，許指射，養之終身，更不支破請給，亦不更注授差遣。如本人身故，許子孫接續承佃，並依人户承佃條法。」詔令兵部同共措置，條具以聞。其後户部言：「添差揀汰使臣并校副尉、下班祗應養老軍員〔七〕，今欲遍下諸州軍，許指射官田。仍委守倅取見賣不盡應干没官田産，從輕估價，衮同標撥，以一年衣糧、請給紐計價數，合得頃畝，給付爲業。若後來本人身故，給與子孫承佃。逐路專委漕臣一員催促標撥置籍〔八〕，限今年歲終須管標撥盡絶。仍開具已標撥過職位、姓名、田畝闕報常平司，依常平法借貸種糧、牛具。或有州軍員多田少去處，即行開具以42聞。其逐州軍所撥田土，須管將鄉村比近田段品格、肥濃、瘠連〔九〕、高下，以《千字文》爲號，每一百畝作一號，鼠尾排定注籍訖，從上撥與先到州軍公參籍定之人。如合給田三十畝已上，即行拆號標撥五十畝；如合給七十畝已上，令撥一百畝。若標撥給田，便行住罷請給，竊慮因而失所，今欲令諸路（軍州）〔州軍〕且行按月支破請給，候所給田土耕種收成子利及一年住支。所借種糧，候及三年，隨料帶納。淮南、京西、湖北等路及後來添差揀汰使臣，亦合依此。如（軍州）〔州軍〕内有率先標撥了當去處，仰本路轉運司保明推賞；若一路首先標撥，其轉運司亦當推賞。或有未便未盡事節，即從本州軍申漕司，條具申請施行。今欲下兩浙、江東西、福建、廣東西、湖南北、京西、淮

〔一〕屯田事：原無，據《建炎要録》卷一八七補。
〔二〕充：原作「元」，據《建炎要録》卷一八七改。
〔三〕以上三句，《建炎要録》卷一八七作：「以（已）括到荒閑田充佃，耕牛取於何地。」
〔四〕「始」字上原有「使」字，據《建炎要録》卷一八七、本書食貨六三之二〇九删。
〔五〕遽：原作「據」，據本書食貨六三之二〇九改。
〔六〕待：原作「侍」，據本書食貨六三之二一〇改。
〔七〕應：原作「令」，據本書食貨六三之二一〇改。
〔八〕置：原作「至」，據本書食貨六三之二一〇改。
〔九〕連：疑當作「薄」。

南東西路轉運、提刑、提舉常平司并逐路州軍，依今來措置到事理施行〔一〕。」詔令中書門下後省官同臺諫詳議聞奏。給事中黄祖舜、中書舍人虞允文、殿中侍御史杜莘老、右司諫梁仲敏議曰：「諸郡常入之賦歲有定名，諸軍揀汰之兵歲有增數。以定名之賦，給增數之兵，歲月益深，財力日以屈，而兵之仰食者，有時而不贍矣。若如議者所揀〔二〕，紐其衣糧，請給，計其價而給之田，所贍養者不過數十人，其坐而仰衣糧者尚千餘人也，不獨事體不一，勞逸又不均。謂宜下有司，將具不盡係官田、户絶及寺觀無主田并僧道違法田盡行拘收，又將日後没官田歲行抄籍，以待兵田之數相當而後施行，可無不足不均之患。」詔令吏、兵部長貳參酌給舍、臺諫所議事理，重别措置，條具以聞。

三十二年二月二十二日，臣寮言：「乞下寬大之詔，立時月之期，俾民間見耕之田有出於元請之數者，皆得自參酌以與之。其積年之租一切蠲免，止候其陳訴之田，定輸賦之額。非獨小民免侵奪之患，彼豪强姦肆者所侵耕之田亦不敢欺〔三〕。」詔令户部看詳。其後户部言：「今看詳，湖北、荆湖南、京西運司行下所部州縣，將人户請佃包占隱匿過田畝，依湖北已得指揮，立限一季，許行自陳，與免追理積年租税及免斷罪。如限滿不首，許人陳告，官與檢量，將包占數給與告人充賞，仍追積年租税斷罪。所有今來湖北路人户已是限滿，切慮其間有未曾陳首之人，并下湖北路轉運司，再立限一季，依已降指揮陳首施行。」從之。

孝宗隆興二年十二月十六日，德音：「楚、滁、濠、廬、光州，盱眙、光化軍管内并(楊)〔揚〕、成、西和州，襄陽、德安府，信陽、高郵軍，勘會歸業人户内有貧乏之人，闕少牛具、種糧，恐妨農務。可令監司、帥臣同常平司量度借貸，免納租課，(後)〔候〕及三年，分作兩料帶納，不得格息。」

乾道元年正月二十一日，詔：「兩淮民户並已復業，宜先勸課農桑，若不稍優其賞，竊慮無緣就緒。應縣令、丞於本縣界 43 内種桑及三萬株，承務郎以上減磨勘二年，承直郎以下循一資；六萬株，承務郎以上減磨勘四年，承直郎以下循兩資，並與占射。守、倅勸課部内植二十萬株以上，轉一官。種及一年，許民户租佃，五年後量立租課，不得科擾。應守、倅、令、丞賞格，任滿，本路轉運司覈寔聞奏。」既而三省言：「已降指揮，兩淮民户，令監司、帥臣督責守、倅、令、丞勸課農桑〔四〕，竊慮民户恐輸納租課，未肯用心種植，有失課農之意。」詔：「令兩淮監司、帥、守遵依已降指揮，督責守、倅、令、丞多方勸諭民户，廣行種植，依已定年限免納租税。如栽種及格，即保明推賞施行。」上宣諭宰執曰：「嘗降指揮，令淮南栽植桑柘，並不曾奏來。」洪适等

〔一〕令：原作「令」，據本書食貨六三之二一一改。
〔二〕諫：疑當作「陳」。
〔三〕「豪」原作「毫」，「姦」字原脱，「耕」原作「漸」，據本書食貨六三之二一一改補。
〔四〕勸課：原作「課勸」，據本書食貨六三之二一二乙。

曰：「近有臣寮言，淮南州縣税桑果木，已嘗行下約束，容檢一宗文字進呈。」上曰：「正要勸令栽桑，何得更税也？」于是樞密院差使臣二員分往兩淮安撫司，守等取索州縣已栽植過的寔數目申尚書省。其後會到諸州已栽種過桑株數目。上曰：「亦可見得的寔否？」洪适奏曰：「州縣既知陛下留意，聞皆使人于浙西買桑栽去。」上曰：「更數年後，須成次第。可劄下兩淮，更多爲栽種。」

二月十七日，忠州團練使、知濠州劉光時言：「濠州復業之民皆無牛耕，若或失時，秋亦無望。乞支撥錢五萬貫貼借民户，收買耕牛、種子，庶幾趁時營種，不致失所。」詔令淮西總領所支錢二萬貫，專充收買耕牛。

七月十九日，臣寮言：「浙西、江東、淮東路沙田、蘆場，多係官户、形勢之家請買租佃，未立税額。今朝廷軍食用廣，每歲和糴，乞將官民請買到沙田圍埕成田，見今布種，比附平田及蘆場頃畝，並令立税。其經官請佃之數覈寔頃畝，別行立租。如不願租佃者，所屬拘收，申取朝廷指揮。」詔差高州刺史、幹辦皇城司梁俊彦與楊倓、張津同共措置。

九月三十日，措置浙西江東淮東路官田所條具〔一〕：「諸州縣沙田、蘆場有見行法起理租税，止緣官户侵耕冒佃，見占頃畝，致失常賦，及租佃人户計囑州縣從輕立租。昨雖紹興二十八年委官措置，緣督責嚴速，開具不寔，所立租數不照鄉原體例一等施行，詞訟不已，致有衝改。今來除已立式行下州縣，開具四至，取赤契、砧基照驗，如已經經界，立定二税，即依舊拘催。內沙田若圍埕成田，已經成熟，即依平田立税。其官、民户有侵占寬剩頃畝〔二〕，及有經官請佃之數，並合取見詣寔，照色額、肥瘠，比見立税上添立租課。仍許見占田人限一月自首，如限滿不首，許諸色人陳告取賞，將所告之數全給告人承佃。」户（郎）〔部〕契勘：「官、民户侵占、請佃、添租事，合照前項已降指揮起理施行，餘依所乞。」本所又言：「人户請買田産，內有寬剩畝角及冒占田段，如違限不首，即合委官抽摘户數打量覈寔。」户部契勘：「人户寬剩 44 冒占田段不首，如無陳告，即將犯人追賞，及拘田入官。」本所又言：「州縣官吏若有不擾，率先辦集，保明乞賜優賞。如奉行不虔，或稽滯騷擾，及容情蓋庇，具名申朝廷，人吏重行斷配。」户部契勘，欲依所乞。本所又言：「官、民户請佃沙田、蘆場，別立租。如不願租佃，即行拘收，或作官莊，或召人請佃，隨宜處置。所立租額，未審自何年分爲始？」户部契勘：「人户請佃拘收入官之田，召人租佃者，其租税合於來年秋起理〔三〕。」本所又言：「沙田見令起催小麥、禾、絲，沙地起催豆、麥、絲、麻，蘆場起催柴、茭、見錢。若以逐色立額，竊慮州縣折變

〔一〕淮：原作「江」，據本書食貨六三之二一三改。
〔二〕頃：原無，據本書食貨六三之二一四補。
〔三〕起理：原作「理起」，據本書食貨六三之二一四乙。

錢米，因而爲姦，致失時賦，乞將昨來立定租數，沙田上並起米斛，或折科馬料稻子，聽朝廷指揮〔一〕。沙地並納大麥，蘆場並紐折見錢，庶幾免折變之弊。」（本）〔户〕部契勘：「欲依，内折科馬料稻子，人户願輸者，聽從便。」本所又言：「候措置定，許申取朝廷指揮分管，或通委本路轉運司。」户部契勘：「見措置係浙西、江東、淮東三路沙田、蘆場，今欲淮東、浙西委趙公稱，江東委楊倓，同逐路轉運主管，内梁俊彦通行措置。」本所又言：「紹興二十八年指揮，官户一千畝、民户二千畝以下，並特放免立租；今降指揮却作官户二千畝、民户一千畝以下依等拘税。前後參照，差互不同。兼已秋成，難從今歲起理，乞與其餘沙田、蘆場立定租數目一就起催施行。」户部契勘：「今來官、民户請買請佃沙田、蘆場，並合照今降指揮，不限田畝多寡起立租税。所有起理租數，合依本部今來第四項勘當施行。」從之。

二十四日〔二〕，臣僚言：「已降指揮：應占佃沙田、蘆場，並立租税。乞將昨來已立租税，及官户二千畝、民户千畝以下，亦等第均立税額。其已立額，候秋成，依見額拘催，餘俟覈實，與編氓均輸。」從之。

五年七月二十八日，户部尚書曾懷等言：「浙西、江東、淮東三路有沙田、蘆場、草場等，多係有力之家占佃，包裹寬餘畝步，未曾起納租税，累經打量，各有寬剩。乞委逐路漕臣措置，將昨來人户自供出數參照比近等則估紐價直，令占佃人承買，仍照逐等色額起理税賦。」詔户部將昨來人户自供出寬剩并包裹及占佃實數聞奏。

九月十四日，户部侍郎楊倓言：「江南東路州縣有常平、轉運司圩田，見今人户出納租税佃種。遇有退佃，往往私倣民田，擅立價例，用錢交兑。取會到建康、寧國府、太平、池州所管圩田共七十九萬餘畝，皆係耕種成熟。乞下江南東路提舉常平司選官躬詣地頭，照鄰比田則估價，召人實封投狀，增錢承買。限滿拆封，以最高錢數問見佃人，與減二分價承買；若不願，即給價高人爲業。除納税依舊外，其見納租者，並以三分爲率，與減一分，仍不作等第差役及諸般科配。」詔圩田更不出賣，令建康〔三〕、寧國府、太平、池州，將每歲收到圩田租苗米並起發 45 赴總領所大軍倉送納，充支遣大軍糧米。其餘故也〔四〕。

六年二月一日，詔：「浙西、江東、淮東諸處沙田、蘆場二百八十餘萬畝，除人户已請佃及包占外，其餘並行估價出賣。所有已請佃及包占數目，可立定等則，增立租課。」

八日，臣寮言：「浙西、江東、淮東路諸處沙田、蘆場多係有力之家請佃，及有包占寬剩畝步。昨來措置括責〔五〕，據人户自供到二百八十餘萬畝。其間請佃或已充己業之

〔一〕此注原作大字，據本書食貨六三之二一四改爲小字。
〔二〕二十四日：本書食貨六三之二一五複文同，然與上條日分失次，疑有誤。
〔三〕令：原作「今」，據本書食貨六三之二一六改。
〔四〕此句疑有脱誤。
〔五〕括：原作「栝」，據本書食貨六三之二一六改。

數，雖有稅課，并各多寡不一。及包占寬剩數目，未曾起理租課。」詔令蔡洸同梁俊彥專一于行在置司措置，申尚書省。俊彥等言：「今來所立租稅，自六年爲始，依秋料省限送納。其人户自行供到寬剩數目，亦合依本所已立租佃例輸納。其立定沙田、蘆塲就租外，與並免納二稅、和買、役錢之類。人户日前曾有立定所租田地，比今來等第已高者，合依舊數送納；其舊額低于新立者，租稅即合依新立。乞行下諸縣，照所供帳式，限一月紐計逐户合納稅租之數，類聚置籍供申。如尚有未實，及有未到數，并有陞改、新漲復沙田地，並限一月陳首；如限滿不首，許諸色人陳告追賞，將所告田地並給告人承佃。其所納米斛，如願納稻子，以稻子二石折米一石；如願折錢，以米一㪷折錢三百，小麥每斗折錢一百五十。今來租稅，係將田地所得花利紐立，不許于租佃人户內抑勒均輸。應有坍走田地，從實申官，依條減落租稅。如有新漲復沙地、新生沙田，許人户據實畝步請佃，並與免十料；限滿，依已立租稅等則紐就輸官。所有合納租稅，許令就便于本州縣送納，其受納官司不得增收加耗。如將來諸司申乞除豁舊稅，合取赤曆照實收數，及分撥納去處除豁，仍先于籍內立項開說，供申本所。」並從之。

閏五月二十五日，中書門下省言：「江東諸州圩田，近因雨水衝損圩岸，若候修築〔一〕，動經歲月，圩上人户既無田可耕，竊慮失所。其淮西未耕墾田甚多，見行召募人户請佃，理宜措置。」詔令張松多方勸諭，如有願往淮西耕田之人，津發前去。候到，令呂企中標撥田段，借給種糧及屋宇、牛具。

七月五日，司農少卿張津等言：「被旨專一措置浙西、江東、淮東路諸處沙田、蘆塲，立定租稅，今已就緒。昨來措置租稅，並將乾道元年、二年人户自供户式帳狀內田地畝步、所收花利立定等則分數，并舊稅州縣紐計數目，共管租錢六十萬七千七十餘貫，日後無可改易。乞依催科月分省限，委官照數拘催，起發赴左藏南庫交納。」詔：租錢令梁俊彥拘催一年。

七年二月四日，詔令知揚州晁公武、知廬州趙善俊行下所部州軍〔二〕，子細契勘所種二麥，具實數申尚書省。於是晁公武具到真、（楊）〔揚〕、通、泰、楚、滁州、高郵、盱眙軍人户所種麥田，除先種二46千五百八十七頃一十八畝外，續勸諭增種二百九十六頃五十畝有奇；趙善俊具到廬、和、濠、舒州、無爲、安豐軍乾道五年、六年所種二麥田畝數目。詔淮東路差太府寺主簿趙思、淮西差軍器監主簿張權覈實。未幾，張權覈實到淮西麥田數。虞允文奏曰：「張權言定遠、鍾離兩縣于元數外增種過二百七十頃，則淮西所種必廣矣。」梁克家奏曰：「廬州荒田不少，今歲所收，尚

〔一〕修：原作「條」，據本書食貨六三之一一七改。
〔二〕部：原作「步」，據本書食貨六三之一一八改。

有四萬餘斛，他可知矣。」上曰：「然。」其後，趙思又覈實到淮東二麥。上問曰：「比晁公武數增虧如何？」允文等奏曰：「其數同。」上曰：「守令當定殿最，以行賞罰。」允文等曰：「趙思正論此事，謂兩淮多已耕未籍之田，州縣取其已耕者號爲增種，其實未嘗勸課。不如先括見今荒田頃畝，然後責令勸耕，他日用此，以詔賞罰，乃得其實。」上曰：「此説甚有理。」上又曰：「前日遣官覈實，欲定守臣殿最，以行賞罰耳。恐淮人不知，將謂增立賦税，可併劄下張權、趙思曉諭百姓，令人人曉朕此意。」

十四日〔一〕，册皇太子赦：「江東圩田去年被水衝決去處，官圩已令修築外，民間私圩已降指揮以田畝十分爲率，借種一分。尚慮興工，所借分數不足，仰提舉官、逐州守令量增分數，一面及時增修，具已增分數，限半月具實數並申尚書省。沙田、蘆場昨降指揮，令見佃人依户式親行書押管認頃畝花利，起立租税。竊慮官吏奉行滅裂，誤將祖産一例作佃産分數立租，致興詞訴。仰實係祖産之人，降指揮令見佃人依簿赴官陳理〔二〕，當議覈實改正。」

十月五日，詔：「江東西、湖南北帥、漕臣日下措置，官爲借種，責守令勸諭招誘大姓假貸農民，與依賑糶賑濟賞格推恩，(赴)〔趁〕時廣行種麥。仍開具已種頃畝數目申尚書省，當議取旨，殿最賞罰。」先是，宰執進呈臣僚言：「今歲江西、湖南諸州郡例皆旱傷〔三〕，且去秋未遠，宜令逐路守令因而勸種二麥。」上曰：「冬月得雨，便可種麥，不知江西、湖南人冬得雨否？」虞允文奏曰：「臣僚所言，正欲趁冬種麥，以爲來春接濟之計。」上曰：「甚好。今去秋成，日月尚遠，不爾，民何以爲食？可劄下兩路帥、漕，廣行勸諭，借貸種糧，令民布種。」故降是詔。

八年三月三日，權知安豐軍張士元言：「本軍責屬縣令佐勸諭人户栽種桑柘，緣一歲之內，止自十一月至二月可以栽種，乞下兩淮州軍，遇可栽種，責令佐多方勸諭，具實數供申。」從之。

七月七日，臣僚言：「淮南、江東、浙西沿江沙田、蘆場所立新租，大爲民害。向來臣僚起請，止爲有力之家侵耕冒佃，今却將應干人户租産已業一概打量〔四〕，所立新租數倍舊日，往往盡地利所得，不足輸官，逃移紛紛，禍及鄰保，甚則州縣爲之(陪)〔賠〕納。乞將提領官田司後來所立新租參酌施行。」詔：「人户已業、蘆場、草地所納税租與減五釐，租 47 佃與減一分，餘並依舊。仍將提領官田所住罷，併歸户部掌管。」

八月二日，知安豐軍高夔言：「近有歸正人陳乞標撥

〔一〕十四日：據《宋史》卷三四《孝宗紀》二，册立皇太子赦在二月八日癸丑，疑此誤。
〔二〕降指揮令見佃人依簿赴官陳理：本書食貨六三之二一九作「齎契書及經界砧基簿赴官陳理」，義長。
〔三〕旱：原作「早」，據本書食貨六三之二一九改。
〔四〕租産：似當作「祖産」。

田土，及稱已請到田土，而無牛具耕墾，乞借支官錢。今欲將未有營生之人，每户給田五十畝，牛一頭，犂杷牛具之屬。其已請田之人無牛具者，一例給之。乞降錢、會二萬貫措置。」從之。

九月六日，中書門下言：「江西、湖南去歲旱傷，人户多無儲積，以致流移。」詔令逐路監司、守臣勸諭人户廣種二麥，以備水旱。

九年六月二十八日，詔曰：「朕惟天下之本，在乎務農，故自即位以來，罷游畋，却貢獻，蠲不急之費，省無名之賦，凡山林川澤之禁，悉弛以便民，庶幾富而教之，躋二帝三王之盛。而志勤効淺，十有二年于兹。度地非益廣，而耕者不足于力；度民非益蕃，而貧者不足于食。間遇水旱，散財發粟，而猶以病告。豈吏之不良，政之不平，奪吾民時歟？抑從事于末者衆，而游手仰給者多歟〔一〕？朕聞昔之爲詩者曰：『饁彼南畝，田畯至喜。』又曰：『星言夙駕，説于桑田。』其勸相成就之如此〔二〕。今吾詔書數下，勸民種藝，而功未興，當有任其責者。比覽舊章，守令、監司寔勸農之官，歲終稽其勤惰來上而賞罰之。今諸道或城連十數，而縣又數倍，曠歲無有以一人應令者，是吏奉詔不虔，而勸民不至也，將何以助朕修耕織之政，而豐衣食之原乎！繼自今，其悉乃心，共乃服，出入阡陌，勸課農桑，視吾新書從事，以殖財阜民，則賞不汝遺；厥或怠惰自如，邦有常刑，必罰無赦。播告中外，諭朕意焉。」繼有旨，令諸路監司、郡守恪意遵行，限次年正月終，各保奏以聞，毋致違戾。

九月十日，知紹興府錢端禮言：「浙東州縣旱傷至廣，朝廷倚閣殘零税賦，差官檢放，及借本勸諭種麥，非不嚴備。今官中欠負既已寬卹，其出債之家，比之豐年收索愈急，雖欲趁時布種二麥，往往不能安業。乞將浙東旱傷州縣下三等人户所欠私債並與倚閣，候來春歲豐熟，依元約理還。」從之。

十二日，錢端禮言：「奉御筆，令臣督責守令多方勸誘，廣種二麥。見今屬縣縣官躬行阡陌，分行勸誘。其間有高仰可種麥田空閑未種處，委是無力。欲以官中收糴種子，量酌借貸，候至來年成熟，催理還官。其諸縣、諸鄉富貴之家，有質當過二麥種子，恐闕錢取贖，乞從本州行下州縣，並令貸借，及時布種，候二麥收成，依鄉原例交還本錢。」從之〔三〕。（以上《永樂大典》卷一七五三八）〔四〕

---

〔一〕手：原作「乎」，據本書食貨六三之二二〇改。
〔二〕相：本書食貨六三之二二〇作「戒」。
〔三〕原稿此句下有批語云：「此下有《續會要》十條，應補抄。」按此所云「《續會要》十條」，見本書食貨六三之二二一。
〔四〕《大典》卷次原缺，按本門正文之前原稿批有「食貨二十三」，此乃《大典》之標目。查《永樂大典目録》，「食貨二十三」在《大典》卷一七五三八，據補。

# 宋會要輯稿　食貨二

## 營田雜録〔一〕　一

【宋會要】

**1** 凡諸路，惟襄、定、唐三州有營田使或營田事，通判亦同領其事。而河北轉運使兼西路招置營田使，河東轉運使兼東路招置營田使。

太宗端拱二年二月一日，以左諫議大夫陳恕爲河北東路招置營田使，鹽鐵判官、膳部郎中魏羽爲副使；右諫議大夫樊知古爲河北西路招置營田使，鹽鐵判官、駕部員外郎索湘爲副使。欲大興營田也。

十二日，詔曰：「農爲邦本，食乃民天。遐觀載籍之格言，此實帝王之急務。將令敦本，無出勸農。且思河朔之間，富有膏腴之地，法其井賦，令作方田。三農必致於豐穰，萬世可知於利濟。今遣陳恕、樊知古等〔二〕、河東轉運使臧丙〔三〕、副使孔憲充逐路招置營田使副〔四〕，往彼興功。眷惟黎庶，各有耕桑，聞茲創置之言，諒積歡呼之意。」先是，雍熙三年岐溝關君子館敗衄之後，河朔之地農桑失業者衆，屯戍兵又倍於往日〔五〕，故遣恕等爲方田，積粟以實邊〔六〕。

至道二年七月，太常博士、直史館陳靖上言，願募民墾田，官給耕具、種糧，五年外輸租税。帝覽之，喜，謂宰臣曰：「前後上書言農田利害者多矣，或知其末而暗其本，有其説而無其用，陳靖此奏甚詣理，可舉而行之。」因召對獎諭〔七〕，賜食而遣之。呂端奏曰：「望令三司詳議其可否。」從之。時皇甫選等相度宿、亳、陳、蔡、鄧、許、潁等七州荒田〔八〕，共二十餘萬頃，及靖建議興置京東、西諸州荒田，招（召）人户耕種，選等乃上言：「請將所相度到七州荒田付靖一處興置，臣等乞别賜差遣。」從之。

真宗咸平二年四月二十四日，以左正言耿望爲右司諫、直史館、京西轉運使，與副使朱台符並兼本路制置營田

---

〔一〕此題原標於「宋會要」之下，其前又有標題作「營田莊田附」，且注云：「案，此門内亦間言莊田，因附之，不另立門。」按，此乃劉富曾等人所批（嘉業堂本即照此批編纂），今不取，仍以《大典》原題標目。

〔二〕等：《宋大詔令集》卷一八二作「鹽鐵判官魏羽、索湘」。

〔三〕臧：原作「藏」，據《宋史》卷二七六《臧丙傳》改。

〔四〕使副：原作「副使」，據《宋大詔令集》卷一八二乙。

〔五〕倍：原作「陪」，據《玉海》卷一七七改。

〔六〕天頭原批：「脱小注並《通考》一條。」按所説内容見本書食貨六三之六七。又按，自此以下諸卷多有類似批語，實則其所謂「脱」，並非真脱，而是本書食貨六三有，此處無。類書中不同門類引録相同之書有詳有略，本無所謂脱不脱；何況食貨六三中多出之條目及注文乃《永樂大典》據他書所添，本非《會要》之文，更不得謂之「脱」。參見食貨六三校記。

〔七〕「召」字下原衍「請」字，據《長編》卷四〇删。

〔八〕潁：原作「隸」，然宋代無隸州。按所言諸州皆在今河南、安徽相鄰之地，以地理及字形觀之，應是「潁」之誤。蓋「潁」訛爲「穎」，又訛爲「隸」。因改。

事〔一〕。

五年正月，順安軍兵2馬都監馬濟建議，自静戎軍東擁鮑河開渠入順安、威虜二軍，置水陸營田於其側。詔可其請，差内侍副都知閻承翰往彼勾當興置，仍令冀州總管石普護其役，踰年而畢。

三月三日，京西轉運使張選言〔二〕：「廢襄州蠻河營田務，已召民請佃，量出租調，公私使之。」此務前轉運使耿望奏置，於荆湖市牛，聚兵耕作。所得稻利，不償其費，復遣部民舂變，甚有勞擾。至是，選奏罷之。

六年九月十三日，莫州總管石普等言，(淮)〔准〕詔浚静戎、順安軍界營田河道畢功〔三〕。詔奬普等，賜將士緡帛有差。

景德元年四月六日，遣閤門祗候郭盛等乘傳詣静戎、順安軍按視河渠，與長吏等同經度以聞。先是，周懷正齎《順安静戎軍營田河道圖》進呈，帝參驗前後所奏異同，自順安軍築堰聚水至静戎軍，而静戎地勢高阜，慮勞而無功。知静戎軍王能又言：「此河之北有古河道，自静戎至順安軍通流，歲或雨水，亦通舟檝，可以經度開導。」故遣盛往視之。

二年，詔：「緣邊州軍有屯田處，長吏並兼制置營田屯田事，舊兼使者如故〔四〕。」

仁宗天聖四年九月，詔：「廢襄、唐二州營田務，令召無田産人户請射，充爲永業，每頃輸税五分。諸州所差耕兵〔五〕、牛畜並放還本處，廨宇、營房、囷倉悉毁拆入官。其請佃之人願要者，即估價給之。」先是，二州營田皆無税荒地，襄州凡四百八頃餘八十畝，唐州百七十頃。自咸平二年轉運使耿望奏置，每歲於屬縣差借人户、牛具，至夏，又差耨耘人夫六百人，秋又差刈(獲)〔穫〕人夫千五百人，歲獲利倍多。及望解職，轉運使張選改其法，召水户四十一户分種出課。未幾，水户許免其役，遂罷之。景德二年，轉運使許逖復奏興是務〔六〕，而所獲課利甚薄。至是，轉運使言其非便，詔屯田員外郎劉漢傑與本路轉運使、二州知州、通判同共規度。漢傑上言：「比較襄州務自興置已來至天聖三年，所得課利，都計三十三萬五千九百六石九㪷二升，依每年市價，紐計錢九萬二千三百六十五貫。將每年所支監官、耕兵、軍員請受及死損官牛、諸色費用凡十三萬三千七百四貫十三文，計侵用官錢四萬一千三百四十二貫四十六文。唐州務自興置至天聖三年，所得課利計六萬四千九百三十一石四斗六升，依每年市價，紐計錢共二萬五千九百

〔一〕與副使：原無，天頭原批：「此條上下有脱文。」據《長編》卷四四補。
〔二〕張選：《長編》卷五一、《宋史》卷一七六《食貨志》上四等作「張巽」。
〔三〕順安軍界：《長編》卷五五無「界」字。
〔四〕舊兼：原倒，據《宋史》卷一七六《食貨志》上四乙。
〔五〕差：原作「産」，據《長編》卷一〇四改。
〔六〕許逖：原作「許遜」，據《長編》卷一〇四、《歐陽文忠公集》卷三八《許公行狀》改。

六十八貫五百三十四文〔一〕。將每年所支本務軍員、監官請受及死損官牛、諸色費用，計侵用官錢萬四千三百六十八貫一百一十四文。故有是詔。

寶元二年九月，詔河北轉運使自今並兼都大制置營田屯田事。

慶曆元年十月十八日，詔陝西轉運司，令空閑地置營田務，（侯）〔候〕見次第，當議酬奬。

是月，詔：「陝西用兵以來，本路所入稅賦及内庫所出並留兩川上供金帛〔二〕，不可勝計，而猶軍 3 儲未備。宜令逐路都總管司經置營田，以助邊計〔三〕。」

二年正月十四日，詔以同州沙苑監放牧田爲營田。

五年二月，詔并代路經畧司，其岢嵐軍、火山軍禁地有閑田在邊壕十里外者〔四〕，欲請佃，聽之。

十二月，詔陝西西路總管及轉運並兼營田使，轉運判官兼管營田事。

神宗熙寧三年六月七日，知秦州李師中言：「王韶申：『欲於甘谷城等處未招到弓箭手空閑地一千五百頃，乞差官，從三五頃至一二十頃以上，逐段標立界至，委無侵犯蕃、漢地土，然後欲憑出牓，依奉朝旨召人耕種。』緣本司先準中書省劄子，王韶募人耕種，止摽撥荒閑地，不得侵擾蕃部。今韶廼欲指占極邊見招置弓箭手地，有違詔旨，臣恐自此秦州益多事，所得不補所失。蓋韶初獻議，而朝廷即依所奏，初未嘗令臣相度，欲乞再委轉運司一員重行審定。」詔遣權開封府判官王克臣、内侍省押班李若愚按實以聞。

七月十一日，詔提舉秦州西路蕃部及市易司王韶，具析本所欲耕地千頃所在以聞。先是，韶召對言邊事，以爲自成紀縣至渭源城荒土不耕者，何啻萬頃，可撥千頃治之，至是許之，故有是命。

十月二十二日，詔前知秦州〔五〕、尚書右司郎中、天章閣待制李師中落天章閣待制，降授度支郎中、知舒州；秦鳳路都鈐轄、皇城使、帶御器械向寶落帶御器械，爲本路鈐轄；秘書省著作佐郎王韶降授保平軍節度推官，依舊提舉秦州西路蕃部及市易司。初，遣王克臣、李若愚按師中及韶所論市易利害及閑田頃畝，克臣等奏與師中叶〔六〕。而朝廷疑其不然，復下沈起，起奏：「韶所説荒地，不見的實

---

〔一〕按，以上唐州數字疑有誤。據上文襄州數字計，每石米均價約合二百七十五文；而按唐州數字計，每石米均價約合四百文，相差太遠。疑唐州課利「六萬四千」爲「九萬四千」之誤，以此計，米每石約合二百七十四文，方與襄州相近。

〔二〕入：原作「欠」，據《長編》卷一三四、本書食貨六三之七二改。並：原脱，據《長編》卷一三四補。

〔三〕天頭原批：「脱章如愚《山堂考索》一條。」按，見本書食貨六三之七二。

〔四〕閑：原作「間」，據本書食貨六三之七三改。

〔五〕秦州：原作「泰州」，據上文及《長編》卷二一六改。

〔六〕「叶」上原有「不」字，據《長編》卷二一六、《宋史》卷一七六《食貨志》上四刪。

處〔一〕，雖實有之，然今來未可檢踏召人耕種〔二〕，恐西蕃諸族見如此興置，以爲是朝廷招安首領，各授以官職、料錢後〔三〕，今獻納地土，人情驚疑，則於招安之計，大有所害。欲乞權罷墾田之議，俟招安諸蕃各已信服，人情通順，然後爲之未晚。」於是侍御史知雜事謝景温言：「近聞起體量甘谷城弓箭手地稍多，乞候邊事稍寧日根括施行。緣韶元奏，自渭源城至成紀縣沿河良田不耕者萬頃，乞擇青腴者千頃，歲取三十萬石濟邊儲。今甘谷城去渭水遠，非韶昔日所指之處〔四〕，乃以此爲名，避當日欺妄之罪。昨克臣、若愚嘗奏無此閑田，竇舜卿亦稱但打量得田一頃四十三畝，與起所奏，各有異同。而起亦徇韶之情，妄以他田爲解，附下罔上。乞降韶元狀，遣推直官一人往體量，就推劾，如有矯僞，重行譴責。」御史薛昌朝亦言：「韶妄進狂謀，邀功生事。今起體量，多與克臣等不同，兼起妄指甘谷城地附會韶言。乞以韶、師中前後所上文字及克臣、起等節次體量事狀，付有司推劾，各正其罪。」時中書謂起未嘗指甘谷城地通作韶所言地之數，而師中、竇前在秦州，稽留
4 朝旨，奏報反覆。竇與韶更相論奏，各有曲直。韶又以妄指閑田，特有是責。其後知秦州韓縝按視，乃言實有古渭寨弓箭手未請空地四千餘頃，乃復韶官如故。

五年四月十日，權發遣延州趙卨乞差通判范子儀及機宜官魏璋、左文通等根括閑田〔五〕，及提舉招置弓箭手，從之。先是，卨管勾本路機宜文字，上《營田議》曰：「昔趙充國興屯田以破先零，唐宰相婁師德嘗爲檢校營田使，而河西、隴右三百六十屯〔六〕，歲入六十餘萬石。今陝西雖有曠土，而未嘗耕墾。朝廷屯戍不可撤〔七〕，而遠方有輸納之勤。願以閑田募民耕種，以紓西顧之憂。」詔以其事下經畧安撫使郭逵，逵言：「今懷寧寨新得地百里，已募漢、蕃户使爲弓箭手，實無閑田以募耕者。」故至是卨復乞根括焉〔八〕。

七年三月二十五日，〔知〕熙州王韶言：「乞以河州作過蕃部近城川地招漢弓箭手外〔九〕，其山坡地招蕃兵弓箭手〔一〇〕，每寨五指揮〔一一〕，以二百五十八人爲額〔一二〕。每人給地一頃，蕃官兩頃，大蕃官三頃。仍召募漢人弓箭手等充甲頭，候招及人數，補節級、人員，與蕃官同管勾。自來

〔一〕見：原作「是」，據《長編》卷二二六改。
〔二〕未：原無，據《長編》卷二二六補。
〔三〕料：原作「科」，據《長編》卷二二六、本書食貨六三之七五改。
〔四〕非：原作「韶」，據《長編》卷二二六改。
〔五〕括：原作「栝」，據本書食貨六三之七五改。
〔六〕隴：原作「壠」，據本書食貨六三之七六改。
〔七〕撤：原作「撤」，據本書食貨六三之七六改。
〔八〕括：原作「栝」，據本書食貨六三之七六改。
〔九〕州：原脱，據本書食貨六三之七六補。漢：原脱，據《長編》卷二五一補。
〔一〇〕山：原作「出」，據《長編》卷二五一改。又「蕃兵弓箭手」原作「蕃弓箭兵手」，據本書食貨六三之七六乙。
〔一一〕五指揮：《長編》卷二五一作「三、五指揮」。
〔一二〕二百五十八人：《長編》卷二五一、本書食貨六三之七六作「二百五十人」。

出軍，多爲漢兵盜殺蕃兵以爲首功，今蕃兵各情願依正兵例黥面〔一〕，或手背爲弓箭手字號訖，更於左耳前刺『蕃兵』字。」詔止刺耳前字。元祐元年三月十八日，詔罷。

十一月七日，權提點秦鳳路刑獄公事鄭民憲以熙河營田圖籍來對，乃詔民憲兼都大提舉熙河路營田弓箭手〔二〕。令辟官屬以集事。其法，給田募民〔三〕。熙河多美田，朝廷委興營田，奏辟官屬，共集其事。至是，始以其圖籍入對。

九年正月十三日，提舉熙河路營田弓箭手鄭民憲言：「本路創置弓箭手深在羌境，以歲荐飢，未甚着業。若令自備功力、種子耕佃公田，即恐人心不能無搖動，乞候將來稍稔推行。」從之。先是，吴充言：「熙河經畧雖定，然軍食一切猶仰東州，輓運則人力不給，和糴則猾民乘時要價。二者之弊，在於未有土地之入〔四〕。按漢、唐實邊之策，惟屯田爲利。近聞鮮于師中建請，朝廷以既置弓箭手，重於改作，故裁令試治百頃而已。然屯田行之於今誠未易，惟有因今弓箭手以爲助法，公田似有可爲。且以熙河四州較之，無慮一萬五千頃，十分取一，以爲公田，大約中歲畝收一石，則公田所得十五萬。水旱肥瘠，三分除一，亦可得十萬。」詔差太常寺主簿黄君俞赴熙河路〔五〕，與鄭民憲同商議推行次第，故有是奏。

十九日，熙河路經畧安（無）〔撫〕使言：「奉詔相度本路弓箭手田土，令提舉營田司將洮西弓箭手單丁耕種不及空閑田土，即具逐州軍權差廂軍耕種，官置牛具、農器，每人一頃。令所屬堡寨使臣、道路巡檢主管，趁時耕種，收成入官〔六〕。於每年終，將弓箭手并今來官中所種過田土比較優劣賞罰。如弓箭手可以耕種，即令依舊將名下田土耕種，仍不管空閑。看詳委實經久可行。仍【5】乞差主管河州農田水利、兵馬鈐轄李浩均度地土措置聞奏。」從之。

六月十九日，權提點秦鳳等路刑獄公事、兼都大提舉熙河路營田弓箭手公事鄭民憲言：「逃走弓箭手并營田地土，昨多方設法召人請佃，今來認租課。乞許就近於本城寨送納，仍特與蠲免支移、折變。」從之。

十年二月六日，中書門下言：「熙河路相度官莊霍翔，乞先將熙州城下營田見出租課地一百一十頃七十一畝〔七〕，可以興置官莊，及乞於見任京官、選人、使臣、諸色人，據合用員數差請勾當。今欲令且將熙州地差弓箭手分擘共治〔八〕。其所差官破與當直兵士，京官、士人、選人、使臣五

〔一〕蕃兵：原作「蕃官」，據《長編》卷二五一改。
〔二〕路：原無，據《長編》卷二五八補。
〔三〕「令辟」至「募民」十三字原作正文大字。按此十三字文意與下文重複。查《玉海》卷一七七，此乃是王應麟之注文，本書食貨六三之七六録此十三字亦作小字。蓋《大典》據《玉海》添入，非《會要》文，今改作小字。
〔四〕入：原作「人」，據《長編》卷二七〇改。
〔五〕黄君俞：原作「王君俞」，據本書食貨六三之七七、《長編》卷二七〇改。
〔六〕收成：原作「成收」，據《長編》卷二七二乙。
〔七〕出：原作「今」，據本書食貨六三之七八改。
〔八〕分：原脱，據本書食貨六三之七八補。

人，効用三人。如更有續發到土地[一]，依此施行。」從之。

元豐元年二月九日，都大提舉淤田司言：「京東西官私瘠地五千八百餘頃，乞依例差使臣等主管。」從之。

六月一日，京東體量安撫黃廉言：「澶州及京東、河北淤官地皆上腴[二]，乞募客户，依其土俗，私出牛力，官出種子分收。選曉田利官兩員詣京東、河北，計會轉運、提舉二司及逐縣令佐，相度招募客户，自今秋營種。并下司農寺詳定條約。」從之，令轉運司選官，如係牧地，即令提點刑獄司選差。

七月一日，詔：「尚書主客郎中鄭民憲，前任經畫熙河路營田等有勞，特陞兩任。」

十月二十七日，經制熙河邊防財用司言：「四州軍依朝旨標撥官莊田外，乞於近城各更擇沃土二十頃爲營田，專差使臣等主管。」從之。

二年二月二十九日，總制熙河路邊防財用司言：「岷州床川、荔川、閭川寨、通遠軍熟羊寨營田，乞依官莊例募永濟卒二百人。其永濟卒通以千人爲額，以給十六官莊四營田工役，其請給並從本司自辦。」從之。

十二月十八日[三]，詔開封府界牧地可耕者爲官莊[四]。從都大提舉淤田司請也。

三年二月八日，提點永興軍等路刑獄、駕部員外郎王孝先知邠州。孝先言：淤田、營田司自熙寧七年至十年，費錢十五萬五千四百餘緡。

六月十五日，都大提舉淤田司請以雍丘縣黃西等十棚牧地爲官莊田，從之。

五年二月十五日，詔：「提舉熙河等路弓箭手營田、蕃部共爲一司，隸涇原路制置司[五]。許奏舉幹當公事官一員、准備差使使臣三員[六]，給公使錢千緡。」

六月四日，熙河經畧安撫司言：「蘭州内外官屬，法當撥地爲圭田[七]。今新造之區，居民未集，耕墾人、牛之具皆彊役之。乞計數給以錢鈔，而留其地以爲營田，或募弓箭手。」從之。

七月七日，提舉熙河等路弓箭手營田蕃部司康識言：「與兼提舉營田張太寧同議立法[八]。乞應新收復地，差官以《千字文》分畫經界，選知農事厢軍耕佃，每頃一人。其部轄人員、節級及雇助人功，歲入賞罰，並用熙河官莊法。餘並召弓箭手，人給二頃，有馬者加五十畝。營田每五十



[一] 發：疑當作「撥」。
[二] 上：原作「土」，據《長編》卷二九〇改。
[三] 天頭原批於此條之上添「六月十五日」一條。按該條即下文第二條是也。考《長編》卷三〇五，其事在元豐三年六月十五日丙午，可證徐輯原稿不誤，添者反誤也，今不取。
[四] 牧：原作「收」，據食貨六三之七八改。
[五] 涇：原作「經」，據《長編》卷三二三、本書食貨六三之七九改。
[六] 臣：原作「宦」，據《長編》卷三二三、本書食貨六三之七九改。
[七] 當：原作「撥」，據《長編》卷三二七、本書食貨六三之七九改。
[八] 張太寧：此人《長編》、《宋史》等書中又每寫作「張大寧」。

頃爲一營，差諳6農事官一員幹當，許本司不拘常制舉選人、使臣，請給依陝西路營田司法。不滿五十頃，委附近城寨官兼管〔一〕，月給食錢三千。」從之。

六年十二月一日，提舉熙河等路弓箭手營田蕃部司言〔二〕：「新復境土堡寨漸修築畢，可興置營田。内定西城〔三〕、通西寨、龕谷寨、榆木岔堡四處營田〔四〕，見闕農作廂軍二百人，部轄人員、軍典十九人〔五〕。乞依熙河路修城、鳳翔府簡中、保寧指揮簡填闕額法，許本司於秦鳳、涇原、熙河三路廂軍及馬遞鋪卒選募，人給裝錢二千。」從之。

七年七月十日，知太原府呂惠卿言：「兵事未息，人兵未可全減，莫若廣勸公私耕種爲急。今若使邊地益墾，則邊戍可益，邊民稍蘇，無貴糴遠輸之患。麟、府、豐三州兩不耕地，可以時出兵開墾。伏詳横山一帶兩不耕地，無不膏腴，過此即沙磧不毛。今乘羌虜未賓，出兵防拓，廣耕疾種，因其蹂踐，從而掩擊，漸移堡鋪，向外把截，則不須深入而拓地日廣〔六〕，并可以招置漢、蕃弓箭手承佃，或營田軍以抵戍兵，則邊費省矣。願推之陝西路〔七〕。」詔陝西諸路經畧司詳酌施行。

哲宗元祐元年十月十八日，熙河蘭會路經畧司言：「乞將新復呸⿰口累川一帶地土〔八〕，依舊令定西城招置弓箭手耕種。」從之，仍許於從來已耕占地土内耕種，不得更有侵展，别生邊事。

元符二年十月九日，河東路經畧司幹當公事陳敦復言〔九〕：「本路進築堡寨，自麟、石、鄜〔一〇〕、延，南北僅三百里，田土膏腴。若以廂軍及配軍營田一千頃，歲可入穀二十萬石。可下諸路，將犯罪合配人揀選少壯堪田作之人，配營田司耕作。」從之。

二十五日，樞密院言：「涇原路、環慶、鄜延、熙河、蘭會，河東路新復城寨地土例皆闕人耕種，諸路廂軍若召募前去，與免諸雜役使，必有應募之人〔一一〕。」從之。

三年九月二十七日，提舉河東路營田司言：「準樞密院劄子：本路新復城寨闕人耕種，令京西、淮浙等路應管廂軍赴經畧司分擘耕種〔一二〕。今來諸廂軍不會耕種陸田，兼杭州等處廂軍尤更不耐本路田野寒凍，已有疾病。欲將京西等路并本路州軍發來耕種廂軍内委是不堪田作之人，

---

〔一〕委附：原作「委付附」，據《長編》卷三二八删。
〔二〕蕃：原作「蓄」，據《長編》卷三四一、本書食貨六三之七九改。
〔三〕「城」及下句「通西」，原脱，據《長編》卷三四一補。
〔四〕榆：原作「輸」，據《長編》卷三四一改。
〔五〕九：《長編》卷三四一作「六」。
〔六〕則：原脱，據《長編》卷三四七、本書食貨六三之八〇補。須：《長編》作「煩」。
〔七〕陝：原作「挾」，據《長編》卷三四七改。
〔八〕⿰口累：原作「⿰目累」，據《長編》卷三九〇改。
〔九〕司：原作「事」，據本書食貨六三之八一改。
〔一〇〕鄜：原作「鹿」，據本書食貨六三之八一改。
〔一一〕人：原作「入」，據《長編》卷五一七改。
〔一二〕赴經：原作「署署」，據本書食貨六三之八一改。

送本路州軍充厢軍，京西等路厢軍或乞計口給券，發遣元差州軍。」從之。

徽宗大觀三年二月二十一日，臣僚言：「自復西寧州，招置之術失講，勸制之法未興，不取地利，惟仰轉輸〔一〕，併力飛輓，增價買糴，僅濟目下之急，潛滋久遠之弊，內外牽制，莫不窮已。望速委帥臣、監司講求弓箭手敷足，蕃部著業之術，或誘或拘，責以耕耘。田既墾則穀自盈，募既充而兵益振矣。」詔：「熙、河、洮、岷前後收復，歲月深久，得其地而未得其利，有其民而未得其用，地利不闢，兵籍不敷，歲仰朝廷供億，非持久之道。覽所奏陳，頗究利害之原，可令詳究本末，條畫來上。」其後政和五年，知西寧州趙隆 [7] 請引宗河水灌溉本州城東至青石峽一帶川地數百頃，從之。

高宗紹興元年五月二十三日，沅州言〔二〕：「本州熙寧七年創置爲郡，自後拘籍地土，撥充屯田，作營田，其餘召人請佃，租米約有萬計。遂措畫括係官田，摽給分數，招置刀弩手〔三〕，共十三指揮，計四千二百八十一人。自靖康調發，往往不還。自建炎四年至今，並無顆粒應副支遣。今將闕額刀弩手荒閑田，權召承佃，濟助歲計。乞許本州揀選招填，補及二千人，教習武藝，防遏邊疆。候將來承佃，安居樂業，別具條陳。」從之。

二十六日，荊南府歸峽州荆門公安軍鎮撫使、兼知荆南府解潛言：「本鎮所管五州軍一十六縣，絶户甚多，見拘收通舊管諸色官田不可勝計，今盡荒廢可惜。見一面措置屯田，召人耕墾，分收子利。已恭依分鎮便宜，望詔旨移牒直秘閣宗綱權屯田使，樊賓權屯田副使。措置就緒日相度減罷。伏望詳酌施行。」已降旨揮，許置荆南府歸峽州荆門公安軍鎮撫使司措置營田官〔四〕、同措置營田官各一員，令解潛奏辟。詔：宗綱差充荆南府歸峽州荆門公安軍鎮撫使司措置營田官，樊賓差充荆南府歸峽州荆門公安軍鎮撫使司同措置營田官，餘依。

八月二十三日，臣寮言：「應變權宜，莫如屯田之利。今師徒所聚，多緣糧餉乏絶，輒致逃亡，寖成鈔掠。然而願耕者衆，要須朝廷有以處之。唐李泌當肅宗時，關中新遭安、史之亂，關東戍卒多欲遁歸，泌建屯田之策，市耕牛，鑄農器，給田以耕，歲終則官糴其餘，戍卒乃定，邊備益修。其後德宗奉天之難，陸贄亦獻此謀，粗如泌策，依倣趙充國舊制。趨時便事，雖有不同，要其成功，均於兵食兼足。東南之地，雖非關中之比，今沿江兩岸沙田、圩田頃畝不可勝計，例多荒閑。近者張琪占據蕪湖圩田，兵食遂足；繼緣



〔一〕轉：原脱，據本書食貨六三之八二補。
〔二〕沅：原作「沉」，據《建炎要録》卷四四改。
〔三〕刀弩手：原作「弓弩手」，據本書食貨六三之八三及下文改。《文獻通考》卷一五六：「政和七年，募湖北辰、沅、澧州土丁爲刀弩手。」是也。
〔四〕措置營田官：原脱，據下文補。

迫逐，決水灌田〔一〕，舊圩盡壞。曩時官得歲課數萬石，一旦失之，旁侵民田，爲害更甚。及聞趙霖於河州境内屯集耕墾，頗亦有方。屯田之利，無可疑者。臣欲望朝廷委能臣，先於沿江南岸與州縣官司同共相視，檢察元係官田見無佃户耕墾委是荒閑去處，計度頃畝，條畫利害，團甲多寡之數，營屯向背之宜，參酌古今，務令簡便。朝廷更加詳酌，決可施行，然後置營田使以統之，與安撫大使參酌其事，募兵若民以耕。權撥一年折帛錢以爲本錢，市耕牛、農器、種糧之屬，及爲歲終收糴之資。使募之人出則戰，入則耕，食足兵彊，指日可冀。勘會兩浙、淮南州縣昨因兵火之後，民間荒廢田土甚多，雖合倣古屯田之制，募人耕鑿，緣難以遥度措置，欲委官躬親前去相度措置，條具利害以聞。」從之。

九月二十七日，臣僚言：「嘗被旨令條畫屯田利害。臣退而考閲，自井田廢而阡陌開，至漢昭帝始元二年，詔發習戰射士詣朔方〔二〕8調故吏，將屯田張掖郡，始有屯田之令。其後宣帝時，趙充國擊先令羌，乞留屯田以困羌。條上十二便宜，果足以克羌。自後更三國、六朝，若曹操屯於許下，諸葛亮屯於渭濱，鄧艾屯於淮南，羊祜〔三〕、杜預屯於荆湘，應詹屯於江西，苟羨屯於石鼈，皆有見効，其遺迹可考也。隋、唐以來，頗采舊聞行之，至今沿江諸郡尚有屯田租種之名，則江、浙亦嘗屯田矣。本朝自淳化以來，始用何承矩措置北邊屯田，開塘濼之利以限北虜，相繼西、北二邊益廣屯田，至淮南、京西、夔路等處率常行之。天聖二年，有上封事乞賣福建路屯田，監察御史朱諫上言，以爲此田耕墾已四十餘年，雖有屯田之名，父子相承，以爲己業，乞罷估賣，則知屯田嘗行之福建矣。今唯陛下將議興復之圖，暫駐清蹕，經營四方，欲因沿江荒閑之田募人耕屯，用爲籬落，兼實儲餉，此誠計之得也。今將古今屯田利便可施於江、浙者，纂其大畧，附著於篇，號曰《屯田集議》，謹録上聞，今開列如左。臣前件條畫，蓋考之國史之所載，參之土俗之所宜，不咈於今，不悖於人。伏望聖慈時因萬機之暇〔四〕，特賜省覽。儻或一介蒭蕘之見有足以備採擇，欲乞付外，參酌諸臣之議而行之。庶幾輯寧失業之民，休養更戍之卒，壯兵威，資國計，一舉而兩得之，豈曰小補！」詔令户部限兩日勘當〔五〕，申尚書省。

二十八日，臣僚言：「契勘翟興軍中比年以來〔六〕，依倣屯田之法，開闢隴畝，勸督耕耘，將欲就緒。欲望督責諸鎮，各從方俗之便，速舉屯田之法，務農重穀，以爲儲積，則糧食皆足，軍聲益張。」詔令工部與今年九月二十七日已降

〔一〕灌：原作「權」，據本書食貨六三之八四改。
〔二〕發：原作「廢」，據《漢書》卷七《昭帝紀》改。
〔三〕祜：原作「祐」，據本書食貨六三之八五改。
〔四〕「伏望」下原衍「乞」字，據本書食貨六三之八五删。
〔五〕兩：原作「日」，據本書食貨六三之八五改。
〔六〕比：原作「百」，據本書食貨六三之八五改。

臣僚上言屯田利害指揮一處參酌以聞。

十月十三日，臣僚言：「屯田之利，宜先招集流散之民，使之復業。民力既豐，則可以爲用。其民力不足之處，及官田、逃田，方可募兵以耕。近見王寔措置，詳於兵而畧於民，恐有侵奪，遂失本意。望付之大臣，令寔等子細商量〔一〕，勿於經理之初，先失民心，以妨大計。」從之。

十五日，河南府孟汝唐州鎮撫司措置營田官任直清言〔二〕：「伏見河南殘破，民之歸業者未衆，其所營田，全（籍）〔藉〕軍兵，如創置營田官，恐力微難以號令。欲乞特令翟興帶領營田使，庶易於措置。仍乞將措置到事先次施行，續具已施行畫一申奏。又，營田官未審與本鎮官如何序位？」詔並依，其序位依帥臣下屬官例施行。

同日，江南西路安撫大使李回言：「江州、南康、興國軍界赤地千里，無人耕種。乞依淮南〔三〕、兩浙路專委監官措置營田。」詔依，仍令帥臣同共措置。

十一月十四日，荆南府歸峽州荆門公安軍鎮撫使解潛言：「辟差公安知縣、承議郎孫倚措置營田。倚任内布種，率先辦集，於民不擾，比之一路，頃畝最多。既効忠勤，宜加褒賞。」詔孫倚可特轉兩官〔四〕。

二年二月七日，三省言傅崧卿乞淮南營田減租課文字，因奏：「其説可行。便使未[9]收租課，但得人人耕種，家家積粟，即是人主之富。緣人主與人臣不同，人臣有東家、西家之異，人主以天下爲家，何有彼此？」上曰：「百姓足，君孰與不足？卿言極是。」

三月十日，淮南東路提刑兼營田副使王寔言：「被旨措置營田，勸誘人户，或召募軍兵請射布種。今相度，先將根括到江都、天長縣未種水田一萬六千九百六十九頃、陸田一萬三千五百六十六頃，分撥諸軍，趁時耕種。」詔權許，候有人户歸業識認日，申取朝廷指揮。

四月二十四日，臣僚言：「竊見朝廷講屯田之策久矣，畧未見有所施設。願詔劉光世，軍中將校有能部卒伍就耕者，優加爵賞，歲入悉分其衆。自餘曠土，益募民墾闢。每能率三五百人，或千人乃至數千人，遞補以官，三歲勿賦〔五〕，則所在土豪及懷歸之人自當有應募者。事成，皆許優與遷轉。利之所在，人所樂趨，雖使之自戰自守可也。今歲閏四月，稻田或尚可種，唯早圖之。」詔劉光世措置施行。

七月九日，德安府復州漢陽軍鎮撫使陳規言：「屯田、營田，人户荒田及逃户官田，被人指射及軍兵耕種者，限二年識認。已種者，候收畢給之；過限者，官司並不受理。」工部言：「人户自軍興後來流移遠方，道路梗澀，竊慮於限

〔一〕令：原作「今」，據本書食貨六三之八六改。
〔二〕司：原作「使」，據《建炎要録》卷四八改。
〔三〕淮：原作「准」，據本書食貨六三之八六改。
〔四〕天頭原批：「脱『建炎以來』一條。」按，見本書食貨六三之八六。
〔五〕賦：原作「富」，據本書食貨六三之八七改。

內未能歸業，欲下本鎮，立限三年。」從之。

二十四日，左司諫吳表臣言：「鎮撫使陳規措置屯田事件甚有條理，委是究心。乞下本鎮，將府縣兼行官吏措置勸諭最先宣力之人，具名來上，特與推賞。其陳規仍降敕書獎諭。」詔曰：「敕陳規：卿體國盡忠，守(蕃)〔藩〕稱治。當中原之未定，念南畝之多荒，兵食弗充，農收蓋寡。乃別營屯之制，用興稼穡之功。軍民不雜而無爭畔之訶，官吏不增而無加廩之費[一]。得魯侯之重穀[二]，同漢將之留田[三]。東作西成，居有安生之利[四]；緩耕急戰，人懷赴敵之心。條理不煩，施設可法。載觀績効，深用歎嘉。故茲獎諭，想宜知悉[五]。」

八月十二日，樞密院言：「(准)〔淮〕南州軍見屯軍馬措置防秋，難以行營田。竊慮糧食未濟，理宜資助。」詔傅崧卿斟量逐州人兵多寡，量行應副錢糧，接濟軍用。

十一月四日，中書門下省言：「直徽猷閣、充和州無爲軍鎮撫使趙霖近措置營田等事，已降指揮與轉一官，依條止合減四年磨勘。」詔霖久在江北，委有勞効，與轉行一官。

十八日，中書、門下省言：建康府江南北岸荒田甚廣。詔令孟(庚)〔庾〕、韓世忠措置，將兵馬爲屯田之計，體倣陝西弓箭手法。所貴耕植漸廣，以省國用，以寬民力。

十二月二十八日，臣僚言：「伏覩德安府復州漢陽軍鎮撫使陳規措置屯田事，頗有條理，深得古寓兵於農之意。欲望將陳規所(由)〔申〕畫一，令(准)〔淮〕南諸鎮撫使依倣而行之。其府縣勸諭宣力官吏，令逐鎮保明推賞。」詔委都司檢詳官參照陳規申請畫一并前降指揮，限十日條 10 具以聞。

同日，中書門下省言：「湖北、江西、浙西路對岸荒田尤多，理合隨所隸一就措置。」詔湖北委劉洪道、江西委李回、江東委韓世忠、浙西委劉光世措置，仍令都督府總治。

三年二月七日，左司員外郎張綱等言：「被旨，委都司檢詳官參照陳規申請營田并臣寮獻議。今條具下項：一、看詳應屯田官掌營種屯田，管勾會功課，其諸鎮亦兼營田使。今來陳規所陳，屯田、營田分爲二事，未合古制。欲乞應諸路安撫使、鎮撫使各兼營田使[六]，(今)〔令〕將陳規畫一，參酌逐鎮風土所使，一面措置施行。一、陳規畫一內稱：將逃亡、户絶[七]、官田推行屯田之法，其有屯兵耕墾不盡之田，若輕其租賦，召人耕種，可以助軍儲，資國用，招集散亡無歸之民。惟軍與民不可使並耕作，庶不致交爭。今看詳，諸鎮地多曠土，宜先務招集失業之民，輕立課租，

[一] 廩：原作「稟」，據本書食貨六三之八八改。
[二] 重穀：原脱，據本書食貨六三之八八補。
[三] 同漢將之留田：原作「國同漢將將之留田」，據本書食貨六三之八八、張綱《華陽集》卷九刪。
[四] 安：原作「要」，據本書食貨六三之八八改。
[五] 知悉：原倒，據本書食貨六三之八八乙。
[六] 營田使：「使」原作「司」，據本書食貨六三之八九改。
[七] 户：原作「絶」，據本書食貨六三之八九改。

使就耕作，其餘地分撥軍兵，勸誘耕墾。仍相度地形險隘、遠近酌中處，置立保寨，遇有寇盜則保聚在寨禦捍，無事則乘時田作。其兵與民各處一方，不得交雜，庶得相安，民漸歸業。一、陳規措置，將人户荒田令軍兵及召百姓耕種，若人户歸業，縱寇盜未熄，亦合給還。今看詳，諸鎮全在招集流移，早使歸業，所亡田産，自今即時給還。若有已撥在兵屯田内，難使雜耕，仰歸業人户詣官司投陳，官爲照驗已有民户耕鑿多處，依數撥還，仍不得以瘠薄田充數。如是民户歸業漸衆，亦令依軍兵法，於地形險隘、遠近酌中處〔一〕，置堡寨屯聚，以備盜賊。一、陳規措置，先將近城官田、荒田倣古屯田之制，令官吏、弓兵、民兵等各自耕種，漸見次序。今看詳，欲遍下諸路安撫使，各隨本處風俗所便，依倣陳規畫一事件，各務多方隨誘官吏軍民等乘時耕墾〔二〕。或有流寓寄居及形勢户自來於法不許承（但）〔佃〕官田之人，亦許出租耕佃，務要田土廣墾，不致荒廢。一、陳規措置，將弓兵等留一半守禦，餘一半少增錢糧，令耕種荒田。其牛具、種子，以官錢支用，所得物斛，並以入官。如遇田事忙時，則將所留軍併就田作；若有軍事警急〔三〕，則權罷田作，併充軍用。今看詳，欲下諸路安撫、鎮撫使依倣陳規事理，更合參酌本鎮臨時事宜，勸誘軍兵耕作。如遇農忙時，一半守禦人併就田作，時亦合增支錢糧。如至秋成，所得物斛，於内依倣鋤田客户則例，亦合分給斛㪷，以充犒賞外，餘並入官，庶知激勸，樂就田畝。一、陳規措置，見出榜召人投狀，經官指射耕種閑田，内水田每畝秋納粳米一㪷〔四〕，陸田每畝夏納小麥五升，秋納豆五升。今看詳，欲下諸路安撫、鎮撫使依倣陳規立到租課數目，更切參詳本鎮地土瘠肥，官司曾無借給牛具、種糧，及歲事豐荒、土俗所便，隨所收種斛㪷，臨時增減着中數目〔五〕，拘收租課，務要便民。一、陳規措置，人户 11 指射官田、荒田耕種，滿二年，不拖欠租税者，並充己業，聽行典賣，經官印契割移。昨紹興二年七月九日已得旨〔六〕，展作三年〔七〕。今看詳，欲下諸路安撫使、鎮撫使，遵依已得聖旨指揮，多出文榜勸誘人户施行。一、陳規措置，人户荒田及逃户官田，被人指射耕種者及軍兵耕種者，立限二年歸業識認。已種者，候收畢給之；過限者，官司並不受理。昨紹興二年七月九日已得旨，展作三年。今看詳，欲下諸路安撫使、鎮撫使，遵依已得聖旨指揮，多出文榜，召人歸業，仍逐旋具已招誘到歸業人户數目，供申朝廷。一、陳規措置，依所得朝廷指揮置營田司，所有屯田事務，營田司兼行；營田事務，府縣官兼

〔一〕酌：原作「着」，據本書食貨六三之九〇改。
〔二〕隨：疑誤。
〔三〕警：原作「驚」，據本書食貨六三之九〇改。
〔四〕粳：原作「梗」，據本書食貨六三之九〇改。
〔五〕着：疑當作「酌」。
〔六〕旨：原作「者」，據本書食貨六三之九一改。
〔七〕三：原作「二」，據本書食貨六三之九一改。

行，更不別置官吏。今看詳，欲下諸路安撫使、鎮撫使，依此遵稟施行。一、臣僚上言：『考之周制，一夫受田百畝，李悝謂一夫挾五口以耕百畝。趙充國人授二十畝，蓋不計其家之食也。本朝於京西、淮南屯田，則人授百畝則太多，裁爲中制，可人授二十畝。如充國之議，一家五人同授田，亦足以得百畝。』今看詳，諸鎮荒田甚多，惟患人力不足，兼地有肥瘠不同，難以一槩立定畝數。欲下諸路安撫使、鎮撫使，參酌本鎮地名高下，量度人力數，授以田畝，務要力耕，不使鹵莽。所是召人承佃荒田，亦不須限定頃畝，聽人户量力投狀請射。一、臣僚上言屯田合用耕牛。今看詳，近緣盜賊屠殺，例皆闕少，江北諸鎮殘破日久，絶無販賣牛畜。合隨宜措置，令諸鎮勸誘兵民倣傚古制，用人耕之法，每二人拽一犂。初時雖稍費力，及其成熟，工用相等。欲下諸路安撫使、鎮撫使，詳酌勸諭施行。一、臣僚上言：『凡授田，五人爲一甲，別給菜田五畝，爲廬舍、稻場。』今看詳，欲下諸路安撫使、鎮撫使，照應今來臣僚上言，參酌本鎮土俗事宜措置施行。一、臣僚上言：『募民以耕，免其身役及折變，及民耕應出官租，初一年免其半，次年依本法。』今看詳，募民請佃之初，理宜寬恤，委是利便，欲下諸路安撫使、鎮撫使參酌施行。一、臣寮上言：『兵屯置屯主一員，以大使臣爲之；民屯縣令主之。以歲課多寡爲殿最。』今看詳，欲下諸路安撫使、鎮撫使，開具推行月日，每至歲終，仍具所委官職位、姓名、招誘墾闢到田畝實數，供申朝廷。如招集到歸業人户數目，及兵屯、民屯稍見就緒去處，乞優與陞擢，庶使有以激勸。一、欲乞諸路安撫使、鎮撫使除依陳規畫一并今來看詳事理施行外，逐處如別有利便，即仰各隨土俗所宜，具事因以聞。」並從之。

紹興三年二月八日，詔：通直郎、德安府節度推官韓之美，右修職郎、德安府司法參軍胡槩，秉義郎〔一〕、閤門祗候、就差知德安府孝感縣事韓遹，進義校尉王植，下班祗應袁式，詔各與轉一官資〔二〕，内選人比類施行。以陳規保明措置田事，最 12 先宣力故也。

四月四日，太尉、武成感德軍節度使、充江南東西路宣撫使韓世忠言：「契勘陝西因創建州軍城寨之後，應四至境内田土盡得係官，即無民户税業交雜其間。其田荒隙，遂招置土人充弓箭、長行，每名給地二頃，有馬者別給額外地五十畝。率空地八百頃，即招集四百人，立爲一指揮。一境之中，均是弓箭手，自相服從。今内地州縣田土皆係民户税業，雖有户絶、逃棄，往往畸零散漫，若便依倣陝西法摽給，須合零就整，湊數分撥。其田遠近不同，既不接連，難相照管。又如去城百餘里外給地，付之軍兵，使混雜莊農養種，切慮生事。今相度，欲先將建康府管下根括到近城荒田，除户絶、逃田一面措置耕種外，其有主而無力開

〔一〕秉：原作「乘」，據本書食貨六三之九三改。
〔二〕「詔」字疑衍。

墾者，散出文牓，限六十日許人户自陳頃畝，着實四止。如情願將地段權與官中合種，所用人户牛具、種糧並從官給。候收成日，據地段頃畝，先次依本色供納二税，及除豁牛具、種糧，其餘據見在斛斗量給地主外，盡給種田人。候至地主有力耕時，赴官自陳，即時給還元業。若限滿不自陳，即依逃田例直行摽撥，庶幾不致荒閑田畝，軍民兩有所濟。并契勘，人户願與官中合種地段，若伺候將來收成，除豁二税、種糧外，據見在臨時量給，竊慮地主妄稱鄉原舊例，過數邀求。今欲於人户自陳日，即便議定，據將來實收到斛斗〔一〕，除上件出豁外，以十分爲率，内二分給地主。若稱所給數少，不願官種者，即具村保姓名開排地段，送本縣置籍收係。田雖荒閑，須管依條限催理二税，無令少欠，庶幾地主不敢僥倖，妄有希求。」都督府言：「勘會今已二月，伺候朝廷指揮，方立限許人户投狀與官中合種，深恐已過布種時月，轉致荒蕪。已將昨因兵火逃亡未曾歸業見今荒田，令世忠先次措置，召人承佃耕種。其合納税租，第一年全免，第二、第三年以十分爲率〔二〕，各與免納五分，三年外依舊全納。田主歸業自種，在五年内者，聽依已布種法，見佃人收畢交割；五年外不歸業者，聽見佃人爲主。庶幾不致荒閑，失陷二税。已行下世忠照會施行。如蒙俞允依〔三〕，湖北、江西、浙西未歸業逃田，並乞依此施行。」户部勘當，欲依都督府奏請事理施行，如有人户歸業，即依去年四月十八日已降指揮年限理認，即時給還；内已布種者，收畢交割。并下江南東路轉運照會。仍乞令湖北、江西路疾速措置，具利便申取朝廷指揮。從之

五月二十五日，新權發遣承州劉寓言：「竊見朝廷屬意營田，今乞本州自行措置牛具、種糧，將管下民間請射不盡田土開耕種蒔。所收地利，專用贍軍。並依民間請射體例〔四〕，仍自紹興四年夏料爲始。若淮南諸郡依此措置，年歲之間，便見儲偫豐積。乞付有司行下。其諸州當職官能

13 究心措置，功効顯著者，優加激賞。」詔依奏，即不得侵占有主民户田土。

十月十日，臣寮言：「營田召募民耕，乞免徭役及科配。」詔：「人户如自己田業，自合依法，其屯田、營田並行蠲免〔五〕。」

四年四月十五日，知廬州、兼淮南西路安撫使陳規言：「乞令本州措置招募効用人〔六〕，各令種田，并軍兵情願者，聽不限人數。」從之。

八月五日，侍御史魏矼論淮東西屯田利害事〔七〕，上謂

〔一〕來：原脱，據本書食貨六三之九四補。
〔二〕十分：原作「下分」，據文意改。
〔三〕依：似爲衍文。
〔四〕體：原作「休」，據本書食貨六三之九四改。
〔五〕天頭原批：「脱《建炎以來》一條。」按，指《建炎以來朝野雜記》一條，見本書食貨六三之九五。
〔六〕令：原作「今」，據本書食貨六三之九五改。
〔七〕侍：原作「待」，據本書食貨六三之九五改。

輔臣曰：「招集流離，使各安田畝，最爲今日急務。」遂舉《鴻鴈》美宣王之詩，謂「中興基業，實在乎此」。胡松年對曰：「古人圖必成之功，爲必取之計，於是有屯田，若趙充國破先零、羊祜守襄陽是也。朝廷行屯田累年〔一〕，除荆南解潛畧措置，其餘皆成虚文，無實効。」上曰：「卿論實効極是。」松年復對曰：「漢宣之治，總核名實，信賞必罰而已矣。天下事若因名以責實，無有不治者。屯田一事，尤不可欺〔二〕，一歲耕墾田畝若干，收穫幾何，便足以稽考也。」上曰：「卿等可商議，條畫來上，當力行之。」

六日，後殿進呈朱勝非《條具屯田利害劄子》，言：「今日之兵，既令執兵，又令服田，終歲勤勞，所得如故，有未可者。」上曰〔三〕：「古者三時務農，一時講武，農即兵也。兵、農之制一分，恐不可復合。勝非所陳甚善，可便施行。」孟庾等對曰：「淮南收復，今已數年，守令豈不欲招徠流離？但復業者未甚多〔四〕，恐自此兵日以衆，食日以廣，不易供給。更容臣等與勝非熟議之。」上曰：「不可。既行下光世、世忠軍中，却使之以難行爲訴〔五〕，復議改更，則朝廷命令自爲反覆。」庾等曰：「謹稟聖訓。」

九月二十六日，主管江州太平觀朱震言：「荆襄之間，沔漢上下〔六〕，膏腴之田七百餘里。襄陽之北，土宜麻麥，古謂之粗中〔七〕。若選用良將民所信服者，領部曲駐漢上，招集流亡，務農重穀，寇至禦之，寇退則耕稼，不過三年，兵食自足。觀釁而動，復陵寢，清宗廟，以濁河爲限，傳檄兩河，則中興之業定，以逸待勞之道。」詔關與都督府。

五年閏二月二十八日，諸路軍事都督行府言：「淮南東路宣撫使韓世忠言：『見措置屯田，乞收買耕牛，趁時耕種。』今措置下項：一、浙東、福建係出産耕牛去處，欲令兩路各收買水牛一千頭，並依市價，委稅務官一員置場和買，限三箇月數足。一、逐路買到耕牛，每一百頭作一綱起發，日行三十里，選差兵士二十人，將校、節級各一名，管押赴淮東宣撫使司交納。仍每頭用牌子標號齒口格尺，別用申狀依此開具，令宣撫司照會交割，以防換易。一、牛綱所至去處，並仰依數應副草料，不得違滯。一、合干人並仰如法餵養，不管瘦損。每綱交納了畢，如倒死不及五釐，將校、節級並與轉一資，管押人支賜銀、絹各一兩、匹；如死損過分，從杖一百科罪，仍依元買價(倍)〔賠〕償。」詔令章傑措置收買一千頭，餘依。

〔一〕行：原作「用」，據本書食貨六三之九五改。
〔二〕尤：原作「猶」，據《建炎要録》卷七九改。
〔三〕「上」字之上原有「時」字，據本書食貨六三之九六刪。
〔四〕「但」上原衍「便」字，據本書食貨六三之九六刪。
〔五〕「以」原脱，「訴」原作「數」，據本書食貨六三之九六補改。
〔六〕沔：《建炎要録》卷八〇作「沿」。
〔七〕粗中：原作「租中」。按「租」當作「粗」。《三國志·吳志·朱然傳》：「赤烏五年，征粗中。」裴注引《襄陽記》曰：「粗音如租稅之租。粗中在上黃界，去襄陽一百五十里。……土地平敞，宜桑麻，有水陸良田，沔南之膏腴沃壤，謂之粗中。」

三月二十八日，諸路軍[14]事都督行府言：「光州收復之初，方奉行營田之法，合量行接濟布種。欲望朝廷依壽春府例〔一〕，支降江南東路空名度牒二百道，付本州收買耕牛。」從之。

同日，權發遣泰州邵彪言：「淮南人户逃竄，良田沃土，悉爲茂草。今欲將營田司應有人請射荒田，並許即時給付，每畝依元降指揮納課子五升。田土瘠薄者量與裁減。耕種五年，仍不欠官司課子，許認爲己業。限外元主識認，或照驗明白，即許自踏逐荒田指射，以爲己業。如是五年内歸業，即許佃人畫時交還，不得執占。已種者，候收成了給還；已施行者，謂耕墾熟成〔二〕、起屋、種桑之類。量出工力錢還佃人。今來措置如可施行，即乞明坐指揮，鏤板榜示，庶得民間通知，着業者衆。」從之。

四月二十一日，臣僚言：「荆南鎮撫司百姓自有耕牛者，除輸納賦税外，不得抑勒耕種營田〔三〕。其營田許募民間情願種者，官爲給借種糧，每一耕牛納課一十碩。納課稍輕，民自應募，庶使百姓歸業，公私兩便。」詔依，劄與諸路帥司。

八月二十四日，内降德音：「應潭、郴、鼎、澧、岳、復州、荆南〔府〕、龍陽軍、循、梅、潮、惠、英、廣、韶、南雄、虔〔四〕、吉、撫州、南安、臨江軍〔五〕、汀州管内已降指揮，人户附種營田〔六〕，并主户下客丁官中科種，收課數多，緣此流移，未肯歸業。應人户已請官種，種苗在地，比每年減半送納，自來年並免附種。并諸軍預先抑勒，俵散和雇裁種人工錢，奪其工力，益見困乏。已令諸軍，不許預俵雇夫錢，尚慮不切遵稟，仰荆湖北路安撫、轉運司依所降指揮施行，毋致違戾。仍仰帥臣、監司常切遵守，戒諭諸軍不得抑勒，預俵工錢。如違，仰憲司取勘聞奏。荆湖人户耕牛，已降指揮，與免拘籍，并已請官種種苗在地者，減半送納官課，自來年更不科種營田，仰安撫司檢察州縣，不得科敷。」

十一月二十八日，知荆南府、充荆南府歸峽州荆門軍安撫使王彦言：「被旨：荆南營田一司並罷，令安撫司措置耕種〔七〕。今計置到黄、水牛一千七百餘隻，及修置應干合用農具足備。盡已踏逐標撥定合種水陸田頃畝，並係膏腴，止緣創行開鑿，倍費工力。兼已令下手破荒冬耕，及修築隄塘，開決陂堰，以待來春，依時布種。」詔令王彦更切多方措置，務要耕種日廣，補助國計。

十二月一日，詔：「臣寮陳請〔八〕，乞淮南東西、川陝、

〔一〕春：原作「奉」，據本書食貨六三之九七改。
〔二〕墾：原脱，據本書食貨六三之九七補。
〔三〕勒：原作「勤」，據本書食貨六三之九七改。
〔四〕虔：原作「處」，據《建炎要録》卷九二改。
〔五〕臨江軍：原作「臨安軍」，據《建炎要録》卷九二改。
〔六〕「附」原作「阡」，「田」原脱，據本書食貨六三之九八改補。
〔七〕令：原作「今」，據本書食貨六三之九八改。
〔八〕陳：原缺，據本書食貨六三之九八補。

荆襄等路行屯田之制，令學士院降詔曉諭諸帥〔一〕。」詔曰：「敕襄陽府路帥臣：朕考觀古昔，斟酌時宜，欲豐軍食之儲，必講屯田之制。故充國經畫於金城，而兼得十二便之利；曹操始用於許下，而遂收百萬斛之饒〔二〕。先積粟以爲資，乃厲兵而必戰。況今寇戎未靖，征戍方興，賴將帥之同寅〔三〕，致士卒之樂附。顧尺籍所隸之數日以增多，而經賦所入之常歲有定限。既不可剥下以取給，固莫若興田而力耕。卿等叶志合謀，悉【15】忠體國，率勵衆士，和協一心。勿憚朝夕之勞，共建久長之策。故兹詔示，想宜知悉。」

八〔月〕〔日〕〔四〕，詔：「吴玠於梁、洋及關外成、鳳、岷州措置官莊、屯田，今已就緒，漸省饋運，以寬民力。亮兹忠勤，深可嘉尚。可令學士院降勅獎諭。」

十五日，中書門下省言：「淮南東西〔五〕、川陝、荆襄等路已降詔旨，曉諭諸帥行屯田之制。其諸帥下屯田事務，未曾專委官措置〔六〕。」詔：「淮南西路宣撫使司差李健，淮南東路宣撫使司差陳桷，江南東路宣撫使司差郄漸，川陝宣撫使司差陳遠猷，湖北襄陽府路招討使司差李若虛，荆南府歸峽州荆門軍安撫使司差李侁〔七〕，並兼提點本司屯田公事。」

二十六日，諸路軍事都督行府言，江淮等路分撥措置屯田。詔差屯田郎官樊賓量帶人吏，（侯）〔候〕都督行府出使日，隨逐前去措置。其合施行事，一面條具供申〔八〕。

紹興六年正月二十一日，尚書右僕射、都督諸路軍馬張浚言：「被旨往川陝視師，及因就沿江措置軍事。所有屯田事務，已蒙朝廷差屯田郎官樊賓隨逐前去。緣措置之初，申審省部，竊恐留滯，欲望應屯田事務並申行府，候就緒日，歸省部施行。」從之。

同日，上宣諭輔臣曰：「前日三大帥屬官陳桷等引對，朕諭以朝廷贍養大兵之久，國用既竭，民力以困，切須專意措置屯田〔九〕，此亦自古已成之効。況軍事亦須先立家計，若有機會，方圖進取。」臣〔趙〕鼎等曰：「如此措置，社稷幸甚。」

同日，都督行府言：「已差屯田郎官樊賓措置屯田，緣經畫之初，事務繁多。」詔令王弗同共措置。

二十八日，都督行府言：「江淮州縣自兵火之後，田多荒廢，朝廷昨降指揮，令縣官兼管營田事務，蓋欲勸誘廣行

〔一〕令：原作「今」，據本書食貨六三之九八改。
〔二〕斛：原作「計」，據《玉海》卷一七七改。《晉書》卷二六《食貨志》：「（魏武）以任峻爲典農中郎將，募百姓屯田許下，得穀百萬斛。」
〔三〕帥：原作「師」，據本書食貨六三之九九改。
〔四〕八日：原作「八月」，據《玉海》卷一七七改。
〔五〕淮南東西：原作「淮東南西」，據本書食貨六三之九九乙。
〔六〕專：原作「轉」，據本書食貨六三之九九改。
〔七〕荆門軍：原作「軍門軍」，據本書食貨六三之九九改。又「荆南府」下原衍一「路」字，據上文「十一月二十八日」條及《建炎要録》卷九五删。
〔八〕天頭原批：「脱《建炎朝野雜記》一條。」按，見本書食貨六三之九九。
〔九〕切：原作「竊」，據《建炎要録》卷九七、本書食貨六三之一〇〇改。

耕墾。緣諸處措置不一，至今未見就緒。今改爲屯田，依民間自來體例〔一〕，召莊客承佃，其合行事件，務在簡便。今條具下項〔二〕：一、將州縣係官空閑田土并無主逃田，並行拘籍見數，每縣以十莊爲則，每五頃爲一莊，召客户五家相保爲一甲共種。甲内推一人充甲頭，仍以甲頭姓名爲莊名。每莊官給耕牛五頭，并合用種子、農器，如未有穀，即計價支錢。每户別給菜田十畝，先次借支錢七十貫。仍令所委官分兩次支給，春耕月支五十貫，蒔田月支二十貫。分作二年兩料還納，更不出息。若收成日，願以斛㪷折還者聽〔三〕。仍比街市增二分。謂如街市一貫〔四〕，即官中折一貫二百。其客户仍免諸般差役、科配。一、應有官莊州縣，守倅、縣令並於『勸農』字下添帶『屯田』二字，縣尉專一『主管官莊』四字。仍差手分、貼司各一名，於本縣人吏内輪差〔五〕，一年一替，依常平法支破請給。一、每莊蓋草屋一十五間，每間破錢三貫。每一家給兩間，餘五間准備頓放斛斗。其合用農具，委州縣先次置造。仍具合用耕牛數目申行府，節次支降。一、每莊摽撥定田土，從本 16 縣依地段彩畫圖册，開具四至，以《千字文》爲號，申措置屯田官類聚，繳申行府置籍抄録。一、收成日，將所收課子除椿出次年種子外，不論多寡厚薄，官中與客户中停均分。一、今來屯田所招客户，比之鄉原大段優潤，係取人户情願，即不可强行差抑，致有搔擾。其諸軍下不入隊使臣及不披帶揀退軍兵有願請佃者，並依百姓例，仍別置籍開具。一、州縣公人等如敢因事搔擾官莊客户，及乞取錢物，依法從重斷罪外，勒令罷役。仰當職官嚴行禁止，如有容縱，當議重作施行。一、逐縣種及五十頃已上，候歲終比較，以附近十縣爲率，取最多三縣令、尉各減二年磨勘。其最少并有閑田不爲措置召人承佃者，並申取朝廷指揮。知、通計管下比較賞罰。一、收成日，於官中收到課子内，以十分爲率，支三釐充縣令、尉添支職田，仍均給。一、今來招召承佃官莊，如有願就之人，仰諸有官莊縣分陳狀，以憑摽撥地分支給。其縣令、尉能廣行勸誘〔六〕，致請佃之人漸多，當議推賞。一、今來措置官莊，除湖南北、襄陽府路見別行措置外，止係爲淮南、江東西路曾經殘破州縣有空閑田土去處，依今來措置行下。一、諸處土宜不同，如有未盡未便事件，仰當職官條具申行府。」詔從之，劄下樊賓、王弗疾速施行，仍散榜付諸路曉示。

同日，屯田郎中樊賓等言：「被旨措置江淮等路屯田。今乞以『諸路軍事都督行府措置屯田』爲名，欲於階銜内帶行。仍令行府劄下諸路安撫司并諸路監司，遇有承受文字，並限一日回報。如違，當職官吏乞重賜施行；若奉行

〔一〕體：原作「休」，據本書食貨六三之一〇〇改。
〔二〕具：原作「且」，據本書食貨六三之一〇〇改。
〔三〕斛：原作「斷」，據文意改。
〔四〕謂：原作「課」，據文意改。
〔五〕輪：原作「輸」，據本書食貨六三之一〇〇改。
〔六〕尉：原作「行勸」，據本書食貨六三之一〇一改。

滅裂，乞行取勘。」從之。

二月三日，詔：「淮南西路兼太平州宣撫使劉光世、淮南東路兼鎮江府宣撫使韓世忠、江南東路宣撫使張俊並兼營田大使，荆湖北路襄陽府路招討使岳飛、川陝宣撫副使吴玠並兼營田使。」

四日，中書門下省言，江西、湖南安撫制置大使，已降指揮並兼本路營田大使。詔令逐司於參謀、參議官内各選差一員，具名以聞，令兼提點本司營田公事。

同日，中書門下省言：知鄂州、主管湖北安撫司劉子羽，荆南安撫使王彦，淮東安撫使葉煥，知廬州、主管淮西安撫司趙康直〔一〕，並已兼營田使。」詔：「知鎮江府、主管沿江安撫司李謨，知建康府、主管江東安撫司葉宗諤，利州路安撫使郭浩，襄陽府路安撫使張旦〔二〕，金均房州安撫使柴斌，並兼營田使。」

七(月)〔日〕〔三〕，措置營田樊賓等言：「若有元地主歸業〔四〕，令州縣驗實，許歸業人別行指射鄰近荒閑田土，依數撥還充已業。佃客五家相保爲一莊，若未及五家，許先次相保，於本莊内據佃户撥田耕種。俟佃户數足，依已降指揮。」從之。

十六日，通判(楊)〔揚〕州兼管内勸農屯田事劉時言：「今將州縣係官空閑田土并無主逃田並行拘籍，切見[17]常平司所管田産自有專法〔五〕，不許他司取撥，今未審許與不許撥充官莊。」詔常平司空閑田土，亦合撥充官莊。

二十四日，殿中侍御史周祕劄子言〔六〕：「兵者民之所恃以安，民者兵之所恃以養，故兵當處於外，民當處于内。今欲使民兵並耕，則不能無侵擾之患。臣以謂宜先使民，後使兵，必無願耕之民，然後用揀退之兵。如此，則民兵各得其所〔七〕，而他日無督索之勞，此設施之序也。望令付屯田官一就施行。」詔劄與措置屯田官，并關都督行府。

二十五日，江南東路安撫使司言：「本司今于屬官内選差左朝請大夫、直顯謨閣、添差本司參議官馬觀國兼主管本司營田公事。」從之。

三月一日，江南西路安撫制置大使、兼知洪州李綱言：「乞于淮南、襄漢宣撫、招討使各置招納司，以招納京東西、河北之民，明出文榜，厚加撫循。有來歸者，撥田土，給牛具，貸種糧，使之耕鑿。許江、湖諸路于地狹人稠路分自行招誘，而軍中人兵願耕者聽。」詔令都督行府措置。

十七日，都督行府言：「諸路宣撫、安撫大使各令帶營田大使，諸路安撫並帶營田使。緣行府措置屯田官及江淮

〔一〕司：原作「使」，據本書食貨六三之一〇二改。
〔二〕路：原脱，據《建炎要録》卷九八補。
〔三〕七日：原作「七月」，據前後月日順序改。
〔四〕主：原作「王」，據本書食貨六三之一〇二改。
〔五〕管：原作「營」，據本書食貨六三之一〇三改。
〔六〕祕：原作「裕」，據《建炎要録》卷九八改。
〔七〕兵：原脱，據本書食貨六三之一〇三補。

等路知、通、縣令見帶『屯田』二字，切慮稱呼不一，欲並以『營田』爲名。」從之。

四月十五日，詔：「泉州簽判曹紳、福州節推龔濤各與減二年磨勘，漳州知州馬隲、通判趙不棄〔一〕、興化軍判官趙不疑各與減一年磨勘，内選人比類施行。」以措置依限買發耕牛故也。

二十八日，都督行府言：「營田莊並已支給耕牛、借貸糧種、屋宇、農具之類，將來收成，合計五頃所得子利，官中與客户中半均分。緣今歲法行之初，佃户耕種未徧，欲將所收子利，不計頃畝，止以今歲實收數〔二〕，除樁出次年種子外，官中與客户中半均分。謂如寔收一碩，官中客户各五斗。」從之。

同日，都督行府言：「江淮州軍并鎮江府閑田、逃田，依累降指揮，即不得强科抑勒保正長，及一槩占充營田，如有均科大户耕佃官莊去處，日下改正。如違，許人户詣本路監司陳訴，具當職官吏姓名重作行遣。及有標已耕已業熟田去處，許人户陳訴，依實改正。今日已後人户踏逐到田，令量力開耕，隨時布種。切慮州縣奉行違戾，却成民害，今欲乞下營田州軍將畸零田土，如人户情願承佃，即依官莊法；若大段不成片段，令別項樁管。仍申嚴行下，常切遵守，許人户陳訴。」從之。

五月二十日，尚書右僕射、都督諸路軍馬張浚言：「湖南累經殘破，田多荒蕪，近本路安撫制置大使呂頤浩乞錢一十萬貫措置營田，望許行府那融應副。」從之。

六月九日，荆湖南路安撫制置大使、兼知潭州呂頤浩言：「湖南一路，流移甚多，曠土不少，欲望令本路諸縣令佐同管營田職事，踏逐拋荒田土，權暫耕種，及令本路營田官與【18】轉運司同共相度條具耕鑿事務敷奏，趁來年春作種植。如將來有人户歸業，及户絶田有人識認請佃，即時給還。」從之。

二十一日，營田官王弗候對〔三〕，上望見之，因謂輔臣曰：「少間當子細面諭王弗，令竭力久任，若一二年間營田就緒，庶幾可以少寬民力。朕知此已久，昨在會稽，嘗書《趙充國傳》以賜諸將。但上下不能奉承，由是且已。若早做得數年，即今已獲其利。」臣鼎曰：「爲國根本之計，莫大于此。」上曰：「極是。」

七月六日，都省言：「營田事務，元係都督行府將帶官屬兼行措置。今來雖已就緒，或恐行府還闕，别無官司專一主掌，理宜專置一司，以行在職事官兼領。」詔就建康府置司，以提領營田公事爲名。

十二日，殿中侍御史石公揆言：「訪聞營田之人假官勢力，因緣爲弊，如奪民農具，伐民桑柘，占據蓄水之利，彊

〔一〕通：原脱，據本書食貨六三之一〇三補。
〔二〕數：原作「類」，據本書食貨六三之一〇四改。
〔三〕「營」原作「管」，「候」原作「侯」，據《建炎要録》卷一〇二、本書食貨六三之一〇五改。

耕百姓之田。民若爭理，則營田之人群起攻之，反以爲盜。今來秋成收刈，竊恐營田之人耕芸鹵莽，欲償其費，奪民之稼，以爲己功。乞下營田使司預行戒約，無使侵優，害吾良農。」詔令營田司常切覺察。

二十八日，都督行府言：「訪聞開耕荒閑田土，頗費工力，欲望將初年收成課子且令官收四分，客户收六分，次年已後即中停均分。今後請佃官莊，並依此。」從之。

八月十日，司農少卿、提領營田公事樊賓等言：「被旨條具營田，欲乞以『提領江淮等路營田司』爲名，仍於建康府置司。官莊除已置十莊外，每縣如能添置，每十莊耕種就緒，令、尉各與減二年磨勘。每莊召募第三等以上土人一名充監莊，先次借補守闕進義副尉[一]，與免身丁，依軍中例支破券錢。候秋成日，比較所收斛斗多寡，如合推賞，申乞補正。營田所收，未至浩瀚，欲乞候收成了日，具數聞奏，乞盡行樁留，准備將來增置官莊、招客借貸使用。州縣當職官內有不職，乞從本司送所屬取勘申奏，乞行罷黜。」從之。

九月二十一日，都督行府言：「諸路州縣將寄養牛權那一半，許闕牛人户租賃，依本處鄉原例，合納牛租以十分爲率，量減二分。餘一半寄養牛具[二]，準備節次增置官莊使用，所貴牛具[三]、田土不致荒閑。」詔依，仍逐旋具租賃過牛并添給與官莊牛及見在牛數以聞。

二十三日，尚書屯田員外郎、同提領江淮等路營田公事王弗言：「本司欲乞差右迪功郎、池州貴池縣丞榮著充添差幹辦公事。」從之。

十月七日，知澧州呂延嗣言：「本州先因賊馬殘破，附郭良田往往廢棄。本州舊管厢軍一十三指揮，今止有三百餘人，節次分遣營田外，委是人數稀少。乞於湖南鄰路全、道州、桂陽監無事空閑處量撥軍兵三五百人戍本州，因令營田。」詔以五百人爲額，令本州招填。

十日，司農少卿、提領江淮等路營田公事樊賓等言：「今相度，欲乞將 19 江南東、西路州縣并鎮江府管下縣分[四]，除可以摽撥充官莊田土外，有不成片段閑田，委官逐縣自行根括見數，比民間體例，只立租課。上等立租二斗，中等一斗八升，下等一斗五升。開具鄉村田段[五]、着實四至，召人耕種。其後如有欠租課，不許人刬佃，仍先理充本户家產。所貴優潤人户，不致久荒田土。其侵耕冒種之數，許見冒佃人户自首免罪，願依課承佃者聽，仍自當年送納租課。其請佃荒田人戶合納租課，與免一年。」從之。

十一日，詔鍾時聘與減四年磨勘。以押漳州收買營田司牛三綱，並無失陷故也。

---

[一] 闕：原作「關」，據本書食貨六三之一〇六改。
[二] 餘：原作「除」，據本書食貨六三之一〇六改。
[三] 貴：原作「賃」，據本書食貨六三之一〇六改。
[四] 州縣：原脱「縣」字，據本書食貨六三之一〇七補。
[五] 鄉村：原倒，據本書食貨六三之一〇七乙。

十二日，江南西路安撫制置大使司言：「本司欲選差朝散大夫、本司參議官、權參謀林玘兼提舉營田公事。」從之。

二十日，都督行府言：「提舉營田諸路州縣將寄養牛租賃闕牛人户，以二年爲約〔一〕，未滿五年，不得輒取。」從之。

二十二日，都督行府言：「乞令提領江淮等路營田司于見寄養牛内，就近支撥三百頭付壽春府，一百頭付濠州定遠縣。仰疾速計置，節次起發前去，委孫暉及定遠知縣借給歸業人户耕種，免納租課。候收成日，與作五年還納，每牛一頭，止令納錢一百貫省。」從之〔二〕。

七年正月十六日，提領江淮等路營田言：「如無主逃田撥充官莊，官中已行耕種，後有元地主歸業識認，如願别指射鄰近荒閑田土〔三〕，依已降指揮依數撥還；如止要元地，即據官莊所占水陸頃畝，令本縣依占數别踏逐官莊，却令地主耕種。候亦作熟田收成了日〔四〕，兩相對換交割。」工部看詳：「諸路帥臣措置開耕荒閑田土累年，並不見就緒，後來令都督行府措置作營田、官莊，官給耕牛，借貸錢本，優借課子〔五〕。其佃客初年開荒，所費方浩大，今來已是熟田。今欲將官莊已耕種田土，除内有拘占歸業人户祖先墳塋，合先次依式給還墳地外，餘並許元地主于未開耕官莊及應空閑田土内，依數指射撥還；如止要元地，即依營田司所申事理施行。今後别有元地主歸業識認，亦乞依此。若歸業人户委是貧乏，許召第四等已上人户二名委保，令營田司量給借貸錢，候收成日〔六〕，分作二年還納，更不收息。」從之。

二月十九日，司農少卿、提領江淮等路營田公事樊賓等言：「營田州縣耕種田土，所收斛斗最多及最少，并有閑田不爲措置召人耕種去處，候歲終，依已降指揮比較，申朝廷賞罰。」詔依，如將來歲終耕種最少，及不切用心措置去處，令提領司開具姓名以聞。

三月三日，詔：「淮南等處失業流移之人，可令營田司措置，勸募營田，無得抑勒搔擾。其餘州縣更有似此去處依此。」

四月九日，右司諫王縉言：「江淮州縣地有肥磽，田有水陸，用力有多寡，收成有厚薄，若以總數均之逐鄉，或人力少而不能耕，或去家遠而不能耕，[20]或瘠薄甚而不勘耕，或不曾摽撥而不可耕，而出租課，人有受其害者。又況輸納之際，專㪷多端邀乞；水旱之變，官司艱于檢放。寄

〔一〕二年：據下句，似當作「五年」。又下條云「五年還納」，亦似租賃期爲五年。

〔二〕天頭原批：「脱一條。」按，指《建炎以來朝野雜記》一則，見本書食貨六三之一〇七。

〔三〕閑：原作「開」，據本書食貨六三之一〇九改。

〔四〕候：原作「侯」，據本書食貨六三之一〇九改。

〔五〕借課子：本書食貨六三之一〇九作「分種子」。

〔六〕收：原脱，據本書食貨六三之一〇九補。

養之牛，來自廣西，乍遇寒凍，多有死損。其有置莊去處，人耕百畝，給牛一具，耕作既勞，猶多困斃。慮官吏之不虔，立賞罰以勸懲之，又遣省寺官以提領之，又命樞密院計議官躬詣州縣鄉村詢究利害〔一〕。欲望申敕所差官，所至詢審的確利害，無或苟簡，無或觀望，必去其所害，成其所利。」詔劄與李寀及營田司照會。

六月五日，中書門下省言：「江淮等路措置營田，數年之間，皆無成効。朝廷改置官莊，招召軍民耕佃，給與牛具，借貸種糧，誠爲良法。其營田司係提領江淮等路，委是闊遠，難以周遍。今來淮甸復置監司，若不專委諸路漕、帥就近督責，深慮因循，廢弛成法。」詔：「淮東委蔣璨，淮西韓璡，江東俞俟，浙西汪思温。湖南、北、京西南路帥臣並帶『提領營田』，内有見帶『營田大使』、『營田使』〔二〕，即依舊。各將本路州縣應營田官并租佃田土州縣官勤惰，並依營田司前後已得指揮施行。仍各嚴切督責州縣當職官，疾速趁時接續措置，召客耕佃，毋致荒廢田土。候措置增廣，取旨推恩。其提領營田司限一月結局。」

九月二十八日，中書門下省言：「川陝宣撫使司於興元府、洋州等處勸誘軍民營田，耕種六十莊，計田八百五十四頃〔三〕。今夏二麥并秋成所收近二十萬碩，補助軍儲，以省饋餉。」詔降詔奬諭。

十月二十五日，詔：「諸路營田官莊收到課子，除樁留次年種子外，今後且以十分爲率，官收四分，客戶六分〔四〕。」

八年三月八日，左宣教郎、監西京中嶽廟李寀言：「江淮置立官莊〔五〕，貸以錢、糧，給以牛、種，可謂備矣。然奉行峻速，或抑配豪户〔六〕，或驅迫平民，或彊科保正，或誘奪佃客。給以牛者未必付以田〔七〕，付以田者或瘠薄難耕。虚增田畝，攘佃户合分課子以充其數。多鬻己牛以養官牛，耕己田以償官租，反害於民。蓋營田之策，宜行軍中，乃古人已試之效。移之于民，閑田多，閑民少。以閑田付之閑民，公私俱獲其利；以閑田付之有常職之民〔八〕，種種爲害。欲望申敕有司，嚴示懲戒，以閑田付之閑民，無閑民則闕而不置。」詔令諸路提領營田官嚴切約束所屬州縣，常加遵守前後約束指揮，如有違戾去處，仰具名按劾，當重寘典憲。

十九日，臣僚言：「蜀漢之師，艱於糧運，然頃年吳玠講營田於漢中，願降璽書，問以大意，謂兵不可不養，糧不可不足，今日糧運，在趙開時其數幾何，在李迨時幾何，自

〔一〕計：原作「諫」，據本書食貨六三之一一〇改。
〔二〕田：原作「日」，據本書食貨六三之一一〇改。
〔三〕「六十莊」以下十一字原脱，據本書食貨六三之一一一補。
〔四〕天頭原批：「脱一條。」按，指《建炎以來朝野雜記》一則，見本書食貨六三之一一一。
〔五〕置立官莊：原作「置官莊莊」，據本書食貨六三之一一一改。
〔六〕户：原作「力」，據本書食貨六三之一一一、《建炎要録》卷一一八改。
〔七〕付以田：《建炎要録》卷一一八作「可用」。
〔八〕職：《建炎要録》卷一一八作「賦」。

講營田以來積穀幾何〔一〕，減損餽運之數復幾何。俾制司、都轉運司同宣撫司條具以聞，仍乞以法頒示諸軍，使爲矜式。」詔劄付吳玠，仍令馮康國同共條畫以聞。

九年七月十四日，時上諭輔臣曰：「陝西土（彊）〔疆〕已復，兵食最爲急務，首當經理營田，21以爲積穀養兵之計。可令樓炤便宜措置。」（以上《永樂大典》卷一七五三六）〔二〕

〔一〕講：原作「降」，據本書食貨六三之一一一改。

〔二〕《大典》卷次原缺。按徐輯原稿「營田雜録」門本是接於「屯田雜録」門之後（見本書食貨四之六），由版式及中縫所標頁碼可知。「屯田雜録」門標題之旁原批有「食貨二十一」，此乃《大典》之標目。查《永樂大典目録》，「食貨二十一」在《大典》卷一七五三六，此即「屯田雜録」、「營田雜録」二門所在《大典》之卷次。陳智超《解開宋會要之謎》定於此卷，蓋亦因此。今據補。

# 宋會要輯稿　食貨三

## 營田雜録 二

1 紹興十年二月十八日，臣寮言：「天下之費，莫甚于養兵，以其大利，支所甚費，非屯田則不可也。竊以荆州之賦仰給於營田者，歲省縣官之半。願詔諸大將取荆州已試之效，各於軍中籍不堪擐甲者，分撥屯駐於所屬州郡有曠土可耕之處，每五百人用一部將元係良家子通曉稼穡者爲之統率，官給耕牛，薄收租税，假以歲月，責其成效。」詔令諸帥措置。

五月十四日，臣寮言：「淮甸、襄漢曠土彌望，倘擇膏腴[一]，肆行開墾，獲無費之大利，實經遠之良策。欲望詔諭大臣，廣爲營田。」詔令逐路帥、漕司措置，將荒閑不係民田摽撥付逐軍充營田耕墾。

九月十日，明堂赦：「勘會諸路州縣營田官莊所給耕牛，若實緣病患倒死，官司勒令陪還元價，仰提領官取見詣實[二]，除放施行。今後常切覺察，如依前違戾，按劾以聞。」

十一月二十六日，臣僚言：「諸路州縣兵火殘蹂，遺民十無七八，比年雖有復歸，視平日已田不能墾闢。又州縣迫於吏責，官莊、附種，兼而行之。一縣之内，應籍者皆赴莊耕耨，已業荒廢，多不能舉。其間因緣爲弊，以官莊[三]、附種爲名，冒占膏腴，動至數千百石，州縣不敢究治。如官莊有已田相遠不能兼治者，附種户無所撥官田，歲止虚納者，並令除放。所除數，按視上户冒占之家均配與之，則每歲所入不致虧失，而下户貧民得以少蘇。臣愚欲望令逐路選委彊明監司一人遍行郡縣，應有營田去處，覈實均放。其帥臣、州縣尚敢循前隱蔽，不肯公共商榷，力去民病者，並許按劾以聞。」詔：「人口附種田土並改正，如敢依前違戾，當議重寘典憲[四]。餘令本路營田官措置訖以聞[五]。」

十二年五月十四日，江西安撫司言：「乞依指揮，選差右宣教郎、本司參議官閻彦純兼提點營田公事。」從之。

八月十七日，詔：「舒州知州張瑗特與減一年磨勘，通判袁益之減二年磨勘，令、尉紹興十年分在任及半年以上之人，與依本等賞格減半，内選人比類施行。黄州知州童邦直、通判章材、麻城縣令趙善汶各展二年磨勘。」並以淮西運判、兼提領營田吴序賓言，舒、黄州營田所收物斛殿最，合該賞罰，故有是命。

九月十三日，赦：「勘會淮南等路營田，本欲招集流

[一] 倘：原作「儻」，據本書食貨六三之一一二改。
[二] 提：原脱，據本書食貨六三之一一二補。
[三] 官莊：原作「官佃」，據本書食貨六三之一一二改。
[四] 當：原作「尚」，據本書食貨六三之一一三改。
[五] 餘：原作「除」，據本書食貨六三之一一三改。

亡，墾闢曠土。州縣間有希賞，務爲欺弊，雖以招誘爲名，其實抑配民户耕種，循襲爲例。仰監司督責所部州縣悉遵成法，專集流亡，以究實利。不得科抑土着人户。如敢違戾，按劾以聞〔一〕。」

十三年閏四月六日，淮西運判、兼提領營田吳序賓言，重別比較到本路州縣紹興八年營田所收物斛。詔：「在任及半年以上之人，與依本等賞格減半。餘並依元降指揮推賞，内選人比類施行。」

八月三日，工部言：「淮東路官莊止係鎮江府駐劄御2前軍馬都統制提領，今欲令本路總領官同共提領。内官莊不許侵占民田，及以種營田爲名，私役人、牛耕種己田，依律『監臨之官私役使所監臨』法施行〔二〕。各立賞錢五十貫，許人告。如添置耕牛、器具，許於諸軍糞土等錢内支；不足，申明支降。」從之。

十一月八日，南郊赦：「勘會諸路州縣營田官莊所給耕牛，若實緣病患倒死，累有約束，止令將肉臓等出賣價錢椿管，不得抑令佃户陪償。訪聞官司間有勒令陪還去處，事屬違戾，仰提領官取見詣實，除放施行。今後常切覺察，如依前違戾，按劾聞奏〔三〕。」

十五年閏十一月十二日，知池州魏良臣言：「諸軍營田須與本州守臣同共措置，相與協力，窮究利害。」從之。

十六年三月三十日，工部言：「今參酌立定淮東西、江東、兩浙、湖北路每歲合比較營田賞罰。以紹興七年至十三年終所收夏秋兩料子利數内，取三年最多數，更於三年最多數内，取一年酌中者爲額。以本路所管縣分十分爲率，内取二分奉行有方、民無論訴抑勒搔擾去處，分爲三等。增及三分以上者爲上等，依元格減磨勘二年；增及二分以上爲中等，依元格減磨勘一年半；增及一分以上者爲下等，依格減磨勘一年。若虧及元額，最少一處者爲罰。從本路提領營田官，宣撫營田使開具保明以聞。」從之。

五月二十一日，鄂州駐劄御前諸軍都統制田師中言：「乞將紹興十三年至十五年營田收到錢斛，於内取酌中年分立爲定額。」于是户、工部言：「昨降指揮，軍中措置營田，係將本路空閑田土廣行布種。緣今來尚有閑田甚多，所收錢斛未至增廣，難以便行立額。又緣未曾立定賞罰，竊慮無以懲勸。今欲將本軍所屬營田，逐轄使臣歲收錢斛數目，令總領司以遞年所收比較，將增剩及虧損最多去處職位、姓名，申取朝廷參酌賞罰施行。」從之。

十八年八月二十五日，知郢州趙叔滐言：「願詔三省，委諸路總領官及都統制括責閑田曠土〔四〕，公共措置，將合

〔一〕天頭原批：「脱一條。」按所云乃《宋史》之文，見本書食貨六三之一一三。
〔二〕律：原作「偉」，據本書食貨六三之一一四改。
〔三〕天頭原批：「脱一條。」按所云乃《玉海》之文，見本書食貨六三之一一四。
〔四〕閑：原作「間」，據本書食貨六三之一一五改。

分屯軍兵於所在州軍多給牛種〔一〕，廣令開墾〔二〕。苟能自足所用，則今之所支上供糧斛，盡歸朝廷矣。歲復一歲，其利可勝！勘會紹興六年已降指揮，令諸軍下不入隊使臣、軍兵及不能披帶并揀退軍兵等，有願請佃之人，並依百姓體例，以五頃爲一莊，官給耕牛五具并種糧等。其所收物斛，以十分爲率，四分給力耕之人，六分官收。」詔令户、工部立法賞罰。

十一月九日，户、工部言：「今立定諸軍營田，主管官各以所管已耕種熟田外，將均撥到荒田措置增種過田頃，候至收成，從總領所保明，依格推賞。增五頃已上，減一年磨勘；十頃已上，減一年半磨勘；二十頃已上，減二年磨勘；三十頃已上，減三年磨勘。若不爲措置增種者，並（領）〔令〕總領官、本軍都統制開具 3 職位、姓名申朝廷，特與展二年磨勘。」從之。

十九年六月二十四日，兩浙提領營田官曹泳言：「爲根括得鎮江府未有人承佃天荒等田二十二萬三千八百一十六畝三角五十二步〔三〕，欲將上件經界所量出田并後來因水旱逃户所抛下田，並作營田拘收，隨宜於轉運司支撥錢物借種，召人耕作。所有本路應管天荒、逃絶等田未有承佃去處，乞先自秀州〔四〕、鎮江府措置作營田耕種。仍乞逐州從泳踏逐，差有心力官一員〔五〕，依經界措置官已得指揮，與諸縣知縣同共措置。」工部看詳：「除乞差官一員與諸縣知縣同共措置一節，緣諸路營田並係守、倅、令、尉兼行主管，難以施行外，今欲令曹泳更切契勘上件田土，委是荒閑，未有人承佃，即依今來所乞事理，仰遵依前項節次累降指揮措置，招召情願佃客耕種施行，不得因而搔擾抑勒〔六〕，枉費官中錢本。如見有人户承佃去處，不得却致科抑，侵占人户見佃田土。仍具如何措置開耕、係置立若干莊分、耕種若干田段、措置若干牛隻、召到佃客若干數目，具文狀供申。」户部言：「所有户絶坊場、抵當，合關提舉常平司同共措置耕種，依條施行。」從之。

十月十四日，南郊赦：「契勘諸路營田官給錢糧牛具，招募佃户耕種，不得抑勒搔擾，其所收子利依例分給。累行約束州縣，不得減剋佃户所得子利，并侵占民田。仰諸路提領營田官常切檢察，如有違戾，並行按劾。」

二十年二月一日，工部言：「乞將諸路紹興十三年至十九年知、通、令、尉，且依紹興十六年三月二十日指揮立定分數〔七〕，并近申擬定法比較賞罰外，其十九年以後，欲將當年所收物斛：若元額五千碩至一萬碩已上，比遞年增

〔一〕牛：原作「耕牛」，據本書食貨六三之一一五删。
〔二〕廣令：原作「之」，據本書食貨六三之一一五改補。
〔三〕天頭原批：「脱小注一條。」按，見本書食貨六三之一一六。
〔四〕秀：原作「委」，據本書食貨六三之一一六改。
〔五〕差：原無，據本書食貨六三之一一六補。
〔六〕勒：原作「勤」，據本書食貨六三之一一六改。
〔七〕且：原作「具」，據本書食貨六三之一一七改。

及二分已上，與減一年磨勘；虧及二分已上，與展一年磨勘；增及四分已上，與減二年磨勘；虧及四分已上，與展二年磨勘。若元額不及五千碩，增虧不及二分，並不在賞罰之例。每歲仰本路營田官具無民詞訴抑勒去處，方許保明。其已降指揮立定一分至三分賞罰，自紹興十九年已後更不施行。」從之。

七月二十三日，知廬州吳逵言：「土豪大姓、諸色人就耕淮南，開墾荒閑田地歸官莊者，歲收穀、麥兩熟，欲只理一熟。如稻田又種麥，仍只理稻，其麥佃户得收。椿留次年種子外，作十分，以五分給佃户，五分歸官。初開墾，以九分給佃户，一分歸官；三年後，歲加一分，至五分止。即不得將成熟田作初開墾荒田一例施行。所有産税、役錢，並令倚閣，仍將開耕官田每頃别給菜田二十畝，所收課子，不在均分入官之限。其管官莊户於本道都比聯附保，並免差役及諸般科借。佃户穀就近便處用省㪷交量，更不收耗，及不得輒加㪷面。歲終，安撫司勘當，以多寡爲優劣。」從之[一]。

二十二年【4】十一月十八日，南郊赦：「勘會諸路營田之法，止係許令招召情願佃客耕種。昨緣州縣違法，勒令人户附種及虛認租課去處，已降指揮，並行改正。尚慮守令奉行不虔，依前抑勒，仰提領營田官常切檢察，若有違戾去處，並按劾以聞。勘會租佃營田并寄養諸色官牛，每歲兩料收納課子。其間有災傷田，元租官牛倒死，官司勒令陪填[二]，往往並不與除放，及老弱牛隻不勘耕使，抑令依舊虛納租課，甚爲民害。仰諸路漕司及提領營田官體究，特與除放。老弱不勘牛隻，並行拘收出賣；其堪使耕牛，亦仰相度可與不可出賣，務從民便，具利害以聞。」

二十三年三月十八日，鎮江府駐劄都統劉寶等言[三]：「相度到人户識認軍莊營田，欲令償納自開耕以後三年每畝用過工本錢五貫五百文足，給還元田。」從之。

十九日，知襄陽府榮嶷等言[四]：「乞廢罷均州武當營田，從百姓耕種。」從之。

九月十二日，詔：「諸路州軍營田，遇有人户識認，營田與依劉寶軍莊例，償工本錢給還。」先是，户部言：「建炎兵火之後，人户拋棄已業逃移，並各荒廢。自置作營田，經今年歲深遠，人户爲見營田所耕田土並各成熟，往往用情計囑州縣，前來識認歸業，因生詐冒，漸壞成法。」故有是命。

十六日，詔：「淮南西路安撫司置主管機宜文字一員，營田司置幹辦公事、准備差使各一員。」從知廬州曾慥請也。

二十一日，三省言：「廬州曾慥乞與建康府都統制王

[一] 天頭原批：「脱一條。」按，所云爲小注一條，見本書食貨六三之一一八。
[二] 勒：原作「勤」，據本書食貨六三之一一八改。
[三] 劉寶：原作「劉實」，據本書食貨六三之一一八、《建炎要録》卷一六〇改。
[四] 「陽」原脱，「榮」原作「營」，並據本書食貨六三之一一八改補。

權同商議營田。」上曰：「須是令熟議可行與不可行，如與之中分其利，使軍人樂然從之〔一〕，方可行也。」

二十五年八月十四日，詔：「都督府所置官莊并牛租，可日下放免，今後不得起理。」

十一月十九日，赦文：「都督府所置官莊并牛租，近降指揮，日下放免。尚慮州縣守令別作名色，依舊抑勒人户送納，有失朝廷寬恤本意，仰諸路監司常切覺察。」

十二月十三日，户部言：「都督府昨來所置官莊，將州縣係官空閑田土拘集，所收課子，官中與客户中半均分。近降指揮放免牛租，所有元撥田土〔二〕、莊屋、牛具，今欲委轉運司拘集見數，依舊令見佃人承佃，據元認納租課輸納。除合應副大軍馬料外，將其餘數目令所屬並行變糶價錢，起發前來左藏庫送納。」從之。

同日〔三〕，户部言：「都督府所置官莊，召客户共種，官給牛具，所收課子，官中與客户中半均分。近請降詔旨〔四〕，都督府所置官莊并牛租，可日下放免，今後不得起理，元降指揮更不施行。本部除已行下諸路轉運司，契勘本路有管都督府所置官莊元撥田土〔五〕，委轉運司拘籍見數，依舊令見佃人承佃，據元認租課輸納。除合應副大軍馬料外，將其餘數目，令所屬變糶價錢，起發行在送納。若見佃人不願承佃，即開具田段坐落去處、所納租課數目，別行召人 5 承佃。其元撥莊屋、菜田、牛具，亦並權行給付見佃人，免行收租。」從之。

二十八年九月二十七日，文林郎鄧昂言：「竊見關外營田，行之有叙，若不繼此增修，將見弛廢。兼紹興十三年創始之初，祇十分收五分，所餘五分當盡舉而行之。耕種人力不給，方且欲假借以辦事〔六〕，欲望再行體量，於寬田處更與添人力。漢中陸田少，濕田多，種禾麻菽麥則爲浸濕所害，因其卑濕，修爲水田種稻，則所收可無虚歲矣。耕種田，多是鹵莽。聞之老農，耕不再則苗不盛，耘不再則穗不實。苟不能革日前之弊，而望多稼之田，其可得乎！內田段多有未曾開墾，宜委官躬親體量畝數〔七〕，行下諸莊，徧令開墾。如內有費牛力多處，令莊官具實以聞。今諸莊耕牛少，又純養牡牛，當收買牝牛二分散養，以資蕃庶。多以茅屋收頓租色，在卑濕處，乞命有司擇高燥地別行建立。」詔令王剛中同李潤措置，申尚書省。其後四川安撫制置使王剛中等言：「乞依紹興十五年四月二十二日已降指揮，欲自紹興三十一年爲始，每歲候夏、秋收成了畢，從兩

〔一〕使：原作「便」，據《建炎要録》卷一六五改。
〔二〕元：原無，據下條補。
〔三〕按此條與上條實爲同一事，僅文字較詳，當是《大典》取《宋會要》另一門之文添入，非《會要》本如此。
〔四〕請：疑衍，上條云「近降指揮」，亦無「請」字。詔：原作「詣」，據本書食貨六三之一一九改。
〔五〕「管」字疑衍。
〔六〕辦：原作「辨」，據本書食貨六三之一二〇改。
〔七〕體：原作「休」，據本書食貨六三之一二〇改。

都統開具諸頭項所種營田頃畝〔一〕、土色高下、元下種子、所收斛斗數目并主管或提振營田官職位，關報四川安撫制置司并總領所，同共參照〔二〕，通行比較賞罰。」於是户部言：「欲下安撫制置司、總領所，候將來每歲夏、秋兩料收成了畢，從兩都統開坐諸頭項所種營田頃畝〔三〕、收到斛斗數目，關報逐處，同共參照，將提振營田官通行比較賞罰施行。并劄下吴璘、姚仲照會。」從之。

（二十九年）閏六月三日〔四〕，時上諭輔臣曰：「昨降指揮，諸軍揀汰使臣，官給閑田，假以牛種、農具，使之養老，似爲得策。有司失職，奉行弗虔，至今未見申到次第。大抵營田寔是良法，自古富國强兵，未有不先於此者，豈苟可行於古，而不可行於今者乎！卿等宜令措置，條具以聞。」湯思退曰：「向來兩淮營田非不講究利害，委官專領而率不能成者，豈惟有司弛慢之過，亦是一時經畫未得其要。今於召募之際，儻能稍加勸賞，不吝小費〔五〕，則亦何患其不成？」

二十九年九月一日，户、工部言：「諸路諸州軍營田、官莊夏、秋二料所收斛㪷，内除年例科撥應副馬料外，其餘並係變糴價錢，起赴行在送納。緣諸軍歲用數多，理合就兑撥支使。乞下提領營田官，將合出糶稻麥並起赴本路總領所交納支用〔六〕，仍令總領官拘催，具樁到數目紐計合支價錢，申部照會。」從之。

二月二十七日〔七〕，知蘄州宋曉言：「兩淮營田，募民而耕之，官給其種，民輸其租，始非不善。應募者多是四方貧乏無一定之人，而有司拘種斛之數，每遇逃移，必均責鄰里，謂之『附種』。近年以來，逋亡者衆，有司以舊數歲督其子利，致子孫、鄰里俱受其害。牛十年之後則不堪耕〔八〕，今給於民者，二十有三載 6 矣〔九〕。一牛之斃，則償於官，況連歲牛疫，而不免輸租，收牛之家逋亡，而責鄰里代輸。望詔本路漕臣與守倅務從其實，一切蠲除之。」詔令逐路帥臣、漕臣取見數目，開具以聞。其後漕司龔濤等言：「舒、蘄州一十縣，多將虛數抑勒人户，給散官牛，分科種子〔一〇〕，

---

〔一〕營：原作「管」，據本書食貨六三之一二〇改。
〔二〕照：原作「昭」，據本書食貨六三之一二一改。
〔三〕統：原作「通」，據本書食貨六三之一二一改。
〔四〕天頭原批：「二月二十七日條移前二十九年九月一日上。」又云：「閏六月條移前二十八年九月二十七日上。」按，此乃未考正此諸條年月而云然，實則諸條次序無誤。如此條，紹興二十八年無閏六月，此爲紹興二十九年無疑，今補書「二十九年」。下條「二十九年」四字則可删。
〔五〕小：原作「水」，據本書食貨六三之一二一改。
〔六〕出：原抄作「糶」字之左部，且筆畫不全，據本書食貨六三之一二一改。
〔七〕按，據《建炎要録》卷一八〇、一八三，紹興二十八年九月，宋曉仍知蘄州；至二十九年十二月，則稱「知蘄州章燾」奉祠，以崔邦弼代之。可知此條之「二月」仍爲二十九年之二月，但編次應前移。
〔八〕年：原脱，據本書食貨六三之一二二補。
〔九〕二十有三：《建炎要録》卷一八六作「十有三」，似當以本書爲是。
〔一〇〕科：原作「租」，據本書食貨六三之一二二改。

〔令〕〔令〕于自己田内種蒔〔一〕，認納子利，謂之『附種』〔二〕。年數既深，牛已死損，而虛數不除。又縣官希賞，虛陞開墾數目，却於人户自行科納，以致積年拖欠，因而科擾，實如宋曉所奏。乞特與蠲除。」於是户部言：「今據淮南轉運、安撫司取見前項違戾，乞依所降指揮，特與蠲除。所有人户附種及虛認稻麥數目，欲下本路并下總領所照會。」從之。

九月七日，户部言：「淮西管營田軍莊官請受，若有料曆〔三〕，方合批勘；如無，自不合批勘。所有合得券食錢，自合隨官序支破券錢并食錢。今欲下總領所，將分差糧審院勘旁報江東轉運司應副，不許於大軍錢内支。其主管官、監轄使臣并蒔田軍兵依元降指揮，於諸軍所管人内差營田。」詔令户部行下淮西總領所，將本路營田軍莊所差官等，並依淮東已得指揮差撥施行。

三十年十一月二十三日，李顯忠言：「乞令諸軍屯田。」時上諭宰執曰：「朕思之甚詳，蓋先當根刷諸將留屯州分荒閑係官賣不盡田，兼取見沿江所在頃畝，初年支給牛耕，三兩年間，且盡興地利〔四〕，使之歲入有得，則不勸而自耕矣。」湯思退奏：「當先令取會根刷，別具奏聞也。」上曰：「此事在今日誠可議，但行之當有先後之序。應沿江屯駐所在，自江以南，恐無閑田，如淮甸近江處〔五〕，若令諸軍不齎鎧仗，往就耕種，亦自無害〔六〕。但今當先取見閑田頃畝多寡之數，然後均撥，給以耕牛、糧種，每歲所收，優以分數與之，使其樂然願耕，數年之後，方可計其所入，以充軍食，斯爲盡善。」

三十一年二月二十四日，時上諭輔臣曰：「食者民之天，百姓豈可闕食！若屯田就緒，不惟可以裕民，亦復助國家之經費。朕觀漢文無歲不爲農田下詔，則屯田可後乎？」宰相陳康伯奏曰：「臣等見措置，別具奏聞。」

五月七日，中書門下省言：「兩淮諸郡營田官莊，佃户數少，因多荒廢，州縣遂將營田稻子分給與民，秋成則計所給種子而收其實，謂之『附種』〔七〕。歲月既久，民業有陞降，而其數不減。」詔令淮南轉運司行下州縣相度營田官莊，將措置成就去處依舊存留，仍不得依前抑勒附種，如違，許人户越訴。

三十二年三月四日，臣寮言：「乞於淮甸立屯田之法以修兵備，兵備修則兵可以彊，二者最今日大務。」從之。既而工部言：「欲下淮甸轉運司，淮南東西路安撫司、總領所，建康府、鎮江府御前都統，參照前後已降指揮，未盡未

〔一〕蒔：原作「蔣」，據本書食貨六三之一二二改。
〔二〕謂：原作「課」，據文意改。
〔三〕料：原作「科」，據本書食貨六三之一二二改。
〔四〕且盡興：原作「具盡與」，據《建炎要録》卷一八七改。
〔五〕淮：原作「准」，據本書食貨六三之一二三改。
〔六〕害：原作「言」，據本書食貨六三之一二三改。
〔七〕謂：原作「爲」，據本書食貨六三之一二三改。

便事件，即仰條具以聞，以憑看詳立法。」從之。

十六日，尚書兵部侍郎陳俊卿言：「被旨 7 措置淮東堡塞屯田等事，乞以『措置淮東堡塞屯田所』爲名。仍乞下禮部關借印一面〔一〕。如有措置，令與本路監司、帥臣、守臣及州縣當職官商議；及合用壕寨知鄉道人，欲乞就逐處差撥。如有諳知淮東堡寨屯田等事等人，乞於見任官內許徑行差委，幹集事務。今來往回所至州縣，乞免赴朝拜并出謁。如有未盡未便，續具申明。」詔並依，內陳俊卿除給券外，月給錢一百貫。其後工部侍郎許尹淮西措置申明同此。

四月八日，上諭輔臣曰：「士大夫言屯田事甚多，然須先有定論：用諸軍乎？用諸民乎〔二〕？若論既定，當先爲治城壘廬舍，使老少有歸，蓄積有藏，然後可爲。」宰臣陳康伯奏曰：「今淮西歸正人願就耕者甚多，已降牛、種、本錢。又趙子潚所納抽解木植，亦分送淮上治屯田人廬舍矣。」上曰：「如此甚好。」

五月八日，權兵部侍郎陳俊卿言：「堡寨見別作措置，今條畫屯田利害。耕熟田戶未歸業者，限自四月十一日爲始，滿一周年，如無田主識認，許諸色人經官投狀〔三〕，指占承佃。印榜民間，使之通知，庶得來年趁時耕種。其荒田二三十年無人耕種，皆爲棄地，今乞更與稍加優異〔四〕。若諸色人不論土着流寓，指占舊荒田耕種，與免七年租稅并諸般差役、科配等事。見今歸業之民，朝廷憐其凋殘之後，少缺耕牛，已令江、浙常平司支錢買牛。不若以江、浙買牛價錢發付淮南常平司〔五〕，令州縣出榜，招人販賣，沿路與免商税。仍令州縣預先根刷下戶缺牛之人，先次五家立爲一保，籍定姓名，候官買到牛，依名次支給。」戶、工部看詳：「欲依所乞事理施行，并下兩浙東西路常平司并淮南東路堡寨屯田所、轉運、常平司提領營田官照會。」從之。

（以上《永樂大典》卷一七五三六）〔六〕

【宋會要】

8 紹興三十二年九月□日〔七〕，孝宗已即位，未改元。江淮東西路宣撫使司言：「兩淮自經兵火，田萊多荒，今歸正忠義之人〔八〕，往往願於淮上請射田土。本司已行下兩浙帥臣、提領屯田官，將願請田耕種者結甲置籍，據合摽撥頃畝，借貸錢、米、牛具、種糧，仍逐一體訪利便條陳，務要簡

〔一〕印：原作「即」，據文意改。
〔二〕諸：原脫，據《建炎要録》卷一九九補。
〔三〕官：原作「言」，據本書食貨六三之一二四改。
〔四〕更：原作「便」，據本書食貨六三之一二四改。
〔五〕不若以江浙買牛：原脫，據本書食貨六三之一二四、六三之一二五補。
〔六〕《大典》卷次原缺。據原稿字迹、行款及中縫頁碼可斷定，「營田」門之上文原接於本書食貨四「屯田雜録」門之後，該門在《大典》卷一七五三六（參食貨四之六校記），因之本文亦在此卷。故補。
〔七〕正文前原有標題「食貨・營田・營田三」，此是《大典》標目。
〔八〕今：原作「令」，據本書食貨六三之一二五改。

便可行，不至徒爲文具。將來就緒〔一〕，所委官合行推賞。」從之。

十一月二十九日，參知政事、督視湖北京西路軍馬汪澈言：「荆、鄂兩軍屯守襄漢，糧斛浩瀚，悉泝漢江。霜降水落，舟膠不進，所遣綱船來自江西、湖南，率經年不得還。舟人逃遁，官物耗散，而軍食又不繼。竊謂虜未退聽，調度尚煩，或和或戰，襄漢要必宿師，而餽運乃如此，可不深慮！臣今相視得襄陽古有二渠，長渠溉田七千頃，木渠溉田三千頃〔二〕，自兵火之後，悉已堙廢。臣今先築堰開渠，并合用牛具、種糧，就委湖北、京西兩運司措置。渠既成，或募民之在邊者，或取軍中之老弱者，雜耕其中。來秋穀熟，量度收租，以充軍儲，既省餽運，又可安集流亡。臣今乞以措置京西營田司爲名，令姚岳兼領。合用錢物，臣已令湖北、京西運司通融計置。候事畢日，具數申朝廷。所有幹辦官正不可闕，臣約度一面選差，與理爲資任，支破請給。」從之。

孝宗隆興元年二月二日，殿中侍御史胡沂言：「竊謂爲今之計，求守禦之利，圖經遠之謀，莫若令沿邊之郡行屯田之策。況前歲淮上逃移之民散處阡陌，未復舊業，而頻年中原歸附之衆仰食庾廩，未知所處。因其曠土，俾之就耕，豈惟可以贍其室家，抑亦足以寬吾餉餽。然而行之亦有二說：今土膏脈動，東作方興，宜及此時，即爲措置，一也；又慮敵人乘吾農時，輒加驚擾，宜于險隘之地聚兵以守，防其侵軼，二也。去年朝廷指揮諸路收買耕牛、農具州縣起發，錢踵于道〔三〕。今耕牛、農具當已不乏，欲望亟賜行下沿邊諸路帥司疾速施行。」從之。

十三日，御史中丞辛次膺言：「去年淮南州縣例皆清野，以防虜人之侵軼，民多離徙，寄泊異鄉，失其常產，類無生意。今戎馬漸息，種藝是時，豈可使昔日膏腴，鞠爲草莽？雖公上二時之賦或貰于征求，而良民數口之家何從而養贍，安得不亟行經畫？招集流亡，官爲借給牛具、種糧，趁時耕布；或令見屯軍伍將荒閑之地從便營田，俱免稅租〔四〕。實惠育元元、足食足兵之良策也！昔唐張全義爲河南尹，時東都經黄巢之亂，户不滿百，野無耕者。全義選麾下十八人詣十八縣故墟落中，植旗張榜，招懷流散，勸之耕殖，寬刑薄斂，民歸如市。時人謂：『張公見聲妓未嘗笑，獨見佳麥 9 良繭則笑〔五〕。』由是凶年不飢，遂成富庶。至昭宗時，郭禹爲荆南留後，止存十有七家，禹撫集凋殘，晚年及萬户。華州刺史韓建亦招撫流散，勸課農桑，民富軍贍，時號『北韓南郭』。臣謂宜嚴責兩路守令以勸農營田繫銜者，毋爲虚名，力圖實効，出入阡陌，勸相勞來，務廣墾

〔一〕將：原作「特」，據本書食貨六三之一二五改。
〔二〕以上二句，《建炎要録》卷二〇〇作：「長渠溉田二千頃，木渠溉田千頃。」
〔三〕錢：似當作「接」。
〔四〕免：原作「兑」，據本書食貨六三之一二七改。
〔五〕繭：原作「璽」，據《資治通鑑》卷二五七改。

闢。或將淮上控扼州郡改差循良武臣，俾之綏輯，且耕且戰，曠日持久，爲善後之圖。」從之。

十八日，户部員外郎、奉使兩淮馮方言：「臣至楚州犒設山東忠義軍，據本軍將〔一〕，雖蒙按旬支給錢糧，緣各家老小累重，食用不前。今與衆議〔二〕，除軍身教習武藝外，其餘乞于三家或四家同共關借官錢，收買耕牛，關借子種，踏逐堪耕土地，趁時布種。今若因其所欲，給借牛、種、糧食，創立規摹，它日可以逐旋增廣屯田之利。檢准紹興三十一年十二月赦書内一項，委浙江常平司官于本路支撥常平錢，收買耕牛、農具，交付淮南常平司，給借人户耕種，免納租課。候及三年，分限送納價錢。（令）〔今〕淮東提舉司從去年俵散種牛之後，尚有兩浙等路發到應副牛本錢五千貫，乞專委本司就用見在錢及通融本司錢及江浙等路合發未到錢，添湊應副收買。選擇清强知縣，委付措置，于江浙常平及義倉米内取撥借貸種糧，多方存恤，將來就緒，優與推賞。其忠義軍老小軍身非願佃之人，乞自都督行府劄下本路提舉司分撥施行。」從之。

五月十七日，臣寮言：「今日之急務，莫若且休兵營田。州郡官以營田爲名，而無營田之實。欲究其寔，有十説焉：一曰擇官必審。昔魏武欲經畧四方，苦軍食不足〔三〕，置屯田，以任峻爲典農中郎將；司馬懿伐吳，乃使鄧艾廣田蓄穀，是也。二曰募人必廣。趙充國留弛刑、應募及吏私從者，合萬二百八十一人；後魏文帝時，李彪請别立農官，取州郡户十分之一充屯田人，是也。三曰穿渠必深。趙充國圖擊先零，屯田于金城，先浚溝渠；鄧艾屯田于壽春，遂開河渠之利，是也。四曰鄉亭必修。趙充國繕鄉亭、理湟陿是也。五曰器用必備。趙充國上器用簿是也。六曰田處必利。漢昭屯田于張掖，魏武屯田于許昌，是也。七曰食用必充。趙充國屯田萬二百八十一人，用穀月二萬七千三百六十三斛，是也。八曰耕具必足。後魏文帝大統十一年，李彪請以贓贖雜物市牛科給。唐開元二十五年，諸屯田用牛耕墾〔四〕，土軟處每一頃五十畝配一牛，强硬處一頃二十畝配一牛〔五〕，稻田每八十畝配一牛。諸營田若五十頃外，更有地剩配耕牛者，所收斛斗，皆準頃畝揞除。是也。九曰定税必輕。東晉元帝太興中，後將軍應詹上表屯田，一年與百姓，二年分税，三年計税賦以使之，公私兼濟；李彪上表，一夫之田，歲責六十斛〔六〕，蠲其正課并征戍〔七〕、雜役，是也。十曰賞罰必行。晉元 10 帝督課農功，二千碩長吏以入穀多少爲殿最；北齊武成帝河清

〔一〕「軍將」下疑脱「言」字。
〔二〕今：原作「令」，據本書食貨六三之一二八改。
〔三〕「苦」原作「若」，「軍」原脱，據《歷代名臣奏議》卷四九載胡銓奏改補。
〔四〕「諸」原作「請」，「牛耕」原作「耕牛」，據《通典》卷二、《歷代名臣奏議》卷四九改。
〔五〕配：原脱，據《通典》卷二補。
〔六〕責：原作「貢」，據《歷代名臣奏議》卷四九改。
〔七〕戍：原作「税」，據《歷代名臣奏議》卷四九改。

中，詔緣邊城守營屯田，歲終課其所入，以論褒貶，是也。凡此十者，營田之制盡矣。就其中莫難于募人〔一〕，猶莫難于耕具。募人之要，臣請如李彪之策，取州郡户十分之一〔二〕，又加廣焉。人户能募三十人于淮南要害處營田三年〔三〕，有官人與轉兩官，無官人與免二十年差役，願補官資者聽，選人與改合入官，恩科人與免權入官；能募二十人或十人者，比例施行，仍令州郡敦遣。如此，則人樂從矣。不然，徙猾吏及貧人不能自業者于寬地，如崔寔之《政論》；或因罪徙于沿邊〔四〕，如仲長統之《昌言》，斯亦可矣。其耕具，則請權住廣西馬綱三年，專令市牛。蓋廣西雷、化等州牛多且賤，臣頃在廣西，知之詳矣。」工部勘當〔五〕：「昨降指揮，江淮州縣營田官莊〔六〕，將州縣係官空閑田土并無主逃田並行拘籍見數，每縣以十莊爲率，每五頃爲一莊，召客户結甲耕種，官給牛具，借貸錢本，其客户仍免諸般差役、科配。每莊召募第三等以上土人一名充監莊，先次借補守闕進義副尉，與免身丁，依軍中則例支破券錢。候秋成日，比較所收斛㪷多寡，如合推賞，許申乞朝廷補正。及將初年收成課子除椿出次年種子外〔七〕，十分爲率，官收四分，客户六分；次年以後，即均分。竊詳諸路營田，雖承指揮措置召募耕種，兼立定許補名目、推賞則例，非不詳備，緣逐路自來召到監莊之人，往往並不申到種過田土頃畝，比較所收物斛多寡，乞與補正，以致佃户視爲虛文，不肯勸誘開耕。今勘當，欲下淮南路轉運司，兩浙、江東、京西提領營田官，江西、湖南、北安撫營田使，依已降指揮，將見管係官空閑田土，督責所部州縣多方召募可充監莊之人，勸誘客户廣行開墾。先次借補名目，如果能用心協力，措置耕種，候秋成日，比較所收物斛多寡，開具合推賞人姓名，保明申朝廷補正名目。」從之。

六月十八日，宰執進呈軍人蕭德訴襄陽屯田。上曰：「此可罷。」陳康伯奏曰：「汪澈措置屯田頗就緒，但不當役戰士。」洪遵奏曰：「止合募人願耕者〔八〕。」上曰：「指揮更添入『不得抑勒』〔九〕，候秋成所得，依舊與之。」

七月四日，樞密使、江淮東西路安撫使、魏國公張浚言：「總領所、諸軍營田官莊，見占官兵人數稍多，每歲所得，不償所費。欲乞下有司取會立限措置，將見管頃畝、牛具、種糧，依官中客户所得子利分數召人耕種，抵替官兵歸軍使唤。」詔工部行下逐路總領措置。

十月十二日，工部尚書張闡言：「制置司已將營田諸

〔一〕募：原作「摹」，據本書食貨六三之一三〇改。
〔二〕户：原脱，據《歷代名臣奏議》卷四九補。
〔三〕「十」原作「千」，「三」原作「二」，據《歷代名臣奏議》卷四九改。
〔四〕罪：原作「罷」，據本書食貨六三之一三〇改。
〔五〕工：原作「二」，據本書食貨六三之一三〇改。
〔六〕江：原脱，據本書食貨六三之一三〇補。
〔七〕出：原作「管」，據本書食貨六三之一三〇改。
〔八〕「募人」前原衍「願」字，據本書食貨六三之一三一删。
〔九〕「指」原作「措」，「入」原作「人」，均據本書食貨六三之一三一改。

屯見耕種人丁放令逐便，仍罷營田，令工部看詳。臣聞自古兩國相持，勝負未決，必有師老財匱之患。善制勝者欲省饋運之費，莫不以屯營田爲急，如趙充國屯于金城，羊祜屯于襄陽，任峻屯于許下，諸葛亮11屯於渭南，皆能（籍）〔藉〕以成功。何古人行之爲得策，今日行之爲有害耶？抑嘗（久）〔反〕復思之，蓋荆襄之地，自靖康以來，屢經兵火，地廣人稀，不患無田之可耕，常患耕民之不足。居無事時〔一〕，勸之使耕，積以歲月之久，僅能墾闢一二。況舉事之始，曾未朞月，欲使盡無曠土，可乎？臣謂今日荆襄之地屯田、營田爲有害者，非田之不可耕也，無耕田之民也。欲治田而無田夫，任事之人慮其功之不就，不免課之于游民；游民不足，不免抑勒於百姓。百姓受抑，妄稱情願，舍己熟田，耕官生田。私田既荒，賦稅猶在。或遠數百里追集以來；或名爲雙丁，役其强壯者。占百姓之田以爲官田，奪民種之穀以爲官穀。老稚無養，一方騷然。有司知其不便，申言于朝廷罷之，誠是也。然臣竊謂自去歲舉事以至今日，買耕牛，置農器，修長、木二渠，費已十餘萬，其間豈無已墾之地乎？豈無廬舍場圃，尚可就以卒業乎？一旦舉而棄之，不爲勢力之家所占，則是捐十萬緡于無用之地，而荆襄之田終不可耕也。臣比見兩淮歸正之民源源不絶，動以萬計，官給之食以半歲爲期。今已踰期矣，官既不能給，斯民無所依，老弱踣于飢餓，强者轉而之他，殊失斯民嚮化之心，兼亦有傷國體。臣愚以謂荆襄之田，尚有可承之規模，與其無民耕而棄之，孰若使歸正之民盡遣而使之耕，非惟可以免流離困苦之患，庶使中原之民知朝廷有以處我，不至失所，率皆襁負而至。異日墾闢既廣，田疇既成，然後取其餘者而輸之官，實爲兩便。」詔除見有人耕種依舊外，餘令虞允文同王珏疾速措置。

二年正月二十五日，江淮都督府參贊軍事陳俊卿言：「兩淮兵火之後，前後議屯田，其說紛然，卒不能有立。蓋欲募民屯，則非良守令出入阡陌，遲以數年，何以見効？事既悠悠，無肯任責者。若使軍人營田，事或易集。前此兵將官多難之，近與鎮江都統制劉寶熟論，欣然有欲爲國家出力，率先諸將之意。其說似有理：欲只用不披帶人分數十頭項，擇見今係官荒田摽旗立寨，多買牛犂，縱耕其中。田熟之日，官不收課，人有所得，自然樂從。數年之後，墾田必多，米穀必賤。所在有屯，則村落可無盜賊之憂〔二〕；軍食既足，則饋餉可無運漕之勞。此誠永久守兩淮之上策，第須久任其人，責以成効。若欲取効目前，又或憚其小擾，則無時而成。此說或可行，乞下劉寶條具施行。」詔令陳俊卿、劉寶疾速同議，條具聞奏。其後劉寶具到：「見管營田官莊四十二所，田四百七十五頃八十八畝，官兵五百五人，客户二百六十五户。臣契勘得營田軍兵係

〔一〕居：原作「君」，據本書食貨六三之一三一改。
〔二〕可：原脱，據本書食貨六三之一三三補。

元不入隊人内差撥，即無堪充披帶出戰之人。歸正人已承都督府取問，皆係情願請佃。所稱軍兵費用錢米，係是逐人身分合得請給，[12]即不是因營田別有支破。今看詳，欲乞將本軍見管營田頃畝且令依舊耕種。」寶又言：「淮東自經兵火凋殘之後，荒田甚多，若令且耕且守，醜虜聞之，必不敢輕犯。乞于(楊)〔揚〕、楚、高郵、盱眙、天長諸處，檢踏係官不係官、應干荒田可以耕種者，于内雖有主，未曾歸業，亦許時暫種蒔，候將來事定日撥還。其檢踏到頃畝，悉置簿拘籍，以憑斟酌分撥人兵前去。欲乞于入隊官兵内，揀選請受低小、元係莊農使臣五人例、三人例，及効用長行軍兵口累重大情願屯田者，及忠義歸正人舊曾力田耕墾之人，盡數集定數目，以備分撥種蒔。合用農具，本軍自行置辦外，其耕牛、種糧、蓋屋竹木，並乞官中給降。每十人爲一甲，斟量田畝多寡，共成一寨，于内差使臣一員管幹。人數稍多，即差部隊將一員監轄。每一旬差將官一員詣逐寨看視，時復差統制官檢點，及實不測前去提領。一、于種蒔之暇，令官兵時復閱習元來執色武藝，免致廢墮。至收成畢農隙時，却行抽回軍前，以備防捍。委淮東提領營田官王弗同共措置。今來揚州見椿管廢罷孳生馬監錢銀共四萬三千九百六十一貫文，欲撥付總領所拘收〔一〕，專充措置營田種糧、牛具等使用。」並從之。

三月十四日，司農少卿、總領淮東軍馬錢糧、兼措置江淮等路營田王弗言：「自古屯田之制，止用軍兵，唯魏武于許下募民屯田，積穀至數百萬。然則軍民雖異，而屯田期于積穀則一也。國家軍興以來，屢降詔旨，太上皇帝親書《趙充國傳》賜諸大帥，所以激勵諸將，然終莫能有奉承德意以塞詔命者。紹興五、六年間，置營田司，講究利害而施行之。臣嘗同領江淮等路營田公事，經營二年，初年官收四分，莊户六分，次年官與莊户各收五分。省記紹興六年官中所收約七十四萬碩，莊户所分一同。繼被旨結局，分隸諸路漕司權領，遂致人情觀望，田政日削，牛死不補，客去不追。耕熟之田，認者輒與，迤邐不振，日就廢壞。今雖有存者，所得無幾，若再行招召，愈更艱難。兼游民今日着業，往往不肯開墾荒田。欲乞先于側近軍分與主帥商議〔二〕，揀次等不堪出戰及知農務之人，每軍以十分爲率，差撥一二分列屯耕作。其置莊、買牛、造農器、分課子，並依昨差提領營田司已降指揮施行外，有當時募民官莊，各乞下逐路取見已廢、見存數目，且據舊來所管莊數目，所闕客户，招召情願人户補填。所貴軍民各有課程，假之歲月，以漸增廣。」從之。

七月二十八日，知復州張沂言：「本州景陵縣管下舊有營田官莊，自紹興六、七年間宣撫司營置，今三十年矣，名存而實亡，歲久而害深。當時耕牛歷年既多，十無七八，

〔一〕付：原作「副」，據本書食貨六三之一三四改。
〔二〕主：原作「王」，據本書食貨六三之一三五改。

歲課之租〔一〕，盡成科抑〔二〕。逮于裝發，人户名下復有水脚之誅。今以所給牛租 13 一千七百斛之穀，仰視國計之大，如太山之一芒，而一郡之民，歲受其弊。乞于揀汰使臣内差一二人，董率揀汰之卒而營治之，候三二年間耕種成熟，別議增減，委是公私兩濟。」詔令措置營田官王弗相度。弗照得：「景陵縣營田經今二三十年，耕種已就緒，如有廢壞、耕牛倒死，少闕客户，自合依已降指揮補填。若將揀汰之卒耕種，竊緣揀汰軍兵皆係癃老病患，不堪征役。今相度，欲乞下荆湖北路營田使行下本州，取見當來興置營田幾莊，若干頃畝，耕牛、農具、客户數目，并見今所管之數。如内有委實科抑去處，即行放散，其退下田土，却別召情願人户承佃。若官莊廢壞，耕牛少闕，自合營田司那融計置，收買應副。其所闕客户，亦(抑)〔仰〕照應已降指揮，招召情願人户補填見闕之數。」從之。

十一月十五日，詔：「襄陽府營田官吏並罷，止令京西轉運司官吏兼管，更不添請給。」

乾道元年二月二十四日，詔：「兩淮合行屯田，以便軍食。昨來郭振于六合措置，已見就緒。今來已除鎮江府駐劄御前諸軍都統制，所有淮南東路屯田，理合委官。令郭振同王弗、周淙疾速措置，其合用種糧、農具、牛畜等，一就條具聞奏。」其後王弗等條具下項：「一、檢准紹興六年十二月十九日指揮，措置屯田，乞以五十頃爲一屯，作一莊，差主管將領一員、監轄使臣五員、軍兵二百五十人。如次年地熟，人力有餘，願添田土，聽從其便。一、近取會到(楊)〔揚〕、楚州、高郵、盱眙軍天長縣見管係官荒田共五萬八千餘頃，所用種本、收買耕牛、置辦農器、修蓋廬舍寨屋、差撥軍兵列屯耕作、使臣管幹監轄，雖蒙朝廷降到銀絹，止紐計錢五萬餘貫〔三〕，若下手措置收買牛畜、蓋屋之類，大段數少。欲望廣行支降錢本應副使用。」詔令淮東總領所將寄收屯田錢五萬貫，并見椿管都督府度牒一百三十二道價錢，撥充屯田使用。

三月十一日，詔：「已降指揮，兩淮合行屯田。昨來郭振于六合措置，已見就緒，所有淮西、湖北、荆襄令沈介、張松、王炎、楊倓、王彦、趙樽、王宣、張師顔疾速措置。」

五月十八日，詔：「淮東、西、湖廣總領，淮南東、西、湖北、京西帥、漕臣，並兼『提領措置屯田』；兩淮、湖北、京西諸州軍守臣，並兼『管内屯田』。」

七月五日，權發遣滁州楊由義言：「被詔措置屯田，以便軍食。除已將鎮江府都統制郭振撥到不入隊軍兵五百人，摽撥荒廢田一百餘頃，蓋造莊屋，收買牛具，近已分撥軍兵前去逐莊居住，趁時開耕，布種二麥外，契勘本州元管營田七十頃。緣營田與屯田不同，屯田係使軍兵耕種，營

〔一〕「之租」前原有「盡成」二字，據本書食貨六三之一三五删。
〔二〕抑：原作「折」，據本條下文及本書食貨六三之一三五改。
〔三〕紐：原作「總」，據本書食貨六三之一三七改。

田係召募百姓耕種，逐年將收到子利依營田司元降指揮，除種子外，官中與佃客作四六分〔一〕，官得四分，客得六分。本州近緣兩遭北軍侵犯，牛畜、農具不存，營田莊客衣 14 食不繼，星散逃移，致所管營田多成荒廢。今來本州元管營田七十頃，目今共有耕牛二頭，佃客二十七户。臣近申朝廷，乞將今年營田二十七户名下分到係官子利盡給付本州，接濟營田，未蒙回降。竊緣今來措置屯田一百餘頃，已見次第，欲下淮東提領營田司覈實，將今年營田子利盡與本州，容臣措置牛具〔二〕，招集莊客，更就官莊側近踏逐良田三十頃，湊成營田一百頃，葺理耕種〔三〕。」從之。

八月三日，敷文閣待制張子顔言：「朝廷見令措置兩淮營田官莊，臣于真州及盱眙軍境内有水陸田、山地等共一萬五千二百六十七畝，謹以陳獻。」詔價直令户部紐計，支降度牒給還。繼而張宗元以真州己産二萬一千八百一十三畝〔四〕，楊存中以楚州寶應縣田三萬九千六百四十畝，并牛具、船屋、莊客等獻納，並從所請。

十二月三日，知襄陽府路彬言：「乞將轉運司營田一屯，見有五十餘户耕種，歲收物斛不多，乞委本府宜城縣令、尉兼行管幹。其收到物斛，依舊轉運司拘管。所有營田司元置官屬劾用，並省罷。」從之。

十五日，詔：「兩淮、湖北、京西諸軍今年新開耕到屯田，與免來年夏秋兩料。應干租課，本軍不得別作名色妄行科取。」

二十二日，宰執進呈張之綱繳奏蘇磻論屯田之兵與農民雜處，民間悉不安居，多有移徙者。上曰：「令郭振、劉源將總領所支到屯田軍兵寨屋錢，各于田畝相近處如法修成營寨，不得與居民相雜。」

乾道二年正月十六日，宰執進呈周淙、龍大淵相度到郭振乞于〔楊〕〔揚〕子橋置屯田，侵占民間田土，不便也。上曰：「郭振如何妄有奏陳？可并畫到圖子，劄令具析。」先是，郭振言：「揚州南十五里地名揚子橋南岸一帶，乞置屯田一所，并牧馬官莊，不與民間交雜。」遂詔周淙、龍大淵同共相度。至是，周淙等相度來上，故有是命。

二十四日，詔鄂州駐劄御前都統司副將、武經郎侯汶特降兩官，勒罷，令本軍自劾〔五〕。以本司都統制趙樽言：「本司措置屯田，差發官兵二千人前去德安、郢、隨州摽撥荒閑田土〔六〕，措置開墾。其部轄官踏白軍第二十六副將、武經郎侯汶自到德安府，將屯田官兵並不存恤，至今年十一月終，共逃竄過七十三人；并耕牛亦不如法養餵，致倒

---

〔一〕「分」下原衍一「分」字，據本書食貨六三之一三八刪。
〔二〕容：原作「客」，據本書食貨六三之一三八改。
〔三〕葺：原作「茸」，據本書食貨六三之一三八改。
〔四〕張宗元：原作「張完元」。按，宋代無張完元，以字形觀之，當是「張宗元」之誤。宗元，唐州方城人，高、孝間歷任内外，乾道元年爲司農少卿（見本書食貨四〇之四〇）。故改。
〔五〕令：原作「今」，據本書食貨六三之一三九改。
〔六〕閑：原作「開」，據本書食貨六三之一三九改。

死二百五十餘頭。又所耕田土大段數少，顯是故不用心措置。若不懲戒，深恐屯田卒難就緒。」故有是命。

二月十三日，總領淮東軍馬錢糧所奏：「已降指揮，兩淮、湖北、京西路諸軍今年新開耕到屯田，與免來年夏、秋兩料應干租課，本軍不得別作名目妄行科取。本所除已牒鎮江府提舉措置屯田郭振遵依施行外，所有淮東路諸州軍亦有鎮江府諸軍新開耕屯田，并楊存中等獻納田土，即未審合與不合遵用上件指揮？」詔：「新開耕[15]屯田自合照應已降指揮施行。其逐處獻納官莊，即非新開田，不合放免租課。」

三月六日，宰執進呈荆南駐劄御前諸軍都統制、兼提舉措置屯田王宣劄子：「近得湖北運判程逖書報，陛辭之日，面奉聖訓：令本軍屯田且據目下，不得增葺，仍具已墾數目及施行事體聞奏。竊緣當時制置司備奉指揮行下日，臣曾具利害申聞，謂從軍之人，率皆游手，不樂耕稼，若不誘之以利，未易即工。遂條具分收事宜：初開荒年，所收全給；次年依鄉例，主、客減半輸官，是十分止收二分半；第三年方依主、客例分收。務要從寬，期于集事。悉蒙俯從所陳。今來屯田官兵室廬皆已就緒，耕鑿亦已安業，麥種已下千五百碩。但自冬及春，牛疫爲災。今漕臣既有建白，謹當遵稟。」洪适等曰：「荆襄屯田行之多年，已成次第，深恐因程逖宣旨，却致荒廢。」上曰：「朕意本不如此，可明以諭之。」适等奏曰：「且令王宣將見屯田官兵依時耕種。」上曰：「然。」

六月五日，詔淮東屯田令鎮江府駐劄御前都統制戚方提舉。

六(月)〔日〕〔一〕，新除淮南路轉運判官王之奇朝辭奏事，上宣諭曰：「淮上屯田，已令有司將今年所收盡數給種人。卿到彼點檢，如有奉行滅裂去處，便與理會，務要實惠及人。」

二十五日，建康府駐劄御前諸軍都統制、兼提舉措置屯田劉源言：「伏覩指揮，將永豐圩開掘，見管租户數多，若一旦放散，無所歸着，便見失所。今來本軍差軍兵在和州巢縣屯田，竊恐於內却有不諳田土之人。今相度，欲候開掘永豐圩，將放散租户內取問情願屯田之人，撥換所差屯田軍兵歸軍〔二〕，所有合用糧食，乞令總領所支借應副，委是兩利。」詔令江東轉運司先次取問租户，如有願耕屯田之人，候至十一月發遣前去，仍關報總領所支借糧食。

八月三日，詔：「武鋒軍已撥隸步軍司，可就令錢卓將帶所部人前去六合縣措置屯田，須管限一季了畢。」

十八日，詔錢卓罷知高郵軍，依舊武鋒軍統制，六合縣駐劄，措置屯田。

九月十五日，湖北轉運司言：「已降指揮，湖北、京西

〔一〕六日：原作「六月」，據本書食貨六三之一四〇改。
〔二〕換：原作「擾」，據本書食貨六三之一四一改。

路帥、漕臣並兼提領措置屯田，諸州軍守臣兼管内屯田事。照得德安府、隨州、郢州三處即目各有鄂州都統司軍馬屯戍，乞於逐處措置屯田外，其餘州軍無屯戍軍馬，難以措置屯田，竊慮難以虛帶屯田職事。」詔湖北轉運司，既止有德安府一處屯田，免行干預，其餘州軍別無屯田去處，自合免帶。

三年二月八日，武鋒軍正將、總轄楚州寶應縣屯田事務賈懷恩言：「本莊除隸本軍所管外，有高郵軍及淮東安撫司、總領所、淮南轉運司、鎮江府都統制司並帶屯田職事，逐處不時行移取索，委是文字繁冗，供報不前。」詔寶應等縣屯田莊除隸屬步軍司并淮東總領所外，其餘官司，並免管轄。

16 十三日，總領淮東軍馬錢糧所言：「淮東州軍措置新開耕屯田，乾道二年收到夏、秋兩料物斛，除樁留次年種子外，其餘依當年正月内御筆處分，盡給耕種軍兵了當。所有乾道三年分夏、秋兩料并已後年分收到物斛數目，即未審合赴是何去處送納。」詔將本路州軍屯田今年并以後年分所收物斛，除樁出次年種子、客户等分給外，依營田例，大麥、稻穀充馬料，令户部除豁合支降馬料數目；小麥、雜豆等本所拘收，出糶價錢，起赴行在左藏南庫送納。其淮西、荆湖北屯田，准此措置。

三月二十七日，知隨州周沖翼朝見進對，上宣諭曰：「隨州極邊，應營田、屯田，卿可躬親提檢。應所種多少，所得多少，先次奏來，要知其數。」

六月十三日，太府寺丞、總領淮西江東軍馬錢糧、兼提領措置營田葉衡言：「本所有營田五軍莊，計田二百七頃六十五畝。歲收夏料大麥四千一碩，小麥一千三百餘碩；秋料禾稻一萬八千一百餘碩〔一〕，充馬料。以時價估計，共可直錢三萬貫省〔二〕。而所差使臣、軍人各五百八十四人掌管〔三〕，歲請錢四萬七千七百餘貫，米六千五百碩，絹二千二百餘匹，綿三千四百餘兩，紐約用錢七萬五千餘貫，所得不能償所費之半。兼差去使臣、軍人，皆是癃老及官職稍高之人，占破身役。若依近降指揮揀汰，又緣諸州軍揀汰人數至多，竊恐諸州難以應辦。」詔都統制劉源「將諸軍莊監莊使臣并軍客，揀選委實癃老之人，依舊存留營田所看管，減半支破請給。内若有堪充披帶人數，即行拘收，歸軍教閲。所有逐人名下耕種田土，從本所召募農人耕種。」

七月十四日，鎮江府駐劄御前諸軍都統制、兼提舉措置屯田戚方言：「面奉聖訓，令措置招召百姓客户，抵替淮東營田、屯田官兵歸軍教閲。契勘淮東營田并揚州、滁州屯田三項，共占官兵一千五百一十二人。今以去年所收物

〔一〕料：原作「租」，據本書食貨六三之一四二改。
〔二〕三萬：原作「二萬」，據本書食貨六三之一四二改。按下文云：「紐約用錢七萬五千餘貫，所得不能償所費之半。」若作「二萬貫」，則當云「所得不能償所費三之一」矣。
〔三〕各：似當作「合」。

斛紐計價錢九萬一百餘貫，將官兵一年合請錢米、衣賜共約計錢二十萬六千八百餘貫，比之收到物斛錢，大請過官中錢一十一萬六千七百餘貫。臣今于前項官兵，只乞存留主管監轄官并曹司等一百二十二人依舊在莊部轄使喚外，有力耕軍兵一千三百九十人，委是虛占枉費。今若從臣所請，拘收歸軍，不獨減省財賦，于官中課利亦無虧損，又得逐時教閱。乞下逐處守臣，不得將前項屯田官兵巧作緣故占吝。所有營田，臣乞依舊與淮東總領所同共提領措置。」詔令戚方將少壯堪披帶人拘收歸軍，其老弱人且令依舊〔一〕，免行揀汰。

十二月六日，權發遣和州胡昉奏事〔二〕，繳納屯田軍兵圖册劄子。上曰：「屯田子弟已兩次御筆行下，令發歸本莊，可籍訖，仍不得刺手面。」

四年六月二十四日，鄂州都統制、提舉措置屯田 17 趙樽等言：「昨恭依指揮，差發官兵前去安、郢屯田，以便軍食。去歲夏秋兩料收五萬餘碩〔三〕，其黑豆餵牛，大麥、稻穀充馬料，所有小麥、粟、穀、雜豆糴發價錢，赴左藏南庫送納。所有逐處屯戍軍馬合用糧料，係總領所逐時移運，應副支遣。今來安、郢兩城修築堅固，欲乞將已後屯田所收大麥、粟、稻置倉樁頓。五年之間，可積數十萬斛，以備邊陲有警，應期支遣。」從之。

十一月八日，詔差知無爲軍徐子寅前去淮南措置官田利害，仍以措置官田所爲名。徐子寅每月添支特給錢七十貫，于所在批支。

五年正月十七日，徐子寅言：「今往楚州界内相視到空閑水陸官田，敦請到歸正頭目人傅昌等，勸諭歸正人王琮等四百二名，情願結甲，從官中給借耕牛、農具、屋宇、種糧，請田耕種。今措置條具下項：據楚州具到寶應、山陽、鹽城、淮陰四縣空閑水陸官田，共計七千二百七十八頃一十四畝一角三十四步，内淮陰縣係沿淮極邊，鹽城縣係沿海，難以令歸正官于逐處種田外，所有寶應縣孝義村、艾塘村、白馬村、侯村共有空閑水陸官田二百餘頃〔四〕，係南近高郵軍界；山陽縣大溪村有空閑水陸官田三百餘頃，係在楚州之南。臣同傅昌等相視其田，各堪耕種。今措置，欲每名給田一頃，五家結爲一甲，内一名爲甲頭，並就種田去處隨其頃畝人數多寡，置爲一莊。每種田人二名，給借耕牛一頭，犂、杷各一副，鋤、鍬、钁、鐮刀各一件。每牛三頭，用開荒銐刀一副。每一甲用踏水車一部，石轆軸二條，木勒澤一具。每一家用草屋二間，兩牛用草屋一間。每種田人一名，借種糧錢十貫文省。趁二月初一日開墾使用。仍委知縣置籍，每一季親詣勸諭耕種。其田給爲己業，通計滿十年日起納税賦。仍令寶應、山陽知縣紐計元置造農

〔一〕令：原作「今」，據本書食貨六三之一四三改。
〔二〕和州：原作「知州」，據本書食貨六一之八四改。
〔三〕料：原作「科」，據本書食貨六三之一四四改。
〔四〕百：原作「萬」，據本書食貨六三之一四四改。

具，屋宇，及元買耕牛價直并所借種糧錢，均作五年拘還。其所收錢，每年從楚州類聚，解納行在左藏南庫樁管。仍令差元勸諭頭目人進武校尉〔一〕、添差淮東安撫司緝捕盜賊，不釐務傅昌，守闕進義副尉、添差常州聽候使喚、不釐務韓禮，並許帶見任差遣前來部轄〔二〕；進義校尉王真、守闕進勇副將謝彪，永免文解顧知古、借補成忠郎叢汝爲、借補承信郎徐悦、借補承信郎王榮，並充部轄。乞下淮東安撫司，將頭目人八名各先次加借轉一官資。內顧知古係永免文解，與借補進勇副尉。候耕種及二年，令楚州保明，繳納元借轉官文帖申三省、樞密院。如係真命人，與換給轉一官資；若係借補人，乞斟酌補正。日後更有歸正願請田人，欲乞並依今來措置到事理施行。」詔令徐子寅措置。

十九日，徐子寅言：「被旨措置兩淮官田，乞先往楚州，催督守令置造農具、屋宇，給散耕牛、種糧錢，趁二月內開墾。候[18]措置一州畢日，即往以次諸州軍。所有諸州軍合具空閑官田數目，乞從本所先次行下，依所立日限開具供申。所有置買牛具等合用錢物，乞每料支降會子二萬貫，俟支用一料將盡，乞給降一料接續支用。如有官吏違慢去處，其人吏乞從本所杖一百斷罪；當職官取旨，乞重賜施行。」從之。

三月二十七日，知樞密院事、四川宣撫使虞允文言：「利州路諸州營田向緣兵火之後，土田荒閑，無人耕佃。前宣撫使鄭剛中措置，差撥官軍耕種〔三〕，將每歲收到租米斛㪷更相兑易，對減成都府路對糴米一十二萬石〔四〕，應副贍軍。臣昨入蜀境，體訪得積年既久，弊倖不一。軍兵與齊民雜處于村疃之間，恃强侵漁，百端搔擾。又于數百里外差科百姓保甲指教耕佃，間有二三年不得替者，民甚苦之。其租米斛㪷，歲豐則利歸莊官，水旱則保甲均認。兼所收之租，不償請給之數，謂如興元府歲收租九千六百七十三碩，一年却支種田官兵請受計一萬一千四百四十五碩之類。知興元府晁公武措置，以三年內所收租課，取最高一年爲額，等第均敷，召人請佃。發遣官兵歸將，擇少壯者教閲，老弱者揀汰。已據興元府、鳳州召人承佃，自去年秋料爲頭，理納所承之租。并階、利、興州已係人户租佃外，有西和、成〔五〕、洋州打量到見管田畝。臣已行下總領查籥，差屬官一員前去逐州，同知、通措置，召人請佃，發遣軍兵歸將，放散保甲，依舊歸元來去處防托邊面。」從之。

八月十七日，詔：「鎮江都統司及武鋒軍見管三處屯田官兵，並拘收入隊教閲。其屯田并耕牛、農具等，令逐州軍交收，日下出榜召人請佃，只認軍中所認租額。」

九月六日，知揚州莫濛言：「准指揮：『鎮江都統司及

〔一〕進武：原作「武進」，據本書食貨六三之一四五乙。
〔二〕差：原作「弟」，據本書食貨六三之一四五改。
〔三〕撥：原作「發」，據本書食貨六三之一四六改。
〔四〕「糴」原作「糶」，「石」原作「額」，均據本書食貨六三之一四六改。
〔五〕成：原作「戍」，據本書食貨六三之一四六改。

武鋒軍見管屯田官兵，並拘收入隊教閱。其屯田耕牛、農具等，令逐州軍交收，日下召人請佃，只認軍中租額。』濛照應上件屯田，今來已是開成熟田。若依所降指揮召人請佃，只認納租額，若租額稍輕，往往盡爲有力之家所佃；若或租額稍重，未必有人請佃，一年之後，復爲荒田。今來淮甸民户復業者衆，皆謀生計，如揚州逐時人户交易田地，投買契書及爭訟界至〔一〕，無日無之。今乞令逐州軍將所管屯田先次估定價錢，開坐田段，出榜召人實封投狀，增價承買，給付價高之人，理充己業〔二〕。耕牛、農具，亦令逐州軍各行變賣。所有目今田土青苗〔三〕，亦乞委縣官措置，收刈變轉，同賣田等價錢（令）〔令〕項樁管，以備朝廷取撥支用。」詔逐州軍將所管屯田目今已成苗稼，且令官兵收刈，候收成了日，以租額輕重比近品搭均一〔四〕，依已降指揮召人請佃。

十一月十日，大理正、兼權駕部郎中、措置兩淮官田徐子寅言：「近降指揮：武鋒軍見管三處屯田官兵，拘收入隊教閱。其屯田并 19 耕牛、農具等，（令）〔令〕逐州軍交收，召人請佃。今竊見所罷屯田莊數内，楚州寶應縣一莊有田一百三十二頃，一莊有田五百頃。乞將二莊所管耕牛、農具、屋宇、種糧等盡數撥付官田所〔五〕，勸諭歸正人耕種，仍乞就差賈懷恩、王知彰管轄。所有課子，乞依官田所例蠲免〔六〕，候至十年納税賦。」詔依，所收課子與免五年。

六年正月二十五日，建康府駐劄御前諸軍都統制郭振言：「已降指揮，令振同淮西總領所相度〔七〕，揀選屯田堪披帶人充入披帶，不堪披帶人且令依舊屯田，於新得子利内量度支給養贍〔八〕，却召募少壯人補填軍籍。契勘屯田官兵共約三千餘人，其每年所收物斛大段數少，若將不堪披帶官兵止于所得子利内支給養贍，委是不給。乞將屯田諸莊内除巢縣界柘皐莊依已降指揮召歸正人耕作外，其和州界屯田並行廢罷，將見占官兵拘收歸軍。」詔其田令和州召人租佃；如無人，即估價召人承買〔九〕。

二月十一日，建康府駐劄御前諸軍都統制、兼知廬州郭振言：「承務郎薛康中增置廬州屯田事件〔一〇〕，令振相度。今條具下項：一、耕田合用莊丁四千人、軍兵一千人。建康諸軍所管屯田，已依近降指揮並行廢罷，其見占官兵拘收歸軍，今來若行差撥，有礙前項指揮。且廬州見管户口

〔一〕及：原作「交」，據本書食貨六三之一四七改。
〔二〕充：原作「統」，據本書食貨六三之一四七改。
〔三〕目：原作「自」，據本書食貨六三之一四七改。
〔四〕搭：原作「格」，據本書食貨六三之一四七改。
〔五〕付：原作「發」，據本書食貨六三之一四八改。
〔六〕例：原作「利」，據本書食貨六三之一四八改。
〔七〕令：原作「今」，據本書食貨六三之一四八改。
〔八〕於：原脱，據本書食貨六三之一四八補。
〔九〕買：原作「應」，據本書食貨六三之一四八改。
〔一〇〕康中：原作「亶申」，據下文及本書食貨六三之一四八改。增：本書食貨六三之一四八作「措」，義長。

人丁〔一〕，累經兵火蹂踐凋零。今欲乞召募情願人户耕蒔，或無歸貧乏之人，與免科役，官給牛具，借貸種糧，付與耕作。其所收子利，除樁出借貸種糧外，以十分爲率，官與力耕人中分。一、乞先次蓋造住屋二千間，收買耕牛五百頭，並令淮西轉運司應副。候將來耕蒔稍成次第，一面關報本司接續蓋屋、買牛。一、稻種借糧，乞據合用數目關報淮西總領所借撥應副使用，候收成日〔二〕，却行樁收。所有薛康中，乞差充提領屯田所幹辦官。」從之。

二十八日，詔建康府都統司退下淮西屯田，專委淮南轉運判官呂企中措置，召人耕種。企中條具下項：「一、今來建康府都統司退下和州管下并無爲軍柘皋鎮屯田數内〔三〕，柘皋鎮莊依已降指揮委郭振招召沿淮歸正人耕作外，有和州屯田，元係五百頃，諸軍耕種，今召人耕種，欲多出文榜，勸諭召募。一、屯田元是軍人開墾〔四〕，官給種子等，所收花利，主、客中半分受。今召人耕種，即與向來軍人耕種不同。竊緣當來營田，係是四六分，官收四分，客户六分，蓋欲優異人户。今來欲乞除種子外，依營田例四六分數，官私分受。欲乞令知縣、縣尉依營田法，階銜上各帶『主管屯田』。每遇支種子，委自知縣躬親到地頭當面支散。知、通、令、尉，仍乞依營田例添支職田。一、今來屯田雖是成熟，竊緣創事之初，合行優恤，將來收成，欲合免第一年花利〔五〕，次年爲頭，方行分數，官私收受。一、遇有人户前來承認 20 耕種，乞就逐縣寔封投狀請佃，畫時出給公據。一、今來屯田，不許見任官及僧寺、道觀、公吏等人詭名冒占，許諸色人告論，如有違犯，申取朝廷指揮外，自餘不拘西北流寓及兩淮居民，以至江浙等處客户，並許不以多少，量力踏逐承佃。仍令實封齎狀赴逐縣投陳，别置簿籍，立定字號，畫時給據，付人户收執耕作。一、見樁管元係屯田牛具、犂杷、莊屋，遇有人户前來耕種，欲乞一面給散。一、所召到人户，並不得州縣差使搔擾，仍乞令逐州軍守臣常加覺察。一、給田之後，若遇水旱，委自令〔六〕、尉躬親到地頭依實檢覆。一、據許子中先踏逐差到進義副尉袁亨、忠翊郎李彦忠，説諭到歸正林本等一行八十二人，各情願受田種蒔。乞依許子中申獲指揮〔七〕，每種佃人一名，借種糧錢一十貫文省。一、許子中已申差李彦忠、袁亨充措置兩淮官田所聽候差使，今欲乞存留逐人措置屯田，使復仍以『措置屯田所準備差遣人』爲名。」從之。

四月十二日，詔揚州、滁州屯田，依和州已降指揮。

七年九月十一日，户部郎中、總領湖北京西軍馬錢糧、

〔一〕丁：原作「下」，據本書食貨六三之一四八改。
〔二〕收成：原作「成收」，據本書食貨六三之一四九乙。
〔三〕和州：原作「知州」，據下文改。
〔四〕是：原作「原」，據本書食貨六三之一四九改。
〔五〕「合免」下原有「事免」二字，據本書食貨六三之一四九删。
〔六〕自：原作「是」，據本書食貨六三之一五〇改。
〔七〕揮：原作「種」，據本書食貨六三之一五〇改。

兼提領措置屯田呂游問言：「本所所收管營田、屯田，内官兵闕人耕種之處，乞依元舊頃畝，出榜召百姓依元額承佃。」從之，租課令本所拘收。

八年三月九日，宰執進呈知楚州陳敏奏：「城東有古壽河四十餘里，自兵火以來，壅塞不通，欲開(𡒄)〔撅〕取水，灌溉田疇。先措置一莊，已成倫理後，于壽河一帶增置十莊，開墾土田。官兵力田之暇，不妨教習武藝，爲且耕且戰之計。」上曰：「與趙充國時屯田不同，漢以强制弱，兵有餘力。今日士卒欲臨大敵，不可責以農事。」

七月十四日，知廬州趙善俊言：「朝廷分兵屯田，誠爲至計。然屯駐諸軍願耕者不得遣，所遣者不願耕，軍司並緣爲姦，當遣者僥倖苟免，得遣者驕惰不率〔一〕，此不可一也。且以廬州合肥一縣言之，五軍七莊共一千五百餘人，正軍歲支錢一十四萬五千四百餘貫，米一萬三千九百餘碩，歲下稻麥種僅千碩，所收才得五千碩之數。若計其支遣，所收只可充兩月請給之費，又未免取辦于州縣，此不可二也。朝廷以兵數不足，召募新民，今乃令屯田蓄三二千習熟之兵，驕惰于田野之間，緩急將安用之？此不可三也。臣謂罷屯田則有三利：習熟戰鬭之兵得歸行伍，從事于教閱，一利也；無張官置吏〔二〕，坐縻廩稍，無買牛散種，以費官物，二利也；屯田之田，悉皆膏腴，牛犂屋廬，無一不具，以歸正人使之安居，三利也。取其三利，而去其三不可，在今日誠不宜緩。」詔：「廬州見差遣建康官兵屯田並行廢罷，其田畝、牛具等，令趙善俊盡數拘收，許歸正人請佃〔三〕，摽撥給付。如歸正人數少，即一面募人租種。仍委善俊將屯田官兵親行揀點，具堪入隊、不入隊 21 及老弱病患姓名人數申樞密院，並先次發遣歸軍。」既而善俊言：「屯田並係膏腴之地，既許人請佃，竊慮官員、秀才、公吏冒名前來承佃，不得專一應副歸正、流移等人，乞下廬州禁止。」從之。

九月三日，湖廣總領所言：「比准指揮：令相度荆鄂兩軍營、屯田利害。近據鄂、隨、郢州申，乞依舊令官兵耕種。本所照得逐州退下營田、屯田，其間往往皆是瘠薄田畝，又多與本軍見耕田土參雜，若且令營、屯田官兵相兼耕作，委是經久利便。所有荆南軍元退下屯田二百二頃五十五畝半，並係官兵累年開墾熟田，除耕種過一百二十一頃五十八畝，計用種一千一百一十五碩七㪷五升，一切了畢，務得歲計稻穀增羡〔四〕。今來荆、鄂兩軍見退下空閑熟田，乞依荆南軍屯田，依舊令官兵耕種。」詔李安國疾速措置，差官主管，招募客户耕種，毋令荒閑田土。仍盡數拘收莊屋〔五〕、農具，給付客户居住使用。將收藝到子利，照年例

〔一〕惰：原作「情」，據本書食貨六三之一五一改。
〔二〕張：原作「長」，據本書食貨六三之一五一改。
〔三〕許：原作「請」，據本書食貨六三之一五一改。
〔四〕羡：原作「美」，據本書食貨六三之一五二改。
〔五〕數拘：原作「拘數」，據本書食貨六三之一五二乙。

分隸。

同日，詔：「淮南運判高禹將屯田官兵退下田畝，并今來寬剩之數，疾速盡行招召客户耕種，毋令少有荒閑。仍令蔡洸依已降指揮，差官主管，拘收莊屋、農具，應副客户居住。收到子利，照應年例分隸施行，旬具招到客户、耕種頃畝以聞。」先是，高禹言：「鎮江諸軍屯田，爲民之害，積年已久。專委屬官夏孝閔同高郵、江都兩縣主簿，密切遍詣諸莊，貌約頃畝肥瘠荒熟之數。除户部圖籍四百七十餘頃之外，約計寬剩尚近千頃。内除瘠薄之田三百餘頃，猶有膏腴七百餘頃。欲自今歲爲始，本司拘認上供諸司課子，并分給客户種糧，正行撥隸淮東運司。」故有是命。

九年五月七日，建康府駐劄御前諸軍都統制郭剛言〔一〕：「太平州營田官莊客户一百餘家，所占官兵二百四十餘人，一歲所收，除種子、分給力耕人外，共得稻三千餘碩，麥二百餘碩，共淮錢三千四百餘貫。官兵歲約請給計錢二萬八千餘貫，校之，不及官中所支官兵兩月請給，委是大段虧損官課。乞將(大)〔太〕平州營田官兵依趙善俊措置廬州屯田事理，委總領所逐一點揀强壯人，收充入隊〔二〕，帶甲使喚；其老弱病患人，依揀汰人吏發遣。所有成熟田畝、牛具、屋宇等，令太平州盡行撥付見管客户耕作；如尚少闕，招召無歸之人請佃種蒔，輸納租課。且本莊官兵積習舊弊，多有承佃之人以其不係本司兵額，無緣根括，亦乞下總領所乘此點揀，一就取見詣寔改正。内有職名人承代官資，依已降指揮敦減一半，支破合得分數請給施行。」從之。以上《乾道會要》〔三〕。（以上《永樂大典》卷一七五三七）〔四〕

〔一〕郭剛：原作「郭綱」，據本書食貨六三之一五二改。

〔二〕收充：原倒，據本書食貨六三之一五二乙。

〔三〕文末原批：「下脱淳熙二年至嘉定十七年共十三條，須補抄。」又天頭批云：「此十三條查未得。」按，所説之文見本書食貨六三之一五三至一六〇，實爲十四條。

〔四〕《大典》卷次原缺。從原稿行款與中縫觀之，本門此部分與上一部分在《大典》中不在同一卷，但文字相接，因之當在《大典》卷一七五三七（參見上卷末校記）。又，原稿此門之後即緊接本書食貨一「農田一」，該門亦在《大典》卷一七五三七（參見「農田一」末校記），可以互證。因補。

# 宋會要輯稿　食貨四

## 屯田雜録〔一〕

【宋會要】

**1** 太宗淳化四年三月六日甲午〔二〕，知雄州何承矩言：「近年水潦頻降，河流泛溢，壞州城民舍，蓄聚爲陂塘，妨民種蓺〔三〕。欲因水利，大興屯田以便民。」詔從之，命高陽關副總管皇甫繼明提舉，仍令河北諸郡水潦所積處，發卒墾田，州長吏按行催督。

二十四日壬子，以六宅使潘州刺史何承矩、内供奉閤承翰、殿直張從古同提點制置河北沿邊屯田事〔四〕，大理寺丞黄懋充判官。懋，泉州人，任滄州臨津令，上言：「本鄉風土惟種水田，沿山導泉，倍費工力。（令）〔今〕河北州郡陂塘甚多，引水溉田，省工易就。乞興水田，三五年内必公私大獲其利。」（真）〔太〕宗嘉之，以承矩曾言屯田事，因遣按視。復奏，咸如懋言，即令承矩領護之，以懋爲佐，發諸州戍兵萬八千人給其役也。

真宗咸平二年五月，京西轉運使耿望言：「襄州襄陽縣有淳河，舊作堤截水入官渠，溉民田三千頃。宜城縣有蠻河，溉田七百頃，又有屯田三百餘頃。請以農隙調夫五百築堤堰，仍於荊湖市牛七百頭。」從之。望前知襄州，與通判何臨常同規度，故有是奏也。真宗曰：「屯田之廢久矣，苟成，此足爲勸農之始。」遂令躬按視焉。至是，可其奏。望又請大理寺丞武程總其事，程上章〔五〕，以爲不便。詔移程於他郡，別選職官領其事。俟稻田務成，有無利害，其耿望、武程別取進止，當行賞罰。

四年十二月，陝西轉運使劉綜言：「鎮戎軍本古原州之地，有四縣，餘址尚存。自唐至德之後，羌寇荐臻〔六〕，邊防失守。吐（番）〔蕃〕尚結贊乘隙引兵攻陷關内及隴右百餘城，原州亦廢。其後宰相元載備知要害，決欲守其地，或沮其議而罷〔七〕。今來陛下斷自聖畧，復置此軍，乃元載之謀，有俟於我聖朝也。然元載所議控扼之狀，尚未聞采而行之〔八〕。今城壁既就，不修外援，屯聚戍兵，多費糧饋，則不如不置。臣昨閲視鎮戎軍，川原廣衍，地土饒沃，若置屯

---

〔一〕原稿又有旁批：「食貨二十一」。按此爲《大典》卷一七五三六之總題。

〔二〕按，「甲午」二字及下條「壬子」二字當是《大典》據《長編》卷三四李燾注添，《宋會要》原文不應只此二條既用數字記日又加干支。參見本書食貨六三之三七此二條之校記。

〔三〕民：原無，據《長編》卷三四補。

〔四〕張從古：《長編》卷三四作「段從古」。按《宋史》卷九五《河渠志》亦作「張從古」，《長編》以後多卷亦記張從古事，此處作「段」蓋傳抄之誤。又，「屯田事」，天頭原批：「事一作使。」按此處應作「事」。

〔五〕「程」下原有「矩」字，據《長編》卷四四删。

〔六〕荐：原作「存」，據本書食貨六三之三九改。

〔七〕議：原作「識」，據本書食貨六三之三九改。

〔八〕聞：原作「間」，據本書食貨六三之三九改。

田，其利(揞)〔猶〕博。今鎮戎軍歲須芻糧約四十五萬餘石束，破茶鹽交引錢五十餘萬，況更令民遠倉輸送，其所費耗，即又倍常。見今鎮戎軍四面已有人户耕種，欲於此處置屯田務，且取田五百頃，差下軍二千人，置牛八百頭，立屯耕種。於軍城近北至木峽口及軍城前後各置一堡寨〔一〕，約地土分種田兵士，將牛具就寨居泊，更充鎮戍，固不失且戰之理。兼彼處皆居要害，常切防備，若不分布置寨，屯兵爲援，即鎮戎軍久必難守。望令知軍、洛苑使李繼和充屯田制置使，令繼和自舉有心力使臣四員充四寨監押，每員管轄五百人，便充屯戍。如此，久遠必大爲邊鄙之利。今安國鎮有古《制置城壕戍鎮記》一本，謹寫録上進，〔所〕貴
2 知邊陲可以耕種之也。」真宗曰：「覽古記，信可以興作。」從之。

五年六月，知雄州何承矩兼制置屯田使。先是，承矩兼屯田事，及以侍禁、閤門祗候馬濟知順安軍，亦兼營田事。承矩言與濟品秩有異，所兼之名則同，故特加使額焉。

六年十月二十四日，知保州趙彬決雞距泉，自州西至滿城縣，又分徐河水南流以注運渠，置水陸屯田。以其事聞奏，帝乃詔保州駐泊都監王昭遜與彬同領其事，仍賜彬詔諭，令協力成其事。

景德元年四月十八日，詔保州置屯田兵籍，自今轉運司擅移易者〔二〕，以違制論。

十月，詔：「相州管内不堪牧馬草地一段，宜令官置牛具，選習耕農兵士，置屯田莊。」

二年正月，詔定、保、雄、莫、霸等州、順安、平戎、信安等軍知州軍並兼制置本州屯田事，舊兼使者仍舊。先是，北面緣邊屯田，水陸兼種，甚獲其利，自來雄州長吏兼領使名，其諸州即别命官主領。至是戎虜通好，帝慮平寧之後，漸成弛慢，故有是詔。

三月，詔：「保州所作屯田，舊有積塘水以備溉灌，頗聞隄防隳壞，致失水利。宜令官吏專切按視，勿廢前効。」先是，知州趙彬興是田，開鑿漸廣。未幾，彬移他任，帝慮因而毀廢，即遣使視，果言隄防隳壞無備，故詔戒之。

九月，夔州路轉運使薛顏言：「施、黔等州墾荒地爲屯田，今歲獲粟萬餘石。」

三年十二月十一日，知保州趙彬請於郡城東北更廣屯田，以圖來獻之。帝曰：「北虜既和〔三〕，邊封徹警〔四〕，當勸農民，咸使樂業，不必侵占畎畝，妨其墾殖也。」

四年八月，知雄州李允則言：「應係屯田，皆在緣邊州軍，自來止移牒制置，不獲躬按。其安撫都監二員常巡邊郡，望令兼屯田事，因便檢校。」從之。

〔一〕木：原作「本」，天頭原批：「本一作木。」按，當作「木」，今據本書食貨六三之三九及《長編》卷五〇改。
〔二〕擅：原作「檀」，據本書食貨六三之四一改。
〔三〕天頭原批：「虜一作地。」
〔四〕封：原作「材」，據本書食貨六三之四一改。

大中祥符二年六月，知保州趙彬請增屯田務兵五百人〔一〕。從之。

五年正月，令保安軍稻田務旬具墾殖功狀以聞。是軍地接蕃境，屢詔修廣屯田，自高尹涖軍事，罕以聞奏，故督責之。

七月六日，河北緣邊安撫副使賈宗言：「《緣邊開塞塘泊水勢修疊堤道深淺月日定式圖》，請乞付緣邊州軍收管，仍下屯田司提舉遵守。」從之。

九年三月，改定，保州、順安軍營田務爲屯田務。

天禧四年四月，内殿崇班、閤門祇候盧鑑言：「保州屯田務自來逐年耕種水陸田八十頃，臣在任三年，開展至百餘頃，歲收粳糯稻萬八千或二萬石。本務見管兵士三百七十餘人，以河北沿邊順安、乾寧等州軍屯田務比保州，十分中止及二三分已來。其保州屯田務兵士不暫休息，尤甚辛苦。欲望下軍頭司，自今所配河北屯田務兵士，十人中將四人配保州，六人配餘處。」從之。

仁宗天聖三年十一月，右巡使、監察御史朱諫言：「近聞上封者請估賣福州屯田，此田人户耕佃四十餘年，雖有屯田之名，父子相承，以爲己田。況聞屯田租 3 課，均税之時已均在人户私産二税上輸納。伏望量定租課，罷行估賣。」詔：「如見佃户内有單貧户承買者〔二〕，別立寬限送納價錢。」

寶元二年九月十四日，臣僚上言：「乞令河北都轉運司同共管勾屯田司公事，亦帶都大制置使名目。」從之。

慶曆五年七月〔三〕，臣僚上言：「近定奪開却七汲口以南〔四〕，劉宗言擘畫閉斷五門、幞頭港、下赤、大渦、柳林等口，並却依舊開放通沿邊吳淀水入白羊等淀〔五〕，添灌向下州軍塘泊。乞下河北屯田司永爲定制，如後更有臣僚上言更改此一帶水口及諸州軍塘泊，並乞重行責降。」從之〔六〕。

六年五月，命三司户部副使夏安期往陝西，與本路提點刑獄曹（潁）〔穎〕叔相度興置緣邊屯田。

嘉祐四年二月十一日，三司鹽鐵判官、管勾河渠公事楊佐等言：「準宣，躬親往保州等處相度到屯田塘泊合行開決水勢，并增修堤道去處，委實利便。」及以畫圖進呈。詔：「内開牙家港〔七〕、十洪橋，并順安軍北門外界河北岸水口子兩節，將定州路安撫使司先差安肅軍通判王衮相度到事理，并今來楊佐等所陳，再委河北提刑薛向、都水監丞孫琳計會，張茂則親往相度，具合如何擘畫透泄水勢即得經久穩便，同共以聞外，餘並從之。仍令逐州軍長吏據本

〔一〕保州：原作「和州」，據《長編》卷七一改。
〔二〕如：原無，據本書食貨一之二四補。
〔三〕《會要》此條文意不甚明晰，可參見《長編》卷一五六。又，天頭原批：「脱元年、二年兩條。」按，見本書食貨六三之四三，乃《玉海》文。
〔四〕汲：《長編》卷一五六作「級」。
〔五〕白羊：《長編》卷一一二、一五六作「白洋」。
〔六〕天頭原批：「脱十二月一條」。按，見本書食貨六三之四三，亦《玉海》文。
〔七〕開：原作「閭」，據本書食貨六三之四三改。

地合修去處，那容人功物料，漸次興修訖奏。」

六年三月一日，河南屯田使曹偕言，乞權罷逐年赴闕進呈屯田司地圖〔一〕。從之〔二〕。

神宗熙寧元年六月二十二日，差西京左藏庫副使、内侍押班李若愚充河北同提點制置屯田使事。

四年二月十一日，詔雄州知州及安撫都監〔三〕，並帶兼制置屯田使事。塘堤興役，今後知州依舊不出外，其安撫都監與管勾内臣分頭提轄。

二十三日，詔：「河北緣邊屯田務水陸田，並令民租佃，本務兵士令逐州軍收充廂軍，監官悉減罷。」初，屯田司每歲以豐熟所入不償所費，屢以爲言，至是乃從之。

八年正月十七日，詔河北同提點制置屯田使事閻士良與復五路都鈐轄資序，令久任。朝廷重屯田之任，故久其任，以責成也。

〔四月二〕十三日〔四〕，詔給祠部五百道，貨易錢買農具、牛畜、舟車，興治保州以東次邊陸地爲水田。從安撫副使沈披所請也。披復以爲請充屯田興工支費，又給二百道。

九年三月二十三日，河北屯田司言：「詳定州薛向奏：『安肅軍界閘板口鋪以東，舊係屯田務地，並是稻田。其南則邊吳、宜子二淀，東灌百濟河身。兩淀久來瀦（畜）〔蓄〕塘水爲險固，自熙寧七年夏中，其邊吳、宜子二淀積水並已乾涸，即今通行人馬，不比安肅、廣信軍西北猶有山勢關隔。舊來滹沱等九河灌注邊吳、宜子等淀，水勢漲滿，乃入石塚等諸口及百濟河，迤邐入次東，灌注向下塘泊。訪聞自去年屯田司擘畫，却於邊吳淀南敗灘套水泊近接滹沱河水勢，下流入順安界趙口，通流入康淀，灌注近下塘泊。其邊吳、4宜子等淀爲趙口南邊走泄水勢〔五〕，以此致兩淀乾竭。自去年秋，滹沱河道却於敗灘套上邊淤斷河道，水勢復入沙河西股，却得灌注兩淀，猶有三二分積水。若將來經夏水發，却衝開敗灘套河道，却入趙口透泄水勢，則兩淀依前乾涸，實爲非便。今欲乞將趙口、田先口依舊閉斷，令水勢盡入邊吳、宜子兩淀，常令水勢漲滿，可以準備臨時疏道使用，實爲利便。』本司即差巡觀塘水堤道李祐之詣逐處相其利害。祐之勘會：自來滹沱等河水盡下入邊吳、宜子等淀，如水勢漲滿，乃入石塚等口，灌注向下塘泊。如水勢不至漲滿，即只由百濟河出泄。昨於熙寧六年内，爲以東塘泊乾淺，遂於保州地分尖簷帽莊開引滹沱河，由敗灘套下入趙口，灌注以東塘泊。至熙寧七年六月内，滹沱河自永寧軍界荆丘村已上淤斷河身，其水西北流入仇淀等一



〔一〕闕：原作「關」，據本書食貨六三之四三改。
〔二〕天頭原批：「脱治平三年一條」。
〔三〕知州：原作「知府」，據下文改。
〔四〕四月二十三日：原作「十三日」。按《長編》卷二六二記於四月二十三日甲申，此脱去「四月二」三字，因補。
〔五〕南：天頭原批：「『南』一作『兩』。」按本書食貨六三之四五作「兩」。

帶泊，入邊吳、宜子淀。祐之檢視淤澱處，開撥引水入趙口。遂於今年三月内，於東路臺村、劉家莊北有舊河一道淤斷處，（開引滹沱河，由敗灘套下入趙口，灌注以東塘泊。至熙寧七年六月内，滹沱河自永寧軍界荆丘村已上淤斷河身，其水西北流入仇淀等一帶泊，入邊吳、宜子淀。祐之檢視淤澱，開撥引水入趙口，遂於今年三月内於東路臺村、劉家莊北有舊河一道，於斷處）〔一〕開撥分引入趙口，依舊入九流等淀及邊吳、宜子淀。即今山雨水漲滿邊吳、宜子兩淀〔二〕，見有水勢，欲乞如邊吳、宜子淀少，即行閉趙口、田先口。」從之。

五月十二日，河北同提點制置屯田使事閻士良言：「竊聞保州界自景祐中楊懷敏勾當屯田司日，厚以才利召募人，指抉西山被民填塞泉眼去處。臣常以諭保州曹偓。今偃訪得雲翼卒康進畫到地圖，仍（充）〔稱〕保塞縣小郎村劉第六地内有泉源，盈畝有餘，號叫呼泉，匿在土中。當州南約二里，有積年候河一道，上自本縣界，下至運糧河。及邊吳淀内，東西約及百里，每遇旱歲，河内微有流水，或至斷絶。今欲開導此泉，令入候河及運糧河，四時常流，增注塘泊。及本村别有泉數十道。臣常尋訪二河上源，未得其處。今乞委保州曹偃相度，收買泉源地，量興兵役，疏導舊泉，增助邊防，誠爲永利。」送河北沿邊安撫司，本司尋委權通判保州辛公佑相度。公佑言：「親詣保塞縣大静鄉龐村，沿候河向上約三十里已來〔三〕，沿北岸有泉眼，大小不等。尋令署行開撥，各見泉水湧出，相去遠近不等，約計在一里牢地内〔四〕，計有泉三十餘處，其水通流，闊狹深淺有三五寸至一尺。其舊河堤岸闊處有五七尺至一二丈已來，其河自本州南門外西南至郎村泉源出處，共計約三十五里。若行開撥，只依舊來垠岸開出河身，其水通流，下接運糧河，可以增注塘泊。所有侵占民田，欲乞比視側近田土，優給其 5 直收買，委爲利便。其叫呼泉只是古老相傳，未見其源所在，又未敢徑追地主開掘。若作河道，上下所該人户地土不少。乞下本縣勘會詣實，指定有泉去處，亦行收買。當今已見泉眼去處，劉第六地内未見泉源處，約四里以來。若先行開撥上件三十餘泉，使河道通流，别無妨礙。本司未敢行下。」詔河北沿邊安撫司關河北屯田司及合屬去處施行。

元豐元年六月二十五日〔五〕，荆湖北路轉運司言：「沅州屯田務自初興至今，所收未嘗敷額。若募人租種納課，不費官本，利害甚明。乞自朝廷詳酌施行，及令本州通判主管，月量給食錢。」從之，委轉運判官馬瑊提舉之〔六〕。

〔一〕天頭原批：「此段重出。」按，本書食貨六三之四五此段不誤，據以改正。
〔二〕淀：原作「定」，據本書食貨六三之四五改。
〔三〕候：天頭原批：「候一作侯。」按本書食貨六三之四六作「侯」。
〔四〕牢：似當作「半」。
〔五〕天頭原批：「元豐元年上脱『又詔』至『推行』四條」。按，當云「又詔」至「自言」四條。此四條見本書食貨六三之四七，乃抄自《文獻通考》，非《會要》文。詳見彼處校記。
〔六〕瑊：原作「城」，據《長編》卷二九〇改。

八月十二日，上批：「河北屯田都監謝禹珪爲性誕率，建畫職事多無規繩。前日與禹珪不協者，今已替去，聯事之人了無嫌礙，宜令自今並與河北屯田司官通銜行遣，毋得獨申奏。其權發遣河北東路提點刑獄汪輔之，更不得同主管。」

二年七月二十一日，罷沅州屯田務，募人租佃〔一〕，役兵還所隸。從轉運使徐禧請也。

十二月二十二日，知定州韓絳言：「乞借安撫司封樁錢五千緡，市水地爲屯田。」從之。

二十七日，詔定州路屯田司以水利司爲名〔二〕。時保州、廣信、安肅、順安軍興水利爲屯田，詔以「屯田司」爲〔民〕〔名〕，而安撫使韓絳言，恐虜疑增塘濼，故改之。

四年六月二十九日，詔〔三〕：「定州路安撫使既帶『都大制置屯田使』，其轉運使、副兼領虛名並罷。令知雄、保州並帶『屯田使』，通判並帶『屯田判官』。河北緣邊安撫副使、都監仍通管兩路。」從定州路安撫使韓絳請也。

六年二月（二）十六日〔四〕，詔：「河北屯田司相度尺寸，立塘濼水則〔五〕，季比增減以聞〔六〕。令李諒齎詔往同商議〔七〕，毋得張皇漏泄。」

八年正月二十七日，樞密院言：「河東經畧司去歲差借民牛耕種葭蘆諸寨田〔八〕，及差發防護軍馬保甲，縻耗極邊貴價糧草錢物，仍奪農時〔九〕，令民失業。比至收成，不償所費。」詔劄與呂惠卿〔一〇〕，宜審較利害，無蹈前失。以河東路轉運司言：「經畧司去年三出兵耕種木瓜源等兩不耕地，凡用將兵萬八千五百四十五，馬二千三十六，其費錢七千三百六十五緡，穀八千八十一石，糗糒四萬七千斤，草萬四千八百束〔一一〕。又番上保甲守禦〔一二〕，凡二千六百三十七人，其費錢千三百緡，米三千二百石，役耕民千五百，雇牛千具，皆非民之願。所收禾粟蕎麥萬八千石〔一三〕，草十萬二千，不償所費。又預借本司錢穀以爲子種，至今未償，增人馬防托之費，仍在年計之外。慮經畧司來年再欲耕種，望早賜約束。」故也。

〔一〕募：原作「慕」，據本書食貨六三之四八改。
〔二〕田：原脱，據本書食貨六三之四八補。
〔三〕詔：原作「召」，據本書食貨六三之四八改。
〔四〕十六日：原作「二十六日」，按《長編》卷三三三記於十六日壬戌，據刪「二」字。
〔五〕立：原作「丘」，據《長編》卷三三三改。
〔六〕比：原作「北」，據《長編》卷三三三改。
〔七〕李諒：原作「李琮」，據《長編》卷三三三改。時李諒任河北緣邊安撫副使（見《長編》卷三三〇、三三八），正爲河北屯田負責人之一，而李琮時爲梓州路轉運副使（見《長編》卷三三〇、三三六）。
〔八〕寨：原作「塞」，據《長編》卷三五一、本書食貨六三之四八改。
〔九〕仍奪農時：原作「似奪農民時」，據《長編》卷三五一改。
〔一〇〕劄：原脱，據《長編》卷三五一補。
〔一一〕八：《長編》卷三五一作「三」。
〔一二〕上：原脱，據《長編》卷三五一補。守：原作「等」，據《長編》卷三五一、本書食貨六三之四八改。
〔一三〕禾：《長編》卷三五一作「麻」。

哲宗元祐元年閏二月八日，京西北路提舉司言：「朝旨相度蔡州西平、上蔡兩縣人户佃屯田支移等事。欲止令人户畝出租課外，更不支移折變。」詔尚書户部相度以聞。

6 元符三年徽宗即位未改元。三月九日，皇城使、河北措置屯田石璘奏，乞添招塘堤役兵千人。從之。

徽宗大觀二年十二月十六日，詔：「瀦水爲塘，以除水患；留屯田營，以實塞下。爰自我祖宗設官置吏，分職聯治，自爲一司，專總其事。歲月寖久，州縣習玩。訪聞比來隄齧不修，水潦穿溢，出害民田，綿亘千里。雖有司存，上下苟簡。自祖宗以來，塘堤故迹[一]，重加修整，務令堅固。即別不得增益更改，引惹生事。本司可比本路提點刑獄，序官提刑之上。舉官、按罪吏屬等職務，可令相度，條具來上。餘悉仍舊[二]。」

政和元年正月二十四日，詔：「河北制置屯田並依元豐法，別爲一司指揮勿行。」

六年八月一日，臣僚言：「高陽、中山兩帥并沿邊安撫司，舊並係提舉屯田使、副。今屯田司職事各繫一都監典領，近年因其失職，或非本職得罪，相繫而去，一司職事，有所妨廢。望自今屯田都監非因本職得罪，只乞就任責罰，所貴盡心。」從之[三]。（以上《永樂大典》卷一七五三六）[四]

## 方田

【宋會要】

7 神宗熙寧五年，重修定《方田法》，自京東爲始推行，衝改三司方田均税條。見前《會要》「賦税」嘉祐四年。夏税併作三色：絹、小麥、雜錢；秋税併作兩色：白米、雜錢。其蠶、鹽之類已請官本者不追；造酒秔、糯米、馬食草仍舊；逃田、職田、官占等税亦依舊倚閣，屋税比附均定，墓地免均。如税額重處，許減逃閣税數。

已方四路：京東東路。秦鳳路[五]，内鳳翔府天興、秦州隴城[六]、成紀縣已方，餘州縣熙寧七年四月朝旨權住。永興軍等路，延州臨真、門山、膚施、敷政、延長，永興軍藍

[一] 故：原作「古」，據本書食貨六三之五〇、《宋大詔令集》卷一八二改。
[二] 天頭原批：「脱五年一條。」按，見本書食貨六三之五〇。
[三] 旁批：「此下脱高宗建炎三年至嘉定十七年一卷，應補抄。」按，本書食貨六三有。
[四] 《大典》卷次原缺，今補，參見本卷卷首校記。
[五] 「秦鳳路」三字原無，據文意補。按鳳翔府、秦州並不屬京東東路，而屬秦鳳路，若無此三字則不可通。此文所謂「已方四路」乃指京東東路、秦鳳路、永興軍路、河北西路。
[六] 隴城：原作「隴西」，據《宋史》卷八七《地理志》三改。

田、武功、興平、臨潼、咸陽、醴泉、乾祐，丹州宜川〔一〕，陜府靈寶、夏縣，坊州中部、宜君〔二〕，邠州永壽〔三〕、宜禄，慶州安化、彭原，解州聞喜，虢州虢畧縣併到玉城縣中曲等七村〔四〕，鄜州洛交、洛川、鄜城、直羅縣〔五〕，爲災傷權罷，候豐熟别奏取旨；陜府平陸、同州韓城縣已方，（新）〔訴〕不均，見重方量。河北西路，内衛州黎陽、汲縣已方。熙寧九年朝旨：應本路合行方田，賦税最不均縣分，每年逐州不得過一縣；一州五縣以上，不得過兩縣；其次災傷縣分仍權罷。邢州鉅鹿、真定府稾城縣係税最不均〔六〕，朝旨：候元豐二年施行。

未方四路：京西南路。京西北路，熙寧七年四月朝旨：應合方田均税州縣，候將來農隙日施行。河北東路，内雄州歸信縣爲二税不均，本路提舉司乞方量。河北西路〔七〕。

七年三月二十二日，知審官東院鄧潤甫乞以京東 8 十七州選官四員，各分定專管勾方田〔八〕。今欲先差秘書省著作佐郎知沂州費縣張諤、前建昌軍録事參軍劉源分定州縣，三年爲一任〔九〕。從之。

四月四日，詔：「方田每方差大甲頭二人、以本方上户充。小甲頭三人，同集方户，令各認步畝〔一〇〕。方田官躬驗逐等地色，更勒甲頭、方户同定，寫成草帳，於逐段長闊步數下各計定頃畝。官自募人覆算，更不别造方帳〔一一〕。限四十日畢。先點印訖〔一二〕，曉示方户，各具書算人寫造草帳、莊帳，候給户帖，連莊帳付逐户以爲地符。」

六日，上批：「應災傷路分方田、保甲，除已編排方量了畢，止是攢造文字處許依條限了絶外，其見編排方量及造五等簿處〔一三〕，可速指揮並權罷。」

十月二日，司農寺言：「今年四月己巳詔：『災傷路分見編排保甲、方田及造五等簿並權罷，候歲豐農隙取旨。』今年秋成，乞下諸路及開封府界，除秋田災傷三分以上縣依前權罷外，餘候農隙編排保甲、方田及造五等簿。内永興

〔一〕宜川：原作「宜州」。按宜州乃在廣西，與此無關，「州」當作「川」。宜川即今陝西宜川，爲丹州治所。

〔二〕中部宜君：原作「中都宜春」，據《宋史》卷八七《地理志》三改。

〔三〕邠州：原作「祁州」，據《宋史》卷八七《地理志》三改。

〔四〕「虢州」原脱，「玉城」原作「王城」，據《宋史》卷八七《地理志》三補改。「併」原作「并」，據本書食貨七〇之一一四改。按，玉城縣熙寧四年省，併入虢略縣，此句謂虢略縣所併到舊玉城縣之中曲等七村。

〔五〕「鄜州」原作「鄜州」，「洛交」原作「洛郊」，「洛川」原作「落川」，「直羅」原作「真羅」，並據《宋史》卷八七《地理志》三改。

〔六〕稾城：原作「膏城」，據《宋史》卷八七《地理志》三改。

〔七〕河北：原作「河南」，按宋代區劃無河南西路，「南」當作「北」，因改。

〔八〕分定：原作「定分」，據《長編》卷二五一乙。

〔九〕三年：原作「二年」，據《長編》卷二五一、《宋史》卷一七四《食貨志》上二改。

〔一〇〕令：原作「今」，據《長編》卷二五二改。

〔一一〕不：原脱，據《長編》卷二五二補。

〔一二〕訖：原作「記」，據《長編》卷二五二改。

〔一三〕量及：原作「畢方」，據《長編》卷二五二改。

軍、秦鳳等路義勇、保甲，依八月甲申詔，候來年取旨〔一〕。」從之。

元豐元年正月十八日，詔：「經制熙河路邊防財用司括冒耕地爲官莊，限半年聽民自陳，其方田更不施行。」

七月九日，詔永興軍等路提舉司〔二〕，據未經方田均稅縣分，并已經方田，因民披訴，曾差官定奪委實不均縣分，如夏熟，秋苗滋茂，可見豐稔次第，即一面依方量均稅條差官體量訖，前期一月中書取旨〔三〕。

**9** 二年十月六日，河北西路提舉司言：「熙寧詔書，災傷縣權罷方田。乞通一縣不及三分勿罷。」司農請不及一分勿罷，從之。

五年二月二十一日，開封府言：「永興、秦鳳等路當行方田，已準朝旨，取稅賦最不均縣先行，歲不過一縣；若一州及五縣，不得過兩縣。緣府界十九縣，比一州事體不同〔四〕，以此推行，十年方定。請自今年，歲方五縣。」送司農寺，司農寺以爲便民〔五〕，遂從之。

七年四月八日，京東東路提舉常平等事燕若古言：「沂、登、密、青州人田訟最多，乞擇三五縣先方田。」詔候豐歲推行。

八年十月二十五日，詔罷方田。

徽宗崇寧四年二月十六日〔六〕，尚書省奏：「賦調之不平久矣，自開阡陌，使民得以田私相貿易〔七〕，富者貪於有餘，厚價以規利；貧者迫於不足，移稅以速售。故富者跨州軼縣，所占者莫非膏腴，而賦調反輕；貧者所存無幾，又且瘠薄，而賦調反重。熙寧初，神宗皇帝詔有司講究方田利害，蓋以土色肥磽別田之美惡，定賦調之多寡，已行之五路，至今公私爲利。今取《熙寧方田敕》，刪去重（復）〔複〕衝改，取其應行者爲《方田法》，乞付三省頒降。」從之。

大觀三年六月九日，臣僚言：「方田之制，即《周官》土均之法，制天下之地征，蓋所以均之，非增之也。訪聞京西南路將方田十等併作五等，又欲以河南府比附輕重，一槩增之，殊戾詔旨，以致民間訟訴不絶，或致流徙，甚非經久之策〔八〕。其張徽言所建增 **10** 稅議，乞不施行。」從之。初，徽言爲京西轉運副使，以汝、襄、鄧州稅輕〔九〕，請依唐州用新定十等地色分五等立稅，不及者增之，已重者如故。至是，言者論其掊克，故寢前議，而罷徽言開封府少尹，送吏部。

---

〔一〕候：原作「後」，據《長編》卷二五七改。
〔二〕提舉：原作「提刑」，據《長編》卷二九〇改。
〔三〕中：原作「申」，據本書食貨七〇之一一六改。
〔四〕比：原作「此」，據《長編》卷三三三改。
〔五〕以：原作「言」，據《長編》卷三三三改。
〔六〕按《長編紀事本末》卷一三八載蔡京此奏於崇寧三年七月二十日辛卯，原注云舊載於四年二月十六日誤，但未説明原因。
〔七〕「田」下原衍「租」字，據《長編紀事本末》卷一三八、《九朝編年備要》卷二七刪。
〔八〕經：原作「輕」，據本書食貨七〇之一一七改。
〔九〕稅：原無，據本書食貨七〇之一一七補。

四年二月二十二日〔一〕，詔：「方田之法，均賦平民，近歲以來，有司推行怠惰，監司督察不嚴，賄賂公行，高下失實，下户受弊，有害法度。可嚴飭所屬，仍仰監司覺察，如違，當行嚴斷。」

政和二年五月二十五日，京西北路提舉常平司奏：「奉詔：『應方田已經方量未畢去處，令先次結絶〔二〕，其餘州縣並別聽指揮。』本路大觀三年西京偃師、陳州西華、蔡州新蔡〔三〕、汝州郟城、滑州胙城五縣各已造帳均税〔四〕；西京伊陽〔五〕、汝州襄城、河陽王屋、鄭州原武、新鄭等五縣雖已方量，均税未了；及西京等共六州府，河南等一十八縣，係未經方量。未審合與不合依大觀元年六月二十三日已得朝旨，將已造方田帳分先次結絶〔六〕？所有未經方量去處，亦未審合與不合依大觀元年閏十月二十八日朝旨〔七〕，候將來年分別聽指揮？」詔依。

八月十八日，詔令京西南北路監司：「應已方田，並選差官前去體量有無違法不均不實，出税有無偏重偏輕。如不曾方量處，即且令依舊出税，別選他州縣官互行差委前去重行方量，即不得差本州縣寄居、待闕等官。所委官仰先習熟法内行遣次第，選差非本州縣吏人前去盡公施行。如違，以違制論。即因而受財乞取，以自盜論，贓輕吏人、公人並 11 配二千里。」

二十七日，詔方田於九月差官。

九月八日，詔：「應已方田路分，見有人户論訴不均者，並依京西路已降指揮施行。其有人户論訴合重方并未方路分，合差一行方量官吏、均税甲頭、合干人等，並差非本州縣人。如違，以違制論。」其後十月七日，河北東路提舉常平司奏：「切詳朝廷之意，止爲本方内有自己或鄰並或親戚地土，狥情牽制，於定驗土色必先弊倖。今相度，欲令四隅方量官互换〔八〕，隔隅點定某字方内大小甲頭五人赴某字方充甲頭，亦與別州縣差撥無異。兼近降敕命，不用本州縣官吏、公人、莊宅牙人、都攢書算一行人，若方田事務有不均，人户時下有可申訴，官司等亦不敢抑遏彈壓。」詔依，諸路准此。

十月二十七日，河北東路提舉常平司奏：「檢承崇寧《方田令》節文：諸州縣寨鎮内屋税，據緊慢十等均定，並作見錢。本司契勘：本路州縣城郭屋税，依條以衝要、閑慢亦分十等均出鹽税錢。且以未經方量開德府等處，每一畝可（盡）〔蓋〕屋八間，次後更可蓋覆屋。每間賃錢有一百至二百文足，多是上等有力之家。其後街小巷閑慢房屋，

---

〔一〕二十二日：《長編紀事本末》卷一三八載於二十四日癸巳。
〔二〕令：原作「今」，據本書食貨七〇之一一七改。
〔三〕蔡州新蔡：「州新蔡」三字原脱，據《長編紀事本末》卷一三八原注所引補。
〔四〕胙城：原作「昨城」，據《長編紀事本末》卷一三八改。
〔五〕伊陽：原作「洛陽」，據《長編紀事本末》卷一三八改。
〔六〕造：原作「進」，據《長編紀事本末》卷一三八改。
〔七〕「所有」至「不合」十五字原脱，據《長編紀事本末》卷一三八補。
〔八〕隅：原作「偶」，據本書食貨七〇之一一八改。

多是下户些小物業，每間只賃得三文或五文，委是上輕下重不等。今相度，州縣城郭屋税，若於十等内據緊慢，每等各分正、次二等，令人户均出鹽税錢，委是上下輕重均平，别不增損官額，亦不礙舊來坊郭十等之法。餘依元條施行。」從〖12〗之，餘路依此。

三年三月七日，河北西路提舉常平司奏：「方田縣分官吏不務盡公，致人户論訴，紊煩官司再行方量，費用不少。其元承行官吏往往替移。乞候方量了當，見得委是頃畝出縮，土色交錯，致所納税賦不均，及有情倖去處，其指教并方量官吏合該罪犯，特乞不許自首，及不以去官、赦降原免。」詔依，餘路準此。

十九日，河北西路提舉常平司奏：「均税之法，各從地色肥瘠（栽）〔裁〕敷輕重，即無偏曲不均之患，乃副立法方田本意。所在縣分地色至多〔一〕，不下百數，而均税乃不過十等，第十等地最爲低下，但依法均税。第一等雖出十分之税，地土肥醲，尚以爲輕；第十等只均一分，多是瘦瘠之地，出數雖少，猶以爲重。若不入等，即依條止收柴蒿錢，每頃不過百錢至五百。既收入等，但可耕之地，（便可耕之地）便有一分之税，其間下色之地與柴蒿之地不相遠，乃一例每畝均税一分，上輕下重，故人户不無詞訴。欲乞依條據土色分爲十等外，只將第十等之地再分上、中、下三等折畝均（數）〔敷〕，謂如第十等地每十畝合折第一等地一畝，即第十等内上等依元數，中等以一十五畝、下等以二十畝折地一畝之類也。庶幾上下重輕均平。」詔依，餘路准此。

五月二十六日，河北東路提舉常平司奏：「檢會政和二年十一月二十二日敕節文：『臣僚上言，切聞昨來朝廷推行方田之初，外路官吏不遵詔令，輒〖13〗於舊管税額之外增出税數，號爲蹙剩，其多有一邑之間及數萬者。欲望下逐路提舉司，將應有增税縣分，並依近降指揮重行方量，依條均定税數，不得於元額外别有增損。』本司契勘，本路昨已經方田縣内有增税數多縣分，已依朝旨施行外，有十餘縣比舊額雖有增出數目，皆係逐户逐色毫忽圭撮紐計，無不均之數，即非蹙剩爲名。既已經年，無人户論訴不均。今若不限所增數目多寡，一槩重方，又慮公私别有繁費。今相度，欲將元無人户論訴縣分，止是增出私數紐計逐色貫百，實及一分已上，依所降朝旨重行方量；如不及一分，只别均税；如實是蹙剩數少，均攤不行者，更不均量。如可施行，即乞（陛）〔降〕下。餘並依元條施行。」詔：「因方田增税是定田色不當，其税自當有增減。若所方已得允當，雖增，不合減；如所方未當，有人論訴，即令提刑司體量，詣實聞奏。諸路依此。」

四年正月十三日，河北東路提刑司奏：「開德府南北二城屋税，曾經元豐年定量，裁定十等税錢，後來别無人户

〔一〕至多：原作「至少」。按《文獻通考》卷五、《宋史》卷一七四《食貨志》上二引此均作「地色極多，不下百數」，此處亦應作「至多」，因改。

論訴不均。今來方田官依政和二年十月朝旨，立定正、次二十等，遞減五釐均定税錢，委與元豐年所定則例上輕下重不均。」詔提舉官郭久中等特降一官。

六年九月六日，詔河東、陝西路依鄜延路例，權住方田。從童貫請也。

八年九月三日，詔：「昨臣僚言事，付之大臣審度，以爲可行，請降親札。繼聞於民弗便，夙夜靡遑，14建議者已行罷斥。如拘收白地、方田增税等，皆搔擾刻削，可並不行。仰三省更條害民蠹國者以聞，朕不憚改。」

宣和元年二月二十四日，臣僚言：「方田以均天下之税，此神考良法也。陛下推而行之，今十餘年，告成者六路，可謂緩而不迫矣。御史臺受訴，乃有二百餘畝方爲二十畝者，有二頃九十六畝方爲一十七畝者，虔州之瑞金是也；有租税一十三錢而增至二貫二百者，有租税二十七錢而增至一貫四百五十者，虔州之會昌是也。問其所以然之故，云方量官憚於跋履，並不躬親，而行纏拍峯，驗定土色，一付之於胥吏，遂使朝廷良法美意壅格而不下究，可勝惜哉！望詔常平使者，如方田官不肯躬親，(常)〔當〕密行檢察。他時訴者有辭，而提舉司失於覺察，則明加貶黜改正。」詔依，仍令逐路提刑司體究詣實以聞。

十月四日，詔：「方田官既已具名奏差了當，依條自不得差管別事，如任滿，仍依舊管勾方田均税。其指教官元條不許差推勘、檢法、議刑官之類，若奏差後方受，仍令管勾指教方田，候了日，發赴新任。」從成都府路提舉常平司請也。

十九日，詔：今後方田差官，不許用右選。從臣僚請也。

二年六月十六日，詔住諸路方田。先是，中牟縣訴方田不均凡四百户，指教官莫擬冒賞〔一〕，并方量官，提舉司送轉運司體究，故有是詔。

十二月十一日，詔：「方田之法，本以均税，有司奉行違戾，貨賂公行，豪右形勢之家類蠲15賦役，而移於下户。不特困弊民力，致使流徙，常賦所入因此坐虧歲額至多，殊失先帝厚民裕國之意。已降指揮，權罷方量，別聽指揮。自降權住指揮以前，應曾有訴訟不均去處，本縣賦役一切且依未方已前舊數。因方量不均流移人户，仰守、令多方措置，招誘歸業；見荒閑田土，疾速依條召人請佃〔二〕。」

二十四日，詔：「自今後諸司不得起請方田〔三〕，見方、未方、已方而未起税者，並罷。如敢有違，官吏並送御史臺，以違御筆論；吏人不以有無，並配海島。根括納租者並同。」

三年二月五日，詔：「諸路方田去處，曾與不曾訴訟，應賦役並依未方量以前舊數。」

二十八日，赦文：「已降親札處分及聖旨指揮，諸路未

〔一〕擬：疑當作「儗」。莫儗，莫儔兄，見《建炎要録》卷五一。

〔二〕按，《長編紀事本末》卷一三八載政和二年十一月丁丑詔，文字與此全同，而時間相去甚遠，疑《長編紀事本末》誤。

〔三〕諸司不得：原作「不得諸司」，據《宋史》卷一七四《食貨志》上二乙。

方田去處，權住方量；已方量去處，賦役不以有無訴訟，並依舊數送納。及冒占并天荒、逃移、河堤、退灘等地，並免方量根括。其已方量根括，增添創立租課特與減半。拖欠租稅課利，貧乏者倚閣一次。因方量不均流移、後來歸業人户，免一料催科，其地土並聽元佃人歸業。」（以上《永樂大典》卷四七五一）

## 青苗 上

【宋會要】16 神宗熙寧二年二月二十七日，知樞密院陳升之、參知政事王安石同制置三司條例。

九月四日，制置三司條例司言：「累有臣寮上言糴常平、廣惠倉及賑貸事。今詳比年災傷，賑貸多出省倉，竊以爲省倉以待廩賜，尚苦不足，而又資以賑貸，此朝廷所以難於施惠，而凶年百姓或不被上之德澤也。今諸路常平、廣惠倉畧計千五百萬以上貫石〔一〕，斂散之法，未得其宜，故愛人之利未溥〔二〕，以致更出省倉賑貸。今欲以常平、廣惠倉見在斛斗，遇貴量減市價糶，遇賤量增市價糴，其可以計會轉運司用苗稅及錢斛就便轉易者，亦許兌換，仍以見錢，依陝西青苗錢例，取民情願預給，令隨稅納斛斗。內有願給本色〔三〕，或納時價貴，願納錢者，皆許從便；如遇災傷，亦許於次料收熟日納錢。非惟足以待凶荒之患，又民既受貸，則於田作之時，不患闕食〔四〕，因可選官勸誘，令興水土之利，則四方田事自加修益。人之困乏，常在新陳不接之際，兼并之家乘其急以邀倍息，而貸者常苦於不得。常平、廣惠之物收藏積滯，必待年歉物貴，然後出糶，而所及者，大抵城市游手之人而已。今通一路之有無，貴發賤斂〔五〕，以廣蓄積，平物價，使農人有以赴時趨事，而兼并不得乘其急。凡此，皆以爲民，而公家無所利其入，亦先王散惠興利以爲耕斂補助，裒多補寡而抑民豪奪之意也。舊制，常平、廣惠倉隸提刑司，緣今來創立新法，合有兌換錢斛，（籍）〔藉〕轉運司應副，乃克濟辦。乞委轉運司提舉，仍令提點刑獄司依舊管轄，不得別以支用〔六〕。兼事初措置非一，欲量諸路錢穀多寡，分遣官提舉，仍先行於河北、京東、淮南三路，俟成次第，即推之諸路。其制置條約別具以聞。」又言〔七〕：「且乞令河北、京東、淮南路轉運司，施行常平、廣惠倉轉移出納及預散之法，欲委轉運司及提舉官，每州於

〔一〕千五百萬：《長編紀事本末》卷六六作「十五萬」。按《玉海》卷一八四亦作「千五百萬」，當是。
〔二〕故愛人之利未溥：原作「故爲人利未博」，據《長編紀事本末》卷六六改。
〔三〕給：《長編紀事本末》卷六六作「請」。
〔四〕闕：原作「厥」，據《長編紀事本末》卷六六改。
〔五〕發賤：原作「賤發」，據《長編紀事本末》卷六六乙。
〔六〕以：原無，據《長編紀事本末》卷六六補。
〔七〕按，本書食貨五三之八載以下奏於本月五日。

通判、幕職官中選差一員主管〔一〕，令知〔二〕、通點檢在州及諸縣錢穀。其廣惠倉除量 17 留給老幼貧窮人外，餘並用常平倉轉移法。其給常平、廣惠倉錢，依陝西青苗錢法，於夏秋未熟已前，約逐處收成時酌中物價〔三〕，立定預支每斗價〔四〕，召民願請。仍常以半爲夏料，半爲秋料。」詔：「常平、廣惠倉等見錢，依陝西出俵青苗錢例，取當年以前十年内逐色斛斗一年豐熟時最(抵)〔低〕實直價例，立定預支，召人户情願請領。五户以上爲一保，約錢數多少，量人户物力，令佐躬親勒耆户長識認，每户須俵及一貫以上。不願請者，不得抑配。其願請(斗斛)〔斛斗〕者，即以時價估作錢數支給，即不得虧損官本，却依見錢例紐斛斗送納。客户願請者，即與主户合保，量所保主户物力多少支借。如支與鄉村人户有剩，即亦准上法支俵與坊郭有抵當人户。」初，王安石既執政，爲上言天下財利開闔斂散之法。上然之，故置條例司以講求財利之術，以吕惠卿爲之謀主，命謝卿材等八人求遺利於四方，而青苗、免役之法行。遣使詳見「免役」門。先是，蘇轍自大名府推官上書召對，除條例司檢詳文字。安石出青苗法示之，轍曰：「以錢貸民，使出息二分，本非爲利。然出納之際，吏緣爲姦，雖有法，不能禁。錢入民手，雖良民不免非理費用；及其納錢，雖富民不免違限。如此，則州縣不勝煩矣。唐劉晏掌國計，未嘗有所假貸，有尤之者，晏曰：『使民僥倖得錢，非國之福；使州縣倚法督責，非民之便。吾雖未嘗假貸，而四方豐凶貴賤，知之未嘗逾時，有賤必糴，有貴必糶，此四方無甚貴甚賤之病，安用貸爲？』晏所言則常平法耳，此法見在而患不修。公誠舉而行之，劉晏之功可立俟也。」安石自此逾月不言青苗。會河北轉運司勾當公事王廣廉召議事，廣廉嘗奏乞度僧道牒數千道爲本錢，行陝西漕司私行青苗法，春散秋斂以便民，無抑配，與安石意合，即請而施之河北，而青苗法遂行於四方。於是蘇轍言：「每於本司商量公事不合，乞除一合入差遣。」詔依所乞，與堂除。轍狀言：「常平條敕，纖悉具存，患在不行，非法之弊。必欲修明舊制，不過以時斂之以利農，以時散之以利末。斂散既得，物價自平，貴賤之間，官亦有利。今乃改其成法，雜以青苗，逐路置官，號爲提舉，別立賞罰，以督增虧。法度紛紜，何至如此！而況錢布於外，凶荒水旱有不可知，斂之則結怨於民，捨之則官將何賴？此青苗之説，轍之所以未諭也。」

五日，詔：「常平倉錢斛出俵青苗，仍常以半爲夏料，半爲秋料。廣惠倉除留給孤貧乞丐人外，其餘亦准此。」

九日，制置三司條例司言：「近詔置京東等路常平、廣惠倉，欲量逐路錢物多少，選官分詣提舉。」詔差河北路提舉官王廣廉等十一人。詳見「提舉常平」門。

〔一〕一：天頭原批：「『二』一作『三』。」按，《補編》頁一六四原抄稿作「二」。
〔二〕知：原脱，據本書食貨五三之八補。
〔三〕物：原作「約」，據《長編紀事本末》卷六六改。
〔四〕立：原作「比」，據《長編紀事本末》卷六六改。

十一月二日，命樞密副使韓絳同制置三司條例〔一〕，取索三司應干條例看詳，具合行制置事。

18 十九日，御邇英閣，司馬光進讀《通鑑》畢，降階將退，上命還坐整於閾内御坐之前，皆命就坐。左右皆避去。上曰：「朝廷每更一事，舉朝士夫夫洶洶，皆以爲不可，又不能指名其不便者，果何事也？」光曰：「朝廷散青苗，玆事非便。今閭里富民乘貧者乏無之際，出息錢以貸之，俟其收穫，責以穀麥。貧者寒耕熱耘〔二〕，僅得斗斛之收，未離場圃，已盡爲富室奪去〔三〕。彼皆編户齊民，非有上下之勢，刑罰之威，徒以富有之故，尚能蠶食細民，使之困瘁，況縣官督責之嚴乎？此孟子所謂『又稱貸而益之』者也。臣恐細民不聊生矣。」呂惠卿曰：「光不知此事，彼富室爲之則害民，今縣官爲之，乃所以利民也。青苗錢令民願取則與之，不願者不强焉。收穫之際，令以中價折納穀麥，此乃所以救貧者之乏無，息富民之貪暴也。今常平倉元價甚貴，經十餘年乃一（糴）〔糶〕，或腐朽以害主吏，或價貴人不能糴，故不若散青苗錢之爲利也。」光曰：「臣聞作法於涼，其弊猶貪，作法於貪，弊將若何？彼常平倉者，穀賤不傷農，穀貴不傷民，公私俱利，法之至善者乎！及其弊也，吏不得人，穀賤不糴，穀貴不糶，反爲民害。況青苗錢之法，不及常平之遠乎！昔太宗平河東，輕民租税，而戍兵盛衆，命和糴糧草以給之。當是時，人稀物賤〔四〕，米一斗十餘錢，草一圍八錢，民皆樂與官爲市，不以爲病。其後人益衆，物益貴，而轉運司常守舊價〔五〕，不肯復增，或更折以茶、布，或復支移折變。歲飢，租税皆免，而和糴不免，至今爲膏肓之疾。朝廷雖知其害民，而用度乏，不能救也。臣恐異日青苗之害，亦如河東之和糴也。」上曰：「聞陝西先已行之久矣，民不以爲病也。」光曰：「臣家陝西，有自鄉里來者，皆言去歲轉運司擅散青苗錢與民，今夏麥不甚熟，而督責嚴急，民不勝愁苦。況今朝廷明有指揮，彼得公然行之乎！轉運司本以聚斂爲職，取之無名，猶欲掊克，況今取之有名乎！彼幹當青苗錢者至陛下前云『百姓欣然，賴此錢以爲生』者，皆由其口所言耳。臣所聞者，民間實事也。」惠卿曰：「光所言者，皆吏不得人，故爲民害耳〔六〕，若使轉運司、州縣皆得其人，安有此弊？」光曰：「如惠卿之言，乃臣前日所謂有治人無治法，國家當急於求人，緩於立法者也。」

十二月二十三日〔七〕，條例司言：「陝西路准備給青苗

〔一〕條例：原無，據《長編紀事本末》卷六六補。
〔二〕熱：原作「熟」，據《補編》頁一六五改。
〔三〕奪去：《補編》頁一六五作「所收」。
〔四〕稀：原作「希」，據《補編》頁一六五改。
〔五〕司：原脱，據《補編》頁一六五補。
〔六〕害：原作「耳」，據《長編紀事本末》卷五三改。
〔七〕天頭原批：「《九朝長編紀事本末》『熙寧二年』至『凡四十一人』，添入『十二月二十三日』前。」按，據字迹，此爲徐松所批（此門以下批校，除「某一作某」爲屠寄所批外，餘皆徐松所批），其欲添者見《補編》頁一六五。

錢三十萬緡，見封樁，未及用。乞支十五萬緡給府界民户青苗錢。」從之。

三年正月二十二日，詔：「諸路常平、廣惠倉給散青苗錢，本爲惠恤貧乏，並取民情願。今慮官吏不體此意，追呼均配抑勒，翻成搔擾。其令諸路提點刑獄官體訪覺察，違者禁止，並以名聞。敢沮抑願請者，按罰亦如之。」先是，翰林學士范鎮言㈠：「青苗者，唐衰亂之世所爲。青苗在田，賤估其值，收斂未畢而必其償，是盜跖之法也。今以盜跖之法，而變唐虞[19]不易之政，此人情所以不安，而中外驚疑也。迺者天雨土㈡，地生毛，天鳴地震，皆民勞之象。惟陛下觀天地之變，罷青苗之舉，歸農田水利於州縣，追還使者，以安民心，而解中外之疑。」右正言李常、孫覺亦言：「河北提舉常平王廣廉近至京師，倡言取三分之息。又聞制置條例司欲行其法於天下。乞明詔有司，勿以强民，仍且試之河北、陝西數路。」故有是詔。其後鎮又言：「伏覩近降中書劄子四十道散下諸路，約束分給青苗錢㈢，不得抑配人户，並召情願者，特申前詔耳，非臣前所奏之謂也㈣。外議紛紜，皆云自古以來，未有天子而開課場者。民雖至愚，不可不畏。乞檢臣前二奏，罷青苗錢，追還使者，而歸農田水利、差役於州縣，以正綱紀，以息民言㈤。」於是王安石曰：「鎮所言天子開課場，若非陛下明見《周禮》有此，則豈得不以爲媿恥。前代人主，幾人能以《周禮》決事？所以流俗之言常勝也。」

二月一日，判大名府韓琦言：「准轉運及提舉常平廣惠倉司牒：給青苗錢須十户以上爲一保，三等以上人爲甲頭㈥。每户支錢，第五等及客户毋得過千五百，第四等三千，第三等六千，第二等十千，第一等十五千，餘錢委本縣量度增給。三等以上更有餘錢，坊郭户有物業抵當願請錢者，五家爲一保，依青苗例支借。諸縣不得避出納之煩，致諸色人扇摇人户㈦，却稱不願請領。如不願請領，即具結罪狀入馬遞申報㈧，以憑選官曉諭；如却願請領㈨，本縣干繫人別作行遣。事理稍重，具事申奏。如夏秋收成，物價稍貴，願納錢者，當議減市價錢數，比元請錢十分不得過

㈠天頭原批：「松案：一本有『常平倉』至『無以易也』四十二字，添『范鎮言』下，『青苗者』上。」按，見《補編》頁一六六。

㈡土：原作「垂」，據《宋名臣奏議》卷一一一、《長編紀事本末》卷六八改。地脚原批：「『垂』一作『毛』，疑並誤。」

㈢給：《補編》頁一六六作「俵」。

㈣天頭原批：「松案：一本有『陛下嫉富人』至『不可得也』七百六十三字，添『所奏之謂也』下，『外議紛紜』上。」按，見《補編》頁一六六，又見《宋名臣奏議》卷一一一。

㈤天頭原批：「松案：一本有『而幸天下』至『奏議』十六字，添『以息民言』下，『於是』上。」按，見《補編》頁一六七。

㈥上：原作「下」，據《長編紀事本末》卷五九、卷六三改。

㈦色：原無，據《長編紀事本末》卷五九、卷六三補。

㈧申報：《長編紀事本末》卷五九、卷六三作「申赴」。

㈨領：原無，據《長編紀事本末》卷五九、卷六三補。

三分。假令一户請錢一千，納錢不得過千三百〔一〕。臣竊以國之頒號令，立法制，必信其言，而使民受實惠，則四方觀聽，孰不欣服！伏詳熙寧二年詔書，務在優民，不使兼并乘其急以邀倍息，皆以爲民，而公家無所利其入，謂合先王散惠興利〔二〕、抑民豪奪之意也。今乃鄉村自第一等而下，皆立借錢貫佰，三等以上更許增數，坊郭户有物業抵當者依青苗例支借。且鄉村上三等并坊郭有物業户，乃從來兼併之家也，今皆多得借錢，每借一千，令納一千三百，則是官放息錢，與初詔抑兼并、濟困乏之意絶相違戾，欲民信服，不可得也。又鄉村每保須有物力人爲甲頭，雖云不得抑勒，而上户既有物力，必不願請；官吏既防保内下户不能送納〔三〕，豈免差充甲頭以備代陪？復峻責諸縣，人不願請，即令結罪申報。若選官曉諭，却有願請者，則干繫人別作行遣，或具申奏。官吏懼提舉官勢可升黜，又防選官曉諭之時，豈無貧下浮浪願請之人苟免捃拾，須行散配。且下户見官中散錢，誰不願請？然本户夏秋各有税賦，又有預買，及轉運司和買兩色紬絹，積年倚閣借貸麥種錢之類，名目甚多，今更增納此一重出利青[20]苗錢，愚民一時借請則甚易，至納時甚難。故自敕下以來〔四〕，一路官吏上下惶惑，皆謂若不抑散，則上户必不願請；近下等第與無業客户雖或願請，必難催納，將來必有行刑督索，及勒干繫書手、典押、耆户長、同保人等均陪之患。大凡兼并所放息錢，雖取利稍重，緣有逋欠，官中不許受理，往往舊債未償其半，早已續得貸錢。兼并者既有資本，故能使相因歲月，漸而取之。今官貸青苗錢則不然，須夏、秋隨税送納，災傷及五分以上，方許次料催還。若連兩料災傷，則必官無本錢接續支給，官本因而寖有失陷。其害明白如此。更有緣此煩費虚擾之事，不敢具述。去歲河朔豐熟，常平倉糴米斗錢不過七十五至八十五以來，若乘時收歛，遇貴出糶，不惟合於古制，而無失陷之弊，兼民實被惠，亦足收其羡贏。今諸倉方有糴入，而提舉司亟令住止，蓋盡要散充青苗錢，指望三分之利，收爲己功。縣邑小官敢不奉行，豈暇更恤貽民久遠之患哉！諸路所行，必料大率如此。朝廷若謂陝西嘗放青苗錢〔五〕，官有所得，而民以爲便，此乃轉運司因軍儲有闕，遇自冬涉春，雨雪及時，麥苗滋盛，決見成熟，行於一時則可也。今乃差官置司，爲每歲春夏常行之法，而取利三分，豈陝西權宜之比哉！兼初詔且於京東、淮南、河北三路先行此法，俟成次第，即令諸路施行。今此三路方憂不能奉行，而遽於諸路徧差提舉官，以至四川、廣南亦皆置使。伏惟陛下自臨御以來，夙夜憂勞，勵精求治，況

〔一〕不得：原無，據《補編》頁一六八補。
〔二〕興：原無，據《補編》頁一六八補。
〔三〕既防：原作「坊」，據《忠獻韓魏王家傳》卷八（明正德九年刻本）改。
〔四〕「敕」原作「制」，「下以」原作「以下」，據《忠獻韓魏王家傳》卷八（明正德九年刻本）改。
〔五〕天頭原批：「『放』一作『散』。」按《補編》頁一六八作「散」。

承祖宗百年仁政之後，民浸德澤，唯知寬恤，未嘗過擾。若但躬行節儉，以先天下，常節浮費，漸汰冗食，自然國用不乏，何必使興利之臣紛紛四出，以致遠邇之疑哉！欲望聖明更賜博訪，若臣言不妄，乞盡罷諸路提舉官，只委提點刑獄官依常平舊法施行。」奏至，王安石白上曰：「陛下修常平法所以助民，至於收息，亦周公遺法也。且如桑弘羊籠天下貨財以奉人主私欲，遊幸郡國，賞賜至數百萬，皆出均輸，此乃所謂興利之臣也。今陛下廣常平儲蓄，抑兼并，振貧弱，置官爲天下理財，非以佐私欲，則安可謂之興利之臣乎〔一〕！」上曰：「善。然坊郭俵錢如何？」曾公亮、陳升之皆以爲不當俵也。」安石曰：「坊郭所以俵錢者，以常平本多，農田所須已足而有餘，則因以振市人乏絶，又以廣常平儲蓄也。廣常平儲蓄，所以待百姓之凶荒，不知於義有何所害？」公亮曰：「坊郭上等户則無所用之，下等户則難於輸納。」安石曰：「既取情願，則無所用者自不俵；既有保甲，則難於納者自不能請矣。」升之曰：「但恐州縣避難索之故〔二〕，抑配上户爾。」安石曰：「抑配誠恐有之，然俟其有此，嚴行絀責一二人，則此弊自絶。如河北路則恐不可抑配，聞韓琦自諷諭諸縣，言百姓皆不願投狀，內一[21]縣切以爲不便，而爲司録陳絃者説譬曰：『若朝廷更遣人體問百姓，反稱情願，則奈何？』於是乃不敢投狀。儻河北一路有一人不願，則韓琦必受其狀以聞。今琦自入奏乃無此，則百姓不以爲不便與提舉官不敢抑勒，可知矣。」

八日，詔：「諸路提點刑獄司常切體量覺察俵散青苗錢，如有不取人户情願抑配者，便仰依理止絶施行，當職官員即具名聞。」初，勑旨：散青苗錢並聽民從便，毋許抑勒。而提舉官務以多散爲功，又民富者不願取，而貧者乃欲得之，即令隨户等高下品配，又令貧富相兼，十人爲保，以富者爲保首。王廣廉在河北，第一等給十五貫，第二等十貫，第三等五貫，第四等一貫五百，第五等一貫，民間喧然，不以爲便，而廣廉入奏，稱民間歡呼鼓舞，歌頌聖德。曾公亮、陳升之知其非便，故降是詔。

十日〔三〕，參知政事王安石乞分司，不許。初，韓琦奏王安石稱疾家居，又（辦）〔辯〕司馬光所爲批答，有「士夫沸騰，黎民騷動」之語。上手詔曰：「詔中二語，乃爲文督迫之過，今詳覽之，甚媿面目。」又令呂惠卿諭旨，安石乃出視事。安石之在告也，上諭執政罷青苗法。曾公亮、陳升之

〔一〕《補編》頁一六九此下引《九朝長編紀事本末》「是月癸亥」至「雖坊郭何害」七十六字爲注（按此段見《長編紀事本末》卷六八），然後接《會要》正文「上曰善」云云。但因原稿均作大字，徐松遂誤以爲「上曰善」以下亦爲《長編紀事本末》之文，乃於下頁天頭批云：「《九朝長編紀事本末》『是月癸亥』至『抑勒可知矣』此條添在『八（月）〔日〕詔』之前。」是未曾核對《長編紀事本末》，以致誤批。且《會要》以外他書之文本可不添。

〔二〕難索之故：原作「難之故故」，據《長編紀事本末》卷六八、《歷代名臣奏議》卷二六五改。

〔三〕天頭原批：「《九朝長編紀事本末》『先是御史』至『遂有此命』，添入『十日參知』前。」按，見《補編》頁一六九、一七〇。

欲即奉詔，趙抃獨欲俟安石出，令自罷之。連日不決，上更以爲疑。安石入謝，上勞問曰：「青苗法，朕誠爲衆論所惑，寒食假中靜思此事，一無所害，極不過失陷少錢物爾，何足恤？」安石曰：「但力行之，勿令小人故意壞法，必無失陷錢物之理。預買紬絹〔一〕，行之久矣，亦何嘗失陷錢物。若陛下内不能無疑，而明示大臣以試行此法，則必有諷諭所在，令故意拖延〔二〕，及非理科擾人户〔三〕，然後奏請此法不便者。今當明示此法不可變，若推行不善，如法按治絀罰，則人不敢壞法而法行。」由是持之益堅，人言不能入矣。

二十三日〔四〕，知渭州蔡挺言：「本路累年災傷，若支青苗錢，恐催納不前，或致逃散，乞且行於陝西近裏州軍。」詔陝西轉運、提舉司體量沿邊民户可以給散，並依條施行。

同日，詔以韓琦論青苗奏付制置三司條例司。

同日，右正言李常言：「獻議之臣措置失當，設法遣使，布滿天下。臣深察物情〔五〕，博訪民俗，皆謂此法雖一切取民之願，然不免使人易於得財，侈於妄費，不計後日輸官之難，而臨時迫促。況今官吏務爲希合〔六〕，百端罔民。其尤甚者，使善良備給納之費〔七〕，虛認貫百，以輸二分之息。臣考之三代，下至近古，未聞欲求平治，輔養元元，而爲法如此之弊者，願一切寢罷。」詔李常分析何處州縣使善良（避）〔備〕給納之費、虛認貫百以輸二分之息以聞。初，上閲常奏，顧曾公亮、陳升之曰：「常平事皆經中書行遣，今人言紛紛如此，乃因執政議論不一故也。」公亮曰：「臣本以爲不可，陛下欲力行之，賴臣力争，分作兩料。」升之曰：「臣本不欲如此，今已書奏，更不敢言。」上曰：「[22]若以爲不可，當極論之，何以書奏？既書奏，何以至今乃論議不一！且此法有何不便？」公亮曰：「陛下不須問其不便，陳升之乃元創法之人，李常亦同議論，今尚皆以爲言，則其不便可知。」王安石曰：「臺諫詾詾如此，陳升之自然當變。臣愚，誠不見其不便，不敢妄同流俗。」升之曰：「此但財利事，雖不同，何所害。臣在政府，日夕紛紛校計財利，臣實恥之。」安石曰：「理財用者，乃所謂政事，真宰相之職也，何可以爲恥？若爲大臣畏流俗，不敢爲人主守法者，臣亦恥之。」公亮因請罷提舉官，收新法，付提刑行之。上曰：「如此，則是新法善，但提舉官非其人耳。提舉官容有非人，提點刑獄豈得皆善乎？」公亮曰：「若陛下并新法悉廢之，尤善。」上曰：「新法有何不善，若推行有害，但絀責官吏則害自除矣。」趙抃請且俟今年一料，權止之，俟無害乃

〔一〕紬：原作「細」，據《長編紀事本末》卷六八、《文獻通考》卷二一改。
〔二〕令：原作「今」，據《補編》頁一七〇改。
〔三〕及：原作「又」，據《補編》頁一七〇改。
〔四〕天頭原批：「《九朝長編紀事本末》『參知』至『稱疾』，添入『二十三日知渭州』上。」按，見《補編》頁一七〇至一七二。
〔五〕臣：原在下句「博訪」上，據《補編》頁一七二乙。
〔六〕希合：地脚原批：「『希合』一作『功効』。」按，見《補編》頁一七二。
〔七〕備：原作「避」，據《長編紀事本末》卷六八、《太平治迹統類》卷二二改。

行。安石曰：「不可，如此則人必有故爲沮壞失陷，罰百姓以破新法者。」於是上問李常疏如何處置。安石曰：「常言善良又不納錢，只認二分之息者，可令常分析是何州縣如此。」公亮、升之皆曰：「諫官許風聞言事，豈可令分析？」

二十四日〔一〕，條例司言：「開封府祥符縣自今月十二日住散青苗錢，云准提點司稱，已得中書指揮住散。本司詳中書無此指揮，欲下開封府根勘施行。」從之。時知陳留縣姜潛之官纔數月，青苗息錢令下，潛出錢，榜其令於縣門，又移之鄉村各三日，無人至，遂收榜，付吏曰：「民不願矣。」錢獨得不散。府寺疑潛壅令，使其屬按驗，一皆如令。潛知必不免，稱疾去官。

二十七日，條例司言：「河北轉運司奏：『坊郭多有浮浪無業之人，深慮假托名目請出青苗錢，却致失陷。已牒州事未得給散，别聽朝旨。』本司看元降勑意，指定支與鄉村人户，如有羨餘，方及坊郭有抵當户。乞徧下諸路遵守。」從之，仍詔河北，其轉運司劉庠（檀）〔擅〕住不給散，更不問罪。時劉庠奏至，王安石曰：「近東京王廣淵一面施行鐵冶事，事皆便利，朝廷從之。然以不候朝旨，不免被劾，而陛下特旨放罪。今河北既擅行止俵，又事不可從，何可但已。」陳升之曰：「如此，則愈於新法非便。」安石曰：「不如此，乃於新法非便。王廣淵等力行新法，故事雖可從而被劾；劉庠等力沮新法，故事雖不可從而不問。如此，則人必爲大臣風旨，以爲於此有所好惡，安能無嚮背之心？蓋朝廷法令，務在均一，不可有所偏黨。」上令依廣淵例放罪。而升之等固争，以爲不當如此。上固令降指揮。趙抃曰：「臣在河北，亦嘗如此奏事，朝廷亦不之問。」上曰：「自是當時失問。」升之曰：「河北轉運司言亦有理，不可罪。」安石曰：「法令：有餘則聽坊郭之願請者，十人以上爲保，及有物業過抵當之半者，乃給。如何恐有浮浪之人，遂不給散？」升之曰：「議令有罪，乃商鞅法。」安石曰：「議令者死，管子 24 已如此言〔二〕。然此非議令，乃違令也。不知三代以來，違令者亦有罪乎！」升之等猶固争，以爲朝廷如此，則人自今不敢爲轉運司矣。安石因爲上言：「薛向但奏一寨主罪，乞行重責。中書欲捃向罪，乃至檢條數日。條既當奏，猶未肯已。今庠明有違勑之愆，朝廷但令放罪，而大臣乃皆以爲不可，此其意何也。中書用法輕重如此，則人情何由不嚮背，議論何由不詾詾！」上曰：「韓琦專四路事，然論奏此事，亦不敢一面止住俵給。」乃因令放罪，而有是詔。

同日，詔取韓琦所論青苗文字入内。

二十九日，翰林學士司馬光言：「近嘗上疏，乞罷制置

---

〔一〕天頭原批：「《九朝長編紀事本末》『公亮曰』至『欲以沮琦也』，添入『二十四日』前。」按，見《補編》頁一七三。

〔二〕「管子」以上爲食貨四之二二，其下食貨四之二三、二四兩頁頁碼及裝訂皆誤倒，今據《補編》頁一七四至一七六移正，但頁碼仍依其舊。此爲《輯稿》影印者之誤。

三司條例司，及追還諸路常平倉使者。未聞朝廷少賜采録，但聞條例司愈用事，催散青苗錢愈急，中外人情愈皇皇不安。臣當此際，獨以何心，敢當高位！臣聞古者國有大事，謀及卿士，謀及庶民，參酌下情，與衆同欲，是以事無不當，令無不行。未嘗有四海之内，卿士大夫、農商工賈異口同辭，咸以爲非，獨信二三人之偏見而能成功致治者也。伏望陛下出臣近所上疏，宣示中外臣庶，使之決其是非。若臣言果是，乞早賜施行；若臣言果非，乞收還樞密副使勑告，以臣妄言及違慢之罪明正刑書，庶使是非不至混淆，微臣進退有地。」詔收還樞密副使勑告，依舊供職。初，上有旨用光，王安石曰：「如光者，異論之人倚以爲重，今擢在高位，則異端之人氣勢日倍。光雖不能合黨，然朝夕所以切磋琢磨者，乃劉攽、劉恕、蘇軾、蘇轍之徒而已。觀近臣以其所主者如此，則其人可知也。」及是，上遂欲罷光。曾公亮持之不奉詔，曰：「青苗事，臣等亦數論奏〔一〕。」上曰：「此事何預於樞密副使〔二〕，光不當以此辭職。」公亮乃已。

三月一日〔三〕，曾公亮、陳升之皆稱疾在告，與王安石争青苗事不勝故也。

四日，制置三司條例司言〔四〕：「群臣數言常平新法不便，今畫一申明，乞勑諸路安撫、轉運、提點刑獄、提舉官曉諭所屬官吏，使知法意。一、言者謂元勑云公家無所利其入，今河北提舉官乃令出息三分，失信於百姓。本司今按《周禮》泉府之官，民之貸者，取息有至二十而五，而曰『國事之財用取具焉』。今常平新法預給青苗錢，但約熟時酌中物價，熟時物貴，即許量減市價納錢。既言量減市價納錢，即是未定納實數，故河北約束州縣納錢，不得過三分；京西、陝西等路，大抵不過二分而已。凡此，蓋爲量減時價指揮未有約定實數，恐納時倍貴，州縣量減錢不多，致虧損百姓，即非法外擅爲侵刻也。就諸路所約，唯河北最多，然云不過三分，即非定取三分之息。若物價低平，即有當納本色，不收其息，或止收一二分之時。多少相補，比《周禮》貸民取息，立定分數，已不爲多。近又令預給價錢，若遇物價極貴，亦不得過二分，即比《周禮》所取 23 猶少，於元條欲廣儲蓄、量減時價指揮不相違戾，固無失信之理。又《周禮》，國事財用，取具於泉府之官賒貸之息。今常平不領於三司，專以振民乏絶，此周公之法，乃不以取具國事之財用，故云公家無所利其入。一、言者謂上三等户及城郭有物力户，即從來兼并之家，今乃立定貫伯，許之貸借，非抑兼并之意。又河北每保須上三等户一人，上等户必不願

〔一〕亦：原脱，據《長編紀事本末》卷六八補。
〔二〕預：原作「須」，據《長編紀事本末》卷六八改。
〔三〕天頭原批：「《九朝長編紀事本末》『林希云』至『遂欲罷之』，添入『三月一日』前。」按，見《補編》頁一七四。
〔四〕天頭原批：「《九朝長編紀事本末》『是月甲午』至『文多不載』，添入『四日制置三司』前。」按，見《補編》頁一七四。

請，官吏既防貧户不能送納，豈免差充甲頭，以備代陪。又提舉官峻責州縣，如民不願請，即結罪申報；若選官曉諭却願請，即當別作行遣。州縣官吏懼提舉官曉諭，苟免捃拾，豈無貧下浮浪願請之人，或須散配。本司今按鄉村上三等、城郭有物業户，亦有闕乏之時，從人舉債，豈皆是兼并之家。今貸貧民有餘，則以給此等户，免令就私家取一倍之息，乃是元勑抑兼并之意。河北每保須上三等户一人者，蓋以檢防浮浪之人。若上户肯與同保，即非浮浪之人；若無上户肯與同保，即自不許支給，何須更行散配？若謂上三等户必不願請，須差作甲頭，自是抑勒違法。況今年開封諸縣甚有上三等户願請，即非抑勒。以近驗遠，事理可知〔一〕。至於提舉司約束官吏，止是關防因循避事壞法之人，即非迫脅須令抑配。若提舉官或急於功利，諷州縣抑配，即諸路各有安撫、轉運、提點刑獄，其爲朝廷委任，皆在提舉官之上。若有州縣官員故欲隳壞新法〔二〕，或曲徇提舉官意指抑勒百姓，自當糾舉，依法施行，及具事狀聞奏，豈宜以官吏違法之故，遂欲廢法？一、言者謂百姓各有本户税賦及預買紬絹，又生此一重預給青苗錢，則人户不易。本司今按百姓賦税之外，逐路承例科斂，名目誠多。然當缺乏之時，不免私家舉債，出息常至一倍，此所以貧者愈困也。今貸與常平本錢，賙濟其艱急，又止令約熟時中價納斛斗，時物價貴，然後令納見錢，比元本不得過二分，即是免於兼并之家舉一倍之息，民户有何不易？一、言者謂但躬行節儉，常節浮費，自然國用不乏，何必使興利之臣四出，以致遠近之疑。本司今按先王之政，未嘗不以食貨爲始，張官置吏，大抵多爲農事也。近世以來，農人尤爲困苦〔三〕，朝廷但有徭役加之〔四〕，初無歲時補助之法。近自京畿陂防溝洫，多有不治，乃至都城側近，往往綿地數百里棄爲汙萊，父子夫婦流離失業，四方遐僻，不問可知。一方水旱，則餓死者相枕籍，而流移者填道路。如前歲河北一饑，則不免漕江淮之米以救之，然於人之流亡餓殍〔五〕，未有補也。至有非泛用度，或不免就上等户强借錢物，百姓典賣田産物業以供暴令，此亦可謂國用乏矣。至於差役，困苦農民，使之失職，則士大夫之所共見，不待論説而後可知。故陛下即位，詔書丁寧，以務 25 農理財，免人役爲政事之急，誠知方今之憂，爲在此也。今置提舉常平、廣惠倉官兼主管農田水利差役事者，凡以爲此而已，固非使之朘削百姓，以佐人主私費，亦豈得謂之興利之臣，而致遠近之疑？一、言者謂今常平千餘萬緡，散作青苗錢，民所欠負，財力既盡，加以水旱之災，不得不爲之倚閣，因郊赦除之，十年之後，千餘萬緡散而不返矣。常平舊法，自古立

〔一〕事理可知：原作「事理可理」，據《歷代名臣奏議》卷二六五改。
〔二〕隳：原作「隨」，據《歷代名臣奏議》卷二六五改。
〔三〕尤：原作「猶」，據《歷代名臣奏議》卷二六五改。
〔四〕但：原脱，據《歷代名臣奏議》卷二六五補。
〔五〕殍：原作「子」，據《歷代名臣奏議》卷二六五改。

制，而無失陷之弊，不當變改。本司今按常平新法：預給價錢，並令公人識認；又須十户以上爲一保，如河北又須保内有上三等户一人。自來預買紬絹及給青苗蠶鹽，其關防法未能備具如此，乃不聞有拖欠除放，則常平新法，自非官吏故欲沮壞，不容獨致失陷官物。今新法之中兼存舊法，但以舊法廣儲蓄、抑兼并、賑貧弱之方尚爲未備，又無專領官司，所以諸路例多糴價貴斛斗，至有經數十年出糴不行，無補賑救。又糴糶之時，官吏姦弊百端，故須約《周禮》賒貸，增修新法，專置一司提舉覺察，非廢舊法、違古制也。一、言者謂新法不當示之條約，明言利息。本司今按《周官》貸民，明言以國服爲息，蓋聖人立法，推至信於天下，取之以道，非爲己私，於理何嫌，而不可明示條約！一、言者謂坊郭户既無青苗，不可貸借。本司今按常平舊法，亦糶與坊郭之人，今若給散農民有餘，仍不許坊郭之人貸借，是令常平有滯積餘藏，而坊郭之人獨不被朝廷賑救乏絶之惠也。《周禮》貸民之法，無都邑鄙野之限，今新法乃約《周禮》太平已試之法，非專用陝西預散青苗條貫也。今新法方行，若官吏不能體朝廷立法之意，不肯公共推行，或以錢斛抑配與人，或利在易爲催納，專貸於物力高(疆)〔彊〕户；或留滯百姓，不爲及時給納，故縱公吏乞取，致百姓枉有縻費；或不量民物力，給與錢斛太多，致難催納；或不能關防辨察，令浮浪之人自爲一保，冒請官物，致難催納；或拖延不爲及時催納，却非理科校公人百姓之類，自是州縣官吏弛慢，因縁爲姦，不可歸咎於法。乞令逐路安撫、轉運、提點刑獄、提舉官常切覺察，依條施行。命官具案取旨，重行紬罰。安撫、轉運、提點刑獄、提舉官失於覺察，致朝廷察訪得實，亦當量罪，第行朝典。」從之。

先是，翰林學士司馬光、范鎮、御史中丞呂公著及諫官御史孫覺、李常、張戩、程顥等皆言常平新法不便，而韓琦相繼論奏。詔以琦等章付制置三司條例司，故上此奏。其後琦又言：「臣近以河北路差官置司，春夏於青苗錢明取三分之利，有傷國體，上下皆知不便，而以制置條例司是大臣主領，但人人腹非，不敢公言。臣被顧三朝，又職當安撫，實不忍雷同默默，遂詳陳利害本末，乞加博訪，所冀陛下灑然開悟，亟賜更改，使天下鼓舞聖明，不爲盛德[26]之累。老臣獻忠之心，豈有他也！今蒙制置司以臣所言皆爲不當，條件疏駁，乞申勑諸路及直指揮進奏院，以中書曉諭劄子頒行天下。臣詳制置司疏駁事件，多删去臣元奏要切之語，唯舉大槩，用偏辭曲爲沮難，及引《周禮》『國服爲息』之説文其謬妄，上以欺罔聖德，下以愚弄天下之人，將使無復敢言其非者。臣不勝痛憤〔一〕，須至再有辯列〔二〕。欲望親覽，然後降付中書、樞密院看詳，送御史臺，集百官

〔一〕臣：原脱，據《長編紀事本末》卷六三、卷六八、《宋名臣奏議》卷一一二補。
〔二〕列：原作「別」，據《補編》頁一七七、《長編紀事本末》卷六三、卷六八、《宋名臣奏議》卷一一二改。

定議。如臣言不當，甘從竄殛；若制置司處置乖方，天下必受其弊，即乞依臣前奏，盡罷諸路提舉官，只委提點刑獄司依常平舊法施行，以慰衆心。一、制置司云：《周禮》泉府之官，民之貸者，承息有至二十而五，而國之財用取具焉。今常平新法，比《周禮》貸民取息立定分數以不爲多〔一〕，遇物價極貴，亦不得過二分，即比《周禮》所取猶少。臣切以周公定太平之法，必無剥民取利之理，但漢儒以去聖之遠，解釋或有異同。按《周禮》：『泉府掌市之征布，斂市之不售，貨之滯於民用者〔二〕，以其價買之，物（揭）〔楬〕而書之，以待不時而買者〔三〕，買者各從其抵。』臣謂周制，民有貨在市而無人買，或有積滯而妨民用者，則官以時價買之，書其物價以示民，若有急求者，則以官元買價與之。此所謂王道也。經又云：『凡賒者，祭祀無過旬日，喪紀無過三月。』鄭衆釋云：『賒，貰也，以祭祀喪紀，故從官貰買物。』賈公彦疏云：『賒與民，不取利也。』經又曰：『凡民之貸，與其有司（辦）〔辨〕之，以國服爲之息。』鄭衆釋云：『貸者，爲從官借本（貰）〔賈〕也，故有息，使民弗利，以其所（貰）〔賈〕之國所出爲息也。假令其國出絲絮，則以絲絮償；其國出絺葛，則以絺葛償。』臣謂周制有從官借本（貰）〔賈〕者，亦不以求民之利，但令變所貸錢，使輸國服，即以爲息也。此所謂王道也。而鄭康成釋云：『以其於國服事之税爲息也。於國事受園廛之田而貸萬泉者，則朞出息五百。』臣謂《周禮》園廛二十而税一〔四〕，近郊十一，遠郊二十而三，甸、稍、縣、都皆無過十二，唯有漆林之征二十而五〔五〕。漆林，自然所生，非人力所作，故税重。康成乃約此法，謂從官貸錢。若受園廛之地，貸萬錢者出息五百。公彦因而疏解，謂近郊十一者，萬錢期出息一千；遠郊二十而三者，萬錢期出息一千五百。甸、稍、縣、都之民萬錢，期出息二千。臣謂如此則須漆林之民取貸萬錢，出息二千五百也。然當時未必如此。今放青苗錢，凡春貸十千，半年之内，便令納利二千；秋再放十千，至歲終，又令納利二千。則是貸萬錢者，不問遠近之地，歲令出息四千也。《周禮》至遠之地，止出息二千〔六〕，今青苗取息尚過《周禮》一倍，則制置司言比《周禮》取息已不爲多，亦是欺罔聖聽，且謂天下之人皆不能辨也。且古今異制，貴於便時，《周禮》所載有不可施於今者，其事非一。若謂泉府一職，今可施行，則如上 27 所言以官錢買在市不售及民間積滯之貨，候民急求，則以元買價與之。民有祭祀喪紀，就官中借物，限旬日、三月還官，而不取其利。制置司何不將此周公太平已試之法盡申明而行之，豈可獨舉注疏貸錢取息之一事，以誑天下之公

〔一〕不：原作「下」，據《宋名臣奏議》卷一一二改。
〔二〕滯：原作「窮」，據《周禮注疏》卷一五、《宋名臣奏議》卷一一二改。
〔三〕而買者：原無，據《周禮注疏》卷一五補。
〔四〕謂：原作「請」，據《宋名臣奏議》卷一一二改。
〔五〕有：《宋名臣奏議》卷一一二作「其」。
〔六〕千：原作「十」，據《宋名臣奏議》卷一一二改。

言哉！鄭康成又注云：『王莽時，貸以治產業者但計贏，所受息無過歲什一。』公彥疏解云：『莽時雖計本多少爲定，及其催科，唯所贏多少。假令萬泉歲贏萬泉，催一千；贏五千，催五百；餘皆據利催什一。』臣謂王莽時官貸本萬錢，歲終贏得萬錢，止令納一千；若贏錢更少，則納息更薄，比今於青苗錢取利，猶爲寬少。而王莽之後，上自兩漢，下及有唐，更不聞有貸錢取利之法。今制置司遇堯舜之主，不以二帝三王之道上裨聖政，而貸錢取利更過王莽之時，此天下不得不指以爲非，而老臣不可以不辯也。況今天下田稅已重，固非《周禮》什一之法，則又隨畝更有農具、牛皮、鹽錢、麯錢、鞋錢之類，凡十餘名件，謂之雜錢，每夏秋起納，官中更以紬絹斛斗低估價直，令民以此雜錢折納。又每歲散官鹽與民，謂之蠶鹽，折納絹帛，更有預買、和買紬絹，如此之類，不可悉舉，皆《周禮》田稅什一之外加斂之物。取利已厚，傷農已深，奈何更引《周禮》國服爲息之說，謂放青苗錢取利乃周公太平已試之法〔一〕，此則誣汙聖典，蔽惑睿明，老臣得不太息而慟哭也。又制置司云：提舉官約束州縣，納錢不得過三分、二分，蓋恐納時斛斗倍貴〔二〕，州縣量減錢數不多。若物價低平，即有合納本色，不收其息。臣亦謂此論之不實也〔三〕。緣小麥最爲不耐停蓄之物，自來常平倉不糴，蓋恐積留損壞。今歲雨雪及時，麥價必賤，提舉官必不肯令民納本色。蓋納下本色，則無由變轉；若於轉運司兑換價錢，則諸處軍糧支小麥絶少，必難兑換。既難兑換，則占壓本錢，下次無錢散與民户。臣以此知制置司與提舉官本無令民納斛斗之意，故開此許納見錢一門，將來止令言民願納錢息，不容納本色，則民須至糶麥納錢，豈不殃害百姓？唯陛下早悟臣言。一、制置司云：鄉村上三等及城郭有物業户亦有缺乏之時，從人舉債，豈是兼并之家？臣切以鄉村上三等及城郭有物業户，非臣獨知是從來兼并之家，此天下之人共知也。今制置司以爲非兼并之家者，止欲多散青苗錢與之，而得利亦多也。其如勑意本務拯濟困乏，却以錢放與此等户，則天下明知朝廷專以取利爲本意，實傷國體。制置司若謂《周官》有貸民之法，取之以道，於理無嫌，則今兼并之家例開質庫、置課場〔四〕，若恐取民倍息以傷貧細，則所在皆可官自開置，以抑兼并。然自前世以來，惡其太近衰削，不忍爲之。今青苗錢一事，無乃近於此乎！又云：每保須上三等户一人者，蓋以檢 28 防浮浪之人。此則抑勒之勢，不假臣言而自明矣。又云：若謂上三等户必不肯請，須至差作甲頭，即自是抑勒違法。此又殊不察事勢人情有不得已而爲之者。且青苗之法，內有大臣力主，事在必行；外有專差之官唯以散錢數多爲職辦，州縣官吏往往變抑勒而爲情願

〔一〕謂：原作「爲」，據《宋名臣奏議》卷一一二改。
〔二〕倍：原作「陪」，據《宋名臣奏議》卷一一二改。
〔三〕亦：原作「所」，據《宋名臣奏議》卷一一二改。
〔四〕置：原無，據《宋名臣奏議》卷一一二補。

者，蓋事勢不得不懼，而人情不得不從也。監司之官其於事勢人情，亦何異此。九重高遠，豈得盡知，惟陛下早賜辨察。一、制置司云：先王之政，未嘗不以食貨爲始，張官置吏，大抵多爲農事也。近世以來，農人尤爲困苦，朝廷非泛用度，或不免就上等户强借錢物，百姓典賣田産物業以供暴令。今置提舉常平廣惠倉官，兼主管農田水利差役事者，凡以爲此，固非使之朘削百姓，以佐人主私費，亦豈得謂之興利之臣，而致遠近之疑！臣詳制置司明舉貸錢取利之法，謂取之以道，於理無嫌，則非興利而何？至於東南所差均輸之官，亦皆興利之臣也，且西川四路，鄉村民多大姓，一姓所有客户，動是三五百家，自來衣食貸借，仰以爲生。今若差官置司，更以青苗錢與之，則客於主户處從來借貸既不可免，又須出此一重官中利息，其它大姓固不願請青苗錢。又廣南土曠人稀，水鄉之俗，粗足生計，今亦置官司貸錢取利，故於遠民尤爲不便，豈得不致遠近之疑？國家幅員至廣，一方水旱，時所不免，然朝廷未嘗不假貸糧種，盡救荒之政以濟恤之。故得饑饉者復蘇，流庸者復安，自祖宗以來，可謂仁政充洽矣，而未嘗就上等户强借錢物。唯是英宗及陛下即位之初，天下各有優賞，朝廷自京師應副未及間，故有三兩路州軍嘗借於坊郭富民，然亦即時輦還。今制置司指爲暴令，以頒布天下，是唯知主張青苗之法，而不顧毁讟之甚，誠可駭也！一、制置司云：常平舊法，亦糴與坊郭之人，《周禮》貸民，無都邑、鄙野之限，今新法乃約《周禮》太平已試之法，即非專用陝西青苗條貫也。臣詳制置司此説，尤爲不實。蓋自來常平倉遇歲不稔，物價高，合減元價出糶之時，鄉村則下諸縣取逐鄉近下等户姓名印給關子，令執赴倉，每户糶與三石或兩石，坊郭則每日糶與浮居户每口五升或一斗，故民受實惠，甚濟饑乏，即未嘗見坊郭百姓有物力户乃來零糴常平倉斛斗者〔一〕。此蓋制置司以青苗爲名，欲多借錢與坊郭有業之人，以望得利之多，假稱《周禮》太平已試之法，以謂無都邑、鄙野之限，以文其曲説，唯陛下深詳其妄。一、臣近以内藏庫支絹二十萬匹爲河北常平本錢，轉運、常平倉司遂申制置司募請人依青苗錢法。制置司劄子依所申施行，坊郭户願請者亦聽。真定府當請絹三萬匹，未及般取，常平倉司差殿侍康承丙詣屬縣催促，真定府以爲張皇搔擾，戒
29 承丙毋下縣，牒常平倉司追還，牒臣本司照會。臣遂録奏，庶朝廷見其爲害之深。却準中書劄子，康承丙本係皮公弼等乞充差使幹當〔二〕，兼累令提點刑獄司覺察，所散青苗錢不得抑勒，或有抑配，便令止絶，具當職官姓名奏，劄與臣知。臣勘會轉運司昨配賣絹與坊郭，每匹估錢一千五百三十至一千六百，限半年納錢，下等户猶有破賣家産方能貼納者。今提舉官以絹二十萬匹，每匹上等作一千三百

〔一〕糴：原作「糶」，據《宋名臣奏議》卷一一二改。
〔二〕「承」原作「成」，「充差」原倒，據《宋名臣奏議》卷一一二改乙。

五十，每千取利二分，每匹已是一千六百一十；下等作一千三百，并利亦是一千五百六十。並隨税納〔一〕，止是百餘日納足，與轉運司賣價全不相遠，即於農民豈不爲害？更差使臣督迫給散，縣邑小官苟免過咎，以抑配爲情願，何可辨明？且制置司雖大臣主領，然終是定奪之所，今直指揮，許散絹與鄉村户，依青苗法納錢，及令坊郭户願請者亦聽，則自來未見有定奪之司，事不關中書、樞密院，不奉聖旨直可施行者。如此，則是中書之外，又有一中書也。中書行事亦須進呈，或候畫可，未嘗直處分，唯陛下察其專也。如此，則知在外守職臣寮誰敢不從。願早賜辨察〔二〕，使事歸政府，庶於國體爲便。」其後二十五日，樞密使文彦博數言青苗不便。上曰：「吾令中使二人親問民間，皆云甚便。」彦博對曰：「韓琦三朝宰相不信，而信二閹乎？」王安石每有中使宣召及賜予，所贈之物必倍舊例，陰結入內副都知張若水、押班藍元震，因能固上之寵。上使二人潛察府界俵錢事，還言民皆情願，無抑配者，故上行其法益堅〔三〕。（以上《永樂大典》卷一七五五一）

〔一〕納：原脱，據《宋名臣奏議》卷一一二補。
〔二〕願：原脱，據《宋名臣奏議》卷一一二補。
〔三〕天頭原批：「《九朝長編紀事本末》『是月乙未』至『服人情也』，添『其法益堅』後。」按，見《補編》頁一八〇。

# 宋會要輯稿　食貨五

## 青苗　下[一]

【宋會要】

1 熙寧三年三月五日，右正言孫覺上言：「切見制置三司條例司畫一文字，頒行天下，曉諭官吏，使知法意，其凡有七。至於論斂散出入之弊，分城郭田野之民，憂將來之失陷，其利害灼然，人人所能知者，臣皆請置而不論。至於援引經誼，以傅會先王之法，與防微杜漸，將以召怨賈禍者，臣得極爲陛下陳之。新法云：《周禮》泉府以謂民之貸者[二]，有至二十而五，而曰國事之財用取具焉。今者不過三分，即此貸民取息[三]，已不爲多。今常平之物不領於三司，此周公之法，乃不以取具國事之財用，故云公家無所利其入。臣切以謂周家綱紀天下，其法至密，小大詳畧之設有條[四]，本末先後之施有序，所治大者不領其詳，所當後者不先於本，故其法始於治地，而其効至於天下無一人之獄。此其積累乃自於文王、武王、周公三聖人者，上取堯、舜，夏商之遺法損益彌縫之，至是而始備。嗚呼，其亦難成矣哉！周之法如此其詳且備矣，民之養生喪死者既已無憾，則又慮夫祭祀、喪紀與夫不可知之乏絶，故爲之立賒貸之法，以陰相之，所以備民之艱難，而示彌縫之至也。賒貸者，不可以徒予，必使以國服輸息，蓋又寓勸生節用之意，以俟其怠惰者耳！若夫國事之財用取具者，蓋謂泉府所領，若市之不售，貨之滯於民用，有買有予，并賒貸之法而舉之焉。若專取具 2 於泉府，則冢宰九賦之類將安用邪！至於『國服之息』，説者不明先鄭、後鄭各爲一解。康成曰：『於國事受園廛之田而貸萬泉者，朞出息五百。』又曰：『王莽時，民貸以治産業者，但計贏所得受息，無過歲計什一。』康成雖引《載師》園廛爲比，然卒以莽時爲據，其意蓋謂周制亦當爾也，不應周公取息反重於王莽之時。夫以王莽貪亂敗亡之法，尚不至於以本計息，奈何謂《周禮》太平之制，而取息之厚乃至是邪！況載師所任地，自園廛二十而一，至漆林二十而五，其征五等，而漆林之征最重，以其末作妨農，所以抑之使歸本也。今以農民乏絶，將以補耕助斂，乃欲二十而五，以比漆林之征，則是爲本末者無以異，與《周禮》之意相違甚矣。況《周官》所載治法甚詳，必欲舉而行之，宜有先於此者。如賒貸之法，劉歆行於新室，已不效矣。莽之亡雖不專以此，然亦取亡之一道也[五]。故臣謂聖世宜講求先王之法章明較著，已試而効者

[一] 題前又批「食貨三十七」，此是《大典》卷一七五五二之總題。
[二] 謂：原作「爲」，據《補編》頁一八一改。
[三] 此貸：原作「比貨」，據《補編》頁一八一改。
[四] 設：原作「殺」，據《宋名臣奏議》卷一一二改。
[五] 取亡：原作「亡莽」，據《補編》頁一八二、《宋名臣奏議》卷一一二改。

推而行之，不當取疑文虛説苟以圖治焉。今以青苗細故，招天下之議，使老臣疎外而不見聽，輔臣遷延而不就職，門下執奏而不肯行，諫官請罪而求去。若此，其事雖善，難以必行，況復疑文虛説若前之云云者哉！乞檢會臣累奏，早賜施行。」御史張戩言〔一〕：「自朝廷變法至今，衆意乖戾，天下騷然，而王安石猶欲飾非，所持甚隘，信惑憸人，力排正論，臣所以在於必諍，雖死輒爲，義或難從，勢無兩立也。」3程顥言：「伏見制置條例司疏駮大臣之奏，舉劾不奉行之官，徒使中外物情愈致驚駭，是乃舉一偏而盡沮公議，因小事而先失衆心，權其輕重，未見其可。乞檢會臣前所言，早賜施行。」右正言李常言〔二〕：「王安石不本仁以出號令，考義以理財賦，而佐陛下爲此病民歛怨之術，黨蔽揞克小人，宣言取利分數，小大驚疑，遠近騰沸。曾公亮、陳升之、趙抃皆位冠百僚〔三〕，身輔大政，首鼠厥議，曾無執守。臺諫官或以執事隔絶，或陰竊符同，四海萬里，蒙毒莫訴。臣於安石雖有舊故之義，苟懷私而不言，誰復爲朝廷言者〔四〕。今不思彊恕改過，捨己取人之爲君子之道，而遂非喜勝，日與其徒呂惠卿等陰籌竊計，欲文厥過，思以頰舌，力奪公議〔五〕，寧復爲社稷安危慮者！竊聞其以公論者爲同乎流俗，憂國者爲震驚朕師，以百姓愁嘆爲出自兼并之言，以卿士僉議爲生乎怨嫉之口，而又妄取經據，傅會其説，謂周人國事之財用取具於息錢。上以惑陛下之聰明，下以欺天下之耳目，而貽笑後世，可爲太息，可爲痛悼！臣竊觀《周禮》所以必貸民者，蓋先王推惻隱以爲政，而盡其回旋曲折之深意也。先王之於民，不使之過幸而苟得，授之田則出税，貸之錢則出息，而不志於息也。今青苗之法言補助則爲虛名，言歛散則爲徒擾，適所以悞妄費不思之民，使之日入於困窮而已。」進呈覺等疏，上曰：「人言何至如此！」安石曰：「自4大臣以至臺諫皆有異，則人言紛紛如此〔六〕，何足怪！」趙〔忭〕〔抃〕曰：「苟人情不允，即大臣力主，亦不免人言。」又進呈程顥疏。安石曰：「顥至中書，臣畧語以方鎮沮毀朝廷法，令朝廷申明，使知法意，不得謂之疏駮大臣章奏。顥乃言大臣論列，事當包含〔七〕，此言〔猶〕〔尤〕爲害理。若不申明法意，使中外具知，則是縱使邪説誣民〔八〕，而令詔令本意更不明於天下。如

〔一〕天頭原批：「松案：一本作『熙寧三年』至『孫覺集』」，此條注「早賜施行」下，『御史張戩』上。按徐松所謂「一本」，見《補編》頁一八一至一八三，其文較此處所載爲詳。
〔二〕天頭原批：「《九朝長編紀事本末》有『監察』至『爲害已多』一條，添入『右正言李常』上。」按，見《補編》頁一八三。
〔三〕抃：原作「忭」，據《補編》頁一八五改。
〔四〕復：地脚原批：「『復』一作『肯』。」按《補編》頁一八五、《宋名臣奏議》卷一一三作「肯」。
〔五〕天頭原批：「『力奪』一作『取勝』。」按《補編》頁一八五、《宋名臣奏議》卷一一三作「取勝」。
〔六〕言：原脱，據《長編紀事本末》卷六八補。
〔七〕包含：原作「句舍」，據《長編紀事本末》卷六八改。
〔八〕誣：原作「詔」，據《長編紀事本末》卷六八改。

此，則異議何由帖息？」上以爲然。

十七日〔一〕，范鎮罷知通進銀臺司。初，鎮言：「伏奉行下韓琦論青苗事，送制置三司條例司，及令李常分析甚處州縣使善良虛認貫百輸二分之息。竊以陛下詔令，四方所宜奉行，而河北常平倉官不依稟如此，固當竄黜，以戒擅命之臣，而畧不詰問；李常諫争之官，欲陛下去利就義，與民除害，反令分析。所以琦奏中書自當施行，不須下條例司，亦不當令常分析。」封還詔書，聖旨諭鎮，使行下常分析文字，至數四，猶不肯。會詔聽司馬光罷樞密副使，鎮又封還，而不繇封駁司行下。鎮乃自請解封駁事，故有是命。

二十五日〔二〕，右正言、直集賢院、同修起居注孫覺降知廣德軍。初，朝廷士大夫言散青苗有抑配者十八九，詔覺同開封府界提點、提舉官體量有無抑配以聞。既而張戩等言不當遣覺，覺亦固辭。上批：「覺稱『敢不虔奉詔旨，即日治行』，今乃反覆如此。」遂絀之。

四月八日，御史中丞呂公著罷知潁州。先是，呂公著在言職，乞罷制置 5 三司條例司，又乞行青苗錢法於近京一兩路，不必取利，候及一二年，推之諸路，民猶以爲不便，則朝廷亦宜改作。又言：「設施措置未得其術，纔一二末事，頗已咈戾衆心，是以内外乖離，人人危懼。祖宗以來所以深得人心者，艱難積累，固非一日，今豈可以一二末事輕失其心？」皆不聽，迺求罷職，家居俟命，故有是命。

十九日〔三〕，前秀州軍事判官李定爲太子中允、權監察御史裏行。定素與王安石善，孫覺歸自淮南，薦定極口，因召至京師。定初至，謁李常，常問南方之民以青苗爲如何，定言皆便之，無不善者。常謂曰：「今朝廷方争此，君見人，切勿爲此言也。」定即日詣安石白其事，曰：「定惟知據寔而言，不知京師不得言青苗之便也。」安石喜甚，遂奏以定編三司歲計及南郊式，且密薦于上，乞召對。謂定曰：「君上殿，當具爲上道此〔四〕。」及見，上果問常平新法，定對如安石所教。上悦，批付中書，欲用定知諫院。曾公亮、陳升之以爲前無此例，乃改命焉。

同日，權監察御史裏行程顥權發遣京西路同提點刑獄〔五〕，以顥數言常平新法，乞責降，故有是命。

二十二日〔六〕，詔右正言、祕閣校理李常落職，爲太常博士、通判滑州；監察御史裏行張戩、王子韶並落職，與知縣。常既被詔分析，所言錢未嘗出，而徒使民入息。令具

〔一〕天頭原批：「《九朝長編紀事本末》『時中丞呂』至『當更思之』，添『上以爲然』後，『十七日』前。」按，見《補編》頁一八七至一八九。

〔二〕天頭原批：「《九朝長編紀事本末》『鎮又奏』至『而新之爲第一』，添『故有是命』後，『二十五日』前。」按，見《補編》頁一八九。

〔三〕按，《補編》頁一八九此前有《長編紀事本末》一段。

〔四〕具：原作「且」，據《長編》卷二一〇改。

〔五〕同：《長編》卷二一〇無此字。

〔六〕天頭原批：「《九朝長編紀事本末》『乙卯』至『允德之』一條，添『同日權監察』前。」又：「『顥先上疏』至『彼此遂分』，添『二十二日詔』前。」按，均見《補編》頁一九〇。

州縣官吏姓名，至五六，終不肯具，而求罷職。戩屢言青苗不便，最後上疏言：「大惡未去，横歛未除，不正 6 之司尚存，無名之使方擾[一]。臣自今月十二日以後，更不敢赴臺供職，居家待罪。」子韶、常乞追孫覺、呂公著謫命，及言臺諫方論青苗，乞罷兒子淵管勾京東常平差遣，故有是命。

同日[二]，侍御史知雜事陳襄同修起居注，罷知雜事。襄言：「臣三奏乞罷青苗法，而陛下未以臣言爲然[三]。臣觀制置司元降指揮，莫非引經以爲言，而其寔貸民以取利，事體削弱，爲天下譏笑。是特爲管仲、商君之術，非陛下之所宜行。」既而詔襄試知制誥，襄自言嘗論常平新法不聽，辭不就試，以爲集賢殿修撰、陝西轉運使[四]。命未出，上批「別進呈」。而改是命。

二十五日，條例司言[五]：「青苗錢以半爲夏料，半爲秋料，使倉儲不空，以備非常。然今諸路農時早晚，夏秋所獲多少及民間所須緩急，所在不同，恐不可爲一定之法。欲令有司因民緩急，量入爲出，各隨其時，不拘以數。」詔諸路轉運、開封府界提點、提舉常平倉司，約定歲散青苗錢寔數以聞。

五月四日，詔莫、霸、保、雄州、安肅、廣信、順安、信安、乾寧、保定軍，皆並邊阻塘濼，西山少耕稼之利，毋給百姓青苗錢。

八日，制置條例司言：「權陝西轉運副使陳繹不依條按治部内違法抑配青苗錢官吏，乃擅止環、慶等六州給散青苗錢，且欲留常平倉物，准備緩急支用，壞常平久行之法。」詔釋繹罪。

十五日，詔：「近設制置三司條例司，本以約通天下財利，今大端已舉，惟在悉力應接，以趣 7 成效，其罷歸中書。」

十七日，制置三司條例司言：「常平新法宜付司農寺，乞選官主判，兼領田、役、水利。」遂命太子中允、集賢校理呂惠卿同判司農寺。

十八日，詔：「(令)[今]後諸路常平、廣惠倉出俵青苗錢，委轉運、府界提點、提舉司，每年相度留錢斛，准備非時賑濟出糶外[六]，更不限定時月，只作一料支俵，或却作兩料送納[七]，以便本處人情。如願分作兩料請者，亦聽。」

十九日，知青州歐陽修言：「自散青苗以來，議者皆以取利爲非，而朝廷深惡其説，遂命有司條陳申諭，其言雖煩，而終不免於取利。然猶有説者，意在惠民也。夏錢於

[一]使：原作「限」，據《長編》卷二一〇改。
[二]天頭原批：「又『上批』至『子韶同絀』，添『同日侍御』之前。」按，此亦指《長編紀事本末》，見《補編》頁一九一。
[三]爲：原脱，據《東都事略》卷八五補。
[四]使：原作「司」，據《長編》卷二一〇改。
[五]天頭原批：「又『古靈陳襄集』至『天下耶遂退』，添『二十五日條例』前。」按，見《補編》頁一九一至一九五。
[六]糶：原作「糴」，據《補編》頁一九六改。
[七]或却作兩料送納：《長編》卷二一一作「却作一料或兩料送納」。

春中給散，猶是青黃不接之時，雖不户户缺乏〔一〕，然其間容有不濟者，以爲仁惠則尚有説焉。至於秋錢正是蠶麥成熟，何名濟闕，直是放債取利爾。今麥既不收，則夏錢尚欠，豈可更支秋錢，使積欠失陷？臣以指揮未得給散。」中書言修擅止給青苗錢，欲特不問罪，上批：「『特不問罪』非朝廷體，可詔修不合不奏聽朝廷指揮，擅行止散之罪特放免〔二〕。」

六月二十三日，上批：「新差權發遣河東提點刑獄梁端，令審官院與合入差遣。」端提舉本路常平事，論青苗錢不須設官置局，川峽、二廣六路宜罷給散，不報。又以職事爲提點刑獄韓鐸所沮，而不能顯言鐸沮己事狀，乃用論新法自劾，求罷職。以提舉司事屬提點刑獄、轉運使，故有是命。

七月三日，新判太原府歐陽修罷宣徽南院使〔三〕，復 8 爲觀文殿學士、知蔡州。先是，修辭宣徽使，遂論青苗法，又爲書責王安石，安石不答，而奏從其請〔四〕。

八月十八日，上批：「河北沿邊安撫都監王光祖面奏，昨巡歷至廣信、安肅軍，聞散青苗錢官吏多不聽民自相團保，乃令上户均保下等貧民，亦有直以一村約度人數自配給者〔五〕。可更廣察訪施行。」遂下河北沿邊安撫司體量。後安撫司言：二軍並取民情願，在外結成保甲赴縣，未嘗抑勒，亦無以逐村計口支散者。詔光祖具析以聞，已而特放罪。光祖，珪子也〔六〕。

十月七日，京東路提舉常平司言：「轉運司有未償内藏庫紬絹錢十四萬緡，乞借充青苗錢，候三年還内藏庫。」從之〔七〕。

十一月十九日，河北路提舉河北常平廣惠倉司言：「大名府等處州軍今秋薄熟，人户不易，乞依舊條作兩料支散青苗錢，及許令災傷州軍預行支俵。」詔從所請，仍令諸路所散青苗錢料次，今後令提舉官體量施行。

二十四日，詔：「諸路給納青苗錢斛官司諸色公人取受人户錢物，雖已依斂掠乞取差點人夫錢物條約，慮未知懼〔八〕。今後應諸色公人因給納常平倉等錢斛取受，杖罪送鄰州編管，徒罪以上刺配本州牢城。並許諸色人陳告，杖罪支賞錢五十千，徒罪一百千。先以官錢給賞，後以犯

〔一〕不户：原作「下」，據《長編》卷二一一改補。
〔二〕天頭原批：「《九朝長編紀事本末》『五月』至『上未許也』，添『特放免』下。」按，見《補編》頁一九六至一九七。
〔三〕使：原作「事」，據《長編》卷二一三改。
〔四〕天頭原批：「又『七月』至『儀制施行』，添『奏從其請』下。」按，見《補編》頁一九七至一九八。
〔五〕自：原作「白」，據《長編》卷二一四改。
〔六〕天頭原批：「又『八月』至『已行矣』，添『珪子也』下。」按，見《補編》頁一九八至一九九。
〔七〕天頭原批：「又『十月』至『户户條例』，添『内藏庫從之』下。」按，見《補編》頁一九九至二〇〇。
〔八〕知：原作「稟」，據《長編》卷二一七改。

事及干繫人家財充，或無可送納，官吏保明除破〔一〕。」

四年六月二十一日，尚書左僕射富弼判汝州。先是，提舉淮南路常平等事趙濟 9 言：「亳州災傷縣多不放稅，及逐縣官吏不行詔令，阻遏願請青苗錢之人。置獄劾治，其事皆出弼意。」侍御史知雜事鄧綰亦言：「知亳州富弼責蒙城官吏散常平錢穀，妄追縣吏，重笞之，又遣人持小〈扎〉〔札〕下諸縣，令未得依提舉司牒施行。本州簽判管勾官徐公袞以書諭諸縣，使勿奉行詔令。乞盡理根治。」詔送亳州推勘院，其富弼止令案後收坐以聞。至是獄成，故有是命。

七年五月十八日〔二〕，淮南東路轉運司言：「察訪司劾楚州諸縣失催青苗錢官吏，楚州方旱災，二麥未收，若劾官吏，必有追擾。」詔勿劾。

六月五日，祕書省著作佐郎黃顏言：「給納青苗錢穀，乞明立條約，使州縣官吏視年之豐荒，合請數給散，毋以元散數爲額。」權潤州觀察推官王覿言：「青苗錢乞自今災傷五分以上當展料者〔三〕，舊欠展料錢穀皆未得催理。」詔並送司農寺。

七月十七日，知諫院鄧潤甫言，乞於每路監司擇一人，與守令博訪青苗法度。又乞每歲散青苗一料，收二分息。詔並送提舉編修司農寺條例司〔四〕。

十年三月二十七日，提舉兩浙路常平倉司言：「本路累年災傷，死損人口至多，所有攤填熙寧九年以前逃絕户請過青苗錢斛，乞候送納本户數足，向去豐熟日理納外，更有全甲人户死絶，除依條將本家財産填納外，如目下尚有少欠，及一甲内死絶數多，只有一兩户見在、貧闕難爲攤納者，更乞別立條法。」從之〔五〕。

10 元豐元年閏正月七日，詔中書立給散常平錢穀官賞法以聞〔六〕。

哲宗元祐元年二月〔七〕，詔錢穀用常平舊法施行。

四月二十六日，詔給常平錢穀，限二月或正月，以散給一半爲額。

八月四日，司馬光奏：「先朝初散青苗，本爲利民，故當時指揮並取人户情願，不得抑配。自後因提舉官速要見功，務求多散，諷脅州縣，廢格詔書，名爲情願，其寔抑配。或舉縣勾集，或排門抄劄。亦有無賴子弟謾昧尊親，錢不入家，亦有他人冒名詐請，莫知爲誰，及至追催，乃歸本户。

〔一〕天頭原批：「《九朝長編紀事本末》『十二月』至『未還也』，添『保明除破下。』」按，見《補編》頁二〇〇。

〔二〕天頭原批：「又『四年』至『名聞從之』，添『故有是命』後，『七年五月』前。」按見《補編》頁二〇〇至二〇二。

〔三〕錢：原作「法」，據《長編》卷二五四改。

〔四〕天頭原批：「《九朝長編紀事本末》『七年』至『監修國史』，添『條例司』後，『十年三月』前。」按，見《補編》頁二〇二至二〇三。

〔五〕天頭原批：「『十年』至『卒不起』，添『條法從之』後、『元豐元年』上。」按，見《補編》頁二〇三至二〇四。

〔六〕官賞法：《長編》卷二八七作「賞罰法」。

〔七〕天頭原批：「『正月』至『立定額』，添『賞法以聞』下，『哲宗元年』上。」按，見《補編》頁二〇四至二〇五。

朝廷深知其弊，故悉罷提舉官，不復立額考校，訪聞人情安便。昨於四月二十六日有敕：令給常平錢斛，限二月或正月，只爲人户欲借請者及時得用。又令半留倉庫，半出給者，只爲所給不得輒過此數。至於取人户情願，亦不得抑配，一遵先朝本意。慮恐州縣不曉朝廷本意，將謂朝廷復欲多散青苗錢穀，廣收利息，勾集抑配，督責嚴急，一如向日置提舉官時。今欲續降指揮，令諸路提點刑獄司告示州縣，並須候人户自執狀結保赴縣乞請常平錢穀之時，方得勘會，依條支給，不得依前勾集抄劄，强行抑配。仍仰提點刑獄常切覺察〔一〕，如有官吏似此違法擾搔者〔二〕，即時取勘施行。若提點刑獄不切覺察，委轉運、安撫司覺察聞奏。」從之。録黄過中書省，舍人蘇軾奏曰：「臣伏見熙寧以來行青苗、免役二法，至今二十餘年，法日益弊，民日益貧，11刑日益煩，盜日益熾，田日益賤，穀帛日益輕，細數其害，有不可勝言者。今廊廟大臣皆異時痛心疾首〔三〕，流涕太息，欲已其法而不可得者。況二聖恭己，惟善是從，免役之法已盡革去，而青苗一事乃獨因舊稍加損益，欲行紾臂徐徐、月攘一雞之道。如人服藥，病日益增，體日益羸〔四〕，飲食日益減，而終不言此藥不可服，但損其分劑，變其湯使而服之，可乎？熙寧之法，本不許抑配，而其害至此，今雖復禁其抑配，其害固在也。農民之家量入爲出，縮衣節口，雖貧亦足；若令分外得錢，則費用自廣，何所不至！況子弟欺謾父兄，人户冒名詐請，如詔書所云，似此之類，本非抑勒所至。昔者州縣並行倉法，而給納之際〔五〕，十費二三。今既罷倉法，不免乞取，則十費五六，必然之勢也。又官吏無狀，於給散之際，必令酒務設鼓樂倡優，或關撲賣酒牌，農民至有徒手而歸者。但每散青苗，即酒課暴增，此臣所親見而爲流涕者也。二十年間，因欠青苗，至賣田宅、雇妻賣女、投水自縊者，不可勝數，朝廷忍復行之歟！臣謂四月二十六日指揮，以散給一半爲額，與熙寧之法初無小異，而今月二日指揮，猶許人户情願請領，未免於設法罔民，使快一時非理之用，而不慮後日催納之患，二者皆非良法，相去無幾也。或云：議者以爲帑廩不足，欲假此法以贍邊用。臣不知此言虚寔，若果有之，乃是小人之邪説，不可不察。仁宗之世，12西師不休蓋十餘年，不行青苗，有何妨闕？況二聖恭儉，清心省事，不求邊功，數年之後，帑廩自益，有何危急，而以萬乘君父之尊，負放債取利之謗，錐刀之末，所得幾何？臣雖至愚，深爲朝廷惜之！欲乞特降指揮，青苗錢斛今後更不給散，所有已請過錢斛，候豐熟日，分作五年十料，隨二税送納。或乞聖慈念其累歲出息已多，自第四等以下人户並與放免，庶使農民自此息肩，亦免後世

---

〔一〕點：原作「舉」，據《補編》頁二〇五改。
〔二〕有：原作「此」，據《長編》卷三八四改。
〔三〕天頭原批：「『大』一作『之』。」按《補編》頁二〇五作「之」。
〔四〕羸：原作「贏」，據《長編》卷三八四改。
〔五〕給：原作「結」，據《長編》卷三八四改。

有所譏議。兼近日責降呂惠卿告詞云：『首建青苗，次行助役。』若不盡去其法，必致姦臣有詞，流傳四方，所損不細。所有上件録黄，臣未敢書名行下。」

五日，御史中丞劉摯言：「臣近以呂惠卿責降告命有『首建青苗』之語〔一〕，而青苗之法未罷，曾具論列，不蒙采納，理有未安，義難苟止。蓋天下之事，唯有是非而已。陛下謂青苗之政，是耶非耶？苟以其法爲是也，則首議者無可責；苟以其議爲非也，則此法不當行。二者甚易曉也。夫青苗之害，繇熙寧以來至于今日，論者不知其數，苟以此時不罷此法，則生靈困窮之患無時可免。況已有今年二月敕命，用常平舊法施行，故天下已嘗鼓舞矣。不意復有四月申明，翻以謂舊法者，青苗斂散之事也，而人大失望。然而法行如故，遲遲不改，此何義哉！且賞罰黜陟，要以當其功罪，則人心服。號令所以信天下，非罔天下也。今一事而兩用之，其用之於責人則以爲非，其用之於取利則以爲[13]是，名寔不應，深累國體，臣恐四方有以窺朝廷，而罪人豈得無詞乎！望速令檢會，依今年二月敕命，用嘉祐常平舊法申明施行。」左司諫王巖叟、右司諫蘇轍、左正言朱光庭、右正言王覿言：「臣等屢有封事，乞罷青苗，皆不蒙付外施行。伏以王安石、呂惠卿創行此法以來，天下之士，惟王、呂黨人欲以青苗進身者，則以其法爲是，其它士大夫上自韓琦、富弼，中至司馬光、呂誨、范鎮，下至臣等輩人，未有一人以爲便者。方安石、惠卿用事，忠言壅塞，不得施用，小民無告，飲泣受害。今者二聖臨御，盡革衆弊，天下欣欣，日望青苗之去。而近日删立舊法，益更滋甚，中外狐疑，不曉聖意。切聞近日左右臣寮有以國用不足，欲將青苗補其缺乏者，聖心未察，是以爲之遲遲。臣等雖愚，以爲自古爲國，止於食租衣稅，縱有不足，不過補以茶、鹽、酒稅之征，未聞復用青苗放債取利，與民争錐刀之末，以富國强兵者也。藝祖、太宗之世，四方未平，中國至狹，歲歲用兵，其費不貲。及真宗，東封西祀，遊幸亳、宋，造立宫室。仁宗結好契丹，平定西戎，剪滅南寇。此皆非常大費，而常賦之外，無大增加，未聞必待青苗以濟國用。今二聖恭儉，安静無爲，四海之富與祖宗無異，何憂（好）〔何〕慮，而欲以青苗富國乎？臣等以爲〔二〕，皇帝陛下富於春秋，未嘗接見多士，太皇太后陛下覽政帷幄，未能博聽羣議，聽納之道，於斯寔難。切謂臣下每有獻言，宜一切折以公議。彼既欲散青苗，而臣等以爲不可，陛下受其所言，而臣等封事遂留中不出，臣等不知陛下何以斷其是非，而信之如此之篤乎！陛下必欲決此深疑，即當盡出臺諫所言，付之三省，使之公議得失，不當隱忍不辯是非，而陰用其言也。如衆議必以罷之爲是，即乞早賜裁斷，以[14]慰民心；必以罷之

〔一〕告命：原作「授命」，不可通，據文意改。下文云「告命之出，首以青苗爲罪」，是也。《太平治迹統類》卷二二引劉摯此奏作「告詞」，亦與「告命」同意。

〔二〕自「藝祖」至「臣等以爲」百餘字，原脱，據《補編》頁二〇六至二〇七補。

爲非，亦乞顯行黜謫，以懲臣等狂妄。」又以狀申三省曰：「巖叟等伏見熙寧之初，始行青苗，士無賢愚，皆知其不便。是時建議之臣盡力主張者不過一二人，而賢士大夫極言其失者，非異人也，蓋今之執政嘗論之矣。忠言讜論，播於天下，至今傳誦，以爲口實〔一〕。小民呻吟，欲聞更張，亦已久矣。伏自二聖臨御，革去弊法，而青苗之議，獨無所變。始者但令取民情願，不立定額，州縣或散或否，事體不一，天下固已疑之矣。中間修完本法，使夏料納者減半出息〔二〕，中外喧言朝廷欲依舊放債取利，此聲流傳，極損聖政。巖叟等備位諫官，不敢默已，遂與臺官前後上言僅數十章，皆不蒙施行。傳聞大臣奏對，有以國計不足疑悞聖聽者，遂致此議久而不決。巖叟等雖愚，竊所未諭也。蓋聞古者聖人在上，食租衣稅而已，凡所以奉侍郊廟，祿養官吏，蓄兵備邊，未嘗有闕也。後世鄙陋，乃始益以茶、鹽、酒稅之征，然亦未聞放債取利若此之甚也〔三〕。今茲二聖在上，恭儉無爲，度越前世，選用執政，將致太平。巖叟等與天下士民尚冀朝廷能寬酒稅之榷，損茶鹽之入，以復三代之政，不意今者乃欲以青苗富國，失天下之望也。王安石、呂惠卿既以此負國，使朝廷被此聲於天下，今日又復以此誤二聖，此巖叟等區區所深痛也。近日朝廷責降呂惠卿，告命之出，首以青苗爲罪，天下傳誦，人人稱慶，奈何詔墨 15 未乾，復蹈其故轍乎！且青苗之法，其所以害人者，非特抑配之罪也，雖使州縣奉行詔令，斷除抑配，其爲害人固亦不少。何者？小民無知，不計後患，聞官中支散青苗，競欲請領，錢一入手，費用橫生，酒食浮費，取快一時。及至納官錢，賤賣米粟，浸及田宅，以致破家，一害也。子弟恣縱，欺謾父兄，鄰里無賴妄託名目，歲終催督，患及本戶，二害也。逋欠未納，請新益舊〔四〕，州縣欲以免責，縱而不問，三害也。常平吏人舊行重法，給納之賂，初不能止，今重法既罷，賄賂公行，民間所請得者無幾，四害也。四事爲害，雖復除抑配之弊，亦無如之何，而況抑配未必除乎？巖叟等職在言責，目覩弊事，默而不言，則上負朝廷，下負民物，若未得請，決無中止之義。乞盡取前後章疏看詳施行，以允公議。」

六日，司馬光劄子：「昨於四月二十六日降指揮，令於正月〔五〕、二月支散常平倉錢穀〔六〕。竊慮州縣多不曉朝廷之意，將謂却欲廣散青苗錢，多收利息，嚴行督責，一如未罷提舉官時。勘會青苗錢利民甚少，害民極多，臣民上言，前後非一。今欲遍行指揮下諸路提點刑獄司，自今後其常平錢穀只令州縣依舊法趁時糴糶，其青苗錢更不支俵。所

〔一〕實：原作「舌」，據《欒城集》卷四〇改。
〔二〕減：原作「或」，據《欒城集》卷四〇改。
〔三〕甚：原作「衰」，據《長編》卷三八四改。
〔四〕益：《欒城集》卷四〇、《長編》卷三八四皆作「蓋」。
〔五〕令：原作「今」，據《傳家集》卷五六改。
〔六〕二月：原作「二日」，據《傳家集》卷五六改。

有舊欠二分之息，盡皆除放，只令提點刑獄契勘逐州縣元支本錢，隨見欠多少分作料次，隨税送納。」從之〔一〕。

紹聖二年七月六日，户部尚書蔡京言：「奉詔措置財利。竊見熙寧中，先皇帝以天16下之本在農，故稽參先王春秋補助之意，行散斂之法，薄取其息，以爲放、閣欠免之備。故兼併不得專闢闔之利，而農得盡力南畝，不爲兼并所困，寔大惠也。行法之初，論者不一，賴先帝神武英睿，行之不疑，以克就緒。數年之後，取者雲集，納者輻至，天下倉庫盈衍豐羨，而財不可勝用。自元祐廢罷以來，兼并得縱，農漸失業，向之所積，支用殆盡，以至於今，未之復也。恭惟陛下紹述先志，將大有爲，臣愚以爲生財之道，益國裕民，無以易此。伏乞下有司檢會熙寧、元豐青苗條約，參酌增損，適今之宜，立爲定制，以幸天下。」淮南路轉運副使莊公岳言：「自元祐罷提舉官，錢穀爲佗司侵借，徒有應在〔二〕，所存無幾。欲乞追還向所侵借，令當職官依限給散，以濟闕乏，隨夏秋税輸納，勿立定額，自無抑民失財之弊。穀賤則增價糴以助農，穀貴則減錢糶以與民，雖有水旱，人不捐瘠。」奉議郎鄭僅言：「青苗之法，其濟甚博，然而行法之吏不能盡良，故其間有貪多務速之擾，轉新還舊之弊，此吏之罪，非法之過也。竊謂青苗、義倉，最爲便民，願詔有司以次施行之。」朝奉郎郭時亮言：「願復青苗之法，不課郡縣定額，聽民自便，而戒抑配沮遏之弊。復諸路縣邑抵當法，付令佐主行，而戒苛碎邀阻之弊。令常平司與郡縣講求民間溝洫之利，以備水患。」承議郎許幾言：「比者明詔有司條具免役舊法，頒之天下，又命擇提舉官推17而行之〔三〕，甚大惠也。然常平、義倉、抵當、農田水利、坊場、河渡，復行之令未盡詔也。欲乞盡付提舉官次序而復之。」右承議郎董遵言：「青苗之制，乞歲收一分之息，給散本錢，不限多寡，各從人願，仍勿推賞。其出息至寡，則可以抑兼并之家；賞既不行，則可以絶邀功之吏。」詔并送詳定重修敕令所。

九月十四日〔四〕，詳定重修敕令所言：「府界諸路應緣常平斂散等事，除今來申請外，並依元豐七年見行條制。」從之。

三年正月二十二日，户部言：「准敕：府界應緣常平斂散等事，除今來申請外，並依元豐七年見行條制。《元豐令》：給常平錢穀，年終不足，勿給。今有舊欠户數，依令勿給，恐人户困於兼并。」詔：「應人户舊欠錢斛，今來願請者，許支，仍自來年以後，有新欠者依上條〔五〕。」

〔一〕天頭原批：「《九朝長編紀事本末》『元祐』至『指純仁也』止，添『送納從之』後、『紹聖』前。」按，見《補編》頁二〇八至二〇九。

〔二〕在：原脱，據《長編紀事本末》卷一一〇補。

〔三〕推：原作「職」，據《長編紀事本末》卷一一〇改。

〔四〕天頭原批：「《九朝長編紀事本末》『奉議』至『名實正（大）〔矣〕』，添『勅令所』後、『九月十四日』前。」按，見《補編》頁二一〇。

〔五〕依：原作「上」，據《補編》頁二一〇改。

政和八年四月二十九日，臣寮上言：「竊以春頒秋斂，常平之善政也。每春粟貴則頒之，至秋賤則斂之，典領之官，要當推行如法，斂散以時，俾官有餘粟而民被寔惠，然後爲稱。訪聞近年以來，常平司往往失職，督察不嚴，州縣官迫于一時糴買，謂民户艱於應副〔一〕，因循失催，輸納不及時，致來春新陳不接之際，尚行催納。民户既無可輸，即於當年違法再給，虚轉文曆，便充本年見欠之數，頑民緣此拖欠愈多。兼訪聞形勢之家法不當給，而邇來諸路詭名冒請者亦衆，蓋欲復行稱貸，取過厚之息，以困貧弱。當納之期，至有失陷，或無可催理，18不免令同保備償，愈滋拖欠，至有以新給折舊欠。監司容庇，苟辦目前，州縣姑息，視爲常事。若不訓飭，滋弊無窮。欲乞申嚴法禁，令諸路常平官常切點檢州縣，務要如法，所貴條令悉舉，且無拖欠失陷之弊。」詔劄付諸路常平司。（以上《永樂大典》卷一七五五二）

## 官田雜録

19高宗建炎元年五月十九日，知江寧府、兼江南東西路經制使翁彦國言：「准朝廷指揮〔二〕：委官拘收籍没蔡京、王黼等莊田變賣，收充糴本。竊詳逐家莊田元租與人户，歲收净課。今若比元立租及主户所得稍損一二分，以優佃户，自是欣然承佃。官歲收租，自有常入，比之出賣，官吏作20弊，計會輕價，所得之直不多，利害較然。」詔依租課與減二分。

三年正月十四日，江南西路安撫都總管司幹辦公事賈公暐言〔三〕：「應天下坊郭、鄉村係省田宅，見立租課有名無寔，荒蕪隳毁〔四〕，至于無人佃賃。昨因赦出賣，州縣口稱尋求公案不見〔五〕，無憑給賣。欲乞詳酌行下，以見賃錢數依樓店務自來體例紐折，田産以佃租依鄉原體例紐折〔六〕，並依建炎元年五月一日赦文收贖出賣。如輸納價錢違限，復没入官，别召人承買，見今西北流寓人衆乘時給賣，則官私兩濟。准條，官户許買，不許佃賃，仍乞分明行下。」户部看詳：「建炎元年五月一日赦文，止合出賣崇寧以來因買撲坊場、河渡及折欠官物没納田産。如委實元估公案不見，欲依本官所乞，依鄉原體例紐折出賣。其應冒占係省官田宅之家，指揮到日，限半月，許人户自行陳首，依祖來租課輸納佃賃；如無舊額，即比近鄰立定租課爲准。如違限不首，並依見行條法。」從之。

四年二月三日，知永嘉縣霍蠡言：「本州四縣，見管户

〔一〕户：原作「口」，據《補編》頁二一〇改。
〔二〕准：原作「淮」，據本書食貨六一之一改。
〔三〕賈：原作「賣」，據本書食貨六一之一改。
〔四〕隳：原作「隋」，據本書食貨六一之一改。
〔五〕案：原作「按」，據本書食貨六一之一改。
〔六〕田：原作「舊」，據本書食貨六一之一改。

絶、抵當諸色没官田産數目不少，並係形勢户詭名請佃〔一〕，每年租課多是催頭及保正長代納，公私受弊。欲乞量立日限，召人實封投狀請買，限半月拆封，給最高之人。内有林靈素没官屋宇〔二〕，爲元估價高，累榜無人承買，乞行下本州，減價出賣。」詔：「並依，仍限半月。今來所賣田宅係要贍軍支用，全在州縣當職官吏協力措置。如敢高擡下估，虧損公私，遣官按視比近田土舍宅，稍有高下，官員取旨竄責，人吏杖脊配海島。」

七月九日，户部言：「湖州見賣拘籍到蔡京等田産，遵依指揮，出榜立限，召人贖買。如累榜不售，即乞量減價。其地且令見租佃人承佃，候有承買人離業，所貴不致荒廢。自餘州縣亦乞依此。」從之。

十三日，發運副使宋煇言〔三〕：「浙西召人承買收贖没到蔡京等田産〔四〕，既無文籍稽考，即官吏得以爲姦，别生欺隱。乞依隱匿死絶財帛物法，計所直，準盜論斷罪。仍許人告，以所告田産准價給三分充賞。所貴杜絶奸弊〔五〕。」詔：「應官吏干繫人等欺隱，根括不盡不實，或小出價錢，並依二月二日指揮斷罪。仍許人告，賞錢一百貫文。」

紹興元年六月九日，臣寮言：「諸路州縣係官田産，緣當時估立租額高重，産主逃移，展轉勒鄰人承佃，破壞家産，輸納不及，遂致逃移，至有累年荒廢，無人承佃者。並是科較保正長及甲頭典賣已産，代納租課，每年有追呼之擾，而所入無幾。如向緣興崇三舍，召買田産贍學，或有因抵請市易官錢營運，或買撲坊場，或赴場監請鹽，通出田産抵當，多是計會估量官吏、田宅牙人虚添畝角，增抱錢數。其賣贍學田人恐致敗露，且依虚增畝角出名抱佃〔六〕，三年間便即逃移。及買撲坊場、抵請鹽貨、抵當市易人因消折錢21本，送納官錢不足，所屬依條拘没元通産業入官。雖重估計，恐畝角、錢數不實，依法合勒元估人補償〔七〕。以此遞相計囑，只依元估數，或量損畝角紐立租數，出榜召佃；無人願就，又勒元業人承佃。以是輸納不充，規避計較，不免逃移。更有逃户、絶户田産，因估量田宅牙人等乞覓，逐處社甲不從，故重立租課，亦無人願佃。其間不幸踏逐作職田丘段，不問有無，催督愈峻。逐項積弊，不可概舉。監司、州郡既見逐色官産已有合納租課定額，遂行督責。所屬縣分官員苟且逃責，吏緣爲奸，抑勒鄰保及産業相鄰人分招承認。上户用情推免，纔行勘會，亦復計囑。雖實鄰人，妄作無鄰供具，往往下户坐受抑勒，無所申訴。其間又有一户産業，係許人全業承佃，佃人逃移，亦是勒有

〔一〕係：原作「依」，據本書食貨六一之二改。
〔二〕靈：原作「霖」，據本書食貨六一之二改。
〔三〕宋煇：原作「宋暉」。按後文作「煇」，本書他處及他書亦多作「煇」，據改。
〔四〕浙西：原作「江西」，據本書食貨六一之二改。此條與上條應是一事，上條言湖州，湖州即屬浙西。下文紹興元年十一月二十二日條亦作「浙西」。
〔五〕弊：原作「與」，據本書食貨六一之二改。
〔六〕佃：原作「田」，據本書食貨六一之二改。
〔七〕「勒」原作「納」，「償」原作「價」，據本書食貨六一之三改。

鄰人分佃。屋宇新麗，田園膏腴，悉歸上户，其貧乏下户雖有佃名，實無所得，緣此亦致逃移。延及催科保長、甲頭逐年代納租課，爲害不細。内鹽産已係人户私典賣，自舊來雖有許用逐年子斟消欠指揮，其間佃人入納子斟已過元數，緣元降指揮不許挑段，遂致官司一例追催，今有至三四十年間入納子斟不知幾何。雖累經赦宥〔一〕、特降指揮，不得拘催，已是净産，而鹽案人吏意在規求，並不除放，至今每歲拘催。及至人户畧行計囑，即便沉没元引。吏指爲衣食之源，而官實無所入。乞下逐路提舉鹽事司檢會前後所降蠲除赦文指揮施行外，有上件及該説不盡諸色官産，並不專置一司，或行下諸路州縣，分明開具土名〔二〕、田産〔三〕、坐落、四至，召人實封投狀承買。」詔：「並依，仍委逐路提刑總領措置田事，各許置幹辦官一員，並朝廷選差。其請給、人從等，依監司下幹辦條例施行，候事畢日罷。」

十二月二十二日，都省言：「浙西州縣籍没到蔡京等田産，昨委宋煇出賣。訪聞州縣官吏並緣爲奸，將根括到田産並不開坐地界四至，容縱鄰人以瘠薄私田等公然抵換，欺弊百出。」詔：「令宋煇，限三日重别措置關防如何不致鄰人欺弊换易事狀以聞。仍多出文榜曉諭。應今日已前有耕换易之田，限半年〔四〕，許令陳首，特與免罪，更不追理日前所收地利。如出限不首，許地鄰及諸色人告，每畝給賞錢三十貫，於犯人名下追理。犯人估所换田産價直計贓，加二等科罪。地鄰人不告，與同罪。」

二年正月十九日，江南西路安撫大使李回言：「撫州宜黄縣人户熊富、吳懌等一百餘家，昨拘籍田産估賣，緣中下之家無力承買，今相度，欲許被估人納錢收贖。」從之。

六月二十九日，詔：「諸路委漕臣一員，將管下應干係官田土並行措置出賣〔五〕，仰各隨土俗所宜，究心措置，出榜曉示。限一月召人實封投狀請買，仍置印曆抄上承買人户先後資次、姓名。限滿，當本官聽拆狀〔六〕，22 區畫所著價最高之人。賣到錢數，申取朝廷指揮。其諸路漕臣若推行不擾，早見次第，當議優加給賞；如或視爲具文，隱蔽徇私，奉行滅裂，並當重行黜責。仍行下逐路照會。」

七月二日，詔：「諸路委漕臣一員，將應係官田並出賣。各隨土俗所宜，究心措置。若推行不擾，早見次第，當議優加旌賞；如或視爲具文，隱蔽營私，奉行滅裂，並當重行黜責。」

九月十九日，詔：「兩浙轉運判官張致遠躬親前去取索浙西提刑司行遣出賣官田案檢，具違慢官吏姓名申。仍催督本司官，將未賣田産遵依已降指揮，催促所管州縣多

〔一〕赦宥：原倒，據本書食貨六一之四乙。
〔二〕分：原作「外」，據本書食貨六一之四改。
〔三〕田産：本書食貨六一之四作「産段」。
〔四〕半年：本書食貨六一之四作「半月」，當是。
〔五〕措置：原作「籍置」，據本書食貨六一之五改。
〔六〕本官：原作「官本」，據本書食貨六一之五乙。

出文榜，疾速召人依條實封投狀承買。除本州縣官吏公人外，應官户、諸色人並聽承買。其未起賣田錢并租課應錢米等，仰子細檢勘拖欠去處，疾速催促送納，逐旋附綱起發。其官司擅支過錢米，仰嚴緊催促當職官吏火急依數撥還，令提刑自責近限，須管數足〔一〕。如敢出違今來再責日限，當職取旨，重行竄責。」以户部言浙西未賣蔡京等田，合納租課，取會提刑司供報違慢，故有是詔。

三年三月十三日，户部言：「常平司見管閑田，權令人户認納二税，却于常平倉送納。候及三年，依條出賣，或立定租課，許人户添租承佃，給最高之人。若召到人所入租課與見佃人所入數同，即先給見佃人。仍先乞下湖南提刑司照會施行。」從之。

七月二十四日，臣僚言：「建州賊火勦滅之後，官司籍没到賊中同事田產不少。今來州縣輒行引用去年住賣官田指揮〔二〕，一例更不推賞，止是召人請佃。往往揀擇膏腴，減落頃畝，小立租課〔三〕，或致賊首親戚冒濫陳乞，却要給還己分，弊倖百端。伏望申明行下：其住賣指揮自爲舊日官田〔四〕，今來籍没到賊人田產，自合依法出賣。」從之。

十一月十日，江南西路轉運副使李弼孺言：「本部州縣自經兵火之後，户口減耗，税額比舊欠折。蓋因檢括荒田、倚閣租課，官吏奉行滅裂。今乞于本路州縣官選擇四員，充專一點檢州縣根括拋荒田產，整治簿書，依條督責縣官下鄉〔五〕，逐一子細取見逃亡、死絕拋荒人户田土，合着税租，然後再令本州差官覆實，置籍拘管。」户部勘當：「欲下本司，先將曾經兵火繁劇一縣，依所乞推行。若因此見得賦税歸着，不致搔擾，即具事因申取朝廷指揮。」從之。

四年九月十五日，赦：「諸路州縣人户所佃官田，其間佃人逃、死，往往違法，只勒四鄰或本保代納，顯屬違法害民。仰諸縣令佐根刷，如有似此田產，量減租課，依法召人承佃，仍仰監司常切覺察。諸路衙前因欠拘收抵當物產，在法許以子利償欠。如依限納足，却給元產；限外不足，猶許租佃。其間有自父祖以來，因欠官錢歲月漸久，官司有失舉催，子孫却將抵當爲己業典賣，有經三四十年，偶因告 23 首，便給與告人，仍追錢業，爲害不細。仰諸路州縣守令按籍根刷，如有似此之類已經照刷者〔六〕，並與銷落；未及三十年者，自今冬爲始起理租課，已前積欠並與放免。或願備元欠納者，官給還元業，再經半年，尚納不足，即依理欠法施行。如官吏用情，並許越訴。」

五年正月三日，臣寮言：「諸路州縣七色依條限合賣官舍，及不係出賣田舍，並委逐路提刑司措置出賣。州委

〔一〕須：原作「項」，據本書食貨六一之五改。
〔二〕住：原作「生」，據本書食貨六一之六改。
〔三〕小：原作「今」，據本書食貨六一之六改。
〔四〕住：原作「往」，據本書食貨六一之六改。
〔五〕督：原作「篤」，據本書食貨六一之六改。
〔六〕「有」、「經」下原各衍「其」字，據本書食貨六一之七删。

知州，縣委知縣，令取見元管數目〔一〕，比倣鄰近田畝所取租課及屋宇價直，量度適中錢數出榜，限一月召人實封投狀承買。限滿拆封，給着價最高之人。其價錢並限一月送納。候納足日，交割田舍，依舊起納税賦。仍具最高錢數，先次取問見佃賃人願與不願依價承買，限五日供具回報。若係佃賃及三十年已上，即于價錢上以十分爲率〔二〕，與減二分價錢，限六十日送納。其賣到價錢，仰逐路提刑司總領起發赴行在送納。内不通水路，變轉輕齎〔三〕，專充贍軍支用。如官司輒敢截撥、借兑、移易，伏乞朝廷重立斷罪。」詔依，仍逐路專委監司一員，江東路轉運范振，江西逢汝霖，廣東劉仿，廣西趙子巖，兩浙提刑向宗厚，福建吕聰問總領措置。

三月二十九日，詔：「出賣没官等田，今年二月二十四日已降指揮，監司、州縣官吏、公人並不許收買外，其寄居、待闕官願買者聽。」從福建路提刑吕聰問之請也。

四月二日，總制司言：「承送下專切措置財用司奏，今條具下項：一、係官田地，乞且截自宣和以後，應可以賣者，先委官根括，候見着實頃畝、四至，即大字榜示人户願買人名，以時價着錢〔四〕，依已措置事理出賣。庶幾歲月未久，易于考驗，不至紛争。兼多在形勢户下，取之無傷。縱使巧爲占吝，亦須高價承買。其宣和以前田地，且令官司寬緩括責步畝，增減租課，改造砧基簿，賣與不賣，他日臨時相度。元降出賣官田指揮即不顯年限，今欲宣和以後應可以賣者依臣寮所乞〔五〕，先次出賣；其以前年分，令諸路總領官續次相度，申請施行。今來召人承買，係州委知州、縣委知縣。若論職事，合在守令，緣其間有貪有廉，有才有否，不可一概委付。欲令逐路轉運、常平兩司，不問職位高下，州縣各精選一員同主其事。如係職官以下，許添破請給，庶相關繫，無敢容私。今相度，欲依今年正月三日指揮，州委知州、縣委知縣，取見元管數目，比倣鄰近田畝所取租課及屋宇價直，量度適中錢數，出榜召人實封投狀承買。賣到價錢，州委通判、縣委縣丞拘催，計置起發。其諸縣有實闕知縣去處，即于丞、簿内選委可以倚仗之人權行管幹，候正官到日，却行交割。所有州縣應估價、檢察姦弊，乞令州縣當職官並行通僉管幹施行。一、竊謂賣田極易，惟括責實難，此全在官吏得 24 人，然公平者少，容私者衆。乞飭諭所委官司，有違戾者，當遵用藝祖之法罷黜。其合賣田舍，承今年正月三日指揮，州委知州、縣委知縣，取見元管數目，并二月二十四日指揮，令州軍先將但干照據簿曆，子細刻刷的實合行出賣田産名色、地段、頃畝、物件，先次置籍拘管，申總領官。及承閏二月十八日指揮，應

〔一〕元：原作「縣」，據本書食貨六一之七改。
〔二〕價錢：原作「錢價」，據本書食貨六一之七乙。
〔三〕輕：原作「經」，據本書食貨六一之七改。
〔四〕錢：原脱，據本書食貨六一之八補。
〔五〕依臣：原作「臣依」，據本書食貨六一之八乙。

州縣因剗刷失實，別無情弊，並依被差檢覆户絶財産根括不盡條法施行；如有情弊，或爲隱漏不實，從所委監司具事因申取朝廷指揮，重賜施行。今欲乞依已降指揮施行。一、看詳户部前後所具事節已如是詳備，緣有省房租賃一色，多爲官吏之家累世隱占，有良田數百畝而歲納四五十千者，有市井地段數十丈而歲納四五十錢者，今却不係合賣七色之内。議者謂田可增價出賣，地可增錢召賃，兼逃絶田土又有累年荒廢，只是抑鄰人、保甲代納租税。似此一色，若不量行減價，或許放一二年官物，決未有人承買。檢准紹興四年六月二十二日户部狀：諸路州縣係官房廊、白地、園圃等，自軍興以來，或因賊馬殘破，簿籍不存，或逃亡未歸業，或被虜死絶事故之類，往往人吏作弊，侵欺入己，或爲形勢之家强占起造，更不納錢，或非理減落元價。蓋緣官司失于拘籍，爲弊日久，失陷官錢，不可勝數。今相度，乞下諸路運司，州委通判、縣委知縣，限五日措置關防利害，并如何可以革去僥倖，增收課入，限半年陳首。已承指揮，依所申條具。户部累將上件事理，委監司、州郡條具，未有申到去處。今欲依臣寮所申，如有似此隱占之家，許限一月，詣官自陳，依本處體例添納租課，仍與減免二分。限滿不首，許人陳告，即以其地給與告人，其告人所納租課亦減二分。一、實封投狀已限一季開拆，若措置未盡，即限滿給賣，難以追改。欲乞更令户部詳細議定，疾速行下諸路轉運、常平司，令得遵執，庶幾不失信于民間。若慮遠方被受稽緩，即乞更展一月。今欲依臣寮所乞。」詔依措置到事理施行。

十九日，臣寮言：「兩浙諸州自建炎中殘破之後，官司亡失文籍，所有苗税元額不登。蓋爲兼并隱寄之家與鄉村保正、鄉司通同作弊，隱落官物，至有歲收千畝之家，官中收二三頃者〔一〕，有歲收千斛之家，官無名籍者。乞應詭名子户隱寄田、人吏有田産而無敷配苗役者，被虜田産官司糾察不盡者，聽一季或半年内許令自陳，紹興四年以前所欠官物一切不問，委官根責。」專切措置財用司言：「今來所乞，與隱占官田頗同，其立限陳首、免納税課、告賞等，欲權依出賣官田指揮行下轉運司，仍限一季自陳，遍下州縣遵守施行。」從之。

五月十日，臣寮言：「竊見兵火之後，諸處户絶田産不少，往往爲有力人户侵耕，遂失官【25】中逐年二税、免役之類。其鄉司、保正等人公然受賂，致使逐縣苗税不能及額。欲望優立轉官資賞格，仰諸州當職官與屬縣令佐竭力措置，根括土豪之家侵佃户絶田産，仍立賞，許人越訴。如州縣官吏巧作諸般搔擾，若情理稍重者，欲乞遠竄嶺表；若事理稍輕，亦當量其所犯科罪。」專切措置財用司言：「根括失陷，未有許行推賞之文。今欲比附依命官磨勘覆磨出税租簿内虧失錢數，立定賞格施行。仍從提舉司保明申

〔一〕二三：原作「三二」，據本書食貨六一之一〇乙。

奏。」從之。

同日，尚書省言：「近降指揮，專委逐路監司總領出賣係官田〔一〕，全仰所委官悉心奉行，若不嚴行賞罰，無以激勵。」詔令户部行下諸路所委官，遵依已降指揮疾速施行。如奉行有方，即優與推賞；若有違戾，重行責罰。

六月四日，詔：「江東轉運黄子游降一官，仍令江東提刑司取問，申尚書省取旨施行。」以都省勘會賣没官田産措置留滯也〔二〕。

六年二月十二日，臣寮言：「兩浙東西、江南東西、福建、廣南東西路所管鄉村户絶并没官及賊徒田舍〔三〕，與江漲沙田、海退泥田，昨爲兼并之家作弊，計囑人吏小立租額佃賃〔四〕，不盡歸公上，已降指揮〔五〕，將逐色田舍委監司總領出賣。訪聞欲承買人爲見往年累次曾行出賣，復行寢罷，致有疑惑，未肯投狀。逐項田舍，依祖來條法，自是合行出買之數，多因州縣容縱佃人作弊障固，出賣不行。尋節次措置約束事件，及優恤見佃人，先次取問願與不願承買，及佃賃年歲深遠，亦減損價錢，公私皆便。遂降上項指揮，召人承買。是舉行祖來條法，即非一時指揮，與前來出賣事體不同，唯在官司遵守奉行，日後永無改易。理當申嚴告諭。」詔令逐路總領賣田監司檢坐見行條法及節次所降指揮，大字雕印文，出榜告諭人户，仰依限投狀。其買到田舍，永爲己業〔六〕，更無改易。仍令户部與監司、州縣，除出賣田舍疑惑及增潤事合行申明外，其餘並不得申請少有更改，各仰常切遵守施行。

七年二月九日，户部言：「江、浙、二廣係官田舍，已降指揮，委官出賣。其江、浙州軍係官空閑田土並無主逃田，又有指揮，摽撥充官莊，委是兩有相妨。竊慮人户疑慮，不肯成合交易。欲將應拘籍到賊徒田舍、逃田，並充官莊。其没官田舍等，並依舊出賣。」從之。

九年四月五日，詔：「令兩浙、福建、江南、荆湖、廣南東西、四川路轉運司，將今日以前人户冒占田産、舍屋，每三縣，於本州或不干礙縣分見任官内，選委清彊有風力官一員，如不及三縣，亦委一員，取見逃户姓名、田屋等數目，逐一體究括責見係甚姓名人户佃賃，逐户各有無官司給到憑據，如無，即係冒占。仰本縣立定租課，令依舊佃賃。仍令所委官立定狀式，鏤板遍下鄉村，出榜曉諭，許限一月投狀自首立租，特與免罪，及更不追理以前租課。將逐項田舍令本縣置籍，分明開坐鄉村人户姓名、着落去處、合納租

〔一〕逐路：原作「路逐」，據本書食貨六一之一一乙。
〔二〕官田：原作「田官」，據本書食貨六一之一一乙。
〔三〕廣南東西：原作「廣東南西」，據本書食貨六一之一一乙。
〔四〕佃：原作「田」，據本書食貨六一之一一改。
〔五〕按，此處原稿有錯簡、脱簡。「已降」下，原批云：「下脱『指揮』至『括責』四百五十字，多『公用錢』至『從之』四百字，此條可移入『公使錢』。」按所脱之文見本書食貨六一之一一至一二，今據補於此。所多出之四百字則已被挖出，今在本書食貨三五之四六，題作「公用錢」。
〔六〕永：原作「未」，據《宋史全文》卷一九下改。

課數目，逐一拘管。如違限不首，許26諸色人告，其犯人依條斷遣，及追理以前租課。仍將所冒田產屋宇等頃畝、間架估計實直，于犯人名下追理，依見行條法給賞，先次拘收沒官。仍須管限一季結絶，即不得闗留人户經宿，及少涉搔擾。如違，取旨重行降黜。候了畢，令運司開具體究出首陳告田產頃畝、間架、合納租課數目，與所委官職姓名，分立等第，保明申尚書省，取旨推恩。」

(九年十月)〔十年九月〕十日〔一〕，赦：「近因臣寮言出賣官田，許人實封投狀承買。訪聞州縣却有將見佃舍屋一例出賣，事屬搔擾。緣房廊屋宇自兵火以來，多係人户自備錢物修蓋，元降指揮不曾許賣。如有違戾去處，仰改正。」

十一年二月二十五日，詔知德清縣主簿王鑄特轉一官〔二〕。以浙西提刑向宗厚言「本縣田產，首先出賣盡絶」，故有是命。

十二年十月二十一日，户部言：「常平司見出賣田產，見今未有人承買，若不依舊令人户租佃，荒廢愈深〔三〕，恐出賣不行。乞下諸路提刑兼常平司并總領賣田官，將見今未賣田產，(今)〔令〕見佃人限半月添租三分，依舊承佃；如出限不願添租，即勒令離業，其積年拖欠合催理租課，並限一月納足。仍别召人，再限一月，實封投狀，添租剗佃。限滿拆封，給添租最高之人。若無人剗佃，仰總領官措置減價。其拖欠租課，如限滿不足，當職官具姓名取旨施行。如失申及奉行滅裂，委常平官覺察；失覺察，委御史臺彈劾。」從之。

十三年二月三日，户部言：「欲將常平、轉運司應管田產并提刑司所管賊徒田舍，並遵依去年十月二十一日指揮施行。內元係荒閑田土，因人户請佃，圍裹興修田產，即自請佃日，依今降指揮，各理五年日限，權免添租剗佃出賣，令依舊承佃。謂如請佃已及三年，更合展限二年之類〔四〕。若限滿尚有不願添租之人，依前項備坐已降指揮，剗佃出賣施行。餘路依此。」從之。

二十年四月六日，户部言：「契勘州縣沒官田土，往往形勢之家互相剗佃。今欲乞更不許人承佃，並撥歸常平拘收，與見興水利一就措置。仍令轉運、提刑、茶鹽等司，如有沒官田土，即具數報常平司拘收。輒敢漏落，從本部取旨，重賜施行。」從之。

二十一年十月六日，臣寮言：「贍士公田，多爲形勢之户侵占請佃，逐年課利入于私家，以致士子常患饔廩不給。望詔有司申嚴行下，諸路提舉官常切覺察。」詔令户部措置，并緣住賣度牒，常住多有絶產〔五〕，令撥充贍學支用。

---

〔一〕十年九月：原作「九年十月」，《宋史》卷二九《高宗紀》、《建炎要録》卷一三七、本書食貨六一之一三作「十年九月」，是，據改。
〔二〕特：原作「持」，據本書食貨六一之一三改。
〔三〕荒：原作「蓋」，據本書食貨六一之一三改。
〔四〕「謂如」二句原作大字，據本書食貨六一之一四改爲小字。
〔五〕常：原作「當」，據本書食貨六一之一四改。

户部言：「除已行下諸路提舉學事官，下所部州縣遵守施行，仍令本司常切覺察，如有違戾去處，即仰按治，依法施行外，今欲乞令諸路州軍取見上件絶産各係是何寺觀、若干頃畝、間架，每年合收若干錢糧的確實數保明，無致隱落，關報提舉學事官置籍權管〔一〕。仍仰本司催促諸州軍開具供申，本司置籍，27 將今來所撥絶産租課錢物，令項專委官封樁，具數申取朝廷指揮支撥。其州縣寺觀，于圖經内各有所載去處，近來僧道往往違法，于所在去處擅置庵院，散在民間。若無敕額，其所買田産、屋宇，亦乞依前項施行，更合取自朝廷指揮。内福州寺觀，比之張守任内括責到寺觀常住所收、歲終出剩數目並皆不同〔二〕。已行下福州密切體究的確收支數目，亦乞委本路提舉學事官催促本州疾速開具。候到，審實别無侵隱，開具供申，參照施行。」詔依措置到事理施行。

二十二年三月二十二日，户部言：「數内福建路寺觀係數多去處，雖已行下本路提舉學事司開具，竊慮往反取會遲延，因致漏落，今欲乞朝廷差官一員前去措置施行。」從之。

同日，户部言：「已降指揮，差官一員前去福建路措置寺觀常住絶産田畝。今欲專委新除司農寺丞鍾世明帶行本職，前去措置。」從之。世明措置：將寺觀田産，除二稅、上供、常住歲用等外，每歲趲賸錢三十六萬五千八百六貫八百四十五文，起發赴左藏庫。續據知福州張澄乞添破童行人力米，除豁外，實計每歲起發錢三十三萬九千三百六十貫文有奇。

二十六年二月三日，户部言：「江浙、湖南、福建路諸州軍自紹興二十年降指揮之後，應常平司拘收到没官、户絶等已未佃賃田地宅舍，專委提刑總領出賣。并四川、二廣州縣没官户絶等田地，除見佃人户已添三分租課，並令人户依舊承佃，更不出賣外，其餘有不曾添租田産，欲乞依今來措置施行。自後應没官、户絶等田地〔三〕、屋舍等准此。」從之。

六月一日，户部言：「諸路没官田産，近因鍾世明申乞，盡行出賣。自後未有人承買，其未賣之田，遂致荒廢。欲將已降出賣指揮更不施行，令江、浙、湖南、福建常平司遵依節次所降指揮，並撥歸常平司拘收，召人修葺佃賃。其四川、二廣見出賣田宅，自合照應元降添租承佃指揮施行。」上曰：「建議出賣者，不過利于得錢。若許民户租佃，量出租課，百姓必利之。百姓足，君孰與不足乎！」沈該等曰：「陛下卹民務本如此，天下幸甚！」

二十七年六月十五日，江南東路轉運判官葉義問言：「欲望將今日以後應拘没到僧道置産及寺觀絶産，並行措

〔一〕權管：本書食貨六一之一四作「拘管」，當是。
〔二〕收歲：原作「歲收」，據本書食貨六一之一五乙。
〔三〕等田地：原作「田等地」，據本書食貨六一之一六乙。

置，召人實封投狀，增錢承買，起理二稅。」從之。

二十八年七月二十八日，知温州黄仁榮言：「因經界出僧道違法田産，即合照應見行條法拘没入官。欲乞將上件拘没田産盡行召人實封投狀出賣，給與價高之人，仍舊令投納牙契，供輸税苗，公私兩便。如内有賣未售之田，合行權給租課，亦乞先給見租種人〔一〕，紐租送納。」于是户部言：「已降指揮，似此田産，已撥充養士，今欲依所乞施行，内契税錢與免納。」從之。

十月十七日，詔户部將所在常平没[28]官、户絶田産已佃未佃、已添租未添租，並行拘收出賣。户部措置：一、將諸路州軍應諸司并常平司拘收簿籍内合行出賣田地、宅舍，先次選委清强官，躬親地頭，從實勘驗，取見詣實，分明立定字號，仍開具田地鄉分地名、坐落四至、膏腴瘠薄、若干頃畝。如有墳墓已葬埋在今日以前者，尅留四至各三丈，與爲己業。若所至三丈内，或係别人己産，即據所至給與，不得侵越别人己産。或所至三丈内係見今出賣水田池塘之類，止得以岸爲至。若墓地元從官地上出入者〔二〕，買主不得阻障。宅舍亦開具新舊、間架、丈尺闊狹、城市鄉村等緊慢去處，並量度適中估價，務要公當，不致虧損公私。如拘收没官、户絶有畜産、什物，亦仰所委官取見詣實，開具估價出賣。州委知、通，縣委令、佐。如有荒田地多年不曾耕墾者，與買人免納二年四料税賦。一、令州軍造木櫃封鏁，分送管下縣分，收接承買實封文狀。置曆一道〔三〕，令買人于曆内親書日時投狀。或有不識字人，即令承行人吏書記日時，並于封皮上押官用印訖入櫃。限九十日内，倚郭縣分將櫃申解赴州，聚州官當廳開拆。其外縣委通判，縣分多處，除委通判外，選委以次幕職官分頭前去開拆。並先將所投文狀當官驗封，開拆簽押，以時比較，給賣着價高人；内着價同者，即給先投狀人。或見賃佃人願依着價高人承買者，限五日投狀，聽給。限外或稱緣故有失投狀之類，官司並不得受詞。所買田産等，並與免投納契税錢，每一貫文省止收頭子錢四十三文省，更不分隸諸司，專充脚乘縻費、行遣紙札支用。仍置曆收支，具帳申户部照會。其承買價錢，不以多寡，自拆封日爲始，並限六十日納足。若違限納錢不足，其已納錢物依條並没入官，其田産等亦行拘收〔四〕。其間如未有人承買田地、宅舍，聽見佃賃人依舊管納租課〔五〕。一、前承降到指揮，止許諸色人并寄居(侍)〔待〕闕官實封投狀承買〔六〕，即不許當職官吏、監司或本州縣在任官及主管公人并本州縣公吏承買。如有違犯，依條施行外，許人陳告，其所賣田舍等依舊還官。仍

〔一〕租：原作「租租」，據本書食貨六一之一六删。
〔二〕官：原作「宫」，據本書食貨六一之一七改。
〔三〕置：原作「買」，據本書食貨六一之一七改。
〔四〕拘：原作「抱」，據本書食貨六一之一八改。
〔五〕佃：原作「田」，據本書食貨六一之一八改。
〔六〕狀：原作「收」，據本書食貨六一之一八改。

以買價錢爲則，每一百貫支賞錢二十貫。除支賞外〔一〕，其餘價錢並行没官。如價錢未納在官，即以犯事人家財充。一、今來所賣田地、宅舍等，專差重禄吏人承行，州縣各差二人。其差出到地頭驗實官，亦許帶吏人二人。如因職事乞取財物，並依重禄法。一、今來所賣田宅，其間若有見佃人已施工力布種〔二〕，聽收當年花利，管納租課。内情願令買人償其工直即交業者，聽。一、今出賣田地，如内有佃人自造屋宇居住，未能有力承買，官司量度適中，立定白地租錢，令人户輸納，依舊居住。元有出入行路在見出賣地上者，特與存留。如不願佃上件白地，願行拆【29】移者，聽。其城郭内外没官、絶産白地，已有佃（賣）〔賃〕人蓋造屋宇，止令依舊納白地租錢。如日前計囑官吏作弊，低估賃錢，即聽官司從實量行增減。一、今來應出賣田舍，其間有見承賃人不願承買，雖合給着高價人，並限六十日般移，不得拆毁作壞。其見賃人有自添修蓋造，官司先次取見諳實，估定價直，别項開説，許今來承買人依價還直。如見賃人不願，欲自行拆移者，聽。一、其間見有人户争理，官司未曾與決，限六十日須管結絶。如合拘收，即行出賣。

同日，權發遣浙東提刑邵大受言：「置買田産，皆有力之人，緣懼物力高重，將見在産業詭名隱寄，避免色役。今一旦承買官産，即門户驟增，無由隱諱，以致遲疑，不敢投狀。今來欲將承買官莊〔三〕，每價直一千貫以下，與免三年物力；一千貫以上，免五年；五千貫以上，免十年。又出賣田地，竊慮民間被人阻障，稱某處可作宅基，某處可作墳地。候他承買，修治栽蒔了畢，用親鄰執贖，致不敢投狀〔四〕。自今應承買官産之人，已給賣後，與免執鄰取贖。及承買田産價錢，元限六十日納足，不足，没官〔五〕。竊恐近日錢物最爲難得，錢一不繼，便至没官，則人不敢投。欲將價錢分作三限〔六〕，每限各六十日，納足始與交業。限滿不足，十日内許人剗買；無人剗買，即錢没官。仍許將金銀依時價折納〔七〕。如州縣官吏秤估價貫斤兩虧民，許經元納官司陳狀，實封至本司，重行秤估。如委是阻節虧損，即本司按治行遣。」于是户部言：「置官産物力，欲一千貫以下免一年，以上免二年，五千貫以上免二年〔八〕。二税、和買、役錢之類，則依條供輸。其價錢分三限：第一限六十日，第二限、第三限三十日。違限納錢不足，十日内無人剗買，其已納錢物並没入官，田産等拘收，别召人實封承買。餘並依所乞施行。」從之。

〔一〕除：原作「餘」，據本書食貨六一之一八改。
〔二〕種：原作「德」，據本書食貨六一之一八改。
〔三〕莊：原作「差」，據本書食貨六一之一九改。
〔四〕狀：原脱，據本書食貨六一之一九補。
〔五〕没：原作「納」，據本書食貨六一之一九改。
〔六〕將：原作「作」，據本書食貨六一之一九改。
〔七〕折：原作「拆」，據本書食貨六一之一九改。
〔八〕二年：按上句云一千貫以上免二年，不應五千貫以上亦只免二年，「二」或是「三」之誤。

二十九年二月十七日，權户部侍郎趙令詪言：「江、浙、湖南、福建、川、廣應諸司没官户絶田産〔一〕，並行出賣，今欲州委知、通〔二〕，縣委令、丞，根括出賣。如能用心措置，每賣價錢，縣及二萬貫、州及五萬貫，與減一年磨勘；縣及四萬貫、州及十萬貫，減二年磨勘；縣及六萬貫、州及十五萬貫，減三年磨勘；縣及十萬貫、州及二十萬貫，轉一官。如欺弊滅裂，出賣稽違，令提刑司具所委官職位、姓名申朝廷，重行黜責，人吏斷罷。及欲下諸路常平司，依已降朝旨，先次根括逐州軍合出賣田宅細數，及依温州作册，並限十日供申户部，置籍拘催。如依前滅裂違滯，從本部取會當職官吏，申朝廷重作施行。并江浙福建湖南路州軍月具、四川二廣季具已未賣田宅數目并賣到價錢，申部照會。如有見占佃形勢、官户及豪右之家欺隱占吝，及用情障固，致人户不敢請買，仰所委官具名申朝廷，重作施行。今來措置出賣田産萬[30]數浩瀚，若不委官驅考，竊慮散漫稽違。今欲專委郎官一員，左右曹各差職級一名、手分二人、貼司二人，置籍揭帖，排日催促，月具已、未賣田産及價錢數目申朝廷照會〔三〕。」從之。

二十二日，權户部侍郎趙令詪言：「出賣没官田宅，見有承佃去處，令知、通、令、佐監督合干人估定實價〔四〕，與減二分，如估直十貫，即減作八貫之類。分明開坐田段坐落、頃畝、所估價直，出榜曉示，仍差耆保逐户告示。如願依減定價例承買，並限十日自陳，日下給付；如不願承買，即依條出賣。張榜許實封投狀，限一月拆封，給價高人。如限滿未有人承買，再榜一月。自來合申常平司審覆，竊慮地里遥遠，往來稽緩，欲令州縣一面估價給賣，止具坐落、頃畝、價直申司檢察〔五〕。其承買人計囑官吏低估價錢，藏匿文榜，見佃人巧作事端，故意阻障，及所委官吏容心作弊，即仰常平司覺察，取旨施行。」從之。

二十七日，新除直秘閣、知廬州黄仁榮言：「温州根括到田地頃畝，見委官吏出賣，乞量立賞罰，責以近限。」從之。

三月二十五日，詔：「公吏等冒占係官屋宇，限一月許見住人陳首，與免坐罪，及追理日前合出賃錢，令所委官拘收出賣。如限滿不首，送所屬以違制斷罪。仍許鄰保限半月赴官陳告，將所告屋宇估定實直價錢，以十分爲率，二分給告人充賞。若鄰保限滿不首，許諸色人陳告，將鄰保從杖一百斷罪，依此給賞。如鄰及告人不願給賞，依估定價錢承買者，與減二分錢數。其冒占應干係官田産，隱匿税租，亦依此施行。」從户部郎官楊倓之請也。

四月十九日，兩浙路計度轉運副使趙子潚等言：「本

〔一〕應諸：原作「諸應」，據本書食貨六一之二〇乙。
〔二〕今：原作「令」，據本書食貨六一之二〇改。
〔三〕已未：原作「未已」，據本書食貨六一之二〇乙。
〔四〕干：原作「千」，據本書食貨六一之二一改。
〔五〕檢：原作「監」，據本書食貨六一之二一改。

司昨承指揮，將本路浙西州縣官田土作營田耕種，分三等立租，召人租佃，拘收稻麥，應副行在馬料支遣〔一〕。」户部言：「今來具到田地隸屬轉運司，即係諸司官田，依已降指揮，合行出賣。欲乞下浙西路常平司，將前項應管田畝數目行下所屬，照應節次已降出賣官田指揮，疾速估定實直價錢，多方措置出賣。」從之。

五月一日，殿中侍御史任古言〔二〕：「福建路江海畔新出沙田，其民户自備錢本興修，數年之間，償費未足，與尋常逃移請佃官田事體不同。本路提刑樊光遠方行申審，而户部便令出賣。欲望少寬年限。仍乞將見今所在州縣出賣官田申嚴其法，使形勢之家不得更似日前多方占據〔三〕，仍重州縣當職官吏殿最之格。」詔令户部看詳。户部言：「福建沙泥田，經界指揮後，實打量人户，起理稅賦。已承朝旨召人實封投狀承買，撥三分錢與元佃人户，充還興修工本之費。并田宅有形勢豪右之家占佃，已委官立罪賞根括出賣。今所陳沙田，乞行下本路提舉常平司權行住賣。其出賣官田，切慮州縣奉行不虔，亦乞申嚴行下。」從之。

七月五日，户部 31 提領官田所言〔四〕：「江浙等路没官户絶等田宅，近承指揮，州委知、通，縣委令、丞，措置出賣，及委逐路常平官總領督責〔五〕。今欲將未賣田宅，並依條出榜，許實封投狀〔六〕。自出榜日爲始，限一月拆封，以最高錢數取問見佃人，如願依價承買，限十日自陳，與減二分價錢給賣；如不願承買，即三日批退給價高人。若見佃人先佃荒田，曾用工開墾，以二分價錢還工力之費。如元佃熟田，不在給二分之數。限滿，無人投狀，再限一月。若兩限無人承買，即量行減價，出榜召人買。見佃人户已買田宅，既于官中低價承買，却又增價轉手出賣，或借貸他人錢物收買，後冒行增價準折之類，欲許諸色人經官陳告，以所買田宅價錢，三分給一分與告人充賞，餘俱没官，别行召人實封投買。人户所佃田宅，若有以前冒占及詭名承佃，至今耕種居住，見送納課米或二稅，既已施工力，終是見佃之家，欲並作見佃人承買。今來賣田宅内有官户、形勢之家請佃，往往坐占，不肯承買。如出違前項拆封日限，無人投狀承買，即依官估定價直，就勒見佃人承買；如依前坐占，不肯承買，即仰常平司申取朝廷指揮施行。投狀承買田宅，（折）〔拆〕封日，見得着價最高合行承買，却稱不願買者，依已降指揮，以所着價十分追罰一分入官，欲將此追罰錢數限一月追理納足。仍令常平司常切覺察，如州縣不爲追理，及人户不爲送納，即具名申取朝廷指揮施行。出賣浙西營田，已承指揮權住賣外，所有其餘路分營田及官莊、屯

〔一〕應：原作「將」，據本書食貨六一之二二改。
〔二〕任古：原作「寧古」，據《建炎要録》卷一八二改。
〔三〕方：原脱，據本書食貨六一之二二補。
〔四〕提領：原作「提刑」，據本書食貨六一之二二改。
〔五〕督：原作「篤」，據本書食貨六一之二二改。
〔六〕許：原作「計」，據本書食貨六一之二二改。

田，前後已降指揮即不該載，今來並不合出賣。訪聞常平司并州縣人吏不將前後措置多出文榜曉諭，或州縣榜内更不寫出田段、價直，致出賣稽違。欲下逐路常平司官嚴行覺察，稍有違戾，按劾申朝廷，重作施行，人吏配決。及下兩浙、江東西、湖南、福建、二廣、四川提舉常平司，疾速行下所部州縣遵依施行。仍令州縣多出文榜，曉諭民户通知，無令藏匿。若常平司不檢察，乞令提刑司覺察按劾。」從之。于是詔令逐路提舉常平官躬親督責，嚴行檢察欺弊。如能率先出賣數多，仰户部具申尚書省，取旨優異推恩；或出賣數少，當行黜責。州縣當職官能用心措置，亦于已列賞格外增重推賞；或稽遲不職，令常平官按劾聞奏，重作施行。

十八日，詔嚴州分水縣令張升佐、宜興縣令陳起〔一〕、縣丞蒲榮各特降一官資放罷。以户部提領官田所言逐縣所賣官田〔二〕，于一路最爲稽遲故也。

同日，詔知秀州黄仁榮、通判李文仲、嘉興縣丞唐叔玠各減二年磨勘。以本州言嘉興縣已將發賣官田錢數，合該賞典，故有是詔。

二十七日，户部提領官田所言：「乞下江、浙、福建、湖南、四川、二廣常平司官，疾速行下所部州縣知、通，督責屬縣令、丞，逐一子細 32 根括，將見佃賃未賣田宅已滿一年，與理爲見佃賃之家，依前項已降指揮承買。若未及一年者，開封日，將着價最高人錢數先次取問見佃人，如願承買，更不減價；若不願承買，即給賣與着價最高人。如有違戾去處，仰本司官照應已降指揮，具職位、姓名申取朝廷指揮施行。」從之。

二十八日，荆湖南路提點刑獄公事彭合言：「欲望詳酌行下，如有已行召賣、未有人承買去處，痛行裁減，不得抑勒，民間自然争售，實爲公私之利。」詔令户部措置。户部言：「乞下江、浙、湖南、四川、二廣常平司，遵依節次已降指揮，即不得抑令田鄰承買，及追呼監繫搔擾〔三〕。如有似此去處，仍令本司依已降指揮施行，毋致違戾。」從之。

九月十一日，詔浙東提舉常平都絜特轉一官〔四〕。以户部言「比較浙東賣官田最多」，故有是命。

同日，中書門下省言：「諸路出賣没官田産，州及五萬貫、縣及二萬貫已上，各有立定遞增酬賞。」詔令户部將州縣賣錢及格應賞去處，取會當職官職位、姓名，一面審覆，推恩施行。

三十年正月四日，湖南路提舉常平司何份言：「乞將本路州縣未賣荒田，更不依元估定價錢，並許人户自行開坐所買田段四至，隨鄉原例量度，任便着價，實封投狀，給與最高之人。」于是户部言：「荒田無人開墾去處，若與已



〔一〕起：原作「迟」，據本書食貨六一之二四改。
〔二〕「逐」上原有一「賣」字，據文意删。
〔三〕繫：原作「緊」，據本書食貨六一之二五改。
〔四〕都絜：原作「都潔」，據《建炎要録》卷一八三改。

經開墾熟田一例估定價錢，召人承買，切慮輕重不均，難以出賣盡絕。欲下本司，依所乞施行，仍取見詣實，多方措置出賣，拘收價錢起發。」從之。

三月十三日，試右諫議大夫何溥言：「昔祖宗出賣官田，舊法止令人户實封投狀，限滿拆封，給與價高之人。比來建議之臣欲優卹見佃之家〔一〕，許令減價二分，依舊承買。意固善矣，而復爲一説以請：見佃人户已買田宅，既於官中低價買過〔二〕，却與外人相見，轉手增價出賣；或借人錢物收買，于後增價準折。若此等類，並許陳告，即行拘没。夫始憐其失業而爲之減價，終設爲轉賣之説而開其爭端。欲望聖慈特詔有司，將前項申請已得指揮即賜改正，明以示民。」從之。

四月十三日，資政殿學士、知潭州、充荆湖南路安撫使魏良臣言：「本州自兵火後，百姓復業，今已二十餘年，往往將本户元供荒産節次私下耕熟，不納官課。已行下諸縣，令十家結爲一甲，從實供具已耕田畝，輸納二税，自今爲始，所有日前隱匿熟田、漏納苗税，並免追理。如所供不實，即令諸色人告首，以新告田充賞〔三〕，仍每畝支賞錢，止于犯人名下追理所隱苗税。如本户實有苗田，無力耕作，即開具頃畝，曉示人户，令實封投狀承買。」又奏：「昨降指揮，召人承佃荒田，與免三年租課。緣無人願佃，遂降指揮，令人户納錢承買，却止免二年四料税賦，委是輕重不等。乞依請佃例，與免三年。」從之。

五月十四日，臣寮言：[33]「吉州出賣常平没官田産，元估價錢與提舉司覈實高下遼絶，遂委提刑司看詳到數目，見係可出賣者約三十一萬貫，而未售者尚居其半，其餘盡皆荒閑不耕之地。雖乞委官相視，量立中價，召人承買，今以提刑司覆實之數較之，提舉所虧者一十萬緡，而賣未盡絶，尚未可知。欲望特命有司行下所屬，如有召賣不行，理宜裁減。又除豁去處，並令條具申省，別委監司審覆取旨。」詔令户部看詳。户部言：「諸路州軍有人户見佃田宅出賣了當，欲將未賣見佃田宅再限半月，仍于減免二分價上更減一分，今後更不減價。如見佃人依前執占，令州縣召人承買。如見佃人不願承買，及曾有人承佃、開墾成熟田産，欲將來賣田産，於元定價上十分減免一分，依條出榜，許諸色人實封投狀，給價高人。無人開墾荒田，近承指揮，並許人户自行開坐所買田産四至，隨鄉原任便着價，給與價高人，其買人免納三年六料税賦〔四〕，委是太優，州縣自合遵守〔五〕。如有違戾去處，常平司坐視不爲檢察，亦乞令提刑司覺察，按劾施行。諸路州縣自降指揮，及今多日，出賣未絶，却將未賣田産巧作緣故，縱容見佃形勢之家及

〔一〕建：原作「諫」，據本書食貨六一之二五改。
〔二〕買：原作「賣」，據本書食貨六一之二五改。
〔三〕新：似當作「所」。
〔四〕其：原作「具」，據本書食貨六一之二七改。
〔五〕守：原作「首」，據本書食貨六一之二七改。

元拘没人户坐估花利。其所委官不協力措置，是致遲緩。欲乞行下江、浙等路提刑司官嚴行覺察〔一〕，如有違戾去處，即仰按劾，重作施行。州縣已賣未起錢數不即起發，往往移易應副別色窠名，今乞下常平司官，督責州縣所委官盡數根刷，日下起赴所屬送納。」從之。

七月二十四日，湖北轉運司言：「被旨照對本路州縣皆以田畝定税外，照得純州平江縣兵火後來〔二〕，復業人户自陳種石〔三〕，以種定税；二十五年，因本州措置，以丁定税。緣以種定税，人户往往隱匿，量行供申；以丁定税，有力之家往往將丁隱匿，并下户丁多田少、有丁而無田者，有力之家僥倖，下户不能應辦，復行逃移。若行經界，却有不曾隱匿之家一例被擾。欲下純州平江，應管人户附近五家爲一保，逐保自將見佃田同共打量實耕頃畝，開具結罪保明文狀，赴官自陳。每畝依舊納税米二升四合，鼎新上簿，籍記數目。仍各置砧基簿，遇典賣，對行開收。如有隱漏，許諸色人告，委官打量，將不曾納税頃畝追十年合納二税，仍將出剩頃畝給與告人爲業，犯人并保内人並從杖一百科斷。若係保内人自行告首，與免罪，依此給田。」詔依逐司相度到事理施行，仍限半年令人户從實供具，赴官自陳。

十月二十九日，户部言：「欲下本路轉運司行下所部，將人户包占田土再限半年盡行自陳，批鑿照驗，再限三年開耕。如限滿不自陳，并尚荒廢，並依前項已降指揮施行。」從之。以權發遣真州徐康言：「本州兩縣自收復以來，人户歸業，識認祖産，及外人請佃荒閑 34 田地，自有頃畝，鄰比界至多有包占，謂之大四至。今欲乞立限半月或一季，許歸業、請佃人户實具冒占之數，經所屬自陳。官司于元結莊帳公據明行批鑿頃畝四至，批上即押付人户照使。其熟田已輸納税賦自依舊外，其冒占頃畝未經開墾，拘入官，召人請佃。」故有是焉。

三十一年四月九日，户部侍郎錢端禮等言〔四〕：「訪聞近來逐州縣出賣成熟田地，已經限滿減價之後，見佃并承買人通同計囑合干人藏匿榜示，却令人户自行着價入狀。拆封，止以狀内價高錢數便行出賣。欲乞下逐路提舉常平司官約束所部州縣當職官吏，將未賣成熟田宅，依元估減定價錢，多出文榜分明曉諭，召人增錢，實封投狀承買。候拆封日，給賣價高人爲業〔五〕。如有依前滅裂違戾去處，即仰具姓名申取朝廷指揮，重作施行。仍下逐路提刑司官常切檢察。」從之。

十一月十六日，户部提領官田所言：「節次承降指揮，將江、浙等路應諸司没官、户絶等田産，州委知、通，縣委

〔一〕行：原脱，據本書食貨六一之二七補。
〔二〕後來：原作「來後」，據本書食貨六一之二七乙。
〔三〕石：原作「植」，據本書食貨六一之二七改。
〔四〕端：原作「瑞」，據本書食貨六一之二八改。
〔五〕給：原作「結」，據本書食貨六一之二九改。

令、丞，專一根括，立賞出賣〔一〕。今來拘籍到王繼元房廊、田園、山地等，乞下臨安府督責所委官多方措置出賣，依前項立定錢數格法〔或〕〔減〕半推賞施行。」從之。

孝宗隆興元年十一月十五日，户部言：「昨上封者乞賣常州無錫縣省田四十萬畝，每畝直錢一十五千，得旨委兩浙漕臣親相度。今據申到止有十六萬六千餘畝，每畝價直三貫。若許人承佃，歲得上供省苗近四萬石〔二〕；如行出賣，深慮暗失上供省額，乞將上件田住賣。」從之。

二年四月五日，湖南常平司言：「本路荒田將近六年無人承買，今欲乞將見佃并可以開耕者措置召賣外，間有難于開墾，從州縣取見畝數，撥附常平司，召人租佃，與免三料合納租課〔三〕。如願承買，即仰適中估價給賣。」從之。

乾道元年三月三日，户部言：「浙西所管營田、官莊共一百五十九萬餘畝，内有未承佃六十七萬餘畝。緣上件田産皆係肥饒，多是州縣公吏與形勢之家通同管占，不行輸納租課。乞委官根括出賣，其冒佃人限半月陳首，與免罪及所逋租課。」從之。

二年十一月九日，權户部侍郎曾懷言：「諸路没官、户絶田産已賣到錢五百四十餘萬貫，所有營田若便出賣，切慮攙併，候没官田産賣畢，申朝廷接續出賣。其見佃人買者，與減二分價錢。」從之。

十七日，户部言：「諸路營田，已降指揮令常平司出賣。今欲行下逐路常平司盡實開具頃畝，紐計實價，保明供申，從本部置籍拘催。所納價錢，聽以金銀依市價紐折〔四〕，并許用會子。應約束行遣事件〔五〕，並依元降出賣没官田産指揮施行。」從之，仍令户部侍郎曾懷專一提督〔六〕，其錢起赴左藏南庫令項樁管。

三年六月一日，三省言：「户部乞出賣營田事，今據兩浙運司具到本路營田 35 已佃九十二萬六千餘畝，内二十四萬元無二税，見只納租課一色外，有六十七萬六千餘畝係元有二税，更令貼納租課。今來既令人户用錢承買，却合除豁租課，必須虧損馬料。兼據四川總領所備坐興元府申，營田所收夏秋斛斗計八千餘石，今若依江西例出賣，委是有虧租課。竊慮諸路事體不一。」詔除四川外，餘路營田可令疾速出賣。

閏七月二十五日，户部侍郎曾懷言：「諸路未賣没官田産，計價錢一百四十餘萬貫。今欲乞下逐路常平司從實估價，再限一季召人承買，二税與免十之三。」從之。

九月七日，臣寮言：「在法，品官之家不得請佃官産，蓋防權勢請托也。今乃多用詭名冒占，有數十年不輸顆粒

〔一〕賞：原作「賣」，據本書食貨六一之二九改。
〔二〕上：原作「止」，據本書食貨六一之二九改。
〔三〕料：原作「科」，據本書食貨六一之二九改。
〔四〕紐：原作「淮」，據本書食貨六一之三〇改。
〔五〕束：原作「用」，據本書食貨六一之三〇改。
〔六〕提督：本書食貨六一之三〇作「提領」。

者。逮至許人剗佃，則又計囑州縣，不肯離業。乞自今應户絶、没官田産，不以有無見佃之人，並令州縣具頃畝、間架徑申户部，行下常平司估價出賣。」從之。

四年八月三日，詔：「諸路常平司見賣户絶、没官田産及諸路未賣營田，並日下住賣㈠，依舊拘收租課。其人户承買而違限納價不足者，所納錢依條没官。」

六年正月二十九日，工部侍郎姜詵言：「昨令臨安府出賣王繼元没官田産㈡、屋宇，其未有人承買者尚多，乞劄下本府，更量減一分價錢。」從之。

二月一日，臣寮言：「浙西、江東、淮東諸處沙田、蘆場，多爲有力之家請佃，包占畝步。昨據人户供具，計二百八十餘萬畝，並未曾起理租課，乞行下估價出賣。」從之。

七年正月十七日，詔户部開具諸州没官田産並營田頃畝、間架，分作三等估定價直，具實數申尚書省。從本部侍郎曾懷請也。

八年十一月六日，詔：「諸路没官田産、屋宇并營田，已降旨令常平司開具三等九則價錢，至今累月，多未報到，或估到價直又太低少㈢，可委户部長貳同郎官一員措置合行事件，限五日條具聞奏。」户部條具下項：「一、今來賣諸路没官田産、屋宇并營田，所據逐州報到價直，緣當時所委官往往未嘗躬親肥瘠㈣，止憑牙吏作弊，或將膏腴作中下等立價，虧損官錢。乞下諸路常平司別委官審驗，具實價申尚書省，俟得指揮，限一月召人承買。見佃人願買者，就價中與減二分。其賣到價錢，計綱起發赴行在左藏南庫送納。一、出賣没官田産，州委知、通，縣委令、丞。如能究心措置，縣及二萬貫、州及五萬貫，減一年磨勘；縣及十萬貫、州及二十萬貫，與轉一官。出賣稽違，或比較數少，申朝廷黜責。一、諸路安撫、轉運、提刑等司有拘籍到没官田産、屋宇并營田等，乞令盡數關報常平司，一就差官措置出賣。」並從之。

九年正月十五日，詔將作監丞折知常前往浙西措置出賣營田并没官田産。知常條具下項：「一、乞朝廷劄下浙西常平官，開具營田并没官田産色額數、估價關報本 36 所。其出賣田産，除本處當職官吏外㈤，應官户、公吏等，並許依價承買，價錢委知、通置庫拘收，計綱發赴行在。一、恐有形勢之家計囑隱占，立價不實，全籍提舉官并知、通、令、佐盡實根括。如官吏所行滅裂，致有詞訴，許從本所具當職官姓名申取朝廷指揮。一、今來竊慮不能徧歷州縣，欲暫委官前往計置。如所賣田産率先辦集㈥，乞從本所具職位、姓名申朝廷推賞；或所行滅裂，亦當申奏責罰。

㈠ 下住：原作「住下」，據本書食貨六一之三一乙。
㈡ 元：原作「先」，據本書食貨六一之三一改。
㈢ 又：原作「緣」，據本書食貨六一之三一改。
㈣ 躬親：疑當作「躬視」。
㈤ 當：原作「常」，據本書食貨六一之三二改。
㈥ 「辦」下原衍「責」字，據本書食貨六一之三二删。

一、田產、屋宇除有人佃賃者，合就所估價增錢承買外，間有荒棄田產及隤圮屋宇〔一〕，欲委知、通、令、佐再行相視，重裁價直，召人承買。」並從之。

同日，詔司農寺丞葉翥前往浙東措置出賣營田并没官田產〔二〕。翥條具畫一，大概與折知常同〔三〕。

閏正月七日，詔：「出賣官田如實係荒閑，無人耕種，或有人户承買者，與免五年十料税賦。」從江東提舉張郯請也。

二十四日，三省言：「浙西人户請佃營田，逐年租課並納稻穀充馬料。今既出賣，即合起税，乞行下州縣，並令依舊折納稻穀。」從之。

二十六日，詔：「浙東提舉司將人户承買官產，一千貫以上，免差役三年；五千貫以上，免五年。和買並免二年。其二税、役錢，自令計數供輸。」以措置官言「民户困于和買，致有避懼」故也。

二月四日，詔：「四川提舉常平司將諸州户絶、没官田產、屋宇委官估價〔四〕，召人承買〔五〕。其營田依昨降指揮權行住賣，仍舊令人請佃。」先是，資州言：「屬縣有營田，自隋唐以來，人户請佃爲業。雖名營田，與民間二税田產一同，不應出賣。」故有是命。

四月五日，詔監登聞檢院張孝貢往江東，主管官告院周嗣武往江西，措置出賣營田并没官田產。

五月三日，詔：「今來出賣營田并没官田產〔六〕、屋宇，内有見佃人願承買者，日前逋欠並與蠲放；或不願承佃，依舊催理。」從措置浙西官田所請也。

十一日，中書門下言：「今來出賣没官田產并營田，如見佃人願承買，即已施工布種者，依紹興二十八年指揮，聽收當年花利，輸納租課。」從之。

六月二十五日，權户部尚書楊倓言：「昨承指揮，令諸路提舉常平司委官根括没官田產、屋宇并營田，今據兩浙、江東、福建、廣東估到價錢四百餘萬貫。切慮州縣不即措置，故爲遷延，乞下逐司，限一季出賣，如無稽違，即與推賞外，有江西、湖南北、廣西、四川等路尚未申到，欲令限一月估價供申〔七〕，若有違慢，申朝廷行遣〔八〕。其間州縣或有收到價錢，不即起發，移易他用，致有失陷，其官吏依擅支封椿錢論。常平司失于覺察，一例施行。」從之。

七月十六日，臣寮言：「近見户部申請，諸路並限一季出賣官產，拘錢發納。且以江東西、二廣論之，村疃之間，人户凋疎，彌望皆黄茅白葦，民間膏腴之田，耕布猶且不

〔一〕圮：原作「圯」，據本書食貨六一之三二改。
〔二〕出：原作「營」，據本書食貨六一之三二改。
〔三〕此小注原無，據本書食貨六一之三二及天頭原批補。
〔四〕官：原作「實」，據本書食貨六一之三二改。
〔五〕召：原作「詔」，據本書食貨六一之三二改。
〔六〕賣：原脱，據本書食貨六一之三三補。
〔七〕申：原作「中」，據本書食貨六一之三四改。
〔八〕行：原作「有」，據本書食貨六一之三四改。

徧，豈有餘力可買官産？今州縣迫于期限，且冀厚賞〔一〕，不免監錮保長，抑勒田鄰。乞寬以 37 一年之限，戒約州縣不得抑勒，如有違戾，重置典憲。」從之〔二〕。（以上《永樂大典》卷一七五三八）〔三〕

〔一〕厚：原作「原」，據本書食貨六一之三四改。

〔二〕此後原批云：「以下脱『淳熙元年』至『嘉定十二年』共卅五條，應補抄。」按，所云脱者見本書食貨六一之三四至六一之四六。

〔三〕《大典》卷次原缺。從本門原稿版式、字迹及正文前空白考之，本門正文乃上接食貨一之四七「農田雜録」，在《大典》「食貨二十三」，即卷一七五三八（參見「農田雜録」末校記）。今補。

# 宋會要輯稿　食貨六

## 限田雜録

【宋會要】

**1** 高宗紹興元年十二月十四日，權户部侍郎柳約言：「授田有限，著於令甲，比來有司漫不加省，占仕籍者統名官户，凡有科敷，例各減免，悉與編户不同。由是權幸相高，廣占隴畝，無復舊制。願推明祖宗限田之制，因時救弊，重行裁定。應品官之家各據合得頃畝之數，許與減免，數外悉與編户一同科敷。」詔坐條行下。

十七年正月十五日，臣僚言：「政和令格，品官之家鄉村田産得免差科：一品一百頃，二品九十頃，下至八品二十頃，九品十頃。其格外數悉同編户。今朝廷之意，蓋欲盡循祖宗之法，以紓民力。比年以來，軍須百出，編户有不能辦，州縣必勸誘官户，共濟其事，上下併力，猶患不給。今若自一品至九品皆得如數占田，則是官户更無科配，所有軍須悉歸編户，豈不重困民力哉！望詔大臣重**2**加審訂，凡是官户，除依條免差役外，所有其他科配並權同編户一例均敷，庶幾上下均平，民受實惠。至若限田格令〔一〕，臣欲候將來兵戈寧静日，别取旨施行。」又言：「今日官户不可勝計，而又富商、大業之家多以金帛竄名軍中〔二〕，僥倖補官，及假名冒户、規免科須者，比比皆是。如臣所請，則此弊可以少革，而科敷均平，民不重困，實濟國用。」詔令户部限三日勘會，申尚書省。於是户部勘當：「欲依臣僚所乞，權令應官户除依條免差役外，所有其他科配，不以限田多少〔三〕，並同編户一例均敷科配。候將來邊事静息日，却依舊制施行。」從之。

二十九年三月二十二日，大理評事趙善養言：「官户田多，差役並免，其所差役，無非物力低小貧下之民。望詔有司立限田之制，以抑豪勢無厭之欲。」於是户部言：「近年以來，往往不依條格增置田産，致州縣差役不行。應品官之家所置田産，依條格合得頃畝已過數者，免追改，將格外之數衮同編户，募人充役。」詔令給、舍、户部長貳同議，措置取旨。其後給事中周麟之等言：「今措置，官户用見存官立户者，許依見行品格〔四〕；用父祖生前曾任官若贈官立户名者，各減見存官品格之半。父祖官卑、見存同居子孫官品高，如未析户，聽從高。及官户於一州諸縣各有田産，並令各縣紐計，每縣併作一户，通一州之數，依品格併計，將格外頃畝並令依編户等則，於田畝最多縣**3**分衮同比並差役。若逐縣各有格外之數合充役者，即隨縣各差

〔一〕令：原作「今」，據本書食貨六一之七八複文改。
〔二〕大業：本書食貨六一之七八作「大農」。
〔三〕限田：原作「田限」，據本書食貨六一之七八乙。
〔四〕依：原作「以」，據本書食貨六一之七八改。

坐募人充役。即役未滿而本官加品，並令終役。遂州委通判或職官、縣丞、尉專一主管，將諸縣官户及併計到田産數置籍。如本州遇逐縣申到陞降，並仰於當日銷注。如縣内出入田産已過割訖，或官員加品，限一日申州主管司注籍。如人吏違限不注籍，從杖一百科斷訖勒罷。如別有情弊，故作稽滯，因事發覺者，徒二年，有贓則計贓論。其主管官仰監司具名申尚書省。自指揮到日，許各家將子户詭名寄産限三月從實首併作一户拘籍。如出限不首併，許諸色人告，不以多少，一半充賞，一半没官。其見立户名官員或品官子孫，並取旨重作行遣。如告首不實，並依條斷罪。及日下州委知、通、職官，縣委令、佐，取索官户户籍編排。若已編排訖，却有隱匿，蓋庇不實，及奉行滅裂，及於差役時觀望不公，並許人户越訴，其當職官取旨重作黜責，人吏斷配。仍仰逐路監司常切覺察，如有違戾，按劾以聞。監司失覺察，令御史臺彈奏。品官募人充役，如敢倚恃官勢，及豪彊有力於本保内非理搔擾，並許民户越訴。及不伏州縣依法差使，許當職官按劾，有官人并品官子孫並取旨重作行遣。並只許募本縣土着有行止人，不許募放停軍人及曾係公人充。違者許人告。」詳定一司敕令所看詳前項措置，欲依所請，下户部遍牒諸路州軍遵4守施行。從之。

三十年正月五日，户部言：「近給、舍措置品官之家見行品格，用見存官及父祖生前曾任官若贈官立户；並一州諸縣如有田産，並令紐計併作一户；通一州之數頃畝，令依編户衮同差役；許將子户詭名寄産限三月實首，並拘籍，如出限，許諸色人告，一半充賞。本部今再措置：一品官子孫析爲十户，每户許置田五十頃之類，品官之家田土内有山林園圃及墳塋地段之類，難以一例理數。今乞並行豁除，不理爲限田之數。内蘆場頃畝，折半計數。其子户詭名寄産，元限三箇月首併，竊慮内有守官不在置産州縣，未能依限首併，今欲更與展限兩個月，如出違所展日限，即依已降指揮施行。」詔依，仍行下諸路監司、州縣遵守施行。

三十一年正月二十五日，臣僚言：「近降品官限田指揮，所以優恤下户，恩意甚厚。其間條目約束有所未盡，謂如一品官限田百頃，身後半之。使其家有十子，各占五十頃，則爲五百頃。若復阡陌連亘數州，所占不知幾何。又勳貴之家，援例乞免差（搖）〔傜〕，雖不過數家，而在官限田之前，今亦泛然引用，或甘募人充役，或引舊例丐免，州縣推行不一。乞委自守令條具經久可行利害〔一〕，委監司及本州類申朝廷，委官看定。」從之。以上《中興會要》。

孝宗乾道元年正月一日，南郊赦：「官户多立户名，編民冒作官户，祖父母、父母在而私立户名，竊慮尚有未曾經官首併之家，因人陳5告，致坐罪戾。可自赦到日，更限

〔一〕乞：原作「乙」，據本書食貨六一之七九改。

一月，許令首併歸户。」三年、六年、九年南郊赦並同此制〔一〕。

四年九月十二日，臣僚言品官占田理爲官户事，户部照得：「承蔭子孫許置田畝數目，雖比父祖生前品格減半，若析户數衆，其所置田畝委是太多。今重别勘當，謂如一品父祖，元格許置田一百頃，死亡之後，子孫用父祖先前曾任官立户，減半計置田五十頃。若子孫分析，不以户數多寡，欲共計不許過元格減半五十頃之數。其餘格外所置數目，並同編户。其餘品從亦乞依此類施行〔二〕，庶得下户不致差役頻併。」從之。

六年二月二十一日，詔曰：「朕深惟治不加進，夙夜興懷，（恩）〔思〕有以正其本者。今欲均役法，嚴限田，抑游手，務農桑。凡是數者，卿等二三大臣深思熟計，爲朕任此而力行之。其交修一心，〔毋〕輕懷去留，以負委寄，此朕所望也。」

九月二十一日，中書門下省言：「差役之弊，大抵田畝皆歸官户，雖申嚴限田之法，而所立官品有崇卑，所限田畝亦有多寡。品官田多，往往假名寄產，卒逃出限之數。不若勿拘限法〔三〕，今後官户與民户一槩通選物力第二等以上輪差，二年一替。官户許雇人代役，且以十年爲限。如經久可行，别議立爲永法。」詔依，兩浙路先次遵守。

八年四月二十五日，臣僚言：「役法之均，其法莫若限民田。自十頃以上至於二十頃則爲下農，自二十一頃之上至於四十頃則爲中農，自四十頃以 6 上至於六十頃則爲上農。然後可使上農三役，中農二役，下農一役，豈復有不均之嘆哉！其常有萬頃者，則使其子孫分析之時，必以三農之數爲限。其或詭名挾户，而在三農限田之外者，則許人首告，而没田於官。磨以歲月，不惟天下無不均之役，亦且無不均之民矣。」詔令給、舍同户部看詳。看詳〔四〕：「品官之家照應元立限田條限減半，與免差役。蔭人許用生前曾任官品格，與減半置田。如子孫分析，不以户數多少，通計不許過減半之數。仍於分書并砧基簿内分明該説父祖官品并本户合置限田數，自今來析作幾户，每户各合限田若干。若分析時，田畝不及合得所分格内之數，許將日後增置到田畝湊數，經所屬批鑿添入，照驗免役。若分書并砧基内不曾該説〔五〕，並不在免役之限。若諸縣皆置田產，竊慮重疊免役，仍令諸縣勒令各家自行指定，就一縣用限田免役。如所指縣分田畝不及合得限田之數〔六〕，許於鄰縣湊數。其餘數目及别縣田產并封贈官子孫，並同編户差役。有已差役人輒於役内無故析户，計會官司差人抵替，

〔一〕三年六年九年：原作「二年六月九日」，據本書食貨六一之八〇、《文獻通考》卷七二改。
〔二〕餘：原脱，據本書食貨六一之八〇補。
〔三〕勿：原作「物」，據本書食貨六一之八〇改。
〔四〕看詳：原脱，據本書食貨六一之八〇補。
〔五〕該：原作「合」，據本書食貨六一之八〇改。
〔六〕指：原作「措」，據本書食貨六一之八〇改。

致引惹詞訴。今欲將來差役前父母亡没，服闋在充役之内，合行析户者，聽析户外，其見役人無故析户，即有所規避，須候滿方許陳乞。」從之。以上《乾道會要》。

【續會要】

7 孝宗淳熙七年十月六日，宰執進呈顔師魯論役法。上謂：「官户皆令差役，則民稍蘇。」趙雄等奏：「令官户限田之外，則着役。」上曰：「正謂限田太寬，所以官户免役。凡仕則禄足以代耕，自不當廣殖田産。其令敕令所具官户免役條法以聞。」

七日，進呈敕令所具官户限田數。上曰：「頃畝太寬，自然差不到。」於是有旨：「官户頃畝數多，編民差役頻併，令臺諫、給、舍同户部長貳詳議以聞。」既而給、舍、臺諫同户部長貳言：「欲下諸路提舉司，將品官之家照應淳熙重修條格内立定限田條格，一品至九品合得限田頃畝，以十分爲率，令再減三分。其餘七分與免差役。謂如一品元合得五十頃，以十分爲率，再減三分外，合得三十五頃，與免差役之類。其子孫所得限田，緣乾道八年十一月二十六日已經減半，將來承分稍衆，通以一户之産均爲數户，所占必自不多。若再行裁減，又恐不能自立。今欲照淳熙格内已立定子孫減半之數施行。如子孫分析，不以户數目，並同編户差役。」不報。

十年十一月十二日，詔：「封贈官子孫並依乾道八年十一月指揮，不許免役。」户部狀：「處州申：據進士何伯庸等狀：『役法有封贈官子孫免役、不免役二項，法意不同。伯庸等皆係正該封贈官子孫，恭覩淳熙專法該載限田新格，明言品官之家鄉村田産免差科。如子孫用父祖生前官或贈官立户者，減見存官之半。8 今來編户有當充役者，却執乾道八年臣僚陳請贈官不理爲官户一句，得爲糾擾之詞。贈官子孫則守淳熙專條，必欲用限田減半免役格。況所謂贈官，有正該，有回授，有雜流，有覃恩，未審前項乾道一時申請係何等封贈官，前後曾未衝改，以此不能無惑，乞明降指揮。』本部近承吏部侍郎兼詳定一司敕令賈選等劄子，看詳封贈官自有兩等不同。如士庶年及并國學生、得解士人、選人、小使臣父母遇恩封官，及應贈初品官，其子孫於法未該承廕，似此之類，欲同編户差役。其有父祖因子孫陞朝，積累封贈，以至崇品，其子孫既合承廕，若同編户差役，非特不應舊法，亦恐非朝廷恩典。」既而户部、敕令所看詳，欲從所乞。宰執進呈，上曰：「贈官子孫若並免役，則將來下户受害。贈官虚名，免役實(例)〔利〕，既予以虚名，又併實利得之，不可。可只依乾道八年十一月二十三日指揮。」

十三年十一月十二日，詳定一司敕令所言：「臣僚劄子：『見行田格該載，子孫用父祖生前官或贈官立户者，減見存官之半。乾道八年，户部集議指揮：品官限田，身後承廕人許用生前曾任官減半置田，封贈官子孫並同編户差役。往往州縣多謂格中贈官立户者，減見存官之半。乾道八年指揮，却令並同編户，以此承用疑惑。竊詳封贈官子

孫，止謂父祖生前不曾任官〔一〕，得伯叔或兄弟之封贈者，是爲封贈官子孫；其元自仕宦[9]累贈至顯官者，自合以生前官立户。今乾道八年指揮大意止欲寬編户之力，而封贈元係有官及素來無官者，却無以區别，遂致胥吏舞法，並緣爲姦，牒訴紛紛，所在皆爾。乞令户部鏤版，頒臣此章，仍下敕令所，於田格注文内將或贈官三字除去。』奉旨：令本所看詳聞奏。本所今看詳，欲從臣僚奏請，將父祖生前不曾任官，得伯叔或兄弟封贈之家子孫，遵從乾道八年十一月二十六日指揮，同編户差役外，其元自仕宦，緣已經贈官之家，不用封贈官限田，止以生前曾任官減見存官之半置田。所有淳熙田格注文内『或贈官』三字，欲乞更不引用。」從之。

寧宗慶元五年三月四日，户部言：「九品至一品，除非泛補官外，承蔭人許用生前官品減半置田免役，特八品以上子孫，則九品官雖自擢科第、顯立軍功，子孫不得用限田法。照得今若將九品子孫不得限田，則失之太窄。今乞將元因非泛及七色補官之人，遵依淳熙十三年五月七日指揮，若自擢科第或顯立軍功及不係非泛補授之人子孫，並許用立定減半限田格法免役。若析户，通不得過減半之數。特奏名文學遇赦授迪功郎、注權州縣，走弄籍户。今乞將特奏名出身之人如有偶授破格八品差遣，或循至八品上，須落權注，正官差遣，方始理爲官户。敕令所議，欲於第一項軍功下添入『及』字，餘從户部議定事理施行，從本所修入《役法[10]撮要》。」從之。（以上《永樂大典》卷四七五〇）

## 墾田雜録

【宋會要】

[11]高宗紹興二年七月五日，詔知興國軍王綯、知永興縣陳升首先奉行詔令，措置招誘人户耕墾閑田，可各與轉一官。（侯）〔候〕措置就緒日，令本路提刑司保明，備申朝廷，取旨褒擢。

十二月十八日，詔：「諸路寺觀常住荒田，令州縣召僧道耕墾。内措置有方，及租税無拖欠者，並仰所屬差撥住持，其田宅寺觀，仍不以名次高下差撥。」

五年五月十五日，户部言：「修立到諸路曾經殘破州縣守令每歲招誘措置墾闢及拋荒田土殿最格：一、增：謂見拋荒田土而能招誘措置墾闢者。一分，知州陞三季名次，縣令陞半年名次；二分，知州陞一年名次，縣令陞三季名次；三分，知州減磨勘一年，縣令陞一年名次；四分，知州減磨勘一年半，縣令減磨勘一年；五分，知州減磨勘二年，縣令減磨勘一年半；六分，知州減磨勘二年半，縣令減磨勘二年；承直郎以下循一資。七分，知州減磨勘三年，縣令減磨勘二年半；承直郎以下循一資，到部陞半年名次。八分，知州減磨勘

〔一〕「不」字原脱，據下文所引此句補。

三年半，縣令減磨勘三年；承直郎以下循一資，仍占射差遣一次。九分，知州轉一官，縣令減磨勘三年半。承直郎以下循一資，仍占射差遣一次，到部陞半年名次。一、虧：謂見耕種田不因再被盜賊殘害若災傷而致抛荒者。一分，知州降三季名次，縣令降半年名次；二分，知州降一年名次，縣令降三季名次；三分，知州展磨勘一年，縣令降一年名次；四分，知州展磨勘一年半，縣令展磨勘一年；五分，知州展磨勘[12]二年，縣令展磨勘一年半；承直郎以下到部降一年半名次。六分，知州展磨勘二年半，縣令展磨勘二年；承直郎以下降一資。七分，知州展磨勘三年，縣令展磨勘二年半；承直郎以下降一資，到部降半年名次。八分，知州展磨勘三年半，縣令展磨勘三年；承直郎以下降一資，到部降一年名次。九分，知州降一官，縣令展磨勘三年半。承直郎以下降一資，到部降一年半名次。一、考州縣守令墾闢抛荒田土增虧十分者，取旨賞罰。一、考州縣墾闢抛荒田土理分者〔一〕，以守令到任日見墾田畝十分爲率。一、諸縣每月終，（見）〔具〕措置招誘到墾闢田畝實數申州。州每季終申監司準此〔二〕。若守令替罷，即州縣限五日具在任月日内墾闢田畝數申。一、守令措置招誘墾闢田畝並歲考日限約束，並依户口法。若守令在任雖不及半年，而增及一分以上者，亦考察。一、守令雖係權攝，賞罰並同正官。一、考知州、縣令措置招誘墾闢田土不實，及供具田畝增減，若保奏違限，並依考户口法。其增虧九分者〔三〕，依上下等，餘依中等。一、歲考州縣守令招誘措置墾闢及抛荒田土者，其比考之數更不通計。謂如到任第一年增五分，其第二年數別理之類。已上格法，令三省、吏部、户部、諸路通用。」詔依，仍先次施行。

十四年三月八日，户部言：「契勘京西州軍係累經殘破，荒田至多，委是開墾倍費他州。欲下本路轉運司，將管下荒閑田土自請佃後，與放免二年租課。」從之。

十九年十一月二十一日，臣寮言：「契勘淮南東西、荆湖等路比年寧靖，[13]民稍復業而户口未廣，田野漸闢而曠土尚多。惟縣令最爲親民，此未有賞格可以激勸。今欲下諸路轉運司，取見屬縣已歸業人户與耕墾田畝税賦之數，委官審實，注籍申部。如一政内能勸誘人户歸業，耕墾田業，添復税租增及一倍，從本州保明，申運司審實，保明申省部立定賞格；不及倍者，亦量所增之多寡，遞與推賞。其不能勸誘，又致流亡荒廢者，罰亦如之。」於是户部言：「增户口、措置墾闢田土，昨承指揮，立定守令歲考增虧格法，至今少有申到賞罰文狀。蓋緣所立格法輕重不倫，致無激勸用心招集。謂如措置墾闢田土增一分，知州陞三季名次，縣令却止陞半年名次。今來官員陳請，乞立定縣令一政内能勸誘民户歸業、耕墾田業、添復税租增虧賞罰。

〔一〕理：原作「里」，據本書食貨六一之八一改。
〔二〕申：原作「身」，據本書食貨六一之八一改。
〔三〕九分：原作「上下」，據本書食貨六一之八一改。

本部契勘逐路拋荒田土數多，全〔籍〕〔藉〕守令措置招誘人户耕墾，比之興修農田水利尤重。若不增重賞格，開墾無緣增廣。今比擬守令一任招誘措置墾闢田土賞罰格下項〔一〕：知州，增：謂到任之後管屬諸縣開墾過見拋荒田土。一千頃，轉一官；七百頃，減磨勘三年；五百頃，減磨勘二年。虧：謂到任之後，管屬諸縣見耕種〔田〕不因災傷而致拋荒者。五百頃，展磨勘二年；三百頃，展磨勘一年。知縣、縣令，增：謂到任之後開墾過見拋荒田土。五百頃，承務郎以上轉一官，承直郎以下依條施行。四百頃，承務郎以上減磨勘三年；承直郎以下循一資，仍減磨勘一年。願以循資當舉官者，當舉官一員。三百頃，承務郎以上減磨勘二年；承直郎以下循一資。願以循資當舉官者，當舉 14 官一員。二百頃，減磨勘一年半；一百頃，減磨勘一年。虧：謂到任之後，見耕種田不因災傷而致拋荒者。一百頃，展磨勘一年；每及百頃依此。五十頃，降三季名次；三十頃，降半年名次。一、縣令到任日，具着業户口、墾闢田畝、税賦、拋荒田土實數申明，本州覆實，保明申轉運司，知州到任申轉運司準此。轉運司保明申尚書户部。一、縣令每歲終〔二〕，具措置招誘墾闢田畝、增添税賦及有無却拋荒田土實數，交割付後官，從後官保明申州；州限半月覆實，申轉運司；轉運司一月，保明申尚書省户部。一、守令若權攝官，據權過月日内開墾田數交〔格〕〔割〕。或有拋荒田土，並依正官賞罰。一、今除前項立定賞格外，如有任内於所立格外開墾田土增廣數目，并許計數累賞。一、守令措置招誘墾闢田土、增添税賦等，若供具增減不實，及供申違限，乞重立條法施行。如得允當，即乞更下吏、刑部審覆施行。及乞下諸路轉運司，取見屬縣已歸業人户、耕墾田畝税賦之數，委官審實注籍訖，先次開具，保明申部。」從之。

二十年四月二十七日，左朝奉大夫、新差知廬州吴逵言：「請置力田之科，以重勸農之政。募民就耕淮甸，賞以官資，闢田以廣官莊，自今歲始。漢制，計户口置員，則有賞員。今欲以斛斗定賞，必無濫賞。江、浙、福建委監司、守臣勸誘土豪大姓赴淮南，從便開墾田地，實爲永久之利。今立定賞格：土豪大姓、諸色人就耕淮南，開墾荒閑田地歸官莊者，歲收谷 15 五百碩，免本户差役一次；七百碩，補進義副尉；八百碩，補不理選限州助教；一千碩，補進武副尉；一千五百碩，補不理選限將仕郎；三千碩，補進義校尉；四千碩，補進武校尉。並作力田出身〔三〕。其被賞後，再開墾田及元數，許參選如法，理名次在武舉特奏名出身之上。已上文武職遇科場，並得赴轉運司應舉。」從之。

九月十九日，知廬州吴逵劄子：「契勘就耕之民以力田賞格開墾田畝，便著籍爲管官莊户，慮名繫於官，不得自

---

〔一〕項：原作「頃」，據本書食貨六一之八二改。

〔二〕每歲終：似當作「每任終」。蓋縣令大抵以三年爲一任，若第一、第二年未改官，何來接任之「後官」？

〔三〕並作：原無，據《建炎要録》卷一六一補。

由。欲望將管官莊户只作力田户，其推賞事件，並依元格施行。」從之。

二十二年十月十二日，詔權發遣京西路轉運判官、兼提刑，提舉常平茶鹽等公事魏安行特轉一官。以前知滁州，開墾荒田二千餘頃推恩也。

二十六年四月二十七日，户部言：「淮南人户未耕官田，已降指揮展限三年開墾。今欲下本路州縣出榜曉諭人户，將本户内已請射未耕種官田，限二年盡行開墾耕種。如限滿有未種田畝，即許諸色人剗佃，限即時給付。其京西路若有似此去處，亦乞依此。」從之。

六月十五日，吏、户部言：「荆湖北路見有荒閑田甚多，亦皆膏腴，佃耕者絶少。欲下本路轉運司，應干係官等閑田行下所部州縣招誘，不以有無拘礙之人，並許踏逐指射請佃〔一〕，不限頃畝，給先投狀之人。自承佃後，與放免租課五年。其送納租課、應副牛種等，並依京西路已得指揮施行。仍令四川制置司行下 16 逐路轉運司曉諭，如願往湖北請佃開墾官田人户，亦仰即時給據，津發前去。其放免租課等，依此施行。守令招誘户口，(今)〔令〕本路監司取其能者保明推賞。内有不職之人，按劾取旨責罰〔二〕。」從之。

二十九年十二月十六日，直敷文閣、淮南東路轉運副使魏安行言：「淮東州縣閑田甚多，今欲勸誘民户增廣力田，先次條畫下項：一、乞將本路招誘到人户先支借口糧，次給農器、牛具、種子，蓋造住屋。筭計所直，俟種田見利，立定分數，逐年次第還官。并令州縣訪聞籍記土豪姓名，乞量立賞格，如能招致耕田人户一百家者，有官人差充部押官，無官人補甲頭；招及一百〔五十〕家者，有官人減二年磨勘，無官人依八資法補守闕進義副尉。每五十家遞遷一等。無官人至五百家，補承信郎。五百家，有官人充轄官，無官人令依今來措置補名目人與遞遷充部押官。並依効用補官法支破請受〔三〕，理爲資任。及立賞招誘未來之人，有能招誘人户十家、耕田三頃者，支錢四十貫文；一百户、耕田三十頃者，支錢四百貫文；一百五十户、耕田七十五頃者，白身與補進義副尉，不願就名目者，支錢一千貫文。大率每招到一户、耕田三十畝者，支錢四貫文，以次第增添。一、諸軍已揀汰下官兵有願赴淮東耕田者，乞許徑赴本司及所在州軍陳狀。如係有官資人，借請三月驛料，軍兵借三月家糧，差人伴押前來，依出戍體例 17 日支錢米，候開田收利日旋次住罷。一、勸耕之初，蠲免課子十年。至第五年，只收種子；第六年，帶還官司所借糧食等價錢，仍分秋、夏兩料送納〔四〕。並不收息。還官足日，自爲已業。一、耕牛差委有心力人揀擇收買，乞於産牛州郡就經

〔一〕指：原作「措」，據本書食貨六一之八三改。
〔二〕責：原作「賞」，據本書食貨六一之八三改。
〔三〕補：原作「備」，據《中興小紀》卷三八改。
〔四〕料：原作「科」，據本書食貨六一之八四改。

總制錢内支。或客牛，聽人户揀買，官借價錢。如日後闕牛，許再請或借價錢。其招召客人，欲隨人夫多寡，旋修築圩堰，蓋造屋宇，種麻豆粟麥之屬，亦可以減省支借。」從之。

十七日，淮南路轉運副使、提領營田魏安行言：「欲乞下本路，將十九年以後守令增開到田，取見頃畝申朝廷，依元降指揮推賞。儻有虧減，罰亦如之。信賞必罰，則人知勸沮。」從之。以上《中興會要》〔一〕。

孝宗（興宗）〔隆興〕元年九月二十八日〔二〕，臣僚言：「湖外之地多荒廢不耕，欲定墾田廣狹，以爲兩路守令黜陟之法。其新墾田與蠲免夏、秋税役五年。」户部勘會：「人户請佃閑田，自有放免年限，其守令招誘墾闢，亦皆立定賞罰格。自今欲下兩浙轉運司，依已降指揮施行外，仍令每歲取責州縣增墾荒田之數，置籍驅考，保明申朝廷。」從之。

乾道二年五月六日，臣僚言：「兩淮膏腴之田皆爲品官及形勢之家占佃，既不施種，遂成荒田。乞自今如經五年不耕者，許民户并諸軍屯田指射，官爲給據耕種。」從之。

三年九月二十五日，權發遣和州、主管淮西安撫司公事胡昉言：「昨本路帥臣吴逵於紹興二十年申請招誘江浙、福建豪民至本路[18]從便請佃荒田，據所收以十分之一輸官。三年之後，歲增一分，至五分而止。中緣兵火蠲放，至今歲再行起索。乞將上項租課撥付本司，充激犒民社支用。」從之。

四年二月二十九日，知鄂州李椿言：「本州荒田甚多，往歲間有開墾者，緣官即起税，遂致逃亡。乞募人請佃，與免三年六料税賦〔三〕，三年之外，以三之一輸官，所佃之田給爲己業。至六年遞增一分，九年然後全輸。或元業人有歸業者，別給荒田耕種。」從之。

五月一日，湖北運副楊民望言：「諸州荒田多無人開耕，間有承佃之家盡力墾闢，往往爲人告訐，稱有侵冒頃畝，官司從而追納積年税租，遂致失所。乞自今後遇有親耕之人，止催納當年租税，日前者並與蠲放。」從之。

五年正月十九日，詔新除大理正徐子寅措置兩淮官田。子寅條具下項：「一、乞先往楚州督促守令置造農具、屋宇，給散耕牛、種糧，就二月内開墾。俟一州畢，即往以次諸州依此措置。二、合置買牛具，乞支降會子二萬貫。俟用畢，即申朝廷再行給降，接續支遣。三、今來楚州山陽〔四〕、寶應縣歸正人願請佃者計四百餘名〔五〕，合用耕牛、犂杷、鍬钁、石轆、軸木、勒澤、踏水車之屬，乞劄下淮東安撫司預辦耕牛，并委楚州計置合用錢數，付諸縣知縣，置造

〔一〕此注原無，據本書食貨六一之八四補。
〔二〕隆興：原作「興宗」，據本書食貨六一之八四改。
〔三〕免：原脱，據本書食貨六一之八四補。
〔四〕山：原作「三」，據本書食貨六一之八四改。
〔五〕計：原作「許」，據文意改。

上件農器。俟本所到日〔一〕，同知縣摽撥田段。如官吏違慢，具姓名申朝廷行遣。」從之。

同日，徐子寅言：「兩淮膏腴之田多爲官户及管軍 19 官并州縣公吏詭名請佃，更不開墾，遂致荒閑。乞限一年令見佃人耕種。如限滿不耕，拘收入官，別行給佃。」從之。

六月三日，淮南轉運司言：「向緣兵火，民多逃移，蒙朝廷招誘歸業，例以歸認田土，晝時給付。多有包占畝步，雖立限許令自陳，愚民懼增税課，不即陳首。今已限滿，若遽許人剗佃，緣其間亦有無力耕種之人。乞除官户、公吏之家，更展限一年。」從之。

十一月二日，徐子寅言：「被旨勸諭歸正人置莊耕種，皆流離之人，開墾之初，全在守令撫恤。今聞或有追擾，拘納課子，或因踏田，輒行收禁。乞自今許被擾人於措置官田所陳訴，具姓名聞奏。」從之。

六年正月十四日，太府少卿、總領淮西江東錢糧、兼提領屯田葉衡言：「合肥瀕湖有圩田四十里，舊爲沃壤，久廢墾闢。今若募民以耕，可得穀數十萬斛。蠲其租税，俟二三歲後阡陌既成，然後倣歷陽、柘皋營田，官私各收其半。」從之。

三月二日，三省言：「兩浙閑田見今募民開墾，以爲守令殿最，歲終具數申安撫司核實。其募到力田爲首之人，乞〔擾〕〔優〕與推賞，若補轉官資，減免賦役之類。」從之。

六月十三日，户部侍郎、江浙荆湖淮廣福建等路都大發運使史正志言：「浙西諸縣營田除秀州嘉興縣未報外，計一百五十八萬三千餘畝。數内人户未佃五十七萬二千八百餘畝，未開耕田五萬四百餘畝〔二〕，并逃移、事故田一十三萬九千八百餘畝，總計七十六 20 萬三千餘畝。若召人承佃，可收稻麥一十二萬碩。其未耕之田，不審有無措置，及逃移田有無歸業之人。未佃田或已有人承佃，竊慮上户冒占，不納租課。乞從本司委逐州通判親詣諸縣檢視，如有隱匿不輸官租，限百日自陳，仍舊承佃，自今年起理租課。若違限不首，依條拘收入官〔三〕。」詔陳首限半年，餘依所請施行。

七年四月四日，知泰州徐子寅言：「近措置兩淮民户包占寛剩田，今乞再限一季，許令自首〔四〕，別給據爲己業。如限滿不首，許人剗佃。或願借耕牛者，令諸州應副，估元價，均以五年還官。」從之。

六月三十日，新除淮南運判向士偉言：「兩淮田畝荒蕪，願耕之民多非土着，當請射之初，未暇會計畝步，積以歲月，盡力墾闢，方稍獲利。比來州縣以其不無寛剩之數，再行括責，復增征斂，甚非撫字惠養之意。乞申敕兩淮州

〔一〕「本」下原衍「日」字，據本書食貨六一之八五删。
〔二〕開：原作「閏」，據本書食貨六一之八五改。
〔三〕收：原脱，據本書食貨六一之八五補。
〔四〕首：原作「守」，據本書食貨六一之八六改。

縣，民户有增墾田，今年止令輸納舊税〔一〕，不得創有增添。」從之。

八月二十八日，知泰州李東言：「泰州田計二萬餘頃〔二〕，今欲置買牛具、椿辦種糧。人户請佃一頃，與借給耕牛一頭，及農具、種糧隨田多寡假貸，計元價均以五年還官，更不收息。依元降指揮，次邊州縣免五年十料租課。如限滿，合行起納課子，每畝乞減作三升。三年之内不逋官課，(印)〔即〕給爲永業，改輸正税。」從之。

十月七日，詔：「淮東路帥、漕臣將諸州具到係官荒田，委守令招召人户種蒔二麥，官爲借種。其人户請佃未耕者，21 亦仰勸諭，盡行布種。具已種頃畝申三省、樞密院，歲終差官覈實，取旨殿最賞罰。淮西路依此施行。」先是，淮東安撫司具到係官荒田：真州三百七十四頃五十畝，(楊)〔揚〕州五十二頃九十一畝，通州一百一頃八十一畝，泰州二萬一千二百四十八頃四十五畝，楚州四千四百二十三頃八十六畝，滁州一百五十九頃四十五畝，高郵軍一千一百六十九頃一十三畝，盱眙軍一百四十一頃三十四畝。人户請佃在户未耕荒田：真州一百三十五頃七十一畝〔三〕，(楊)〔揚〕州九十三頃，通州六十九頃一十八畝，泰州三百三十九頃一十五畝，楚州三千六百九十七頃三十三畝，滁州二百三十七頃七十七畝，高郵軍七百六十三頃三十八畝，盱眙軍二千一百二十一頃一十三畝。故有是命。

八年正月二十一日，淮東提舉措置兩淮官田徐子寅言：「淮批下臣僚劄子：乞將兩淮有主田園寬限令耕〔四〕，不許刬奪。契勘兩淮之田舊多荒蕪，近來民漸歸業，止緣人牛未辦，遂致包占。非假歲月開墾，遽許人刬佃，將見豪勢之家侵漁爭擾，民受其弊。今欲令兩淮諸州自乾道八年爲始，將各户荒田每歲開耕二分，限以五年。如限外尚有未耕〔五〕，許人刬佃。所開田與免五年課子、税租。」從之。

三月十六日，徐子寅言：「近勸諭歸正人一千五百八十人，於楚州寶應、山陽、淮陰縣，高郵軍高郵縣，盱眙軍天長、盱眙縣，(楊)〔揚〕州江都縣，泰州 22 海陵縣界，共置五十四莊，並給付耕牛、農具、糧種，開墾田畝。已蒙朝廷行下，委逐縣知縣躬親究實，已見就緒。今乞將官田所結局，其合行事件，並撥隸常平司。」從之。

四月二十日，知江陵府松滋縣滕琛言：「乞將湖北人户所請已歸業人開荒田限三年不耕，許人刬佃，與免三年六料租税。其見存主户有開墾頃畝過數，許其自增租税，他人不許刬佃。」詔下湖北轉運司相度。據本司申：「已降指揮：應見佃荒田之家，如有開闢過數，止令輸納舊税，更不通計。其妄執契書告訐之人，官司不得受理。仍限二

〔一〕年：原作「春」，據本書食貨六一之八六改。
〔二〕萬：原作「百」，據本書食貨六一之八六改。
〔三〕真：原作「直」，據本書食貨六一之八六改。
〔四〕令：原作「今」，據本書食貨六一之八六改。
〔五〕未：原作「木」，據本書食貨六一之八六改。

年，若限滿，已耕地係屬本户外，其不耕之田許外人請射爲業。滕琛所請，有礙前旨。」詔送户部看詳。既而户部申：「湖北漕臣欲將包占田畝以二年爲限，緣今來已是過滿，乞下本路更與展限半年。如違，許人剗佃。」從之。

六月十四日，詔將安豐軍壽春〔一〕、安豐等縣荒閑田一百八十七頃三畝，給付歸正人二百一十七户開耕，自乾道九年爲始，與免課子十年。

七月十五日，權知廬州、兼提領屯田趙善俊言：「淮甸之民請佃田畝，多有包占，每占一二十頃至及百頃者，緣無苗税，故能久占，其實無力耕墾，遂致流移、歸正人請射不行。則是有力者無田可耕，有田者無力開墾〔二〕。朝廷曾限半年〔三〕，許人户陳首，未幾又限以五年，緣此愈見執占。欲望寢罷再限五年指揮，許官司分撥包占田畝與流移、歸正人從便請【23】佃。」詔趙善俊開具人户包占田畝數目申三省、樞密院。

九年正月十八日，資政殿學士、新知(楊)〔揚〕州王之奇言：「淮上之田，例多荒棄。昨紹興二十年，嘗置力田之科，募民就耕，賞以官資。當時止計斛斗定賞，是以應募人少。今欲令諸路州縣勸諭土豪户〔四〕、揀汰離軍及諸色人，並許經安撫司指占荒田，據頃畝定賞。俟耕種日，與書填給付。若一年所耕不及其半，與二年不能盡耕，即行拘收付身毁抹。且以墾田一千頃爲率，據每歲合用種糧、農器、牛具、屋宇之數預申朝廷關撥。內補官人與作力田出身，理爲官户。應開耕荒田將來收成日，除合樁留次年種子外，官與均分。凡田一千頃，歲收稻二十萬碩，每碩價錢約一貫五伯文，計三十萬貫，謾官者一十五萬貫〔五〕。所用官誥付身計一百二十二道，內迪功郎二道，承信郎十道，進義校尉三十道，進武校尉二十道，共六十二道。元有立定價錢，計一十三萬二千貫文，比之官中出賣立名官告綾紙之數，其所得尚爲有餘。更有下班(衹)〔祇〕應、進義副尉〔六〕、守闕進義副尉各二十道，共六十道，係是書填元有借補官之人，即無立定價錢。今欲令耕田八頃者，補進義校尉；十頃，補進武校尉；二十頃，補承信郎；四十頃，補迪功郎。已上並自耕種日先次書填給付，理爲入仕月日。文臣即以力田所(進)〔準〕備差使、武臣即以指使繫銜，從安撫司保明，申朝廷給降差劄，理爲資任。候初收【24】成日，依本等支破券錢。如及十年，願參部注授者聽。每歲終，具耕過頃畝、所收子利數目，經所屬次第保明，申力田所批書。

〔一〕將：原作「諸」，據本書食貨六一之八七改。
〔二〕田：原作「力」，據本書食貨六一之八七改。
〔三〕限：原作「見」，據本書食貨六一之八七改。
〔四〕户：原作「并户」，據本書食貨六一之八七删。
〔五〕謾：似當作「納」。
〔六〕進義副尉：原無。按下班祇應、守闕進義副尉各二十道，則僅四十道，不得云「共六十道」。此當是缺一名目。考下文述借補名目開田數，以守闕進義副尉、進義副尉、下班祇應爲三等。兩相對照，則知此處脱「進義副尉」。今補。

如不及十年，託故解罷，到部日，依進納人例施行；不及五年，即不許到部。其所補官人，令吏部預行籍記姓名。至如借補名目，比之創開田人，自合量減頃畝。今欲令借補守闕進義副尉每人開田三頃，進義副尉五頃，下班祗應六頃。緣初年難辦牛具，兼淮南難得竹木，客户所居屋宇亦難就緒，欲乞支降官會十萬貫，并客户逐月借支工食稻子六碩，以半年計之，共三萬六千碩。乞於兩淮轉運司今後營田米斛内支借，仍乞二年四料除還。」詔依，内會子令左藏庫給降。其後中書門下言：「兩浙荒田已給降空名官誥綾紙，立定頃畝，勸諭人户開耕，更書填補授官資。訪聞應募之家意在希賞，多隱匿已耕熟田，一概作荒田陳乞補授，理宜約束。」詔王之奇取責應募之人，各開具願耕田畝及有無包括熟田在内，委官逐一檢實，仍將已應募人并頃畝開具申尚書省〔一〕。

閏正月十四日，宰臣梁克家等奏：「訪聞淮民佃田，所以周旋虜寇之間，冒死不顧者，正利原占寬餘之數。兼其俗耕耨鹵莽，所占雖多，所入極少。日來累降指揮展限，今若限滿許人剗佃〔二〕，則元主驟有失業之困也。」上曰：「兩淮召募開墾，止許就未耕荒田之地，不得剗佃。」

十七日，詔王之奇約束州縣，自今不許諸色人將 25 農民已耕之田妄行侵奪。如歸正人有未着業，仰將無人指占田畝分撥給付，依例支借牛具、糧種。

三月二十四日，詔胡與可將淮南安撫司已書填力田官告等六十三道，先次取見姓名及所耕頃畝，并借支官會、稻子，開具申尚書省。乾道九年七月七日〔三〕，臣僚上言：「近者胡與可覈實兩淮力田之數，王之奇凡用朝廷迪功郎、承信郎等官告綾紙補官者九十一人，用錢五萬四千七百餘貫，稻子八千餘碩，止開耕到田九十二頃，比合開耕之數不及十分之一。昨來之奇急於功利，欺罔朝廷，有投狀者，更不勘會詣實，即望風補授官資〔四〕，支與錢穀。至今有不曾開耕一畝者甚衆，有開三五畝、七畝、十畝而止者，視之有同兒戲，雖三尺之童，無不竊笑者。」之奇竟罷復職指揮〔五〕。

五月八日，中書門下言：「兩淮應募耕種荒田之人，元降指揮，若一年耕種不及其半，或二年不能盡種，即行拘收付身毀抹，今欲展作三年。所收子利除樁種子外，官與耕種人均分，今欲令官中止取四分。所借牛具、糧食，元令二年四料除還，今欲展作三年六料。」並從之。

十一月十七日，詔：「淮東應募力田已補官歸正貧乏，無力耕種，可將元借錢穀特與蠲免。其補官告命願繳納者

〔一〕申：原脱，據本書食貨六一之八八補。
〔二〕佃：原作「田」，據本書食貨六一之八八改。
〔三〕按此下續叙力田官誥事，非别是一條，原稿亦未空格分段。
〔四〕授：原作「投」，據本書食貨六一之八八改。
〔五〕此句文意不明。按本書職官七七之八三：乾道九年「七月七日，詔王之奇復資政殿學士致仕指揮更不施行，以臣僚論列故也」。即此事。

聽。」以上《乾道會要》〔一〕。

[26]淳熙元年五月二十一日，詔湖北路：「凡户絶逃田、没官田産并營田等，並依兩淮、京西路免出賣。其未耕荒田，仰招誘民户承佃開墾，不得因而科擾。」以本路安撫曾逮言：「營田不可出賣，利害尤明。蓋一頃歲收穀八十餘碩，若出賣價錢，止五十緡，不可以五十緡目前之利而失八十斛每歲之入。」故有是詔。

七月二十三日，臣僚言：「湖北係官荒田許人指佃，其間多有廣指四至，不限頃畝，力既不及，荒閑甚多。乞將已佃人户元指四至未行耕墾、虚占在户者，立限許人指佃。」詔立限一年。

三年十一月十二日，南郊赦：「兩浙民户將己業土山開墾成田，昨乾道七年運司一時措置，增收苗税。緣已有本色税額，係是重疊，可將增收數目並與蠲放。其有當時被人陳告奪業充賞者，亦與改正，追還元主。」自〔後〕郊赦同〔二〕。

四年三月二十二日，撫州申：「諸縣比年間有力田之人，以本户陸地起墾成田。其地元於經界已載税賦，鄉民如其收利，興詞告訐，謂之隱匿田税。縣道利之，便以鄰田爲則，收紐苗課，徒資縣用，在於省額，初無所增。」户部言：「郊祀赦文已將兩浙民户己業土山開墾成田、增收苗税並與蠲放，緣赦書無『諸路準此』之文，今欲下江西轉運司，依兩浙路照赦蠲放。」從之。

四年八月二十五日，臣僚言：「兩淮頑民與歸正人請佃荒田，方給據即[27]行出賣，未幾又復陳狀請佃，良民每苦其擾奪。乞自今兩淮請佃之田，止本家耕作，不許轉行典賣。」從之。

五年七月十二日，詔：「自今湖北見佃人户開墾荒田，依乾道七年三月三十日指揮，祇令輸納舊税，更不通檢。其有妄執契書告訐，官司不得受理。若包占頃畝，未悉開墾，自今降指揮日，以二年爲限，限滿不能遍耕，官司拘作營田。逐年所降增税劃佃指揮，更不施行。」

十一月十一日，詔：「浙西州縣人户自今於積水官荒田内種植稻苗，許經官陳訴畝步，起理二税。」以臣寮言「村人已施工力，爲豪户告首争占」故也。

十二月十一日，詔：「金州開墾荒田，可特與免十年租税。」從知州陳達善請也。

六年五月十八日，浙西提舉顔師魯言：「田野日闢，治世盛事。今鄉民於自己磽确之地開墾，以成田畝，或未能自陳起租税，而爲人首。聞官司以盜耕種法罪之，將何以勸力田者？乞止令打量畝步，參照契簿内元業等則起立税租，毋得引用盜耕種法，輒奪而予他人。」從之。

六月二十七日，廣西經略劉焞言：「本路荒田甚多，緣



〔一〕以：原闕，據本書食貨六一之八八補。
〔二〕「同」上原衍「一门」字，據文意删。

人户請射耕佃，二三年間，墾闢方就緒，忽元業人執契歸業，一旦給還，更不問所施工力，是致民間不敢請耕。今乞將請佃人户管業之後，有元業主陳乞歸業，即依元畝數別給荒田，聽令爲業。」從之。

十一月十一日，詔：「諸路人户開墾陸地爲水田者，不許作隱匿税租告訐。」從江西運副錢佃請也。

九年五月九日，祕書省著作郎[28]袁樞言：「兩淮地廣人少，豪民所占之數不知其幾，力不能墾，則廢爲荒墟。他郡之民或欲請佃，則彼以疆畝爲詞，郡縣無以稽攷，終不能予奪。乞令兩淮州縣取民户見輸之課，計其多寡，分畫疆畝，而立契券，隨畝增租，以其餘給與佃人，庶革廣占之患。」從之。

十三年十一月十五日，湖廣總領趙彦逾、京西安撫高夔、運判兼提刑提舉劉敦義言：「近委襄陽通判朱佾躬親詣木渠下審實，取見民户共實管田九百一十四頃二十三畝有奇，契據分書税苗户帖内田共一百八十一頃三十九畝有奇，包占(共田)〔田共〕七百三十二頃八十三畝有奇。奉旨，令將包占田畝同共相度合作如何措置聞奏。契勘前項包占田緣人户開耕年深，久施工力，若一槩起納二税，竊慮因此增添差役、諸色科敷，吏緣爲姦，民受其弊。況本路極邊土曠，民力未裕，開耕鹵莽，計一歲一畝所收，以高下相乘除，不過六七斗。今乞將見括出田，每一畝夏收麥租三升，秋收粳粟三升，每畝歲收六升，一歲共收租子四千三百九十七石有奇。夏、秋兩料撥隸屯田拘收樁管。所收租視古什一之法，取民有制，亦爲優裕。異時民力富足，耕墾如法，增收租子，可以(此)〔比〕類施行。」從之。

光宗紹熙二年三月二十四日，户部言：「安豐軍奏乞展限，許令人户首併包占田畝等事。本部竊詳，欲自紹熙二年爲始，照人户昨來情願增展之意，再與立[29]限，以三年爲約。謂如有荒田三百畝之家，每年令限耕一百畝，至次年又增一百畝。如此三年，則三百畝之田可以徧耕。其餘田數皆以此爲例。自紹熙二年爲始，至紹熙四年終，須管耕徧。至時開耕不徧，許人陳告請佃。所有課子却照三分之例，每年增納一分。乞自今年爲始。應有荒田之家，盡實陳首，批鑿契據，置籍在官，照應催耕施行。如見占田人元給公據自有四至，若四至之外寬剩田土衮同包套，使無田之人不得請射，官中置籍，自可因而稽考，刷取各人公據，四至以外田土許人請佃。」從之。

十一月二十七日，南郊赦：「兩浙民户將己業土山施用工力，開墾成田，昨乾道七年運司一時措置，增收白田苗税。緣已有本色税額，可將增收數目並與蠲放。其有當時被人陳告奪業充賞者，亦與改正，追還元主。」

寧宗慶元元年二月一日，詔：「兩浙轉運司行下所部州縣，委自守令專切措置，將係官荒田召人耕種，權免收課子五年。其種子、牛具并逐月合用糧食，並從官給借。候將來秋熟日，具數申取朝廷指揮，作料次逐旋理納。如有

已請未耕之田，亦仰勸諭有田之家募人耕墾，多方存恤。其合分子利，並依逐鄉體例施行。餘依已降指揮。候歲終，考較守令勸諭開墾田畝數目多者，令本司保明推賞。」

四年八月二十九日，臣僚言：「二廣之地廣袤數千里，良田多爲豪猾之所冒占，力不能種。30 湖北路平原沃壤十居六七，占者不耕，耕者復相攘奪，故農民多散於末作。淮西安豐軍田之荒閑者，視光、濠爲尤多，包占之家與吏爲市，故包占雖多，而力所不逮。乞特降指揮，令逐處州縣各籍其荒田，措置勸誘，召人開荒耕墾；豪滑之冒占侵欺者，如不能耕，許其自首，盡籍於官，召人承佃耕種。如願種之人貧困無力者，許召保識官借種糧。候秋熟日，量其多寡，每年寬限逐旋納還。仍隨其地利之肥磽，用力之深淺，復其租、役三年或五年。州縣加意撫摩，豪猾不得侵擾。」從之。

五年十二月二十四日，臣僚言：「沿淮之境，閑田曠土，豪民上户憑陵占據，皆紹興經界之所不加，官司簿籍之所不載。貧困游手之民欲得寸田尺土，服墾墾闢〔一〕，受制於豪民，不容耕佃。乞下兩淮漕臣，令徧下管内州縣，如民間已經官請據，給到田段，除見耕佃外，有荒田盡行責括，計其步畝多寡，限其歲月遠近，使之招召貧民墾闢。若過期仍舊荒廢，空占在户，則許人投狀承佃，官給照憑，與依條免三年之税租。仍更酌寬之（之）一二年，得以償其鋤耰種糧之費，然後量收其賦。仍令兩淮州縣每歲開具墾田人户申漕司，類申省部，俾覈其實，以是爲守令之殿最。」從之。

開禧三年六月二十四日，詔：「内平江府進册外未保明田七萬三千餘畝，委胡元衡更切契勘，截日終已、未圍裹成田頃畝，有無重疊互争冒占之數，及 31 取索干照審驗，係在進册前後出給，逐一從實開具保明，申尚書省。」從臣僚之請也。先是，臣僚言嘉禾、湖州、平江增圍數當與元降指揮不同，及形勢、豪富人户包圍、收贖、争競等弊，故有是命。

嘉定二年正月十五日，尚書禮部侍郎、兼侍講許奕等言：「攷訂到知湖州王炎奏：『本州境内修築堤岸，變草蕩爲新田者凡十萬畝，畝收三石，則一歲增米三十萬碩。前日朝旨，決其堤岸而毁之，則一歲損米三十萬石。今既許其修築，復爲新田，然必畝納一石，然後官始給據。夫先納米後給據，此富民之利，貧民不便也。不若候其修築畢工，種藝有收，然後畝納一石。又況草蕩不同，有在官之棄地，有人户之已業。圍官蕩以爲田，責其納米，彼固無詞。若係己業，修築成田，前日壞之，今日葺之，倍有勞費，亦先納米而後給據，則取之無名。乞下浙西諸州覈實官蕩、己産，分爲二等，不一槩責其納米，而品官之家，限定頃畝，不許多占，庶幾稍優貧民。』奕等攷訂圍田納米，人亦便之，適此歉歲，艱於輸納，反以爲病。欲下浙西諸州覈實豐歉，以爲

〔一〕服墾：似當作「服勤」。

緩急。如是歉處，寬展期限，要於必取，特有遲速爾。品官之家，限定頃畝，尤爲允當，併乞施行。」從之。

四年正月四日，權知楚州王益祥言：「竇應、鹽城縣管下地分，村保根括到無主水陸田約一千餘頃。欲從本州縣鄉例，召募佃客耕種作營田。所有合用牛隻、農具、種糧、什物等，共約官會一十四萬一千七百五十貫文，預備糧米在數外。32上件合用錢物等，恐官中所費爲數浩瀚，卒難措辦。近來亦間有人户陳乞請佃，本州未曾差官打量畝步，亦不敢擅行給佃。或且從和州體例，與人户借種一年，官司爲之籍記頃畝數目，候今秋成，别聽指揮，庶幾不致荒閑田土。」既而檢正都司擬到：「嘉定二年和州申，乞以軍莊退下屯田通計四百餘頃，召人耕佃，係是本州自備糧種給散，不曾陳乞給降本錢。遞年官收租米五千石，於公私俱爲簡便。今楚州管下有田約一千餘頃，正合比倣和州體例施行。所據本州乞本錢數目，難以盡行給降。但以本州申到上件田段曾經時暫荒白，若不量與支降本錢，又恐不能措辦。欲令楚州將見今荒閑田段，且行召人户耕種。其合用農具、種糧等本錢，令禮部給降度牒九十道付本州，每道作八百貫，徑自變賣，以充支遣，作急措置，無致失時。限兩月具已召人承種田畝數目并的實歲收租米數目申尚書省。」從之。

二十九日，左司諫鄭昭先言：「竊惟兩淮、荆襄，實今日藩籬捍蔽之地，淮東如山陽〔一〕、滁陽，淮西如濠梁、安豐，荆襄如德安、信陽等郡，流離之民，未盡復業，閑土曠土，不可以畝計。乞(嚴)〔申〕嚴兩淮郡守三年爲任之制，勿數更易。乘此麥熟，俾之招集流移，耕墾荒地。或借之種糧，或寬其租賦，以墾田之多寡，爲守令之殿最。異時户口增衍者，則增秩賜金，旌擢其材；或户口減耗，田野不闢者，必議責罰。33仍委監司(放)〔攷〕覈其實，以防僞增之弊。」從之。

十六年十一月五日，太常少卿魏了翁言：「竊聞四川制置司措置利州路營屯田〔二〕，委監司分任其責，見已置局經理。然臣竊謂有屯田、墾田，二者相近而不同。墾田者何？大兵之後，田多荒萊，如諸路有閑田，寺觀有常住，皆廣行招誘，使人開墾復業，則耕穫之實効，往往多於屯田。蓋並邊之地，久荒不耕則穀貴，貴則民散，散則兵弱；必地闢耕廣則穀賤，賤則人聚，聚則兵强。此理必然，惟毋責屯田之虛名，而先究墾田之實利。臣請試陳今日墾田，如利之西路，則皂郊之内湫池諸谷〔三〕，水關之内崖石諸鎮，利之東路，則洋川之内青座、華陽，鳳集之内盤車諸嶺，大率昔爲膏腴，今成荒棄。至於金州近裏，亦多有之。其田去虜或百里，或二三百里，有高山大陵之險可據，有原堡兵戍

〔一〕山陽：原作「三陽」，據《宋史》卷八八《地理志》四改。
〔二〕營：原作「管」，據《鶴山集》卷一六改。
〔三〕谷：原作「穀」，據《鶴山集》卷一六改。

之援可恃，亦有賊騎從來所不曾至之處。若更得土豪之助，則指日可成。今聞三路土豪之爲忠義者，有願自備費用，自治農器，自辦耕牛，自用土人，各隨便利，趁時開墾，及秋布種。其間亦有願署資官司給助者，亦自不多。若聽其施工，略計所耕可數千頃，則明年此時，便收地利。縱官未立額，或量行輸租，其潛裕兵民，使食賤粟，比之頃歲人苦斛貴，官苦糴貴，其爲利害，豈不相絶？况耕田之民，又皆可用之兵，不數年間，邊食既豐，兵丁亦足。萬一有警〔一〕，呼吸成聚，家自爲守，人自爲戰，比 34 於倉卒遣兵戍守，亦萬不侔，則雖亦無養兵之費，而又可潛制驕蹇之兵，不惟不畏殘虜，亦可不畏他盜。積以歲月，則今之墾田又可爲後之屯田，今之耕夫可爲後之精兵，爲蜀永圖，無出於此！比者關外連歲荒歉，今年蕎麥大熟，邊民無裏外，咸知耕播之利。聞朝廷指揮下日〔二〕，西和一帶願耕者雲合風偃，動以千數，人心若此，何可失也！乞申命四川制置司，據目今已行，就令利路提，轉司因人心欲爲之機，撫天時難失之運，先選用土豪，漸漸耕墾細民所不能墾之田，則一寸有一寸之功，一日有一日之利〔三〕，皆實效也。」從之。（以上《永樂大典》卷四七五〇）

## 經界

35《宋朝會要》〔四〕：熙寧間，命江衍經度，凡爲田者兩存之，立石柱，内爲田，外爲湖。政和中，王仲嶷遂廢湖爲田〔五〕。隆興二年二月，詔賀知章放生池舊界十八頃外，餘縱民耕之〔六〕。（以上《永樂大典》卷二二六七）

36 光堯皇帝紹興十二年十一月五日，兩浙轉運副使李椿年言：「臣聞孟子曰：『仁政必自經界始。』井田之法壞，而兼并之弊生，其來遠矣。况兵火之後，文籍散亡，户口租税，雖版曹尚無所稽考，况於州縣乎！豪民猾吏因緣爲姦，機巧多端，情僞萬狀，以有爲無，以彊吞弱，有田者未必有税，有税者未必有田。富者日以兼并，貧者日以困弱，皆由經界之不正耳。夫經界之正不正，其利害有十：人户侵耕冒佃，不納租税，立賞召訴則起告訐之風〔七〕，差官括責則有搔擾之弊，其害一也。經界既正，則不待根括陳告，而公私分矣，豈不爲利乎？賣産之家〔八〕，産去税存，終身窮

---

〔一〕一有：原倒，據《鶴山集》卷一六乙。
〔二〕下日：原倒，據《鶴山集》卷一六乙。
〔三〕「有」上原衍「則」字，據《鶴山集》卷一六刪。
〔四〕原稿此條獨爲一頁，其文與《玉海》卷二三「漢鑑湖」條之文僅省二字，「宋朝會要」四字亦爲《玉海》文。此是《玉海》述紹興鑑湖之興廢時節引《宋會要》（很可能其所引《宋會要》只至「外爲湖」止），《大典》轉引《玉海》，並非直接抄自《宋會要》。
〔五〕湖：原無，據《玉海》卷二三補。
〔六〕餘：原無，據《玉海》卷二三補。
〔七〕訐：原作「許」，據本書食貨七〇之一二四改。
〔八〕賣：原作「買」，據本書食貨七〇之一二四改。

困，推割不得，其害二也。經界既正，則不待推割，而税隨産去矣，豈不爲利乎？衙前、專、副及買撲坊場之人〔一〕，計會官司，虚供抵當，及乎少欠官錢，拘收在官，有名無寔，其害三也。經界既正，則多寡有無不得而欺矣，豈不爲利乎？鄉司走弄二税，姓名、數目所係於籍者，翻覆皆由其手，其害四也。經界既正，則民有定産，産有定税，税有定籍，雖欲走弄，不可得矣，豈不爲利乎？詭名挾佃，逃亡死絶，官司催科，責辦户長，破家竭産不足以償。遂致差役之時，多方避免，有力者舉户産以隱寄，無力者挈妻子而逋逃，有經一二年而産不能定者。其害五也。經界既正，則據産催税，無陪[37]填之患，而樂爲之役矣，豈不爲利乎？兵火以來，税籍不足以取信於民，每遇農務假開之時〔二〕，以税訟者，雖一小縣，日不下千數，追呼搔擾，無有窮盡，其害六也。經界既正，則據田納税而無所争矣，豈不爲利乎？州縣倚閣二税，往往以爲人户逃、死。人雖逃、死，産豈不存？名爲倚閣，寔自理取，或以市恩，或以入己，欺罔上下，其害七也。經界既正，則州縣無所容其姦〔三〕，則常賦得矣，豈不爲利乎？州縣常賦之額既爲人所欺隱，歲計不足，於是捼額之糴，浙西州軍歲不下數十萬斛，舉浙東之歲入不足以償其價，而民猶以爲苦。其害八也。經界〔即〕〔既〕正，則正額自足，而公私無所費矣，豈不爲利乎？州縣之籍既因兵火焚失，往往令民自陳寔數而籍之，良善畏法者盡寔而供，狡猾豪彊者百不供一，不均之弊有不可勝言者。其害九也。經界〔即〕〔既〕正，則均無貧也，豈不爲利乎？州縣有不耕之田，皆爲豪猾嫁税于其上，田少税多，計其耕之所得，不足以輸其税，故不敢耕也。比年以來，雖減價出賣，人無肯售者，亦以税重耳。其害十也。經界既正，則税有所歸，而人皆願耕而争買矣，豈不爲利乎？臣昨因出使浙西，採訪得平江歲入七十萬斛，著在石刻。今按其籍，雖有三十九萬斛，實入才二十萬斛耳，其餘皆以爲逃亡、災傷倚閣。詢之土人，頗得其情，其寔欺隱也。臣嘗聞于朝廷，有按圖覈寔之請。其事之行，始于吳江知縣石公轍〔四〕，已盡復[38]得所倚閣之數外，又得一萬畝。蓋按圖而得之者也。以此知臣前所請不爲妄而可行明矣。臣愚欲望陛下斷而行之，將吳江已行之驗施之一郡，一郡理然後施之一路，一路理然後施之天下。行之以漸，而遲以歲月，則經界正，而陛下之仁政行乎天下矣，天下幸甚！」詔專委李椿年措置。

〔一〕撲：原作「樸」，據《補編》頁一三一改。

〔二〕天頭原批：「『假開』疑『暇開』。」按，此説非。「假開」謂官吏假期結束開始受理公事。如本書食貨五六之二九元祐「七年九月五日」條，户部言：「本部假日諸處申解公事，並送厢寄禁，至假開日，方押赴部勘斷。」是也。當農忙時，爲免妨礙農作，一些公事（如涉農訴訟）也停止受理，農忙既過，則爲「農務假開」也。

〔三〕容：原作「用」，據本書食貨七〇之一二四、《補編》頁一三二改。

〔四〕轍：原作「輙」，據本書食貨七〇之一二五、《補編》頁一三二改。《中興小記》卷三〇、《會稽續志》卷六、《姑蘇志》卷四一等亦作「轍」。

十二月二日，兩浙轉運副使李椿年言：「被旨措置經界事。臣今有畫一下項：一、今來措置經界，應行移文字並乞以『轉運司措置經界所』爲名。一、今欲先往平江府措置，候管下諸縣就緒，即以次往其餘州軍措置經界。要在均平，爲民除害，更不增添税額。恐民間不知，妄有扇摇，致民情不安，許臣出榜曉諭民間通知。一、自來水鄉秋收了當，即放水入田，稱是廢田。欲出榜召人陳告，其田給予告人，耕田納税；（即）〔既〕已給予告人〔一〕，後有詞訴，不得受理。一、有陂塘塍埂被水衝破去處，勒食利人户併工修作。如有貧乏無力用工者，許保正、長保明，以常平錢米量行借貸，如常平錢米不足，乞以義倉錢米借充。候秋成，以收到花利分三年還納。仍乞免覆奏及執事不行。一、今來措置經界，全藉縣令、丞用心幹當。如無心力，雖無大過，許于本路踏逐有心力强敏者對移，各許通理月日，不理遺缺。一、今畫圖，合先要逐都耆鄰保伍關集田主及佃客〔二〕，逐坵計畝角押字，保正、長于圖四止押字，責結罪狀申措置所，以俟差官按圖覈[39]寔。稍有欺隱，不寔不盡，重行勘斷外，追賞錢三百貫。因而乞取者，量輕重編配，仍將所隱田没入官。有人告者，賞錢并田並給告人。如所差官被人陳訴，許親自按圖覆寔，稍有不公，將所差官按劾取旨〔三〕，重行竄責。如所訴虚妄，從臣重行勘斷。一、乞許於本路州軍委自知〔四〕、通踏逐保明精勤廉謹官三兩員，不以有無拘礙，發遣前來，從臣差委逐都覆寔。俟平江措置就緒，却令歸本州依倣施行。一、所委官自能于本州依（徼）〔倣〕施行就緒，無人陳訴，乞從保明申朝廷，乞賜推恩施行。一、有措置未盡事件，許續具申請。」從之。既而椿年又言：「今欲乞令官、民户各據畫圖了當，以本户諸鄉管田産數目，從寔自行置造砧基簿一面，畫田形坵段，聲説畝步四至、元典賣或係祖産，赴本縣投納點檢，印押類聚。限一月數足，繳赴措置經界所，以憑照對。畫到圖子，審寔發下，給付人户，永爲照應。日前所有田産雖有契書，而不上今來砧基簿者，並拘入官。今後遇有將産典賣，兩家各齎砧基簿及契書赴縣對行批鑿。如不將兩家簿對行批鑿，雖有契帖干照，並不理爲交易。縣每鄉置砧基簿一面，每遇人户對行交易之時，並先于本鄉砧基簿批鑿。每三年將新舊簿赴州，新者印押，下縣照使，舊者留州架閣。將來人户有訴去失砧基簿者，令自陳，照縣簿給之。縣簿有損動，申州，照架閣簿行下照應。每縣逐鄉砧基簿各[40]要三本，一本在縣，一本納州，一本納轉運司。如有損失，並仰于當日赴所屬抄録。應州縣及轉運司官到任，先次點檢砧基簿，于批書到任内作一項批云：『交得砧基簿計若干面，並無

---

〔一〕予：天頭原批：「予一作與。」

〔二〕保伍：原作「保在」，據文意及字形改。《群書考索》後集卷二八引《長編》：「八行見於事狀、著於鄉里者，耆鄰保伍以行實申縣。」

〔三〕劾：原作「刻」，據本書食貨七〇之一二五改。

〔四〕州軍：原作「軍州」，據本書食貨七〇之一二五乙。

損失。』如遇罷任，批書『砧基簿若干面，交與某官』。取交領有無損失，送户部行下本官措置施行。」

十三年十月十五日〔一〕，李椿年言：「見措置諸州府經界，應公吏乞取財物，並依重禄法斷罪，仍許越訴。」從之。

十五年正月二十五日，權户部侍郎王鈇言〔二〕：「被旨措置兩浙經界。竊見户部員外郎李朝正昨任知建康府溧水縣日〔三〕，曾措置均税，簡易而不擾，至今並無詞訴，乞同共措置。」從之。

二月十日，王鈇言：「被旨差委措置兩浙經界。除將前後已得指揮參照外，今措置下項：一、措置經界，務要革去詭名挾户、侵耕冒佃，使産有常籍，田有定税，差役無詞訴之煩，催税免代納之弊。然須施行簡易，不擾而速辦，則寔利及民。今欲將兩浙諸州縣已措置未就緒去處，更不須圖畫打量，造納砧基簿，止令逐都保先供保伍帳，排定人户住居去處。如寄莊户，用掌管人，每十户結爲一甲。從户部經界所立式，每一甲給式一道，令甲内人遞相糾舉，各自從寔供具本户應干田産畝角數目、土風水色、坐落去處、合納苗税則例，（如係從來論鈞、論把、論石、論秤、論工，並隨土俗。）具帳二本。其從來詭名挾户、侵耕冒佃之類，内包占逃田如 41 係十年以上，從寔首併，于帳内添入；不及十年者，令作一項供具。若産多税少，或有産無税，亦于帳内開説寔管田畝數目、土風水色高下，供認税賦。若田少税多，即具合減數目。若産去税存，即行除豁，務要盡寔。如所供田畝水色着寔，所有積年隱過苗税一切不問。如有欺隱，不寔不盡，致人陳告，其隱田畝并水色人並從杖一百斷罪。仍依紹興條格，將田産盡給告人充賞，仍追理積年減免過税賦入官。仍將所隱田畝上每年合納税苗等依在市時值紐計，每及三百文省，賞追錢三十貫文。（不及三百文者准此。）每加一百文，又加一十貫，至三百貫止。其同甲人，每人出賞錢三十貫，盡給告人，亦依隱田人斷罪。若因官司點檢得見，其賞錢并田並行拘没。如有脱户，並仰于鄰近甲内附入；如不附入，依隱田罪賞施行。許田鄰糾，其田鄰不糾，依同甲人結甲不寔罪賞施行。逐都差保正、長均散甲帳體式（附人）〔付人〕入户，限一月依式供具。令保正、長拘收甲帳，類聚赴當州縣，以移用錢顧書筭人攢造，將田畝并苗税數目謄轉〔四〕，逐鄉作都簿，在官照應。及每保正亦給上件簿書收掌，許人户檢看，庶使各鄉通知，如有不寔之人，得以告首，免致鄉司等人作弊。仍將逐甲元供帳狀每户印給一道，付各人家照會。所管田産并其税賦如有甲帳上不曾聲

〔一〕天頭原批：「一本『十三年十月（十）五日』上有《建炎朝野雜記》一段。」按，見本書食貨七〇之一二六。
〔二〕鈇：原作「鉄」，據《宋史》卷一七三《食貨志》上一改。
〔三〕「李朝正」下原有「言」字，據本書食貨七〇之一二六删。
〔四〕「苗」原作「畝」，「謄」原作「騰」，據本書食貨七〇之一二七、《補編》頁一三四改。

説〔一〕，久後因争競到官，止以帳狀爲定，官司更不得受理。一、欲乞行下 42 諸州知、通，如昨來畫圖打量、送納砧基簿已了去處，一面措置結絶，候事畢，保明申尚書省并經界所。如有未當，及人户不住詞訴，更委自知、通審度，依結甲事理一面施行。一、比來有力之家規避差役科率，多將田産分作詭名挾户，至有一家不下析爲三二十户者；亦有官户將階官及職官及名分爲數户者。鄉司受倖，得以隱庇。先措置經界，雖令人户自陳首併，往往尚有頑猾未曾盡併之家；仍慮經界之後，又有典賣爲名，準前分詭名挾户，理宜别作措置。除已令于結甲帳歸併，如不歸併，許人告首。依供具税租隱匿不寔罪賞施行外，欲候人户供到，從本縣將保正帳并諸鄉主客保簿參照，若非係保伍籍上姓名，即是詭名挾户。如外鄉人户寄莊田産，亦合關會各鄉保甲簿有無上件姓名，如有，即行將物力于住居處關併作一户。其外州縣寄莊户準此關會。若後來各鄉有創新立户之家，並召上三等兩户作保，仍即時編入保甲簿，庶得永遠杜絶詭名挾户之弊。一、人户自來多是冒占逃户肥濃上等田土，遞相隱蔽，不納苗税。洎至官司根括〔二〕，却計會村保將遠年荒閑不毛之地樁作逃户産土，或將逃户下瘠瘦不係苗税田産指作苗田，承代税賦，恣爲欺弊。今來既令人户結甲供具，内有人户占據逃産，已令于甲帳内聲説。所有人户不占見行荒廢逃産，自合根括見數，置簿拘籍。今措置，43 欲應見逃荒産，並令保正、長逐一着寔根究，某人全逃産土若干，某人見占若干，已具入甲帳，見荒廢若干。仍令村保田鄰并逃户元住鄰人指定見今荒廢逃産是與不是元逃産土，有無將遠年荒閑田土虚指作各人逃産，要樁苗税在上，及以元不係苗税荒閑産土樁作各人户下苗田，意在登帶苗税數目。仍將所供田段立號，逐户謄寫上簿，却具地名、段落、畝數逐一出牓揭示。其包占人不供具入帳，及供不盡之人，並許人告，依前項隱産人斷罪理賞施行，别以本户已田計元所包占官田畝數給告人〔三〕；如本户别無産土，即估價追錢充賞，及依條追理日前隱匿過苗税入官。所有村保田鄰及元住鄰，並依甲内供具不寔罪賞施行。一、人户將天荒産段并淹濼之類修治埂道，圍裹成田〔四〕，自係額外産土，欲令逐州知、通令作一項保明供申朝廷，量行起税。一、契勘人户有將田宅已典賣與人後，因今來措置，却行依舊供作已業，意在圖賴。若不嚴立罪賞，竊恐詞訴不絶，證定之後，苗税無歸。今欲令人户並于結甲帳内着寔供具，如有違戾，後來到官根究得寔，從杖一百科罪，追理賞錢一百貫文入官，其田歸還合得産人。其重疊典賣田産人，自合依條令先典買人供具入帳。所有窩佃田，謂如田在甲鄉，却在乙鄉納税，理合於坐落鄉分供具絶納。

〔一〕甲：原作「四」，據本書食貨七〇之一二七改。
〔二〕括：原作「栝」，據本書食貨七〇之一二八改。
〔三〕占：原無，據本書食貨七〇之一二八補。
〔四〕裹：原作「裏」，據本書食貨七〇之一二八改。「圍裹」一詞本書中屢見。

一、契勘兩浙諸州縣内有近緣被水縣分權住 44 經界，除限滿自合檢舉外，所有衢州諸縣、婺州蘭溪、臨安府富陽縣、嚴州建德、桐廬縣雖未限滿，緣今來措置既不行打量畫圖、造納砧基簿，止令人户結甲供具，委是易于措置，不擾于民。欲令不候限滿，一面奉行了辦。一、今來若依前項措置經界，全（籍）〔藉〕守倅督責縣官公共用心了辦。今欲令知、通于各縣知縣、丞、簿、尉内選委有才幹官一員[一]，專一椿管措置。如當縣無官可選，即于鄰縣本等内權暫對移管幹，不理曠缺。候事畢日歸任後，于州官内選差一員復行檢察。既畢，申經界所，從户部經界所差官重行點檢。如所委官措置有方，苗税得寔，公私兼濟，不致騷擾，別無詞訴，並許保明申尚書省，取旨推賞。若或弛慢滅裂[二]，按劾申朝廷，乞重行黜責。兼慮州縣所委官有相次任滿之人，不行用心了辦，如有滅裂去處[三]，不以去官，並行按劾科罪。仍欲委漕臣催督了辦，糾察官吏違慢。一、今來既委州縣自行措置，令人户結甲供具，即與日前措置繁簡不同。所有先分委在諸州縣覈寔及措置官別無職事，欲令逐官將元給印記并公案等[四]，限一月具數交割，付本處州縣收管訖，起發歸任。如有已任滿人，即一面赴部參選。仍仰州縣逐一交點，拘收照用。一、今來所行經界事體浩大，若不嚴行約束，竊慮人吏、鄉司受賄，別生姦弊，及紐筭數目并供具元額致有增減。今欲應人吏、鄉司因經界事乞覓[五]，不 45 以多寡，並決配遠惡州軍，籍没家産。如因紐筭，仍供具元額數目擅有增減，別生情弊，並依此施行。一、州縣舊管税額，往往自兵火後來簿籍不存，多是旋行括責，于十分内以分數立額。後來歸業人户雖業多，止是隱落，或州縣自用，或鄉司欺盜，走失合納常賦。今欲委知、通、令、佐根究，取見元初舊額數目，務要著寔。一、今來措置，所有逐州縣鎮坊郭、官司地段，亦合一體施行。一、契勘州縣鄉村有風俗去處，該載未盡，許州縣條具，申經界所相度施行。一、今來措置，欲候事畢，令知、通開具舊額并今來供具出田産數目、今寔納税賦，保明聞奏。一、經界所屬官，其間有已成資任滿之人，欲乞從本所別行踏逐辟差。一、應合行事件，並參照前後已得指揮施行。如有未盡，續具申請。」從之。

四月十二日，詔：「勘會經界之法均税便民，最爲寔德。尚慮措置無術，却致苛擾，或懷私營己，譸張沮抑，令户部及所委官委曲措置，止務賦税均平，不得却致苛擾。」

五月二十六日，王鈇等言：「兩浙路州縣措置經界，奉行日久，未見了辦。近畫降指揮[六]，止令人户限一月結

[一] 一員：原作「員一」，據本書食貨七〇之一二八乙。
[二] 滅：原作「減」，據本書食貨七〇之一二八改。
[三] 滅：原作「減」，據本書食貨七〇之一二八改。
[四] 公：原作「分」，據《補編》頁一三五改。
[五] 乞：原作「訖」，據本書食貨七〇之一二九改。
[六] 近：天頭原批：「『近』一作『令』。」按，本書食貨七〇之一二九作「令」。

絶，竊慮拖延，不能早得辦集〔一〕。其依今降指揮結甲縣分〔二〕，亦是未見了辦次第，顯是諸處官吏意在遷延，不體朝廷務施寬德之意。若不先次點檢，乞行下賞罰〔三〕，竊慮無以激勵。除已分委屬官前去點檢催促，今欲乞將率先了當、措置不擾、税賦均平及拖延46違慢最甚，并雖了當而所行滅裂、苗税不均、引惹詞訴縣分，各先取一兩處官吏，乞重賜賞罰施行。其知、通不切用心，及所委官非其人，致有不均及搔擾去處，亦具職位、姓名申取朝廷指揮〔四〕，庶使官吏竭力，早得集辦。」從之。

八月一日，户部措置經界所言：「兩浙諸州縣措置經界日久，未見就緒。除已分委屬官前去點檢催促，近令限一季了辦，緣所委官有任滿在近之人，不肯用心措置結絶。今相度，如經界所委官有任滿之人，並乞權暫存留，更予限兩月，須管措置一切了辦。若限滿未了，即令住支請給，與新官同共措置〔五〕。候均税了畢，方得批書，放令離任。」從之。

十月十六日，王鈇言：「兩浙州縣經界地里闊遠，惟(籍)〔藉〕所委官及知、通用心檢察措置，務在除去積弊，税賦均平，以爲公私悠久之利。竊緣鄉司、公吏等人爲見苗税着脚，不得走弄，懷意沮壞，意圖後來別有更改，却將常熟堪好田上苗税均減在從來不毛之地，致走省額，正要知、通用心檢察。欲乞行下諸州知、通常切用心檢察，諸縣官吏須管究心措置，務要關防人吏奸弊及税賦均平。仍將已均税了當縣分專委通判躬親點檢有無未寔未盡，及堪好田上苗税有無均在荒山淹濼等處，從知、通保明。若有違戾去處，致後來詞訴不一，覈寔委是鹵莽不均，其知、通及逐縣及所委官重賜施行，仍不以去官原免。」從之。

十六年二月二47十七日，詔李朝正除權户部侍郎，措置經界。

十七年五月三日，權户部侍郎、專一措置經界李椿年言：「今措置兩浙路事件下項：一、本路州縣經界，已打量及用砧基簿計四十縣〔六〕，欲乞結絶。一、未曾打量及不曾用砧基簿，止令人户結甲去處，竊慮大姓形勢之家不懼罪賞，尚有欺隱。欲乞令措置，行下州縣，依舊打量畫圖，令人户自造砧基簿，赴官印押施行訖，申本所差官覆寔。稍有欺隱，不寔不盡，即依前來已得指揮斷罪追賞。一、結甲縣分内有先曾打量，後來又參照類姓圖帳，已得畝角着寔，別無欺隱不盡不寔，欲乞別令州縣出榜，限一月許人從寔自首。限滿，從知、通保明申本所，以憑差官覆寔結絶。

〔一〕早得：原闕，據本書食貨七〇之一二九補。又天頭原批：「『辦』一作『畢』」。
〔二〕甲：原作「申」，據本書食貨七〇之一二九改。
〔三〕「乞」字疑衍。
〔四〕姓名：原作「名姓」，據本書食貨七〇之一二九乙。
〔五〕與：原作「予」，據本書食貨七〇之一二九改。
〔六〕「用」字原在「已」字下，據下文移。

一、人户先因結甲，致有欺隱畝步、減落土色、詭名挾户之類，如今來打量，依寔供具，畫圖入帳，置造砧基簿，並同自首。一、昨來結甲縣分已行起理新税，欲且依新額理納。將來各鄉有打量出田産寬剩畝角，即行均減，更不增添税額。竊慮民間不知，妄有扇摇，出牓曉諭民間通知。一、今來措置經界，全藉逐州守倅督責令佐究心協力，務要日近了辦，無致搔擾。如今佐内有無心力、不能了辦之人，聽守倅商議，于管下選差强明官對移。若管下無官可差，申本所，於曾了辦經界、均税無擾官員，不以有無差遣及有無拘礙，差往抵替。其所替官只是不能了辦經界，别無過犯，乞不理遺闕，赴部 48 别行注擬。一、已均税縣分如得允當，别無詞訴，即令保正取責都内人自行供具詣寔文狀，連書押字。如有紛争不服〔一〕，即責兩争人將産對換，各據兩争人畝角對換，據所争産色認税。若已對换後有詞訟，官司不得受理。一、本路率先了辦經界州縣及民無争訟去處，乞許覆實，次第保明，申朝廷推賞。如守倅、令佐違慢不職，許奏劾取旨。」從之。

七月十(二)〔三〕日〔二〕，户部措置經界所言：「本所契勘用砧基簿結絶縣分，間有人户告首隱匿、詭名挾户之類，蓋緣未嘗依元降指揮差官覆寔，致得詞訟。若不責限許令自首，便行覆寔，竊慮冒犯罪賞。今欲乞下逐縣出牓曉示人户，限一月，應有隱匿畝角土色、不寔不盡、詭名挾户之類，並許具狀經縣自陳改正，與免罪賞。仍從本所印簿下縣，將所首狀同逐一抄上人户姓名〔三〕、所訴事因，候限滿日，同狀申本所照應，以憑差官齎首狀簿前去槩縣覆寔。限滿，人户自陳，官司不得受理，依已降指揮斷罪追賞。」從之。

九月二十日，户部措置經界所言：「今措置兩浙經界，昨來係打量畫圖〔四〕，造砧基簿，從本所差官按圖覆寔，稍有欺隱，不寔不盡，斷罪追賞。中間王鈇申請，止令人户結甲供具，更不差官覆寔。近承指揮，依舊打量畫圖，置造砧基簿，並同自首。從本所差官覆寔，若不盡不寔，方行賞罰。未降指揮以前，先被人陳告欺隱畝角、減落土色、詭名挾户之類，有司爲見 49 所降指揮内即無已在官明文，見行追證。今欲乞行下結甲州縣，將見在官追證未結絶之人，並依已降指揮施行。内已打量、用砧基縣分，許令結絶。緣爲未曾差官覆寔，致有隱匿畝角、土色，不寔不盡、詭名挾户之類，已申降指揮，許人户限一月赴縣自陳改正，與免罪賞。如限滿，人户自陳，官司不得受理〔五〕。雖已行下州縣遵依施行，竊慮諸縣内有鄉村僻遠人户未能通知，却致冒犯，今欲更乞展限一月。兼契勘有未降指揮已來，先被

〔一〕紛：原作「分」，據《補編》頁一三七改。
〔二〕十三日：原作「十二日」，據本書食貨七〇之一三〇、《補編》頁一三七改。
〔三〕同：疑有誤。
〔四〕係：天頭原批：「『係』一作『依』。」按本書食貨七〇之一三一作「依」。
〔五〕受：原作「授」，據本書食貨七〇之一三一改。

人陳告事發，見行追證去處，理合一體。今欲乞下結絶州縣，將見在官追證未結絶之人，並乞依前降指揮施行。如將來差官按圖覆寔，稍有欺隱畝角、不寔不盡、減落土色、詭名挾户之類，即依已得指揮斷罪追賞施行。」從之。

十九年三月二十七日，宰執言四川州縣奉行經界賞罰事，上曰：「州縣官奉行經界如法，其推恩不須限員數，庶使人人知勸[一]。正經界，均賦税，極爲便民[二]。推行之初，臣僚有肆異議，圖沮壞者，暨平江府均税畢，紛紛之議始息。」秦檜曰[三]：「當時獻議，欲使逐户自陳。若使自陳，豈無失寔？」上曰：「李椿年通曉經界次第，中間以憂去，別官提領，便有失當處。」

十一月二十八日，上宣諭輔臣曰：「經界人户多訴不均，當與受理。若下田受重税，將無以輸納。」檜曰：「臣嘗諭户部侍郎宋贶，宜體聖上均税本意，有未均處，亟爲改正。」

二十年二月五日，户部言：「措置經界所 50 有諸處申到文字及人户詞訴等事，令本路措置結絶。其未經界去處，限一月委轉運司并守臣依平江府已行事理施行。今乞令轉運司并守臣恪意措置，須管革去逐件情弊，使田産税賦着寔依限一切了辦。如州縣尚敢遷延，出違日限，從本路申奏，乞賜放罷。若轉運司容縱，不切督責，亦乞黜責施行。其每路差本路幹辦公事官二員及覆寔官，限指揮到日並罷。并經界所幹辦公事四員，別無職事，亦乞限十日結絶罷任。」從之。

十三日，詔：「瓊州、萬安、昌化、吉陽軍昨令經界所與免經界，緣海外土産瘠薄，應租税仰逐州軍並依舊額。」

二十五日，户部言：「勘會本〔路〕〔部〕侍郎李椿年已罷，緣措置經界所日，有諸處申到文字及人户詞訴等事，欲望朝廷詳酌指揮施行。」詔令户部措置結絶，未經界去處，限一月，委轉運司并守臣依倣平江府已行事理施行。

三月二十一日，詔曰：「昨李椿年乞行經界，初欲去民十害，遂從其請，今聞寖失本意[四]。可令户部，逐路選委監司一員專一看詳[五]。應便于民者，依已經界施行；其乖謬返爲民害事目，並日下改正。具申省部，日後以當否取旨黜陟。」

二十七日，户部言：「諸路州縣近因經界，將額管苗税均于未開墾荒閑田上一例起催，虛增苗税。更不出給由子，便用長引監催，致人户無從供輸，往往逃移失業，其害不小[六]。今欲委諸路轉運司下州縣，日下先次住催。仍取

---

〔一〕人人知：原作「人知人」，據本書食貨七〇之一三一、《建炎要録》卷一五九改。

〔二〕便民：原作「民便」。天頭原批：「『民便』一作『便民』。」按本書食貨七〇之一三一、《補編》頁一三八、《建炎要録》卷一五九均作「便民」，據乙。

〔三〕秦：原脱，據《建炎要録》卷一五九補。

〔四〕寖：原作「寑」，據《補編》頁一三八改。

〔五〕專：《建炎要録》卷一六一作「逐」。

〔六〕小：地脚原批：「『小』一作『細』。」按本書食貨七〇之一三二作「細」。

見詣寔供【51】申，即遵依已降指揮施行。」從之。

七月十五日，權發遣福建路提點刑獄公事孫汝翼言：「本路泉、漳、汀三州所管屬縣，近經草寇作過，民多逃移。逐縣被受經界指揮，責辦嚴峻，雖號打量均税了畢，並不盡不寔。欲乞將不以已、未打量均税，一切權行住罷。候盜賊寧息、人民歸業日，申取指揮施行。」從之。

二十三日，前權知資州楊師錫言：「乞誡諭逐路元委監司，令責自逐州守臣恪意遵奉，躬親照應逐縣逐都已造到圖帳，已均了税數，一一覈寔，先次除去爲害事目外，須將貧下户最低土色合減税數均在侵耕冒佃豪强等人户下，無令依前僥倖。若下户尚有合訴事理，見得寔有未均去處，亦須不憚煩冗，便與去着，自可將逐鄉畸零就整之數用與補填。必要依今來詔旨日下改正，具申省部，聽候間遣御史察訪。如是，則前日經界打量不爲虚文〔一〕，後來所畢帳籍可憑用矣。」詔令逐州縣遵依今年三月二十一日手詔施行。

二十一年十月二十八日，前權發遣臨江軍王伯淮言：「臨江軍倚郭清江縣，有苗税錢四十餘貫〔二〕，苗米四百餘石，人煙田産並在筠州高安縣新豐鄉第一、第二等户，其税苗却坐落在本縣修德鄉。上項苗税在經界法謂之寄佃，在鄉村謂之包套。未經界之前，尚可追理，經界既定〔三〕，兩縣各隨産承認元額税苗。本軍不絶人户陳訴，雖累行關移，乞隨産坐落，而高安不即承受。又兩縣一【52】時結局，清江不免有無田之税，高安却有無税之田。謹按國朝淳化癸巳歲詔建臨江軍，取筠州之瀟灘鎮爲清江縣，割高安之建安、修德兩鄉以隸。蓋當時新豐與修德地界相接，以故税苗有交鄉寄佃之弊〔四〕。乞行下本路，專委監司差清强官體究詣寔，改正施行。」詔專委本路轉運判官盧奎措置。

二十三年十一月十八日，南郊赦書：「勘會昨降詔旨：逐路經界將返爲民害事目，專委監司一員看詳改正。間有民户陳訴未便事節，遷延之久，民被其害。仰逐路所委官遵依詔旨，恪意奉行，務在便民。」

二十六年七月十二日，尚書省言：「昨來經界據人户陳論，打量畝步、土色高下、均税不當。雖有指揮，許經官陳訴，限半年結絶，今已過限。」詔：「更予展半年，許人户詣州縣陳訴。委守令驗實，將元打量定驗輕重不當、返爲民害事申漕司審寔，依公改正訖，逐旋以聞。務在税賦均平，豪富之家不得幸免，貧民下户不至偏重。如鄉司、人吏因而乞覓騷擾，並依重禄法斷配。守臣、監司常切舉察。」

二十八年四月二十一日，户部言：「諸路州軍昨因將經界點檢出僧道違法田産，若依已降指揮，用契價錢收

〔一〕則：原無，據本書食貨七〇之一三二補。
〔二〕苗：原無，據《建炎要録》卷一六二補。
〔三〕經：原無，據本書食貨七〇之一三二及《建炎要録》卷一六二補。
〔四〕佃：原作「田」，據本書食貨七〇之一三二改。

買〔一〕，已撥充養士了當者，更不追改。如今見在官詞訴未曾理斷，或官司未曾支給元契價錢，即合照應見行條法拘没入官。所有紹興十九年三月十二日指揮更不施行。」從之〔二〕。（以上《永樂大典》卷一七五三三）

〔一〕買：原作「賈」，據本書食貨七〇之一三三改。
〔二〕卷末原批：「經界始紹興十二年，訖二十八年。缺紹熙一條，嘉定二條，應補抄。」按所云三條見本書食貨七〇之一三三至一三四。

# 宋會要輯稿　食貨七

## 水利　上〔一〕

【食貨志】〔二〕

**1** 宋太宗皇帝淳化四年，知雄州何承矩及臨濟令黃懋請于河北諸州置水利田，興堰六百里，置斗門灌溉。詳見「屯田」門。

太宗至道元年正月五日，度支判官梁鼎、陳堯叟言：「乞興三白渠及南陽、陳、（穎）〔潁〕、壽春、沛郡、襄陽水田，復邵信臣、鄧艾、羊祜之制〔三〕，以廣農作。」詔光禄寺丞何亮等經度之。

九（月）〔日〕〔四〕，堯（臾）〔叟〕、鼎等言：「伏自唐季已來，農政多廢，民率棄本，不務力田，是以廩庾無餘糧，土地有遺利。臣等每于農畝之際，精求利害之本，討論典故，備得端倪。自陳、許、鄧、（穎）〔潁〕暨蔡、宿、亳至于壽春，用水利墾田，先賢聖跡具在，防埭廢毁，遂成污萊。儻開闢以爲公田，灌溉以通水利，發江淮下軍散卒，給官錢市牛及耕具，導達溝瀆，增築防堰，每千人，人給牛一頭，治田五萬畝，畝三斛，歲可得十五萬斛。凡七州之間，置二十屯〔五〕，歲可得三百萬斛。因而益之，不知其極矣。行之二三年，必可以置倉廩，省江淮漕運。閑田益墾，民益饒足，乃慎選州縣官吏，俾兼督其事。民田之未闢者，官爲種植；公田之未墾者，募民墾**2**之〔六〕。歲登，公私各取其半，此又敦本勸農之術。」又引「漢元帝建昭中，邵信臣爲南陽太守，於穰縣南六十里造鉗廬陂，累石爲隄，旁開六石門以節水勢，溉田三萬頃。至晉杜預，因信臣遺跡，激湍、滍二水以溉田萬頃。魏武以任峻爲典農中郎將，屯田許下，得穀百萬斛。晉宣王遣鄧艾行陳、（穎）〔潁〕以東至壽春，艾言田良水少，不足以盡地利，宜開渠。淮北二萬人、淮南三萬人，且佃且守，歲小豐，常收三倍。除給費外，歲完五百萬斛，六年可積三千萬斛。宣王然之，遂北並淮，自鍾離而南，橫石以

---

〔一〕按，本書「食貨」類及「方域」類皆有「水利」門，其中條文均出自《大典》卷一一一〇六至一一一〇九「水」字韻「水利」目。徐松輯録《大典》此數卷中之《宋會要》文，其抄稿本相連屬，嘉業堂整理者將其割裂，以部分條文歸入「食貨」類，另一部分則歸入「方域」類，今尚可拼合復原。

〔二〕食貨志：按，原稿本門之中多處標「食貨志」，或置於「宋會要」下，或置於正文之前，涵蓋以下所有條文。審本門之文，分條羅列，各條年月日、史事記述詳細，顯爲《會要》之文，而決非正史《食貨志》綜合敘述、記事簡括之體。且本書食貨六一「水利雜録」門所載複文並無「食貨志」等字樣。蓋《大典》所稱「食貨志」，實乃《宋會要》之「食貨」類；正如《會要》之「方域」類，本書中稱爲「方域志」（參見本書食貨七之一八校記）。蓋《會要》此二類皆有水利之條文也。

〔三〕羊祜：原作「羊祐」，據本書食貨六一之八九改。

〔四〕九日：原作「九月」，按《長編》卷三七繫於正月九日丙辰，據改。

〔五〕二十屯：原作「二十七屯」，據《長編》卷三七、《宋史》卷一七六《食貨志》上四刪。按每屯得十五萬斛，二十屯可得三百萬斛也。

〔六〕之：原作「之之」，據本書食貨六一之八九刪。

西，盡沘水四百餘里，五里置一營，營六十人，且佃且守。更修廣淮陽、百尺二渠，上引河流，下通淮潁，大治諸陂于潁南、潁北，穿渠三百里，溉田二萬頃。自戰争以來，民競逐末，凡此遺跡，率皆荒榛。臣等欲因其溝塍，增築隄堰，導其水利，墾爲公田。《傅子》曰：『陸田命繫于天，人力雖修，苟水旱不時，則一年之功棄矣。水田之制由人力，人力苟修，則地利可盡也。』矧又膏沃特甚，螟螣不生，比于陸田，又不侔矣。」帝覽奏嘉之，詔大理寺丞皇甫選、光禄寺丞何亮乘傳按視經度之。

二年四月，皇甫選、何亮等言：「奉詔往諸州興水利。臣等先至鄭渠相視舊跡。按《史記》，鄭渠元引涇水，自仲山西抵瓠口，並北山，東注洛三百餘里，溉田四萬頃，收皆畝一鍾。白渠引涇水，首起谷口，尾入櫟陽，注渭中，袤二百餘里，溉田四千五百頃。兩處共四 3 萬四千五百頃。今之存者不及二千頃，乃二十二分之一分也。詢其所由，皆云因近代職守之人改修渠堰，坼壞舊坊，走失其水，故灌溉之功絶不及古渠。況此水二郡六縣資其利以溉田畝，望令增築堰埭。舊有放水斗門百七十六處，悉已毁壞，望繕治之，嚴禁豪民盜用水。移六石洪門，就近上河岸不損處開渠口，通河水。慎選能吏，專掌其事。」又言：「鄧、許、陳、潁、蔡、宿、亳等七郡民力耕種不及之處，官司閑田共二十二萬餘頃，凡三百五十一處，並是漢魏以來邵信臣、杜詩、杜預、任峻、司馬宣王、鄧艾等制置墾闢之地。內鄧州界鑿山穿嶺，疏導河水，散入唐、鄧、襄三州，灌溉田土。又諸陂塘坊埭大者長三十里至五十里，闊五丈至八丈，高丈五尺至二丈。其溝渠大者長五十里至百里〔一〕，闊三丈至五丈，深一丈至丈五尺，可行小舟。臣等按視，諸處增築陂堰（大）〔太〕費功役，欲望于舊防未壞可以疏引水利處，先耕二萬餘頃，漸興置之。」詔從其請，令自鄧州始，但募民耕墾，免其税。令選等保舉一人，與鄧州通判同掌其事，選與亮分路按察焉。

五月，知懷州許袞上言：「蒙差奉職張致與臣相度開畎河水，澆溉人户田苗并官竹園〔二〕。臣等相度，所有令狐管水磨兩盤，寔是每年配率民户于丹河作堰，功料至大，百姓甚困獘，欲望特行停廢。其上氾河下流水磨兩盤，且乞仍舊差人勾當，出辦元額一半錢銀。其官竹園依時 4 流溉外，沿河人户乞令鄉村春夏澆田自上流使水，秋冬澆田自下流使水。如違，乞以盜決堤防條科罪。或百姓自辦開畎，廣作陂塘，亦聽取便。今據河內縣里正申超等分析到，緣河兩岸使水二十村，二百二十五户，澆得田土約六百八十餘頃，并屬省竹園在內。」帝謂宰相等曰：「川谷通流，澆溉畎畝，乃農田之急務也，豈可以水磨微細課入妨百姓之利哉？其水磨依奏廢兩盤，見存留者亦與減放一半課額。

〔一〕其：原脱，據本書食貨六一之九〇補。
〔二〕田：原作「佃」，據本書食貨六一之九〇改。

餘水則引入官地，用灌園竹，勿使荒廢。」

【宋會要・食貨志】

5 真宗咸平六年三月，以大理寺丞黃宗旦通判(穎)〔潁〕州，從京西轉運使查道之舉。宗旦先上(穎)〔潁〕州諸縣陂塘荒地計千五百餘頃〔一〕，可募民耕佃，因命宗旦經度之。其民自占者三百二十餘家，朝廷欲終其事，適會道舉奏，遂就命之。

景德元年正月，北面都鈐轄閻承翰言：「自定州開渠至蒲陰縣東約六十二里，引水入沙河，東經邊吳泊入界河，可通行舟楫。計其二役并圖畫來上。帝謂侍臣曰：「承翰以開導此河不惟易致資糧，兼可播種其旁，引水灌溉，以助軍食，且設險以限戎馬，亦邊防之利也。宜可其奏。」

四月十四日，閻承翰言：「自嘉山引徐河水經定州東入沙河，其新開河北，官司已開田種稻，其旁隙地，欲募人耕墾。」從之。

大中祥符五年九月，帝曰：「保州興置稻田，地里漸廣，知州高尹到彼，並不具興修次第聞奏。可密諭尹，令常用心興置〔二〕，仍逐月件析以聞。其稻田務兵士或闕數目無多，宜令樞密院量與增差。」

天禧元年六月十一日，知昇州丁謂言：「城北有後湖，因旱，百姓請佃，計七十六頃，納租五百五十餘貫〔三〕。今請依前蓄水，種植菱蓮，或遇亢旱，決以溉田〔四〕，仍用蒲魚之利旁 6 濟饑民。望量遣軍士開修，其租錢特與減放。」從之。

十二日，詔：「明州城外濠地及慈溪、鄞縣陂湖所納課額永除之，許民溉田疇，採菱芡。」

二年十二月，都官員外郎張若谷言：「宣州化城圩水陸地八百八十餘頃，歲納租米二萬四千餘碩，見屬永陽鎮監稅使臣勾當，未得整肅，望置一使臣專領其事。」從之。

四年五月，淮南勸農使王貫之等導海州界石闥堰水入漣水軍溉民田；知濠州定遠縣、太子中舍江澤率部民修古塘堰，貯水溉田，民獲其利。詔並獎之，仍令代還日考課引對。因諭諸路勸農司，應塘堰可以利民者，準此繕修。

七月，詔：「江淮南舊有陂塘，民請佃二十年以內者，並許仍舊修畎，自今不許請佃。內已種苗者，俟收穫畢修作。二十年以上者，依舊爲主。」

【食貨志】

7 天聖四年八月，監察御史王沿上相州開河渠引水溉民田利害，詔候修護黃河畢日規畫之。沿奏云：「渠田起于戰國魏襄王時，東有全齊，西有強秦，韓、魏在其前，燕、趙居其後，干戈歲動，封疆日蹙，苟不盡其地利，則爲強國所吞。故史起獻其謀曰：魏氏之行田也以百畝，鄴獨二百

〔一〕潁州諸縣：原作「穎川諸路」，據本書食貨六一之九〇改。
〔二〕興：原作「界」，據本書食貨六一之九〇改。
〔三〕納：原作「鈕」，據《長編》卷九〇及本書食貨六一之九〇改。
〔四〕決：原作「次」，據本書食貨六一之九〇改。

畝，是田惡也。漳水在其旁，西門豹爲鄴令，請引之以溉鄴〔一〕，以富魏之河内〔二〕。臣徧觀史傳，但載溉灌之饒，不書疏導之法。唯本州圖經稱有天8井堰者〔三〕，魏武帝所作。二十里分十二重墱，每墱相去三百步，令互相灌注。故左太沖《魏都賦》云：『墱流十二，同原異口。』詳此，則古來漳水本淺，不與岸平，須就岸以開渠，復臨渠而作堰，則水流渠内，渠灌田中。蓋爲渠之初，必就高處，渠行數里，方達平田。若水與岸平，田與岸接〔四〕，爲渠甚易，溉田不難，則自國初以來，庸常之人已能開之久矣，又豈假臣之瞽言而後隱度哉！臣按《史記》云：韓聞秦之好興事，欲疲之，無令東伐，乃俾水工鄭國説秦，令鑿渠，引涇水並北山東注洛三百里，欲以溉田。中作而覺，鄭國乃曰：『爲韓延數年之命，爲秦建萬世之功。』秦以爲然，卒使就渠。夫以强秦之力鑿一渠，有何艱哉？韓人乃云欲疲之，鄭國又云爲韓延數年之命，則是舉秦國之人而疲之數年，然後能成之。今若持此較彼，則史起之引漳水，豈止一朝一夕之功哉？是必歲役萬人，數歲而獲其利。又鄭國鑿渠，並北山東注洛三百里，則是爲渠之初，須就高處，本不與平田相接，亦已明矣。若與平田相接，則澆灌之利豈能遠及三百里哉？臣詳王軫、房中正等相度漳渠事狀，大抵云水卑岸高，渠已湮塞，若作堰開渠，其功甚大，則亦然矣。若云渠堰雖成，其水渾濁，不堪溉田，及所作之堰，若遇川隘之時，必復衝壞，則是軫等不知溉田之方、作堰之法。臣按鄭白渠之引涇水也，今在耀州之雲陽、三原、富平及京兆府之涇陽〔五〕、高陵、櫟9陽六縣〔六〕。緣渠皆立斗門，多者至四十餘所〔七〕，以分水勢。其下別開小渠〔八〕，方以溉田，則水有所分，民無奔注之患。且其水最濁，故稱『涇水一石，其泥數斗，溉糞禾黍』。今反言其水渾濁〔九〕，不堪溉田，斯豈非不知而爲知者耶？又其作堰之法，或云皆用大石方四五尺者，錮之以鐵，積之如陵〔一〇〕，岐彼中流，擁爲雙派，其南流者乃爲涇水，其東注者乃是二渠，故雖駭浪不能壞。古人

〔一〕溉：原作「氣」，據《長編》卷一〇四及本書食貨六一之九一改。
〔二〕富：原作「當」，據《長編》卷一〇四改。又按，「漳水在其旁」以下數句所述與史實不合，疑有脱文。《漢書·溝洫志》云：「史起進曰：『魏氏之行田也以百畝，鄴獨二百畝，是田惡也。漳水在其旁，西門豹不知用，是不智也；知而不興，是不仁也。仁智豹之未盡，何足法也！』於是以史起爲鄴令，遂引漳水溉鄴，以富魏之河内。」是引漳水溉鄴者乃史起，非西門豹。此文似當云：「漳水在其旁，西門豹不知用。於是以史起爲鄴令，請引之以溉鄴，以富魏之河内。」
〔三〕本州：《長編》卷一〇四作「相州」。
〔四〕與岸：原脱，據本書食貨六一之九一補。
〔五〕涇陽：原作「江陽」，據《宋史》卷八七《地理志》三改。
〔六〕陽：原作「楊」，據《長編》卷一〇四、本書食貨六一之九二改。
〔七〕十：原作「千」，據《長編》卷一〇四改。
〔八〕小：原作「水」，據本書食貨六一之九二改。又《長編》卷一〇四作「細」，義同。
〔九〕今：原作「令」，據本書食貨六一之九二及《長編》卷一〇四改。
〔一〇〕積之如陵：《長編》卷一〇四作「積於中流」。

苟不如此，則年年修渠〔一〕，歲歲作堰，百姓豈有利哉！今漳水之畔若復渠田，乞朝廷勘會雲陽縣若有上件渠堰斗門，即乞精擇水工十餘人徧詣彼處〔二〕，模古人作堰開渠之法，觀今人置斗門溉田之方，及命雲陽民自今犯罪當配者，皆徙相州〔三〕，教百姓水種陸蒔之利〔四〕，則其謀易成矣〔五〕。至如北邊〔六〕，本無水田，自徙江南罪人于彼，後來皆知水利。臣昨于正月内上疏，乞命水工往鄭白渠，觀彼疏導之制，往衡漳之上鑿而引之，蓋亦慮磁、相之民不知作渠法耳。又詳王軫稱，若不開舊渠而截河作堰，當役七十五萬餘工；若從渠口開深一丈四尺，當役十三萬餘工。以臣籌之，若渠開二丈四尺，則作堰之功可損半，當併役五十萬工，日萬人，役五旬而罷。若擇水工有計智，依鄭白渠作堰之法，采岖山之石〔七〕，取磻陽之木，給黎城之鐵，扼中流，據長岸，資木石之固，作其堰焉，上開大渠，可成別派。沿渠數里，分置斗門，漸及平田，必獲澆溉之饒。水東入御河，或[10]遇川溢之時，則于元渠之口下板以塞之，以防奔注之患。其磁、魏、邢、洺既居下流，堤岸又淺，或餘波可及，或別渠可穿，則所謂『鄭國在前，白渠起後』，又且『首起谷口，尾入櫟陽』之類也。夫如是，則復三百年廢迹，溉數萬頃良田，雖役萬人，數歲而畢，亦不足爲勞矣。又詳王軫稱：『若開古渠，則掘却民田，而其萬金、都領等尋之無迹』者。大凡開溝渠，豈有不犯民田哉！若不犯民田而能開之者，雖史起復生，亦不知計之安出。其萬金等渠求之無迹者〔八〕，蓋本〔在〕田之中，歲久堙没。又詳王軫稱：『高平渠據百姓狀稱，税賦已重，雖得水，出利不得，乞不修堰。』檢會臣昨言，乞于安陽水次作堰，不以遠近，百姓並許引水溉灌，蓋欲春夏旱時澆救二十村民田。今軫曾不思先議增税〔九〕，致人憂疑，不願灌溉，斯豈恤民之旨哉！又以堰成之後，安陽水少，行舟不得，虧却税額。夫以一渠之流，不過減本河數分之水，安患舟不浮哉？苟有利民，雖虧税，其亦末矣。臣載觀軫等事狀，似不以古今利害，徒采村落小民、壕寨軍將之語，以斟酌三百年廢渠之迹，其能盡其術乎？昔西門豹賢臣也，史起尚以爲不知用，是不智也，況野人鄙卒之屬，能盡知乎？《傳》曰：『夫民可與樂成，不可與謀始。』又曰：『可使由之，不可使知之。』今國家生民富庶，區夏乂安，有陶唐擊壤之風，無戰國交兵之事，猶乃俯從鄙議，恢復農工，此蓋丕闡皇猷，紹隆治本，雖大

〔一〕年年：原作「年」，據本書食貨六一之九二補。
〔二〕徧：原作「偏」，據本書食貨六一之九二改。
〔三〕徙：原作「從」，據《長編》卷一〇四改。
〔四〕陸：原作「六」，據《長編》卷一〇四改。
〔五〕矣：原無，據《長編》卷一〇四補。
〔六〕北：原作「此」，據本書食貨六一之九二及《長編》卷一〇四改。
〔七〕采：原作「來」，據本書食貨六一之九二改。
〔八〕求：原作「水」，據本書食貨六一之九二改。
〔九〕不思：原作「不是思」，「增税」二字原無，據本書食貨六一之九二、《長編》卷一〇四刪補。

禹之11疏濬川澤，周人之均別廬井，亦無以加矣。」

景祐元年十一月二十一日，三司户部副使王沿言：「磁、相、邢、趙州已南州軍澆灌去處，人户種蒔稻田。勘會西山一帶州軍即目開修，甚有地窪。竊緣逐處少得稻種，乞下衛州于種田務支借二百碩，與人户種蒔，收成日依元數送納。」從之。

慶曆三年十一月七日，詔：「訪聞江南舊有圩田，能禦水旱，并兩浙地卑，常多水災，雖有隄防，大半隳廢。及京東、西亦有積潦之地，舊常開決溝河，今罷役數年，漸已堙塞，復將爲患。宜令江、淮、兩浙、荆湖、京東、京西路轉運司轄下州軍圩田并河渠、隄堰、陂塘之類合行開修去處，選官計工料，每歲于二月間未農作時興役，半月即罷。仍具逐處開修功績并所獲利濟大小事狀保明聞奏〔一〕，當議等第疇獎。內有係災傷人户，即不得一例差夫搔擾。如吏民有知農桑可興廢利害，許經運司陳述，件析利害，畫時選官相度，如委利濟，亦即施行。」

四年正月二十八日，詔：「陂塘、圩田之類，及逐處隄堰、河渠可備水患者，或能創置開決，或久遠廢壞堙塞却能興復，或前人已興功未成後來接續了畢者，仰逐處勘會功料大小、所利廣狹以聞〔二〕。」

十月，權發遣户部判官公事燕度言：「竊聞關中水利〔三〕，古人所以富國，近來亦有臣僚擘畫澆灌者。然州縣鮮能訪尋水勢，疚心農務，是致頻年亢旱，屢遭飢饉，百姓流移，軍儲不集。近華州渭南知縣曹公望12嘗引敷水，溉田甚廣，民間頗稱利便，却聞有人爲妨私家水磨〔三〕，遂訟于官。雖州縣不行，然水勢可以疏引澆溉去處不少，似此盡爲豪勢之家占爲碾磑之利，而州厭見乎訟〔四〕，不敢盡心計畫。欲乞特下陝西都轉運司，如州縣能以水利澆溉民田廣闊者〔五〕，應是妨滯公私碾磑〔六〕、池沼諸般課利，並須停廢，不得争占，州縣仍不得受理。」詔三司詳定，尋移陝西都轉運司就近相其利害。于是本司言，度擘畫委是經久之利。從之。

五年九月二十八日，兩浙提點刑獄宋純等言：「乞應在官有能擘劃開修水利，並須先具所見利害，于畫地圖〔七〕，申本屬州軍及轉運或提刑司。委自本司于部下選官親詣地所相度〔八〕，如寔合行開修，經久利濟，詢問鄉耆〔九〕，審取詣寔，差官具保明結罪，申轉運、提刑司體量允當〔一〇〕，方下本

〔一〕功績：原無，據本書食貨六一之九三補。
〔二〕聞：原脱，據本書食貨六一之九三補。
〔三〕人：原作「妨」，據本書食貨六一之九三改。
〔四〕乎：原作「年」，據本書食貨六一之九三改。
〔五〕如：原作「令」，據本書食貨六一之九三改。
〔六〕是：原作「私」，據本書食貨六一之九三改。
〔七〕于：疑當作「并」。
〔八〕自：原作「是」，據本書食貨六一之九三改。
〔九〕詢問：原作「荆門」，據本書食貨六一之九三改。
〔一〇〕提：原作「所」，據本書食貨六一之九三改。

屬州軍計夫料、餉糧，設法勸誘租利人户情願出備。仍依元敕，于未農作時興役半月，不得非時差擾。候畢，具元擘畫官吏依近詔保明施行〔一〕。如官吏敢擅開修，不預申本屬，不得理爲勞績，及出給公據保明，仍勘事端施行。」從之，仍詔今後委寔有功効〔二〕，並只理爲勞績。

皇祐元年正月二十五日，兩浙轉運司言：「知越州餘姚縣謝景初申：『當縣陂湖三十一所，並係衆户植利蔭田。内二十一所見于圖經，其間有被形勢豪强人户請射作田納租課，後來遂廢水利去處。雖累有詔敕及赦令，山澤陂湖不[13]得占固，即無明言不得請射營種，及無簿籍拘管，所以官司因循請託，或致受納賂遺，令形勢豪强人户請射作田，以起納租税爲名，收作己業，民田蔭溉之利〔三〕，其弊不細。請下本屬，明置簿籍拘管，永爲衆户蔭溉之利。今後更〔不〕得以起納租税爲名，輒行請射。如違，其所請人及所給官司重行朝典。』本司欲依謝景初所請，明置簿籍拘管陂湖，永充衆户貯水蔭田，更不許以起納租税爲名請射。仍令知縣常行檢察，如違，其所請頭主及給付官司，各乞嚴行勘斷奏聞。」事下三司，三司相度：「乞今後江、淮、兩浙、荆湖路州軍如有陂湖，明置簿籍拘管，永爲衆户貯水蔭田，更不許人户以起納租税爲名，輒行請射。仍令知縣常行檢察，如違，其所請人及所給付官司各重寘于法。」從之。

至和元年八月二十日，光州仙居縣令田淵言：「竊見江淮民田，十分之中八九種稻。春中遇雨，則耕耨布種常宜霑潤；盛夏稍愆雨澤，則其苗衰薄，所收微尠。惟是陂塘有修築堅固、蓄水高廣，則下所灌田不以旱沴，無不厚收。訪聞民間不肯協力乘閑修作，雖私有文約，愚頑之民多不聽從，興工之時，難爲糾率。或矜强恃猾，抑卑凌弱；或只令幼小應數，而坐俟其利。似此之類，十居其半。及用水之際，争來引注，是以勞費不均，多起鬥訟。勤力懦善之家常受其弊〔四〕，故不能專志特力，用工興修，是致因循，極有遺利。竊見京畿及京東、京[14]西等路每歲初春差夫，多爲民田所興，逐縣差官部押，或支移三五百里外，工役罕有虚歲。伏知江淮並不點差夫役，當農隙之際，一向安閑，比之北地，寔爲優幸。其民于自己所利，亦不能勤力治生〔五〕。暫勞永逸，誠宜勸率〔六〕。若非官爲拘督，因時興作，則私下雖有期會，無由糾集，所興之工，獲水之利十未得其一二。欲乞諸路凡有陂塘湖港可以溉田之處，今後令逐縣將元籍所管及不曾供報之處逐一拘收。每年預先檢計工料〔七〕，各具析合係使水人户各有田段畝數〔八〕，據寔户遠近

〔一〕吏：原作「官」而有缺筆，據本書食貨六一之九三改。
〔二〕詔：原作「照」，據本書食貨六一之九三改。
〔三〕「民」上當脱一動詞，如「損」、「侵」之類。
〔四〕常：原脱，據本書食貨六一之九三補。
〔五〕力：原作「户」，據本書食貨六一之九四改。
〔六〕勸：原作「勤」，據本書食貨六一之九四改。
〔七〕計：原作「討」，據本書食貨六一之九四改。
〔八〕析：原作「折」，據本書食貨六一之九四改。

各備工料，候至初春，本縣定日，如差夫例點集入役。仍逐處立團頭、陂長監催，本州差逐縣官點檢部轄。候畢，責干係人結罪供狀〔一〕，仍別差官覆檢料例，並視差夫條約。後雖完固，亦須每歲計度合添工料，補疊隄防高厚，則積水深廣，獲利愈博。其久來堙塞遺跡，及地勢合有可以創置陂塘之處，令逐處檢踏，聽人户所願，經官申述，亦即相度，依例興修。其有陂塘乾淺退出灘地，却爲接連之家侵占，經久妄冒，便作己田欄占，不令依舊修作，多起訟端，官司不爲研窮。今後須仰定奪，雖經歲深，亦不得占護。若向去添疊水勢，過于舊跡，亦當損少利衆。其有水侵之地，即令檢量，據數比撲〔二〕，量減二税。及新創陂塘之處，若有水面侵却不係使水之人田土，亦乞準前例。所差團頭、陂長，于上等户内如差夫隊頭例選差，仍給文貼，【15】令董其役。或遇大雨，即率衆户防守。遇愆亢使水，須衆議同開决，自上及下，均匀灌溉，不得壅障。所産魚蛤、蒲葦、蓮芡之類，須秋成方得採捕。乞明立條約，若是盜決隄防，情理重者，嚴寘之法。」詔下三司施行。

嘉祐五年五月，知秀州羅拯言：「乞今後諸處湖塘及運河邊田土〔三〕，不得更令諸色人及官員請射。如有私冒侵占耕作，並以違制論，仍不以年歲遠近，令追理所得租課入官〔四〕。」詔都水監相度以聞。監司看詳：「蓋緣逐路轉運司及州縣並不檢條約舉行，是致豪勢人將衆户蓄水陂湖請射，量出租税，有妨旱歲溉救民田。今欲乞下逐路轉運司，依羅拯所請施行。如違，乞以違制科罪。」從之。

七月六日，羅拯言：「昨差往兩浙路相度均定茶租，竊見諸處係官湖塘并運河邊田土〔五〕，多被權要之家請射，及鄰近鄉民侵占污瀦，種作成田。或量出租課入官，其寔微薄，却致湖塘漸成湮廢，有妨灌溉民田；并運河因兹淺澀，阻滯官司舟船。如越州鑑湖，自東漢時興修，著在圖籍。周回三百餘里，灌田數萬餘頃，其爲越人之利甚大。近歲爲貪黷之輩以權勢干請，假託姓名，占射殆遍。欲乞今後諸處湖塘及運河邊田土，不得更令請射。如有私冒侵占耕作，並科違制之罪，仍不以年歲遠近，令追理所得租課入官。」從之。

二十四日，兩浙轉運司言：「睦州桐廬縣令劉公臣言：『民間有古溪澗、溝渠、泉源，接連山江，【16】多被富豪之家漸次施工填築，作田耕種。無力之人田畝接連，或遇水旱，並不約水溉田，因兹害稼。及訟于官，又爲富豪人户與賣産之家通爲弊倖，于文契并分居帖内廣定四至，包裹溪源在内，官司據而斷遣，寔見不均。欲乞應天下郡縣鄉村，有古來溪澗、溝渠、泉穴之處，並不得人户作埭填築，占

〔一〕狀：原作「報」，據本書食貨六一之九四改。
〔二〕撲：原作「樸」，據本書食貨六一之九五改。
〔三〕塘：原作「廣」，據本書食貨六一之九五改。
〔四〕追：原作「道」，據本書食貨六一之九五改。
〔五〕塘：原作「廣」，據本書食貨六一之九五改。

據爲主。每遇春農之際，並仰有田分之家各據頃畝多少，均攤出備工力修開，取令深闊，盛貯其水。或遇水旱，即據田畝輪番取水澆溉〔一〕。明置文簿拘管，官爲印押，給與本處鄉長收管。或有貧人下户貿易田土與別主者，亦據見佃之人承認水分。違者，嚴寘之法。』本司看詳，民間水利，州縣自合依此施行。今劉公臣申述，已下諸州軍，令部内縣分應有古來溪澗、溝渠、泉穴之處，並不許人户作（埲）〔埭〕填築，占據水利。仍令逐縣置簿拘管，常行點檢。如遇水大，即令決泄，不得壅遏，却致浸没民田。若係旱歲，亦須通放，許令衆户得水救蔭田畝。春時人户願備工開淘者從便，即不得邀難阻節。雖已施行，慮久不能遵守。」詔送詳定寬恤民力所，關兩浙提刑司定奪。提刑司言，欲依所請。詔復送都水監相度以聞。監司看詳：「天下陂湖、塘堰、溪澗、溝渠、泉穴，爲强猾之人奪利侵占作田者甚多，每至旱歲，無水澆救苗稼。若依寬恤民力所相度劉公臣并兩浙轉運司事理，寔見可行。欲乞下諸路提刑司遍下逐州縣，應17有上件陂湖、塘堰、溪澗、溝渠、泉穴，元係衆人所使水利，久來爲人耕占作田〔二〕，合依所請施行。仍先具根究地名、源流去處、廣狹深淺、合澆溉得多少人户田土頃畝數目，申都水監，從本監看詳施行。仰本監置簿拘管，歲時檢舉，所翼經久不廢。」詔可，仍令逐處應有陂湖、塘堰、溪澗、溝渠、泉穴，如根究得元係衆人使水，久來爲人耕占去處，即更差官定奪，奏候朝旨施行。

是月，權三司使包拯言：「京西多閑田，而唐州治四縣〔三〕，其田之入草莽者十八九。雖簡其賦徭，而民多流去，不能以還業。知州趙尚寬興復邵信臣渠并境内之陂堰，下溉民田數萬頃，荒瘠之田變爲沃壤〔四〕。今非獨流民自歸，又有淮南、河北之民至者萬餘户。請且留再任，若更能招輯户口，特與升陟差遣。」從之。

六年七月，提點河北刑獄公事張問言：「奉詔相度河北八州軍塘濼〔五〕。今若就塘出土作隄，以蓄西山之水，則涉夏大河雖溢，而民田無衝浸之害。請下逐處，每歲增築。」從之。（以上《永樂大典》卷一一〇六）

【宋會要・食貨志】

18英宗治平三年十一月，都水監言：「勘會諸處陂澤，本是停蓄水潦。近年京畿諸路州縣例多水患，詳究其因〔六〕，蓋爲豪勢人户耕犁高阜處土木，侵疊陂澤之地，爲田於其間，官司並不檢察。或量起税賦請射，廣占耕種，致

〔一〕水：原作「人」，據本書食貨六一之九五改。
〔二〕久：原作「水」，據本書食貨六一之九六改。
〔三〕「治」下原有「平」字，據《群書考索》卷六六删。
〔四〕爲：原作「而」，據《群書考索》卷六六改。
〔五〕濼：原作「渠」，據本書食貨六一之九六改。
〔六〕究：原作「見」，據本書食貨六一之九六改。

每年大雨時行之際〔一〕，陂澤填塞，無以容蓄，遂致泛溢，頗爲民患。不制其漸，則盡爲民患。欲乞應天下州縣及京畿陂澤之類，皆不得請射。仍明立界址〔二〕，逐季舉行，令地分鄉耆覺察，不得容縱人户侵耕。許諸色人陳告，每畝支賞錢三千，以犯事人家財充。仍不以年歲遠近，並令追理所得地利入官。如違，其請射人并所給官司及侵耕之人，並科違制之罪。」從之。以上《國朝會要》。

治平四年五月，神宗即位未改元。京西南路安撫使郭申錫等言〔三〕：「知唐州高賦在任興建水利，墾闢荒田，户口日增〔四〕，民獲安便。」詔賦再任，如更能興置水利，招添人户，開廣閑田，仰轉運司畫析保明以聞〔五〕，當議特與陞陟〔六〕。

【方域志】〔七〕

英宗治平三年三月，命同判都水監張鞏與河北轉運使沈立度治澶州上六塔河。

【食貨志】

神宗熙寧元年六月十一日，中書言：「諸州縣古迹陂塘，異時皆蓄水溉田，民利數倍〔八〕，近歲所在堙廢，致無以防救旱灾。及瀕江圩埠，毁壞者衆，坐視沃土，民不得耕。」詔：「諸路監司訪尋轄下州縣可興復水利之處，19 如能設法勸誘興修塘堰圩埠〔九〕，功利有實，即具所增田税地利保明以聞，當議旌寵〔一〇〕。」

二年四月十六日，權三司使公事吴充言：「竊見前襄州宜城縣令朱紘在任日〔一一〕，修復木渠〔一二〕，不費公家束薪斗粟，而民樂趨之。渠成，所溉六千餘頃，數邑蒙其利。今授唐州泌陽縣令。乞召紘赴闕，詢其利害，如可試用，乞酬其勞。」詔轉大理寺丞。

閏十一月十五日，提舉兩浙常平等事、祕書丞侯叔獻徙開封界，都官員外郎、提舉開封府界常平等事林英徙兩浙路。以叔獻言：「汴河歲漕東南六百萬斛，浮江泝淮，更數千里，計其所費，率數石而致一碩。雖中都之粟用饒，而

---

〔一〕大：原作「火」，據本書食貨六一之九六改。

〔二〕仍：原無，據本書食貨六一之九六補。

〔三〕使：原作「伺」，據本書食貨六一之九六改。

〔四〕日：原脱，據本書食貨六一之九六補。

〔五〕析：原作「祈」，據本書食貨六一之九六改。

〔六〕陟：原作「步」，據本書食貨六一之九六改。

〔七〕方域志：按本書「食貨」、「方域」二門中共九次稱「方域志」，但宋代以來未見有單稱《方域志》之書，宋朝國史之志稱爲「地理志」，亦不稱「方域志」。蓋此所謂「方域志」，實指《宋會要》之「方域」類，《大典》誤作「方域志」。此與《會要》「食貨」類誤稱爲「食貨志」同（參見本書食貨七之一校記）。又此條年月與上二條失序，本書食貨六一無此條，蓋爲《大典》添入，而未注意年月位置（本書方域一七之六有此條）。

〔八〕倍：原作「陪」，據本書食貨六一之九六改。

〔九〕法：原作「勸」，據本書食貨六一之九七改。

〔一〇〕寵：原作「罷」，據本書食貨六一之九七改。

〔一一〕紘：原作「絃」，據《宋史》卷一七三《食貨志》上一及本書食貨六一之九七改。

〔一二〕木渠：原作「水渠」，據本書食貨六一之九七、《宋史》卷九五《河渠志》五改。

六路之民實受其弊〔一〕。夫千里餽糧，軍志所忌，矧京師帝居，天下輻湊〔二〕，人物之富，兵甲之饒不知幾百萬數〔三〕。夫以數百萬之衆，而仰給於東南千里之外，此未爲策之得也。臣伏思之，沿河兩岸沃壤千里，而夾河之間多有牧馬地及公私廢田，畧計二萬餘頃，計馬而牧，不過用地之半，則是萬有餘頃，常爲不耕之地，此遺利之最大者也。觀其地勢，利於行水，最宜稻田。欲望於汴河南岸稍置斗門，泄其餘水，分爲支渠，及引京、索河并三十六陂水以灌之。則環畿甸間，歲可以得穀數百萬，以給兵食。此減漕省卒、富國强兵之術也。」故以叔獻代英〔四〕，仍令計會所屬相度，具經久利害以聞。

十二月二十三日，條例司乞差祕書省著作佐郎、同管勾廣南東路常平等事[20]楊汲同提舉開封府界常平等事，同祕書丞侯叔獻於夾河引汴水以溉民田。從之。

三年正月二十四日，條例司言：「進士程義路所陳蔡、汴等十河利害文字，實知水利。欲令義路隨侯叔獻、楊汲等以備指引，仍給驛券，視三班借職。」從之。

二月二日，都水監言：「中牟縣曹村袁家地可創水澾一坐，水漲出時任其自流，比之修斗門倍省工費。又因而可以淤民田千餘頃。」從之。

二月三日，制置三司條例司言：「同判都水監張鞏等相度得中牟縣界曹村創置水澾一坐，遇漲水時任其自流，比之修㪷門大省費。又更灌二十餘里民田，都計五十餘里，約千有餘頃。所有合用人功物料，委京西都大司支那應副。乞依所奏施行。」從之。

二月二十六日，補潭州湘陰縣進士李度爲本州長史〔五〕，仍詔本路，候有合修水利，令勾當。以監司言度嘉祐中率人修築兩鄉塘堤，灌溉民田，嘗賜粟帛〔六〕、復徭役故也。

四月五日，制置三司條例司言：「據提舉河北路常平廣惠倉皮公弼言：『懷州官吏同相度到境内秦河、丹河、氾河等可以引水澆溉。然體問民間，多不願興修水利，蓋慮起立粳稻米水税，已議差官按驗。仍體問洺、鎮、趙等州亦有溝渠河道可以興置水利，民間多恐官司創立粳稻水税，久遠輸納不前。公弼看詳：興置水利，係朝廷創新施行，若不設法招誘，人户無由肯用心〔七〕，致州縣亦難興置。欲乞應人户今來創新[21]修到渠堰，引水溉田，種到粳稻，並只令依舊管税，更不增添水税名額。所貴人户各肯興修水利。』制置(使)〔司〕相度，欲依所請，下河北東、陝西路施

〔一〕弊：原作「幣」，據本書食貨六一之九七改。
〔二〕湊：原作「臻」，據本書食貨六一之九七改。
〔三〕萬：原作「里」，據本書食貨六一之九七改。
〔四〕以：原無，據本書食貨六一之九七補。
〔五〕史：原作「吏」，據本書食貨六一之九七改。
〔六〕嘗：原作「常」，據本書食貨六一之九七改。
〔七〕人：原作「入」，據本書食貨六一之九八改。

行。」從之。

九月二十一日，以知密州尚書兵部郎中集賢殿修撰張芻、知滄州兵部郎中楚建中爲河北轉運使〔一〕。遣殿中丞陳世修乘驛同京西、淮南農田水利司官經度陳〔二〕、（穎）〔潁〕州八丈溝故迹以聞。初〔三〕，世修言〔四〕：「陳州項城縣界蔡河東岸有八丈溝故迹〔五〕，或斷或續，迤邐東去，由（穎）〔潁〕及壽，綿亘三百八十餘里〔六〕。乞因其故道量加濬治，完復大江以北伏虎〔七〕、流龍、百尺等處陂塘〔八〕，導水行溝中，棋布其勢〔九〕，俾數百里地復爲稻田，則其利百倍。」及畫圖來上〔一〇〕。於是上諭〔一一〕：「世修言陳、許間地勢止合作水田，甚善。」又令早應副世修事。王安石曰：「世修言引水事即可試，但言八丈溝新河事宜〔一二〕，俟一精於水事人同相度可也。向時八丈溝，止爲鄧艾當時不賴蔡河漕運，得并水東下，故能大興水田。其後蔡河分其水漕運，水不可并，故溝未可講。今蔡河新修閘，無所用水，即水可并而溝可復古迹矣。」故有是命。

十二月八日，梓州路轉運判官李竦言：「奉詔，令具財用利害事。伏見江淮、荆楚之地民業窊薄，率以水田爲生〔一三〕。地多瀕江帶山，高下不等，雖有耕耘之勞，而罕勤隄防之利。雨暘稍愆常度，必罹暵潦之災〔一四〕。雖有《編敕》興復水利指揮，而郡縣少能用心詢采〔一五〕。臣前任知舒州太湖縣日，訪聞諸鄉民田有邊臨溪江者，頻歲力耕疾種，不潦 22 則旱。體問得皆有古來隄堰瀦洩水勢，或因積年大水決潰，因循不復修完。臣因乘其農隙，勸募傍近地主備工料興築。民俗始未堅信，粗亦勉從，凡築成隄岸數處。次年積雨，溪江暴泛，賴新隄所障〔一六〕，遂免浸溺，自昔不植之地，一旦遂爲膏壤。遂令復加增葺，衆始悅隨。尋屬臣去，約太湖所修，十未一二，以天下計之，遺利固亦多矣。欲乞特詔郡縣委長吏、令佐訪求境内古來陂堰積年毁壞荒廢者，并諸色人具利害，興修次第指陳。官司預行計度，俾

---

〔一〕使：原作「司」，據本書食貨六一之九八改。又按，以上任命與下文無關，亦與水利無關，不知何以記述於此。
〔二〕田：原脱，據《長編》卷二一五及本書食貨六一之九八補。
〔三〕初：原無，據《長編》卷二一五補。
〔四〕世：原脱，據本書食貨六一之九八補。
〔五〕故迹：原脱，據本書食貨六一之九八補。
〔六〕八十：原無，據本書食貨六一之九八補。《長編》卷二一五作「五十」。
〔七〕「以北伏」三字原脱，據本書食貨六一之九八補。《長編》卷二一五「以北」作「次河」，「伏虎」作「射虎」。
〔八〕百：原作「八」，據本書食貨六一之九八、《長編》卷二一五改。
〔九〕棋布其勢：原脱，據本書食貨六一之九八補。《長編》卷二一五作「棋布灌溉」。
〔一〇〕畫圖來：原無，據《長編》卷二一五補。又「及」，《長編》作「乃」。
〔一一〕諭：原作「論」，據《長編》卷二一五補。
〔一二〕丈：原作「溝」，據《長編》卷二一五、本書食貨六一之九八改。
〔一三〕率：原作「卒」，據《長編》卷二一八、本書食貨六一之九八改。
〔一四〕罹：原作「羅」，據《長編》卷二一八、本書食貨六一之九八改。
〔一五〕少：原作「必」，據《長編》卷二一八改。
〔一六〕賴新隄：原無，據《長編》卷二一八補。

因歲豐農暇〔一〕，據占植地利人户〔二〕，以頃畝多少爲率，勸誘出備工料興修，或量破廣惠倉斛㪷以充口食。不得以威刑驅逼，并專行覺察公人、耆保等接便搔擾。俟興築畢工，本州申提刑、轉運司，委官檢視。及候秋成，的免水旱之患，其勸督之官乞依《編勑》量功利大小，特行酬奬；元指陳修築人，亦與免本户一次色役；若《户例》不該差役之人〔三〕，即量給小可酒税場務充賞。所貴地利不遺，民食充衍。」詔淮南提舉常平廣惠倉司相度施行。

十二月二十七日，京西轉運司言：「許州長社等縣有牧馬草地四百餘頃〔四〕，先爲不堪牧放，權令人租。今相度，可以拘收入官，決邢山、潩河、石限等水溉種稻田。」從之。

四年六月十九〔日〕〔五〕，詔司農寺選官經量汴河兩岸淤到官陂、牧地〔六〕、逃田等，召人請射租佃〔七〕。

二十四日，又詔：「諸州縣當職官如擘畫興修農田水利事，並先具利害申轉運或提【23】刑、提舉司，差官詣地相度，保明供申，本司疾速體訪施行。如能完復陂塘溝河，或導引諸水淤溉民田，修貼堤岸，或疏決積潦水害，或召募開墾久廢荒田委堪耕種，令所屬官司結罪以聞。千頃以上，京朝官轉一資；幕職、州縣官勘會功過、考第、舉主，轉合入京朝官，或與循資，不拘名次指射優便差遣。五百頃以上，京朝官減三年磨勘，幕職官與循資，令録及合入令録人與兩使職官，判司簿尉與初等職官，内合守選者仍與免選。三〔百〕頃以上，京朝官減三年磨勘，選人免選，注家便官，合免選者與指射優便官。二百頃以上〔八〕，京朝官減一年磨勘，選人並與免選，合免選者與指射家便官。百頃以上，理爲勞績。若只是興修、開墾近歲損壞陂圩、溝河、荒田之類，比附上條頃畝爲第一等酬奬〔九〕。若功利殊常，自從朝廷旌擢。其已係創置增修功利及民者〔一〇〕，委官司常行葺治，如至廢壞，並當降黜。」

五年正月，兩浙轉運副使俞希旦言〔一一〕：「伏覩朝廷興修天下農田水利，此萬世之長圖。其間有昔日溝港，而今爲田畝，疏導水患，須至開決。緣未有條約，竊慮官吏有便廢民田爲溝港，致侵於民；亦有可以疏鑿，而未敢以興工，致利害有所未盡。欲乞應興水利處，有合開決民田者，即以官田計其頃畝撥還田户；如無田可撥，即計田給直。」詔

〔一〕農：原脱，據《長編》卷二一八補。
〔二〕「占」下原有「以」字，據《長編》卷二一八删。
〔三〕若：原作「人」，據本書食貨六一之九八改。
〔四〕牧：原作「收」，據本書食貨六一之九八改。
〔五〕日：原脱，據本書食貨六一之九九補。
〔六〕牧：原作「地」，據本書食貨六一之九九改。
〔七〕佃：原作「田」，據本書食貨六一之九九改。
〔八〕百：原脱，據本書食貨六一之九九補。
〔九〕爲第一等酬奬：本書食貨六一之九九作「加一等酬奬」，似皆不合理。本條所述之功勞應低於上條之功勞，因之似當云「降一等酬奬」。
〔一〇〕係：原作「能」，據本書食貨六一之九九改。
〔一一〕「運」下原衍「司」字，據本書食貨六一之九九删。

送司農寺，遂移兩浙轉運、提舉倉司看詳〔一〕：「所請爲利。尚慮將來法行之後，州縣不 24 計田土肥瘠高下，一例以步畝準折撥還，或虧損百姓。欲立關防，其給還民田之時，州縣並須依色額支撥官田，不得將瘠薄不堪耕佃田土，只以步畝抵數還民。內官田雖比元田薄而堪耕佃，有願請者，即兩倍其直，紐計步數，準折撥還。」從之。

五月十八日，詔：「應人户見耕占古迹陂塘地土，如可興修澆灌，委實利便，其所占地土始係祖業，即依鄉原例支給價錢收買，除破省税。如地內見有墳墓、舍屋，仍量給還葬〔二〕、拆修功錢。係請射者，即與破税。如施功開壅，量給功直。以上合支錢，并合修斗門木石，如食利人户物力出辦不及，即許於常平倉官錢內支破。仍令提、轉、倉司，候相度得利便，即先具澆灌頃畝及合用人功物料、諸般支費錢物實數，保明聞奏。」

十九日，提舉京西常平等事陳世修言：「乞於唐州石橋河南北岸壘石爲馬頭〔三〕，造虹橋架過河道，於橋梁下挖透槽橫絶過河〔四〕，引水入東、西邵渠〔五〕，灌注九子等十五陂，則二百里之間，終冬水利均浹。」詔知唐州蘇涓覆視，如實，即委世修提舉創造。

十一月十七日，權發遣都水監丞周良孺言：「奉詔相度陝西提舉常平楊蟠所議洪口水利。今與涇陽知縣侯可等相度，欲就石門創口引水〔六〕，入侯可所議鑿小鄭泉新渠，與涇水合而爲一〔七〕，引水並高隨古鄭渠南岸。今自石門以北已開鑿二丈四尺，此處用堰約起涇水入新渠行，可溉田二萬餘頃。若開渠直至 25 三限口，合入白渠，則其利愈多，然慮功大難成。若且依可等所陳〔八〕，迴洪口至駱駞項合白渠〔九〕，行十餘里〔一〇〕，雖溉兩旁高阜不及，然用功不多。既鑿石爲洪口，則經久無遷徙之弊。若更開渠至臨涇鎮城東，就高入白渠，則水行二十五里，灌溉益多。或不以功大爲難成，遂開渠直至三限口五十餘里，下接耀州雲陽界，則所溉田可及三萬餘頃。雖用功稍多，然獲利亦遠。」詔用良孺議，自石門創口至三限口，合入白渠興修。差蟠、可提舉，又令入內供奉官黃懷信乘驛相度功料〔一一〕。先是，上問鄭渠利害〔一二〕，王安石曰：「此事正與唐州邵渠事相類，

〔一〕提舉倉司：疑當作「提刑、倉司」。「倉司」即提舉常平司之省稱，轉運、提刑、提舉三者爲一路監司，下條云「提、轉、倉司」是也。
〔二〕還葬：似當作「遷葬」。
〔三〕河：原脱，據《長編》卷二三三補。
〔四〕挖：原作「柱」，據《長編》卷二三三改。
〔五〕西：原脱，據《長編》卷二三三補。
〔六〕水：原脱，據《長編》卷二四〇補。
〔七〕「與」原作「南」，「合」下原有「西」字，據《長編》卷二四〇改刪。
〔八〕所：原作「新」，據本書食貨六一之一〇〇、《長編》卷二四〇改。
〔九〕洪口至駱駞項合白：原無，據《長編》卷二四〇補。
〔一〇〕餘：原脱，據《長編》卷二四〇補。
〔一一〕相：原脱，據《長編》卷二四〇補。
〔一二〕問：《長編》卷二四〇作「閲」。

從高瀉水〔一〕，決無可慮。陛下若捐常平息錢助民興作，何善如之！」上曰：「縱用內藏錢，亦何惜也。」初，宰相王安石奏事，因陳天下水利極有興治處，民間已獲其利。上曰：「灌溉之利，農事大本，但陝西、河東民素不習此。今既享其利，後必有繼爲之者。然三白渠爲利尤大，兼有舊迹，自可極力興修。大凡疏積水，須自下流開導，則畎澮易治，《書》所謂『濬畎澮距川』者是也。」

十二月二日，又詔：「應有開墾廢田、興修水利、建立隄防、修貼圩垾之類，工役浩大，民力所不能給者〔二〕，許受利人户於常平倉係官錢斛内連狀借貸支用，仍依青苗錢例作兩限或三限送納，只令出息二分。如是係官錢斛支借不足，亦許州縣勸誘物力人出錢借貸，依鄉原例出息，官爲置簿，及時催理。」

〔六年十二月〕四日〔三〕，權發遣河北西路提刑公事李南公言相[26]度撲樁口添灌東塘等〔四〕，詔閻士良專督修。先是，滄州北三堂等塘泊爲黄河所注，其後大河改道，而泊遂淤澱。程昉嘗請開琵琶灣，引黄河水灌之，其功不成。士良建言堰絶御河，引西塘水灌之。今從其請。

〔五年〕十二月十八日〔五〕，提舉淮南西路常平倉司言：「濠州鍾離長安堰、定遠縣楚漢泉二堰水利至博，積年湮廢。乞依宿、亳、泗州例，賜常平錢穀，春初募人興修。」詔楊汲覆視，如可興，即本司官提舉。

六年五月二十三日，提舉兩浙興修水利郟亶追司農寺丞，送吏部流内銓，仍罷修兩浙水利。初，亶言蘇州水利，具書與圖，以爲：「環湖之地稍低，常多水；沿海之地稍高，常多旱。故古人治水之迹〔六〕，縱則有浦，橫則有塘，又有門、堰、涇、瀝而碁布之，亶所能言者總二百六十餘所。今欲畧循古人之法〔七〕，七里爲一縱浦，十里爲一横塘，又因出土以爲堤岸，用度二千萬夫。水治高田，旱治下澤，要以三年，而蘇之田畢治矣。」朝廷始得亶書，以爲可行，遂除司農寺丞，令提舉興修。工役既興，而民以爲擾。會呂惠卿被召，言其措置乖方，又違先降朝旨，故有是命。

六月十六日，命太子中允、集賢校理、檢正中書刑房公事沈括相度兩浙路農田、水利、差役等事。

八月二日，檢正中書刑房公事沈括辟官相度兩浙水利。上曰：「此事必可行否？」王安石等曰：「括乃土人，習知其利害，性亦謹密，宜不敢輕舉。」上曰：「事當審計，

〔一〕瀉：原作「寫」，據《長編》卷二四〇改。
〔二〕民：原脱，據本書食貨六一之一〇〇補。
〔三〕六年十二月：原無。按，據原稿，「四日」承前乃熙寧五年十二月四日，然《長編》卷二四八記於熙寧六年十二月四日癸酉，本書兵二八之一三亦繫於六年十二月四日。此當是《大典》録自他處，脱去年月，誤插於此，今添年月。
〔四〕西：原作「兩」，據本書食貨六一之一〇〇改。樁：原作「椿」，據《長編》卷二四八、卷三一三改。
〔五〕此條仍爲五年事，見《長編》卷二四一。
〔六〕治：原作「沿」，據《長編》卷二四五改。
〔七〕古：原脱，據本書食貨六一之一〇〇、《長編》卷二四五改。

無如郟亶妄作，[27]中道而止，爲害不細也。」

三日，三司言：「淛西諸州水患久不疏障，隄防川瀆多皆堙廢。今若一出民力，必難成功。乞下司農，貸官錢，募民興役。」從之。

七年四月八日，檢正中書刑房公事沈括（言）：「先奉朝旨，許支兩浙陂湖等遺利錢興修水利。近勘會本路先管遺利錢額，及再差官根究，興修見未周徧，已見貫萬不少。竊見兩浙荒廢隱占，遺利尚多，及温、台、明州以東海灘塗地，可以興築堤堰，圍裹耕種，頃畝浩瀚，可以盡行根究修築，收納地利，將來應副水利，養雇人夫，及貼支吏禄，免致侵耗免役及係省錢物。雖曾差官勾當，緣不在本路，無人應副。欲乞特降朝旨，選委官吏，仍乞優立獎勸之法。」詔宜令沈括選委官吏勾當，仍立獎勸之法以聞。

八月九日，中書門下[28]言：「諸處見差官吏舉人擘畫興修農田水利，未見奏到興修次第及結絶了當。」詔令司農寺條析以聞。寺司勘會：「府界諸縣荒閑地土，召人開種稻田，并陳、許州溉田，及兩浙、永興軍等路水利，河中府同、解等州淤田，回移洪口等，已相度并已、未興修次第，係差官員舉人管勾去處。」詔令司農寺常切點檢催促。

九月一日，臣僚上言：「伏見朝廷近年廣興工利，頗有不實，互相隱蔽，未經考察。欲乞令司農寺晝具已興過功利，中書置籍拘管〔一〕，間或選官計會，逐路監司指名按驗，具的實事狀連書結罪聞奏。其不實之人并元保明官司，並乞重寘于法，以戒欺罔。」詔：「應已興修水利，宜令司農寺置簿拘管。如朝廷差官出外，即本寺申中書〔二〕，令取索，因便體訪。如有不實不當，即按驗詣實以聞〔三〕。」

十月十三日，以皇城使、端州刺史程昉遥領達州團練使。昉治滹沲河，議者争出所見，謂非利，昉確不移。既而水行，人便之。上嘉焉，進官以賞之。

八年五月二十五日，右班殿直、勾當修内司楊琰言：「開封、陳留、咸平三縣種稻，乞於陳留縣界舊汴河下口，因新舊二堤之間修築水塘，用碎甓築成虛堤五步以來，取汴河清水入塘灌溉。」詔琰管勾，罷勾當修内司，依舊兼巡護惠民、蔡河、京、索、金水河斗門、堤岸、河道，令開封府界提點司提舉，俟灌溉有實，保明以聞。

九月二十三日，詔：「諸當職官申請興修農田水利，謂開修陂[29]塘溝河，導引諸水淤溉民田，或貼堤岸、疏決積潦，永除水害，或召募開墾久廢荒田之類委堪耕種者，並先具利害，功料申提舉司，體訪詣實，差官檢覆。功利大者，知州交職事與以次官，親行檢驗。俟興修畢，委本縣次第保明，申提舉司。本司選差别州縣官覆按，保明申本司，本司保明申寺〔四〕。如元係監司、提舉司官擘畫，即本司申

〔一〕中：原作「申」，據本書食貨六一之一〇一改。
〔二〕書：原作「令」，據本書食貨六一之一〇一改。
〔三〕詣：原作「指」，據本書食貨六一之一〇一改。
〔四〕寺：原作「等」，據本書食貨六一之一〇二改。

寺，差鄰路官計會本州縣官共覆按，保明申寺。千頃與第一等酬獎，七百頃〔與〕第二等，五百頃與第三等，三百頃與第四等〔一〕，一百頃與第五等。若擘畫而不曾監修，及監修而元非擘畫，并堙塞廢壞不滿二十年而由舊功完復者〔二〕，各降一等。其數少未應賞格者，委提舉司保明給公據，以任計酬獎。其功利殊常者，申寺奏裁。」

九年正月二十五日，中書門下言：「相度淮南東西路水利劉瑾言：『體訪得〔楊〕〔揚〕州江都縣古鹽河、高郵縣陳公塘等湖、天長縣白馬塘、沛塘、楚州寶應縣泥港、射馬港、山陽縣渡塘溝、龍興浦、淮陰縣青州澗、宿州虹縣萬安湖、小河子、壽州安豐芍陂子等可興置〔三〕。』今欲除古鹽河、萬安湖、小河子已令司農寺結絶，餘下逐路轉運司選官覆按施行。如本路職司有妨礙，即委別路選官。」從之。

七月二十八日，罷程昉同管勾外都水監丞，令都大制置河北河防水利，並依制置屯田使例施行。續詔更不別置司，其職事並依外都水監丞例施行。

八月二十四日，權判都水監程師 30 孟言：「臣昔提點河東刑獄，兼河渠事，本路多土山，旁有川谷，每春夏大雨，水濁如黃河。礬山水俗謂之天河水，可以淤田。絳州正平縣南董村旁有馬壁谷水，勸誘民得錢千八百緡，買地開渠，淤瘠田五百餘頃。其餘州縣有天河水及泉源處〔四〕，開渠築堰，皆成沃壤。凡九州二十六縣，興修田四千二百餘頃，并修復舊田五千八百餘頃，計萬八千餘頃〔五〕。嘉祐五年畢功，攢成《水利圖經》二卷，付州縣遵行，迨今十七年。聞〔南〕董村田畝舊值兩三千，所收穀五七斗，自淤後，其直三倍，所收至三兩碩。今權領都水淤田，竊見累歲淤變京東西鹹鹵之地，盡成膏腴，爲利極大。尚慮河東路猶有荒瘠之田〔六〕，可引天河淤溉。乞委都水監選差官往，與農田水利司并逐縣令佐檢視，有可淤之處，具頃畝功料以聞。俟修畢，差次酬賞。」從之。於是奏遣都水監丞耿琬主管淤河東路田〔七〕。

神宗元豐元年四月十九日，詔興水利，聽民户貸常平錢穀。詳見「農田」門。

六月七日，京東路體量安撫黃廉言：「本路被水後，乞勑有司檢計溝河，候豐熟，令所屬調丁夫濬治。梁山、張澤兩濼累歲填淤，浸損民田，亦乞自下流濬至濱州。」從之。

開濬溝河，令都水監遣官同轉運司檢視工料。

十四日，詔：「聞近畿路有苦雨處，令開封府界提點司督諸縣開畎積水，具退出民田次第以聞。京東、西路州軍

〔一〕第：原脱，據本書食貨六一之一〇二補。
〔二〕由：原作「田」，據本書食貨六一之一〇二改。
〔三〕可興置：原脱，據《長編》卷二七二補。
〔四〕其餘：原脱，據《長編》卷二七七、《宋史》卷九五《河渠志》五補。
〔五〕萬八千：據前兩項數字相加，似當作「萬八十」。
〔六〕猶有：原脱，據《長編》卷二七七補。
〔七〕主管：《長編》卷二七七作「管勾」。

委轉運司施行。」

三年七月十二日，詔：「前永興軍等路察訪 31 使李承之，前知司農寺丞莊公岳〔一〕、前提舉常平倉沈披、蔡朦〔二〕，轉運判官章楶、楊蟠，各展磨勘三年〔三〕；提點刑獄李南公，轉運使趙瞻展二年；前轉運使張詵、楚建中各贖銅二十斤。」坐保明修永興洪口不當也。

六年十二月二十一日，尚書户部狀：「新權提舉成都府路常平等事韓玠言唐州泌陽縣界馬仁陂遺利，乞下京西南路提舉司相度。」從之。

七年三月三十日，知相州滿中行言〔四〕：「林慮縣南修合澗河水以濟民，用功既久〔五〕，又有孟皃等村鑿井取水十年〔六〕，百八十尺不及泉，民以爲勞而無功，寧遠行汲水。以初奉朝旨，未敢罷。」詔罷之。

32 徽宗崇寧三年十月二十三日，臣僚言：「元豐官制，水部掌川瀆河渠凡水政。」詳立法之意，非徒爲穿塞開導、修舉目前而已，天下水利，凡當興修者，皆在所掌。宜發明之，以告于上，在今尤急。如浙右積水比連，震澤泛溢，渰浸田廬，未有歸宿。此類利害，最宜講明，而未之及者也。願申飭水部及當職官，推廣元豐修明水政，凡當興修，悉究利害，條具以聞。」從之。

大觀四年十月一日，户部言：「提舉兩淛路常平司奏：『乞詔諸路常平司，專委守令詢考古迹，應瀦水之地立堤防之限，置籍拘管，俾公私無得侵占。凡民田不近水處，署倣《周官》遂人、稻人溝防之制，使合衆力而爲之。』看詳：欲下諸路提舉司，詳此丁寧州縣，常切檢舉相度，依詳敕條施行。」從之。

政和元年三月十四日，詔：「近因陳仲宜等言：諸路湖濼、池塘、陂澤緣供贍學費，增收遺利，縱許豪富有力之家薄輸課利占固，專據其利，馴致貧窶細民頓失採取蓮荷、蒲藕、菱芡、魚鱉、蝦蜆、螺蚌之類，不能糊口營生。若非供納厚利於豪户，則無繇肯放漁採。兼遇時雨稍愆，即成災傷，蠲除租課，遺棄地利，因被阻飢。推究始終，爲患頗大，理合改更，令檢會行下諸路。」先是，荆湖北路提點刑獄公事陳仲宜奏：「本路州縣將久來衆共灌溉食利陂湖，一槩比附坊場，令人户買撲，收錢以助學費，致妨人户灌溉及細民食利，爲害不細。已牒諸州并提舉學事司依法 33 改正施行去訖。竊慮諸州不便施行，望降睿旨。」又提舉淮南西路常平等事李西美奏：「蘄州等處沿江湖池不少，自來係衆人採取，小民所賴。向緣縣學支費，令人户請佃出課。

〔一〕莊公岳：原作「莊岳」，據《長編》卷三〇六補。
〔二〕蔡：原作「察」，據本書食貨六一之一〇三及《長編》卷三〇六改。
〔三〕展：原作「碾」，據本書食貨六一之一〇三及《長編》卷三〇六改。
〔四〕滿中行：原作「蒲中行」，據《長編》卷三四四改。
〔五〕久：原作「及」，據《長編》卷三四四改。
〔六〕「又」原作「人」，「村」原作「料」，據《長編》卷三四四改。

欲依已得指揮改正。」故有是詔。

二十一日，詔：「弛陂湖塘濼之禁，依元豐舊法，與衆共利，聽其汲引灌溉，及許瀕水之民漁採，以資生計。所有創許人户作遺利斷撲，供納課利以助學費，可改正不施行。今後更不許人陳乞斷佃請射。監司常切覺察，如有違犯，糾劾以聞。」

十月二日，臣僚言：「蘇、湖、秀三州並江，積水歲爲患，故須圩岸以障。越州有鑑湖租三十萬，法許興修水利支用。乞令本路提舉常平司委三州令佐相視，創立圩岸，工用之費，取足於鑑湖錢糧。」從之。

四年二月十五日，工部言：「前太平州軍事判官盧宗原請開修自江州至真州古來河道湮塞者凡七處，以成運河，入浙西一百五十里，可避一千六百里大江風濤之患。凡用夫五百二十六萬一千一百七十五工，米五萬七千八百三十五碩。又可就土興築自古江水浸没膏腴田〔一〕，自三百頃至萬頃者凡九所，計四萬二千餘頃，其三百頃以下者又過之。乞依宗原任太平州判官日已興政和圩田例，召人户自備財力興修，更不用官錢糧。仍依府畿見行興修水利法，不限等第，許請佃，歲約得官租一百餘萬貫碩。若朝廷專遣官總核興修，衆工並舉，一年之間，可 34 見成効。」詔差膳部員外郎沈鏻同本路常平官相度措置，仍差盧宗原充幹當公事。

三月二十日，膳部員外郎沈鏻奏：「奉詔相度措置江、淮、兩浙路開修運河、興築圩田。據幹當公事盧宗原狀：合開修河路係官司措置外，有可興圩田係涉江、淮、兩浙三路〔二〕。已曾申明，乞依都畿見行興修水利法，不限等第，許人户請佃，情願隨力各借錢米。慮人户不知今來朝廷許令請佃，若相度措置得有合修地（上）〔土〕去處，即乞先次令逐處官司散出榜示，告諭人户送納投狀，理定名次。至興修有日，令人户送納興修錢糧，成田日，依次給佃〔三〕。」從之。

五月二十三日，京西轉運副使張徽言言〔四〕：「二浙雖遇豐歲，蠲除税賦不下三四十萬碩，皆隄防不修，溝洫不濬。欲申敕所屬監司督責州縣，各審視境内合興修隄防溝洫，以利害大小急緩爲先後，具圖狀先申朝廷，逐時檢舉催督，接續興修。雖農田水利隸常平司，乞轉運司同共催督。」從之。

六年八月四日，尚書省言：「平江府司户曹事趙霖相度，平江府積水舊有三十六浦，導其水歸于江海，又爲之

〔一〕土：原作「工」，據《宋史》卷九六《河渠志》六改。
〔二〕三：原作「水」，據本書食貨六一之一〇四改。
〔三〕佃：原作「田」，據本書食貨六一之一〇五改。
〔四〕下「言」字原脱。按張徽言爲人名，大觀、政和中任京西轉運副使，見本書禮三四之四、《宋史》卷一七四《食貨志》上二、又卷三四八《石公弼傳》，據補。

閘，以導積水[一]，今堙塞殆盡。措置當興修并置閘等，共用役夫一千七百五十六萬五千餘工，錢一百四萬二千餘貫，米五十二萬六千餘石。又發運副使應安道委官相視，港浦六處堙塞，合行先開，共役夫二百八十萬八千餘工，合用錢糧二十四萬七千餘貫碩。秀州華亭縣欲 35 並循古法，盡去諸堰，各置小斗門。常州、鎮江府、望亭鎮，合依舊置閘。」詔劄與趙霖相度，保明聞奏。

十六日，鴻臚卿王仲薿奏：「兩浙積水之地多是民田，止因興築圍岸苟簡滅裂，歲時風水衝蕩瀰漫，遂成陂湖。望朝廷選差有風力人，專行計置興築圍岸。其所差官據圍裹過田數多寡，特與推恩，庶幾激勸。」詔送趙霖施行。

十月六日，新差權發遣提舉兩浙路常平等事趙霖言：「奉詔相度平江府積水，其諸路監司、州縣承受備坐前項指揮，如有稽緩，因致闕悞去處，欲乞以違制論。合用錢米，踏逐到越州鑑湖封樁米，欲乞支撥一十萬石，并借支本路諸州常平本錢一十萬貫文[二]；如闕，則以常平米及常平封樁錢貼支。并乞降空名度牒二千道，承信郎、承節郎、將仕郎官誥各五十道，其命詞並令以『興修水利』爲名，別立價直。將逐浦合用工料，召有力人户出備錢米，官爲募夫，監部開修，或一户數户管一浦。候畢工日，計實用錢米紐直給空名，許令變賣書填，召募出賣，不得抑勒。仍不依進納出身人例，以爲勸誘之方。今來措置興修積水，開浦置閘，並在平江府界内。欲乞權就本府置局，以『提舉措置興修水利』爲名。其差辟到官吏居泊、供給、人從，仍令並就平江府應副[三]。工作日，應閘匠每人別給工錢一百文、米三升。」詔並依所奏施行。

十二月四日，提舉兩浙路常平等事、兼提舉措置興修水利趙霖奏興 36 修水利未盡事：「湖、常、秀三州見行方田去處，候興修水利稍見就緒日施行，庶使數州之民悉力以成大利。批降依奏指揮支撥越州鑑湖封樁錢米。佗司別有陳請支撥，欲乞許臣執奏。及開浦置閘、雇募夫力，縣分知、佐，自十一月止二月，諸司不許差出。」從之。

七年正月二十日，臣僚言：「趙霖興役治水，蘇、杭等州去歲災傷疾疫，民力正宜休息。」詔罷役，霖別與差遣。

七月六日，提點京畿刑獄公事王本奏：「前任提舉京畿常平日，根括諸縣天荒瘠鹵地，開修水田，引水種稻，逐年所收土利不少。將引水不利之地一萬二千餘頃，並置圖籍拘管，入稻田務，召人承佃。數内已佃五千三百餘頃，蒙朝廷立定賞格，已足激勸。尚慮逐縣令佐不切奉行，却致荒廢，欲乞朝旨比附鹽事司開墾鹻地賞格推賞。」詔依，申明行下。

宣和元年二月十四日，臣僚言：「訪聞江淮荆漢間荒

[一] 導：原作「遵」，據本書食貨六一之一〇五改。
[二] 路：原脱，據本書食貨六一之一〇五補。
[三] 仍令並就：本書食貨六一之一〇五作「並令仍就」，義長。

瘠彌望，率古人一畝十鍾之地，其堤閼、水門、溝澮之迹迤邐猶存，而郡縣恬不以爲意。近絳州百姓呂平等詣御史臺披訴，乞開濬熙寧舊渠，以廣浸灌，情願加税一等。則是近世陂池之利且廢矣〔一〕，何暇議復古哉！欲詔常平使者，有興修水利功効明白，則亟以名聞，特與褒除，以勵能者。」從之。

三月二十三日，詔直祕閣、提舉兩浙路常平趙霖降兩官，以增修水利不當故也。

六月七日，詔：「比遣趙霖措置興修吳浙水利，霖召募被水艱食之民，37凡役工二百七十八萬二千四百有奇，開一江、一港、四浦、五十八瀆，已見成績。霖可陞職一等，仍復所降兩官。」其後十月十日，詔趙霖差辟到水利官屬，具等第、職位、姓名聞奏，當優與推賞。

八月二十四日，提舉專切措置水利農田所奏〔二〕：「浙西諸縣各有陂湖、溝港、涇浜〔三〕、湖濼，自來蓄水灌溉，及官私舟船往還。今欲就委打量官遍詣鄉村檢踏，應有似此去處，打量並見丈尺、四至、著望，用大石碑雕鐫地名〔四〕、丈尺、四至，以《千字文》爲號，於界省分明標識。仍曉示地分食利人户常切照管〔五〕，無令損動、堙塞、請占。縣別置簿拘收。縣尉遇下鄉檢察，如有堙塞，即時開濬。」從之。

三年二月一日，詔：「越州鑑湖、明州廣德湖自措置爲田，下流堙塞，有妨灌溉，致失陷常賦。又請(田)〔佃〕人多是新舊權勢之家，廣占頃畝，公肆請求，兩州被害民户例多流徙。仰陳亨伯體究詣實，如所納租税過重，即相度減免，立爲中制。應妨下流灌溉處，並當弛以與民。令條畫圖上取旨，毋得觀望滅裂。」

三月十九日，詔：「江南路官私圩埠，有司希功妄作，或輒將上流閉塞，致下流無水灌溉；或壅遏無所發泄，致鄰左例遭水患。及有元供頃畝數多，後來實數不及，輒敷與民户，或勒令等第承佃，或抑配倍納租賦，因此多致民户流徙。可限十日改正。見妨民户灌溉及擁遏無發泄者，所屬監司相度措置，或弛以予民；所輸税賦，比附鄰近，立爲永制。如尚38(教)〔敢〕營私觀望，許民户越訴，當議重行黜責。」

五年五月四日，臣僚言：「鎮江府練湖與新豐塘地里相接八百餘頃，灌溉四縣民田，每歲春夏雨水漲滿，側近百姓引灌田苗，縱秋無雨，亦不虞旱。漕河水淺，湖水灌注，是以一寸益河一尺，其來久矣。今湖堤四岸多有損缺，春夏不能貯水，纔至少雨，則民田便稱旱傷。縣官又禁止民間不得引湖水灌田，且以益河爲務，故丹陽等縣民田失於灌溉，虧損税賦。欲令食利縣分候農隙日，次第補葺隄

〔一〕世：原脱，據本書食貨六一之一〇六補。
〔二〕奏：原脱，據本書食貨六一之一〇六補。
〔三〕浜：原作「洪」，據《宋史》卷九六《河渠志》六改。
〔四〕碑：原作「牌」，據本書食貨六一之一〇六改。
〔五〕管：原脱，據本書食貨六一之一〇六補。

防。」詔本路漕臣并本州縣當職官詳度利害，檢計合用功料以聞。

七年九月二十二日，詔以徽猷閣待制、知江寧府盧襄爲顯謨閣直學士，江東路提點刑獄、常平官各轉一官。以能奉詔體國，罷丹陽、固城、石臼三湖爲圩田，及言開銀林河事爲不急之務，切中時弊也。

【食貨志】

39 哲宗元祐六年閏八月四日，知杭州林希言：「太湖積水未退，爲蘇、湖大患。乞專委監司躬詣瀕海泄水處相度開決，庶使積水漸退，民田復出，流移歸業。」詔左朝奉郎邵光與本路監司同導積水。

元符元年二月十六日，工部言：「河北屯田司令塘水深淺季申尚書工部。今後塘泊，州軍率於孟月保明所管地分塘水增減尺寸，徑報屯田司。候到，差官檢覆，本司于仲月審察，詣實保奏，仍具申本部。」從之。（以上《永樂大典》卷一一一〇七）

【宋會要·食貨志】〔一〕

40 欽宗靖康元年三月一日，臣僚言：「東南地瀕江海，舊有陂湖蓄水，以備旱歲。近年以來，盡廢爲田，澇則水爲之增益，旱則無灌溉之利，而湖之爲田亦旱矣。民既承佃，無復可脱，租税悉歸御前，而漕司暗虧常賦，多至數百萬斛〔二〕，而民之失業者衆矣。乞盡罷東南廢湖爲田者，復以爲湖。」詔令逐路轉運、常平司計度以聞。（以上《續國朝會要》）

高宗紹興元年九月七日，三省言：「宣州、太平州圩田歲入租課浩瀚，近緣賊馬蹂踐〔三〕，掘破圩岸，及佃户逃亡未歸，荒閑甚多。」詔：「令逐州守臣將缺壞圩岸疾速措置，如法修治，人户耕種。內合用工料〔四〕，並見佃貧乏無力人户，並許取撥常平錢米量行應副，及借貸支使。」

二年正月一日，詔：「宣州、太平州見修治圩田，逐州當職官能趁時興修了當，將來收租税及〔五〕，選人改合入官，京官轉一官，更減二年磨勘。如過期違慢，仰提刑司具名按劾，官取旨重行勒停，人吏決配。」

（十）二月三日〔六〕，知太平州張錞言〔七〕：「本州管下公私荒閑水田甚多，今欲廣行召募，修圩開墾。其糧種，據所佃頃畝多寡立法，官中量爲借貸。候至秋米成熟，將所借

〔一〕原稿又有旁批「水利三」，此爲《大典》卷一一一〇八之事目。

〔二〕至：原作「致」，據本書食貨六一之一〇七改。

〔三〕緣：原作「緩」，據本書食貨六一之一〇七改。

〔四〕用：原脱，據本書食貨六一之一〇七補。

〔五〕「及」下疑脱一字。

〔六〕二月：原作「十二月」。按，此前後數條皆言太平州農田水利事，前爲正月，後有三月，不應此條遠隔於十二月。且據本文有「候至秋米成熟」語，故張錞言事必在上半年。再據《建炎要録》卷五三所記，張錞已於本年閏四月一日犯事銜替。綜合上述情況，「十二月」當爲「二月」之誤，因删「十」字。

〔七〕「州」原作「府」，「錞」原作「鋍」，據本書食貨六一之一〇七改。

物數分料尅還。縣丞或主簿一員專爲勸誘催督，歲終較請佃之數，以其多者乞行推賞。仍欲踏逐指差大小使臣兩員充本州准備使喚，幹辦農田事務。」從41之。

十六日，詔：「太平州諸縣興修圩岸錢米及借貸人户種糧，令於宣州常平義倉等米内取撥一萬石。仍令太平州認數，候將來圩地收成日，却行撥還。」

二年三月二十七日，都省言：「太平州、宣州圩田，累降指揮專委太平州守臣張錞〔一〕、宣州通判樊滋，同本路漕臣、提刑司併工修治。尚慮不切用心，理當專責帥臣提總其事。」詔專委李光。

〔三〕〔二〕年三月二十九日〔二〕，紹興府上虞令趙不摇言：「本縣所管夏蓋等湖一十三處，自廢湖爲田，租米皆屬御前，省税即隸户部。官吏知有湖田數千碩之利，而不知奪此水利，檢放省税，歲乃至萬碩。建炎以後，湖租盡入户部，然未之廢，廢之誠便。」吏部侍郎李光言〔三〕：「一方利病，莫甚於湖田。大抵湖高於田，又高於江海，水少則泄湖水入田，水多則泄田水入湖，故無水旱之歲、荒廢之田也。自政和以來，樓异知明州，王仲嶷知越州，内交權臣，專務應奉，將兩郡陂湖廢爲田，澇則增溢不已，旱則無灌溉之利，而湖之爲田亦旱矣，百姓失業者不可勝計。望下轉運司，比較自興湖以來所失常賦，與湖田所得孰多孰少，檢會祖宗條法，應東南〔諸〕郡自政和以來以湖爲田者，復以爲湖。」詔户部、工部看詳。本部言：「昨據紹興府上虞縣丘襄等狀稱：靖康元年三月内降指揮，盡罷東南廢湖爲田者復以爲湖，令逐路轉運等司同共相度利害聞奏。乞先次廢罷本縣夏蓋湖田。遂行下42兩浙提刑司施行。去後雖據本司申到因依聞奏，當時緣未見靖康間轉運司曾如何相度具奏，有無畫到指揮，再下提刑司從長相度，申部未到。」詔令張守限三日相度，具經久的確利害以聞。

五月十日〔四〕，知紹興府張守言：「被旨，令相度上虞、餘姚兩縣湖田復廢爲湖經久利害以聞。守契勘民户所納苗米，較兩年號爲豐熟，但秋夏雨水稍不應時，其減放之數以湖田所收補折外，官中已暗失米計四千二百餘碩，民間所失當復數倍。今相度，先將餘姚、上虞湖田復廢爲湖，委是經久有利無害，伏望早賜施行。」詔依，仍乞自紹興三年正月爲始〔五〕。

---

〔一〕錞：原作「錞」，據本書食貨六一之一〇七改。

〔二〕二年：原作「三年」。按，《建炎要録》卷五〇紹興元年正月丁卯條注云：「（趙）不搖申到在明年三月庚申。」亦即紹興二年三月二十九日。可知此處「三年」乃「二年」之誤，因改。參下「五月十日」條校記。

〔三〕按《建炎要録》卷五〇記李光此奏於紹興元年十二月四日丁卯，繼云「既而上虞縣令趙不搖以爲便。」是李光奏在前，趙不搖奏在後。據此，此句之前似當添「先是」二字。

〔四〕按，據本條末所云「自紹興三年正月爲始」，又據《建炎要録》卷五四，張守以紹興二年五月二十九日戊子罷知紹興府奉祠，均可證本條爲紹興二年事。

〔五〕「乞」字疑誤或衍。

四月一日〔一〕，詔：「宣州見興修官私圩田，可改委新除守臣李處勵措置，並依樊滋前後已得指揮疾速施行。其樊滋不合專輒工役，限一日分析不奉行因依以聞。」

二日，詔：「江南東路轉運判官陳敏識將宣州見管常平〔二〕、義倉并惠民圩租米一萬九千七百餘碩〔三〕，於内支撥一萬三千碩與太平州外，餘數撥付宣州，並專充貸借圩田民户使用，同所委守臣疾速勸民耕佃〔四〕。」

（四）〔三〕年二月八日〔五〕，兩浙西路宣諭胡蒙言：「乞行下兩浙諸州軍府，委官相度管下縣分鄉村，勸誘有田産上、中户量出工料，相度利害，預行補治堤防圩岸等，以備水患，庶免將來有害民田。」詔劄與本路轉運司相度施行。

九月二十二日，太平州言：「當塗縣管下舊有路西湖，傍有跋聳港，係通宣、徽州界。每[43]遇春夏，山水泛漲，自港入湖，出海塘港，入本州姑溪河，通出大江，所以諸圩無水患。止因政和二年本州將路西湖興修作政和圩，自後山水無以發泄，遂致衝決圩埠，損害田苗。乞廢田，依舊開掘爲湖。」户部下本路轉運、提刑司同共相度，逐司言決圩爲湖，委是經久利便。從之。

五年閏二月二日，江南東路轉運司言：「契勘太平州管下當塗、蕪湖、繁昌等三縣圩田，所收租米萬數浩大。因去歲春夏雨水連綿，江湖泛溢，衝決圩岸，已蒙朝廷支降到圩米一萬碩應付，見行修築。欲依紹興二年正月内指揮推恩，庶幾有以激勸。」從之。

四日，知湖州李光言：「自壬子歲入朝，首論明、越州廢湖爲田之害〔六〕，蒙獨罷餘姚、上虞兩邑湖田。其會稽之鑑湖、鄞之廣德湖、蕭山之湘湖等處，其類甚多，州縣官往往利爲圭田，頑猾之民因而獻計，侵耕盜種，上下相蒙，未肯盡行廢罷。竊謂二浙每歲秋租，大數不下百五十萬斛，蘇、湖、明、越，其數太半，朝廷經費之源，實本於此。伏望專委漕臣遍行郡邑，延問父老，考究漢、唐之遺制，檢舉祖宗之成法，應明、越湖田盡行廢罷。内有積菱葑淺澱去處，許於農隙量差食利户旋行開撩，稍假歲月，盡復爲湖。」詔逐路轉運限半月躬親前去相度利害，申尚書省。

六年九月二十三日，温州進士張頠言〔七〕：「今歲旱

〔一〕按，下條言江東運判陳敏識，考《建炎要録》卷四八、卷六三，陳敏識以紹興元年十月二十八日辛卯除江東運判，至三年三月二十九日甲申被黜，則此二條仍爲紹興二年事，且當移前。

〔二〕轉運判官：原作「轉判運官」，據本書食貨六一之一〇八乙。

〔三〕米：原脱，據本書食貨六一之一〇八補。

〔四〕所委：原無，據本書食貨六一之一〇八補。

〔五〕三年：原作「四年」。按，據《建炎要録》卷六〇、卷六六，胡蒙以紹興二年十一月二十二日己卯被命爲浙西宣諭，至三年六月五日戊子還，凡「出使七閲月」。則此條「二月八日」乃三年，而非四年，因改。

〔六〕州：原作「間」，據本書食貨六一之一〇八改。

〔七〕按，此句似有脱誤。張頠僅一進士，不可能直接上奏，審下文之語氣，亦非張頠上言。據《建炎要録》卷一〇五載，張頠率鄉人築陂溉田，知温州章誼上其事於朝，乃召張頠赴都堂審查。下文正是章誼上言之語氣。疑此句「張頠」下有脱文。

凶，逮此窮冬，民食已艱，惟水利一事可行於此時。今已孟春農隙，乘民乏[44]食〔一〕，仍興是役，用以振之，一舉而兩得。本州委瑞安縣主簿同張頠前去集善鄉陶山湖，勸率豪户情願出備穀米，給散貧乏人，同共修築陂塘，蓄水灌溉，因便賑濟小民千餘家，各免饑乏，功効尤著。緣此以近及遠，互相依倣之人頗衆，貧民賴以兼濟，望朝廷特行推賞。」頠召赴行在都堂審察。

七年三月十九日，兩浙西路安撫制置大使、兼知臨安府呂頤浩言：「五代時，馬氏殷。據湖南〔二〕，於潭州東二十里〔三〕，因諸山之泉築堤瀦水，號曰龜塘，灌溉公私一萬餘頃，惠及一方〔四〕。其後堤堰廢壞，經百餘年，有失修治。去年旱災，民皆失食。臣募雇饑民，修成堤岸，以爲久遠之利。今來栽插是時，欲令安撫司於潭州摘挪數百人併力栽插〔五〕，及將來芟除蒿草。」詔令劉洪道疾速措置施行。

五月十二日，詔：「臨安府餘杭縣南、北湖依舊存留，灌溉民田等用，不許輒便出賣。」

十七日，尚書右僕射、都督諸路軍馬張浚言：「勘會興元府、洋州所管渠堰，澆溉民田數目浩瀚，昨自兵火之後，例皆隳壞。今吳玠遣發將兵及委知興元府王俊、知洋州楊從義部押官兵同共修葺，並已就緒。望賜獎諭，並乞降黄榜撫勞將兵。」從之。

二十三日，給事中、兼直學士院胡世將言：「吳玠等能憂國恤民，發戲下之衆以興渠堰，廣灌溉之用，爲富國强兵之資，寬疲瘵遠輸之急，其體國之忠，有足嘉者。臣謂宜因以風厲將帥，使咸知朝廷之意，各務究心[45]興修水利，措畫營田，以省餽運而寬民力。欲望將今來降詔勑牓文，令有司行下諸大帥及統兵官等照會，將王俊、楊從義等特賜旌賞，以爲忠勞之勸。」從之。

八年十一月二日，御史蕭振言：「乞詔親民之官各詢境内之地，某鄉某里凡係陂塘堰埭，民田共取水利去處，咸籍而記之。若從官中追集修治，則慮致搔擾，不若隨其土著，分委土豪，使均敷民田近水之家出財穀工料，於農隙之際修焉，縣官董其大槩而已。仍於縣官罷任之日，書所興修水利若干於印紙，量加旌賞，以勸來者。」詔令户部行下諸路常平司，委守臣措置興修以聞。

九年正月二十一日，利州路提刑司言：「保明到王俊、楊從義、田晟修葺興元府、洋州兩處修到渠堰溉田所增苗税，乞依已降指揮旌賞施行。」詔：吳玠令學士院降詔獎諭，餘各與轉一官，依條回授。

五月二十四日，權發遣明州周綱言：「嘗考明州城西

〔一〕乏：原作「之」，據本書食貨六一之一〇九改。
〔二〕殷：原作小字「名犯廟諱」。按，此乃避宋宣祖弘殷諱「殷」字，今回改。本書食貨六一之一〇九作「僞楚馬殷」。
〔三〕於：原脱，據《宋史》卷一七三《食貨志》上一補。
〔四〕及：原作「民」，據本書食貨六一之一〇九改。
〔五〕數：原無，據本書食貨六一之一〇九補。

十二里有湖名廣德，周回五十里，蓄諸山之水利，以灌溉鄞縣七鄉民田，其利甚廣。自政和八年守臣樓异請廢爲田，召人請佃，得租米一萬九千餘碩。至紹興七年，守臣仇悆又乞令見種之人不輸田主，徑納官租，增爲四萬五千餘碩。臣嘗詢之老農，以爲湖水未廢時，七鄉民田每畝收穀六七碩，今所收不及前日之半，以失湖水灌溉之利故也。計七鄉之田不下二千頃，所失穀無慮五六十萬碩，又不無旱乾之46患。乞還舊物，仍舊爲湖，伏望特賜指揮施行。」詔依，令轉運司疾速措置，申尚書省。

十三年三月二十四日，明州言：「契勘廣德湖下等田畝緣既已爲田，即無復可爲湖之理，不免私自冒種，非惟每年暗失官租三千餘碩，而元佃人户詞訟終無由止息〔一〕。又因緣有争占鬬訟，愈見生事。欲乞依舊爲田，令元佃人户耕種。」從之。

十五年閏十一月九日，差權發遣利州元不伐言：「蜀本魚鳧彭濮之國，土地瘠薄。秦太守李冰鑿離堆，皂水以灌以溉，由是水利之興偏於右蜀〔二〕，遂爲奥區。養民之利，莫大於此。爰從近歲，堰多壞缺，不時營繕〔三〕，爲農之害，莫大於此。賞罰之明，著於甲令，非舉而行之，無以示勸懲。欲望戒飭有司克遵成憲，申嚴殿最，以隆邦本，使無罪歲之憂。」詔委四川宣撫司相度措置。

十六年正月二十一日，知興元府楊政言：「契勘本府山河六堰，澆溉民田頃畝浩瀚。自來春首，隨民户田畝多寡，均差夫力修葺。昨經兵火，民力不足，多因夏月暴水，衝壞堰身。若修葺不如法，遂失一歲之利。今措置，如遇渠堰損壞，民力不足，即於見屯軍兵下等人内量差應副〔四〕，併力修葺。」從之。

〔十九年〕七月二日〔五〕，上諭宰執曰：「平江堤堰不修，歲輸米比舊額虧十萬斛；并臨安西湖，民間灌溉所資〔六〕，其利不細，歲久淤澱。並宜措置修治。」

〔十六年〕十一月〔七〕，前知袁州張成己言：「江西良田多占山崗上，資水利以爲灌溉，而罕作池塘以備旱暵。望47令江西守令，俾務隙時勸督父老相地之宜，講究池塘灌溉之利，以爲耕種無窮之資。」詔令户部檢具賞格，行下本路常平司措置。

二十〔三〕年四月二十三日〔八〕，上諭輔臣曰：「久雨，不至妨農否？民田須常作瀦蓄，昨來士大夫有理會興修陂湖之利者，宜令州郡措畫，以備闕雨灌溉。」於是尚書省勘

〔一〕由：原作「田」，據本書食貨六一之一一〇改。
〔二〕水利：原作「利水」，據本書食貨六一之一一〇乙。
〔三〕營繕：原作「繕營」，據本書食貨六一之一一〇乙。
〔四〕應：原脱，據本書食貨六一之一一〇補。
〔五〕十九年：原無，據《建炎要録》卷一六〇補。
〔六〕間：原脱，據《建炎要録》卷一六〇補。
〔七〕十六年：原無，據《宋史》卷一七三《食貨志》上一，此條仍爲紹興十六年事，因補。
〔八〕二十年：原作「二十三年」，據《建炎要録》卷一六一删。

會：「諸路州縣陂湖，本以蓄水，准備灌溉民田。訪聞比來多爲大户侵占，一或闕雨，有妨灌溉。」詔令逐州軍措置，每季具施行次第以聞。

六月十四日〔一〕，權知江陰軍蔣及祖言：「江陰軍地廣民衆，號稱沃壤，北枕大江，潮汐之所往來〔二〕。然漕河別有一派曰五卸港，港北入大江，凡六十里。自大觀中濬治，距今填淤，積水不泄，霖潦暴至，冒没民田，故西南諸鄉多水溢之虞。本軍舊有横河，自建寅門至平江常熟縣，凡五十里，傍爲支渠，溉田甚廣。自政和中濬治，距今沙漲，幾爲平地，凡北江之潮，無自而入，故東南之鄉多旱乾之患。二河之利久不開鑿，望命官相視興修〔三〕，仍令長吏以時疏導。」詔令本路常平司相度，申尚書省。

二十一年十一月十九日，前權知池州黄子游言〔四〕：「乞飭提舉常平官，將舊來管下所有陂塘應干水利去處，委官檢踏〔五〕，本處縣丞措置，申本司照應修治，務要可禦水旱。如一切了當，從本司覆實，申乞推賞施行。或不切究心，措置滅裂，亦仰常平司具名按劾。」上曰：「近聞陂塘水利去處多爲人侵占，48可令有司措置，無妨衆用。」於是詔户、工部檢坐見行條法指揮申嚴行下。既而上諭輔臣：「須是常平官得人。若監司用心，此等事無慮。聞近時監司多是端坐，不出巡歷。提點刑獄職在平反，尤當遍臨所部，宜加戒飭。」乃詔：「諸路灌溉民田陂湖，往往爲人侵占，令户部行下提舉常平官躬親措置，申尚書省。」

二十二年八月四日，比部員外郎李泳言：「淮西募兵耕墾閑田，而田疇高原去處舊有陂塘，以資灌溉。今來墾闢雖廣，而未究水利。若使民户自行開濬，竊恐方集之人，有傷其力。望詔有司行下州縣，更切講究水利。（若使民户自行開濬，竊恐方集之人，有傷其力。望詔有司行下州縣，更切講究水利〔六〕。）如有陂塘所在，俾於農隙，官給錢米以濬治之。」上宣諭曰：「聞州郡陂塘蓄水去處，如紹興及淮南〔七〕，往往爲民户所侵占。雖目前州縣獲利，恐三五年後，無水溉田，却爲害非細。李泳所奏，可令户部行下本路常平司措置。」

九月六日，左朝奉郎周楙言：「臣前任蘄州，見郡城環迴皆山，每遇霖雨，則衆山之水奔湊城下，莫之能禦。治平二年，郡守張衡創築河堤，以捍水勢〔八〕，從此無復水患。自經兵火，掘鑿殆盡。望詔有司委自知、通，同屬縣就農隙依所定錢米，和雇游手濬渠。取土成堤，水到渠成，堤亦成

---

〔一〕按，此「六月十四日」指何年尚有可疑。《建炎要録》卷一三七紹興十年九月丁未條原注云：「及祖十二年十一月除知江陰軍。」但《宋史》卷一七三《食貨志》上一將本條事記於紹興十六年之後、二十三年之前，似仍爲紹興二十年。
〔二〕汐：原作「洺」，據本書食貨六一之一一一改。
〔三〕命：原作「令」，據本書食貨六一之一一一改。
〔四〕池州：原作「黄州」，據本書食貨六一之一一一、《建炎要録》卷一六二改。
〔五〕踏：原作「路」，據本書食貨六一之一一一改。
〔六〕據本書食貨六一之一一一，「若使民」至「究水利」一段重出，今删。
〔七〕「紹興」上原有「對岸」二字，不可通，據《建炎要録》卷一六三删。
〔八〕捍：原作「垾」，據本書食貨六一之一一一改。

矣。堤岸既修，除去水患，民皆安居，而灌溉有備，亦無旱暵之虞。」上可其言，因宣諭曰：「不獨蘄州，凡沿淮合堤 49 備水患處，令本路漕臣同逐州守臣措置。」

二十三年七月二十三日，試右諫議大夫史才言〔一〕：「浙西諸郡水陸平夷，民田最廣，平時無甚水甚旱之憂者，太湖之利也。數年以來，瀕湖之地多爲軍下兵卒侵據爲田，擅利妨農，其害甚大。蓋隊伍既易於施工，土益增高，長堤彌望，名曰垻田〔二〕。水源既壅，太湖之積漸與民田隔絶不通，旱則據之以溉垻田〔三〕，而民田不沾其利〔四〕。乞專令本路監司躬親究治〔五〕，盡復太湖舊利〔六〕，使軍民各安其職〔七〕，田疇盡蒙其利，農事有賴。」上然，從之。

十月二十二日，户部言：「宣州、太平州諸管官私圩田内有被水衝破圩埠去處〔八〕，欲乞委司農寺丞、兼權户部郎中鍾世明前去措置。」從之。

二十七日，鍾世明言：「被旨差往宣州、太平州措置圩埠，今條〔具〕下項：一、今來宣州化成、惠民圩埠周圍接連，計長八十里，其小埂不用修築外〔九〕，内被水破缺並裏外損壞摧塌去處，合行修築增高。一、今來修築圩埠〔一〇〕，合用和雇人功錢米，乞於常平錢米内應副。如本州常平錢米不足，即許提舉常平司於本州合發上供錢米内取撥兑借，免致臨時闕悮。其下三等人户，竊慮緣水患無力輸納，即乞令結甲借貸常平司錢，自紹興二十四年爲始，作四年帶納。一、今來修築圩埠〔一一〕，所用工浩瀚，務要堅實，庶可經久，全〔籍〕〔藉〕所差官協力管幹，庶不致滅裂，枉費人工。如有不切用心〔一二〕，弛慢職事，許行按劾。内有昏懦怯弱不任職事之人，亦許差官抵替。所有檢察、監修、部役等 50 官如能用心了辦，不致滅裂，虚費人工，亦乞許保明，申取朝廷指揮，量行推賞，庶示懲勸。」於是户部看詳，欲乞下宣州并江東轉運、常平司詳此，並依本官逐項措置到事理施行。從之。

閏十二月二十七日，又言：「今措置太平州圩埠下項：一、今來當塗〔一三〕、蕪湖兩縣人户被水損壞圩埠，乞結甲保借米糧相添，自行修築。在法，係是農田水利，民力有不能辦者，合依宣州體例借貸，具數保明申提舉常平司外，有萬春等圩埠人户乞官爲雇工修築。今檢計被水破缺并

〔一〕右諫：原作「右見諫」，據本書食貨六一之一一一刪。
〔二〕名：原脱，據本書食貨六一之一一一補。
〔三〕垻田：原脱，據本書食貨六一之一一一補。
〔四〕其：原脱，據本書食貨六一之一一一補。
〔五〕治：原脱，據本書食貨六一之一一一補。
〔六〕「盡復」、「利」原脱，據本書食貨六一之一一一補。
〔七〕使：原脱，據本書食貨六一之一一一補。
〔八〕諸：原作「縣」，據本書食貨六一之一一一改。
〔九〕其：原無，據本書食貨六一之一一二補。
〔一〇〕今：原作「令」，據本書食貨六一之一一二改。
〔一一〕今：原作「令」，據本書食貨六一之一一二改。
〔一二〕心：原作「之」，據本書食貨六一之一一二改。
〔一三〕今：原作「令」，據本書食貨六一之一一二改。

裏外埂損壞，合行增築貼補。其蕪湖縣萬春、陶新、政和等圩垾三所，共長一百四十五里有餘，合用九十六萬一百三十四工。當塗縣管圩垾一所，係廣濟圩，長九十三里有餘。其圩與私圩五十餘所並在一處，坐落青山前，各係低狹。埂外面有大埂垾一條，包套逐圩在內，抵障湖水〔一〕。今來逐圩被水損壞，詢訪人户，只修外面大埂，不惟數倍省工，委是可以抵障水勢。所有腹裏圩垾或有損處，聽人户自修。尋取會到逐縣被水修治官私圩垾體例，係是人户結甲保借常平米自修。今來損壞尤甚，人户工力不勝，不能修治。今措置，欲乞依見今人户結甲保借米糧自修圩垾體例〔二〕，不以官私圩，人户等第納苗租錢米充雇工之費。官爲代支過錢，年限帶納〔三〕。自餘合用錢米，並乞下提舉常平司照會，日下取撥津發〔四〕，應副本州雇工修治施行。一、51今來蕪湖縣申：獨山、永興、保城、咸寶、保勝、保豐、行春圩北，其地圩垾被水衝破打損至多。若只依係保借糧米，將來修築不前。內有咸寶一圩，被水損壞，衝成潭缺，計長二十五丈，闊三十丈，深二丈二尺，須用創作堤垾從裏面圍裹，倍費工力，比獨山等圩垾損壞，尤見工費不同，委是民力難辦，乞官爲雇工修築。今檢計獨山等七圩委是被水損壞處多，其咸寶堤垾衝破成潭處，難以就舊基修築，合從裏面別創築埂圍裹，計長八十一丈，合用五千四百工。今措置，上件圩垾欲各依例結甲隨苗借米外，更據户下田每畝與借錢一百文省〔五〕，令自修築。其咸寶圩垾潭缺處，據合用工數，欲乞官和雇人工，共同修治。」於是户部言：「欲乞下太平州、江東轉運、常平司，並依本官逐項措置到事理施行。」從之。

二十四年九月十五日，大理寺丞周環言：「臨安、平江、湖、秀四州低下之田，多爲水積浸灌，蓋緣溪山諸水併歸太湖。水分爲二派：東南一派由松江入於海，東北一派由諸浦注之江〔六〕。其沿江泄水諸浦中，惟白茅浦最大，今爲沙泥淤塞。每歲若遇暑雨稍多，則東北一派水必壅溢，遂致浸傷農田。欲望令有司相視，於農隙開決白茅浦故道，俾水勢分派流暢，實四州無窮之利。」詔令轉運司措置。

二十八年八月二日，宰執進呈監察御史任古論蘇、常、湖、秀被風水災傷，因措置浙西、江東、淮南賑糶事。上曰：「被52水州縣檢放税苗，而賑貸其不給，固當如此。」宰臣曰：「平江一帶低下，而堤堰壅塞，畎澮不通，致有積水，佗郡亦不至此。」上曰：「可令蔣璨同漕臣專一措置〔七〕。」

九月十三日，兩浙路轉運副使趙子潚、知平江府蔣璨

〔一〕障：原作「漲」，據本書食貨六一之一二二改。
〔二〕「甲」下原有「乞」字，據上文刪。
〔三〕年限：似當作「限年」。
〔四〕津：原作「律」，據本書食貨六一之一一二改。
〔五〕「户下」原作「下户」，「借」字原脱，並據本書食貨六一之一一三乙補。
〔六〕東：原作「西」，據《宋史》卷一七三《食貨志》上一改。
〔七〕蔣璨：原作「蔣燦」，據本書食貨六一之一一三、孫覿《鴻慶居士集》卷三七《蔣公墓誌銘》改。

言：「近被旨相度水利利害，子潚等歷吴江、吴、長洲三縣民田渰没去處相視〔一〕，以至常熟；又自常熟北至（楊）〔揚〕子江，又自崑山東至海口，推究源流，講求利害。今詢訪得浙西諸州，平江最爲低下，而湖、常等州之水皆歸於太湖；自太湖以導于松江，自松江以注海。是太湖者數州之水所瀦，而松江者又太湖之所洩也。然以數州瀦水之巨浸，而獨洩以松江之一川〔二〕，宜其勢有所不勝受，而洩放有所不逮。是以昔人於常熟之北開二十四浦，疏而導之（楊）〔揚〕子江；又於崑山之東開一十二浦，分而納之海。兩邑大浦凡三十有六，而民間私小涇港不可勝數，皆所以決壅滯而防泛溢也。後因潮汐往來，泥沙積聚，舊置開江之卒尋亦廢去。閲時既久，填淤日增，此大浦所以堙塞，而民田於是有渰没之憂也。昨日建議興修水利之人接武而出，其説皆迂闊汗漫而難用。所見於已施行者，天禧、天聖間運使張綸於常熟、崑山縣各開衆浦，以導積水；景祐間郡守范仲淹親至海浦，開浚五河以疏導諸邑之水，使東南入于松江，東北入于（楊）〔揚〕子與海。政和間，提舉趙霖將命興修水利，開浚三十三浦，役工僅開常熟兩浦、53崑山一浦而罷。開三浦之後，迄今又四十年，諸浦堙塞，又非昔日之比，遂致湖瀼盈溢〔三〕，浦港澱淤，而積水散漫民田之中，十年之間，澇歲八九。今相視，泥沙湮塞，有妨洩水，合行開掘分導緊切去處，開具如左：一、常熟縣開浦五處：梅里塘，泄崑湖并常熟塘一帶積水，自本縣東栅，由梅里鎮至白蕩橋；又白茆浦〔四〕，係泄崑湖、承湖水，自周涇至浦口；又崔浦，泄崑湖、承湖由梅里塘積水，自浦口至雉浦一帶；又福山浦，係泄崑湖、承湖并府塘一帶積水，自尚墅橋及九折塘至顯星橋；又黄泗浦〔五〕，係泄尚湖及崑湖水，自三里汀至十字港。一、崑山縣開浦四處：新洋江，北接百家瀼，南出吴松江，自百家瀼口〔至〕太倉塘；又小虞浦〔六〕，北接鰻鱳瀼〔七〕，南出吴松江，自鰻鱳瀼口下，南至黄墓村橋；又雇浦，北接斜塘瀼，南出吴松江，自郭澤塘口下，北至邵塘〔八〕；又郭澤塘，南通夏駕浦，東通雇浦、洛徹、吴松江。已上兩縣，總計工三百三十七萬四千六百六十四工，錢三十三萬七千四百六十六貫三百文，米一十萬一千五百三十九碩八斗九升。子潚等契勘，崑山縣四浦工力不多，乞止用本縣食利人户，支給錢米，委本縣官監督開浚。常熟縣五浦工力浩瀚，係與吴、長等縣利害相及。欲除崑山縣外，

〔一〕洲：原脱，據《吴中水利全書》卷一三補。
〔二〕江：原脱，據本書食貨六一之一一三補。
〔三〕瀼：按此字，吴中諸水利書或寫作「瀼」。如《吴都文粹》卷六《僑書大略》：「瀼則有大泗瀼、斜塘瀼、江家瀼、百家瀼、鰻鯉瀼。」本書中諸瀼名皆作「瀼」，未知孰是。
〔四〕白：原脱，據《姑蘇志》卷一二補。
〔五〕泗：原作「四」，據《姑蘇志》卷一二改。
〔六〕又：原作「入」，據本書食貨六一之一一四改。
〔七〕鱳：本書食貨六一之一一四及《吴都文粹》卷六皆作「鯉」。
〔八〕邵塘：原作「郡遙」，據本書食貨六一之一一四改。

有本縣食利人户，以五千人爲率，人夫數少，即於三縣見賑濟人内募强壯人充。應所有差官起工等事件，續次條具申請〔一〕。緣平江府積【54】水經今已兩月餘日未退，已妨種麥。若不於農隙之際支給錢米，雇夫開治，深恐來歲春雨，積水愈甚，虧失常賦不便，望速降指揮施行。」詔差御史任古同提點刑獄徐康前去覆視，詳究利害聞奏。所有合措置事件，令趙子潚、蔣璨一面條具，申尚書省。其任古仍令上殿奏事畢，疾速前去。

二十五日，知涪州程敦書言：「稻田以水爲本，故無渠堰而田宜稻者，則有瀦水之地以待灌溉。比緣經界，官吏以民間瀦水地爲天荒地，豪猾游手因而結交州縣，請佃承買，洩其水以爲可種之地〔二〕，獨擅其利。田既無水，歲失播種。乞行下諸路，如有請佃承買瀦水地者，即爲改正。」從之。

十一月九日，監察御史任古言：「平江府常熟四縣舊有開江四指揮共二千人額，專一修治浦塘等，并置巡塘官一員。今欲乞止於常熟、崑山兩縣合招填一百人額，其請給等並依舊例支給施行。仍奏撥軍員、使臣各二人，分管軍兵。如有塘浦堙缺，通融人工役使，逐旋修治。」古又奏：「崑山縣耆宿言：『所開浦四處，緣今歲積雨，東北風潮，并太湖及山水相會，有渰没民田，兼郭澤塘一浦横過，即非泄水去處。春間人户圍田，自當開撩。所有小虞浦、新洋江、雇浦三處雖合開浚，見今四浦盡爲松江大水漲遏其外，發泄遲緩，是致諸浦蓄水，難以興工。欲候江水減落，岸塍出露，人户自行開掘，亦不願支破錢米。若内有貧乏無力之人，乞量借【55】常平官糧，寬立年限，分料送納。』乞從民便。已行下本縣，令預備將來興工之具，候江水減退，即行開浚。」並從之。

同日，監察御史任古言：「臣同徐康與常熟縣官覆視五浦，今詳究得本縣東栅至雉浦入丁涇，通徹福山塘，下注大江，委是快便。若依趙子潚當來申請，以五千人爲率，於來歲正月入役，約計一月餘日可畢此浦，使崑、承二湖及府塘一帶并被傷民田内水通注于江。然後浚治黄泗浦、三里江至十字港，工力亦不甚多。併趁農隙，先畢二浦，其餘合開港浦，再俟將來農隙，當以緊〔漫〕〔慢〕次第興工。」古又奏：「趙子潚昨計料開浚崔浦，係決泄昆、承二湖及民田内水，南自梅里塘，距浦口迤邐北入大江。古等身詣相視，其浦乾涸，可以行往。蓋緣浦身迂回曲折，泄水不快，是致積沙高厚，開浚工倍。欲于雉浦口别開一涇〔三〕，徑入福山大浦，通於大江，名爲丁涇〔四〕。比之崔浦〔五〕，並無回曲，不惟

〔一〕續：原作「枕」，據本書食貨六一之一一四改。
〔二〕地：本書食貨六一之一一四作「田」。
〔三〕開：原作「有」，據《吳中水利全書》卷一三改。
〔四〕丁：原作「不」，據本書食貨六一之一一五改。
〔五〕比：原作「北」，據本書食貨六一之一一五改。

開浚省費〔一〕，實於泄水爲便。」詔並依奏，錢於御前激賞庫支降，米就平江府撥到綱米内支取。令趙子潚同守臣措置，於正月上旬興工。令預備器用，不許科擾於民。

二十九年正月二十一日，兩浙路轉運副使趙子潚言：「被旨開濬平江府常熟縣東栅至雉浦入丁涇，徹福山塘，已於正月五日興工。據常熟縣父老稱，福山塘與丁涇地勢相等，今開丁涇，更深三尺，若不濬福山塘，則水必至倒注於涇。今與平江府州縣官同[56]往相視，宜依父老陳乞開濬。又見開東栅至雉浦口，河面並合闊八丈，并雉浦港底四丈二尺，貴得泄水通快。」詔依，仍令疾速興工。

二月十八日，敷文閣待制、知平江府陳正同言：「相視到常熟縣開浚諸浦，其修治田岸，係有田之家計畝均出錢米，以保永業，必無怨尤之理。舊來浦口雖有潮沙之患，每得上流清水湍浚，可以推滌，不至全然淤塞。後來節次被人户圍裏瀦水湖瀼爲田，其已成之田，人户認爲永業。欲乞今後不許人户更將邊湖瀦水去處占射圍裏。」於是户部言：「在法，諸瀦水之地謂衆共溉田者，輒許人請佃承買〔二〕，并請佃承買人各以違制論。每畝賞錢三貫，一百貫止。今欲下平江府明立界至〔三〕，約束人户，即不得依前占射圍裏。」從之。

同日，詔常熟縣丞江續之減二年磨勘，壕寨官韓彦、彭昇各與轉一官資。以本路運使保明開浚浦畢工故也。

三十年三月八日，淮南運判張祁言：「被旨措置開墾荒田，修築圩埠陂塘。竊見無爲軍廬江縣楊柳圩一所，周環五十里，兵火後來不曾修築，致圩埠損缺，溝洫壅閉，一向荒閑二十餘年。及無爲縣嘉城圩一所，各有荒閑田土。本司見已修築圩埠，蓋造莊屋，收買牛具，招集百姓耕墾。竊念淮甸窮陋，本司別無寬剩錢物應付逐急支遣，欲望詳酌，權於本路州軍合起發錢内科撥三萬貫，從本司置曆，專充措置開耕荒田支費。候稍有次第，即[57]將逐年所收莊課椿管，撥還支過錢數。」詔於淮東茶鹽司椿管錢内支撥三萬貫應副。以上《中興會要》。（以上《永樂大典》卷一二一〇八）

〔一〕省：原作「有」，據本書食貨六一之一一五改。

〔二〕「許」上原有「不」字，據本書食貨六一之一一五删。按此謂輒敢許人請佃承買者違法，不當有「不」字。

〔三〕至：原作「止」，據本書食貨六一之一一五改。

# 宋會要輯稿　食貨八

## 水利　下

【方域志】〔一〕

**1** 紹興三十二年二月二十七日，詔令臨安府自浙江清水閘橫河口西曲盡頭南至龍山閘一帶河道，並令開淘。馬(瑞)〔端〕臨《通考》：紹興元年，詔：宣州、太平州守臣修圩，議修圩官賞罰。又詔：修圩錢米及貸民種糧，並於宣州常平義倉米内撥借。又詔〔二〕：建康新豐圩租米，歲以三萬石爲額。圩四至相去皆五六十里，有田九百五十餘頃，近歲墾田不及三分之一，至是始立額。　紹興五年春二月，寶文閣待制李光言：「明、越之境，皆有陂湖，大抵湖高于田，田又高於江海，旱則放湖水灌田，澇則決田水入海，故不爲災。本朝慶曆、嘉祐間，始有盜湖爲田者，三司使切責漕臣甚嚴。政和以來，創爲應奉，始廢湖爲田，自是兩州之民歲被水旱之患。壬子歲，嘗取會稽餘姚、上虞兩邑利害，自廢湖以來，每縣所得租課不過數千斛，而所失民田常賦動以萬計，遂先罷兩邑湖田。其**2**會稽之鑑湖、鄞之廣德湖、蕭山之湘湖等處尚多，望詔漕臣訪問，應明、越湖田盡行廢罷。其江東西圩田〔三〕、蘇秀圍田，併遍下諸路監司〔四〕、守、令條上。」詔諸路漕臣躬親相度，以聞於朝。　紹興二十三年正月，詔以永豐圩賜秦檜。檜死，圩復歸有司。諫議大夫史才言：「浙西民田最廣，而平時無甚害者，太湖之利也。近年瀕湖之地多爲軍下侵據，累土增高，長堤彌望，名曰壩田，旱則據之以溉，而民田不沾其利；水則遠近泛濫〔五〕，不得入湖，而民田盡没。望詔有司究治，盡復太湖舊跡，使軍民各安，田疇均利。」從之。按，圩田、湖田多起于政和以來，其在浙間者隸應奉局〔六〕，其在江東者，蔡京、秦檜相繼得之。大概今之田，昔之湖，徒知湖中之水可涸而爲田，而不知湖外之田將胥而爲水也。主其事者皆近倖權臣，是以委鄰爲壑，利己困民，皆不復問。《涑水記聞》言王介甫欲興水利，有獻言欲涸梁山泊，可得良田萬頃者。介甫然其説，復以爲恐無貯水之地。劉貢甫言：「在其旁别穿一梁山泊，則可以貯之矣。」介甫笑而止。當時以爲戲談。今觀建康之永豐圩，明、越之湖田，大率即涸梁山泊之策也。沙田、蘆場：紹興二十八年，詔户部員外郎莫濛同浙西、江東、淮南漕臣趙子潚、鄧根、孫藎檢視逐路沙田、蘆場。先是，言者謂江淮間沙田、蘆場爲人冒占，歲失官課至多，故以命濛等。既而侍御史葉義問等言貧民受害，乃詔沙田、蘆**3**場止爲世家詭名冒占，其三等以下户勿一例根括〔七〕。尋詔官户十頃、民户二十頃以上並增租，餘如舊。置提領官田所領之，不隸户部。二十九年，詔盡罷所增租。　孝宗隆興元年，知紹興府吴芾乞浚會稽、山陰、諸暨諸縣舊湖，以復水利，及築蕭山縣海塘〔八〕，以限鹹潮，從之。又開掘鑑湖。乾道元年，詔令淮西總領所撥付建康中收到子粒令項樁管，非詔旨無得擅用。臣僚言：「秦檜既得永豐圩，竭江東漕計修築堤埠，自此水患及于宣、池、太平、建康。昨據總領所申：通管田七百三十頃，共理租二十一萬一千餘秤，當年所收纔及其半，次年僅收十五之一。假令歲收盡及元數，不過米二萬餘石，而四州歲有水患，所失民租，何翅十倍？乞下江東轉運司相度。本圩如害民

---

〔一〕方域志：原無。按，據徐松原稿中縫所標之《大典》卷次及頁碼觀之，此下之文原本上接本書方域一七之二五，其文之首原標明出《方域志》（亦即《宋會要》「方域」類），後被整理者分割重編，一半在方域類，一半在食貨類。兹補「方域志」三字，以明所出。

〔二〕又：原脱，據《文獻通考》卷六補。

〔三〕其：原作「吳」，據《文獻通考》卷六改。

〔四〕併：原作「折」，據《文獻通考》卷六改。

〔五〕則：原作「利」，據《文獻通考》卷六改。

〔六〕浙：原作「湖」，據《文獻通考》卷六改。

〔七〕括：原作「栝」，據《文獻通考》卷六改。

〔八〕築：原作「等」，據《文獻通考》卷六改。

者廣〔一〕，乞依淛西例開掘，及免租户積欠。」從之。江東轉運司奏：「永豐圩自政和五年圍湖成田，今五十餘載，横截水勢，每遇泛漲，衝決民圩，爲害非細。雖民田千頃，自開修至今〔二〕，可耕者止四百頃，而損害數州民田，失税數倍。欲將永豐圩廢掘瀦水，其在側民圩不礙水道者如舊。」詔從之。其後漕臣韓元吉言：「此圩初是百姓請佃，後以賜蔡京，又以賜韓世忠，又賜秦檜，繼撥隸行宫〔三〕，今隸總所。五十年間，皆權臣大將之家，又在御府，其管莊多武夫健卒，侵欺小民，甚者剽掠舟船，囊槖盜賊，鄉民病之，非圩田能病民也。」於是開掘之命遂寢。　乾道 4 二年，詔漕臣王炎相視開掘淛西勢家新圍田，謂草蕩、荷蕩、菱蕩及陂湖溪港岸際築塍畦圍裏耕種者，所至令守、倅、縣令同共措置。　五年，知明州張津奏乞開東錢湖，瀦水灌田，從之。　七年，四川宣撫使王炎奏開興元府山河堰，溉南鄭、褒城四百九十三萬三千畝有奇。　詔獎諭。　乾道九年〔四〕，詔户部侍郎葉衡覈寔寧國府太平州圩岸。　五月，衡言：「寧國府惠民、化成舊圩四十餘里，新增築九里餘；太平州黄池鎮福定圩周迴四十餘里〔五〕，延福等五十四圩周迴一百五十餘里，包圍諸圩在内；蕪湖縣圩岸大小不等，周迴總約二百九十餘里，通當塗圩岸共約四百八十餘里，並皆高闊壯實。瀕水一岸種植榆柳，足捍風濤。詢之農民，實爲永利。」於是詔獎諭。　知寧國府汪澈言〔六〕：「他圩無大害，惟童圩最爲害民，只決此圩，水勢且順。」從之。　淳熙二年〔七〕，淮東總領錢良臣奏：「修復鎮江府練湖，凡七十二源，灌田百餘萬畝。」從之。　三年，監察御史傅淇奏：「近臣僚奏陳圍田湮塞水道之害，陛下復令監司、守臣禁止圍裏，此乃拔本塞源之要術。然豪右之家未有無所憑依而肆意築圍者。聞〔八〕淛西諸縣江湖草塘計畝納錢〔八〕，利其所入，給據付之。望條約諸縣，毋得給據與官〔九〕、民户及寺觀。」上曰：「此乃侵占之地，今絶其源，後去無復此患。可令漕司、常平司察之。」

【食貨志】

孝宗紹興三十二年 5 未改元。十一月二十九日，參知政事、督視湖北京西路軍馬汪澈言：「相視襄陽有二渠，一曰長渠，一曰木渠，皆古來水利播殖去處。大約長渠溉田七千頃〔一〇〕，木渠溉田三千頃，其間陂池灌浸，脉絡交通，土皆膏腴。自兵火後，悉已堙廢。嘗差委湖北運判呂擢、京西運判姚岳親至其地計度。今且先治長渠，凡築堰開渠，可用二萬工，并合要牛具、種糧等，就委兩路運司措置，不令絲毫擾民。長渠纔成，或募民之在邊者，或取軍中之老弱者，雜耕其中。來秋穀熟，量度收租，以充軍儲，既省饋運，又可安集流亡。乞以措置京西營田司爲名，令姚岳兼領。」從之。其後乾道九年十二月二十三日，權京西路轉運判官胡仰復言：「長、木二渠之利，數内靈溪水見流白馬堰，係鄂州都統制司營田莊，水亦通。惟是白馬陂以東石子山、木眼山合渠去處類多損壞，日復一日，必皆湮塞。今若隨宜興修，可以立見成效。欲望下荆鄂都統制司，令同本司差官行視二渠，隨宜開遍。」詔户、兵、工部看詳。各部

---

〔一〕如：原作「始」，據《文獻通考》卷六改。
〔二〕至今：原作「今至」，據《文獻通考》卷六乙。
〔三〕繼：原作「既」，據《文獻通考》卷六改。
〔四〕乾道：原作「乾元」，據《文獻通考》卷六改。
〔五〕池：原作「州」，據《宋史》卷一七三《食貨志》上一改。
〔六〕澈：原作「得」，據《文獻通考》卷六改。
〔七〕「淳熙」上原有「湖田圍田陂塘總水利」九字，似爲細目。按「湖田圍田」乃《文獻通考》卷六内之一子目，然下引二條並不在此子目之下。此或爲《大典》之細目，然置於此亦不可通，今删。
〔八〕聞：原作「開」，據《文獻通考》卷六改。
〔九〕與：原作「興」，據《文獻通考》卷六改。
〔一〇〕大：原作「人」，據本書食貨六一之一一六改。

欲下鄂州都統制、京西安撫、轉運司、襄陽府同共疾速相度施行，從之。

隆興元年四月十二日，詔：「浙西路轉運、常平司取見今逐州人户創立塍埕包圍成田，及漁户廣施漁具壅遏水勢去處，疾速相度，措置施行。仍令州縣常切督責巡尉，每歲于農隙時修治堤防，無使缺壞。及春夏之交，部集人户於河道淤塞要害之處，併工【6】開撩，常令水路通快。」從殿中侍御史胡沂請也〔一〕。

六月十二日，工部尚書、兼侍讀張闡等言：「竊見近降指揮，將紹興府鑑湖田、明州廣德湖田盡賣。二湖元灌溉民田浩瀚，後緣民間侵種〔二〕，遂作圩田。今若一槩出賣，竊恐於民間别有所妨。如紹興府鑑湖曾立石碑，應深溝大港，並永遠存留，以充灌溉。今欲乞專委紹興府、明州守臣討論利害詣寔，方可出賣。」從之。

二年八月五日，詔：「江浙水利久不講修〔三〕，積雨無所鍾洩，重爲秋稼之害。可令逐州守臣考按古跡及見今淤塞去處，條具措置聞奏。」

九月四日，集英殿修撰、知宣州許尹奏：「本州有童圩，寔係創興，委是堙塞水流去處。今欲依舊開決作湖，以爲民利。」詔令本路轉運司相度，如有壅塞，候秋收畢措置開決〔四〕。

十二日，詔江東、浙西監司、郡守：「朕嗣服以來，求民之瘼，比緣江東、浙右俱被水災，思拯民於愁歎，寤寐不忘。卿等既分外臺之寄，皆爲共理之良，宜究乃心，各揚爾職。能于所部講明田事，預爲陂塘渠堰，防患未然，使顯效著于將來者，朕當不次親擢；其或但爲文具，尚畏權勢，無益於備患，徒擾於庶民，國有典刑，朕必不赦。」

乾道元年正月十四日，知徽州呂廣問條奏農田水利：「諸塘堨合輪知首之人充，雖田少不該，亦均給水利，不得阻障。若鄉例私約輪充，於官簿内開説充知首人。盡賣田業、新得産家雖合充，止輪當末名，不得越次，仍批官簿【7】照會。諸塘堨係衆利害，蓄水救田，本縣於農隙之時告示知首及同食水利人，均備人夫，併力修作。塘堨下合承水利田産，人户典賣者，並依資次承水。如係買税户塘堨水，亦申官注籍〔五〕。塘堨水上流既足，如障塞，公然占奪，不從州縣約束者，取旨。形勢之家將新置田産却在舊堨之上占截水利，似此去處，縣官即時除拆。若舊堨不容修築，衆定利害，務從民便。若兩堨用水已足，不放流者，亦仰官司禁約。甽堨兩岸或被水衝陷，隔岸漲出沙田，止許被水人承佃〔六〕，不得田鄰争占。甽堨所在合留水門，若不妨阻舟

〔一〕侍：原脱，據本書食貨六一之一一六補。
〔二〕種：本書食貨六一之一一六作「耕」。
〔三〕江浙：原作「浙江」，據本書食貨六一之一一六乙。
〔四〕「收」字下原衍「後」字，據本書食貨六一之一一六刪。
〔五〕注：原作「江」，據本書食貨六一之一一七改。
〔六〕被：原作「便」，據本書食貨六一之一一七改。

船，或擅毀拆，並追勘斷。約束未盡，如別有私約，並仰知首自陳添入。若舊例已定，不得創改。有合增事件，並聞官，始許行用。」從之。

二月二十四日，詔：「紹興府開濬鑑湖，除唐賀知章放生池舊界十八餘頃爲放生池水面外〔一〕，其餘聽從民便，逐時放水，依舊耕種〔二〕。」從知府趙令詪請也。

同日，知平江府沈度言：「被旨開掘長（州）〔洲〕縣習義鄉清沼湖圍田一千八百三十九畝，益地鄉尚澤蕩圍田一千五百畝，蘇臺鄉元潭圍田一千五百八十八畝，樊洪瀼圍職田三百三十二畝，營田一千九百六十九畝，費村瀼圍田一千六百六十二畝，崑山縣大虞浦圍田二十六畝，小虞浦圍田一百六畝，新洋江圍田一百七畝，崑山塘圍田三十三畝〔三〕，許塘圍田二十六畝〔四〕，六河塘圍田一十三畝，常熟縣梅里塘圍田二畝，白8茆浦圍田二百三十一畝，自今通泄水勢。」詔浙西提刑曾逮親至其地審實，開具洩水通快、可以經久無湮塞去處保明以聞。

二年四月七日，吏部侍郎陳之茂言：「比年以來，泄水之道既多湮塞，重以豪户有力之家以平時瀦水之處堅築塍岸，廣包田畝〔五〕，彌望綿亘，不可數計，中下田疇易成泛溢，歲歲爲害，民力重困。數年之後，凡瀦爲陂澤，盡變爲阡陌，而水患恐不止今日也。乞選差彊明郎官一員，同漕臣日下將新圍之田疾速開鑿〔六〕。」上曰：「聞浙西自圍田即有水患，前此屢有人理會，竟爲權要所梗。卿等可檢點累降指揮已曾如何施行，仍委兩浙運副王炎疾速相視利害以聞。」既而王炎言：「相視圍田内有張子蓋新舊圍田九十餘畝，占（藉）〔籍〕兩縣，堙塞水勢，久爲民患〔七〕。躬至其地，地名四塘，周迴約二十里〔八〕，開掘已盡，泄水通快；地名長安，周回約四十里〔九〕，見督縣官併工開掘。乞戒勵張子蓋等家，再犯，重置典憲〔一〇〕。已開掘去處，各立（剽）〔標〕記。餘州縣依此。」從之。

五月十一日，尚書省言：「浙西圍田有壅塞水勢去處，近專遣漕臣親詣逐州縣監督開掘，以泄積水，除去民害〔一一〕。尚慮形勢權要之家日後依前冒法謀利，復行修築，爲害如初，理宜約束。」令兩浙轉運司并逐州縣守令常切檢察遵守〔一二〕，如有違犯之人，命官取旨，餘重作施行。

六月一日，臣僚言：「江陰軍在浙西最爲地勢卑下，雖

---

〔一〕除：原作「陸」，據本書食貨六一之一一七改。
〔二〕依：原作「以」，據本書食貨六一之一一七改。
〔三〕山：原脱，據本書食貨六一之一一七、《吳郡志》卷一九補。
〔四〕圍：原脱，據本書食貨六一之一一七補。
〔五〕廣包：原作「包廣」，據本書食貨六一之一一七乙。
〔六〕「同」原作「問」，「日下」前原有「將」字，據本書食貨六一之一一七改刪。
〔七〕久：原作「以」，據本書食貨六一之一一七改。
〔八〕迴：本書食貨六一之一一七作「圍」。
〔九〕回：本書食貨六一之一一七作「圍」。
〔一〇〕置：原作「宜」，據本書食貨六一之一一七改。
〔一一〕去：原作「民」，據本書食貨六一之一一七改。
〔一二〕逐：原作「遂」，據本書食貨六一之一一七改。

瀕大江，而歲苦水患，尤甚於[9]他州。蓋常州之水，其勢趨下，盡自五瀉堰分流入石頭港、黄港、夏港、蔡港〔一〕、申港，達于大江，而江潮直至堰下。歲久潮泥淤塞河港，水既不能輸泄，漫入田間，而申港一河連接數鄉，所繫尤重。又有三山與秦望山，山脚之下石自港内横絶而過，壅遏水道，今所謂大石堰、小石堰者是也。一屬常州，一屬江陰。其石比年漸高大，河水爲之不流，數鄉無歲不被害，田畝常在水底，而常州境内河港水勢又不能泄，實爲兩郡之害。若非朝廷措置開掘，以兩郡之力，必不能辦。乞詔有司下本路監司、兩郡守臣，同力相度利害。」詔工部行下轉運司，同常州〔二〕、江陰軍相度，措置以聞，候農隙日，興工開掘。

十五日，臣僚言：「浙西圍田壅塞水勢，已行開掘。竊見永豐圩自政和五年圍湖成田，經今五十餘年，横截水勢，不容通泄，圩爲害非細。今相度，欲將永豐圩廢掘，依舊爲蓄水之地。」詔依，候至十一月開掘。後復詔仍舊不開。

十月十四日，利州路提點刑獄公事張德遠言：「興元府褒城縣山河六堰灌溉褒城、南鄭兩縣田八萬餘畝，内有光道拔一渠決壞年深〔三〕，民力不能興修，下流闕水，率多改種陸田。今歲正月内，判興元府吴璘親率將士代民修塞，仍作偏堰〔四〕，勒回别渠棄水，併入光道拔下流。諸堰堅固，前日陸種去處，復爲稻田，其利甚博。」詔璘令學士院降詔奬諭。

三年五月十五日，秘閣修撰、前知衢州周操言：「宣城管下六縣，惟[10]宣城、南陵有圩田去處，而宣圩田最多，共計一百七十九所。大率地本卑下，人力矯揉，以成田畝，十年九潦，常有水患。議者多欲廢決梗塞水道之圩，以全衆圩，謂不當隱忍愛惜當決之圩，使衆圩俱受其害。臣於乾道元年十一月到任，是時圩田再遭巨浸〔五〕，童圩係是破壞之數，人户稱此圩委梗塞水道。臣遂出榜曉諭，且令權住一年興築。若來年衆圩熟，不遭水患，遂可永久廢罷。今已去彼隔歲，乞將童圩徑行廢決。所有養賢、政和、蓮湖三圩，乞併賜行下，委自守臣詢訪，條具聞奏。」詔寧國府守臣相度利害以聞。其後知寧國府汪澈言：「童圩最爲民害。一水自徽州績溪縣、本府寧國縣合諸水至童圩，一水自廣德軍建平縣合本府宣城縣南湖之水至童圩，二水奔衝併來，其勢浩渺，所以向上諸圩悉遭巨浸。又嘗考此圩本童家湖，容流衆水，非古來圩額。今若將童圩廢決，則水勢自然順適。其餘未可輕議。」從之。

四年五月二十四日，詔：「知彭州梁介自到任，講究農田水利，經畫修築本州九隴等三縣十餘堰，灌溉民田，固護

〔一〕港：原無，按江陰軍有蔡港、申港，見《宋史》卷九七《河渠志》七，據補。
〔二〕「常州」下原有「府」字，據本書食貨六一之一一八刪。按常州至明洪武始改爲府。
〔三〕拔：原作「枝」，據本書食貨六一之一一八改。本條下文亦作「拔」。
〔四〕堰：原作「偃」，據本書食貨六一之一一八改。
〔五〕遭：原作「造」，據本書食貨六一之一一八改。

水勢，委是利便。可除直秘閣、利州路轉運判官，填見闕。」從四川安撫使虞允文請也。

八月七日，觀文殿大學士、知紹興府史浩言：「府内諸暨、天台〔一〕、四明數百里重岡複嶺，水出之源，其流既廣，止有錢清一江爲吐泄之處。古人於縣之四傍立湖七十二處以瀦蓄，故無泛溢之**11**患。歲久，所謂七十二湖者，人皆占以爲田〔二〕，故雨水霑足，則水皆歸七十二湖，所種之苗，悉皆浸損。然則非水爲害，民間不合以湖爲田也。今湖不可復，則諸暨湖田爲之，民歲歲受害，臣不敢以不告。」詔令史浩選委諳曉湖田利害官相度措置。七年十二月八日，臣僚又言：「紹興府諸暨縣地接婺之浦江、義烏，衆溪輻湊，與本縣諸山之水凡四十餘港合流而下。境内舊有七十二湖，可以瀦蓄，歲久，湖變爲田，不惟水無所歸，而溪港浸爲漲沙堙塞，由是久雨則有墊溺之患，久晴則有旱暵之憂。開鑿約用六十八萬一千五百工，每工日給米二升，計用米一萬三千六百三十碩。」詔令蔣芾相度。

九月二十四日，詔：「諸路提舉官自今興修水利，若不依常平免役條令先選官按視，許令興修，只憑州縣保明，虛撰農田水利酬賞，輒爲申奏不實者，從户部按劾取旨。本部人吏不照應條法疏難，輒便依隨僞妄，關報推賞者，亦科違制之罪。」

十月二十六日，臣僚言：「紹興府諸縣各有湖，湖高於田，築塍岸瀦水以備旱。其田高於江，置斗門洩水以備潦。故雖或水旱而有備，歲可使之常豐。蕭山縣管下湘湖灌溉九鄉民田，夏秋之交，多闕雨澤，決其湖以灌田，禾稼滋茂。近聞百姓將湘湖填築以爲田，寖害灌溉。欲乞令紹興府差官看視，若委是將湘湖爲田，則令開掘，復以爲湖，依舊灌溉民田。」從之。

五年三月二**12**十日，大理正、措置兩淮官田徐子寅言：「兩淮荒蕪之田一目百里，究其十分之地，陸田纔三四，而水田居其五六。春夏之交，霖雨之久，耕耨之勞、秧蒔之功一旦空然，此田之所以爲民病也。自去冬，同歸正頭目人差擇到楚州山陽縣大溪村博田岡空閑官田約數百餘頃〔三〕，南有灌溝，可通運河，北有舊溝，可接小溪。今欲由其舊跡，與之開浚，約用五百工。歸正人各欲俟墾種畢日，併力開浚。」從之。

六年閏五月二日，知雷州戴之邵言：「管下瀕海土薄，地雜泥沙，東北接連有大塘一所，臣於農隙雇募夫丁併力開築。竊慮歲久，官司不能相繼增修，旋致堙塞，〔乙〕今後差注本州海康、遂溪兩縣，並令於官銜上帶『主管河渠公事』〔四〕。任滿，有無增修損壞，批上印紙。」從之。

七日，徽猷閣（侍）〔待〕制、新知寧國府姜詵言：「寧國

〔一〕府内：本書食貨六一之一一九作「本府」。
〔二〕人皆：原作「皆人」，據本書食貨六一之一一九乙。
〔三〕同：原脱，據本書食貨六一之一一九補。
〔四〕「銜」原作「御」，「管」原作「簿」，據本書食貨六一之一二〇改。

府、太平州兩郡，惟仰圩田，得以供輸。今來夏雨頻多，竊慮縣官滅裂，民心不齊，失於修治，大爲圩田之害，欲選委清彊官同本縣遍行檢視修護。」從之。

六月二十二日，徽猷閣(侍)〔待〕制、知寧國府姜詵言：「宣城縣、南陵圩田既壞，有不曾決破圩田九所，欲於今冬自十月措置修圩，以係官錢米募民興工，俟今秋八九月措置以聞。」從之。其後詵措置修濟養圩岸〔一〕，兼開決除廢在外〔二〕。詔從之〔三〕。餘州軍圩岸損壞准此。

九月二十八日，新知泉州周操言：「太平州所管圩田，每遇水災決壞〔四〕，除大圩官爲興修外，其他圩並係食利 13 之户保借官米自行修治，就(令)〔今〕冬十月内措置。乞委自各州守臣照紹興二十三年例，從實措置施行。」詔：「應有圩田合修治處，仰逐州守臣精加檢實，及工役合用錢米支費，具數限一月聞奏。」

十月二十三日，知寧國府姜詵言：「焦村私圩梗塞水面，致化成、惠民圩頻有損壞，合將焦村圩廢決。其化成、惠民兩圩南元有埂岸接焦村圩〔五〕，合依舊增高修築。」從之。

十二月十四日，監行在都進奏院李結言：「蘇、湖、常、秀所産，爲兩浙之最，自紹興十三年以來，屢被水害，議者皆歸積水不決之故，以爲積水既去，低田自熟。第以工役浩繁，事皆中輟。臣有管見治田利便三議：一曰敦本，二曰協力，三曰因時。司農丞郏亶議云：古人使塘浦闊深者，蓋欲取土以爲堤岸，非專爲決積水。若堤岸高厚，借令大水之年，江湖之水高於民田五七尺，而堤岸尚出於塘浦三五尺，故雖大水，不能入於民田。民田既不容水，則塘浦之水自高於江，而江之水亦高於海，不須決泄而水自湍流矣。此古人治低田之法也。若知決水而不知治田，則所浚之地，不過積土於兩岸之側，霖雨蕩滌，復入塘浦，不五七年，填淤如舊，前功盡棄。爲今之務，莫若專務治田。乞詔監司、守令相視蘇、湖、常、秀諸州水田、塘浦緊切去處，發常平、義倉錢米，隨地多寡，量行借貸與田主之家，令就此農隙，作堰車水，開浚塘浦，取土修築兩邊田岸。立定丈尺，衆 14 户相與併力，官司督以必成。且民間築岸，所患無土，今既開浚塘浦，積土自多，而又塘闊水深，易以流泄。田岸既成，水害自去。此臣所謂敦本之議也〔六〕。」結又以爲：「百姓非不知築堤固田之利，然而不能者，或因貧富同

〔一〕濟養：原作「濟陽」，據本書食貨六一之一二〇改。

〔二〕此二句文意不明，定有脱誤。《宋史全文》卷二五上載：乾道六年八月癸酉，「知寧國府姜詵劄子：『今來合於十月内措置修圩，濟養圩户饑民，除以委官前去相視，料度工役，續具申聞外，今採訪得今來所壞圩岸，比之紹興年内所費多所減省，兼有合行開決除廢去處，見行相度，亦當具申朝廷。』」此處所述當即此意，但脱誤太甚，不可復原。又「濟養」乃一般動詞，非圩名。

〔三〕之：原脱，據本書食貨六一之一二〇補。

〔四〕決：原作「除」，據本書食貨六一之一二〇改。

〔五〕埂：原作「梗」，據文意改。埂，田埂，小隄。

〔六〕議：原作「義」，據本書食貨六一之一二〇改。

段而出力不齊，或因公私相吝而因循不治，非協力不可。百姓所鳩工力有限，必賴官中補助；官非因饑歉，難以募民興役，非因時不可。」詔：李結所陳，緣所費浩大，令胡堅常相度措置。胡堅常看詳：「李結所議，誠爲允當。今相度，欲鏤板曉示民間有田之家，各自依鄉原體例，出備錢米，與租佃之人更相勸諭，監督修築田岸。庶官無所損，民不告勞。」詔從之。

七年七月二十五日〔一〕，將作少監馬希言奏：「被旨覆寔太平州修圩利病，欲望委自有圩田州縣守令措置，將圩内人户推一名有心力、田畝最高之人爲圩長，大圩兩人。每遇秋成，集本圩人夫於逐圩增修。面闊一尺，側厚一尺，脚闊二尺，須用堅土實築。若圩内人力不足，或闕工食，官中量行添助。如是五年不輟，則圩勢高厚，雖有湖潦，不能侵也。」詔令逐州守臣措置。希言又言：「乞再委三州軍守令，應私圩未修去處，以田畝十分爲率，借米一分，令日下修葺。仍令被水之圩更與給借糧種，候秋熟，分兩年剋納。並須徧及四遠鄉村。先以所管常平米支，如不足，轉運司就鄰近州縣取撥應副。」從之。

二月四日，觀文殿學士、知紹興（紹）〔府〕蔣芾言：「本
15 府會稽縣德政鄉有田萬二千畝，七年被水，細民殆無生意。古有後浦，在下流凡十里餘，舊來深浚，以泄裏水。爰自損壞堙塞，每遇溪流泛溢，江潮壅大〔二〕，則渰浸旬日，水不通泄，一再插種，並無收成。乞於本府常平錢借支二千緡、義倉米借支三千斛，就行賑濟，因以開浦。」從之。

五月二十日，詔：「太平州、寧國府新修圩田，可差監察御史陳舉善前去覆實，開具有無堅壯損壞以聞。」

七月十三日，户部尚書曾懷等言：「秀州華亭縣新涇塘合築堰置閘，以捍鹹潮，免侵民田，事繫利害。其所用工料錢五萬貫文省，乞委浙西提舉常平官李結疾速興修。」從之。後知秀州丘密遂成之〔三〕。詳見「堤堰」門。

八年十一月，臣僚言：「寧國府兩圩埂岸雖已圓固〔四〕，至於卑窪去處可以瀦水者，又須當求所以措畫之方。惟相其水源所歸，穿掘陂堤以儲蓄之。外水既落，則因以決放，而可以免於浸溺。況兩圩腹内包裹私圩十五所，其野泊荒陂低圩之田廢而不治者尚多有之。圩民知其利而不能自辦〔五〕，官欲爲之，又無餘力可成。惟其常有淹澇之憂，而未免蠲減苗税，孰若以其所減者募民疏鑿？欲望於苗租

〔一〕七月：疑當作「正月」。按下文希言奏云「被旨覆實太平州修圩利病」。考《宋史》卷三七三《洪遵傳》，乾道六年洪遵知太平州，其冬，親率民修圩。轉運使張松忌之，奏乞圩户自築。遵連疏爭之，並請遣朝臣覆按。於是朝廷遣馬希言等覆按，即此條所言者。希言等以遵爲是，圩卒成。據此，希言此奏應在七年初修圩之時，而不應遲至七月。且奏中云令諸州軍「日下修葺」，按修圩乃在冬春農隙，則所謂「日下」亦必在正月，而不可能在七月臨近秋收之時。下條爲二月四日，此條爲正月，時序正合。

〔二〕潮：原作「湖」，據本書食貨六一之一二一改。

〔三〕丘：原作「岳」，據本書食貨六一之一二一改。

〔四〕埂：原作「挭」，據本書食貨六一之一二一改。

〔五〕民知：原作「知民」，據本書食貨六一之一二一乙。

内截撥米若干碩，責以農隙之時浚築，將見永無水患，不失賦入，以濟大農之用。」詔江東常平司委官取見的實合修去處丈尺、工料、米數，實具文狀保明以聞。

九年八月十六日，詔曰：「朕惟旱乾水溢之災，堯、湯盛時有不能免，【16】民未告病者，備先具也。間者數年比不登，江、湖、閩、浙之人或荐告饑。豈有肥磽人事之不齊乎？將火耕水耨不得其時，地有遺利乎？抑賦役繁多，或奪其力乎？何種入之寡乏也？深惟其故，未燭厥理。乃博延群臣，訪問得失。吏有從南方來者，言豫章諸郡綿亘阡陌，近水者苗秀而實，高仰之地雨不時至，苗輒就槁。意者水利不修，失所以爲旱備乎！唐韋丹爲江西觀察使〔一〕，治陂塘五百九十八所，灌田萬二千頃。此特施之一道，其利如此，矧天下至廣也！農爲生之本也，泉流灌溉，所以毓五穀也。今諸道名山川原甚衆，民未知其利，然則通溝瀆，潴陂澤，監司、守令顧非其職歟！其爲朕相丘陵原隰之宜，勉農功，盡地利，平繇行水，勿使失時。雖年有豐凶，而力田者不至拱手受斃，亦天人相因之理也。朕將即吏勤惰，行殿最而寓賞罰。各殫厥心，無蹈後悔。」

九月二十七日，度支員外郎朱儋言：「江東圩田爲利甚大，其所慮者水患而已。知增築埂岸以固隄防爲急，而不知廢決隘塞，以緩奔衝之勢。乞下江東轉運、常平司，更切講究本路圩田別有似此隘塞水道合從廢決去處，與逐州守臣公共詳酌，奏請施行。」從之。

九年十一月二十五日，詔：「令諸路州縣將所隸公私陂塘川澤之數開具，申報本路常平司籍定，專一督責縣丞，以有田民户等第高下分布工力〔二〕，結甲置籍，於農隙日浚治疏導。務要廣行潴蓄水【17】利，可以公共灌溉田畝。如無縣丞處，即責以次縣官依此措置。候歲終，令本州參酌將工力最多去處保明申常平司，差官覈寔，申朝廷推賞。其怠慢不職之人，按劾取旨責罰〔三〕。」從臣僚請也。

十二月二日，龍圖閣待制〔四〕、知太平州胡元質言：「今歲遭值大水，除政和等十三圩不曾遭風水，餘諸圩幾四百里爲水漫沫而入，内外灌浸，風浪淘洗，經涉三時。其受害損壞不一，合隨其所損而爲之計。其洗動處則重築，其坍落處則補築，其虧狹處則貼築，其不損壞處則又爲之增築〔五〕。其工費計米二萬一千七百五十七碩五升，錢二萬三千五百七十貫一百三十七文省，比隆興二年、乾道六年所省幾半。務趁此冬土脉堅實之時，及期辦集。」從之。以上《乾道會要》。（以上《永樂大典》卷一一一〇八）

〔一〕韋：原作「圍」，據本書食貨六一之一二一、《新唐書》卷一九七《韋丹傳》改。
〔二〕田民：原作「民田」，據本書食貨六一之一二二乙。
〔三〕劾：原作「刻」，據本書食貨六一之一二二改。
〔四〕待：原作「侍」，據本書食貨六一之一二二改。
〔五〕「不損壞處」下原有「則補築其虧狹處則貼築其不損壞處」十五字，與上二句重複，顯爲衍文，今刪。

**【方域志】**

18 壽皇（帝聖）〔聖帝〕隆興元年十一月二十四日，知紹興府吳芾言：「鑑湖之廣，周回三百五十有八里，環 19 山三十六源之水注流其中。自漢永和五年，會稽太守馬臻爲之，溉會稽山陰縣之田九千餘頃。至於國初，八百餘年，民受其利。歲月（寖）〔寖〕遠，濬治不時，日以堙廢，瀕湖之民侵耕爲田。熙寧間，盜而田者九百餘頃。朝廷嘗委前廬州觀察推官江衍經度其宜，凡爲田者兩存之。乃立石碑爲界，内者爲田，外者爲湖，申嚴約束。政和末，爲郡守者務爲應奉之計，遂建議廢湖爲田，賦輸入于京師。自是姦民私占，無所忌憚，江衍所立石碑之外爲田者又一百六十五頃七畝有奇，而湖湮廢盡矣。今欲開鑿，合用工四百九十萬七千九百餘。欲望申嚴約束，今後每於農隙接續興工。仍乞勑（旨）本路提舉常平官并本府守臣各兼提舉開湖，通判〔一〕、令、丞、簿各兼主管開湖，庶得上下協力。昔錢氏以臨安府西湖有灌田之利，嘗專置撩湖兵士千人，〔人〕以爲便。今欲移壯城一百人備撩漉浚治之役，許本府辟差强幹大小使臣一員，以巡轄鑑湖堤岸爲名。」從之。其後芾任刑部侍郎，復奏：「自開鑑湖，溉廢田一百七十頃，復湖之舊，又修治斗門堰閘十三所。夏秋以來，時雨雖多，亦無泛濫之患。民田九千餘頃悉獲倍收，其爲利較然可見。勘會傍近低田不過二萬畝，欲從官司量給其直之半，而盡廢（田其）〔其田〕，將江衍元立禁碑别定界止，則堤岸自然永無盜決之虞。」從之。

二年八月六日，臣僚言：「大江之南海濱有三十六浦，洩 20 浙西陂湖之水入於海，浙西因無水患。近歲浦港淤塞甚多，且有力之家圍田支閡。紹興二十八年，朝廷差趙子潚措置開濬，未及興工，改用任古，比子潚所計十減八九，議者非之。今次議得〔二〕，三十六浦實有四等：如茜涇、下張、崔浦〔三〕、黄泗〔四〕、七丫浦〔五〕、掘浦、奚浦〔六〕、金涇八所爲最要；如六鶴、楊林〔七〕、千步涇、甘草、六河、高浦、司馬浦、東陳浦九所又其次也〔八〕；如浪港、參浦〔九〕、五嶽、川沙、顧逕〔一〇〕、野兒、西陳、水門、溏浦〔一一〕、黄鶯、耿涇、

〔一〕通判：原作「道判」，據文意改。

〔二〕今次議得：原作「今歲果然」，文意不明，據明姚文灝《浙西水利書》卷上《陳轉運相度水利》篇改。

〔三〕浦：原脱，據《浙西水利書》卷上補。

〔四〕泗：原作「四」，據《浙西水利書》卷上改。

〔五〕七丫：原作「七了」，據《吳中水利書》卷一八改。《浙西水利書》卷上作「七鴉」。

〔六〕奚：原作「溪」，據《浙西水利書》卷上改。

〔七〕楊林：原脱「林」字，據《歷代名臣奏議》卷二五三趙霖奏補。

〔八〕東陳：原脱「陳」字，據《歷代名臣奏議》卷二五三補。又「九所」，上述僅八所，據《歷代名臣奏議》所述三十六浦，當是脱魚潭浦。

〔九〕參浦：《歷代名臣奏議》卷二五三有蔡浦而無參浦，吳中諸水利書亦無參浦，「參」當爲「蔡」之誤。

〔一〇〕逕：原作「遥」，據《歷代名臣奏議》卷二五三改。

〔一一〕溏浦：《歷代名臣奏議》卷二五三作「塘浦」。

瓦浦〔一〕、唐浦、石幢、鄔溝、北浦十六所，又其次也；如白茆、福山、許浦三所，不大淤塞。欲望睿旨選官，先次商浙西水勢，將三十六浦擇要切處科計工役，盡理開濬。」（諸）〔詔〕諸州守臣考按古迹及條具堙塞河港以聞。其後兩浙路轉運判官陳彌作言：「奉旨平江府躬至常熟、崑山兩縣考利病。常熟之浦二十有四，皆北入于江；崑山之浦十有二，東入于海。蓋以太湖、震澤居其上流，昔人患松江之不能勝，欲使衆流徑得其歸故也〔二〕。諸浦之興，始於天禧，成於景祐。逮政和間，稍已堙廢。夫豬水則今之塘湖是也，瀉水則今諸浦是也。識者皆知開浦之利不但今日，特以工費甚廣，不敢輕議。今若併舉大役，慮歉歲民無餘力，官無羨儲，及致勞擾。輒擇其宜先者凡十浦〔三〕，而其緩急又半之。興工之月，仍乞以緩急爲先後之序。常熟縣最要二浦：曰許浦，曰白茆浦，總計工役爲錢十萬五千三百四十八緡，米四萬五千四百四十六石。【21】次二浦：曰崔浦、黄泗浦，總計工役爲錢七萬六千六百八十二緡，米二萬三千三百四石。崑山縣最要三浦：茜涇、下張、七（了）〔丫〕浦，（計共）〔總計〕工役爲錢七萬一千四百七十二緡，米二萬一千四百四十一石；次三浦，川沙、楊林、掘浦，總計工役爲錢二萬二千二百緡，米六千六百六十石。」詔平江府守臣沈度覈實，如委當開掘，即具省減工料聞奏。

同日，權發遣常州劉唐稽言：「本州申、利二港上自運河發流，經營回復，至下流析爲二道，一自利港，一自申港，以達于江。緣江口每日潮汐帶沙，填壅上流，淤泥澄積，流洩不通；而申港又以江陰軍釘立標揭，拘欄税船，每潮則泥沙爲木標所壅，淤塞益甚。今若相度開此二河，但下流申、利兩港並隸江陰軍。若議定深闊丈尺，各於本界開淘，庶協力皆辦。又孟瀆一港在奔牛鎮西，唐孟簡所開〔四〕，並宜興縣界沿湖舊有百瀆，皆通宜興之水，（籍）〔藉〕以疏洩。近歲阻於吳江石塘，流行不快，而沿湖河港所謂百瀆，存者無幾。今若開通，委爲公私之便。」〔詔〕本路憲臣葉謙亨相視，先具利害以聞。其後謙亨言〔五〕：「港水與民田漫没不分，俟水退計度。」詔憲臣曾逮兩月措置開濬〔六〕，事有未便，條奏。至乾道二年八月，漕臣姜詵等始議措置，欲於來年移造蔡涇閘、〔申〕港工物，次年春初地脉開凍之時，先開申港。其説謂上流横河有三山横石，妨礙洩水，須先開鑿。日役民夫七千，度至三月上旬畢工。更【22】乞休役一年，再於次年開濬利港。合用民夫，乞下常州、江陰軍兩郡均募。詔江陰軍、常州蔡涇閘及申港來年春興功，利港更休役一年。明年四月，修申港成，官吏第賞有差。

〔一〕瓦：原作「丸」，據《歷代名臣奏議》卷二五三改。
〔二〕徑：原作「涇」，據《浙西水利書》卷上改。
〔三〕「輒」原無，「凡」原作「九」，據《浙西水利書》卷上補改。
〔四〕開：原作「下」，據《宋史》卷九七《河渠志》七改。
〔五〕謙亨：原倒，據《吳郡志》卷七乙。
〔六〕逮：原作「建」，據《吳郡志》卷七改。

十月二十日，直敷〔文〕閣、權發遣臨安府黄仁榮言：「餘杭南、北兩湖綿亘二千餘里〔一〕，頃年以創置馬監，洪水暴漲，泥土沙石亟湧入湖，遂致〔湧〕〔壅〕塞淤積，水無所歸。乞將馬監撥歸南蕩，可以施工修治。」詔馬監撥南蕩，就委仁榮措置。仁榮措置：「兩湖東舊有五畝畦〔二〕，計七十二丈，以殺水勢，不致衝突，久廢不修。今鄉自備樁篠，修治兩湖北中隔塘約四里，隔護湖水，免入縣市，浸損民屋。即今塘岸損漏，欲候農隙日興工。馬監元買田地一千六百五十九畝，並兩湖地七千九百四畝，漲泥堙塞。已勸諭鄉民候農〔隙日〕力辦，〔日〕於湖內任便取土，興修濬治。」從之。

乾道元年正月十四日，敷文閣待制、知建康府張孝祥言：「溧水縣銀林至東壩約陸行十五餘里，中隔五堰，東通溧陽，宜興兩縣入太湖，古道尚存，歷歷可考。按圖經云：昔吳王闔閭伐楚，以伍相舉兵，因開此瀆，以通漕運。此道堙塞久矣，宣和間，嘗委發運司同本府審度利害。議者以謂東西湖水高低不等，若開此河，西湖之水流入東湖，則蘇、常被害。又云土石堅硬，不通開鑿。是時頗疑此說，遂即舊河開井丈餘，探知工力可以穿鑿，即會計貲糧，方欲興工，偶靖康多事，因而止役。今宣和間所開土井 23 尚存，則土石堅硬之說，已不然矣。此河從古有之，既入太湖，當自松江順流入海，則蘇、常被害之說，亦未爲得。紹興以來，朝廷屢委本路漕司相度利害，村民往往憚於興作；加其地多以車脚往來，牙儈所得甚厚，使舟船通行，即黨輩失利，故立異說以惑亂上下。況銀林至東壩，每春水泛漲，舊河亦可通百料之舟。方今駐蹕錢塘，若此河可開，不唯川廣、荊湖、江淮諸路綱運減省水脚，且免涉大江數百里風濤、寇盜之患。」詔令汪澈依張孝祥所具便宜〔三〕，限半月措〔定〕〔置〕以聞。其後澈移通判張維行視。維言：「若開五堰，恐大江泛溢，無以禦之，蘇、常受害。」奏聞，遂寢。

同日，敷文閣待制、知建康府張孝祥言：「奉詔案視溝瀆古迹。考按圖經，秦淮水三源：一自華山由句容，一自廬山由溧陽，一自溧水至赤山湖，至府城東南，合而爲一。縈回〔潦〕〔繚〕繞，綿亘二百餘里，溪港溝澮之水盡歸焉。水流上水門，由府城入大江。舊上、下水門展闊，自兵火後，砌疊稍狹，雖便於一時防守，寔遏水源流通不快。兼兩岸居民填築河岸，添造屋宇，日漸侵占其岸白地，利入公庫。若本府免收，仍諭居民不許侵占，秦淮既復古道，則水不泛漲矣。又府城東南號陳二渡，有順聖河，正分秦淮之水。每遇春夏，天雨連綿，上源奔湧，則分一派之水自南門一直入江，故秦淮無泛濫之患。今一半淤塞爲田，水流不通，河勢雖存，寔不通徹。若不惜數畝之田，疏 24 導之以復古迹，其利尤倍。」詔帥臣汪澈指定以聞。澈代孝祥，故命焉。

〔一〕二千：疑當作「二十」。
〔二〕畦：疑誤。
〔三〕汪澈：原作「汪徹」，據《宋史》卷九七《河渠志》七改。下同。

其後澈言：「水潦之害，大抵緣建康地勢稍低，秦淮既泛，又大江湍漲，其勢溢溢，非由水門砌疊窄狹及居民侵築所致。秦淮分三派：一入城中，入下水門入江，一抱北流爲壕，一抱城南流爲壕入江。入城中者，即由上水門，其砌疊處正不可闊，闊則水入城益多，狹則有以殺其勢，而分歸兩壕。臣今指定上下水門砌疊處不動，夾河居民之屋亦不毁除，止去兩岸積壤，使河流快，所謂陳二渡順聖河，乃程二渡也，訛而爲陳。相近者有二河之迹：一名順營河，一名石溝河，自東南至城角伏龜樓下，與城濠相就，直入江。疑古有此，莫究堙塞年代。順(勞)〔營〕勢彎難鑿，惟石溝勢快，可以下工。其河約六里，見爲民田。今指定，欲自程二渡開復石溝一河，就伏龜樓下南城壕，可使秦淮水勢不至大入城中。臣又慮其地係行宮東南旺方，不宜開鑿。」從之。

三月六日，知平江府沈度言：「兩浙運判陳彌作言崑山、常熟界白茆等十浦相視疏濬先後之序，約用工三百二十二萬七千三百有奇。今體訪彼處耆老，所開港浦並通徹大海，遇潮即海内細砂隨泛以入，潮退而砂泥澄墜。設一舉開濬，晝停夜積，不數年以舊填淤〔一〕。今若依舊招置闕額開江兵卒，常熟、崑山每縣各一百人，仍於本府見管使臣内選差二員部轄，相視緊緩見今淤塞之所，次第開濬，25 通洩水勢，不數月，諸浦可以漸次通澈。如慮潮水帶上砂泥停積，即候徐來委逐縣措置官船，於要緊浦内擺泊，用開江兵卒駕船，每遇潮退，隨之搖⿰舟光〔二〕，常使砂泥隨潮退落，不至停積，實爲久便。」從之。

二年二月十九日，和州言：「開鑿姥下河，東接大江，防捍敵人，檢制盗賊，最爲右地。」輔臣以堙廢既久，擅興非宜，奏罷之。

三月十七日，太平州言：「轄下東采石與和州楊林渡相直，紹興三十一年，金人犯江，先自和州造船，入楊林渡小河，徑衝采石，其爲要害明甚。今和州止爲創收商税，皆微小課息，却將舊姥下河東接大江，西至姥下市橋，次曲尺至和州城下，稍西北接連東河，出大江，欲創疏鑿，達和州城下，直抵慈湖，相對赤埭河口出大江，通放舟船。恐緩急賊船可以囊橐，實難防禦。」詔以其事下淮西總領所、轉運司。其後逐司言：「楊林渡元係大江砂夾河水，通行約三千四百餘步，堙塞歲久。若今開通，可免逐年大江黄滂湧入姥下，浸損圩埠。兼砂夾自今淤澱，人馬可以直過，別無限隔。若開通河道，緩急之際，江北百姓牛馬等可先渡砂上，次第濟渡過江。其砂上亦可儲蓄糧草，軍民兩利。」詔和州將(來)〔未〕開步數，許行開掘。

六月二十三日，權兩浙路計度轉運副使姜詵言：「華亭縣蹻港、顧永涇、大沈涇、小沈涇、繆涇、新漕涇、銚港、東

〔一〕以：疑當作「依」。

〔二〕「⿰舟光」字不見於字書，疑當作「晄」，同「晃」。

沈涇、沅家港、龍泉港十所與柘湖相通入海，後以潮砂淤塞港口，今相度，令秀26州從宜開濬。常熟縣黃泗浦、崔浦、許浦、白茅浦亦以潮沙所堙，浦口淺狹，開鑿合用二百二十九萬三百餘工。最要許浦，自梅里塘、雉浦口東南至白蕩橋；黃浦〔一〕，自黃沙港至支塘橋〔二〕；其次崔浦，自丁涇塘至浦口；黃泗浦〔三〕，自十字港至奚浦〔四〕。」詔本路漕臣躬詣相視，仍令逐州守臣專委令丞計度開掘，申尚書省。其後詵復言：「遍往相視，據鄉土父老等合辭言：瀕海諸浦，官司難以盡開。衆議許浦最要，今先開濬，及自雉浦口開至梅里，直達柴彎，則積水可徑泄入〔楊〕〔揚〕子江，與諸浦以次開淘。」詔別議施行。

三年十一月十五日，紹興府言：「轄下蕭山縣西興鎮通江兩閘，近年爲江沙壅塞，舟楫不通，募人自西興至大江疏成沙河二十里，并開浚閘裏運河十三里，通便綱運，民旅皆利。既通之後，復恐潮水不定，仍有填淤之患，并本府通江六堰綱運至多，謂宜措置，爲經久便利。欲乞於本府合差注指使員數差一員，以專開撩西興沙河繫銜，庶永遠爲一方舟楫之利。本府額管捍江兵士二百人，今欲撥差五十名，專充開撩沙浦，不得泛雜差使。仍從本府措置起立營屋居止，遇有微小拆毀處，即時開撩，歷常令通濟〔五〕。」從之。

四年十二月二十六日，臣僚言：「蕭山縣民裴詠等屢經御史臺〔訢〕〔訴〕百姓汪彥等將湘湖爲田千餘畝，以獻總管李顯忠。若果以湘湖爲田，侵漁不已，湖當盡廢。湖廢則九鄉萬衆之産一遇旱乾，27何以灌溉，苗即就槁。欲乞令紹興府差官行視，若委以湘湖爲田，則給民，復以爲湖，非湘湖則勿問。」從之。

五年二月七日，權發遣臨安府周淙言〔六〕：「西湖水面惟務深闊，不容填溢，并引入城内諸井，一城汲用，尤在涓潔。今相度，欲增置撩湖軍兵，以百人爲額，專委錢塘縣尉並壕寨官一員〔七〕，於銜内帶『主管開湖』〔八〕，專一管轄軍兵開撩。仍乞除德壽宮外，自今並不許有力之家種植菱茭，及因而包占，增疊堤岸。或有違戾，依蘇軾任内申請，以違制論。」從之。

九月六日，權知明州張津言：「轄下東錢湖容受七十二溪，方圓廣闊八百頃，傍山爲固，叠石爲塘，合八十里。自唐天寶三年，縣令陸南金開廣之〔九〕。皇朝天禧元年，郡

〔一〕黃浦：《姑蘇志》卷一二作「白茅浦」，據上文所述，當是。
〔二〕支：原脱，據《姑蘇志》卷一二補。
〔三〕泗：原作「沙」，據《姑蘇志》卷一二改。
〔四〕奚浦：「奚」原作「溪」，據《姑蘇志》卷一二改。
〔五〕歷：似當作「庶」。
〔六〕淙：原作「悰」，據《咸淳臨安志》卷三二改。
〔七〕寨：原作「塞」，據《咸淳臨安志》卷三二改。
〔八〕開：原作「看」，據《咸淳臨安志》卷三二改。
〔九〕陸：原脱，據《宋史》卷九七《河渠志》七補。

守李夷庚重修之〔一〕。中有四閘七堰，凡遇旱涸，開閘放水，灌溉七鄉民田計五十四萬畝。雖甚亢旱，亦無災傷。昨因豪民於湖塘淺岸漸次包占，種植茭荷，障塞湖水。紹興十八年，雖曾檢舉約束，盡罷請佃，歲久，茭根蔓延，滲塞水脉，致妨蓄水。兼塘岸間有低塌去處，若不開淘修築，不惟侵失水利，兼恐塘埂相繼摧毀。欲望下本州，候農隙之際，趁時開鑿，因得土修治埂岸，寔爲兩便。」從之。其後本州言：「行視湖濱，緣所用丁夫浩瀚，見椿錢米殊闕不支。竊見東錢湖自有湖以來，到今雖遇大旱，不闕灌溉。自前雖時復野生茭草，諸鄉百姓至二三月間便採割貨賣，飼食耕牛。近年因兩寨水軍牧馬，盡籠 28 有之，刈割失時，以致根蔓積爲厚葑。今若依舊許百姓二三月間茭草發生之時任便採刈，八九月以後無用水之時，縱乾湖水，令百姓牧放踐踏，即茭葑逐軍自壞〔二〕，經久净盡，官中可無大費，誠爲便利。兼環湖皆出倚山爲岸，岸非山處殆不能半，外民田率低下，雨澤稍多，湖面漲溢，輒時決放。至今諸堰有所謂則水石者，言水過此則須開閘破堰，放泄湖水，可見岸下足以瀦蓄。今欲度量，將所椿錢米先修堤防。堤防既高，水自瀦蓄。水勢既深，雖茭葑未除，亦不爲害。」詔開東錢湖前旨不行，所椿錢米，令本州修築堤岸。

七年七月二十四日，詔兩浙漕臣沈度專一措置修築練湖。先是，臣僚上言：「鎮江府丹陽練湖，按圖經，幅員四十里，納長山諸水，漕運資之。故古語云：『湖水寸，渠水尺。』在唐時，法禁甚嚴，盜決者罪比殺人。本朝猶踵其法，爾後浸緩其禁以惠民。然修築嚴甚，春夏多雨之際，瀦蓄盈滿，夏秋雖無雨，漕渠或淺，但泄湖水一寸，則爲渠一尺矣〔三〕。故夾岡亦未始有膠舟之患，公私兩便焉。兵火以後，多廢不治，堤岸圮缺，春夏不能貯水。強家因而專利，耕以爲田。歲月既久，其害滋廣。官司雖時稱開濬(浦)〔補〕築，徒爲文具而已。侵耕浸多，加以淤澱，夏秋乏雨之際，視湖如掌，啓板至十餘，纔能泄入河，猶不能大有所濟，況民田邪？由此公私兩病矣。伏望特降睿旨，令本路轉運若提舉官日下與府縣 29 長吏躬親相視，按(塘)〔唐〕、興國初之舊，於貯水委有利害，必(嘗)〔當〕開掘者若干，公心詳度利害，檢計工料，保明以聞。然後遣一郎官或御史復案之，候農隙興工，務使易成而難毁。仍參酌中制，立爲盜決侵耕之法，著于令，責長吏以奉行必定。庶幾練湖漸復其舊，民田獲灌溉之利，漕渠無淺涸之患。」

七年九月十一日，權發遣秀州(岳)〔丘〕密言：「華亭縣地勢南北高仰，其鄉(呂)〔閭〕父老皆稱或遇水潦，本縣西北有長泖，接連澱山湖，趙屯浦、鹹魚港，出大盈浦，趣吳松江入大海。縣北亦有通波塘、蕎塘、郭巷涇，趣艾祈浦，通吳

〔一〕庚：原作「唐」，據《宋史》卷九七《河渠志》七改。
〔二〕軍：疑當作「年」。
〔三〕渠：原作「河」，據《鄭忠肅奏議遺集》卷上改。

松江，亦入大海。縣東北又有北俞塘、黄浦塘、蟠龍塘，通接吴松大江，皆泄裹河水潦。内北俞塘見今淤塞，已委官相視開撩。竊詳蘇、湖州積水，湖州自震澤太湖泄入吴松江，平江府自練湖入白蜆江，泄入吴松江，並歸大海。止緣兩州之人不知地勢，所以累訴，官司信之，累命決水於二州，初無利便，反均被鹹潮之患。」密興修本州涇塘堰，條奏水利，因及之。

十月十三日，兩浙路計度轉運副使沈度言：「被旨〔措〕置修築練湖，相視上下兩湖石磋三座〔一〕，舊有啓閉閘板，歲久板木不存，因此走泄。内横埧石磋係縱水歸下湖，今已衝損，及姚婆石磋最爲切要，走水尤多。欲依舊置閘板啓閉，監督添用樁木，隨閘板高下填築固護；及南北斗門損漏，一切各已整治。竊觀上湖地形比下湖高仰，西向地形石磋之側有數丈損闕，比 30 之東向，其岸稍低。兩湖草地灘脚若濬治近岸，即就土可以增堤高、固湖身。復依古者作上峰，就湖堆積。如此，則蓄水必多，不獨以通利綱運，亦以灌溉民田。」從之。

八年六月二日，直敷文閣、權發遣（西路兩浙）〔兩浙西路〕提點刑獄公事、提舉河渠公事王淮言：「竊見姑蘇號曰平江，言江流至此而平也。平則勢緩，緩則易壅，非泄而入海，則不能無潦水之患。《書》言『三江既入，震澤底定』。臣嘗考三江入海之由，不可詳據，姑以耳目所接，鄰於海而易泄者，惟秀之青龍港、蘇之許浦、白茆，與夫琴川、百家涇，皆泄入海之道也。今秀之青龍港固自若，所不必論，而蘇之百家涇、琴川、白茆或存或廢，未可遽復。惟常熟之許浦，流之最下者，沙石填壅，其淺者既夷而爲平陸，而其深者亦不過尋丈，舟行則膠，流集必遏。曩者朝廷嘗命憲臣相視而開導之，工役既衆，暫而遂止。然法有不便於彼而於此甚便者，事有不行於前而於兹爲可行者，惟因人之力而用之則役省，因人之利而導之則樂從。力半工倍，莫甚於此。且今之許浦，水軍屯駐在焉，連營列壘，不下萬計。誠於此時命主將以提其綱，命縣官以佐其費，秋冬之交，防托之暇日，率其卒伍，沿許浦一帶疏而通之，浚而深之，使江海之流相接，而又立爲犒賞，隨所治之多寡爲之等差，則貪者先之，懦者隨焉，持久之效可旬日辦也。豈惟浙西之民可無水潦之患，亦彼屯 31 駐者之利也。其地里之遠近，流委之曲折，地勢之高卑，經理之始末，當命有司别條具焉。惟冀陛下留神，幸甚。」

同日，五兵郎〔二〕、前權發遣鎮江府兵馬鈐轄王徹言：「紹興二十八年開平江府常熟縣五浦。時因積水泛溢，欲泄入大江，宜自常熟縣東開鑿，至雉浦五十里入許浦，縱水入江，方爲長利，却自雉浦之西就民田創河二十五里，號丁

---

〔一〕湖：原作「浙」，據下文改。

〔二〕郎：原作「即」，據文意改。按三國魏置五曹尚書，中有五兵曹，下有郎中。隋唐遂設兵部，其郎中或仍習稱五兵郎中（見《白氏長慶集》卷四八《馮宿除兵部郎中知制誥制》）。此處「五兵郎」當即兵部郎中或員外郎之俗稱。

涇塘，橫引水復入福山浦，使二浦之水復歸一浦，止近縣田稍獲灌溉，他無補也。且大江之南，鎮江府以往地勢極高，至常州地形漸低。錢塘江之北，臨安以往，地勢尤高，秀州及湖州地形極低。而平江府居在最下之處，使歲有一尺之水，則湖州、平江之田，無高下皆滿溢，每歲夏潦秋漲，安得無一尺之水乎？聞江灘海岸常列三十六浦，各置巡檢寨捍江海，浚治江浦，通快上水，故數十年前淛西不聞每歲被水。今三十六浦最急者，平江府五浦，蓋平江府實爲淛西衆水聚集之地。就五浦之內，黄泗浦之中，大抵與福山通流，不用開鑿外，崔浦、許浦、白茆浦三所潮沙壅積〔一〕，與岸齊平，使千里之外不能流入，大江之潮不能上通。竊謂治水當導所受之處，若使下流壅積，不達江海，雖鑿陂塘，所及亦狹。要使江臯海瀕注水如瀉，然後百川之流漸有歸宿。謹圖地形水利附奏。」詔(光)〔先〕措置開鑿許浦，條約以聞。其後平江府守臣(岳)〔丘〕密言：「開鑿許浦，雖大水不無獲利，然頓失 32 瀦蓄，遇旱不無所病，且大役難成。」其議遂止。

九年十一月二十三日，臨安府言：「承御降文字，竊惟西湖自蘇軾開鑿以後，舊額合招撩河兵士一百人駐於近湖之地，歲輒開撩，不使淤塞。今六飛駐蹕，所存止二十有五人。況禁戢不嚴，冒佃(侵)〔浸〕多，故多葑茭蔓延，西南一帶，已成平陸，而濱湖之民，每以葑草圍裹，種植荷花，駸駸未已。若不鋤治，恐數十年之後，西湖遂廢，將如越之鑑湖，不復可復。欲望睿慈措置，凡湖之荷蕩，若閑慢不急之所，許存留；若居湖中，有礙湖面，一切芟除，務令浄盡。仍乞約束，自後居民不得再有圍裹，如違戾，以違制論。庶幾瀦水有餘水，而漕渠六井之須，雖遇旱歲，可以無乏，公私兼濟，實非小補。」從之。其後臨安府守臣言：「一切芟除外，西至顯明寺前，北至四聖觀港湖，東至王妃塔，南至山脚，種植菱茭蕩等，並係良馬院主(堂)〔掌〕。」詔並令開撩。（以上《永樂大典》卷一一一〇九）

## 造水磑

【宋會要】

33 真宗大中祥符八年四月，命河北安撫副使賈宗相度定州北河興置水磑。先是，上封者言定州地有暖泉，冬月不冰，可以常用，故使經度之。

仁宗天聖八年四月，陝府西轉運司言：「秦州路歲造麴用麥數萬石，止合於在州及近郊水磑户分配變磨，其就倉請領并納麪時頗多邀滯掻擾。今據磑户八十餘人狀：願(細)〔紐〕撲官水磑五盤，所收數納官，只乞官自變磨應副。知州張綸尋已施行。兼綸差通判程賁於州界側近度地形安便處增修水磑，得永寧寺西官柳林中可修立水磑

〔一〕白茆浦：原作「白茆瀆」，據《姑蘇志》卷一二改。

一〔一〕，悉不妨占居民地土水利。令并舊官磑應副中變磨合用麪麥外，亦可量出租課，添助軍須。乞降敕處分。」從之。

神宗熙寧六年五月六日，詔諸創置水磑碾碓有妨灌溉民田者，以違制論，不以去官、赦降原免。官司容縱準此。

元豐六年二月二十七日，都提舉汴河堤岸司言：「丁字河水磨，近爲濬蔡河開斷水口，妨〔關〕〔闕〕茶磨。本司相度通津門外汴河去自盟河咫尺，自盟河下流入淮，於公私無害。欲置水磨百盤〔二〕，放退水入自盟河。」從之。

哲宗紹聖元年八月二十三日，詔興復水磨茶，應合行事，令户部先具措置，申尚書省。

九月二十八日，户部言：「準敕，復置水磨，今踏逐到京、索、天源等河，措置修立。」從之，仍[34]差右通直郎孫迥提舉。

二年三月七日，户部言：「得旨興修水磨茶事。初元豐中，都提舉汴河堤岸司總領即便水流用之。堤岸司〔令〕〔今〕廢歸都水監，而措置茶事乃隸户部，事不相應。請依元豐置都提舉汴河堤岸司故事，應一司事並依舊條。」詔就差提舉茶場水磨官兼提舉汴河堤岸，專管句，自洛至府界調節汴水，應副茶磨，不得有妨東南漕運。

四年十一月十一日，户部郎中、提舉水磨茶場孫迥言：「茶磨乞於在京東水門外沿汴河兩岸逐舊〔曰〕〔日〕修置水磨去處〔三〕，別行興復。」從之。

元符三年十二月三日，詔以都水使者魯君貺專切應副茶場水磨。先是，閻守懃、李士京同領茶場，欲榷淮南茶，盡鬻之官，歲當三百萬緡，三省抑而不行。至是，三省因奏，神宗本以抑奪都城十數兼并之家，歲課至三十四萬緡，近賈種民遂增展及輔郡，人以爲病。詔增展輔郡榷茶指揮勿行，止依元豐舊法。

徽宗崇寧二年二月二十三日，提舉京城茶場所言：「紹聖初，興復元豐水磨，推〔行〕京畿茶法，歲收二十六萬餘緡。四年，於長葛、鄭州等處京、索、潩水河增磨二百六十所，借用汴水，極爲要便。自輔郡榷法之罷，遂失其利，今四磨不能給。其元符三年罷輔郡榷茶指揮乞勿行。」從之。（以上《永樂大典》卷一五三四〇）

---

〔一〕「一」字下疑脱「盤」、「所」之類字。
〔二〕盤：原作「般」，據《長編》卷三三三改。
〔三〕「岸」下疑脱「踏」字。

## 堰〔一〕

### 【嘉定鎮江志】〔二〕

35本朝《會要》〔三〕：淳化元年二月，詔廢潤州之京口、呂城、常州之望亭、奔牛四堰，秀州之杉青堰〔四〕，杭州之捍江、清河、長安三堰，越州之山陰縣西堰。天聖七年五月，兩浙轉運使言潤州新河畢工，降詔獎之。

《三朝國史志》：慶曆三年，潤州濬漕河成，督功者賜詔嘉獎。其後每年必乾淺，輒阻漕舟。虞部郎中胡淮與兩浙路提點刑獄元積中再經度，常、潤州河夾崗道置堰，功費多而卒無補。御史陳經言之，淮及積中皆貶官。係熙寧二年〔五〕。初，武進尉凌民瞻建議廢呂城堰〔六〕，又即望亭堰置閘，而知常州王說議開珥瀆河，通常、潤運路。朝廷以虞部郎中胡淮提舉，民瞻督役，兩浙提刑元積中總其事，蓋積中主民瞻議故也。鄭向爲兩浙轉運副使，疏潤州蒜山漕河抵于江，人便利之。皇祐二年，王琪再守潤，轉運使欲大興役，浚常、潤二州漕河。琪言：「方蠻蜑騷五嶺，又南方歲比不登，民困無聊，不可重興此役。」詔罷之。而後議者卒請廢呂城堰，破古函管而浚之，河反狹，舟不得方行，公私以爲不便，官吏率得罪去。

《會要》：治平四年七月，都水監言：「兩浙相度到潤州至常州界開淘運河，廢置堰閘，乞候今年住運，開修夾岡河道。」從之。

《四朝國史志》：元祐四年，知潤州林希復呂城堰，置上下閘，以時啓閉。

《四朝史》本傳：曾孝蘊字處善，公亮36從子，紹聖中管幹發運司糴糴事，建言(楊)〔揚〕之瓜(州)〔洲〕、潤之京口、常之奔牛宜易堰爲閘，以便漕運、商賈。役成，公私便之。

《四朝國史志》：元符二年閏九月〔七〕，潤州京口、常州奔牛澳閘畢工。先是，兩浙轉運判官曾孝蘊獻澳閘利害，因命孝蘊提舉興修，仍相度立啓閉日限之法，至是始告成也。

《會要》：崇寧元年十二月一日，中書省、尚書省勘(合)〔會〕左司員外郎曾孝蘊劄子：「紹聖間，獻陳澳閘利害，蒙朝廷(今)〔令〕孝蘊提舉，興修了當。行運首尾四五年，若不別令官司主管，則已成東南漕運大利當遂廢革。欲乞專差

---

〔一〕原無此題，據內容補。

〔二〕原稿以「宋會要」爲大題，下注「嘉定鎮江志」，則似以下各條均出自《嘉定鎮江志》所引《宋會要》之文，但其中又引《會要》，使人莫明所以。實則以下各條均出自《嘉定鎮江志》卷六，其中僅第一、三、七條引《會要》，其餘乃引《國史志》等。蓋徐松手下書吏不明引書層次，將第一條之「本朝會要」改爲「宋會要」又升爲總題，以致造成混亂。今將「嘉定鎮江志」移爲總書名，以清眉目。

〔三〕本朝會要：原作「宋會要」，據《嘉定鎮江志》卷六改。

〔四〕杉青：原作「杉木」，據《宋史》卷九六《河渠志》六、《玉海》卷二二一改。

〔五〕此注原作正文，據《嘉定鎮江志》卷六改。

〔六〕凌：原作「陵」，據《補編》頁三二一改。

〔七〕閏：原脱，據《宋史》卷九六《河渠志》六補。

官一員，自杭州至(楊)〔揚〕州瓜(州)〔洲〕澳閘，通管常、潤、揚、秀、杭州新舊等閘，依已降條貫，專切提舉車水澳閘，覺察應干姦弊。乞差舊曾監修澳閘宣德郎、新知崑山縣事鮑朝懋提舉管幹，依提舉弓箭手例序官、請給、人從、舟船等事，於蘇州置廨宇，以提舉淮浙澳閘司爲名。人吏許於常、潤、蘇、杭、秀等州選差，半年一替。仍令兩浙轉運司進奏官兼管發落文字。」從之。

政和六年八月，御筆：「鎮江府旁臨揚子大江，舟楫往來，每遇風濤，無港河容泊，以故三年之間，溺舟船凡五百餘艘，人命當十倍其數，甚可傷惻！訪聞西有舊河可以避急，歲久湮廢。宜令發運司計度，深行濬治，以免沉溺之患。委官處畫，早令告功。」《嘉定鎮江志》。

【至順鎮江志】〔一〕

《宋會要》〔二〕：「慶曆中，於夾岡道置堰，功費多而卒無補，旋罷。」今地名 37 有黄泥垻者，豈其地與？按舊志：夾岡地勢縈迴歧分，山脊相距曠迴，行者惴惴。熊叔茂詩：「僻疑昏有虎，静怪曉無雞。」謂此地也。嘉定中，郡守宇文紹彭創置六鋪，撥邏卒守之，舟行陸走，藉以無恐。混一以來成坦途。（以上《永樂大典》卷六六七一）

### 曹娥堰〔三〕

【宋會要】

38 曹娥堰，威州之保寧縣新修堰，天禧二年三月修。

### 磑子堰

【宋會要】

鳳州梁泉縣之磑子堰，大中祥符二年置。

### 第六堰

【宋會要】

紹興二十三年五月十二日，利州路安撫司機宜楊庭言：「興元府見屯御前軍馬合用糧料〔四〕，全(籍)〔藉〕糴買應副食用。本府褒斜谷口有古六堰，澆溉民田頃畝浩瀚，自來春首隨食水户田畝多(寛)〔寡〕，均出夫力修葺。昨經兵火，民力不足，多因夏月使水之際，暴水衝損堰身，遂失一歲之利。又撥屯内將兵、差不入隊人兵併手修葺，(幾)〔庶〕幾便民。」詔四川安撫制置司詳所陳事理施行。

---

〔一〕原無此五字。原稿本條之末小字注云「嘉定鎮江志」，經查本條實出自《至順鎮江志》卷七，今改正，並移至此，以與前「嘉定鎮江志」一致。

〔二〕按，原無此三字，據《至順鎮江志》卷七補。

〔三〕曹娥堰：原作「堰」，按此標題已移前，此處刪，並據内容改爲「曹娥堰」，以與下文一致。

〔四〕興元府：原作「紹興府」。按以下所述褒斜六堰乃在漢中，與紹興無關，此必是「興元府」之誤，因改。

築堰

【宋會要】紹興十(一)〔三〕年四月二十三日〔一〕，兩浙轉運副使張叔獻等言：「華亭縣東南枕海〔二〕，西連太湖，北接松江，松江之北復控大海，地形東南最高，西北稍下，柘湖十有八港，正在其南。故古來築堰〔三〕，以禦鹹潮，防趨下而北，爲民田之害。」

水溢堵堰〔四〕

【宋會要】乾道四年五月二十四日，知樞密院事、四川宣撫使虞允文言：「彭州九隴等三縣管都江等别等一十餘堰〔五〕，灌溉民田，其堰身長七十餘里。自紹興二十年以後，州郡 39 不以實意，遇雨水泛溢，決壞堰身，水利畧盡。知縣梁介躬行堰所，部勒丁夫修治堅密，水脉通流，田畝霑之，溉及旁縣，實爲(水)〔永〕利。」詔梁介直秘閣、利(縣)〔州〕路轉運判官。（以上《永樂大典》卷一六七六七）

汴河堰

【宋會要】40 皇祐二年閏十一月，賜汴河治堰緡錢。

山河堰

【宋會要】乾道七年五月十二日，參知政事、四川宣撫使王炎言：「興元府山河堰灌溉甚廣，世傳爲漢蕭何所作。嘉祐中，提舉(平常)〔常平〕史炤奏上堰法，獲降敕書，刻石堰上，至今遵守。」

捍海堰〔六〕

【宋會要】天聖六年七月，淮南發運司興修泰州捍海堰畢工，詔以發運副使〔七〕、兼知泰州張綸領昭州刺史〔八〕，轉運使胡令儀遷一官〔九〕。堰内歸業人户免三年差役税賦，督役三班、

---

〔一〕十三年：原作「十一年」，據《建炎要録》卷一四八、《宋史》卷九七《河渠志》七改。
〔二〕枕：原作「沈」，據《宋史》卷九七《河渠志》七改。
〔三〕古：原脱，據《宋史》卷九七《河渠志》七補。
〔四〕堵：似當作「諸」。
〔五〕九隴：原作「九龍」，據《宋史》卷八九《地理志》五改。别等：疑當作「别堰」。都江堰内江之水分爲三大幹流，其一經彭州，上築十餘堰，故云「别堰」。
〔六〕捍：原作「捍」，據正文改。
〔七〕副：原無，據《長編》卷一〇六、《宋史》卷四二六《張綸傳》補。
〔八〕昭州：原作「韶州」，據《長編》卷一〇六、《宋史》卷四二六《張綸傳》改。
〔九〕「使」下原有「司」字，據《長編》卷一〇六删。

壕寨軍校等遞支賜有差。

## 司馬堰

【宋會要】泰州之司馬堰，淳化二年二月詔廢。（以上《永樂大典》卷一六七六六）

## 水閘

【宋會要】41天聖四年十月，楚州北神堰并真州江口南堰各置造水閘[一]。先是，監税三槐王乙上言，詔轉運司度其事，且言其經久利濟，省得綱運般剥、偷侵、住滯，故信從之，仍遷一秩。

淳熙六年三月十二日，宰執進呈知鎮江府司馬伋言：「用石修砌潮閘門，浚海鮮河，使舟船有艤泊之所。」上曰：「司馬伋濬河修閘，惠利甚廣。可除寶文閣待制。」

【宋會要】淳熙十四年九月十一日，權知(楊)[揚]州熊飛言：「揚州一帶運河惟藉瓜洲、真州兩閘瀦積，今來河水走泄，秖緣瓜(州)[洲]上、中二閘久不修治，獨潮閘一座，轉運、提鹽及本州共行修整。然迫近江潮，水勢衝激，易致損壞。真州二閘亦復損漏。乞下淮南轉運司、淮東提鹽司疾速同共修理，仍乞下真州日下修葺本州上下二閘，以防走泄。」從之。

## 保安閘

【宋會要】乾道五年二月八日，權發遣臨安府周淙言：「竊見浙江舊有渾水、清水、保安三閘，歲久損壞，已行修治。今欲專差官一員充監閘，常令管轄閘兵依時啓閉，并不住打淘河道，免致湮塞，使公私舟船無留滯之患。乞先從本府于大小使臣内有材力能幹官選辟。」從之。

## 月河閘

【宋會要】乾道二年六月十一日，前權知秀州孫大雅言：「昨所領42州，其境内欲水潦可以無憂而又足以禦旱者，莫若修閘與斗門，以時啓閉之爲利也。且其地有四湖：一曰柘湖[二]，二曰澱山湖，三曰當湖，四曰陳湖。其東南則柘湖，自金山浦、小官浦入于海；其西南則澱山湖，自蘆瀝浦入于海；西北則陳湖，自大姚港、朱里浦入于吴松江；其南則當湖，自月河南浦口、澉浦口亦可達于海。支港相貫，四湖皆通也。今若官於諸港浦分作閘或斗門，度時啓閉，不獨可以洩水，而旱亦獲利。」詔委本路漕臣同秀州守臣躬往相度

[一] 南：《長編》卷一〇四無此字。
[二] 柘：原作「拓」，據《宋史》卷九七《河渠志》七改。下同。

措置，候農隙興工。其後兩浙漕臣姜詵、秀州守臣鄭聞言：「合於張涇堰傍高兩岸創築月河，置閘一所。其兩柱金口基脚並以石造，涇內水泛即開閘以泄之。」詔令十一月興工。

乾道三年三月二十一日，權兩浙路計度轉運副使姜詵言：「華亭縣新涇、招賢涇雖有水河，泄水不快，今相度，欲於張涇、白苧、陳涇、新涇四處各置一閘，遇蘇、秀、湖三州水泛，候潮退，即開閘以殺水勢。」從之。《至元嘉禾志》[一]：考證：宋隆興甲申八月，本路漕臣姜詵奏請於張涇堰增庳爲高，築月河，置閘其上，甃巨石，兩址相距常有四尺，深十有八板，板尺有一寸，以時啓閉，故鹹潮無自而入。月河之長三千三百五十有五尺，廣六尺。許克昌爲之記。

### 洪澤閘

【宋會要】 乾道元年三月十八日，淮南路轉運判官韓元龍言：「催43督修整洪澤兩閘，自三月初四日興工，至十二日畢。」詔修閘官兵令總領所等第犒設。

### 五瀉堰閘[二]

【宋會要】 乾道三年四月二十四日，兩浙漕臣姜詵言：「常州無錫縣以北五瀉堰，通徹江陰軍等處。其堰有閘一重，承前除綱運及重船開閘通放外，餘舟止車堰。後以無錫利於拘稅，恐車堰走失，即將舊堰掘斷，自收掌閘鑰，不以大小、空重舟船，並閘內通放，致啓閉無時，失洩運水，閘板多浮，不相連貼，亦不着底，水從板罅晝夜流入裏河。今相度，於五瀉堰閘裏更添閘一重，并修築元堰，依舊車打小料舟船。」詔本州措置。

### 呂城閘

【宋會要】 慶元五年正月十九日，兩浙轉運、浙西提舉司言：「以知鎮江府萬鍾乞於呂城倣臨安、嘉興二閘之制，添置一閘。兩司委官相視，鎮江府地形高峻，東至常州，運河迤邐就下，每遇水漲，河流湍急，呂城兩閘歲久損壞。今若依倣三閘之制，本府自備工役添造一閘，則隄防周備，可保無虞。但今來呂城兩閘既已損壞，若不先行修整，雖有新建上閘，亦難獨當上流。欲乞下本府將呂城兩閘重行修葺，候畢(上)〔工〕日，却從本府從長措置，接續添造新閘，庶得利便。」從之。（以上《永樂大典》卷二二七八四）

### 斗門閘

【宋會要】

---

[一] 至元嘉禾志：原無此書名，查下文出自該書卷五，因補。又下文原作正文大字，今改爲小字注。

[二] 五瀉：原無，據正文內容補。

44 孝宗皇帝隆興二年二月十三日，知紹興府吴芾言：「昨條奏興修會稽山陰縣鑑湖，全藉斗門堰閘蓄水，都泗堰閘尤爲要害。凡遇綱運及監司使命舟船經過，堰兵避免車打，必欲開閘通放，以致啓閉無時，失泄湖水。體訪都泗堰因高麗使往來，宣和間方置閘，今乞廢罷。」從之。

淳熙五年十二月二十二日，提舉廣南路常平茶鹽司言：「昨來所開濟川河口創置斗門一座，候春夏間江潮稍大，以時啓閉，通放至運河，則（監）〔鹽〕綱往來，無淺涸之患。」從之。

淳熙十二年三月二十八日，淮南轉運司言：「和州守臣乞於千秋澗置斗門，以防麻、澧湖水洩入江〔一〕。遇歲旱，灌溉民田，實爲利便。」從之。

淳熙十四年四月四日，知太平州張子顔言：「本州管下圩田，除繁昌縣並是私圩，江湖隔遠外，所是當塗、蕪湖兩縣諸圩，當塗受水特甚。至於斗門水函，多以竹木爲之，間用磚石，往往不牢，致有損壞。今當塗縣重新改造斗門一十三所，石卷砌四所，水函八所，修砌舊係磚石斗門五所，水函一十所；蕪湖縣重新改造斗門八所，用磚石卷砌。今後每歲冬間農隙之時，先次增修大埂。今來興修内埂二十段，共長三萬二千三百八十二丈，計一百七十九里一百六十二丈，並已了畢。」詔令守臣以時檢察，務爲久遠之利。

## 通江橋閘

【宋會要】

45 淳熙二年十二月十六日，臨安府言：「欲於通江橋用石砌疊，置立閘板，遇河水乾涸，啓板通放潮水入河，繼行下板，固護水勢。」

## 栲栳閘〔二〕

【宋會要】

乾道元年正月十七日，知鎮江府方滋言：「體訪子城居民水患，秖緣近來栲栳閘城下放水道通澈裏澳，當時務蓄水灌栲栳閘，免泄運水。今裏澳（刑）〔形〕勢低下，放水不入。事既無益，每因水漲入城，反爲民患。又體訪古西夾城裏教場城下有水澳池一處，停蓄子城内水；向北有古溝一所，於利涉門城下置水牕一座，通澈大江。每遇水滿，通放澳水出城，以是居民少罹水患。今相度於向西城下水牕子城外添置閘閉斷，使運河水不入子城裏澳，久遠爲便。」從之。

---

〔一〕澧湖：典籍中亦多作「澧湖」。
〔二〕栳：原作「栲」，據正文改。

常豐閘

【宋會要】淳熙十一年六月八日〔一〕，勾昌泰又言〔二〕：「台州黃巖縣之東地名東浦，紹興中開鑿，建置常豐一閘，名爲決水入江，其實縣道欲令舟船取徑通過，每船納錢，以充官費。一日兩潮，一潮一淤，纔遇旱乾，更無灌溉之備。已將上件常豐閘築爲平陸，還故基。乞下本縣，自今永不得開鑿入江湖，庶絶後患。」從之。

黃巖縣閘

【宋會要】46 淳熙十一年十一月二十六日，浙東提舉勾昌泰言：「台州黃巖縣舊有官河，自縣前至温嶺凡九十里，其支流九百三十六所，皆以溉田。元有五閘，久廢不修。今相度，其河有合開三十一萬九千丈有奇，一面開淘，兩月可畢。惟有建閘一事，約費二萬餘緡，乞從朝廷給降。」詔下兩浙轉運司，從本司取的實合用錢數，於本司所得窠名錢内取撥，應副施行。十二年四月二日，宰執進呈昌泰再上言：「漕司不應副錢，乞度牒二十道。」上曰：「此乃百姓水利，可與度牒二十道，令浙東提舉司每道作七百貫出賣，揍本司合支用錢數應副（修興）〔興修〕。候了畢間，開淘及修建去處并灌溉田畝數目開（其）〔具〕聞奏。」（以上《永樂大典》卷二二七八五）

渠

【宋會要】47 祥符七年六月，知永興〔軍〕陳堯咨導龍首渠入城〔三〕，民便之。詔嘉奬。（以上《永樂大典》卷一七〇一）

48 天聖四年閏五月，陝府西轉運使王博文等言：「準勑相度到右班殿直劉逵奏，乞開治解州安邑縣至白家場永豐渠，行舟運鹽，經久不至勞民。其開修檢計工料別具奏陳。次乞選差使臣一員勾當開修，候其功成，望賜酬奬。按此渠自後魏正始二年都水校尉元清引平坑水西入黃河以運鹽，故號永豐渠。周、齊之間，渠遂廢絶。隋大業中，都水監姚暹決堰濬渠，自陝郊西入解縣，民賴其利。及唐末至五代亂離，迄今湮没，水甚淺涸，舟楫不行。」詔三司相度以聞。先是，解州般鹽帖頭麻處厚等詣闕訴，稱般鹽陪用家貲並盡，乞別行相度，故有是奏。從之，甚利於公私也。（以上《永樂大典》卷一七〇二）

49 淳熙七年六月三十日，知臨安府吳淵言：「萬松嶺

〔一〕十一年：《宋史》卷九七《河渠志》七作「十三年」。據《會稽續志》卷二，勾昌泰以淳熙十年閏十一月除浙東提舉，十二年十月除浙西提刑，則當以十一年爲是。

〔二〕勾昌泰：原無，據《宋史》卷九七《河渠志》七補。

〔三〕陳堯咨：原作「陳堯叟」，據《長編》卷八二、《宋史》卷九五《河渠志》五改。

兩傍古渠，多被權勢及百司公吏之家起造屋宇侵占；及內西寨前石橋并海眼緣渠道堙塞，積久淤填；兼都亭驛橋南北河道緣居民多將糞土、瓦礫抛颺河內，以致填塞，流水不通。今欲分委兩通判監督地分廂巡逐時點檢鈐束，不許人户仍前將糞土等抛颺河渠内及侵占去處。任滿，批書水流淤塞，從本府將所委通判及地分節監保明申尚書省，各減一年磨勘。如有違戾去處，各展一年。」從之。（以上《永樂大典》卷一七〇四）

50 淳熙八年九月二十八日，知襄陽府郭杲言：「本府有木渠，可溉田數千頃，堙塞，乞以開修。」從之。（以上《永樂大典》卷一七〇三）

## 斗門

【宋會要】

51 仁宗天聖四年二月，侍御史方慎言言〔一〕：「杭州元有江岸斗門二，凡舟船出入，一則温台路，一則衢婺路。其北岸斗門爲潮水所壞，因循不修。今兩路舟船併在一岸，備見不便。蓋斗門啓閉有時，須候潮平方開，因兹住滯。欲望後創二斗門〔二〕。」詔本州疾速修創，勿令住滯舟楫。

神宗熙寧二年七月，京西轉運司言：「乞差官檢視鄭州滎澤界魏樓村斗門地形高下〔三〕，相度經久利害。」命監察御史裏行張戩、館閣校勘顧臨定奪。戩等言魏樓村斗門委實利便〔四〕，詔都水監施行。

【乾道會要】

52 壽皇聖帝乾道七年二月四日，觀文殿大學士、知紹興府蔣芾言：「本府會稽縣德政鄉古有二浦：一名兆浦，在上流凡五里餘，舊有斗門，以障外水；一名後浦，在下流凡十里餘，舊來深浚，以泄裏水。爰自堙塞，久不修治。今欲商度開浦，并置斗門。」從之。

十一月十二日，皇子判寧國府魏王愷言：「化成、惠民兩圩周回已置立斗門，共二十四所，兩旁用石築疊，及以沙板安閘〔五〕，高築土鉗，常加堅實。及斗門遞年專輪圩户四名防守。臣欲行下宣城縣令佐，今後遇圩内積水深長、外河水低於斗門，即仰守圩人户申官，躬親先次集衆開斗門出入。候畢，即依舊安閘築塞。及常切禁止圩民，不得盜決堤岸，犯者依法施行。」從之。（以上《永樂大典》卷三五二六）

## 堤岸

【宋會要】

53 徽宗建中靖國元年四月三十日，詔發運司差官點檢

〔一〕「言」字原不重。按方慎言爲人名（雍正《福建通志》卷四四有傳），此當重「言」字，因補。
〔二〕後：疑當作「復」。
〔三〕滎：原作「榮」，據《永樂大典》影印本改。
〔四〕樓：原脱，據上文補。
〔五〕板：原作「扳」，據《永樂大典》影印本改。

龜山新河堤岸，如有墊缺，〈連〉〔速〕加補築，仍自今歲以爲常。（以上《永樂大典》卷一六二一〇）

# 宋會要輯稿　食貨九

## 受納〔一〕

1 紹興三年正月二十三日，江東西路宣諭劉大中言：「信州并諸縣從來受納人户秋苗粳米等，于正耗外別收名色非一，據合納正數不啻一倍以上。乞申嚴法禁，行下諸路州縣，不得更似前日大收加耗。」詔令户部檢坐條例，申嚴行下，不得加耗太重。

四年六月十七日，詔：「2 諸路專委提刑司檢察州縣受納夏税、和買預買紬絹，如有故促期限及阻節乞取諸般搔擾，並按劾聞奏，當議重寘典憲，其合干人先次送獄禁勘〔二〕。」

九月十五日，明堂赦：「比年以來，郡守（進）〔惟〕務侵漁，多選委貪吏受納，至有輸一碩而加耗至三四㪷者，刻取其贏，以資公帑，民被其害，無不怨嗟。仰帥臣監司常切覺察，如敢循習故態，按劾以聞，當議重寘典憲。仍許人户越訴。」

五年八月二十日，臣僚言：「民間送納兩税斛斗，多緣推割不明，催科無術，文移太遠，折變價高，攬納射利，公吏求貨，雜以濕惡，高下㪷面，盜印虛鈔，失陷羨餘。如此十事，州縣漫不省察。欲望申嚴受納差官條令〔三〕，委漕臣前期取索，將逐州縣合差官各委知、通加意遴選，連銜保舉〔四〕，依舉官法結罪同狀。兼受納倉封送官鈔率經累日，縣官失于朱銷，再行舉催，搔擾民户。更乞州縣受納之際，督責主簿就受納倉即時銷簿。又有因緣詐僞，以團印樣製相似，輒用舊鈔朱銷新簿，暗失税數，爲患滋甚。若將逐年團印樣製旋行增減大小〔五〕，間以篆隸爲文，庶可區別新舊，檢察欺隱。其州縣受納絹帛差官等，亦望依此施行。」詔令户部勘當，申尚書省。其後户部言：「所陳推割等十事禁約外，今欲下諸路轉運司，令行下所部州郡常切遵守。仍將受納二税官依法州選幕職外，縣差丞簿施行。及夏税入納月分，即依所乞，就受納倉銷簿。其團 3 印樣製，並依法更改雕造，不得與以前年分相似。如主簿有事故，即委縣丞就倉銷押。務在革去虛印失陷，以舊鈔銷新簿之弊也。」從之。

九月三日，詔：「受納苗米所收水脚、市例、縻費等

---

〔一〕題下原批：「缺淳熙至嘉定一卷。」按所缺一卷見本書食貨六八之一二至六八之二七。又，正文前原又標有「賦税雜録」一題，按本書食貨六八所載本卷複文亦只標作「受納」，且本卷後文別有「賦税雜録」一目，今不取。所謂「受納」，即收納二税。

〔二〕禁勘：原作「禁止」，據本書食貨六八之一複文改。

〔三〕嚴：原作「覈」，據本書食貨六八之二改。

〔四〕保舉：原倒，據本書食貨六八之二乙。

〔五〕旋：原作「施」，據本書食貨六八之二改。

錢〔一〕，每碩不過二百文省。如不及二百文處，依舊數收納。其自來不曾收納去處，即不得創行增納。」

六年九月十八日，右司諫王縉言：「近覩指揮，許江浙人户預以米斛折納來年紬絹，每疋二石，取其情願，誠爲公私之利。竊見諸路州縣受納秋苗，例有加耗。欲望特降睿旨，應折納米斛〔二〕，並免收耗。」于是户部言：「浙西州軍紹興六年分夏税紬絹折納米斛，已承指揮，令抵㪷交量。所有自來合收加耗并頭子、縻費等錢〔三〕，並不得收納。如違，並計贓坐罪。」詔依已降指揮施行。

十月二十六日，右司諫王縉論受納之弊〔四〕：「朝廷雖屢降約束，而州縣視以爲常，人户輸納，益受其弊。且如受納多處，漕臣差官，其次則本州選委，而倉庫專㪷等願差某官，則預先賄賂州縣監司主行之吏。差帖既下，私相慶賀，開場之後，百端作弊。或晚入早出，或隨例迎送，或幹當別事，或非理退換，使人户般擔出入，守候費用，甘心重收加耗。或多收樣米，分給人從；或照管親知，惟納封鈔〔五〕。或與攬納之人通同作過，欲令人户高價貼陪。或收耗既多，陰計其數，印打虚鈔；至般米在倉，經旬不納，而追催鞭箠，略不加察。或已納而不給鈔，或給鈔而不銷4簿。積弊至此，不可不懲。」詔令户部檢坐受納及銷鈔等見行法令并前後約束申嚴行下。仍委諸路常平、茶鹽、提刑、轉運官分定州縣，躬親體究有無前項違犯情弊、搔擾事件去處，保明申尚書省。如縱容隱庇，體訪得知，保明官司并違戾州縣，并令取旨，重行貶竄。

十一月九日，詔秀州當職官先次各降一官，人吏從重斷勒罷。以兩浙轉運副使朱繹體究得秀州海鹽縣受納米斛，據攬人送納，每碩于人户處討米一碩六斗五升或一碩七斗故也。

七年九月二十二日，明堂赦：「州縣受納作弊，昨降指揮令諸路監司分定州縣體究，並不恪意奉行。外臺耳目，慢令若此，何所賴焉！仰檢坐前後條例行下州縣，嚴加約束，常切遵承。尚敢蹈習違戾，即按劾聞奏〔六〕，犯人重行典憲，必罰無赦。」

十年九月十日，明堂赦：「州縣百姓輸納税租，監官多是晚入早出，不即受納給鈔，及縱容合干人百端非理退難，遂致憑藉攬納之人重有陪償。雖已有先後約束，仰監司嚴加檢察，如尚或蹈襲違戾，並仰按劾奏聞。」紹興十三年十一月八日南郊赦亦同。

十七年二月四日，上諭輔臣曰：「昨日有人言，州縣折納税絹每疋有至十千者，恐傷民力，可令户部措置。」

〔一〕縻：原作「糜」，據本書食貨六八之二改。
〔二〕「米斛」後原有「下」字，據本書食貨六八之三删。
〔三〕「所」原作「所所」，「縻」原作「糜」，據本書食貨六八之三删改。
〔四〕縉：原作「縉」，據本書食貨六八之三改。
〔五〕納：原作「封」，據本書食貨六八之三改。
〔六〕聞：原字不清，據本書食貨六八之四補。

二十年二月一日，將作監丞李巖老言：「州縣理納税賦，必依常限及時催科，令佐毋得分鄉，自至村落。」詔令户部檢坐見行條法，申嚴行下。

五月二日，[5]前權知臨江軍彭合言：「本軍清江縣五鄉，其四鄉秋苗每一碩加耗米七㪷[一]，於造簿之際已行聲載，至人户赴官送納，遂成久例。獨一鄉係新淦縣撥隸，則無此耗。欲望悉與蠲免，仍于造簿之際不得更載前件耗數。或已係經界均税，即不得將舊來係簿加耗于正苗内均敷。」上曰：「彭合所論，可令户部照應本軍別縣體例蠲免。合昨任縣官，監司固曾列薦，今可與監司、知州差遣。」

六月二日，右正言章夏言：「夏秋人户所納二税，或在州，或就縣，各從其便，及時入官，不致拖欠。今訪聞州郡利於出剩，及合干專、庫等利于縻費[二]，遂致須管就州送納，至貧民下户有般擔之費、往來之勞，伺候陰晴，動輒數日。甚者，或本州差官下縣，專置一局受納，（切）〔竊〕取出剩，歸公使庫。兼所差官挾勢凌逼縣道，違法批券，百端搔擾。乞應人户輸納二税，不拘州縣，許從其便。或有出剩之數，並附赤曆，不許擅撥歸公使庫。如有違戾，嚴正典刑。」從之。

八月二十三日，上諭輔臣曰：「近日宣州太平縣布衣史敦仁上書，言州縣輸納多增水脚錢等事，宜令户部看詳。此亦民間之害，不可不禁止也。」繼而户部看詳：「欲下轉運司并本州遵依已降指揮，每石隨苗收納一百文省，不得輒于數外更有增科搔擾。若守臣、監司失于覺察，委御史臺彈劾。仍令憲司取索增添因依，申尚書省取旨施行。」上曰：「此蓋州縣官吏並緣爲奸，不恤百姓。[6]朕今日所以休兵講好者，正以爲民耳。若州縣不知恤民，殊失朕本意。」

二十一年閏四月二十二日，知桂陽監趙不易言：「湖南人户納苗，往往州縣高量斛面，一石正苗有至三石，少至一倍。（故）〔欲〕令户部措置，從本路轉運司造一樣斛斗降下，不得擅行置造，倍收耗數。」從之。

二十四年二月二十六日，右迪功郎、守大理評事鞏衍言[三]：「切見州縣受納米斛，必有土居及寄居官員、秀才并上司公人封鈔請求，每石坐收錢數百或至一貫以上，一歲之間，所得有至千餘緡者。受納官爲之減退升合，不擇濕惡，却于其餘人户下多增斗面，以償其數，往往貧乏下户困于輸納。虧公害私，莫此爲甚！乞下所屬檢會法令，申嚴禁止。仍委逐州守臣刊板，揭于受納場廳事之上，使朝夕觀之，思所以副聖主愛民務本之意。」從之。

四月十八日，大理寺主簿郭淑言：「伏覩條令，受納物

[一] 其：原作「與」，據文意改。
[二] 干：原作「于」，據本書食貨六八之五改。
[三] 「言」下原有「奏」字。按鞏衍爲人名，《建炎要録》卷一六六作「鞏衍面對言」，據删「奏」字。

帛之類，不許輒有污損。比三州縣受納官不得其人〔一〕，間有徇私之吏，凡攬子等賫到，更不問紕疎長短，一切受之。若人户親納，則吹毛求疵，稍不及格，即以柿油墨煤連用退印塗漬〔二〕。縱有及格者，又復勒倍納税錢，方與交收。其錢量收附曆，以塞人言。望令有司嚴行戒飭，俾無違戾。仍委諸路提刑司常切覺察。」上察其事重爲民害，乃詔户部申嚴行下，仰監司覺察按劾。如失覺察，令御史臺彈奏，仍許人户越訴。

二十五年十二月二[7]十四日，左奉議郎、知（太）〔大〕宗正丞王珪言：「今之急務，莫先于富國裕民，于（庶）〔無〕事爲有事之備。古者三年耕必餘一年之蓄，九年耕必餘三年之蓄，雖有飢饉，民無菜色。今四境無虞，干戈不用，而小有水旱，一方之人多致流離死徙〔三〕，不能自存。且以目前利害言之，蠹民之財，莫甚于輸納二税之弊。大率較之，逐年秋租，加耗之入或過于正數〔四〕。官收一歲之租，而人輸兩倍之賦〔五〕。中下之家，卒歲之計僅足以給，而輸官之物半已縻費。所以催科常不及分，民間欠負無時可了。雖無水旱之變，而逃租棄産，漂寓他鄉者，往往而是也。朝廷雖申嚴約束，而州縣公肆斂取無所畏憚者，唯其有説可以藉口，矧又循習之久，不以爲怪也。且如官中既有正耗，而州縣又別立加合，以軍儲吏廪爲名，凡有所須，盡出于此。黠胥污吏，因得爲奸，取之無藝。官收一歲之租，人輸兩倍之賦，甚可憫也。臣愚以爲，莫若度州縣所用有不可闕者，多寡之數，立爲定例，使上下通知，此外不得分（亳）〔毫〕有所須索，必重寘典憲。不唯少寬民力，亦使官租易辦，公私之利無以踰此。行下有司，畧爲措置，務見實効，無事虚文。」詔令户部檢坐見行條法申嚴行下，委監司約束所部州縣不得過收加耗，仍于受納處大書板榜曉諭。

二十六年二月十二日，權刑部尚書韓仲通看詳到知鬱林州趙不易言便民五事，内一事：雷、化等州民間納苗，多令[8]折銀，擾民爲甚。送部看詳，欲令並納本色。上曰：「百姓足，君孰與不足？百姓之財，乃國家外府，安可盡取？但藏之于民，緩急亦可以資國用。」

七月十四日，詔：「人户輸納夏秋，今正當開場受納擁併之時。訪聞州縣受納官縱令公吏非理退换，乞覓邀阻，及用墨油退却損污，或封寄在場，更不給還，重疊拘催，搔擾非一。令户部日下申嚴約束，如有似此違戾去處，仰監司按劾，申尚書省，重作施行。」

八月四日，上宣諭輔臣曰：「訪聞臨安府受納税絹，多是乞覓阻節。近有一百姓送納本户絹一疋，被退回，詢之，

〔一〕比三：似當作「比來」。
〔二〕油：原作「柚」，據本書食貨六八之六、《建炎要録》卷一六六改。
〔三〕徙：原作「徒」，據《建炎要録》卷一七〇改。
〔四〕入：原作「人」，據本書食貨六八之六及《建炎要録》卷一七〇改。
〔五〕輸：原字殘缺，據《建炎要録》卷一七〇補。

云官中不經攬納人不肯收接〔一〕。朕令人以錢五貫五伯文買到，却是堪好衣絹。已令韓仲通根治。近在輦轂，尚乃敢爾，外方輸納，想見受弊。」沈該等曰：「陛下勤恤民隱，灼見弊源如此，天下幸甚！」

二十二日，户部言：「臣僚請損四川折估物帛價錢，緣財賦係總領所取撥，應副贍軍，在遠難以遥度。今欲下本所相度，量行裁減，具數申户部以聞。」從之。

二十八日，右正言凌哲言：「諸路州縣起催秋苗有期，自來受納，姦弊百出，最爲民患。受納官物，全藉監官約己奉公，鈐束吏姦。然場務專、斗等每以厚賂預囑監司、州郡主行之吏，乞差某官。既遂其請，酌酒相慶。凡監官供家百須，皆取辦之。上下相蒙，恣爲奸弊，百姓受害，無所赴訴。乞嚴飭監司、郡守，應差受納官，須躬自體訪，選委清强有風力之人，使之究 9 心措置約束。又攬納之弊，自來罪賞約束，至爲嚴切，終不少革者，蓋緣遠村細民户産微薄，輸納零細，須憑攬人湊數送納，因得爲弊。乞嚴戒受納官，每遇人户般米入倉，並須躬親看驗〔二〕，依公交量。其合收耗米，並依衆例，不得容情增減，及停留作弊。仍乞委自守貳不時稽察，苟有違戾，重作施行。」從之。

二十七年六月十五日，江南東路轉運判官葉義問言：「江東、西州縣受納人户苗米水脚等錢，每石收二伯文省，委是酌中。宣州頃因知州秦梓申奏畫旨，每石納錢一伯文省〔三〕，往往受納之際，暗加斗面，或别立名目，科歛于民。欲望行下宣州，每石納錢二佰文省。」從之。

九月四日，左司諫凌哲言：「諸路州軍受納秋苗，去年朝廷頒降斛様，本以革斗量輕重之弊，而諸州每月交量，令兩夫持杴夾立，抄米入斛，時復按摇，務令堅實，校其多取之數，又過倍于用斗之時。人户反賂倉斗，願依舊用斗量。至于乞取情弊，略不悛革。伏望嚴戒諸路州軍長吏，自今受納官，上自幕職以至管下縣鎮，有剛介自守、曉事戢吏之人〔四〕，通行選差，使之遵守前後所降條禁，以杜塞關節。仍乞委各路提刑專一體訪。如有違戾去處，依條按劾，必罰無貸。」從之。

三十年九月八日，上諭輔臣曰：「夏税秋苗，若郡守不得其人，受納官多取臏量，則民必歸之攬户。又鄉司、部吏因緣生奸，一斛至加五斗，人户安得不受弊？卿等可于 10 夏税秋苗時，令依省限催理。仍督責受納官，歲歲如此，常行戒飭，庶令寔惠下及百姓。」宰臣湯思退奏曰：「臣等當恭奉聖訓。」

十一月三日，守侍御史汪澈言：「江西歲以筠、袁二州民户苗米令赴臨江軍輸納。以江道淺狹而裝綱非便，緣此官吏恣爲侵漁，色目甚多，其數浩瀚。知軍坐享公庫之豐，

〔一〕接：原作「給」，據本書食貨六八之八改。
〔二〕驗：原作「詳」，據本書食貨六八之八改。
〔三〕石：原作「錢」，據本書食貨六八之九改。
〔四〕吏：本書食貨六八之九作「受」。

而筠、袁之民嗟怨盈于道路。今欲乞令江西漕司與二州守臣相度，或只就本州受納。若必欲寄敖，即令各州自差官吏、專、斗受納，無使臨江之人干預。」從之。

紹興三十二年孝宗即位未改元。八月二十三日，詔：「州縣受納秋苗，官吏並緣多收加耗，規圖出溢，却將溢數肆爲奸欺，虛印文錢，給與人户。民間相傳，謂之白鈔。方時艱虞，用度未足，欲減常賦而未能，豈忍使貪贓之徒爲民蠹！今後似此違犯之人，許諸色人不以有無干己越訴。如根治得寔，命官流竄，人吏決配，永不放還，仍籍家貲。」

孝宗乾道元年正月一日，南郊赦：「應夏秋二税催科，自有省限，州縣官吏多不遵奉條法，受納之際，多端作弊，倍加斗面，非理退换，縱容專、斗、揀子計會乞取，方行了納。或先期預借，重重催理，不與除豁。既已納足，阻節銷鈔之類，甚爲民害。仰守令嚴切覺察，如有違戾，仰監司按劾申奏，重行黜責。仍許人户越訴。」三年、六年、九年南郊赦並同。

五年正月二十八日，詔：「今後受納折帛銀，照依左藏庫價與民户折納，不得輒有 11 減降。令逐路轉運司約束，不得違戾。」先是，遞年民户輸銀于官者，每兩折直三千二百，而輸之左藏庫却折三千三百，每兩暗（羸）〔贏〕人户百錢。臣僚言之，故有是命。

十月十八日，臣僚言：「臣恭覩陛下臨御之初，約束州縣受納苗米多收加耗，法禁甚嚴。而近年以來，所收增多。且以近甸論之，秀州歲收苗米三十餘萬石，每石舊例止收耗一斗四五升，而二年以來，一石增納至五六斗，計每歲溢取十五萬石。逮朝廷抛降和糴，却以出剩之數虛作糴到，所得價錢，盡資妄用。乞申戒州縣杜絶弊倖，庶寛民力。」從之。

七年六月二十七日，詳定一司勑令所修立到條法：「諸受納苗米官縱容公吏巧作名色乞取者，比犯人減一等罪，徒二年，仍許人户經監司越訴。州縣長吏不覺察，與同罪。」以臣僚言：「人户率用米二石有餘〔一〕、一千文足以上，方能了納正米一石，乞行禁止。」故有是詔〔二〕。（以上《永樂大典》卷四六八八七）

## 賦税雜録〔三〕上

【宋會要】

12 徽宗政和二年二月六日，尚書省言：「通判萊州吳長吉奏：『賦斂折科之法，外路官司猶務掊刻。以京東一

〔一〕米：原作「兵」，據本書食貨六八之二一改。
〔二〕文末原批：「此下有淳熙至嘉定一卷，應補鈔。」按，本書食貨六八有。
〔三〕題前原有「税」字，此乃《永樂大典》之字韻，今删。又題下原批云：「前缺『凡租税』至『政和元年五月』一卷，後缺淳熙元年至嘉定十一年五月二卷。」按所言缺卷均見本書食貨七〇。本卷及下卷「賦税雜録」，食貨七〇亦有複文。

路言之，漕司不問州郡輸納所估之價，惟就一路中擇其最賤者，納限將畢，裁損不已。』看詳：欲轉運司科買及折納之物，謂本土所有者。若已曉諭，復令別納錢物，及反復紐折，過爲掊刻者，州縣速申本司改正，及申尚書省户部相度。如或固執，即具狀以聞。」從之。

五月九日，臣寮言：「願詔諸路監司告戒所部令丞，預于催科之前舉行法令。毋失期會，使民艱于輸納；毋繁文移督責，以滋吏姦。其有課最號爲不擾者，歲特取一二尤者以聞，特加褒擢，以示旌勸。」從之。

六月十九日，户部侍郎王詔等言：「欲諸路今後有興修陸田爲水田去處，並從提舉司關報轉運司，依崇寧四年二月二十六日指揮增税。其未增者准此。」從之。

八月五日，户部言：「大保長催税，係熙豐、紹聖良法，行之累年，别無未便。昨來臣寮起請乞差保正副、大小保長及甲頭事理，竊慮只合遵依見行紹聖條法。」從之。

十八日，給事中俞㮚言：「諸輸納折變物，並以納月上旬時估中價准折。今州郡觀望上司，以意裁減。名曰時估，寔非隨時；名曰中價，其寔失中；名曰依法，其寔侮法。且如六月納麥，即市司于五月中先減麥價，僅13留三四分，至折科已定，即頓增價。二税亦然。」詔户部坐條申明行下。

三年七月一日，梓州路計度轉運副使王良弼奏：「欲州縣應税限及期而納數未敷，輒欲虚申其數，以逭一時之責者，令佐及縣吏、書手並科違制之罪；吏非知情，減二等。」從之。

九月二十八日，京西路計度轉運使王璹言：「本路唐、鄧、襄、汝等州治平以前，地多山林，人少耕植。自熙寧中，四方之民輻湊開墾，環數千里，並爲良田。知唐州高賦曾將所墾地内每頃立税止一二百，餘州更不曾立税，多係有田無税之户。元豐間，察知其弊，將所墾新田立定五等税額，元祐住罷不行。大觀施行，間因人户陳狀，又復住罷。四十餘年，官中失收租賦，以貫石計之，逾數千萬。今將唐、鄧、襄、汝比鄭、洛、孟、（猾）〔滑〕，輕重何啻十倍！一路民情，抱幸不幸之弊。」詔：「元豐已立五等之税，今日自當遵守。元祐廢罷，以迄于今，失于修復。可依元豐法，令轉運、提舉常平司措置聞奏。」

四年四月二十二日，荆湖北路轉運司奏：「每歲收支係省錢糧物帛等，並許收頭子錢，物價值錢千緡，收五錢，充裨助直達糧綱水夫工錢及綱運等縻費支用。」詔依，其應行直達綱路分准此。

十月十九日，詔：「諸路州縣輸納二税及糴納粟米麥等，違法重收加耗，歲以爲常，羡積數仰尚書省檢坐條（置）〔制〕，措畫禁止。」

五年十二月二十一日，尚書右司員外郎〔一〕、充陝西路

〔一〕司：原脱，據本書食貨七〇之二四補。

察訪方邵奏：「體 14 訪得陝西路近裏州軍逐年將人户税租不用條令，便行估價納錢，貼納脚費。其所定價不寔，民間輸納，比本色、支移，各有陪費。乞下有司申嚴抑勒之禁，以寬民力。」詔坐條申明行下。

六年八月二十五日，詔：「京西唐、鄧、襄、汝四州新頒税法，本以寬恤民力；續降指揮，（抵）〔祇〕以見錢就本處輸納，又絶輦致脚乘勞費之弊。漕司不詳旨意，尚循例，所税外更收脚錢，歲僅三十萬，甚失惠下恤民本意。可先次速行止絶，仍詳悉申明行下。」

九月十二日，沅州奏〔一〕：「本州縣第二等已上人户税米赴靖州送納，今年適當春種之時，被賊人黄安俊等燒劫，人户散去，耕種不時。今來蕩滅，人户漸漸歸業。欲降指揮，將税賦止就本州送納，候人户安業，却依例支移。」從之。

八年二月十七日，臣寮言：「州縣夏、秋二税文簿不依條置櫃封鎖，當官謄造銷鑿，遇改造簿書及割移推受税物〔二〕，胥吏走移減落，暗失額管税數。納畢税鈔，往往夾帶見欠一例銷鑿，至有揩改鈔旁數目〔三〕，納少銷多，其弊百出。乞立驅磨税簿之法。」詔令諸路轉運司講究措畫，諸司互察，户、刑部立法。

宣和元年二月十四日，臣僚言：「大名縣政和八年秋税雜草錢，初令民户折納小豆，民苦秋災無豆，乞納白米，揭榜從之，令支往濬州輸納。間關四百餘里，津輸甫畢，却指揮納豆，仍令自往濬州請米〔四〕。米固萬萬無可請之理，而豆又非時，監勒催驅，急于星火。15 方春東作，農事鼎興，而田家坐此，已見失業〔五〕。」詔提刑司體量以聞。

四月三十日，詔：「自今州縣管納二税及和、預買紬絹限滿，仰漕司差官取索干照〔六〕，點對拘納足與未足數目，漕司覈寔，取最勤（隋）〔惰〕去處，具知、通、令、丞姓名聞奏，于入内省投進，當議特行黜陟勸沮〔七〕。」

三年正月四日，知湖州王倚奏：「應緣軍儲，乞并官户一例科糴，民户並止第二等以上，候事平日依舊。」從之。

二十七日，詔：「諸路見催理積欠〔八〕，多係拖欠歲久，及民力不易，一併輸納不前。可並與展限三年，務從優卹，不得少有困弊民力。疾速行下。」

三月七日〔九〕，臣寮言：「江東路輸苗米一石者，率皆納一石八斗。和買絹未嘗支給價錢，而漕臣又令州縣所買

---

〔一〕沅州：原作「沆州」。按，宋無沆州，而有沅州，與靖州相鄰，同屬荆湖北路，因改。
〔二〕移：原脱，據本書食貨七〇之二五補。
〔三〕揩：原作「楷」，據本書食貨七〇之二五改。
〔四〕仍：原作「乃」，據本書食貨七〇之二六改。
〔五〕已：原作「以」，據本書食貨七〇之二六改。
〔六〕取：原作「收」，據本書食貨七〇之二六改。
〔七〕沮：原作「阻」，據本書食貨七〇之二六改。
〔八〕欠：原作「久」，據本書食貨七〇之二六改。
〔九〕三月：本書食貨七〇之二六作「二月」。

絹須以重十三兩爲則，如兩數不足，勒令人户依絲價貼納見錢〔一〕，每兩不下二百餘文。百姓以此重困。」詔提刑司體究以聞，違法者先改正訖奏。

四月二十七日，户部言：「知袁州辛炳奏：『本州先准降到詹度措置拘收鈔旁錢等畫一事件，續承本路提刑司牒措置約束，内一項：倉庫受納人户布帛不成端匹，雖以條聽與别户合鈔納本色，仍合户出買鈔旁錢，各户給鈔。謂如十户共納絹一疋，即買鈔十副，填十户所納丈尺各給。臣今取會到本州倚郭一縣人户數内一萬四千五百一户，各係納夏税絹一尺，若人人買鈔，即是四十户共納絹一匹，合買鈔四十副〔二〕，通合納絹三百六十 16 二疋二丈一尺〔三〕，合買鈔一萬四千五百四十一副〔四〕。其餘三縣亦各多是下户，不惟受納擁併之際，印鈔給散，必致差互留滯；元降指揮既令依條，即無各户買鈔之文，事屬搔擾。』看詳：租税布帛不成端疋，合鈔納本色，已有見行令文該載，即無須令各買鈔條法指揮。今來袁州雖已寢罷，尚慮諸路州縣亦有似此去處，今欲申明行下。」從之。

四年十月三日，臣寮言：「官户占田用蔭，具載格律，州縣未嘗奉行。在格：自一品百頃至九品十頃，其格外之數，並同編户。在律，九品之官身得用贖，而祖父母、父母、妻、子孫皆不與焉，故生爲官户，没爲齊民。欲望賦役皆如本法，庶幾貧富貴賤無不均之弊。」從之。

五年十二月三日，手詔：「頃因河北、燕山通爲一路，有司庶事取足河北。及縁奚賊犯邊，漕臣不恤百姓，科賦併下，調發頻數，困屈民財，奪其時力。兩路人户不得安業，賊盗竊發其間，所至搔動，北顧爲之惻然。仰宣撫司、河北路帥臣、漕司、提刑、提舉司體兹親筆詔諭，躬親覺察州縣因新邊搔擾等事，嚴切禁止。其送納税糴，有旁近沿流可通水運去處，雖非元指定送納所在，聽民户就近輸納，量出脚錢，官爲水運前去。所有均糴斛斗相度分立番次，量與展限。」

六年閏(三)〔正〕月二十日〔五〕，詔：「輸納税租，遞年違欠及形勢人户，令諸縣置簿，專一拘催科校，仍前期牓示。」從京師轉運(付)〔副〕使朱彦美請也。

七年四月 17 七日，詔：「諸路轉運司、常平司行下州縣，取索去年人户應干欠負、見合催理税賦、租課、均糴等，兼以二麥折納。仍以在市見買見賣的寔中價〔六〕，取問情願，不得高擡小估及抑勒搔擾。其約束官吏刑名等，並依已降糴買指揮。」從尚書省請也。

六月十一日，詔：「今歲夏田豐稔，價賤傷農。除常平

〔一〕依：原作「係」，據本書食貨七〇之二六改。
〔二〕副：原作「付」，據本書食貨七〇之二七改。下同。
〔三〕一尺：據計算，似當作「五尺」。
〔四〕四十一：據計算，「四十」似衍。
〔五〕閏正月：原作「閏三月」。按此年閏在正月，因改。
〔六〕見賣：原無，據本書食貨七〇之二八補。

錢物已降指揮外，人户應干欠負，令諸路豐熟州縣估定大小麥寔直上價〔一〕，更與加饒三分，聽人户赴官折納，即不得輒有抑勒〔二〕。應合分料積欠〔三〕，只合將當料合催之數勸誘折納，其未合驅催料次，不得一例驅催。」從講議司請也。

八月二十五日，尚書省言：「凡輸納租賦，有官鈔，有倉庫鈔，有監生鈔，所(有)〔以〕關防去失，互相參照。其户鈔給散人户。今諸縣刷欠，多追人賫鈔呈驗，乞立法禁止。」從之。

十月二十一日，臣僚言：「和糴，天下良法，奉行之吏縱吏爲姦，不即支價，或强抑配，輒虧其直。如度牒一道，官價二百千，抑配民間，僅不得三之一。香藥鈔，每歲降撥動以數百萬計，準折價錢支與人户〔四〕，而所請寔無幾。良民鬻田破産，恬不知恤。京畿自祖宗時，和糴之法不行。近年緣漕臣申請，意欲希進，自是一例搔擾，與諸路無異。訪聞夏秋税賦巧立名目，非法折變。如絹一匹折納錢若干，錢又折麥若干，以絹較錢，錢倍于絹，以錢較麥，麥又倍于錢〔五〕，殆與白著無異。前日東北諸郡寇盜蜂起，劫掠居民，蓋監司官吏有以致之。欲 18 降睿旨，諸路和糴别行措置，無令抑配準折〔六〕，免致民間虚折市價。并夏秋税賦止依常制輸納本色〔七〕，不得非法折變，暗增數目。并許人户越訴〔八〕，嚴立法禁，監司重行貶責。仍委逐路提刑司覺察，密行聞奏。」從之。

十一月十九日，南郊制：「京西人户合納税租，已降指揮更不支移，止據地里出納脚錢。本路却將所納錢指定州軍，令人户自齎前去，以至下户依條免支移，亦令一例出納脚費，顯是奉行違戾。仰提刑點檢，廉訪覺察，改正訖奏。并諸路人户合納税租〔九〕，近來催税公人等多不等候人户輸納〔一〇〕，一面彊牽耕牛典質，或以代納爲名，拘留折欠，更不給還，致妨廢耕種。已上自今如有違犯，許人越訴。」

欽宗靖康元年五月十二日，詔：「和、預買絹，令轉運司以常平司見錢隔季樁辦，于正月給散，不得以他物量支。」

十七日，提舉京東路常平楊逴言：「州縣之間，以和、預買絹數太多，抑勒百姓將復業人户合免之數令著業者承認〔一一〕，人甚患之。乞令除豁，不許均敷。」從之，餘路依此。

高宗建炎元年五月一日，赦：「諸路税賦應支移折變，

〔一〕上：原作「工」，據本書食貨七〇之二八改。
〔二〕抑：原作「折」，據本書食貨七〇之二八改。
〔三〕料：原作「科」，據本書食貨七〇之二八改。下同。
〔四〕與：原作「典」，據本書食貨七〇之二八改。
〔五〕倍：原作「陪」，據本書食貨七〇之二八改。
〔六〕抑：原作「聊」，據本書食貨七〇之二九改。
〔七〕并：原作「拜」，據本書食貨七〇之二九改。
〔八〕并：原作「拜」，據本書食貨七〇之二九改。
〔九〕并：原作「拜」，據本書食貨七〇之二九改。
〔一〇〕候：原脱，據本書食貨七〇之二九補。
〔一一〕令著：原作「著令」，據本書食貨七〇之二九乙。

官司往往反覆紐折。如合納見錢，小估價直，令輸紬絹，却以紬絹之直折納絲綿，又將所折絲帛却納見錢之類，重困民力。令轉運司遵守條法，不得循襲，過爲掊尅。」紹興十一年三月七日赦同此制。

三年五月二十九日，臣僚言州縣十弊：「稅賦之弊，則推割不盡，故貧民産竭，而稅賦猶存。徭役之弊，則差科不公，[19]故下户力屈，而徭役常重。和買之弊，則不酬其直，謂之白著。和雇之弊〔一〕，則不償其錢〔二〕，謂之白作。其驗視災傷之弊，則被災人户分數不以寔減，而又攤抛斛斗，例行補糴。蠲放欠負之弊，則倚閣錢物，不以寔除，而又改易文書，指爲摺轉。抛降之弊，則倍數而敷，以賕免者謂之陪貼〔三〕。受納之弊，則加量而入，刻削者謂之出剩。胥吏之弊，則有守闕收補之名，寔同正額。皂隸之弊，則有承引追呼之擾，號曰家人。欲望深詔監司督察州縣，有此十弊，必劾以聞〔四〕。」詔送左右司看詳。

四年三月一日，户部侍郎葉份言：「乞將折納物帛及度牒錢分作兩限送納，上限三月，終限五月。逐縣令佐若能依限勸諭數足，或違限稽留，令本州具申朝廷賞罰。如人户秖有糧米，願行折納者，與依在市寔直紐計。送納到錢糧令守臣別庫樁管，不得擅行支用。」詔依。

六月二十六日，右諫議大夫黎確言：「人户輸納夏稅、和買縑布等，近歲貪吏至與專、庫分利。故凡民户自赴官輸納者，往往多端沮抑，不堪滯留之苦，則委攬納之家而去。民有倍稱之出，官受濫惡之物。」詔：「物帛非紕疎濫惡，官吏過有沮抑退駁者，許人户赴尚書省越訴。餘依已降德音指揮。」

十月七日，臣僚言：「昔錢氏據有吳越，其田稅獨重，而會稽尤甚。越州今秋上户率折糯米，多至數萬石。糯米一斗爲錢八百，秔米爲錢四百，使民又有倍稱之費。欲乞于見今秔、[20]糯米折納，許用本州科定之數三分之一，仍視二物之直準納，不得用抵斗爲則。」越州供到狀：建炎三年分寔科五萬一千一百二十餘石，詔依建炎三年分數目折科。

紹興元年五月二十三日，後殿進呈詔，大要以民力久困，州縣夤緣爲奸，令後合行催科，須明以印榜開坐寔數于前，具户口等合出之數于後。仍申戒監司親行按察，如違，官吏並竄嶺表。上因諭曰：「訪聞科率多是過數，富人賂黠吏獲免〔五〕，而下户被其害，不可不戒。」張守曰：「州縣百姓應公上之須，寔不敢辭。但吏緣爲姦，過數誅求，則不能堪爾。」

七月四日，江南東路安撫大使、兼知江州朱勝非言：

---

〔一〕雇：原作「顧」，據本書食貨七〇之三〇改。
〔二〕償：原作「價」，據本書食貨七〇之三〇改。
〔三〕陪：原作「倍」，據本書食貨七〇之三〇改。
〔四〕劾：原作「刻」，據本書食貨七〇之三〇改。
〔五〕黠：原作「點」，據本書食貨七〇之三一改。

「竊見自江以南，稻米一種，有早禾，有晚禾，見行條令税賦不納早米，乞權行許納。」詔令江東、西，兩浙路轉運司量度急闕數目，許納早禾米應付支用，即不得充上供米斛。

八月二十三日，臣僚言：「折帛錢，昨降指揮每匹折錢三貫文省。訪聞諸路州縣紬絹價例高下不等〔一〕，欲自紹興二年爲始，逐路轉運司各以納月寔直約估中價〔二〕。」從之。

二年四月十五日，中書門下省言：「訪聞常州率歛太重，秋苗之外，又有苗頭；苗頭未已，又行折八；折八未已，又曰大姓；大姓既竭，又曰隱寔；隱寔之外，名字又未易數。湖州率歛，百頃之外，又有所謂月納軍糧者，凡民有物力百千，每月敷米一石，下至八九斗，初不以市價高下爲準，每斗止給錢二百[21]七十文，不足以了陪貼、攬納、脚乘，勺耗之費。平江府率歛之名，抑又甚于他郡，往往以爲饋送過往，結託交通之用〔三〕。」詔就委郎官胡蒙悉心體究，詣寔來上。

五月十日，户部侍郎黄叔敖言：「浙西提刑司稽考到常州晉陵縣人户夏税紬絹，除元額管催外，崇寧中轉運司分抛到人户合納蠶鹽錢〔四〕，紐成三千一百六十匹四赤送納，并將人户雜錢紐計綿子七千三百三十七兩輸納。上件所納絹紬，已是三十餘年，今來稽考，係只將建炎三年、四年税簿公案拖照。竊慮崇寧中抛降折納，別有所得指揮，難以便行蠲減。兼未見得其多納綿係合納税賦内紐出雜錢，是因方田泛行科納之數。今欲且依自來所納數目催輸。仍乞下轉運司，再行子細根究逐項元抛物數因依以聞。」從之。

同日，户部侍郎黄叔敖言：「欲將江、浙〔五〕、荆湖今年上供米取人户情願，于税限前以早占白米抵斗送納者聽。如已入秋税限，江、湖即取情願加一分，兩浙路依舊以大禾米送納。」從之。

十九日，江東安撫大使李光言〔六〕：「契勘自來受納二税，必使赴軍資庫送納，却行起赴朝廷。今若使物帛徑從縣道起發，則自此以後，令佐皆得直達朝廷，若有紕疎、巧僞、濕惡及正數不足，估剥所虧，監司、守臣必不肯任責，朝廷行移，又將直下諸縣，如此，不亦多事乎？今來胡蒙等申陳，欲望速賜寢罷。」從之。

六月十八日，江東安撫大使[22]李光言：「據廣德縣秋苗，舊赴水陽鎮倉交納，後因路遠，鄉民遂將本户苗一石，乞貼納三斗七勝耗充脚乘，免赴水陽，只就本軍及建平縣

〔一〕紬：原作「細」，據本書食貨七〇之三一改。
〔二〕估：原作「佑」，據本書食貨七〇之三一改。
〔三〕結：原作「詰」，據本書食貨七〇之三二改。
〔四〕鹽：原作「監」，據本書食貨七〇之三二改。
〔五〕江浙：原作「浙江」，據本書食貨七〇之三二乙。
〔六〕江東：原作「江西」。按，據《建炎要録》卷五三至五五，李光時爲江東安撫大使，而非江西，因改。下條不誤。

倉交納。是致官中造諸鄉版簿，便隨正苗理納加耗。至建中靖國以來，人户陳雪免納之時，緣本軍承受轉運司抛降額斛，一時間不與申明前項，加認起米六萬石，因此立爲年額。續後本軍添置官兵，兼泛常抛科糴買百色支費盡出民間，緣此人户輸納苗米不辦，以致典賣田土，抛失家業。近年又寇(敗)〔賊〕殘擾，逃移之人歸業甚少，而重税仍舊。今欲依條改正，盡行蠲免。緣前項加耗係漕司以理爲額之數，今乞蠲一半送納施行。」從之。

二十二日，倉部員外郎成大亨言：「衢州常山縣夏税及預買本色紬，緣非土産，逐年人户並于外州收買回縣，送納非便，願以絹代紬輸官。」從之。

同日，紹興府會稽縣言：「本縣管催紹興元年湖田米，納及九分五厘，有畸零欠數，乞從本府立價，折納入官。」户部勘當，委是零欠不多，詔依紹興元年例折納價錢，仍每石折錢三貫文足。

七月十八日，江南西路安撫大使、兼知洪州李回言[一]：「前嘗具奏，江西路人户惟以納和買及夏税本色爲重賦。今州縣催納一年本色絹，遂至五貫文足一匹，綿增至六百文足一兩。綿絹之價既日增，而早米入市，其價日減，貧弱之户，計所收米不足以輸所納。欲望且令本路將和買預買及上供綿 23 絹並折價錢。」都省勘會[二]：「江南西路今歲預買并上供一半本色紬絹綿，除綿已全行支撥，及紬絹已于數内有應副過福建等路宣撫使司一行官兵冬衣之數外，其餘紬絹理當權宜措置，以寬民力。」詔：「江南西路人户合納一半本色和、預買并上供紬絹，及洪州合起淮衣紬四千一百餘匹[三]、絹二萬五百餘匹，將截日未納數並特許折納價錢一次。依已立定折充糴本錢數，絹每匹作四貫五百文省，紬每匹作三貫文省。如今人户願納米斛，紐計市價，從便折納。」(光)〔回〕奏：「洪州舊管上供(准)〔淮〕衣紬四千一百餘匹、絹二萬五百餘匹，歲下六縣，將夏税紬絹折納而成端匹價錢收買。今屬縣殘破，逃亡未復，委寔無所從出，乞蠲免一年。」尋詔特依。

八月六日，兩浙轉運副使徐康國等言：「兩浙路逐州縣却將鄉村民賫到陳米退嫌，須要早米送納。乞令州縣人户合輸早米，願賫陳米，亦許受納。」從之。

二十三日，左司諫吴表臣言：「諸州折變物帛至有數倍者，州縣、漕司不復加恤。欲望行下諸路，應今後折科，並令市長、牙人以中價紐估。」詔令户部取見違戾漕、憲職位、姓名，各罰銅十斤，人吏從杖一百科斷，餘依奏。

九月十五日，廣南東路轉運司言：「被旨相度德慶府

[一] 李回：原作「李光」。據《建炎要録》卷五五、五八，此時李光仍爲江東安撫大使，江西安撫大使乃李回，因改。下文「光」亦改作「回」。

[二] 省：原作「有」，據本書食貨七〇之三四改。

[三] 淮衣紬：原作「催衣紬」，下文作「准衣紬」，皆誤。按南宋江浙諸路所徵賦税中有淮衣紬絹一項，蓋供兩淮軍用，詳見本書食貨六三。此條「催」、「准」皆「淮」之誤，因改。

乞于新州，肇慶府分認稅米。緣新州即非沿流去處，難以搬運。欲乞令肇慶府分認米二千石，德慶府依舊認四千石。」從之。

（二）〔三〕年正月三十日〔一〕，南康軍言：「本軍昨因兵火，人户去年秋稅無力耕種。欲望行下，許本軍令上户 24 輸送納本色，下户依市價折納見錢，庶得貧闕人户易于輸納。」從之。

十月六日，劉大中言：「廣德軍廣德縣歲額苗米，在國初時係津般赴宣州水陽鎮送納。其後人户爲重湖阻隔不便，乞就本軍倉納，仍于正苗上每斗出耗米三升七合，充宣倉脚乘之費，名曰『三七耗』。近來本軍建平縣據人户詞狀稱：本縣管五鄉，内唐通、桐汭兩鄉元隸廣德縣，後割入建平，至今苗米三七耗額尚在，元不曾蠲減。廣德軍雖減一半，比之鄰近鄉分，委是太重。欲望將廣德、建平兩縣三七耗額盡行蠲減。」詔令户部限三日勘當，申尚書省。户部言：「廣德縣所加耗米，元係人户乞貼納充脚錢。續承指揮，減免一半。内建平縣唐通、桐汭兩鄉如舊隸廣德縣，係合赴宣州水陽鎮送納，今只就本軍縣，所有加耗米去處，亦合依所降指揮減免一半施行。今欲下江東轉運司照會，不管違戾，免致搔擾。」從之。

七日，江南東、西路宣諭劉大中言：「徽州山多地瘠，所産微薄。自僞唐陶雅將歙縣、績溪、休寧、（祈）〔祁〕門、黟縣田園分作三等，增起稅額，上等每畝至稅錢二百文、苗米二斗二升。爲輸納不前，却將紬〔二〕、絹、綿、布虚增高價，紐折稅錢，謂之『元佑八折』。惟婺源一縣不曾增添，每畝不過四十文。乞將二稅依鄰近州縣及本州婺源縣則例輸納。」詔令江東轉運司考究本末因依，相度具委如何施行事狀保明以聞。

四年七月十九日〔三〕，神武 25 右軍都統制張俊言：「臣家近于逐處置到産業，除納夏稅、正稅、役錢外，其應干非泛諸般科配〔四〕、和預買等，並乞蠲免。」詔特依。既而臣僚言：「望命有司檢會見行官户科敷及和〔五〕、預買等條法劄與俊，使俊曉然知即今自見任宰臣以下或有産業，並與百姓一等均科。」又言：「今統兵官尚多，使各援此例以求免〔六〕，不知何説以拒之。伏望斷以不疑，收還所降指揮，是乃所以安俊也。」詔前降指揮更不施行，仍劄與張俊照會。

五年四月二十八日，專切措置財用司言：「臣僚白劄子論：州縣二稅，自有定額，緣人户有（柝）〔析〕居異財，以一户分爲三四户或六七户，絹、綿有零至一寸、一錢者，亦

〔一〕三年：原作「二年」，據本書食貨七〇之三五改。
〔二〕紬：原作「納」，據本書食貨七〇之三五改。
〔三〕十九日：《建炎要録》卷七八記於十三日庚申。
〔四〕科：原作「料」，據本書食貨七〇之三六改。
〔五〕科：原作「料」，據本書食貨七〇之三六改。
〔六〕求：原作「來」，據本書食貨七〇之三六改。

取一尺、一兩，米有零至一勺一抄者，亦收一升之類，合零就整之數，若此者不可勝計。往往鄉司隱没入己，或受過人户價錢，或攬過催頭錢物，抱認數目，悉以合零之物充之。官司催科，已及正額，遂不復根究。所謂合零就整者，盡入滑胥之家。勘會稅賦畸零剩數雖依法于簿末結計，竊慮未至詳盡。欲下諸路轉運司行下州縣，别置簿拘管，逐年委通判點檢，依條折納價錢，别項樁管，專充上供。」從之。

九月十三日，諸路軍事都督司有言：「體訪得四川科折太重，已行下遵從祖宗舊制，乞再降指揮約束施行。」詔依，如有違戾去處，令川陝宣撫使司覺察以聞。

六年四月二十二日，知福州張致遠言：「應災傷陸分以上去處，今年[26]夏稅、和買，乞特許展限一兩月，少寬民力。其餘路分亦各依常限催理，不得先期責辦。」于是户部言：「輸納自有起催納畢日限，如官司輒促常限，及未入限，或未經科校，輒差人催理者，並有定立專一斷罪條法。災傷放免不盡者，限及，更與展限三十日〔一〕。仍令諸路轉運司檢坐前後條法，行下所部州縣，常切遵守施行。如有違戾，即行按劾。」從之。

二十六日，右諫議大夫趙霈言：「岳州自罹兵火，版籍不存，逐年不以田畝收稅，惟以種石紐稅，以種一石作七畝科敷。而其間所取稅物反覆紐折，有至數十倍者，此尤可駭。湖外之民已廢農桑，寔緣于此。竊恐州縣例有兹弊，非特岳州，乞行改正。」詔令本路提刑司限十日體究，申尚書省〔二〕。

五月八日，右司諫王縉言：「乞下江西路，應人户折納，以麥一石二斗折米一石外，不得别更收耗。如有違戾，監司按劾施行。」從之。

十六日，殿中侍御史周秘言〔三〕：「淮南田土除請佃依已立定課子輸納〔四〕、屯田合官私定分外〔五〕，其餘並不得依前收撮課子。如舊例牛租之類，亦令一切禁止。或敢違戾，並許百姓越訴，官吏重寘于法。」詔依，仍令淮南提點司體究，如有上件事理，一面改正訖，具狀申尚書省。

十一月二十八日，權發遣淮南兩路公事張成憲言：「契勘淮南還業之人所有稅額未定州縣，乞依已降指揮，據寔種頃畝，且令催納課子二年〔六〕。候參（配）〔酌〕稅額見得定數，别行起[27]催。」詔依，每畝不得過五升。

十二月十五日，詔：「四川租稅令遵依祖宗舊法，不得過有折科〔七〕，如敢違戾，仰提刑司覺察聞奏。」

〔一〕展：原作「轉」，據本書食貨七〇之三七改。
〔二〕申：原脱，據本書食貨七〇之三七補。
〔三〕侍：原脱，據本書食貨七〇之三七補。
〔四〕請：原作「諸」，據《建炎要録》卷一〇一改。
〔五〕定分：原作「主分」，據本書食貨七〇之三七改。《建炎要録》卷一〇一作「中分」，更爲明確。
〔六〕二年：《文獻通考》卷五作「五年」。
〔七〕得過有：原作「過得」，據本書食貨七〇之三八乙補。

是歲，兩浙轉運副使李迨會約每年所納夏税〔一〕、和買折帛錢，除發足上供之數外，逐州尚有寬剩錢數：婺州一萬四千四百五十三貫八百五十八文，秀州一十萬貫文，湖州六萬八千九百六十貫文，平江府四萬五千二百四十七貫四百五十文，共二十二萬八千六百六十一貫三百八文。逐年依折帛錢條限起發，至今爲例。

七年正月一日，無爲軍言：「本軍累遭兵火之後，耕種尚少，委是民力困弊，欲乞展免税役二年。」詔展一年。

八年六月十二日，樞（蜜付）〔密副〕使王庶言：「兩淮州縣内有已起納二税去處，將合納綿、紬、税絹、茶絹〔二〕、雜錢，白米六色以在市價例準折作錢，却將準折到錢別科米麥，至一畝之地，所納物斛至有四五斗者。欲下淮南兩路轉運司行下所隸州縣，將合起納二税人户依税額未定州縣已降指揮〔三〕，更與收納課子二年。」從之。

九年五月十四日，宗正少卿、三京淮北宣諭方廷寔言：「人户苗税，在法係隨地色高下納租〔四〕，即無專立菜園户法。欲乞改正，依税法隨田高下納苗税。」詔劄與逐路轉運司，依祖宗舊制措置施行。

二十四日，詔令新復州縣將劉豫重歛之法焚于通衢。

十年九月十日，明堂赦：「諸路州縣人户納田畝錢，依已降指揮免收頭子、市例、船脚等[28]錢。官司搔擾，當職官除名勒停，公吏人等流配海外，情重者依軍法施行。内江浙沿流去處，比緣有司申陳，許令從便折納米斛，仍已約束，不得大量加耗。尚慮州縣並緣侵漁，民被其害，仰帥臣、監司常切覺察。如有違犯，按劾以聞，當依已降指揮行遣。諸路州縣税絹，其畸零尺寸折納見錢，本以便民，訪聞多是高估價直，使民重困輸送，仰轉運、提刑司常切覺察。諸路税苗多是粳米折變糯米，却將糯米折變見錢，并加耗之數亦行折納，是致人户倍有困弊。今後應合折科，不得于外數展轉折變〔五〕。」

十一年七月七日，臣僚言：「昨降指揮，許浙江州縣民户送納折帛錢〔六〕，以十分爲率，紬折二分〔七〕，絹折三分，綿折五分。今州縣乃盡令折錢，却于出産紬絹去處低價收買〔八〕，以取出剩。又應民户積欠税物，許紹興九年與作一年兩料〔九〕，紹興七年、八年分作二年四料〔一〇〕，隨税帶納。今州縣乃緣闕乏之際，應民間七年、八年、九年積税盡令一

〔一〕兩浙轉運副使：據《宋史》卷三七四《李迨傳》、《建炎要録》卷九四，迨紹興五年十月除「兩浙轉運使」，「副」字疑衍。「約」原作「納」，據本書食貨七〇之三八改。
〔二〕茶絹：原無，據《文獻通考》卷五補。
〔三〕未：原作「求」，據本書食貨七〇之三八改。
〔四〕在：原作「左」，據本書食貨七〇之三八改。
〔五〕外數：似當作「數外」。
〔六〕納：原作「紬」，據本書食貨七〇之三九改。
〔七〕紬：原作「納」，據本書食貨七〇之三九改。
〔八〕低：原作「抵」，據本書食貨七〇之三九改。
〔九〕料：原作「科」，據本書食貨七〇之三九改。
〔一〇〕料：原作「科」，據本書食貨七〇之三九改。

併送納，急于星火，至有破家蕩産，流離轉徙。乞行禁約。」詔依。

十二年九月十三日，赦：「諸縣起催官物，依條合抄録人户應納寔數，預給憑由。近年令佐弛慢，但憑鄉司印給，其間脱漏、增加，情弊不一。或已輸納，不將縣鈔銷簿，致納與未納〔一〕，例被追呼。仰監司覺察，今後憑由如有脱漏，止勒元給散公吏陪填。其增加之數與不即銷簿，吏人斷停，永不得充役。縣官失覺察，按劾以聞。【29】勘會人户畸零税賦令合鈔送納，本以便民，行之歲久，（寢）〔寖〕生姦弊。謂如十户合鈔，當納米一石、絹一匹之類，一户既已湊納，尚不住勾呼其餘，或將憑由多填姓名，妄有催理。愚民無知，憚于追擾，不免認納，甚非優恤下户之意。自今應畸零米斛、絲綿、匹帛，許人户取便，或願合鈔湊成匹石等，或願攙先折納見錢，並許送納，與免收頭子、縻費。限日下給鈔銷簿，各不得循襲，以取贏餘，重困民力。訪聞州縣催理税賦，多因形勢、官户及胥吏之家不輸納，或典（買）〔賣〕之際，並不推割，産去税存，無從催理。官司取辦一時，勒令催税保長等出備，類至破家。日後尚敢勒令出備，當職官遠竄，人吏決配。若豪滑之户故不輸納，及典（買）〔賣〕之際不依條推割税賦，擇其甚者，具名申尚書省。」

十三年十一月八日，南郊赦：「訪聞諸路税苗多以粳米折變糯米，却將糯米折變見錢，并加耗之數亦行折納，是致倍困人户。今後應合折科數，不得展轉折變。」

十五年五月十一日，上宣諭輔臣曰：「民間所納折帛錢，每匹可減一千，庶寬民力。」

八月一日，知池州魏良臣言：「應折帛錢止隨本户寔數，不收合零，既便催科，又優下户。仍乞下江浙轉運司依此。」從之。

十六年七月二十六日，權發遣筠州周紱言〔二〕：「本州遞增淮管紬絹，民間頗以爲重。欲乞權免增今年一分，且依去年已增三分之數送納。」從之。

同日，權發遣舒州汪希旦【30】言：「本州認發上供米麥，緣地居山僻，艱于行運。欲乞權依市直折納價錢起發，内願納本色者聽。」從之。

十二月十六日，進士章公奎言：「向緣軍興，財賦缺乏，乃于民間預借其税，以濟軍用。今偃兵息民，固已有年，而豫借之税，今尚未免。況豫借之弊，折納太重，近于重斂。」上諭輔臣曰〔三〕：「此事有否？朕與鄰國通和，正爲百姓。若豫借以擾民，失朕本意。令户部取索〔四〕，措置以聞。」

十七年二月二十二日，右正言巫伋言：「州縣有民間

〔一〕未：原作「米」，據本書食貨七〇之三九改。

〔二〕筠州：原作「均州」，據本書食貨七〇之四〇改。按雍正《江西通志》卷四六「高安郡守」有周紱。高安郡即筠州，紹興十三年加稱高安郡。

〔三〕輔：原作「輸」，據本書食貨七〇之四一改。

〔四〕令：原作「今」，據本書食貨七〇之四一改。

輸納常賦而不給以朱鈔者〔一〕，或已給，却不行用，勒令再納者。欲望行下郡邑，自今如有循習前弊，並仰人户越訴。仍令所部監司常切覺察，按劾以聞。」從之。

九月二十四日，宰執進呈諸路監司、守臣自今所部縣令治狀顯著者，保明聞奏。上曰：「當今正以惠養百姓爲先務。」秦檜曰：「如民間折帛錢太重，理宜蠲減。」上諭宰執曰：「朕久有此志。祖宗時，每縑價直八百〔二〕，官司乃以一千和買。民間既免舉債出息，及絲蠶收成之後，並皆樂輸。比乃創折帛之請〔三〕，令人户折納見錢，殊爲非理。不知今折納若干？」秦檜曰：「當令户部取見寔數進呈。」上曰：「若隨逐路色額減納錢數，非唯可蘇民力，且使知朕所以休兵之意。」

是月二十六日，尚書省言：「江浙州軍見輸納折帛錢，舊立價錢，比之時價稍高，兼逐路土産物帛不一，竊慮民户難于出辦。」乃詔兩浙紬絹每匹減作七貫文。內和買減作六貫五[31]百文，綿每兩減作四百文；江南東、西路紬絹每匹並減作六貫文，綿每兩減作三百文。自紹興十八年爲始。仍詔令逐路轉運司酌度州軍出産多寡均撥分數，務令均被寔惠，仍具數以聞。

十八年二月二十一日，權知蘄州呂延年言：「江西一路，自李氏税苗數外增借三分，以應軍須。欲乞行下本路漕司，如委見田産步畝所載税苗倍于他路〔四〕，即取旨量與裁定。仍乞先將沿納一項錢米特免支移折變。」詔令户部取索諸路色目一體看詳以聞。

十九年七月二十四日，上宣諭輔臣曰：「昨日巫伋論鎮江府預借人户苗米極爲搔擾，不知何故如此缺乏？可令監司理會，先將守臣放罷。」

二十年〔二〕〔正〕月〔一〕〔二〕十八日〔五〕，廣南西路提點刑獄公事路彬言：「静江府、昭州夏税折布錢最重于諸州。蓋自紹興五年，諸路軍事都督行府一時措置，每匹折納價錢，比舊增及一倍以上。自後沿襲，依數折納。欲望將兩州所折布錢減去增價，止令依舊價折納。或于見納價錢上三分之中與減一分。」詔令户部看詳取旨。（以上《永樂大典》卷一五四二二）

〔一〕州縣：原作「縣州」，據本書食貨七〇之四一乙。
〔二〕縑：原作「練」，據本書食貨七〇之四一、《建炎要録》卷一五六改。
〔三〕創：原作「割」，據本書食貨七〇之四一改。
〔四〕見：原作「具」，據本書食貨七〇之四二、《建炎要録》卷一五七改。
〔五〕正月二十八日：原作「二月一十八日」。按，《建炎要録》卷一六一記其事於二月三日庚戌（其日高宗因路彬奏諭秦檜令户部看詳），而注云：「彬奏疏以正月丙午降出。」正月丙午即正月二十八日。可知此處「二月」乃「正月」之誤，「一十八」乃「二十八」之誤。本書食貨七〇之四二同條亦訛作「二月」，但「二十八日」不誤。

# 宋會要輯稿　食貨一〇

## 賦稅雜録下

❶高宗紹興二十一年二月一日，詳定一司勑令所删定官魏師遜言：「郡縣或因米價賤，于輸納之時，却欲以苗折錢。欲望申勑郡縣守令，監司覺察，許人户越訴。」從之。

十一月二十二日，權知池州黄子游言：「本州六縣每歲所納苗稅，惟有青陽一縣比之其他縣分，每畝所納苗稅獨爲太重。乞下轉運司體究詣❷寔，將青陽縣比附鄰近縣分所納稅額，酌中裁定。」詔令户部看詳取旨。

二十二年正月二十一日，大理評事莫濛言：「竊見州縣常賦秋苗〔一〕，官耗、義倉各有定數，而受納官吏往往于額外別立名色，謂之『加三收耗』及『脚耗』之類，民户受弊，至有納一二倍纔及正額者。其多收在官之數，止資官吏侵盜欺隱，寔無補于用度。欲乞令有司檢坐條法行下州縣，每遇受納，揭示民間，許令越訴。仍令監司、郡守常切覺察，如有違戾者，按劾聞奏，重寘典憲。」從之。

三月二十八日，大理寺主簿丁仲京言：「州縣預借人户稅租，有借及一二年者，其間復以本色紐折見錢〔二〕，價又倍之。輸納稍緩，加以嚴刑。欲望申嚴法禁，如有違戾，令監司按劾以聞。」上曰：「此多是州郡妄用，若撙節，不至如此。可令户部申嚴條法行下，如有違戾，令監司按劾，御史臺彈奏。」

八月十三日，監察御史魏師遜言：「欲望申飭郡縣，令後于受納二稅之時，曉諭民户自詣輸送，當官給鈔，銷落欠額，不得准前多方邀阻，容縱兜攬，以爲公私蠹害。如有輒敢違戾去處，令監司按劾以聞，重寘典憲。」詔令户部檢坐見行條法指揮申嚴行下。

十一月十八日，南郊赦：「勘會比來粒米狼戾，而州縣間有將合納苗米高立價直，違法折錢。雖已降指揮，令監司覺察，尚慮州縣利于妄用，依前折納，有困民力。仰監司常切覺察，如有違戾，按劾以聞。」二十五年十一月十九日、二十八年十一月二十三日、三十一年九月二日赦，並同此制。

❸二十三年六月二十五日，上諭輔臣曰：「静江府士人所上書乞減稅事，可令有司看詳行下。稅額係胡舜陟妄增，尤爲民害，不可不減也。」

十二日〔三〕，新差權知忠州董時敏言：「州縣人户送納

〔一〕「賦」下原有「稅」字，據《建炎要録》卷一六三删。

〔二〕錢：原無，據《建炎要録》卷一六三補。

〔三〕十二日：按，前條已署「二十三年六月二十五日」，則此「十二日」不知爲何年何月之十二日。考本書食貨三一之一三載：紹興二十七年十一月，「知忠州董時敏奏條具便民事件」。《建炎要録》卷一八四亦載，紹興二十七年，知忠州董時敏請罷榷䕺茶。此條言「新差權知忠州」，則似當在二十五年，原文蓋作「二十五年□月十二日」。下條爲二十五年，而不書「二十五年」字，蓋《會要》此條本有「二十五年」，因而下條不再重複。

苗米，起發上供，其水脚縻費固已帶納，而州縣又從而科斂，令重疊送納。欲望行下逐路轉運司條具，如有似此重疊斂納者，悉行改正。」從之。

〔二十五年〕九月十五日〔一〕，大理評事劉敏求言：「夏秋二税分立三限，中限不納，方許追催。近年縣邑往往初限未周，即行追逮，監繫（栲）〔拷〕掠。欲望申嚴法禁，戒飭諸路縣邑逐年催税，必遵成法，無或違戾。」從之。

二十五年十月四日，詔：「紹興二十六年分民户二税，不得合零就整。令户部行下諸路監司、州軍遵守，如有違戾，許經尚書省越訴。」

十一月十九日，赦：「夏秋二税催科自有省限，州縣官吏多不遵奉條法，受納之初，便行催督。蠶方成絲，即催夏税；禾未登場，即催冬苗。峻罰嚴刑〔二〕，恣行箠楚，傷害百姓，莫此爲甚。仰監司常切稽考，如有違戾，按劾申奏，重行責罰。」二十八年十一月二十三日、三十一年九月二日赦，並同此制。

紹興二十六年正月二十六日，户部言：「今欲遍下諸路監司州縣，將人户二十六年分合納畸零税租寔數折納價錢。如願將本户畸零寔數與別户合鈔送納本色者，聽從民便。」從之。

二月三日，右司員外郎、兼權户部侍郎鍾世明言：「欲望朝廷行下四川轉運司，取見預借税賦縣分，若借及一年者，即令分作二年四料 4 理折；借及二年者，即令分作四年八料理折。出給公據，付人户執照。仍將逐年理折之數，分明批鑿簿書及人户公據。自後輒敢預借及不與人户理折，并不爲批鑿簿書、公據，官吏從轉運司按劾，重作施行，仍許人户越訴。或他路有似此預借去處，亦乞依此施行。」從之。

七月六日，右正言凌哲言：「乞下諸路州縣，應積年掛欠苗税官物等，並權住催，候至秋冬之交收成了畢，再行追理。」于是户部言：「人户積欠已放至紹興二十二年終，（具）〔其〕以後年分候收成日，隨料催納。如有違戾，仰監司覺察按劾。」從之。

八日，詔：「諸路縣道起催産税，鄉司先于民户處私自借過夏税，和買入己，並不到官，却將貧乏下户重疊催科，補填上件失（限）〔陷〕數目。下户畏憚往來，再行送納。重困下民，無所伸訴。令户部看詳立法，如有諸路縣道公吏輒于人户處私自預借税物，許令越訴。犯人重行斷配，監司、守貳常切覺察。」從殿中侍御史周方崇之請也。

十四日，詔：「逐州委知、通將逐縣官户、權勢之家合科納、和買等，並與平民一等。如輒敢減免，官司及減免之家並計贓斷罪。令監司覺察，如有違戾，按劾聞奏。」

八月四日，權知桂陽軍程昌時言：「州縣爲民害者莫如科配，巧立名字，行之自如。欲望專委監司、郡守鏤版大

〔一〕二十五年：原無，據《建炎要録》卷一六九補。
〔二〕刑：原作「行」，據本書食貨七〇之四四改。

字，榜示諸村鄉鎮市，凡有科配〔一〕，許民越訴。有司許受其詞，不許繫其人。差官體問得寔，申明朝廷。係不5遵詔旨，宜以違制論，所科錢物，並以入己斷罪。」上曰：「科斂不均，最爲民害。出榜之説，朝廷累有指揮，唯是官吏爲姦，恐民間盡知數目，不得而欺隱，所以不肯出榜爾。」

二十四日，上宣諭輔臣曰：「前日景箎上殿，論川中折帛錢太重，絹一匹之直，私下不及五千，而官估則取十千。他物之估，率皆稱是。去歲裕民所蠲減價直，不過一千而已，更須量與減損。若只行下令看詳，雖行十數次，未必濟事。莫若便劄與四川總領司，令契勘合蠲減數目申朝廷，庶幾民受寔惠。朕自即位以來，如土木之工、玩好之物，外至于邊事，内至于錫予，未嘗一有妄用，凡以爲百姓而已。」

九月二十日，右正言凌哲言：「欲乞申嚴州縣守令，並須遵依近降指揮，應人户税租畸零，止據實數折納價錢，及聽合鈔送納本色外，不得准前過有科取，以就整數。仍乞委逐路監司常切覺察，違者按劾以聞，并許御史臺體訪論列及人户越訴〔二〕。」從之。

二十四日，直秘閣、知臨安府榮薿言：「襄陽府百姓田産多所隱落，本路轉運司盡行根括，增添租米數目，比舊太重，民力不勝。後因修築漢江隄防，權宜將所增畝苗，十分裁減二分。近聞除下户依減定數催斂外，所有上户却令盡依增添之數輸納。欲望行下京西轉運司，檢會本府前後增減因依，照應改正。」從之。

十月二十八日，三省言：「秀州按奏崇德知縣林善問因催發折帛錢〔三〕，却于6民間倍科騷擾，先次放罷，取勘聞奏。」上曰：「科借錢物，若一一在官猶可，但恐因而入己。大抵贓吏最爲民害，不得不治。今後須至追盡贓物，緣取贓既多，若不盡追，自謂雖得罪，猶不失爲富人，以此更無畏憚。」沈該等奏：「今後當一一遵依施行。」

閏十月十三日，兩浙路轉運副使李邦獻言：「人户合納夏税，乞令州縣將人户名下正絹若干、和買若干，出給憑由，散付人户收執，永遠照應輸納。如人户物業有進退，合分明開具改給，不得暗有增敷。」從之。

二十七年六月四日，權尚書户部侍郎林覺言：「兩浙州縣第五等下户今歲合納紬絹，乞將一丈以下從便折納價錢，每尺一百文足，零寸一十文，免收頭子、勘合等錢。仍委令、佐同受納，即時給鈔銷簿。如輒多增錢數，容縱合干人阻節乞覓，官吏並計贓斷罪，許人户越訴〔四〕。」上因諭輔臣曰〔五〕：「合零就整，此固甚善，然亦須相度。謂如一户爲首，率九户共鈔，官司先給由子與鈔頭。若官吏得人，即時銷入，則十户更無騷擾。不然，却恐鈔頭多掠錢物，送納

〔一〕凡：原作「几」，據本書食貨七〇之四五改。
〔二〕列：原作「例」，據本書食貨七〇之四六改。
〔三〕秀：原作「委」，據本書食貨七〇之四六、《建炎要録》卷一七五改。
〔四〕許：原作「訴」，據本書食貨七〇之四六改。
〔五〕輔：原作「輸」，據本書食貨七〇之四六改。

了當，却收藏由子，不肯齎出。比至官司追催緊急，衆人不免又須再納。此貧民下户所以重困〔一〕。卿等可措置，令經久便民，然後行下。」宰臣沈該等奏曰：「今年夏税物帛已起催了，且令有司熟議，自來年爲始。」

二十三日，臣僚言：「諸路州縣起催産税，積弊甚大。富横之家與本縣公人相與爲黨，使下户細民破家逃 7 移，深可憐憫。蓋未催科之時，典吏鄉司先于民户處私自借過夏税〔二〕、和買入己，比至開場，更不納官。以一邑計之，有數百匹至五十匹之家，失陷官物不知幾何，却將下户重疊催科，補填上件失陷數目。乞令户部看詳立法。」今看詳參酌下條〔三〕：「諸州縣公吏人于人户處輒借税租及和〔四〕、預買紬絹者，杖八十。若上限盡而不爲送納，計贓重者，準盜論，三十匹配本城。許人告，仍聽被借人户越訴，委監司、守貳覺察。」

二十八日，左司諫凌哲言：「諸路縣道起催産税，公吏、攬子先于民户處私自借過入己，不爲了納。户部看詳立法，尚有未審，當令户、刑部重别修立。」今修立到下條〔五〕：「諸州縣公吏于人户處輒借税租，和、預買紬絹、錢物同。準盜論，五十匹配本城。許人户告，仍聽被借人户越訴。告獲州縣公吏于人户處輒借税租，和、預買紬絹、錢物同。錢五十貫〔六〕。諸攬納税租、和預買紬絹錢物，謂非係公之人。本限内不納，杖六十，二十匹加一等，罪止徒一年。」詔依，仍行下州縣知、通、監司常切覺察。

二十八年正月二十一日，將作監主簿葉顒言：「伏望特降指揮，州縣折納二税並依時價，不得輒有增加。而閩中下四郡掊尅最爲甚者〔七〕，并乞委轉運司以時檢察，按其違戾。」從之。

二十九日，上諭輔臣曰：「聞福建民户輸納苗米，每斗折價錢八百文。士大夫往來，曾議論及此。」樞臣陳誠之奏曰：「已前不聞如此。七八年來，8 諸州或科納價錢有及二分以上。在法，米斛畸零之數許納錢，所以便民。今乃取其高直，一概科敷，歲豐穀賤，農田反蒙其弊〔八〕。」上曰：「閩中米價每斗幾錢？」陳誠之奏曰：「去年豐稔，糙米只是三百以下錢。」上曰：「今納八百，安用糜費許多？使此錢歸户部，助國用，猶恐其傷于民，況州縣一時措置，多取妄費，此不可不究其弊。若第五等户畸零之數許納價錢，亦須有定數，豈容高價科敷？」陳誠之奏曰：「聖恩如此，民不勝受賜。」

〔一〕户：原作「民」，據本書食貨七〇之四六改。
〔二〕吏：原作「史」，據本書食貨七〇之四六改。
〔三〕今：原作「令」，據本書食貨七〇之四六改。
〔四〕「諸」上原有「詔」字，據文意删。下文即户部所立法。「户」原作「吏」，據本書食貨七〇之四六改。
〔五〕「今修立」三字原脱，據文意及本書此類文字文例補。
〔六〕「錢」上疑脱「賞」字。
〔七〕掊：原作「倍」，據本書食貨七〇之四七改。
〔八〕農田：似當作「農户」。

二月二十三日，右正言朱倬言：「福建折納米價，每斗至于八百有奇，是又倍于廣右之數。近饒州樂平縣亦科抑，米每斗四百五十。竊恐別郡成風，有虧仁政。欲望福建及他郡折納，令漕司依祖宗舊法，合納初時詢定寔價〔一〕，寔價之外，耗費共不得過百錢。如非緊急，不得科折。仍令漕司粉壁曉諭，使民通知。州縣故違，必論違制；監司隱而不舉，亦寘典憲。」從之。

二十八日，知閬州蘇欽言：「昨令州縣給散民間合納夏、秋二税憑由，寔爲利便。然憑由之給，不徒具税租合納名色而已，須具一歲間本户二税增減之數。如夏秋税憑由各具去年至今年税錢、米斛、物帛增減之數，或收買、典到某鄉某人某地名田土、税錢若干，或典賣出本户某地名田土、税錢或秋税物斛若干，人某人户下，見今户下寔計税錢或物斛若干，合納支移折變物帛、斛斗、役錢，下項開具。縣令佐點檢無差錯，簽押 9 用縣印，給付民户收執。所給憑由，並于起催前一月給散。如有欺弊不寔，大科錢物，許人户經縣或經州論訴施行。」從之。

七月五日，前知興國軍周冲言：「望戒飭州郡，應管內諸縣二税拖欠去處，委官檢照。如係上三等人户少欠數多，即令推究官吏情弊施行。」從之。

八日，右正言朱倬言：「訪聞諸邑多有違法，凡民户入納，第令櫃頭給會子用領，未肯給鈔。期年之間，忽有追呼，有鈔者則曰簿書未銷，執會者則曰此曷爲信？俾拘維之，必其再賦。欲望敦諭大臣措置行下，倘有相習承前之弊，小則罰月俸，大則展磨勘。罪雖惟輕，要在必行。俾守、令歲取其甚者，罰一勸百〔二〕，以戒欺紿。」上曰：「人户合鈔之弊〔三〕，往往有之。蓋緣攬納之家利于快便，不肯分作小鈔，更與吏輩相表裏，或不銷簿，致有重科。則逐户既無執守，而官鈔在縣，不與檢照。此弊誠不可不革〔四〕。」沈該等奏曰：「前後法令甚詳，當依聖訓，令户部措置。」于是(照)〔詔〕户、刑部檢照條法，措置以聞。既而户部言：「凡人納税賦未肯給鈔，或給鈔，簿書未銷，而受乞財物，及抑令重納，並有條令斷罪。今欲備坐條法指揮下諸路州軍出榜曉諭，仍令監司覺察違戾去處，按劾施行。」刑部言：「户部已行檢坐〔條〕法申嚴行下，內乞取其甚者，罰一勸百。欲令諸路轉運司將違戾最甚去處，開具當職官職位、姓名，申朝廷重作施行。如監司蓋庇不舉，即依條互察。」從之。

九月 10 十九日，臣僚言：「江州德安縣向于太平興國年中分撥三社人烟，創建星子縣。自兵火後，爲鄰邑德化縣包侵界至十餘里，民間就地里近便，止于德安縣輸納税苗。昨來經界，其德化、星子兩縣已盡將德安縣撥過田産收歸逐縣，所有苗税，未曾隨産改割，是致德安一縣，兼受

〔一〕合：原作「令」，據本書食貨七〇之四七改。
〔二〕罰：原作「罷」，據下文改。
〔三〕弊：原作「弊弊」，據本書食貨七〇之四八刪。
〔四〕不革：原脫「不」字，據本書食貨七〇之四八補。

納兩縣無産之税。欲望下户部，將德安縣苗税且依經界以前逐畝祖額輸納。仍委自兩路漕臣選擇清强官躬詣地頭，會集耆老，取索干照，從寔改正，免致一縣偏受重賦。」于是户部言：「欲下江東西漕臣徐度、李邦獻公共相度。如有交互未割正苗税，即行(重)〔從〕寔改正，仍具合行改正數目申尚書省。如無未割正苗税，即遵已降指揮施行。」從之。

二十二日，廣南西路經畧安撫司准備差遣李蓍言〔一〕：「袁州支移苗米于臨江軍寄倉送納，本欲便民。比年江西米賤錢荒，民皆賤糴米而貴買金帛，至臨江軍賤賣之，復貴價糴米輸納，故民輸一石，其價數倍。袁人苦之，嘗乞就本州送納，仍令人户自出袁州至臨江軍水脚錢，候春水泛，乃起發。漕司公吏受賄，率不能得。願詔轉運司，以袁州支移臨江軍所納米，從便于袁州送納。」詔令本路轉運司相度施行。

十月二十一日，知歸州鮮于噩言：「本州不通牛耕，逃田有請射者，不三年，定轉而之他，是致失陷省税，逃移户口。欲將日後請佃之人，與減所納税分數，次年便行起催。」于是户部 11 看詳：「本官所陳，即未見立合減税賦分數，及日後有無虧額。若次年便行起催，又恐人户耕墾未至成熟，却致艱于輸納。合從本路轉運司從長相度經久可否利便〔二〕，申取朝廷指揮施行。」從之。其後湖北轉運司言：「今相度，欲依鮮于噩所乞，將逃田請佃人三分中須得兼荒田一分〔三〕，並許自耕種日與免兩(科)〔料〕税，仍自次年便行起催。其餘全業請佃逃田，即乞與免三年〔四〕，次年起催，更通五年法與減税額五厘。謂如今年春下狀全業請射，至第四年合起催，即乞再免夏一料，使之四年耕食，一料收税。」從之。

二十九年七月二十八日，荆湖南路提點刑獄公事彭合言：「州縣爲政，二税之外，毫髮不取。遠方僻邑，吏緣爲姦，創添名色，擅行科斂，有曰土户錢，有曰折絁錢〔五〕，有曰醋息錢，有曰麴引錢。欲望行下有司，檢坐擅科斂法，申嚴行下，諸路監司常切按察。如州郡容縱，並與同罪。」從之。

二十九年八月五日，詔：「紹興府會稽縣昭慈、永(佑)〔祐〕陵宫，前後買過民地。其人户舊管税切慮州縣尚行催理，可令常平司取見的確買過地段頃畝〔六〕、合納税賦，照驗簿籍，審寔除豁。」

〔一〕備：原無，據本書食貨七〇之四八補。
〔二〕合：原作「若」，據本書食貨七〇之四八改。
〔三〕逃田請佃人：原作「逃請田人」，據文意改。下文云「請佃逃田」，是也。
〔四〕三年：原作「五年」。按下文云「至第四年合起催」，則此當是「免三年」。下句云「通五年法」者，謂參照免五年之法。免三年，第四年再免一料，此即「四年耕食，一料收税」。是皆可證此句「五年」決爲「三年」之誤，因改。
〔五〕絁：原作「絶」，據本書食貨七〇之四九改。《建炎要録》卷一八三：「又以税科本色布，而高價折取其直，謂之『折絶』。」「折絶」亦爲「折絁」之訛。蓋「絁」即繒，爲一種粗綢，亦泛指布。税布而高價折納錢，故曰「折絁」，作「絶」則無義。
〔六〕買：原作「賣」，據本書食貨七〇之四九改。

十六日，知英州陳克勤言〔一〕：「英州舊額丁田米三萬餘石，至經界覈寔〔二〕，不滿萬石，而前任轉運判官鄭鬲抑勒州縣抱認舊額虛數，至今轉運司逐年猶以舊額督責，更不以經界爲正，是致百姓流移日甚。又廣東一路，惟南雄、連、英有此虛數，三州之【12】民均受其害。乞詔本路漕臣照應經界寔數催科。」詔令轉運司將南雄、連、英三州照應經界新額催科，不得用虛數抑勒州縣。

三十年六月十九日，上謂輔臣曰：「歲方六月，禾稼未登，訪聞民間已催積欠。可令諸路轉運司徧行下州縣，候將來秋成了日，方可催理，庶幾民不告乏，逋負易足。」湯思退等曰：「陛下勤恤民隱，一至于是，天下幸甚！」

二十一日，户部言：「今歲豐登，粒米狼戾，似聞州縣往往以催理積欠，預期差人下鄉非理追呼，事屬騷擾。乞下諸路轉運司嚴行戒約，如寔有未納税賦，候收成了日，方許催理。仍仰本路常切覺察，若有違戾，按劾重作施行。」從之。

七月二十四日，臣僚言：「州縣夏、秋二税之欠，或水旱逃荒，不行除放，或豪貴典(賣)〔買〕，不爲推收，或簿鈔積壓而不銷，或公吏領攬而不納。逮至省限過期〔三〕，旋憑鄉司根刷，或勒貧民重疊監理，或追耆長責認陪填。徒有舉催舊料之名，即是侵過本料之物，但添追擾，再欠如初。與其責望于失陷之後，孰若檢察于姦弊之前！乞下有司逐一舉行條例，毋爲具文〔四〕。」從之。

十一月二十一日，權發遣黎州軍州事馮時行言：「本州秋税米無正色，唯納估錢。其估錢從來元無定價，(正)〔止〕從太守臨時約度，米一石至令人户納錢引一十三道〔五〕，重困民力。已令百姓充土丁者一石只納八道，不充土丁者納十道。乞用今來所減錢數，立爲定價。」詔令成都府【13】路轉運司審度，如委是官(司)〔私〕兩便，即依此施行。

三十一年二月十七日，兩浙路轉運副使林安宅言〔六〕：「巡歷郡縣，多有形勢之家憑恃强横〔七〕，全不輸納。苟有追呼，小則繫逐户長，大則脅制官吏。于是縣令懦者低首而容忍，强者反擠排而去。又有陰爲民户影占田産，規避税役，習以成風，畧無忌憚。欲望詳酌，乞行下本路州縣，如有形勢不納租税，及爲民户影占田畝之人，許令縣官具寔迹申監司，按劾以聞。」從之。

四月三日，臣僚言：「州縣民户秋税輸納，多收加耗，弊猶未革。緣逐路漕臣不恤州縣之有無，誅求無厭，致秋税之入少得留州。而一州之間，歲有養兵、吏禄之費，無所

〔一〕克：原作「充」，據本書食貨七〇之四九、《建炎要録》卷一八三改。
〔二〕覈：原作「竅」，據文意、字形改。
〔三〕期：原作「勘」，據本書食貨七〇之四九改。
〔四〕具文：本書食貨七〇之四九作「文具」。
〔五〕令：原作「今」，據本書食貨七〇之四九改。
〔六〕宅：原作「定」，據本書食貨七〇之四九、《建炎要録》卷一八八改。
〔七〕恃：原作「悖」，據本書食貨七〇之四九改。

從出，故不免于輸納之間，收取耗剩，以取贍給。欲望嚴詔有司，俾逐路漕臣取見諸州縣歲合支用寔數存留應副〔一〕，使州縣無得藉口，以生姦弊。如依前尚敢不遵法令，多收合耗，乞重寘典憲。」詔令户部看詳。其後户部言：「在法，受納應納數外輒收羨餘，或輒他用，及非法擅斂，並有斷罪條法。今欲依所乞行下諸路轉運司〔二〕，取見所部州縣歲合支用寔數存留應副。所有加耗剩，常切遵守前項見行條法指揮施行，毋令違戾〔三〕。仍令本司逐時覺察，如有違戾去處，按劾施行。」從之。

五月十三日，臣僚言：「廣西運司比年以來變税折錢，不問州之遠近，税之高下，盡行支移折變。欲望行下户部契勘，免行科折。仍乞本路以逐州之税 14 各隨本州送納。」于是户部言：「在法，租税合支移及科折之物，轉運司量地理近遠，審量豐歉、土産有無，于起納九十日前，以物名數行下。税租擇近便處，令下户輸納；應支移折變者，先富後貧，自近及遠。轉運司籍記，應陞降，即時注之。其支移非急切及軍期，而人户願納支移物價脚錢者聽。人户輸納税租應折變物，轉運司以納月上旬時估中價準折。有違法者，提點刑獄司覺察奏劾。人户税租應（副）〔赴〕他處輸納而願就本縣納者，轉運司量地理定則例，令別納寔費脚錢。即難于輸送而人户願納錢或改折物者，具利害申運司，無妨闕，聽從民便。折變、支移、和買不計豐歉、貴賤、多寡，以貴爲賤，以賤爲貴，及多寡、豐歉不寔，並有斷罪條制。欲下廣南西路轉運司遵守前項見行條法施行，毋令違戾。」從之。

九月七日，知漢州王葆言：「民間輸送夏、秋二税畸零錢帛物斛，舊法許衆户合零就整，同旁送納。自軍興以後，縣鎮利于出剩，應（于）〔干〕畸零，務要納整，更不許合鈔。欲望朝廷申嚴行下縣鎮，許令民户將畸零寸銖合勺等類許依舊法，各于逐鄉逐里並就整成匹、兩、升、束，開單名共作一鈔輸納入官。仍于税簿内簿頭上子細分開下户畸零都數若干，別置簿曆，專一抄上畸零錢帛物斛單名，納到錢數照用，準備驅磨。」從之。

十三日，知梧州任詔言：「廣西州縣例皆荒瘠之所，民户貧薄，了（辦）〔辦〕税 15 賦不前，拋棄田業者不少。往往未曾倚閣，督責催理，累及四鄰及承催保長等，逃亡愈多。臣今欲乞朝廷特降指揮，許令諸州徑行根括逃絶田畝，倚閣税租。乞申所屬監司，監司委官覆寔，申户部除豁。」于是户部言：「欲下（詔）諸路監司、州軍，依所乞事理施行。如有逃亡，合開閣減免租税，州縣依舊勒令鄰保陪填代輸，並依見行條法施行。仍從監司覺察，如有違戾，亦仰從本司按劾施行。」

〔一〕支用：原作「所用」，據下文改。
〔二〕今：原作「令」，據本書食貨七〇之五〇改。
〔三〕令：原作「人」，據本書食貨七〇之五〇改。

二十四日，資州鄉貢進士劉晃言：「昔李椿年舉行經界，其實均兩税之要也。自今觀之，有名無寔。何以知之？經界之行，伍保與民俱湊于田，執契驗田，不容詭冒，量田頃畝、土色、肥瘠，以定税多少，而賦輸之輕重以之。今則不然，其取輸不自于税，或取之價錢，或取之家業，或取之以山石子斗，故有偏輕偏重之失。欲乞嚴行約束州縣，俾皆罷去家業、價錢、山石子斗，一用經界所均兩税，以定賦輸常數。」詔令户部看詳。户部言：「欲下本路轉運司，取見悠久利便以聞。」從之。

紹興三十二年壽皇聖帝已即位〔一〕，未改元。六月十三日，登極赦：「應人户典賣田産，依法合推割税賦。其得産之家避免物力，計囑公吏，不即過割，致出産人户虚有抱納；或雖已過割〔二〕，而官司不爲減落等，抑令依舊差科。立限兩月，許經官陳首，畫時推割。如違限不首，令無産人户越訴，依法施行。」乾道元年正月一日、三年十一月二日〔三〕、六年十一月六日、九年十一月九日南郊赦並同此制，立限陳首並止一月云。

七月二十四日，臣僚言：「諸路州縣輸納夏税，令人户
16 納折帛錢六貫五百〔四〕，却遣人于出産處收買輕絹，每匹不過兩貫五百，起作上供，支散軍兵，寔爲公私之害。及人户有合納畸零絹分寸，並令准納一尺價錢，計其畸零，一匹無慮得錢七十餘貫。其起上供綱日，止依元數紐計價錢，其餘盡爲官吏侵盜。又納秋苗一石以上，受納官吏將所納米數約度已足，密令人户紐價納錢入己，出給虚鈔。乞行禁止。」詔出榜曉諭，如有違犯，許人越訴，將犯官吏重寘典憲。如監司不覺察，亦與同罪。

八月一日〔五〕，詔：「淮南路去冬殘破去處，展免二税，止據寔墾田土，量行撮收課子。其間有先佃逃、絶、職田等人，不問已未耕墾，逃田上等每畝二斗，中等一斗八升，下等一斗五升〔六〕；絶田每畝七升，或一斗至二斗。今來州縣依舊送納全租。可將淮南殘破州軍民户已佃逃、絶等田，且據目今實開墾田畝，將先立定租課，特與減半送納；未耕田畝，權行倚閣，候及二年，並依舊輸納。」從淮南運判莫濛請也。

二十三日，詔：「臨安府係駐蹕之地，及四方衝要去處。有民間田地爲官司所占，或作寺觀、花圃、營寨〔七〕、宫宇等，雖已減免二税，訪聞和買紬絹，州縣不曾隨税除豁，却均衆户送納。自今應官所用民間田地，其和買並隨二税蠲免，不得暗敷衆户。違者聽人户越訴，當議根治。」從中書門下省請也。

〔一〕天頭原批：「壽皇聖帝一作孝宗皇帝。」按，本書食貨七〇之五一作「孝宗皇帝」。
〔二〕過：原作「遇」，據本書食貨七〇之五一改。
〔三〕二日：原脱，據本書食貨七〇之五一補。
〔四〕六：原作「大」，據本書食貨七〇之五一改。
〔五〕一日：本書食貨七〇之五二作「二日」。
〔六〕一：原作「一一」，據本書食貨七〇之五二删。
〔七〕營：原作「管」，據本書食貨七〇之五二改。

十二月三日，詔紹興府會稽縣三都人户二税不得支移折變。17其後隆興二年五月六日〔一〕，紹興府言：「本府和買額數，比他州縣最重。就八縣之中，惟會稽縣尤甚。今來不敢申乞減免，緣本縣正係攢宫，止蒙蠲免三都支移折變。乞照《宫陵制》景德四年永安縣優卹體例，將會稽一縣盡與蠲免支移折變，所有年額折帛乞與除豁，盡數起發本色。」詔兩浙轉運司將會稽縣税賦與免支移折變，所有本縣年額和買折帛，止令盡數起發本色，更不折錢。

十一月十四日〔二〕，給事中金安節等言：「有旨：『太一宫見管秀州嘉興縣伏禮鄉草田，并臨安縣赤岸柴山，依條合納夏税、秋苗外，其餘科敷〔三〕、和買、折帛及諸色科借等，可行下所屬，並與蠲免。日後置到田産准此。』竊詳太一宫既有秀州、臨安府兩處田産，其税租、科敷、和買等自合依條供輸。近歲和買、折帛之類，民間雖病其重，然以物力科敷，事體均一，故樂輸而無辭。今若偏有蠲免，則其所免之數，當復加于他户矣，斯民得無甚病，而興不均之歎乎！況所降指揮有『日後置到准此』之文，彼既得此，又將與豪右交關，廣殖産業，與齊民競利，非所以崇清浄之教也。」詔前降指揮更不施行。

壽皇聖帝隆興元年正月二十六日，詔：「江浙諸州軍合發上供紬、絹、綿年例，除進奉外，將夏税、和、預買、淮衣以分數折納價錢〔四〕，補助經費。令江浙轉運司依去年所折分數，酌度均撥，行下折納。」既而臣僚言：「去年所折18分數，嘗以十分爲率，内絹折三分，紬折八分，綿折五分。兩浙路紬絹每匹折錢七貫，和買折錢六貫五百，綿每兩折錢四百；江南兩路紬絹減作一貫，綿減作三百，依此拘催〔五〕，歲供錢六百餘萬貫。蓋緣養兵之費，不欲强歛于民，故從折變。字民之官往往加數以折，或令全折，及將零寸就整，無慮增倍。蠶未及桑，預行催借，因求(嬴)〔贏〕餘，且復彊取，勢必重困。乞嚴賜戒飭逐路漕臣督察州縣，于省部定立折納分數外，不得擅有增加。如違，許人户越訴，寘之典憲。漕臣(符)〔俯〕同，亦加黜責〔六〕。」從之。

九月十八日，户部言：「四川安撫制置使沈介乞將紹興三十年以前四川人户交易白契田宅税錢，不問登載及業在户下與否，並行除放。又前川陝宣撫使王之望申：『本司承朝旨，將業在户下白契依赦免其倍輸，只納正税。今據利州繳到制置司除放榜示〔七〕，與近降指揮異同，疑誤百姓。』契勘上件契税本合輸官，止緣業不在户下，朝廷寬恤，將已納在官錢許令對折税物。又緣四川即今調發軍馬，用

〔一〕「其後」前原有「其後隆興二税不得支移折變」十二字，據本書食貨七〇之五二删。
〔二〕按，以上二條時序顛倒，或有誤。
〔三〕科敷：原作「科數敷」，據本書食貨七〇之五三删。
〔四〕淮衣：原作「准衣」，今改，説見上卷食貨九之二三校記。
〔五〕催：原作「推」，據本書食貨七〇之五三改。
〔六〕黜：原作「點」，據本書食貨七〇之五四改。
〔七〕司除：原作「使際」，據本書食貨七〇之五四改。

度增廣，若盡將已納在官錢對折見今合納税賦，即于大軍歲計妨闕。欲下四川制置司、總領所遍報所部州縣，將業不在户下已納在官錢數，止許對折本户積欠税賦〔一〕。其今降指揮到日以前，已與人户親戚及諸色人，仍先降指揮對折訖者，更不追改。所有三十二年六月十三日赦後未曾投税之人，自合遵依見行條 19 法。所有已納在官錢内對折民間積欠税賦錢數，令本所別（須）〔項〕樁管。如遇大軍歲計闕少，即申明朝廷，指揮支撥貼助。」從之。

二年正月十八日，知池州韓元龍言：「本州昨准指揮，爲青陽縣税重，將税減二分半，苗課米減二分。其減免過數，于轉運司所得係省錢内依數撥還〔二〕。緣本司別無寬剩錢米，乞免撥還。」于是户部再申，請依已降指揮撥還〔三〕，從之。

三月二十七日，德音赦：「廣西州軍合納税租〔四〕，訪聞州縣課折見錢〔五〕，却以和糴、招糴等名色抑勒人户過數輸納〔六〕。已降指揮下轉運司，不得非理折科，及令提刑司嚴行覺察。尚慮奉行滅裂〔七〕，重困民力，可令逐司常切遵守〔八〕。如提刑司失于覺察，委御史臺彈劾。如有糴過米數未還價錢〔九〕，日下支給。」

四月二十六日，知常州宜興縣姜詔言：「本縣無税産人户，每丁納丁身鹽錢二百文足。第四、五等人户有墓地者，謂之墓户，經界之時均紐正税，又令帶納丁鹽絹，作折帛錢輸納。契勘本州晉陵、武進、無錫三縣係于田産上均納，獨本縣昨來經界將鹽絹紐在下户帶丁收納。乞依晉陵等三縣一例隨産均納。」從之。

十二月三日，詔：「四川轉運司行下所部州縣，夏、秋正税絹帛，如人户願合鈔成匹送納本色外，有畸零之數，遵從見行條法，聽依寔直價納錢。仍仰本司常切覺察，無令抑勒價錢違戾。」

乾道元年正月一日，南郊赦：「應夏、秋二税催科，自有省限。州縣官吏多不 20 遵奉條法，受納之際，多端作弊，倍加斗面，或非理退换〔一〇〕，縱容專㪷、揀子計會乞取，方行了納。或先期預借，重疊催理，不與除豁。既已納足，阻節銷鈔之類，甚爲民害。仰守、令嚴加覺察，如有違戾，仰監司按劾申奏，重行黜責。仍許人户越訴。」乾道六年十一月六日南郊赦、九年十一月九日南郊赦，並同此制。

二月二十一日，詔：「訪聞兩淮州縣多于人户遞年合

---

〔一〕止：原作「正」，據本書食貨七〇之五四改。
〔二〕撥：原作「檢」，據本書食貨七〇之五五改。
〔三〕撥：原作「發」，據本書食貨七〇之五五改。
〔四〕税租：本書食貨七〇之五五作「秋税」。
〔五〕課：原作「料」，據本書食貨七〇之五五改。
〔六〕招糴：原脱，據本書食貨七〇之五五補。
〔七〕滅：原作「減」，據本書食貨七〇之五五改。
〔八〕守：原作「字」，據本書食貨七〇之五五改。
〔九〕未：原作「米」，據本書食貨七〇之五五改。
〔一〇〕理：原脱，據本書食貨七〇之五五補。

納常賦之外過數科敷，謂如夏税有殘零折變錢，又有自陳折麥錢，又有續陳折麥錢。其秋税及坊場、河渡課利，有似此巧作名色之類，可令逐路提刑司體究。如有似此去處，開具申尚書省，取旨施行。」從中書門下省請也。

五月三日，詔：「江、浙州軍每歲人户合納二税物帛等，内温、台、處、徽州係不通水路去處，依指揮許人户依立定分數，並以銀折納。訪聞州縣却于數外妄有科折，顯屬違戾。可令逐路轉運司行下逐州軍，將人户今歲合納折帛銀遵依指揮，自立定分數〔一〕，及照應的實市價，即不得以加耗爲名，大秤斤兩。如有違戾，許民户越訴，將官吏按劾以聞，據多收之數計贓斷罪。」從中書門下省請也。

六月五日，臣僚言：「四川諸縣二税積欠，其弊在吏。如來歲夏料已預借于今歲之秋〔二〕，秋料已預借于去年之夏，豈容有一錢之逋？然有給鈔而不銷簿者，有盗印鈔而匿財者，有私立領據而官不受理者，有公吏攬取而賦入不歸于公上者，欺隱百出，未易殫舉〔三〕。一遇赦恩除放〔四〕，吏之罪釋然，而民之憂如故21也。有司所損，歲不知其幾萬；若至數赦，則不知其以幾千萬計矣！乞下諸路監司遵守條令，不許預借。若積欠不舉〔五〕，歲輸告乏，即選清彊吏如前所陳，一一究治之。」詔令總領、制置司常切覺察。

十一月十九日，執政進呈建康府言：「蘆場〔六〕、沙田税賦，今年七月指揮，令今秋拘催，而九月指揮，于來年秋起催。楊倓等已依九月指揮施行，而梁俊彦又令依七月指揮送納。」上曰：「只依九月指揮，庶寬民力。」

二年五月一日，詔：「右迪功郎、新差充江南東路常平司幹辦公事程諟特降一資，放罷新任。所欠常賦，令日下監納。」知饒州俞翊奏：「諟身爲命官，積年不納常賦，一户共欠七百一十一貫有奇。乞施行，以爲形勢户不納常賦之戒。」故有是命。

十一日，詔：「平江、湖、秀三州已開掘圍田，税賦即行除（訪）〔放〕。將經界後圍田今來不經開掘者，候農隙，州委彊明官分頭詣逐縣打量的確頃畝，並依省則紐立合起税色，保明申州，類聚申省部，隨税起理。」從兩浙轉運使王炎請也〔七〕。

三年正月二十五日，太府少卿魯訔言：「折（料）〔科〕折帛，國家之所不得已也，吏緣爲姦，以税錢折麥，以苗米折糯，爲州縣場務麴釀之資。于法，以四月中旬麥價立定折科，今州縣率爲姦吏估麥，必損其直，以税錢一折金十，民已困矣。准絹爲匹八貫有奇，折麥有至二石五斗，縻費耗折，幾麥五石。以去歲麥價紐計，十六七千而辦一端之税。

〔一〕分：原作「方」，據本書食貨七〇之五六改。
〔二〕料：原作「科」，據本書食貨七〇之五六改。下句同。
〔三〕殫：原作「彈」，據本書食貨七〇之五六改。
〔四〕遇：原作「過」，據本書食貨七〇之五六改。
〔五〕欠：原作「久」，據本書食貨七〇之五六改。
〔六〕蘆：原作「盧」，據本書食貨七〇之五七改。
〔七〕「使」上原有「司」字，據本書食貨七〇之五七删。

場22務所趁課利有定額，利折米麥有定數，縣道往往過數多折。和、預買本以利民，今不給直而白著矣，不取絹而折錢矣。稅絹、和買，輕重不侔；丁鹽、綿絹，名色各異。元降指揮以上供和買各折五分，今縣道有將諸色物帛一例科折，互有出入。合折者暗納本色，不合折者反輸價錢。」詔諸路轉運司行下所部州縣，遵守見行條法，又依紹興二十八年三月四日指揮施行。如有欺弊不寔，許人越訴，仍從轉運司常切覺察按劾。

五月十八日，詔：「右奉議郎、新太平州繁昌知縣魏堯臣特降一官，放罷新任。所欠常賦〔一〕，令所屬日下監納。」以堯臣在鄉豪强，不納二稅，從户部之劾也。

六月二十六日，詔臨安府新城縣每年進際稅賦與減(半)一半。以知臨安府新城縣耿秉言：「新城縣田畝舊緣錢氏，以『進際』爲名，虛增進際稅額太重。每田十畝，虛增六畝，計每畝納絹三尺四寸，米一斗五升二合；桑地十畝，虛增八畝，計每畝納絹四尺八寸二分。此之謂正稅。其他又有和買紬絹，每田一畝，計二尺四寸，陸地一畝，計三尺六寸。又有折科小麥、夏秋兩(科)(料)役錢，總計一畝納稅兩千。人户齎出天聖、皇祐間典賣契書，分明開說所典賣田產寔量畝步若干，虛增進際畝步若干，及經界打量，乃見虛增之數太多，失于陳乞除放。照得逐鄉印板稅則，總計本縣合放之數，水田產絹一千六百八十四匹有奇〔二〕，苗米二千八百一23十六石有奇，桑地紬絹二千二百九十二匹有奇，乞與除放。」故有是命。

七月十八日，詔右通直郎、知秀州嘉興縣閻冕特降一官。兩浙轉運副使姜詵奏「嘉興縣出違省限，拖欠常賦苗米一萬一千一百餘石，知縣更不催納」故也。

八月九日，右諫議大夫陳良祐言：「諸郡納省絹限以十二兩，和買限以十兩，自有定數。昨因徽州、湖州絹户部退剥，近左藏庫供送絹帛係袁州〔三〕、建昌軍物帛，户部乞究治官吏〔四〕。雖退剥者繼令發納，究治者合干專、庫並已放罪，然諸處受納監官望風懼罪，縱令合干人百般邀阻〔五〕。如絹一匹，有求十三兩者；如土產止係黃絲，必求白絲者；年例止用屑絲，今欲更求細絲。如此非一。常年用錢四貫可納一疋〔六〕，今增爲六貫。至高價折錢，分遣人詣行在并產絹去處買納。又民間典賣田宅，限六十日赴縣投稅〔七〕，再限六十日齎錢赴縣投納，稅契不得過一百八十日，自有定法。其諸縣稅契錢旋行解發，作月樁錢赴州送納。今聞諸郡盡行拘赴本州投稅。且如縣到州五七程，民

〔一〕常：原作「當」，據本書食貨七〇之五八改。
〔二〕產：依下文桑地例，疑當作「紬」。
〔三〕庫：原作「軍」，據本書食貨七〇之五九改。
〔四〕乞：原作「元」，據本書食貨七〇之五九改。
〔五〕干：原脱，據文意補。本書食貨七〇之五九作「合千人」，「千」亦「干」之誤。「合干人」謂相干之人。
〔六〕「貫」原作「串」，「納」原作「約」，據本書食貨七〇之五九改。
〔七〕投：原作「後」，據本書食貨七〇之五九改。

間些少典賣，而使之負擔往返半月，官司艱阻〔一〕，是以民間典賣不肯報州，白折稅錢。乞禁戢州縣，每年納絹自有常數，不得數外邀取；諸縣投稅自有定法，不得拘赴本州。」從之。

十二月十八日，詔和州萬弩手永免户下三百畝賦稅。從知州胡昉請也。

四年四月十六日，臣僚言：「國朝征賦，止是夏稅、秋苗，軍[24]興以來，乃有折帛、和買。而州郡不恤，多將夏稅、秋苗大半高價估折，却于他州買絹以充上供之數，斛面取米以足軍糧之儲，民安得不重困哉！乞降指揮禁約諸州軍依法催科，並要本色，不得折納價錢。至于畸零，自如常制。」户部契勘：「催科本色〔二〕，除省部立定折納分數外，欲下諸路轉運司詳今來臣僚奏陳〔三〕，照應見行條法約束，令監司互察施行。」從之。

八月十六日，尚書度支郎官劉師尹面對，奏：「江浙四路折帛錢〔四〕，紹興初年立價折納，後增一倍。至十五年，四路折帛並從裁減。自後二浙夏稅〔五〕、紬絹各減一貫五百，江東、西並減兩貫。緣州縣不依省部科折分數，暗有增添，如絹只合科三分，今科至七分。乞漸次裁減，以寬民力。」上曰：「朕未嘗妄用一毫，只爲百姓。可從其請。」

九月七日，臣僚言：「州縣人户歲輸夏秋二稅，並係本户所有田産花利，以時供輸。或有逃移、事故拋下田業，其稅賦依條本縣驗寔檢閣。今州縣恐失元額，仍舊催督，勒承催保正、長代爲填納，故破家蕩産者甚衆。乞行下諸州，委知縣根刷。應逃亡、事故人户拋下田産未有人承佃耕種者，盡數根刷，開坐鄉村頃畝，召人權行佃種，送納稅賦。遇有歸業之人，依條施行。」從之。

十二日，四川宣撫使虞允文言：「被旨：『州縣尚有預借人户賦稅，令于總領所樁管添造錢引三百萬貫内取撥一百萬貫，委制置〔六〕、總領、本路漕臣考覈預借寔數，[25]與州縣補填，自今更不許預借。』已施行外，緣未有立定專法，縣道畧無忌憚。今欲將預借縣分令佐以違制論，仍不以去官、自首、赦降原減，任滿批書印紙。公吏依上條從准盜論斷配，不在自首、赦原之限。若有入己，自從本法。」從之。

十二月十七日，詔：「兩浙、江東、西路乾道五年夏稅、和買折帛錢，並權與減半輸納一年。如州縣輒敢過數取民一文以上，許人詣檢鼓院進狀陳訴，官吏當重寘典憲。」既而中書門下省言：「所降指揮非不嚴切，近來州縣放免數外，將逐年合納本色高擡價直，勸民户納錢，自行買絹充

〔一〕艱：原作「難」，據本書食貨七〇之五九改。
〔二〕科：原脱，據本書食貨七〇之五九補。
〔三〕「詳」下原衍「合」字，據本書食貨七〇之五九删。
〔四〕四：原作「兩」，據本書食貨六四之三七改。
〔五〕浙：原作「折」，據本書食貨七〇之五九改。
〔六〕制：原脱，據本書食貨七〇之六〇補。

數。又其間有將合減之數不盡蠲減〔一〕，謂如每匹合減三貫，止減二貫之類，甚失朝廷寬恤之意。」詔令逐路監司嚴切覺察，如有似此違戾去處，按劾聞奏。監司或失于檢舉，令户部糾劾，御史臺彈奏，並重作施行。

五年五月二日，詔：「隆興府將奉新縣三鄉寬稅正額錢三百五十九貫〔二〕、苗正米六百二十八石并沿納折科盡行蠲除，今後不得別作名目，復有科擾。」以知府事劉珙言：「本府奉新縣附郭係建康、同安兩鄉，平時上户多居近郭，故將別鄉產稅併歸所居鄉分催科。經界之後，隨產均稅。既均之後，則向來諸縣互差寬稅。積年既久，契據不存，莫考其本，乃盡以寬稅均于建康、同安兩鄉。兩鄉既受隨產稅苗，不肯復受寬稅，自此詞訴不絕，末後乃將上件寬稅彊委之于晉城、新安、法成三[26]鄉〔三〕。三鄉亦已受經界隨產之稅，復加寬稅，重者至十分而增四，豐年所得，不了租稅。乞與蠲除。」故有是命。

七月二十五日，知紹興府史浩言：「諸曁爲縣，當台、婺之末流，每歲秋潦，水必泛溢。古人于縣之四旁作湖七十二處，以受此水。歲久湮廢，人占以爲田。昨因經界法行，官吏無恤民之心，盡將湖田作籍田打量，計二十三萬五百二十二畝有奇，苗米總計八千八百七十石有奇，夏稅紬絹綿〔四〕、本色折帛錢共計一萬六百四十六貫有奇。今若將前項夏稅紬絹帛折變改作苗，以中色價紐計米三千二百一十七石二斗七升五合，并添入元管苗米八千八百七十石九斗八升六合五勺〔五〕，二項共一萬二千八十八石二斗六升一合九勺，于上供物帛即無虧損。乞降付户部，許令紐折施行。」詔紹興府將前項紐計錢，省倉中界見行糴米價直作二貫文九十九陌折納米一石，添入每年認發湖田米起發施行。

九月二十九日，權發遣秀州徐藏言：「昨降指揮，乾道五年夏稅、和買折帛錢並權與減半輸納一年。謂如人户合納十匹，若三分折錢，每匹減半〔六〕，其七分自合納本色。緣秀州非產絹地分，有專降指揮，和買夏秋皆是折錢，比之其他州郡和買見稅十分之中止減放一分半，而本州遂全減五分，竊慮虧損國計。」詔遵依二月四日已降指揮，本州合發絹既係遞年全行折錢，自合照諸州軍體例，將三[27]分錢數權減半催納一年。

六年二月二十八日，措置浙西江東淮東路官田所狀：「參酌擬立稅租數目：已業沙田主分所得花利，每米一石，欲于十分內以一分立租。已業蘆場等地田主所得花利，紐

〔一〕間：原作「聞」，據本書食貨七〇之六一改。
〔二〕奉新縣：原脫，據本書食貨六三之三〇補。寬稅：原作「寬遠稅」，據本書食貨七〇之六一刪。
〔三〕法成：原作「法或」，據本書食貨七〇之六一改。
〔四〕絹：原無，據本書食貨七〇之六二補。
〔五〕添：原作「恭」，據本書食貨七〇之六二改。
〔六〕匹：原無，據本書食貨七〇之六二補。

錢一貫，欲十分以一分五厘立租。租佃沙田主分所得花利，每米一石，欲于十分以二分立租。租佃蘆場等地田主所得花利，紐錢一貫，欲以十分之三輸官。以上田地除所立租外，更不敷納和買、夏稅、役錢、秋苗之類。如舊曾起立苗稅額重，則依舊。」從之。

五月六日，户部尚書曾懷言：「諸州郡常賦各有定額，緣自建炎初，遭兵火處流民産稅權行倚閣，今涉三四十年，又經經界審寔，決無不復業之民，亦無不耕之産。設若元業主流亡，亦必別有人户請佃租種。往往郡縣徑自起理租稅，歸之州縣，州縣（巡）〔循〕習舊例，以逃閣爲名申聞省部，暗失朝廷財賦，歲以數千萬計。乞令諸路州縣守令限兩月逐項開具逃亡産業坐落村鄉，并畝步四至，係自何年月人户逃亡，及今有無人户租種管業，知、通、令、丞、簿、尉具結罪保明，詣寔申省部〔一〕，不時委官前去審寔。如妄作逃亡，並以不寔之罪罪之。能自首舉者，與從日下起理稅賦，已前勿論。」從之。

七月二十八日，宗正少卿、兼權户部侍郎王佐言：「竊覩經界，民間有在户未墾田畝，嘗降指揮限七年開耕〔二〕，起足稅租。經今二十餘年，已盡爲熟田，無縷粒分文收上
28 省簿。其間拋荒逃移，却歲有開閣，不曾收入復業增耕之數。民間未嘗不輸，盡爲縣道官吏蓋藏侵盜〔三〕，暗失省計。訪聞知隆興府吴芾檢覆出隱欺稅租以數萬計，乞催速具實數申奏。仍乞將江西一路委芾選官措畫，攢造帳册，結罪保明，限兩月申奏。其所委官能究心盡公，別與取旨推賞。句或容情蓋庇〔四〕，不盡不寔，即重寘典憲。」詔令吴芾選委清强官分往屬郡，依此措置。

七年二月十四日，册皇太子赦：「温、湖州乾道六年本州縣折帛錢并和買、夏稅，人户尚有未輸納者，已降指揮，自三等以下并舊稅零欠及乾道七年夏稅時暫倚閣，候秋成日，分料送納。竊慮民間于今年一併帶納不前，理宜寬恤。仰將前項倚閣數目，候乾道八年夏料帶納。」

六月二十日〔五〕，詔：「兩淮許依湖北已得指揮，今後民户墾闢田畝，止令送納舊稅，不得創有增添。」從新除淮南運判向子偉請也。

九月十一日，勅令所擬修下條：「諸上三等户及形勢之家應輸稅租而出違省限〔六〕，輸納不足者，轉運司具姓名及所欠數目申尚書省取旨。未納之數，雖遇赦降，不在除放之限。」先是，臣僚言：「夏、秋二稅輸官之物皆上供合起之數，謂之常賦。今有形勢、食禄之家積年不納，專候郊恩，覬望除放，遂致上供愆期，支用窘闕。乞今後上三等及

〔一〕詣：原作「指」，據本書食貨七〇之六三改。
〔二〕七年：本書食貨七〇之六三作「十年」。
〔三〕侵：原作「寢」，據本書食貨七〇之六三改。
〔四〕句：本書食貨七〇之六三無，此字誤，疑當作「苟」。
〔五〕二十日：本書食貨七〇之六四作「三十日」。
〔六〕三等：原作「二等」，據本書食貨七〇之六四及下文改。

形勢，官户應合納租稅，雖遇恩赦，不在除放之限。」故命立法。

十月一日，江南東路安撫、轉29運司言：「饒州、南康軍今年旱暵最甚〔一〕，民間合納夏稅物帛并折帛錢起發上限一半，其下限合起一半乞權行倚閣，候將來豐熟，作兩年帶納。」詔饒州、南康軍第五等人户今來未納夏稅，各與倚閣五分〔二〕。尋詔：「江、饒州今歲旱傷，已降指揮將逐州第五等人户未納夏稅倚閣五分，尚慮艱于輸納，可將逐州第四等人户未納今年夏稅日下權行倚(閤)〔閣〕，候來年帶納。」

八年三月十二日，主管侍衛馬軍司公事李顯忠言：「先蒙太上皇帝賜田六十三頃，特與免納十料租稅訖。所有續蒙陛下賜田七十頃，未曾陳乞放免租稅。乞下平江府、紹興府免納十料。」從之。

四月二十一日，詔：「兩淮二稅只且催納秋苗，所有課子，行下州縣不得更撮。」從臣僚請也。

七月七日，詔：「淮南、江東、浙西沿江沙田、蘆場所立新租與減五釐，租佃與減一分，餘並依舊。」以臣僚言：「向來沙田、蘆場止爲有力之家侵耕冒占，故令措置。奉行之際，却將應干人户租產〔三〕、己業一概打量，立新租數倍，致人户逃移。」故有是命。

十二月十六日，詔：「州縣人户已納常賦〔四〕，日下銷鈔。長吏不測抽摘二稅官簿點檢，如有違慢，具名按劾。若上下相蒙，許令人户越訴。」從臣僚言也。

十九日，詔：「兩浙運判胡昉具到紹興府增起苗米四萬九千餘石，及乾道五年曆尾剩錢一十六萬七千餘貫，並免行起發。」

九年三月二十五日，兵部侍郎、兼權臨安府少30尹沈度言：「州縣催科二稅苗米，增加斛面，多收欠數；將堪好物帛印以油墨，退回掛欠。更有產去稅存，不與除豁；已納未銷，復行追逮。乞戒飭州縣不得故犯，如尚敢違戾，許監司按劾。」從之。

四月五日，知會稽縣范嗣蠡言：「本縣諸鄉人户新開田一千五百七十餘畝，苗米一百二十餘石，並係首正田米稅。乞將徑行抵填延德鄉坍海田畝，免致減退省額。」從之。

十月九日，户部尚書楊倓等言：「州郡上供常賦各有定額，昨建炎之後，州縣田土間有抛荒去處，合納二稅遞年有開閣數目，蓋是一時權住拘催。自經界以來，至今近三十年，其間豈無復業之人？而廣德軍昨來開閣之數，乃增紬絹至一萬一千四百餘匹，綿一千七百餘兩，折帛錢七萬

〔一〕暵：原作「嘆」，據本書食貨七〇之六四改。
〔二〕閣：原作「間」，據本書食貨七〇之六四改。
〔三〕「干」原作「千」，「租」原作「祖」，據本書食貨七〇之六五改。按「租產」謂租佃之產，非己業。若作「祖產」，則祖產亦是己業，不當並列。
〔四〕已：原脱，據本書食貨七〇之六五補。

三千五百餘貫。袁州開閣之數亦增紬絹至六千二百餘匹，并折帛錢二萬一千餘貫。以江東、西兩路計之〔一〕，虧失上供折帛錢五十餘萬貫，紬絹一十餘萬匹，絲綿一十餘萬兩。止緣州縣將合發上供錢及經界之後復業稅賦暗行侵用，或將人户未復業田土撥作職田、贍學之類，至于形勢之家侵耕冒占，不輸官稅，妄以逃閣爲名，消豁租額。乞下江東路專委李正己，江西路專委周嗣武，將管下州縣見今逃閣錢物照應經界開閣數目〔二〕，限一季驅磨覆寔。取見逃閣田土坐落鄉村去處〔三〕、畝角細數，令守、倅、令、佐各結罪保明，從所委官再委鄰州清彊官親 31 行覈寔，限兩月結罪回申。如有不寔，按劾，依法施行。其日前所減稅賦免行送納，日後覈寔稅賦數目上供起發。」從之。

十二月十二日，臣僚言：「江東西路頻年災傷，民户逃移至多。今歲圩田遭水，山田遭旱，朝廷寬恤，放免秋苗，展閣夏稅。至今圩岸猶未修築，流民未盡復業。若以經界後至今僅三十年不曾檢覈之事〔四〕，一旦于目下荒歉之際驟然舉行，深恐擾民。蓋今户部（須）〔頒〕降帳式，要見物産坐落去處、畝步數目、近鄰四至、拋荒歸業、請佃請射姓名年月，造帳供具，俾守倅、令佐結罪保明，仍立委鄰州官親行覈寔，即與昨來推行經界事體無異，勢須于州縣鄉村徧行根括。竊慮民情不安，有轉徙之患。欲望明詔且令兩路招集流移之人〔五〕，俾悉復業，及措置賑濟。候來年豐熟，于農隙日即依所立帳式根括施行。」從之。（以上《永樂大典》卷一五四二一）

〔一〕計：原作「引」，據本書食貨七〇之六六改。
〔二〕今：原作「合」，據本書食貨七〇之六六改。
〔三〕鄉：原作「以」，據本書食貨七〇之六六改。
〔四〕曾：原作「管」，據本書食貨七〇之六七改。
〔五〕令：原作「合」，據本書食貨七〇之六七改。